Einsatz in der Reichsverteidigung von 1939 bis 1945
Jagdgeschwader 1 und 11

Teil 2
1944

Jochen Prien **Peter Rodeike**

Alle Risszeichnungen stammen von Peter Rodeike, die Karten wurden von Gerhard Stemmer erstellt, der auch den Schutzumschlag für den Einbanddeckel und das Titelblatt entworfen hat; auf letzteren ist jeweils links das Anfang 1944 eingeführte Geschwaderemblem des JG 1 - die " geflügelte 1 " - und rechts das im Frühjahr 1944 eingeführte Geschwaderemblem des JG 11 abgebildet. Die Farbgebung bei letzterem ist nicht urkundlich belegt, sie beruht auf der Auswertung der wenigen vorhandenen Abbildungen von Maschine mit diesem Emblem.

© Jochen Prien und Peter Rodeike

Alle Rechte vorbehalten. Nachdruck und fotomechanische Wiedergabe - auch auszugsweise - nur mit Genehmigung der Verfasser

Herstellung: struve-druck, Eutin

Printed in Germany

ISBN 3 - 923457 - 243 (Teil 2)

JAGDGESCHWADER 1 UND 11

Inhaltsverzeichnis Teil 2

II. Einsatz zum Schutz der Heimat - Kampf gegen die Viermotorigen der 8. US Army Air Force - Januar 1943 bis Juni 1944 - (Fortsetzung)

4.	Abwehreinsatz über dem Reichsgebiet - 1. Januar bis 6. Juni 1944	646
	Januar 1944	652
	Februar 1944	703
	März 1944	762
	April 1944	826
	Mai 1944	910

III. Einsatz zur Abwehr der Invasion in Frankreich Juni bis August 1944 — 998

	Juni 1944	1000
	Juli 1944	1057
	August 1944	1104

Anhang zum 2. Teil — 1155

Verlustaufstellung JG 1 und 11, 1. Januar bis 2. September 1944	1156
Abschussliste JG 1 und 11, 1. Januar bis 31. August 1944	1200
Tagesbefehl 3. Jagddiv. zum Einsatz vom 11. Januar 1944	1215
Aufstellung Haupteinsätze der USAAF in der " BIG WEEK "	1216
Aufstellung Auswirkungen der US-Bombenoffensive auf die Flugzeugherstellung des Deutschen Reiches	1217
Aufstellung Abschussmeldungen Tagjagd in Frankreich, Juni 1944	1218
Aufstellung Abschussmeldungen Tagjagd in Frankreich, Juli 1944	1219
Aufstellung Einsatzzeiten der deutschen Tagjagdverbände in Frankreich 6. Juni bis 31. August 1944	1220
Ergänzungen und Berichtigungen zum 1. Teil der Geschichte der JG 1 und 11	1221

4. Abwehreinsatz über dem Reichsgebiet - 1. Januar bis 6. Juni 1944

Das Jahr 1944 sollte den Höhepunkt der alliierten Luftangriffe gegen das Reichsgebiet bringen; gegenüber dem Vorjahr sollte sich allein die abgeworfene Bombenmenge mehr als vervierfachen [1]. Das Frühjahr und der Sommer sollten dabei zugleich zu dem Abschnitt des Luftkrieges werden, während dessen sich die alliierten Luftangriffe am entscheidendsten auf den Verlauf des Kriegsgeschehens auf dem europäischen Kriegsschauplatz auswirkten [2].

Es entbehrt dabei nicht einer gewissen Ironie, dass dieser Beitrag vielfach im Gegensatz zu den Vorstellungen und Absichten der führenden Kreise der Bomberkräfte sowohl der Royal Air Force als auch der USAAF zustandekam [3]; denn um die Jahreswende 1943 / 44 sahen sich die Regierungen und Generalstäbe Grossbritanniens und der USA veranlasst, Druck auf die Führungsstäbe ihrer jeweiligen Bomberkräfte dahingehend auszuüben, dass diese sich von ihren wirklichkeitsfremden - und dementsprechend wenig erfolgreichen - Vorstellungen [4] eines allein kriegsentscheidenden strategischen Luftkrieges lösen und sich auf ein Vorgehen gegen das Deutsche Reich besinnen sollten, das den tatsächlichen Gegebenheiten und ihren Möglichkeiten Rechnung tragen würde. Die "Combined Bomber Offensive " hatte auch nach annähernd einjähriger Dauer weder die sehr hochgespannten Erwartungen, mit denen sie eröffnet worden war, erfüllt, noch war angesichts der Ergebnisse der letzten über dem Reichsgebiet geflogenen Angriffe damit zu rechnen, dass sich die angestrebten Erfolge kurzfristig einstellen würden [5]. Für die 8. USAAF ergaben sich danach Umstellungen sowohl in strategischer wie in taktischer Hinsicht; zum einen sollte die Luftflotte enger in die Vorbereitung für die für den Sommer 1944 vorgesehene alliierte Landung auf dem europäischen Festland eingebunden werden, was die Zielauswahl anbetraf [6], und zum anderen wurden die Formation der Bombergeschwader und die Durchführung des Begleitschutzes umgestellt. Aufgrund des zuletzt raschen Anwachsens der Zahlen der

---

[1] KTB OKW 1944/45 I, S. 968; danach wurden im Jahre 1943 von den britischen und amerikanischen Luftstreitkräften insgesamt 226.500 Tonnen abgeworfen, im Jahre 1944 dagegen 1.188.580 t

[2] Groehler, BK, S. 210 m.w.N.

[3] vgl. dazu die ausführliche Darstellung bei Groehler, BK, S. 210 ff m.w.N.

[4] damit einher ging auf amerikanischer Seite ein Wechsel an der Spitze der 8. USAAF - General Ira Eaker, der bisherige OB der in England stationierten 8. Army Air Force, wurde mit Wirkung vom 1.1.1944 nach Italien kommandiert, um dort die Führung der alliierten Mittelmeer-Luftstreitkräfte zu übernehmen; an seine Stelle trat GenLt. James Doolittle, während zur gleichen Zeit ein Oberkommando der Strategischen Luftstreitkräfte - USSTAF - unter Führung von GenLt. Carl Spaatz gebildet wurde, dem die 8. und 15. USAAF unterstellt wurden. Spaatz vertrat allerdings unverändert die bisherige Auffassung der Führung der amerikanischen Bomber-Kräfte, indem er erklärte, dass bei einer günstigen Grosswetterlage, wie sie ab April / Mai 1944 zu erwarten war, die 8. und 15. USAAF durchaus in der Lage seien, " *Deutschland innerhalb von drei Monaten aus dem Krieg zu bomben.*" Die alliierte Landung in Europa sei danach " *weder wünschenswert noch notwendig.*" - Butcher, aaO., S.447, so zitiert bei Groehler, aaO., S.213

[5] Groehler, BK, S.210 m.w.N.; kennzeichnend dafür die folgende Notiz Churchills vom 25.1.1944: " Alle meine Nachrichten aus dem Innern Deutschlands besagen, dass Hitler und seine Regierung die Zügel noch fest in der Hand haben und noch keine Anzeichen für eine Revolte als Folge der Bombardierung vorliegen." - Churchill, aaO., Bd.II, S. 387. Angesichts solcher Erkenntnisse ist es umso weniger verständlich, warum gerade die Briten bis zum Ende des Krieges unverdrossen an ihrer auf die Zerstörung der deutschen Städte abzielenden Strategie festhielten

[6] zwischen Februar und August 1944 galten 60 - 70% der Angriffe Industriezielen, ein Anteil, der weder vorher noch nachher je wieder erreicht wurde; eindeutig in den Vordergrund trat dabei ab Januar 1944 die Bekämpfung der deutschen Luftrüstungsindustrie - Groehler, BK, S. 211. Es ist allerdings festzuhalten, dass die Führung der strategischen Bomberflotten der USAAF sich - durchaus mit Erfolg - gegen die beabsichtigte Einbindung in das Unternehmen "OVERLORD" zur Wehr setzte und sich nur insoweit einer Zieländerung unterwarf, wie dies auch ihren eigenen Vorstellungen und Zielen entsprach - vgl. dazu unten S. 761 ff

in England verfügbaren Viermotorigen [7] wurde die Stärke der Bombardement Groups von 18 auf 36 Maschinen erhöht, woraufhin die Geschwader in aufgelockerter Formation als selbständige Verbände flogen [8]; zugleich damit erfolgte die Abkehr von dem bis dahin üblichen staffelweise erfolgenden Zielabwurf und die Einführung des Massenabwurfes durch ganze Geschwader - an die Stelle des Präzisionsbombardements kleiner Gruppen trat fortan der flächendeckende, durch RADAR geleitete Sättigungs- oder Teppichangriff, mit dem sich die 8. USAAF noch weiter der Bombenabwurftaktik der Royal Air Force annäherte [9], [10]. Darüber hinaus vermochten es die mittlerweile in England versammelten Jagdgruppen, fortan einen durchgehenden Jagdschutz während der über dem Reich geflogenen Angriffsunternehmen zu gewährleisten; dabei sollten die P-47 den An- und Abflug im Nahbereich decken, während die P-38 und daneben zunehmend die P-51 mit ihren ausserordentlichen Reichweiten für den Schutz der Viermotorigen über dem Reichsgebiet verantwortlich sein sollten [11]. Zwei der wesentlichen Veränderungen zum Nachteil der deutschen Luftwaffe, wie sie bereits seit spätestens Sommer 1943 absehbar gewesen waren [12], nämlich die Erringung der zahlenmässigen Überlegenheit der 8. USAAF gegenüber der Luftwaffe und die Einführung eines durchgehenden Jäger-Begleitschutzes für die Viermotorigen, waren danach Anfang 1944 Wirklichkeit geworden.

Für die deutsche Luftwaffe standen zu Beginn des neuen Jahres im wesentlichen drei Aufgaben im Vordergrund, nämlich

    1. der Aufbau einer wirkungsvollen Luftverteidigung über dem Reich,

    2. die Abwehr aller westalliierten Landungsversuche auf dem europäischen Festland

    3. die Festigung der Luftlage über der deutsch/sowjetischen Front. [13]

Mittlerweile konnte man sich auch beim Generalstab der Luftwaffe der Erkenntnis nicht länger entziehen, dass " *eine intakte Luftverteidigung die Voraussetzung zur erfolgreichen Weiterführung des Krieges* " bildete [14]; da die Jagdwaffe den Kern der Reichsverteidigung bildete, wurde mit GenO. Hans-Jürgen Stumpff am 6. Januar 1944 ein führender Offizier der Fliegertruppe als Luftwaffenbefehlshaber Mitte eingesetzt, der den GenO. der Flakartillerie Weise auf diesem Posten ablöste. Nur wenig später wurde diese Dienststelle überdies in " Luftflotte Reich " umbenannt [15].

---

[7] die 8. USAAF verfügte am 1. Januar 1944 über 1.686 Viermotorige einschl. Reservemaschinen; hinzu kamen noch einmal 577 Viermotorige der 15. USAAF in Italien - vgl. Freeman, Mighty Eighth, Anhang

[8] vgl. dazu ausführlich Groehler, BK, S. 210

[9] ebenda

[10] eine weitere Änderung betraf die Bordschützen der Viermots - seit dieser Zeit wurde nicht mehr mit Leuchtspur geschossen, sondern es wurden nur noch Sprengpatronen gegurtet, woran sich Eberhard Burath erinnert: " *Beim Angriff stiessen wir durch einen flimmernden Vorhang von Zerlegerpunkten der Abwehrgeschosse - von da an konnte es knallen. Auf der anderen Seite nochmals so ein flimmernder Schirm; war man da durch, konnte man nicht mehr getroffen werden.*" - Aufzeichnungen Eberhard Burath

[11] Price, aaO., S. 115; Groehler, BK, S. 211

[12] s.o.S. 419 ff

[13] Groehler, LK, S. 417

[14] ebenda

[15] am 5. Februar 1944; vgl. im übrigen Studie 8.Abt./Genst.d.Lw. vom 21.9.44, S.10 ff

Zu Beginn des Jahres 1944 standen der Luftflotte Reich insgesamt sechs Tagjagd-Geschwaderstäbe [16] zur Verfügung, denen 19 Gruppen sowie einige selbständige Staffeln unterstanden [17]; zusammen verfügten diese Einheiten über 549 Jagdflugzeuge, von denen jedoch nur 407 einsatzbereit waren. Hinzu kamen die in den Westgebieten liegenden Verbände der Luftflotte 3, unter denen sich noch einmal sieben Tagjagdgruppen befanden [18], von denen jeweils einige in den Abwehreinsatz gegen Einflüge in das Reichsgebiet einbezogen werden konnten.

Reichsverteidigung - 1. Januar 1944
- ein-mot Jäger -

Einheit	Flugzeugmuster	Ist-Bestand	Einsatzbereit
Stab/JG 1	Fw 190 A	4	1
I./JG 1	Fw 190 A	29	27
Sturmst. 1	Fw 190 A	14	11
II./JG 1	Fw 190 A, Bf 109 G	21	17
III./JG 1	Bf 109 G	42	36
Stab/JG 3	Bf 109 G	4	2
III./JG 3	Bf 109 G	42	35
Stab/JG 11	Bf 109 G	6	2
I./JG 11	Fw 190 A	19	11
II./JG 11	Bf 109 G	35	30
III./JG 11	Bf 109 G	34	21
10./JG 11	Fw 190 A	11	8
11./JG 11	Bf 109 T	22	9
III./JG 26	Bf 109 G	26	18
I./JG 27	Bf 109 G	49	40
II./JG 27	Bf 109 G	22	12
II./JG 53	Bf 109 G	45	39
III./JG 54	Bf 109 G	16	14
Stab/JG z.b.V.	Bf 109 G	4	4
Stab/JG 300	Fw 190 A	3	0
I./JG 300	Bf 109 G	24	16
II./JG 300	Fw 190 A	4	4
III./JG 300	Bf 109 G	1	1
Stab/JG 301	Bf 109 G	2	1
II./JG 301	Bf 109 G	3	3
III./JG 301	Bf 109 G	22	14
Stab/JG 302	Bf 109 G	2	0
I./JG 302	Bf 109 G	31	23
II./JG 302	Fw 190 A	4	2
Eins. Erla	Bf 109 G	8	6
		549	407

---

[16] darunter die Stäbe der JG 300, 301 und 302; die vormaligen einmot-Nachtjagdverbände wurden später, nach Auflösung der 30. Jagddivision, in die Tagjagd überführt und auf die übrigen Divisionen verteilt - vgl. Studie 8. Abt., S. 11

[17] siehe die Übersicht unten; diese beruht auf den Stärkemeldungen der Luftwaffe, Studiengruppe Lw., FüAk. Bw.; demgegenüber weisen die Angaben in den USSBS - German Order of Battle - geringfügig andere Zahlen auf - dort wird die Ist-Stärke mit 562 Maschinen angegeben, von denen 409 einsatzklar waren (Meldetag 31.12.1943)

[18] drei Gruppen des JG 2, I. und II./26 sowie I. und II./JG 3

Während sich auf technischem Gebiet Anfang 1944 keine wesentlichen Neuerungen abzeichneten - die Tagjagdgruppen waren weiterhin allein mit der Bf 109 G und der Fw 190 A ausgerüstet [19] - begann sich im taktischen Bereich ein Wandel abzuzeichnen: Aufgrund der zuletzt gemachten Erfahrungen bei der Bekämpfung der Bomberströme und der Erkenntnis, dass es den bis dahin meist auf sich allein gestellt eingesetzten und dabei selten über mehr als 20 Maschinen verfügenden Tagjagdgruppen kaum noch gelang, den zahlenmässig überlegenen amerikanischen Jagdschirm zu durchbrechen und zu den Viermots vorzudringen, sollte fortan der Versuch einer Konzentration der vorhandenen Kräfte unternommen werden; dazu sollten nach dem Erkennen eines Einfluges jeweils mehrere Gruppen zu sogenannten "Gefechtsverbänden" versammelt werden, von denen man sich eine deutliche Steigerung der Durchschlagskraft versprach. Solche Gefechtsverbände konnten drei und mehr Gruppen umfassen, wobei auch die noch vorhandenen Zerstörergruppen eingebunden werden sollten; zugleich sollte eine Art "Arbeitsteilung" in der Weise erfolgen, dass die "schweren" Gruppen die Bekämpfung der Viermots zu übernehmen hatten, während es den "leichten" Gruppen oblag, den amerikanischen Jagdschutz zu binden und von Angriffen auf die "schweren" Gruppen abzuhalten.

Das Ziel des Abwehreinsatzes war eindeutig die Vernichtung einer möglichst grossen Anzahl viermotoriger Bomber; zugleich wurde den Tagjagdverbänden in mehreren, an Schärfe zunehmenden Befehlen der Kampf mit dem Begleitschutz untersagt, was in der geschehenen Ausschliesslichkeit zweifellos ein wesentlicher Fehler war, denn dadurch wurde den Verbandsführern sehr viel von ihrer Bewegungs- und Entschlussfreiheit bei der Durchführung ihrer Einsätze genommen und wurden die Tagjagdgruppen in eine ihrer Aufgabe unangebrachte Defensivrolle gegenüber den amerikanischen Begleitjägern gedrängt.

Die vorzugsweise anzuwendende Angriffsmethode war der geschlossene Frontalangriff einer oder mehrerer, zu Gefechtsverbänden zusammengeschlossener Gruppen. Dabei gab es in der Angriffsformation einige Unterschiede von Gruppe zu Gruppe; wie der Frontalangriff bei den beiden schweren Gruppen des JG 11 angelegt war, beschreibt der damalige Staffelkapitän der 2./JG 11 Fritz Engau [20] folgendermassen:

Während meiner Zugehörigkeit zur I./JG 11 flog unsere Gruppe - und ebenso die III./ JG 11 - nur Frontalangriffe auf die Viermotorigen. Solange wir über genügend Maschinen verfügten, flog die Gruppe in zwei eng geschlossenen, auf gleicher Höhe hintereinander angeordneten Keilformationen - vorne der Spitzenkeil mit dem Kommandeur, rechts und links davon die Stabsmaschinen und wieder rechts und links davon, an den Flügeln, die 1. und 3. Staffel. Der zweite Keil wurde von meiner 2. Staffel gebildet, die als Rückendeckung flog. In dieser Formation ging es frontal - Schnauze auf Schnauze - auf die Viermotorigen los. Als einziger hatte der Verbandsführer, der vorne, im Blickpunkt aller flog, eine gewisse Bewegungsfreiheit, alle anderen waren in der engen Formation eingekeilt. Ausscheren oder gar "kneifen" hätte dabei keiner gekonnt. Bei der rasenden Annäherung blieben nur ganz wenige Sekunden, sich einen Viermot auszusuchen und das Feuer zu eröffnen, bevor wir von vorne mitten durch die Viermot-Pulks rauschten. Die besten Abschussmöglichkeiten hatte der Verbandsführer, während die anderen Kameraden, die im Keil eingezwängt waren, in der Regel nehmen mussten, was ihnen gerade vor die Rohre kam - ein Tragflächenende, einen anderen Tragflächenteil oder eben den Zwischenraum zwischen zwei Viermots. Wollten sie auf die Kanzel oder die Motoren korrigieren, war dies in den zwei bis drei Sekunden kaum möglich. Bei diesen Angriffen wurden zahlreiche Bomber abgeschossen, noch mehr aber wurden herausgeschossen, doch durften wir uns um diese nicht kümmern, da wir strikten

---

[19] von letzterer befand sich die Baureihe A-7 in der Einführung - vgl. Skizze 19, S. 663-, während bei der Bf 109 weiterhin die Baureihen G-6 und, seltener, G-5 geflogen wurden

[20] Fritz Engau führte die 2./JG 11 von Anfang März bis Ende Juni 1944

> *Befehl hatten, uns nach dem ersten Durchgang sofort wieder zu versammeln, seitlich vorzuziehen und einen erneuten Frontalangriff zu fliegen - wenn uns der Begleitschutz liess.*
>
> *Die meisten Verluste hatten wir in den Auseinandersetzungen mit den Begleitjägern, während die Zahl der Zusammenstösse bei den Frontalangriffen sehr gering blieb* [21].

Einen ganz wesentlichen Gesichtspunkt hat Fritz Engau bei seiner Schilderung nicht erwähnt - die Angst, die den Flugzeugführern das Herz bis zum Halse schlagen liess und die Überwindung, die erforderlich war, um die Kurve hinein in den Frontalangriff auf eine waffenstarrende, aus allen Rohren Feuer spuckende geschlossene Formation von Viermotorigen zu fliegen.

Wie die Gefechtsverbandseinsätze aus der Sicht der Flugzeugführer der Höhengruppen aussahen, schildert Rudolf Strosetzki, seinerzeit als Unteroffizier Flugzeugführer [22] in der 6./JG 11, folgendermassen:

> *Soweit unsere Gruppe im Gefechtsverband flog, hatten wir die Aufgabe, den Höhenschutz zu übernehmen und den feindlichen Jagdschutz zu binden, um den schweren Gruppen den Weg zu den Viermotorigen freizuhalten. Diese Einsätze nahmen regelmässig folgenden Verlauf: Nach dem Alarmstart sammelte die Gruppe in einem Vollkreis und wurde dann vom Boden - der Befehl lautete: " Antreten Caruso ... " - zum vorgesehenen Versammlungsort mit den anderen Gruppen geführt. Dort setzten wir uns über die zu schützenden Gruppen und kamen durch das Hochziehen in eine etwas nach hinten versetzte Position über den Focke Wulfs.*
>
> *Bei Feindberührung kam über FT der Befehl: "Zusatztanks weg !" Zugleich damit rückten wir etwas weiter auseinander, denn anders als bei den schweren Gruppen unter uns sollten wir den Kampf schwarmweise suchen, um so möglichst viele Begleitjäger auf uns zu ziehen. Meistens waren ja auch mehr als genügend von ihnen da ...*
>
> *Am gefährlichsten war die Mustang; diese Maschine kurvte ganz ausgezeichnet, hatte eine gewaltige Feuerkraft und ihre Flugzeugführer waren durch die Bank sehr aggressiv und so fanden Mustang-Abschüsse die höchste Anerkennung, mehr noch als Viermotabschüsse* [23]. *Andererseits beneideten wir unsere Kameraden von den schweren Gruppen bei ihren Frontalangriffen wahrlich nicht und waren im Grunde genommen froh, bei unserer Kampfesweise, so gefährlich die Kurbeleien mit den Begleitjägern auch waren, doch eine gewisse Bewegungsfreiheit zu haben.*
>
> *Soweit uns der Begleitschutz liess, gingen wir im weiteren Verlauf ebenfalls an die Viermotorigen heran, deren Formation nach den ersten Frontalangriffen vielfach erheblich gelockert war.*

Die Schwerpunktbildung durch den Einsatz von Gefechtsverbänden entsprach zwar dem Gebot der Stunde, doch zeigte es sich in der Praxis sehr schnell, dass die Gefechtsverbände ausserordentlich schwerfällige Gebilde waren, die zu versammeln erhebliche Zeit in Anspruch nahm und die, einmal in

---

[21] Briefe Fritz Engau vom 16.1. und 15.9.1991 sowie vom 25.7. und 7.9.1993

[22] Rudolf Strosetzki gehörte der 6./JG 11 von Februar bis Juni 1944 an

[23] es stellt keinen Widerspruch dazu dar, wenn Rudolf Strosetzki zugleich feststellt, dass die unterschiedliche Punktewertung - ein Viermotabschuss ergab drei Punkte, der einer Mustang dagegen nur einen - kein Gefühl von Neid oder ungerechter Behandlung unter den Flugzeugführern aufkommen liess. *" Es war halt einmal so und wir hatten eine Pflicht zu tun, da blieb für derartige Betrachtungen kaum Zeit",* erinnert er sich - Bericht vom 6.8.1993

der Luft, wesentlich schwieriger zu führen und zu dirigieren waren, als die vergleichsweise kleinen und entsprechend wendigen Gruppenverbände [24]. Die Abwehrtaktik der Gefechtsverbände verlangte daher sowohl der Einsatzführung bei den Jagddivisionen am Boden als auch besonders den Einheiten in der Luft höchste Konzentration und vor allem ein erhebliches Können ab; letzteres galt bis hinunter zum letzten Rottenflieger, denn insbesondere das Kurven eines so umfangreichen Verbandes stellte höchste Anforderungen an die Fähigkeiten zum Verbandsflug und die erforderliche Flugdisziplin [25], alles Voraussetzungen, die den jungen Nachwuchsjagdfliegern aufgrund des bereits zu dieser Zeit deutlich nachlassenden Ausbildungsstandes mehr und mehr abgingen.

Daneben entstand um die Jahreswende 1943 / 44 mit der sogenannten " Sturmstaffel 1 " eine Versuchseinheit, die neue Angriffsweisen gegen die Viermotorigen erproben sollte; diese auf Betreiben des Majors von Kornatzki aufgestellte und aus Freiwilligen bestehende Staffel [26] sollte die Viermots im dichtgeschlossenen Angriffskeil von hinten angreifen und dabei bis auf nächste Entfernung an die Bomber herangehen, um deren Abschuss sicherzustellen [27]. Das Ziel war es, den Bomber, koste es was es wolle, abzuschiessen, wobei unter Umständen - wenn das eigene Flugzeug schwer getroffen wurde und der Absturz unvermeidlich war - der Rammstoss [28] als letztes Mittel eingesetzt werden sollte [29]. Ausgerüstet wurde die Sturmstaffel 1 mit der Fw 190 A, wobei die Maschinen zusätzlich eine schwere Panzerung im Kabinenbereich erhielten [30]. Nachdem sie noch Ende 1943 aufgestellt und etatisiert worden war, verbrachte die Staffel die ersten Wochen damit, sich einzufliegen, bevor sie ab Januar 1944 in den Einsatz gehen sollte; sie lag in Dortmund und war dort der I./JG 1 angegliedert.

Die Jagdgeschwader 1 und 11 lagen zu Beginn des Jahres 1944 auf ihren zuletzt bezogenen Einsatzhäfen im Norden und Nordwesten des Reichsgebietes; ihre Verteilung und Stärke stellte sich wie folgt dar [31]:

---

[24] vgl. dazu Galland, aaO., S.280: " *Diese Gefechtsverbände waren eine uns von der Überlegenheit des Feindes aufgezwungene Notlösung und alles andere als ideal. Immerhin erfüllten sie die von mir nachdrücklich erhobene Forderung auf Massierung im Umfang des Möglichen.*" - Angesichts der weiteren kritischen Anmerkungen des Generals der Jagdflieger - aaO. - stellt sich die Frage, in welcher anderen Weise er denn wohl die von ihm später - angeblich - zusammengestellten Jägerreserven mit 3.700 Maschinen - z.B. aaO., S.331 / 332 - an den Feind bringen wollte ?

[25] vgl. dazu im folgenden die entsprechenden Aussagen der ehemaligen Flugzeugführer, insbesondere zu den Abwehreinsätzen am 6. März 1944 sowie im Mai 1944

[26] die Sturmstaffel 1 war zwar eine Sondereinheit, keinesfalls aber eine Straf- oder Bewährungseinheit, wie es gelegentlich anklingt; ihre Flugzeugführer kamen von verschiedenen anderen Geschwadern, wobei die verschiedensten Motive Anlass für ihre Freiwilligenmeldung gewesen sein mögen. Zu Beginn gehörten der Sturmstaffel 1 folgende Flugzeugführer an: Maj. von Kornatzki, Olt. Zehart, Lt. Gerth, Lt. Franz, Lt. Müller, Lt. Metz, Lt. Elser, Fhr. Derp, Ofw. Peinemann, Ofw. Röhrich, Ofw. Marburg, Ofw. Vivroux, Fw. Groten, Uffz.Maximowitz, Uffz.Schmitt, Uffz.Keune, Uffz.Boesch und der Gefr.Kosse - Brief Richard Franz, 27.7.1979

[27] Galland, aaO., S.281/282; Brief Richard Franz, 18.9.1990

[28] und soweit möglich der anschliessende Fallschirmabsprung

[29] entgegen anderslautenden Angaben handelte es sich bei der Sturmstaffel weder um eine Selbstopfereinheit, noch gehörte das Rammen zu den befohlenen Angriffsweisen; eine dahingehende Verpflichtungserklärung wurde den Flugzeugführern zu Zeiten der Sturmstaffel nicht abgefordert

[30] jedenfalls zu Beginn des Einsatzes war die Staffel mit der Fw 190 A-6 ausgerüstet, die zwar erhebliche Zusatzpanzerung aber keine verstärkte Bewaffnung - insbesondere keine MK 108 - aufwies - vgl. Skizze 18, S. 658

[31] Stärkemeldungen Lw., aufgestellt nach der Lagekarte vom 31. Dezember 1943; in den Zahlen der I. und II./JG 1 sind jeweils einige Bf 109 G enthalten, die, jedenfalls bei der II./JG 1, zur 11.(Höhen-) Staffel gehörten

Gliederung JG 1 und 11
- Stand: 1.1.1944 -

Stab/JG 1	Obstlt. Oesau	Deelen	Fw 190 A	4 / 1
I./JG 1	Maj. Schnoor	Dortmund	Fw 190 A	29 / 27
Sturmst. 1	Maj. von Kornatzki	Dortmund	Fw 190 A	14 / 11
II./JG 1	Hptm. Hoeckner	Rheine	Fw 190 A	21 / 17
III./JG 1	Hptm. Eberle	Volkel	Bf 109 G	42 / 36
Stab/JG 11	Obstlt. Graf	Oldenburg	Bf 109 G	6 / 2
I./JG 11	Hptm. Hermichen	Husum	Fw 190 A	19 / 11
II./JG 11	Maj. Specht	Wunstorf	Bf 109 G	35 / 30
III./JG 11	Hptm. Hackl	Oldenburg	Fw 190 A	34 / 21
10./JG 11	Olt. Grosser [32]	Aalborg	Fw 190 A	11 / 8
11./JG 11	Olt. Christmann	Lister	Bf 109 T	22 / 9

An den zuletzt gültigen Unterstellungsverhältnissen unter die 2. und 3. Jagddivision hatte sich seither nichts geändert. So standen die beiden Jagdgeschwader bereit, den Abwehrkampf über der Heimat fortzusetzen.

Zu Beginn des Jahres 1944 lagen der Westen und Nordwesten Europas im Bereich einer ausgedehnten Schlechtwetterfront [33], weswegen der Flugbetrieb bei den Gruppen der JG 1 und 11 vergleichsweise sehr gering blieb [34]; soweit überhaupt geflogen werden konnte, wurden Übungs- und Schulungsflüge sowie die allfälligen Werkstattflüge unternommen.

Eine Veränderung stand bei der III./JG 11 an: Die Gruppe sollte in den folgenden Wochen auf die Focke Wulf 190 umgerüstet werden, ohne dabei allerdings aus dem Einsatz genommen zu werden; staffelweise sollten die Messerschmitts abgegeben werden und nach jeweils wenigen Übungs- und Gewöhnungsflügen auf dem neuen Muster der Abwehreinsatz wieder aufgenommen werden. Soweit ersichtlich, rüstete zuerst der Gruppenstab um, während die Staffeln der Reihe nach folgen sollten [35].

Zu den ersten Tagesangriffen des Jahres 1944 auf Ziele im Reich kam es am **4. Januar 1944**; an diesem Tage entsandte die 8. USAAF zwei sehr unterschiedlich starke Viermot-Verbände - während der Hafen von Kiel um die Mittagszeit das Ziel von 569 B-17 und B-24 aller drei Bomb Divisions unter Begleitschutz durch 112 P-38 und P-51 war, richtete sich der Angriff von 75 B-17 der 3 BD mit ihrem Begleitschutz durch nicht weniger als 430 Thunderbolts gegen das Stadtgebiet von Münster, wo trotz des unsichtigen, immer wieder von Regenfronten durchzogenen Wetters 68 Boeings gegen 11.00 Uhr ihre Bombenlast abluden [36].

---

[32] die Einsatzführung der 10. und 11./JG 11 erfolgte durch das Kommando Skagerrak unter Hptm. Simsch; die Führung der 10./JG 11 lag zudem Anfang 1944 vertretungsweise für kurze Zeit bei Lt. Paul Diedrigkeit

[33] Piekalkiewicz, aaO., S.335

[34] Eintrag im KTB II./JG 1: "Ausser zwei Übungseinsätzen am 2.1.44 kein Einsatz." - Bemerkenswert im Hinblick auf die fortan beabsichtigte Gefechtsverbandsbildung die wiederholten Hinweise auf sogenannte "Versammlungsübungen"

[35] die Bf 109 G der III./JG 11 wurden an die III./JG 54 abgegeben - Aufzeichnungen Günther Lützow, 25.1.1944

[36] Freeman, aaO., S.162; KTB II./JG 1

Abb. 535 - 537: Drei Aufnahmen von Fw 190 A-6 der I./JG 1, von denen die Abbildungen oben und unten links dieselbe Maschine zeigen. Auffällig sind die schwarz / weiss gestreiften Motorhauben, deren unterer Teil jedoch weiterhin den gewohnten gelben Kennanstrich trägt. Der umlaufende Panzerring des Ölkühlers ist schwarz. Der Grund für diese auffällige Markierung dürfte darin zu sehen sein, dass damit die Versammlung des Verbands nach dem Durchgang durch einen Bomberpulk erleichtert und zugleich eine Unterscheidung von den Maschinen der der I./JG 1 unterstellten Sturmstaffel 1 ermöglicht werden sollte. Die weisse Propellerhaube trägt eine schmale schwarze Spirale. Auf der linken Motorseite ist das neue Geschwaderemblem des JG 1, die " geflügelte 1 ", zu erkennen. Bei der Maschine oben ist eben noch ein Teil des roten Reichsverteidigungsrumpfbandes, das um die Jahreswende 1943/44 eingeführt wurde, zu erkennen. Beachte auch den ungewöhnlich langen Leergurtabführschacht für das Aussen-MG 151/20 unter der rechten Fläche. Unten rechts ist eine weitere Focke Wulf zum Justieren aufgebockt; zwischen den Flächenwaffen ist das Fenster einer Schiesskamera zu erkennen.

(Petrick / Bünz / Lächler)

Der Abwehreinsatz der deutschen Tagjagdverbände richtete sich hauptsächlich gegen den kleineren, nach Münster fliegenden amerikanischen Verband, während die Bekämpfung der in Richtung Kiel marschierenden Viermotorigen im wesentlichen durch Teile mehrerer Nachtjagdgruppen erfolgte. Nachdem die Versammlung der Viermot-Verbände vor der britischen Ostküste - im notorischen Planquadrat " Dora-Dora ", nördlich Great Yarmouth - frühzeitig erfasst worden war, wurden die JG 1 und 11 in Bereitschaft versetzt; zugleich erhielten die II./JG 1 und die I./JG 11 Befehl, für den bevorstehenden Einsatz nach Dortmund zur I./JG 1 bzw. nach Oldenburg zur III./JG 11 zu verlegen [37], um mit diesen Gruppen im Verband eingesetzt zu werden. Die Verlegung der II./JG 1 nahm allerdings alles andere als den vorhergesehenen Verlauf, wie der folgende Auszug aus dem KTB deutlich macht:

> *Die Gruppe verlegt um 08.45 Uhr mit 17 Fw 190 und zwei Bf 109 GM-1 nach Dortmund. Nach Wettermeldung war das Wetter dort einwandfrei. Die Gruppe fand jedoch im Raume Dortmund äusserst schlechte Sichtverhältnisse vor, da ein etwa 40 - 50 Minuten lang durchziehender Schauer die Sicht bis auf 1 km zurückgehen liess. Die Landung der 15 nach Dortmund gelangten Flugzeuge beanspruchte etwa 30 Minuten. Zwei Flugzeuge kehrten um und landeten in Achmer und Münster-Handorf. Ein Flugzeug Bauchlandung in Dortmund. Auf dem Platz Dortmund waren sehr schlechte Rollverhältnisse, ein Teil der Flugzeuge rollte sich fest, andere hatten Schaden. Kurz nach der Landung des letzten Flugzeuges kam Startbefehl. Es waren lediglich fünf Flugzeuge betankt, die nachstarteten und Anschluss an die I. Gruppe gewannen.*

Die I./JG 1 war unterdessen nach Alarm gestartet und traf im Raum Münster auf die amerikanischen Verbände; in dem sich daraufhin entwickelnden Luftkampf büsste die Gruppe zwei Gefallene und drei als Totalverluste abzuschreibende Maschinen ein [38], ohne selbst zu einem Erfolg zu kommen. Beide Gefallenen gehörten der 3./JG 1 an: Uffz. Robert Hain und Uffz. Dieter Hempler kamen beim Absturz ihrer Focke Wulfs bei Münster ums Leben. Nicht viel besser erging es den kurze Zeit darauf eintreffenden fünf Focke Wulfs der II./JG 1; zwar konnte Fw. Fuchs von der 6. Staffel südlich von Meppel um 12.00 Uhr den Herausschuss einer B-17 verbuchen (8.), musste aber selbst wegen Beschusschäden sofort abbrechen und nach Rheine zurückfliegen. Weniger Glück hatte Fw. Hauptmann von der 5./JG 1, der im Luftkampf mit P-47 abgeschossen wurde, sich aber mit dem Schirm unverletzt in Sicherheit bringen konnte. Bei der Rückkehr nach Rheine machte schliesslich Lt. Kasischke von der 4. Staffel eine Bauchlandung.

Über den Einsatz der III./JG 1 von Volkel aus ist nur sehr wenig bekannt; die Gruppe wurde ebenfalls nach Alarmstart um 10.05 Uhr [39] von Volkel aus gegen die in den Raum Münster einfliegenden Viermotorigen angesetzt und geriet über dem Raum Lingen - Quadrate FP/GP - an die Thunderbolts des amerikanischen Begleitschutzes; zwei Verluste ohne einen eigenen Erfolg waren das Ergebnis des Einsatzes - FhjFw. Albert Lindenschmid, einer der älteren, erfahreneren und mit sechs Abschüssen erfolgreicheren Flugzeugführer der III. Gruppe, stürzte ohne Feindeinwirkung mit seiner Maschine ab und kam bei deren Aufschlag nahe Hilnarenbeek ums Leben; als Absturzursache wurde Höhenkrankheit vermutet. Eine weitere Maschine ging im Luftkampf verloren, doch konnte sich der Flugzeugführer hier unverletzt in Sicherheit bringen.

---

[37] I./JG 11 von 09.17 - 09.58 Uhr - Flugücher Franz Steiner und Heinz Hanke; II./JG 1 lt. KTB ab 08.45 Uhr, lt. Flugbuch von Eberhard Burath erst 09.26 Uhr

[38] für das Jahr 1944 liegen die Materialverlustmeldungen des GQM 6. Abt. nicht vor; die Angaben zu den Verlusten der Geschwader beruhen daher wesentlich auf den namentlichen Verlustmeldungen WASt. sowie den summarischen Flugzeugverlustmeldungen der Geschwader - RL 2 / III / 852 ff

[39] Flugbuch Fritz Haspel

Abb. 538 - 539: Anfang Januar 1944 entstanden diese beiden Aufnahmen - oben sind die Flugzeugführer der I./JG 1 und daran anschliessend die der Sturmstaffel 1 zur Musterung durch Oberst Walter Grabmann auf dem Hallenvorfeld in Dortmund angetreten; der erste Offizier im Block der Sturmstaffel ist Maj. Hans-Günther von Kornatzki, der als Schöpfer der Sturmjagd gilt. Beachte im Hintergrund die Maschinen der I./JG 1 mit gestreiften Motorhauben. Unten - Zwei Fw 190 A-6 der Sturmstaffel; trotz der mässigen Bildqualität sind die zusätzlichen Panzerglasscheiben auf der Schiebehaube - von der Truppe bald als " Scheuklappen " bezeichnet -, das Rumpfband in schwarz / weiss / schwarz und die gelbe Motorunterseite gut zu erkennen. Vermutlich sind hier die beiden MG 17 über dem Motor aus Gewichtsersparnisgründen bereits ausgebaut.

(Gerth / Ries)

Abb. 540 - 541: Startvorbereitungen bei der Sturmstaffel 1 in Dortmund im Januar 1944; sowohl bei der " weissen 1 " als auch bei der " 2 " oben handelt es sich um Focke Wulf 190 A-7 mit der zusätzlichen Ausrüstung der Sturmjagdmaschinen in Gestalt der zusätzlichen Panzerscheiben und der Rumpfpanzerung im Seitenbereich der Kabine. Bei der " 1 " wurde das Staurohr bereits neben der Randkappe der rechten Fläche eingebaut. Unten - Eine weitere Fw 190 A-7 der Sturmstaffel 1, die " weisse 6 ", rollt an den Start; auch hier sind deutlich das Rumpfband und die Zusatzpanzerung zu erkennen.

(Fenger)

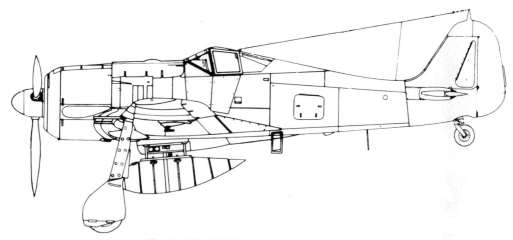

Focke Wulf 190 A-6 " Sturmjäger "

Die ersten Maschinen der Sturmstaffel 1 aus der Baureihe A-6 waren mit einer zusätzlichen Panzerung um den Kabinenbereich ausgerüstet. Im Windschutz wurden die Seitenscheiben mit 30 mm Panzerglas verstärkt, die Schiebehaube erhielt in einem einfachen Holzrahmen 30 mm starke Panzerscheiben, die von der Truppe bald als " Scheuklappen " bezeichnet wurden. Hinter den oberen Waffen sowie aussen auf der Kabinenseitenwand wurden 5 mm starke Panzerbleche angeschraubt. Alles zusammen führte zu einem Mehrgewicht von rund 100 kg und dürfte der Grund dafür gewesen sein, dass bei den Sturmflugzeugen die gegen die alliierten Viermotorigen wenig wirksamen Rumpf-MG 17 ausgebaut wurden. Gezeigt wird daher hier eine Maschine mit ausgebauten MG 17, mit ETC 501 und einem 300 l Zusatzbehälter.

Länge :	8,95 m	Motor :	BMW 801 D-2	Leergewicht :	2.998 kg
Spannweite :	10,50 m		1.700 PS	Fluggewicht :	4.452 kg
Höhe :	3,95 m	Bewaffnung :	4 MG 151/20		

Unterdessen war die II./JG 11 bereits um 10.02 Uhr im Alarmstart von Wunstorf aufgestiegen [40] und stieg von dort in südwestlicher Richtung, um an die Viermotorigen herangeführt zu werden - weiter heisst es bei Heinz Knoke:

Über Münster greifen wir im Feuer der eigenen Flak einen starken Viermotverband an. Im Anflug auf einen der einzeln fliegenden kleineren Pulks erschüttert plötzlich ein schwerer Schlag meine Maschine. Sie wird sofort stark schwanzlastig. Der Motor heult einmal hell singend auf, es knirscht und knallt und dann ist es still um mich herum. Eine eigene Flakgranate hat mir die Luftschraube, den vordersten Teil des Motors und auch die beiden Abdeckbleche weggerissen ! Ich kann den Vogel kaum noch halten. Im nächsten Augenblick stösst eine Thunderbolt auf mich herab und zerschiesst mir die Fläche. Ein zweites Mal greift sie nicht an, da Wennekers ihr das Lebenslicht ausbläst [41]. Nur mit Aufwendung aller Kraft kann ich trotz Trimmung den Knüppel noch halten. Aus der zerfetzten Fläche züngeln Flammen. Ich muss raus ! [42]

Der nachfolgende Absprung brachte dann sehr kritische Augenblicke für Heinz Knoke: Beim Aussteigen in 3.000 Meter Höhe blieb er zunächst an seiner Maschine hängen und schlug dann, nachdem er in etwa 1.000 Meter Höhe freigekommen war, mit dem Rücken gegen das Höhenleitwerk. Dabei hatte er noch

---

[40] Flugbücher Hans-Gerd Wennekers, Heinz Knoke, Rudi Lennhoff

[41] Hans-Gerd Wennekers meldete an diesem Tage keinen Abschuss, sein Flugbuch weist darüber hinaus keinen Luftkampf aus; es ist danach anzunehmen, dass hier ein anderer Flugzeugführer seinen Staffelkapitän aus dessen misslicher Lage befreite, indem er die P-47 vertrieb

[42] Knoke, aaO., S. 157 ff

Abb. 542 - 543: Techniker der I./JG 1 sind im Januar 1944 in einer Halle des Platzes von Dortmund zum Befehlsempfang für die nächsten Wartungsarbeiten angetreten; im Hintergrund erkennt man oben eine ausweislich ihrer weissen Propellerhaube vermutlich zur 1. Staffel gehörende Focke Wulf. Unten - Die " Schwarzen Männer " auf dem Rollfeld beim Aufmunitionieren einer Fw 190 A-7, die eben noch einen Teil der schwarz-weiss gestreiften Motorhaube erkennen lässt. Zwischen den Waffenläufen sieht man das Fenster einer Schiesskamera.

(Haagen)

Abb. 544 - 546: Die folgenden sechs Aufnahmen zeigen die Maschine des Gruppen-TO der I./JG 1 Olt. Wilhelm Krebs im Januar 1944 in Dortmund bei Wartungsarbeiten; es handelt sich dabei um eine Fw 190 A-7 mit der Kennung " Winkel Kreis ". Oben wird die Maschine von einigen Technikern auf ihren Abstellplatz geschoben, während unten Gruppenkommandeur Maj. Emil Rudolf Schnoor bei der Motorwartung zusieht. Die Maschine hat wiederum eine schwarz-weiss gestreifte Motorhaube mit dem neuen Geschwaderemblem des JG 1 darauf, die Motorunterseite ist indes auch hier gelb. Bemerkenswert sind die Mündungsfeuerdämpfer vor dem Rumpf MG 131 über dem Motor und die auf 30 mm verstärkte Verglasung der Seitenscheiben des Windschutzaufbaus.

(Stipdonk (Petrick) / Seebrandt / Siegfried)

Abb. 547 - 549: Oben sieht man Maj. Schnoor mit zwei Technikern beim Betrachten des BMW 801 Motors, während unten links unter Anleitung des Waffen-Oberfeldwebels das linke Innen-MG 151/20 nachmunitioniert wird. Die weisse Markierung auf der Fläche bezeichnet das Schauloch der mechanischen Stellungsanzeige für die Landeklappe. Unten rechts wird die FT-Anlage überprüft; dabei erkennt man unter dem Rumpf den Zielflugpeilrahmen (PR 16) und die Stabantenne des FuG 25a. Deutlich zu sehen ist auch das rote Rumpfband der Maschine. Nur wenig später verschwanden auch bei der I./JG 1 die Winkel-Stabskennungen und wurden durch zweistellige Zahlenkennungen ersetzt.

(Haagen)

Abb. 550 - 551: Die folgenden drei Aufnahmen zeigen Maschinen der 3./JG 1, aufgenommen Anfang 1944 in Dortmund; oben sieht man drei Focke Wulfs am Rollfeldrand abgestellt, unten rollen acht Maschinen mit untergehängten Zusatzbehältern an den Start zu einem Einsatz. Alle hier gezeigten Focke Wulfs haben gestreifte Motorhauben und tragen das rote Reichsverteidigungsrumpfband des JG 1

(Köhne / Haagen)

Abb. 552: Ein Schwarm der 3./JG 1 in der Luft; aus der vierten Maschine aufgenommen, erkennt man hier die " gelbe 1 ", " 4 " und " 7 ". Auch diese Maschinen haben alle schwarz-weiss gestreifte Motorhauben mit dem Geschwaderemblem des JG 1 darauf - dieses wurde bei der I./JG 1 nur auf der linken Motorseite geführt - und tragen das rote Rumpfband des JG 1.

(Köhne)

Focke Wulf Fw 190 A-7

Abgebildet ist hier eine Maschine mit grösserer Holzluftschraube und ausgebauten Aussenflügelwaffen sowie einem ETC 501 ohne daran befestigtem 300 l Zusatzbehälter.

Länge :	8,95 m	Motor :	BMW 801 D-2	Leergewicht :	3.031 kg
Spannweite :	10,50 m		1.700 PS	Fluggewicht :	4.147 kg
Höhe :	4,05 m	Bewaffnung :	2 MG 151/20, 2 MG 131		

Das Start- und Fluggewicht ist angegeben ohne Zusatzbehälter, die Höhe in Rollstellung mit laufender Luftschraube

sehr viel Glück im Unglück, denn der Anstoss löste den Fallschirm aus, der sich in nur noch rund 200 Meter entfaltete, während Heinz Knoke das Bewusstsein verlor. Schwer verletzt kam er gleich darauf in einem Garten bei Münster auf und wurde in das Lazarett der Stadt eingeliefert, wo ein Schädelbruch, ein Lendenwirbelbruch sowie erhebliche Quetschungen und Prellungen und eine schwere Gehirnerschütterung festgestellt wurden [43].

Der Einsatz der II./JG 11 verlief unterdessen offensichtlich ohne Erfolg; abgesehen von Olt. Knoke blieb die Gruppe umgekehrt auch ohne weitere Verluste und fiel gegen 11.20 Uhr in Achmer ein. Ein weiterer Einsatz von dort gegen die rückfliegenden Viermots von 12.33 - 13.21 Uhr blieb ebenfalls ohne zählbare Ergebnisse und so kehrte die Gruppe am frühen Nachmittag nach Wunstorf zurück. Dort wurde Lt. Kilian vertretungsweise mit der Führung der 5./JG 11 betraut. Währenddessen waren die beiden anderen Gruppen des JG 11 um 10.21 Uhr im Alarmstart von Oldenburg aufgestiegen [44]; ihr Einsatz blieb indes vollkommen erfolglos, während sie selbst insgesamt vier Maschinen auf die Verlustliste setzen mussten, die jeweils ohne Feindberührung bei Bruchlandungen beschädigt wurden. Insgesamt erwies sich der deutsche Abwehreinsatz gegen den Angriff auf Münster als Fehlschlag; ganze zwei Abschüsse wurden gemeldet [45], während sich die eigenen Verluste auf sieben Maschinen beliefen [46]. Dies deckt sich weitgehend mit den amerikanischen Angaben, wonach zwei B-17 verlorengingen, während die P-47 sieben Abschüsse für sich beanspruchten [47].

Für die II./JG 1 war der Einsatztag damit noch nicht beendet; um 12.20 Uhr erfolgte der Einsatz eines Schwarms Fw 190, dem sich zwei Messerschmitts der Höhenstaffel anschlossen, deren Einsatz sich gegen die von Kiel zurückkehrenden Viermotorigen richten sollte. Südlich von Vlieland - Planquadrat DK - trafen die sechs deutschen Maschinen auf eine Gruppe von etwa 30 Mustangs; in dem anschliessenden Luftkampf konnte Ofw. Leo Schuhmacher eine P-51 wirksam beschiessen, doch konnte er deren Absturz im Verlauf der weiter anhaltenden Kurbelei nicht beobachten [48]. Immerhin kehrten alle sechs Maschinen wohlbehalten zurück. Ein zweiter Einsatz der III./JG 1, zu dem am Nachmittag um 15.34 Uhr einige Messerschmitts nach Alarm aufstiegen [49], führte nicht zur Feindberührung und lief unter "o.b.V.".

Insgesamt nahm sich der Abwehreinsatz gegen den Angriff auf Kiel deutlich erfolgreicher aus als der zuvor gegen den Münsteraner Verband unternommene; die auf deutscher Seite beteiligten Nachtjäger von den NJG 3 und 5 meldeten 15 Viermot Ab- und Herausschüsse, wobei diese Meldungen angesichts der 18 von der 8. USAAF angegebenen Verluste der Wahrheit zumindest nahegekommen sein dürften. Umgekehrt blieben die Verluste auf deutscher Seite mit vier Maschinen recht gering [50].

---

[43] Knoke, aaO., S.157 ff; es ist bemerkenswert, dass auch dieser Verlust in den namentlichen Verlustmeldungen WASt. nicht nachgewiesen werden kann, während in den summarischen Verlustmeldungen RL 2/III/852 ein entsprechender Hinweis auf eine ohne Feindeinwirkung bei einem Feindflug als Totalverlust abzuschreibende Messerschmitt enthalten ist; allerdings enthalten mehrere ärztliche Untersuchungsberichte Knokes - z.B. vom 20.2., 25.5 und 4.8.1944 - eindeutige Angaben zu diesem Absturz und den dabei erlittenen Verletzungen

[44] Flugbücher Franz Steiner, Heinz Hanke

[45] neben dem der II./JG 1 eine B-17 durch die I./JG 3

[46] auch insoweit können die Angaben für das Jahr 1944 lediglich auf die WASt.-Meldungen sowie die summarischen Verlustlisten gestützt werden

[47] Freeman, aaO., S. 162

[48] KTB II./JG 1

[49] Flugbuch Fritz Haspel

[50] Freeman, aaO., S. 162, gibt die Zahl mit 17 verlorenen Viermots und 5 der " Cat.E " an; dagegen liegen Verlustmeldungen für 18 Viermotorige und drei Begleitjäger des Kieler Verbandes vor - M.A.C.R. A 1114. Lt. OKW-Bericht vom 5.1.1944 wurden am 4. Januar insgesamt 29 Abschüsse über dem Reich und den Westgebieten erzielt, die Mehrzahl davon Viermotorige, neben Mosquitoes, Typhoons u.a. Typen

665

Abb. 553 - 554: Oben - Zwei Techniker bei der Wartung der " schwarzen 3 " der 2./JG 1; dabei versucht einer der beiden, das Rumpfende mit einem Schwung Brackwasser zu " reinigen ". Deutlich zu erkennen sind die gestreifte Motorhaube mit der " geflügelten 1 " darauf, das rote Rumpfband, die WerkNr. 430 352, die die Maschine als eine Fw 190 A-7 ausweist, und der rote Einfass der Kennziffer. Unten - Die " gelbe 6 " der 3./JG 1, eine Fw 190 A-7 mit der WerkNr. 340 283, wird betankt. Diese Maschine ging am 8. Februar 1944 verloren, nachdem Fw. Gerhard Giese im Luftkampf mit Viermotorigen bei Charleville tödlich abgeschossen wurde.

(Stipdonk / Petrick)

Abb. 555: Konrad Ell, Techniker in der 1./JG 1, aufgenommen Anfang 1944 auf einer Fw 190 A-7 dieser Staffel. Während er letzte Hand an den BMW 801 Motor legt, wird unter dem Rumpf der Zusatzbehälter befüllt.

Auch bei dieser Maschine sind die Mündungsfeuerdämpfer vor den Rumpf MG 131 ebenso zu erkennen, wie das Fenster einer Schiesskamera in der linken Flächenvorderkante.

(*Lorant*)

Bereits am nächsten Tag, dem **5. Januar 1944**, erfolgte ein weiterer schwerer Tagesangriff auf Kiel; insgesamt 245 Viermotorige der 1 und 2 BD, von denen 225 ihr Zielgebiet erreichten, sollten unter dem Begleitschutz von 70 P-38 und 41 P-51 Werft- und Industrieanlagen bombardieren. Zur selben Zeit flog ein kleinerer Verband aus 78 B-17 der 3 BD einen Ablenkungsangriff gegen die Kugellager Werke in Elberfeld; offenbar verhinderte das weiterhin ziemlich unbeständige Wetter einen planmässigen Ablauf dieses Angriffes, weswegen die Bomben der Viermotorigen am Ende weit verstreut auf verschiedene " targets of opportunity " im Raume Neuss / Düsseldorf / Geilenkirchen fielen [51]. Der Abwehreinsatz der JG 1 und 11 richtete sich in der Hauptsache gegen den nach Kiel einfliegenden Verband, gegen den der Stab mit der II. und III./JG 1 sowie das gesamte JG 11 angesetzt wurden.

Nachdem der Einflug der Viermots wiederum frühzeitig erfasst worden war, wurde bei den Gruppen zunächst 3'-Bereitschaft und kurze Zeit danach Sitzbereitschaft befohlen. Als erste stieg die II./JG 11 um 09.51 Uhr im Alarmstart auf [52], kurze Zeit darauf gefolgt von den anderen Gruppen [53]; dabei erlitt die III./JG 11 bereits einen Verlust, als Fw. Walter Hinsdorf von der 9. Staffel beim Start in Oldenburg tödlich abstürzte [54].

---

[51] Freeman, aaO., S. 163

[52] Flugbücher Hans-Gerd Wennekers, Rudi Lennhoff

[53] II./JG 1 10.03 Uhr - KTB II./JG 1, Flugbuch Eberhard Burath; III./JG 1 - ? -; I./JG 11 10.14 Uhr - Flugücher Franz Steiner und Heinz Hanke, der bereits um 10.27 Uhr wegen Querrudervereisung wieder landen musste; III./JG 11 - ? -

[54] nach Angaben von Viktor Widmaier erfolgte dieser Absturz erst am 11.1. gelegentlich eines Werkstattfluges am Stadtrand von Oldenburg - danach habe der Motor über der Stadt Oldenburg zu brennen begonnen und

Auf deutscher Seite eingesetzte Verbände am 5.1.1944

Einheit	Abschussmeldungen	Verluste im Einsatz				
		FF		Flugzeuge		
		+	verw.	60 - 100%	unter 60%	Boden
Stab/JG 1	2 B-24	-	-	-	-	-
I./JG 1	1 B-17, 4 B-17 HSS	3	-	3	3	-
II./JG 1	-	-	-	-	-	-
III./JG 1	-	-	-	-	-	-
Stab/JG 11	-	-	-	-	-	-
I./JG 11	3 B-24, 2 B-17, 2 P-38	-	-	-	-	-
II./JG 11	4 P-38	2	-	2	2	-
III./JG 11	3 P-38	1	-	1	-	-
10./JG 11	-	1	-	1	-	-
II./JG 27	1 B-17 HSS, 1 P-47	1	-	2	-	-
III./JG 54	1 B-17, 1 P-38	-	-	-	-	-
I./ZG 26	1 B-17, 1 B-24, 1 B-24 HSS	-	-	-	-	-
III./ZG 76	1 B-17 HSS	4	7	5	2	-
IV./NJG 1	1 B-24	-	-	-	-	-
I./NJG 3	-	-	-	1	-	-
II./NJG 3	1 B-17, 1 P-38	-	-	-	-	-
I./NJG 5	-	-	-	1	-	-
II./NJG 5	-	-	1	1	-	-
III./NJG 5	1 B-24, 2 B-24 HSS	6	2	5	-	-
		18	10	22	7	0

Gegen 10.30 Uhr trafen der Stab und die II./JG 11 in der Gegend von Neumünster auf die B-24 der 2 BD, die von etwa 30 bis 40 P-38 geschützt wurden; offensichtlich griffen im weiteren Verlauf auch die I. und III./JG 11 in die Auseinandersetzung ein, so dass sich die Luftkämpfe über ein weites Gebiet hinzogen, wobei die II. und III. Gruppe den Jagdschutz so weit binden konnten, dass die I./JG 11 zu den Viermotorigen durchstossen konnte. Insgesamt drei Liberator- und neun Lightningabschüsse wurden danach von den drei Gruppen des JG 11 beansprucht, die sich wie folgt verteilten:

Uffz. Hentschel	2./JG 11	B-24	(2.)	
Ofw. Griener	2./JG 11	B-24	(7.)	
Uffz. Rudschinat	2./JG 11	B-24	(3.)	
Uffz. Steiner	2./JG 11	P-38	(5.)	
Hptm. Maak	I./JG 11	P-38	(7.)	
Lt. Gloerfeld	4./JG 11	P-38	(5.)	
Fw. Lennartz	5./JG 11	P-38	(2.)	
Maj. Specht	II./JG 11	P-38	(25.)	
Fw. Wennekers	5./JG 11	P-38	(11.)	
Hptm. Hackl	III./JG 11	P-38	(131.)	
Flg. Widmaier	7./JG 11	P-38	(5.)	
Ofw. Zick	7./JG 11	P-38	(12.)	*

Walter Hinsdorf habe mit abgeworfener Kabine noch versucht, die Stadt zu überfliegen, um grösseres Unglück am Boden zu verhindern - Brief vom 3.5.1963; wie hier dagegen namentliche Verlustmeldung WASt.

Abb. 556 - 557: Oben - Freudiger Empfang von Uffz. Franz Steiner von der 2./JG 11 in seiner " schwarzen 3 " in Husum nach der Rückkehr vom Einsatz am 5. Januar 1944, bei dem er durch den Abschuss einer P-38 seinen fünften Luftsieg hatte erzielen können. Auf der Aufnahme unten wird die Maschine, eine Fw 190 A-6, sogleich für den nächsten Einsatz betankt und nachmunitioniert. Deutlich sichtbar trägt sie das gelbe Reichsverteidigungsrumpfband des JG 11.

(Steiner)

Abb. 558: Uffz. Franz Steiner und Fw. Egon Reichstein betrachten interessiert die " grüne 14 ", eine auf Hochglanz polierte Fw 190 A-6 vom des Stab/JG 1, die an diesem Tage von Hptm. Horst Maier als Kaczmarek von Obstlt. Walter Oesau geflogen wurde (vgl. den Bericht unten). Deutlich sind das rote Reichsverteidigungsrumpfband des JG 1 sowie unter dem Rumpf der Zielflugpeilrahmen und die Stabantenne des FuG 25a zu erkennen.

(Steiner)

Auf der Verlustseite standen zwei Gefallene sowie zwei als Totalverluste abzuschreibende Maschinen; der Stab der II./JG 11 hatte den Tod von Uffz. Kurt Kriese zu beklagen, der im Luftkampf bei Neumünster abgeschossen wurde, wo auch Uffz. Josef Hilge von der 4. Staffel im Luftkampf fiel.

Weit weniger erfolgreich war der Einsatz des JG 1; während der Ansatz der II. und III./JG 1 überhaupt nicht zur Feindberührung führte [55], trafen die Focke Wulfs des Geschwader-Stabsschwarmes unter Führung von Obstlt. Oesau kurz vor 12.00 Uhr im Raume Heide auf die bereits abfliegenden Viermotorigen; dabei gelang es dem Kommodore (106.) und seinem Rottenflieger Hptm. Horst Maier [56] (1.) je eine Liberator abzuschiessen. Unterdessen waren die Gruppen des JG 11 auf ihre Einsatzhäfen zurückgekehrt, wo die Maschinen umgehend für einen nochmaligen Einsatz aufgetankt und nachmunitioniert wurden. Kurze Zeit darauf wurde eine einzelne B-17 in der Nähe des Platzes der I./JG 11 in Husum gemeldet; weiter berichtet Franz Steiner:

Ich startete sofort allein auf diese B-17; es war mittlerweile 12.15 Uhr und man konnte die Boeing von unserem Platz aus mit blossem Auge erkennen. Während ich zum Angriff auf den Viermot einkurvte, erkannte ich zwei weitere Focke Wulfs, die es offenbar auch auf diesen " Braten " abgesehen hatten. Ich kam aber zuerst heran und konnte die Boeing nach zwei Anflügen abschiessen. Gleich darauf kehrte ich

---

[55] KTB II./JG 1; bei Eberhard Burath heisst es über diesen Einsatz: " *Am 5.1.44 schickte man uns nach Cuxhaven, ohne Feindberührung, mittags nochmal über den Platz, auch o.F."* - aaO., S. 17

[56] der vollständige Name lautete Horst Maier-ten-Doornkat; Hptm. Maier gehörte dem Geschwaderstab/JG 1 seit dem 3.12.1943 an

nach Husum zurück, wo ich gerade zehn Minuten nach meinem Start wieder landete. Auch die beiden anderen Focke Wulfs fielen auf unserem Platz ein und wir staunten nicht schlecht, als aus einer der beiden der Kommodore des JG 1, Obstlt. Walter Oesau, ausstieg und mir zu meinem Abschuss gratulierte - mit ihm hatte ich einen wirklich guten Luftzeugen für meinen sechsten Abschuss. [57]

Offensichtlich kamen noch weitere Maschinen der I./JG 11 zu einem zweiten Einsatz gegen die abfliegenden Viermotorigen, wobei noch ein B-17 Abschuss durch Uffz. Pfeiffer (2.) gemeldet wurde. Gegen die rückfliegenden Verbände wurde schliesslich auch noch die 10./ JG 11 angesetzt; diese war, nachdem ihr erster Einsatz erfolglos verlaufen war, in Husum eingefallen und von dort gegen 12.00 Uhr zu ihrem zweiten Einsatz gestartet. Während sie selbst abermals ohne Erfolg blieb, verlor die Staffel den Gefr. Friedemann Gruber nach Luftkampf über See [58].

Insgesamt meldeten die gegen den nach Kiel einfliegenden Verband eingesetzten deutschen Gruppen 28 Ab- und Herausschüsse, darunter 17 Viermotorige [59]; die Amerikaner bezifferten ihre Verluste demgegenüber mit 14 Viermotorigen und sieben P-38, wohingegen sie selbst 70 Abschüsse beanspruchten [60].

Auch die II. und III./JG 1 wurden gegen den Kieler Verband angesetzt, doch bekamen beide Gruppen keine Feindberührung und fielen danach unverrichteter Dinge wieder auf ihren Einsatzhäfen ein [61].

Unterdessen war die I./JG 1 zusammen mit der Sturmstaffel 1 und der II./JG 27 gegen die in den westdeutschen Raum einfliegenden B-17 der 3 BD eingesetzt; gegen 12.30 Uhr trafen die Focke Wulfs über dem Bergischen Land auf die amerikanischen Verbände und konnten in einem länger anhaltenden Luftkampf, dabei heftig bedrängt durch die Thunderbolts des Begleitschutzes, einen B-17 Ab- und vier Herausschüsse erzielen [62],

Lt. Ehlers	1./JG 1	B-17	(33.)		12.45
Fw. Piffer	2./JG 1	B-17 HSS	(18.)		
Uffz. Hübl	1./JG 1	B-17 HSS	(7.)		
Uffz. Hübl	1./JG 1	B-17 HSS	(8.)	*	
Lt. Lück	I./JG 1	B-17 HSS	(5.)	*	

erlitten aber mit drei Gefallenen, von denen jedenfalls zwei durch das Abwehrfeuer der Viermots abgeschossen wurden, spürbare Verluste. Die 1. Staffel hatte den Tod von Fw. Alfred Müller zu beklagen, der bei Fernstein mit seiner " weissen 10 " abstürzte; gleich zwei Gefallene gab es bei der 2./JG 1 - Fw. Bernhard Kunze und Ofhr. Heinz Rutzhofer kamen beim Absturz ihrer Focke Wulfs im Raume Prüm zu Tode. Zwei weitere Fw 190 wurden in den Luftkämpfen erheblich beschädigt, eine musste aus unbekannter Ursache notlanden, doch blieb es dabei jeweils bei reinem Sachschaden. Für die

---

[57] Bericht Franz Steiner, 18.10.1992

[58] vgl. nebenstehenden Brief des Staffelführers Lt. Diedrigkeit vom 15.1.1944 an die Hinterbliebenen Grubers

[59] vgl. die Aufstellung auf S. 667

[60] Freeman, aaO., S. 162 / 163; unter den Verlusten befanden sich vier Viermots der "Cat.E", während von den Abschussmeldungen auf die Bomber 41-6-13 und auf die Jäger 22-1-8 entfielen

[61] Alarmstart der II./JG 1 mit 13 Fw 190 in Rheine um 10.03 Uhr, bei der III./JG 1 in Volkel um 09.55 Uhr - KTB II./JG 1, Flugbuch Fritz Haspel; die II./JG 1 wurde um 11.40 Uhr nochmals nach Alarm eingesetzt, doch musste die Gruppe ihren Ansatz gegen den in den Westraum eingeflogenen Viermotverband wegen zu grosser Feindentfernung alsbald abbrechen

[62] die zwei letztgenannten Herausschüsse werden in den Aufzeichnungen Siegfried genannt, während eine weitere Bestätigung dafür fehlt

Abschrift.
P.D.

Gefechtsstand, 15 Januar 1944.

Hochverehrte Familie Gruber!

Als Einheitsführer habe ich die schmerzliche Aufgabe, Ihnen die überaus traurige Nachricht vom Heldentod Ihres Sohnes Friedemann Gruber mitzuteilen.

Am 5.Januar startete die Staffel zum Angriff auf amerikanische Terrorflieger. Nachdem ein Teil der Staffel Feindberührung mit viermotorigen Grossbombern bekommen hatte, landete sie anschliessend in Husum. Ihr Sohn hatte bei dieser Feindberührung keinen Luftkampf.

Gegen 12:00 Uhr begannen die Aufklüge der Terrorbomber. Die Staffel startete jetzt wieder zum Angriff. Ihr Sohn bekam mit noch drei Kameraden der Staffel über der Nordsee mit einigen einzeln fliegenden viermotorigen Bombern Luftkampf. Er trennte sich kurz darauf von seinen Kameraden und verfolgte mit seltene gesehenem Schneid und Draufgängertum einen auf die offene See fliegenden feindlichen Grossbomber. Da die beiden anderen Kameraden inzwischen auch in Luftkämpfe verwickelt waren, konnten Sie den weiteren Verlauf der Verfolgung und des Kampfes nicht beobachten. Eine in der Nähe "Seenotsuche" fliegende deutsche Seenotmaschine beobachtete kurz darauf jedoch den Absturz eines deutschen Jagdflugzeuges! Sofort am Kampfplatz angelangt, waren jedoch Rettungsaktionen nicht mehr möglich. Mit grösster Wahrscheinlichkeit ist anzunehmen, dass Ihr Sohn bei dem bestimmt harten Luftkampf sofort tödlich verwundet wurde.So überaus schmerzlich der Verlust Ihres geliebten Sohnes ist, so kann man doch Gott danken, dass Ihr Sohn keinen Aug' in Augmit dem Feind einen kurzen dungen erlegen ist, sondern kämpferischen und heldenhaften Tod erlitten hat.In den kühlen Fluten der Nordsee hat er ein Soldatengrab in seiner eigenen Maschine gefunden,wie es ein Soldat sich nicht schöner wünschen kann. Wir Flugzeugführer der Staffel und darüber hinaus das ganze Gesprüwader verliert in Ihrem Sohne einen Kameraden und Kämpfer, der trotz seiner kurzen Zugehörigkeit zur Staffel die Herzen aller gewonnen hatte. Ich als Staffelführer verliere in Ihm einen Soldaten und Flugzeugführer, der Anlagen eines schneidigen, jungenhaften Draufgängertumes mitbrachte, wie es nur wenige Soldaten besitzen.

Gottes Ratschluss hat es gewollt, dass er nicht mehr unter uns weilt; sein Geist und kämpferisches Vorbild aber wird in der Staffel weiterleben und kommenden jungen Jagdfliegern ein leuchtendes Vorbild sein. Wenn die Kameraden stets der Verlust eines Freundes und Kampfgefährten hart trifft, so ist doch der Verlust für die Eltern, die Ihren geliebten Sohn verlieren, am schmerzlichsten.
Ich möchte Ihnen meine und der ganzen Staffel aufrichtig mitfühlende Anteilnahme ausdrücken und die Hoffnung verbinden, dass Sie sich in stolzer Trauer in die Unabwendbarkeit des Schicksals ergeben.Für uns Jagdflieger gäbe es keine schönere Gewissheit, als in festen Glauben zu kämpfen, dass bei unseren eintretenden Heldentod die Lieben daheim nicht verzagen, sondern in stolzer Trauer weiterleben- und kämpfen.

Ihr ergebener
gez. Paul Biedrigkeit Ltn.u.Staffelführer.

N.S.

Sollten Sie irgend eine Nachfrage und Auskunft benötigen, so steht Ihnen die Dienststelle jederzeit zur Verfügung.
Die Nachlasssachen Ihres Sohnes werden listenmässig aufgeführt und Ihnen als Nachlassgut zugestellt.
Meine Nachricht erreicht Sie so spät, da ich zuerst die Partei benachrichtigen und danach die vorgeschriebene Frist abwarten musste.

Vorstehende(n) Abschrift beglaubigt
Ellwangen (Jagst), den 21.1.44.
Ratschreiber

Sturmstaffel 1 dagegen blieb der Einsatz offenbar ohne zählbares Ergebnis. Die Amerikaner gaben ihre Verluste nach diesem Einsatz mit drei B-17 an, während sie zugleich 14 Abschüsse für sich in Anspruch nahmen [63], [64].

Während der nächsten fünf Tage kam es nicht zu weiteren Viermot-Einflügen in den Nordwesten des Reichsgebietes [65]; das anhaltend schlechte, winterliche Wetter sorgte dafür, dass der Flugbetrieb bei den Gruppen der JG 1 und 11 vergleichsweise gering blieb. Gleichwohl hatte die III./JG 11 am 6. Januar 1944 den Tod eines ihrer Staffelkapitäne zu beklagen: Olt. Karl Goetze, Kapitän der 8./JG 11, wurde unter im einzelnen nicht näher bekannten Begleitumständen von Fw. Friedrich Harlos, einem Flugzeugführer seiner Staffel, erschossen [66].

Bei der II./JG 1 erfolgte in diesen Tagen [67] die Auflösung der mit der Bf 109 G ausgerüsteten Höhenstaffel, der 11./JG 1; während die meisten Flugzeugführer - darunter Lt. Kurt Ibing und Uffz. Walter Pleines - zur III. Gruppe versetzt wurden, wo sie der 7. Staffel zugeteilt wurden [68], blieb Maj. Heinz Bär weiterhin bei der II. Gruppe, wo er zur 6. Staffel kam [69]. Vordergründiger Anlass dieser Massnahme war der Umstand, dass Heinz Bär die Focke Wulf der Messerschmitt vorzog -

" *Wenn ich nicht hinter dem Stern sitze, fühle ich mich nicht sicher !* " [70]

begründete er dies einmal [71].

---

[63] Freeman, aaO., S. 163; die Abschüsse fielen mit 2-5-2 an die Bomber und mit 6-1-0 an die Begleitjäger

[64] auf deutscher Seite wurden am 5.1.1944 insgesamt 81 Abschüsse gemeldet - OKW-Bericht -, von denen allerdings ein Grossteil auf die an diesem Tage über Frankreich ausgetragenen Kämpfe entfiel; die Verbände des I. Jagdkorps im Reichsgebiet kamen auf insgesamt 30 als sicher weitergeleitete Abschüsse - vgl. Tagesmeldung I. Jagdkorps

[65] der Angriff auf Ludwigshafen am 7. Januar 1944 wurde von den Gruppen der JG 1 und 11 nicht bekämpft

[66] nach den verlässlichen Angaben eines ehemaligen Angehörigen des Gruppenstabes (Name den Verf. bekannt) hatte sich folgendes zugetragen: Goetze machte an diesem Abend einen Rundgang in den Flugzeugführerunterkünften in Oldenburg. Harlos hatte eine Dame auf seinem Zimmer und war - weil das verboten war - beim Klopfen von Olt. Goetze nicht bereit, die Tür zu öffnen. Goetze klopfte nochmals und verlangte nun energischer Einlass. Daraufhin schoss Harlos durch die geschlossene Tür ein ganzes Magazin in den Flur, wobei Goetze tödlich getroffen wurde. Es kam daraufhin zur Kriegsgerichtsverhandlung gegen Harlos, der allerdings nicht zum Tode, sondern nur zur Festungshaft, " zu vollstrecken nach dem Endsieg ", verurteilt wurde. Laut Angaben eines ehemaligen Flugzeugführers soll Friedrich Harlos dagegen für seine Tat zum Tode verurteilt und hingerichtet worden sein

[67] die letzte Erwähnung eines Einsatzes unter Beteiligung der Bf 109 der Höhenstaffel im KTB der II./JG 1erfolgte unter dem 4.1.1944

[68] Briefe Walter Pleines, 13.8.1990 und 13.1.1994

[69] ausweislich seines Flugbuches machte er seinen ersten Übungsflug bei der 6./JG 1 am 4.1.1944; seine Dienststellung war die eines " kommissarischen Staffelführers " (vermutlich deswegen, weil Hptm. Lutz-Wilhelm Burkhardt aus gesundheitlichen Gründen erst am 21.1.1944 seinen ersten Flug mit einer Fw 190 machen konnte - vgl. dessen Flugbuch), was Heinz Bär auf die für ihn typische Weise kommentierte: " *In meiner Kiste bin ich Kommodore !*"

[70] Bericht Lutz-Wilhelm Burkhardt, 29.11.1989; gemeint war damit natürlich der Doppelstern des BMW 801-Motors. Seinen ersten Übungsflug bei der 6. Staffel unternahm Maj. Bär am 4. Januar 1944 - Flugbuch Heinz Bär -, während das KTB überhaupt erst unter dem 21.1.1994 die Kommandierung Bärs zur Gruppe vermerkte

[71] dabei mag allerdings auch eine Rolle gespielt haben, dass mit Major Bär bei der II. Gruppe danach ein sehr erfahrener Verbandsführer für die Führung der Gruppe in der Luft verfügbar sein würde; es heisst, dass sich Walther Oesau sehr schnell über den " Bann ", der über Bär verhängt worden war, hinweggesetzt und Bär nach seinen tatsächlichen Meriten behandelt habe

Abb. 559 - 560: Zwei Aufnahmen der "gelben 14" der 3./JG 11 in Husum, die im Januar 1944 von Fw. Heinz Hanke geflogen wurde; bemerkenswerte Einzelheiten dieser Fw 190 A-4 sind die regelbaren Kühlerklappen, das nur in weissen Konturen aufgetragene Hakenkreuz auf der Seitenleitwerksflosse und die in der Schiebehaube erkennbaren Fangseile des Kopf- und Schulterschutzes - letztere sind in der Serie erst ab der Baueihe A-6 bekannt.

(Hanke / Lächler)

Als am **11. Januar 1944** eine deutliche Wetterbesserung erstmals wieder einen grösseren Tageseinflug zuliess, nutzte die 8. USAAF dies zu einem Grossangriff auf Werke der Flugzeugindustrie im mitteldeutschen Raum; ihre Ziele waren die Städte Halberstadt, Magdeburg, Oschersleben und Braunschweig. Insgesamt 663 Viermotorige wurden dafür aufgeboten, die von 592 Begleitjägern - 499 P-47, 49 P-38 und 44 P-51 - geschützt werden sollten [72]. Der Einsatz nahm indes nicht den vorgesehenen Verlauf, denn trotz der überaus guten Wetterbedingungen [73] wurde der überwiegende Teil der 2 und 3 BD noch vor Erreichen ihrer Zielräume zurückgerufen und bombardierte auf dem Rückflug verschiedene "targets of opportunity" im Raume Osnabrück / Bielefeld / Herford / Meppen und Lingen, wodurch auch der starke Begleitschutz aufgesplittert wurde. Angesichts dessen erreichten überhaupt nur etwa die Hälfte der eingesetzten Viermots ihre Zielräume [74]; besonders nachteilig für die Amerikaner wirkte sich zudem aus, dass diesen Bomber Groups nur die 44 P-51 der 354 FG als Begleitschutz während des längsten Teils ihres Einsatzes über Mitteldeutschland folgen konnten, was den deutschen Jägern zahlreiche Angriffsmöglichkeiten gegen die auf einer Länge von annähernd 300 km anfliegenden, zumeist ungeschützten Bomberpulks eröffnete. Auf deutscher Seite wurden an diesem Tage insgesamt 239 Jäger und Zerstörer eingesetzt, von denen 207 Feindberührung bekamen; neben den JG 1 und 11 kamen Teile von fünf Jagd-, zwei Zerstörer- und fünf Nachtjagdgeschwadern zum Einsatz [75], die den einfliegenden amerikanischen Bomberpulks am späten Vormittag eine ausgedehnte Luftschlacht lieferten.

Die Jagdgeschwader 1 und 11 waren an diesem Tage mit allen sechs Gruppen im Einsatz; aufgrund ihrer Stationierung im Nordwesten des Reiches gehörten sie zu den ersten deutschen Jägern, die sich dem Bomberstrom entgegenstellten. Der Startbefehl erfolgte bei allen Gruppen zwischen 10.20 und 10.50 Uhr [76]; nach dem Sammeln wurden die Gruppen in den Raum Südniedersachsen geführt, wo es alsbald zur Feindberührung mit den Viermotorigen kam. Als erste Gruppe traf vermutlich die I./JG 1, die auch bei diesem Einsatz wieder von der Sturmstaffel 1 begleitet wurde, auf die Amerikaner; vier Abschüsse, von denen einer an die Sturmstaffel 1 ging, waren das Ergebnis dieses ersten Treffens:

Hptm. Grislawski	1./JG 1	B-17	(120.)	11.08
Lt. Terborg	3./JG 1	B-17	(3.)	11.09
Hptm. Wrobel	I./JG 1	B-17	(2.)	11.10
Olt. Zehart	Sturmst.	B-17	(1.)	

Um dieselbe Zeit stiess auch die III./JG 1, die mit 24 Maschinen im Einsatz war, auf die Viermotorigen; sie bekam um 10.56 Uhr im Raume nördlich Enschede Feindberührung [77]. Ihr Einsatz blieb indes erfolglos und brachte der Gruppe zudem in den erbittert geführten Luftkämpfen mit dem amerikanischen Jagdschutz über dem Raum Münster / Rheine einen Gefallenen ein, als Ofhr. Dagobert Schattner von der 8. Staffel von P-47 abgeschossen wurde und beim Absturz seiner Messerschmitt in der Nähe von Bad Bentheim ums Leben kam. Die II./JG 1, die, geführt vom Staffelführer der 5. Staffel Lt. Rüdiger

---

[72] Freeman, aaO., S. 165/166; hinzu kamen zahlreiche Spitfires der RAF für den Jagdschutz im Nahbereich der britischen Küste

[73] die Angaben zu den Wetterbedingungen sind widersprüchlich; angeblich erfolgte der Rückruf der 2 und 3 BD wegen schlechten Wetters, während Girbig, aaO., S. 104, sowie Galland, aaO. S. 291, ausführen, dass ab dem Weserbergland strahlender Sonnenschein geherrscht habe

[74] 266 B-17 der 1 BD sowie 47 B-17 der 3 BD - Freeman, aaO.

[75] vgl die Aufstellung S. 677; vgl. auch Galland, aaO., S. 291. Die Zahl von 239 eingesetzten Maschinen dürfte sich allein auf das I. Jagdkorps beziehen und umfasst nicht die in Frankreich liegenden Verbände

[76] II./JG 1 in Rheine 10.35 Uhr - KTB II./JG 1, Flugbuch Eberhard Burath; III./JG 1 in Volkel 10.24 Uhr - Flugbuch Fritz Haspel sowie Jansen, aaO. Bd.3, S. 23 (gestützt auf Gefechtskarten des BA / MA); I./JG 11 in Aalborg (nur 3. Staffel) 10.53 Uhr, in Husum 10.42 Uhr - Flugbücher Heinz Hanke, Franz Steiner; II./JG 11 in Wunstorf 10.42 Uhr - Flugbücher Hans Gerd Wennekers und Rudi Lennhoff

[77] Brief Heinrich Overhagen, Staffelführer 8./JG 1, 23.1.1944

Abb. 561 - 562: Hptm. Alfred Grislawski, seit November 1943 Staffelkapitän der 1./JG 1, in einer " weissen 9 ", aufgenommen im Januar 1944 in Dortmund. Bei der Maschine handelt es sich um eine Fw 190 A-7 mit der WerkNr. 430 965, die bei AGO in Oschersleben gefertigt wurde. Die Aufnahme oben veranschaulicht deutlich die Enge in der Kabine einer Focke Wulf 190. Unten erkennt man die auf 30 mm verstärkten Seitenscheiben des Windschutzaufbaus und die Schlauchleitung für die Scheibenspülung.

(*Grislawski*)

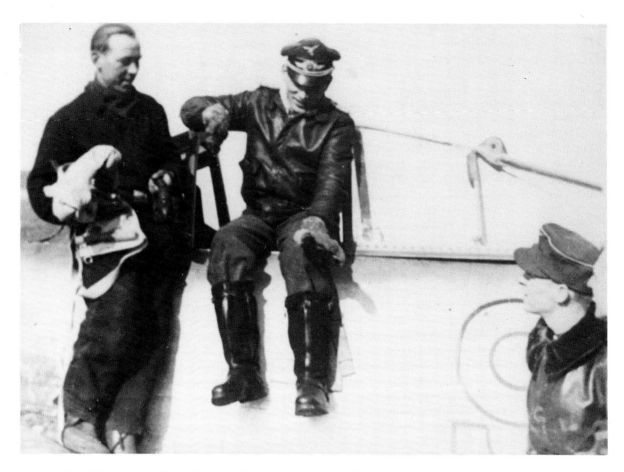

Abb.: 563 - 564: Oben schildert Hptm. Alfred Grislawski vom Kabinenrand der " weissen 9 " die Erlebnisse des letzten Einsatzes. Unten - Hptm. Grislawski lehnt gegen die Motorhaube derselben Maschine; hier fehlt der gestreifte Anstrich der Motorhaube, während das Geschwaderemblem und das rote Rumpfband deutlich sichtbar vorhanden sind. Beachte auch die Mündungsfeuerdämpfer für die MG 131 sowie das Staurohr an der rechten Flächenspitze.

(Grislawski / Lächler)

Auf deutscher Seite eingesetzte Verbände am 11.1.1944

Einheit	Abschussmeldungen	FF +	verw.	Flugzeuge 60-100%	unter 60%	Boden
Stab/JG 1	-	-	-	-	-	-
I./JG 1	4 B-17, 1 B-17 HSS	-	-	6	3	-
II./JG 1	10 B-17, 1 B-17 HSS, 1 e.V.	1	1	3	1	-
III./JG 1	1 B-17, 1 e.V., 2 P-47	1	-	1	-	-
Sturmst. 1	1 B-17	-	-	-	-	-
III./JG 2	1 B-17, 2 unbek. Typ	-	-	1	-	-
I./JG 3	-	-	-	-	-	-
Stab/JG 11	-	-	1	-	1	-
I./JG 11	1 B-17, 1 B-17 HSS	-	-	-	1	-
II./JG 11	10 B-17, 1 P-47	3	4	4	6	-
III./JG 11	8 B-17, 1 B-17 HSS	3	-	4	1	-
I./JG 26	9 B-17	-	-	2	-	-
II./JG 26	1 B-17, 1 B-17 HSS, 1 e.V., 1 P-47	-	-	1	-	-
II./JG 27	1 B-17 HSS, 6 B-24, 2 B-24 HSS, 1 P-47	-	-	-	-	-
III./JG 54	9 B-17, 2 P-51	2	-	3	1	-
I./JG 300	1 B-17	-	-	-	-	-
I./JG 302	1 B-17	-	3	3	2	-
I./ZG 26	5 B-17, 1 B-17 HSS, 1 Spitfire	6	4	6	5	-
Stab/ZG 26	-	-	1	1	1	-
II./ZG 26	3 B-17	2	3	2	3	-
I./ZG 76	9 B-17	1	-	2	1	-
III./ZG 76	1 B-17	3	-	2	-	-
Z-ErgGr.	-	-	2	-	1	-
EKdo.25	1 B-17	-	-	-	-	-
Sd.Kdo. OKL	3 B-17	-	-	-	-	-
Jasta Erla	-	-	1	-	1	1
NJG 1	3 B-17	-	-	-	-	-
NJG 2	-	-	2	-	1	-
NJG 3	7 B-17	7	1	4	1	-
NJG 5	2 B-17, 3 B-17 HSS	-	3	3	1	-
NJG 6	-	-	2	-	1	-
V./KG 2	-	-	2	1	1	1
		38	22	53	31	0

Kirchmayr, mit 15 Maschinen im Einsatz war [78], bekam um 11.26 Uhr im Raume Göttingen Feindberührung mit etwa 50 bis 60 Boeings, die in drei Pulks in südöstlicher Richtung einflogen; da sich keine Begleitjäger bei den Viermotorigen befanden, konnte die II./JG 1 insgesamt drei geschlossene Angriffe von vorn fliegen, dabei den letzten von vorne unten. Eberhard Burath erinnert sich an diesen Luftkampf:

---

[78] KTB II./JG 1; Abschussmeldungen II./JG 1 vom 24.1.1944

Im Raume Paderborn trafen wir auf einen Riesenhaufen, der nach Berlin wollte. Mit einem "Schlangenbiss-Angriff" [79] *bekam ich, von unten hochziehend, eine B-17 gut ins Revi und konnte ihr eine satte Garbe durch den Rumpf ziehen; im Hochziehen sass ich noch hinter ihr und feuerte weiter. Das war ihr zuviel und für mich der dritte Abschuss.*

Insgesamt meldete die Gruppe danach neun Abschüsse sowie einen Herausschuss und zwei endgültige Vernichtungen an; diese Erfolgsmeldungen wurden jedoch in ungewöhnlich drastischer Weise durch die zuständigen Prüfinstanzen zusammengestrichen, so dass am Ende lediglich zwei von den nachfolgenden Abschussansprüchen Anerkennung fanden:

Lt. Kirchmayr	5./JG 1	B-17	(6.)	11.30
Fw. Kirchner	5./JG 1	B-17	n.b.	
Lt. Wegner	5./JG 1	B-17	n.b.	
Ofw. Schuhmacher	6./JG 1	B-17	(8.)	
Fw. Fuchs	6./JG 1	B-17	n.b.	
Fw. Schönrock	4./JG 1	B-17	n.b.	
Fw. Sauer	4./JG 1	B-17	n.b.	
Lt. Kirchmayr	5./JG 1	B-17	n.b.	
Olt. Burath	4./JG 1	B-17	n.b.	[80]
Ofw. Haninger	4./JG 1	B-17 HSS	n.b.	
StFw. Martens	5./JG 1	B-17	e.V., n.b.	
Fw. Kirchner	5./JG 1	B-17	e.V.	

Auf der Verlustseite stand mit Uffz. Erwin Mietho von der 6./JG 1, der bei Ohrbeck im Luftkampf abgeschossen wurde, ein Gefallener, während Fw. Günther Kirchner von der 5. Staffel verwundet in Nordhausen notlanden musste. Darüber hinaus büsste die Gruppe noch eine Maschine als Totalverlust im Luftkampf ein und eine vierte wurde dabei erheblich beschädigt.

Auch die drei Gruppen des JG 11 stiessen bereits über dem deutsch holländischen Grenzgebiet westlich Lingen auf die Viermotorigen; die I./JG 11 kam dabei zu je einem Ab- und Herausschuss, während sie selbst eine Focke Wulf einbüsste, deren Flugzeugführer indes unverletzt blieb. Dagegen hatte der Stab/JG 11 einen Verwundeten zu verzeichnen, als Fw. Hans-Helmut Koch bei Westerburg abgeschossen wurde, aber noch mit dem Fallschirm aussteigen konnte.

Bei der II./JG 11, die mit 32 Maschinen im Einsatz war, hielten sich Erfolge und Verluste am 11. Januar 1944 annähernd die Waage; elf Abschüssen stand der Totalverlust von acht und die schwere Beschädigung einer weiteren Messerschmitt gegenüber, wobei die Gruppe drei Gefallene und ebenso viele Verwundete zu beklagen hatte: Der Gefr. Heinrich Weitzel von der 4./JG 11 fiel im Luftkampf bei Bramsche, Uffz. Rudolf Kleinig von der 5. Staffel kam beim Absturz seiner Messerschmitt bei Detmold zu Tode und bei der 6./JG 11 traf es Uffz. Hellmuth Bosch, der im Luftkampf bei Göttingen tödlich abgeschossen wurde. Auch die Verwundeten verteilten sich gleichmässig auf die Staffeln: Bei der 4./JG 11 wurde Lt. Wolfgang Gloerfeld einmal mehr abgeschossen und musste im Raume Nordhausen zum Fallschirm greifen. Das gleiche Missgeschick hatte Lt. Georg Wroblewski von der 5./JG 11, der sich an diesen Luftkampf wie folgt erinnert:

---

[79] Aufzeichnungen Eberhard Burath, S. 17; der sogenannte "Schlangenbiss-Angriff", der auf Hptm. Hoeckner zurückgehen soll, war eine Angriffsform, bei der sich der Jäger von hinten in Wellenbewegungen an den Bomberpulk heranzog - dementsprechend dürfte dieser Abschuss Buraths nach den vorangegangenen Frontalangriffen bei einem weiteren Angriff von hinten erfolgt sein

[80] so laut KTB II./JG 1, möglicherweise aber später anerkannt

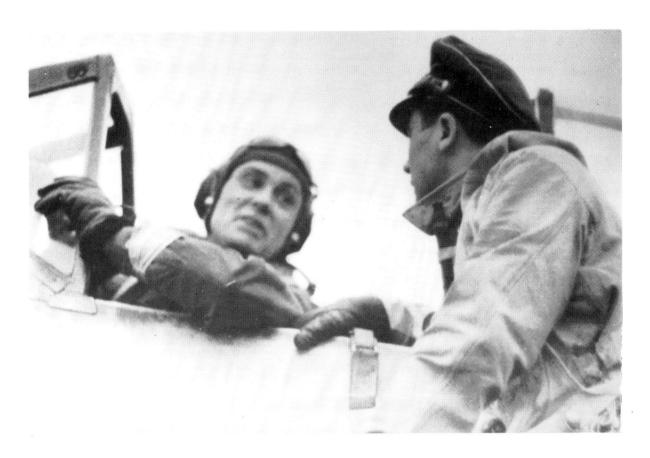

Abb. 565 - 567: Die folgenden Aufnahmen wurden am 11. Januar 1944 vom PK-Berichter Rothkopf bei der II./JG 1 in Rheine gemacht; es handelt sich dabei allerdings um offensichtlich nachgestellte " Einsatzfotos ". Oben sieht man StFw. Martens von der 5. Staffel in seiner " schwarzen 9 ", wie er mit seinem Staffelführer Lt. Kirchmayr spricht, unten links ist er ausgestiegen. Unten rechts schwingt sich Lt. Kirchmayr aus seiner Maschine, einer Fw 190 A-7 mit der WerkNr. 430 172 und der Kennung " schwarze 1 " - letztere zeigt hier offensichtliche Spuren von Retusche.

(Kirchmayr)

Abb. 568 - 569: Flugzeugführer der II./JG 1 haben sich vor der " schwarzen 9 " von StFw. Martens versammelt - oben sieht man von links Ofw. Schuhmacher, Fw. Haninger, Lt. Kirchmayr, Fw. Sauer, StFw. Martens und Olt. Burath, unten von links Fw. Sauer, StFw. Martens, Fw. Schönrock und Olt. Burath. Bei der Maschine handelt es sich um eine Fw 190 A-6 mit der WerkNr. 550 755.

(Kirchmayr / Deutsche Wochenschau Nr. 721, 28.6.1944)

> *Wir stiessen auf einen starken B-17 Verband. Es war kein Jagdschutz dabei und so griffen wir den Pulk von hinten oben an. Ich hatte zu hohe Geschwindigkeit und konnte daher nicht auf die hinten fliegenden B-17 schiessen, sondern flog - dummerweise - in ganz geringem Abstand über den ganzen Verband hinweg, um eine ganz vorn rechts fliegende Boeing anzugreifen. Ich traf sie auch recht gut, denn ich flog durch Trümmerstücke, von denen eins meine linke Tragfläche traf. Ich musste dann Sekunden später aussteigen, da meine '109 brannte und mein Bein anfing übel zu schmerzen. Den Beinschuss hatte ich mir vermutlich bereits eingefangen, als ich über den Pulk flog, denn dabei verspürte ich einen leichten Schlag, dem allerdings nicht sogleich der Schmerz folgte. Von der von mir getroffenen Boeing habe ich weiter nichts gehört und deshalb habe ich auch keinen Abschuss angemeldet - ausserdem ging es mir danach wochenlang hundeelend.* [81]

Lt. Georg Wroblewski hatte bei Bad Gandersheim aussteigen müssen, während es bei der 6. Staffel Uffz. Siegfried Baumgart im Luftkampf bei Hildesheim erwischte.

Die III./JG 11 schliesslich hatte gegen 11.30 Uhr westlich von Hildesheim ihren Kampf mit den Viermots auszutragen; der von ihr angegriffene Verband hatte zu dieser Zeit noch seine Begleitjäger bei sich, so dass es über dem Raum Nordstemmen zu sehr heftigen Luftkämpfen kam, nach denen die Gruppe zwar acht Abschüsse für sich beanspruchte, in denen sie aber mit drei Gefallenen und fünf als Totalverlusten abzuschreibenden Maschinen selbst empfindliche Verluste hinnehmen musste. Der Gruppenstab verlor den Fw. Otto Weigand, der im Luftkampf bei Goslar fiel. Je ein Gefallener auch bei der 7. und 8./JG 11: Die Gefr. Günther Burmeister und Herbert Haack wurden im Luftkampf bei Nordstemmen abgeschossen, wobei ersterer ein Opfer des amerikanischen Begleitschutzes wurde. Insgesamt meldete das JG 11 danach 19 Ab- und Herausschüsse nach den Luftkämpfen dieses Tages; diese verteilten sich wie folgt:

Fw. Doppler	2./JG 11	B-17	(8.)	11.32	+
Uffz. Steiner	2./JG 11	B-17 HSS	(7.)		
Fw. Römling	II./JG 11	B-17	(2.)		+
Hptm. Sommer	4./JG 11	B-17	(18.)		+
Uffz. Reichwein	4./JG 11	B-17	(1.)		+
Lt. Gloerfeld	4./JG 11	B-17	(6.)		+
Uffz. Lennhoff	4./JG 11	B-17	(6.)		
Uffz. Reissle	4./JG 11	P-47	(1.)	*	
Fw. Wennekers	5./JG 11	B-17	(12.)		
Fw. Fest	5./JG 11	B-17	(5.)		
Ofw. Barann	5./JG 11	B-17	(3.)		
Fw. Raddatz	5./JG 11	B-17	(4.)		+
Uffz. Freiwirth	6./JG 11	B-17	(1.)		+
Hptm. Hackl	III./JG 11	B-17	(132.)		+
Hptm. Hackl	III./JG 11	B-17	(133.)		+
Olt. Frey	7./JG 11	B-17	(26.)		+
Olt. Frey	7./JG 11	B-17	(27.)		+
Uffz. Held	7./JG 11	B-17	(2.)		+
Flg. Widmaier	7./JG 11	B-17	(6.)		
Fw. Zick	7./JG 11	B-17 HSS	(13.)		
Ofw. Laskowski	8./JG 11	B-17	(26.)	11.40	+
Fw. Neuberger	9./JG 11	B-17	(1.)		+ [82]

---

[81] Brief Georg Wroblewski, 2.8.1981; es folgten etwa drei Monate Lazarettaufenthalt in Seesen und Bad Gandersheim, nachdem sich an der Beinverletzung zu allem Überfluss ein Gasbrand entwickelt hatte

[82] die mit "+" gekennzeichneten Abschüsse sind solche, die mit Gewissheit vom I. Jagdkorps zur Anerkennung weitergeleitet wurden - Tagesmeldung I. Jagdkorps; hinsichtlich der übrigen Abschüsse ist dies jedoch ebenfalls möglich

Nachdem die Gruppen der JG 1 und 11 von den Viermotorigen wegen Sprit- und Munitionsmangels hatten ablassen müssen, liessen die deutschen Angriffe vorübergehend nach, bis über dem mitteldeutschen Raum weitere heftige Zerstörer- und Jägerangriffe auf die Boeing-Pulks einsetzten. Unterdessen fielen die Focke Wulfs und Messerschmitts der JG 1 und 11 auf ihren Einsatzhäfen ein, um für einen weiteren Einsatz gegen die Rückflüge klargemacht zu werden. Es hat allerdings den Anschein, als wenn nur die I. und III./JG 1 tatsächlich noch einmal zum Einsatz kamen [83]; zwei Stunden nach den ersten Luftkämpfen kam es dabei gegen 13.00 Uhr über dem deutsch / holländischen Grenzgebiet nochmals zu erbitterten Auseinandersetzungen mit den ausfliegenden B-17 Pulks, die zu dieser Zeit bereits von den P-47 des Begleitschutzes wieder aufgenommen worden waren. Dabei kamen die beiden Gruppen des JG 1 zu weiteren fünf Abschüssen, die an folgende Flugzeugführer gingen:

Lt. Berger	2./JG 1	B-17	(3.)	13.08	
Ofw. Kaiser	3./JG 1	B-17 HSS	(8.)		+
Uffz. Brett	8./JG 1	P-47	(3.)	13.10	+
Olt. Overhagen	8./JG 1	B-17	(2.)	13.22	+
Olt. Overhagen	8./JG 1	P-47	(3.)		
Uffz. Haspel	8./JG 1	B-17	e.V.		

Für die I. und III./JG 1 blieben diese Luftkämpfe dagegen ohne personelle Einbussen [84].

Nachdem am frühen Nachmittag die letzten Viermotorigen die Küste des europäischen Festlandes hinter sich gelassen und die Mission No. 182 der 8. USAAF ihr Ende gefunden hatte, gingen beide Seiten an die Bestandsaufnahme; wie üblich fiel deren Ergebnis ziemlich unterschiedlich aus, wobei der 11. Januar 1944 insoweit bemerkenswert war, als dass beide Seiten die eigenen Erfolge zunächst masslos überbewerteten. So hiess es im deutschen OKW-Bericht am folgenden Tage:

Wie bereits durch Sondermeldung bekanntgegeben, erlitten nordamerikanische Bomberverbände am Vormittag des 11. Januar bei Angriffen auf das mittlere Reichsgebiet schwerste Verluste. Die Angriffe kamen infolge des hervorragenden Zusammenwirkens von Jägern, Zerstörern und allen Teilen der Luftverteidigung nicht zu geschlossener Wirkung. Nach den neuesten Feststellungen wurden 136 nordamerikanische Flugzeuge, darunter 124 viermotorige Bomber, meist vor Erreichen ihrer Ziele, abgeschossen. Die Vernichtung weiterer feindlicher Flugzeuge ist wahrscheinlich. [85]

Die Stäbe der beteiligten Jagddivisionen sahen die Dinge wesentlich nüchterner und strichen die eingehenden Abschussmeldungen in ganz erheblichem Umfange zusammen; danach blieben im Bereich des I. Jagdkorps, dessen Verbände die Hauptlast der Kämpfe zu tragen und dementsprechend die Mehrzahl der Abschussansprüche angemeldet hatten, am Ende nur mehr 45 Abschüsse übrig, darunter 42 Viermots und drei Jäger [86], [87], [88]. Die deutschen Verluste betrugen insgesamt 53 Jagd- und

---

[83] die II./JG 1 hatte ausweislich ihres KTB keinen weiteren Einsatz zu fliegen; beim JG 11 geben die vorliegenden Flugbücher keinerlei Hinweis auf einen zweiten Einsatz an diesem Tage

[84] eine genaue Zuweisung der Maschinenverluste der I./JG 1 ist aufgrund der nur summarischen Angaben in der Verlustliste RL 2 / III / 852 nicht möglich, während die III./JG 1 in jedem Falle nur den Verlust Ofhr. Schattners im ersten Einsatz zu beklagen hatte

[85] OKW-Bericht, 12.1.1944

[86] vgl. z.B. oben die Angaben zur II./JG 1

[87] soweit ersichtlich meldeten die im Bereich der Lfl. 3 liegenden Gruppen weitere 25 Abschüsse; auch hier wurden erhebliche Streichungen vorgenommen, wie etwa bei der II./JG 27, bei der sieben von zehn Ab- und Herausschussmeldungen nicht bestätigt wurden. Die Ergebnisse dieses Tages bieten ein gutes Beispiel dafür,

Zerstörerflugzeuge, wobei 38 Mann fliegenden Personals ums Leben kamen [89]. Von amerikanischer Seite wurde der Verlust von 65 Viermotorigen sowie acht Begleitjägern gemeldet [90]; demgegenüber beanspruchten die Bomberschützen einmal mehr sagenhafte 288 Abschüsse sowie 98 beschädigte deutsche Jagdflugzeuge - das waren immerhin annähernd doppelt so viele deutsche Flugzeuge wie überhaupt Feindberührung gehabt hatten. Ernster zu nehmen waren dagegen die Meldungen der Begleitjäger, die 43 Abschüsse anmeldeten [91].

An den darauf folgenden zwölf Tagen blieb es bei Tage über dem Reichsgebiet vollkommen ruhig; winterliches Wetter mit zumeist dichter Bewölkung behinderte die Einsatztätigkeit so weit, dass der Flugbetrieb an einzelnen Tagen zum Erliegen kam [92]. Dagegen erlebte das südwestnorwegische Küstengebiet um die Mittagszeit des 14. Januar 1944 den Einflug zweier britischer Torpedofliegerverbände von zusammen über 30 Beaufighters und Beauforts, deren Ziele zwei kleine deutsche Küstengeleite im Seegebiet vor Lister waren [93]. Gegen diesen Angriff wurden sieben Bf 109 T-2 der 11./JG 11 von Lister aus nach Alarmstart um 11.47 Uhr angesetzt, die im Raume Flekkefjord auf die Zweimots trafen; drei Abschüsse, die an Uffz. Kohl (1., 2.) und Uffz. Rohe (2.) gingen, ohne eigene Verluste waren das Ergebnis dieses Luftkampfes, während weitere drei Abschüsse durch die Flak-Abt.515 gemeldet wurden. Gleichwohl konnte nicht verhindert werden, dass die britischen Angreifer zwei Dampfer versenkten und das Vorpostenboot V 5307 beschädigten - davon aber stand nichts im OKW-Bericht des folgenden Tages, in dem es statt dessen lediglich hiess:

---

wie trotz anfänglich bei weitem überzogener Meldungen am Ende aufgrund der Feststellungen der Abschusskommission im wesentlichen so viele Abschüsse zuerkannt wurden, wie anhand der greifbaren Beweise tatsächlich erweisbar waren

[88] gleichwohl wurden die Ergebnisse der Kämpfe dieses Tages bei der deutschen Führung als grosser Erfolg gewertet, wie etwa folgende Aussage GFM Milchs belegt, als diesem die Verlegung eines BMW-Betriebes in eine unterirdische Anlage gemeldet wurde: " *Trotzdem möchte ich darauf hinweisen: ein Tag wie der 11. Januar mit dem Kampf unserer Jäger und Zerstörer gegen den eingedrungenen Feind ist viel mehr wert als alle Höhlen. Natürlich darf diese Höhlensache nicht darunter leiden. Das muss laufen, aber wichtiger ist, dass der Gegner mal wieder zusammengeschlagen wird, damit er nicht wieder kommt. Die Vorbedingung dafür ist, dass wir wieder genügend Jäger herausbringen. Wir liegen um das berühmte Jahr zu spät.*" - GL-Konferenz vom 18.1.1944, so zitiert bei Irving, aaO., S. 345. Bemerkenswert ist in diesem Zusammenhang auch folgende, unter dem 15.1.1944 herausgegebene Bekanntmachung des OKW im Rahmen des OKW-Berichtes: " *Um den Eindruck der fortgesetzten schweren Verluste, die die nordamerikanischen Terrorflieger bei ihren Angriffen gegen die deutsche Bevölkerung erleiden, in der amerikanischen Öffentlichkeit abzumildern, gibt die amerikanische Luftwaffe fortlaufend weit übertriebene Abschusszahlen deutscher Jäger bekannt. So behaupten die Amerikaner, bei ihren Angriffen am 14. Oktober 1943 auf Schweinfurt 104, am 11. Dezember 1943 auf Emden 138 und am 11. Januar 1944 in Mitteldeutschland 152, also insgesamt 394 deutsche Jäger abgeschossen zu haben. Die tatsächlichen Verluste dagegen betragen 98 deutsche Flugzeuge. Mehr als ein Drittel der Besatzungen konnte mit dem Fallschirm abspringen und blieb unversehrt.*" Diese Meldung belegt indirekt, dass auch auf amerikanischer Seite die ersten, oftmals weit überzogenen Erfolgsmeldungen später zurückgestuft wurden, wie gerade das Beispiel der Zahl für den 11.1. zeigt

[89] vgl die Aufstellung auf S. 677; namentl. Verlustmeldg. WASt., summarische Verlustmeldungen RL 2 / III / 852 ff

[90] Freeman, aaO., S. 165 / 166; darunter fünf B-17 und drei P-47 in " Cat.E "

[91] ebenda; die Zahlen lauten für die Bomber 228-60-98, für die Jäger dagegen 31-12-16. Es ist davon auszugehen, dass auch auf amerikanischer Seite die zunächst übertrieben optimistischen Ergebnisse nach näherer Prüfung erheblich zusammengestrichen wurden, wenngleich nähere Einzelheiten dazu nicht bekannt sind

[92] vgl. z.B. die Eintragungen im KTB der II./JG 1

[93] Rohwer / Hümmelchen, aaO., S. 419; Marshall, aaO.,

Abb. 570 -571: Maj. Hermann Graf, seit dem 11. November 1943 Kommodore des JG 11, aufgenommen Anfang 1944 in Jever; auf der Aufnahme oben sieht man am rechten Bildrand Maj. Günther Specht, den Kommandeur der II./JG 11. Grafs Maschine trägt einen auffällig hellen Grauanstrich; bemerkenswert ist der sehr tief plazierte Balken der Stabskennung, der zudem in einer recht hellen Farbe gehalten ist. Das Ruder der Maschine dürfte gelb gewesen sein.

(Lächler)

Bei der Abwehr eines Angriffs britischer Flugzeuge im norwegischen Küstengebiet wurden durch Jäger und Flakartillerie von zwölf angreifenden Flugzeugen sechs abgeschossen. [94]

Nicht einmal eine Woche später, am 20. Januar 1944, kam Uffz. Emil Kohl beim Absturz seiner Bf 109 T-2 in Kjevik ums Leben.

In der Nacht vom 21. zum 22. Januar 1944 eröffnete die Luftwaffe von Frankreich aus das Unternehmen " STEINBOCK ", die Wiederaufnahme von Bombenangriffen auf Ziele in England; dieses Unternehmen ging zurück auf den Sommer 1943, als GenMaj. Peltz nach den Bombennächten von Hamburg zum " Angriffsführer England " ernannt und ihm die Führung einer Bombenoffensive gegen die britischen Inseln aufgetragen worden war [95]. Mittlerweile hatte er in dem von ihm befehligten IX. Fliegerkorps zahlenmässig recht starke Kampffliegerkräfte zusammenziehen können [96], von denen in dieser Nacht 270 Kampfflugzeuge die neue Angriffsreihe mit einem Angriff auf London eröffneten. Doch der Schlag ging ins Leere, nur 95 Flugzeuge erreichten ihre Zielgebiete und nur 32 Tonnen Bomben fielen auf das Ziel, wo sie keinerlei nennenswerten Schaden anrichteten; die eigenen Verluste beliefen sich auf 16 Flugzeuge [97]. Dieser Angriff war der erste einer Reihe, die sich bis in den Mai 1944 hinziehen sollte; während das Unternehmen "STEINBOCK" militärisch überhaupt nichts erreichte, hatte es zwei für die weitere Luftkriegführung bedeutsame Nebenwirkungen: Zum einen führten die zunehmend verlustreicheren Einsätze [98] dazu, dass die Reste der deutschen Kampffliegerwaffe im Westen nachhaltig ausbluteten und damit für den Abwehrkampf gegen die zu erwartende alliierte Invasion auf dem europäischen Festland nicht mehr vorhanden sein würden [99]; zum anderen aber war die unerwartete Wiederaufnahme deutscher Luftangriffe für die alliierte Führung zusätzlicher Anlass, die Kräfte ihrer Bomberflotten auf die Vernichtung der deutschen Luftrüstung zu konzentrieren.

In diese Zeit fällt folgende Begebenheit, von der Hans Halbey, der seinerzeit als Leutnant die Stelle des Technischen Offiziers der III./JG 1 innehatte [100], berichtet und die ein bezeichnendes Schlaglicht auf die Stimmung in der Gruppe wirft - Hans Halbey hat seinen Bericht überschrieben mit " Die Beerdigung des Alten ":

Nein, keine richtige Beerdigung, und alt war unser Kommandeur keineswegs, vielleicht 32 oder so, aber er war eben der "Alte". Und er trank am Abend (wie wir alle) im Kreise seiner Stabsoffiziere und Staffelkapitäne gern einige Gläschen, meist auch ein paar mehr, und so ging es immer sehr fröhlich zu im grossen Zimmer des "Alten", das einmal das Amtszimmer des Abts dieses holländischen Klosters gewesen

---

[94] OKW-Bericht, 15.1.1944

[95] siehe oben S. 415

[96] insgesamt 524 Flugzeuge lt. Piekalkiewicz, aaO., S. 337; bei Groehler, LK, wird die Zahl 695 genannt - aaO., S. 396

[97] Piekalkiewicz, aaO., S. 337; vgl. auch Groehler, LK, S. 396; in England wurden die deutschen Angriffe wegen ihrer sichtbaren Erfolglosigkeit in Anspielung auf den Sommer 1940 spöttisch als " Baby-Blitz " bezeichnet

[98] insgesamt wurden bis zum 29. Mai 1944 31 Angriffe geflogen, davon 14 gegen London

[99] von 695 einsatzbereiten Maschinen im Dezember 1943 waren Ende Mai 1944 noch 144 vorhanden, die Kampfverluste beliefen sich auf 329 Flugzeuge - Groehler, LK, S. 396

[100] Hans Halbey flog allerdings zu dieser Zeit keine Einsätze; dazu schreibt er: " *Auf Antrag meines Vaters hatte man mich unter 'Denkmalschutz' gestellt. So nannte man das damals, wenn einer als letztes männliches Familienmitglied für die Erhaltung der Familie geschützt werden sollte. Mein Bruder und etliche Vettern waren gefallen. Jetzt war ich T.O. der III./JG 1; der 'Denkmalschutz', das absolute Frontflugverbot, wurde jedoch wenig später aufgehoben; jetzt wurden mehr Helden gebraucht.*" - Brief vom 14.8.1993

war. Der sonst sehr gestrenge Kommandeur hatte Charme und würzte diese Abende mit viel Esprit, ulkigen Sprüchen und Erzählungen; wir beteiligten uns daran und es ging niemals zotig zu. Und dann kam der Moment, auf den wir nach etlichen einschlägigen Erfahrungen schon sehnlich warteten: Der Kopf des Kommandeurs mit den schon seit einigen Minuten etwas glasig blickenden Augen und mit der schon nicht mehr so präzise artikulierten wienerischen Sprache sank unvermittelt vornüber und der "Alte" versank in einen todesähnlichen Tiefschlaf. Was dann folgte, war nach vielen Winterabenden des Januar 1944 - es gab nur sehr wenige Feindeinflüge in diesen Wochen, für uns Jagdflieger also auch kaum Einsätze - voll erprobt und lief ab wie eine bestens inszenierte Theateraufführung oder auch wie ein festgefügtes Ritual.

Kaum war der Kopf herabgesunken, sausten alle Anwesenden in ihre Zimmer - sprich: Zellen -, hängten sich weisse Bettlaken um und kamen mit hohen, brennenden Kerzen zurück. Der Truppenarzt kam mit zwei Sanitätern - mit einer Bahre, versteht sich ! - und dann formierte sich der "Trauerzug" zum langen, feierlich gemessenen Gang durch die Klostergänge und die Treppen hinab. Vorneweg zwei "Messdiener", gefolgt vom Doktor, natürlich auch weiss ummantelt, mit einem dicken, militärärztlichen Handbuch, aus dem er laut und monoton lateinische Texte (medizinische Fachbegriffe) rezitierte, worauf der Trauerzug in gewissen Abständen vielstimmige Gesänge anstimmte - etwa: 'Herr, gib uns den Moses wieder...', was im achtstimmigen Ausklang weithin durch die Klostergänge hallte. Der Trauerzug mit der Bahre inmitten fand sein Ziel tief unten im Brausekeller, wo der "Alte" feierlich aufgebahrt und mit hymnischen Chören verabschiedet wurde. Wie nach einer richtigen Beerdigung zogen die Trauernden fröhlich wieder von dannen und zechten und sangen in Gruppen und Grüppchen hier und dort im weitläufigen Kloster weiter bis zum Morgengrauen.

Das Erwachen am Morgen im Brausekeller zeigte einen "Alten" ohne jeglichen Charme und Esprit. Mit noch strengerem Regiment scheuchte er tagsüber seine Mannen und jedermann suchte dem Kommandeur mit seiner umwölkten Stimmung nach Möglichkeit nicht zu begegnen - bis dann am Abend die Runde beim "Alten" wieder zechte und am Ende das Ritual zelebrierte, wie gehabt. [101]

---

[101] dieses Ritual wird bestätigt durch die Aufzeichnungen von Prof. Skawran, der die III./JG 1 wenig später - vermutlich aber erst in Paderborn - besuchte; seine Aufzeichnungen legen zugleich beredtes Zeugnis über die völlig verschrobene Sicht- und Denkweise einiger damaliger Zeitgenossen ab, deren Bildung und Ausbildung sie eigentlich zu anderen Betrachtungen hätte veranlassen sollen. Skawran schrieb u.a.: "... *als Gruppenkommandeur bei Oesau wiedergetroffen. Oe. sehr von ihm und seiner Arbeit eingenommen. Wollte durchaus, dass ich seine Gruppe zuerst besuchte, da die Art, wie E. die Gruppe organisiert habe, vorbildlich sei .... Beim ersten Besuch lange auf ihn gewartet. Nimmt nach kurzer, zurückhaltender Begrüssung kaum Notiz von mir, sondern begibt sich in sein Zimmer. Beim Nachhausegehen dasselbe; ich muss sehen, dass ich mit meinem Wagen hintendran bleibe. Schliesslich erbarmt sich der Adjutant meiner. Niemand sagt mir etwas, wann und wo das Abendessen eingenommen wird. Als ich mich schliesslich selbst darm kümmere, sind alle Herren ins Kabarett. .... Abends rauschendes Fest, bei dem sich E. aber noch sehr beherrscht. Erzählt mir bei dieser Gelegenheit, dass er früher Lehrer (bzw. Oberlehrer) werden wollte. Er ist ein relativ breitschultriger und mittelgrosser Mensch mit dicht auf den Schultern sitzendem Kopf. Sein dunkles, langes Haar ist glatt nach hinten gekämmt. Das Gesicht ist weich. Typischer Rundschädel, keine hintere Schädelwölbung. Neigt zum Dickenwachstum. Er ist Wiener. Weiss gut zu unterhalten und anderen etwas vorzumachen. Ostisch. Wie mir seine Offiziere erzählen, gehen die Saufereien schon seit Ende Dezember (1943) ohne Unterbrechung vor sich. Jeden Abend bis spät in die Nacht. Und dann werden die anderen durch Randalieren geweckt. Wer nicht mitmacht, ist kein Jagdflieger.*" In diesen Notizen ist eine erhebliche Voreingenommenheit Eberle - und seiner Gruppe - gegenüber nicht zu übersehen; offenbar zollte man dem Wissenschaftler nicht den von ihm erwarteten Respekt oder brachte seinen Studien nicht das gehörige Interesse entgegen. Zur uneingeschränkten Ehrenrettung Friedrich Eberles muss gesagt werden, dass er sich in seiner Gruppe grosser Wertschätzung erfreute und dass er, obwohl seit Kriegsbeginn im Einsatz, noch immer an der Spitze einer Gruppe flog - was durchaus nicht von allen fliegenden Offizieren der Luftwaffe behauptet werden konnte - und um diese Zeit mit rund 15 Abschüssen auf beachtliche Erfolge verweisen konnte

Abb. 572 - 573: Oben - Messerschmitts der III./JG 1, aufgenommen vermutlich Anfang 1944 in Volkel; die " weisse 23 " rechts aussen gehörte zum Gruppenstab, möglicherweise handelt es sich um die Maschine, mit der am 30. Januar 1944 Uffz. Georg Graf zu Ortenburg im Luftkampf bei Zwolle tödlich abgeschossen wurde. Unten - Eine Bf 109 G-6 der 7. Staffel, aufgenommen ebenfalls Anfang 1944 vermutlich in Volkel. Diese " weisse 5 " zeigt einige bemerkenswerte Neuerungen bei ihren Markierungen, wie sie um die Jahreswende 1943/44 bei der III./JG 1 eingeführt worden waren - auf der Motorhaube trägt sie das neue Geschwaderemblem des JG 1, das im Frühjahr 1944 sehr regelmässig auf den Maschinen des Geschwaders zu sehen war. Am Rumpfende ist das rote Rumpfband zu erkennen, auf dem ein kurzer, etwas nach oben versetzter Gruppenbalken als Kennzeichen für die III. Gruppe sitzt.

(Wedel / Crow, Nr. 214, 1120)

Doch dann erfuhr eines Nachts das beliebte Ritual eine folgenschwere Variante. Anstelle unseres im Urlaub befindlichen Truppenarztes übernahm einer dessen Vertretung, der mit unserem "Alten" aus früheren Zeiten eng befreundet war und auf dem Duz-Fuss stand. Er hatte, als der Kopf des "Alten" planmässig nach unten sank, eine teuflische Idee: " Hört zu, wir gipsen ihm das linke Bein ein und erzählen ihm morgen, er sei während der Prozession unerwartet aufgewacht, ausgerechnet auf der Treppe, und beim Aufspringen von der Bahre höchst unglücklich gestürzt. Der Wetterfrosch hat beteuert, man könne mit acht bis zehn Tagen dicken Nebels rechnen, der 'Alte' versäumt also nichts und ihr habt ein paar ruhige Tage !" Es war uns alles andere als wohl bei dieser Idee, aber unter dem Einfluss der genossenen Alkoholika stach uns der Hafer ausgiebig genug und wir willigten ein. Der Urheber dieses Plans war natürlich vor dem Erwachen des "Alten" im Brausekeller zur Stelle und vermochte es, den Unfall überzeugend zu schildern. Der "Alte" wurde in seinem Zimmer einquartiert und genoss sichtlich die Aussicht auf einige ruhige Tage, zumal er nicht den geringsten Schmerz im gebrochenen Bein verspürte. "Das liegt am fest gepackten Gips", sagte der Arzt und der Kommandeur glaubte es gern. Als sich jedoch nach wenigen Tagen das eingegipste Bein doch wohl ein wenig Raum im Kerker verschafft hatte und sich beim leichten Bewegen noch immer kein Schmerz einstellte, schöpfte der "Alte" Verdacht und schnell kam nicht nur sein gesundes Bein sondern auch die ruchlose Tat ans Tageslicht - natürlich just an dem Tag, als sich der stellvertretende Arztfreund termingemäss aus dem Staube machen konnte.

Es gab tatsächlich noch einige Nebeltage, aber von Ruhe war für uns absolut keine Rede mehr. Das Gewitter des "Alten" war fürchterlich, die Donner grollten über mehrere Tage und die Blitze trafen jeden, der auch nur entfernt in den Bannkreis des Kommandeurs geriet. Es mussten Wochen ins Land gehen, bis die Runde endlich wieder einmal fröhlich beim "Alten" zechte und dieser herzlich über unsere Missetat lachen konnte ... des Erwachens im Brausekeller gewärtig. [102]

Diese nach aussen beinahe anarchisch anmutenden Zustände, die sich kaum mit dem Bild einer preussisch streng disziplinierten militärischen Einheit in Einklang bringen lassen wollen, können nur vor dem Hintergrund der zuletzt erlebten schweren Einsätze der Gruppe und ihren dabei erlittenen überdurchschnittlich hohen Verlusten gesehen werden; was sich hier äusserte, war der Wunsch, wenigstens für Augenblicke zu vergessen, was war, und zugleich dem jungen Leben, das jeden Tag ein schreckliches Ende finden konnte, so lange es eben ging, auch die schönen Seiten abzugewinnen. Hinzu kam das jugendliche Alter der meisten Beteiligten, die den sprichwörtlichen Flegeljahren kaum entwachsen waren, dafür aber mit einer Verantwortung beladen wurden, die wirklich nachempfinden wohl nur der kann, der damals dabei war [103].

Als sich am **24. Januar 1944** eine leichte Wetterbesserung abzuzeichnen schien, beraumte die 8. USAAF sogleich einen weiteren Grossangriff auf Ziele der deutschen Flugzeugindustrie an; insgesamt 857 B-17 und B-24 aller drei Bomb Divisions sollten Industriewerke im Raum Frankfurt/M. angreifen. Tatsächlich starteten die für den Angriff eingeteilten amerikanischen Bomber Groups von

---

[102] Brief Hans Halbey, 14.8.1993; dazu gehört auch noch seine folgende Nachbetrachtung: *" Kurz nach Kriegsende erforschte ich mühsam den derzeitigen Wohnsitz des ehemaligen "Alten". Ich fand ihn mit seiner eben angetrauten jungen Frau, erstes Kind unterwegs, in einer kahlen Kellerwohnung mitten im Trümmerfeld der einst so schönen und geschäftigen Stadt Düsseldorf. Der Keller rief begreiflicherweise erinnernde Assoziationen wach und ich habe das tiefherzliche Gelächter des ehemaligen Kommandeurs im fast unmöblierten, feucht-kalten Kellerloch seiner ersten Nachkriegsbehausung noch heute warm im Ohr. Vielleicht war dieses Lachen sein erstes in den Miseren des trost- und hoffnungslosen Daseins nach dem verlorenen Krieg."*

[103] gleichwohl werden Zustände wie die hier beschriebenen bei " Nichtfliegern " eher Kopfschütteln hervorrufen, und Landser, die im Osten ihren entbehrungsreichen Fronteinsatz unter oftmals primitivsten Verhältnissen ableisten mussten, werden Vergleichbares kaum erlebt haben

Abb. 574 - 577: Vier Flugzeugführer der 5./JG 1 - oben links Uffz. Erich Negraszus, oben rechts Uffz. Karl-Heinz Hauptmann, unten links Flg. Georg Blech - wegen " Verwandtenbesuchs " degradiert - und unten rechts StFw. Rudolf Martens.

(Kirchmayr)

ihren Plätzen im Südosten Englands, doch verschlechterte sich das Wetter alsbald wieder in einem Masse, dass es den Viermotorigen nur unter Mühen überhaupt möglich war, sich zu versammeln. Um 10.20 Uhr erfolgte der Befehl zum Abbruch des Unternehmens; während die Liberators der 2 BD zu diesem Zeitpunkt noch nicht einmal ihren Ablaufpunkt erreicht hatten, befanden sich 563 B-17 bereits auf dem Hinflug ins Reichsgebiet. Von diesen kehrte die Masse nach Erhalt des Abbruchbefehls um, während die Spitzengruppe der 1 BD mit 56 B-17 den Einsatz fortsetzte, um ihre Bomben noch über einem "target of opportunity" abladen zu können [104]; letzteres fand man in Gestalt des Kraftwerks Zukunft bei Eschweiler, das mit 143 Tonnen Spreng- und Brandbomben belegt wurde.

Auch der Jagdschutz für diesen Einsatz war zahlenmässig sehr beeindruckend: 101 P-38, 42 P-51 und 535 P-47, zusammen also nicht weniger als 678 Begleitjäger wurden vom VIII FC aufgeboten. Dabei sollte an diesem Tage zum ersten Male ein neues Verfahren bei der Durchführung des Jagdschutzes zur Anwendung kommen, die sogenannte "area patrol", bei der die Jagdgruppen nicht mehr an einzelne Bombergruppen angebunden waren, sondern ihnen ein bestimmter Raum zugewiesen wurde, in dem sie alle durchfliegenden Viermotorigen zu schützen hatten. Der frühzeitige Abbruch des Unternehmens verhinderte zwar die Premiere des neuen Verfahrens, doch stand den Viermotorigen, die den Einsatz tatsächlich durchführten, damit ein ungewöhnlich starker Jagdschutz zur Verfügung [105].

Das schlechte Wetter behinderte auch den deutschen Abwehreinsatz ganz erheblich, so dass sich den einfliegenden Viermotorigen nur vergleichsweise wenige deutsche Gruppen entgegenstellten; soweit ersichtlich kamen im Bereich des I. Jagdkorps neben Teilen der JG 1 und 11 lediglich die III./JG 26 und die III./JG 54 zum Einsatz, während im Bereich der Lfl. 3 weitere vier Gruppen beteiligt waren [106].

Auch an diesem Tage konnten die Einsatzvorbereitungen und die Versammlung der Viermotorigen frühzeitig erfasst werden, so dass die deutschen Gruppen beizeiten in Bereitschaft versetzt werden konnten [107]. Bereits um 09.29 Uhr erfolgte bei der 10./JG 11 in Aalborg-Ost der Alarmstart, nach dem sich die Staffel mit der I. Gruppe vereinte, um in südwestlicher Richtung an den Einflugweg der Amerikaner herangeführt zu werden. Der Ansatz führte jedoch nicht zur Feindberührung, und so landeten die Focke Wulfs gegen 11.00 Uhr in Oldenburg, von wo aus wenig später der Rückflug auf die eigenen Einsatzhäfen angetreten wurde [108]. Auch der Einsatz der II. und III./JG 11, die einige Zeit nach der I. Gruppe zum Einsatz gestartet waren [109], führte zwar nicht zur Feindberührung, doch kamen dabei insgesamt drei Flugzeugführer durch Unfälle zu Tode: die 5./JG 11 verlor Uffz. Günter Scholz, der infolge einer Motorstörung bei Göttingen mit seiner Messerschmitt abstürzte und durch Aufschlagbrand ums Leben kam. Die III. Gruppe verlor zwei Flugzeugführer, als die Messerschmitts von Fw. Rolf Arfsten und Uffz. Siegfried Richter von der 9./JG 11 - wahrscheinlich bei der Rückkehr von diesem Einsatz - um 11.49 Uhr in 300 Meter Höhe in der Nähe von Volkel zusammenstiessen und abstürzten, wobei beide Flugzeugführer getötet wurden.

Vermutlich auf die Rückkehr nach diesem Einsatz bezieht sich auch folgender Bericht von Hans-Gerd Wennekers:

---

[104] alle Angaben zum Einsatz der 8. USAAF lt. Freeman, aaO., S. 169

[105] zu dem im Nahbereich noch zahlreiche Spitfires der RAF hinzukamen

[106] vgl. die Aufstellung auf S. 692

[107] vgl. KTB II./JG 1 - ab 07.45 Uhr 3'-Bereitschaft, ab 08.25 Uhr erhöhte Aufmerksamkeit und um 10.25 Uhr dann Sitzbereitschaft

[108] Flugbuch Heinz Hanke

[109] II./JG 11 in Wunstorf um 10.18 Uhr - Flugbücher H.-G. Wennekers und Rudi Lennhoff; die Gruppe fiel danach in Göttingen ein und startete von dort um 13.15 Uhr erneut auf Alarm gegen die ausfliegenden Viermot-Pulks, doch blieb auch der zweite Einsatz ohne Feindberührung

Olt. Knoke war nicht bei unserer Staffel, die während dessen von Lt. Kilian geführt wurde. Nach einem Einsatz kehrten wir nach Wunstorf zurück; dabei bemerkte ich, wie Lt. Kilian mit der ganzen Staffel mit dem - statt gegen den ! - Wind zur Landung ansetzte. Ich zog daraufhin mit meinem Schwarm rüber, landete danach ordentlich gegen den Wind und rollte zum Liegeplatz unserer Staffel, wo auch die anderen Messerschmitts gerade ankamen. Während die Flugzeugführer noch in ihren Maschinen sassen, sah ich ein Auto von der anderen Seite des Platzes auf uns zu rasen; ihm entstieg gleich darauf Maj. Specht, der den noch in seiner Maschine sitzenden Kilian vor versammelter Mannschaft wegen der unvorschriftsmässigen Landung anbrüllte: " Sie können gleich in der Maschine bleiben, Sie sind unfähig ! Ich will Sie hier nicht mehr sehen !" Specht liess es nicht bei der blossen Drohung, sondern sorgte dafür, dass Lt. Kilian tatsächlich bereits kurze Zeit später zu einer anderen Gruppe versetzt wurde. [110]

Demgegenüber kam es beim JG 1 zu heftigen Luftkämpfen mit den von Nordwesten her über den belgisch / holländischen Raum einfliegenden US-Verbänden; die II./JG 1 war um 10.23 Uhr mit 21 Focke Wulfs in Rheine im Alarmstart aufgestiegen und wurde anschliessend, in südwestlicher Richtung steigend, in den Raum Brüssel geführt [111]. Nachdem die Gruppe eine 1.200 Meter starke Wolkenschicht durchstiegen hatte, sichtete sie gegen 11.10 Uhr die einfliegenden Boeings sowie deren Begleitschutz, dessen Stärke mit 150 - 200 Jägern aller Typen angegeben wurde. Aufgrund ihrer eindeutigen zahlenmässigen Überlegenheit konnten die amerikanischen Begleitjäger die Focke Wulfs von den Viermotorigen abdrängen und sie in erbitterte Kurbeleien abseits der Bomber-Pulks verwickeln; dabei konnte die II./JG 1 zwar vier Abschüsse für sich verbuchen -

Uffz. Negraszus	5./JG 1	P-38	(2.)	11.28
Uffz. Hauptmann	5./JG 1	P-38	(1.)	11.30
Ofw. Haninger	4./JG 1	P-51	(9.)	11.34
Ogefr. Kramss	4./JG 1	P-51	(1.)	11.37

doch wogen die eigenen Verluste mit drei Gefallenen sowie zwei Verwundeten und insgesamt fünf als Totalverluste abzuschreibenden Maschinen [112] sehr schwer. Bei der 4./JG 1 kam Ofw. Benno Liper zu Tode, als er mit Beschussschäden aus dem vorangegangenen Luftkampf in Venlo notlanden wollte und sich dabei überschlug. Zwei Tote und einen Verwundeten hatte die 5. Staffel zu verzeichnen: Lt. Harald Schilling und StFw. Rudolf Martens fielen im Luftkampf mit P-47 bei Tournai, während Ofhr. Karl Kremer im Raume Antwerpen mit dem Fallschirm aussteigen musste. Bei der 6. Staffel schliesslich traf es Lt. Bernhard von Kortzfleisch, der nach einem Luftkampf mit amerikanischen Begleitjägern bei Hacqueguins seine " gelbe 1 " ebenfalls mit dem Schirm verlassen musste. Die I./JG 1 stiess etwa zur selben Zeit weiter südlich auf den amerikanischen Verband; die Gruppe wurde auch an diesem Tage von der Sturmstaffel 1 begleitet. Anders als die II. Gruppe konnte sie zu den Viermots durchstossen und kam danach zu einem Ab- sowie drei Herausschüssen:

Hptm. Grislawski	1./JG 1	B-17	(121.)		11.40
Lt. Berger	2./JG 1	B-17 HSS	(4.)		
Uffz. Hübl	1./JG 1	B-17 HSS	(9.)	*	
Ofw. Demuth	3./JG 1	B-17 HSS	(4.)	*	

---

[110] Bericht Hans-Gerd Wennekers, 3.2.1993; Lt. Kilian kam wenig später zur III./JG 11, wo er im März 1944 Staffelführer der 7./JG 11 wurde

[111] KTB II./JG 1

[112] dazu kommen weitere zwei Maschinen, die infolge technischer Störungen zu Bruch gingen sowie zwei im Luftkampf beschädigte Fw 190

Auf deutscher Seite eingesetzte Verbände am 24.1.1944

Einheit	Abschussmeldungen	FF +	verw.	Verluste im Einsatz Flugzeuge 60-100%	unter 60%	Boden
Stab/JG 1	-	-	-	-	-	-
I./JG 1	1 B-17, 3 B-17 HSS	1	1	2	-	-
II./JG 1	2 P-51, 2 P-38	3	2	6	2	-
III./JG 1	-	-	-	-	-	-
II./JG 2	1 Spitfire	-	-	-	1	-
I./JG 3	-	1	-	3	-	-
Stab/JG 11	-	-	-	-	-	-
I./JG 11	-	-	-	-	-	-
II./JG 11	-	1	-	1	-	-
III./JG 11	-	2	-	2	-	-
10./JG 11	-	-	-	-	1	-
I./JG 26	1 B-17, 1 P-38	-	-	-	-	-
III./JG 26	1 P-47	-	-	-	-	-
II./JG 27	-	-	-	-	1	-
III./JG 54	-	-	-	-	1	-
I./ZG 26	-	-	-	-	1	-
ZG 76	-	-	3	3	5	-
		8	6	17	12	0

Auf der Verlustseite standen je ein Gefallener und Verwundeter - Fw. Martin Saller von der 3./JG 1 wurde im Luftkampf mit B-17 bei Erlenbach tödlich abgeschossen, während Hptm. Alfred Grislawski bei Baske schwer verwundet mit dem Schirm aussteigen musste und dadurch für mehrere Wochen ausfiel. Für ihn übernahm daraufhin Lt. Heinz-Günther Lück die Führung der 1. Staffel.

Über den Einsatz der III./JG 1 an diesem Tage ist nichts näheres bekannt [113]; soweit ersichtlich hatte die Gruppe dabei weder Erfolge noch Verluste zu verzeichnen.

Während in ersten deutschen Meldungen von 15 Abschüssen bei der Abwehr des Tageseinfluges vom 24. Januar die Rede war, wurden die Erfolgsmeldungen offenbar später nach unten korrigiert, denn das I. Jagdkorps gab die Zahl der Abschüsse am Ende mit neun an [114], zu denen noch zwei weitere Abschüsse der in Frankreich stationierten Jäger kamen [115]. Die 8. USAAF bezifferte ihre Verluste demgegenüber mit zwei B-17 und neun Begleitjägern; selbst wollte man 24 Abschüsse erzielt haben, davon mit 19 sicheren und vier wahrscheinlichen Abschüssen der bei weitem grösste Teil durch die Begleitjäger [116].

---

[113] das Flugbuch von Fritz Haspel verzeichnet einen Einsatz mit Feindberührung in der Zeit von 10.32 - 11.36 Uhr

[114] Tagesmeldung I. Jagdkorps

[115] je eine B-17 und P-38 durch die I./JG 26

[116] Freeman, aaO., S. 169; zu den Verlusten kamen zwei weitere B-17 als "Cat.E", die bei Startunfällen in England abgestürzt waren. Die Jägerverluste beliefen sich auf 4 P-38, 3 P-47 und 2 P-51

Abb. 578 - 579: **Flugzeugführer der 5./JG 1 im Januar 1944 in Rheine - oben von links Lt. Werner Deppe, Lt. Fritz Wegner, Lt. Rüdiger Kirchmayr und Uffz. Zinkl, unten von links Uffz. Zinkl, Ofhr. Karl Kremer, ein Kriegsberichter und Lt. Werner Deppe.**

(Wegner)

Am **25. Januar 1944** gab es bei der 3. Jagddivision in Zeist eine Stabsbesprechung, auf deren Tagesordnung vor allem die Frage stand, wie die Wirksamkeit des eigenen Abwehreinsatzes nach den zuletzt gemachten Erfahrungen gesteigert werden konnte; die von dieser Besprechung erhalten gebliebenen handschriftlichen Notizen Oberst Lützows - vgl. nebenstehenden Auszug - lassen neben den zahlreichen technischen und versorgungsmässigen Schwierigkeiten deutlich die unverändert bestehende Absicht erkennen, notfalls durch Härte und drakonische Strafmassnahmen einem Nachlassen des Kampfgeistes und der Einsatzbereitschaft der fliegenden Besatzungen entgegenzuwirken. Als Beurteilung des Ist-Zustandes sowie als Empfehlung für die Zukunft hielt Günther Lützow gleich eingangs seiner Notizen folgendes fest:

> *1. Technik wesentlich verbessert. Fehlt Ausbildung und Passion ! Härter werden !*
> *Faule Leute ablösen und nach dem Osten schicken !*

> *2. Thunderbolt-Bereich etwa W'haven - Köln. Masse der Begleitjäger kommt nicht*
> *runter. Kondens = Kondens sein lassen. Kämpfen und nicht nach oben sehen !*
> *Bodenstellen dürfen keine Schauermärchen nach oben durchgeben ! ...*

> *9. Flugzeugführer der Tagjagdgruppen nur noch einmal wöchentlich Ausgang ! Im*
> *übrigen zusammensitzen und Erfahrungen austauschen. Weiber weg !* [117]

Bis zum **29. Januar 1944** verhinderte abermals schlechtes Wetter die Fortsetzung der amerikanischen Tagesangriffe auf Ziele im Reichsgebiet; an diesem Tage aber erfolgte der nächste schwere Angriff der 8. USAAF, die insgesamt 863 Viermotorige aller drei Bomb Divisions unter dem Schutz von 632 Begleitjägern gegen Industrie- und Eisenbahnziele in Frankfurt/M. einsetzte [118].

Bei der Abwehr dieses Einflugs kam es zu ausgedehnten Luftkämpfen über dem nordwestlichen und westlichen Reichsgebiet; die Luftwaffe bot dafür Teile von wenigstens neun Jagd-, Zerstörer- und Nachtjagdgeschwadern auf [119].

Über den Einsatz der JG 1 und 11 an diesem Tage liegen nur sehr wenige Unterlagen und Angaben vor; es hat danach den Anschein, als habe keine der eingesetzten Gruppen überhaupt Feindberührung gehabt [120], so dass der Einsatz beider Geschwader insgesamt ohne zählbaren Erfolg blieb. Überdies hatte die II./JG 11 bei ihrem Einsatz einen Gefallenen zu beklagen, als Uffz. Helmut Schumann von der 6. Staffel beim Alarmstart in Jever in die Propellerboen seiner Rottenmaschine geriet und dadurch tödlich abstürzte.

Die deutsche Luftwaffe meldete nach dem Ende der Kämpfe insgesamt 61 Abschüsse [121]; die Amerikaner bezifferten ihre Verluste demgegenüber mit 34 Viermots und 16 Begleitjägern, während sie die Zahl ihrer Abschüsse mit 155 angaben [122].

---

[117] weitere bemerkenswerte Eintragungen betrafen die Regelung der Anstriche - "*5.) Anstrich: Grundton: Fabrikanstrich. Geschwaderbauchbinden, einheitlicher Propelleranstrich. Weisse Leitwerke nur noch Gruppen- und Geschwaderkommodore* " - sowie die vorhandenen Dienst-PKW's: " *33.) Fahrten mit Kfz. einschränken. Wartung und Pflege eingehend ! Es gibt keine neuen Kfz. !!*"

[118] Freeman, aaO., S. 171

[119] neben den JG 1 und 11 jedenfalls die II. und III./JG 2, I. und III./JG 3, I. und II./JG 26, II./JG 27, I. - III./ZG 76, II./NJG 6 und I./NJG 102

[120] fest steht, dass alle drei Gruppen des JG 1 sowie die II./JG 11 tatsächlich im Einsatz waren; entsprechende Nachweise fehlen für die I. und III./JG 11; die Gruppen waren in folgender Reihenfolge zum Einsatz aufgestiegen - III./JG 1 mit 26 Bf 109 in Volkel um 10.09 Uhr, II./JG 11 mit 31 Bf 109 in Wunstorf um 10.16 Uhr, II./JG 1 mit 14 Fw 190 im Rheine um 10.20 Uhr und I./JG 1 mit 16 Fw 190 in Dortmund um 10.25 Uhr

[121] einschliesslich der über den Westgebieten erzielten Abschüsse - OKW-Bericht vom 30.1.1944; die Tagesmeldung des I. Jagdkorps nennt 53 Abschüsse im Luftkampf

Abb. 580: Maj. Heinz Bär, seit Anfang Januar 1944 Staffeloffizier in der 6./JG 1, steigt in Rheine aus seiner " gelben 7 ", einer Fw 190 A-7, die er bis Ende Januar geflogen ist.

(Lächler)

Schon am nächsten Tage, dem **30. Januar 1944**, folgte ein weiterer schwerer Tagesangriff der Viermotorigen der 8. USAAF, der sich gegen die MIAG-Werke in Braunschweig richtete, in denen Messerschmitt Bf 110 gefertigt wurden [123]; insgesamt 777 Viermotorige wurden dazu aufgeboten, die von 635 Begleitjägern geschützt wurden [124]. Offensichtlich wetterbedingt, traf der amerikanische Einflug auf eine zahlenmässig vergleichsweise schwache deutsche Abwehr, wenngleich es auf dem Papier alles in allem 26 Jagd-, Zerstörer- und Nachtjagdgruppen waren, die sich dem Bomberstrom entgegenstellten sollten, von denen jedoch nur ein Teil auch tatsächlich zur Feindberührung kam.

Auch an diesem Tage kamen die Gruppen der JG 1 und 11 jeweils einzeln zum Einsatz gegen die Viermotverbände; vermutlich war es auf die anhaltend mässigen Wetterbedingungen zurückzuführen, dass es auf deutscher Seite erst gar nicht versucht wurde, die Gruppen zu grösseren Gefechtsverbänden zusammenzustellen.

Nachdem der Einflug der Viermotorigen beizeiten aufgefasst wurde, erfolgte der Alarmstart bei allen sechs Gruppen der JG 1 und 11 gegen 11.00 Uhr [125]; danach wurden sie in den Raum Hannover /

---

[122] Freeman, aaO., S. 171; unter den Verlusten befinden sich fünf Bomber sowie eine P-38 als "Cat.E ". Die Abschussmeldungen lauteten bei den Bombern 75-27-48 und bei den Jägern 47-6-14

[123] sowie vermutlich gegen das in Braunschweig-Waggum gelegene Reparaturwerk

[124] Freeman, aaO., S. 172

[125] Stab/JG 1 in Deelen um 11.10 Uhr - Gefechtsbericht Oberst Oesau; II./JG 1 in Rheine um 11.00 Uhr - KTB II./JG 1, Flugbücher Eberhard Burath, Heinz Bär und Lutz-Wilhelm Burkhardt; III./JG 1 in Volkel um

Auf deutscher Seite eingesetzte Verbände am 30.1.1944

Einheit	Abschussmeldungen	FF +	FF verw.	Flugzeuge 60-100%	Flugzeuge unter 60%	Boden
Stab/JG 1	1 B-17, 1 e.V.	-	-	-	-	-
I./JG 1	7 B-17	3	-	4	-	-
II./JG 1	4 B-17	-	-	3	-	-
III./JG 1	-	6	3	7	3	-
Sturmst. 1	2 B-24, 1 B-17	2	1	3	11	-
I./JG 3	-	2	-	2	1	-
IV./JG 3	-	-	-	2	-	-
Stab/JG 11	-	-	-	-	-	-
I./JG 11	-	-	-	-	1	-
II./JG 11	2 P-47	5	-	6	7	-
III./JG 11	1 B-17	-	-	-	1	-
I./JG 26	1 B-17, 2 P-38	-	1	1	-	-
II./JG 26	1 B-17	1	1	1	-	-
III./JG 26	-	1	-	1	-	-
II./JG 27	1 P-47 (w.b.)	1	1	2	3	-
I./JG 301	1 B-17	-	-	-	-	-
III./JG 301	-	2	-	3	1	-
I./JG 302	1 B-17	-	-	-	-	-
Stab/ZG 26	-	-	-	1	-	-
I./ZG 26	1 P-51	-	-	3	-	-
II./ZG 26	-	1	-	1	-	-
I./ZG 76	-	-	-	1	-	-
III./ZG 76	-	-	-	1	-	-
EKdo.25	-	2	-	2	3	-
IV./NJG 1	1 B-17	5	-	2	-	-
I./NJG 2	2 B-17	6	1	2	2	-
II./NJG 2	2 B-17	-	-	-	-	-
III./NJG 2	1 P-47	7	5	6	-	-
I./NJG 3	1 B-17	1	5	2	-	-
I./NJG 6	-	2	-	1	-	-
II./NJG 6	-	2	-	1	-	-
		49	18	58	33	0

Braunschweig geführt, wo es ab kurz vor 12.00 Uhr zu ausgedehnten Luftkämpfen kam. Die eher kärgliche Dokumentenlage erlaubt auch für den 30. Januar 1944 nur eine vorsichtige Darstellung des Einsatzes der beiden Geschwader; immerhin ergibt sich daraus folgendes Bild:

Der Geschwaderstab mit der I./JG 1 sowie der wiederum angeschlossenen Sturmstaffel 1 traf gegen 11.45 Uhr im Raum südwestlich von Osnabrück auf die Viermotorigen; in der sich daraus ergebenden

---

10.49 Uhr, Flugbuch Fritz Haspel; II./JG 11 in Wunstorf 11.05 Uhr - Flugbücher Heinz Knoke und Rudi Lennhoff

Abb. 581 - 582: Hptm. Friedrich Eberle, Gruppenkommandeur der III./JG 1, steigt nach einem Einsatz im Januar 1944 aus seiner " weissen 20 "; dabei handelt es sich um dieselbe Maschine, die bereits auf der Abbildung 530 zu sehen war. Inzwischen waren die bis dahin beim Gruppenstab der III./JG 1 üblichen weissen Winkelkennungen durch zweistellige weisse Kennziffern ab 20 ersetzt worden; unter der Zahl ist hier noch deutlich der übermalte Doppelwinkel zu erahnen. Beachte das Geschwaderemblem auf der Motorhaube und den langen Antennenmast, hinter dem der Peilrahmen fehlt.

(Burkhardt)

gut 20minütigen Auseinandersetzung wurden insgesamt elf Abschüsse verzeichnet [126], doch wogen die eigenen Verluste mit fünf Gefallenen und einem Verwundeten sowie sieben Totalverlusten schwer. Die I./JG 1 hatte drei Gefallene zu beklagen - die Unteroffiziere Alex Krones und Erich Rütter von der 2. Staffel sowie Heinz Groller von der 3./JG 1 fielen im Luftkampf mit den Viermotorigen. Die beiden weiteren Gefallenen gehörten zur Sturmstaffel 1: Fhr. Manfred Derp und Uffz. Heinz von Neuenstein wurden durch das Abwehrfeuer der Viermotorigen westlich Osnabrück abgeschossen, während Lt. Ulrich Blaese bei Diepholz verwundet mit dem Schirm aussteigen konnte.

Die II./JG 1 startete um 11.05 Uhr mit 16 Maschinen auf Alarm und wurde anschliessend in den Raum nördlich Braunschweig - Quadrate GA/FB - geführt, wo sie um 11.54 Uhr Feindberührung mit rund 200 Boeings bekam. Innerhalb von zwölf Minuten konnte die Gruppe danach vier B-17 abschiessen und blieb dabei selbst von Personalverlusten verschont, büsste aber zwei Fw 190 als Totalverluste und eine weitere mit erheblicher Beschädigung ein. Anschliessend kehrten die Maschinen der II./JG 1 bis 12.40 Uhr nach Rheine zurück, wo bereits um 12.00 Uhr auch die I./JG 26 nach dem Abwehreinsatz mit 15 Focke Wulfs eingefallen war [127].

Über den Einsatz der III./JG 1 ist nur wenig bekannt; die Gruppe war offensichtlich als erste des Geschwaders in der Luft und traf noch vor dem Abdrehen des Begleitschutzes gegen 11.20 Uhr im Raum Apeldoorn / Zwolle auf die einfliegenden amerikanischen Verbände. Dort kam es zu erbitterten Luftkämpfen mit den Thunderbolts des Begleitschutzes, in denen die III./JG 1 ohne einen einzigen eigenen Abschusserfolg schwere Verluste erlitt. Knapp zwei Stunden später [128] war die III./JG 1 nochmals im Einsatz gegen die Rückflüge der amerikanischen Bomberpulks und erlitt abermals empfindliche Verluste, wieder ohne einen eigenen Abschuss. Am Ende standen sechs Gefallene und drei Verwundete sowie sieben als Totalverluste abzuschreibende Messerschmitts. Am schwersten wurde die 7. Staffel getroffen, die mit Hptm. Albert Kind ihren Staffelkapitän und mit Fw. Max Finsterwald und Fw. Georg Reinfelder zwei weitere Flugzeugführer als Gefallene verlor, während der Ogefr. Rudolf Theyssen mit leichten Verletzungen davonkam, nachdem er seine "Gustav" in Gronau wegen Spritmangels hatte auf den Bauch werfen müssen. Zwei Gefallene und ein Verwundeter bei der 8./JG 1 - Uffz. Otto Tillack und Uffz. Theodor Hörwick fielen im Luftkampf über dem niederländischen Küstengebiet, während Fw. Martin Fink bei Enschede abgeschossen wurde, sich aber noch mit dem Fallschirm in Sicherheit bringen konnte; offenbar traten diese Verluste der 8. Staffel alle während des zweiten Einsatzes ein. Auch der Gruppenstab hatte an diesem Tag zwei Verluste: Gruppenkommandeur Hptm. Friedrich Eberle wurde bei Apeldoorn von P-47 abgeschossen, konnte sich aber mit leichten Verletzungen mit dem Schirm in Sicherheit bringen; sein Rottenflieger Uffz. Georg Graf zu Ortenburg hatte weniger Glück und kam beim Absturz seiner " weissen 23 " in der Nähe von Zwolle zu Tode.

Insgesamt meldeten das JG 1 sowie die Sturmstaffel 1 nach den Luftkämpfen des 30. Januar 1944 15 Abschüsse, die sich folgendermassen verteilten:

Uffz. Maximowitz	Sturmst.	B-24	(1.)	11.50
Uffz. Wahlfeld	Sturmst.	B-24	(1.)	11.50
FhjFw. Sauer	II./JG 1	B-17	(2.)	11.54
Uffz. Swoboda	5./JG 1	B-17	(3.)	11.54
Lt. Terborg	3./JG 1	B-17	(4.)	11.57
Uffz. Rauhaus	6./JG 1	B-17	(6.)	11.58
Oberst Oesau	Stab/JG 1	B-17	(107.)	12.00
N.N.	Sturmst.	B-17	(.)	12.00
Ofw. Piffer	2./JG 1	B-17	(19.)	12.02
Olt. Ehlers	3./JG 1	B-17	(34.)	12.03

---

[126] vgl. dazu den nebenstehenden Gefechtsbericht von Oberst Oesau

[127] KTB II./JG 1; Flugbücher Heinz Bär, Eberhard Burath

[128] Einsatzzeit des zweiten Einsatzes 12.53 - 13.52 Uhr - Flugbuch Fritz Haspel

Ofw. Piffer	2./JG 1	B-17	(20.)	12.05
Uffz. Negraszus	2./JG 1	B-17	(3.)	12.06
Uffz. Kirchhoff	I./JG 1	B-17	(3.)	12.15
Maj. Schnoor	I./JG 1	B-17	(15.)	
Olt. Ehlers	3./JG 1	B-17	(35.)	
Oberst Oesau	Stab/JG 1	B-17	e.V.	12.20

Es ist nicht ersichtlich, ob die I./JG 11 bei ihrem Einsatz an diesem Tage überhaupt Feindberührung hat herstellen können. Fest steht allerdings, dass die Gruppe am 30. Januar 1944 weder eigene Abschusserfolge noch Verluste infolge Feindeinwirkung meldete; der einzige Verlust betraf eine Focke Wulf, die unter nicht näher bekannten Umständen ohne Zutun der Amerikaner beschädigt wurde.

Für die II./JG 11 war der 30. Januar 1944 dagegen ein überaus verlustreicher Tag. Die Gruppe war zunächst nach Alarm um 11.05 Uhr in Wunstorf aufgestiegen, scheint aber bei diesem ersten Einsatz keine Feindberührung bekommen zu haben, und fiel daher nach nur einer Stunde bereits in Deelen ein, um dort für den zweiten Einsatz gegen die Rückflüge vorbereitet zu werden. Um 13.05 Uhr erfolgte der erneute Alarmstart; weiter berichtet Heinz Knoke, der an diesem Tage - entgegen allen dringenden ärztlichen Warnungen [129] - nach seiner schweren Verletzung vom 4. Januar 1944 zum ersten Male wieder im Einsatz war:

Als wir durch die Wolken zogen, wurden wir sofort von Thunderbolts angegriffen. Wir wurden völlig überrascht und konnten den Amis wenig entgegensetzen. Sie trieben uns in wilder Jagd vor sich her. Ich kam nicht ein einziges Mal zum Schuss. Einer nach dem anderen von unseren Jungs ging brennend in die Wolken hinein. Ich selbst erhielt bei Hilversum Motortreffer und musste meine Mühle einen Kilometer vor dem Hilversumer Platz auf den Bauch legen. Specht gelang es als einzigem, eine Thunderbolt herunterzuholen. Die Verluste unserer Gruppe waren schwer; ich verlor den Unteroffizier Nowotny, der erst vor wenigen Wochen zur Staffel versetzt worden war. Feldwebel Raddatz landete mit zerschossenem Leitwerk auch in Hilversum. Mit einer Klemm 35 flogen wir nach Wunstorf zurück. [130]

Zwei eigene Abschüsse durch den Gruppenkommandeur Maj. Specht (26.) und Uffz. Lennhoff von der 4./ JG 11 (7.) gegenüber Verlusten von fünf Gefallenen und sechs als Totalverlusten abzuschreibenden sowie sieben erheblich beschädigten Messerschmitts lautete danach das bedrückende Ergebnis für die II./JG 11. Je zwei Gefallene hatten die 4. und die 6./JG 11; bei ersterer traf es Fw. Helmut Harz und Uffz. Erich Reichwein, bei letzterer die Unteroffiziere Gotthard Bogusch und Horst Quietzsch. Bei der 5./JG 11 kehrte, wie von Heinz Knoke geschildert, Uffz. Hans Nowotny von diesem Einsatz nicht zurück. Von der III./JG 11 ist nur so viel bekannt, dass sie von eigenen Verlusten an diesem Tage verschont blieb, während sie selbst den Abschuss einer B-17 durch Ofw. Zick (14.) beanspruchte.

Die Luftwaffe meldete am 30. Januar 1944 insgesamt 32 Abschüsse, darunter 26 Viermotorige [131]; die eigenen Verluste beliefen sich auf 49 Gefallene und 18 Verwundete sowie 58 Maschinen, die im Einsatz aus verschiedenen Ursachen verlorengingen. Die 8. USAAF bezifferte ihre Verluste demgegenüber mit 23 Viermots und vier Begleitjägern; die eigenen Erfolge wurden mit 51-7-27 Abschüssen durch die Bomberschützen und weiteren 45-15-31 durch den Jagdschutz angegeben [132].

---

[129] vgl. die Darstellung bei Knoke, aaO., S. 160

[130] Knoke, aaO., S. 160 / 161; dort heisst es, dass Spitfires die Gegner der II./JG 11 gewesen seien, doch wurde dies hier mit Zustimmung Heinz Knokes richtiggestellt

[131] vgl. die Aufstellung auf S. 696; Lagemeldung OKL, 30.1.1944; im OKW-Bericht vom 31.1.1944 war dagegen noch von 26 Abschüssen die Rede.

[132] Freeman, aaO., S.172; unter den Verlusten befinden sich drei B-17 als " Cat. E "

Abb. 583: Hptm. Anton - " Toni " - Hackl, Gruppenkommandeur der III./JG 11, zwischen zwei Offizieren des Gruppenstabs; links sieht man Lt. Gerhard Oppermann, Flugzeugführer im Stabsschwarm und zeitweilig TO der III./JG 11. Die Maschine, eine Bf 109 G-6, trägt einen teilweise sehr intensiv gescheckten Grauanstrich; hinter dem Balkenkreuz ist deutlich das breite, gelbe Reichsverteidigungsrumpfband zu erkennen, das Ende 1943 bei der III./JG 11 eingeführt worden war. Auf dem Rumpfband ist der schwarze Gruppenbalken zu sehen. Das Seitenleitwerk ist weiss, auf dem Seitenruder ist die Abschussbilanz Hackls zu erkennen, die bei 133 Abschüssen steht, so dass die Aufnahme zwischen dem 11. Januar und dem 3. Februar 1944 gemacht wurde.

(Lorant)

31. Januar 1944: Der letzte Tag des Monats brachte keinen erneuten Grossangriff der 8. USAAF auf ein Ziel im Reichsgebiet; schlechtes Wetter über England und dem nordwestlichen Reichsgebiet und der Nordseeküste verhinderte grössere Unternehmen der Viermotorigen. Statt dessen flogen in den Nachmittagsstunden starke amerikanische Jagdverbände Jaboeinsätze und freie Jagd im Raume Eindhoven / Venlo / Arnheim; insgesamt 209 P-47 und P-38 wurden dazu eingesetzt [133].

Gegen die Einflüge dieser amerikanischen Jagdgruppen wurden die im niederländischen und nordwestdeutschen Raum liegenden Gruppen der JG 1 und 11 sowie Teile des JG 3 eingesetzt; vom JG 1 waren die I. und III. Gruppe beteiligt, während vom JG 11 - vermutlich - die III. Gruppe im Einsatz war. Beide Gruppen des JG 1 gerieten an die Lightnings der 55 FG, die mit insgesamt 47 Maschinen im Einsatz war, allerdings mit sehr unterschiedlichen Ergebnissen. Denn während die I./JG 1 ganz ohne eigene Verluste vier Abschüsse melden konnte -

Hptm. Wrobel	I./JG 1	P-38	(3.)	15.30
Hptm. Römer	2./JG 1	P-38	(2.)	15.30
Ofw. Piffer	2./JG 1	P-38	(21.)	15.30
Uffz. Martin	2./JG 1	P-38	(1.)	16.00

---

[133] Freeman, aaO., S. 173

blieb die III./JG 1 [134] erneut ohne eigenen Abschusserfolg, verlor aber bei diesem Einsatz insgesamt vier Maschinen total - davon zwei im Luftkampf -, während weitere zwei bei Bauchlandungen zu Bruch gingen. Glücklicherweise kamen alle fraglichen Flugzeugführer unverletzt davon [135].

Damit endete der erste Monat des neuen Jahres und damit ist es Zeit für eine kurze Zwischenbilanz: Im Januar 1944 hatte sich die bereits im Herbst des vergangenen Jahres absehbare Steigerung der amerikanischen Tagesangriffe weiter fortgesetzt, insbesondere bei der ständig wachsenden Zahl der bei den Einflügen der 8. USAAF eingesetzten Flugzeuge - mittlerweile hatten die Amerikaner auch bei den Jagdkräften ein deutliches zahlenmässiges Übergewicht gewonnen, so dass es den deutschen Jägern immer seltener gelang, zu den Bombern durchzustossen.

Dass es im Januar 1944 nur an sieben Tagen zu Tagesgrossangriffen der 8. USAAF auf Ziele im Reichsgebiet gekommen war, war einzig auf das winterlich schlechte Wetter zurückzuführen gewesen; dabei hatten es die Amerikaner auf insgesamt 5.562 Einsätze [136] gebracht und insgesamt 12.397 Tonnen Bomben abgeworfen [137]. Ihre Verluste gaben sie mit 213 Viermotorigen an, was 3,8% der eingesetzten Viermots entsprach.

Auf deutscher Seite hatten es die Jagd- und Zerstörergruppen im Bereich des Lw.-Befehlshabers Mitte - dessen Dienststelle am 5. Februar 1944 in Luftflotte Reich umbenannt wurde - im Januar 1944 auf insgesamt 3.315 Einsätze gebracht [138] und dabei 143 Flugzeuge infolge Feindeinwirkung verloren, während weitere 91 aus anderen Gründen abzuschreiben waren [139]. Die Personalverluste beliefen sich im selben Zeitraum auf 68 Gefallene und 44 Verwundete durch Feindeinwirkung und noch einmal 46 Gefallene sowie 29 Verwundete ohne Feindeinwirkung [140], [141].

---

[134] Einsatzzeit lt. Flugbuch Fritz Haspel 13.57 - 15.12 Uhr

[135] weitere drei P-38 wurden von der IV./JG 3 abgeschossen; die 55 FG meldete insgesamt 7 P-38 als Verluste dieses Einsatzes - Freeman, aaO., S. 173. Beachte auch die dortige Schilderung dieses Einsatzes, wobei der Hinweis auf die III./JG 1 jedoch nach Massgabe der Schilderung hier unzutreffend ist

[136] gegenüber 5.518 im Dezember 1943 - Groehler, BK, S.213, unter Bezugnahme auf die US Strategic Bombing Survey vom 30.9.1945 l c. 29; die Zahlenangaben schwanken im übrigen geringfügig; so gibt Freeman, Mighty Eighth, Anhang, die Zahl der Einsätze im Januar mit 6.367, davon 5.027 über dem Ziel, an

[137] Freeman, Mighty Eighth, Anhang

[138] Groehler, BK, S. 218 m.w.N.

[139] Unterlagen aus dem Stab G.d.J., aus dem Nachlass Günther Lützows

[140] auch insoweit sind die Zahlenangaben widersprüchlich; Groehler, BK, S. 218, nennt 177 deutsche Flugzeugverluste, allerdings ohne Angabe der betroffenen Einheiten, möglicherweise unter Einbeziehung von Teilen der Lfl. 3

[141] ergänzend dazu seien die Verluste der Tagjagdverbände im Osten im Januar 1944 genannt:

Einheit	fliegendes Personal					Flugzeugverluste					
	+	KG	verw.	+	verl.	60-100%	unter 60%	60-100%	unter 60%	60-100%	unter 60%
JG 5	7	3	2	-	-	16	3	1	-	-	2
JG 51	11	-	1	-	-	16	7	-	-	-	1
JG 52	9	-	7	-	-	13	10	1	3	4	3
JG 54	10	1	1	-	2	15	14	1	1	2	3
	37	4	11	0	2	60	34	3	4	6	9

Verluste der Tagjagdverbände
Januar 1944
(nur Reichsverteidigung, West und Süd)

Einheit	fliegendes Personal					Flugzeugverluste					
	+	KG	verw.	+	verl.	60 - 100%	unter 60%	60 - 100%	unter 60%	60 - 100%	unter 60%
JG 1	21	-	7	-	-	45	18	-	-	5	5
JG 11	19	-	6	2	-	23	25	-	-	2	2
Sturmst. 1	2	-	1	-	-	4	11	-	-	-	-
JG 2	18	-	9	2	-	34	15	1	1	4	10
JG 3	6	-	-	-	-	10	14	-	-	1	3
I./JG 4	10	1	5	-	-	23	2	-	-	-	1
I./JG 5	1	-	3	-	-	1	12	-	-	-	3
IV./JG 5	-	-	-	1	-	2	2	-	-	1	1
EKdo. 25	2	-	-	-	-	2	3	-	-	-	3
JG 26	13	-	5	6	2	29	19	-	-	10	6
JG 27	7	-	3	1	-	20	14	-	-	6	3
II./JG 51	2	-	-	-	-	8	9	4	3	-	2
JG 53	19	-	9	-	2	32	17	23	29	4	3
III./JG 54	2	-	-	1	-	4	4	-	-	1	1
JG 77	12	-	1	-	-	16	4	1	4	-	8
JG 300	6	-	2	3	-	11	9	-	-	4	1
JG 301	7	-	2	3	2	13	4	-	-	5	3
JG 302	6	-	6	-	2	15	6	-	-	3	2
SG 4	8	-	3	-	-	18	4	-	-	1	-
I./SKG 10	7	-	-	-	-	8	4	-	-	-	1
III./KG 51	-	-	-	1/1	-	-	-	-	-	1	-
Jasta Erla	1	-	-	-	-	1	-	-	-	-	-
JG 102	-	-	-	*	*	-	1	-	-	*	*
JG 105	4	-	-	*	*	4	-	-	-	*	*
JG 106	1	-	1	*	*	-	4	-	-	*	*
JG 107	-	-	-	*	*	1	-	-	-	*	*
JLÜSt.	1	-	-	1	2	1	-	-	-	3	-
JGr. Ost	2	-	2	*	*	4	3	-	2	*	*
JGr. West	1	-	-	*	*	1	-	-	-	*	*
JGr. Süd	4	-	1	*	*	4	3	-	-	*	*
ZG 1	3/3	-	-	1/1	1	5	1	2	-	3	1
ZG 26	8/8	-	5/3	1/1	-	18	11	-	-	1	5
ZG 76	10/8	-	11/10	2/1	-	26	13	-	-	2	2
ZG 101	-	-	-	3/2	-	-	-	-	-	3	-
Erg.ZGr.	1/1	-	-	5/7	-	2	-	-	-	7	6
	204/20	1	82/13	33/13	11	385	232	31	39	67	72

Anmerkungen:

1.) bei den Zerstörerverbänden bezeichnet die erste Zahl bei den Personalverlusten die Flugzeugführer, die zweite die der übrigen Besatzungsmitglieder

2) reine Betriebsverluste der Schul- und Ergänzungseinheiten wurden nicht erfasst, sondern mit einem "*" gekennzeichnet

Im Februar 1944 rückte die deutsche Flugzeugindustrie noch weiter in den Vordergrund der Zielplanung der alliierten Luftwaffenführungen; bereits am 28. Januar 1944 war dazu folgende Weisung an das USSTAF und das RAF Bomber Command herausgegeben worden:

> *Es wurde beschlossen, dass bis zur Ausgabe weiterer Anweisungen durch die Chefs der vereinigten Stäbe die ganze Schlagkraft der Strategischen Bomberflotten auf die Schlüsselanlagen der deutschen Jagdflugzeugindustrie und Kugellagerindustrie und die mit diesen Anlagen verbundenen Städte konzentriert werden soll, um die kurze Zeit vor der Operation "OVERLORD" auf bestmögliche Weise auszunutzen.*
>
> *Die folgenden Ziele haben die erste und gleiche Dringlichkeitsstufe: Fabrikanlagen für einmotorige und zweimotorige Jagdflugzeuge und ihre Zubehörindustrie sowie die Kugellagerfabrikation. ... Das Bomberkommando der RAF soll, soweit möglich, seine Angriffe auf bestimmte Städte richten. Wenn möglich sollen die Zielpunkte und Anfluglinien so gewählt werden, dass sich die besten Voraussetzungen und Zerstörungen ergeben.* [142]

Hintergrund dieser Festlegung war die insoweit übereinstimmende Interessenlage der Befehlshaber der Bomberkräfte auf der einen und der Oberbefehlshaber der geplanten Invasion auf dem europäischen Festland - des Unternehmens " OVERLORD " - auf der anderen Seite; beide Parteien gingen davon aus, dass die Erringung der Luftherrschaft notwendige Voraussetzung für die Erreichung ihrer jeweiligen Ziele war - für die Führer des Unternehmens "OVERLORD" war die Erringung der Luftherrschaft zur Sicherung der Invasion unverzichtbar, für die Bomberführer dagegen war sie die Voraussetzung dafür, dann ungehindert einen strategischen Bombenkrieg grössten Ausmasses gegen das Reichsgebiet durchführen zu können [143]. Kernstück der Bombenoffensive gegen die deutsche Jägerproduktion, die zu Anfang 1944 eindeutig im Mittelpunkt der " Combined Bomber Offensive " stand, und in deren Rahmen die Angriffe der 8. und 15. USAAF erstmals planmässig aufeinander abgestimmt werden sollten, war eine unter dem Decknamen " ARGUMENT " geplante, einwöchige [144] Reihe von schweren Tages- und Nachtangriffen gegen ausgesuchte Schlüsselbetriebe der deutschen Jagdflugzeugfertigung; Ziele der 8. USAAF waren insgesamt 21 Flugzeugwerke, Reparaturbetriebe und Flugplätze, während das britische Bomber Command weitere neun Städteziele zugewiesen bekam, die in einem mehr oder weniger unmittelbaren Zusammenhang mit der Luftrüstung standen [145]. Es war vorgesehen, die Angriffsreihe des Unternehmens " ARGUMENT ", die bekannter werden sollte unter ihrer inoffiziellen Bezeichnung als " BIG WEEK ", beginnen zu lassen, sobald die Wetterbedingungen dies zuliessen.

Auch Anfang Februar 1944 hielt jedoch das trübe Wetter mit einer meist geschlossenen Wolkendecke über weiten Teilen des Reiches weiter an; dadurch fehlte es an einer wesentlichen Voraussetzung für das Anlaufen der " BIG WEEK ", nämlich an guter Bodensicht über den Zielgebieten, ohne die die beabsichtigte Präzisionsbombardierung der deutschen Flugzeugwerke nicht möglich sein würde [146]. Aus diesem Grunde richteten sich die Tagesangriffe der 8. USAAF gegen Ziele im Reichsgebiet zu Beginn des Monats auf Flächenziele, die auch unter den gegebenen schlechten Wetterbedingungen, d.h., ohne Bodensicht, bombardiert werden konnten. Daneben flogen die Viermotorigen der 8. USAAF wie bereits im Januar 1944 eine ganze Anzahl von Angriffen gegen die im Bau befindlichen

---

[142] PRO London, AIR 2/4477; wie hier abgedruckt bei Jacobsen/Dollinger, aaO. Bd. 8, S. 105

[143] Groehler, BK, S. 213 m.w.N.

[144] Piekalkiewicz, aaO., S. 339; Groehler, BK, S. 213 ff m.w.N.; ders., LK, S. 404

[145] der Zielkatalog der 8. USAAF umfasste insgesamt 28 Zellen- und 13 Flugmotorenwerke, hauptsächlich im Raum Braunschweig / Leipzig und um Regensburg, während die RAF bei ihren Nachtangriffen Leipzig, Stuttgart, Schweinfurt, Steyr und Augsburg bombardierte; vgl. im übrigen die ausführliche Darstellung bei Groehler, BK, S. 213 ff m.w.N.

[146] Freeman, Mighty Eighth, S.107

Abb. 584 - 585: Flugzeugführer der 10./JG 11 bei einer Bf 109 G-6, aufgenommen Anfang 1944 auf dem Platz Aalborg-Ost; die Maschine trägt einen recht intensiv gescheckten Grauanstrich ohne erkennbare Besonderheiten, die Kennziffer könnte eine " weisse 2 " gewesen sein.

(Bertram)

Abschussrampen für die V-1 Flügelbomben entlang der Kanalküste im Bereich des Pas de Calais; insgesamt 29 solcher Angriffe gab es im Januar und Februar 1944 [147].

Bei der II./JG 1 ergab sich zum Monatsbeginn eine Veränderung im Führungsgefüge: Hptm. Walter Hoeckner verliess die II. Gruppe, um danach in Italien die Führung der I./JG 4 zu übernehmen [148]. An seine Stelle sollte Hptm. Hermann Segatz treten, der vom Stab/JG 5 aus Norwegen kam; Hptm. Segatz hatte Anfang 1942 bereits der IV./JG 1 angehört und war bei der Eingliederung der Gruppe in das JG 5 zum Staffelkapitän der 8./JG 5 ernannt worden. Bis zu seinem Eintreffen bei der II./JG 1 übernahm Maj. Heinz Bär vertretungsweise die Führung der Gruppe [149].

Zum ersten grossen Tagesangriff des Monats kam es am **3. Februar 1944**, als insgesamt 724 Viermotorige [150] aller drei Bomb Divisions unter Begleitschutz durch 632 Jäger aufgeboten wurden, um die Hafenanlagen von Wilhelmshaven und Emden zu bombardieren [151].

Der deutsche Abwehreinsatz gegen diesen Einflug war, bedingt wohl durch das schlechte Wetter, sehr schwach; wohl wurden mehrere Gruppen im Nordwesten des Reiches nach Alarmstart gegen die Viermotorigen angesetzt, doch hatten am Ende mit der III./JG 1, III./ JG 11 und der IV./JG 3 nur drei Gruppen sowie Teile des EKdo.25 Feindberührung [152].

Über den Einsatzverlauf bei den JG 1 und 11 an diesem Tage ist nur wenig bekannt; bei der I. und II./JG 1 führte der Einsatz nach Alarmstart um 10.40 Uhr [153] nicht zur Feindberührung, doch verlor die I. Gruppe den Gefr. Bernhard Boose, der bei einem Überführungsflug in der Nähe von Ostbüren tödlich abstürzte. Die III./JG 1 hatte im Raume nordwestlich Quakenbrück Luftkampf mit den amerikanischen Verbänden und verlor dabei - einmal mehr ohne eigene Abschusserfolge - den Ofw. Gerhard Flemming von der 9. Staffel, der bei Wachtum tödlich abgeschossen wurde.

Vom JG 11 kam offenbar nur die III. Gruppe überhaupt zum Einsatz gegen den Einflug der Viermotorigen [154]; die Gruppe traf über dem Raum Wilhelmshaven auf den amerikanischen Begleitschutz und wurde in eine erbitterte Kurbelei mit überlegenen Thunderbolt-Gruppen verwickelt,

---

[147] vgl. Freeman, aaO., für den Zeitraum Januar / Februar 1944; es ist bemerkenswert, wie unterschiedlich diese Einsätze von den gegnerischen Parteien bewertet wurden. Während die Amerikaner diese nach ihrer Sprachregelung als " No Ball " missions bezeichneten Einsätze gemeinhin als "milk runs", also vergleichsweise sichere und leichte Unternehmen einstuften, die zudem jungen und unerfahrenen Besatzungen erste Einsatzerfahrungen bescheren konnten - vgl. Freeman, aaO., S.167 -, frohlockte auf der anderen Seite GFM Milch:" *Die Angriffe, die dort stattfinden, sind für uns Gold wert, denn sonst hätten wir die Bomben anderswo hinbekommen !"* - Irving, aaO., S. 345 m.w.N.

[148] lt. Personalakte endete die Zugehörigkeit Walter Hoeckners zur II./JG 1 am 31. Januar 1944

[149] wann genau Hermann Segatz bei der II./JG 1 eintraf, ist nicht bekannt; seine erste Erwähnung im KTB der Gruppe, in dem weiter überhaupt keine Angaben über den Führungswechsel enthalten sind, erfolgte unter dem 21.2.1944

[150] alle Angaben zu diesem Einsatz lt. Freeman, aaO., S. 174; von den genannten 724 Viermots kamen 609 zum Bombenwurf

[151] im Hafen von Wilhelmshaven brannte das Wohnschiff Monte Pasqual (13.870 BRT) nach Bombentreffern aus, während die Minensuchboote M 18 und M 29 schwer beschädigt wurden - vgl. Rohwer / Hümmelchen, aaO., S. 426

[152] daneben liegt eine ungesicherte Abschussmeldung für eine B-17 durch die I./JG 300 - Hptm. Stamp - vor

[153] KTB II./JG 1, Flugbücher Heinz Bär und Eberhard Burath

[154] während die I./JG 11 an diesem Tag überhaupt nicht im Einsatz war, waren Teile der II./JG 11 am späten Vormittag nach Alarm zur Aufklärerjagd eingesetzt - vgl. Flugbuch Heinz Knoke

Abb. 586 - 587: Kurz nach der Umrüstung der III./JG 11 auf die Fw 190 wurden diese Aufnahmen der " weissen 7 " Anfang Februar 1944 auf dem Platz Oldenburg gemacht; sie zeigen Flg. Victor Widmaier von der 7. Staffel in seiner Maschine, einer Fw 190 A-6 mit der WerkNr. 470 066, mit der er am 10. Februar 1944 im Luftkampf mit Thunderbolts abgeschossen und verwundet wurde (vgl. unten S. 717). Bemerkenswert ist das Emblem unter der Kabine, das einen Drachen auf einem geteilten Wappenschild zeigt; dieses Zeichen, dessen Bedeutung unklar ist, konnte um diese Zeit bei mehreren Maschinen der III./JG 11 beobachtet werden.

(Widmaier / Lächler)

Abb. 588: Die I./JG 11 erhielt im Februar 1944 ihre ersten Fw 190 A-7; hier steht Uffz. Alfred Pfeiffer von der 2. Staffel vor einer dieser Maschinen. Beachte die weisse Spirale auf der Propellerhaube, den gelben Anstrich der unteren Motorhaube und den 300 l.-Zusatzbehälter am ETC 501.

(Lächler)

wodurch es ihr unmöglich gemacht wurde, noch an die Bomber heranzukommen. Soweit ersichtlich, kam die III./JG 11 dabei zwar zu drei Abschüssen, die vermutlich an Hptm. Hackl (134.), Olt. Frey (28.) und Ofw. Zick von der 7. Staffel fielen (15.*), doch verlor sie selbst Lt. Helfried Pollack - wie Hugo Frey und Siegfried Zick von der 7./JG 11 -, der bei Eckwarden tödlich abgeschossen wurde. Noch zwei weitere Focke Wulfs wurden im Verlaufe dieses Luftkampfes abgeschossen, von denen eine als Totalverlust abgeschrieben werden musste.

Die Abschussangaben der deutschen Luftwaffe am 3. Februar 1944 waren ziemlich unbestimmt - fünf Viermotorige sowie eine Anzahl von Jägern meldete der OKW-Bericht vom folgenden Tage [155]; auf der Verlustseite standen elf im Luftkampf abgeschossene Maschinen [156]. Dagegen bezifferten die Amerikaner ihre Verluste an diesem Tage mit fünf Viermotorigen und zwölf Jägern, während sie die eigenen Erfolge mit acht sicheren Abschüssen angaben, die sämtlich an die P-47 des Begleitschutzes gingen [157].

---

[155] das OKL bezifferte die eigenen Erfolge mit zwei Viermot-Abschüssen im Luftkampf

[156] neben den JG 1 und 11 büsste die I./JG 3 - 1 und die IV./JG 3 - 4 Maschinen als Totalverluste ein

[157] Freeman, aaO., S. 174; unter den Verlusten befinden sich eine bzw. drei als "Cat.E" abzuschreibende Maschinen

Abb. 589: Eine Aufnahme vom Einsatzhafen der III./ JG 11 in Oldenburg - in der Mitte sieht man den Staffelkapitän der 7./JG 11 Olt. Hugo Frey nach der Rückkehr vom Abwehreinsatz am 3. Februar 1944, bei dem er durch den Abschuss einer P-47 seinen 28. Luftsieg hatte erzielen können; deutlich ist in seinem Gesicht die Erschöpfung nach den harten Einsätzen über dem Reichsgebiet zu erkennen.

(PK-Berichter Uffz. Doelfs, Nr. 129/10 / Lorenzen)

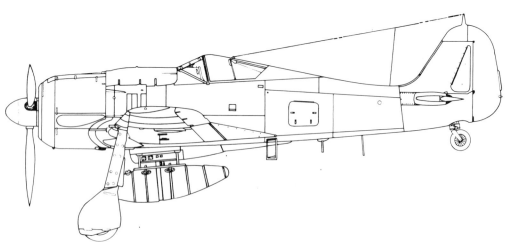

Focke Wulf Fw 190 A-7/R2

Abgebildet ist eine Maschine im Rüstzustand 2, wie er für die Baureihen A-7 bis A-9 vorgesehen war; Maschinen mit zwei MK 108 vom Kaliber 3 cm Aussenflügelbewaffnung erhielten laut Flugzeug-Handbuch die Zusatzbezeichnung R2. Bei der I./JG 11 wurden diese Maschinen gelegentlich statt dessen auch mit dem Zusatz MK versehen (vgl. die entsprechenden Eintragungen in der Verlustliste im Anhang).

Am **4. Februar 1944** erlebte Frankfurt / M. trotz schlechten Wetters und einer geschlossenen Wolkendecke erneut einen schweren Tagesangriff; insgesamt 633 Viermots, begleitet von 637 Jägern, luden um die Mittagszeit fast 2.000 t Bomben über der Stadt ab, wobei ihr Angriff Eisenbahnanlagen galt [158].

Der Abwehreinsatz der deutschen Luftwaffe gegen diesen Einflug blieb, bedingt offenbar durch das schlechte Wetter, erneut vergleichsweise gering; da der Einflug der Viermotverbände - wie meist bei Angriffen auf Ziele im westdeutschen Raum - über französisch / belgisches Gebiet erfolgte, waren die Jagdgeschwader 1 und 11 an diesem Tage überhaupt nicht im Einsatz [159].

Auch der nächste Tagesangriff der 8. USAAF auf Ziele im Reich galt Frankfurt / M.; am **8. Februar 1944** wurden 236 B-17 der 1 und 3 BD unter dem Schutz von 553 Begleitjägern zu einem weiteren Angriff auf Eisenbahnanlagen aufgeboten, von denen am Ende 195 Boeings ihre Bombenlast über dem Zielgebiet abladen konnten [160].

Auf deutscher Seite eingesetzte Verbände am 8.2.1944

Einheit	Abschussmeldungen	FF		Verluste im Einsatz Flugzeuge		
		+	verw.	60 - 100 %	unter 60 %	Boden
Stab/JG 1	1 P-38	-	-	-	-	-
I./JG 1	6 B-17	3	-	5	7	-
II./JG 1	1 P-47	1	-	3	1	-
III./JG 1	-	2	2	4	1	-
II./JG 2	2 B-17	1	-	2	1	-
III./JG 2	5 B-17	2	-	2	1	-
I./JG 26	2 P-47, 3 P-51	-	1	1	1	-
II./JG 26	1 B-17, 1 B-17 e.V., 2 P-47 n.b.	1	-	1	-	-
III./JG 26	-	-	1	1	1	-
I./SG 101	1 B-17	-	-	-	1	-
		10	4	19	14	0

Da der Einflug der amerikanischen Viermot-Verbände wiederum über die Westgebiete erfolgte und die schlechten Wetterbedingungen der letzten Wochen unverändert anhielten, kamen auch an diesem Tage nur wenige deutsche Jagdgruppen zum Abwehreinsatz; dieser lag im wesentlichen auf den beiden Westgeschwadern JG 2 und 26 sowie dem JG 1, das mit allen drei Gruppen im Einsatz war [161].

---

[158] Freeman, aaO., S.175

[159] soweit ersichtlich war einzig das JG 26 mit der Abwehr dieses Einfluges beschäftigt; danach meldeten die I./JG 26 - 5 und die II./JG 26 - 2 Abschüsse

[160] Freeman, aaO., S. 178

[161] dagegen liegen keinerlei Anzeichen dafür vor, dass das JG 11 am 8.2. überhaupt im Einsatz war

Die I./JG 1, die gemeinsam mit dem Geschwaderstabsschwarm und der Sturmstaffel 1 im Einsatz war, traf kurz vor 12.00 Uhr nördlich von Frankfurt auf die Viermotorigen; danach entwickelte sich ein heftiger, über fast eine Stunde anhaltender Luftkampf, in dessen Verlauf zwar sieben Abschüsse erzielt werden konnten -

Oberst Oesau	Stab/JG 1	P-38	(108.)	12.00 [162]
Ofw. Piffer	2./JG 1	B-17	(22.)	12.17
Maj. Schnoor	I./JG 1	B-17	(16.)	
Gefr. Marek	2./JG 1	B-17	(1.)	
Uffz. Martin	1./JG 1	B-17	(2.)	12.45
Lt. Berger	1./JG 1	B-17	(5.)	12.52
Fw. Köhne	3./JG 1	B-17	(19.)	

doch wogen die eigenen Verluste ebenfalls schwer: Bei der Verfolgung der ausfliegenden Bomberpulks verlor die I./JG 1 drei Gefallene sowie insgesamt fünf Fw 190, während weitere sechs bei Bauchlandungen ohne Feindberührung beschädigt wurden [163]. Bei der 2./JG 1 gab es zwei Gefallene - der Gefr. Siegfried Marek wurde im Luftkampf mit B-17 über dem Raum Luxemburg tödlich abgeschossen, nachdem er kurz zuvor durch den Abschuss einer Boeing zu seinem ersten Luftsieg gekommen war; neben ihm traf es Fw. Hermann Köhne, der nach Treffern durch das Abwehrfeuer der B-17 bei Charleville mit seiner " schwarzen 7 " abstürzte. Im selben Gebiet wurde auch Fw. Gerhard Giese von der 3./JG 1 im Luftkampf mit B-17 abgeschossen und kam beim Absturz seiner Focke Wulf zu Tode.

Die II./JG 1 startete nach Alarm um 11.22 Uhr mit 17 Focke Wulfs und wurde anschliessend, in südwestlicher Richtung steigend, an die Viermots herangeführt [164]; während drei Maschinen vorzeitig wegen Motorstörungen hatten umkehren müssen, gerieten die übrigen 14 um 12.20 Uhr im Raume Maubeuge an weit überlegene P-47 Gruppen des Begleitschutzes, mit denen es zu einer erbitterten Kurbelei kam. Einem Abschuss durch Uffz. Dosch (1.) standen ein Gefallener sowie drei als Totalverluste abzuschreibende Focke Wulfs gegenüber, während eine weitere bei einer Bauchlandung ohne Feindeinwirkung beschädigt wurde - daran erinnert sich Eberhard Burath, Flugzeugführer der bewussten Maschine:

Mit dem letzten Sprit wollte ich in Lüttich landen, fand aber die Landebahn gegen feindliche Luftlandungen verbarrikadiert und musste meinen Vogel südlich Lüttich auf einen Acker setzen, da niedrige Wolken mich nicht über die Eifel nach Aachen kommen liessen. [165]

Bei dem Gefallenen handelte es sich um den Gefr. Kurt Kramss von der 4./JG 1, der von P-47 südlich von Brüssel abgeschossen wurde; mehr Glück hatte Fw. Otto Schmid von der 5. Staffel, der seine " schwarze 7 " nach Motortreffern unverletzt mit dem Schirm verlassen konnte.

Über den Einsatz der III./JG 1 ist wiederum nur wenig bekannt; die Gruppe hatte über dem belgisch / luxemburgischen Raum einen verlustreichen Luftkampf mit dem amerikanischen Begleitschutz, in

---

[162] zu diesem Abschuss liegen folgende Notizen aus dem Nachlass Walter Oesaus vor, die trotz ihrer Kürze einen deutlichen Eindruck von der Härte der Kämpfe vermitteln: " *FT-Verbindung bis Köln. Weiterflug mit 150° ohne Verbindung und Standort. Feindberührung mit vier Lightnings. Zusatztank abgeworfen, Lightnings überstiegen. Kampf in 8.000 - 8.600 m. Eine Lightning abgeschossen. L. flogen auf Westkurs. Angriff von hinten oben aus der Sonne. Rechter Motor in Brand, einzelne Teile weggeflogen, brennender Absturz über rechte Fläche.*"

[163] vgl. die Verlustaufstellung auf S. 708

[164] KTB II./JG 1 sowie Flugbücher Heinz Bär, Eberhard Burath und Otto Schmid

[165] Aufzeichnungen Eberhard Burath, S. 18

Abb. 590 - 591: Oben - Acht Focke Wulfs der 3./JG 11 - mehrheitlich A-7 - auf dem mit Holzbohlen befestigten Abstellplatz in Husum Anfang 1944; alle Maschinen tragen bereits das gelbe Reichsverteidigungsrumpfband des JG 11. Unten - Noch einmal dieselben Maschinen; hier erkennt man, dass die beiden Focke Wulfs in der Mitte des Bildes das Staffelzeichen der 3./JG 11 auf der Motorhaube tragen.

(Hanke / Janssen)

Abb. 592 - 593: Links - FhjFw.Hans-Georg Güthenke hatte am 3. Februar 1944 die Fw 190 A-7 mit der WerkNr. 642 538 und dem Stammkennzeichen - DX + BV - in Lippstadt für die I./JG 11 übernommen und nach Husum überführt. Dort wurde sie der 3. Staffel zugeteilt und erhielt die Kennung " gelbe 15 ". Hier hat sich ein anderer Flugzeugführer der 3./JG 11 bei der Maschine für den Photographen aufgebaut - Ofw. Wilhelm Lorenz, der in der Staffel auf den Spitznamen " Bruder " Lorenz hörte; auf der Aufnahme trägt er eine der begehrten Beute-Lederjacken amerikanischer Herkunft.

Unten - Radwechsel bei der " gelben 15 " in Husum; beachte das Staurohr des Fahrtmessers neben dem rechten Flächen-MG 151/20.

(Hanke / Janssen)

dessen Verlauf sie - abermals ohne eigene Erfolge - mit je zwei Gefallenen und Verwundeten einmal mehr schwere Verluste hinnehmen musste. Besonders hart traf es die 7. Staffel, die drei Verluste zu verzeichnen hatte: Staffelkapitän Olt. Günther Witt und Uffz.Wilhelm Kräuter mussten verwundet mit dem Schirm aussteigen, während Fw. Gustav Schulze bei Arlon tödlich abgeschossen wurde. Bei der 9. Staffel traf es Fw. Richard Guthmann, den die P-47 bei Polleur herunterholen konnten.

Über den Verlauf und das Ergebnis des Abwehreinsatzes an diesem Tage hiess es im OKW-Bericht:

> *Nordamerikanische Fliegerverbände führten in den Mittagsstunden des 8. Februar einen erneuten Terrorangriff gegen Orte in Westdeutschland; insbesondere wurden Wohngebiete der Stadt FRANKFURT / MAIN schwer getroffen. Die Bevölkerung hatte Verluste. Luftverteidigungskräfte vernichteten trotz ungünstiger Abwehrbedingungen 31 feindliche Flugzeuge, in der Mehrzahl viermotorige Bomber.* [166]

Soweit ersichtlich entfielen davon 22 Abschüsse auf die Jagdflieger während die übrigen der Flak zuzuschreiben waren. Auf der anderen Seite betrugen die deutschen Verluste insgesamt 19 total abzuschreibende Maschinen [167]. Die 8. USAAF gab die Verluste ihrer gegen Frankfurt eingesetzten Verbände mit 15 Viermots und zehn Begleitjägern an; demgegenüber wurden die eigenen Erfolge mit 21 Abschüssen gemeldet, von denen mit 17 der überwiegende Teil von den Begleitjägern beansprucht wurde [168].

Nachdem es am 9. Februar 1944 bei Tage über dem Reichsgebiet sehr ruhig geblieben war, war Braunschweig am **10. Februar 1944** abermals das Ziel von 169 Boeings der 3 BD; der Angriff galt erneut dem Luther-Werk sowie dem Reparaturbetrieb Waggum. Begleitet wurden die Viermots, von denen wegen der schlechten Wetterbedingungen nur 143 über dem Zielraum erschienen, von insgesamt 466 Jägern [169].

Auch an diesem Tage konnte die Versammlung der Viermotorigen über der englischen Südostküste frühzeitig erfasst werden; während die B-17 in zwei grossen Verbänden mit Ostkurs den Kanal überquerten und über holländisches Gebiet in Richtung Lingen auf Reichsgebiet zuflogen, wurden die deutschen Jagdverbände im Nordwesten und Westen des Reiches zunächst in 15-Minuten Bereitschaft versetzt, bevor gegen 10.00 Uhr Sitzbereitschaft befohlen wurde [170]. Alles in allem konnte die Luftwaffe an diesem Tage elf Jagd- und zwei Zerstörergruppen zum Abwehreinsatz aufbieten [171].

Trotz der alles andere als vorteilhaften Wetterverhältnisse wurde der Versuch unternommen, einige Gruppen zu einem Gefechtsverband zusammenzustellen; dementsprechend erhielt die I./JG 11 um 09.52 Uhr den Befehl zur sogenannten " Blitzverlegung " des fliegenden Verbandes nach Rheine, wo auch die I./JG 1 mit der unterstellten Sturmstaffel 1 am Morgen einfiel [172]. Bevor jedoch die I./JG 11 um 10.45 Uhr in Rheine ankam [173], erfolgte dort bereits um 10.23 Uhr der Alarmstart von 19 Focke

---

[166] OKW-Bericht, 9.2.1944

[167] vgl. die Aufstellung auf Seite 708

[168] Freeman, aaO., S. 177 / 178; unter den Verlusten befanden sich zwei bzw. eine Maschine unter " Cat.E. "; die Abschussmeldungen lauteten bei den Bombern 1-3-0, bei den Jägern 16-1-8

[169] Freeman, aaO., S.178

[170] so z.B. bei der II./JG 1 - vgl. KTB II./JG 1

[171] vgl. die Aufstellung auf Seite 713

[172] KTB II./JG 1

[173] Flugbuch Hans-Georg Güthenke

Einheit	Abschussmeldungen	FF +	FF verw.	Flugzeuge 60-100%	Flugzeuge unter 60%	Boden
Auf deutscher Seite eingesetzte Verbände am 10.2.1944						
Stab/JG 1	1 B-17, 1 P-47	-	-	-	-	-
I./JG 1	6 B-17	-	-	1	1	-
II./JG 1	4 B-17, 1 B-17 HSS, 2 B-17 e.V., 2 P-47	1	-	2	3	-
III./JG 1	1 P-47	1	-	2	1	-
Sturmst. 1	1 B-17	-	-	-	-	-
Stab/JG 3	1 P-38	-	-	-	-	-
I./JG 3	1 P-47	-	1	-	1	-
II./JG 3	6 B-17	-	-	2	3	-
IV./JG 3	1 B-17, 1 P-47	6	1	5	8	-
Stab/JG 11	2 B-17	-	-	-	-	-
I./JG 11	5 B-17, 1 B-17 HSS, 1 P-38	4	2	8	-	-
II./JG 11	2 B-17, 1 P-47	5	2	6	2	-
III./JG 11	7 B-17, 2 P-47, 1 P-38	4	2	6	2	-
III./JG 54	2 B-17	2	2	3	1	-
I./JG 301	1 B-17	-	-	-	-	-
EKdo.25	1 B-17 HSS	-	-	-	2	-
I./ZG 26	6 B-17, 1 B-17 HSS	1	3	2	1	-
II./ZG 26	1 P-38	6	5	5	2	-
IV./NJG 1	1 B-17	-	-	-	1	-
I./NJG 3	-	-	1	-	2	-
IV./NJG 3	1 B-24 (Typenangabe ?)	-	-	-	-	-
		30	19	42	30	0

Wulfs der II./JG 1, der sich offenbar die I. Gruppe sowie die Sturmstaffel 1 anschlossen [174]. Der Verband sammelte über dem Platz und stieg anschliessend auf 9.000 m; kurz danach wurden die Viermots mit sehr starkem Begleitschutz über dem Raum nördlich Zwolle - Quadrat FN - gesichtet. Es entwickelte sich daraus ein verbissener, insgesamt über eine Stunde anhaltender Luftkampf, der mit einem geschlossenen Angriff der gesamten Gruppe eingeleitet wurde. Durch die sogleich eingreifenden P-47 des Jagdschutzes wurde ein erneutes Sammeln unmöglich und statt dessen löste sich das Treffen in mehrere Gefechte zwischen Rotten und einzelnen Schwärmen auf, wobei die II./JG 1 den Bomberstrom in östlicher Richtung bis in den Raum Helmstedt / Braunschweig verfolgte, wo kurz nach 12.00 Uhr die letzten Luftkämpfe ausgetragen wurden. Dabei kam auch Eberhard Burath um 12.04 Uhr zum Abschuss einer B-17 - er berichtet:

Als Rottenflieger eines kampferprobten Feldwebels machten wir uns an einen Viermotverband bei Braunschweig heran. Zuerst griff der Feldwebel allein an und schoss eine B-17 in Brand. Das musst Du auch können, sagte ich mir, zeig es ihm ! Ganz dicht ging ich stur von hinten ran und sah mit Genugtuung meine Garbe im rechten Flächenansatz einschlagen. Flammen züngelten. Aber die Bordschützen der

---

[174] KTB II./JG 1; Flugbücher Eberhard Burath und Heinz Bär, wobei letzterer erst um 10.40 Uhr startete, dann aber nach dem Sammeln die Führung des Verbandes übernahm

Nachbarmaschinen zielten auch nicht schlecht: Donnernd haute es hinter mir in den Rumpf und auf einmal ging es senkrecht bergab. Jähes Entsetzen, kein Druck mehr auf dem Knüppel, Trimmung brachte auch nichts. Nichts wie raus ! Kabine weg, da klebte ich auch schon wie eine Briefmarke an der Rückenlehne; rechter Arm raus, der wurde mit Zentnergewalt nach hinten gezogen. Aus 7.000 m musste ich eine rasende Fahrt gehabt haben. Ich drückte den Kopf zur Seite raus, Nasenlöcher wie ein schnaubender Hengst. Die linke Hand krallte sich an die Frontscheibe - man wird stark, wenn es um alles geht ! Auf einmal war ich draussen, die Luft um mich herum heulte, nahm mir den Atem, zerrte an meiner Jacke, riss mir einen Pelzstiefel vom Bein, wirbelte mich wie einen Tischtennisball um mich selbst. "Nicht ziehen, nicht ziehen !" brüllte ich laut. Ich war zu schnell, zu hoch und der Himmel hing voll von Ami-Jägern; ich hatte selbst gesehen, wie sie auf uns am Fallschirm geschossen haben. Also runter, runter ! Jetzt wurde es auch langsamer, ich lag ruhig, Kopf nach unten und sah über meinen flatternden Hosenbeinen den Himmel. Ganz ruhig bleiben ! Wolkenobergrenze war vorhin 2.000 m, dann konnte ich ziehen. 4.000 m freier Fall, gar nicht so schlimm. Nun näherte ich mich den Wolken, kein Jäger zu sehen, ziehen ! Den Ruck kannte ich ja schon. Eben hing ich lang am Schirm, da rauschte etwas schwarzes an mir vorbei - mein Pelzstiefel. Rein in die Wolken, grosses Preisrätsel: Wo kommst Du raus ? Dann wurde es unter mir dunkel, Land in Sicht. Au weia ! Bäume, alles Wald ! Bis jetzt war es gut gegangen, nun noch mit dem Kreuz in die Bäume. Zum Glück wehte ein frischer Wind und so trieb ich schnell auf den Rand des Waldes zu, schwebte noch niedrig über ein Dorf, wieder der alte Frechdachs, rief ich die Leute auf der Dorfstrasse unter mir an, die erschrocken nach oben starrten. Ein frisch gepflügter Acker kam, da ging es wohl hinein. Schon war ich unten, klatschte auf den Bauch. Das Schloss war vom Dreck verschmiert und ging nicht auf. Bäuchlings zerrte mich der Schirm über den ganzen Acker bis zum nächsten Knick. Ich sah aus wie eine Sau nach der Suhle.

Einen Stulpenhandschuh zog ich mir über meinen rechten Socken und latschte los zum nahen Dorf. Am ersten Haus rief ich eine Frau im ersten Stockwerk an; erschrocken knallte sie das Fenster zu, hielt mich sicher für einen Ami-Neger. Auf meine wohlklingende deutsche Sprache hin liess sie mich dann aber doch hinein und übergoss mich mit ihrem guten Muttergefühl. Waschen, Bratkartoffeln mit Spiegelei in der warmen Stube. Dann tönten plötzlich Kommandos vorm Haus: "Zwei Mann an die Hintertür...nicht entkommen lassen !" Die Tür flog auf und ich starrte in etliche Schrotlaufmündungen - die Landwacht wollte einen Gefangenen machen. Mein Frontfliegerausweis beruhigte sie. " Wir haben einen Sanitäter bei uns, Sie sind doch verwundet " - "Wieso ?" frage ich verblüfft. " Sie sind doch auf dem linken Fuss und der rechten Hand durch den Schnee gekrochen, wir haben Ihre Spur verfolgt." Mein Handschuh statt des Pelzstiefels !!! Dann Riesengelächter. [175]

Bei zusammen sieben Ab- und Herausschüssen sowie zwei endgültigen Vernichtungen beliefen sich die eigenen Verluste der II./JG 1 auf einen Gefallenen und zwei Totalverluste sowie zwei weitere durch Beschuss beschädigte Fw 190; die 4. Staffel hatte den Tod von Lt. Rudolf Kasischke zu beklagen, der bereits vor dem Zusammenstoss mit den B-17 ohne bekannten Grund ein Stück vom eigenen Verband abhing und der danach vermutlich ein Opfer der P-47 geworden sein dürfte. Neben Olt. Burath, der den Einsatz wie oben geschildert am Fallschirm beendete, mussten Uffz. Stiegler vor der 4. und Uffz. Feist von der 5./JG 1 ihre Focke Wulfs jeweils mit Beschussschäden auf den Bauch werfen, doch blieb es in beiden Fällen bei reinem Sachschaden.

Die I./JG 1 mit der Sturmstaffel 1 traf über dem Raum nördlich Osnabrück auf die Viermot-Pulks; auch sie verfolgte die B-17 auf ihrem Weg nach Osten bis in den Raum Braunschweig und konnte in mehreren Durchgängen insgesamt sieben Abschüsse, davon einen durch die Sturmstaffel, erzielen, während sie selbst von Personalverlusten gänzlich verschont blieb und lediglich zwei Focke Wulfs

---

[175] Aufzeichnungen Eberhard Burath, S. 19

einbüsste, die ohne Feindeinwirkung verlorengingen. Die III./JG 1 war auch an diesem Tage wieder als erste Gruppe des Geschwaders an den einfliegenden amerikanischen Verbänden; sie stiess noch vor 11.00 Uhr im Raume Münster auf einen starken P-47 Verband, mit dem es zu erbitterten Kurbeleien kam, in deren Verlauf die III. Gruppe völlig zersprengt wurde. Am Ende stand ein Abschuss, während die Gruppe einen Gefallenen und zwei Bf 109 Totalverluste zu verzeichnen hatte; bei der 9./JG 1 traf es Uffz. Karl Hitter, der im Luftkampf mit drei Thunderbolts unterlag und bei Heek in der Nähe von Ahaus (Krs. Münster / Westf.) mit seiner Maschine abstürzte.

Insgesamt beanspruchten die drei Gruppen des JG 1 demnach am 10. Februar 1944 15 Ab- und Herausschüsse, die sich folgendermassen verteilten:

Maj. Bär	6./JG 1	B-17	(180.)	11.13
Ofw. Flecks	6./JG 1	B-17	(9.)	11.13
Ofhr. Steffen	Sturmst.	B-17	(1.)	11.15
Maj Bär	6./JG 1	P-47	(181.)	11.18
Uffz. Tüngler	5./JG 1	P-47	(1.)	11.21
Fw. Haspel	8./JG 1	P-47	(2.)	11.30
Fw. Köhne	3./JG 1	B-17	(20.)	11.30
Lt. Eh	3./JG 1	B-17	(2.)	11.34
Ofw. Demuth	2./JG 1	B-17	(5.)	11.34
Uffz. Dosch	5./JG 1	B-17	(2.)	11.35
Uffz. Martin	1./JG 1	B-17	(3.)	11.55
Fw. Hübl	1./JG 1	B-17	(10.)	
Ofw. Demuth	2./JG 1	B-17	(6.) *	
Fw. Fuchs	4./JG 1	B-17	(9.)	11.59
Olt. Burath	4./JG 1	B-17 HSS	(4.)	12.04
Fw. Sauer	4./JG 1	B-17	e.V.	12.05
Uffz. Stiegler	4./JG 1	B-17	e.V.	12.15

Auch der Geschwaderkommodore war am 10. Februar im Einsatz; dazu liegt folgender Einsatzbericht von Oberst Walter Oesau vor, der in seiner Nüchternheit beispielhaft die Schwierigkeiten des Abwehreinsatzes zeigt:

10.31 Uhr erster Start. Feindberührung mit zwei Pulks von je etwa 60 Viermotorigen mit starkem Jagdschutz (Th., L., M.) von genau Westen. Bei Rheine von sechs Thunderbolts angegriffen. Höhe bis 5.500 m aufgegeben. 10 km südostwärts des Feindverbandes mitgeflogen. Bei Versuch, von Süden an den Verband zu kommen, durch Mustangs angegriffen. Zusatztank nicht abwerfbar, Kabine teilweise vereist. Weiterer Angriff durch feindliche Jäger nicht möglich. Kein Schusswechsel wegen schlechter Position. Vorher Gegend Osnabrück sechs Thunderbolts von Feindverband nach Süden bis auf 6.000 m abgezogen.

Zweiter Start 12.35 Uhr. Fünf Minuten nach dem Start Feindsichtung. Feindverband südlich vom eigenen Ausflug. 12.50 Uhr Feindberührung mit etwa 50 Viermotorigen. Angriff in 6.000 m Höhe auf eine einzeln abhängende Viermotorige, bei der der linke Innenmotor nicht mehr voll lief. Angriff von Uffz. Rauhaus auf Viermotorige von hinten unten auf die rechten Motoren. Rauchfahne rechter Innenmotor. Rauhaus wurde beim Ansetzen zum zweiten Angriff von zwei Thunderbolts aus der Überhöhung angegriffen und musste in die Wolken auf 3.000 m gehen.

Angriff Oberst Oesau auf rechten Motor. Treffer in beiden rechten Motoren. Maschine verlor sofort an Höhe. Starke Rauchentwicklung. Zwei Mann mit Fallschirm ausgestiegen. Selber von vier Thunderbolts angegriffen. Selbst Angriffe auf zwei Thunderbolts unter mir, davon eine von hinten unten aus etwa 150 m, mehrere Treffer in den Rumpf. Brandentwicklung. Maschine ging über linke Fläche in 3.500 m in

Wolken. Sonst nichts gesehen, da selber in Bedrängnis. Kurzer Luftkampf mit vier mittleren Thunderbolts, selbst gezwungen, in die Wolken zu gehen.

Die beiden von Oberst Oesau gemeldeten Abschüsse fielen um 12.55 bzw 13.00 Uhr und zählten als 109. und 110. Abschuss des Kommodore.

Auch das JG 11 war mit allen drei Gruppen am Abwehreinsatz dieses Tages beteiligt; dabei kamen die II. und III./JG 11 bereits gegen die einfliegenden Verbände zum Einsatz, während die I./JG 11 aufgrund ihres verspäteten Eintreffens in Rheine erst gegen die Rückflüge zum Ansatz kam.

Abb.594: Uffz. Rudi Lennhoff, Flugzeugführer in der 4./JG 11, auf der Fläche seiner " Gustav "; die Aufnahme wurde möglicherweise bereits 1943 gemacht. Lennhoff ist am 10. Februar 1944 im Luftkampf gefallen.

(Urbanke)

Die II./JG 11 startete um 10.38 Uhr in Wunstorf auf Alarm; die Gruppe wurde an diesem Tage vertretungsweise von Olt. Heinz Knoke geführt, da Maj. Günther Specht wegen Krankheit das Bett hüten musste [176]. Kurz nach 11.00 Uhr traf die II./JG 11 über dem Dümmer See auf die B-17 und konnte zwischen 11.10 und 11.20 zwei davon abschiessen, musste sich jedoch anschliessend der heftigen Angriffe der nach Zahl weit überlegenen P-47 des Begleitschutzes erwehren. Die sich daraus entwickelnden Luftkämpfe trugen der II./JG 11 empfindliche Verluste ein: Fünf Gefallene und zwei Verwundete mussten auf die Verlustliste gesetzt werden und zudem gingen sechs Messerschmitts total verloren, während noch einmal zwei beschädigt wurden. Am schwersten traf es dieses Mal die 4. Staffel mit je zwei Gefallenen und Verwundeten - Ofhr. Helmut Winter und Uffz. Rudi Lennhoff fielen im Luftkampf, die Unteroffiziere Gerhard Trostmann und Horst Schneider wurden schwer verwundet. Bei

---

[176] Flugbuch Heinz Knoke; vgl. auch die Darstellung bei Knoke, aaO., S. 161, die allerdings hinsichtlich der Zahlenangaben weit neben der Sache liegt

der 5. Staffel fiel mit FhjFw. Hans Raddatz einer der erfahrensten Flugzeugführer [177]; ausser ihm kehrte Uffz. Alfred Arndt nicht vom Einsatz zurück und gilt seither als vermisst. Bei der 6./JG 11 schliesslich fiel Uffz. Erich Freiwirth.

Der Geschwaderstab und die III./JG 11 wurden offenbar gemeinsam mit der II. Gruppe an die Viermotorigen herangeführt und gerieten wie diese kurz nach 11.00 Uhr in einen heftigen Luftkampf mit den Boeings und ihrem Begleitschutz. An diesen Einsatz erinnert sich Victor Widmaier, seinerzeit als Flieger bei der 7./JG 11, wie folgt:

Nach der Alarmierung startete unsere Gruppe von Oldenburg aus zum Einsatz auf einfliegende Bomberverbände. Wir gewannen schnell an Höhe und wurden vom JaFü in Stade in Richtung Südwesten geführt. Kurz nach 11.00 Uhr haben wir die Bomberverbände schräg vor uns gesichtet; dies geschah an der holländischen Grenze in der Gegend von Bad Bentheim. Unser Gruppenkommandeur Hptm. Hackl leitete sofort einen Angriff von vorn auf die uns im Augenblick entgegenkommenden B-17 ein. Dieser Angriff wurde deswegen so schnell geflogen, weil wir über dem Verband ziemlich starken Jagdschutz sichteten; er bestand ausschliesslich aus Thunderbolts. In der ersten Angriffsreihe, die der Gruppenstab anführte, waren wir sechs Maschinen; dabei flog ich rechts aussen. Nachdem ich auf eine direkt auf mich zukommende B-17 das Feuer eröffnet hatte, gab es an dieser Maschine zwei Explosionen, die eine am Bug und die andere am inneren Backbordmotor. Die Maschine geriet kurz darauf ins Trudeln und stürzte ab. Dies wurde von der hinter uns angreifenden III. Gruppe beobachtet und bestätigt.

Nach dem Angriff zogen wir durch den B-17 Verband und hatten Anweisung nach links wegzuziehen, um anschliessend erneut einen Angriff auf einen Bomberpulk zu fliegen. Dazu kam es jedoch nicht mehr. Während unserer Kurve stiess der Jagdschutz auf uns herunter und griff uns an. Eine mich anfliegende Thunderbolt schoss mit überhöhter Fahrt an mir vorbei und sass nun auf einmal etwas seitlich vor mir. Sie zog in südlicher Richtung ab. Ich zog hinter ihr her und hatte sie nach kurzer Zeit im Revi; sofort eröffnete ich das Feuer. An der von mir angegriffenen Maschine flog etwas weg, was ich aber nicht näher erkennen konnte, da ich in diesem Augenblick selbst beschossen wurde und Treffer bekam. Sofort zog ich nach links weg und sah die hinter mir sitzende Thunderbolt sowie die Fw 190 meines Kommandeurs, der seinerseits hinter der Thunderbolt sass. Ich erhielt erneut Treffer durch die linke Bordwand; dabei wurde auch mein linker Arm getroffen. Meine Maschine schmierte ab, da sie nicht mehr steuerbar war; meine Lage war, schon wegen meines getroffenen Arms, nicht ganz problemlos, aber ich kam glatt aus meiner Maschine heraus. Während ich am Fallschirm hing, entdeckte ich ungefähr 200 m neben und auf gleicher Höhe mit mir einen weiteren Fallschirm. Weit und breit war sonst kein weiterer Fallschirm zu sehen. Wir sind fast gleichzeitig unten angekommen. Da mein Landepunkt direkt neben einer Ortschaft war, wurde ich sofort in das Haus des Bürgermeisters gebracht, das direkt am Ortsrand stand. Ein Sanka brachte mich von dort in das Lazarett von Bad Bentheim.

Einige Zeit nach der Einlieferung rief ich meinen Kommandeur in Oldenburg an. Im Laufe des Gespräches erklärte er mir, dass die von mir angegriffene Thunderbolt abgestürzt und dass ihr Flugzeugführer ausgestiegen sei. Auf die hinter mir sitzende Thunderbolt sei er leider nicht zum Schuss gekommen. [178]

---

[177] über Hans Raddatz heisst es bei Heinz Knoke: *"Raddatz gehört zu uns, seit die Staffel besteht. Er ist der talentierteste Flugzeugführer, den ich bisher erlebte. Ich kann es nicht glauben, dass dieser prächtige Mann und saubere Kamerad nicht mehr lebt."* - aaO., S. 163

[178] Brief Victor Widmaier, 8.9.1993; weiter heisst es dort: *"Am Abend wurde ich von Bad Bentheim ins Lazarett nach Rheine verlegt, wo ich noch am selben Abend operiert wurde. Nach 14 Tagen verlegte man mich auf eigenen Wunsch ins Lazarett nach Oldenburg, wo meine Gruppe zu dieser Zeit lag."*

Elf Abschüsse bei eigenen Verlusten von vier Gefallenen und zwei Verwundeten sowie sechs als Totalverluste abzuschreibenden Fw 190 lautete am Ende das Ergebnis bei der III./JG 11. Bei der 7. Staffel gab es zwei Verwundete - während Flg. Victor Widmaier wie eben geschildert nach Treffern in seiner Focke Wulf bei Bentheim verwundet mit dem Schirm aussteigen musste, konnte Uffz. Jakob Held seine angeschlagene Maschine noch nach Plantlünne zurückbringen, wo er eine Notlandung machen musste und sich dabei verletzte. Weit schlechter kam die 8./JG 11 davon, denn sie musste drei Gefallene hinnehmen: Fw. Werner Schramm, Uffz. Harald Cuntz und Uffz. Karl-Gustav Hentschel wurden im Luftkampf mit amerikanischen Begleitjägern im Raume Nordhorn / Bentheim / Oldenzaal abgeschossen. Die 9./JG 11 schliesslich verlor Uffz. Leo Demetz, der bei Venlo tödlich abgeschossen wurde.

Die I./JG 11 kam nach ihrem verspäteten Eintreffen in Rheine und dem dadurch verpassten Anschluss an das JG 1 erst gegen die rückfliegenden amerikanischen Verbände zum Einsatz; die Gruppe stieg nach Alarmstart um 12.16 Uhr mit 25 Fw 190 von Rheine auf [179] und stiess im Raume Lingen auf die gegnerischen Verbände. Dabei hatte sie das Pech, genau in eine Ablösung der amerikanischen Eskorte zu geraten, was ihr eine erbitterte Auseinandersetzung mit weit überlegenen US Jagdgruppen einbrachte, bevor sie gegen 12.50 Uhr zu den Viermotorigen durchstossen konnte. Am Ende meldete die I./ JG 11 sieben Abschüsse, davon allein sechs B-17. Wie die beiden anderen Gruppen auch, musste sie dabei jedoch selbst schwere Verluste hinnehmen: vier Gefallene und zwei Verwundete sowie acht Focke Wulfs büsste die Gruppe an diesem Tage ein. Die 1. Staffel meldete den Verlust von Uffz. Arno Mattes und Uffz. Rudolf Kuhrz, die beide tödlich abgeschossen wurden, während Fw. Berthold Jochim im Luftkampf leicht verwundet wurde. Dasselbe Bild bei der 3./JG 11: hier fielen Fw. Alfred Gaedicke und Uffz. Martin Weipprecht, während Uffz. Franz Keller verwundet wurde [180].

Alles in allem beanspruchte das JG 11 danach 22 Abschüsse, die sich wie folgt verteilten:

Olt. Kälber	9./JG 11	B-17	(2.)	11.10
Lt. Kiehl	5./JG 11	B-17	(2.)	11.10
Flg. Widmaier	7./JG 11	B-17	(7.)	11.10
Ofw. Schmelzinger	9./JG 11	P-38	(5.)	11.15
Ofw. Zick	7./JG 11	B-17	(16.)	11.20
Olt. Knoke	5./JG 11	B-17	(20.)	11.20
Fw. Born	9./JG 11	B-17	(3.)	11.20
Hptm. Hackl	III./JG 11	B-17	(135.)	11.40
Uffz. Veid	9./JG 11	P-47	(2.)	11.45
Flg. Widmaier	7./JG 11	P-47	(8.)	
Ofw. Barann	5./JG 11	P-47	(4.)	
Obstlt. Graf	Stab/JG 11	B-17	(207.)	11.50
Uffz. Cuntz	8./JG 11	B-17	(3.)	
Uffz. Cuntz	8./JG 11	B-17	(4.) [181]	
Olt. Zwernemann	1./JG 11	P-38	(118.) *	
Fw. Stöwer	3./JG 11	B-17	(5.) *	
FhjFw. Dreizehner	1./JG 11	B-17	(1.)	12.50
Lt. Schrangl	I./JG 11	B-17	(1.)	12.50
Lt. Füllgrabe	Stab/JG 11	B-17	(68.)	12.50
Hptm. Hermichen	I./JG 11	B-17	(49.)	12.55

---

[179] Flugbuch Hans-Georg Güthenke

[180] damit waren an diesem einen Tag nicht weniger als acht " alte " und erfahrene Flugzeugführer, die bereits seit den Tagen des alten JG 1 dabeigewesen waren - Keller, Gaedicke, Lennhoff, Raddatz, Cuntz, Hentschel, Schramm und Demetz -, gefallen oder verwundet worden; einen solchen Aderlass und Substanzverlust würde das Geschwader nicht lange durchstehen können

[181] fälschlich gemeldet als B-24

Olt. Koenig	3./JG 11	B-17 HSS	(8.)		13.15
Fw. Doppler	2./JG 11	B-17	(9.)	*	

Nach dem Ende der Kämpfe zogen beide Seiten wie üblich Bilanz und wie ebenfalls üblich fielen die Ergebnisse dabei durchaus unterschiedlich aus; während die deutsche Seite insgesamt 51 Abschüsse für sich beanspruchte - darunter 32 Viermotorige -, beliefen [182] sich die - selbstverständlich nicht veröffentlichten ! - Verluste an diesem Tage auf 30 Gefallene und Vermisste sowie 19 Verwundete und insgesamt 40 als Totalverluste abzuschreibende sowie 27 aus verschiedenen Ursachen im Einsatz beschädigte Flugzeuge. Die 8. USAAF bezifferte ihre Verluste demgegenüber mit insgesamt 41 Flugzeugen, davon 30 Viermots und elf Begleitjäger; demgegenüber meldeten die Amerikaner beachtliche 129 Abschüsse [183].

Schon am folgenden Tage gab es den nächsten Tagesangriff durch Verbände der 8. USAAF; am **11. Februar 1944** war noch einmal Frankfurt das Ziel eines Grossangriffs der Amerikaner, wobei dieser erneut den Eisenbahnanlagen im Umfeld der Stadt gelten sollte. Insgesamt 223 Viermotorige wurden dazu aufgeboten, von denen 212 bis über den westdeutschen Raum vordrangen und ihre Bombenlast über Frankfurt am Main, Ludwigshafen, Saarbrücken und einigen weiteren Orten, die als Gelegenheitsziele herhalten mussten, abladen konnten; zum Schutz der Viermotorigen wurden abermals 606 Jäger eingesetzt, die für einen durchgehenden Begleitschutz zu sorgen hatten [184].

Der Einflug der Amerikaner traf auf die Abwehr durch Teile von acht Tagjagd-, einem Zerstörer- und einem Nachtjagdgeschwader [185]; dabei scheinen die anhaltend schlechten Wetterbedingungen den deutschen Abwehreinsatz einmal mehr recht nachhaltig behindert zu haben, denn von den eingesetzten Kräften bekamen offensichtlich bei weitem nicht alle überhaupt Feindberührung.

Der Einsatz des JG 1 an diesem Tage blieb vollkommen erfolglos; wohl verlegte die I./JG 1 am Morgen erneut nach Rheine [186], um mit der II./JG 1 gemeinsam eingesetzt zu werden, doch kam es in der Folge nicht zu einem wirkungsvollen Einsatz der beiden Gruppen. Die II./JG 1 war nach Alarmstart um 10.27 Uhr mit 15 Focke Wulfs aufgestiegen und wurde anschliessend in den Raum Lüttich geführt, doch wurde keine Feindberührung hergestellt, so dass die Gruppe den Einsatz abbrach und nach Rheine zurückkehrte; aufgrund einer fast geschlossenen Wolkendecke fanden jedoch nicht alle Flugzeugführer zum eigenen "Gartenzaun" zurück, weswegen sechs Maschinen auf dem Platz von Strassburg einfielen, während eine weitere mit Uffz. Erich Negraszus von der 5./JG 1 versuchte, auf dem Landeplatz von Koblenz-Karthause zu landen. Nach dreimaligem Durchstarten dort versuchte Erich Negraszus - vermutlich unter dem Eindruck des zur Neige gehenden Sprits - ein viertes Mal die Landung, brachte seine Focke Wulf auch herunter, geriet aber beim Ausrollen über die Platzgrenze und kam beim anschliessenden Überschlag ums Leben. Auch die I./JG 1 verlor einen Flugzeugführer durch einen Unfall mit tödlichem Ausgang: Beim Start zur Rücküberführung von Rheine nach Dortmund überschlug sich Uffz. Lothar Hänert von der 3. Staffel mit seiner Maschine und kam dadurch zu Tode.

Bei der I./JG 11 begann der Tag erneut mit einer " Blitzverlegung " des fliegenden Verbandes; um 10.25 Uhr starteten die Focke Wulfs der Gruppe in Husum zur Überführung nach Köln-Ostheim, von

---

[182] OKW-Bericht, 11.2.1944; vgl. auch die Aufstellung auf S. ... - dort werden 46 Viermots aufgeführt zzgl. 4 HSS und 2 e.V. sowie 13 Jägern. Die Meldung des OKL ging zunächst von 76 Abschüssen, darunter 45 Viermots, aus

[183] Freeman, aaO., S. 178; unter den Verlusten befinden sich eine bzw. zwei Maschinen unter "Cat.E", während die Abschusszahlen für die Bomber 42-30-61 und für die Jäger 56-1-40 lauteten

[184] Freeman, aaO., S. 180

[185] vgl. die Aufstellung auf S. 721

[186] dabei an diesem Tage erstmals ohne die zuletzt unterstellte Sturmstaffel 1

Auf deutscher Seite eingesetzte Verbände am 11.2.1944					
Einheit	Abschussmeldungen	Verluste im Einsatz			
		FF		Flugzeuge	
		+	verw.	60 - 100 %	unter 60 %	Boden
Stab/JG 1	-	-	-	-	-	-
I./JG 1	-	1	-	1	1	-
II./JG 1	-	1	-	1	1	-
III./JG 1	-	-	-	-	-	-
Sturmst. 1	2 B-17	-	-	1	-	-
II./JG 2	1 P-38	1	3	3	3	-
I./JG 3	-	-	-	1	-	-
II./JG 3	4 P-38	1	-	1	-	-
IV./JG 3	2 B-26	-	-	-	-	-
Stab/JG 11	-	-	-	-	-	-
I./JG 11	1 B-17	-	-	1	1	-
II./JG 11	2 P-51, 1 P-47	2	1	3	1	-
III./JG 11	-	1	-	2	1	-
I./JG 26	1 B-17, 1 P-38, 2 P-47	-	-	-	-	-
II./JG 26	1 B-17, 1 B-17 e.V., 3 P-38	-	-	-	-	-
II./JG 27	1 P-38, 1 P-47	3	2	3	2	-
III./JG 54	-	2	1	2	2	-
I./JG 300	-	-	-	1	-	-
I./ZG 26	-	3	3	3	3	-
II./ZG 26	3 P-38	-	-	-	1	-
EKdo. 25	-	1	-	1	1	-
III./NJG 4	-	-	-	1	1	-
I./NJG 102	1 P-38	1	-	1	-	-
		17	10	26	18	0

wo aus die Gruppe am Abwehreinsatz gegen die einfliegenden Viermotorigen teilnehmen sollte [187]. Dort erfolgte um 12.33 Uhr der Alarmstart auf einen mittlerweile vor dem südwestlichen Reichsgebiet im Anflug auf den Raum Saarbrücken befindlichen kleinen Teilverband der Amerikaner [188], mit dem es kurz nach 13.00 Uhr Feindberührung gab. In dem sich daraus entwickelnden Luftkampf konnte zwar eine B-17 durch FhjFw. Dreizehner von der 1. Staffel (2.) heruntergeholt werden [189], doch verlor die Gruppe umgekehrt zwei Focke Wulfs, wobei die Flugzeugführer jedoch unverletzt blieben - einer von

---

[187] Flugbuch Hans-Georg Güthenke; die Tatsache, dass eine Gruppe aus dem äussersten Norden des Reichsgebietes zur Abwehr eines Einfluges in den Südwesten einmal quer über das Reichsgebiet gescheucht werden musste, belegt zum einen den verhängnisvollen Mangel an Kräften in der Reichsverteidigung, zum anderen aber verdeutlicht sie die mittlerweile gegebene Unsinnigkeit der peripheren Verteidigung - seit die Amerikaner bei ihren Angriffen nicht mehr nur, wie noch bis Herbst 1943, über die Nordsee einflogen, sondern inzwischen eine Vielzahl von Wegen einschliesslich der von der 15. USAAF genutzten Südrouten benutzte, war eine Zusammenfassung aller Kräfte der Reichsverteidigung in der Mitte des Raumes das Gebot der Stunde

[188] insgeamt 19 B-17 warfen an diesem Tage auf Gelegenheitsziele bei Saarbrücken - Freeman, aaO., S. 180

[189] sowie vermutlich eine weitere B-17 durch Uffz. Rudschinat, der ausweislich einer offiziellen Unterlage um 14.35 Uhr im Quadrat PA einen Abschuss - a.s.m. - erzielte (möglicherweise tatsächlich erst 20.2. ?)

ihnen, der Staffelkapitän der 3./JG 11, Olt. Hans-Heinrich Koenig, kam bei Saarbrücken mit dem Fallschirm herunter [190]. Nach der Rückkehr von diesem Einsatz erfolgte noch am Nachmittag die Rückverlegung der I./JG 11 nach Husum.

Die II./JG 11, die an diesem Tage wieder von Maj. Specht geführt wurde, stieg um 10.54 Uhr nach Alarmstart von Wunstorf auf [191] und wurde anschliessend in südwestlicher Richtung in den Raum Frankfurt / Wiesbaden geführt. Gegen 12.00 Uhr bekam die Gruppe westlich Ludwigshafen - Quadrat SP - Feindberührung mit den Viermotorigen und ihrem Begleitschutz und geriet alsbald in eine heftige Kurbelei mit den P-51 der 354 FG, die sich bis über das Gebiet um Homburg und Saarbrücken hinzog [192]. Wenigstens zwei Abschüsse konnte die II./JG 11 dabei für sich verbuchen, die an Uffz. Reissle von der 4. Staffel (12.05, 2.), der sein Opfer im Luftkampf gerammt hatte, sowie an Maj. Specht (12.15, 27.) gingen; später scheinen noch einige P-47 in das Geschehen eingegriffen zu haben, von denen Fw. " Jonny " Fest von der 5./JG 11 eine abschiessen konnte (6.). Selbst verlor die Gruppe zwei Gefallene und insgesamt drei Messerschmitts. Mit Ofw. Erich Gaumert, der im Luftkampf bei Lauterecken tödlich getroffen abstürzte, büsste die 4. Staffel einen ihrer älteren und erfahreneren Flugzeugführer ein, während es bei der 6. Staffel Uffz. Erich Höfig traf, den die Mustangs bei Limbach abschossen. Aufgrund der Auseinandersetzung mit den Begleitjägern gelang es der Gruppe nicht mehr, an die Viermots heranzukommen; vielmehr wurde sie völlig auseinandergesprengt, so dass die Maschinen danach einzeln oder rottenweise mit dem letzten Tropfen Sprit auf verschiedenen Horsten im Südwesten des Reiches einfielen.

Über den Einsatz der III./JG 11 an diesem Tage ist nichts näheres bekannt; die Gruppe meldete den Verlust eines Flugzeugführers, nachdem Uffz. Werner Veid von der 9. Staffel bei einem Einsatz in den Raum Venlo / Rheine im Luftkampf abgeschossen wurde und bei Brustheim mit seiner Focke Wulf tödlich abstürzte. Erfolgsmeldungen der III./JG 11 liegen für den 11. Februar 1944 nicht vor.

Insgesamt meldete die deutsche Luftwaffe bei der Abwehr der gegen Frankfurt, Ludwigshafen und das Saargebiet gerichteten Angriffe am 11. Februar 1944 26 Abschüsse [193]; die eigenen Verluste beliefen sich auf ebenfalls 26 Flugzeuge, die im Einsatz als Totalverluste zu behandeln waren, und weitere sieben, die aus anderen Ursachen abzuschreiben waren. Die Bilanz auf Seiten der 8.USAAF lautete demgegenüber wie folgt: Während die eigenen Verluste mit acht Viermotorigen und 17 Jägern angegeben wurden, war man der Ansicht, 35 deutsche Flugzeuge abgeschossen und weitere drei am Boden zerstört zu haben [194].

Für die I./JG 1 war der Einsatz am 11. Februar 1944 der letzte von Dortmund aus geflogene, denn am folgenden Tage begann die Verlegung der Gruppe nach Rheine, wohin der fliegende Verband mit dem technischen Spitzenpersonal am 16. Februar 1944 überführte [195].

Während der ganzen folgenden Woche blieb es bei Tage vollkommen ruhig über dem Reichsgebiet; auf alliierter Seite wartete man auf die für die dritte Februar-Dekade vorhergesagte deutliche Wetterbesserung, um dann zu dem seit Wochen geplanten grossen Schlag gegen die deutsche Jagdflugzeugfertigung - zur "BIG WEEK" - ausholen zu können.

---

[190] Eintragung im Flugbuch von Hans-Georg Güthenke

[191] Flugbuch Heinz Knoke

[192] vgl. Angaben zu Abschuss- und Verlustorten

[193] OKW-Bericht, 12.2.1944;

[194] Freeman, aaO., S. 180; unter den Verlusten befinden sich je drei unter " Cat.E. ", die Verteilung der "claims" lautete für die Bomber 3-0-2 und für die Jäger 30-2-28

[195] Aufzeichnungen Siegfried

Abb. 595 - 596: Oben - Elf Flugzeugführer der 10./JG 11 vor dem Gefechtsstand auf dem Platz Aalborg-Ost, Anfang 1944; in der Mitte steht Staffelkapitän Olt. Heinz Grosser, ganz rechts Uffz. Ludwig Bertram und neben ihm Fw. Robert Spreckels. Unten - Die " weisse 11 ", eine Fw 190 A-7 der 10./JG 11, auf deren Kabinenrand hier Uffz. Ludwig Bertram zu sehen ist. Die Maschine trägt den üblichen Dreiton-Grauanstrich ohne erkennbare Besonderheiten.

(Bertram)

Abb. 597 - 598: Die folgenden Aufnahmen wurden am 19. Februar 1944 in Volkel bei der III./JG 1 aus Anlass der Übergabe der 500. durch den Werftzug instandgesetzten Maschine gemacht; oben übergibt Gruppen-TO Lt. Hans Halbey die Maschine an Hptm. Eberle, unten steht Lt. Halbey mit den Männern des Werftzuges vor einer Halle in Volkel. Rechts neben Hans Halbey steht StFw. " Gustl " Guggemos, Spiess der Werftkompanie.

(Halbey)

Abb. 599 - 600: Bei derselben Gelegenheit wurden auch diese beiden Aufnahmen von der Instandsetzung der " schwarzen 10 " der 8. Staffel gemacht; bei dieser Messerschmitt handelt es sich offenbar um eine recht " alte " Maschine, wie das Staffelzeichen der 8./JG 1 vor der Kabine und die enge Spirale auf der Propellerhaube andeuten, beides Markierungsmerkmale aus der Aufstellungszeit der III./JG 1, die Anfang 1944 nur noch selten zu beobachten waren. Beachte auch die Erla-Haube und den Antennenmast auf dem Rumpfrücken dahinter.

(Burkhardt)

Bei der II./JG 1 traf in diesen Tagen der neue Gruppenkommandeur Hptm. Hermann Segatz ein; in dieser Personalentscheidung lag eine weitere Zurücksetzung für Maj. Heinz Bär, denn nun wurde ihm, der nicht nur hochausgezeichnet und nach der Zahl seiner Abschüsse in der Gruppe weit in Führung war, der über reiche eigene Erfahrungen bei der Bekämpfung der amerikanischen Viermotorigen verfügte und der im Dienstrang über seinem neuen Kommandeur stand und der schliesslich bereits über ein Jahr eine Jagdgruppe geführt hatte, ein Kommandeur vorgesetzt, der erstmals eine Gruppe übernehmen sollte und auch hinsichtlich der weiteren Voraussetzungen unter normalen Umständen immer die zweite Wahl hätte sein müssen [196]. In der II./JG 1 löste die Neubesetzung Erstaunen und einige erregte Diskussionen unter den Flugzeugführern aus, die in Heinz Bär den einzig geeigneten Nachfolger für Hptm. Hoeckner sahen; Heinz Bär selbst nahm die offensichtlich als Kränkung empfundene Massnahme mit Gleichmut - *"Lass die man machen,"* kommentierte er dies bei einem gemeinsamen Essen gegenüber den anderen Offizieren der II./ JG 1 [197]. Auch für Herman Segatz war die so geschaffene Lage alles andere als einfach; zum Glück für alle Beteiligten besass er sehr viel Einfühlungsvermögen und Takt, so dass es zu keiner Zeit zu einem Konflikt zwischen Heinz Bär und ihm kam. Im Gegenteil war Hermann Segatz bemüht, das Beste aus der Lage zu machen, indem er sich vornehmlich um die Führung der Gruppe am Boden kümmerte und die Führung in der Luft anstandslos Heinz Bär überliess, wobei er es sich nicht nehmen liess, selbst - und das mit Erfolg, wie noch dargestellt werden wird - an den meisten Einsätzen teilzunehmen.

Für Heinz Bär ergab sich gleichwohl eine Änderung, denn er wurde am 19. Februar 1944 zum Staffelführer der 6./JG 1 bestimmt, nachdem Hptm. Lutz-Wilhelm Burkhardt seine Versetzung zur III. Gruppe erhalten hatte, wo er die 7. Staffel für den am 8. Februar 1944 verwundeten Olt. Witt übernehmen sollte. Hintergrund dieser Versetzung war die Tatsache, dass Lutz-Wilhelm Burkhardt mit der Fw 190, die er seit Januar 1944 bei der 6. Staffel geflogen hatte, nicht zurechtkam und deswegen bei Oberst Walter Oesau wegen einer Versetzung zur III. Gruppe eingekommen war, da er wieder die ihm vertraute " Beule " fliegen wollte; nachdem der Kommodore eingewilligt hatte, war der Weg frei für den Tausch, durch den Maj. Bär zum Führer der 6. Staffel wurde, während Hptm. Burkhardt fortan die 7./JG 1 übernahm [198].

Im übrigen verliefen die Tage zwischen dem 12. und 19. Februar 1944 bei beiden Geschwadern weitgehend ohne besondere Vorkommnisse; allenthalben wurden die üblichen Übungs-, Werkstatt- und FT-Flüge durchgeführt, wobei als Besonderheit zahlreiche Übungen im Bombenwurf unternommen wurden [199]. Bei der III./JG 11 kam es am 19. Februar 1944 zu einem Unfall mit tödlichem Ausgang, als Uffz. Wilhelm Simader am Morgen um 07.20 Uhr bei einem Werkstattflug aus unbekannter Ursache am Platzrand von Oldenburg abstürzte und dabei ums Leben kam.

In der Nacht vom 19. auf den **20. Februar 1944** leitete ein Angriff auf Leipzig, bei dem von 730 Viermotorigen der RAF insgesamt 2.290 Tonnen Brand- und Sprengbomben abgeworfen wurden, den Beginn der " BIG WEEK " ein; in Leipzig befanden sich die Erla-Werke, einer der grössten Hersteller der Messerschmitt Bf 109, aus denen rund 32% der gesamten Fertigung der Bf 109 stammten. Für die Briten war es gleichwohl kein sehr verheissungsvoller Auftakt, denn sie verloren 78 Maschinen durch Nachtjäger und Flak, während der am Boden angerichtete Schaden - jedenfalls im Bereich der Erla-Werke - vergleichsweise unbedeutend war [200].

---

[196] womit die Verf. keine Herabsetzung Segatz' beabsichtigen

[197] Bericht Eberhard Burath, 13.6.1993

[198] Bericht Lutz-Wilhelm Burkhart, 29.11.1989; seinen ersten Flug bei der 7./JG 1 unternahm Hptm. Burkhardt ausweislich seines Flugbuchs am 22.2.1944

[199] vgl. KTB II./JG 1, wo derartige Einsätze genannt werden; offensichtlich gehörten die Bombenwurfübungen zu den Vorbereitungen für den beabsichtigten Einsatz zur Abwehr der erwarteten alliierten Invasion in Frankreich, bei dem mehrere Jagdgruppen als Jabos zum Einsatz kommen sollten - vgl. unten S. ...

[200] vgl. für viele: Piekalkiewicz, aaO., S. 339

Auf deutscher Seite eingesetzte Verbände am 20.2.1944

Einheit	Abschussmeldungen	FF +	FF verw.	Flugzeuge 60-100%	Flugzeuge unter 60%	Boden
Stab/JG 1	-	-	-	-	-	-
I./JG 1	1 B-17, 1 P-51	2	1	3	1	-
II./JG 1	2 B-17, 1 P-38	2	-	4	-	-
III./JG 1	-	-	1	2	-	-
III./JG 2	1 B-17	1	-	2	-	-
Stab/JG 3	-	-	-	-	-	-
I./JG 3	1 B-17	-	-	1	-	-
II./JG 3	3 B-24	1	3	4	-	-
III./JG 3	2 B-24	2	1	5	-	-
IV./JG 3	1 P-47	-	1	1	1	-
Stab/JG 11	1 B-17	1	-	1	-	-
I./JG 11	7 B-24, 1 B-24 HSS, 6 B-17, 1 B-17 a.s.m.	-	1	2	7	-
II./JG 11	-	-	-	1	1	-
III./JG 11	-	-	-	2	2	-
II./JG 26	1 B-17, 1 B-24, 1 P-47	-	1	1	3	-
I./JG 27	-	-	-	-	1	-
II./JG 27	-	1	-	2	1	-
III./JG 54	6 B-17, 2 B-17 HSS	3	3	8	1	-
I./JG 301	1 B-17 e.V.	-	-	-	-	-
I./JG 302	-	-	2	5	3	-
I./ZG 26	2 B-17	6	2	6	2	-
II./ZG 26	2 B-17, 1 P-38	3	1	2	-	-
III./ZG 26	-	11	7	10	3	2 b
I./ZG 76	1 B-17, 1 B-24	2	-	1	1	-
III./ZG 76	1 B-17	2	2	1	1	-
I./NJG 5	-	3	-	3	-	-
II./NJG 5	1 B-17	1	2	1	-	-
I./NJG 6	1 B-17	-	-	1	-	-
II./NJG 6	2 B-17	3	-	1	1	-
Ind. Erla	3 B-17, 2 P-51	-	1	4	-	-
Ind. AGO	1 P-51	-	-	-	-	-
		44	**29**	**74**	**29**	**2 b**

Am Tage folgten dann die Viermotorigen der 8. USAAF; an diesem Tag wurden erstmals über 1.000 Boeings und Liberators aufgeboten, die Flugzeugwerke in Tutow, Leipzig, Oschersleben, Braunschweig und Bernburg angreifen sollten. Zu ihrem Schutz wurden insgesamt 835 Begleitjäger eingesetzt [201], zu denen noch zahlreiche Squadrons der RAF für den Schutz im Nahbereich der britischen Insel

---

[201] darunter erstmalig über dem Reichsgebiet die 357 FG, die als erste in der 8. USAAF mit der P-51 ausgerüstet war, nachdem die 354 FG der 9. USAAF schon seit Dezember 1943 im Einsatz war

hinzukommen sollten; der Einsatz war damit das bislang grösste strategische Unternehmen der 8. USAAF [202].

Die Luftwaffe konnte insgesamt 17 Tagjagd-, fünf Zerstörer- und Teile von drei Nachtjagdgruppen sowie einige Industrieschutzschwärme zur Abwehr aufbieten, die es zusammen auf 367 Einsätze brachten, von denen allerdings nur 155 zur Feindberührung führten [203]; die Wirksamkeit des deutschen Abwehreinsatzes wurde trotz der beachtlichen Zahl eingesetzter Verbände allerdings ganz wesentlich dadurch beeinträchtigt, dass die Viermotorigen in mehreren unabhängig voneinander eingesetzten Verbänden zur gleichen Zeit einflogen, so dass die deutschen Verbände aufgesplittert wurden und sich ihr Einsatz verzettelte [204].

Über den Einsatz des JG 1 an diesem Tage ist nur ziemlich wenig bekannt. Die I./JG 1 scheint an diesem Tage zwei Einsätze geflogen zu haben, von denen einer in den Raum Kassel / Eschwege und der andere nach Schleswig-Holstein führte. Zwei Abschüssen -

| Olt. Ehlers | 3./JG 1 | P-51 | (36.) | * |
| Ofw. Demuth | 2./JG 1 | B-17 | (7.) | * |

standen auf der anderen Seite zwei Gefallene und ein Verwundeter gegenüber, die alle der 2./JG 1 angehörten: Staffelführer Hptm. Harald Roemer und der Gefr. Alfons Martini wurden im Luftkampf mit Viermots im Raum Eschwege tödlich abgeschossen, während Uffz. Heinrich Bartzen beim zweiten Einsatz im Luftkampf bei Cuxhaven verwundet wurde [205].

Der Einsatz der II./JG 1 spiegelt das Durcheinander dieses Tages deutlich wider; daher sei hier das Gruppen-KTB zu den Ereignissen zitiert:

15'-Bereitschaft. Ab 10.20 Uhr Sitzbereitschaft. Um 10.45 Uhr erfolgt Alarmstart mit 19 Fw 190 nach Oldenburg, 9.000 m Höhe. 3 Fw 190 kehren wegen Motorstörung sofort um. Keine Feindberührung, jedoch wird die Gruppe auseinandergezogen. Es landen in Oldenburg 10 Fw 190, in Zwischenahn 2, Nordholz 2, Marx 2, Rheine 1. 11.57 Uhr startet ein Schwarm unter Führung Major Bär nach, der sofort Feindsichtung mit 500 Boeings, 500 Liberators und etwa 300 Thunderbolts und Mustangs erhält. Der Schwarm wird gesprengt und in Luftkämpfe verwickelt. Hierbei schiesst Fw. Fuchs bei Magdeburg (HD-5) um 13.35 Uhr eine Boeing B-17 ab. 12.59 Uhr erfolgt Alarmstart von Oldenburg aus mit neun Fw 190 der Gruppe, die mit Flugzeugen anderer Einheiten zum Gefechtsverband zusammengestellt sind. Um 13.40 Uhr hat der Gefechtsverband Feindsichtung mit je 300 Boeings und Liberators, 50 Lightnings und 4 Mustangs. Es gelang, auf einen Boeing-Pulk einen geschlossenen Angriff von vorn zu fliegen. Im Verlaufe der Luftschlacht [206] wurden folgende Erfolge erzielt: Ofw. Flecks schoss 1 Lightning ab (13.50 in LB) und erzielte den Herausschuss von einer Boeing B-17 (13.48 in LB), Lt. Buchholz und Fw. Brodbeck und Uffz. Feist beschossen wirksam je eine Boeing, Ofw. Schuhmacher eine Lightning. Verluste: Uffz. Hauptmann und Uffz. Jacobsen gefallen, Uffz. Dosch Bauchlandung in Göttingen (65% Bruch). Aussenlandungen in Gütersloh, Detmold, Göttingen, Kassel. 14.30 Uhr Alarmstart von 11 Fw 190 von Rheine aus, keine Feindberührung, Landung um 15.30 Uhr.

---

[202] Freeman, aaO., S.183 / 184

[203] Ausarbeitung Walter Grabmann, S. 39

[204] vgl. Piekalkiewicz, aaO., S. 340; Groehler, LK, S. 404, ders., BK, S. 217 m.w.N.

[205] für Hptm. Roemer übernahm wenig später Olt. Helmut Biederbick die Führung der 2./JG 1

[206] bemerke die Wortwahl - nicht mehr Luftkampf, sondern Luftschlacht !

Abb. 601: Fw. Heinz Hanke von der 3./JG 11 vor einer Fw 190 A-7, möglicherweise der Maschine, mit der er den Abwehreinsatz vom 20. Februar 1944 flog - vgl. den Bericht unten. Auf der Motorhaube ist das Staffelzeichen mit dem Motto der 3./JG 11 - " Wer zuerst schiesst, hat mehr vom Leben " - zu sehen.

(Hanke)

Die III./JG 1 blieb einmal mehr erfolglos; die Gruppe flog ihre Einsätze über dem holländisch / belgischen Raum und hatte bei den erbitterten Kurbeleien mit den amerikanischen Begleitjägern mit Fw. Paul Pfingst von der 8./JG 1 einen Verwundeten und zudem zwei als Totalverluste abzuschreibende " Gustavs ".

Das JG 11 war am 20. Februar 1944 mit allen Teilen - ausgenommen die 11. Staffel - im Abwehreinsatz; der erste Einsatz, zum dem die drei Gruppen des Geschwaders zu einem Gefechtsverband zusammengestellt wurde, richtete sich gegen den Einflug der 3 BD, deren 314 Boeings ohne Begleitschutz auf dem Weg nach Tutow waren [207]. Dazu erfolgte zunächst am frühen Morgen eine erneute " Blitzverlegung " der I./JG 11 von Husum nach Oldenburg [208], von wo aus die Gruppe gemeinsam mit der III./JG 11 von Hptm. Anton Hackl gegen erwartete Einflüge in den mitteldeutschen Raum zum Einsatz kommen sollte. Über diesen Einsatz liegt eine ausführliche Schilderung von Heinz Hanke von der 3. Staffel vor, aus der im folgenden zitiert werden soll:

> *Wir sassen mit den Flugzeugführern gemütlich beim Frühstück und warteten auf unsere Spiegeleier. Die Platte mit den Eiern kam, zugleich aber ging draussen auch das 'Radieschen' - so nannten wir das Zeichen für den Alarmstart - hoch. Wir waren sehr verblüfft, zumal wir nicht recht glauben konnten, dass die Amis schon so nahe am Küstengebiet sein sollten.*
>
> *Wir sprangen also auf und liefen hinaus zu unseren Focke Wulfs und machten uns fertig zum Alarmstart. Komisch: An diesem Tage ahnte ich etwas Schlechtes ! Noch nie war ich*

---

[207] Freeman, aaO., S.183; Teile dieses Verbandes sollten Ziele in Posen und Kreising angreifen, doch entschloss sich der Verbandsführer aufgrund dichter Wolken über dem Zielgebiet, sich den anderen Gruppen anzuschliessen und bombardierte am Ende Rostock und andere "targets of opportunity"

[208] 07.58 - 08.35 Uhr lt. Flugbüchern Heinz Hanke und Franz Steiner, während Hans-Georg Güthenke erst um 09.34 Uhr nachstartete

Abb. 602: Flugaufnahme von drei Focke Wulfs der I./JG 11 mit untergehängten Zusatzbehältern. Seit diesem Zeitpunkt - Mitte Februar 1944 - sind die Rumpfbalken- und Hakenkreuze fast völlig übergenebelt worden, so dass sie fast unsichtbar sind; der Grund für diese Massnahme ist bislang unbekannt. Bei der " gelben 5 " im Vordergrund handelt es sich um eine Fw 190 A-6 der 3. Staffel, rechts hinten fliegt die " Winkel " vom Gruppenstab der I./ JG 11.

(Güthenke)

an die Maschine gegangen mit trüben Gedanken, aber am 20. Februar 1944 war es so. Mein Staffelkapitän Olt. Koenig stand mit seiner Mühle links von mir und meinte: "Heino, nimmst Du deine Sachen mit?" [209] *Ich antwortete ihm: "Nein, ich glaube heute kommt ein 'Dicker Hund' und mein Photoapparat ist mir zu schade. Ich hole meine Sachen ab, wenn alles vorbei ist." Damit meinte ich, dass ich gegen Abend schnell von Husum nach Oldenburg fliegen und meine Sachen abholen würde.*

Wir starteten alle zügig nacheinander und waren eine Streitmacht von rund 140 Jägern, darunter eine Staffel Me 109 als Höhenschutz. Wie üblich gingen wir auf eine Höhe von 8.300 m und warteten auf die Bomberverbände, die wir abfangen sollten. [210]

Bei der von Hanke genannten " Höhenschutz-Staffel " handelte es sich tatsächlich um die II./JG 11, die um 10.38 Uhr in Wunstorf auf Alarm gestartet war [211], und die danach an die beiden anderen Gruppen des Geschwaders zum Gefechtsverband heranschloss. Führer des Verbandes war der Kommandeur der III./JG 11, Hptm. Hackl. Mit Hilfe der Y-Führung wurde der Verband nach Nordosten geleitet und flog über Schleswig-Holstein hinweg in Richtung Dänemark - die I./JG 11 flog demnach im Einsatz genau die Strecke zurück, die sie am Morgen bei ihrer " Blitzverlegung " in umgekehrter Richtung zurückgelegt hatte. Während der Gefechtsverband des JG 11 immer weiter in nördlicher Richtung flog, geriet er über eine zunehmend dichter werdende Wolkendecke und verlor bald vollkommen die Bodensicht;

---

[209] gemeint ist das kleine Gepäck mit dem allernötigsten - oft als " BUKO " bezeichnet -, das die Flugzeugführer für derartige Verlegungen stets bereit hatten (die Verf.)

[210] dieser Bericht setzt sich zusammen aus einem Brief Hankes vom 30.8.1975 an Orlin Markussen, der als Co-Pilot in der später von Hanke abgeschossenen B-17 flog, sowie den seinerzeitigen Abschussunterlagen

[211] Flugbücher Heinz Knoke, Hans-Gerd Wennekers

unterdessen wurde der Sprit knapp, ohne, dass es zur Feindberührung mit den über die Nordsee nach Osten fliegenden Viermotorigen gekommen wäre [212].

So kam es, dass erst unmittelbar, bevor der Gefechtsverband wegen Spritmangels zur Umkehr gezwungen wurde, einer der amerikanischen Verbände in Sicht kam - daran erinnert sich Hans-Gerd Wennekers:

> *Wir wurden mit Y-Führung an die Viermotorigen herangeführt; nach einiger Zeit kam von unserer Bodenstelle die Durchsage an unseren Verbandsführer: " Sie müssen Gegner jetzt sehen !". Doch nichts tat sich. Immer wieder kam die Durchsage: " Sie müssen den Gegner sehen, Sie müssen Berührung haben !" Wir wurden unruhig und ich sah mich um, bis ich einen grossen Viermotverband entdeckte, der genau unter uns, vielleicht 2.000 m tiefer, in östlicher Richtung flog. Sofort gab ich über FT durch: " Dicke Autos unter uns !" doch auch darauf passierte gar nichts. Ich wiederholte meinen Ruf nochmal und nochmal - nichts ! Daraufhin flog ich nach vorne, setzte mich neben den Verbandsführer, wackelte, deutete nach unten, und - nichts ! Ich konnte es nicht fassen, war aber zugleich so wütend, dass ich allein abschwang und auf die Boeings losging, dabei ganz sicher, dass der Rest unseres Verbandes mir schon folgen würde. Aber Kuchen ! Ganz allein ging ich auf die B-17 los, hielt zwar mit allem was ich hatte auf einen Viermot, der auch einige Treffer einstecken musste, doch bekam ich selbst dabei einige " Dinger " in die Tragfläche verpasst. Daraufhin musste ich abbrechen und sah zu, dass ich meine ziemlich angekratzte Mühle auf dem nächsten Platz sicher auf die Erde zurückbringen würde - wenig später landete ich dann sicher in Schleswig.* [213]

Tatsächlich brach Hptm. Hackl den Einsatz alsbald wegen Spritmangels ab, woraufhin alle drei Gruppen auf ihre jeweiligen Horste zurückkehrten [214]; einige Maschinen der 3./JG 11 [215] scheinen den Abbruchbefehl nicht mitbekommen zu haben und blieben an den mittlerweile erkannten Viermotorigen dran - weiter heisst es dazu bei Heinz Hanke:

> *Da ausser mir noch sechs Maschinen in der Luft verblieben waren, sammelte ich diese als Schwarmführer und wir griffen den ankommenden Verband an. Ich zählte beim Anflug von weiter her ungefähr 120 Boeing Fortress in einer für unsere Focke Wulf günstigen Angriffshöhe von 5 bis 6.000 m. Plötzlich, während des Anfluges, fing meine rote Lampe an zu brennen und ich wusste, was die Stunde geschlagen hatte. Keine Erdsicht, kein FT und unter mir die Nordsee mit Eistreiben, das gab mir zu verstehen: Verkaufe Deine Haut so teuer wie möglich, und ich sagte mir: Greif an und versuch, möglichst am Nordseestrand eine Bauchlandung zu machen. Hoffentlich war die Küste nicht zu fern und lagen die Wolken nicht auf !*

---

[212] nach Angaben von Heinz Hanke - Brief vom 30.8.1975 - hatten die Viermotorigen über See mehrere weit ausholende Kreise geflogen, um erst dann weiter in östlicher Richtung zu fliegen, wenn bei den gegen sie angesetzten deutschen Jägern der Sprit zur Neige gehen würde und sie dementsprechend zum Abdrehen gezwungen würden

[213] Bericht Hans-Gerd Wennekers,13.6.1993; nach seiner Erinnerung gab es in der Folge dieses erfolglosen Ansatzes und vor allem des unterbliebenen Angriffs auf die tatsächlich erkannten Viermots noch einige Aufregung im Geschwader, wobei - jedenfalls gerüchteweise - auch von Kriegsgericht die Rede gewesen sein soll

[214] die Masse der I./JG 11 nach Husum, Teile nach Flensburg, vgl. Flugbücher Güthenke und Steiner; II./JG 11 nach Wunstorf, Landung dort 12.28 Uhr - Flugbuch Heinz Knoke

[215] während bei Heinz Hanke von sieben Fw 190 die Rede ist, wird deren Zahl im Flugbuch von Hans-Georg Güthenke mit fünf angegeben

Abb. 603: Wegen Spritmangels musste Ofw. Wilhelm Lorenz von der 3./JG 11 seine " gelbe 6 " am 20. Februar 1944 in der Nähe von Svendborg auf den Bauch werfen; hier steht er auf der Fläche seiner Fw 190 A-7, bei der sich inzwischen einige deutsche Soldaten eingefunden haben. Deutlich zu erkennen ist, dass das Hakenkreuz auf der Seitenleitwerksflosse völlig übergespritzt wurde. Beachte auch das Staffelzeichen der 3./JG 11 auf der Motorhaube und die Mündungsfeuerdämpfer vor den Rumpf MG 131.

(Hanke / Janssen)

So griffen wir sieben Jäger in geöffneter Formation an und bekamen gleich schwerstes Feuer. Darauf gab ich über FT durch: "Freie Jagd !", denn auch bei den anderen Kameraden brannte die rote Lampe.

In dem darauf folgenden Luftkampf konnte die Handvoll Focke Wulfs zwar zwei Boeings abschiessen, die an Ofw. Lorenz (12.12, 1.) und Fw. Hanke (12.19, 5.) fielen, doch kam nicht eine der sechs Fw 190 heil von diesem Einsatz zurück; fünf Flugzeugführer mussten ihre Maschinen wegen Spritmangels auf Fünen notlanden, wobei Fw. Heinz Birkigt eine Gehirnerschütterung erlitt, während die anderen vier unverletzt blieben [216]. Heinz Hanke, der die sechste Focke Wulf flog, berichtet weiter:

Als ich in Rückenlage nach meinem Angriff gerade nach unten wegstossen wollte, wurde die Maschine von Erschütterungen getroffen und füllte sich die Kabine mit öligem Rauch und feinem Aluminiumstaub. Der Motor heulte auf wie eine Kreissäge; ich konnte ihn nicht mehr drosseln, denn das Gasgestänge war durchschossen. Ich musste versuchen, so schnell wie möglich wegzukommen.

Das aber war nicht mehr möglich, da mir ungefähr 30 cm von der linken Tragfläche fehlten (abgeschossen) und ausserdem ein Querruder nur noch zur Hälfte vorhanden war; im übrigen hatte ich ungezählte Treffer in den Flächen. Plötzlich noch ein Knall - ein oder zwei Treffer hatten den Panzerring vor dem Ölkühler durchschlagen und damit war alles besiegelt, denn ich konnte nicht mehr aus der Kabine sehen - es war alles dunkel von schwarz-braunem Öl. Ich schoss die Kabine ab und hatte nur noch Schutz

---

[216] angeblich musste auch der Kommandeur der II./JG 11, Maj. Günther Specht, seine Maschine wegen Spritmangels auf Ærö auf den Bauch legen - vgl. Knoke, aaO., S. 163

Abb. 604: Fw. Heinz Hanke nach seinem glücklich überstandenen Fallschirmabsprung, aufgenommen in seiner ölverschmierten Kombi in einer Dorfstrasse auf der Insel Fünen

(Hanke / Janssen)

durch meine Panzerscheibe. Dabei bekam ich das restliche Öl ins Gesicht und konnte kaum noch aus den Augen sehen. Ich sprang erst in 2.400 m ab, nachdem ich bei zwei vorhergehenden Versuchen, die Maschine zu verlassen, tief in die Kabine zurückgedrückt worden war und mich nur mühsam wieder hatte nach oben ziehen können. Als ich endlich von der Maschine freikam, streifte mich mein Höhenleitwerk an der linken Schulter und meinem linkem Fussknöchel, was sehr schmerzhaft war.

Mein Schirm öffnete sich ohne weiteres und ich tauchte in die geschlossene Wolkendecke ein; was danach kam, war wie ein Lotteriespiel - war ich noch über der eisigen Nordsee oder war ich bereits über Land? Als plötzlich der Erdschatten kam, tauchte ich aus den Wolken und hatte die Brandung direkt unter mir. Ich trieb aufgrund des starken Windes auf die Insel Fünen zu und kam am Rande eines kleinen Dorfes runter - direkt daneben verliefen eine Fernsprechleitung und ein Stromkabel an Masten! Glück muss der Mensch haben und so zündete ich mir als erstes eine deutsche Kriegszigarette an - so furchtbar wie sie schmeckten, dies aber war die beste Zigarette meines Lebens. [217]

Einige Zeit nach dem Einsatz seiner drei Gruppen als Gefechtsverband war auch der Geschwaderstabsschwarm im Einsatz; es ist nicht ersichtlich, ob sich die Maschinen des Stabes dabei

---

[217] Brief Heinz Hanke, 30.8.1975

Abb. 605 - 606: Eine Maschine der II./JG 11 wird nach einer Bauchlandung mit Hilfe von Luftsäcken wieder auf die Beine gestellt; die Aufnahmen entstanden Anfang 1944 in Dänemark. Der Anstrich der Maschine wirkt ungewöhnlich hell, zeigt aber - zumindest im Bereich der Motorhaube - eine deutliche dunkle Scheckung. Auf der Aufnahme unten erkennt man im Vordergrund die schwarze Propellerhaube mit der für die II./JG 11 charakteristischen, sich nach vorn verjüngenden Spirale.

(Junker)

einer anderen Einheit angeschlossen hatten oder ob sie auf sich allein auf sich gestellt waren [218]. Gegen 13.00 Uhr kam es über Schleswig-Holstein auf der Höhe des Kaiser-Wilhelm Kanals zum Luftkampf mit einigen B-17 [219], von denen zwar eine durch Uffz. Aulenbacher abgeschossen werden konnte (13.00, 2.), doch wurde Fw. Dr. Johann Vliegner beim Angriff von oben auf eine B-17 so schwer getroffen, dass seiner Messerschmitt das Leitwerk abgerissen wurde und sie bei Eggstedt abstürzte; zwar konnte der Flugzeugführer noch aussteigen, doch kam er beim Absprung zu Tode.

Unterdessen wurden die Focke Wulfs und Messerschmitts der Gruppen des JG 11 nach der Rückkehr auf ihren Einsatzhäfen eilig für einen zweiten Einsatz aufgetankt und nachmunitioniert. Bei der I./JG 11 in Husum erfolgte der Alarmstart zum zweiten Einsatz mit allen inzwischen wieder klargemachten "Mühlen" um 12.45 Uhr; danach wurde die I. Gruppe in südlicher Richtung an rückfliegende Viermotverbände über dem Raum Braunschweig / Salzgitter herangeführt, mit denen es ab 13.20 Uhr zu einem erbitterten Luftkampf kam. Es hat den Anschein, als seien die Viermotorigen - Liberator der 2 BD - zu diesem Zeitpunkt ohne Jagdschutz geflogen, so dass es der I./JG 11 gelang, in kurzer Zeit ohne eigene Verluste zehn Liberators abzuschiessen:

Fw. Steiner	2./JG 11	B-24 HSS	(8.)	13.27
Hptm. Hermichen	I./JG 11	B-24	(50.)	13.27
Hptm. Hermichen	I./JG 11	B-24	(51.)	13.30
Fw. Schmidt	2./JG 11	B-24	(1.)	13.34
Hptm. Hermichen	I./JG 11	B-24	(52.)	13.37
Fw. Doppler	2./JG 11	B-24	(10.)	13.38
Uffz. Borkenhagen	10./JG 11	B-24	(2.)	13.40
Hptm. Hermichen	I./JG 11	B-24	(53.)	13.45
Fw. Schuecking	1./JG 11	B-17	(1.)	13.58
Ofw. Griener	2./JG 11	B-17	(8.)	
Fw. Doppler	2./JG 11	B-17	(10.) *	

Die II./JG 11 startete um 13.31 Uhr auf Alarm zu ihrem zweiten Einsatz des Tages; dieser führte indes nicht zur Feindberührung, so dass die Gruppe nach nur gut einer Stunde wieder in Wunstorf einfiel. Über einen zweiten Einsatz der III./JG 11 an diesem Tage ist weiter nichts bekannt [220].

Dafür kam es über Dänemark nochmals zu Luftkämpfen zwischen der 10./JG 11 und Teilen der I./JG 11, offensichtlich Maschinen, die nicht rechtzeitig für den zweiten Gruppeneinsatz wieder klar geworden waren; deren Einsatz richtete sich gegen rückfliegende Verbände der 3 BD, die nach ihren Angriffen auf Ziele im Raume Tutow und Rostock auf dem Abflug waren. Dabei konnten noch einmal zwei B-17 Abschüsse erzielt werden, die an den Gefr. Pancherz von der 3. Staffel (14.56, 1.) und an Uffz. Rudschinat [221] von der 10./JG 11 (14.35, 4./a.s.m.) gingen.

Die Luftwaffe zählte am Ende insgesamt 59 Abschussmeldungen, davon 51 Viermotorige als Ab- und Herausschüsse sowie endgültige Vernichtungen; die eigenen Verluste beliefen sich auf 74 total im Einsatz mit und ohne Feindeinwirkung sowie 29 beschädigte Maschinen [222].

---

[218] möglicherweise war der Stabsschwarm des JG 11 zusammen mit der I./JG 1 im Einsatz, die ebenfalls Luftkampf über dem Raum Schleswig-Holstein hatte - s.o.S. 727

[219] lt. namentl. Verlustmeldung Fw. Dr. Vliegner handelte es sich um eine Gruppe von 13 Viermots

[220] offenbar flog die Gruppe im Gefechtsverband mit der II./JG 1 um 12.59 Uhr ihren zweiten Einsatz; auch dieser blieb jedoch erfolglos. Auf der Verlustseite der III./JG 11 standen an diesem Tage zwei Totalverluste, davon einer im Luftkampf, und zwei ohne Feindeinwirkung beschädigte Maschinen

[221] die Abschussmeldung von Uffz. Rudschinat wurde laut einer amtlichen Unterlage bereits unter dem 11.2. geführt, doch dürfte es sich hier um eine Datumsverwechslung gehandelt haben - vgl. oben

[222] Das OKL gab die deutschen Erfolge mit 39 im Luftkampf, davon 27 Viermots, an, das OKW meldete dagegen 49

Abb. 607: Uffz. Siegfried Rudschinat, Flugzeugführer in der 10./JG 11, aufgenommen Anfang 1944 in Aalborg-Ost vor der "weissen 1", einer Bf 109 G-6; Rudschinat hatte am 20. Februar 1944 durch den Abschuss einer B-17 seinen vierten Luftsieg erzielt.

(Berge)

Demgegenüber bezifferte die 8. USAAF ihre Verluste am 20. Februar 1944 mit 26 Viermotorigen und sechs Begleitjägern; an Erfolgen beanspruchten die Amerikaner 166 Abschüsse [223].

Die Angriffe des **21. Februar 1944** sollten einigen der wichtigsten von Einheiten der Reichsverteidigung genutzten Fliegerhorste im Nordwesten des Reichsgebietes gelten, darunter die Plätze von Gütersloh, Lippstadt, Werl, Münster-Handorf und Achmer, doch verhinderte eine fast geschlossene Wolkendecke über dem Zielraum einen planmässigen Verlauf des Einsatzes. So kam es, dass von 861 eingesetzten Viermotorigen gerade 186 ihre Bombenlast über ihren befohlenen Ziele abladen konnten, während 576 weitere wegen der nicht ausreichenden Bodensicht Gelegenheitsziele bewarfen. Den Jagdschutz für die abermals in mehreren getrennten Verbänden einfliegenden Viermots hatten insgesamt 679 P-47, P-38 und P-51 zu übernehmen [224].

---

[223] Freeman, aaO., S. 183 / 184; MACR; unter den Verlusten sind fünf bzw. zwei als "Cat.E", die Verteilung der Abschüsse lautet 65-33-29 für die Bomber und 61-7-37 für die Jäger

[224] Freeman, aaO., S. 184 / 185

Auf deutscher Seite eingesetzte Verbände am 21.2.1944

Einheit	Abschussmeldungen	FF +	FF verw.	60-100%	unter 60%	Boden
Stab/JG 1	-	-	-	-	-	-
I./JG 1	1 B-17	-	1	1	-	-
II./JG 1	2 B-17, 1 B-17 HSS, 1 B-24, 1 B-24 HSS, 1 P-51	2	2	4	1	-
III./JG 1	1 B-17, 1 P-47	3	1	6	2	-
Sturmst. 1	3 B-17, 1 B-17 HSS	2	-	-	2	-
I./JG 3	-	1	1	2	1	-
II./JG 3	1 B-17 (nur e.V. ?)	1	1	2	2	-
IV./JG 3	2 B-17	-	-	2	-	-
Stab/JG 11	-	-	-	-	-	-
I./JG 11	1 B-17, 1 B-17 a.s.m., 1 B-24, 1 P-51	-	-	-	2	-
II./JG 11	1 P-47	1	-	1	-	-
III./JG 11	1 B-24, 1 P-51	-	-	-	1	-
III./JG 54	-	4	-	4	3	-
II./JG 300	2 B-24	-	-	-	-	-
Jasta Erla	-	1	-	1	-	-
I./ZG 26	-	4	-	3	-	-
II./ZG 26	2 B-17	1	1	2	-	-
III./ZG 26	-	-	-	-	2	-
I./ZG 76	-	4	-	2	-	-
II./ZG 76	1 B-17, 1 B-17 e.V.	-	-	-	-	-
		24	7	30	16	0

Der deutsche Abwehreinsatz erfolgte im wesentlichen durch 13 Tagjagd- und zwei Zerstörergruppen; das ziemlich schlechte Wetter sorgte dafür, dass auch nach der Erfassung der alliierten Einflüge keine Zusammenziehung mehrerer Gruppen zu Gefechtsverbänden erfolgen konnte, so dass die deutschen Gruppen an diesem Tage wieder einzeln in den Kampf geworfen werden mussten.

Das JG 1 war mit seinem Stab und allen drei Gruppen im Einsatz; Einzelheiten darüber sind indes nur wenige bekannt. Die I./JG 1 war an diesem Tage über dem westfälischen Raum im Abwehreinsatz und konnte dabei einen Abschuss verbuchen, der - vermutlich - an Oberfeldwebel Demuth - B-17 (8.) - von der 2. Staffel ging. Auf der Verlustseite stand mit Uffz. Fritz Rathofer von der 3./JG 1, der im Luftkampf mit Viermots bei Steinheim abgeschossen wurde und mit dem Fallschirm aussteigen musste, ein Verwundeter.

Die II./JG 1 stieg um 12.45 Uhr mit 24 Focke Wulfs im Alarmstart auf [225]; unter Führung von Major Bär stieg die Gruppe auf 9.000 m und wurde in nördlicher Richtung an die einfliegenden Pulks der Amerikaner herangeführt. Feindberührung wurde um 13.11 Uhr in der Gegend Haselünne - Quadrate FQ / EQ - hergestellt, wo die Gruppe auf je etwa 200 Boeings und Liberators mit starkem Begleitschutz durch 50 bis 60 P-47 und P-51 traf. Letztere nahmen sich sofort der zahlenmässig weit unterlegenen

---

[225] KTB II./JG 1; Flugbücher Heinz Bär, Otto Schmid

Focke Wulfs an und verhinderten einen geschlossenen Angriff der II./JG 1 auf die Viermotorigen, so dass es nur einzelnen deutschen Maschinen gelang, an die Bomber heranzukommen; dennoch konnten zwei B-17 und eine P-51 abgeschossen werden. Demgegenüber verlor die II./JG 1 in diesem Luftkampf je einen Gefallenen und einen Verwundeten - Uffz. Hans Rau von der 4. Staffel wurde bei Lüstringen tödlich abgeschossen, nachdem er zuvor eine B-17 hatte herausschiessen können, während Uffz. Harald Feist von der 5./JG 1 bei Schledehausen östlich von Osnabrück abgeschossen wurde; zwar konnte er trotz Verwundung noch mit dem Schirm aussteigen, doch erlag er am darauffolgenden Tage seinen schweren Verletzungen. Mehr Glück hatte Lt. Helmut Proff, wie Feist von der 5. Staffel, der bei Osnabrück leicht verletzt aussteigen konnte.

Im Verlaufe der Kurbeleien mit dem amerikanischen Begleitschutz wurde die II./JG 1 völlig zersprengt mit der Folge, dass es zu zahlreichen Aussenlandungen auf verschiedenen Plätzen im westfälischen Raum kam [226]; dabei verlor die Gruppe zwei weitere Fw 190, die in Achmer und Hesepe gelandet waren und dort durch Bombenwurf erheblich beschädigt wurden [227].

Sobald mehrere Maschinen nach der Rückkehr vom ersten Einsatz wieder klar waren, erfolgte der Start zum zweiten Einsatz gegen die mittlerweile nach erfolgtem Bombenwurf zurückfliegenden Pulks der amerikanischen Viermotorigen; so stiegen um 14.20 Uhr fünf Focke Wulfs unter Führung von Hptm. Segatz in Rheine auf [228], die gegen 14.45 Uhr im Raume Osnabrück - Quadrat GR - Feindberührung mit einer Gruppe von 25 Liberators bekamen und in dem sich daraus ergebenden Luftkampf eine B-24 ab- und eine herausschiessen konnten. Dagegen erhielt die " schwarze 10 " von Fw. Otto Schmid schwere Treffer durch das Abwehrfeuer der B-24; zwar konnte Schmid seine Focke Wulf noch sicher nach Rheine zurückbringen und dort notlanden, doch erwiesen sich seine im Luftkampf erlittene Verwundung als so schwerwiegend, dass ihm das linke Bein amputiert werden musste.

Alles in allem meldete die II./JG 1 danach am 21. Februar 1944 sechs Abschüsse, die sich wie folgt verteilten:

Maj. Bär	6./JG 1	B-17	(182.)	13.53
Uffz. Rau	4./JG 1	B-17 HSS	(1.)	14.00
Maj. Bär	6./JG 1	P-51	(183.)	14.03
Hptm. Segatz	II./JG 1	B-24	(34.)	14.50
Olt. Kirchmayr	5./JG 1	B-24 HSS	(7.)	14.55
Uffz. Woite	5./JG 1	B-24	w.b.	14.55
Maj. Bär	6./JG 1	B-17	(184.)	15.25

Für die III./JG 1 brachte auch der 21. Februar wieder schmerzliche Verluste; die Gruppe hatte zwei Einsätze zu fliegen [229], von denen der erste offenbar ergebnislos blieb. Dagegen kam es beim zweiten Einsatz, zu dem die Gruppe um 14.15 Uhr nach Alarm aufstieg [230], über der Zuidersee zu erbitterten Luftkämpfen mit einem Verband von 60 B-17, die von etwa 20 Thunderbolts geschützt wurden. Zwei Abschüssen

| Ofhr. Zulauf | 8./JG 1 | B-17 | (1.) | 15.21 |
| Fw. Haspel | 8./JG 1 | P-47 | (3.) | 15.50 |

---

[226] lt. KTB der II./JG 1 landeten in Langenheim - 1, Twente - 1, Hesepe - 2, Alhorn - 2, Hopsten - 1 und Achmer - 3; darüber hinaus landete Maj. Bär in Stendal (vgl. Flugbuch)

[227] KTB II./JG 1

[228] zu dieser Gruppe gehörten weiter Olt. Kirchmayr, Fw. Schmid, Fw. Sauer und Uffz. Woite

[229] so die namentl. Verlustmeldung WASt.

[230] Flugbuch Hans Halbey, Einsatzzeit 14.15 - 15.55 Uhr

Abb. 608 - 609: Das Wrack einer B-17 F der 91 BG - Serial No. 42-3040 -, die am 21. Februar 1944 als 184. Abschuss von Maj. Heinz Bär herunterkam und hier von Flugzeugführern der II./JG 1 eingehend besichtigt wird. Auf der Abbildung oben erkennt man hinter der Bugverglasung den Namenszug der Maschine - " Miss Quachita "; fast jeder Viermot der 8. USAAF wurde von seiner Besatzung mit einem solchen Phantasienamen versehen. Unten sieht man von links Ofw. Leo Schuhmacher, Maj. Heinz Bär und Fw. Max Sauer bei der Untersuchung des Abwehrstandes auf dem Rumpfrücken hinter der Führerkanzel.

(Burath / Schuhmacher)

standen am Ende drei Gefallene, ein Verwundeter sowie sechs Totalverluste und zwei beschädigte Messerschmitts gegenüber. Lt. Helmut Müller vom Gruppenstab fiel im Luftkampf über Apeldoorn. FhjFw. Erich Mattern von der 8. Staffel wurde ein Opfer der P-47, die ihn über der Zuidersee abschiessen konnten; er hatte den Einsatz allein fortgesetzt, nachdem sein Rottenflieger abgeplatzt war, als dieser den Zusatztank seiner Maschine nicht abwerfen konnte, und war in den entscheidenden Augenblicken des Luftkampfes ohne Schutz durch seinen Kaczmarek geblieben. Auch Uffz. Helmut Sainisch von der 9./JG 1 wurde über der Zuidersee abgeschossen und kam beim Aufschlag seiner Maschine auf der See ums Leben. Mehr Glück hatte Uffz. Fritz Feier von der 7./JG 1; er wurde in 6.000 m Höhe von Thunderbolts abgeschossen und blieb beim Versuch auszusteigen zunächst an seiner Maschine hängen. Erst in 600 m kam er frei und konnte seinen Schirm ziehen, doch öffnete sich der nicht mehr ganz, so dass Feier beim Aufkommen verletzt wurde.

Auch das JG 11 war am 21. Februar 1944 mit allen drei Gruppen im Abwehreinsatz. Die I./JG 11 startete um 13.08 Uhr in Husum nach Alarm und wurde in südlicher Richtung an die amerikanischen Viermotverbände herangeführt; kurz vor 14.00 Uhr traf die Gruppe im Raume Hannover auf einen B-17 Verband, der von ungefähr 60 P-51 geschützt wurde, und konnte eine Boeing herunterholen, die an FhjFw. Güthenke ging (4.). Offenbar erging es der I./JG 11 danach wie der II./JG 1 - nachdem der überlegene Begleitschutz die Focke Wulfs angenommen hatte, löste sich das Geschehen in eine Vielzahl von Einzelkämpfen auf, durch die der Gruppenverband völlig zersprengt wurde, weswegen die deutschen Maschinen nach 14.30 Uhr verstreut auf verschiedenen Plätzen im Hannoveraner Raum einfielen [231]. Wo immer mehrere Focke Wulfs versammelt werden konnten, kam es alsbald zum zweiten Einsatz gegen die Rückflüge der Viermotorigen, bei denen die Gruppe noch einen B-17 Abschuss durch Fw. Stöwer von der 3. Staffel (15.00, 6.) verbuchen konnte. Selbst blieb die I./ JG 11 an diesem Tage von Personalverlusten verschont, während je eine Focke Wulf im Luftkampf verlorenging und eine ohne Feindeinwirkung beschädigt wurde [232].

Bei der II./JG 11 in Wunstorf erfolgte der Alarmstart zur selben Zeit wie in Husum: Um 13.08 Uhr stiegen die Messerschmitts unter Führung von Major Specht zum Abwehreinsatz auf und stiegen danach über dem eigenen Platz auf Höhe [233]; nach einer guten halben Stunde traf die Gruppe auf einen B-17 Verband, der von starken P-47 Gruppen begleitet wurde, und es kam zu erbitterten Luftkämpfen [234], in deren Verlauf die II./JG 11 bei einem P-47 Abschuss durch Major Specht (13.54, 28.) selbst einen Gefallenen zu verzeichnen hatte: FhjOfw. Otto Schneider von der 6./JG 11 kehrte nach Luftkampf nicht nach Wunstorf zurück und blieb seither vermisst. Der zweite Einsatz der Gruppe gegen die rückfliegenden Verbände blieb dagegen ohne Feindberührung [235].

Über den Einsatz der III./JG 11 ist kaum etwas bekannt; die Gruppe hatte offenbar ebenfalls zwei Einsätze zu fliegen und kam im Verlaufe des zweiten zu einem B-17 Abschuss, der an Lt. Kilian von der 7. Staffel ging (14.50, 2.), sowie einem P-51 Abschuss durch Ofw. Zick (17.). Demgegenüber meldete die Gruppe an diesem Tage weder Personal- noch Materialverluste.

---

[231] so z.B. in Langenhagen, Wunstorf und Celle - vgl. Flugbücher Hans-Georg Güthenke, Franz Steiner

[232] vermutlich konnte die I./JG 11 an diesem Tage noch zwei weitere Abschüsse verbuchen, die an Fw. Doppler - B-24 (12.) - und Olt. Koenig - P-51 (9.) - fielen

[233] Flugbücher Heinz Knoke, Hans-Gerd Wennekers

[234] bei Heinz Knoke, aaO., S. 163, heisst es, dass die II./JG 11 den Auftrag hatte, unter allen Umständen den Jagdschutz zu binden, um anderen Gruppen den ungehinderten Angriff auf die Viermotorigen zu ermöglichen; es ist indes nicht ersichtlich, dass die II./JG 11 an diesem Tage als Teil eines Gefechtsverbandes eingesetzt war

[235] Flugbücher Heinz Knoke - 15.06 bis 15.58 Uhr - und Hans-Gerd Wennekers - 15.13 bis 15.53 Uhr

Die deutsche Luftwaffe gab ihre Erfolge am Ende dieses Tages mit 33 Abschüssen an [236]; auf der Verlustseite zählte man 30 im Einsatz verlorengegangene und 16 erheblich beschädigte Maschinen [237]. Demgegenüber bezifferte die 8. USAAF ihre Verluste mit 23 Viermots und acht Begleitjägern, während ihre Verbände insgesamt 73 Abschüsse für sich beanspruchten [238]. Trotz des Abwurfes von fast 2.000 t Bomben blieben die am Boden angerichteten Schäden jedoch sehr gering; insbesondere gelang es der 8. USAAF nicht, nennenswerte Zahlen deutscher Jagdflugzeuge am Boden zu vernichten - im Gegenteil ergibt sich aus den deutschen Unterlagen, das an nicht einer Stelle eine deutsche Jagd- oder Zerstörergruppe durch die Bombardierung getroffen worden wäre; einzig das EKdo. 25 und das FlÜG 1 büssten in Achmer und Diepholz fünf Bf 109, vier Fw 190 sowie zwölf Flugzeuge anderer Typen ein.

Am dritten Tag der " BIG WEEK ", dem **22. Februar 1944**, sollten abermals Werksanlagen der deutschen Jagdflugzeughersteller das Ziel der Angriffe der Viermotorigen sein; erstmalig im Verlaufe des Unternehmens "ARGUMENT" griffen an diesem Tage auch die Verbände der 15. USAAF von Italien aus in das Geschehen ein, die die Anlagen der Messerschmitt-Werke in Regensburg-Obertraubling und Prüfening angreifen sollten [239].

Ziele der Angriffe der 8. USAAF sollten zum einen erneut die im mitteldeutschen Raum gelegenen Flugzeugwerke in Aschersleben, Bernburg, Halberstadt und Oschersleben sein, zum anderen sollten die Bomb Groups der 3 BD einen weiteren Angriff auf die Werke der Kugellagerindustrie um Schweinfurt fliegen. Insgesamt 799 B-17 und B-24 aller drei Bomb Divisions sowie 659 Begleitjäger wurden zu diesen Angriffen - Einsatznummer 8 AF 230 - aufgeboten; davon erreichten am Ende jedoch nur 99 die vorgesehenen Zielräume, weil auch an diesem Tage das Wetter über Nordwesteuropa alles andere als günstig war. Während die 333 Boeings der 3 BD bereits vor dem Erreichen des Festlandes zurückgerufen werden mussten, erreichte der Rückrufbefehl die 177 B-24 der 2 BD erst über dem deutsch / niederländischen Grenzgebiet, woraufhin die Verbände abdrehten, nicht aber ohne zuvor noch 208 t Bomben über Gelegenheitszielen im Raume Enschede / Arnheim / Nimwegen abgeladen zu haben. Einzig die 289 Boeings der 1 BD setzten danach ihren Einsatz fort, doch verhinderte die fast geschlossene Wolkendecke über ihren Zielräumen eine planmässige Durchführung ihrer Angriffe, so dass auch hier ein Grossteil der Bomben auf Gelegenheitsziele fiel. Das sehr schlechte Wetter hatte zudem für die Amerikaner die unangenehme Nebenwirkung, dass der Einsatz des Jagdschutzes erheblich behindert wurde, weswegen die Viermotorigen auf weiten Teilen ihres Weges auf sich allein gestellt waren. Einen Sonderauftrag hatten schliesslich die B-17 der 92 BG, die ohne Begleitschutz zu einem Angriff auf den Flugplatz Aalborg-West in Dänemark eingestzt waren, diesen aber wegen der auch über Jütland fast geschlossenen Wolkendecke nicht finden konnten und daher unverrichteter Dinge nach England zurückkehren mussten [240]

Die deutsche Luftwaffe konnte zur Abwehr der Angriffe der 8. USAAF insgesamt 16 Tagjagd- und vier Zerstörergruppen sowie Teile von einigen Nachtjagd-, Schul- und Ergänzungseinheiten aufbieten, darunter die JG 1 und 11 mit allen verfügbaren Gruppen.

Auch für den 22. Februar liegen nur wenige Anhaltspunkte über den Einsatz der I./JG 1 vor; soweit ersichtlich hatte die Gruppe kurz nach Mittag über dem Raume Gelsenkirchen - Quadrat JP - Luftkampf mit einem B-17 Verband und meldete danach zwei Abschüsse durch den Kapitän der 3. Staffel,

---

[236] OKW-Bericht, 22.2.1944; laut Lagemeldung des OKL wurden 27 Abschüsse im Luftkampf gemeldet, darunter 20 Viermots

[237] summarische Verlustmeldungen, RL 2/III/852 - 854

[238] Freeman, aaO., S. 184 / 185; unter den Verlusten befinden sich sieben bzw. drei der "Cat.E."; die Abschussmeldungen lauteten bei den Bombern 19-16-14, bei den Jägern 33-5-18

[239] unter dem Schutz von 122 P-38 und 63 P-47 griffen insgesamt 118 B-24 und 65 B-17 die Messerschmitt Werksanlagen bei Regensburg an - Rust, aaO., S.14

[240] Freeman, aaO., S. 185 / 186; ders., Mighty Eighth, S. 109

Auf deutscher Seite eingesetzte Verbände am 22.2.1944					
Einheit	Abschussmeldungen	Verluste im Einsatz			
		FF		Flugzeuge	
		+	verw.	60-100%	unter 60%	Boden
Stab/JG 1	2 B-17	-	-	-	-	-
I./JG 1	2 B-17	1	-	3	-	-
II./JG 1	3 B-17, 3 B-17 HSS, 2 B-17 e.V., 1 P-47	-	1	5	1	-
III./JG 1	-	1	-	2	1	-
Sturmst. 1	1 B-17	-	-	-	-	-
II./JG 2	1 B-17 HSS	1	-	1	6	-
III./JG 2	1 B-17, 1 B-24	3	1	4	3	-
Stab/JG 3	-	-	-	-	-	-
I./JG 3	2 P-47	3	-	4	-	-
II./JG 3	2 B-17	-	-	1	2	-
IV./JG 3	2 B-17, 1 P-51	1	-	3	-	-
Stab/JG 11	-	-	-	-	-	-
I./JG 11	6 B-17	-	-	-	1	-
II./JG 11	3 B-17, 1 P-51	-	-	1	3	-
III./JG 11	-	-	-	1	-	-
11./JG 11	4 B-17	2	-	2	-	-
II./JG 26	4 B-17, 4 B-17 HSS, 3 P-47	2	2	6	2	-
III./JG 26	1 P-47	-	-	-	-	-
II./JG 27	1 B-17 e.V., 1 P-47	-	1	2	-	-
III./JG 54	6 B-17, 1 B-17 HSS	-	1	1	1	-
II./JG 300	2 B-17	-	-	-	-	-
I./ZG 26	1 B-17	-	2	2	-	-
II./ZG 26	3 B-17	2	-	1	2	-
III./ZG 26	2 B-17	4	3	8	-	-
I./ZG 101	1 B-17	-	-	-	-	-
JG 110	1 P-51	-	-	1	-	-
JGr. Ost	1 P-47	1	-	1	-	-
IV./NJG 3	2 B-17	-	-	-	-	-
Ind. Erla	-	-	-	1	1	-
Luftbeob.St. 2	-	2	1	1	-	-
SKdo. OKL	-	1	-	1	-	-
FlÜG 1	-	1	-	1	-	-
		25	13	53	22	-

Olt. Ehlers (12.50, 37.) sowie Uffz. Hübl (11.), während ihre eigenen Verluste einen Gefallenen und zwei im Luftkampf mit den Viermotorigen abgeschossene Focke Wulfs betrugen. Bei dem Gefallenen handelte es sich um Uffz. Kurt Krüger, der durch das Abwehrfeuer der Boeings bei Gelsenkirchen tödlich abgeschossen wurde.

In Rheine erfolgte um 11.25 Uhr der Alarmstart der II./JG 1, die an diesem Tage 21 Fw 190 in die Luft brachte [241]; auch an diesem Tage wurde die Gruppe von Major Bär geführt. Nach dem Start stieg die

---

[241] KTB II./JG 1; lt. seinem Flugbuch startete Heinz Bär erst um 11.45 Uhr

Gruppe auf 9.000 m und wurde in den Raum Venlo geführt, den einfliegenden Viermotorigen entgegen. Um 12.00 Uhr wurde im Raume nördlich Tilburg - Quadrate JL/KL - ein in 6.500 m Höhe heranmarschierender Verband von 200 B-17 mit starkem Jagdschutz gesichtet und gleich darauf angegriffen; der zahlenmässig weit überlegene Jagdschutz verhinderte erneut einen geschlossenen Gruppenangriff und zersprengte den deutschen Verband. Es entwickelte sich eine Reihe heftiger Luftkämpfe, während derer es nur einzelnen Focke Wulfs gelang, an die B-17 heranzukommen. Gleichwohl konnten dabei insgesamt fünf Ab- und Herausschüsse erzielt werden:

Hptm. Segatz	II./JG 1	B-17	(35.)	12.25
Hptm. Segatz	II./JG 1	B-17 HSS	(36.)	12.45
Maj. Bär	6./JG 1	B-17	(185.)	12.51
Fw. Fuchs	4./JG 1	B-17 HSS	(11.)	13.00 [242]
FhjFw. Zauter	6./JG 1	B-17	(1.)	13.05
Uffz. Tüngler	5./JG 1	B-17 HSS	(2.)	13.05
Uffz. Zinkl	4./JG 1	B-17	e.V.	13.05
Uffz. Irmer	II./JG 1	B-17	n.b.	

Auf der Verlustseite standen nach diesen Luftkämpfen fünf Focke Wulfs, wobei die Personalverluste mit nur einem Verwundeten zum Glück für die II./JG 1 sehr gering blieben - Uffz. Herbert Dosch von der 5. Staffel musste nach Treffern in seiner Maschine, durch die er am Kopf verwundet wurde, bei Wesel mit dem Fallschirm aussteigen.

Nach dem Einsatz fiel eine ganze Anzahl Focke Wulfs der II./JG 1, die im Verlaufe der Luftkämpfe vom eigenen Verband abgekommen waren, verstreut auf Plätzen im westdeutschen Raum ein [243]; unter ihnen befand sich auch die " gelbe 13 " von Maj. Heinz Bär, der um 13.05 Uhr in Lippstadt landete. Von dort beobachtete er einige Zeit später eine einzelne mit Westkurs abfliegende B-17, auf die er sofort startete und die er um 14.18 Uhr bei Venlo herunterholen konnte (186.).

Unterdessen wurden die nach Rheine zurückgekehrten Maschinen für einen zweiten Einsatz klar gemacht; nachdem der Einsatz einer Rotte, die um 14.10 Uhr auf eine im Tiefflug in Platznähe gemeldete B-17 angesetzt worden war, erfolglos blieb, kam um 14.54 Uhr für sieben Focke Wulfs der Befehl zum Alarmstart auf abfliegende Boeing-Pulks - weiter heisst es im KTB der II./JG 1:

Auf Befehl JaFü nach Venlo, 9.000 Meter. Um 15.15 Uhr Feindsichtung mit 50 - 60 Boeings auf Westkurs. Der eigene Verband zog auf Parallelkurs vorbei. Beim Ansatz des Angriffs von vorn wurde der Verband von Thunderbolts angegriffen. Uffz.Tüngler konnte eine Thunderbolt (15.37 Uhr in MM) abschiessen. [244]

Auch über den Einsatz der III./JG 1 ist wiederum nur sehr wenig bekannt; die Gruppe war um 14.55 Uhr in Volkel im Alarmstart aufgestiegen und bekam über dem Raum Eindhoven Luftkampf mit dem Jagdschutz der amerikanischen Viermotverbände; dabei verlor sie einen Gefallenen sowie zwei als Totalverluste abzuschreibende Bf 109. Die 8./JG 1 hatte danach den Tod von Uffz. Friedrich Kratz zu beklagen, der bei Tilburg mit seiner " schwarzen 1 " abstürzte, während Lt. Hans Halbey vom Grup-

---

[242] lt. KTB II./JG 1 fälschlich gemeldet als B-24

[243] laut KTB erfolgten Aussenlandungen in Lippstadt - 1, Dortmund - 1, Loddenheide - 2, Volkel - 1, Mönchen-Gladbach - 1, Arnheim - 1, Werl - 1, Venlo - 1 und Bislich - 1

[244] MM = südwestlich Roermond; auch dieser Einsatz bietet ein anschauliches Beispiel für die deutliche zahlenmässige Unterlegenheit, unter der die deutschen Jagdflieger zu dieser Zeit kämpfen mussten - was konnte ernstlich vom Angriff von sieben Fw 190 auf einen Verband von 50 bis 60 stark jagdgeschützten B-17 mehr erwartet werden als ein - schwaches - "Flaggezeigen" ? Der von Uffz. Tüngler gemeldete Abschuss zählte als sein dritter Luftsieg

penstab Glück hatte und seine im Luftkampf angeschlagene " weisse 23 " nach Volkel zurückbringen und dort auf den Bauch werfen konnte, woraufhin die Maschine vollkommen ausbrannte.

Der Geschwaderstab des JG 1 schliesslich meldete am 22. Februar zwei Abschüsse durch den Kommodore; Einzelheiten zu den Einsätzen sind leider nicht bekannt, allem Anschein nach aber wurden diese beiden Abschüsse nicht im Verband mit einer der Gruppen des JG 1 erzielt:

| Oberst Oesau | Stab/JG 1 | B-17 | (111.) | 13.36 |
| Oberst Oesau | Stab/JG 1 | B-17 | (112.) | 15.25 |

Auch das JG 11 war an diesem Tage mit allen Gruppen im Einsatz; bei der I./JG 11 in Husum erfolgte um 12.10 Uhr [245] der Alarmstart zum Einsatz gegen die nach Nordwestdeutschland einfliegenden Viermotverbände. Die Gruppe wurde in den Raum südlich von Bremen geführt, doch blieb der Einsatz ohne Feindberührung, so dass die Focke Wulfs nach gut einer Stunde in Rotenburg einfielen [246]. Dort gab es um 14.24 Uhr erneut Alarmstart, nach dem die I./JG 11 auf rückfliegende Viermotverbände über dem Rothaargebirge angesetzt wurde. Gegen 15.20 Uhr traf die Gruppe auf einen Verband von 60 B-17, die zu diesem Zeitpunkt ohne Jagdschutz flogen; in dem sich daraus entwickelnden Luftkampf konnte die I./JG 11 ohne eigene Verluste nicht weniger als sieben Abschüsse erzielen:

Olt. Koenig	3./JG 11	B-17	(10.)	15.25
FhjFw. Dreizehner	1./JG 11	B-17	(3.)	15.25
Fw. Neuendorf	2./JG 11	B-17	(4.)	15.25
Fw. Steiner	2./JG 11	B-17	(9.)	15.32
Fw. Stöwer	3./JG 11	B-17	(7.)	15.33
Lt. Dobrick	I./JG 11	B-17	(6.)	15.40
FhjFw. Güthenke	3./JG 11	B-17	n.b.	

Nach diesem Luftkampf fielen die Focke Wulfs über mehrere Plätze verstreut ein und kehrten im Laufe des Nachmittages nach und nach auf ihren Heimatplatz in Husum zurück; der Rückflug wurde dabei durch zum Teil dichte Nebelfelder über dem schleswig-holsteinischen Raum behindert [247], doch kamen am Ende alle Maschinen heil in Husum an.

Die II./JG 11 stieg um 12.54 Uhr in Wunstorf im Alarmstart gegen die einfliegenden Viermotverbände auf [248]; die Gruppe wurde in den Raum über Deister und Solling geführt, wo es ab 13.30 Uhr zum Luftkampf mit den B-17 Pulks und den sie schützenden Thunderbolts und Mustangs kam. In der sich über einen längeren Zeitraum hinziehenden Auseinandersetzung kam die II./JG 11 am Ende zu vier Abschüssen:

Maj. Specht	II./JG 11	P-51	(29.)	13.35
Maj. Specht	II./JG 11	B-17	(30.)	13.42
Olt. Knoke	5./JG 11	B-17	(21.)	13.50
Fw. Wennekers	5./JG 11	B-17	(13.)	

Auf der Verlustseite standen drei " Gustavs ", die im Luftkampf abgeschossen wurden, doch blieb die II./JG 11 dabei zum Glück von Personalverlusten vollkommen verschont. Ein zweiter Einsatz zur Verfolgung der abfliegenden Viermots, zu dem einige Maschinen um 15.23 Uhr von Wunstorf aufgestiegen waren [249], führte nicht mehr zur Feindberührung.

---

[245] Flugbücher Franz Steiner, Hans-Georg Güthenke

[246] ebenda

[247] Flugbuch Hans-Georg Güthenke: *"Nebelfront Südküste Eiderstedt und Eiderlauf nach Osten"*

[248] Flugbücher Heinz Knoke, Hans-Gerd Wennekers

[249] Flugbuch Heinz Knoke

Abb. 610 - 611: Zwei Flugzeugführer der III./JG 11, aufgenommen Ende Februar 1944 in Oldenburg. Oben ist Uffz. Kurt Nüssle von der 7. Staffel in der Kabine seiner " weissen 3 ", einer Fw 190 A-6, zu sehen. Unter der MG-Abdeckhaube ist die Ausschussöffnung für Signalmunition mit Leinwand überklebt und übergespritzt worden. Unten - Victor Widmaier, mittlerweile wieder zum Gefreiten befördert, nach seiner Verwundung vom 20. Februar 1944 vor einer Fw 190 A-7 im Rüstzustand 2; beachte am rechten Bildrand das sog. " Überrohr ", das auf dem kurzen Waffenlauf der MK 108 befestigt wurde. Weitere bemerkenswerte Kennzeichen dieser Maschine sind die breite weisse Spirale auf der Propellerhaube und der gelbe Anstrich der Motorunterseite. Die im Hintergrund schwach erkennbare Maschine trägt zwar das gelbe Reichsverteidigungsrumpfband mit dem senkrechten Gruppenbalken darauf, doch hat sie keinerlei Haken- oder Balkenkreuz auf Rumpf und Seitenleitwerksflosse.

(Lächler / Widmaier)

Auch die III./JG 11 war am 22. Februar 1944 im Einsatz, doch sind nähere Einzelheiten dazu nicht bekannt; die Gruppe meldete den Verlust einer Fw 190 im Luftkampf, kam aber selbst nicht zu Abschusserfolgen.

Der Einflug der Boeings der 92 BG in den dänischen Luftraum traf auf die Abwehr durch die "Tonis" der 11./JG 11; die Staffel unter Führung von Olt. Christmann traf über dem Skagerrak auf die ohne Begleitschutz fliegenden B-17 und meldete nach einem erbitterten Luftkampf insgesamt vier Abschüsse:

Olt. Christmann	11./JG 11	B-17	(6.)	14.50
Fw. Ritschel	11./JG 11	B-17	(5.)	14.56
Uffz. Merbeth	11./JG 11	B-17	(1.)	15.00
Uffz. Kirchner	11./JG 11	B-17	(2.)	15.05

Die eigenen Verluste betrugen zwei Gefallene: Uffz. Erich Naujokat und der Gefr. Kurt Schwarz fielen im Abwehrfeuer der Viermotorigen und stürzten mit ihren Maschinen in die See [250].

Nach dem Ende der Kämpfe am 22. Februar 1944 meldete die deutsche Luftwaffe nicht weniger als 119 Abschüsse, davon 95 Viermots [251], worin die bei der Abwehr der in den Südraum und in das Gebiet des "Protektorates" erfolgenden Einflüge der 15. USAAF erzielten Erfolge inbegriffen waren; die gegen die Einflüge der 8. USAAF eingesetzten deutschen Jagd- und Zerstörergruppen erlitten dabei 52 Totalverluste und 22 beschädigte Maschinen. Die 8. USAAF bezifferte ihre Verluste an diesem Tage mit 45 Viermotorigen und zwölf Begleitjägern; in Anbetracht der Tatsache, dass nur 255 Viermotorige zum Bombenwurf gekommen waren, konnte an diesem Tage von einem deutschen Abwehrerfolg die Rede sein, denn die Verlustrate der Amerikaner betrug annähernd 18%. Demgegenüber beanspruchten die Amerikaner ihrerseits insgesamt 118 Abschüsse [252].

Am 23. Februar 1944 kam es nicht zu weiteren Tageseinflügen durch die Viermotorigen der 8. USAAF; ursächlich dafür waren zum einen das schlechte Wetter über weiten Teilen des Reiches, das grössere Angriffsunternehmen verhinderte, und zum anderen der nach den drei vorangegangenen Angriffstagen spürbar zurückgegangene technische Klarstand der Viermots, von denen viele bei den bisherigen Unternehmen der "BIG WEEK" Beschussschäden davongetragen hatten oder einfach der Überholung bedurften [253]. Auf deutscher Seite wurde diese Unterbrechung dankbar zur Kenntnis genommen; bei den JG 1 und 11 verlief der Tag ohne besondere Vorkommnisse.

Als der Himmel am **24. Februar 1944** über weiten Teilen Mittel- und Süddeutschlands aufklarte, erfolgten umgehend weitere Tagesangriffe der 8. USAAF von Nordwesten und der 15. USAAF aus dem Süden [254]; von England aus machten sich insgesamt 809 Viermotorige aller drei Bomb Divisions unter dem Schutz von 767 Begleitjägern auf den Weg zu ihren Angriffszielen im Reich: Die 3 BD, deren 304 B-17 ihren Einsatz ohne Jagdschutz zu fliegen hatten, sollten Flugzeugwerke in Tutow, Posen und Kreising angreifen, während das Ziel für 266 B-17 der 1 BD einmal mehr die Kugellagerfabriken von

---

[250] der Leichnam des Gefr. Kurt Schwarz wurde am 4. April 1944 in Thisted angeschwemmt

[251] OKW-Bericht, 23.2.1944; dagegen wurden die Erfolge im Lagebericht des OKL mit lediglich 65 Abschüssen im Luftkampf, davon 55 Viermots, angegeben. Vgl. auch die Aufstellung auf S. 742; diese enthält 48 Viermots, 9 Herausschüsse, 3 e.V. und 12 Jäger

[252] Freeman, aaO., S.185 / 186; unter den Verlusten befinden sich vier B-17 und eine P-38 als "Cat.E". Von den Abschussmeldungen entfielen auf die Jäger 59-7-25 und auf die Bomber 34-18-17

[253] Freeman, Mighty Eighth, S.110; die 15. USAAF flog an diesem Tage einen Angriff auf die Steyr-Wälzlagerwerke in Österreich - vgl. Rust, aaO., S.14

[254] der Angriff der 15. USAAF galt erneut Steyr, wo mit den Steyr-Daimler-Puch Werken ein grosser Zulieferbetrieb für die Jagdflugzeugfertigung angegriffen wurde - vgl. Rust, aaO., S.14

Auf deutscher Seite eingesetzte Verbände am 24.2.1944

Einheit	Abschussmeldungen	FF +	FF verw.	Flugzeuge 60-100%	Flugzeuge unter 60%	Boden
Stab/JG 1	1 B-17	-	-	-	-	1
I./JG 1	5 B-24	3	2	5	1	-
II./JG 1	4 B-24	3	-	5	1	-
III./JG 1	1 P-47	-	-	-	1	-
II./JG 2	2 B-17, 1 B-17 HSS, 1 B-24, 1 P-47	2	2	5	3	-
III./JG 2	1 B-17 HSS	-	-	-	1	-
Stab/JG 3	1 B-24	1	-	1	1	-
I./JG 3	1 P-47	1	-	1	1	-
II./JG 3	8 B-24, 1 B-24 HSS, 1 B-17	-	1	2	-	-
IV./JG 3	-	1	2	3	1	-
Stab/JG 11	1 B-24	-	-	-	-	-
I./JG 11	10 B-24	-	2	1	2	-
II./JG 11	1 P-38	1	1	2	2	-
III./JG 11	1 B-17	-	-	1	-	-
11./JG 11	-	-	-	-	2	-
I./JG 26	1 B-17, 2 B-24, 1 B-24 HSS, 4 P-47, 1 P-38	1	1	1	2	-
II./JG 26	2 B-17, 1 B-17 HSS, 2 B-24, 1 P-51	1	-	2	1	-
III./JG 26	4 B-17	4	-	4	-	-
II./JG 27	-	-	-	-	-	-
III./JG 54	4 B-24, 1 B-24 HSS, 1 B-24 a.s.m., 1 B-17, 2 P-38	1	-	1	1	-
II./JG 300	-	-	1	1	2	-
I./JG 301	-	-	1	-	1	-
I./ZG 26	5 B-24	3	-	2	3	-
III./ZG 26	1 B-24, 1 B-24 HSS, 1 B-17	-	1	1	2	-
ZErgGr.	1 B-24	-	-	-	-	-
IV./NJG 3	2 B-17, 1 B-17 HSS	3	-	1	-	-
I./NJG 5	1 B-17	-	1	-	2	-
II./NJG 5	1 B-17	-	-	-	-	-
III./NJG 5	2 B-17	1	-	1	-	-
I./NJG 6	-	2	-	1	-	-
II./NJG 6	2 B-17, 1 B-17 HSS	1	-	-	1	-
I./NJG 102	1 B-17	-	-	-	1	-
EKdo. Lärz	-	1	-	1	-	-
Luftbeob. St. 2	-	1	1	1	-	-
		33	15	45	29	1

Schweinfurt waren [255]. Die 2 BD schliesslich, die 239 Liberators an den Start brachte, sollte die Gothaer Waggonfabrik, in der die Bf 110 vom Band lief, angreifen [256]. Auch an diesem Tage erfolgte der Einflug der Amerikaner in mehreren getrennten Verbänden.

Von deutscher Seite wurden zur Abwehr der Einflüge der 8. USAAF im wesentlichen 17 Tagjagd- und drei Zerstörergruppen sowie Teile mehrerer Nachtjagdgruppen eingesetzt, darunter wiederum die JG 1 und 11 mit allen sechs Gruppen.

Die I./JG 1, die an diesem Tage erneut verlegte und Rheine nach nur einer guten Woche wieder verliess, um nach Twente " umzuziehen " [257], hatte am 24. Februar 1944 verlustreiche Luftkämpfe mit den einfliegenden amerikanischen Verbänden auszufechten; wieder sind leider nur sehr wenige Einzelheiten über den bzw. die Einsätze der Gruppe bekannt. So weit ersichtlich, konnte die I./JG 1 zwar fünf Abschüsse für sich verbuchen,

Maj. Schnoor	I./JG 1	B-24	(17.)
Ofw. Piffer	2./JG 1	B-24	(28.)
Uffz. Hübl	1./JG 1	B-24	(12.)
Uffz. Hübl	1./JG 1	B-24	(13.)
Ofw. Demuth	2./JG 1	B-24	(9.) *

musste aber mit drei Gefallenen und zwei Verwundeten empfindliche Verluste hinnehmen: Die 2. Staffel verlor die Unteroffiziere Walter Kunze und Joachim Schmidt, die im Abwehrfeuer der Viermotorigen bei Hemeringen bzw. Nimwegen tödlich abgeschossen wurden, während Uffz. Stefan Lux sich trotz Verwundung noch mit dem Fallschirm in Sicherheit bringen konnte, als seine " gelbe 10 " bei Holzhausen getroffen wurde. Je ein Gefallener und ein Verwundeter bei der 3./JG 1: Uffz. Horst Samenfeld stürzte nach Luftkampf mit Viermots bei Minden tödlich getroffen ab, der Gefr. Horst Gabel wurde im selben Gefecht verwundet und musste mit dem Fallschirm aussteigen.

Bei der II./JG 1 in Rheine gab es um 11.35 Uhr Alarm, auf den hin die Gruppe mit 25 Focke Wulfs startete und nach dem Sammeln in den Raum nördlich Osnabrück geführt wurde [258]; um 12.15 Uhr kam es zur Feindberührung mit einem Verband von 25 auf Ostkurs einfliegenden B-24, die von etwa gleich vielen P-47 und P-51 geschützt wurden. Der erste Ansatz der Gruppe wurde von etwa 10 bis 15 P-47 zunichte gemacht, die die II./JG 1 aus der Überhöhung angriffen und dazu zwangen, wegzudrücken. Es gelang Major Bär jedoch, die Gruppe rasch wieder zu sammeln und sie weit genug vorzuziehen, um einen geschlossenen Angriff auf die B-24 unternehmen zu können; danach kam es zu einem heftigen Luftkampf mit dem amerikanischen Verband, in dessen Verlauf die II./JG 1 zu vier Abschüssen kam:

Uffz. Tüngler	5./JG 1	B-24	(4.)	12.24
Maj. Bär	6./JG 1	B-24	(187.)	12.30
Maj. Bär	6./JG 1	B-24	(188.)	12.34
Olt. Kirchmayr	5./JG 1	B-24	(8.)	12.37
Lt. Deppe	5./JG 1	B-24	n.b.	

---

[255] Schweinfurt sollte dabei Ziel eines sogenannten "Double Blow" Angriffs sein, denn bereits in der Nacht zum 25. Februar flog das Bomber Command mit 662 Viermotorigen einen sehr schweren Angriff auf die Stadt, der allerdings zu einem völligen Fehlschlag geriet. Ziel der "Double Blow"-Angriffe war es zu verhindern, dass wertvolle Einrichtungen, die den ersten Angriff überstanden hatten, rechtzeitig vor weiteren Angriffen geborgen werden konnten - vgl. Piekalkiewicz, aaO., S.340

[256] Freeman, aaO., S. 186 / 187; ders., Mighty Eighth, S.110

[257] Aufzeichnungen Siegfried; danach folge das technische Personal dem fliegenden Verband erst am 3.3. nach Twente nach

[258] KTB II./JG 1, Flugbuch Heinz Bär

Abb. 612 - 614: Drei Aufnahmen der " schwarzen 14 ", einer Bf 109 G-6 der 8./JG 1, aufgenommen vermutlich Ende Februar 1944 in Detmold, wo die Maschine vermutlich nach einem Abwehreinsatz eine Aussenlandung machen musste; gut zu erkennen sind das Geschwaderemblem auf der Motorhaube, das rote Rumpfband mit dem Gruppenbalken darauf, die Erla-Haube und der gelbe Einfass der schwarzen Kennziffer.

(Lächler)

Auf der Verlustseite stand Fw. Heinz Fuchs, der die 4. Staffel bei diesem Einsatz führte; er wurde zuletzt im Angriff auf eine B-24 gesehen und gilt seither als vermisst. Im Luftkampf mit den P-47 büsste die II./JG 1 zwei weitere Focke Wulfs ein; eine davon war die Maschine von Ofw. Leo Schuhmacher, dem Rottenflieger von Major Bär, der nach schweren Treffern mit dem Schirm aussteigen musste, dabei aber zum Glück unverletzt blieb.

Nach dem Luftkampf ergab sich wieder das gewohnte Bild, als die Maschinen der II./JG 1 weit verstreut auf verschiedenen Plätzen im Nordwesten des Reiches einfielen und von dort nach und nach zu ihrem "Gartenzaun" nach Rheine zurückkehrten. Dort gab es unterdessen um 14.04 Uhr erneut Alarmstart für sieben Focke Wulfs, die unter der Führung des Geschwaderkommodores gegen die abfliegenden amerikanischen Verbände angesetzt wurden [259]. Über dem Raum Minden traf die kleine Gruppe auf einen jagdgeschützten B-17 Verband und griff diesen ungeachtet ihrer zahlenmässigen Unterlegenheit an; das Ergebnis war der Herausschuss einer B-17 durch Oberst Oesau (113.), doch wurden zwei Focke Wulfs abgeschossen, wobei beide Flugzeugführer zu Tode kamen - Uffz. Robert Eberhardt von der 4./JG 1 und FhjFw. Horst Zauter von der 6. Staffel fielen im Luftkampf südlich Minden.

Über den Einsatz der III./JG 1 an diesem Tage ist wiederum nur wenig bekannt; die Gruppe scheint zwei Einsätze geflogen zu haben und dabei im Verlaufe des zweiten, am frühen Nachmittag erfolgenden Einsatzes Luftkampf mit abfliegenden amerikanischen Verbänden gehabt zu haben [260]; feststeht, dass der Gruppenstab nach Luftkampf über dem Raum Lüttich einen P-47 Abschuss durch den TO Lt. Halbey (14.22, 1.) meldete und dass die III. Gruppe selbst an diesem Tage lediglich eine im Luftkampf beschädigte Bf 109 auf der Sollseite zu verbuchen hatte.

---

[259] KTB II./JG 1

[260] Flugbuch Hans Halbey, Einsatzzeit 14.15 - 15.45 Uhr, Landung in Köln-Ostheim

Der Einsatz des JG 11 richtete sich hauptsächlich gegen die B-24 des 2 Combat Bombardment Wing, der als führender von drei grossen Teilverbänden der 2 BD in den mitteldeutschen Raum einflog; dabei scheinen die drei Gruppen an diesem Tage unter Führung des Stabes zu einem Gefechtsverband zusammengestellt worden zu sein.

Bei der I./JG 11 begann der Einsatztag um 08.43 Uhr mit einer neuerlichen "Blitzverlegung" des fliegenden Verbandes nach Oldenburg auf den Einsatzhafen der III./JG 11 [261]; dort erfolgte kurz nach Mittag der Alarmstart zum Einsatz gegen gemeldete Einflüge amerikanischer Viermotverbände [262]. Zur selben Zeit rollten auch die Messerschmitts der II./JG 11 in Wunstorf an den Start [263]; ihr Auftrag lautete: Jagdschutz und Bekämpfung der amerikanischen Begleitjäger [264].

Die Gruppen des JG 11 wurden in südöstliche Richtung geführt und überquerten zunächst den Harz; dort spannte sich ein strahlend blauer Himmel über der verschneiten Landschaft, doch je weiter es in Richtung auf den Thüringer Wald ging, desto dichter wurde die Bewölkung [265]. Gegen kurz nach 13.00 Uhr stiessen die Gruppen bei Gotha auf einen jagdgeschützten B-24 Verband; während sich die Messerschmitts der II./JG 11 des Begleitschutzes annahmen und in einer heftigen Kurbelei einen P-38 Abschuss erzielen konnten, war der Weg für die I./JG 11 frei zum Angriff auf die Viermots, die gerade auf dem letzten Stück ihres Zielanfluges waren und daher kaum Ausweichbewegungen fliegen konnten [266], was zu schweren Verlusten auf Seiten der Amerikaner führte, denn der Stab und die I./JG 11 beanspruchten nach diesem Luftkampf elf Liberators, so dass insgesamt zwölf Abschüsse gemeldet wurden:

StFw. Krausse	4./JG 11	P-38	(1.)	13.15
FhjFw. Güthenke	3./JG 11	B-24	(5.)	13.16
Fw. Steiner	2./JG 11	B-24	(10.)	13.17
Fw. Doppler	2./JG 11	B-24	(13.)	13.21
Lt. Dobrick	1./JG 11	B-24	(7.)	13.25
Uffz. Bosch	1./JG 11	B-24	(1.)	13.25
FhjFw. Schmid	2./JG 11	B-24	(1.)	13.31
Fw. Doppler	2./JG 11	B-24	(14.)	13.37
Fw. Doppler	2./JG 11	B-24	(15.)	13.37
Olt. Zwernemann	1./JG 11	B-24	(119.)	13.37
Obstlt. Graf	Stab/JG 11	B-24	(208.)	13.40
Fw. Steiner	2./JG 11	B-24	(11.)	

Demgegenüber kam die I./JG 11 mit zwei Verwundeten [267] noch recht glimpflich davon: Fahnenjunker-Feldwebel Helmut Pannenbecker von der 2. Staffel wurde durch das Abwehrfeuer der Viermots

---

[261] Flugbücher Hans-Georg Güthenke und Franz Steiner

[262] 12.10 Uhr - Flugbücher Franz Steiner und Hans-Georg Güthenke; konkrete Hinweise auf eine Beteiligung der III./JG 11 an dem folgenden Einsatz liegen nicht vor

[263] 12.09 Uhr - Flugbücher Heinz Knoke und Hans-Gerd Wennekers

[264] Flugbuch Heinz Knoke

[265] Flugbuch Hans-Georg Güthenke

[266] insgesamt kamen 169 B-24 zum Bombenwurf auf die Gothaer Waggonfabrik, auf die zwischen 13.18 und 13.38 Uhr 442 Tonnen Spreng-, Splitter- und Brandbomben fielen, die erhebliche Verwüstungen in den Werksanlagen anrichteten und dabei etwa 40 Bf 110 zerstörten und weitere 20 beschädigten - vgl. dazu ausführlich Groehler, BK, S. 217 m.w.N.

[267] laut Flugbuch Hans-Georg Güthenke soll Fw.Egon Reichstein von der 2./JG 11 bei diesem Einsatz durch Bodenberührung im Raume Thüringer Wald gefallen sein; eine namentl. Verl.-Meldg. WASt. liegt dazu nicht vor, doch sind die namentlichen Meldungen gerade für das JG 11 zum Teil lückenhaft

verwundet und musste bei Erfurt mit dem Schirm aussteigen. Neben ihm traf es FhjFw. Hans-Georg Güthenke von der 3./JG 11, der seine Maschine mit schweren Beschusschäden aus dem vorangegangenen Luftkampf auf dem Platz von Gotha auf den Bauch werfen musste; nachdem er über bereits brennende Hallen hereingelandet war, rutschte seine Focke Wulf auf dem verschneiten Boden über den Platzrand hinaus und wurde erst durch einen Zaun aus Eisenbahnschwellen aufgehalten. Hans-Georg Güthenke war gerade wohlbehalten aus dem Bruch seiner " Doppelwinkel " ausgestiegen, als ein Splitterbombenteppich über dem Platz herniederging, bei dem er durch herumfliegende Splitter an den Beinen schwer verwundet wurde [268].

Schlechter sah es bei der II./JG 11 aus, die zwei Gefallene zu beklagen hatte: Fw. Gustav von Helms von der 4./JG 11 wurde unter unbekannten Umständen abgeschossen und gilt seither als vermisst, während der Gefr. Oswald Kubisch von der 5./JG 11 im Luftkampf südlich Hameln abgeschossen wurde und beim Aufschlag seiner Maschine am Ortsrand von Emmern zu Tode kam [269].

Mit fast leeren Tanks fielen die Maschinen nach diesem Luftkampf auf verschiedenen Plätzen im thüringischen Raum ein; soweit ersichtlich, flogen die I. und II./JG 11 keinen zweiten Einsatz, da die B-24 Verbände mittlerweile zum Rückflug abgedreht hatten und nach der für die Betankung und Munitionierung erforderlichen Zeit nicht mehr würden erreicht werden können. Daher kehrten beide Gruppen im Laufe des Nachmittages auf ihre Heimatplätze nach Husum und Wunstorf zurück.

Die 10. und 11./JG 11 scheinen an der Bekämpfung der über die Nordsee einfliegenden B-17 Verbände der 3 BD beteiligt gewesen zu sein, denn die 11./JG 11 meldete an diesem Tage eine im Luftkampf beschädigte und eine bei einem Einsatzflug ohne Feindeinwirkung verlorene Bf 109 T [270]; die III./ JG 11 scheint darüber hinaus die Rückflüge der Verbände der 3 BD bekämpft zu haben, denn es liegt eine Abschussmeldung von Hptm. Anton Hackl vor, wonach dieser um 16.20 Uhr im Raume Stade - Quadrat AT-9 - eine B-17 herunterholen konnte (136.).

Die Luftwaffe gab ihre Erfolge bei der Abwehr der Einflüge der 8. USAAF mit insgesamt 59 Abschüssen, davon 52 im Luftkampf an [271]; weitere 26 Abschüsse erzielten die im Süden des Reiches gegen die 15. USAAF eingesetzten Gruppen. Die eigenen Verluste beliefen sich auf 45 Totalverluste und 29 beschädigte Maschinen im Verlaufe der Einsätze aus verschiedenen Ursachen. Demgegenüber lautete die Bilanz auf Seiten der Amerikaner für die 8. USAAF folgendermassen: Während die eigenen Verluste mit 51 Viermots und zehn Begleitjägern angegeben wurden, war man der Ansicht, 144 deutsche Maschinen abgeschossen zu haben [272] die Verluste der 15. USAAF wurden an diesem Tage mit 19 Viermots und zwei Jägern gemeldet

Auch am **25. Februar 1944** war das Wetter über weiten Teilen des Reiches gut und herrschte ein fast wolkenloser Himmel, so dass die Amerikaner weitere Tagesgrossangriffe auf Ziele der deutschen Flugzeugindustrie unternehmen konnten; auch an diesem Tage sollten Angriffe sowohl von England aus durch die Verbände der 8. USAAF als auch von Italien aus durch die der 15. USAAF erfolgen, wobei

---

[268] Bericht Hans-Georg Güthenke, 2.7.1993; er kam ins Lazarett in Gotha und konnte erst im April 1944 zur Gruppe zurückkehren

[269] bei Kubisch handelt es sich um den bei Knoke, aaO., S. 164 / 165 fälschlich als "Kreuger" bezeichneten Flugzeugführer; danach war es sein erster Feindflug, wobei allerdings die Einsätze vom 22. und 24. Februar vermengt bzw. verwechselt wurden - Brief Heinz Knoke, 3.1.1993

[270] so die summarische Meldung in RL 2 / III / 852

[271] Lagemeldung OKL; der OKW-Bericht gab die Erfolge unter Einbeziehung der bei der Abwehr des nächtlichen Angriffs der RAF auf Schweinfurt gemeldeten Abschüsse mit 166, darunter 143 Viermotorigen, an; vgl. die Aufstellung auf S. 746 - diese verzeichnet 68 Viermots, 9 HSS, 1 a.s.m. und 12 Jäger

[272] Freeman, aaO., S.186/187; unter den Verlusten der Bomber sind zwei der " Cat.E.", die Verteilung der Abschüsse lautete für die Jäger 38-1-14 und die Bomber 83-22-42

Auf deutscher Seite eingesetzte Verbände am 25.2.1944

Einheit	Abschussmeldungen	FF		Verluste im Einsatz		
				Flugzeuge		
		+	verw.	60-100%	unter 60%	Boden
Stab/JG 1	1 B-17, 1 B-24	-	-	-	-	-
I./JG 1	-	-	-	1	-	-
II./JG 1	1 B-24, 5 B-17 HSS, 1 B-17 e.V.	-	-	1	2	-
III./JG 1	1 B-17	-	-	-	1	-
Stab/JG 2	-	-	-	1	1	-
II./JG 2	2 B-17	-	-	-	4	-
III./JG 2	1 B-17	-	1	3	2	-/1
Stab/JG 3	-	-	-	-	-	-
I./JG 3	-	-	-	1	2	-
II./JG 3	1 B-17	-	-	1	-	-
III./JG 3	9 B-17, 3 B-17 HSS, 1 P-51	2	-	2	1	-
IV./JG 3	1 B-17	-	1	1	-	1/-
I./JG 5	2 B-17, 1 B-24	2	-	1	-	5/2
Stab/JG 11	-	-	-	-	-	-
I./JG 11	-	-	-	-	1	-
II./JG 11	-	-	-	-	-	-
III./JG 11	-	-	-	-	2	-
II./JG 26	1 B-17, 2 B-17 HSS, 1 B-17 e.V. 1 B-24 HSS	2	1	2	4	1/-
III./JG 26	5 B-17, 2 B-17 HSS	1	-	-	-	-
I./JG 27	9 B-17, 2 B-17 HSS, 1 B-17 a.s.m., 2 P-38	1	2	6	5	-
II./JG 27	6 B-17, 2 B-17 HSS	-	2	4	2	-
I./JG 53	1 B-17, 7 B-24	1	1	3	-	-
II./JG 53	7 B-24	-	2	3	1	1/-
Stab/JG 77	1 B-17 HSS	-	-	-	-	-
I./JG 77	2 B-17, 1 B-24	-	-	1	1	-
I./JG 300	-	-	-	-	1	-
II./JG 300	-	-	-	-	1	-
Stab/JG 301	-	-	-	2	-	-
I./JG 301	1 B-24	-	2	2	-	-
II./ZG 1	4 B-24	-	-	-	-	-
I./ZG 26	-	-	-	-	-	-
II./ZG 26	3 B-24	-	-	-	-	-
III./ZG 26	1 B-24	-	-	-	-	-
I./ZG 76	5 B-17, 3 B-24, 1 B-24 a.s.m.	2	4	3	1	-
II./ZG 76	1 B-17	3	-	2	-	-
III./ZG 76	-	-	-	-	1	-
I./ZG 101	2 B-17, 1 B-24	4	-	2	-	-
II./ZG 101	1 B-17	-	-	-	-	-
I./JG 104	2 B-24	1	3	5	-	-
I./JG 106	2 B-17, 1 B-24	-	-	-	-	-
I./JG 107	2 B-17, 1 B-24	-	-	-	1	-
I./JG 108	1 B-24	-	-	-	1	-
EKdo. 25	-	-	-	-	-	1/-
		19	20	48	33	9/3

sich der Schwerpunkt der Angriffe gegen die im süddeutschen Raum gelegenen Werke richten sollte. Die 8. USAAF konnte dazu erneut 754 Viermotorige aufbieten, die von 899 Begleitjägern geschützt werden sollten; Ziel für 268 Boeing B-17 der 1 BD sollten die Messerschmitt-Werke in Augsburg sowie Fabrikanlagen bei Stuttgart sein, während die beiden grossen Werksanlagen der Messerschmitt AG in Regensburg-Prüfening und Obertraubling kurz nacheinander sowohl von Verbänden der 15. als auch der 8. USAAF bombardiert werden sollten, wofür letztere 290 B-17 der 3 BD einsetzte. Die 196 Liberators der 2 BD schliesslich sollten Flugzeugwerke bei Fürth angreifen [273].

Da der Schwerpunkt der amerikanischen Angriffe über dem Süden des Reichsgebiets lag, kamen auf deutscher Seite sowohl die im Nordwesten des Reiches als auch die im Süden gelegenen Einheiten zum Einsatz, zu denen noch die in Norditalien liegenden Gruppen der Luftflotte 2 hinzukamen, die ebenfalls in das Geschehen eingriffen, indem sie die Viermotorigen der 15. USAAF auf deren An- und Abflug bekämpften. Insgesamt konnte die deutsche Luftwaffe daher zur Abwehr der Einflüge am 25. Februar 1944 22 Tagjagd- und acht Zerstörergruppen sowie die Einsatzstaffeln mehrerer Schulverbände einsetzen, die den von Nordwesten und Süden einfliegenden amerikanischen Verbänden in den frühen Nachmittagsstunden erbitterten Widerstand entgegensetzten [274]

Da der Einflug der Viermotorigen der 8. USAAF, wie bei Angriffen auf Ziele im Süden und Südwesten des Reiches üblich, weit ausholend über französisches Gebiet erfolgte, lagen die Gruppen des JG 1 und besonders des JG 11 weitab vom Ort des Geschehens; aus den vorliegenden Unterlagen ergibt sich dementsprechend, dass das JG 11 an diesem Tage überhaupt keine Feindberührung hatte. Es hat vielmehr den Anschein, als sei jedenfalls die II./JG 11 gegen Ablenkungseinflüge von Verbänden der 8. USAAF über der Nordsee angesetzt worden [275], die tatsächlich überhaupt keine Bombenangriffe fliegen sollten [276].

Dagegen war das JG 1 mit seinem Stab und allen drei Gruppen am Abwehreinsatz gegen die Einflüge der 8. USAAF in den süddeutschen Raum beteiligt. Erneut ist über den Einsatz der I./JG 1 nur wenig bekannt; die Gruppe hatte an diesem Tage einen ergebnislosen Luftkampf mit amerikanischen Verbänden auszufechten, als dessen einzig zählbares Ergebnis die schwere Beschädigung einer Focke Wulf festgehalten wurde.

Ganz anders das Bild bei der II./JG 1: Um 12.00 Uhr starteten 14 Focke Wulfs in Rheine auf Alarm und wurden anschliessend in den Raum Darmstadt geführt; vermutlich schloss sich der Stabsschwarm unter Führung von Oberst Oesau der Gruppe an [277]. Um 12.50 Uhr kam es nördlich Kaiserslautern zur Feindberührung mit starken, jagdgeschützten Viermotverbänden; nach einem ersten, geschlossenen Gruppenangriff löste sich das Treffen abermals in zahlreiche Einzelkämpfe auf, in deren Verlauf fünf Viermotab- bzw. Herausschüsse und eine endgültige Vernichtung erzielt werden konnten:

---

[273] Freeman, aaO., S. 188 / 189; ders., Mighty Eighth, S. 112

[274] vgl. die Aufstellung auf S. 752; zum Abwehreinsatz gegen die 15. USAAF an diesem Tage vgl. für das JG 53 Prien, JG 53 Bd.3, S. 1090 und 1291, für das JG 77 Prien, JG 77, Bd. 4

[275] zwei solcher Einsätze ergeben sich aus den Flugbüchern von Hans-Gerd Wennekers - 11.10 - 12.00 Uhr, Landung in Husum - und Heinz Knoke - 16.00 - 16.45 Uhr mit dem Hinweis: " Ergebnisloser Ansatz auf Viermotverbände"

[276] es liegen nur wenige und zudem widersprüchliche Hinweise auf den Einsatz der I. und III./JG 11 an diesem Tage vor; beide Gruppen meldeten die Beschädigung von Focke Wulfs bei Einsatzflügen, in allen Fällen jedoch ohne Feindeinwirkung. Aus dem Flugbuch von Franz Steiner von der 2./JG 11 ergibt sich, dass die Gruppe am späten Vormittag von Husum nach Wiesbaden verlegte, doch erfolgte kein weiterer Einsatz von dort

[277] KTB II./JG 1; Flugbuch Heinz Bär; man beachte die nach den schweren Einsätzen der vorangegangenen Tage deutlich abgesunkene Einsatzstärke

Olt. Kirchmayr	5./JG 1	B-17	(9.)	13.00
Oberst Oesau	Stab/JG 1	B-17	(114.)	13.05
Hptm. Segatz	II./JG 1	B-17	(37.)	13.20
Uffz. Zinkl	6./JG 1	B-17	(2.)	13.27
Maj. Bär	6./JG 1	B-17 HSS	(189.)	13.30
Maj. Bär	6./JG 1	B-17	e.V.	13.43
Lt. Wegner	5./JG 1	B-17 HSS	n.b.	

Weit verstreut über verschiedene Plätze im Südwesten fielen die Focke Wulfs danach zur Landung ein [278]; ausser zwei durch Beschuss beschädigten Maschinen waren keine Verluste eingetreten. Allerorten wurden die Maschinen für einen zweiten Einsatz bereit gemacht und starteten danach einzeln oder rottenweise zum erneuten Ansatz gegen die Viermots. Drei Abschüsse waren das Ergebnis, von denen zwei an Major Bär gingen - im KTB der II./JG 1 heisst es dazu:

Maj. Bär ... landete in Echterdingen, um seine Maschine zu betanken, startete [279] und schoss bei Feindberührung um 14.35 Uhr mit 25 - 30 Boeings erneut eine Boeing heraus (14.45 Uhr in US 1-5). Um 14.55 Uhr griff er eine einzeln fliegende Liberator an, die er in der Nähe von Germersheim (UR 2-3) abschiessen konnte.

Der dritte Abschuss schliesslich fiel an Oberst Oesau; sein Opfer war eine B-24, die um 15.00 Uhr westlich Baden-Baden herunter musste (115.). Auf der Verlustseite stand am Ende lediglich eine Fw 190 - Lt. Fritz Wegner von der 5. Staffel, der nach dem ersten Einsatz in Crailsheim gelandet war, wurde auf dem Rückflug im Luftkampf mit Viermots abgeschossen, nachdem er sich mutterseelenallein an einen Boeing-Pulk herangemacht und dabei den immer noch vorhandenen Begleitschutz übersehen hatte. Fritz Wegner hatte jedoch Glück und konnte unverletzt mit dem Schirm aussteigen [280].

Auch die III./JG 1 war an diesem Tage über dem Südwesten des Reiches eingesetzt; sie traf im Raume Stuttgart auf die B-17 der 1 BD und kam dabei ohne eigene Verluste zu einem Abschuss, der an Uffz. Pleines von der 7. Staffel fiel (13.23, 1.). Der Einsatz war zugleich mit dem Beginn einer neuerlichen Verlegung verbunden; bereits beim Start wurden den Flugzeugführern der III./JG 1 mitgeteilt, dass sie nach diesem Einsatz in Mönchen-Gladbach landen sollten, das als neuer Einsatzhafen für die Gruppe vorgesehen war [281].

Nach dem Ende der Kämpfe meldeten die deutschen Verbände bei der Abwehr der Einflüge durch die 8. und 15. USAAF insgesamt 105 Ab- und Herausschüsse, darunter allein 102 Viermotorige [282]; auf der Verlustseite standen 48 im Einsatz verlorene Maschinen, zu denen 33 erheblich beschädigte Jäger und Zerstörer kamen [283]. Die Amerikaner bezifferten ihre Verluste demgegenüber mit insgesamt 74 Viermotorigen, davon 34 der 8. und 40 der 15. USAAF, sowie neun Jägern, davon fünf von der 8. und

---

[278] das KTB verzeichnet insgesamt 19 Aussenlandungen (!); offenbar wurden die Maschinen des Stabsschwarmes einbezogen

[279] Flugbuch Heinz Bär 14.20 - 15.05 Uhr, Landung in Germersheim, von dort Rückflug nach Rheine

[280] Bericht Fritz Wegner, 5.9.1993

[281] Bericht Walter Pleines, 24.7.1993; lt. Flugbuch Lutz-Wilhelm Burkhardt erfolgte die Verlegung erst am Nachmittag von 15.32 - 15.50 Uhr, doch war er am Abwehreinsatz am späten Vormittag nicht beteiligt

[282] es ist mit Sicherheit anzunehmen, dass eine Vielzahl dieser Meldungen im weiteren Prüfungsverfahren nicht anerkannt bzw. zu Herausschüssen oder endgültigen Vernichtungen herabgestuft wurden

[283] vgl. die Aufstellung auf S. 752; RL 2 / III / 852

Abb. 615 - 616: Zwei Aufnahmen vom Gruppenkommandeur der III./JG 11 Hptm. Anton Hackl, links in und rechts vor einer Fw 190 A-6, die einen nagelneuen Eindruck macht, vermutlich nach einem Werkstattflug in Oldenburg im Februar 1944. Hinter den Auspuffstutzen sind keinerlei Abgasspuren zu erkennen; beachte die noch voll ausgefahrenen Landeklappen und den Zusatzbehälter unter dem Rumpf.

(B.B. Nr. 676-7974a-12, 17)

vier von der 15. USAAF; die 8. USAAF beanspruchte für sich 49-11-26 Abschüsse, während die entsprechenden Zahlen der 15. USAAF 93-17-15 lauteten [284].

Die Wetterbesserung über Westeuropa war nur von kurzer Dauer gewesen, denn bereits am 26. Februar 1944 verhinderte eine neue Schlechtwetterfront die Fortsetzung der Angriffsreihe der Alliierten; das schlechte Wetter hielt bis zum Monatsende an und brachte so ein unvorgesehenes Ende der " BIG WEEK ". Doch auch so waren die Anstrengungen der USAAF während der vorangegangenen sechs Tage beeindruckend genug gewesen: Zwischen dem 20. und dem 25. Februar 1944 hatten die Bomberflotten der 8. und 15. USAAF 21 Flugzeugwerke, Reparaturwerften und Flugplätze angegriffen und dabei über 3.300 Viermotorige sowie 3.673 Begleitjäger eingesetzt [285], wobei rund 8.300 t Bomben abgeworfen wurden [286]. Die Verluste der Amerikaner bei den Einsätzen der " BIG WEEK " bezifferten sie selbst mit 266 Viermotorigen, 28 Jägern und insgesamt 2.600 Mann an fliegendem Personal [287].

---

[284] Freeman, aaO., S. 188; Rust, aaO., S. 14 / 15; die Verlustangaben beruhen weiterhin auf den M.A.C.R. für den 25.2.1944. Unter den Verlusten der 8. USAAF befinden sich drei Viermotorige und zwei Jäger als "Cat.E.", während die Abschussverteilung für die Bomber 23-7-13 und für die Jäger 26-4-13 betrug

[285] Freeman, Mighty Eighth, S.112; Rust, aaO., S.15/16; Groehler, BK, S. 216 unter Verweis auf Craven / Cate, Bd. 3, S. 43

[286] von insgesamt 19.177 t Bomben, die während dieses Zeitraumes von der USAAF und der RAF zusammen über dem Reich abgeworfen wurden; von den 6.333 t Bomben, die bei diesen Einsätzen den deutschen Flugzeugwerken galten, fiel aufgrund der mässigen Wetterbedingungen ein beachtlicher Teil auf Gelegenheitsziele - vgl. die Angaben bei Freeman, aaO., passim

[287] Groehler, BK, S. 216 m.w.N.

Mit den Angriffen der "BIG WEEK" glaubten die führenden Offiziere der USSTAF, der deutschen Luftrüstung einen entscheidenden Schlag versetzt und damit eine ganz wesentliche Voraussetzung für die Erringung der Luftherrschaft über Westeuropa geschaffen zu haben; insbesondere war man der Auffassung, den deutschen Jagdfliegern durch die Bombardierung der Flugzeugwerke ihre materielle Grundlage entzogen oder diese doch zumindest entscheidend geschwächt zu haben [288]. Die diesbezüglichen Hoffnungen sollten sich jedoch als unbegründet und trügerisch erweisen, denn die Auswirkungen der Angriffe auf die deutschen Flugzeugwerke waren bei weitem nicht so schwerwiegend wie zunächst [289], [290] angenommen; tatsächlich wurde die deutsche Jagdflugzeugfertigung infolge der Angriffe nur zeitweilig und nicht sehr tiefgreifend eingeschränkt [291]. In absoluten Zahlen ausgedrückt sank die deutsche Flugzeugproduktion von 2.445 Stück im Januar 1944 auf 2.015 im Februar, sie erreichte aber im März 1944 wieder einen Ausstoss von 2.607 Maschinen; im April stieg diese Zahl sogar weiter auf über 3.000 [292]. Betrachtet man die entsprechenden Zahlen für die Jagdflugzeugfertigung, der die Angriffe der "BIG WEEK" vornehmlich gegolten hatten, so trat hier ein Rückgang von 1.555 im Januar auf 1.104 im Februar ein, während im März 1944 bereits wieder 1.638 Maschinen abgeliefert werden konnten [293]. Die tatsächliche Auswirkung der " BIG WEEK " auf die deutsche Jagdflugzeugproduktion bestand danach darin, etwa 700 in der Fertigung befindliche Jagdflugzeuge zerstört [294], den geplanten Ausbau der Jagdflugzeugproduktion für einen Monat gestoppt und für einige weitere verlangsamt zu haben [295]. Dass die Wirkungen nicht wesentlich weitreichender waren, lag zu einem grossen Teil an der bereits seit dem Sommer 1943 eingeleiteten Auslagerung und Streuung der deutschen Flugzeugindustrie [296]; in vielen Bereichen erfolgte die Fertigung seither in bombensicheren Anlagen wie etwa Tunnels und Bergwerken, während die Vorfabrikation und Zulieferfertigung landesweit in kleine und kleinste Betriebe sowie zu einem erheblichen Teil in das vom Bombenkrieg nicht heimgesuchte Gebiet des "Protektorates" Böhmen und Mähren ausgelagert worden war [297], [298]. Als eine unmittelbare Auswir-

---

[288] Freeman, Mighty Eighth, S. 112

[289] noch die 1947 vorgelegten Untersuchungsergebnisse des USSBS vermittelten den Eindruck einer tödlichen Wirkung der Angriffe der "BIG WEEK"; vgl. dazu die ausführliche Darstellung bei Groehler, BK, S. 216 / 217 unter Verweis auf amtliche Angaben der USAAF

[290] bemerkenswert indes der folgende Eintrag in den persönlichen Aufzeichnungen von Joseph Goebbels vom 21.2.1944, dem Tag nach den ersten Angriffen der "BIG WEEK": *"Was soll ich über den Luftkrieg berichten ? Er macht uns augenblicklich ausserordentlich viel zu schaffen. In Leipzig sind am vorigen Sonntag die Erla-Werke fast völlig vernichtet worden. Das ist für uns ein entsetzlicher Verlust. Die Erla-Werke produzierten im Monat 300 Jäger und sollten demnächst auf 600 monatlich kommen. ... Jedenfalls sieht man an dieser Tatsache wieder, wie schwer uns der Luftkrieg schlagen kann und welche Ausfälle wir dabei auch an unserem Rüstungspotential zu verzeichnen haben."* - Goebbels-Tagebücher, 21.2.1944

[291] vgl. die Aufstellung im Anhang sowie Groehler, BK, S. 216

[292] Groehler, BK, S. 216 m.w.N.

[293] ebenda

[294] etwa 350 Bf 109 bei Erla in Leipzig, 150 in Regensburg und 200 bei WNF; hinzu kamen einige Bf 110 und Ju 88 Nachtjäger, wobei die Fertigung der letztgenannten zu 50% unterbrochen worden sein soll - vgl. Irving, aaO., S.347 unter Verweis auf das Protokoll einer GL-Besprechung von Februar 1944

[295] Groehler, BK, S. 216 unter Verweis auf den Untersuchungsbericht der US Strategic Bombing Survey Division - Industry Report - vom September 1947

[296] erste Überlegungen in diese Richtungen gingen bereits auf den Juni 1943 zurück - vgl. dazu ausführlich Groehler, BK, S. 284 ff m.w.N.

[297] vgl. dazu ausführlich Irving, aaO., S.347 ff m.w.N.; Piekalkiewicz, aaO., S.341

[298] bemerkenswert ist in diesem Zusammenhang folgende Äusserung GFM Milchs vom 22.2.1944, nachdem die ersten vernichtenden Angriffe auf die Flugzeugwerke erfolgt waren und es um die Frage weiterer

kung der Angriffe der "BIG WEEK" kam es überdies zur Bildung des sogenannten "Jägerstabs"; hinter dieser Bezeichnung verbarg sich ein mit umfassenden Sondervollmachten ausgestatteter Arbeits- und Organisationsstab unter der Führung von Karl Saur, dessen Aufgabenbereich die Reparatur und Verlagerung der wichtigsten Flugzeugwerke und zugleich eine Ankurbelung der Jagdflugzeugfertigung umfassen sollte [299].

Die wichtigsten Auswirkungen der " BIG WEEK " trafen die Luftwaffe an anderer als der von der alliierten Führung erwarteten Stelle; ihr Hauptergebnis bestand nicht so sehr in der Schädigung der Flugzeugindustrie als vielmehr in der Tatsache, dass durch diese Angriffe der Luftwaffe ein Kampf aufgezwungen wurde, dem sie sich notgedrungen stellen musste und in dem die Substanz der Tagjagd zunehmend aufgerieben wurde [300]. Die Jagdwaffe stand den in immer grösserer Zahl einfliegenden amerikanischen Verbänden zunehmend hilflos gegenüber; nirgends mehr konnte sie eine auch nur örtlich begrenzte Überlegenheit behaupten, sondern wurde im Gegenteil in die Defensive gedrängt - aus den deutschen Jägern wurden jetzt Gejagte. Dabei waren es zwei Entwicklungen, die zum entscheidenden Umschwung zum Nachteil der Luftwaffe führten: Zum einen war es die Umstellung der amerikanischen Taktik hin zum gleichzeitigen Einflug mehrerer jeweils stark jagdgeschützter Verbände, die es mit sich brachte, dass die deutschen Jagdflieger nicht mehr wie bisher in der Lage waren, die Viermots auf breiter Front zu bekämpfen; statt dessen sah sich die Führung der Jagdwaffe dazu gezwungen, nur noch einzelne Viermotverbände anzugreifen, die man ohne Begleitschutz stellen konnte, zugleich aber Einflüge gegen weniger wichtige Ziele oder aber durch stark jagdgeschützte Verbände nicht mehr zu bekämpfen [301]. Dieser von den Amerikanern sehr schnell erkannte Versuch der Luftwaffe, ihre knapp gewordenen Kräfte zu erhalten [302], führte unmittelbar zu einer weiteren Änderung der Taktik auf Seiten der USAAF: Angesichts ihrer wachsenden zahlenmässigen Jägerüberlegenheit gingen die Amerikaner fortan dazu über, erhebliche Teile des Jagdschutzes von ihrer unmittelbaren Begleitrolle zu entbinden und sie statt dessen in freier Jagd, den Bomberverbänden weit vorausfliegend, gezielt gegen die deutschen Jagdverbände anzusetzen. Danach konnten die P-47, P-51 und P-38 sich jederzeit und an jedem Ort auf die deutschen Jäger stürzen, die fortan nirgends mehr sicher waren. Ein weiterer Teil der neuen Einsatzweise sah vor, dass die amerikanischen Jäger bei jeder sich bietenden Gelegenheit auch Tiefangriffe auf deutsche Flugplätze durchführen sollten [303].

Für die deutsche Luftwaffe hatte die " BIG WEEK " eine Zeit bis dahin nie gekannter Anspannung gebracht; gegenüber dem Vormonat war die Zahl der Einsätze von 3.315 auf 4.242 gestiegen, zugleich damit war aber auch die Verlustrate spürbar hochgeschnellt - von 5,4% im Januar auf 8,2% im Februar

---

Auslagerungen ging; zunächst hatte er angeordnet, dass die Werke von Oschersleben und Braunschweig jeweils zur Hälfte an ihren bisherigen Standorten verbleiben und dort wiederaufgebaut werden sollten, um fortzufahren: " Der Gegner soll ja mit den Bomben darauf gehen ... Die Leute sollen glauben, dass das Werk noch da ist." - Irving, aaO., S.347 m.w.N.

[299] zur Entstehung und dem Wirken des Jägerstabs vgl. ausführlich Speer, aaO., S.344 ff; Irving, aaO., S.347 ff m.w.N.

[300] Groehler, BK, S. 217

[301] Piekalkiewicz, aaO., S. 341; Groehler, BK, S. 217 m.w.N.

[302] Freeman, Mighty Eighth, S. 113

[303] Groehler, BK, S. 217 m.w.N.; Freeman, Mighty Eighth, S. 113; Piekalkiewicz, aaO., S. 341; es ist bemerkenswert, dass die Amerikaner an dieser Stelle - endlich - den einzig richtigen Schluss hinsichtlich einer sinnvollen Durchführung des Jagdschutzes zogen - 1940 über England hatte sich die Führung der Luftwaffe nicht zu diesem Schritt entschliessen können

1944 [304]. In absoluten Zahlen ausgedrückt hatte die Reichsverteidigung im Februar 1944 folgende Verluste zu beklagen [305], [306]:

Verluste an fliegendem Personal
Februar 1944

	Jäger		Zerstörer		Nachtjäger	
	m.F.	o.F.	m.F.	o.F.	m.F.	o.F.
gefallen	88 (15)	24 (6)	32 (9)	9 (3)	9 (2)	17 (4)
verwundet	91 (30)	30 (3)	20 (7)	3 (0)	4 (1)	7 (4)
vermisst	17 (0)	0 (0)	1 (1)	0 (0)	3 (2)	0 (0)
	196 (45)	54 (9)	53 (17)	12 (3)	16 (5)	24 (8)

Verluste an Flugzeugen

	Jäger		Zerstörer		Nachtjäger	
	m.F.	o.F.	m.F.	o.F.	m.F.	o.F.
60 - 100%	246	70	60	11	28	36
10 - 60 %	52	107	25	27	8	37
	298	177	85	38	36	73

Unter dieser Dauerbelastung und angesichts der stetig steigenden Verluste drohte die deutsche Tagjagd auseinanderzubrechen; gerade zu dem Zeitpunkt, als die Nachtjagd im Begriffe war, allmählich die Oberhand gegen die Grossangriffe der RAF zu gewinnen, ging die Luftherrschaft bei Tage zusehends an die USAAF verloren [307].

Bis zum Ende des Monats blieb es bei den JG 1 und 11 weitgehend ruhig; ein erneuter Einflug der 8. USAAF am 29. Februar 1944, bei dem Braunschweig das Ziel von 226 Boeings der 3 BD war, wurde von den Geschwadern nicht bekämpft, da sehr schlechtes, winterliches Wetter mit einer geschlossenen Wolkendecke einen Abwehreinsatz nicht zuliess. Dementsprechend fiel die einzige dabei abgeschossene B-17 der Flak zum Opfer.

---

[304] Groehler, BK, S. 218, unter Verweis auf USSBS, Statistical Appendix, S. 29 sowie BA RL 2/v. 3157

[305] die nachfolgenden Zahlen wurden amtlichen Aufstellungen des RLM entnommen, die aus dem Nachlass von Oberst Günther Lützow stammen; die Zahlen in Klammern betreffen die Zahl der in der ersten Zahl enthaltenen Offiziere. Die Spalten " m.F. " betreffen Verluste durch Feindeinwirkung, die unter " o.F. " dagegen solche ohne

[306] die Gesamtverluste der Luftwaffe beliefen sich im Februar 1944 auf 248 gefallene und vermisste Jagdflieger, davon 56 ohne Feindeinwirkung, 46 gefallene Zerstörerflieger sowie 38 Besatzungsangehörige von Nachtjagdflugzeugen; die Materialverluste betrugen 582 Jäger, davon 414 durch Feindeinwirkung, 78 Zerstörer und 76 Nachtjäger - Quelle wie vor

[307] vgl. für viele: Piekalkiewicz, aaO., S.341

Verluste der Tagjagdverbände
Februar 1944
(nur Reichsverteidigung, West und Süd)

Einheit	fliegendes Personal						Flugzeugverluste			
	+	KG	verw.	+	verl.	60-100%	unter 60%	60-100%	unter 60%	60-100%	unter 60%
JG 1	29	-	11	2	-	64	32	1	-	3	10
JG 11	22	-	11	1	-	46	37	-	-	5	9
Sturmst. 1	2	-	-	-	-	1	2	-	-	1	-
JG 2	22	-	19	4	1	42	47	1	2	11	12
JG 3	25	-	15	2	-	45	25	1	1	5	10
I./JG 4	7	2	2	-	1	14	3	-	-	-	1
I./JG 5	2	-	3	1	-	1	-	5	2	2	1
IV./JG 5	2	-	1	1	-	8	8	-	-	4	-
EKdo. 25	1	-	1	-	-	2	3	2	-	1	3
JG 26	16	-	13	2	4	29	27	2	-	4	7
JG 27	8	-	14	-	2	32	20	-	-	5	11
II./JG 51	5	-	2	-	-	14	6	-	-	-	1
JG 53	6	2	9	-	3	23	19	-	-	6	2
III./JG 54	11	-	6	2	-	24	13	-	-	2	1
JG 77	10	-	5	-	-	20	14	1	-	1	1
JG 300	3	-	3	-	-	13	4	-	-	-	2
JG 301	2	-	8	2	-	12	7	-	-	2	4
JG 302	2	-	3	-	-	11	4	-	-	-	1
SG 4	9	-	6	3	-	20	12	1	3	3	3
I./SKG 10	3	-	2	2	-	8	6	-	-	1	1
KG 51	1/1	-	-/1	1/1	1	1	-	-	-	1	1
Jasta Erla	1	-	2	2	-	6	-	-	-	2	-
JG 104	1	-	3	*	*	5	-	-	-	*	*
JG 105	2	-	-	*	*	2	-	-	-	*	*
JG 107	-	-	-	*	*	-	1	-	-	*	*
JG 108	-	-	-	*	*	-	1	-	-	*	*
JG 110	-	-	-	*	*	1	-	-	-	*	*
EKdo. Lärz	1	-	-	*	*	1	-	-	-	*	*
SdKdo. OKL	1	-	-	-	-	1	-	-	-	-	-
JLÜSt.	2	-	-	1	-	2	-	-	-	1	-
JGr. Ost	1	-	-	*	*	1	-	-	-	*	*
ZG 1	8/9	1	-	1	-	11	5	1	1	1	-
ZG 26	24/22	-	7/13	6/2	1/2	47	22	1	3	3	2
ZG 76	9/8	-	3/3	2/2	-	15	5	-	-	3	3
ZG 101	2/2	-	-	2/1	-	2	-	-	-	1	-
	240/42	5	146/17	36/6	13/2	524	323	16	12	68	81

Anmerkungen:

1.) bei den Zerstörerverbänden bezeichnet die erste Zahl bei den Personalverlusten die Flugzeugführer, die zweite die der übrigen Besatzungsmitglieder

2) reine Betriebsverluste der Schul- und Ergänzungseinheiten wurden nicht erfasst, sondern mit einem "*" gekennzeichnet [308]

---

[308] ergänzend dazu seien die Verluste der Tagjagdverbände im Osten im Februar 1944 genannt:

Ende Februar 1944 ging bei der I./JG 11 der Befehl zur Verlegung nach Rotenburg ein; die Gruppe hatte ein Jahr auf ihrem Platz in Husum gelegen, jetzt aber hiess es Abschied nehmen. Hintergrund der Verlegung, zu der der fliegende Verband am 29. Februar startete [309], war die während der Einsätze der letzten Wochen gewonnene Erkenntnis, dass die Gruppe in Husum zu weit ab von den derzeit meist genutzten Einflugwegen der 8. USAAF lag, um jeweils schnell in den Abwehreinsatz eingreifen zu können [310].

Nach den Angriffen der " BIG WEEK " war es das Bestreben der Führer der amerikanischen Bomberflotten, den Druck auf die Luftwaffe und insbesondere deren Tagjagdkräfte noch weiter zu steigern. Diese Zielsetzung war Ausdruck des ungebrochenen Strebens auf Seiten der Bombergenerale, den Krieg allein durch ihre strategische Luftoffensive zu entscheiden [311]; sie widersetzten sich allen Versuchen der Planer des Unternehmens " OVERLORD " - der im Spätfrühjahr vorgesehenen Landung in Frankreich -, ihre Bomberflotten in die engbegrenzten Zielsetzungen der Vorbereitung für die Invasion, darunter insbesondere die Zerstörung des französischen Verkehrsnetzes im Umfeld und Hinterland der Landegebiete, einbinden zu lassen [312].

Statt dessen war es das Ziel der USSTAF, die Luftwaffe bei jeder sich bietenden Gelegenheit zum Kampf zu stellen, um dadurch vor allem die Jagdwaffe ausschalten und den Bomberflotten freie Bahn für einen unbegrenzten Bombenkrieg gegen das Reich verschaffen zu können. Vor diesem Hintergrund wurde die Zielauswahl für die kommenden Angriffe wesentlich von der Absicht bestimmt, die Luftwaffe zum Kampf zu zwingen; aus der Sicht der amerikanischen Stäbe kam dafür nur ein Ziel in Betracht - die Reichshauptstadt Berlin, das nach wie vor am stärksten geschützte Ziel im gesamten Reichsgebiet [313]. Tagesangriffe auf Berlin versprachen eine gleich dreifache Wirkung: Zum einen waren in und um Berlin herum trotz auch hier erfolgter Auslagerung noch immer eine Vielzahl wichtiger Rüstungsbetriebe

Einheit	fliegendes Personal					Flugzeugverluste					
	+	KG	verw.	+	verl.	60 - 100%	unter 60%	60 - 100%	unter 60%	60 - 100%	unter 60%
JG 5	7	1	-	-	-	9	2	7	2	2	-
JG 51	8	-	-	-	-	7	14	-	-	2	-
JG 52	2	-	2	-	1	10	11	-	-	1	3
JG 54	3	-	4	-	-	11	16	1	2	3	5
	20	1	6	0	1	37	43	8	4	8	8

[309] Flugbücher Franz Steiner, Heinz Hanke

[310] vgl. dazu die zuletzt wiederholt erforderlichen " Blitzverlegungen " der Gruppe; zugleich damit war die Verlegung der I./JG 11 ein kleiner Schritt in Richtung auf eine Konzentration der Jagdkräfte im Innern des Reiches

[311] so erklärte General Spaatz im März, dass 20 bis 30 Tage guten Wetters ausreichen würden, es der USAAF zu erlauben, den Krieg aus eigener Kraft zu entscheiden - Eisenhower Papers, Bd.3, S. 1715, so zitiert bei Groehler, BK, S. 218

[312] vgl. dazu ausführlich Groehler, BK, S. 218, m.w.N.

[313] Ethell / Price, aaO., S. 3 ff; Freeman, Mighty Eighth, S. 113

angesiedelt, deren Zerstörung die deutschen Kriegsanstrengungen empfindlich treffen würde [314]. Weiter konnte davon ausgegangen werden, dass Tagesangriffe auf die Reichshauptstadt einen erheblichen Schlag gegen die Moral der Bevölkerung bedeuten würden, der dadurch gezeigt würde, dass die am stärksten verteidigte Stadt des Reiches nun auch bei Tage nicht mehr sicher vor den Angriffen der alliierten Bomberflotten war. Die dritte, für die amerikanischen Stabsoffiziere fraglos wichtigste Wirkung aber lag darin, dass man erwarten konnte, dass die Luftwaffe den zuletzt unternommenen Versuch ihre Kräfte zu schonen, aufgeben und die Reichshauptstadt mit allen vorhandenen Kräften verteidigen würde, ungeachtet aller zahlenmässigen oder sonstigen Nachteile, unter denen sie dabei würde antreten müssen [315], [316].

Der erste Tagesangriff der 8. USAAF im März 1944 galt wiederum Frankfurt / M.: Am **2. März 1944** sollten 481 Viermotorige der 1 und 2 BD unter dem Schutz von 589 Begleitjägern Industrie- und Verkehrsziele angreifen; schlechtes Wetter mit einer fast geschlossenen Wolkendecke verhinderte jedoch eine planmässige Durchführung des Angriffs, so dass am Ende nur 137 Viermots ihre Bombenlast über dem vorgesehenen Ziel abladen konnten, während weitere 238 B-17 und B-24 einmal mehr " targets of opportunity " bewarfen [317].

Der deutsche Abwehreinsatz litt offenbar ganz erheblich unter den schlechten Wetterbedingungen; die Hauptlast lag dabei auf den im Westen stationierten JG 2 und 26, die mit allen sechs Gruppen im Einsatz waren, während von den im Reich liegenden Jagdgeschwadern nur drei Gruppen beteiligt waren, darunter die III./JG 1 und die I./JG 11.

Die III./JG 1 war am frühen Nachmittag im Einsatz über dem Raum Aachen [318] und hatte dort gegen 14.30 Uhr einen Luftkampf mit einigen P-47 des Begleitschutzes zu bestehen; diese konnten einen Schwarm der 7. Staffel von Hptm. Burkhardt, überraschen, dessen Flugzeugführer wegen dicht vereister Kabinenverglasung nach hinten nichts hatten sehen können. Einem Abschuss durch den Staffelkapitän der 7./JG 1, Hptm. Burkhardt (58.), stand danach der Verlust von zwei Gefallenen und drei Flugzeugen gegenüber - Ofhr. Hans Hilbers wurde zuletzt im Luftkampf im Raume Verviers gesehen, bevor sich seine Spur verlor, während der Gefr. Alfons Salhofer im Luftkampf über Aachen tödlich abgeschossen wurde. Der dritte Maschinenverlust betraf Hptm. Burkhardt, der seine " weisse 12 " bei Merzbrück in der Nähe von Aachen auf den Bauch werfen musste, wobei die Messerschmitt restlos zu Bruch ging, während Lutz-Wilhelm Burkhardt Glück hatte und den Bruch unverletzt überstand.

Die I./JG 11 war um 15.12 Uhr [319] von Rotenburg zum Abwehreinsatz aufgestiegen; nur wenige weitere Anhaltspunkte über den Ablauf des Einsatzes sind bekannt: Offenbar geriet die I. Gruppe über dem südwestdeutschen Raum an amerikanische Verbände und verlor dabei ohne eigene Erfolge einen Gefallenen und einen Verwundeten, beide von der 3. Staffel. Während Ofw. Wilhelm Lorenz bei Hemmingen durch Feindeinwirkung abgeschossen und verwundet wurde, kam Uffz. Karl Kaiser ums

---

[314] so war mehr als die Hälfte der deutschen Elektroindustrie um Berlin versammelt - vgl. Ethell / Price, S. 3 ff

[315] Freeman, Mighty Eighth, S. 113; Ethell / Price, S. 8

[316] dabei ist die Parallele zu den Entscheidungen der Luftwaffenführung im Herbst 1940 bemerkenswert; seinerzeit war London deswegen zum Hauptziel der Luftwaffe geworden, weil man sich davon versprach, die RAF zum entscheidenden Kampf herausfordern zu können, da " England seinen letzten Jäger herausholen musste, um diese Stadt zu schützen ", wie es in einer Denkschrift von Oberst Deichmann, Chef des Stabes der Luftflotte 2, hiess - vgl. Prien, JG 77, Bd.1, S. 378 m.w.N.

[317] Freeman, aaO., S. 191

[318] Flugbuch Lutz-Wilhelm Burkhardt, Einsatzzeit 13.26 - 14.35 Uhr

[319] Flugbuch Franz Steiner

Abb. 617 - 620: Vier Aufnahmen vom Gruppenkommandeur der I./JG 11 Hptm. Rolf Hermichen im März 1944 in Rotenburg / W. nach der Rückkehr von einem Einsatz; bei seiner Maschine handelt es sich um eine augenscheinlich nagelneue Fw 190 A-7 in einem - jedenfalls im Rumpfbereich - Hellgrau-über-alles Anstrich. Die Kennung der Maschine - " schwarze Wwinkel Dreieck " - ist ansatzweise sichtbar. Auf der Aufnahme rechts aussen sieht man Hptm. Hermichen zusammen mit Stabsarzt Dr. Sienholz, der in der I./JG 11 nur als " Dr. Bestens " bekannt war. Beachte die Fangseile für den Kopf- und Schulterschutz in der Schiebehaube.

(B.A. Nr. 676-7873a-8, 10, 11, 12)

Leben, als sich seine Focke Wulf nach der Landung in Nürnberg-Roth überschlug und den Flugzeugführer dabei unter sich begrub.

Alles in allem meldete die Luftwaffe 19 Abschüsse bei der Abwehr des Tagesangriffs vom 2. März 1944 [320]; demgegenüber beliefen sich die eigenen Verluste auf 20 durch Feindeinwirkung sowie weitere drei durch Unfälle verlorene Maschinen [321]. Von amerikanischer Seite wurden nach dem Ende des Einsatzes zwölf Viermots und vier Begleitjäger als Verluste gemeldet, während auf der Habenseite insgesamt 21 Abschüsse beansprucht wurden [322].

Der Einsatz Nr. 246 - Mission 8 AF 246 - am **3. März 1944** sollte die Viermotorigen der 8. USAAF zum ersten Male nach Berlin führen, wo Industrieanlagen in der Stadt selbst sowie in Oranienburg und Erkner angegriffen werden sollten [323]. Insgesamt 748 Viermots aller drei Bombardment Divisions rollten am Morgen auf ihren Plätzen im Südosten Englands an den Start und machten sich auf den Weg

---

[320] OKW-Bericht, 3.3.1944; neben dem JG 1 meldeten die III./JG 2 - 4, I./JG 26 - 2, II./JG 26 - 1 und die III./JG 26 - 2 Abschüsse, die weiteren Meldungen dürften von der Flak stammen

[321] neben den JG 1 und 11 meldeten Flugzeugverluste durch Feindeinwirkung der Stab/JG 2 - 1, II./JG 2 - 2, III./JG 2 - 6,III./JG 3 - 3, II./JG 26 - 3 und III./JG 26 - 1

[322] Freeman, aaO., S. 191; unter den Verlusten befinden sich drei Viermots als " Cat.E ", die Verteilung der Abschüsse lautete 2-0-2 bei den Bombern und 17-2-4 für die Begleitjäger

[323] Ziele waren die Robert Bosch Elektrowerke in Klein-Machnow, die Heinkel-Werke in Oranienburg sowie die VKF-Kugellagerfabrik in Erkner - Ethell / Price, aaO., S. 8

nach Berlin; zu ihrem Begleitschutz wurden 730 Jäger des VIII FC aufgeboten, zu denen noch zahlreiche britische Jäger für den Schutz im Nahbereich der britischen Küste kamen [324]. Noch auf dem Anflug erwies sich das Wetter jedoch als Problem, da eine ungewöhnlich hoch reichende Bewölkung die Formationsbildung und Navigation der Viermotorigen behinderte, so dass am Ende der Befehl zum Abbruch des Unternehmens gegeben werden musste [325]. Zu diesem Zeitpunkt befanden sich die Spitzen der Viermotverbände bereits über dem nordwestdeutschen Küstengebiet, wo insgesamt 79 Viermots vor ihrer Rückkehr nach England ihre Bomben noch über Gelegenheitszielen loswurden, 61 davon über Wilhelmshaven [326].

Der deutsche Abwehreinsatz blieb an diesem Tage - wetterbedingt - vergleichsweise schwach; soweit ersichtlich kamen Teile der JG 1, 3, 11 und 27, des NJG 3 sowie des ZG 26 zum Einsatz gegen die vor dem nordwestdeutschen Küstenraum erfassten Viermot-Pulks.

Bei der II./JG 1 in Rheine erfolgte um 10.49 Uhr der Alarmstart von 15 Fw 190, die sich über dem eigenen Platz mit den kurz zuvor gestarteten Maschinen der I./JG 1 zum Gefechtsverband vereinigen sollten; anschliessend wurde der Verband in den Raum Delmenhorst geführt. Bei der Suche nach den Viermotverbänden wurden die Focke Wulfs östlich Bremen überraschend von etwa 30 Thunderbolts und 10 Mustangs angegriffen, wodurch der eigene Verband sofort gesprengt wurde; es kam zu verbissenen Kurbeleien, die sich bis über die Lüneburger Heide hinzogen und in deren Verlauf die II./JG 1 zu drei Abschüssen kam:

Maj. Bär	6./JG 1	P-51	(192.)	11.40
Olt. Witzmann	6./JG 1	P-51	(1.)	12.00
Ofw. Schuhmacher	6./JG 1	P-51	(9.)	

---

[324] Freeman, aaO., S. 192; ders., Mighty Eighth, S. 113

[325] ebenda; offenbar erreichte der Rückrufbefehl nicht alle Einheiten und so kam es, dass die 89 P-38 der 20, 55 und 364 FG als erste amerikanische Maschinen bei Tage über Berlin erschienen. Vgl. auch Ethell / Price, aaO., S. 8

[326] Freeman, aaO., S. 192

Auf der Verlustseite standen zwei Gefallene: Fw. Willi Schmidt von der 4./JG 1 wurde im Raume Hannover tödlich abgeschossen, während Uffz. Hans-Joachim Tüngler von der 5. Staffel in der Gegend von Lüneburg ein Opfer der amerikanischen Begleitjäger wurde. Für die I./JG 1 blieb der Einsatz ergebnislos - während sie selbst keine Erfolge melden konnte, war auf der Verlustseite eine im Luftkampf schwer beschädigte Focke Wulf zu verzeichnen.

Über den Verlauf des Einsatzes bei der III./JG 1 liegen keine näheren Angaben vor; die Gruppe war um 10.20 Uhr in Mönchen-Gladbach gestartet, scheint jedoch in der Folge keine Feindberührung gehabt zu haben [327].

In Rotenburg startete die I./JG 11 um 10.47 Uhr auf Alarm [328] und wurde danach über die Elbmündung geführt, wo sie gegen 11.30 Uhr auf einen kleinen jagdgeschützten B-17 Verband traf; in dem sich daraus ergebenden Luftkampf, der sich bis über Schleswig-Holstein hinzog, konnte die Gruppe insgesamt sechs Abschüsse erzielen:

FhjFw. Schmid	2./JG 11	B-17	(2.)		11.35
FhjFw. Schmid	2./JG 11	B-17	(3.)		11.35
Lt. Unger	2./JG 11	B-17	(1.)		11.37
Hptm. Hermichen	I./JG 11	B-17	(53.)		12.02
Fw. Doppler	2./JG 11	B-17	(16.)	*	
Olt. Zwernemann	1./JG 11	B-17	(120.)	*	

Nach diesem Einsatz fielen die Focke Wulfs der I./JG 11 auf verschiedenen Plätzen im norddeutschen Raum ein; einzelne kamen noch zu einem zweiten Einsatz gegen die abfliegenden Viermots, doch blieb der zweite Ansatz insgesamt erfolglos [329].

Wenngleich die I. Gruppe im Luftkampf mit den Viermotorigen ohne Verluste geblieben war, hatte sie mit drei bei Unfällen ums Leben gekommenen Flugzeugführern bittere Einbussen zu verzeichnen; die 2. Staffel verlor ihren Staffelführer, als Lt. Eike Unger bei der Landung in Rotenburg abstürzte und beim Aufschlagbrand seiner Focke Wulf getötet wurde. Zwei Gefallene gab es bei der 3./JG 11: Lt. Claus Todt und der Gefr. Rudolf Pancherz stiessen bei Bremen zusammen und stürzten mit ihren Maschinen ab.

Ähnlich sah der Einsatzverlauf bei der II./JG 11 aus: Die Gruppe war um 10.40 Uhr im Alarmstart von Wunstorf aufgestiegen [330] und wurde danach in nördlicher Richtung in den Raum Hamburg geführt - bei Heinz Knoke heisst es über diesen Einsatz:

Der Kommandeur kann nicht fliegen. Ich führe die Gruppe. Von 40 Maschinen sind nur 18 geblieben und mit denen starte ich.

Über Hamburg versuche ich, einen kleinen Boeingverband anzugreifen. Fast 2.000 m hänge ich mit meinen 18 Mühlen über ihm. Als ich hinabstossen will, entdecke ich etwa 1.000 m links unter mir einen Pulk von 60 Mustangs. Sie können uns dort unten nicht sehen, da wir genau in der blendenden Sonne sitzen. Das ist eine prächtige Position ! Ich nehme etwas Fahrt weg und warte, bis der ganze Pulk links vor uns fliegt. Denen werden

---

[327] Flugbuch Lutz-Wilhelm Burkhardt, der den Einsatz wegen Motor- und FT-Schadens vorzeitig abbrechen musste

[328] Flugbuch Heinz Hanke

[329] vgl. Flugbuch Heinz Hanke - danach musste der zweite Einsatz, der von 15.30 - 16.05 Uhr dauerte, wegen Schlechtwetters abgebrochen werden

[330] Flugbücher Heinz Knoke, Hans Klaffenbach und Hans-Gerd Wennekers

Abb. 621 - 622: Flugzeugführer der 5./JG 11, aufgenommen Anfang März 1944 in Wunstorf; die Gesichter lassen deutlich die Spuren der zu Jahresbeginn erlebten Einsätze erkennen. In der Mitte sieht man Olt. Heinz Knoke, links aussen Ofw. Leo-Lothar Barann, den sie in der 5. Staffel " Methusalem " nannten. Unten - Maschinen der II./JG 11 werden für den nächsten Einsatz vorbereitet, Wunstorf, März 1944. Der Anstrich der Maschine im Vordergrund, neben der sich einige Flugzeugführer versammelt haben, wirkt wieder sehr hell.

(Knoke / Specht)

wir eines überbraten ! Auf keinen Fall darf ich zu früh stürzen. Immer noch werden wir nicht gesehen. Jetzt ist es soweit - Hinein ! Steil stürzen wir in die völlig überraschten Amis hinein, eröffnen fast gleichzeitig das Feuer ! In grossen Abschwüngen versuchen die Mustangs zu entkommen. Ehe sie in die Wolken eintauchen können, brennen mehrere von ihnen. Vor meinen Waffen platzt eine Mustang buchstäblich auseinander. Ein Freudengeheul ertönt im FT ! Abends erhalte ich von der Division die Meldung, dass abgestürzte Mustangs gefunden wurden.

Ein Wermuttropfen fällt in die allgemeine Freude: Barann ist nicht zurückgekommen. Einige Flugzeugführer beobachteten eine 109 ohne Flächen abstürzen." [331]

Tatsächlich waren die Verluste der II./JG 11 bei diesem Zusammentreffen mit den P-51 erheblich schwerer, denn die Gruppe musste den Tod von vier Flugzeugführern hinnehmen, wohingegen Ofw. Leo Barann noch Glück im Unglück hatte, denn er konnte trotz leichter Verwundung bei Neumünster mit dem Fallschirm aussteigen und kam nach erfolgter Bergung in das Krankenrevier des Fliegerhorstes von Wunstorf. Für zwei andere Flugzeugführer der 5./JG 11 gab es dagegen keine Wiederkehr: Die Unteroffiziere Heinz Sitzlack und Hermann Harder wurden im Luftkampf bei Bad Segeberg bzw. im Raume Plön tödlich abgeschossen. Zwei Tote gab es auch bei der 6. Staffel: Uffz. Karl Krüger blieb nach Luftkampf über dem Holsteiner Raum vermisst, während Fw. Herbert Hänel bei der Landung in Hohenbostel bei Lüneburg Bruch machte und sich dabei tödliche Verletzungen zuzog. Auf der Habenseite standen demgegenüber drei Abschüsse, die sich wie folgt verteilten:

Olt. Knoke	5./JG 11	P-51	(22.)
Fw. Wennekers	5./JG 11	P-51	(14.)
Fw. Fest	5./JG 11	P-51	(7.)

Nach dem Einsatz fielen die Messerschmitts verstreut über mehrere Plätze im nördlichen Reichsgebiet ein [332]; einzelne Rotten unternahmen noch einen weiteren Einsatz gegen die abfliegenden Viermot Verbände, doch blieben diese Einsätze allesamt ohne Erfolg [333].

Über einen Einsatz der III./JG 11 an diesem Tage liegen keine Angaben vor; dagegen meldete der Geschwaderstab einen Gefallenen: Uffz. Ernst Staiger wurde unter im einzelnen nicht näher bekannten Umständen im Luftkampf tödlich abgeschossen.

Nach dem Ende der Kämpfe meldete die deutsche Seite insgesamt 21 Abschüsse durch Jäger und Flak; die eigenen Verluste beliefen sich demgegenüber auf 20 im Luftkampf abgeschossene und weitere vier ohne Feindeinwirkung verlorengegangene Maschinen. Dagegen bezifferte die 8. USAAF ihre Verluste mit elf Viermotorigen und acht Jägern - darunter sechs P-51 -, während sie 13 Abschüsse für sich beanspruchte [334].

An Stelle von Lt. Unger wurde Olt. Fritz Engau mit der Führung der 2./JG 11 beauftragt; Fritz Engau kam wie Olt. Koenig von der Nachtjagd [335] und hatte dort - auch insoweit eine Parallele zu Hans-Heinrich Koenig - durch eine Verwundung die Nachtsehkraft auf einem Auge verloren [336].

---

[331] Knoke, aaO., S. 170 / 171

[332] so z.B. in Neumünster und Lüneburg

[333] Flugbuch Hans-Gerd Wennekers: 13.20 - 13.45 Uhr von Lüneburg aus

[334] Freeman, aaO., S. 192; unter den Verlusten befand sich eine P-47 als "Cat.E", die Verteilung der Abschüsse lautete für die Bomber 3-1-1 und für die Jäger 8-1-3

[335] Engau gehörte der II./NJG 1 an und war zeitweilig Staffelführer der 5./NJG 1; er konnte auf zwei Nachtabschüsse verweisen

Auf deutscher Seite eingesetzte Verbände am 3.3.1944						
Einheit	Abschussmeldungen	Verluste im Einsatz				
		FF		Flugzeuge		
		+	verw.	60 - 100%	unter 60%	Boden
Stab/JG 1	-	-	-	-	-	-
I./JG 1	-	-	-	1	-	-
II./JG 1	3 P-51	2	-	2	1	-
III./JG 1	-	-	-	-	-	-
Stab/JG 3	-	-	-	-	-	-
I./JG 3	-	-	-	-	1	-
II./JG 3	-	-	1	2	-	-
IV./JG 3	1 P-47	3	-	3	-	-
Stab/JG 11	-	1	-	1	-	-
I./JG 11	6 B-17	3	-	3	-	-
II./JG 11	3 P-51	4	1	4	1	-
III./JG 11	-	-	-	-	-	-
II./JG 27	2 P-38	-	-	-	-	-
II./ZG 26	-	2	-	1	2	-
III./ZG 26	-	5	1	3	2	-
II./NJG 3	1 B-17	-	-	-	-	-
III./NJG 3	1 B-17	-	-	-	-	-
		20	3	20	7	0

Auch der am **4. März 1944** erfolgende abermalige Versuch, Berlin bei Tage anzugreifen, endete mit einem Fehlschlag und wieder war dies in erster Linie dem Wetter zuzuschreiben. Insgesamt 502 Boeings der 1 und 3 BD waren von ihren Plätzen in Südostengland gestartet, um Industrieziele in Klein-Machnow, einem im Südwesten Berlins am Teltow-Kanal gelegenen Vorort, zu bombardieren; zu ihrem Schutz wurden 770 Begleitjäger aufgeboten. Erneut behinderte jedoch eine dichte, bis in grosse Höhen reichende Bewölkung die vorgesehene Formationsbildung, so dass nach einiger Zeit wiederum der Befehl zum Abbruch des Unternehmens erging, welcher jedoch nicht alle Verbände erreichte; während die B-17 der 1 BD den Angriff danach geschlossen abbrachen [337], setzten 30 B-17 des 13 CBW ihren Anflug auf Berlin fort, geschützt durch Teile von drei P-51 Gruppen [338].

So nahm sich der erste Tagesangriff der 8. USAAF auf Berlin recht bescheiden aus, was auch der OKW-Bericht vom nächsten Tage widerspiegelte:

---

[336] Fritz Engau war bereits Anfang Februar 1944 beim JG 11 eingetroffen; er schreibt dazu: *" Nach meiner Meldung bei Obstlt. Graf setzte der mich sofort in eine dort herumstehende Me 109 und liess mich losfliegen, obwohl ich diese Maschine bis dahin noch nie geflogen hatte. Sie bereitete mir aber keinerlei Schwierigkeiten und ich legte eine saubere Landung hin. Graf nach der Landung - er hatte alles beobachtet - zu mir: 'Sie übernehmen meine 2. Staffel, vorher aber gehen Sie zum Verbandsführerlehrgang nach Fels am Wagram.' Drei bis vier Wochen später dann erster Einsatz bei der I./JG 11."* - Brief vom 25.7.1993

[337] wobei allerdings 219 Boeings ihre Bomben über Gelegenheitszielen im Raume Köln / Bonn / Düsseldorf abluden

[338] Freeman, aaO., S. 193; ders., Mighty Eighth, S. 113, 123

Ein schwächerer Bomberverband drang mit Jagdschutz bis in den Raum BERLIN vor, wurde aber durch unsere Luftverteidigungskräfte an zusammengefassten Angriffen gehindert.

Tatsächlich fielen um 13.42 Uhr 68 Tonnen Spreng- und Brandbomben auf Gebiete am südwestlichen Stadtrand von Berlin, wo sie indes nur geringen Schaden anrichteten [339].

Auch der Abwehreinsatz der deutschen Jagdverbände litt erheblich unter den schlechten Wetterbedingungen, weswegen lediglich neun Gruppen gegen den Einflug der Viermotverbände angesetzt werden konnten.

Der Abwehreinsatz des JG 1 gegen den Einflug am 4. März 1944 blieb insgesamt ergebnislos; soweit ersichtlich, wurde nur die II./JG 1 überhaupt auf die Viermotorigen angesetzt [340], doch kam es dabei nicht zur Feindberührung mit den Boeings, so dass die II. Gruppe unverrichteter Dinge nach Rheine zurückkehren musste.

Ähnlich sah es beim JG 11 aus: Dort war offensichtlich nur die III./JG 11 im Einsatz gegen die einfliegenden Viermots [341], doch scheint es auch hier nicht zur Feindberührung gekommen zu sein; gleichwohl hatte die III. Gruppe an diesem Tage zwei Verluste zu verzeichnen, als der Gefr. Gerhard Illing von der 9./JG 11 wegen Höhenkrankheit bei Fassberg tödlich abstürzte, während Uffz. Franz Prader - ebenfalls von der 9. Staffel - wegen Spritmangels bei Oldenburg bauchlanden musste und dabei verletzt wurde [342].

Während es danach über dem Nordwesten des Reiches zu keinen grösseren Luftkämpfen kam, wurden die abfliegenden Verbände der 1 BD über dem westdeutschen Raum zeitweilig heftig bekämpft; dementsprechend wurden die meisten der insgesamt 41 an diesem Tage von deutscher Seite gemeldeten Abschüsse [343] in den dort ausgetragenen Luftkämpfen erzielt. Umgekehrt beliefen sich die Verluste der Luftwaffe über dem Reich an diesem Tage auf zehn Gefallene sowie 13 im Luftkampf abgeschossene und zehn ohne Feindeinwirkung verlorene Maschinen. Von Seiten der 8. USAAF wurden am 4. März 1944 16 Viermotorige und 28 Begleitjäger als Verluste gemeldet; dagegen beanspruchten die Amerikaner nach diesem Einsatz 19 Abschüsse für sich [344].

---

[339] Freeman, aaO., S. 193; ders., Mighty Eighth, S. 113

[340] KTB II./JG 1 - Alarmstart um 13.10 Uhr mit 13 Fw 190; ebenso Flugbücher Heinz Bär und Eberhard Burath

[341] es liegen keinerlei Hinweise auf einen Einsatz der I. und II. Gruppe am 4.3. vor, insbesondere ist in keinem der vorliegenden Flugbücher ein Einsatz verzeichnet

[342] allerdings wurde der Absturz des Gefr. Illing in der summarischen Verlustmeldung RL 2 / III / 852 als Folge eines Luftkampfes gemeldet - wie hier namentl. V.-Meldg. WASt.

[343] OKW-Bericht, 5.3.1944, darunter 21 Viermotorige; vgl. auch die Aufstellung auf S. 769

[344] Freeman, aaO., S. 193; unter den Verlusten befinden sich eine B-17 und vier Jäger als "Cat.E", während die Verteilung der Abschüsse 6-2-3 bei den Bombern und 8-3-4 bei den Jägern lautete. Bemerkenswert sind die mit 16 Maschinen erheblichen Verluste unter den P-51; allein die 363 FG verlor von 33 eingesetzten Mustangs elf, doch ist bislang nicht ersichtlich, welche Einheit auf deutscher Seite dafür verantwortlich war. Insgesamt war der 4. März 1944 eine der wenigen Gelegenheiten, bei denen die Verluste der Amerikaner - insbesondere an Begleitjägern - deutlich höher waren als die Zahl der eigenen Abschussmeldungen

Auf deutscher Seite eingesetzte Verbände am 4.3.1944

Einheit	Abschussmeldungen	FF +	FF verw.	Flugzeuge 60-100%	Flugzeuge unter 60%	Boden
Stab/JG 1	-	-	-	-	-	-
I./JG 1	-	-	-	-	-	-
II./JG 1	-	-	-	-	-	-
III./JG 1	-	-	-	-	-	-
III./JG 2	1 B-17	-	-	-	-	-
Stab/JG 3	3 B-17	-	-	-	-	-
II./JG 3	2 B-17, 1 P-51	1	1	2	-	-
IV./JG 3	1 B-17	1	-	1	-	-
Stab/JG 11	-	-	-	-	-	-
I./JG 11	-	-	-	1	-	-
II./JG 11	-	-	-	-	-	-
III./JG 11	-	1	1	1	1	-
I./JG 26	1 P-38	1	-	1	-	-
II./JG 27	1 B-17, 1 B-17 HSS	2	1	4	1	-
II./JG 53	2 B-17, 2 P-51	3	1	6	4	-
I./JG 300	1 B-17	-	-	-	-	-
I./JG 301	-	-	-	-	1	-
I./JG 302	1 B-17	1	-	2	-	-
Sturmst 1	2 B-17	-	1	1	1	-
JGr. Süd	2 P-38	-	-	-	-	-
Jasta Erla	-	-	-	2	-	-
Stab JG z.b.V.	-	-	-	2	-	-
		10	5	23	8	0

Auch am 5. März 1944 liess das winterlich schlechte Wetter einen Tagesgrossangriff auf die Reichshauptstadt noch nicht zu, doch versprach die Wettervorhersage für den folgenden Tag eine deutliche Besserung; dementsprechend wurden alle Vorbereitungen dafür getroffen, den geplanten ersten Tagesangriff auf Berlin - das bei den Amerikanern als " BIG-B " bezeichnet wurde - am **6. März 1944** endlich durchführen zu können [345].

Nachdem sich die vorhergesagte Wetterbesserung tatsächlich einstellte, liess die 8. USAAF am Morgen des 6. März 1944 ihre Mission No. 250 anlaufen: Ziele für insgesamt 730 Viermotorige aller drei Bomb Divisions, die von 801 Begleitjägern geschützt werden sollten, waren Industrieanlagen in und um Berlin. Der Einflug der in einem langen Strom marschierenden Viermotorigen musste aufgrund der grossen Entfernung zum Ziel auf dem kürzesten Wege erfolgen; dementsprechend überquerten die amerikanischen Verbände die Küste nördlich Amsterdam bei Egmond und flogen mit Ostkurs bis in den Raum Celle, wo ein Schwenk auf Ostsüdost erfolgen sollte [346].

---

[345] vgl. zu den Ereignissen des 6. März 1944 die ausführliche Darstellung bei Price / Ethell - "Target Berlin"

[346] Freeman, aaO., S. 195; Ethell / Price, S. 37 ff; vgl. auch die Karte auf S. 772

	Auf deutscher Seite eingesetzte Verbände am 6.3.1944					
Einheit	**Abschussmeldungen**			**Verluste im Einsatz**		
		FF		Flugzeuge		
		+	verw.	60-100%	unter 60%	Boden
Stab/JG 1	1 B-17, 1 P-47	-	-	-	-	-
I./JG 1	7 B-17, 1 B-17 HSS, 1 P-47	2	1	5	2	-
II./JG 1	10 B-17, 1 B-17 e.V., 1 P-47	1	1	2	4	-
III./JG 1	-	-	-	-	-	-
II./JG 2	2 B-24, 1 B-24 HSS	-	2	2	3	-
Stab/JG 3	-	-	-	1	-	-
II./JG 3	2 B-17, 1 P-38	-	1	2	-	-
III./JG 3	1 B-24	-	-	-	-	-
IV./JG 3	9 B-17, 2 B-17 HSS, 1 P-51	-	-	-	1	-
I./JG 5	-	-	-	-	-	-
Stab/JG 11	1 B-17 HSS	-	1	4	-	-
I./JG 11	15 B-17, 1 P-47	1	1	5	2	-
II./JG 11	1 B-17, 1 B-17 e.V., 2 P-47	2	1	5	2	-
III./JG 11	7 B-17, 1 B-17 HSS	2	-	3	-	-
I./JG 26	1 B-17, 2 B-24 HSS, 1 P-47	-	2	1	1	-
II./JG 26	1 B-17	-	-	-	-	-
II./JG 53	-	-	-	-	-	-
III./JG 54	8 B-17, 1 B-17 e.V., 1 B-24	4	3	4	4	-
Stab/JG 300	-	-	-	-	2	-
I./JG 300	2 B-17	1	-	3	1	-
II./JG 300	-	1	-	1	-	-
I./JG 302	2 B-17	2	-	3	1	-
Sturmst. 1	3 B-17, 1 B-17 HSS, 2 B-17 e.V.	1	-	1	1	-
Jasta Erla	3 P-51	-	-	-	-	-
II./ZG 26	10 B-17	3	5	6	2	-
III./ZG 26	1 B-17, 1 P-51	5	4	5	-	-
Stab/ZG 76	-	1	1	1	-	-
I./ZG 76	2 B-17	3	3	3	-	-
IV./NJG 1	2 B-17, 1 B-24	-	-	-	-	-
I./NJG 5	1 B-17	2	-	2	-	-
II./NJG 5	2 B-24	4	-	5	-	-
III./NJG 5	-	1	1	1	2	-
FlÜG 1 (N)	1 B-17 e.V.	-	-	-	-	-
LBeobSt. 2	1 B-24	-	-	-	-	-
ESt. Rechlin	-	-	-	1	-	-
		36	27	66	28	0

Der Einflug der Amerikaner traf auf eine entschlossene Abwehr, zu der alle im Nordwesten des Reiches verfügbaren Jagdverbände sowie Teile der im Bereich der 4. Jagd-Div. in den Westgebieten stationierten Verbände aufgeboten wurden; hinzu kamen einige der weiter rückwärtig liegenden Zerstörer- und Nachtjagdgruppen, so dass am Ende 19 Tagjagd-, drei Zerstörer- und drei Nachtjagdgruppen sowie

Teile verschiedener weiterer Einheiten zum Einsatz kamen [347], die es auf insgesamt 528 Einsätze brachten [348].

Der klare, fast wolkenlose Himmel über Nordwestdeutschland liess an diesem Tage erstmals wieder die Bildung grösserer Gefechtsverbände zu; nachdem der Einflug der Viermots erfasst worden war und die Führung des I. Jagdkorps zu der Auffassung gelangt war, dass der Angriff Zielen im Nordwesten oder in Mitteldeutschland gelten würde, erging dementsprechend der Befehl zur Zusammenfassung von insgesamt sechs Gruppen zu einem Gefechtsverband, der unter der Einsatzleitung durch die 2. Jagddivision an die Viermotorigen herangeführt werden und den Abwehreinsatz eröffnen sollte. Fünf der sechs Gruppen dieses Gefechtsverbandes kamen von den JG 1 und 11; dagegen war die III./JG 1 am Abwehreinsatz dieses Tages nicht beteiligt [349].

Nachdem gegen 10.40 Uhr Sitzbereitschaft auf den Plätzen der JG 1 und 11 befohlen worden war, erfolgte kurze Zeit darauf der Alarmstart. Als erste stieg um 10.45 Uhr die I./JG 1 mit 16 Maschinen in Twente auf; ab 11.00 Uhr folgten der Stab und die II./JG 1 mit vier Bf 109 und 22 Fw 190 von Rheine aus, Stab und I./JG 11 mit vier Messerschmitts und 20 Focke Wulfs von Rotenburg, die II./JG 11 mit 15 Bf 109 von Wunstorf und schliesslich die III./JG 11 mit 18 Focke Wulfs von Oldenburg aus. Vervollständigt wurde der Gefechtsverband, der vom Kommandeur der I./JG 11, Hptm. Hermichen, geführt wurde, durch die 20 Messerschmitts der III./JG 54, die in Lüneburg gestartet waren [350]. Die Gruppen erhielten Befehl, sich über dem Steinhuder Meer zu sammeln; für die meisten Flugzeugführer war der Anblick einer solchen 'Mahalla', wie sie die über 100 deutschen Jäger darstellte, ziemlich ungewohnt, doch flösste er ihnen zugleich ein Gefühl der Stärke und Zuversicht ein. Nach erfolgter Versammlung wurde der Gefechtsverband mit Kurs West den Viermots, deren Spitze gegen 11.30 Uhr die deutsch / holländische Grenze im Raume Hardenberg überflog, entgegen geführt; hinter der I./JG 11 hatten sich die die III./JG 54 und die III./JG 11 formiert, während die Focke Wulfs des JG 1 am Ende des Verbandes flogen und die II./JG 11 als Hochschutz etwa 1.000 Meter über den übrigen Gruppen flog.

Um 11.45 Uhr sichtete Hptm. Hermichen einen grossen Viermotverband auf Gegenkurs; bei einer Annäherungsgeschwindigkeit von rund 800 km/h verringerte sich die Entfernung rasend schnell, so dass es bereits wenige Minuten danach über dem Raum Haselünne zum ersten geschlossenen Frontalangriff der deutschen Gruppen auf einen Verband von 80 B-17 des 13 CBW kam, bei dem sich zu dieser Zeit nur acht P-47 als Jagdschutz befanden. In nicht einmal einer Minute rasten die Gruppen aus allen Rohren schiessend durch die Reihen der Viermots, von denen eine ganze Reihe schwer getroffen wurden; anschliessend versuchten die deutschen Gruppen, erneut zu sammeln und sich auf einem Parallelkurs zu den Viermotorigen zu einem weiteren Frontalangriff vorzusetzen. Unterdessen hatten sich die Messerschmitts der II./JG 11 der amerikanischen Begleitjäger angenommen und hatten diese in eine verbissene Kurbelei verwickelt, hatten es dabei aber nicht verhindern können, dass einzelne P-47 sich an die nach dem ersten Angriff hinter den Viermotorigen sammelnden Gruppen heranmachten und dabei drei Focke Wulfs abschiessen konnten [351]. Auch eine Messerschmitt musste herunter: Fw. Hans-Gerd Wennekers, der kurz zuvor noch eine Thunderbolt, die seinen Staffelkapitän Olt. Heinz Knoke arg bedrängte, hatte abschiessen können, wurde gleich darauf von einer anderen P-47 abgeschossen und musste schwer verwundet mit dem Schirm aussteigen [352].

---

[347] vgl. die Aufstellung auf S. 770

[348] Price / Ethell, aaO., S. 143; von diesen 528 Einsätzen führten nur rund 370 zur Feindberührung

[349] Price / Ethell, S. 43, 173; danach lag die III./JG 1 am 6.3.1944 mit noch 13 Bf 109 in Mönchen-Gladbach

[350] Price / Ethell, S. 44 ff; KTB II./JG 1; Flugbücher Heinz Bär, Franz Steiner, Heinz Hanke, Hans Klaffenbach, Heinz Knoke, Hans-Gerd Wennekers, Ewald Herhold

[351] die Fw 190 von Olt. Kretschmer von der 4./JG 1 sowie von Fw. Franz Steiner und Fw. Heinz Neuendorf von der 2./JG 11; dabei kam letzterer ums Leben, während die beiden anderen verwundet wurden

[352] Bericht Hans-Gerd Wennekers, 24.6.1993

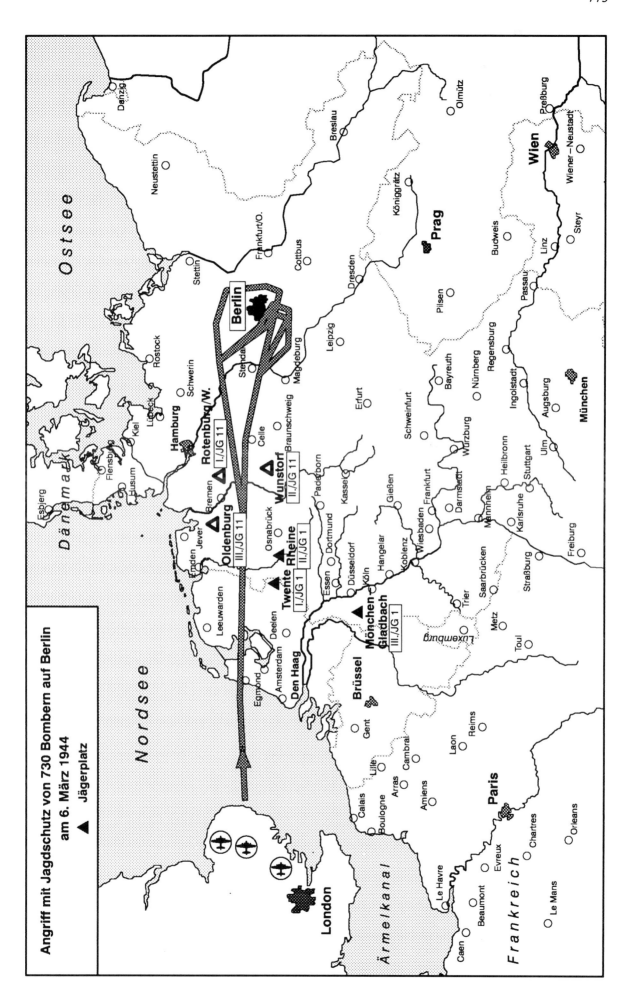

Für Lt. Hans Klaffenbach von der 5./JG 11, der als Kaczmarek bei seinem Staffelkapitän Olt. Knoke fliegen sollte und für den dieser Einsatz der zweite Feindflug war, nahm der Einsatz einen unvorhergesehenen Verlauf; davon berichtet Hans Klaffenbach:

Wir sammelten über dem Dümmer, um einen Gefechtsverband zu bilden; da meine Maschine - eine Bf 109 G-6/U4 - in der Steigleistung zurückblieb, hing ich schliesslich allein ungefähr 1.000 m unter dem anfliegenden deutschen Gefechtsverband in ca. 7.500 m Höhe. Ich hörte im Sprechfunk, wie die Bomberverbände gemeldet wurden und sah dann den ersten B-17 Verband - etwa 15 Maschinen - in gleicher Höhe direkt auf mich zu fliegen. Ich entschloss mich, auf die rechts aussen fliegende B-17 von vorn einen Angriff zu fahren und beschoss die beiden rechten Motoren. Ich sah Trefferwirkung im Rumpf und in den Motoren und sah auch Teile davonfliegen. Nachdem ich den Verband passiert hatte, drehte ich sofort wieder um. Die von mir beschossene Maschine war ausgeschert und brannte mit schwarzer Fahne aus den Motoren, das Fahrwerk war halb herausgefallen. Die B-17 drehte nach Westen ab; ich flog daraufhin einen zweiten Angriff auf dieselbe B-17, die danach in weiten Linksvollkreisen nach unten in die Wolken verschwand.

Da ich selbst Treffer erhalten hatte und meine 3 cm-Kanone Ladehemmung hatte, brach in den Einsatz ab und versuchte, die brennende B-17 unter den Wolken wiederzufinden. Den Aufschlag konnte ich ca. 800 - 1.000 m vom Bahnhof Bassum feststellen. Ich erinnere mich dabei noch an ein weisses Dreieck mit Buchstaben am Seitenleitwerk. Ich landete dann um 12.25 Uhr in Wunstorf[353]

Während dessen hielten die erbitterten Luftkämpfe unvermindert an; das Geschehen verlagerte sich dabei in östlicher Richtung in den Raum nördlich und nordöstlich Osnabrück, wo die deutschen Gruppen einen weiteren Frontalangriff fliegen konnten, dem erneut einige Viermotorige zum Opfer fielen. Gegen 12.20 Uhr liessen die Angriffe dann nach, nachdem sich die meisten Gruppen verschossen hatten und überdies der zur Neige gehende Spritvorrat zur Landung zwang; wie üblich fielen die Focke Wulfs und Messerschmitts auch an diesem Tage weit verstreut auf verschiedenen Plätzen ein, wo sie umgehend für einen zweiten Einsatz gegen die Rückflüge der Viermotorigen bereit gemacht wurden[354]. Insgesamt meldeten die Gruppen der JG 1 und 11 nach diesem ersten Einsatz nicht weniger als 36 Abschüsse, die sich folgendermassen verteilten:

Uffz. Fest	5./JG 11	P-47	(8.)	11.55
Olt. Zwernemann	1./JG 11	B-17	(121.)	11.55
FhjFw. Schmid	2./JG 11	B-17	(4.)	11.59
Fw. Hanke	3./JG 11	B-17	(6.)	11.59
Maj. Bär	6./JG 1	B-17	(193.)	12.00
Ofw. Bach	5./JG 1	B-17	(11.)	12.00
Hptm. Hermichen	I./JG 11	B-17	(54.)	12.00
Fw. Hoës	9./JG 11	B-17	(2.)	12.02
FhjOfw. Demuth	2./JG 1	B-17	(10.)	12.02
Lt. Berger	2./JG 1	B-17	(6.)	
Gefr. Schultheis	1./JG 11	B-17	(1.)	12.03
Fw. Born	9./JG 11	B-17	(4.)	12.03
StFw. Krausse	9./JG 11	B-17	(2.)	12.04

---

[353] Brief Hans Klaffenbach, 9.8.1993

[354] vgl. dazu z.B. das KTB II./JG 1; deren Maschinen landeten in Varelbusch - 3, Rotenburg - 1, Delmenhorst - 2, Vechta - 3, Bremen - 1, Quakenbrück - 1, Twente - 1, Oldenburg - 2 und Magdeburg - 2; zum Teil kehrten die aussengelandeten umgehend nach Rheine zurück, um von dort zum zweiten Einsatz zu kommen, wie z.B. Olt.Kirchmayr, der von Vechta sofort nach Rheine zurückkehrte und dabei in Platznähe eine P-51 abschiessen konnte (13.30, 10.)

Abb. 623 - 624: Arbeit für die "Schwarzen Männer" der I./JG 1 - am 6. März 1944 landete Lt. Hans Berger von der 1. Staffel seine Fw 190 A-7 mit Beschussschäden in Twente. Auf der Aufnahme links ist er zusammen mit dem 1. Wart seiner Maschine, Konrad Ell, zu sehen. Die Maschine, die ausweislich ihrer WerkNr. 340 016 bei Focke Wulf in Cottbus gebaut wurde, trägt deutlich sichtbar das rote Reichsverteidigungsband des JG 1.

(Lächler)

Fw. Wiegand	2./JG 1	B-17	(5.)	12.05
Ofw. Demuth	2./JG 1	B-17	(11.)	12.05
Uffz. Stiegler	4./JG 1	B-17	(1.)	12.05
Fw. Köhne	3./JG 1	B-17	(21.)	12.05
Oberst Oesau	Stab/JG 1	P-47	(116.)	12.05
Olt. Koenig	3./JG 11	B-17	(11.)	12.06
Fw. Hanke	3./JG 11	B-17	(7.)	12.06
Hptm. Hermichen	I./JG 11	B-17	(55.)	12.06
Fw. Köhne	3./JG 1	P-47	(22.)	12.07
Hptm. Segatz	II./JG 1	B-17	(38.)	12.08
Hptm. Segatz	II./JG 1	B-17	(39.)	12.10
Maj Bär	6./JG 1	B-17	(194.)	12.10
Lt. Windbichler	2./JG 1	B-17	(1.)	12.10
Ofw. Zick	7./JG 11	B-17	(18.)	12.10
Fw. Hübl	2./JG 1	B-17	(14.)	12.10
Hptm. Hermichen	I./JG 11	P-47	(56.)	12.12
Fw. Wennekers	5./JG 11	P-47	(15.)	
Olt. Knoke	5./JG 11	B-17	(23.)	12.15
Lt. Klaffenbach	5./JG 11	B-17	(1.)	12.20
Lt. Dobrick	II./JG 11	B-17	(8.)	12.20
Oberst Oesau	Stab/JG 1	B-17	(117.)	12.20
Lt. Ehlers	3./JG 1	B-17	(38.)	12.35
Olt. Kirchmayr	5./JG 1	B-17	e.V.	12.58
Olt. Kirchmayr	5./JG 1	P-51	(10.)	13.30

Es ist mit Sicherheit davon auszugehen, dass sich unter diesen Abschüssen eine ganze Reihe von Doppelmeldungen befinden, was indes unter den gegebenen Umständen nicht verwundern kann; ebenso muss davon ausgegangen werden, dass bei den späteren Untersuchungen der Abschuss-Kommission etliche dieser Meldungen zu Herausschüssen oder endgültigen Vernichtungen heruntergestuft wurden, wobei Angaben dazu, welche Meldungen davon betroffen waren, nicht vorliegen [355].

Auf der Verlustseite standen drei Gefallene und fünf verwundete Flugzeugführer: Bei der I./JG 1 wurde FhjOfw. Erich Demuth in der Gegend von Minden von einer P-47 abgeschossen, als er gerade dabei war, seinen Rottenflieger, einen jungen und noch unerfahrenen Leutnant, an eine einzeln fliegende B-17 heranzuführen [356]; nach mehreren Treffern in seiner "schwarzen 11" musste er die brennende Maschine mit dem Fallschirm verlassen, wobei er schwere Verbrennungen erlitt. Die II./JG 1 wurde von einem besonders schmerzlichen Schlag getroffen - sie verlor Ofw. Detlef Lüth, der bei Barnstorf nach Treffern durch das Abwehrfeuer der Viermots tödlich abstürzte; an "Dede" Lüth, wie er in der Gruppe genannt wurde, erinnert sich Fritz Wegner, seinerzeit Leutnant und Flugzeugführer in der 5./JG 1:

Ich erinnere mich an die Freundlichkeit von Lüth; er war wie eine wahre Mutter zu seinen jungen Staffelkameraden und wir alle fühlten uns wie Waisenkinder, als er auf einmal nicht mehr da war. [357]

Neben Lüth traf es auch den Staffelführer der 4./JG 1, Olt. Wolfgang Kretschmer, den die Thunderbolts bei Quakenbrück erwischten; er hatte dabei noch Glück im Unglück, denn er konnte sich trotz erheblicher Verbrennungen mit dem Fallschirm retten.

---

[355] lt. Price / Ethell, aaO.,S. 68, beliefen sich die amerikanischen Verluste in diesem ersten Treffen auf 20 Viermots und drei Thunderbolts, während einige weitere angeschlagene B-17 sich auf dem Weg zurück nach England bzw. in einem Falle ins neutrale Schweden befanden

[356] ebenda, S. 61

[357] Bericht Fritz Wegner, 1993

Abb. 625 - 628: Wartungsabeiten an einer Fw 190 A-7 vom Gruppenstab der I./JG 11 Anfang März 1944 in Rotenburg; oben wird die Maschine, die zeitweilig von Lt. Hans Schrangl geflogen wurde, zugleich nachgetankt und aufmunitioniert. Wie üblich fehlt das Rumpfbalkenkreuz, während das gelbe Rumpfband des JG 11 vorhanden ist (vgl. Abb. 600). Beachte auch das neben dem rechten Randbogen eingebaute Staurohr.

(B.A. Nr. 676-7873a-22, 26, 30, 32)

Der Geschwaderstab des JG 11 hatte einen Verlust: Ofw. Hermann Reinthaler wurde im Raume Bassum von P-47 abgeschossen und schwer verwundet, konnte sich aber noch mit dem Fallschirm in Sicherheit bringen. Die I./JG 11 meldete je einen Gefallenen und einen Verwundeten; beide gehörten zur 2. Staffel und wurden Opfer der Thunderbolts. Fw. Heinz Neuendorf kam beim Absturz seiner Focke Wulf in der Nähe von Cloppenburg zu Tode, während Fw. Franz Steiner bei Quakenbrück noch mit dem Schirm aussteigen konnte. Auch die II./JG 11 musste je einen Gefallenen und einen Verwundeten auf die Verlustliste zu setzen: Uffz. Peter Reinhardt, der von der 5. zur 6. Staffel versetzt worden war, wurde im Luftkampf mit P-47 bei Quakenbrück tödlich abgeschossen, die auch Fw. Hans-Gerd Wennekers wie oben beschrieben abschiessen konnten.

Wenngleich in den heftigen Luftkämpfen über Haselünne einem der angreifenden Combat Bombardment Wings sehr schwere Verluste hatten zugefügt werden können, hatte die Wucht des Angriffs der deutschen Jagdgruppen einmal mehr nicht ausgereicht, die Viermots zum Abbruch ihres Einfluges zu zwingen - im Gegenteil: Die zehn weiteren Wings waren von den deutschen Angriffen völlig unberührt geblieben und setzten ihren Anflug auf die Reichshauptstadt in dichter und gefestigter Formation fort. Kurze Zeit nach dem Ende der Luftkämpfe mit den Gruppen der JG 1 und 11 trafen die B-17 im Raume Tangerhütte auf einen weiteren Gefechtsverband und erlitten erneut Verluste, bevor sie gegen kurz nach 13.00 Uhr über Berlin erschienen und dort insgesamt 1.648 Tonnen Bomben auf Haupt- und Ausweichziele abladen konnten, dabei über der Stadt nur von der Flak bekämpft. Die militärische Wirkung des Angriffes blieb sehr gering, denn von den vorgesehenen Zielen wurden überhaupt nur die Flugzeugmotorenwerke in Genshagen getroffen und auch dort fiel nur ein Bruchteil der geplanten Bombenmenge [358].

Während dessen wurden die Focke Wulfs und Messerschmitts der JG 1 und 11 eilig für den weiteren Einsatz vorbereitet; vielerorts wurden Flugzeugführer verschiedener Gruppen, so wie sie gelandet waren, zu " Gefechtsverbänden " zusammengestellt, doch verbarg sich hinter dieser hochtrabenden Bezeichnung meist nicht mehr als eine Handvoll bunt zusammengewürfelter Fw 190 und Bf 109.

---

[358] vgl. dazu die ausführliche Darstellung bei Price / Ethell, aaO. S. 69 ff

Anders als um die Mittagszeit die einfliegenden Verbände, wurden die Rückflüge der Viermotorigen, deren Formationen sich mittlerweile auch deutlich aufgelöst hatten, zumeist von kleinen Gruppen deutscher Jäger bekämpft.

Bereits um 13.01 Uhr starteten sieben Maschinen in Oldenburg auf Alarm gegen die erwarteten Rückflüge; zu dieser Gruppe gehörte möglicherweise der Geschwaderstabsschwarm des JG 11 unter Führung von Obstlt. Hermann Graf. Zwar sind nähere Einzelheiten zu diesem Einsatz nicht bekannt, doch dürfte er zu einem Luftkampf mit B-24 der 2 BD geführt haben, in deren Verlauf der Kommodore des JG 11 zu einem Herausschuss kam (209.); umgekehrt dürften einige der insgesamt vier Flugzeugverluste, die der Stab am 6. März meldete, bei diesem Einsatz eingetreten sein [359].

Um 13.48 Uhr stiegen dann 13 Focke Wulfs in Rotenburg zum zweiten Einsatz auf, von denen die Mehrzahl zur I./JG 11 gehörte, unter denen sich aber auch einzelne Maschinen des JG 1 befanden; dieser Verband traf etwa 20 Minuten später südlich Delmenhorst auf einen B-17 Verband, der sogleich angegriffen wurde. In dem sich daraus entwickelnden Luftkampf, der sich über gut eine halbe Stunde und bis in den Raum Assen hinzog, konnten weitere neun Boeing B-17 heruntergeholt werden -

Olt. Zwernemann	1./JG 11	B-17	(122.)		14.18
Olt. Koenig	3./JG 11	B-17	(12.)		14.21
Ofw. Stöwer	3./JG 11	B-17	(8.)	*	
Fw. Doppler	2./JG 11	B-17	(17.)	*	
Ofw. Schuhmacher	6./JG 1	B-17	(10.)		14.58
Uffz. Martin	1./JG 1	B-17	(4.)		15.00
Ofw. Scherer	1./JG 11	B-17	(1.)		15.00
Uffz. Bosch	1./JG 11	B-17	(2.)		15.00
Uffz. Swoboda	5./JG 1	B-17	(4.)		15.01

Die I./JG 11 blieb dabei selbst von Personalverlusten verschont; ihre Gesamtverluste an Flugzeugen beliefen sich am Ende des Tages auf vier Totalverluste und zwei beschädigte Focke Wulfs.

Bei der II./JG 11 in Wunstorf waren nach dem ersten Einsatz nur noch wenige Maschinen einsatzklar geblieben [360]; so kam es, dass um 14.00 Uhr gerade noch vier Bf 109 an den Start gebracht werden konnten, die unter Führung von Maj. Specht im Alarmstart aufstiegen und anschliessend in nordwestlicher Richtung geleitet wurden. Im Raume Nienburg stiessen die vier Bf 109 auf einen ausfliegenden B-17 Verband mit starkem Jagdschutz durch P-47; ohne selbst zu einem Erfolg zu kommen, verlor der Schwarm zwei Messerschmitts, die beide von P-47 abgeschossen wurden: Uffz. Franz Zambelli von der 5./JG 11 wurde beim Versuch, eine vermeintlich ungeschützte, allein fliegende B-17 abzuschiessen, überraschend aus der Überhöhung von einigen P-47 angegriffen und gleich darauf abgeschossen, hatte aber Glück und konnte sich unverletzt mit dem Fallschirm retten. Dagegen wurde Fw. Michael Hauptmann, der bei diesem Einsatz als Kaczmarek von Major Specht flog, bei Nienburg tödlich abgeschossen. Es folgte eine hitzige Kurbelei, in deren Verlauf sich die beiden übriggebliebenen Deutschen gegen eine vielfache Übermacht der P-47 behaupten mussten; nur mit grösster Mühe und unter Einsatz der ganzen reichen Erfahrung von Günther Specht konnten sie den Angriffen der P-47 ausweichen und am Ende einen günstigen Augenblick nutzen, um sich im Schutze der Wolken abzusetzen.

---

[359] RL 2 / III / 852; ein Verlust - Ofw. Reinthaler - war bereits beim ersten Einsatz gegen Mittag eingetreten - s.o.S. 776

[360] lt. Price / Ethell, aaO., S. 106, erfolgte vor dem Start zum zweiten Einsatz ein Tiefangriff durch P-51 auf den Platz von Wunstorf, bei dem die Maschine von Heinz Knoke, der sich zum Einsatz fertigmachte, angegriffen und getroffen und bei dem ein Wart schwer verwundet worden sein soll; hier liegt indes eine Verwechslung vor, denn dieser Zwischenfall fand erst am 8. März statt - vgl. unten S.787. Heinz Knoke hat ausweislich seines Flugbuches an diesem Tage nur einen einzigen Einsatz geflogen; die Angaben in seinem Buch - aaO., S. 171 ff - sind daher vom Datum her zutreffend, wenngleich die Schilderung des Einsatzes eine Vermischung der Ereignisse vom 6. und 8. März enthält.

Während es vom Einsatzhafen der I./JG 1 in Twente nicht mehr zu einem weiteren Einsatz kam, flogen einige ihrer Flugzeugführer - vermutlich jeweils nach Aussenlandungen - bei anderen Verbänden noch einen zweiten Einsatz; dabei wurden zwei Flugzeugführer im Verlaufe eines Einsatzes über Nordholland tödlich abgeschossen - Fw. Werner Dotzauer von der 1./JG 1 fiel im Luftkampf mit P-47 bei Dalen, 35 km südöstlich Assen, während Uffz. Alfred Haupt von der 2. Staffel nach Luftkampf im Raum Almelo zuletzt gesehen wurde und danach vermutlich im Raume Steenwijk ebenfalls von Thunderbolts tödlich abgeschossen wurde [361].

Dagegen gab es bei der II./JG 1 in Rheine nochmals drei Einsätze gegen die abfliegenden Viermotorigen-Verbände. Zunächst war es Uffz. Stiegler von der 4. Staffel, der um 13.59 Uhr auf Sicht gegen eine einzeln fliegende B-17 startete und diese um 14.30 Uhr bei Hilversum - Quadrat GL-3 - abschiessen konnte (2.). Um 14.09 Uhr erfolgte der Alarmstart von zehn Fw 190, die in den Raum Deventer geführt wurden und dort um 14.40 Uhr auf zwei kleine Gruppen von Viermotorigen trafen; je ein Ab- und Herausschuss wurden danach gemeldet:

Maj. Bär	6./JG 1	B-17	(195.)	14.45
Fw. Kahl	4./JG 1	B-17 HSS	(5.)	14.50

Um 15.20 Uhr starteten noch einmal drei Focke Wulfs von Rheine aus, doch blieb dieser letzte Einsatz ohne Ergebnis.

Auch bei der III./JG 11 in Oldenburg wurde noch ein dritter Einsatz geflogen, zu dem um 14.29 Uhr vier Fw 190 aufstiegen; wie bei der II. Gruppe flogen auch hier der Gruppenkommandeur und der erfahrenste Staffelkapitän mit ihren Kaczmareks. Der Einsatz nahm einen denkwürdigen und für die III./JG 11 tragischen Verlauf: In einem Luftkampf mit einem jagdgeschützten B-17 Pulk konnten zwar vier Abschüsse erzielt werden, die allesamt an Olt. Hugo Frey gingen (29. - 32.), doch wurden zwei Focke Wulfs abgeschossen, wobei beide Flugzeugführer zu Tode kamen. Vermutlich durch das Abwehrfeuer der B-17 getroffen, stürzte Hugo Frey mit seiner Maschine ab und kam bei deren Aufschlag in der Nähe von Sleen, etwa 30 km westlich Meppen, zu Tode; er wurde nach dem Tode in Anerkennung seiner 26 Viermot-Abschüsse noch zum Hauptmann befördert und - am 4. Mai 1944 - mit dem Ritterkreuz ausgezeichnet [362]. Neben ihm traf es Uffz. Gluttig, der ebenfalls tödlich abgeschossen wurde.

Nach dem Ende der Kämpfe meldete die deutsche Luftwaffe insgesamt 140 Abschüsse, darunter 118 Viermotorige [363]; ihre eigenen - öffentlich natürlich nicht bekanntgegebenen - Verluste beliefen sich demgegenüber auf 36 Gefallene, 27 Verwundete sowie auf 65 Totalverluste an Flugzeugen [364]. Auf amerikanischer Seite bezifferte man die eigenen Verluste nach dem ersten Tagesgrossangriff auf Berlin mit 75 Viermotorigen und 14 Begleitjägern, was einem personellen Ausfall von 701 Mann an fliegendem Personal an Gefallenen und Gefangenen entsprach, während man auf der Habenseite stattliche 214 Abschüsse erzielt zu haben glaubte [365].

---

[361] lt. namentl. V.-Meldg. WASt. fielen beide Flugzeugführer im Luftkampf mit Kampfflugzeugen, doch sind die Angaben in diesen Meldungden sehr allgemein gehalten - vgl. dazu im übrigen Price / Ethell, S. 117

[362] Obermaier, aaO., S. 113

[363] OKW-Bericht, 7.3.1944; vgl. die Aufstellung oben S.770 - von den dort genannten 110 Abschussmeldungen wurden in der Folge fraglos zahlreiche entweder herabgestuft oder völlig abgelehnt, doch ist die genaue Zahl der endgültig bestätigten Abschüsse für den 6.3.1944 nicht bekannt

[364] vgl. die Aufstellung auf S. 770

[365] Freeman, aaO., S. 195; Price / Ethell, aaO., S.142 - die dort genannten Zahlen weichen geringfügig von denen bei Freeman ab, vgl. aber insbesondere die genaue Aufschlüsselung. Unter den Verlusten befinden sich sechs Viermots und drei Begleitjäger als "Cat.E", die Abschussmeldungen lauteten bei den Bombern 97-28-60 und bei den Jägern 81-8-28

Beide Seiten waren am folgenden Tage bemüht, das Ergebnis der Luftschlacht über dem Nordwesten des Reiches als einen grossen Sieg der eigenen Waffen und eine entsprechend vernichtende Niederlage der jeweils anderen Seite darzustellen; so hiess es im OKW-Bericht unter anderem:

> *Der Angriff nordamerikanischer Bomberverbände gegen die REICHSHAUPTSTADT in den Mittagsstunden des gestrigen Tages brachte einen besonders grossen Erfolg unserer Luftverteidigungskräfte. Einige Wohngebiete im Raum von Gross-Berlin wurden durch die zerstreuten Bombenwürfe getroffen. 140 feindliche Flugzeuge, darunter 118 viermotorige Bomber, wurden vernichtet.*

Zweifellos hatten die Verbände der Reichsverteidigung den Viermotverbänden an diesem Tage empfindliche Verluste zufügen können; tatsächlich sollte die 8. USAAF bei keinem anderen Angriff noch einmal so viele Verluste hinnehmen müssen wie am 6. März 1944 beim ersten Tagesgrossangriff auf Berlin. Doch konnte und durfte dies nicht darüber hinwegtäuschen, dass dem deutschen Abwehreinsatz eine entscheidende Wirkung auch an diesem Tage versagt geblieben war. Was noch wesentlich schwerer wog, war die Tatsache, dass die Erfolge an diesem Tage mit empfindlichen Einbussen hatten erkauft werden müssen [366], die den Lebensnerv der deutschen Tagjagd direkt trafen; mit 63 Gefallenen und Verwundeten an einem Tag erreichten die Verluste eine Grössenordnung, die die Luftwaffe einfach nicht verkraften konnte, da sie keine Möglichkeit hatte, diese Ausfälle sofort durch Reserven oder neue Flugzeugführer zu ersetzen. Mochte es auch weiterhin möglich sein, den Verbänden ausreichend Ersatz an Flugzeugen zur Verfügung zu stellen, machte sich spätestens jetzt der katastrophale Mangel an genügend ausgebildetem Nachwuchs bei den Verbänden bemerkbar. Die fortdauernde Überbeanspruchung der Tagjagd- und Zerstörerverbände und die dadurch seit Monaten entstandenen Verluste führten zu einem Ausbluten, das die Kampfkraft und damit die Wirksamkeit der Reichsluftverteidigung unweigerlich dahinschwinden liess. Weil der Nachwuchs nur spärlich und mit immer weiter nachlassendem Ausbildungsstandard zu den Einheiten kam, stiegen die Verluste unaufhörlich weiter an und wurde der Bedarf an weiterem Ersatz immer grösser; dadurch wurde ein "Teufelskreis" in Gang gesetzt, mit dessen Auswirkungen wir uns im folgenden noch auseinanderzusetzen haben werden. Eine unmittelbare Folge dieser Entwicklung war, dass die fliegenden Verbände ihr Gesicht veränderten - immer mehr der alten Jagdflieger, die zum Teil seit Jahren im Fronteinsatz gestanden hatten und die mit ihrer in Hunderten von Einsätzen gewonnenen Erfahrung Gruppen, Staffeln oder Schwärme geführt hatten, die sich um den Nachwuchs bei deren ersten Einsätzen hatten kümmern können, blieben aus und für sie kamen jetzt zunehmend ganz junge Burschen, Oberfähnriche, Unteroffiziere oder Gefreite zumeist, die die Gefallenen oder Schwerverwundeten natürlich nicht entfernt ersetzen konnten. Etwas von der dadurch erzeugten Stimmung in den Verbänden spiegelt sich im folgenden Bericht von Heinz Knoke wider:

> *Es ist still geworden im Aufenthaltsraum der Flugzeugführer. Bis tief in die Nacht sitzen Jonny Fest und ich allein in den Sesseln. Wir sprechen nicht viel, zerdrücken eine Zigarette nach der anderen im Aschenbecher.*
>
> *Jonny blickt unverwandt an die Bilder unserer Gefallenen an der Wand. Mir ist, als müssten die Köpfe darauf sich plötzlich bewegen, die vertrauten Stimmen der Kameraden die Schweigsamkeit im Raum verdrängen.* [367]

---

[366] die tatsächliche Bedeutung der Verlustzahlen beider Seiten wird erst deutlich, wenn man diese ins Verhältnis zur Zahl der eingesetzten Kräfte setzt; dabei wird das, was vordergründig wie ein Abwehrerfolg wirkte, deutlich relativiert, denn die Verluste fielen auf deutscher Seite wesentlich mehr ins Gewicht als auf der amerikanischen: Von 369 Einsätzen, die zur Feindberührung führten, endeten zugleich 64 mit dem Verlust des eingesetzten Flugzeugs, was mithin einer Verlustrate von 18% entsprach. Am schlechtesten schnitten dabei, wie nicht anders zu erwarten, die Zerstörer und Nachtjäger ab, bei denen das Verhältnis sogar schlechter als 40% war. Umgekehrt verloren die Amerikaner an Viermotorigen knapp 10%, während die Verlustrate bei den Jägern gerade etwas über 1% betrug - vgl. die genaue Aufschlüsselung bei Price / Ethell, aaO., S. 142

[367] Knoke, aaO., S. 173

Bei den JG 1 und 11 spiegelte sich das Ergebnis der Kämpfe deutlich wider; zwar hatten die beiden Geschwader zusammen insgesamt 52 Abschussmeldungen eingereicht, doch hatten sie selbst wieder einige ihrer erfahrensten und besten Flugzeugführer verloren. Bei der II./JG 1 schmerzte der Tod von Ofw. Detlef Lüth zweifellos am meisten, und überdies war durch die Verwundung von Olt. Kretschmer erneut ein Staffelführer ausgefallen; an seiner Stelle übernahm Olt. Eberhard Burath die Führung der 4./JG 1. Beim JG 11 dagegen waren gleich sechs der erfolgreichen "Alten" auf die Verlustliste zu setzen: Olt. Hugo Frey, Fw. Michael Hauptmann und Uffz. Peter Reinhardt gefallen, Fw. Franz Steiner, Fw. Hans-Gerd Wennekers und Ofw. Hermann Reinthaler durch Verwundung für unabsehbare Zeit ausgefallen. Bei der III./JG 11 wurde Olt. Kilian Nachfolger von Hugo Frey als Führer der 7. Staffel.

Am **7. März 1944** blieb es ruhig am Himmel über dem Reich; nach dem schweren Einsatz am Tage zuvor waren die technischen Kräfte der 8. USAAF vollauf damit beschäftigt, die Viermotorigen, von denen immerhin 347 Beschussschäden - zumeist durch Flaksplitter, zum Teil auch aus Luftkämpfen - davongetragen hatten, möglichst rasch wieder einsatzbereit zu bekommen [368].

Auf Seiten der Luftwaffe sah es ähnlich aus; allerorten mussten die Messerschmitts und Focke Wulfs überholt und "geflickt" werden und wurden die üblichen Werkstatt und FT-Flüge abgespult. Daneben wurden einige Übungseinsätze geflogen, bei denen es zwei Unfälle mit tödlichem Ausgang gab - die II./JG 1 verlor Uffz. Paul Truckenbrodt von der 6. Staffel, der nach einer Steilkurve ins Trudeln kam und aus 800 m Höhe am Platzrand von Rheine durch Aufschlagbrand ums Leben kam. Bei der II./JG 11 traf es Uffz. Hans Schultz von der 4. Staffel, der bei einem Übungsflug in der Nähe von Minden im Tiefstflug Bodenberührung bekam, wobei sich seine Bf 109 brennend aufrollte [369].

Zwei Tage nach dem ersten Tagesgrossangriff erfolgte bereits der zweite Schlag der 8. USAAF gegen die Reichshauptstadt; am **8. März 1944** wurden 623 Viermots aller drei Bomb Divisions aufgeboten, um abermals die VKF-Kugellagerwerke in Erkner, einem Vorort im Süden Berlins, anzugreifen. Der Einflug sollte unter dem Schutz von 891 Begleitjägern erfolgen, darunter mittlerweile 174 P-51 von sechs mit dem neuen Muster ausgerüsteten Fighter Groups [370]. Wie schon beim vorangegangenen Angriff, erfolgte der Einflug der Viermots auf dem kürzesten Wege, so dass die in einem langen Bomberstrom heranmarschierenden Pulks nördlich Amsterdam die Küste überflogen und von dort mit Kurs Ost ihr Ziel anflogen.

Der Einflug der Viermotorigen traf erneut auf eine entschlossene Abwehr durch die Verbände der Reichsluftverteidigung; insgesamt konnten von deutscher Seite 20 Tagjagd- und zwei Zerstörergruppen sowie Teile verschiedener Nachtjagd-, Erprobungs- und sonstiger Einheiten eingesetzt werden.

Der Abwehreinsatz der JG 1 und 11 am 8. März 1944 ist anhand der vorliegenden, zum Teil widersprüchlichen Unterlagen nur schwer zu rekonstruieren; sicher ist indes, dass beide Geschwader mit allen sechs Gruppen im Einsatz waren. Soweit ersichtlich, erfolgte bei den Gruppen beider Geschwader gegen 12.00 Uhr der Alarmstart, als die Spitze des Bomberstromes die holländische Küste erreichte [371]. Im Gegensatz zum Einsatz am 6. März kam es allerdings an diesem Tage nicht zur Bildung eines grösseren Gefechtsverbandes; vielmehr hat es den Anschein, als seien die Gruppen jeweils einzeln in den Raum zwischen Dümmer und Steinhuder Meer geführt worden, wo es seit kurz vor 13.00 Uhr zu erbitterten Luftkämpfen mit den Viermotverbänden und den Jägern des Begleitschutzes kam.

---

[368] Freeman, Mighty Eighth, S. 115

[369] vgl. Knoke, aaO., S. 171

[370] Freeman, aaO., S. 196 / 197; ders., Mighty Eighth, S. 115

[371] II./JG 1 in Rheine um 11.57 Uhr; I./JG 11 in Rotenburg um 12.05 Uhr; II./JG 11 in Wunstorf um 12.04 Uhr; KTB II./JG 1, Flugbücher Eberhard Burath, Heinz Hanke, Heinz Knoke, Hans Klaffenbach und Ewald Herhold. Lt. Flugbuch Hans Halbey soll die III./JG 1 bereits um 10.15 Uhr aufgestiegen sein, als die Viermots gerade erst gestartet und im Begriffe des Sammelns waren

	Auf deutscher Seite eingesetzte Verbände am 8.3.1944					
Einheit	Abschussmeldungen			Verluste im Einsatz		
		FF		Flugzeuge		
		+	verw.	60-100%	unter 60%	Boden
Stab/JG 1	-	-	-	-	-	-
I./JG 1	1 B-17, 4 P-47	-	-	-	-	2 b
II./JG 1	2 B-17, 2 B-17 HSS, 1 B-24, 1 B-24 HSS, 1 P-47	3	-	4	2	1 b
III./JG 1	1 B-17	-	-	-	1	-
II./JG 2	1 P-47	-	-	-	2	1 b
III./JG 2	-	-	-	-	-	2 z
Stab/JG 3	1 B-17, 1 B-24 HSS	-	-	-	-	-
I./JG 3	1 B-17, 2 P-51	2	-	5	1	1 z
II./JG 3	2 B-17, 1 B-17 HSS, 1 P-38	-	1	2	1	-
IV./JG 3	6 B-17, 1 B-17 HSS, 1 B-17 e.V., 1 B-24, 1 B-24 HSS, 1 P-51, 1 P-47, 1 P-38	2	1	4	1	-
Stab/JG 11	1 B-24 HSS, 1 P-51	-	1	1	-	-
I./JG 11	6 B-17, 2 B-24, 1 P-51, 3 P-47	2	-	4	1	-
II./JG 11	1 B-17, 1 P-47	2	-	3	-	-
III./JG 11	1 P-38	2	1	5	3	1 b
II./JG 26	5 B-17, 1 B-17 HSS, 1 P-47, 1 P-51	-	-	1	1	-
III./JG 26	1 B-17, 1 B-17 HSS	1	1	2	4	-
II./JG 27	3 B-17, 2 B-17 HSS	2	-	2	-	-
II./JG 53	2 B-17	2	1	3	-	-
III./JG 54	1 B-17	2	-	5	2	-
I./JG 300	3 B-17, 1 B-17 n.b., 1 P-47	-	2	4	-	-
II./JG 300	1 P-38	-	1	1	-	-
I./JG 302	2 B-17, 1 B-17 HSS	1	-	2	1	-
Ind. Erla	1 B-17	-	-	-	-	-
Ind.-Schutz	1 B-17	2	-	2	-	-
Stab G.d.J.	2 B-17	1	-	1	-	-
EKdo. 25	1 B-17, 1 B-17 HSS	-	-	-	-	-
I./ZG 1	-	9	-	3	-	-
III./ZG 26	7 B-17, 2 P-51	-	-	-	-	-
II./NJG 3	-	1	-	1	-	-
II./NJG 5	1 B-24	-	-	-	-	-
		34	9	55	20	3 z, 5 b

Die II./JG 1, die mit 21 Fw 190 unter Führung von Hptm. Segatz im Einsatz war [372], traf nordwestlich von Hannover auf einen Verband von 80 B-17 mit sehr starkem Jagdschutz; die Gruppe konnte einen geschlossenen Angriff von vorn fliegen und setzte danach, von den P-47 des Begleitschutzes heftig bedrängt, die Bekämpfung der B-17 durch einzelne Maschinen oder Rotten fort, bevor die Focke Wulfs

---

[372] Major Bär war ausweislich seines Flugbuches an den Einsätzen dieses Tages nicht beteiligt

Abb. 629 - 631: Oben - Blick in den Gefechtsstand der II./JG 1 in Rheine, aufgenommen Anfang März 1944; links sieht man sitzend Olt. Eberhard Burath, daneben steht Gruppenkommandeur Hptm. Hermann Segatz. Unten links sieht man Maj. Heinz Bär im Kreise seiner Flugzeugführer bei der Besprechung nach einem Einsatz. Unten rechts steht Olt. Eberhard Burath zusammen mit dem Ogefr. von Kamptz vor einer in Rheine unter Tarnnetzen abgestellten Fw 190, vermutlich einer A-7.

(Burath)

einmal mehr weit verstreut auf Plätzen im Nordwesten des Reiches einfielen [373]. Insgesamt meldete die Gruppe nach diesem Einsatz fünf Ab- und Herausschüsse, hatte aber mit zwei Gefallenen selbst spürbare Verluste - Olt. Edgar Witzmann und Uffz. Anton Krampert von der 6./JG 1 fielen im Luftkampf bei Hesepe bzw. bei Brelingen im Norden von Hannover. Mehr Glück hatten die Unteroffiziere Lehmann und Swoboda von der 5. Staffel, die ihre Focke Wulfs mit Beschussschäden bei Nienburg und bei Celle auf den Bauch werfen mussten, dabei aber unverletzt blieben.

Über den Hergang der Einsätze bei der I. und III./JG 1 ist nur wenig bekannt; während beide Gruppen selbst von Verlusten verschont blieben [374], meldete die I./JG 1 fünf Abschüsse - nach einem Luftkampf, der bis in Bodennähe führte, konnten drei Thunderbolts heruntergeholt werden, darunter eine durch Fw. Köhne von der 3./ JG 1, der eine P-47 im Tiefstflug über dem Steinhuder Meer zu Boden schickte. Daneben meldete die I./JG 1 den Abschuss von zwei B-17.

Die I./JG 11 wurde nach Alarmstart um 12.05 Uhr in Rotenburg in den Raum nordwestlich Hannover geführt, wo es kurz vor 13.00 Uhr zur Feindberührung und alsbald zu einem ausgedehnten Luftkampf mit einem Boeing-Verband kam, der von zahlreichen P-47 geschützt wurde; sieben Abschüsse meldete die Gruppe danach. Dagegen verlor die I./JG 11 - vermutlich - bei diesem Einsatz zwei Gefallene - Lt. Wolfgang Kiesel vom Gruppenstab und Ofw. Martin Heidenreich von der 1. Staffel fielen im Luftkampf bei Wunstorf bzw. bei Grindau in der Nähe von Schwarmstedt [375].

Bei der II./JG 11 in Wunstorf erfolgte der Start zur selben Zeit wie bei der I.Gruppe; um 12.04 Uhr stieg ein gutes Dutzend Bf 109 unter Führung von Olt. Knoke auf und wurde danach gleichfalls in den Raum nordwestlich von Hannover geführt, wo sie ebenfalls in die laufenden Luftkämpfe mit den einfliegenden B-17 Pulks eingriffen. Je eine B-17 und eine P-47 waren das Ergebnis des Luftkampfes, doch büsste auch die II./JG 11 dabei zwei ihrer Flugzeugführer ein - Ofhr. Erich Kettner und der Gefr. Gerhard Wiens, beide von der 4. Staffel, kehrten von diesem Einsatz nicht zurück und mussten als vermisst gemeldet werden [376].

Über den Einsatz der III./JG 11, die wieder von Oldenburg aus gestartet war, ist fast nichts bekannt; offensichtlich war die Gruppe ebenfalls an den Luftkämpfen über dem niedersächsischen Raum beteiligt, denn sie meldete zwei Verluste dort, während sie selbst ohne Erfolg blieb. Die 9./JG 11 verlor mit Fw. Hermann Hoës einen weiteren erfahrenen Flugzeugführer, der, zunächst bei der III./JG 1 und danach der I./JG 11 bereits seit gut zwei Jahren im Fronteinsatz gestanden und dabei zwei Abschüsse erzielt hatte; er wurde im Luftkampf bei Wunstorf tödlich abgeschossen. Neben ihm traf es auch Ofhr. Friedrich Lange - ebenfalls von der 9./JG 11 -, der in einem Luftkampf in derselben Gegend verwundet wurde.

Alles in allem meldeten die JG 1 und 11 nach diesem ersten Zusammenstoss mit den Viermotorigen 19 Ab- und Herausschüsse, die sich folgendermassen verteilten:

Uffz. Stiegler	4./JG 1	P-47	(3.)	12.27
Ofw. Brodbeck	6./JG 1	B-17 HSS	(1.)	12.50
Uffz. Schulz	4./JG 1	B-17	(.)	12.52
Uffz. Swoboda	5./JG 1	B-17 HSS	(5.)	12.55

---

[373] KTB II./JG 1; danach landeten 11 Fw 190 auf fremden Plätzen

[374] bei der III./JG 1 machte Lt. Hans Halbey bei der Landung einen Überschlag, blieb aber unverletzt

[375] die namentl. V.-Meldg. WASt. enthalten keine Uhrzeitangabe zu diesen Verlusten; da auch der zweite Einsatz am frühen Nachmittag über demselben Gebiet zum Luftkampf führte, können diese Verluste auch erst zu diesem Zeitpunkt eingetreten sein

[376] auch hier können die Verluste möglicherweise erst beim zweiten Einsatz eingetreten sein; während Erich Kettner offenbar später tot aufgefunden und unter dem 18.5.1944 als gefallen eingetragen wurde, wird Gerhard Wiens noch immer vermisst

FhjFw. Schmid	2./JG 11	B-17	(5.)		12.59
Olt. Zwernemann	1./JG 11	B-17	(123.)		13.05
Fw. Schuecking	1./JG 11	B-17	(2.)	*	
Fw. Wiegand	2./JG 1	B-17	(6.)		13.05
Fw. Hübl	2./JG 1	P-47	(15.)		13.07
Fw. Köhne	3./JG 1	P-47	(23.)		
Ofw. Haninger	4./JG 1	B-17	(11.)		13.12
Olt. Koenig	3./JG 11	P-47	(13.)		13.13
Ofhr. Dreizehner	1./JG 11	P-47	(4.)	*	
Olt. Zwernemann	1./JG 11	P-47	(124.)	*	
Olt. Knoke	5./JG 11	B-17	(24.)		13.25
Uffz. Herhold	4./JG 11	P-47	(3.)		
Ofhr. Blassing	2./JG 11	B-17	(1.)		13.26
Olt. Ehlers	3./JG 1	P-47	(39.)		13.30
Uffz. Enderle	3./JG 1	B-17	(1.)		13.30

Nachdem die Gruppen der JG 1 und 11 den Kampf wegen Sprit- und Munitionsmangels abbrechen und auf ihre Einsatzhäfen zurückkehren mussten, liessen die Angriffe auf die einfliegenden Viermotorigen an Heftigkeit spürbar nach [377]; wie schon zwei Tage zuvor hatte auch dieses Mal nur ein Combat Wing - der 45 CBW [378] - die ganze Wucht der deutschen Jägerangriffe auszuhalten, während das Gros des Bomberstroms unangefochten seinen Anflug auf die Reichshauptstadt fortsetzen konnte. Dort heulten um 13.23 Uhr die Sirenen und liessen die Bevölkerung in den Bunkern und Kellern Schutz vor einem weiteren Grossangriff suchen; tatsächlich kam Berlin jedoch recht glimpflich davon, denn nur einige B-24 der 2 BD warfen ihre Bombenlast über der Stadt ab, während das Gros der B-17 der 1 und 3 BD die VKF-Werke in Erkner bombardierte und diese in Schutt und Asche legten [379].

Während die Viermotorigen nach erfolgtem Bombenwurf zum Rückflug abdrehten, wurden die Maschinen der JG 1 und 11 auf den Plätzen im Nordwesten des Reiches für einen weiteren Einsatz gegen die abfliegenden amerikanischen Verbände bereitgemacht. Ab kurz nach 14.00 Uhr starteten die deutschen Jäger nach Alarm - nach dem ersten Einsatz wiederum vielfach in bunt zusammengewürfelten Verbänden, zum Teil im Schwarm oder sogar nur in der Rotte - auf die nach Westen abfliegenden Viermotverbände. Bei der II./JG 1 führte Hptm. Segatz einige Focke Wulfs zum Angriff auf einen B-24 Pulk im Süden von Berlin, mit dem es gegen 14.20 Uhr bei Luckau - Quadrat JH - zum Luftkampf kam; zwar konnten dabei zwei Abschüsse erzielt werden, doch wurde die Gruppe selbst von einem sehr schweren Verlust getroffen: Hptm. Hermann Segatz wurde nach Luftkampf im Raume Luckau, in dem ihm noch der Herausschuss einer Liberator gelungen war, abgeschossen und kam beim Absturz seiner " weissen 23 " ums Leben; Hptm. Segatz hatte es auf insgesamt 40 Abschüsse gebracht, davon sieben bei der II./JG 1. Mit Fw. Flecks von der 6./JG 1 traf es noch einen weiteren erfahrenen Flugzeugführer, doch konnte der sich bei Schönwalde unverletzt mit dem Fallschirm retten [380].

Auch die III./JG 1 war im Einsatz gegen die abfliegenden Viermot Pulks; ohne eigene Verluste kam sie zu einem B-17 Abschuss.

---

[377] Freeman, Mighty Eighth, S. 115

[378] ebenda; die Gruppen dieses CBW büssten 15 der insgesamt 37 nach amerikanischen Anga-ben am 8.3.1944 verlorenen Viermots

[379] der Angriff auf die VKF-Werke war Teil einer neuerlichen Bombenoffensive gegen die deutsche Kugellagerfertigung, die am 22.2. mit einem Angriff der 3 BD auf Schweinfurt ihren Anfang genommen hatte; im Zuge dieser Angriffsreihe gelang es den Alliierten, die Ausbringung an Kugellagern abermals erheblich einzuschränken - vgl. die ausführlichen Angaben bei Speer, aaO., S. 299 Fn. 21 m.w.N.

[380] ein weiterer Einsatz von fünf Fw 190 der II./JG 1 um 14.50 Uhr verlief o.b.V. - KTB II./JG 1

Abb. 632 - 633: Oben - Maj. Heinz Bär vor den Flugzeugführern der II./JG 1; von links sieht man Olt. Kirchmayr, Olt. Burath, Olt. Schüller (?), Lt. Schwarz, Lt. Wegner, Lt. Deppe, Lt. Terborg, Ofw. Bach, Ofw. Schuhmacher, Fw. Niedereichholz, Fw. Sauer, Fw. Fuchs und Uffz. Zinkl. Unten - Eine Fw 190 der 6./JG 1 auf dem Platz Rheine im Frühjahr 1944; die selten gesehene Kombination von rotem Rumpfband und dem alten Gruppenemblem auf der Motorhaube entschädigt für die schlechte Bildqualität.

(Burath / Hartwig)

Stab und I./JG 11 hatten gegen 15.20 Uhr nördlich Hannover einen verbissenen Luftkampf mit einem auf Westkurs abfliegenden Viermotverband zu bestehen; sieben Abschüsse, von denen allein vier auf das Konto von Hptm. Hermichen kamen, wurden am Ende gemeldet. Auch die II. und III./JG 11 waren um diese Zeit im Einsatz; dabei ergaben sich für Lt. Klaffenbach unvorhergesehene Schwierigkeiten - er berichtet über diesen Einsatz:

> *Ich flog als Kaczmarek von Olt. Knoke. Meine Kabine war vollkommen vereist und ich konnte nur unter ständigem Wischen der Scheiben meine Position als Rottenflieger halten. Wir bekamen Luftkampf mit Thunderbolts und Mustangs; während der Kurbelei verlor ich Olt. Knoke aus den Augen und wurde - durch wen, weiss ich nicht - abgeschossen. Meine Maschine fing an zu brennen und so stieg ich mit dem Fallschirm aus* [381].

Am Ende hielten sich Erfolge und Verluste die Waage - einem Abschuss durch die III./JG 11 stand der Verlust der Messerschmitt von Lt. Hans Klaffenbach von der 5./JG 11 gegenüber, der - wie oben beschrieben - im Luftkampf mit dem amerikanischen Begleitschutz abgeschossen wurde und mit dem Fallschirm aussteigen musste [382].

Alles in allem meldeten die JG 1 und 11 danach beim Einsatz gegen die Rückflüge der Viermotverbände noch einmal elf Ab- und Herausschüsse:

Hptm. Segatz	II./JG 1	B-24 HSS	(40.)	14.20
Olt. Kirchmayr	5./JG 1	B-24	(11.)	14.25
Uffz. Pfeffer	Stab/JG 11	B-24	(1.)	15.25
Obstlt. Graf	Stab/JG 11	P-51	(210.)	
Hptm. Hermichen	I./JG 11	B-24	(57.)	15.26
Hptm. Hermichen	I./JG 11	B-24	(58.)	15.28
Hptm. Hermichen	I./JG 11	B-17	(59.)	15.36
Uffz. Pleines	7./JG 1	B-17	(2.)	15.45
Hptm. Hermichen	I./JG 11	B-17	(60.)	15.47
Olt. Koenig	3./JG 11	P-51	(14.)	15.50
Ofw. Zick	7./JG 11	P-38	(19.) *	

Auch am 8. März 1944 unternahmen die amerikanischen Begleitjäger auf dem Rückflug überraschende Tiefangriffe auf alle Flugplätze, über die sie ihr Heimweg gerade führte. Zu ihren Zielen gehörten unter anderem die Einsatzhäfen der I./JG 1 in Twente, der III./ JG 11 in Oldenburg sowie der II./JG 11 in Wunstorf [383]; dort wurden die wenigen "Gustavs", die nach dem vorangegangenen Einsatz noch einsatzklar geblieben waren, für einen weiteren Abwehreinsatz klargemacht. Mitten in die Vorbereitungen platzte ein Tiefangriff durch einige P-51 - daran erinnert sich Heinz Knoke:

> *Ich war gerade dabei mich anzuschnallen, während zwei Warte auf der rechten Fläche bereitstanden, um die Anlasskurbel in Gang zu setzen, als ich aus einem Augenwinkel eine Bewegung wahrnahm; ich spürte, dass da etwas nicht stimmte und erkannte gleich darauf, was: Einige Mustangs kamen im Tiefflug heran und hatten es offenbar auf meinen Vogel abgesehen. Sofort befreite ich mich von den Gurten und sprang aus dem Flugzeug in einen nahen Graben, während ich brüllte "Tiefangriff! Weg, weg!", woraufhin auch einer der beiden Warte mir folgte. Der andere aber schien nicht begriffen zu*

---

[381] Brief Hans Klaffenbach, 9.8.1993

[382] Flugbuch Hans Klaffenbach, Einsatzzeit 14.20 - 14.56 Uhr

[383] die JG 1 und 11 meldeten am 8.3.1944 drei bei Tiefangriffen beschädigte Maschinen - vgl. Verlustaufstellung S. 782; die 8. USAAF beanspruchte insgesamt 8-4-7 am Boden zerstörte bzw. beschädigte deutsche Flugzeuge - Freeman, aaO., S. 197

haben und blieb einen Augenblick auf der Tragfläche stehen. Aus meinem Graben konnte ich dann sehen, wie die Geschosse der P-51 über den Liegeplatz spritzten und dabei auch meine Mühle im Kabinenbereich trafen.

Zum Glück beliessen die Mustangs es bei diesem einen Angriff; während wir wieder hervorkrochen, hörten wir auf einmal stöhnende Schmerzlaute und fanden gleich darauf den zweiten Wart. Den armen Mann hatte es schwer getroffen und wir sorgten dafür, dass er schnell in ärztliche Behandlung kam [384].

Major Specht sorgte dann dafür, dass mir eine andere Me von der 4. Staffel zur Verfügung gestellt wurde; kurze Zeit danach starteten wir mit noch vier Maschinen zum erneuten Einsatz. [385]

Dieser Einsatz, zu dem die vier Messerschmitts um 15.45 Uhr starteten, führte zu einer ergebnislosen Auseinandersetzung mit P-47 über der Lüneburger Heide, nach der alle vier Maschinen heil nach Wunstorf zurückkehren konnten.

Nach dem Ende der Kämpfe gab die deutsche Seite ihre Erfolge mit 112 Abschüssen [386], darunter 66 Viermotorigen, an [387]; ihre eigenen Einbussen beliefen sich demgegenüber auf 55 als Totalverluste abzuschreibende Maschinen, während allein die Tagjagdgruppen 33 Gefallene zu verzeichnen hatten [388]. Die Bilanz der 8. USAAF wies demgegenüber den Verlust von 40 Viermots und 34 Begleitjägern aus, während die eigenen Erfolge mit 167 Abschüssen einmal mehr recht " optimistisch " ausfielen [389].

Bereits am **9. März 1944** erfolgte der dritte Tagesgrossangriff der 8. USAAF auf die Reichshauptstadt; erneut wurden 526 Viermotorige aufgeboten [390], doch behinderte eine dichte - 10/10 - Wolkendecke die geplanten Präzisionsangriffe, so dass nur die B-17 der 1 und 3 BD überhaupt zum Bombenwurf über Berlin kamen, während die Liberator der 2 BD auf Ausweichziele im Raum Hannover / Braunschweig / Nienburg warfen [391].

Das schlechte Wetter verhinderte jeglichen Abwehreinsatz auf Seiten der deutschen Tagjagd- und Zerstörergruppen, die angesichts der fast überall dichten, tiefliegenden und zum Teil sogar aufliegenden

---

[384] dennoch erlag der besagte Techniker - Uffz. Ludwig Bretschneider von der 4./JG 11 - später seinen Verwundungen

[385] Bericht Heinz Knoke, 19.1.1993

[386] OKW-Bericht, 9.3.1944

[387] vgl. die Aufstellung auf S. 782

[388] namentl. V.-Meldg. WASt., summarische Verlustmeldungen RL 2/III/852 ff

[389] Freeman, aaO., S.196 / 197; unter den Verlusten befanden sich drei Viermotos und 16 Begleitjäger - letztere gingen in der Mehrzahl bei Zusammenstössen und Abstürzen über England verloren. Die Verteilung der Abschüsse lautete 63-17-19 für die Bomber und 79-8-25 für die Jäger

[390] es ist nicht zu übersehen, dass der Verlust von zusammen 115 Viermotorigen mit 1.050 Gefallenen und Vermissten sowie die Beschädigung von 575 Bombern innerhalb von zwei Einsatztagen (6. und 8. März) auch an der 8. USAAF nicht spurlos vorübergehen konnte, was sich an den sinkenden Einsatzzahlen zeigte - waren es am 6.3.1944 730 Viermots, ging diese Zahl am 8.3. auf 623 und am 9.3. bereits auf 526 zurück. Wäre es der Luftwaffe gelungen, dem Gegner kontinuierlich Verluste in dieser Grössenordnung beizubringen, hätten dies auch die Amerikaner nicht so ohne weiteres verkraften können

[391] Freeman, aaO., S. 197; ders., Mighty Eighth, S. 115

Abb. 634: Am 11. März 1944 verlegte die I./JG 1 auf den Platz Hopsten, wo diese Aufnahme entstand; links im Bild der Gruppengefechtsstand, rechts die Kommandeursmaschine mit der Kennung " weisse 20 ", eine Fw 190 A-7 mit der WerkNr. 340 035. Im Hintergrund brennt eine Ju 88 aus, die das Opfer eines Tiefangriffs amerikanischer Begleitjäger - P-47 - wurde. Das genaue Datum der Aufnahme ist leider nicht bekannt.

(*Köhne*)

Wolkendecke nirgends aus ihren Plätzen herauskam; so gingen alle neun Viermotabschüsse an diesem Tage auf das Konto der Flak [392].

Das schlechte Wetter hielt auch während der folgenden Tage weiter an; die dadurch geschaffene Einsatzpause wurde von den Gruppen im Nordwesten des Reiches nach den letzten, sehr harten Einsatztagen dankbar wahrgenommen. Wie üblich waren diese Tage bei beiden Geschwadern angefüllt mit Werkstatt-, FT- und Übungsflügen, bei denen zwar einige Maschinen infolge technischer Mängel bzw. von Bedienungsfehlern zu Bruch gingen, die aber nicht zu Verlusten an Menschenleben führten. Die I./JG 1 erlebte am 11. März eine weitere Verlegung, die die Gruppe von Twente nach Hopsten in der Nähe von Rheine führte [393]. Die III./JG 1 musste allerdings den Tod eines ihrer Staffelkapitäne beklagen: Olt. Heinrich Overhagen, der Kapitän der 8./JG 1, der zu einem Verbandsführerlehrgang in Fels am Wagram kommandiert war [394], kam am 12. März beim Absturz seiner Maschine während eines Übungsfluges ums Leben. Zu seinem Nachfolger wurde Hptm. Alfred Grislawski ernannt, der zuletzt

---

[392] OKW-Bericht, 10.3.1944; die Amerikaner gaben ihre Verluste an diesem Tage mit zehn Viermots und einem Jäger an, davon zwei Viermots und der Jäger als " Cat.E " - Freeman, aaO, S. 197

[393] Aufzeichnungen Siegfried

[394] dieser Verbandsführerlehrgang, der Anfang 1944 eingerichtet worden war, war der I./JG 27 angegliedert; die Aufgabe dieser Einheit war die Vorbereitung von Offizieren, die aufgrund ihrer bis dahin gezeigten Leistungen Führungsqualitäten erkennen liessen, auf die Führung von Jagdgruppen und -staffeln vorzubereiten

die 1./JG 1 geführt hatte und dort am 24. Januar 1944 schwer verwundet worden war [395]; nach erfolgter Genesung wurde er nun zur III./JG 1 versetzt und übernahm am 13. März die Führung der Staffel [396].

Bei der II./JG 1 wurde Major Heinz Bär nach dem Tode von Hermann Segatz zum Gruppenkommandeur bestellt; nicht Einsicht, sondern der katastrophale Mangel an geeigneten Verbandsführern hatte die Luftwaffenführung dazu bewogen, den Zurücksetzungen gegen Heinz Bär ein Ende zu machen [397]. Für Heinz Bär übernahm Olt. Georg-Peter Eder die Führung der 6./JG 1. " Schorsch " Eder war ein erfahrener Jagdflieger, der seit Kriegsbeginn im Einsatz stand; zuletzt war er Staffelkapitän der 5./JG 2 gewesen, bis er am 5. November 1943 schwer verwundet worden war. Nach erfolgter Wiederherstellung war er im Februar 1944 zum Stab der II./JG 1 gekommen; zu dieser Zeit konnte er bereits auf über 30 Abschüsse zurückblicken und trug seit August 1943 das Deutsche Kreuz in Gold [398].

Nachdem ein schwächerer Tagesangriff auf Münster am 11. März 1944 wegen des anhaltend schlechten Wetters von den Verbänden der Reichsluftverteidigung nicht bekämpft worden war [399], kam es am **15. März 1944** zur nächsten grösseren Luftschlacht über dem Reichsgebiet; an diesem Tage wurden 344 Viermotorige der 2 und 3 BD unter dem Schutz von 588 Begleitjägern zu einem Angriff auf Flugzeugwerke in Braunschweig eingesetzt [400].

Bedingt offenbar durch das schlechte Wetter, blieb der deutsche Abwehreinsatz am 15. März vergleichsweise schwach; 14 Tagjagd- und eine Zerstörergruppe wurden gegen die Einflüge der Viermotorigen angesetzt; die JG 1 und 11 waren dabei mit allen sechs Gruppen im Einsatz.

Der Einflug der Viermotverbände erfolgte an diesem Tage früh; die meisten Gruppen [401] stiegen daher bereits kurz vor 10.00 Uhr nach Alarm auf und wurden über den südniedersächsischen Raum geführt, den gewohnten Kampfraum bei Einflügen der 8. USAAF in das mitteldeutsche Gebiet. Dort kam es ab 10.15 Uhr zu heftigen Luftkämpfen zwischen den Gruppen der JG 1 und 11 und den Begleitjägern der Viermotorigen, in deren Verlauf besonders das JG 11 empfindliche Verluste erleiden sollte.

Der Einsatz des JG 1 blieb an diesem Tage weitgehend wirkungslos. So weit ersichtlich, gelang es keiner der drei Gruppen, überhaupt an die Viermotorigen heranzukommen; statt dessen wurden alle drei Gruppen von überlegenen amerikanischen Jagdgruppen, die als Vorausjagd in weitem Abstand von den Viermotpulks flogen, in heftige Luftkämpfe verwickelt und auseinandergetrieben, wie am Beispiel der II./JG 1 veranschaulicht werden kann, in deren Gruppen KTB es heisst:

---

[395] siehe oben S. 692

[396] hinter dieser Versetzung stand zweifellos die Absicht, der zuletzt hart geprüften III./JG 1 neben Hptm. Burkhardt einen weiteren erfahrenen und erfolgreichen Staffelkapitän zuzuweisen, der der Gruppe zukünftig zu mehr Erfolg verhelfen sollte

[397] wobei es auch unter den führenden Offizieren der Reichsluftverteidigung durchaus Fürsprecher Bärs gab, wie etwa den Kommandeur der 3. Jagddivision, Oberst Walter Grabmann, der ihn als *" den von mir am meisten geschätzten Jagdflieger - mutig und pflichtbewusst "* bezeichnete - Brief vom 30.6.1991

[398] vgl. ausführlich Obermaier, aaO., S.70

[399] insgesamt 124 B-17 der 1 und 3 BD warfen 242 Tonnen Bomben auf Verkehrs- und Eisenbahnziele; die drei Verluste bei diesem Einsatz gingen vermutlich auf das Konto der Flak - vgl. Freeman, aaO., S. 199; ders., Mighty Eighth, S. 116

[400] Freeman, aaO., S. 200 / 201; unter den Begleitjägern befanden sich an diesem Tage keine P-51

[401] jedenfalls die I./JG 11 startete erst eine Stunde später, um 10.53 Uhr, in Rotenburg auf Alarm - Flugbuch Heinz Hanke

Auf deutscher Seite eingesetzte Verbände am 15.3.1944					
Einheit	Abschussmeldungen	Verluste im Einsatz			
		FF		Flugzeuge	
		+	verw.	60 - 100%	unter 60%	Boden
Stab/JG 1	-	-	-	-	-	-
I./JG 1	1 P-38	-	1	-	1	-
II./JG 1	1 P-47	1	1	1	3	-
III./JG 1	-	-	-	1	-	-
III./JG 3	1 B-24	2	-	4	-	-
Stab/JG 11	-	-	-	-	1	-
I./JG 11	-	-	-	-	3	-
II./JG 11	1 B-17, 2 P-38	6	2	8	3	-
III./JG 11	1 P-47	1	1	3	1	-
I./JG 26	1 B-24	1	-	2	-	-
II./JG 26	1 B-24	2	1	3	-	-
II./JG 53	-	1	-	1	1	-
III./JG 54	-	1	-	1	-	-
I./JG 300	1 P-38	1	-	1	-	-
II./JG 300	-	-	-	1	-	-
I./JG 301	-	1	1	2	1	-
III./ZG 26	-	2	-	1	-	-
		19	7	29	14	-

09.50 Uhr Alarmstart von 22 Fw 190. Beim Steigen wurde die Gruppe überraschend in 2000 m Höhe durch Thunderbolt von hinten angegriffen. Die Gruppe wurde auseinandergerissen und in Einzelkämpfe verwickelt. Ofw.Haninger [402] konnte um 10.15 Uhr in FQ-FR-GQ-GR eine Thunderbolt abschiessen, die ihrerseits kurz zuvor seinen Rottenkameraden Uffz. Dorn abgeschossen hatte. Lt. Buchholz machte infolge Beschusses eine Bruchlandung und erlitt Verletzungen. Eine Fw 190 hatte Beschuss in Fläche, Kabine und Motor. (Olt.) Schüller überschlug sich bei der Landung in Twente durch einen Bombentrichter.

Aussenlandungen in Rotenburg (4), Wittstock (4), Twente (1), Münster/Handorf (2), Hopsten (1), Quakenbrück (1), Wittmundhafen (3), Berlin-Rangsdorf (1), Lippstadt (1) und Wunstorf (1).

Bei insgesamt zwei eigenen Abschüssen [403] hatte das Geschwader selbst Einbussen von einem Gefallenen, zwei Verwundeten und dazu eine als Totalverlust abzuschreibenden sowie vier mehr oder weniger schwer beschädigten Maschinen. Bei der 1. Staffel wurde Uffz. Rudolf Martin im Luftkampf mit P-47 durch einen Kabinentreffer verwundet, konnte aber seine Maschine sicher zurück nach Hopsten bringen und dort glatt landen. Die II./JG 1 hatte den Tod von Uffz. Hans Dorn von der 4. Staffel zu beklagen, der unter den oben beschriebenen Umständen bei Fürstenau ein Opfer der Thunderbolts wurde. Neben ihm wurde Lt. Günther Buchholz von der 6. Staffel bei seiner Bruchlandung in Rheine verletzt. Bei der

---

[402] für Ofw. Haninger zählte dieser als 12. Abschuss

[403] neben dem von Ofw. Haninger vermutlich eine P-38 durch Olt. Ehlers (40.)

Abb. 635 - 636: Die " gelbe 8 ", eine Fw 190 A-7 der 3./JG 11, aufgenommen im März 1944 in Rotenburg; die Maschine ist mit zwei MK 108 in den Flügelaussenstationen ausgerüstet. Beachte die übergespritzten Balken- und Hakenkreuze und das breite gelbe Rumpfband. Auf der Aufnahme oben sind gut die Einzelheiten des 300 l Zusatzbehälters unter dem Rumpf zu erkennen, der die übliche Aufschrift - *Keine Bombe* - trägt. Von der FT-Anlage sind der Zielflugpeilrahmen und der Antennenstab des FuG 25a sichtbar.

(*Güthenke / Bünz*)

III./JG 1, die um 09.47 Uhr im Alarmstart von Twente aufgestiegen war [404], wurde lediglich eine ergebnislose Feindberührung mit Thunderbolts verzeichnet.

Die II./JG 11 wurde nach Alarmstart um 09.55 Uhr [405] in den Raum nördlich Osnabrück geführt und geriet dort gegen 10.15 Uhr an den Begleitschutz der Viermotorigen; auch hier gelang es nicht, den dichten Jägerschirm zu durchbrechen und an die Viermotorigen heranzukommen, sondern statt dessen kam es zu einem für die Gruppe überaus verlustreichen Luftkampf mit P-47 und P-38. Zwei eigenen Abschüssen -

| Fw. Klotz | II./JG 11 | P-38 | (3.) | | 10.20 |
| Uffz. Fest | 5./JG 11 | P-38 | (9.) | * | |

standen am Ende sechs Gefallene und zwei Verwundete sowie acht verlorene und eine schwer beschädigte Maschine gegenüber, was, ausgehend davon, dass die Gruppe mit vielleicht noch einem Dutzend Messerschmitts zu diesem Einsatz gestartet war, ein wahres Debakel für die II./JG 11 bedeutete [406]. Der Gruppenstab hatte den Verlust von Fw. Karl Römling zu beklagen, der bei Lembruch tödlich abgeschossen wurde. Ein Gefallener und zwei Verwundete bei der 4. Staffel: Der Gefr. Georg Reuling fiel im Luftkampf bei Diepholz, während die Unteroffiziere Richard Heranieg und Ewald Herhold bei Rahden bzw. bei Diepholz abgeschossen und verwundet wurden, wobei Ewald Herhold mit dem Fallschirm aussteigen musste. Die 5./JG 11 hatte zwei Gefallene zu verzeichnen: Uffz. Hans Weissgerber wurde beim Lembrucher Bruch abgeschossen, während Uffz. Franz Zambelli beim Absturz seiner Maschine bei Dyle in der Nähe von Nienburg zu Tode kam. Je ein Vermisster [407] und ein Gefallener schliesslich bei der 6./JG 11 - Uffz. Hubertus Bachmann kehrte von diesem Einsatz nicht zurück und galt danach als vermisst, während Lt. Herbert Frohloff im Luftkampf über dem Lembrucher Bruch tödlich abgeschossen wurde. Teile der Gruppe waren offenbar noch zu einem zweiten Einsatz gegen die abfliegenden Viermotverbände in der Luft und kamen doch noch zu einem Viermotabschuss, als Uffz. Herbert Drühe von der 5./JG 11 bei Quakenbrück eine B-17 herunterholen konnte (1.) [408].

Die III./JG 11 hatte an diesem Tage einen Luftkampf über dem Raum Lingen mit einfliegenden amerikanischen Verbänden; auch hier scheint der Jagdschutz die deutsche Gruppe erfolgreich von einem Angriff auf die Viermotorigen abgehalten und in erbitterte Luftkämpfe verwickelt zu haben. Dabei kam auch die III./JG 11 mit nur einem Abschuss

| Fw. Müller | 7./JG 11 | P-47 | (1.) | 10.55 |

bei eigenen Verlusten von je einem Gefallenen und einem Verwundeten sowie drei abgeschossenen Focke Wulfs ziemlich schlecht davon; die 9. Staffel meldete den Tod des Gefr. Karl-Heinz Burgemann, der bei Lemförde abgeschossen wurde, während StFw. Siegfried Krausse im selben Raum verwundet mit dem Fallschirm aussteigen musste.

Die I./JG 11 schliesslich war erst einige Zeit nach den anderen Gruppen gestartet; sie hatte einen erfolglosen Luftkampf mit dem amerikanischen Begleitschutz zu bestehen, in dessen Verlauf zwei Focke Wulfs beschädigt wurden, doch blieb es zum Glück bei reinem Sachschaden.

Der Einsatz der beiden Geschwader passte sich damit nahtlos in das Bild vom Gesamteinsatz der Reichsluftverteidigung am 15. März 1944 ein, der ein verlustreicher Fehlschlag war; insgesamt zehn

---

[404] Flugbuch Lutz-Wilhelm Burkhardt

[405] Flugbuch Heinz Knoke

[406] die Zahlenangaben bei Knoke, aaO., S. 173, entsprechen nicht den Tatsachen

[407] die Meldung für Hubertus Bachmann wurde nachträglich geändert in "gefallen"

[408] Brief Herbert Drühe, 15.7.1979

Abb. 637 - 638: Sehr viel Glück hatte Fw. Walter Köhne von der 3./JG 1, als er diesen Überschlag beim Start zu einem Einsatz mit seiner " gelben 11 " - vermutlich einer Fw 190 A-7 - in Hopsten Mitte März 1944 unverletzt überlebte; das genaue Datum der Aufnahme ist nicht bekannt. Gut zu erkennen sind die in Startstellung stehenden Landeklappen und die " geflügelte 1 " - nur - auf der linken Seite der Motorhaube. Zudem hat es den Anschein, als seien die Luftschraubenblätter in Segelstellung zurückgefahren.

(Köhne)

Abschussmeldungen standen Verluste von 19 Gefallenen / Vermissten und sieben Verwundeten sowie 29 Flugzeugtotalverluste infolge Feindeinwirkung gegenüber [409]. Umgekehrt gab die 8. USAAF ihre Verluste mit drei Viermotorigen und sechs Jägern an, während sie selbst 41 Abschüsse für sich beanspruchte; letztere gingen sämtlich an die Jäger - ein beredtes Zeugnis für die Wirksamkeit des Jagdschutzes an diesem Tage [410].

Die II./JG 11 wurde nach den verheerenden Verlusten dieses Tages zur Auffrischung aus dem Einsatz genommen; bei Heinz Knoke heisst es dazu:

> *Wieder hocken wir in unseren Sesseln; Specht kommt herein. " Die Gruppe wird für sechs Wochen aus dem Einsatz gezogen. Ich denke, wir haben die Ruhepause verdient." Jonny Fest und ich nicken nur. Als der Kommandeur wieder draussen ist, hole ich eine Flasche Cognac aus dem Schrank. Nach zwei Stunden hole ich die zweite. Jonny und ich sind allein. Jonny erzählt von seinem Mädel in Wesel, seiner Heimat. Ich sage ihm, dass Lilo im nächsten Monat unser zweites Kind erwartet. Vier Kinder will Jonny haben, wenn er erst verheiratet ist und der Krieg vorbei ist. " Wenn wir nicht vorher vor die Hunde gehen," setzt er hinzu.*
>
> *Als es dunkel wird, gehen wir in die Stadt. Der Alkohol lässt uns die vegangenen Wochen vergessen. "Wir werden heute noch ein anständiges Fest feiern !" verspricht mir Jonny. Mir soll es recht sein. Mir soll überhaupt alles recht sein ! Ich will einmal pfeifen auf alles !"* [411]

Weil die Wettervorhersage für den nordwest- und mitteldeutschen Raum für die nächsten Tage keine Besserung versprach, dafür aber annehmbare Wetterbedingungen über dem Süden des Reiches meldete, sollte sich der nächste Tageseinflug der 8. USAAF am **16. März 1944** gegen Flugzeugwerke in Augsburg, Ulm und Friedrichshafen richten; insgesamt 740 Viermotorige unter dem Schutz von 868 Begleitjägern wurden dazu aufgeboten. Bereits auf dem Anflug stellte sich indes heraus, dass die Wetterbedingungen über den Zielräumen bei weitem nicht den Vorhersagen entsprachen, so dass ein Teil der Viermots ihre Bomben einmal mehr auf " targets of opportunity " warfen [412].

Der deutsche Abwehreinsatz litt auch an diesem Tage unter den schlechten Wetterbedingungen; über weiten Teilen des Reichsgebietes hing eine fast geschlossene - 8-10/10 - Wolkendecke und zudem kam es vielerorts zu heftigen Schneeschauern. Daher war es kaum möglich, die im Nordwesten liegenden Verbände rechtzeitig in den Südwesten zu verlegen, von wo aus sie hätten in den Abwehreinsatz eingreifen können; so kamen am Ende zwar 15 Tagjagd-, vier Zerstörergruppen sowie die Einsatzstaffeln von drei Jagdschulen zum Einsatz gegen die Viermotorigen, doch kamen nicht alle davon auch tatsächlich zur Feindberührung.

Der Abwehreinsatz des JG 1 blieb erneut ohne Wirkung; während die I. und II. Gruppe bei ihren Einsätzen überhaupt keine Feindberührung hatten [413], waren einzelne Maschinen der III./JG 1 über dem

---

[409] vgl. die Aufstellung auf S. 791

[410] Freeman, aaO., S.200 / 201; unter den Verlusten befand sich ein Jäger als "Cat.E", während die genaue Aufschlüsselung der Abschussmeldungen 38-3-13 lautete

[411] Knoke, aaO., S. 173 / 174

[412] Freeman, aaO., S. 201 / 202; ders., Mighty Eighth, S. 116

[413] vgl. KTB II./JG 1 und Flugbücher Heinz Bär, Eberhard Burath; um 08.05 Uhr Verlegung des fliegenden Verbandes mit 20 Fw 190 zur III./JG 11 nach Oldenburg, von dort 10.12 Uhr Alarmstart mit 18 Fw 190 und Befehl zum Sammeln über Hannover. Während danach acht Maschinen den Einsatz wegen technischer Mängel abbrechen mussten und der gesamte Gruppenverband auseinanderplatzte, versuchten einige Maschinen noch, nach Süden in den Raum Stuttgart zu fliegen, doch blieb dies o.F. Dazu aus den Aufzeichnungen von Eberhard

Auf deutscher Seite eingesetzte Verbände am 16.3.1944					
Einheit	Abschussmeldungen	\+ FF	verw.	60-100% Flugzeuge	unter 60%	Boden
Stab/JG 1	-	-	-	-	-	-
I./JG 1	-	-	-	-	2	-
II./JG 1	-	-	-	-	-	-
III./JG 1	-	-	-	1	-	-
Stab/JG 2	-	-	-	1	-	-
II./JG 2	1 B-17	4	-	3	1	2 z
III./JG 2	5 B-17, 1 B-24 HSS, 2 P-47	3	2	5	-	-
III./JG 3	1 B-17, 3 B-17 HSS, 1 P-51	2	2	3	2	-
I./JG 5	1 B-17, 3 B-17 e.V., 1 P-51	2	5	5	10	-
Stab/JG 11	-	-	-	-	-	-
I./JG 11	-	-	-	1	-	-
III./JG 11	-	-	-	-	1	-
I./JG 26	-	1	-	1	1	-
II./JG 26	-	2	-	2	1	-
III./JG 26	2 B-24, 1 B.24 e.V., 1 P-51	1	3	4	3	-
II./JG 27	1 B-17	1	-	1	1	-
II./JG 53	1 B-17	1	1	3	-	-
I./JG 104	1 B-17	1	2	4	1	-
I./JG 106	1 P-51	-	-	1	-	-
I./JG 107	1 B-17	-	-	-	2	-
I./ZG 76	1 B-17	4	2	8	2	-
II./ZG 76	-	8	5	8	1	-
III./ZG 76	3 B-17, 1 B-17 HSS, 1 B-17 eV.	-	3	3	1	-
I./ZG 101	-	-	-	-	4	-
		30	25	58	29	2 z

Raum Ulm in eine Auseinandersetzung mit einigen Mustangs verwickelt. Eine davon wurde vom Gruppen-TO Lt. Hans Halbey geflogen, der seinen Bericht über diesen für ihn denkwürdigen Einsatz unter die Überschrift " Die wahre Geschichte vom 'tapferen' Jagdfliegerlein " gestellt hat - er lautet:

Der kleine Jagdflieger hatte im Krieg genau so viel Angst in der Hose wie andere Helden auch. Aber einmal wurde er aus Angst - zum "Helden ! An diesem sonnigen Wintermorgen hatte er den Befehl, mit seiner Messerschmitt von Venlo nach Wunstorf zu fliegen und sich dort mit drei anderen Flugzeugführern zu einem Schwarm " mit besonderem Auftrag " zusammenzutun. In Wunstorf traf er die drei ebenfalls dorthin beorderten Jagdflieger. Der besondere Auftrag bestand darin, dass der Schwarm in grosser Höhe - etwa 12.000 m - nach Süden fliegen sollte, da die höchste Führung grosse feindliche Bomberverbände im Anflug nach Süddeutschland vermuten sollte, durch listige Auf klä-

---

Burath: *"Um 08.05 nach Oldenburg, um 10.05 nach Kassel und um 14.45 wieder nach Rheine - sie jagen uns über Deutschlands Himmel."*

rungsarbeit indes in der Annahme bestärkt wurde, dass dieser Anflug nach Süden nur ein Finte sei und in Wahrheit die grossen Bomberverbände nach Norddeutschland einfliegen würden. Die vier Flugzeugführer sollten also nur 'mal erkunden, was sich im Süden " auch noch tat ".

Die vier Höhen-Me's gingen also auf Kurs [414] *und erreichten langsam die Höhe von 12.000 m, was damals noch eine Rekordhöhe war und nur von diesen besonderen Maschinen mit ihren Höhenmotoren und von einigen amerikanischen Jägern erreicht wurde. Nun waren aber die Erfahrungen im Verbandsfliegen in so grosser Höhe noch recht spärlich; man kannte noch nicht das Phänomen, dass sich selbst nur vier Maschinen in 12.000 m Höhe bei längerer Flugzeit langsam auseinanderziehen und voneinander abdriften. Der Motor des jungen Jagdfliegers, von dem hier die Rede ist, war um einige Nuancen besser, beständiger vielleicht, als jene seiner Schwarmkameraden, und auch unter diesen gab es graduelle Unterschiede in der Leistung der Höhenmotoren. Nur so war es zu erklären, dass der besagte Flugzeugführer schliesslich einsam und allein seinen Kondensstreifen an den blauen Winterhimmel in Richtung Süd zeichnete; er hatte ja den Auftrag, schnell und zügig so weit wie möglich in Richtung Süden zu fliegen.*

Und dann stockte ihm das Herzblut - tief unter sich, deutlich sichtbar vor dem grauen Dunst über der Erde, hoben sich die dunklen Punkte, nein, die einwandfrei erkennbaren Silhouetten von hunderten amerikanischer Bombenflugzeuge ab, die in einer grossen Kurve von Norden über Osten zurück in Richtung Norden begriffen waren, was eindeutig auf gerade stattfindenden Bombenwurf schliessen liess. Dem einsamen deutschen Messerschmittflieger in grösster Höhe über diesem Spektakel war sofort klar, dass diese immense Bomberflotte - so tief im Süden Deutschlands - nicht ohne Geleitschutz durch etliche amerikanische Jagdflieger sein konnte.

Die am höchsten fliegenden Mustang-Schwärme hatten begreiflicherweise nichts dafür übrig, dass hoch über ihnen ein einsamer Kondensstreifen zog, was ja nur auf deutsche Jäger hindeuten konnte. Also zogen sie in begründeter Neugier nach oben, was ab einer gewissen Höhe vier weitere Kondensstreifen in den Himmel schrieb. Fünf Kondensstreifen über sich am Himmel - das schätzten andere Mustang-Schwärme ebensowenig, und so zog der kleine deutsche Messerschmittflieger, der sich vor lauter Angst nicht nach unten traute, weiter hoch oben seinen Kondensstreifen, wodurch er, im Verein mit immer mehr hinzukommenden Mustang-Streifen schliesslich beinahe sämtliche im Raum befindliche Mustangs nach oben in den Bereich der Kondenswirkung zog, also weg von den Bombern, die sie eigentlich zu schützen hatten.

Dem ganz oben, letztlich in beinahe 13.000 m Höhe Streifen ziehenden Flieger wurde die ganze Situation langsam unangenehm bis mulmig. Machten ihm die laufend zusätzlich am Himmel erscheinenden weissen Streifen schon erhebliche Kopfschmerzen - er wusste ja nicht, in welchen Höhen sich inzwischen die Mustangs würden bewegen können -, so quälte ihn noch viel ärger die jetzt aufleuchtende rote Lampe, die ihm unmissverständlich klar machte, dass der Sprit nur noch für etwa zehn Minuten reichen würde. Er musste also runter und dabei noch einkalkulieren, dass er nicht die geringste Ahnung hatte, wo er sich eigentlich befand; der Funkkontakt war schon lange unterbrochen und war damals überhaupt noch nicht auf voller Höhe. Er würde also fünf bis sieben Minuten brauchen, um unter der Dunst- oder Wolkendecke nach einem Platz zu suchen. Er nahm daher allen Mut - oder besser: alle Angst ! - zusammen, setzte zum Sturzflug steil nach unten an, sah sogar bald vor sich einen Mustang-Schwarm, den er anvisierte und erfolglos beschoss, bemerkte auch noch zwei ihn verfolgende Mustangs, bis er klopfenden Herzens die Wolkendecke in flachem Winkel durchstiess und sich unvermittelt über einer schneebedeckten Hügellandschaft fand. In einer solchen Lage, wo der Sprit nur noch für

---

[414] Einsatzzeit lt. Flugbuch Hans Halbey 10.30 - 11.55 Uhr

Minuten reicht, ist eine gezielte Bodenorientierung so gut wie ausgeschlossen; selbst die Zeit, die man braucht, um auf irgendeiner Welle Funkverbindung zu bekommen, ist zu lang. Da half nur noch Glück, wenn man eine Bauchlandung auf einem schneebedeckten und deshalb unberechenbaren Acker vermeiden wollte.

Unser Fliegerlein hatte dieses Glück: Weit voraus sah er die Start- und Landebahnen eines grösseren Flugplatzes, steuerte diesen beselig an und landete sicher. Nur der Versuch, sich jetzt aus der geöffneten Kabine zu erheben, scheiterte völlig. Die Beine versagten den Dienst. Die schnell herbeigerufenen Sanitäter stellten fest: Erfrierungen dritten Grades in den Knien. Zu lange hatte der Flugzeugführer unbeweglich in den eisigen Höhen verbracht, wo auch die beste Pelzkleidung nicht genügend gegen die schleichende Kälte schützen konnte, zumal die Kabine absolut nicht dicht schloss. Man trug also den Flugzeugführer in den Gefechtsstand des Fliegerhorstes, wo ihm die Sanis die Beine mit Franzbranntwein massierten. Während seine Beine langsam zur Durchblutung und damit zum Gebrauch zurückmassiert wurden, hörte unser Fliegerlein aus dem Nebenraum, dem Einsatzraum des Gefechtsstands, wie sich die Besatzungen der Me 110 Zerstörer vom Einsatz nach und nach jubelnd zurückmeldeten, alle mit sagenhaften Abschusszahlen. Immer wieder hörte der Messerschmitt-Flugzeugführer aus dem Nebenraum Sätze heraus, die sich wie folgt zusammenfassen liessen: " Auf einmal waren immer weniger Mustangs bei den Viermotorigen und immer mehr Kondensstreifen über uns und so konnten wir ziemlich ungestört angreifen und die Bomber abschiessen !" Da rief der junge Jagdflieger von seinem Raum hinüber in den anderen: " Herr Major, das Ritterkreuz für diese Erfolge gebührt mir ! Ich habe nämlich hoch oben vor lauter Angst, nach unten in den Hexenkessel hineinzustossen, den gesamten feindlichen Jagdschutz zu mir hoch gezogen !" Das wurde lachend und händeschüttelnd quittiert. Nur - für die Angst gab es kein Ritterkreuz ! [415]

Über den weiteren Verlauf des Einsatzes der III./JG 1 an diesem Tage ist nichts bekannt; die Gruppe meldete gleichwohl den Verlust einer Messerschmitt, die im Luftkampf abgeschossen wurde, wobei deren Flugzeugführer jedoch glücklicherweise unverletzt blieb.

Die I. und III./JG 11 stiegen jeweils um 10.12 Uhr im Alarmstart von Rotenburg und Oldenburg auf und wurden in südlicher Richtung geführt [416]; der Einsatz beider Gruppen führte jedoch wie bei der II./JG 1 nicht zur Feindberührung. Die I./JG 11 fiel gegen 11.42 Uhr in Stuttgart-Echterdingen ein und flog von dort bereits am frühen Nachmittag auf ihren Einsatzhafen in Rotenburg zurück.

Unterdessen fanden über dem süddeutschen Gebiet einige heftige Luftkämpfe statt, nach denen die deutsche Seite 36 Abschüsse, darunter 23 Viermotorige, meldete [417]; die 8. USAAF bezifferte ihre Verluste demgegenüber mit 24 Viermots und zwölf Jägern, während sie die Abschusserfolge mit 184 angab [418].

Zwei Tage später, am **18. März 1944**, hatten sich die Wetterbedingungen über dem Süden des Reiches so weit gebessert, dass die 8. USAAF ihre Viermots zu einem erneuten Angriff auf Flugzeugwerke und Flugplätze um München und in Friedrichstadt einsetzen konnte; insgesamt 738 B-17 und B-24 aller drei

---

[415] Brief Hans Halbey, 14.8.1993; die Landung erfolgte in Leipheim

[416] Flugbuch Heinz Hanke; die III./JG 11 dürfte zusammen mit der II./JG 1 im Einsatz gewesen sein - s.o.

[417] OKW-Bericht, 17.3.1944; vgl. im übrigen die Abschussmeldungen der beteiligten Einheiten oben, S. 795

[418] Freeman, aaO., S. 201 / 202; unter den Verlusten befinden sich ein Viermot und zwei Jäger als "Cat.E", sieben Viermotorige suchten Zuflucht in der Schweiz, während die Verteilung der Abschussansprüche 68-32-43 für die Bomber und 77-7-0 für die Jäger lautete

Bomb Divisons wurden aufgeboten, die unter dem Schutz von 925 Begleitjägern in mehreren getrennten Verbänden einfliegen sollten [419].

Auf deutscher Seite konnten insgesamt 20 Tagjagdgruppen zum Einsatz gebracht werden, während die Zerstörer nach den zuletzt sehr schweren Verlusten an diesem Tage geschont werden mussten [420].

Auf deutscher Seite eingesetzte Verbände am 18.3.1944

Einheit	Abschussmeldungen	Verluste im Einsatz				
		FF		Flugzeuge		
		+	verw.	60 - 100%	unter 60%	Boden
Stab/JG 1	-	-	-	-	-	-
I./JG 1	-	-	-	-	4	-
II./JG 1	-	-	-	-	1	-
III./JG 1	-	-	-	1	-	-
I./JG 2	-	1	-	1	2	-
II./JG 2	1 B-17 HSS, 4 B-24, 4 B-24 HSS	1	1	1	1	-
III./JG 2	2 B-17, 1 B-17 HSS, 1 P-51	2	-	2	-	-
III./JG 3	1 B-17, 1 B-17 HSS, 1 B-17 e.V., 1 P-51	1	2	3	2	-
I./JG 5	2 P-51	2	-	3	4	-
Stab/JG 11	1 B-24	-	-	-	-	-
I./JG 11	7 B-24, 1 B-24 HSS, 2 B-24 e.V.	-	-	-	1	-
III./JG 11	8 B-24	-	-	-	-	-
I./JG 26	1 B-17	2	1	3	4	-
II./JG 26	-	-	-	-	1	-
III./JG 26	1 B-17	-	-	-	1	-
II./JG 27	1 B-17 n.b., 1 B-24, 2 P-38 n.b.	4	1	4	10	-
II./JG 53	1 B-17 e.V., 1 P-38	1	-	1	1	-
III./JG 54	2 B-17	-	-	1	1	-
III./JG 300	-	2	2	3	1	-
I./JG 301	-	2	1	3	2	-
II./JG 301	-	1	-	3	-	-
I./JG 302	2 P-51	-	-	-	-	-
I./JG 106	1 P-38	2	-	2	-	-
I./ZG 101	1 P-38	3	-	1	-	-
		24	8	32	36	0

Auch an diesem Tage mussten die Gruppen der JG 1 und 11 von ihren im Nordwesten gelegenen Einsatzhäfen zunächst auf weiter südlich gelegene Plätze verlegen, um den frühzeitig erkannten neuerlichen Einflug in das südliche Reichsgebiet bekämpfen zu können. Um die Mittagszeit herum rollten daher die Focke Wulfs der I. und II./JG 1, die Messerschmitts der III./JG 1 sowie die Focke

---

[419] Freeman, aaO., S. 202 / 203; ders., Mighty Eighth, S. 116

[420] vgl. Aufstellung unten; lediglich Teile der Zerstörerschulgruppe I./ZG 101 waren im Einsatz

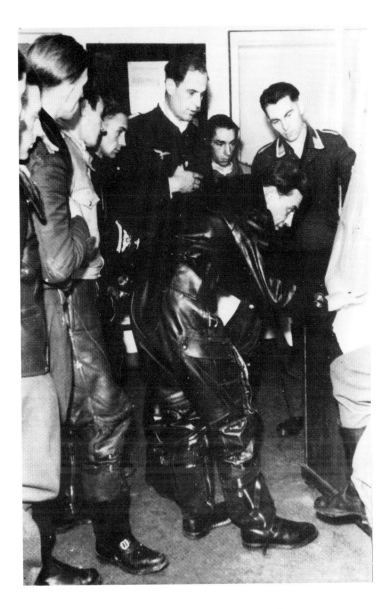

Abb. 639: Lt. Hans Ehlers, Staffelführer der 3./JG 1, beim Kartenstudium auf dem Gefechtsstand der I./JG 1, aufgenommen im Frühjahr 1944; aufmerksame Zuhörer sind in der Mitte Maj. Emil Rudolf Schnoor, daneben Lt. Herbert Eh, Ofw. " Toni " Piffer und Lt. Hans Berger.

(Haagen)

Wulfs der I. und III./JG 11 an den Start zur Überführung nach Frankfurt Rhein/Main und Wiesbaden-Erbenheim [421]. Danach gab es jedoch beim JG 1 keinen Einsatz gegen die Viermots, sondern es erfolgte noch am Nachmittag die Rückkehr von Teilen der Gruppen nach Hopsten (I.) und nach Rheine (II.), während der fliegende Verband der III. Gruppe weiter nach Eschborn verlegte, wo die Gruppe während der folgenden Tage auf weiteren Einsatz warten sollte [422]. Ähnlich sah es bei der I. Gruppe aus, die mit der Masse in Wiesbaden-Erbenheim verblieb und sich dort zur Verfügung halten sollte [423].

Anders bei den beiden Gruppen des JG 11, denen sich auch einige Messerschmitts des Geschwaderstabs angeschlossen hatten; für sie erfolgte um 14.15 Uhr in Erbenheim der Alarmstart [424], nach dem der Verband in den südlichen Raum geführt wurde. Südlich Freiburg kam es zur Feindberührung mit den

---

[421] die II./JG 1 verlegte um 12.32 Uhr nach Rhein-Main, die III./JG 1 um 11.47 Uhr ebenfalls nach Rhein-Main, die I./JG 11 bereits um 11.32 Uhr nach Erbenheim, wo sie offenbar mit der III./JG 11 zusammentraf; KTB II./JG 1, Flugbücher Eberhard Burath, Heinz Bär, Lutz-Wilhelm Burkhardt und Heinz Hanke

[422] Flugbuch Lutz-Wilhelm Burkhardt, Überführung 15.45 - 16.07 Uhr

[423] Aufzeichnungen Siegfried, Verbleib in Erbenheim danach bis zum 24.3.1944

[424] Flugbuch Heinz Hanke

Abb. 640 - 642: Drei Aufnahmen der " gelben 12 ", einer Fw 190 A-7 mit der WerkNr. 340 031 im März 1944 auf dem Platz Hopsten; oben links sitzt Lt. Herbert Eh auf dem Batterieanlasswagen, in der Mitte sieht man von links Lt. Eh, Uffz. Oswald, Hptm. Wrobel sowie die Unteroffiziere Schmidt, Rühl und Finger. Unten - beim Leitwerk der " gelben 12 " haben sich hier - v.l. - versammelt: Uffz. Oswald, Hptm. Wrobel, Uffz. Rühl, Uffz. Enderle, Uffz. Kirchhoff, Uffz. Finger, Lt. Eh und Fw. Köhne. Beachte das neben dem rechten Aussen MG 151/20 angebrachte Fahrtmesserstaurohr und das breite rote Reichsverteidigungsrumpfband des JG 1.

(Köhne)

Liberators des 14 CBW, die sich nach dem Angriff auf Friedrichshafen bereits auf dem Abflug befanden; dieser Combat Wing war während des Angriffs von seinem Hauptverband abgekommen und flog zudem zu dieser Zeit ohne Jagdschutz [425]. Die beiden Gruppen kamen dadurch unbehindert zu einem geschlossenen Angriff von vorn oben auf die Liberators [426], bei dem gleich eine ganze Reihe Viermotoriger schwer getroffen werden konnten. Insgesamt erzielten die I. und III./JG 11 19 Ab- und Herausschüsse ohne einen eigenen Verlust und konnten damit einen grossen Erfolg für sich verbuchen; die nach diesem Luftkampf eingereichten Abschussmeldungen verteilten sich wie folgt:

FhjFw. Hanke	3./JG 11	B-24	(8.)	14.58	+ [427]
Lt. Schrangl	I./JG 11	B-24	(2.)	15.00	+
Fw. Schuecking	1./JG 11	B-24	(3.)	15.00	
Fw. Doppler	2./JG 11	B-24	(18.)	15.04	
Ofw. Laskowski	8./JG 11	B-24	(27.)	15.05	+
Uffz. Lohmeyer	8./JG 11	B-24	(1.)	15.05	+
Fw. Born	9./JG 11	B-24	(5.)	15.05	
Ofw. Laskowski	8./JG 11	B-24	(28.)	15.07	
Ofhr. Puschmann	Stab/JG 11	B-24	(1.)	15.08	
Ofhr. Pehlemann	3./JG 11	B-24	(1.)	15.08	
Fw. Wiemann	3./JG 11	B-24	(1.)	15.10	+
Fw. Doppler	2./JG 11	B-24	(19.)	15.10	
FhjFw. Hanke	3./JG 11	B-24	(9.)	15.12	
Ofhr. Dreizehner	1./JG 11	B-24	(5.)	15.15	
Hptm. Hackl	III./JG 11	B-24	(137.)	15.15	+
Fw. Schuecking	1./JG 11	B-24	(4.) *		
Ofw. Keil	9./JG 11	B-24	(9.) *		
Hptm. Hackl	III./JG 11	B-24	(138.) *		
Hptm. Hackl	III./JG 11	B-24	(139.) *		

Nachdem die Focke Wulfs sich verschossen hatten und den Luftkampf abbrechen mussten, fielen die beiden Gruppen verstreut auf verschiedenen Plätzen im Lahrkreis ein, von wo aus noch im Laufe des Nachmittages die meisten Maschinen auf ihre Heimatplätze zurückflogen.

Alles in allem meldeten die Verbände der Reichsluftverteidigung am 18. März 1944 70 Ab- und Herausschüsse, während sich die eigenen Verluste infolge Feindeinwirkung auf 24 Gefallene und acht Verwundete sowie 32 Jagdflugzeuge beliefen [428]. Demgegenüber gaben die Amerikaner die Verluste der 8. USAAF mit 47 Viermotorigen und 16 Begleitjägern an, während sie 95 Abschüsse beanspruchten und weitere fünf Flugzeuge am Boden zerstört haben wollten [429]. Der Abwehreinsatz am 18. März konnte daher, was die Zahl der Abschüsse und insbesondere das Verhältnis der beiderseitigen Verluste anbetraf, nach den zuletzt sehr schlechten Ergebnissen der Einsätze der Reichsluftverteidigung als ein gewisser Lichtblick bezeichnet werden.

---

[425] Freeman, Mighty Eighth, S. 116

[426] Luftkampfzeugenbericht Uffz.Hiemenz, 3./JG 11, vom 21.3.1944 für den 8. Abschuss von FhjFw. Hanke

[427] die mit einem "+" gekennzeichneten Abschussmeldungen sind in einer amtlichen Quelle mit dem Zusatz "a.s.m." versehen; vgl. dazu Teil 1, S. 625

[428] vgl. die Aufstellung oben S. 800; im OKW-Bericht vom 19.3. wurden die Abschusserfolge einschliesslich der über Norditalien gegen die 15. USAAF erzielten Abschüsse mit 98 beziffert

[429] Freeman, aaO., S. 202 / 203; unter den Verlusten befanden sich vier Viermots und drei Jäger der "Cat.E", 16 Viermots, davon 12 B-24, landeten in der Schweiz. Die Abschüsse verteilten sich zu 45-10-17 auf die Bomber und 36-4-7 auf die Jäger, die Bodenzerstörungen gingen insgesamt an die Begleitjäger

Abb. 643 - 644: Oben - Acht Flugzeugführer der 10./JG 11 bemühen sich um die " weisse 8 ", eine Fw 190 A-7 mit der WerkNr. 642 983 - Aalborg-Ost, Frühjahr 1944; beachte das gelbe Rumpfband, das auch von den Maschinen der Aalborg-Staffel getragen wurde. Unten - Dieselben Flugzeugführer auf der Motorhaube der " weissen 8 "; als zweiten von links erkennt man auf der Motorhaube den Staffelkapitän Olt. Heinz Grosser, darunter sitzt auf der Fläche Fw. Robert - " Robbie " - Spreckels. Zweiter von rechts ist Uffz. Ludwig Bertram.

(Bertram)

Trotz des anhaltend schlechten Wetters flogen die Verbände der 8. USAAF auch an den folgenden Tagen weitere Tagesgrossangriffe auf Ziele im Reichsgebiet - am **20. März 1944** war Frankfurt erneut das Ziel von 353 B-17, während zwei Tage später 688 Viermotorige den fünften Angriff dieses Monats auf Berlin flogen; beide Angriffe wurden von den Jagd- und Zerstörergruppen der Reichsverteidigung nicht bekämpft, so dass die meisten der 41 von den Amerikanern dabei erlittenen Verluste auf das Konto der Flak gingen oder aber durch Unfälle eintraten [430].

Bei den JG 1 und 11 wurden während dieser Tage wieder die gewohnten Übungs-, FT- und Werkstattflüge abgewickelt; dabei hatte die III./JG 11 am 22. März 1944 den Tod eines ihrer Flugzeugführer zu beklagen, als Ofhr. Leopold von Bally von der 9. Staffel aus unbekannter Ursache in der Nähe von Oldenburg abstürzte und dabei ums Leben kam.

Der fliegende Verband der II./JG 1 hatte seit dem 18. März 1944, soweit die Maschinen an diesem Tage nicht bereits in Wiesbaden verblieben waren, nach und nach von Rheine nach Wiesbaden-Erbenheim verlegt, wo die Gruppe mit der I./JG 1 und der II./JG 27 vorübergehend zu einem Gefechtsverband zusammengestellt werden sollte [431]; in diese Zeit - vermutlich auf den 21. März - fällt folgende Begebenheit, an die sich Eberhard Burath erinnert:

Einmal zog Major Bär mit uns in Wiesbaden ins Restaurant des Kurhauses, wir dabei alle in Fliegerkluft. Erst am Vortage waren Frankfurt und Umgebung angegriffen worden und wir hatten es nicht verhindern können; so war uns nun nicht ganz wohl bei unserem Auftritt - wie würde man uns wohl aufnehmen ? Doch unsere Sorgen waren unbegründet - die Menschen beklatschten uns beim Eintreten und bereitwillig wurde eine Tafel für uns aufgebaut. So recht "heldisch" haben wir uns dabei aber alle nicht gefühlt. [432]

Am **23. März 1944** erfolgte bereits der nächste Einflug von Verbänden der 8. USAAF; an diesem Tage sollten insgesamt 768 B-17 und B-24, dabei geschützt von 841 Begleitjägern, Flugzeugwerke in Braunschweig sowie Flugplätze und andere (Gelegenheits-)Ziele in Münster, Osnabrück und Achmer angreifen [433].

Anders als an den vorangegangenen Tagen trafen die Einflüge am 23. März 1944 wieder auf recht heftigen Widerstand der deutschen Tagjagdverbände im Nordwesten des Reichsgebiets; insgesamt konnte die Luftwaffe an diesem Tage 13 Tagjagdgruppen zum Abwehreinsatz aufbieten, während die Zerstörer weiterhin geschont wurden.

Da der Einflug der Viermotorigen an diesem Tage ziemlich früh erfolgte, gab es bereits kurz nach 09.00 Uhr Alarm bei den Gruppen der Reichsverteidigung; nach dem Sammeln und Steigen [434] wurden die I. und III./JG 11 einmal mehr in den gewohnten Aufmarschraum zwischen Dümmer und dem Steinhuder Meer geführt, wo es gegen 10.00 Uhr südlich Bremen zu einem heftigen Zusammenstoss mit den einfliegenden Viermotverbänden kam. Es hat den Anschein, als sei die I./JG 11 dabei erneut auf einen

---

[430] vgl. Freeman, aaO., S. 204 - 207; der OKW-Bericht meldete für den 22. März 19 Flakabschüsse, darunter 13 Viermots

[431] KTB II./JG 1; Flugbücher Heinz Bär - seit dem 18.3. in Erbenheim - und Eberhard Burath - dort seit dem 19.3.

[432] Aufzeichnungen Eberhard Burath, S. 20

[433] Freeman, aaO., S. 206

[434] Flugbuch Heinz Hanke; für ihn war dies zugleich der letzte Einsatz bei der I./JG 11 überhaupt; er wurde noch am selben Tage zur Ergänzungsgruppe nach Märkisch-Friedland versetzt, von der er im Herbst 1944 zur Schiesschule der Luftwaffe nach Værløse in Dänemark kam. Er hatte der I./JG 11 seit ihrer Aufstellung angehört und es seither auf neun Abschüsse gebracht

Auf deutscher Seite eingesetzte Verbände am 23.3.1944					
Einheit	Abschussmeldungen	Verluste im Einsatz			
		FF		Flugzeuge	
		+	verw.	60-100%	unter 60%	Boden
Stab/JG 1	-	-	-	-	-	-
I./JG 1	3 B-17	1	-	1	1	-
II./JG 1	4 B-17, 1 B-17 HSS	-	-	1	5	-
III./JG 1	1 P-47	-	-	1	3	-
Stab/JG 3	1 B-17, 1 P-51	1	-	1	-	-
I./JG 3	2 P-51	3	2	5	1	-
II./JG 3	3 B-17, 2 B-17 HSS, 1 B-17 a.s.m.	1	1	3	2	-
IV./JG 3	2 B-17, 2 B-17 HSS, 1 P-51	2	-	5	1	-
Stab/JG 11	-	-	-	-	-	-
I./JG 11	7 B-17	2	-	3	1	-
III./JG 11	1 B-24	-	-	1	1	1 b
I./JG 26	1 B-17, 1 P-51	1	-	-	1	-
II./JG 26	-	1	-	2	-	-
III./JG 26	-	-	1	1	-	-
II./JG 53	2 B-17, 2 B-17 HSS	-	1	1	-	-
III./JG 54	2 B-17, 1 B-17 e.V., 2 B-24	1	-	2	-	-
Sturmst. 1	4 B-17, 2 B-17 HSS	2	1	4	1	-
EKdo. 25	-	1	-	1	-	-
FlÜG 1	2 B-17	-	-	-	-	-
		16	6	32	17	1 b

nicht jagdgeschützten Viermot Pulk gestossen, aus dem in kurzer Zeit sechs B-17 abgeschossen werden konnten, denen einige Zeit später noch eine siebte folgen sollte -

FhjFw. Wiemann	3./JG 11	B-17	(2.)		10.00
Ofhr. Schmid	2./JG 11	B-17	(6.)		10.00
Olt. Koenig	3./JG 11	B-17	(15.)		10.00
Hptm. Hermichen	I./JG 11	B-17	(61.)		10.03
Fw. Schuecking	1./JG 11	B-17	(5.)	*	
Fw. Schuecking	1./JG 11	B-17	(6.)	*	
Fw. Doppler	2./JG 11	B-17	(20.)		10.26

Auch bei diesem Luftkampf kam die Gruppe ohne Personalverluste davon, während eine Fw 190 mit Beschussschäden notlanden musste.

Über den Verlauf des Einsatzes der III./JG 11 ist dagegen nur wenig bekannt; die Gruppe meldete einen Abschusserfolg -

Ofw. Zick	7./JG 11	B-24	(20.)	*

Abb. 645 - 646: Abgestellte Focke Wulf 190 A-7 der 2./JG 11, aufgenommen Ende März 1944 in Rotenburg; oben sieht man die " schwarze 1 ", eine A-7 mit der WerkNr. 643 701 im Rüstzustand 2, d.h. mit zwei 3 cm MK 108 in den Aussenstationen, aus diesem Winkel erkennbar an der flachen Auswölbung auf der Flächenoberseite in Höhe der Knickstrebe des linken Federbeins. Bei der I./JG 11 wurden diese Maschinen statt mit der offiziellen Bezeichnung R2 als A-7/MK bezeichnet. Deutlich sichtbar sind die bis fast zur Unkenntlichkeit übergenebelten Balken- und Hakenkreuze sowie das breite gelbe Rumpfband des JG 11. Bei der " schwarzen 15 " am rechten Bildrand handelt es sich um eine weitere Fw 190 A-7/MK. Unten - Noch einmal dieselben Maschinen, links die " schwarze 15 ", rechts die " 1 ". Deutlich sichtbar sind die beim Einbau der MK 108 wegen deren sehr kurzen Waffenlaufs erforderlichen Überrohre in der Flächenvorderkante. Hinter der " 15 " ist eben noch ein Teil der " schwarzen 13 " zu erkennen, einer weiteren Fw 190 A-7/MK, WerkNr. 643 925.

(Heizmann / Barbas)

während sie selbst eine Fw 190 im Luftkampf einbüsste, wobei deren Flugzeugführer unverletzt blieb. Der Einsatzhafen der III./JG 11 erlebte am späten Vormittag einen Tiefangriff durch amerikanische Jäger, bei dem eine Focke Wulf beschädigt wurde.

Die I. und II./JG 1 [435] trafen erst später auf den Bomberstrom; um 09.05 Uhr war die II./JG 1 mit 19 Focke Wulfs in Erbenheim nach Alarm gestartet; anschliessend wurde die Gruppe mit dem Gefechtsverband Erbenheim [436] in nordöstlicher Richtung in den Raum Braunschweig geführt, wo sie um 10.20 Uhr zwei starke B-17 Verbände von ungefähr 200 Maschinen sichtete, die zu dieser Zeit nur etwa 20 - 30 Thunderbolts bei sich hatten. Trotzdem gelang es offenbar nicht, zu einem geschlossenen Angriff auf die Viermotorigen anzusetzen, denn im KTB der II./JG 1 ist lediglich von Einzelkämpfen die Rede [437], in deren Verlauf die Gruppe vier Abschüsse und einen Herausschuss erringen konnte:

Olt. Burath	4./JG 1	B-17	(5.)	10.33
Uffz. Stiegler	4./JG 1	B-17 HSS	(4.)	10.35
Uffz. Weber	5./JG 1	B-17	(1.)	10.35
Ofw. Schuhmacher	6./JG 1	B-17	(11.)	10.38
Uffz. Zinkl	6./JG 1	B-17	(4.)	10.38
Olt. Kirchmayr	5./JG 1	B-17	n.b.	

Auch die II./JG 1 blieb dabei von Personalverlusten verschont, wenngleich Lt. Heinz Schwarz bei Wittingen abgeschossen wurde und mit dem Schirm aussteigen musste, wobei er zum Glück unverletzt blieb; drei weitere Focke Wulfs mussten mit Beschussschäden Bauchlandungen machen, doch ging es auch dabei in allen Fällen ohne Verletzte ab. Das KTB der II./JG 1 verzeichnete auch nach diesem Einsatz wiederum zahlreiche Aussenlandungen, doch kehrten die meisten Maschinen im Laufe des Nachmittages nach Rheine zurück, womit zugleich das kurze " Gastspiel " der II./JG 1 in Erbenheim beendet war.

Über den Einsatz der I./JG 1 ist wiederum nur sehr wenig bekannt; die Gruppe hatte seit kurz nach 10.00 Uhr über dem Raum nördlich Osnabrück Luftkampf mit einem Fortressverband und konnte dabei jedenfalls zwei Abschüsse durch Fw. Wiegand von der 2./JG 1 (10.10, 7.) und Fw. Köhne von der 3. Staffel (10.47, 24.) für sich verbuchen [438]. Auf der Verlustseite stand ein Gefallener: Uffz. Johann Röhl von der 3./JG 1 wurde durch das Abwehrfeuer der Viermots tödlich getroffen und stürzte mit seiner " gelben 8 " bei Diepholz ab.

Die III./JG 1 stieg um 09.12 Uhr im Alarmstart von Eschborn auf; ihr Auftrag lautete Begleitschutz für die II./JG 53, die zur gleichen Zeit von Eschborn aus zum Einsatz startete [439]; der Einsatz führte die Gruppe in den Raum Braunschweig, wo es zum Luftkampf mit einem B-17 Verband und den P-47 seines Begleitschutzes kam. Ein Thunderbolt-Abschuss durch Hptm. Burkhardt (59.) stand einem Totalverlust gegenüber, wobei der betroffene Flugzeugführer zum Glück unverletzt blieb. Mit leeren Tanks fielen die Messerschmitts danach gegen 11.00 Uhr in Gardelegen ein, wo sie kurze Zeit später noch einen Tiefangriff durch amerikanische Jäger auf ihrem Heimweg nach England über sich ergehen

---

[435] ob auch die III./JG 1 daran beteiligt war oder ob die Gruppe abermals auf sich allein gestellt im Vorfeld auf die einfliegenden Verbände angesetzt wurde, ist nicht zu erkennen

[436] so das KTB II./JG 1; es ist nicht klar, ob auch die II./JG 27 an diesem Einsatz beteiligt war, während die II./JG 53 vom nahegelegenen Eschborn jedenfalls in die Luftkämpfe über dem Raum Braunschweig eingriff - vgl. Prien, JG 53 Bd.3, S. 1296.

[437] möglicherweise eine Folge des Ausfalls von Major Bär als Verbandsführer, der ausweislich seines Flugbuches aus unbekannten Gründen bereits nach 20 Minuten wieder in Erbenheim landete

[438] sowie einen weiteren durch Maj. Schnoor, eine B-17 (18.)

[439] Flugbuch Lutz-Wilhelm Burkhardt; vgl. dazu Prien, JG 53, Teil III, S. 1296.

Abb. 647 - 648: Uffz. Otto Heizmann, Flugzeugführer in der 2./JG 11, aufgenommen Ende März 1944 auf dem Platz Rotenburg; oben sitzt er in der Kabine seiner Focke Wulf - beachte dabei die Schlauchleitung für die Scheibenspülung auf dem Windschutzrahmen und neben dem Oktandreieck die Ausschussöffnung für die Signalmunition. Unten sitzt Uffz. Heizmann auf dem Laufrad der Maschine, neben ihm ein Wart. Deutlich sind das Überrohr der MK 108 und dahinter unten der rechteckige Schacht für die Gurt- und Hülsenabführung zu erkennen. Bei dieser Fw 190 A-7 sitzt das Staurohr noch neben der Aussenflügelwaffe; beachte weiter den Antennenmast des FuG 16 ZY und den Zusatztank unter dem Rumpf.

(Heizmann / Barbas)

Abb. 649: Uffz. Heizmann vor einer anderen Fw 190 A-7/MK der 2./JG 11 auf dem Platz Rotenburg; rechts im Bild noch das Leitwerk einer weiteren Focke Wulf mit übergespritztem Hakenkreuz und gelbem Rumpfband.

Otto Heizmann gehörte der 2./JG 11 im Frühjahr 1944 für wenige Wochen an; lt. Soldbuch kam er am 28.2. zur Gruppe, der nächste Eintrag erfolgte im Juni bei der Frontfliegersammelstelle Quedlinburg. In dieser Zeit erwarb er sich das EK II für einen am 29. März 1944 gemeldeten Viermot-Herausschuss, der allerdings später möglicherweise nicht anerkannt wurde.

(*Heizmann*)

lassen mussten, der jedoch ohne Folgen blieb. Am frühen Nachmittag erfolgte dann die Rückverlegung nach Twente.

Nach dem Ende der Kämpfe meldete die deutsche Seite insgesamt 51 Abschüsse, darunter 44 Viermotorige [440]; die eigenen Verluste beliefen sich demgegenüber auf 16 Gefallene und sechs Verwundete sowie 33 verlorene Maschinen [441]. Umgekehrt meldete die 8. USAAF ihre Verluste mit 29 Viermotorigen und fünf Jägern, während sie auf der Habenseite 62 Abschüsse sowie zwei am Boden zerstörte Flugzeuge für sich in Anspruch nahm [442].

Wenngleich die I./JG 11 beim Abwehreinsatz an diesem Tage von Verlusten verschont geblieben war, kam es bei einem Übungseinsatz am Nachmittag noch zu einem Unfall mit tödlichem Ausgang, als die Maschinen von Olt. Wilhelm-Ferdinand Grützmacher von der 2.Staffel und Uffz. Walter Riede von der 3./JG 11 abstürzten und dabei beide Flugzeugführer mit in die Tiefe nahmen.

---

[440] OKW-Bericht, 24.3.1944; die Tagesmeldungen der Jagddivisionen wiesen bei der 1. JD 12 Viermots und 4 Jäger, bei der 2. JD 9 Viermots sowie 2 wahrscheinliche Abschüsse und bei der 3. JD 8 Viermots und 5 wahrscheinliche Abschüsse aus

[441] vgl die Aufstellung auf S. 806

[442] Freeman, aaO., S. 206 / 207; unter den Verlusten befanden sich je ein Bomber und Jäger der "Cat.E", während die Aufschlüsselung der Abschüsse bei den Bombern 33-8-11 und bei den Jägern 20-1-6 lautete

Abb. 650 : Uffz. Rudolf Martin von der 1./JG 1 auf dem Kabinenrand seiner "weissen 4", einer Fw 190 A-7; er fiel am 29. März im Luftkampf bei Dedesleben.

(Köhne)

Am **24. März 1944** flogen 230 B-17 der 1 BD einen weiteren Angriff auf die Kugellagerwerke um Schweinfurt; wetterbedingt blieb der Abwehreinsatz auf deutscher Seite sehr gering, so dass vermutlich alle neun an diesem Tage gemeldeten Abschüsse auf das Konto der Flak gegangen sein dürften [443].

Von den Gruppen der JG 1 und 11 waren offenbar nur die III./JG 1 und die III./JG 11 im Einsatz; die III./JG 1 war um 09.50 Uhr im Alarmstart aufgestiegen und geriet danach an die P-51 des Jagdschutzes, mit denen es zu einem ergebnislosen Luftkampf kam [444]. Der Einsatz der III./JG 11 führte dagegen offensichtlich nicht zur Feindberührung. Der fliegende Verband der I./JG 1 kehrte unterdessen von Wiesbaden nach Hopsten zurück [445].

Während der folgenden vier Tage kam es nicht zu weiteren Einflügen der Viermotorigen der 8. USAAF in das Reichsgebiet; schlechtes Wetter mit einem erneuten Wintereinbruch sorgte einmal mehr für eine Einsatzpause für die zuletzt schwer geprüften deutschen Einheiten. Soweit möglich, wurden dennoch Werkstatt-, Übungs- und FT-Flüge durchgeführt, bei denen es wiederum zu einigen Unfällen kam - so meldete die II./JG 11 am 25. März 1944 den Verlust von Ofhr. Bruno Helsing von der 6. Staffel, der beim Absturz während eines Übungsfluges zu Tode kam, während Uffz. Wilhelm Peine von der 2./JG 1 am 28. März durch einen Überschlag bei der Landung in Hopsten schwer verletzt wurde.

Am **29. März 1944** erfolgte ein schwächerer Tagesangriff auf Braunschweig; insgesamt 236 B-17 der 1 BD sollten abermals die Luther Werke sowie Flugplätze und Reparaturwerke in und um Braunschweig angreifen, wobei sie von 428 Begleitjägern geschützt werden sollten. Die Luftwaffe konnte insgesamt elf Tagjagdgruppen gegen diesen Einflug ansetzen.

---

[443] OKW-Bericht, 25.3.1944; Freeman, aaO., S. 207 - danach verlor die 8. USAAF drei Viermotorige und fünf Jäger, wobei vier dieser Verluste durch Zusammenstösse eintraten

[444] Flugbuch Hans Halbey; danach fand der Luftkampf in 10.000 m Höhe statt, wobei Hans Halbey hinzufügte: "Finger erfroren"

[445] Aufzeichnungen Siegfried

Auf deutscher Seite eingesetzte Verbände am 29.3.1944						
Einheit	Abschussmeldungen	\multicolumn{2}{c}{FF}	\multicolumn{3}{c}{Flugzeuge}	
		+	verw.	60-100%	unter 60%	Boden
Stab/JG 1	-	-	-	-	-	-
I./JG 1	1 P-38	6	-	7	2	1 z
II./JG 1	3 P-51	2	-	4	-	-
III./JG 1	-	-	-	-	1	-
I./JG 3	1 P-51	-	-	2	-	-
II./JG 3	-	4	-	3	1	-
IV./JG 3	1 B-17, 1 P-51	-	-	-	-	-
Stab/JG 11	1 B-17, 2 P-51	-	1	1	1	-
I./JG 11	7 B-17, 2 B-17 HSS, 1B-17 e.V., 2 P-51	1	2	3	2	-
III./JG 11	-	-	-	2	2	-
III./JG 54	-	7	-	5	4	-
III./JG 301	1 B-17, 1 P-38	1	2	3	-	-
I./JG 302	-	-	1	1	1	-
		21	6	31	14	1 z

Für die I./JG 1 war der 29. März 1944 ein rabenschwarzer Tag, denn sie verlor insgesamt sechs Gefallene und kam dabei selbst nur zu einem Abschuss [446]; zwischen Hannover und Halberstadt wurden die Focke Wulfs der Gruppe von überlegenen amerikanischen Jagdgruppen angenommen und hatten keine Möglichkeit, sich der Angriffe der Mustangs wirksam zu erwehren. Danach musste die I./JG 1 den Tod von Uffz. Rudolf Martin von der 1. Staffel melden, der im Luftkampf bei Dedeleben in der Nähe von Halberstadt abgeschossen wurde. Die 2./JG 1 hatte zwei Gefallene: Fw. Werner Wiegand fiel im Luftkampf mit Jägern bei Helmstedt, während Uffz. Hans Eisenberger im Raume Hannover / Braunschweig abgeschossen wurde. Die 3. Staffel verlor Uffz. Alfred Hoyer, der bei Schöppenstedt tödlich abgeschossen wurde. Zwei Gefallene meldete schliesslich die Sonderstaffel des JG 1 [447]: Staffelkapitän Hptm. Günther Wrobel fiel im Luftkampf mit P-51 bei Schlahnstedt / Halberstadt, während Uffz. Harry Kubon bei Wohlsdorf herunterkam.

Die II./JG 1 startete mit 28 Maschinen um 12.36 Uhr in Rheine auf Alarm [448]; den anschliessenden Einsatz erinnert Eberhard Burath folgendermassen:

Am 29. März stiegen wir nach Alarmstart in der Spirale durch ein enges Wolkenloch nach oben. Über dem Rand warteten schon die Mustangs. Zusatztanks weg - tausende Liter prasselten in die Stadt, dann jagten sie uns auseinander. Ich drückte wieder in die Wolken weg, mein Rottenflieger, ein ganz junges Kerlchen, neben mir. Auf einmal war der Knüppel butterweich. Zu spät sah ich auf die Instrumente - alle Zeiger standen in den Ecken, der Horizont auch ! Mit wilden Ruderausschlägen versuchte ich abzufangen, aber

---

[446] der zudem nicht zweifelsfrei nachgewiesen ist, durch Olt. Hans Ehlers - P-38 (41.) *

[447] bei der Sonderstaffel handelte es sich um die im November 1943 aufgestellte Bewährungsstaffel innerhalb des JG 1 - vgl. oben S. 534

[448] KTB II./JG 1; Flugbücher Heinz Bär, Eberhard Burath

nichts ging mehr, die Höhe ging rasend weg. Bei 1.000 m schoss ich die Haube ab, 500 m - raus ! Ich brauchte nur den Gurt zu lösen, da fiel ich schon wie ein Stein aus der Maschine - ich war wohl im Rückenflachtrudeln nach Überziehen. Ich zog gleich und kam erst eben über dem Boden im Schneetreiben aus den Wolken. Eine Böe drückte mich auf einige Häuser zu, ich zog ein ganzes Bündel Leinen, um eher runterzukommen, zu spät. Mit voller Wucht knallte ich ausgerechnet in des Pastors Garten gegen einen Wäschepfahl und blieb benommen unter dem Schirm liegen. Dann schreckten mich Stimmen auf: " Schlagt ihn tot, den Gangster, hängt ihn auf, den Hund !" Hoppla, die meinten mich ! Ich war wieder hellwach und brüllte die Leute, die sich mit Knüppeln und Flinten um mich versammelt hatten, in gutem Plattdeutsch an, während ich unter der Seide des Fallschirms hervorkroch. Da sahen sie auch meine Armbinde, nicht mit dem Hakenkreuz, sondern mit der Aufschrift " Deutsche Wehrmacht ". "Ach so, dat is ja een Dütschen." Sie schienen richtig enttäuscht zu sein. Trotzdem konnte ich ihre ohnmächtige Wut auf die Bombenwerfer verstehen. [449]

Unter diesen Umständen hatten die Focke Wulfs der II./JG 1 keine Gelegenheit, an die Viermots heranzukommen [450], sondern mussten sich in erbitterten Kurbeleien mit einer Gruppe von 30 - 40 P-51 ihrer Haut erwehren. Bei drei Abschüssen

Maj. Bär	II./JG 1	P-51	(196.)	13.25
Maj. Bär	II./JG 1	P-51	(197.)	13.35
Uffz. Stiegler	4./JG 1	P-51	(5.)	13.40
Olt. Kirchmayr	5./JG 1	B-17	n.b.	

verlor die II./JG 1 selbst vier Maschinen, wobei zwei Flugzeugführer ums Leben kamen - FhjFw. Max Sauer vom Gruppenstab stürzte mit seiner "roten 21" bei Badersleben ab, während Uffz. Hans Nieskens von der 4./JG 1 getötet wurde, als seine Focke Wulf nach Volltreffern in der Luft explodierte. Neben Olt. Burath, der, wie oben berichtet, ohne Feindeinwirkung mit dem Schirm aussteigen musste, traf es den Flg. Georg Blech von der 5./JG 1, den die P-51 bei Halberstadt herunterholten; auch er konnte sich unverletzt mit dem Fallschirm in Sicherheit bringen. Über den Einsatz der III./JG 1 ist wiederum fast nichts bekannt; die Gruppe, die um 12.40 Uhr in Twente gestartet war [451], meldete unter dem 29. März 1944 lediglich eine ohne Feindeinwirkung beschädigte Maschine.

Die I./JG 11 geriet gegen 13.50 Uhr östlich Celle - Quadrate FB / FC - an einen von Mustangs geschützten B-17 Verband, mit dem es zu einem heftigen Luftkampf kam; abermals konnte die Gruppe zwölf Ab- und Herausschüsse für sich verbuchen,

Ofhr. Schmid	2./JG 11	B-17	(7.)	13.48
Olt. Koenig	3./JG 11	B-17 HSS	(16.)	13.48
Ofhr. Dreizehner	1./JG 11	B-17	(6.)	13.50
Fw. Schmidt	2./JG 11	B-17	(2.)	13.52
FhjOfw. Stöwer	3./JG 11	B-17	(9.)	13.53
Uffz. Folger	1./JG 11	P-51	(1.)	13.55
Fw. Schuecking	1./JG 11	B-17 HSS	(7.)	13.58
Olt. Dobrick	I./JG 11	B-17	(9.)	13.59

---

[449] Aufzeichnungen Eberhard Burath, S. 21; dort ist zwar von Thunderbolts die Rede, doch wurde die II./JG 1 tatsächlich von Mustangs angegriffen

[450] im KTB der II./JG 1 ist allerdings die Rede davon, dass die Gruppe in 7000 m Höhe einen geschlossenen Frontalangriff habe fliegen können, doch wird - was ungewöhnlich wäre - von nicht einem einzigen Ab- oder Herausschuss dabei berichtet

[451] Flugbuch Lutz-Wilhelm Burkhardt

Abb. 651 - 652: Zwei Aufnahmen von Fw. Alwin Doppler, einem der "Experten" der I./JG 11; unten sieht man ihn in seiner "schwarzen 10", einer Fw 190 A-7 mit Flächen-MK 108, aufgenommen im März 1944 in Rotenburg.

(Schrangl / Güthenke)

Lt. Schrangl	I./JG 11	B-17	(3.)	14.00 [452]
FhjFw. Wiemann	3./JG 11	B-17	(3.)	14.00
Fw. Doppler	2./JG 11	P-51	(21.)	14.01
Fw. Jochim	1./JG 11	B-17	(2.) *	

doch ging es an diesem Tage nicht ohne Verluste ab: ein Gefallener und zwei Verwundete sowie vier als Totalverluste abzuschreibende Maschinen lautete die Bilanz am Ende des Tages. Die 3./JG 11 verlor Uffz. Robert Schreivogl, der bei Wildeshausen unter nicht näher bekannten Umständen fiel, während FhjFw. Günther Wiemann im Luftkampf mit Jägern bei Wunstorf verwundet wurde. Bei der 2. Staffel wurde Fw. Gustav Schmidt in der Nähe von Gardelegen abgeschossen und verwundet. Mehr Glück hatte der Gruppenkommandeur Hptm. Rolf Hermichen, der im Luftkampf abgeschossen wurde, sich aber mit dem Fallschirm unverletzt in Sicherheit bringen konnte.

Die III./JG 11 war offenbar gemeinsam mit den Messerschmitts des Stabsschwarms im Einsatz; die Gruppe geriet gegen 14.30 Uhr über dem Raum Bremen an einen abfliegenden Boeingverband, der von P-51 geschützt wurde. Drei Abschüssen, die sämtlich an den Geschwaderstabsschwarm gingen -

Uffz. Blaha	Stab/JG 11	B-17	(4.)	14.40
Obstlt. Graf	Stab/JG 11	P-51	(211.)	
Obstlt. Graf	Stab/JG 11	P-51	(212.)	

stand der Verlust eines Schwerverwundeten sowie von drei abgeschossenen Maschinen gegenüber; dabei büsste das Geschwader seinen Kommodore ein, als Obstlt. Hermann Graf in der Nähe von Schwarmstedt nach dem Abschuss einer Mustang eine weitere rammte und danach schwer verwundet mit dem Schirm aussteigen musste. Die III./JG 11 büsste zwei Fw 190 als Totalverluste ein, während zwei weitere erheblich beschädigt wurden, doch ging es dabei offenbar ohne Personalverluste ab [453].

Am Ende meldete die Luftwaffe 22 Abschüsse bei der Bekämpfung des Angriffs auf Braunschweig, darunter zwölf Viermots [454]; ihre eigenen Verluste beliefen sich auf 21 Gefallene und sieben Verwundete sowie 30 Maschinen als Totalverluste und weitere 14 mit schweren Beschädigungen [455]. Die 8. USAAF bezifferte ihre Verluste dagegen mit 10 Viermotorigen und 18 Begleitjägern, während sie umgekehrt 59 Abschüsse sowie 20 am Boden zerstörte Flugzeuge auf der Habenseite beanspruchte [456].

Bis zum Ende des Monats erfolgten keine weiteren Einflüge durch Verbände der 8. USAAF. Gleichwohl gab es in dieser Zeit noch einen Gefallenen und einen Verletzten zu verzeichnen - am 30. März 1944 stürzte Uffz. Karl Tomanek von der 11./JG 11 infolge Motorstörung an seiner Bf 109 T vor der südnorwegischen Küste ab und kam dabei ums Leben. Einen Tag darauf beendete Uffz. Eberhard Clemen vom Stab/JG 1 - ebenfalls wegen einer Motorstörung - einen Werkstattflug bei Neuendorf vorzeitig auf den Bauch, wobei er mit dem Kopf gegen das Gerätebrett schlug und dadurch schwer verletzt wurde.

Der März 1944 war gekennzeichnet durch das überwiegend schlechte Wetter, das den Einsatz der beiden gegnerischen Luftwaffen sehr nachhaltig beeinflusste, allerdings mit sehr unterschiedlichen

---

[452] möglicherweise nur als endgültige Vernichtung bestätigt

[453] die namentlichen Verlustmeldungen WASt. gerade der III./JG 11 sind sehr lückenhaft, so dass hier durchaus auch personelle Einbussen entstanden sein können

[454] OKW-Bericht, 30.3.1944; die Tagesmeldung der 1.JD lautete auf 1 B-17, 1 B-17 wahrsch. sowie 1 Jäger; die Zahlen der 2. JD lauteten 6 B-17, 3 B-17 wahrsch. und 6 Jäger, während die 3. JD 3 Jäger meldete

[455] vgl. die Aufstellung auf S. 812

[456] Freeman, aaO., S. 211; unter den Verlusten befinden sich ein Viermot und sechs Jäger als "Cat.E ", während die Verteilung der Abschüsse 8-3-6 bei den Bombern und 44-4-13 bei den Jägern lautete

Abb. 653 - 654: Zwei Aufnahmen aus dem Gruppengefechtsstand der I./JG 11 in Rotenburg Ende März 1944; eben ist die Nachricht von der Ritterkreuzverleihung an Hptm. Rolf Hermichen durchgekommen, die Grund genug für einen guten Schluck ist - oben sieht man Hptm. Hermichen und hinter ihm FhjOfw. Heinz Stöwer, unten von links Ofhr. Gerhard Dreizehner, Olt. Hans-Heinrich Koenig, Lt. Hans Schrangl und Hptm. Rolf Hermichen.

(Güthenke)

Abb. 655 - 660: Sechs Aufnahmen der " weissen 7 ", einer bei AGO Oschersleben hergestellten Fw 190 A-7 mit der WerkNr. 431 012, die im März 1944 von Ofw. Siegfried Zick von der 7./JG 11 geflogen wurde; die Aufnahmen stammen sämtlich aus Oldenburg. Die Maschine macht insgesamt einen fast " ungebrauchten ", neuen Eindruck; wie üblich, sind Haken- und Balkenkreuze fast völlig übergenebelt und kaum noch zu erkennen. Dagegen sind die Kennung und das gelbe Rumpfband deutlich sichtbar. Auf den beiden Aufnahmen auf dieser Seite haben sich einige Flugzeugführer der 7./JG 11 bei der Maschine versammelt; oben sieht man in der Mitte Ofw. Siegfried Zick und rechts neben ihm Ofhr. Manfred Wolf.

(Zick / Jung)

Oben sitzt Ofw. Siegfried Zick auf der MG-Abdeckhaube der Maschine, unten mit dem Staffelhund auf dem Kabinenrand der "weissen 7"; beachte, dass die Kennziffer im oberen Bereich leicht mit grauer Tarnfarbe übergenebelt wurde.

(Zick)

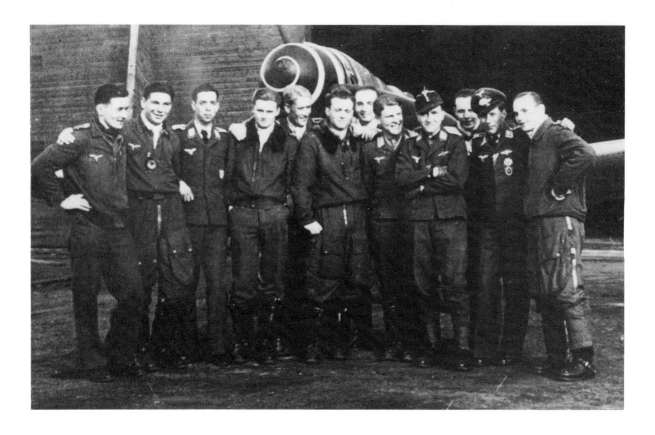

Abb. 661 - 662: Zwei Aufnahmen aus der Auffrischungszeit der II./JG 11 in Wunstorf, Ende März 1944 - oben sieht man von links Uffz. Müller, Uffz. Kunz, Ofhr. Grill, Uffz. Loeper, Uffz. Althaus, - ? -, Uffz. Fischer, Uffz. Vüllings, Staffelführer Lt. Trockels, Uffz. Strosetzki, Fw. Biermann und Lt. Wimmers. Unten von links Uffz. Müller, Uffz. Vüllings, Uffz. Strosetzki, Lt. Trockels, Ofhr. Grill, Uffz. Althaus und Uffz. Kunz. Beachte bei beiden Messerschmitts die sich nach vorn verjüngende gelbe Spirale auf der schwarzen Propellerhaube sowie bei der Maschine unten den recht hellen, streifig wirkenden Anstrich.

(Strosetzki / Berndt)

Abb. 663: Der Schwarm von Lt. Andreas Trockels, der die 6./JG 11 im März 1944 übernommen hatte, vor einer Bf 109 G-6 - von links Uffz. Strosetzki, Lt. Trockels, Uffz. Vüllings und Uffz. Althaus. Beachte die ungewöhnlich breiten Luftschraubenblätter und den schwarzen Einfass der Auspuffrohre sowie die Erla-Haube.

(Berndt)

Auswirkungen; während nämlich die 8. USAAF die Zahl ihrer Einsätze gegenüber dem Vormonat weiter steigern konnte - von 9.884 auf 11.590, davon 8.773 "effective" [457] -, sorgten die nach der " BIG WEEK " deutlich abgesunkenen Einsatzstärken sowie ganz wesentlich die fehlende Schlechtwetterausbildung bei den deutschen Tagjagdverbänden für einen Rückgang der Einsatzzahl von 4.242 auf noch 3.672. Gleichzeitig stieg jedoch die Verlustrate unaufhaltsam weiter an und erreichte in diesem Monat mit 349 Totalverlusten bereits 9,4% für den Bereich der Tagjagd - fast dieselbe Zahl an verlorenen Flugzeugen, nämlich 347 im März 1944, bedeuteten für die 8. USAAF dagegen lediglich 3,3% gegenüber noch 3,8% im Monat zuvor [458].

In absoluten Zahlen ausgedrückt hatte die Reichsluftverteidigung im März 1944 folgende Verluste zu verzeichnen [459]:

---

[457] Freeman, Mighty Eighth, Anhang; als " effective " galten solche Einsätze, bei denen die Maschine tatsächlich zum Bombenwurf kam , sei es auf das vorgesehene - "primary" - oder ein Gelegenheitsziel

[458] Groehler, BK, S.218, unter Verweis auf USSBS, Statistical Appendix, S. 29; BA RL 2 / v. 3157

[459] Unterlagen Oberst Lützow

Verluste an fliegendem Personal
März 1944

	Jäger m.F.		Jäger o.F.		Zerstörer m.F.		Zerstörer o.F.		Nachtjäger m.F.		Nachtjäger o.F.	
gefallen	104	(25)	40	(6)	13	(5)	4	(0)	16	(8)	27	(12)
verwundet	64	(20)	30	(5)	20	(4)	2	(1)	10	(3)	14	(4)
vermisst	21	(1)	2	(0)	0	(0)	0	(0)	0	(0)	1	(0)
	189	46	72	11	33	9	6	1	26	11	42	16

Verluste an Flugzeugen

	Jäger m.F.	Jäger o.F.	Zerstörer m.F.	Zerstörer o.F.	Nachtjäger m.F.	Nachtjäger o.F.
60 - 100%	249	100	36	7	43	64
10 - 60 %	90	115	6	12	22	68
	339	215	42	19	65	132 [460]

---

[460] ergänzend dazu seien die Verluste der Tagjagdverbände im Osten im März 1944 genannt:

Einheit	fliegendes Personal					Flugzeugverluste					
	+	KG	verw.	+	verl.	60-100%	unter 60%	60-100%	unter 60%	60-100%	unter 60%
JG 5 4/1	1	1	-		1	10	5	-	1	3	3
JG 51	1	-	1	-	1	2	9	-	-	1	2
JG 52	9	-	9	-	1	16	21	2	-	1	2
JG 54	3	-	2	1	-	9	10	1	3	2	11
	18	1	13	1	3	37	45	3	4	7	18

Verluste der Tagjagdverbände
März 1944
(nur Reichsverteidigung, West und Süd)

Einheit	fliegendes Personal							Flugzeugverluste			
	+	KG	verw.	+	verl.	60-100%	unter 60%	60-100%	unter 60%	60-100%	unter 60%
JG 1	20	-	3	2	2	38	38	1	5	3	16
JG 11	28	-	14	5	-	62	42	-	2	17	12
Sturmst. 1	3	-	2	-	-	6	3	-	-	-	1
JG 2	29	-	18	4	-	52	24	5	1	6	9
JG 3	29	-	12	4	-	55	15	1	-	12	2
I./JG 4	5	1	3	1	-	11	4	-	-	2	2
I./JG 5	4	-	5	-	-	8	15	-	-	3	-
IV./JG 5	4/1	-	-	-	-	5	5	-	-	1	1
EKdo. 25	1	-	-	-	-	1	-	-	-	-	-
JG 26	23	-	13	4	1	39	25	-	-	7	17
JG 27	14	-	6	3	-	29	20	-	-	7	12
II./JG 51	1	-	1	-	-	2	-	1	2	-	1
JG 53	25	2	16	-	-	55	24	-	18	1	6
III./JG 54	15	-	4	1	-	19	12	-	-	5	7
JG 77	5	1	2	1	2	17	11	4	3	2	7
St./JG zbV	-	-	-	-	-	2	-	-	-	-	-
JG 300	6	-	9	1	1	29	6	-	-	1	6
JG 301	8	-	6	3	1	17	7	-	-	5	5
JG 302	8	-	4	1	1	16	3	-	-	3	1
SG 4	12	1	1	2	1	21	10	5	2	1	2
I./SKG 10	5	-	1	-	-	6	4	-	1	2	2
KG 51	4/2	-	-/2	2/2	-	4	-	-	-	2	-
Jasta Erla	-	-	-	-	-	2	-	-	-	-	-
Ind.Schutz	2	-	-	-	-	2	-	-	-	-	-
ESt. Rechl.	2	-	-	2	-	-	-	-	-	*	*
JG 101	1	-	-	*	*	2	1	-	-	*	*
JG 104	1	-	2	*	*	4	1	-	-	*	*
JG 105	2	-	-	*	*	2	1	-	-	*	*
JG 106	2	-	-	*	*	4	-	-	-	*	*
JG 107	-	-	-	*	*	-	2	-	-	*	*
JLUSt.	1	-	-	1	2	1	-	-	-	3	-
JGr. West	15	-	3	*	*	16	-	-	-	*	*
JGr. Süd	-	-	-	*	*	2	1	-	-	*	*
ZG 1	5/10	-	-	4/6	1/3	7	-	4	-	5	-
ZG 26	6/11	-	8/2	2/1	-/1	17	5	-	-	2	3
ZG 76	7/9	-	10/6	-	-	23	5	-	-	2	3
ZG 101	4/7	-	-	*	*	5	-	-	-	*	*
Erg.ZGr.	1/2	-	-	3/3	-	1	-	-	-	5	1
FlUG 1	1	-	-	-	-	1	-	-	-	-	-
	299/42	5	143/10	46/12	10/4	583	284	21	34	97	116

Anmerkungen:

1.) bei den Zerstörerverbänden bezeichnet die erste Zahl bei den Personalverlusten die Flugzeugführer, die zweite die der übrigen Besatzungsmitglieder

2.) reine Betriebsverluste der Schul- und Ergänzungseinheiten wurden nicht erfasst, sondern mit einem "*" gekennzeichnet

Abb. 664 - 665: Am 2. April 1944 erhielt Hptm. Rolf Hermichen in Rotenburg aus der Hand von GenO. Stumpff, dem Kommandierenden General der Luftflotte Reich, das ihm am 26. März 1944 verliehene Ritterkreuz; unten sieht man den Gruppenkommandeur mit dem eben verliehenen Ritterkreuz, wie er zusammen mit GenO. Stumpff und Oberst Ibel die Front der angetretenen I. Gruppe abschreitet.

(Güthenke)

Abb. 666 - 667: Bei derselben Gelegenheit entstanden auch diese beiden Aufnahmen - oben begrüsst GenO. Stumpff den Staffelkapitän der 3./JG 11 Olt. Hans-Heinrich - " King " - Koenig, unten zeichnet er drei verdiente Flugzeugführer der I./JG 11 mit dem EK I aus - von links FhjFw. Rudolf Schmid, FhjFw. Hans-Georg Güthenke und Fw. Heinz Hanke. Ganz rechts erkennt man den Gruppen-Adjutanten der I./JG 11, Lt. Hans Schrangl.

(Güthenke)

Am **1. April 1944** sollte ein starker Tagesangriff der 8. USAAF Industriezielen in Ludwigshafen gelten; der Einsatz geriet jedoch aufgrund schlechten Wetters zu einem völligen Fehlschlag, da von 440 eingesetzten Viermotorigen nicht ein einziger das Zielgebiet erreichte und nur 165 ihre Bomben weit verstreut zwischen der Pfalz, dem Elsass und dem Schweizer Gebiet um Schaffhausen abladen konnten [461]. Die JG 1 und 11 waren an dem Abwehreinsatz gegen diesen Einflug nicht beteiligt; allerdings kamen Teile des JG 1 zum Ansatz auf die nach der Ablösung zurückfliegenden Gruppen der Begleitjäger, die auch an diesem Tage ihren Heimweg wieder zu zahlreichen Tiefangriffen auf deutsche Fliegerhorste entlang ihres Flugweges nutzten. Die II./JG 1 erlebte um 09.45 Uhr einen - folgenlosen - Tiefangriff durch eine Gruppe P-47, wobei auch der Einsatz der elf Minuten später zum Platzschutz aufgestiegenen fünf Focke Wulfs erfolglos blieb [462]. Ähnlich scheint es bei der I. Gruppe gewesen zu sein, wobei dort allerdings der Abschuss einer Thunderbolt durch Fw. Rauhaus gemeldet wurde (7.). Die III./JG 1 schliesslich hatte ebenfalls eine Auseinandersetzung mit P-47 zu bestehen, in deren Verlauf sie einen Verwundeten einbüsste, als Fw. Josef Kehrle von der 8. Staffel im Raume Zwolle abgeschossen und zu einer Notlandung gezwungen wurde, wobei er sich leichte Verletzungen zuzog.

Die darauffolgende Woche verlief weitgehend ruhig; nach wie vor verhinderte das winterlich schlechte Wetter grössere Tageseinflüge der 8. USAAF, so dass es bei den JG 1 und 11 während dieser Tage nicht zu nennenswerten Abwehreinsätzen kam.

Beim JG 1 standen zu Beginn des Monats für den Stab und alle drei Gruppen Verlegungen an, deren Ziel es offensichtlich war, das Geschwader auf einem engen Raum zu versammeln und dadurch die Bildung von Gefechtsverbänden aus allen Teilen des Geschwaders zu erleichtern. Der Geschwaderstab und die I./JG 1 verlegten daher am **5. April 1944** von Twente nach Lippspringe [463], einem zum Teil bereits zu Friedenszeiten ausgebauten Einsatzhafen, der über ein festes Gebäude für die Stabs- und Nachrichteneinrichtungen und über eine kleine Feldwerft, in der die notwendigen kleineren Reparaturen und Umrüstungen vorgenommen werden konnten, verfügte. Der Platz selbst hatte eine Grasnarbe und war dicht umsäumt vor Kiefern- und Fichtenwäldern, in denen die Bereiche der Staffeln und die Abstellboxen für die Focke Wulfs und Messerschmitts lagen [464].

Auch bei der II./JG 1 wurden Vorbereitungen für eine Verlegung der Gruppe getroffen; am 3. April 1944 wurde ein Vorkommando der 6. Staffel von Rheine nach Störmede in Marsch gesetzt, um diesen Platz, der als neuer Einsatzhafen für die II./JG 1 vorgesehen war, für den Einsatz der Gruppe vorzubereiten [465]. Der Platz von Störmede lag elf Kilometer südöstlich Lippstadt. Die Überführung des fliegenden Verbandes erfolgte bei der II./JG 1 am 7. April 1944; an diesem Tage verlegten insgesamt 45 Fw 190 und eine einzelne Bf 109 von Rheine auf den neuen Platz, was ohne Zwischenfälle vonstattenging [466].

Die III./JG 1 schliesslich verlegte von Mönchengladbach nach Paderborn, einem bereits zu Friedenszeiten gut ausgebauten Fliegerhorst mit festen Hallen und Stabsgebäuden sowie einem befestigten

---

[461] Freeman, aaO., S.212; dort wird ausgeführt, dass Fehler der Pfadfindermaschinen dafür gesorgt hätten, dass der Bomberstrom zum Teil 150 km südlich des vorgesehenen Einflugweges anmarschiert sei. Die Bombardierung von Zielen in der Schweiz habe zu einer symbolischen Schadensersatzleistung der USA in Höhe von US $ 1 Mio geführt

[462] KTB II./JG 1

[463] Aufzeichnungen Siegfried

[464] Unterlagen Rudolf Engleder; zum Platz von (Bad) Lippspringe vgl. auch Prien, JG 53, Teil 3, S.1374, sowie Ries / Dierich, aaO., S. 46;. da der Platz unmittelbar neben einer Lungenheilanstalt lag, trug er den Spottnamen "Bad Spucklunge"

[465] KTB II./JG 1

[466] KTB II./JG 1; Flugbücher Heinz Bär, Eberhard Burath

Abb. 668 - 669: Zwei erfahrene Flugzeugführer, die vom JG 77 zum JG 1 kamen und beide zur 7. Staffel gehörten - links Hptm. Lutz-Wilhelm Burkhardt, seit Ende Februar 1944 Staffelkapitän der 7./JG 1 und rechts Ofw. Herbert Kaiser, der Anfang April 1944 zur III./JG 1 versetzt wurde.

(Burkhardt / Petrick)

Hallenvorfeld [467]. Dort stiess gleich zu Beginn ein neuer Flugzeugführer zur III./JG 1: Ofw. Herbert Kaiser, ein erfahrener und mit 60 Abschüssen sehr erfolgreicher Flugzeugführer, der bereits seit März 1943 das Ritterkreuz trug, meldete sich beim Stab/JG 1 in Lippspringe; mit ihm kam ein weiterer erfolgreicher Flugzeugführer, der bei seinem "Stammgeschwader", dem JG 77, in Ungnade gefallen war, zum JG 1 [468] - über seinen Empfang dort berichtet er:

Am 28. Februar 1944 hatte ich geheiratet und anschliessend meinen Hochzeitsurlaub angetreten; es war eine herrliche, unbeschreiblich schöne Zeit gewesen. Doch nun wartete mein neues Kommando auf mich; ich war zum JG 1 in die Reichsverteidigung versetzt [469] und musste mich in Lippspringe bei meinem neuen Kommodore Oberst Walter Oesau melden. Die ersten Worte des neuen Kommodores bei meiner Meldung: " Ich erwarte von Ihnen, dass Sie mindestens dreimal im Monat im Geschwaderbericht erfolgreich erwähnt werden !" Diese Worte machten mir klar, dass meine Personalpapiere

---

[467] Bericht Walter Pleines, 18.7.1993; Ries/Dierich, aaO., S.51 sowie Skizze S. 237

[468] vgl. oben S. 570, Fn. 2

[469] Herbert Kaiser war aufgrund einer - völlig ungerechtfertigten - ausserordentlich schlechten Beurteilung seines Vorgesetzten im JG 77, der ihm Feigheit vor dem Feinde und Flucht in eine nicht vorhandene Krankheit vorwarf, in erhebliche Schwierigkeiten geraten und sah sich einer Versetzung zu einer Frontbewährungsstaffel ausgesetzt, was letztlich durch Oberst Trautloft nach einem persönlichen Gespräch im Luftwaffen-Lazarett Halle-Dölau "abgebogen" und in eine Versetzung zum JG 1 abgeändert wurde - Aufzeichnungen Herbert Kaiser, S. 78

Abb. 670 - 671: Ende März / Anfang April 1944 wurden der II./JG 1 die ersten Fw 190 A-8 zugewiesen; diese beiden Aufnahmen zeigen zwei A-8 der 6. Staffel. Zunächst haben sich die Techniker der neuen Maschinen angenommen, die hier bereits eine weisse Spirale auf der Propellerhaube, das Geschwaderemblem auf der Motorhaube und das breite rote Rumpfband des JG 1 erhalten haben. Bei beiden Maschinen sind die Öffnungen für die Aussenflügelwaffen mit einem Blech verschlossen. Die Maschine oben lässt unter der Fläche dahinter zwei kleine Ausbuchtungen erkennen, ein Zeichen dafür, dass der Flügel zur Aufnahme der MK 108 vorgesehen war.

(Hartwig)

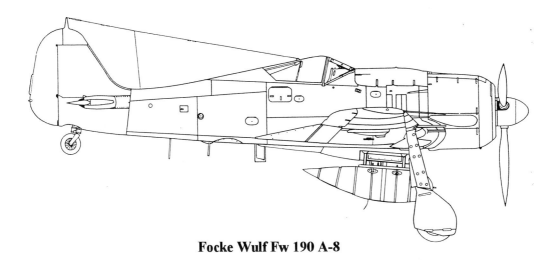

Focke Wulf Fw 190 A-8

Ende März / Anfang April 1944 wurden den Gruppen der JG 1 und JG 11 die ersten Maschinen der neuen Baureihe A-8 zugewiesen; diese unterschieden sich von der A-7 im wesentlichen durch einen zusätzlichen 115 l Zusatzbehälter im Rumpf, der wiederum eine Versetzung des ETC 501 um 200 mm nach vorn erforderlich machte. Serienmässig wurde das FuG 16 ZY eingebaut, nach aussen erkennbar an der Zugangsklappe auf der rechten Rumpfseite unter der Kabine, weswegen der Tankdeckel für den hinteren Kraftstoffbehälter nach vorn unten verlegt werden musste. Regelmässig befand sich das Staurohr für den Fahrtmesser neben dem Randbogen der rechten Tragfläche.

Länge :	8,95 m	Motor :	BMW 801 D-2	Leergewicht :	3.050 kg
Spannweite :	10,50 m		1.700 PS	Fluggewicht :	4.683 kg
Höhe :	3,95 m	Bewaffnung :	2 MG 131, 4 MG 151/20		

Abb. 672: Bad Lippspringe, April 1944 - Kommodore Oberst Walter Oesau im Kreise von Offizieren der I./JG 1 beim ungezwungenen Kaffetrinken; von links sieht man Hptm. Rudolf Engleder, Maj. Emil Rudolf Schnoor, Oberst Walter Oesau, Olt. Helmut Biederbick (mit dem Rücken zur Kamera) und Olt. Hans Ehlers.

(Engleder)

vollständig zum neuen Geschwader übergewechselt waren. " Sieg oder Tod " wären die kürzeren und sicher auch treffenderen Worte zur Begrüssung gewesen ! Nun, innerhalb einer Woche im neuen Geschwader habe ich vier Gegner abgeschossen [470]. *Der Kommodore hat sich dadurch wohl überzeugen lassen, dass einiges in der vorliegenden Beurteilung über mich wohl nicht stimmen konnte und fortan wurde über die Vergangenheit zwischen uns nicht mehr gesprochen* [471].

Schon am ersten Tage auf dem neuen Einsatzplatz hatte die III./JG 1 den Tod eines ihrer Flugzeugführer zu beklagen: Ofhr. Erich Zulauf von der 7. Staffel startete nach Alarm gegen eine einzeln einfliegende Mosquito, doch verlor er offensichtlich beim Durchziehen durch die geschlossene Wolkendecke die Herrschaft über seine Messerschmitt und geriet dadurch ins Trudeln; Augenzeugen beobachteten, wie die Maschine danach mit sehr hoher Geschwindigkeit aus den Wolken fiel und gegen die Spitze eines Hügels stiess, woraufhin sie den Zusatztank und weitere Teile verlor und gleich darauf mit einem Aufschlagbrand endete.

Beim JG 11 herrschte dagegen während dieser Tage weitgehend Ruhe. Die führenden Offiziere der I./JG 11 hatten sich angesichts der überaus rar gewordenen erfahrenen Einheitsführer - vermutlich mit zumindest stillschweigender Zustimmung des Jagdkorps [472] - auf ein gruppeninternes Verfahren der Verbandsführerschonung verständigt; dieses sah vor, dass fortan die Führung des fliegenden Verbandes im Einsatz in einem nicht festgelegten Wechsel bei Hptm. Hermichen oder seinen Staffelkapitänen lag und dass dementsprechend jeweils ein Offizier aussetzen und am Boden bleiben konnte [473].

Die Auffrischung der II. Gruppe in Wunstorf nahm ihren Fortgang; zahlreiche neue Flugzeugführer meldeten sich dort als zur II./JG 11 versetzt, doch nur sehr wenige von ihnen verfügten bereits über Fronterfahrung. Bei den meisten handelte es sich um blutjunge Fähnriche, Unteroffiziere und Gefreite, deren Ausbildungsstand dem Gruppenkommandeur und seinen Kapitänen erhebliche Sorgen bereitete und die während dieser Zeit bei zahlreichen Übungseinsätzen im Schwarm- oder Staffelverband so weit es ging nachgeschult wurden [474]. Da personelle Reserven im Reich nicht verfügbar waren, mussten die im Osten liegenden Gruppen mit erfahrenen Schwarm- und Rottenführern aushelfen; so kamen Anfang April 1944 sieben Flugzeugführer vom JG 54 zur II./JG 11 und wurden dort auf die Staffeln verteilt - Ofw. Karl Wick, Fw. Ernst Richter und Uffz. Erwin Kraft [475] kamen zur 4./JG 11 [476] und Lt. Georg Füreder zur 5./JG 11, während Lt. Karl-Heinz Lüchau, Fw. Willi Schorr und Uffz. Paul Berndt zur

---

[470] die Zahl der Abschüsse Kaisers bei der III./JG 1 steht ausser Frage, die Daten sind indes z.T. noch ungeklärt, sie verteilten sich aber über einen längeren Zeitraum als eine Woche

[471] Aufzeichnungen Herbert Kaiser, S. 79

[472] ein offizieller Befehl dieses Inhalts liegt den Verf. nicht vor, es liegt aber aufgrund der vergleichbaren Handhabung in einigen anderen Gruppen die Vermutung nahe, dass es eine entsprechende Weisung von höherer Stelle gab; ob und wie dieses Verfahren in die Tat umgesetzt wurde, dürfte weitgehend den jeweiligen Einheitsführern überlassen geblieben sein, wobei einige mehr und andere weniger oder gar keinen Gebrauch davon gemacht haben

[473] Briefe Fritz Engau, 16.1.1991 und 26.8.1993; es kam in Ausnahmefällen sogar vor, dass nicht nur einer, sondern sogar zwei der Verbandsführer - Kommandeur und ein Staffelkapitän bzw. zwei Kapitäne - am Boden blieben, so dass die Führung der Gruppe in der Luft bei den beiden jeweils anderen lag

[474] vgl. die Angaben bei Knoke, aaO., S. 175

[475] Uffz. Erwin Kraft traf vermutlich erst einige Tage später bei der Gruppe ein, denn er konnte noch am 27. März 1944 bei der 15./JG 54 im Osten durch den Abschuss einer Il-2 seinen fünften Abschuss erzielen

[476] Ofw. Karl Wick wurde wenige Tage später von der 4. zur 5./JG 11 versetzt, da er sich bei der 4. Staffel *"unglücklich fühlte"* - Brief Georg Füreder, 3.8.1993

Abb. 673 - 674: Oben - 13 Techniker der II./JG 1 bei einer neu zugeführten Fw 190 A-8/R2, erkennbar am MK 108 im Aussenflügel; im Vordergrund ist einer der Warte damit beschäftigt, die weisse Spirale auf die Propellerhaube zu malen. Unten - Abgestellte Fw 190 A-8 der 4./JG 1 im April 1944 auf dem Platz Störmede; unter der Tragfläche der " weissen 9 " sind vor dem Balkenkreuz die tropfenförmigen Ausbeulungen zu erkennen, die für den Einbau der - hier allerdings nicht vorhandenen - MK 108 erforderlich waren. Die " weisse 7 " rechts im Hintergrund war die Fw 190 A-8 mit der WerkNr. 680 137; diese Maschine ging am 29. Mai 1944 verloren, als sich Uffz. Adolf Höfler von der 4./JG 1 bei der Landung in Cottbus überschlug und sich dabei tödliche Verletzungen zuzog.

(Lächler / Hartwig)

Abb. 675 - 676: Oben - Maj. Günther Specht, aufgenommen vermutlich in den ersten Tagen des April 1944 in Wunstorf, auf seiner Messerschmitt, einer Bf 109 G- /AS; die II./JG 11 wurde während ihrer Auffrischung im März / April 1944 als eine der ersten Gruppen der Reichsverteidigung mit Maschinen der neuen AS-Reihe ausgerüstet. Deutlich sichtbar ist die geschwungene " Ballung " vor der Kabine, das äusserliche Kennzeichen der AS-Maschinen. Dahinter befindet sich Spechts persönliches Emblem, der " geflügelte Bleistift ". Unten - Die Techniker des Gruppenstabs der II./JG 11 vor einer Bf 109 G- /AS; beachte die sich nach vorn verjüngende gelbe Spirale auf der Propellerhaube und die Hinweistafel am rechten Bildrand.

(BA 676-7975a-38 / Lächler)

6. Staffel kamen [477], die mittlerweile von Lt. Andreas Trockels geführt wurde [478]. An seine Versetzung zum Einsatz in der Reichsverteidigung erinnert sich Paul Berndt:

Wir kamen mit ungefähr 15 Flugzeugführern Anfang April 1944 nach Berlin zum Stab des Generals der Jagdflieger; Galland selbst war nicht da und so hat uns Oberst Trautloft als Inspekteur der Tagjäger " ins Gebet " genommen und auf die Reichsverteidigungsgeschwader verteilt.

Als wir nach Wunstorf kamen, erwarteten unsere Sportsfreunde von uns als Schwarmführern mit Fronterfahrung Heldentaten. Und wir haben uns im stillen Kämmerlein geschämt ob der Erwartungen, die uns begleiteten, denn: Das Gelände vom Ilmensee bis Oranienbaum kannten wir, kannten die gegnerischen Plätze und wussten den " Iwan " einzuschätzen. Jetzt aber standen wir vor einer völlig neuen Situation und hatten als einzigen Vorteil die geringere Entfernung zu Muttern. [479]

Entsprechend ihrer Aufgabe als Höhengruppe erhielt die II./JG 11 im Zuge der Auffrischung Messerschmitts einer neuen Baureihe mit einem besonderen Höhenmotor - DB 605 AS [480] - die als Bf 109 G-5/AS bzw. G-6/AS bezeichnet wurden; nach aussen erkennbar waren diese Flugzeuge an ihrer stromlinienförmigeren Motorverkleidung, bei der die für die Baureihen G-5 und G-6 charakteristischen " Beulen " über den MG 131 [481] verschwunden waren [482]. Die Maschinen, von denen zunächst die Mehrzahl durch Reparatur und Nachrüstung aus älteren Zellen entstanden waren, wurden anfangs in einem hellgrauen Anstrich über alles ausgeliefert, der jedoch bei der II./JG 11 alsbald durch Überspritzen mit dunklen Grau- und Brauntönen erheblich nachbehandelt wurde. Auch die III./JG 1 wurde in diesen Tagen auf die Bf 109 G-6/AS umgerüstet und darüber hinaus die I./JG 3 sowie - vermutlich etwas später - die I./JG 5.

Die ersten Tage des April wurden bei allen Gruppen der JG 1 und 11 mit den gewohnten Werkstatt-, FT- und Übungsflügen - zum Teil mit Bombenwurfübungen - verbracht; dabei wurden verstärkt Anstrengungen unternommen, um der fehlenden Schlechtwettertauglichkeit der Tagjagdgruppen abzuhelfen, indem den Gruppen blindflugerfahrene Flugzeugführer aus Kampf- und Transportverbänden zur Blindflugschulung zugeteilt wurden [483]. Wieder gingen die Übungseinsätze nicht ohne Verluste ab; die 3./JG 1 meldete am 3. April einen Verletzten, als Uffz. Friedrich Enderle nach einem Übungsflug in Hopsten notlanden musste, nachdem seine Maschine aus unbekannter Ursache in Brand geraten war. Am selben Tage verlor die 5./JG 11 Uffz. Paul Tröndle, der beim Absturz seiner Messerschmitt in der Nähe von Rudewald ums Leben kam.

---

[477] Ofw. Karl Wick kam von der II./JG 54 und hatte bis dahin 17 Ostabschüsse erzielt. Fw. Ernst Richter gehörte zuvor der 1./JG 54 an und konnte bis dahin auf 12 Abschüsse verweisen. Lt. Georg Füreder kam von der 6./JG 54 und stand seit Herbst 1942 im Fronteinsatz; er konnte zum Zeitpunkt seines Eintreffens bei der II./JG 11 bereits auf 16 Abschüsse im Osten zurückblicken. Lt. Karl-Heinz Lüchau kam von der 5./JG 54 und konnte ebenfalls 16 Ostabschüsse vorweisen. Fw. Willi Schorr gehörte vorher zur IV./JG 54 und hatte bis dahin ungefähr 10 Abschüsse, während Uffz. Paul Berndt von der 11./JG 54 kam und vier Ostabschüsse hatte

[478] Brief Paul Berndt, 18.6.1969

[479] Brief Paul Berndt, 1.9.1993

[480] der DB 605 AS entstand aus der Zusammenfügung des DB 605 A Motors mit dem Lader des DB 603

[481] von den Flugzeugführern oftmals plastisch als "Pferdear..." bezeichnet

[482] zur AS-Reihe vgl. S. 854 sowie Prien / Rodeike, aaO., S. 111 ff

[483] so z.B. bei der II./JG 1 - vgl. KTB Eintrag vom 30.3/2.4 1944: *" Neben Werkstatt- und FT-Flügen werden zahlreiche Übungseinsätze bis Schwarmstärke geflogen. Weiterhin wird die Blindflugschulung wieder aufgenommen und Bombenwerfen geübt. 29 Blindflüge und 20 Flüge mit Bombenuwrf wurden durchgeführt. "*; vgl. auch Knoke, aaO., S. 175, der für die II./JG 11 ebenfalls Bombenwurf- und Blindflugübungen angibt

Abb. 677 - 678: Oben - Zweimal Hptm. Friedrich Eberle, Gruppenkommandeur der III./JG 1, zusammen mit dem Staffelkapitän der 7./JG 1 Hptm. Lutz-Wilhelm Burkhardt vor der " weissen 14 ", einer Bf 109 G-6/AS der 7. Staffel im anfangs üblichen Hellgrau-über-alles Anstrich, aufgenommen im April 1944 in Paderborn; die Aufnahmen lassen deutlich die Einzelheiten der auf der rechten Motorseite angebrachten Ballung erkennen. Beachte auch den schwarzen Schutzanstrich im Bereich der Flächenwurzel.

(BA 676-7974a-24/22)

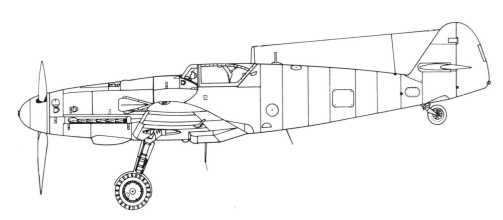

Messerschmitt Bf 109 G-6/AS

Seit Ende März 1944 erhielten die II./JG 11 und die III./JG 1 die ersten Maschinen der AS-Reihe, zunächst aus der Umbaufertigung von Erla in Antwerpen und später auch aus der Serienfertigung von Messerschmitt Regensburg; der II./JG 11 wurden dabei auch einige Bf 109 G-5/AS zugewiesen. Anstelle des bis dahin üblichen DB 605 A Motors erhielten die Maschinen der AS-Reihe den DB 605 AS-Motor mit dem Lader des DB 603.

Länge :	8,94 m	**Motor :**	DB 605 AS	**Leergewicht :**	
Spannweite :	9,92 m			**Fluggewicht :**	3.300 kg
Höhe :	2,60 m	**Bewaffnung :**	1 MG 151/20, 2 MG 131		

Abgebildet ist eine Maschine mit dem Antnnenmast des FuG 16 ZY unter dem Rumpf

Auf deutscher Seite eingesetzte Verbände am 8.4.1944						
Einheit	Abschussmeldungen	\multicolumn{5}{c}{Verluste im Einsatz}				
		\multicolumn{2}{c}{FF}	\multicolumn{3}{c}{Flugzeuge}			
		+	verw.	60 - 100%	unter 60%	Boden
I./JG 1	5 B-24, 1 B-24 HSS, 1 P-51, 1 P-47	1	2	5	-	-
II./JG 1	8 B-24, 1 B-24 n.b.	1	-	3	-	3 z
III./JG 1	-	-	-	1	-	-
Stab/JG 3	1 B-24	-	-	-	-	-
I./JG 3	-	-	-	2	-	-
II./JG 3	1 B-24, 2 P-51	-	1	4	-	-
III./JG 3	-	2	-	5	1	-
IV./JG 3	2 B-17, 2 B-24, 1 B-24 HSS	1	-	1	1	-
I./JG 5	4 B-24, 1 P-51	2	1	6	-	-
Stab/JG 11	2 P-51	2	1	3	-	-
I./JG 11	5 B-24, 4 P-51	5	2	6	1	-
III./JG 11	1 B-24, 2 B-24 HSS	6	-	11	1	3 z, 1 b
I./JG 26	1 B-24, 2 P-47	2	-	2	-	1 b
II./JG 26	-	-	-	-	-	-
III./JG 26	1 P-47, 1 P-51	-	-	-	1	-
II./JG 27	3 B-24, 1 B-24 HSS, 2 P-51	3	2	5	1	1 b
II./JG 53	2 B-24	3	-	4	-	-
III./JG 54	1 B-17, 3 B-24, 1 B-24 HSS, 2 P-38	6	4	10	1	1 z
III./JG 300	-	-	-	1	-	-
I./JG 302	-	1	-	1	-	-
II./JG 302	-	1	-	1	-	-
III./JG 302	1 B-17, 2 B-24 HSS, 1 P-51	3	-	4	-	-
Sturmst. 1	-	3	-	3	-	-
		42	13	78	7	7 z, 3 b

Am **8. April 1944** kam es zum nächsten Tageseinflug von Verbänden der 8. USAAF; insgesamt 664 Viermots wurden an diesem Tage eingesetzt, um Flugplätze im nordwestdeutschen Raum sowie erneut Flugzeugwerke bei Braunschweig anzugreifen; zu den Angriffszielen gehörten unter anderem die Fliegerhorste von Oldenburg, Quakenbrück, Achmer, Rheine und Twente. Begleitet werden sollten die Viermotorigen von insgesamt 780 Jägern, darunter 206 Mustangs [484].

Auf deutscher Seite konnten 20 Tagjagdgruppen zur Abwehr des Einfluges aufgeboten werden, während die Zerstörer- und Nachtjagdgruppen wie zuletzt weiter geschont wurden; unter den an diesem Tage eingesetzten Einheiten befanden sich wiederum alle fünf zu dieser Zeit einsatzbereiten Gruppen der JG 1 und 11.

Das JG 1 war erstmals geschlossen von den am Vortage bezogenen Plätzen aus im Einsatz; dazu heisst es im KTB der II./JG 1:

---

[484] Freeman, aaO., S. 214; ders., Mighty Eighth, S. 129 ff

Abb. 679 - 680: Olt. Schüller von der 6./JG 1 in seiner " gelben 3 " nach der Rückkehr vom Abwehreinsatz am 8. April 1944 in Störemede, bei dem ihm durch den Abschuss einer B-24 der erste Luftsieg gelungen war; noch auf der Maschine sitzend, berichtet er den Technikern von dem eben erlebten Geschehen.

(Hartwig)

Um 12.50 Uhr Alarmstart mit 36 Fw 190 nach Sitzbereitschaft mit dem Befehl, über Paderborn mit I./JG 1 und III./JG 1 zu sammeln und Richtung Brocken zur Vereinigung mit zwei weiteren Jagdgruppen zu fliegen. Diese wurden jedoch nicht angetroffen. Zwischen Braunschweig und Magdeburg sichtete die Gruppe einen Verband von etwa 300 B-17 und Liberators mit an 30 - 40 Thunderbolts und Mustangs als Jagdschutz. Die Gruppe konnte auf einen Liberatorverband einen geschlossenen Angriff fliegen, doch kurvten schon während des Angriffs Feindjäger auf die Gruppe ein, die dann zersplittert wurde. Es kam anschliessend zu Einzelkämpfen in Schwarm- und Rottenstärke [485].

Ergänzend heisst es im Gefechtsbericht von Olt. Georg-Peter Eder, der die 6. Staffel bei diesem Einsatz führte:

13.50 Uhr Feindberührung der geschlossenen Gruppe mit 50 Liberators von vorn unten. Dabei beschiesse ich eine von zwei etwas abgesetzt rechts aussen fliegenden Liberators, Treffer in Rumpf und rechter Fläche, Liberator brennt sofort lichterloh, bäumt sich auf und stürzt senkrecht ab. Aufschlag in EB-FB südwestlich Salzwedel. [486]

---

[485] so auch Flugbücher Heinz Bär und Eberhard Burath; beachte die mit 36 Maschinen gegenüber den zuletzt geflogenen Einsätzen deutlich erhöhte Stärke

[486] Gefechtsbericht Olt. Georg-Peter Eder; danach flog er an diesem Tage eine Focke Wulf Fw 190 A-7 mit der WNr. 430 645

Abb. 681: Uffz. Helmut Riehl von der 2./JG 1 auf seiner " schwarzen 19 ", einer Fw 190 A-7 mit der WerkNr. 643 942; diese Maschine ging am 8. April 1944 verloren, als Uffz. Riehl nach Luftkampf mit Viermots bei Salzwedel verwundet mit dem Fallschirm abspringen musste.

(Lächler)

Gemeinsam mit der II./JG 1 war auch die I. Gruppe an den Viermotorigen und hatte im Raume Salzwedel verbissene Luftkämpfe mit den amerikanischen Bombern, aber auch mit deren Jagdschutz auszufechten. Über den Einsatzverlauf der III./JG 1 ist dagegen weiter nichts bekannt; offenbar war die Gruppe nicht an den Kämpfen über dem mitteldeutschen Raum beteiligt, denn sie meldete an diesem Tage weder Erfolge noch Verluste im Luftkampf [487]. Nach dem Ende der Kämpfe fielen die Maschinen der I. und II./JG 1 wie gewohnt weit verstreut auf verschiedenen Plätzen zwischen Magdeburg, Hamburg und Paderborn ein. Insgesamt 17 Ab- und Herausschüsse beanspruchte das JG 1 bei der Abwehr dieses Einfluges, die sich wie folgt verteilten:

Maj.Bär	II./JG 1	B-24	(198.)	13.50
Olt.Biederbick	2./JG 1	B-24 HSS	(15.)	13.50
Olt.Eder	6./JG 1	B-24	(34.)	13.51
Ofw.Schuhmacher	6./JG 1	B-24	(12.)	13.51
Ofw.Bach	5./JG 1	B-24	(12.)	13.51
Uffz.Stiegler	4./JG 1	B-24	(6.)	13.51
Olt.Kirchmayr	5./JG 1	B-24	(12.)	13.51
Fw.Brunner	6./JG 1	B-24	(2.)	13.52
Olt.Schüller	6./JG 1	B-24	(1.)	13.52
Uffz.Zinkl	6./JG 1	B-24	n.b.	
Maj.Schnoor	I./JG 1	B-24	(19.)	13.55
Olt.Ehlers	3./JG 1	B-24	(42.)	13.55
Uffz.Just	2./JG 1	P-47	(3.)	13.56
Fw.Piffer	2./JG 1	B-24	(24.)	13.56
Fw.Köhne	3./JG 1	B-24	(25.)	14.00

---

[487] das Flugbuch von Lutz-Wilhelm Burkhardt verzeichnet unter diesem Datum einen Einsatz nach Alarmstart von 13.20 - 14.08 Uhr, o.F., Landung in Gardelegen (216. Feindflug Hptm. Burkhardt)

Olt.Biederbick	2./JG 1	P-51	(16.)	14.05
Ofhr.Neuner	2./JG 1	B-24	(1.)	

Diesen Abschussmeldungen standen zwei Gefallene, zwei Verwundete sowie der Totalverlust von insgesamt neun Focke Wulfs gegenüber. Die I. Gruppe verlor Uffz. Johann Pomperger von der 3. Staffel, der im Luftkampf bei Stendal fiel. Drei Verluste gab es bei der 2./JG 1 - Ofw. " Toni " Piffer und Uffz. Helmut Riehl wurden durch das Abwehrfeuer der Viermotorigen bei Salzwedel abgeschossen und mussten beide verwundet mit dem Fallschirm aussteigen. Mehr Glück hatte ihr Staffelkapitän Olt. Helmut Biederbick, der im Luftkampf mit Mustangs abgeschossen wurde, aber unverletzt aus seiner Focke Wulf aussteigen konnte. Die II./JG 1 hatte einen Gefallenen zu verzeichnen: Uffz. Heinz Eberl von der 4. Staffel wurde im Luftkampf mit den Begleitjägern abgeschossen und kam beim Absturz seiner " weissen 18 " südwestlich Gardelegen ums Leben. Zwei weitere Focke Wulfs gingen verloren, als Ofw. Hutter und Uffz. Dippold westlich von Salzwedel zusammenstiessen und mit dem Fallschirm abspringen mussten, was beide zum Glück unverletzt überstanden.

Etwa zur selben Zeit wie das JG 1 war auch der Stab mit der I. und III./JG 11 im Einsatz und auch das JG 11 scheint an diesem Tage geschlossen als Gefechtsverband auf die Viermots angesetzt worden zu sein [488]; gegen 13.40 trafen die Focke Wulfs südlich Uelzen auf die mit Ostkurs einfliegenden B-24 der 2 BD, die zu dieser Zeit von zahlreichen Mustangs geschützt wurden, und es kam zu einer erbitterten und für beide Seiten überaus verlustreichen Auseinandersetzung. Nachdem die beiden Gruppen des JG 11 einen ersten, geschlossenen Frontalangriff hatten fliegen und dabei acht Liberators hatten ab- oder herausschiessen können [489], stürzten sich die Mustangs des Begleitschutzes auf die deutschen Jäger und es kam zu einem ausgedehnten Luftkampf, in dem noch einmal sechs P-51 abgeschossen werden konnten. Die danach insgesamt 14 Abschussmeldungen des JG 11 verteilten sich folgendermassen:

Ofw.Stöwer	3./JG 11	B-24	(10.)	13.43
Olt.Koenig	3./JG 11	B-24	(17.)	13.44
Maj.Hackl	III./JG 11	B-24	(140.)	13.45
Olt.Kälber	9./JG 11	B-24	(3.)	13.45
Uffz.Folger	1./JG 11	B-24	(2.)	13.45
Hptm.Maak	8./JG 11	B-24	(8.)	
Uffz.Tiedemann	2./JG 11	B-24	(1.)	
Olt.Zwernemann	1./JG 11	B-24	(125.)	13.47
Olt.Zwernemann	1./JG 11	P-51	(126.)	13.48
Uffz.Pfeffer	Stab/JG 11	P-51	(2.)	13.52
Uffz.Will	Stab/JG 11	P-51	(1.)	13.55
Fw.Birkigt	3./JG 11	P-51	(1.)	13.58
Uffz.Folger	1./JG 11	P-51	(3.)	14.00
Uffz.Schumacher	2./JG 11	P-51	(1.)	14.00

---

[488] Startzeit der I./JG 11 in Rotenburg 12.58 Uhr - Flugbuch Uffz. Henri Tiedemann, 2./JG 11

[489] bemerkenswert in diesem Zusammenhang die Darstellung bei Freeman, Mighty Eighth, S.130, wonach die Gegend um Braunschweig einen besonders "schlechten Ruf" bei den Besatzungen der amerikanischen Viermots genossen haben soll; so heisst es dort u.a.: "The Brunswick area had become notorious for the frequency and the calibre of air opposition which was seen to be, by debators at the evening recreational establishments on bomber bases, the handiwork of one elite Nazi unit - "The Battling Bastards of Brunswick" - who were looked upon with the same awe that was reserved for the "Yellow Nosed Goering Squadron". Whichever Luftwaffe unit this was, they invariably cost the bombers dear." Ein erheblicher Teil dieser "Lorbeeren" ging zweifellos an die JG 1 und 11, daneben aber auch an das JG 3, die III./JG 54 sowie die Sturmstaffel 1, zu deren Haupteinsatzgebieten bei der Bekämpfung der Viermot-Einflüge in den mitteldeutschen Raum die Gegend um Hannover / Braunschweig gehörte; zugleich bietet diese Darstellung ein gutes Beispiel für die Entstehung von Legenden, die vor dem Hintergrund fehlender genauerer Kenntnisse bestens gedeihen konnten - weder gab es eine besondere Jagdgruppe für den Raum Braunschweig noch gab es so etwas wie eine *"elite Nazi unit"*

Abb. 682 - 684: Flugzeugführer der I./JG 11 auf dem Schiesstand des Platzes von Rotenburg, aufgenommen Anfang April 1944; oben sieht man von links Ofhr. Dreizehner, Olt. Koenig, Olt. Zwernemann, Lt. Schrangl und Hptm. Hermichen. Unten links noch einmal Olt. Hans-Heinrich Koenig vor einer Fw 190 der I./JG 11 und rechts zusammen mit Olt. Josef - " Jupp " - Zwernemann

(Güthenke)

Abb. 685: Olt. Hans-Heinrich Koenig vor dem Ruder seiner Fw 190 A-7, WerkNr. 430 489, auf dem die bis zum 8. April 1944 erzielten 17 Abschüsse verzeichnet sind.

(Hanke)

Diesen Erfolgen standen unterdessen äusserst schmerzliche Verluste gegenüber, denn das JG 11 hatte an diesem Tage wenigstens elf Gefallene [490] und drei Verwundete sowie den Totalverlust von 20 Maschinen zu beklagen. Drei Verluste hatte allein der Stabsschwarm zu verzeichnen, dessen Messerschmitts von den P-51 " gewickelt " wurden; Ofhr. Karl-Friedrich Puschmann und Uffz. Markus Wuhrer wurden bei Dedelstorf bzw. im Raume Lüneburg tödlich abgeschossen, während Uffz. Günther Will in der Gegend von Uelzen abgeschossen wurde und verwundet mit dem Fallschirm aussteigen musste. Fünf Gefallene und zwei Verwundete meldete die I./JG 11, wobei allein drei Gefallene von der 1. Staffel kamen, die dabei ihren Kapitän verlor: Olt. Josef Zwernemann wurde im Luftkampf mit Mustangs bei Gardelegen abgeschossen und musste mit dem Schirm aussteigen. Zu ihrem Entsetzen mussten seine Staffelkameraden kurz danach mit ansehen, wie " Jupp " Zwernemann am Fallschirm hängend von einer P-51 angegriffen und beschossen wurde, wobei davon ausgegangen werden muss, dass er dabei getroffen und tödlich verwundet wurde [491]. Josef Zwernemann hatte die 1./JG 11 seit dem 15. Dezember 1943 geführt [492] und es seitdem auf neun Abschüsse gebracht; insgesamt hatte er 126 Luftsiege erringen können [493]. Neben Olt. Zwernemann verlor die 1./JG 11 die Unteroffiziere Herbert

---

[490] die Verlustmeldungen des JG 11 - und insbesondere die der III. Gruppe - sind seit dieser Zeit überaus unvollständig; gerade die namentlichen Verlustmeldungen WASt. weisen zahlreiche Lücken auf, so dass davon auszugehen ist, dass eine ganze Reihe von Personalverlusten nicht mehr wird aufgeklärt werden können.

[491] Brief Fritz Engau, 16.1.1991: " *Am 8.4.1944 fiel zunächst Zwernemann in einem Luftkampf mit Mustangs bei Gardelegen. Dabei habe ich mit eigenen Augen gesehen, wie eine Mustang einen scharfen Angriff flog, als er schon am Fallschirm hing (leider war dies kein Einzelfall). Es ist möglich, dass Zwernemann erst bei diesem Fallschirmangriff seine tödlichen Verletzungen erlitten hat.*" An anderer Stelle heisst es bei Fritz Engau: " *Wir alle haben damals in der Gruppe angenommen, dass Zwernemann seine tödlichen Verletzungen am Fallschirm erlitten hat. ... Wir glaubten aber fest an die obige Version, da sie von unseren Kameraden als Augenzeugen einwandfrei bestätigt worden ist.*" - Brief Fritz Engau, 18.4.1986

[492] zunächst als Staffelführer, seit dem 8.2.1944 als Staffelkapitän - Personalakte BA

[493] Olt. Zwernemann gehörte zu den erfolgreichen Flugzeugführern der 9./JG 52, die im Sommer 1942 im Osten zu ihren stattlichen Abschusszahlen gekommen waren; er war bereits im Oktober 1942 nach 103 Abschüssen mit dem Eichenlaub zum Ritterkreuz ausgezeichnet worden - vgl. Obermaier, aaO., S.55

Nast und Hans Heickel, die vermutlich beide Opfer der Mustangs wurden und bei Lüder bzw. bei Ohrdorf über dem Gebiet der Lüneburger Heide tödlich abgeschossen wurden. Drei Verluste hatte auch die 2. Staffel von Olt. Fritz Engau zu verzeichnen: Uffz. Ortlieb Uher fiel im Luftkampf bei Wittingen im Kreis Gifhorn, während Uffz. Henri Tiedemann im Raum Unterlüs abgeschossen wurde und verwundet mit dem Fallschirm aussteigen musste. Rudolf Schmid, der mittlerweile nach erfolgtem Besuch der Kriegsschule zum Oberfähnrich befördert worden war, wurde weiter östlich bei Schmölau im Raume Salzwedel abgeschossen und verwundet. Die 3. Staffel schliesslich hatte einen Gefallenen auf die Verlustliste zu setzen: Der Gefr. Gerhard Fiedler wurde im Luftkampf bei Kirchweyhe in der Nähe von Uelzen tödlich abgeschossen. Genau so hart wie die I. traf es die III. Gruppe, die sogar sechs Gefallene zu beklagen hatte [494] und darüber hinaus insgesamt elf Focke Wulfs im Luftkampf einbüsste. Die 7. Staffel von Olt. Kilian hatte allein wenigstens drei Gefallene - Fw. Ewald Dornieden fiel im Luftkampf bei Salzwedel, während die Unteroffiziere Kurt Bosse und Otto Gratzer an unbekannter Stelle tödlich abgeschossen wurde. Vermutlich gehörte auch der Staffelkapitän der 7./JG 11, Olt. Kilian, zu den Gefallenen dieses Tages, doch sind genauere Einzelheiten nicht bekannt [495]. Auch die 8./JG 11 verlor ihren Staffelkapitän als Hptm. Ernst Maak nach dem Abschuss einer Liberator von P-51 bei Raderhorst tödlich abgeschossen wurde. Daneben traf es den Gefr. Herbert Schumacher, der bei Plantlünne im Luftkampf abgeschossen wurde und beim Absturz seiner Focke Wulf zu Tode kam.

Während die III./JG 11 noch im Einsatz war, erlebte ihr Einsatzhafen in Oldenburg einen schweren Bombenangriff durch einen Verband von 59 B-17 der 1 BD, die 148 Tonnen Brand- und Sprengbomben über dem Platz abluden und dabei drei Focke Wulfs am Boden zerstören und eine weitere erheblich beschädigen konnten; die Personalverluste hielten sich zum Glück in engen Grenzen - soweit ersichtlich gab es mit dem Ogefr. Siegfried Beck vom Bodenpersonal der 9. Staffel nur einen Verwundeten [496].

Nach dem Ende der Kämpfe meldete die deutsche Seite insgesamt 87 Abschüsse, davon 65 Viermotorige [497]; die eigenen Verluste beliefen sich demgegenüber auf 42 Gefallene und 13 Verwundete sowie 78 als Totalverluste abzuschreibende Maschinen, zu denen noch einmal vier am Boden zerstörte hinzukamen. Die 8. USAAF gab ihre Verluste demgegenüber mit 36 Viermotorigen und 25 Begleitjägern an, während sie ihre Erfolge mit wenigstens 158 Abschüssen und 55 am Boden zerstörten Maschinen bezifferte [498].

Beim JG 11 mussten nach den Verlusten des 8. April 1944 die Stellen von drei Staffelführern neubesetzt werden; für Olt.Zwernemann sollte Olt. Georg Hiebl, ein umgeschulter Kampfflieger, die 1./JG 11 übernehmen [499]. Dagegen ist nicht bekannt, wer Nachfolger von Olt. Kilian bei der 7. und von Hptm. Maak bei der 8. Staffel wurde [500].

---

[494] möglicherweise noch weitere - vgl. oben Fn. 18 - und sogleich unten

[495] laut Aussage von Viktor Widmaier - Brief vom 3.5.1968 - soll Olt. Kilian im April 1944 an einem Tage um Ostern gefallen sein, als neben ihm noch fünf weitere Flugzeugführer im Luftkampf fielen

[496] ausweislich der summarischen Verlustangaben meldete auch die II./JG 1 an diesem Tage den Verlust von zwei bei einem Tiefangriff am Boden zerstörten Focke Wulfs sowie einer Me 210, doch finden sich im KTB der II.Gruppe keinerlei Hinweise auf einen solchen Vorfall;

[497] OKW-Bericht, 9.4.1944; vgl. im übrigen die Aufstellung unten

[498] Freeman, aaO., S. 214; unter den Verlusten befinden sich je zwei Bomber und Jäger als "Cat.E", während die Verteilung der Abschüsse 58-9-32 für die Bomber (nur 2 BD, die Zahlen für die 1 und 3 BD fehlen) und 88-3-46 für die Jäger lautete, die auch 49-6-38 Bodenzerstörungen meldeten

[499] Brief Fritz Engau, 26.8.1993

[500] es hat den Anschein, als wären beide Stellen zunächst nur vorläufig und vertretungsweise besetzt worden, bevor sie in den folgenden Wochen mit Olt. von Fassong bei der 7. und Olt. Grosser bei der 8./JG 11 endgültig neubesetzt wurden - vgl. unten

Abb. 686 - 690: Die folgenden fünf Aufnahmen entstanden anlässlich der Ritterkreuzverleihung an Maj. Günther Specht; die Auszeichnung erfolgte offiziell unter dem 8. April 1944, so dass diese Bilder an diesem oder einem der folgenden Tage entstanden sein dürften. Die Maschine - eine Bf 109 G-5/AS mit der WerkNr. 110 064 - ist dem Anlass entsprechend geschmückt, über die Motorhaube hat man ein grosses Ritterkreuz gehängt. Bemerkenswert ist der erheblich nachbehandelte Anstrich mit sehr dunklen, möglicherweise dunkelgrünen oder -braunen Feldern. Unter der Kabine erkennt man das - vermutlich - in dieser Zeit eingeführte, in der Folge aber nur selten zu sehende Geschwaderemblem des JG 11, das nach einem erstmals im Mai 1942 auf der Ausstellung deutscher Künste in München gezeigten Relief des Bildhauers Arno Breker - Titel " Der Wächter " - entstanden war; es ist nicht bekannt, auf wen die Einführung dieses pathetischen, dem offiziellen Kunstverständnis der NS-Führung entsprechenden Emblems zurückging. Ungewöhnlich ist die Form des Zusatztanks, auffällig die Grösse der Belüftungshutze unter dem Windschutzaufbau.

Auf der Aufnahme oben sieht man Hptm. Gerhard Barkhorn, Gruppenkommandeur der II./JG 52, der sich seit der Verleihung der Schwerter zum Ritterkreuz mit Eichenlaub am 2. März 1944 im Reich aufhielt, in der Kabine der Maschine von Günther Specht, der auf der Tragfläche steht; beachte die helle Farbe der Stabswinkel. Unten ist das Seitenleitwerk der Maschine mit der Abschussbilanz Spechts zu sehen, der auf der Aufnahme rechts noch einmal zusammen mit Hptm. Barkhorn beim Seitenruder steht.

(Specht / Barbas)

Auf deutscher Seite eingesetzte Verbände am 9.4.1944

Einheit	Abschussmeldungen	Verluste im Einsatz				
		FF		Flugzeuge		
		+	verw.	60 - 100%	unter 60%	Boden
I./JG 1	1 B-17, 1 B-24, 5 B-24 HSS, 1 P-51	1	1	2	1	-
II./JG 1	1 B-17, 1 B-17 n.b., 2 B-24, 1 P-47	1	1	4	3	1 z, 1 b
III./JG 1	3 B-17	1	-	1	1	-
Stab/JG 3	2 B-24	-	-	-	-	-
I./JG 3	1 B-17, 1 B-17 HSS	-	-	-	-	-
IV./JG 3	5 B-24, 1 B-24 HSS	-	-	-	-	-
I./JG 11	5 B-17, 1 B-17 HSS, 1 B-24, 1 P-47	3	1	4	1	-
III./JG 11	-	2	1	2	1	-
10./JG 11	-	1	-	1	-	-
III./JG 54	1 P-47	2	1	7	-	-
I./JG 302	4 B-17, 1 B-24	-	-	-	-	-
II./JG 302	2 B-24 HSS	-	-	-	-	-
III./JG 302	1 B-17	-	-	-	-	-
Sturmst. 1	1 B-24	-	-	-	-	1 b
II./ZG 26	3 B-17	1/-	-	2	1	-
III./NJG 3	1 B-17	-	-	-	-	-
I./SG 152	3 B-17	-	-	1	-	-
		12	5	24	8	1 z, 2 b

Bereits am nächsten Tage, dem **9. April 1944 - Ostersonntag -**, folgte der nächste Tageseinflug von Verbänden der 8. USAAF; 542 Viermotorige aller drei Bomb Divisions sollten unter dem Schutz von 719 Begleitjägern Flugzeugwerke und Fluglätze in Marienburg, Tutow, Posen, Warnemünde und Rostock angreifen, wobei die amerikanische Führung hoffte, endlich eine Sichtbombardierung der Werksanlagen von Posen durchführen zu können, die bislang allen Angriffsversuchen durch eine schützende Wolkendecke entgangen waren [501]. Schon auf dem Anflug über die Deutsche Bucht und über Dänemark zeigte es sich jedoch, dass auch an diesem Tage die Wetterbedingungen eine Sichtbombardierung der meisten Ziele nicht zulassen würden, denn die Viermotorigen trafen auf eine dichte Bewölkung, die sogar einige Bomb Groups zum Abbruch des Unternehmens veranlasste; zu ihrer Überraschung fanden die 33 B-17 der 96 BG, die ihren Anflug auf Posen ungeachtet des schlechten Wetters fortsetzten, über dem Zielgebiet klare Sichtverhältnisse vor und konnten danach ihre Bombenlast über ihrem Ziel abladen [502].

Der Einflug der Amerikaner traf auf die Abwehr durch elf Tagjagdgruppen; daneben waren - vermutlich wegen des schlechten Wetters - erstmals seit einiger Zeit auch wieder Teile des NJG 3 sowie des ZG 26 am Abwehreinsatz beteiligt. Unter den zur Abwehr aufgestiegenen Verbänden befanden sich wiederum

---

[501] vgl. oben zu den Angriffen vom 20.2 und 24.2. 1944

[502] Freeman, aaO., S. 215; ders., Mighty Eighth, S.133

Abb. 691 - 692: Gespannt beobachten Techniker und Flugzeugführer der 4./JG 1, wie sich einer der ihren über dem Platz Störmede "austobt"; gut zu erkennen sind die weisse Spirale auf der Propellerhaube, das Geschwaderemblem auf der Motorhaube und die Mündungsfeuerdämpfer vor den MG 131. Die Maschine hat keine Aussenflügelwaffen. Unten - Zwei Focke Wulfs der 6./JG 1, aufgenommen im April 1944 in Störmede; bei der " gelben 5 " im Vordergrund handelt es sich ausweislich des noch nicht vorverlegten ETC 501 unter dem Rumpf noch um eine Maschine der Baureihe A-7. Auf beiden Maschinen sind das Geschwaderemblem und das rote Rumpfband gut zu erkennen.

(Lächler)

alle fünf derzeit im Einsatz stehenden Gruppen der JG 1 und 11 sowie die in Aalborg beheimatete 10./JG 11.

Auch an diesem Tage sollte das JG 1 wieder als geschlossener Gefechtsverband zum Einsatz kommen; bereits um 10.05 Uhr erfolgte der Alarmstart der Gruppen in Lippstadt, Störmede und Paderborn [503], woraufhin das Geschwader über dem Raum Paderborn sammelte und anschliessend in nordöstlicher Richtung an die einfliegenden Viermotverbände herangeführt wurde. Eine dreiviertel Stunde nach dem Start kam es über dem Raum Kiel zur Feindsichtung eines in 7.000 m in mehreren Pulks auf Ostkurs marschierenden Verbandes, dessen Stärke mit 150 - 180 B-17 und B-24 angegeben wurde, die starken Jagdschutz bei sich hatten. Die I. und II./JG 1 konnten sich, vom Jagdschutz zunächst unbedrängt [504], vorsetzen und kurz nach 11.00 Uhr einen geschlossenen Angriff von vorn auf einen Verband von 60 Liberators fliegen. Dabei gelang es, acht Viermots ab- oder herauszuschiessen, bevor sich die amerikanischen Begleitjäger auf die Focke Wulfs stürzten - weiter erinnert sich Eberhard Burath:

Beim ersten Anflug hatten wir gleich die Jäger im Nacken. Ahnungsvoll sah ich hinter mich, direkt in das gelbe 'Osterei' eines Thunderbolt-Kühlers, ganz dicht aufgeschlossen. Im gleichen Augenblick, in dem er auf die Knöpfe drückte, trampelte ich voll ins linke Seitenruder, doch die Dusche erwischte mich eben noch am rechten Querruder. Dann drückte ich, immer mehr, senkrecht, über senkrecht, dass ich unter seiner Schusslinie blieb; die Fahrt wurde rasend, doch dann machte er nicht mehr mit, bekam mich nicht wieder in die Visierlinie. In Bodennähe hatte ich nach dem Abfangen noch immer 800 'Sachen' drauf und musste über Lübeck-Blankensee erst einmal hochziehen, um die Fahrt wegzubekommen. [505]

Auch der Staffelkapitän der 6./JG 1 Olt. Georg-Peter Eder bekam es mit den Thunderbolts zu tun; es heisst dazu in seinem Gefechtsbericht u.a.:

Nach Abschuss der Liberator sehe ich links oben vor mir eine Thunderbolt, die eine Fw 190 von hinten angreift. Ich zog sofort hoch und greife von links hinten oben aus 80 - 40 m in der Kurve an. Treffer in Kabine und Motor der Thunderbolt. Motor zeigt starke Brandentwicklung, Einzelteile Kabine und Rumpf fliegen weg. Nach mehreren Trudelbewegungen senkrechter Absturz der Thunderbolt. Da ich von mehreren Thunderbolt verfolgt wurde, stürzte ich dem Absturz nach und konnte den Aufschlag einwandfrei beobachten in Kieler Bucht. ... Zeugen Lt. Buchholz und Uffz. Swoboda.

Die III./JG 1 hatte es im Verlaufe dieses Einsatzes einmal mehr mit dem Begleitschutz der Viermots zu tun; ein Abschuss war das Ergebnis der Kurbelei, während die Gruppe ohne Verluste zurückkehren konnte. Insgesamt meldete das JG 1 nach diesem Einsatz 13 Ab- und Herausschüsse, die sich wie folgt verteilten:

Olt. Eder	6./JG 1	B-24	(35.)	10.58
Uffz. Oswald	3./JG 1	B-24 HSS	(1.)	11.00
Fw. Köhne	3./JG 1	B-24 HSS	(26.)	

---

[503] KTB II./JG 1; Flugbuch Eberhard Burath; Gefechtsbericht Georg-Peter Eder, Flugbuch Lutz-Wilhelm Burkhardt

[504] bei Eberhard Burath heisst es: *"Tag für Tag kamen sie mit Massen von Jägern, Thunderbolts, Mustangs und Lightnings zum Aussuchen. Wir bekamen kein Bein mehr auf die Erde. Selbst wenn wir in Gipfelhöhe ankamen, sassen sie in beachtlicher Überhöhung über uns. Trotzdem griffen sie ungern eine noch geschlossene Formation an."* - Aufzeichnungen, S. 21. Letzteres ermöglichte es den deutschen Gefechtsverbänden zu dieser Zeit vielfach noch, den ersten Angriff geschlossen anzusetzen

[505] Aufzeichnungen, S.21; weiter heisst es dort: *" Dann glatte Landung in Lübeck-Blankensee. Major Bär kam auch dort runter, begutachtete meinen Schaden und riet mir, mit dem beschädigten Ruder nicht wieder zu starten. Um 16.00 Uhr war es repariert und es ging zurück nach Störmede."*

Abb. 693 - 694: Zwei bruchgelandete Focke Wulfs der 1./JG 1 am 9. April 1944 auf der dänischen Insel Æro; oben die " weisse 3 ", eine Fw 190 A-8 mit der WerkNr. 170 101, die deutlich sichtbar Mündungsfeuerdämpfer vor den Rumpf-MG 131 trägt, während die " geflügelte 1 " auf der Motorhaube fehlt. Unten wird die " weisse 14 ", eine weitere A-8 mit der WerkNr. 170 050, von einem Bruchbergungskommando mit Hilfe von Luftsäcken wieder auf ihre Beine gestellt. Diese Maschine wurde von Lt. Heinz-Günther Lück geflogen, der nach Beschussschäden aus einem Luftkampf verwundet hatte notlanden müssen. Deutlich sichtbar ist das breite rote Rumpfband des JG 1.

(Junker)

Fw.Hübl	2./JG 1	B-24 HSS	(16.)		11.02
Maj.Schnoor	I./JG 1	B-24	(20.)		11.02
Fw.Umlauf	2./JG 1	B-24 HSS	(1.)		11.05
Fw.Kahl	4./JG 1	B-24	(6.)		11.07
Fw.Kahl	4./JG 1	B-17	(7.)		
Olt.Eder	6./JG 1	P-47	(36.)		11.10
Ofw.Treptau	2./JG 1	B-24 HSS	(1.)		11.10
Olt.Ehlers	3./JG 1	B-17	(43.)	*	
Olt.Ehlers	3./JG 1	P-51	(44.)	*	
Hptm. Burkhardt	7./JG 1	P-47	(60.)		

Die eigenen Verluste beliefen sich nach diesen Luftkämpfen auf zwei Gefallene und zwei Verwundete sowie vier als Totalverluste abzuschreibende Focke Wulfs; die I. Gruppe hatte den Tod des Ogefr. Martin Finger zu verzeichnen, der bei Owschlag mit seiner " gelben 6 " abstürzte, während Lt. Heinz-Günther Lück seine Maschine mit Treffern aus einem Luftkampf auf der dänischen Insel Ærø bauchlanden musste und dabei verletzt wurde. Auch die II./JG 1 hatte je einen Gefallenen und Verletzten zu verzeichnen: Lt. Meinhard Quack von der 4. Staffel fiel im Abwehrfeuer der Viermots und stürzte mit seiner Maschine in die Ostsee, während Uffz. Sievers bei einer Bruchlandung in Rheine verletzt wurde. Daneben wurden Uffz. Zinkl von der 6. und der Flg. Blech von der 5./JG 1 im Luftkampf südlich Flensburg abgeschossen, konnten sich jedoch beide unverletzt mit dem Fallschirm in Sicherheit bringen.

Während die amerikanischen Kampfverbände danach in östlicher Richtung weiterzogen, wurden die Focke Wulfs und Messerschmitts des JG 1, die auch an diesem Tage wieder weit verstreut auf Plätzen im norddeutschen Raum eingefallen waren, für einen weiteren Einsatz gegen die Rückflüge bereitgemacht. Zwischen 14.00 und 15.00 Uhr erfolgte dann der Alarmstart der nach dem ersten Einsatz zusammengestellten Verbände [506] gegen die aus östlicher Richtung zurückkehrenden Boeings der 1 und 3 BD; dabei kam auch die III./JG 1 über dem Raum Schleswig - Quadrat ST - zur Feindberührung mit den Viermotorigen [507] und konnte dabei vermutlich drei B-17 für sich beanspruchen -

Lt.Koplik	9./JG 1	B-17	(1.)		15.35
Hptm.Grislawski	8./JG 1	B-17	(122.)	*	
Hptm.Grislawski	8./JG 1	B-17	(123.)	*	

doch verlor die Gruppe dabei selbst einen Gefallenen: Uffz. Günter Koch von der 7. Staffel wurde im Luftkampf mit Viermotorigen bei Stade tödlich abgeschossen.

Die beiden Gruppen des JG 11 waren um dieselbe Zeit wie das JG 1 im Einsatz über dem schleswig-holsteinischen Raum; es hat den Anschein, als sei der erste Einsatz wenig erfolgreich verlaufen, denn nur die I. Gruppe meldete danach einen Abschuss - eine P-47, die um 11.08 Uhr südlich Flensburg von Fw. Jüppner von der 1. Staffel heruntergeholt werden konnte (6.) [508]. Beim zweiten Einsatz gegen die rückfliegenden Viermotverbände, zu dem acht Maschinen um 14.50 Uhr von Rotenburg im Alarmstart

---

[506] vgl. zu Aussenlandungen und zum weiteren Einsatz das KTB der II./JG 1; Hptm. Burkhardt startete um 14.18 Uhr von Rotenburg zum zweiten Einsatz, der jedoch o.F. blieb. Er landete danach in Hage, wo seine spätere Frau Dienst tat, und kehrte am nächsten Morgen nach Paderborn zurück - Flugbuch, Bericht Frau Giselinde Burkhardt, 7.2.1994

[507] namentliche Verlustmeldung WASt. vom 9.4.1944; danach hatte die III./JG 1 an diesem Tage Luftkampf mit ausfliegenden Kampfverbänden

[508] weiterhin liegt ein anerkannter Abschuss von Ofw.Doppler von der 2./JG 11 um 13.05 Uhr vor, eine B-24 bei Reinsehlen; Einzelheiten zu diesem Einsatz liegen nicht vor, möglicherweise handelte es sich um einen Einzeleinsatz Dopplers gegen eine nach Trefferschäden allein abfliegende Liberator. Fw. Rudschinat von der 10./JG 11 meldete den Herausschuss einer weiteren B-24 (5.)

Abb. 695 - 696: Start der I./JG 11 in Rotenburg am Ostersonntag 1944, dem 9. April; bei keiner der hier gezeigten Focke Wulfs ist ein Haken- oder Balkenkreuz zu erkennen, während das gelbe Rumpfband bei den meisten Maschinen deutlich sichtbar ist.

(Güthenke)

Abb. 697 - 698: Flugzeugführer der I./JG 11, aufgenommen in der ersten Hälfte des April 1944 auf dem Platz Rotenburg; oben von links Ofw. Berthold Jochim, Fw. Heinz Hanke und FhjFw. Norbert Schuecking. Unten - Vor der Gefechtsstandsbaracke sieht man von links Ofw. Berthold Jochim, PK-Berichter Doelfs und FhjFw. Norbert Schuecking. Im Fenster dahinter sieht man neben einer Lw.-Helferin einen namentlich leider nicht bekannten weiteren Flugzeugführer der I./JG 11.

(Jochim)

aufstiegen ⁵⁰⁹, konnte das JG 11 dagegen sieben B-17 Ab- und Herausschüsse für sich verbuchen, von denen sechs an die I. Gruppe und der siebte an einen Flugzeugführer der II./JG 1, der nach dem ersten Einsatz in Oldenburg bei der III./JG 11 gelandet war, gingen und die sich folgendermassen verteilten:

Ofw.Doppler	2./JG 11	B-17	(23.)	14.43 ⁵¹⁰
Fw.Schuecking	1./JG 11	B-17	(8.)	15.06
Ofw.Stöwer	3./JG 11	B-17	(11.)	15.08
Gefr.Tschirk	3./JG 11	B-17	(1.)	15.08
Olt.Koenig	3./JG 11	B-17	(18.)	15.10
Lt.Schrangl	I./JG 11	B-17	(4.)	15.15
Fw.Niedereichholz	5./JG 1	B-17	(16.)	15.35

Doch die eigenen Verluste des JG 11 wogen sehr schwer - sechs Gefallene, zwei Verwundete und sechs zerstörte Focke Wulfs lautete die traurige Bilanz am Ende des Tages. Die I. Gruppe hatte drei Gefallene zu beklagen: Ofhr. Gerhard Dreizehner von der 1. Staffel fiel im Luftkampf bei Steinfeld im Kreis Schleswig und auch Fw. Walter Otto sowie der Gefr. Johannes Hooge - beide von der 2./JG 11 - wurden im Raume Schleswig tödlich abgeschossen; dort wurde schliesslich auch Ofw. Alwin Doppler im Luftkampf leicht verletzt. Zwei Gefallene und ein Verwundeter wurden von der III./JG 11 gemeldet; Lt. Max Frank von der 8. und Ofhr. Hans Schobert von der 9./JG 11 wurden im Luftkampf tödlich abgeschossen, während Fw. Ernst Abel von der 7. Staffel im Verlaufe eines Luftkampfes bei Flensburg verwundet wurde. Einen Gefallenen meldete schliesslich auch die 10./JG 11: Uffz. Karl Merbeth wurde im Luftkampf mit Jägern über Wyk auf Föhr tödlich abgeschossen.

Als am Abend des 9. April 1944 beide Seiten versuchten, aus den eingehenden Meldungen die Ergebnisse der vorangegangenen Luftkämpfe zusammenzufassen, fielen die Ergebnisse einmal mehr recht unterschiedlich aus; auf deutscher Seite wurden am Ende 71 Abschüsse - einschliesslich der bei Nacht erzielten - gemeldet, während die eigenen Verluste zwölf Gefallene und fünf Verwundete sowie 24 Totalverluste an Flugzeugen betrugen ⁵¹¹. Die 8. USAAF meldete demgegenüber den Verlust von 42 Viermots und 14 Begleitjägern, während die eigenen Abschussansprüche mit 74 beziffert wurden ⁵¹².

Am **10. April 1944** flogen Verbände der 8. USAAF Angriffe auf Flugzeugwerke und Reparaturbetriebe sowie Flugplätze in Frankreich, Belgien und den Niederlanden; insgesamt 729 Viermots wurden dazu aufgeboten, die wiederum von starken Jagdgruppen begleitet wurden ⁵¹³. Daneben flogen einige Lightning-Gruppen Tiefangriffe auf Flugplätze in Nordostfrankreich. Diese Einflüge wurden vornehmlich von den im Bereich der Luftflotte 3 liegenden Jagdverbänden bekämpft, während die JG 1 und 11 an diesem Tage nicht an der Abwehr der Einflüge beteiligt waren.

Bereits am darauffolgenden Tage erfolgte jedoch der nächste Tagesgrossangriff der 8. USAAF auf Ziele im Reichsgebiet; an diesem **11. April 1944** wurden insgesamt 917 Viermotorige aufgeboten, um Flugzeugwerke in Oschersleben, Bernburg, Halberstadt, Sorau, Cottbus und Arnimswalde, in denen Focke Wulf 190 und Ju 88 gefertigt wurden, anzugreifen. Der Begleitschutz für die in mehreren

---

⁵⁰⁹ Abschussmeldung Fw. Kurt Niedereichholz vom 9.4.1944; danach gehörten dem Verband neben sechs Focke Wulfs der I./JG 11 auch zwei der II./JG 1 mit Fw. Niedereichholz und Ofw. Schuhmacher an

⁵¹⁰ möglicherwiese im Rahmen eines anderen kurzfristig zusammengestellten Verbandes erzielt, wie die Abschusszeit andeutet

⁵¹¹ vgl. Aufstellung unten; unter den Totalverlusten befanden sich drei ohne Feindeinwirkung

⁵¹² Freeman, aaO., S.215 - unter den Verlusten befanden sich zehn in Schweden notgelandete und dort internierte Viermots sowie zehn Viermotos und vier Jäger der "Cat.E"; die Abschüsse verteilten sich mit 45-8-14 auf die Bomber und 20-1-6 auf die Begleitjäger, die zudem 19-0-8 Bodenzerstörungen beanspruchten

⁵¹³ vgl. Freeman, aaO., S. 216; ders., Mighty Eighth, S.133

Auf deutscher Seite eingesetzte Verbände am 11.4.1944

Einheit	Abschussmeldungen	Verluste im Einsatz				
		FF		Flugzeuge		
		+	verw.	60 - 100%	unter 60%	Boden
I./JG 1	4 B-17, 2 B-17 HSS, 1 B-24, 2 P-51	1	-	2	-	-
II./JG 1	6 B-17, 1 P-51	2	1	5	1	6 z, 2 b
III./JG 1	3 P-47	2	1	5	1	-
Stab/JG 3	2 B-17	-	-	-	-	-
I./JG 3	1 B-17, 1 B-17 HSS, 2 P-51	3	2	3	1	-
II./JG 3	2 B-17, 1 P-51	4	1	6	1	-
III./JG 3	4 B-24	-	1	1	-	-
IV./JG 3	12 B-17, 4 B-17 HSS, 4 B-17 a.s.m., 1 P-38	1	3	6	1	-
I./JG 5	1 B-24	-	-	-	-	-
I./JG 11	6 B-17, 6 B-17 HSS, 1 B-24, 1 B-24 HSS	-	-	1	3	-
III./JG 11	2 B-17, 1 B-17 HSS, 2 B-24	4	1	7	2	-
I./JG 26	-	2	-	2	-	1 z, 5 b
II./JG 26	-	-	-	2	-	-
II./JG 27	2 B-17	-	1	1	-	-
II./JG 53	1 B-17, 2 B-17 HSS, 1 B-24, 1 P-51	1	-	2	-	-
III./JG 54	1 B-17 a.s.m.	-	-	-	-	-
I./JG 302	1 B-17	-	-	1	-	1 b
II./JG 302	1 B-24, 2 B-24 HSS	-	-	-	-	-
III./JG 302	1 B-17	-	-	-	-	-
Sturmst. 1	1 B-17 a.s.m., 4 B-24, 3 B-24 HSS	-	-	2	-	-
II./ZG 26	8 B-17, 2 B-17 HSS	6/7	1/1	8	1	-
III./ZG 26	3 B-17, 5 B-17 HSS, 1 B-17 e.V.	2/1	-/1	3	-	-
II./NJG 3	2 B-24	-	-	-	-	1 b
IV./NJG 3	1 B-17	-	-	-	-	-
		36	14	56	11	7 z, 9 b

getrennten Verbänden einfliegenden Bomberverbände umfasste insgesamt 819 Maschinen, darunter mittlerweile sechs Gruppen P-51, die zusammen 241 Mustangs in die Luft brachten [514]. Von deutscher Seite wurden dagegen 18 Tagjagd-, zwei Zerstörer- und Teile von zwei Nachtjagdgruppen aufgeboten, darunter erneut alle derzeit im Einsatz stehenden Gruppen der JG 1 und 11.

Die Einsatzschilderung im KTB der II./JG 1 verdeutlicht anschaulich die Schwierigkeiten, mit denen die deutsche Jägerführung unter den gegebenen Einsatz- und Wetterbedingungen zu kämpfen hatte; dort heisst es unter anderem:

---

[514] Freeman, aaO., S.217 / 218; ders., Mighty Eighth, S. 133

Nach 15'-Bereitschaft um 09.50 Uhr Sitzbereitschaft. Feindversammlung in FC [515]. Um 09.58 Uhr Alarmstart von 24 Fw 190 mit Befehl, über Lippspringe zu sammeln mit der I. und III./JG 1 und dann über dem Brocken die Verbände des JG 27 aufzunehmen [516], die jedoch nicht angetroffen wurden. Von dort hat die Gruppe Kurs 30 Grad angetreten. Da nach Übergabe von der 3. an die 2. Jagddivision keine Verständigung zustandekam, wurde auf Reichsjägerwelle geschaltet. Im Raum GC erfolgte Feindsichtung [517] von 4-mot Kampfverbänden mit NO-Kurs (200 Boeing und Liberators). Die Gruppe kurvte nach links ein und führte einen geschlossenen Angriff von vorn im Raum FB durch. Eine erneute Versammlung des Verbandes zum geschlossenen Angriff war infolge Zersplitterung durch sehr starken Jagdschutz nicht möglich. Es kam zu Einzelkämpfen in Rotten- und Schwarmstärke.

Eberhard Burath erinnert sich an den Einsatz vom 11. April 1944 noch sehr genau, ging es dabei doch einmal mehr gerade eben noch gut; er schrieb dazu:

Am 11. April gab es wieder volles Programm. Auf der alten Kampfbahn über Braunschweig gelang mir der 6. Abschuss eines Viermot. Mein Schutzengel machte bei diesem Angriff wieder Überstunden. Da schoss doch einer mit Leuchtspur. Ich sah das Ding kommen, von vorn links, es kam haargenau und haut mir genau in den Wanst - aber nein, aber nein ! Kurz vor der Spitze eines Propellerblattes steht ein Feuerball auf der Latte - abgefangen ! [518]

Während die beiden Focke Wulf Gruppen sich mit den Viermotorigen auseinandersetzten, hatte die III./JG 1 im Raume nördlich von Magdeburg einen verlustreichen Luftkampf mit dem Begleitschutz auszufechten, in dessen Verlauf die Gruppe vollkommen zersprengt wurde [519]. Die Gegner waren zahlreiche Thunderbolts, zu denen sich im Laufe der Kurbeleien noch einige Mustangs gesellten [520]; daran erinnert sich Walter Pleines, seinerzeit Feldwebel und Flugzeugführer in der 9./JG 1, wie folgt:

Wir hatten Luftkampf mit zahlreichen Thunderbolts; im Verlaufe der Kurbelei kam ich mehrmals in eine günstige Schussposition auf eine P-47, doch bei den beiden ersten Ansätzen bekam ich wegen Ladehemmung - was leider recht häufig vorkam - keinen Schuss heraus. Beim dritten Anlauf hatte ich dann Erfolg: Ich entdeckte eine P-47, die ich in einer Steilkurve nach links mit einer ganz kurzen Garbe eindecken konnte und die danach brennend in die Tiefe ging. Leider war diese Thunderbolt nicht allein, so dass ich mich jetzt mit zwei Schwärmen auseinanderzusetzen hatte. Es dauerte nicht lange, bis eine in Schussposition hinter mir sass und mir einige Treffer verpassen konnte, wobei ich am linken Ellbogen getroffen wurde. Da ich den linken Arm nicht mehr gebrauchen konnte, nahm ich den Knüppel zwischen die Beine, sah zu, dass ich aus der Gefahrenzone nach unten wegkam und war im übrigen bemüht, mit der rechten Hand den Gashe-

---

[515] Planquadrat FC = Seegebiet vor Norwich

[516] Startzeit der III./JG 1 in Paderborn 10.00 Uhr - Flugbuch Fritz Haspel, Gefechtsmeldung Fw. Pleines; die aufzunehmenden Verbände waren die II./JG 27 und II./JG 53, die dem JG 27 kurzzeitig unterstellt war; vgl. dazu Prien, JG 53, Bd. 3, S. 1300

[517] lt. Gefechtsbericht von Olt. Georg-Peter Eder um 10.50 Uhr im Quadrat GA = nordwestlich Braunschweig; in der Meldung von Uffz. Pleines ist von Feindsichtung des gegnerischen Jagdschutzes um 10.40 und Feindberührung ab 10.55 Uhr die Rede

[518] Aufzeichnungen Eberhard Burath, S. 22

[519] Flugbuch Lutz-Wilhelm Burkhardt, Startzeit 10.04 Uhr

[520] namentliche Verlustmeldung WASt. für Olt. Achtermann und Uffz. Werberitsch; Gefechtsmeldung Walter Pleines

bel zu bedienen. Ohne gross zu überlegen slippte ich die Maschine an den Boden heran, legte sie im letzten Augenblick gerade und machte in der Nähe von Wolfsburg eine glatte Bauchlandung. Nach dem Aufsetzen blieb ich zunächst in der Kabine sitzen, denn ich hatte gesehen, dass die Thunderbolts mir gefolgt waren und nun offensichtlich vorhatten, mich am Boden zusammenzuschiessen. Sie kamen herunter wie zum Erdscheibenschiessen und gleich darauf prasselte es kräftig in meiner Maschine - in meinen Flächen taten sich zahlreiche Einschusslöcher auf und auch auf dem Rückenpanzer zerlegten einige Geschosse. Nach dem ersten Angriff zog ich den Kabinennotabwurf, sprang aus der Kabine und kam gerade ungefähr 30 m von meiner Maschine weg, als die Thunderbolts sich zum zweiten Male auf meinen Vogel stürzten. Diesmal trafen sie besser und gleich darauf explodierte meine Maschine, in der immerhin noch einiger Sprit und Munition waren. Dabei konnte ich aus meiner Ackerfurche beobachten, wie die letzte der Thunderbolts beinahe in die Explosion hineingeflogen wäre; sie konnte aber eben noch rechtzeitig hochziehen.

Ich wurde kurze Zeit später aufgelesen und in ein Reservelazarett bei Wolfsburg geschafft; auf dem Wege dorthin kamen wir an der Absturzstelle "meiner" P-47 vorbei. Dort hatte ich kurz die Gelegenheit, einige Worte mit dem amerikanischen Flugzeugführer zu wechseln. Er hatte bei dem Absturz seiner Maschine Verbrennungen davongetragen, war aber inzwischen von Sanitätern versorgt worden und hatte seinen ganzen Kopf verbunden, so dass nur noch Augen, Nase und Mund sichtbar waren. Unser Gespräch war aber ziemlich unergiebig, denn der Amerikaner nannte nur seinen Namen, Nummer und Dienstgrad. [521]

Vermutlich konnten noch zwei weitere P-47 heruntergeholt werden, die beide an Ofw. Herbert Kaiser von der 7. Staffel fielen und der damit einen erfolgreichen Einstand bei seiner neuen Einheit hatte; eine P-51 ging an Hptm. Burkhardt. Es ist nicht bekannt, ob die III./JG 1 in diesem Luftkampf darüber hinaus noch weitere Abschüsse erzielen konnte [522]. Durch den Frontalangriff und im Verlaufe der sich anschliessenden erbitterten Kurbeleien konnte das JG 1 bei diesem Einsatz insgesamt 18 Ab- und Herausschüsse erringen:

Maj. Bär	II./JG 1	B-17	(199.)		10.59
Ofw. Schuhmacher	II./JG 1	B-17	(13.)		11.00
Ofw. Bach	5./JG 1	B-17	(13.)		11.00
Flg. Blech	5./JG 1	B-17	(1.)		11.00
Olt. Eder	6./JG 1	B-17	(37.)		11.00
Ofw. Brodbeck	6./JG 1	B-17	(2.)		11.00
Olt. Burath	4./JG 1	B-17	n.b.		
Uffz. Just	2./JG 1	B-17 HSS	(4.)		11.02
Olt. Ehlers	3./JG 1	B-17	(45.)		11.02
Maj. Schnoor	I./JG 1	B-17	(21.)	*	
Maj. Schnoor	I./JG 1	B-17	(22.)	*	
Fw. Kahl	4./JG 1	P-51	(8.)		11.17
Uffz. Grube	3./JG 1	P-51	(1.)		11.30
Olt. Ehlers	3./JG 1	P-51	(46.)	*	
Olt. Ehlers	3./JG 1	P-51	(47.)	*	
Fw. Pleines	7./JG 1	P-47	(3.)		11.20
Ofw. Kaiser	7./JG 1	P-47	(61.)	*	
Ofw. Kaiser	7./JG 1	P-47	(62.)	*	
Hptm. Burkhardt	7./JG 1	P-51	(61.)		

---

[521] Bericht Walter Pleines, 24.7.1993, gestützt auf seinen Gefechtsbericht vom 11.4.1944

[522] möglich erscheint es, denn in amerikanischen Unterlagen finden sich weitere fünf P-47, die an diesem Tage über dem Reichsgebiet verlorengingen, wobei die näheren Umstände der Luftkämpfe unbekannt sind

Abb. 699 - 700: Oben - Die " gelbe 23 " der 6./JG 1 rollt unmittelbar nach der Landung von einem Einsatz auf ihren Abstellplatz. Unten - Blick über den Platz Störmede im April 1944; in der Bildmitte steht die " rote 22 " vom Gruppenstab der II./JG 1, die um diese Zeit von Ofw. Leo Schuhmacher, dem Rottenflieger von Maj. Heinz Bär, geflogen wurde. Beachte das Geschwaderemblem und das rote Rumpfband sowie das Fehlen der MG 151/20 in den Aussenstationen.

(Hartwig)

Während die II./JG 1 noch im Einsatz war, erlebte ihr Einsatzhafen zwischen 11.40 und 11.50 Uhr völlig überraschend einen Tiefangriff durch vier Thunderbolts, die dabei sechs Focke Wulfs in Brand schiessen und dadurch zerstören konnten, während zwei weitere Beschusschäden davontrugen. Das Bodenpersonal zählte fünf Verwundete [523].

Nach der Rückkehr von diesem Einsatz ergab sich das gewohnte Bild auf den verschiedenen Plätzen im Raume nord- und mitteldeutschen Raum; überall wurden die Messerschmitts und Focke Wulfs aufgetankt und nachmunitioniert, um anschliessend für den Einsatz gegen die Rückflüge zu eilig improvisierten Verbänden zusammengestellt zu werden. Gegen 12.30 Uhr erfolgte der Start zum erneuten Abwehreinsatz; dabei konnte das JG 1 weitere drei Abschüsse für sich verbuchen:

Fw.Hübl	2./JG 1	B-17 HSS	(17.)	13.17
Hptm.Engleder	2./JG 1	B-24	(20.)	14.00
Ofhr.Neuner	2./JG 1	B-17	(2.)	

Die Verluste des JG 1 bei den Abwehreinsätzen des 11. April 1944 beliefen sich auf sechs Gefallene und einen Verwundeten sowie zwölf abzuschreibende Maschinen [524]; Die I. Gruppe meldete einen Gefallenen - Uffz. Helmut Manikowski von der Sonderstaffel wurde im Luftkampf mit Viermots bei Braunschweig abgeschossen und musste mit dem Fallschirm aussteigen; zwar kam er gut aus seiner Focke Wulf heraus, doch wurde er nach der Landung ein Opfer amerikanischer Jäger, der ihm nachgestürzt waren und ihn am Boden durch Bordwaffenfeuer töteten [525]. Die II./JG 1 hatte zwei

---

[523] in den namentlichen Verlustmeldungen WASt. findet sich kein Hinweis auf die Opfer dieses Angriffes unter dem Bodenpersonal; wie hier das Gruppen-KTB der II./JG 1. Dagegen fehlt in den summarischen Flugzeugverlustmeldungen RL 2/III/852 ebenfalls ein entsprechender Eintrag

[524] ohne die Bodenverluste der II./JG 1

[525] Fallschirmabschüsse und Angriffe auf am Boden gelandete deutsche Flieger häuften sich im Frühjahr 1944 zunehmend. Dieses unselige Thema hat alle damals Beteiligten seither stark beschäftigt; während die deutschen Jagdflieger es mehrheitlich zurückweisen, dass die deutsche Seite ähnlich verfahren wäre, drücken sich die meisten amerikanischen Darstellungen mehr oder weniger diskret um eine Auseinandersetzung mit diesem Thema. Zweifellos war das Töten - oder genauer: das Abknallen - von wehrlos am Fallschirm hängenden Fliegern eine der widerlichsten Verirrungen des Krieges, den einfachsten humanitären Regeln spottend, und zugleich ein weiterer Beweis dafür, zu welchen Perversionen ein totaler Vernichtungskrieg auszuarten im Stande ist. Es ist schwer nachzuvollziehen, was in den Köpfen der jungen amerikanischen Jagdflieger bei dieser gnadenlosen, menschenverachtenden Knallerei vorgegangen sein mag, die sich im weiteren Verlauf des Krieges zur Jagd auf pflügende Bauern und harmlose Radfahrer und Einzelpersonen steigerte. Natürlich waren sie beeinflusst durch die ständigen Berichte in offiziellen reports und in der Presse, wonach die Deutschen die abgesprungenen Bomberbesatzungen erschossen hätten. Ihnen war sicher auch bekannt, dass die Nazi-Partei die Zivilbevölkerung zur Lynchjustiz an anglo-amerikanischen Fliegern aufgefordert hatte (vgl. dazu ausführlich Groehler, BK, S. 368 ff, m.w.N.), und schliesslich gab es gegen Kriegsende sogar offizielle Anweisungen, abgesprungene Me 262 Flugzeugführer in keinem Falle zu schonen. Damit allein aber lässt sich die "Killer-Mentalität" eines Teils der anglo-amerikanischen Jagdflieger moralisch nicht rechtfertigen.

Von daher ist der Zorn und der Abscheu der deutschen Jagdflieger verständlich. Verstärkt wurde diese Reaktion durch ein Gefühl der Enttäuschung über einen unfairen Gegner, der sich nicht an die ungeschriebenen Gesetze des "ritterlichen Duells Mann gegen Mann" und die Gesetze des "edlen Waidwerkes" halten mochte. Diese romantische Verklärung und unangebrachte Überhöhung der Sonderstellung des Kampfes der Jagdflieger ist gelegentlich bis heute spürbar.

Lässt man die moralische Seite für einen Augenblick ausser Betracht, dann kann man nicht umhin festzustellen, dass das Schiessen auf abgesprungene gegnerische Flieger nur Teil des Kampfes war, dessen Ziel immerhin die Vernichtung der feindlichen Luftstreitkräfte war; der am Fallschirm hängende Gegner hatte sich aus der Sicht der Amerikaner keineswegs ergeben, sondern würde vielmehr, wenn er nicht verwundet war, bald wieder in einem Jagdflugzeug sitzen und erneut den Kampf aufnehmen. Daher waren die Fallschirmabschüsse nichts anderes als eine logische Folge einer totalen Kriegführung, die bekanntlich von der deutschen Propaganda seit der unseligen Sportpalastrede Joseph Goebbels am 18. Februar 1943 gefordert wurde und in der für "Humanitätsduselei" kein Platz war. Insofern mutet die deutsche Reaktion auf gegnerische Rücksichtslosigkei-

Gefallene und einen Verletzten zu verzeichnen: Ofw. Kurt Barein von der 4. Staffel fiel im Luftkampf mit P-51 bei Braunschweig, während der Gefr. Hans Flick von der 6./JG 1 in der Nähe von Bernburg ein Opfer der amerikanischen Begleitjäger wurde. Mehr Glück hatte Uffz. Werner Nobis von der 5. Staffel, der seine " schwarze 13 " nach Treffern aus einem Luftkampf mit Jägern bei Kleinglingen südlich Celle auf den Bauch werfen musste und sich dabei schwer verletzte. Zwei Gefallene und zwei Verwundete lautete die Bilanz auch bei der III./JG 1; Olt. Erwin Achtermann und Uffz. Siegfried Werberitsch, beide von der 9. Staffel, wurden im Luftkampf mit Mustangs nördlich Magdeburg tödlich abgeschossen und kamen beim Absturz ihrer Messerschmitts zu Tode. Neben Fw. Walter Pleines, der unter den oben beschriebenen Umständen verwundet wurde, wurde Fw. Martin Fink von der 8./JG 1 verwundet, als er bei der Landung in Burg / b. Magdeburg von amerikanischen Jägern angegriffen und abgeschossen wurde [526].

Die I. und III./JG 11 hatten am 11. April jeweils zwei Einsätze zu fliegen; am Morgen richtete sich der Einsatz der beiden zu einem Gefechtsverband zusammengefassten Gruppen gegen die einfliegenden Liberatorverbände der 2 BD, die mit Kurs Ost ihren Angriffszielen in Oschersleben und Bernburg zustrebten und mit denen es über dem gewohnten Kampfraum zwischen Delmenhorst und Osnabrück zu einem heftigen Luftkampf kam, nach dem vier Viermotabschüsse gemeldet wurden:

Maj.Hackl	III./JG 11	B-24	(141.)	10.40
Uffz.Regel	7./JG 11	B-24	(1.)	10.46
Fw.Bosch	1./JG 11	B-24	(3.)	10.47
Fw.Leunig	1./JG 11	B-24 HSS	(1.)	10.58

Auf der Verlustseite standen vier Gefallene und ein Verwundeter, die alle zur III. Gruppe gehörten; die 7. Staffel verlor Uffz. Anton Lorenz, der bei Strange nahe Diepholz tödlich abgeschossen wurde, sowie Uffz. Anton Klein, der in der Nähe von Rotenburg / Wümme fiel. Hinzu kam die Verwundung von Ofw. Helmut Spiess, der im Luftkampf bei Lüneburg abgeschossen und zur Notlandung gezwungen wurde. Zwei Gefallene hatte auch die 8. Staffel zu beklagen; Lt. Friedrich Karl Kröcher und Uffz. Arno Saiko wurden im Luftkampf bei Diepholz bzw. bei Ströhen in der Nähe von Lübbecke abgeschossen und stürzten mit ihren Focke Wulfs ab. Die I./JG 11 blieb dagegen von Personalverlusten verschont.

Gut zwei Stunden später erfolgte der zweite Einsatz gegen die ausfliegenden Verbände der 1 und 3 BD; dieses Mal wurden die beiden Gruppen nach Nordosten in den Raum Fehmarn geführt, wo es zu einem Zusammenprall mit starken Boeing-Pulks des 13 und 35 CBW kam, die zu dieser Zeit ohne Begleitschutz flogen. So kamen die Gruppen unbehindert zu zwei geschlossenen Frontalangriffen, bevor sich das Treffen in eine Reihe verbissen geführter Einzelkämpfe auflöste [527]. 15 Ab- und Herausschüsse wurden danach gemeldet:

---

ten schon inkonsequent an, vor allem dann, wenn es, bewusst oder unbewusst, als eine Form der Gegenaufrechnung geschieht für das, was im Namen und auf Rechnung Deutschlands an unvorstellbaren Grausamkeiten geschehen ist.

Im übrigen soll nicht verschwiegen werden, dass es durchaus - wenngleich in erheblich geringerem Umfange - auch Vorfälle gegeben hat, bei denen umgekehrt deutsche Jagdflieger auf abgesprungene anglo-amerikanische Besatzungen geschossen haben; die den Verfassern dazu bekanntgewordenen Fälle deutscher Jagdflieger liegen allerdings zumeist auf der Ebene spontaner, impulsiver Vergeltungsakte.

[526] auch diese beiden Begebenheiten ein Zeichen der zunehmenden Aggressivität der Begleitjäger, die auf diese Weise den Leitspruch ihres OB Gen. Arnold, wonach die Luftwaffe " *in the air and on the ground* " zerschlagen werden sollte, in die Tat umsetzten; aus der Sicht der deutschen Jagdflieger beschreibt dies Eberhard Burath so: " *Jede Landung war eine Angstpartie. Im Tiefflug kreisten sie um unsere Plätze und knallten alles ab, was nicht höllisch aufpasste.* "

[527] vgl. die Darstellung bei Freeman, Mighty Eighth, S.133, wo die Geschicklichkeit und Wirksamkeit des Abwehreinsatzes hervorgehoben werden; dort heisst es u.a.: " *In the absence of Mustangs, these Wings were assailed by rocket-firing Me 410's and Ju 88's, **followed by line-abreast frontal passes by Fw 190's**. Vicious and ordered, this assault accounted for most of the 25 bombers missing from these two Wings.* "

Ofw.Stöwer	3./JG 11	B-17	(12.)	13.19
Uffz.Klemenz	2./JG 11	B-17 HSS	(1.)	13.19
Gefr.Schmidt	3./JG 11	B-17	(1.)	13.22
Lt.Rentz	9./JG 11	B-17	(1.)	13.24
Ofw.Jüppner	1./JG 11	B-17 HSS	(7.)	13.25
Uffz.Klemenz	2./JG 11	B-17 HSS	(2.)	13.25
Ofhr.Blassing	2./JG 11	B-17 HSS	(2.)	13.26
Gefr.Tschirk	3./JG 11	B-17 HSS	(2.)	13.26
Ofw.Stöwer	3./JG 11	B-17	(13.)	13.27
Ofhr.Pehlemann	3./JG 11	B-17	(2.)	13.28
Ofhr.Binder	7./JG 11	B-17 HSS	(1.)	13.28
Olt.Koenig	3./JG 11	B-17	(19.)	13.29
Ofhr.Pehlemann	3./JG 11	B-17 HSS	(3.)	13.35
Ofhr.Blassing	2./JG 11	B-17	(3.)	13.36
Olt.Kälber	9./JG 11	B-17	(4.)	13.54

Der Erfolg des JG 11 wurde noch dadurch gesteigert, dass beide Gruppen ohne Personalverluste blieben; die Flugzeugverluste beliefen sich für beide Einsätze auf insgesamt acht abzuschreibende Fw 190 sowie sechs mehr oder weniger schwer beschädigte Maschinen.

Nach dem Ende der Kämpfe meldete die deutsche Seite anfänglich insgesamt 129 Abschüsse, darunter nicht weniger als 105 Viermotorige [528]; die eigenen Verluste beliefen sich dagegen auf 36 Gefallene und 14 Verwundete sowie 56 Totalverluste, zu denen noch einmal sieben am Boden zerstörte Maschinen kamen. Auf Seiten der 8. USAAF lautete die Bilanz des 11. April 1944 dagegen wie folgt: Mit 69 Viermotorigen und 16 Begleitjägern erreichten die Verluste dieselbe Höhe wie die beim ersten Tagesangriff auf Berlin am 6. März erlittenen, während man umgekehrt der Ansicht war, 153 deutsche Maschinen abgeschossen und weitere 65 am Boden zerstört zu haben [529].

Die amerikanischen Tagesangriffe erfolgten nun, soweit es das Wetter zuliess, ohne Unterlass; schon am **12. April 1944** sollte der nächste Tagesgrossangriff geflogen werden und tatsächlich starteten am Morgen 455 Viermotorige von ihren Plätzen in Südostengland, um in drei getrennten Verbänden Industrieziele in Schweinfurt, Oschersleben, Zwickau, Halle und Leipzig anzugreifen. Einmal mehr jedoch musste das Unternehmen wegen der schlechten Wetterbedingungen vorzeitig abgebrochen und die Kampfverbände zurückgerufen werden. Während die Boeings der 1 und 3 BD frühzeitig umkehren konnten, waren die Liberators der 2 BD bereits bis über das deutsch / französische Grenzgebiet vorgedrungen, wo es zu Luftkämpfen mit den zur Abwehr aufgestiegenen Gruppen der Reichsverteidigung kam.

Zu den gegen diesen Einflug angesetzten deutschen Verbänden gehörten auch die Gruppen der JG 1 und 11, doch ist über den Verlauf des Einsatzes nur wenig bekannt. Während der Abwehreinsatz der I. und II./JG 1 ohne Ergebnis blieb [530], hatte die III./JG 1 im Raume Wetzlar eine Auseinandersetzung mit Mustangs und Thunderbolts, in deren Verlauf sie einen Gefallenen einbüsste: Fw. Josef Löhr von der 7. Staffel wurde bei Oberkleen tödlich abgeschossen. Über eigene Abschusserfolge der Gruppe liegen keine Angaben vor.

---

[528] OKW-Bericht, 12.4.1944; wie stark diese ersten Erfolgsmeldungen später zurückgeschraubt wurden, kann an der Abschussübersicht der Verbände oben abgelesen werden

[529] Freeman, aaO., S. 217 / 218 - unter den Verlusten befanden sich fünf Viermots als " Cat.E ", neun B-17 suchten Zuflucht in Schweden; die Abschussmeldungen lauteten 73-24-23 für die Bomber und 51-5-25 für die Begleitjäger

[530] KTB II./JG 1:" *Um 12.39 Uhr Alarmstart mit zwölf Fw 190. Es kommt zur Feindsichtung mit 100 - 150 Thunderbolts, Mustangs und Lightnings. Keine Erfolge und Verluste.*"

Abb. 701 - 702: Die folgenden Aufnahmen wurden im April 1944 bei der III./JG 11 in Oldenburg gemacht und zeigen den Gruppenstabsschwarm bei den Startvorbereitungen für einen Einsatz; oben links sieht man Maj. Anton Hackl, dem ein Wart beim Anlegen des Fallschirms hilft, und rechts den Gruppenkommandeur der III./JG 1, Hptm. Friedrich Eberle. Dahinter sind die " Winkel ", eine Fw 190 A-6, sowie die " Winkel 2 ", eine A-7, zu sehen, beide mit dem breiten gelben Rumpfband des JG 11 und dem senkrechten Gruppenbalken darauf. Beachte die von allen in dieser Bildreihe sichtbaren Maschinen getragenen Balken- und Hakenkreuze. Unten - Maj. Hackl beim Anschnallen in seiner " Winkel Dreieck ", einer Fw 190 A-6. Beachte das auf beiden Seiten unter der Kabine getragene Emblem, das einen Drachen auf einem geteilten Wappenschild zeigt. Auf der Fläche steht links wieder Hptm. Eberle.

(Burkhardt)

Abb. 703 - 704: Oben - Drei Focke Wulfs des Gruppenstabsschwarms der III./JG 11 in Startposition; ganz links die " Winkel Dreieck " von Maj. Hackl, die ein insgesamt weisses Seitenleitwerk trägt. Unten - Weitere Focke Wulfs der III./JG 11 rollen an den Start, von links die " weisse 7 " der 7./JG 11, die " schwarze 3 " der 8. Staffel, die ebenfalls ein insgesamt weisses Seitenleitwerk trägt, und die " weisse 12 " der 7./JG 11, während rechts aussen noch einmal die " Winkel 2 " zu erkennen ist. Bis auf die " 12 " tragen alle das Drachenemblem unter der Kabine.

(Burkhardt)

Abb. 705 - 706: Rechts noch eimal Maj. Hackl in der Kabine seiner " Winkel Dreieck " und neben ihm auf der Fläche Hptm. Eberle; auch hier ist das Emblem unter der Kabine deutlich zu sehen.

Unten - Das insgesamt weisse Seitenleitwerk der Fw 190 A-6 von Maj. Hackl, auf dem ein Techniker gerade den 141., am 11. April 1944 erzielten Abschuss verzeichnet, während einige Techniker interessiert zusehen.

(Burkhardt / Jolmes)

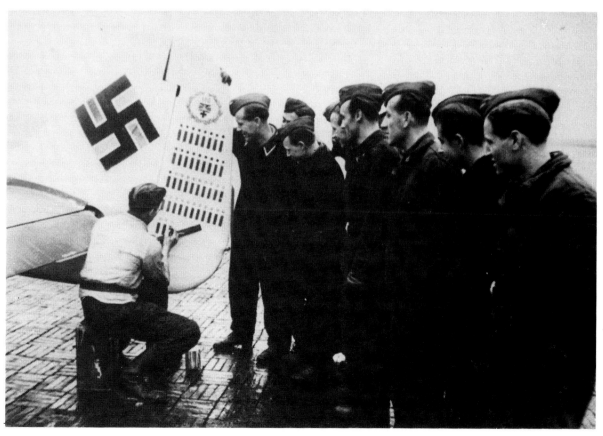

Über den Einsatz der I. und III./JG 11 ist dagegen lediglich bekannt, dass beide ohne Erfolg blieben, während sie selbst insgesamt zwei Focke Wulfs total und drei beschädigte im Einsatz einbüssten, dabei aber von Personalverlusten verschont blieben.

Auch am **13. April 1944** kam es zu einem Tageseinflug von Verbänden der 8. USAAF; an diesem Tage wurden 626 Viermotorige zu Angriffen auf die Kugellagerwerke von Schweinfurt sowie auf den Betrieb der Messerschmitt AG in Augsburg, der Dornier Werke in Oberpfaffenhofen und schliesslich dem Flugplatz Lechfeld eingesetzt. Begleitet wurden die Bomberverbände von insgesamt 871 Jägern [531].

Von deutscher Seite konnten insgesamt 17 Tagjagdgruppen sowie eine Zerstörergruppe zur Abwehr der Einflüge aufgeboten werden, darunter abermals das gesamte JG 1, während vom JG 11 nur die I. Gruppe im Einsatz war.

Auf deutscher Seite eingesetzte Verbände am 13.4.1944

Einheit	Abschussmeldungen	FF +	verw.	Flugzeuge 60-100%	unter 60%	Boden
I./JG 1	3 B-17, 1 B-17 HSS	2	1	3	1	-
II./JG 1	3 B-17, 1 B-17 n.b.	-	1	2	-	-
III./JG 1	2 B-24, 1 P-51, 1 P-47	2	1	3	2	-
II./JG 2	-	-	1	-	2	1 z
III./JG 2	1 B-17	1	2	3	2	-
Stab/JG 3	2 B-17	-	-	-	-	-
I./JG 3	-	1	-	5	1	-
II./JG 3	2 B-17, 1 B-17 HSS	-	-	1	3	-
III./JG 3	1 B-17, 2 B-17 HSS, 1 B-24	-	-	-	-	-
IV./JG 3	3 B-17, 4 B-17 HSS	-	-	3	-	-
I./JG 11	1 P-51	2	1	5	1	-
Stab/JG 26	1 B-17	-	-	-	-	-
I./JG 26	1 P-47	-	-	-	1	1 z
II./JG 26	1 B-17, 1 B-17 HSS, 1 B-17 e.V. 2 P-47	1	1	2	1	-
III./JG 26	3 B-17, 2 B-17 HSS, 1 B-17 e.V. 1 P-47, 1 P-38	-	1	4	-	-
I./JG 27	1 B-17 HSS	-	1	-	1	-
II./JG 27	2 B-17	-	2	4	-	-
II./JG 53	4 B-17, 1 B-17 HSS, 1 B-17 e.V.	1	1	6	1	-
I./JG 301	1 P-51	-	2	3	-	-
II./JG 301	-	-	1	-	2	-
Sturmst. 1	2 B-17, 3 B-17 HSS	-	-	-	-	-
I./ZG 76	2 B-17, 1 P-51	-	-	-	-	-
		11	15	46	16	2 z

---

[531] Freeman, aaO., S. 219; ders., Mighty Eighth, S. 134

Das JG 1 sollte auch an diesem Tage geschlossen als Gefechtsverband zum Einsatz kommen; gegen 12.45 Uhr erfolgte bei den drei Gruppen der Alarmstart [532], wonach die Gruppen zunächst in 1.000 m über Paderborn sammeln sollten, um anschliessend in südlicher Richtung an die einfliegenden Viermotverbände herangeführt zu werden. Um 13.50 Uhr bekam der Gefechtsverband im Raume Frankfurt - Quadrate QS/RS - Feindsichtung mit einem Verband von 250 B-17 und B-24, der unter sehr starkem Jagdschutz in 6.500 m mit Kurs Ost einflog. Gleich darauf flogen die I. und II./JG 1 einen geschlossenen Frontalangriff auf einen Pulk von 50 B-17, bevor sie von den zahlreich um die Viermotorigen versammelten Thunderbolts angenommen und an weiteren Angriffen gehindert wurden. Sieben Viermotabschüsse wurden anschliessend gemeldet:

Uffz. Kirchhoff	3./JG 1	B-17	(4.)	13.50
Olt. Ehlers	3./JG 1	B-17	(48.)	13.50
Olt. Biederbick	2./JG 1	B-17	(17.)	
Maj. Schnoor	I./JG 1	B-17	(23.)	
Olt. Eder	6./JG 1	B-17	(38.)	13.57
Uffz. Swoboda	5./JG 1	B-17	(6.)	13.57
Uffz. Schulz	4./JG 1	B-17	n.b.	

Die III./JG 1 hatte sich unterdessen wiederum mit dem überlegenen amerikanischen Jagdschutz auseianderzusetzen und konnte dabei zwei weitere Abschüsse erzielen -

Olt. Buchholz	9./JG 1	P-51	(2.)	14.10
Hptm. Burkhardt	7./JG 1	P-51	(62.)	

Soweit ersichtlich blieb dieser Einsatz bei allen drei Gruppen ohne Verluste. Nach dem Einsatz fielen die Maschinen auf verschiedenen Plätzen im Raum Frankfurt / Darmstadt ein [533]; danach wurde versucht, möglichst zahlreiche Maschinen der I. und II./JG 1 in Wiesbaden-Erbenheim zu versammeln und zu einem Gefechtsverband zusammenzustellen, der gegen die alsbald zu erwartenden Rückflüge der Viermotorigen angesetzt werden sollte [534]. Die III./JG 1 war unterdessen in Frankfurt-Eschborn eingefallen und sollte von dort zum zweiten Einsatz aufsteigen [535]. In Erbenheim erfolgte um 15.05 Uhr der Alarmstart des Gefechtsverbandes, der gegen 15.30 Uhr im Raume südlich Heidelberg zur Feindberührung mit einem rückfliegenden, stark jägergeschützten Viermotverband führte. Dieses Mal blieben die Erfolge mit nur einem Viermotabschuss

Uffz. Swoboda	5./JG 1	B-17	(7.)	15.39

sehr gering, während die beiden Gruppen selbst empfindliche Verluste im Luftkampf mit dem überlegenen amerikanischen Jagdschutz hinnehmen mussten. Zwei Gefallene und drei Verwundete mussten auf die Verlustliste gesetzt werden: Die I./JG 1 meldete den Tod von Fw. Alfred Umlauf von der 2. Staffel, der bei Viernheim abgeschossen wurde und mit seiner Maschine abstürzte. Zwei Verluste gab es bei der 3./JG 1: Lt. Ernst Terborg fiel im Luftkampf bei Heppenheim, während der Staffelkapitän Olt. Hans Ehlers seine " gelbe 5 " nach Treffern aus dem vorangegangenen Luftkampf bei Gütersdorf auf den Bauch werfen musste und dabei leichte Verletzungen davontrug. Die II./JG 1 hatte mit Uffz. Alfons Schulz, der bei Worms von P-51 abgeschossen und schwer verwundet mit dem Fallschirm abspringen musste, sowie Uffz. Hubert Swoboda, der nach seinem zweiten Abschuss an

---

[532] I./JG 1 - 12.57 Uhr; II./JG 1 - 12.47 Uhr; III./JG 1 - 12.45 Uhr; KTB II./JG 1, Flugbücher Eberhard Burath, Helmut Biederbick, Fritz Haspel, Lutz-Wilhelm Burkhardt; Gefechtsbericht Georg-Peter Eder

[533] so z.B. Eberhard Burath in Kissingen und Georg-Peter Eder in Langendiebach, Lutz-Wilhelm Burkhardt in Eschborn

[534] KTB II./JG 1; Bericht Eberhard Burath, S. 22

[535] namentliche Verlustmeldungen WASt. für Uffz. Kräuter, Ofhr. Krebsbach und Fhr. Kramer

Abb. 707 - 708: Oben - Uffz. Erwin Steeb, Flugzeugführer in der 6./JG 1, in der Kabine seiner " gelben 16 ", einer Fw 190 A-7 mit der WerkNr. 340 282; mit dieser Maschine wurde Steeb am 29. Mai 1944 im Luftkampf bei Zwittau abgeschossen und musste verwundet mit dem Schirm aussteigen. Unten - Die " gelbe 5 " der 6./JG 1 rollt an den Start - Störmede, Frühjahr 1944; bemerkenswert sind die Mündungsfeuerdämpfer und die ausgebauten Flächenwaffen in den Aussenstationen.

(Steeb / Petrick)

diesem Tage bei Eggingen selbst abgeschossen und durch einen Streifschuss am Kopf leicht verwundet wurde und ebenfalls mit dem Schirm aussteigen musste, zwei Personalverluste.

Unterdessen war auch die III./JG 1 zum erneuten Abwehreinsatz aufgestiegen; die Gruppe traf etwa zur selben Zeit wie der Rest des Geschwaders im Raume Heidelberg auf einen grösseren Viermotverband, der von starkem Jagdschutz umgeben war. In dem sich daraus entwickelnden Luftkampf konnte die III./JG 1 zwar drei Abschüsse erzielen

Uffz.Kräuter	7./JG 1	P-47	(3.)	
Hptm.Eberle	III./JG 1	B-24	(17.)	*
Hptm.Grislawski	8./JG 1	B-24	(124.)	*

doch musste auch sie recht empfindliche Verluste hinnehmen: Zwei Flugzeugführer kehrten von diesem Einsatz nicht zurück, ein weiterer wurde schwer verwundet. Die 9./JG 1 hatte mit Ofhr. Josef Krebsbach und Fhr. Gerhard Kramer zwei Gefallene zu beklagen; beide wurden nach Luftkampf im Raume Affolterbach nicht mehr gesehen. Uffz. Willhelm Kräuter von der 7./JG 1 wurde nach dem Abschuss einer P-47 selbst das Opfer einer anderen Thunderbolt und kam bei Burgen schwer verwundet am Fallschirm herunter.

Über den Einsatz der I./JG 11 am 13. April 1944 ist nur wenig bekannt; die Gruppe hatte gegen 14.40 Uhr im Raume nördlich Heidelberg Luftkampf mit amerikanischen Kampf- und Jagdverbänden und musste bei nur geringen eigenen Erfolgen - bekannt ist ein Abschuss:

| Uffz.Kretschmann | 1./JG 11 | P-51 | (1.) | 14.41 |

zwei Gefallene und einen Verwundeten auf die Verlustliste setzen; Uffz. Franz Klemenz und der Gefr. Helmut Trojek von der 2. Staffel fielen im Luftkampf bei Öhringen, während Uffz. Alfred Hiemenz von der 3./JG 11 bei Tübingen verwundet wurde.

Insgesamt meldete die Luftwaffe bei der Abwehr der Tageseinflüge am 13. April 1944 91 Abschüsse, darunter 74 Viermotorige [536], während sich ihre eigenen Verluste auf elf Gefallene, 15 Verwundete und 46 Totalverluste an Flugzeugen beliefen [537]. Die 8. USAAF gab demgegenüber ihre Verluste mit 41 Viermots und elf Begleitjägern an [538], während man auf amerikanischer Seite annahm, 64 deutsche Jäger sicher und weitere 21 wahrscheinlich abgeschossen zu haben. Hinzu kamen 35 am Boden zerstörte Flugzeuge [539].

Nach den Angriffen vom 13. April 1944 sorgte ein erneuter Schlechtwettereinbruch dafür, dass es für gut eine Woche nicht zu weiteren Tagesgrossangriffen auf Ziel im Reichsgebiet kam; nachdem es am 14. vollkommen ruhig am Himmel über Deutschland geblieben war, flogen am **15. April 1944** starke amerikanische Jagdverbände Tiefangriffe auf eine Reihe von Fliegerhorsten in Nordwest- und Mitteldeutschland. Insgesamt 616 Mustangs, Thunderbolts und Lightnings wurden zu diesen Angriffen eingesetzt, wobei allerdings einige Gruppen wegen der schlechten Wetterbedingungen vorzeitig abbrechen mussten [540].

---

[536] OKW-Bericht, 14.4.1944; darin enthalten sind die Abschussmeldungen betreffend einen am selben Tage erfolgenden Tagesangriff der 15. USAAF auf Ziele in Ungarn, darunter vor allem Budapest und Györ

[537] darunter vier Totalverluste ohne Feindeinwirkung; vgl. im übrigen die Aufstellung unten

[538] zu denen noch einmal 16 Viermots und zwei Jäger aus den Reihen der 15. USAAF kamen - MACR.

[539] Freeman, aaO., S. 219 - unter den Verlusten befinden sich drei Viermots und zwei Jäger als " Cat.E ", während weitere 13 Viermots in der Schweiz notlandeten; die Abschussmeldungen lauteten bei den Bombern 22-13-24 und bei den Jägern 42-8-10

[540] Freeman, aaO., S.220; ders., Mighty Eighth, S.149

Abb. 709 - 710: Oben - Ofw. Berthold Jochim, Flugzeugführer in der 1./JG 11, in der Kabine seiner Focke Wulf in Rotenburg im April 1944. Unten - Gruppenkommandeur Maj. Rolf Hermichen - links - mit Stabsarzt Dr. Sienholz vor einigen abgestellten Focke Wulfs der 3./JG 11; im Hintergrund rechts steht die " gelbe 14 ", eine Fw 190 A-7 mit der WerkNr. 431 116, die am 13. April 1944 im Luftkampf bei Tübingen abgeschossen wurde, wobei Uffz. Alfred Hiemenz verwundet wurde.

(Jochim / Hanke / Janssen)

Der gruppenweise Einflug der amerikanischen Verbände machte einen zusammengefassten Abwehreinsatz der in der Reichsverteidigung liegenden Gruppen unmöglich; vielmehr musste im Ergebnis jede Gruppe das Gebiet um ihren eigenen Platz schützen. Zudem war diese Angriffsweise für die deutsche Führung vollkommen neu und es fehlte an der bei Viermoteinflügen üblichen langen Vorwarnzeit, was in den meisten Fällen dazu führte, dass die deutschen Gruppen erst nach einem Angriff auf ihren Einsatzhafen im Alarmstart aufsteigen und die Verfolgung der Amerikaner aufnehmen konnten.

Die drei Gruppen des JG 1 entgingen den Angriffen der Amerikaner an diesem Tage vollständig; der Eintrag im KTB der II./JG 1 spiegelt zwischen den Zeilen die Ratlosigkeit der deutschen Einsatzführung angesichts der ungewohnten Einflüge wider, wenn es dort heisst:

Alarmstart um 13.33 Uhr mit 16 Fw 190 über Hannover 8.000 m Höhe. Edertalsperre, Stichwort Blindschleiche. Keine Feindberührung, Landung 15.07 Uhr glatt. [541]

Anders lagen die Dinge beim JG 11; zwar standen auch deren Plätze nicht " auf dem Programm " der amerikanischen Jagdgruppen, doch hatten sowohl die I. als auch die III./JG 11 heftige Luftkämpfe mit den im Tiefflug auftretenden P-47 und P-38 zu bestehen. Bei der I. Gruppe lautete der Auftrag: Platzschutz für Stade, wo der Stab der 2. Jagddivision lag [542]; der Weg nach Stade gestaltete sich allerdings nicht so wie erwartet - dazu der Bericht von Fritz Engau:

Es waren Tiefflieger in unserer Gegend gemeldet, die anscheinend unseren Platz anflogen. Wir machten Alarmstart. Ich startete mit meiner 2. Staffel wie immer zum Schluss. Vorneweg flogen die 1. und die 3. Staffel mit dem Kommandeur Hptm. Hermichen an der Spitze. Diese vor uns liegende Spitze hatte schon eine Linkskurve eingeleitet, als ich mit meiner Staffel in der Startphase den Platzrand erreichte. Ich hatte eben die Klappen eingefahren, da sah ich vier Lightnings direkt auf uns zukommen. Wir hatten noch zu wenig Fahrt, um sofort reagieren zu können, sonst hätten wir, nach einer kleinen Korrektur, Schnauze auf Schnauze direkt schiessen können. Sie aber waren scheinbar genauso überrascht wie wir, brausten heran und drückten haarscharf unter uns durch. Offenbar hatten sie es auf unseren Platz abgesehen; das wäre - für damalige Verhältnisse - eine sehr gute navigatorische Leistung gewesen, da sie, im Tiefstflug, fast genau auf unser Platzzentrum trafen. Durch Funksprech verständigte ich den Kommandeur, der sich mit den anderen bereits in einer besseren Position befand. Die Lightnings griffen unseren Platz nicht an - vielleicht war alles nur Zufall -, sondern zogen in scharfer Rechtskurve ab nach Westen. Das war ein Fehler, denn der in guter Position liegende Kommandeur stürzte ihnen mit den anderen ebenfalls in einer Rechtskurve nach. Ich konnte mich mit meiner 2. Staffel unmittelbar dahinter setzen. Im Tiefstflug, hindernisspringend, jagten wir den Lightnings nach, zeitweilig mit Vollgas, denn sie flogen anscheinend mit Notleistung. Aber sie waren doch zu langsam. Ich sah den Kommandeur vorne in Schussposition kommen. Seine Leuchtspur flog einer Lightning um die Ohren, sie drückte sich ganz an die Erde, war schwer zu treffen. Schliesslich zerplatzte sie. Dann kam der Kommandeur an eine zweite heran. Er traf sie voll im Tiefstflug, sie zog steil in den Himmel, der Flugzeugführer kam heraus, überschlug sich und hatte Glück, dass sich sein Schirm knapp über der Erde öffnete. Die beiden anderen Lightnings wurden von anderen Kameraden abgeschossen, die vorne flogen. Ich selbst kam mit meiner hinten fliegenden

---

[541] Auf den Befehl " Blindschleiche " hin hatte sich die betroffene Gruppe wegen drohender Gefahr für ihren Einsatzhafen möglichst " unauffällig " im Tiefflug in weniger gefährdete Gebiete zu begeben und dort je nach der weiteren Entwicklung der Lage abzuwarten

[542] dazu heisst es in dem Brief eines namentlich leider nicht identifizierten Flugzeugführers der I./JG 11 aus dem April 1944 u.a. wie folgt: " *Der Anfang war harmlos. Mit einem Mal wollte Stöwer schreien: 'Kleine Indianer von hinten !', aber leider hörte kein Mensch, da er kein F.T. hatte. Er und Pehlemann flogen hinten oben als 'Karl Arsch' und waren die ersten, die dran glauben mussten. Pehlemann wurde gleich vernascht und schlug mit seiner Maschine brennend unten auf. 'Votze'* - Heinz Stöwer (die Verf.) - *kurbelte anschliessend mit sechs Thunderbolts, um dann mit Kurs auf Hagenow stiften zu gehen.*"

2. Staffel nicht mehr zum Schuss. Wir hätten, auch wenn wir näher herangekommen wären, nicht schiessen können, ohne die Kameraden vorne zu gefährden. So hielten wir uns im Hintergrund. Inzwischen hatten wir uns auch beträchtlich von unserem Platz entfernt. [543]

Nach diesem Luftkampf konnte die Gruppe dann wie vorgesehen in den Raum Stade fliegen, wo es sodann zu einem Aufeinandertreffen mit einigen Thunderbolts kam, in dessen Verlauf die I./JG 11 zu zwei weiteren Erfolgen kam, so dass am Ende sechs Abschüsse gemeldet wurden:

Hptm.Hermichen	I./JG 11	P-38	(62.)		13.56
Hptm.Hermichen	I./JG 11	P-38	(63.)		13.57
Ofw. Lorenz	3./JG 11	P-38	(2.)	*	
Uffz. Jäger	1./JG 11	P-38	(1.)	*	
Olt.Koenig	3./JG 11	P-47	(20.)		14.06
Lt.Schrangl	I./JG 11	P-47	(5.)	*	

Der Luftkampf verlief am Ende keineswegs so einseitig, wie er sich zunächst angelassen hatte; im Gegenteil büsste die Gruppe bei der Auseinandersetzung mit den Thunderbolts zwei Gefallene und einen Verletzten ein und verlor darüber hinaus noch zwei weitere Focke Wulfs, deren Flugzeugführer sich jedoch jeweils unverletzt in Sicherheit bringen konnten. Alle Personalverluste betrafen die 3. Staffel von Olt. Hans-Heinrich Koenig an: Ofhr. Hans-Eberhard Pehlemann wurde bei Uetersen tödlich abgeschossen, während der Gefr. Werner Schmidt nördlich Elmshorn mit seiner " gelben 2 " abstürzte. Mehr Glück hatte Uffz. Franz Wünsche, der bei Husum noch mit dem Fallschirm aus seiner Maschine aussteigen konnte und dabei verletzt wurde.

Ähnlich sah es in Oldenburg aus, wo der Stabsschwarm und die III./JG 11 nach Alarm gestartet waren und danach gegen kurz vor 14.00 Uhr im Raume Bremen an einen Lightningverband gerieten. Über den Verlauf und das Ergebnis der sich daraus entwickelnden Kurbelei liegen nur wenige gesicherte Erkenntnisse vor; danach dürfte die III./JG 11 insgesamt sieben Abschüsse gemeldet haben -

Ofw.Schulze	9./JG 11	P-38	(3.)		13.56
Ofw.Zick	7./JG 11	P-38	(21.)	*	
Ofw.Zick	7./JG 11	P-38	(22.)	*	
Maj.Hackl	III./JG 11	P-38	(142.)	*	
Ofw.Laskowski	8./JG 11	P-38	(29.)	*	
Ofw.Laskowski	8./JG 11	P-38	(30.)	*	
Fw.Keil	9./JG 11	P-38	(10.)	*	

Auf der Verlustseite stand ein Gefallener vom Geschwaderstab: Uffz. Karl Blaha wurde im Luftkampf bei Harpstedt in der Nähe von Vechta abgeschossen und stürzte mit seiner Messerschmitt ab [544]. Die III. Gruppe meldete acht im Luftkampf abgeschossene Focke Wulfs, wobei vermutlich zwei Gefallene und ein Verwundeter zu verzeichnen waren: Ofhr. Horst Binder und Uffz. Herbert Regel, beide von der 7./JG 11, fielen im Luftkampf bei Vechta und auch der Gruppenkommandeur Maj. " Toni " Hackl wurde abgeschossen und dabei leicht verletzt. Es ist nicht bekannt, ob daneben möglicherweise noch weitere Personalverluste eintraten [545].

---

[543] Brief Fritz Engau, 18.4.1986

[544] eigenartigerweise wurde diese Maschine in der Verlustmeldung als "Bf 109 G-6 J " bezeichnet; möglicherweise handelte es sich in Wirklichkeit um eine Bf 109 G-6/AS, wie die alte WerkNr. 20 017 andeutet

[545] die namentlichen Meldungen WASt. enthalten nur zwei Angaben für diesen Tag, sind aber, wie oben bereits ausgeführt, gerade für diesen Zeitraum offensichtlich unvollständig; so fehlt auch der Verlusteintrag für Maj. Hackl. Es ist daher nicht ausgeschlossen, dass die III./JG 11 an diesem Tage noch von weiteren Personalverlusten betroffen wurde, wenngleich nicht mehr festzustellen ist, wer noch an diesem Tage auf die Verlustliste gesetzt werden musste

Abb. 711: Der Gruppenkommandeur der I./JG 1 Maj. Emil-Rudolf Schnoor in der Kabine seiner " weissen 20 ", einer Fw 109 A-7 mit der WerkNr. 340 035. Im Windschutz sind die Seitenscheiben mit 30 mm starkem Panzerglas verstärkt; beachte darunter das persönliche Emblem Schnoors, zwei ineinander verschlungene " M ", die an die Heimatstadt Schnoors, Hamburg, erinnern sollen.

(Siegfried)

Der OKW-Bericht meldete am folgenden Tage über die Ergebnisse der Luftkämpfe mit den amerikanischen Tieffliegern folgendes:

> *Bei Vorstössen nordamerikanischer Jagdverbände nach Nord= und Mitteldeutschland wurden am 15. April 31 feindliche Flugzeuge abgeschossen. Bei der Abwehr dieser Angriffe zeichneten sich leichte Flakbatterien der Luftwaffe, Marineflak und Hafenschutzboote besonders aus.*

Die 8. USAAF bezifferte ihre Verluste bei diesen Einsätzen mit insgesamt 35 Jägern, darunter elf P-38, wobei man allerdings rund die Hälfte der Verluste weniger auf die deutsche Abwehr als vielmehr auf das schlechte Wetter meinte zurückführen zu müssen; umgekehrt meldeten die amerikanischen Jagdgruppen 18 sichere Abschüsse und wollten darüber hinaus 40 deutsche Flugzeuge am Boden zerstört haben [546].

Beim JG 11 musste nach den schweren Verlusten der letzten Einsätze nach der II. nun auch die III. Gruppe zur Auffrischung aus dem Einsatz genommen werden; allerdings würde die Erholungspause für die III./JG 11 nur gut zwei Wochen dauern, denn die Gruppe sollte ab Anfang Mai wieder in den Einsatz gehen.

Einen schweren Verlust musste die I./JG 1 am **16. April 1944** hinnehmen: Gruppenkommandeur Maj. Emil-Rudolf Schnoor wurde schwer verletzt, als seine " weisse 20 " bei einem Werkstattflug am späten Vormittag in der Nähe von Detmold eine Motorstörung hatte und er beim Versuch einer Notlandung Baumberührung bekam, wonach die Maschine beim anschliessenden Aufprall auf einen

---

[546] Freeman, aaO., S. 220; ders., Mighty Eighth, S. 134; soweit sich die Angriffe besonders gegen die Jagdwaffe gerichtet haben sollten, waren sie kaum von Erfolg gekrönt, denn aus den vorhandenen Unterlagen ergibt sich, dass nur zwei deutsche Jäger an diesem Tage das Opfer von Tiefangriffen wurden - eine Messerschmitt der IV./JG 3 und eine Bf 110 der I./ZG 26 - RL 2/III/852 ff

Abb. 712 - 713: Das Wrack der " weissen 20 " von Maj. Schnoor nach der missglückten Bruchlandung am 16. April 1944 in der Nähe von Detmold; die Trümmer sind weit verstreut über das Feld zu sehen.

(Siegfried)

Acker vollkommen zerstört wurde. Die Verletzungen Schnoors erwiesen sich als so schwerwiegend, dass er nicht mehr zu seiner Gruppe zurückkehren konnte; daraufhin wurde Olt. Hans Ehlers mit der Führung der I. Gruppe betraut, während Olt. Eugen Kotiza wenig später die 3. Staffel übernehmen sollte. Auch die 2./JG 1 bekam einen neuen Staffelführer: Hptm. Rudolf Engleder verliess das JG 1 aufgrund seiner Versetzung zur JGr. West, wo er am 16. April 1944 die 4. Staffel als Kapitän übernehmen sollte; für ihn übernahm Olt. Helmut Biederbick erneut die Führung der 2./JG 1 [547].

An den folgenden Tagen verschlechterte sich das Wetter über dem Reichsgebiet noch weiter, so dass es am 16. und 17. April zu keinen weiteren Tageseinflügen von Verbänden der 8. USAAF kam. Unter dem Eindruck der zuletzt immer heftiger werdenden und in ihrer Vernichtungskraft ständig bedrohlicher werdenden amerikanischen Bombenoffensive gegen die Luftrüstung des Reiches kam es Mitte April zu einer Reihe von Besprechungen und Tagungen auf höchster Führungsebene [548], in denen es hauptsächlich um den Erhalt und den Ausbau der Jägerfertigung ging; mittlerweile konnte auch Hitler sich nicht mehr länger der Einsicht verschliessen, dass es eines wirksameren Schutzes der deutschen Rüstungsfabriken bedurfte und dass dazu in erster Linie einer Stärkung der Reichsluftverteidigung erforderlich war [549]. Hitler erkannte in diesen Tagen, dass die Jägerproduktion unbedingten Vorrang vor der der Bomber haben musste, womit er mehr oder weniger unausgesprochen von seinem bis dahin vertretenen reinen Offensivdenken in Luftwaffenfragen abrückte [550]. Da die seit Ende 1943 laufende Auslagerung der wichtigsten Grossbetriebe der deutschen Luftrüstung [551] nur ein Notbehelf sein konnte und auch die Verlegung von Fertigungsstätten in erst noch zu errichtende unterirdische Anlagen keine kurzfristige Abhilfe schaffen konnte, verlangte Hitler in einer Unterredung mit Göring am 17. April 1944 den beschleunigten Bau bombensicherer Jägerfabriken und eine erhebliche Verstärkung der Kräfte der Reichsverteidigung; unter anderem führte er dabei aus:

Alles kann ich nicht unter die Erde bringen, das würde Jahre dauern. Das Erste, Entscheidende und Wichtigste ist, dass ich über alles, was ich nicht hinunterbringen kann, die Jägerknüppel setze, wenn ich im Reich 2.000 Jäger als Ist-Zahl habe. [552]

Zwei Tage darauf kam es auf Anordnung Hitlers zu einer Besprechung der Führer des Jägerstabs und der Organisation Todt, in der es um die Errichtung von riesigen Bunkerfabriken ging; als Ergebnis dieser Besprechung wurde der OT befohlen, sechs gewaltige Grosswerke zu errichten, von denen ein jedes

---

[547] einen Eindruck davon, wie geachtet und beliebt Rudolf Engleder in seiner Staffel war, gibt folgender Auszug aus einem Brief, den "Toni" Piffer ihm unter dem 27.5.1944 schrieb: *"Ich möchte mich auch bedanken für die nette Behandlung - überhaupt für die Zeit, die ich unter ihrer Führung verbrachte. Es war wohl am schönsten und ich habe mich dabei sauwohl gefühlt. Die Kameraden bekamen Ihre Grüsse und schicken ein 'Horrido' wieder."*

[548] vgl. dazu ausführlich Irving, aaO., S. 353 ff m.w.N.; Groehler, LK, S.415 ff; ders., BK, S. 284 ff m.w.N.

[549] Irving, aaO., S.354; so äusserte sich Hitler gegenüber Grossadmiral Dönitz am 13.4.1944 folgendermassen: *"Auch ich brauche die Sturmgeschütze und Panzer für mich als Lebensbedingung, aber trotzdem muss zunächst die Käseglocke der Jäger über dem Reich hängen. Das ist das A und O."* - so zitiert bei Irving unter Verweis auf die Aufzeichnungen der Seekriegsbesprechung vom 12./13. April 1944

[550] ebenda

[551] nach dem zu dieser Zeit laufenden Programm sollte die Produktion der 27 grössten Flugzeugzellenwerke auf 729 und die der 51 Flugmotorenwerke auf 249 Betriebe aufgeteilt werden; ermöglicht wurde diese in raschem Tempo durchgeführte Auslagerung und Aufteilung wesentlich durch den rücksichtslosen Einsatz von KZ-Häftlingen, die auf Anforderung der Flugzeugkonzerne gegen Bezahlung in grosser Zahl von der SS bereitgestellt und in eigens dafür bei den Werken eingerichteten Aussenlagern unter menschenunwürdigen Umständen untergebracht wurden. Diese schändliche Übung, bei der Tausende von Häftlingen nach der Sprachregelung der SS *durch Arbeit vernichtet* wurden, wurde von allen wesentlichen deutschen Flugzeugherstellern gepflegt - vgl. dazu ausführlich Groehler, LK, S.414; ders., BK, S. 286 ff m.w.N.

[552] Irving, aaO., S.354 unter Verweis auf das Stenogramm der Konferenz vom 19.4.1944

Abb. 714 - 716: Oberst Walter Grabmann, Kommandeur der 3. Jagddivision, hatte sein Erscheinen bei der II./JG 1 angesagt; zu dieser Gelegenheit erschien auch Kommodore Oberst Oesau, der hier von Maj. Heinz Bär bei seinem Storch begrüsst wird - Störmede, April 1944.

(Hartwig)

Abb. 717 - 718: Bei derselben Gelegenheit entstanden diese beiden Aufnahmen, die Oberst Grabmann im Gespräch mit Oberst Oesau und Maj. Bär zeigen; im Hintergrund steht die Fw 190 A-6, mit der Grabmann von Deelen nach Störmede geflogen war. Beachte die ungewöhnliche Kennung " weisses X ", mit der es lt. Walter Grabmann folgende Bewandtnis hatte: " *Die besondere Kennung erfolgte, weil diese Maschine dem Stab der 3. Jagddivision gehörte und von mir für Navigations- und Landehilfenversuche mit den Geräten ' Bernhardiner ' und ' Lorenz-Baken Anfluggerät ' ausgerüstet worden war. Beide Geräte funktionierten hervorragend. Bei einer Kommandeursbesprechung in Berlin im Frühjahr 1944 versuchte ich, Galland davon zu überzeugen, dass diese Geräte den Jägern ihre Aufgabe, nach dem Einsatz schnell einen Flugplatz zum Auftanken zu finden, sehr erleichtern und dadurch unnötige Verluste vermeiden helfen würden. Galland ging nicht darauf ein, wohl, weil er selbst keine Blindflug- und Blindnavigationsausbildung hatte."* - Brief Walter Grabmann, 30.6.1991

(Hartwig)

600.000 Quadratmeter Produktionsfläche haben sollte und in denen die Jagdflugzeuge nach den Vorstellungen Hitlers *"sozusagen vom Rohling bis zur fertigen Maschine"* gefertigt werden sollten [553]. Neben all diesen Massnahmen stand die Steigerung der Jägerfertigung im Mittelpunkt der Tätigkeiten des Jägerstabs; trotz der anhaltenden Bombardierung der Flugzeugfabriken konnte die Ausbringung bei den Jägern von 2.672 im März auf 3.034 Im April 1944 weiter gesteigert werden [554]. Möglich wurde diese Steigerung nur durch die rücksichtslose Ausschöpfung der vorhandenen Kapazitäten und Reserven der Luftrüstungsindustrie, durch die Durchsetzung seit Jahren geforderter Rationalisierungsmassnahmen, durch die Heraufsetzung der wöchentlichen Arbeitszeit von 60 auf 72 Stunden und die in vielen Betrieben eingeführte zweite Tagesschicht, durch die Einführung der Siebentagewoche seit Anfang März 1944 [555] und schliesslich durch eine radikale Einschränkung der in der Fertignug befindlichen Flugzeugmuster [556].

Wurden danach auf Seiten der Luftrüstung endlich die Weichen auf eine Stärkung der Jagdwaffe zum Schutze des Reiches gestellt, so fehlte es zugleich an einer entsprechenden Erweiterung auf Seiten des Ausbildungswesens der Jagdwaffe; denn weder wurde die Zahl der Jagdfliegerschulen und Ergänzungsgruppen danach erhöht noch wurden Voraussetzungen für eine Steigerung der Zahl der auszubildenden Nachwuchsjagdflieger geschaffen. Einzig durch die infolge der stark rückläufigen Kampfflugzeugfertigung beginnende Auflösung einiger Kampfverbände frei werdenden Kampfflieger flossen der Jagdwaffe in dieser Zeit zusätzliche Kräfte zu, die allerdings erst umgeschult werden mussten [557]; zwar verfügten diese Flugzeugführer über die den Tagjägern in der Regel fehlende Schlechtwetter- und Blindflugausbildung, doch bestand zwischen der Jagd- und der Kampffliegerei ein himmelweiter Unterschied, den zu überwinden vielen der erfahrenen " Kämpfer " ausserordentlich schwer fiel, weswegen nur wenige von ihnen in ihrer neuen Rolle erfolgreich waren, aber allzu viele ein Opfer der alliierten Jäger wurden. [558]

Zurück zum Luftkriegsgeschehen über dem Reichsgebiet; am **18. April 1944** wurde, ungeachtet des weiterhin schlechten Wetters, ein erneuter Tagesgrossangriff auf Industrieziele im Raume um Berlin angesetzt, zu dem insgesamt 776 Viermotorige aller drei Bomb Divisions unter dem Schutz von 634 Begleitjägern aufgeboten wurden [559].

Der deutsche Abwehreinsatz gegen diese Einflüge litt ganz erheblich unter den widrigen Wetterverhältnissen; die fast überall geschlossene Wolkendecke verhinderte den zusammengefassten Einsatz der Jagdgruppen, so dass nur wenige Jagdgruppen überhaupt aufsteigen konnten. Einzig das JG 3 sowie die im Berliner Raum liegende II./JG 302 und die Sturmstaffel 1 konnten an die einfliegenden Viermotorigen der 3 BD herangeführt werden und meldeten nach heftigen Luftkämpfen insgesamt 26 Viermot-Abschüsse [560], [561].

---

[553] vgl. dazu ausführlich Groehler, BK, S. 291 m.w.N.; Irving, aaO., S. 355 m.w.N.

[554] USSBS Aircraft Division Report, Sept. 1947, Table VI-1; Groehler, BK, S.216

[555] Groehler, LK, S. 416

[556] so wurden bei Gründung des Jägerstabs noch 45 verschiedene Flugzeugmuster gebaut, im Juli 1944 noch 20 und im September 1944 nur noch elf, wobei 74% der Fertigung auf die Bf 109, Fw 190 und die Ju 88 entfielen - vgl. dazu ausführlich Groehler, LK, S.416; ders. BK, S. 291; Irving, aaO., S. 357 ff m.w.N.

[557] die Umschulung der vormaligen Kampfflieger erfolgte im Rahmen des sog. "Windhund-Programms"

[558] über die Eingliederung von Teilen aufgelöster Kampffliegereinheiten in die JG 1 und 11 vgl. unten

[559] Freeman, aaO., S.221; ders., Mighty Eighth, S. 136

[560] siehe Aufstellung unten; vgl. zum Luftkampf des JG 3 mit den B-17 Pulks der 3 BD Freeman, Mighty Eighth, S. 135. Der OKW-Bericht hob am folgenden Tage den Einsatz des JG 3 unter Maj. Friedrich-Karl Müller besonders hervor und schrieb ihm die Vernichtung eines geschlossenen Viermot-Verbandes zu; dort wurden insgesamt 44 Abschüsse gemeldet, darunter 40 Viermots

Auf deutscher Seite eingesetzte Verbände am 18.4.1944					
Einheit	Abschussmeldungen	\+	FF verw.	Verluste im Einsatz	
				Flugzeuge	
				60-100%	unter 60%	Boden
I./JG 1	1 B-17	-	-	-	-	-
II./JG 1	-	-	1	1	-	-
Stab/JG 3	3 B-17	-	-	-	-	-
I./JG 3	1 P-51, 1 P-38	2	-	2	2	-
II./JG 3	2 B-17	3	-	3	1	-
IV./JG 3	17 B-17, 1 B-17 HSS, 1 B-17 e.V.	1	-	1	-	-
I./JG 11	1 B-24	-	-	-	-	-
II./JG 302	1 B.-17, 1 B-24	-	-	-	-	-
Sturmst. 1	2 B-17, 1 P-51	-	-	1	-	-
		6	1	8	3	-

Beim JG 1 scheinen nur Teile der I. Gruppe Feindberührung gehabt zu haben, die danach einen B-17 Abschuss durch Ofhr. Neuner von der 2. Staffel meldeten (3.) [562]. Die I./JG 11 meldete ebenfalls einen Abschuss an diesem Tage: Der Staffelkapitän der 3./JG 11 Olt. Koenig konnte am Nachmittag um 16.10 Uhr bei Delmenhorst eine offenbar bereits stark angeschlagene B-24, die sich in 50 m Höhe in Richtung Westen schleppte, abschiessen (21.).

19. April 1944: Die 8. USAAF setzte insgesamt 772 Viermotorige zu Angriffen auf Werke der Flugzeug- und Flugmotorenindustrie sowie auf Fliegerhorste im westfälischen und hessischen Raum ein; während 227 B-17 der 1 BD Industrieziele in Kassel, Bettenhausen, Eschwege und Altenbauna angreifen sollten, galt der Angriff von weiteren 246 B-17 der 3 BD den grossen Flugplätzen von Werl und Lippstadt. Die Verbände der 2 BD schliesslich, die mit 249 Liberators im Einsatz waren, sollten die Fliegerhorste von Gütersloh und Paderborn, dem Einsatzhafen der III./JG 1, bombardieren. Zum Schutz der Viermotorigen konnten insgesamt 697 Begleitjäger aufgeboten werden [563].

Die Luftwaffe konnte diesen Einflügen bei weiterhin nicht wesentlich verbesserten Wetterbedingungen 13 Tagjagdgruppen entgegensetzen:

---

[561] die 8. USAAF bezifferte ihre Verluste an diesem Tage mit 19 Viermotorigen und acht Begleitjägern, drei von letzteren als "Cat.E"; demgegenüber beanspruchten ihre Verbände 38 Abschüsse, davon die Bomber 13-5-6 und die Jäger 20-0-12 - vgl. Freeman, aaO., S. 221

[562] der Einsatz der II./JG 1 verlief vollkommen ergebnislos. Am Vortage hatten 24 Fw 190 nach Erbenheim verlegt, um von dort zum Einsatz zu starten; um 12.51 Uhr erfolgte dort der Alarmstart, doch musste der Einsatz kurz darauf wegen schlechter Wetterverhältnisse abgebrochen werden. Bei der Landung in Erbenheim brach die Fw 190 von Uffz. Schumann aus und geriet in Brand, wobei der Flugzeugführer verletzt wurde - KTB II./JG 1

[563] Freeman, aaO., S.222; ders., Mighty Eighth, S. 135

Auf deutscher Seite eingesetzte Verbände am 19.4.1944						
Einheit	Abschussmeldungen	\multicolumn{2}{c}{FF}	\multicolumn{3}{c}{Verluste im Einsatz}
				\multicolumn{2}{c}{Flugzeuge}	
		+	verw.	60-100%	unter 60%	Boden
I./JG 1	-	3	2	5	1	-
II./JG 1	1 B-17	1	-	1	3	-
III./JG 1	1 P-51	-	-	-	-	10 z, 11 b
II./JG 2	-	1	-	1	-	-
I./JG 3	1 P-51	-	2	2	-	-
II./JG 3	1 B-17, 2 P-51	-	-	-	-	-
IV./JG 3	3 B-17	1	-	2	-	-
II./JG 27	-	4	2	6	-	-
II./JG 53	3 B-17	1	-	2	-	-
JG 302	2 B-17, 1 B-17 HSS	4	-	4	-	-
		15	6	23	4	10 z, 11 b

Während das JG 11 an diesem Tage offenbar geschont wurde [564], war das JG 1 geschlossen im Abwehreinsatz; nachdem um 08.45 Uhr 30'-Bereitschaft befohlen worden war, die bereits wenige Minuten später zur 5'-Bereitschaft heraufgestuft wurde, kam es kurz nach 09.00 Uhr bei allen drei Gruppen zum Alarmstart [565], nach dem die Gruppen sammelten und in südlicher Richtung an die nach Kassel und Eschwege marschierenden Boeings der 1 BD herangeführt wurden. Eine Stunde nach dem Start bekam der Gefechtsverband westlich Eisenach Feindberührung mit rund 100 B-17, die von starken Mustang- und Thunderboltgruppen umgeben waren. Es entwickelte sich ein verbissener Luftkampf mit den amerikanischen Begleitjägern, denen es gelang, die deutschen Jäger von den Viermotorigen abzudrängen und in überaus verlustreiche Luftkämpfe zu verwickeln. Ganze zwei Abschüsse konnte das JG 1 danach für sich beanspruchen:

Ogefr. Peischl	7./JG 1	P-51	(1.)	10.39
Flg. Blech	5./JG 1	B-17	(2.)	10.46
Olt. Kirchmayr	5./JG 1	B-17	n.b.	

während es selbst vier Gefallene und einen Verwundeten sowie sechs als Totalverluste abzuschreibende Maschinen zu verzeichnen hatte. Am härtesten traf es die I. Gruppe, die ohne eigene Erfolge drei Gefallene und einen Verwundeten auf die Verlustliste setzen musste: Fw. Wilhelm Knöller und Uffz. Xaver Gschwend von der 1./JG 1 wurden bei Waldkappe bzw. bei Melsungen tödlich abgeschos-

---

[564] bei der I./JG 11 wurde Fw. Georg Janetzko von der 3. Staffel bei einer Bruchlandung in Rotenburg verletzt; es ist nicht bekannt, ob dies bei einem Einsatz- oder bei einem Werkstatt- bzw. Übungsflug geschah - vgl. sogleich unten

[565] I./JG 1 Start um 09.13 Uhr - Flugbuch Uffz. Herbert Strassemeier; KTB II./JG 1; Gefechtsbericht Georg-Peter Eder, danach Startzeit in Störmede 09.08 Uhr; III./JG 1 Start um 09.15 Uhr - Flugbuch Lutz-Wilhelm Burkhardt

sen, während der Gefr. Johannes Zitzmann bei Alsfeld abgeschossen wurde, sich aber trotz Verwundung noch mit dem Fallschirm in Sicherheit bringen konnte. Die 2. Staffel verlor Uffz. Gerhard Lippmann, der nach Luftkampf bei Blankenburg mit seiner Maschine abstürzte. Vier Verluste gab es bei der II. Gruppe: Olt. Georg-Peter Eder, Staffelkapitän der 6./JG 1, wurde um 10.19 Uhr bei Göttingen im Luftkampf mit P-47 abgeschossen, konnte aber unverletzt mit dem Schirm aussteigen. Uffz. Joscht, ebenfalls von der 6. Staffel, musste seine Focke Wulf mit Beschusschäden aus dem vorangegangenen Luftkampf um 10.30 Uhr bei Halberstadt auf den Bauch werfen, blieb aber ebenfalls unverletzt. Die beiden anderen Verluste betrafen die 5. Staffel: Der Flg. Georg Blech musste seine Maschine nach Treffern aus dem Luftkampf mit der B-17 südlich Kassel notlanden, blieb dabei indes ebenfalls unverletzt. Dagegen wurde Uffz. Helmut Dippold bei einer Bruchlandung in Lauchröden so schwer verletzt, dass er wenig später im Lazarett in Eisenach an den Folgen dieser Verletzungen verstarb [566]. Die III. Gruppe kam in diesem Luftkampf ohne Verluste davon. .

Während die drei Gruppen des JG 1 im Abwehreinsatz waren, erlebte der Einsatzhafen der III./JG 1 in Paderborn einen vernichtenden Bombenangriff durch 117 Liberators, die einen dichten Bombenteppich über den Platz legten und dabei zehn Messerschmitts zerstörten und weitere elf sowie die Gruppen-"Weihe" erheblich beschädigten [567]; daran erinnert sich Herbert Kaiser folgendermassen:

Wir waren zum Zeitpunkt der Bombardierung unseres Platzes im Einsatz; ich erinnere mich noch daran, dass wir noch in der Luft Nachricht von dem Angriff bekamen und man uns mitteilte, dass der Platz nicht mehr anfliegbar war, so dass wir uns nach einem anderen Landeplatz umsehen mussten. Ich meine, wir wären in Lippspringe gelandet, wo wir dann bis zum Abend blieben und auf die Nachricht, dass unser Platz notdürftig wieder instandgesetzt sei - ich glaube, eine Landebahn war ausgebessert worden - kehrten wir noch am selben Tage nach Paderborn zurück. [568]

Insgesamt meldete die deutsche Seite nach den Angriffen des 19. April 1944 31 Abschüsse, die Mehrzahl davon Viermotorige [569]; die eigenen Verluste beliefen sich auf 15 Gefallene und sechs Verwundete sowie 23 als Totalverluste abzuschreibende Maschinen [570]. Auf der anderen Seite meldete die 8. USAAF gerade fünf Viermots und zwei Begleitjäger als Verluste, während ihre Verbände insgesamt 18 Abschüsse für sich beanspruchten [571].

Neben den Kampfverlusten dieses Tages mussten das JG 1 und das JG 11 noch eine Reihe von schmerzlichen Verlusten bei Übungseinsätzen hinnehmen; bei der I./JG 1 wurde Lt. Otwin Zieger von der 2. Staffel schwer verletzt, als seine Maschine nach dem Start zu einem Übungsflug nicht ausreichend Höhe gewann und mit dem noch ausgefahrenen Fahrwerk am Giebel eines am östlichen Rande des Flugplatzes von Lippspringe stehenden Hauses hängenblieb und durch die Explosion des Zusatz-

---

[566] lt. namentlicher Verlustmeldung WASt. hatte Dippold seine "schwarze 11" zu hart aufgesetzt, wodurch das Fahrwerk wegbrach; Dippold schlug mit dem Kopf gegen das Instrumentenbrett und wurde so schwer verletzt, dass er das Bewusstsein verlor und dieses in der Folge nicht wiedererlangte

[567] bemerkenswert ist die grosse Zahl der am Boden getroffenen Maschinen, wenn man bedenkt, dass die Gruppe zur selben Zeit im Abwehreinsatz war; dies deutet auf einen ausserordentlich schlechten technischen Klarstand hin

[568] Bericht Herbert Kaiser, 27.7.1993

[569] OKW-Bericht, 20.4.1944

[570] ohne die am Boden zerstörten Maschinen der III./JG 1

[571] Freeman, aaO., S.222 - unter den Bomberverlusten befand sich einer der "Cat.E", während alle Kampfverluste bei dem gegen Kassel gerichteten Verband der 1 BD eintraten; die Abschüsse verteilten sich mit 1-0-4 auf die Bomber und 16-1-2 auf die Jäger, was wiederum deutlich für die Wirksamkeit des Jagdschutzes bei diesem Einsatz spricht

Abb. 719: Lt. Otwin Zieger von der 2./JG 1, der am 19. April 1944 beim Start zu einem Übungseinsatz in Bad Lippspringe mit seiner " schwarzen 14 " den First eines Hauses streifte, sich dadurch in der Luft überschlug und mit Aufschlagbrand am Platzrand abstürzte. Er erlitt schwerste Brandverletzungen, denen er am 25. April 1944 im Lazarett in Paderborn erlag.

(*Göbel*)

behälters zerstört wurde. Die Verletzungen Ziegers erwiesen sich als so schwer, dass er ihnen sechs Tage danach erlag. Beim JG 11 gab es gleich drei Unfälle mit tödlichen Ausgang: Beim Geschwaderstab stürzte eine Gotha Go 242 beim Start in Lüneburg ab, wobei Uffz. Gerhard Seibüchler und der Bordfunker Ogefr. Hans-Hermann Harder ums Leben kamen. Zwei Tote auch bei der II./JG 11: Lt. Willi Brossmann und Uffz. Walter Hendrich von der 4. Staffel kamen beim Absturz ihrer Messerschmitts bei Rehburg am Steinhuder Meer zu Tode. Einen Verlust hatte schliesslich auch die I./JG 11 zu verzeichnen: Fw. Georg Janetzko von der 3. Staffel wurde beim Bruch seiner " gelben 2 " auf dem Platz von Rotenburg leicht verletzt.

Nach zwei weiteren Schlechtwettertagen unternahmen Verbände der 8. USAAF am **22. April 1944** erneut in grosser Zahl Angriffe auf Ziele im Reichsgebiet; 803 Viermots aller drei Bomb Divisions wurden aufgeboten, um Verkehrsziele im Westen des Reiches, darunter vor allem den Verschiebebahnhof von Hamm, daneben aber auch das Stadtgebiet von Hamm selbst, zu bombardieren. Aufgrund den unsicheren Wetterbedingungen wurde der Startbefehl lange herausgezögert und als die Viermotorigen endlich an den Start gingen, war klar, dass sie erst nach Einbruch der Dunkelheit würden zurückkehren können. Begleitet wurden die Viermotorigen von 859 Jägern [572].

Der deutsche Abwehreinsatz gegen diese Einflüge blieb vergleichsweise gering; gerade acht Tagjagdgruppen konnten aufgeboten werden, die sich den amerikanischen Viermotverbänden und den sie eskortierenden Jägern am frühen Abend über dem westfälischen Raum entgegenstellten.

Auch am 22. April wurde das JG 11 geschont; dagegen war das JG 1 wieder mit allen drei Gruppen im Einsatz. Nachdem der Tag bis dahin ereignislos verlaufen war, wurde am späten Nachmittag die Versammlung stärkerer feindlicher Kampfverbände erfasst, woraufhin um 17.15 Uhr 5'-Bereitschaft befohlen wurde. Weiter heisst es im KTB der II./JG 1:

---

[572] Freeman, aaO., S. 224; ders., Mighty Eighth, S. 135

Auf deutscher Seite eingesetzte Verbände am 22.4.1944					
Einheit	Abschussmeldungen	Verluste im Einsatz			
		FF		Flugzeuge	
		+	verw.	60 - 100%	unter 60%	Boden
I./JG 1	3 B-17, 1 B-17 HSS, 1 B-17 e.V. 1 P-47	1	2	4	2	-
II./JG 1	3 B-17, 1 B-24, 4 P-47	1	1	4	1	-
III./JG 1	4 P-51	7	2	12	3	-
Stab/JG 3	3 B-24	-	-	-	-	-
II./JG 2	-	2	-	2	-	-
I./JG 3	2 B-17, 4 P-38	1	1	3	-	-
IV./JG 3	3 B-24, 1 B-24 HSS	-	-	1	-	-
I./JG 26	2 B-24 HSS, 2 P-47	2	-	2	2	-
II./JG 27	1 P-51	-	1	1	1	-
II./KG 51	13 B-24, 2 B-24 am Boden	4	-	2	-	-
II./NJG 3	-	3	-	1	-	-
LuftbeobSt.	-	3	-	1	-	-
		24	7	33	9	0

Folgende Versammlungsorte werden befohlen: Bei Südeinflug Paderborn 7.000 m, bei Mitteleinflug Dümmer See 7.000m, bei Nordeinflug Bremen 7.000 m.

Gegen 17.45 Uhr erfolgte dann der Alarmstart bei den Gruppen des JG 1 [573]; anders als an den Tagen zuvor kam es nicht zur Versammlung zu einem Gefechtsverband, sondern wurden die drei Gruppen einzeln an die Viermotverbände herangeführt. Als erste traf die III./JG 1 gegen 18.00 Uhr über dem Rothaargebirge auf die P-51 der Vorausjagd [574], mit denen es zu einem heftigen und für die Gruppe überaus verlustreichen Luftkampf kam, nachdem der Versuch, eine Mustang-Gruppe aus der Überhöhung zu " wickeln ", gründlich danebengegangen war; vier eigenen Abschüssen -

Hptm.Burkhardt	7./JG 1	P-51	(63.)		18.10
Hptm.Eberle	III./JG 1	P-51	(18.)	*	
Hptm.Grislawski	8./JG 1	P-51	(125.)	*	
Ofw.Kaiser	7./JG 1	P-51	(63.)	*	

standen am Ende sieben Gefallene und zwei Verwundete sowie der Verlust von zwölf Messerschmitts gegenüber. Zwei Gefallene und zwei Verwundete hatte allein die 7. Staffel von Hptm. Burkhardt: Hptm. Hortari Schmude und der Ogefr. Johann Peischl fielen bei Korbach bzw. Gemünden, während Lt. Kurt Ibing und der FhjFw. Gerhard Reimitz bei Arolsen bzw. Korbach abgeschossen wurden und

---

[573] I./JG 1 - ?-, II./JG 1 17.40 Uhr und III./JG 1 - 17.40 Uhr; KTB II./JG 1, Gefechtsbericht Georg-Peter Eder, Flugbücher Heinz Bär, Eberhard Burath, Lutz-Wilhelm Burkhardt und Fritz Haspel

[574] zu diesem Luftkampf liegt folgende - undatierte - Darstellung von FhjFw. Gerhard Reimitz von der 7./JG 1 vor: *" Der JaFü führte uns an einen Viermotverband heran, und das war unser Untergang. Denn die vermuteten Viermots waren Mustangs. 120 amerikanische Jäger fielen uns ins Kreuz und die darauffolgende Kurbelei stellte alles bisher gewesene in den Schatten. Meinen Rottenführer, einen Leutnant, sah ich im Abschwung in geringer Höhe in einer Staubwolke verschwinden. Im selben Moment bekam ich eine Ladung in die Fläche - Kühlertreffer. Ich erfasste dann noch mit den Augen eine schöne Wiese für die unvermeidliche Notlandung - und von da an weiss ich nichts mehr."*

verwundet mit dem Fallschirm aussteigen mussten [575]. Beinahe wäre dieser Luftkampf auch für Hptm. Lutz-Wilhelm Burkhardt der letzte gewesen: Nach dem Abschuss einer Mustang wurde er selbst in 300 m Höhe in der Nähe des Eder Sees abgeschossen und konnte sich eben noch mit dem Fallschirm in Sicherheit bringen; doch auch nach dem Aussteigen und nach dem Aufkommen am Boden gleich darauf wurde er von den P-51 angegriffen und beschossen und hatte viel Glück, bei diesen Attacken unverletzt zu bleiben [576]. Zwei Gefallene gab es auch bei der 8./JG 1: Lt. Joachim Göhre wurde bei Korbach abgeschossen und auch er wurde nach geglücktem Ausstieg am Fallschirm von den Mustangs beschossen, doch traf es ihn dabei tödlich. Neben ihm wurde der Gefr. Willi Klückmann ein Opfer der P-51 - er stürzte bei Korbach mit seiner " gelben 11 " tödlich ab. Die 9. Staffel schliesslich hatte drei Gefallene zu beklagen: Ofw. Franz-Wilhelm Heck und Uffz. Kurt Ziegenfuss wurden bei Korbach abgeschossen, während der Ogefr. Konrad Fricke bei Fritzlar im Luftkampf unterlag und mit seiner Messerschmitt zu Tode stürzte [577].

Unterdessen gerieten die beiden anderen Gruppen um 18.50 Uhr nördlich Hamm - Quadrat JQ - an die B-17 der 3 BD; dabei konnte die I. Gruppe einen geschlossenen Frontalangriff auf einen Boeing-Pulk fliegen, bei dem es gelang, vier B-17 ab- bzw. herauszuschiessen. Anders erging es der II. Gruppe - im Gefechtsbericht von Uffz. Weber von der 5./JG 1 heisst es dazu:

Am 22.4.1944, 17.50 Uhr, startete ich nach Sitzbereitschaft als Rottenflieger in der Rotte des Flg. Blech zum Alarm. Führung durch Y-Verfahren. Im Plan-Qu. JQ - KQ kam es zur Feindberührung mit etwa 60 Boeings und 40 - 50 Thunderbolts und Mustangs. Nach einer 180 Grad Kurve griffen wir einen Boeing-Pulk von hinten an, der Ostkurs flog. Mein Angriff richtete sich auf das vierte Feindflugzeug von links, welches bereits kurz nach der Feuereröffnung mit heller Fahne zeichnete. Anschliessend schlugen helle Flammen aus dem linken Flächenanschluss und linken Innenmotor. Der Brandherd vergrösserte sich schnell. Den Abgang des Flugzeuges konnte ich nicht beobachten, da ich im weiteren Angriff auf diese Boeing von Thunderbolts abgeschossen wurde. Mein Flugzeug wurde steuerunfähig und ich musste mit dem Fallschirm abspringen.

In den ausgedehnten Luftkämpfen konnten die I. und II./JG 1 insgesamt 13 Abschüsse erzielen, die sich wie folgt verteilten:

Ofw.Bach	5./JG 1	P-47	(14.)	18.52
Ofw.Flecks	6./JG 1	P-47	(12.)	18.55
Olt.Eder	6./JG 1	P-47	(39.)	18.56
Ofw.Flecks	6./JG 1	P-47	(13.)	18.58
Fw.Köhne	3./JG 1	B-17	(27.)	19.00
Olt.Biederbick	2./JG 1	B-17	(18.)	19.00
Lt.Windbichler	2./JG 1	B-17 HSS	(2.)	19.00
Ofhr.Neuner	2./JG 1	B-17	(4.)	
Uffz.Weber	5./JG 1	B-17	(2.)	19.10
Flg.Blech	5./JG 1	B-17	(3.)	19.10
Flg.Blech	5./JG 1	B-17	(4.)	19.10
Lt.Eh	3./JG 1	P-47	(3.)	19.15
Fw.Karl	1./JG 1	B-17	(1.)	19.15

---

[575] Hptm. Schmude war offensichtlich erst kurz zuvor zur III. Gruppe gestossen und flog bei der 7. Staffel mit; es ist anzunehmen, dass er nach kurzer " Eingewöhnungszeit " die Gruppe anstelle von Hptm. Eberle übernehmen sollte, dessen Ablösung als Gruppenkommandeur und Versetzung zur Frontfliegersammelstelle Quedlinburg bereits beschlossene Sache waren - vgl. sogleich unten

[576] Bericht Lutz-Wilhelm Burkhardt, 24.2.1991

[577] vermutlich gehörten die P-51 zur 4 FG, die an diesem Tage eigenen Angaben nach 17 Abschüsse meldete und selbst nur eine Maschine verlor - vgl. dazu Freeman, Mighty Eighth, S. 149

Abb. 720 - 721: Oben - Das Wrack der " weissen 3 ", einer Fw 190 A-8 mit der WerkNr. 170 101, mit der sich Uffz. Arnold Giers von der 1./JG 1 beim Versuch einer Notlandung in Burbach am 22. April 1944 überschlug, wobei er tödliche Verletzungen erlitt. Unten - Glückwünsche für Ofw. Otto Bach von der 5./JG 1 in Störmede, nachdem er am Abend um 18.52 Uhr durch den Abschuss einer Thunderbolt seinen 14. Luftsieg erzielt hatte.

(Güdelhöfer / Hartwig)

Abb.722 - 723: Wahrscheinlich aus demselben Anlass schwingt sich hier Ofw. Otto Bach für den Kamermann der Deutschen Wochenschau aus der Kabine seiner Focke Wulf, ausweislich des noch nicht nach vorn versetzten ETC 501 unter dem Rumpf noch eine A-7; dass es sich vermutlich um eine nachgestellte Szene handelt, zeigt der noch unter dem Rumpf befindliche Zusatzbehälter, den Otto Bach bei einer Kurbelei mit Thunderbolts gewiss abgeworfen hätte.

(*Deutsche Wochenschau Nr. 721 vom 28.6.1944*)

Auf der Verlustseite standen zwei Gefallene und drei Verwundete sowie acht als Totalverluste abzuschreibende Maschinen. Die I./JG 1 musste Uffz Arnold Giers von der 1. Staffel auf die Verlustliste setzen, der im Luftkampf mit Begleitjägern bei Burbach tödlich abgeschossen wurde. Bei der 3./JG 1 wurde Lt. Herbert Eh im Luftkampf mit Thunderbolts verwundet, doch konnte er sich nach dem Abschuss seiner Focke Wulf noch mit dem Fallschirm in Sicherheit bringen. Die 2./JG 1 musste den Verlust von Ofhr. Herbert Neuner melden, der das Ende dieses Einsatzes für ihn wie folgt schildert:

Wir hatten Feindberührung im Raume Hamm, als es meine Maschine erwischte; ich weiss bis heute nicht, wodurch meine Maschine tatsächlich getroffen wurde und auch das weitere Geschehen kann ich nur anhand dessen wiedergeben, was mir Helmut Biederbick später darüber berichtet hat. Danach habe ich versucht, auf einem Feldflugplatz in der Nähe von Unna eine Notlandung zu machen, wobei ich aber den Platz verkehrt herum - soll heissen: mit dem Wind - anflog und dadurch über die Platzgrenze hinaus geriet. Hinter der Platzgrenze schmierte die Maschine plötzlich ab und schlug neben der Stellung einer leichten Flakbatterie auf einem Acker auf, um gleich darauf in Flammen aufzugehen. Dass ich diesen Absturz überlebte, habe ich einem mir namentlich nicht bekannten Flaksoldaten zu verdanken, der entgegen dem ihm von seinem Batteriechef gegebenen Befehl und ungeachtet der Explosionsgefahr zum Wrack meiner Focke Wulf lief, um zu sehen, ob der Flugzeugführer noch zu retten war. Nun, ich lebte noch, wenn auch nur gerade eben - ich hatte einen Schädelbasisbruch, der vermutlich auch für meine Gedächtnislücken im Zusammenhang mit dem Ende dieses Einsatzes verantwortlich war, und noch einige andere Verletzungen erlitten, mit denen man mich nun in ein Reservelazarett in Unna schaffte. [578]

Bei der II./JG 1 fiel der Gefr. Heinrich Born von der 4. Staffel, der im Luftkampf mit Jägern bei Rhynern südlich Hamm abgeschossen wurde. Sein Staffelkamerad Uffz. Johann Froschhauer wurde bei Schwerte abgeschossen, konnte aber noch aussteigen und kam schwer verletzt am Boden auf. Mehr Glück hatten zwei Flugzeugführer der 5. Staffel, die den Absturz ihrer Maschinen unverletzt überstanden: Der Flg. Georg Blech rammte eine B-17 und musste danach bei Altenbögge mit dem Fallschirm aussteigen, während Uffz. Weber unter den oben beschriebenen Umständen im selben Gebiet von P-47 abgeschossen wurde und ebenfalls mit dem Schirm aussteigen musste.

Kurze Zeit nach der Rückkehr der II./JG 1 wurde vom Platz Störmede aus eine einzeln fliegende B-24 beobachtet, die nordwestlich des Platzes abflog und dabei Rauchmarkierungen absetzte; um 19.53 Uhr startete eine Rotte mit Major Bär und seinem Kazcmarek Ofw. Schuhmacher auf Sicht gegen den Viermot, der nur wenige Minuten später, um 20.08 Uhr, nach einem einzigen Anflug bei Ahlen von Heinz Bär abgeschossen wurde, der dadurch zu seinem 200. Abschuss kam [579].

Während die amerikanischen Viermotverbände ihren Rückflug nach England hinein in die bereits beginnende Dunkelheit antraten, wurden die Me 410 der II./KG 51 in Frankreich alarmiert [580] und zur Verfolgung der abfliegenden Verbände der 2 BD angesetzt; etwa 15 Maschinen der II./KG 51 konnten sich unter die Liberators mischen und nicht weniger als 13 davon über dem Südosten Englands - zum

---

[578] Bericht Herbert Neuner, 2.8.1993; es folgten neun Wochen Lazarettaufenthalt, bevor Herbert Neuner am 5. Juli 1944, leidlich wiederhergestellt, entlassen wurde

[579] vgl. den Zeugenbericht von Leo Schuhmacher; im übrigen trug dieser Abschuss Heinz Bär am 24.April eine namentliche Nennung im OKW-Bericht ein, wo es hiess: *" Major B a e r, Gruppenkommandeur in einem Jagdgeschwader, errang im Kampf mit britisch=nordamerikanischen Flugzeugen seinen 200. Luftsieg."*

[580] die Gruppe war im Frühjahr als Nachtkampfverband gegen England eingesetzt und hatte dabei insbesondere Einsätze bei der Verfolgungsnachtjagd der britischen und amerikanischen Viermotorigen zu fliegen - vgl. Dierich, aaO., S. 123

Abb. 724 - 735: Die folgenden Aufnahmen zeigen die Geschichte des 200. Abschusses von Maj. Heinz Bär am frühen Abend des 22. April 1944 in Störmede; die beiden Aufnahmen oben zeigen Flugzeugführer der II./JG 1 auf dem Platz Störmede nach der Rückkehr vom Abwehreinsatz. In Platznähe beobachtet man eine B-24, die in geringer Höhe ausfliegt. Oben rechts im Bild Ofw. Leo Schuhmacher, der um 19.53 Uhr in der Rotte mit Heinz Bär startete. Abb. 726 zeigt Heinz Bär in der " roten 23 ", einer Fw 190 A-7, mit untergehängtem Zusatzbehälter. Die

Besonderheit dieser Maschine war ihre Holzluftschraube - daran erinnert sich Eberhard Burath: " *Heinz Bär hatte zu dieser Zeit stets eine zweite Maschine in Reserve; diese Focke Wulf erregte unter uns Flugzeugführern besonderes Interesse, weil sie mit einer grösseren Luftschraube mit Holzblättern ausgerüstet war.*" Die darauf folgende Aufnahme zeigt Bär nach der Rückkehr vom Einsatz, bei dem er die Liberator in nur einem Anflug hatte abschiessen können, auf der Schiebehaube der " roten 23 ".

Während des Einsatzes hatte das Bodenpersonal den Siegerkranz mit der Zahl " 200 " vorbereitet, der Maj. Bär nach der Landung beim Aussteigen aus der " roten 23 " um die Schultern gelegt wird.

Oben links noch einmal der Siegeskranz. Rechts oben - Maj. Heinz Bär vor seiner Focke Wulf 190 A-7 mit der vergrösserten Holzluftschraube; beachte auch das Geschwaderemblem und das Fehlen der Flügelaussenwaffe. Unten links - Heinz Bär genehmigt sich einen tiefen Schluck aus der " Pulle "; ganz rechts erkennt man einen der alten Feldwebel-Flugzeugführer der II./JG 1, Ofw. Georg Hutter von der 5./JG 1. Unten rechts - Ofw. Schuhmacher nach der Landung auf dem Weg zu seinem " Chef ", um ihm zu seinem Erfolg zu gratulieren.

Oben - Vor der " roten 23 " hilft ein Techniker Maj. Bär aus der " Abschusshose "; rechts neben Bär - ohne Kopfbedeckung - steht Gruppen-Adjutant Olt. Stärk, der auch unten am rechten Bildrand zu sehen ist. Unten sieht man von links Maj. Bär, Olt. Voigt, dahinter Ofw. Schuhmacher und rechts Aussen Olt. Stärk, der das Kriegsverdienstkreuz trägt.

(Hartwig / Lächler / Ries)

Teil während des Landeanfluges über den eigenen Plätzen - abschiessen und zwei weitere am Boden zerstören [581].

Insgesamt meldete die deutsche Seite nach den Kämpfen dieses Tages 37 Abschüsse durch Jäger und Flak, die Mehrzahl davon Viermotorige [582]; die eigenen Verluste beliefen sich auf 24 Gefallene, sieben Verwundete sowie 33 als Totalverluste abzuschreibende Maschinen. Die 8. USAAF bezifferte ihre Verluste demgegenüber auf 30 Viermotorige und 14 Jäger, während ihre Verbände 62 Abschüsse für sich beanspruchten [583].

Am **23. April 1944** gab es keinen Einflug der Viermotorigen der 8. USAAF; statt dessen wurden erneut 382 Jäger zu Tiefangriffen auf Flugplätze in Nordostfrankreich, Belgien, den Niederlanden und Nordwestdeutschland eingesetzt, wo sie elf Flugzeuge am Boden zerstören konnten; zu Luftkämpfen mit deutschen Jägern kam es dabei offensichtlich nicht und die insgesamt zehn von deutscher Seite gemeldeten Abschüsse dürften sämtlich an die Flak gegangen sein [584].

24. April 1944: Bei weiterhin nur mässigen Wetterbedingungen über dem Reichsgebiet flogen 754 Viermots der 8. USAAF, begleitet von 867 Jägern, Angriffe auf Flugzeugwerke und Fliegerhorste im Süden des Reiches; 281 B-17 der 1 BD sollten den Flugplatz Landsberg sowie Werksanlagen in Oberpfaffenhofen bombardieren, während zur selben Zeit 243 Boeings der 3 BD Flugzeug- und andere Industrieanlagen in Friedrichshafen am Bodensee angreifen sollten; die Ziele von 230 Liberators der 2 BD schliesslich waren die Fliegerhorste von Gablingen und Leipheim [585].

Auf deutscher Seite konnten insgesamt 18 Tagjagd- und eine Zerstörergruppe sowie Teile von Schul- und Industrieeinheiten zur Abwehr der Einflüge am 24. April aufgeboten werden, wie die nachfolgende Aufstellung zeigt:

---

[581] vgl. dazu die ausführliche Darstellung bei Freeman, Mighty Eighth, S. 135; einer der beiden Verluste der Gruppe war die Maschine des Staffelkapitäns der 5./KG 51, Hptm. Dietrich Puttfarken, der an diesem Abend wenigstens zwei Abschüsse erzielen konnte, bevor er im Raume Cambridge tödlich abstürzte. Der Erfolg dieses Abends zeigte schlaglichtartig die Möglichkeiten auf, die alliierten Viermotorigen über ihren Einsatzhäfen in England zu bekämpfen; gerade bei der Auflösung der Formationen und der Landung waren die Viermotorigen besonders verwundbar. Tatsächlich jedoch sollte die Luftwaffe einen Erfolg wie an diesem Abend nicht wiederholen können, vermutlich als Folge eines Kompetenzgerangels zwischen der Kampfflieger- und der Jagdflieger-Generalität

[582] OKW-Bericht, 23.4.1944; auch wenn diese nicht besonders hervorgehoben wurden, dürften die am späten Abend über England erzielten Abschüsse der II./KG 51 darin enthalten sein

[583] Freeman, aaO, S.224 - unter den Verlusten der Bomber befinden sich 15 der " Cat. E ", worunter sich 14 Liberators der 2 BD befanden, die bei den Angriffen der II./KG 51 in der Luft und am Boden zerstört wurden; daneben wurde eine P-38 als " Cat. E " abgeschrieben. Die Abschüsse verteilten sich mit 20-6-8 auf die Bomber und mit 34-2-9 auf die Jäger, die darüber hinaus 6-0-7 Bodenzerstörungen meldeten

[584] OKW-Bericht, 24.4.1944; Freeman, aaO., S. 225; ders., Mighty Eighth, S.149; die 8. USAAF meldete insgesamt sieben Verluste durch Feindeinwirkung und zwei weitere als "Cat.E"

[585] Freeman, aaO., S.226; ders., Mighty Eighth, S. 135

Einheit	Abschussmeldungen	+	verw.	60-100%	unter 60%	Boden
	Auf deutscher Seite eingesetzte Verbände am 24.4.1944					
		FF		Flugzeuge		
I./JG 1	2 B-17, 1 B-24 HSS, 1 P-47	-	-	-	-	-
II./JG 1	2 B-17 HSS	-	2	2	1	-
III./JG 1	1 P-47	-	-	-	1	-
II./JG 2	1 B-17, 1 B-24	-	1	2	-	1 z
III./JG 2	1 B-17 a.s.m.	-	-	-	-	-
Stab/JG 3	5 B-17	-	-	-	-	-
I./JG 3	1 B-17, 1 B-17 e.V., 2 P-51	4	-	5	-	-
II./JG 3	2 B-17, 1 B-17 HSS	2	-	3	1	1 z
III./JG 3	5 B-17, 5 B-17 HSS, 1 B-17 a.s.m., 1 P-51	4	2	7	3	-
IV./JG 3	7 B-17, 7 B-17 HSS, 1 B-17 e.V., 1 B-17 o.Zg.	3	-	3	-	-
I./JG 5	1 B-17 HSS, 2 B-17 a.s.m.	1	-	1	-	-
Stab/JG 11	-	-	-	-	2	-
I./JG 11	3 P-51, 1 P-47	5	1	11	4	-
10./JG 11	1 B-24	-	-	-	-	-
II./JG 26	1 B-17 HSS	-	-	-	-	-
III./JG 26	9 B-17, 5 B-17 HSS, 1 B-17 a.s.m., 3 P-51, 1 P-47	-	-	-	-	-
I./JG 27	2 B-17, 6 B-17 HSS, 1 B-17 a.s.m., 1 B-17 e.V.	2	1	4	-	-
II./JG 27	1 B-17	3	-	4	-	-
IV./JG 27	2 B-17, 5 P-51	3	-	3	-	-
II./JG 53	-	-	-	2	-	-
I./JG 301	1 P-51	3	4	7	-	-
Sturmst. 1	-	-	-	1	-	-
I./JG 106	1 P-47	1	1	1	1	-
III./ZG 26	6 P-51	8	-	4	6	-
		39	12	60	19	2 z

Das JG 1 war auch am 24. April wieder mit allen drei Gruppen im Abwehreinsatz; aus den vorliegenden Unterlagen ergibt sich, dass das Geschwader nicht im geschlossenen Gefechtsverband, sondern gruppenweise eingesetzt war. Nachdem der Einflug der Viermotverbände beizeiten erfasst worden war, gab es gegen 11.30 Uhr bei allen drei Gruppen Alarmstart [586], nach dem die Gruppen in südlicher Richtung an die Viermotorigen herangeführt wurden; im Gefechtsbericht von Ofw. Hutter von der 4./JG 1 heisst es weiter:

Am 24.4.1944 startete ich um 11.38 Uhr als Führer der 4. Staffel im Rahmen der II./JG 1 zum Alarm. Um 12.40 Uhr bekam die Gruppe Feindsichtung von 400 - 500 Boeings, die OSO Kurs flogen, und starkem Begleitschutz in 6.200 m Höhe. Wir griffen einen Pulk

---

[586] I./JG 1 - ? -, II./JG 1 - 11.33 Uhr und III./JG 1 - 11.40 Uhr; KTB II./JG 1, Gefechtsberichte Georg-Peter Eder, Georg Hutter, Flugbuch Fritz Haspel

von 70 - 80 Boeing F=II von vorn an. Ich beschoss dabei die dritte von rechts vorn fliegende Boeing und erzielte Treffer in den beiden linken Motoren. Das Flugzeug zeichnete darauf mit zwei starken weissen Rauchfahnen und bieb etwa 500 - 800 m hinter dem Verband zurück. Durch das Sammeln der Gruppe und Angriffe von feindlichen Jägern konnte ich die Boeing nicht mehr beobachten. Wegen Brennstoffmangels landete ich um 13.20 Uhr in Echterdingen [587].

Bei dem Zusammenstoss mit den Viermotorigen konnte die II./JG 1 im geschlossenen Frontalangriff je einen Ab- und Herausschuss für sich verbuchen -

Ofw.Hutter	4./JG 1	B-17 HSS	(14.)	12.45
Olt.Eder	6./JG 1	B-17 HSS	(40.)	12.47

bevor sich das Treffen in zahlreiche Einzelkämpfe auflöste; im weiteren Verlauf der Luftkämpfe büsste die II./JG 1 dann zwei Focke Wulfs ein, doch konnten sich deren Flugzeugführer jeweils unverletzt mit dem Fallschirm in Sicherheit bringen [588]. Demgegenüber scheint der Ansatz der I. und III./JG 1 gegen die einfliegenden Viermotverbände ergebnislos verlaufen zu sein, denn beide Gruppen meldeten weder Erfolge noch Verluste.

Am frühen Nachmittag wurde die I./JG 1 gegen die abfliegenden Viermotverbände eingesetzt und meldete nach einem Luftkampf im Raume Kaiserslautern - Quadrate UQ / SQ - vier Abschüsse, die sich folgendermassen verteilten:

Uffz.Rathofer	3./JG 1	P-47	(2.)	15.10
Lt.Berger	2./JG 1	B-17	(7.)	15.12
Ofw.Piffer	2./JG 1	B-17	(25.)	15.12
Fw.Just	2./JG 1	B-24 HSS	(5.)	15.12

Selbst blieb die I. Gruppe dabei ohne Verluste. Es hat den Anschein, als sei auch die III./JG 1 in diesen Luftkampf verwickelt gewesen, denn sie meldete, ebenfalls ohne eigene Verluste, einen Thunderbolt-Abschuss durch Ofw. Herbert Kaiser von der 7. Staffel (64.) [589].

Vom JG 11 waren der Geschwaderstab, die I./JG 11 und die 10. Staffel im Einsatz; dazu liegt folgender anschaulicher Bericht von Fritz Engau vor, der an diesem Tage wieder die 2./JG 11 führte:

Unsere Gruppe war an diesem Tage überaus stark; besonders meine 2. Staffel war mit 16 Maschinen bis über Sollstärke aufgefüllt [590]; *insgesamt war unsere Gruppe an diesem Tage über 30 Maschinen stark und wir fühlten uns vollkommen sicher.*

Von Rotenburg weg waren wir gleich nach Süden geflogen. Zum Auftanken landeten wir in Wiesbaden-Erbenheim. Gleich nach dem Start nahmen wir wieder die übliche

---

[587] die II./JG 1 war mit insgesamt 15 Fw 190 im Einsatz - KTB II./JG 1; wie Ofw. Hutter landeten die meisten Flugzeugführer der II./JG 1 nach diesem Einsatz in Echterdingen - zwölf Maschinen fielen dort ein, während die 13. nach dem Luftkampf verbliebene in Karlsruhe landete

[588] das KTB der II./JG 1 nennt keine Maschinenverluste, verzeichnet aber nur die Rückkehr von 13 der insgesamt 15 gestarteten Maschinen; in den summarischen Verlustmeldungen RL 2/III/852 werden dagegen zwei im Luftkampf verlorene Maschinen genannt

[589] sowie einen wahrscheinlichen Abschuss durch Fw. Haspel von der 8./JG 1

[590] der Bericht Fritz Engaus beruht auf seinen unmittelbar nach dem Kriege niedergeschriebenen, seinerzeit entsprechend frischen Erinnerungen; es erscheint gleichwohl möglich, dass sich bereits damals in der Erinnerung eine Lücke eingeschlichen hat und dass es sich nicht um eine tatsächliche Aufstockung der 2./JG 11, sondern um die für diesen Einsatz erfolgte Unterstellung der 10./JG 11 handelte

Abb. 736 - 738: Die folgenden Aufnahmen zeigen Lt. Hans Schrangl, Gruppen-Adjutant der I./JG 11, nach der Rückkehr von einem Einsatz im Frühjahr 1944 in Rotenburg beim Aussteigen aus seiner " Winkel Balken ", der selben Maschine, die bereits auf den Abbildungen 625 - 628 zu sehen war. Deutlich sichtbar ist das Fehlen des Rumpfbalkenkreuzes und das gelbe Rumpfband.

(Schrangl)

Keilformation ein - vorne der Spitzenkeil mit Hptm. Hermichen an der Spitze, rechts und links von ihm die Stabsmaschinen und wieder rechts und links davon, an den Flügeln des Spitzenkeils, die 1. und 3. Staffel. Hinter diesem Spitzenkeil bildete ich mit den 16 Maschinen meiner 2. Staffel einen zweiten Keil zur Rückendeckung. Diese Grundformation nahmen wir immer ein, solange wir ausreichend Maschinen hatten. Bald nach dem Start in Wiesbaden bemerkte ich in der Höhe einen Schwarm Thunderbolts, die im Raume Mainz in schweres Flakfeuer gerieten und abdrehten. Ich machte den Kommandeur darauf aufmerksam, aber der behielt die starre Keilformation bei. Natürlich müssen es diese Thunderbolts gewesen sein, die andere Jäger herbeigerufen hatten. Denn bald darauf - wir hingen, immer noch im Steigflug, wie reife Pflaumen in der Luft - kamen uns, deutlich höher, einige Schwärme von Mustangs entgegen, die uns nach rückwärts überflogen. Als ich mich umdrehte, sah ich sie nach rechts abbiegen. Nun liess ich sie nicht mehr aus den Augen. In einer weiten Kurve machten sie kehrt und begannen, mit einigem Abstand auf Parallelkurs zu uns zu gehen. Natürlich vergewisserte ich mich davon, ob der vorne fliegende Kommandeur dies auch beobachtet hatte; das hatte er wohl, gab aber die Weisung, zunächst nur alle Bewegungen in unserem Rücken genau zu beobachten. Der Kommandeur hielt sich streng an die uns gegebene Weisung, beim Anflug auf Bomberverbände möglichst keinen Jägerkampf zu beginnen.

Schon dachte ich, die da seitwärts hinten hätten Respekt vor unserer Stärke, da kamen auch schon von vorne neue Schwärme, die uns mit Überhöhung überflogen und zunächst den Kurs beibehielten. Die letzten aber machten kehrt und kamen hinter uns im Sturzflug herunter. Mit meiner Staffel hatte ich den Keil vorher schon stärker geöffnet und wir kurvten ihnen sofort entgegen. In den nächsten Minuten war ein wilde Kurbelei im Gange. Immer mehr Mustangs kamen hinzu, ich hatte um mich herum solche, die rote Propellerhauben hatten. Wir waren so ineinander verfilzt, dass man schwer schiessen konnte. Aber dann kam ich hinter einer, in einer steilen Kurve nach oben ziehenden Mustang endlich zur einzigen, wenn auch ungünstigen Schussposition ... und schoss um eine gute Flugzeuglänge zu kurz. Bald lösten sich die Mustangs - Spritsorgen ? Wegen der grossen Zahl der Kämpfenden hatte sich alles in einzeln kämpfende Gruppen aufgelöst, die sich schliesslich immer weiter voneinander entfernten und sich schliesslich auflösten. Nach dem Kampf landete ich unversehrt in Langendiebach.

Die Auseinandersetzung mit den Mustangs, deren Zahl auf wenigstens 50 geschätzt wurde, hatte sich kurz vor 13.00 Uhr zwischen Darmstadt und Mannheim - Quadrat SS - abgespielt; zwar konnte das JG 11 dabei drei P-51 Abschüsse für sich verbuchen -

Olt.Hiebl	1./JG 11	P-51	(2.)	12.55
Uffz.Krauss	2./JG 11	P-51	(1.)	13.00
Hptm.Hermichen	I./JG 11	P-51	(64.)	13.06

doch musste die I. Gruppe mit sechs Gefallenen und einem Verwundeten sowie insgesamt zehn abgeschossenen Focke Wulfs äusserst schmerzliche Verluste hinnehmen [591]. Die 1. Staffel verlor Ofw. Hans Jüppner, der im Luftkampf über Darmstadt abgeschossen wurde und mit seiner " weissen 6 " in der Nähe des Westbahnhofes abstürzte. Drei Gefallene und einen Verwundeten meldete die 2. Staffel: Lt. Gerhard Kaacke, Ofhr. Werner Blassing und Uffz. Erich Krauss [592] fielen im Luftkampf über Lorsch, während Uffz. Johann Kowalski in der Gegend von Heilbronn verwundet wurde. Auch die 3./JG 11 hatte zwei Gefallene zu beklagen: Die Unteroffiziere Albin Keimfercher und Wolfgang Förster wurden im Luftkampf bei Lorsch bzw. im Raume Mannheim tödlich abgeschossen. Zwei Verluste hatte ebenfalls der Geschwaderstabsschwarm des JG 11 zu verzeichnen, der zwei beschädigte Messerschmitts im Luftkampf einbüsste, wobei allerdings die Flugzeugführer zum Glück unverletzt blieben. Mit dem letzten Tropfen Sprit fielen die übrigen, im Verlaufe des Luftkampfes völlig zersprengten, Focke Wulfs in Wiesbaden-Erbenheim und weiteren Plätzen im Raume Frankfurt ein.

Auch Teile der I./JG 11 hatten am frühen Nachmittag einen zweiten Einsatz gegen die Rückflüge der amerikanischen Verbände zu fliegen; dabei kam die Gruppe zu einem weiteren Abschuss durch Fw. Birkigt von der 3./JG 11, der um 15.15 Uhr im Raume Pirmasens - Quadrat UQ - eine P-47 herunterholen konnte (2.). Auch die 10. Staffel meldete schliesslich noch einen Abschuss - Ofw. Griener konnte unter im einzelnen nicht näher bekannten Umständen eine B-24 abschiessen (9.).

Nach dem Ende der Kämpfe meldete die deutsche Seite insgesamt 97 Abschüsse bei der Abwehr der Tageseinflüge der 8. USAAF [593]; die eigenen Verluste beliefen sich auf 39 Gefallene und zwölf Verwundete sowie 60 als Totalverluste abzuschreibende Maschinen. Auf der anderen Seite bezifferte die 8. USAAF ihre Verluste mit 41 Viermotorigen und 18 Jägern, während ihre Verbände 79 Abschüsse sowie 72 am Boden zerstörte Flugzeuge für sich beanspruchten [594].

Auch an den folgenden Tagen kam es unablässig zu Einflügen von Verbänden der 8. USAAF in das Reichsgebiet sowie in die besetzten Westgebiete; am **25. April** waren Eisenbahnanlagen im Südwesten des Reiches und in Frankreich das Ziel von Angriffen durch insgesamt 554 Viermotorige, von denen jedoch aufgrund der anhaltend schlechten Wetterverhältnisse nur 294 zum Bombenwurf kamen. Tags darauf sollten 589 Viermots ihre Bombenlast über Industrieanlagen in Braunschweig, Hannover und

---

[591] hinzu kamen eine im Luftkampf beschädigte Focke Wulf sowie ohne Feindeinwirkung eine zerstörte und drei beschädigte Fw 190

[592] eine namentliche Verlustmeldung WASt. für den Verlust von Uffz. Erich Krauss liegt nicht vor, sein Verlust ergibt sich vielmehr aus den Suchlisten des Deutschen Roten Kreuzes

[593] OKW-Bericht, 25.4.1944

[594] Freeman, aaO., S. 226 - unter den Verlusten befinden sich je ein Viermot und Jäger als " Cat.E ", während von den Abschüssen 20-1-36 an die Bomber und 58-0-38 an die Jäger gingen, die auch für die gemeldeten 66-6-20 Bodenzerstörungen verantwortlich waren

Abb.739 - 740: Oben - Flugzeugführer der I./JG 11 nach der Rückkehr von einem Einsatz im Frühjahr 1944 auf dem Platz Rotenburg; in der Bildmitte sieht man den Staffelkapitän der 3./JG 11 Olt. Hans-Heinrich Koenig und rechts neben ihm Lt. Hans Schrangl. Unten - Im Vordergrund steht die "Winkel Balken" von Lt. Schrangl, während im Hintergrund ein Schwarm der I./JG 11 gerade abgehoben hat - Rotenburg, Frühjahr 1944.

(Schrangl)

Paderborn abladen, doch waren auch diese Angriffe wetterbedingt nur zum Teil erfolgreich [595], wenngleich an diesem Tage alle eingesetzten Viermotorigen sicher auf ihre Einsatzplätze nach England zurückkehren konnten. Am **27. April 1944** liess die länger werdende Dauer des Tageslichts für einige Bomb Groups erstmals zwei Einsätze nacheinander zu; am Morgen waren wieder einmal die in Bau befindlichen Abschussrampen für V-1 Flügelbomben entlang der Kanalküste im Bereich des Pas-de-Calais Angriffsziele für 596 Boeings und Liberators, während die Bomben von noch einmal 486 Viermots am Nachmittag auf Eisenbahnanlagen und Flugplätze in Nordostfrankreich herabregneten. Dasselbe wiederholte sich am **28. April**, als 270 Viermots zusammen mit starken Jagdverbänden Angriffe auf Flugplätze, V-1 Abschussrampen und Eisenbahnanlagen in Frankreich flogen [596].

Die JG 1 und 11 waren an der Abwehr dieser Einflüge nicht beteiligt; vielmehr wurden während dieser Tage, von einzelnen ergebnislosen Alarmstarts abgesehen [597], nur Übungseinsätze sowie die gewohnten FT- und Werkstattflüge unternommen. Wieder kam es dabei zu einer ganzen Reihe von Unfällen und Störungen [598], bei denen erneut drei Todesopfer zu beklagen waren; am 27. April kam Uffz. Herbert Strassemeier von der 1./JG 1 durch einen Absturz bei der Landung nach einem Übungsflug auf dem Platz Münster-Loddenheide zu Tode und am darauf folgenden Tage hatte die III./JG 1 gleich zwei Tote zu beklagen - wie es dazu kam, schildert Hubert Heckmann, der am 24. April 1944 als Fahnenjunker-Unteroffizier zur III./JG 1 gestossen und dort der 9. Staffel von Olt. Erich Buchholz zugeteilt worden war:

> *Unser Staffelkapitän hatte einen jüngeren Bruder bei den Fw 190* [599]. *Der rief eines Tages an und wollte mit zwei 109 kurbeln, da seine Maschine gerade aus der Werft kam. Hierzu wählte der Buchholz im ersten Anlauf den Ofw. Heimbach und mich aus. Er entschied dann aber anders, da ich ja am Morgen schon einen Flug hinter mich gebracht hatte und alle Anfänger sollten ja weitergeschult werden. An meiner Stelle sollte der Uffz. Humer* [600] *sich an der Kurbelei beteiligen.*
>
> *Die 190 kam und unsere 109 starteten. Sie flogen zunächst eine nette Keilformation und trennten sich dann um zu kurbeln. Die 190 war zunächst, wie erwartet, im Vorteil, die 109 holten aber sicher und zügig auf. So langsam kam der Heimbach in Schussposition, Humer immer wie "angeklebt" an Heimbach. Um sich zu befreien, machte die 190 einen Abschwung, wobei die Flughöhe geringer als 100 m war. Im Tiefstpunkt hatte die 190 noch drei bis fünf Meter zwischen sich und der Erde, für die 109 aber langte das nicht. An Heimbachs Maschine riss die Strömung ab, sie wackelte kurz und krachte in den Acker. Humer vollführte dasselbe und schlug zehn Meter von Heimbach auf. Beide waren natürlich sofort tot.* [601]

---

[595] bemerkenswert der Hinweis bei Freeman, Mighty Eighth, S. 136, dass wegen Abwesenheit der deutschen Jagdabwehr und schlechten Schiessens der Flak *"for all bombers to return from this notorious target was a notable event."*

[596] vgl. dazu ausführlich die Darstellung bei Freeman, aaO., S. 227 - 232; ders., Mighty Eighth, S. 136

[597] so z.B. am 27. April bei der II./JG 1, als 18 Fw 190 um 17.27 Uhr auf Alarm gegen gemeldete Einflüge starteten, aber ohne Feindberührung gehabt zu haben zurückkehren mussten; im KTB der II./JG 1 heisst es dazu: *"Der Einsatz rechnet als Frontschulung."*

[598] fünf zerstörte und drei beschädigte Maschinen waren das Ergebnis - vgl. die Angaben in der Verlustaufstellung im Anhang

[599] Lt. Günther Buchholz, Flugzeugführer in der 6./JG 1

[600] Uffz. Werner Humer gehörte zu einer Gruppe von sieben jungen Flugzeugführern, die erst am 24. April von der JGr. West kommend bei der III./JG 1 eingetroffen waren

[601] Aufzeichnungen Hubert Heckmann, S. 11

Auf diese Weise endete ein Übungseinsatz für Ofw. Roman Heimbach und Uffz. Werner Humer in der Nähe von Paderborn tödlich [602].

Daneben erfolgten während dieser Tage bei beiden Geschwadern einige Veränderungen im Führungsgefüge. Beim JG 1 verliess Hptm. Friedrich Eberle aufgrund seiner Versetzung zur Frontfliegersammelgruppe in Quedlinburg die III. Gruppe [603], die daraufhin von Maj. Hartmann Grasser übernommen wurde, der zuletzt im Stab der 4. Jagddivision Dienst getan hatte. Grasser war ein erfahrener und mit 103 Abschüssen, für die er seit dem 31. August 1943 das Eichenlaub zum Ritterkreuz trug, überaus erfolgreicher Jagdflieger und zugleich ein bewährter und umsichtiger Einheitsführer; zu Beginn des Krieges als Zerstörerflieger im Einsatz, hatte er seit Herbst 1940 der II./JG 51 angehört, die er seit September 1941 im Osten und seit Herbst 1942 im Mittelmeerraum als Kommandeur geführt hatte [604].

Beim JG 11 galt es noch immer, die Stelle des am 29. März 1944 verwundeten Obstlt. Hermann Graf neu zu besetzen; nachdem auch Maj. Anton Hackl als stellvertretender Kommodore aufgrund seiner am 15. April 1944 erlittenen Verwundung ausgefallen war, wurde der Gruppenkommandeur der II./JG 11 Maj. Günther Specht zum neuen Kommodore des JG 11 bestellt [605]. An seiner Stelle übernahm Major Günther Rall die Führung der II./JG 11 [606]; Günther Rall kam aus dem Osten, wo er seit Juli 1943 die III./JG 52 geführt hatte. Zum Zeitpunkt der Übernahme der II./JG 11 war er der nach der Zahl seiner Abschüsse erfolgreichste deutsche Jagdflieger: bei seinem Abschied von der III./JG 52 am 16. April 1944 konnte er auf 273 Abschüsse zurückblicken, bis auf einen sämtlich im Osten erzielt, und trug seit dem 12. September 1943 die Schwerter zum Ritterkreuz mit Eichenlaub [607]. Major Günther Rall verfügte allerdings über keinerlei Erfahrungen im Reichsverteidigungseinsatz, da das Kommando über die II./JG 11 für ihn die erste Berührung mit den amerikanischen Viermotverbänden bedeutete.

29. April 1944: Nachdem die Einsätze der vorangegangenen Tage nur auf einen allenfalls begrenzten Abwehreinsatz durch die Luftwaffe gestossen waren, wählten die Stäbe der 8. USAAF für diesen Tag wieder die Reichshauptstadt als Angriffsziel; insgesamt 679 Viermotorige, von denen 618 ihre Zielgebiete tatsächlich erreichten, wurden unter dem Schutz von 814 Begleitjägern zu einem schweren Tagesangriff auf Berlin eingesetzt [608].

---

[602] solche Kurbeleien bei Übungseinsätzen waren im Grunde nichts anderes als eine "Mutprobe" unter den flugbegeisterten jungen Fliegern, eine Mutprobe mit leider allzu oft tödlichem Ausgang

[603] Brief Friedrich Eberle, 26.11.1948

[604] vgl. Obermaier, aaO., S. 58

[605] das genaue Datum der Übernahme des JG 11 durch Günther Specht ist nicht belegt; entgegen der Darstellung bei Obermaier, aaO., S. 208, dürfte die Versetzung Spechts zum Geschwaderstab Ende April 1944 erfolgt sein - Specht unterzeichnete zuletzt am 25.4.1944 als Major und Gruppenkommandeur eine Verlustmeldung (Brossmann und Hendrich) - und nur die offizielle Bestellung zum Kommodore erst am 15. Mai nachgefolgt sein

[606] vgl. Knoke, aaO., S.177, wo es unzutreffend heisst: *" Als Kommandeur werde ich sein - Spechts (die Verf.) - Nachfolger. Ich erfahre, dass meine bevorzugte Beförderung zum Hauptmann 'wegen Tapferkeit vor dem Feinde' ausgesprochen ist."* Aus einer vorliegenden amtlichen Unterlage ergibt sich zudem, dass bereits beim ersten Einsatz der II./JG 11 nach ihrer Auffrischung am 29.4.1944 Maj. Rall beim Gruppenstab flog, während Heinz Knoke - noch als Oberleutnant ! - unverändert die 5. Staffel führte

[607] Obermaier, aaO., S. 33

[608] Freeman, aaO., S. 232 / 233; ders., Mighty Eighth, S. 136 - dort heisst es u.a.: *" If, in selecting Berlin as the target for the mission of April 29th the Eighth Air Force hoped to flush the Focke Wulfs and Messerschmitts, they were certainly successful. Not since the early March missions had the enemy responded in such strength to a threat against his capital."*

Auf Seiten der Luftwaffe konnten 14 Tagjagdgruppen sowie Teile einer Nachtjagdgruppe und verschiedener Industrie- und Schuleinheiten zur Abwehr der Einflüge aufgeboten werden; darunter befanden sich neben dem geschlossen eingesetzten JG 1 der Stabsschwarm des JG 11 sowie dessen I. und II. Gruppe.

Auf deutscher Seite eingesetzte Verbände am 29.4.1944

Einheit	Abschussmeldungen	FF +	FF verw.	Flugzeuge 60-100%	Flugzeuge unter 60%	Boden
I./JG 1	3 B-17, 2 B-17 HSS, 1 B-17 e.V. 2 B-24, 1 B-24 HSS	-	1	-	1	-
II./JG 1	3 B-17, 1 B-24, 1 B-24 a.s.m. 4 P-47	2	-	2	-	-
III./JG 1	-	-	-	-	-	-
Stab/JG 3	1 B-17	-	-	-	-	-
I./JG 3	1 B-17, 1 B-17 e.V., 1 B-24	1	1	1	2	-
II./JG 3	5 B-17, 3 B-17 HSS	2	-	4	-	-
IV./JG 3	4 B-17, 9 B-17 HSS, 3 B-24	1	-	3	-	-
Stab JG zbV.	1 B-17	-	-	-	-	-
Stab/JG 11	1 B-24, 2 B-24 - HSS	-	-	-	-	-
I./JG 11	12 B-24, 5 B-24 HSS, 1 B-24 e.V. 1 B-24 a.s.m.	1	1	4	3	-
II./JG 11	4 B-24, 6 P-51, 2 P-38	4	1	6	1	-
II./JG 26	2 B-17, 1 B-17 e.V.	-	-	-	-	-
II./JG 27	1 B-17, 3 B-17 HSS	-	-	-	-	-
II./JG 53	2 B-17, 1 B-24 HSS	-	1	-	1	-
I./JG 302	3 B-17, 1 P-51	1	-	1	-	-
II./JG 302	1 B-17 HSS, 1 B-17 a.s.m.	-	-	-	-	-
III./JG 302	1 B-24	-	-	-	-	-
Sturmst. 1	8 B-17, 3 B-17 HSS	-	-	-	5	-
Ind.St. Erla	1 B-17	-	-	-	-	-
Luftbeob.St.	1 B-17	-	-	-	-	-
III./NJG 3	1 B-17	-	-	-	-	-
		12	5	21	13	0

Wie üblich wurde die Versammlung der Viermotverbände vor der englischen Küste auch an diesem Tage frühzeitig aufgefasst, so dass bereits gegen 09.00 Uhr bei den Gruppen der JG 1 und 11 15'-Bereitschaft befohlen wurde, der kurze Zeit darauf der Befehl zur Sitzbereitschaft folgte. Um 09.40 Uhr erfolgte dann bei der II./JG 1 in Störmede der Alarmstart von 27 Focke Wulfs unter Führung von Major Heinz Bär [609] und auch die beiden anderen Gruppen dürften um diese Zeit nach Alarm aufgestiegen sein, um sich über Paderborn zu einem Gefechtsverband zu versammeln [610]. Über den weiteren Einsatzverlauf heisst es im KTB der II./JG 1:

---

[609] KTB II./JG 1, Luftkampfmeldungen Olt. Georg-Peter Eder, Maj. Heinz Bär, Olt. Kirchmayr, Ofw. Kurt Brodbeck, Flugbücher Heinz Bär, Eberhard Burath

[610] Luftkampfbericht Olt. Georg-Peter Eder; lt. KTB II./JG 1 erfolgte die Versammlung in 1.000 m Höhe über Paderborn

Ziel Kassel, 7.000 m Höhe, dann weiter fliegen Richtung Braunschweig. Nachdem der Gefechtsverband Kurs 30 Grad genommen hatte, erhielt er nach einigen Kursänderungen im Raume Hannover Feindsichtung mit 150 - 200 Boeings und Liberators mit Jagdschutz. Im Raume Braunschweig kam es zum Luftkampf mit dem Kampfverband, wobei die Gruppe einen geschlossenen Angriff von vorne fliegen konnte. Danach wurde der Verband durch starken Jagdschutz zersplittert und in Einzelkämpfe in Rotten- und Schwarmstärke verwickelt.

Eberhard Burath erinnert sich an diesen Einsatz wie folgt:

Am 29. April war ich wieder am Pulk mit Jägern dabei. Mein Revi fiel aus - wohin sollte ich schiessen ? Ich setzte mich ab, aber mein Gewissen war nicht gut dabei. Hatte ich nicht ein wenig gekniffen ? [611]

Alles in allem konnten die I. und II./JG 1 nach diesem Gefecht 13 Ab- und Herausschüsse melden, davon allein neun Viermotorige:

Maj. Bär	II./JG 1	P-47	(201.)	10.56
Uffz. Kappler	3./JG 1	B-17	(1.)	10.57
Ofw. Piffer	2./JG 1	B-17 HSS	(26.)	10.58
Uffz. Rathofer	3./JG 1	B-17 HSS	(3.)	10.58
Ofw. Brodbeck	6./JG 1	B-17	(3.)	10.58
Olt. Eder	6./JG 1	B-17	(41.)	10.58
Maj. Bär	II./JG 1	B-24 a.s.m.	(202.)	10.59
Ofw. Hübl	2./JG 1	B-17	(18.)	11.01
Olt. Eder	6./JG 1	P-47	(42.)	11.05
Fw. Köhne	3./JG 1	B-17	(28.)	11.05
Uffz. Peine	2./JG 1	B-17	(1.)	
Olt. Kirchmayr	5./JG 1	P-47	(13.)	11.05
Ogefr. Triebel	6./JG 1	P-47	(1.)	11.05

Auf der Verlustseite nach diesem Einsatz standen zwei Gefallene und ein Verwundeter; letzterer kam von der I./JG 1, die auf diese Weise recht glimpflich davonkam - Uffz. Rolf Eilken von der 1. Staffel musste seine Focke Wulf nach Treffern aus dem vorangegangenen Luftkampf in Braunschweig auf den

---

[611] Aufzeichnungen Eberhard Burath, S. 22; hier wird eines der heikelsten Themen des Jagdfliegerkampfes überhaupt angesprochen - der " innere Schweinehund ", der ungezählte Flugzeugführer hie und da beschlich und nach wirklichen oder auch nur vorgeblichen Gründen für einen vorzeitigen Abbruch des Einsatzes suchen liess. Der Grat zwischen einem sachlich gebotenen Abbruch und einem nur vorgeschobenen technischen Mangel als Entschuldigung für eine vorzeitige Rückkehr war schmal - wie viele Abbrüche auf das Konto des " inneren Schweinehundes " gingen, wird niemals aufzuklären sein und alle damals Beteiligten werden ihre ganz eigene Antwort darauf haben. Es ist allerdings bekannt, dass innerhalb der Staffeln und Gruppen ein sehr deutliches Gespür dafür bestand, welcher Flugzeugführer eine " auffällige " Zahl vorzeitiger Abbrüche aufzuweisen hatte - die erfahrenen Leute dachten sich ihren Teil. Im Staffelleben war es nicht so sehr die " Arbeitsverweigerung ", die das Zusammenleben vergiftete, sondern das Gefühl der Unkameradschaftlichkeit, der Unzuverlässigkeit und des " Im-Stich-Gelassen-Werdens ". Auch war die Handhabung solcher vorzeitiger Abbrüche durchaus von Einheit zu Einheit unterschiedlich, insgesamt aber verschärfte sie sich mit zunehmender Dauer der Abwehrkämpfe über dem Reich, wobei am Ende die Drohung mit dem Kriegsgericht wegen des Vorwurfes der Feigheit vor dem Feinde durchaus gängige Praxis war. Es gab Einheiten, in denen jedes wegen technischer Mängel vorzeitig gelandete Flugzeug in eine eigens dafür bereitstehende Box gerollt werden musste, um vom TO und erfahrenen Technikern auf das tatsächliche Vorhandensein der vom Flugzeugführer angegebenen Mängel untersucht zu werden (vgl. etwa zur III./JG 53 Prien, JG 53 Bd.3). Von der III./JG 1 ist bekannt, dass Maj. Grasser gleich nach der Übernahme der Gruppe im Gefechtsstand eine Tafel anbringen liess, auf der die Namen aller Flugzeugführer mit der Zahl ihrer im jeweiligen Monat geflogenen Einsätze, der dabei erzielten Abschüsse, aber auch der vorzeitigen Abbrüche vermerkt wurden - Bericht Walter Pleines, 24.7.1993

Bauch werfen, wobei er schwer verletzt wurde [612]. Zwei Gefallene hatte die II. Gruppe zu beklagen: Der Ogefr. Werner Triebel, der als Kaczmarek von Olt. Eder flog, und Uffz. Hasso Homfeld - beide von der 6. Staffel - wurden im Luftkampf mit Thunderbolts im Raume Braunschweig tödlich abgeschossen. Der Einsatz der III./JG 1 blieb dagegen ergebnislos; die Gruppe meldete unter dem 29. April 1944 weder Abschüsse noch Verluste infolge Feindeinwikung, doch beendete der Staffelkapitän der 7./JG 1 Hptm. Burkhardt den Einsatz mit einer Bauchlandung bei Braunschweig, nachdem der Motor seiner " weissen 2 " wegen eines Laderschadens " verreckt " war.

Auch nach diesem Einsatz bot sich das gewohnte Bild: Weit verstreut über verschiedene Plätze im Raume zwischen Hannover und Berlin fielen die Focke Wulfs und Messerschmitts rottenweise oder einzeln ein und wurden sogleich für den zweiten Einsatz gegen die alsbald zu erwartenden Rückflüge zu rasch improvisierten Schwärmen zusammengestellt und klargemacht. Gegen 12.45 Uhr erfolgte dann der Start zum erneuten Einsatz, bei dem das JG 1 über dem niedersächsischen Raum in mehreren verbissen geführten Luftkämpfen ohne weitere eigene Verluste noch einmal fünf Viermotorige ab- bzw. herausschiessen konnte:

Olt.Kirchmayr	5./JG 1	B-24	(14.)	13.10
Olt.Kirchmayr	5./JG 1	B-17	(15.)	13.12
Fw.Karl	1./JG 1	B-24	(2.)	13.13
Lt.Windbichler	2./JG 1	B-24	(3.)	13.15
Uffz.Dobrath	1./JG 1	B-24	(1.)	13.35

Beim JG 11 war an diesem Tage neben der I. Gruppe erstmalig nach der Auffrischung und Umrüstung auf die Bf 109 G-6/AS auch die II. Gruppe wieder im Einsatz; bei beiden Gruppen erfolgte gegen 10.15 Uhr der Alarmstart [613], nach dem beide Gruppen sammelten und, nachdem sich die II./JG 11 nach hinten versetzt über die I. Gruppe gesetzt hatte [614], in den Raum nördlich Hannover an die einfliegenden Viermotorigen herangeführt wurden. Kurz vor 11.00 Uhr bekam der Gefechtsverband Feindsichtung von einem B-24 Verband, der mit Kurs Ost unter starkem Begleitschutz einflog. Es gelang den beiden Gruppen des JG 11, sich ausreichend vorzusetzen und dann die I. Gruppe zu einem geschlossenen Frontalangriff zu bringen, bei dem elf Liberators ab- oder herausgeschossen werden konnten, bevor sich das Treffen durch das Eingreifen der Mustangs und Lightnings des Begleitschutzes in zahlreiche Einzelkämpfe auflöste. Unterdessen hatte die II. Gruppe einen verbissenen Luftkampf mit den P-51 und P-38 auszufechten; daran erinnert sich Georg Füreder, für den dieser Einsatz der erste in der Reichsverteidigung war, folgendermassen:

Wir hatten eine heftige Kurbelei mit Mustangs, in deren Verlauf ich eine so wirksam beschiessen konnte, dass ein Fahrwerksbein herausfiel; bevor ich aber zu einem weiteren Angriff ansetzen konnte, kamen einige Lightnings dazwischen, die ich in meiner Unerfahrenheit sträflich unterschätzte - 'Ach, das sind diese Zweimots', dachte ich noch und musste mich im nächsten Augenblick wundern, wie diese Apparate kurven konnten. 27, zum Glück harmlose, Treffer waren für mich das Ergebnis dieser ersten Auseinandersetzung mit den P-38. Dass es überhaupt dazu kommen konnte, lag auch daran, dass mein Kaczmarek Uffz. Kurt Faltin sich plötzlich 'dünne gemacht' hatte und auf einmal nicht mehr zu sehen war. Bei meiner Rückkehr nach Wunstorf musste ich dann feststellen, dass Faltin bereits zehn Minuten vor mir gelandet war; als er sich bei mir meldete, habe ich

---

[612] ausweislich eines handschriftlichen Zusatzes in der namentl. Verlustmeldung soll Eilken am 19. (?) Mai 1944 seinen an diesem Tage erlittenen Verletzungen erlegen sein

[613] Flugbücher Hans-Georg Güthenke und Hans Klaffenbach; im Feindflugbuch von Heinz Knoke ist als Startzeit erst 11.04 Uhr notiert - da auch die Abschusszeit Knokes später als die der anderen Abschüsse der II. Gruppe liegt, ist es nicht ausgeschlossen, dass er seiner Gruppe nachgestartet ist. Seine Schilderung dieses Einsatzes - aaO., S. 177 ff - ist eine sehr freie Darstellung

[614] Brief Georg Füreder, 3.8.1993: " *Die 5. Staffel flog am 29.4. als Deckungsstaffel, ich führte den Deckungsschwarm für die Staffel und den Einsatzverband.*"

Abb. 741: Oben - Gezeichnet von den Strapazen der schweren Abwehreinsätze über dem Reich und den Folgen seiner wiederholten schweren Verletzungen, sieht man hier Olt. Heinz Knoke, den Staffelkapitän der 5./JG 11, aufgenommen im April 1944 in Wunstorf.

(Wroblewski)

ihm wegen seines Verschwindens eine 'gescheuert', habe ihn aber als Kaczmarek behalten. Und er hat mich danach nie wieder verloren, sondern war eine 'Seele' von Rottenflieger, wie man ihn sich besser nicht vorstellen konnte. [615]

Insgesamt sechs Abschüsse meldete die II./JG 11 nach dieser Auseinandersetzung mit den amerikanischen Begleitjägern, während die I. Gruppe noch zu einem weiteren B-24 Abschuss kam, so dass am Ende insgesamt 20 Ab- und Herausschüsse beansprucht wurden:

Olt.Koenig	3./JG 11	B-24	(22.)	11.03
Uffz.Walbeck	3./JG 11	B-24	(2.)	11.03
Uffz.Schumacher	2./JG 11	B-24	(2.)	11.04
Ofw.Dalhöfer	2./JG 11	B-24 HSS	(1.)	11.05
Lt.Schrangl	I./JG 11	B-24	(6.)	11.05
Uffz.Folger	1./JG 11	B-24	(4.)	11.05
Uffz.Loewe	1./JG 11	B-24	(1.)	11.05
FhjOfw.Schunke	I./JG 11	B-24	(1.)	11.05
Olt.Koenig	3./JG 11	B-24	(23.)	11.05
Ofw.Stöwer	3./JG 11	B-24	(14.)	11.07
Ofhr.Hodes	2./JG 11	B-24 a.s.m.	(1.)	11.07
Maj.Rall	II./JG 11	P-38	(274.)	11.15
Fw.Birkigt	3./JG 11	B-24	(3.)	11.20
Ofhr.Grill	II./JG 11	P-51	(1.)	11.20
FhjOfw.Neuberger	II./JG 11	P-38	(2.)	11.30
Olt.Knoke	5./JG 11	P-51	(25.)	11.45
Uffz.Drühe	5./JG 11	P-51	(2.) *	

---

[615] Brief Georg Füreder, 3.8.1993, und Bericht 4.8.1993

Abb. 742 - 743: Oben - Liegeplatzidylle in Wunstorf - 15'-Bereitschaft bei der 6./JG 11 vor dem Gefechtsstand. Am Tisch erkennt man von links Uffz. Müller, Uffz. Althaus, Uffz. Loeper und Uffz. Strosetzki, während rechts im Liegestuhl Ofhr. Grill " döst ". Unten - Maj. Günther Specht im Kasino in Wunstorf, April 1944.

(Strosetzki / Lucht)

Fw.Bubel	4./JG 11	P-51	(1.)	*
Lt.Lüchau	6./JG 11	P-51	(17.)	*
Lt. Füreder	5./JG 11	P-51	(17.)	*

Diesen Abschusserfolgen standen an eigenen Verlusten wenigstens fünf Gefallene und ein Schwerverwundeter gegenüber; die I. Gruppe verlor den Uffz. Erich Krebs von der 1. Staffel, der im Luftkampf im Raume Hannover tödlich abgeschossen wurde. Vier Gefallene und einen Verwundeten hatte dagegen die II. Gruppe zu verzeichnen, darunter allein zwei Staffelkapitäne: Olt. Heinz Knoke von der 5./JG 11 wurde im Luftkampf mit P-51 abgeschossen und musste seine schwer angeschlagene " schwarze 1 " bei Braunschweig auf den Bauch werfen, wobei er schwer verletzt wurde. Lt. Andreas Trockels, Staffelführer der 6./JG 11, wurde im Luftkampf bei Hameln tödlich abgeschossen. Neben ihm traf es auch Uffz. Walter Althaus von der 6./JG 11, der bei Langenhagen abgeschossen wurde und mit seiner Maschine zu Tode stürzte. Die 4. Staffel schliesslich musste den Ofhr. Günther Seibel sowie Uffz. Günther Macheleidt auf die Verlustliste setzen, die bei Lauenstein südöstlich von Hameln bzw. im Raume Braunschweig tödlich abgeschossen wurden [616].

Wie beim JG 1 gab es auch für die Gruppen des JG 11 einen zweiten Einsatz gegen die Rückflüge der Viermot Pulks; dabei kam es über dem Raum Nienburg / Vechta erneut zu heftigen Luftkämpfen, bei denen der Stab und Teile der I. und II. Gruppe wiederum auf die Liberators der 2 BD trafen und in deren Verlauf, diesmal ohne eigene Verluste, abermals 14 Ab- und Herausschüsse erzielt werden konnten:

Gefr.Friedrich	Stab/JG 11	B-24	(1.)	13.22
Olt.Koenig	3./JG 11	B-24	(24.)	13.25
Lt.Schrangl	I./JG 11	B-24	(7.)	13.25
Gefr.Schwesinger	2./JG 11	B-24	(1.)	13.25
Ofw.Hamacher	2./JG 11	B-24	(1.)	13.25
Ofw.Jantzen	2./JG 11	B-24	(1.)	13.25
Gefr.Gahr	Stab/JG 11	B-24	(1.)	13.26
Uffz.Pfeffer	Stab/JG 11	B-24	(3.)	13.26
Olt.Engau	2./JG 11	B-24	(1.)	13.27
Hptm.Sommer	4./JG 11	B-24	(19.)	13.30
Uffz.Tempel	4./JG 11	B-24	(1.)	13.30
Uffz.Marx	4./JG 11	B-24	(1.)	13.30
Fw.Fest	5./JG 11	B-24	(10.)	13.40
Olt.Koenig	3./JG 11	B-24	(25.)	13.56

Nach dem Ende der Kämpfe des 29. April 1944 wurden von deutscher Seite insgesamt 129 Abschüsse gemeldet; im OKW-Bericht vom folgenden Tage hiess es unter anderem:

Nordamerikanische Bomberverbände richteten in den gestrigen Mittagsstunden unter starkem Jagdschutz einen Terrorangriff gegen die R e i c h s h a u p t s t a d t. Es entstanden Schäden in Wohnvierteln und Verluste unter der Bevölkerung. Die deutsche Luftverteidigung schoss 129 nordamerikanische Terrorflugzeuge, darunter 121 viermotorige Bomber, ab. Oberleutnant Hans Heinrich K o e n i g, Staffelkapitän in einem Jagdgeschwader, vernichtete in Luftkämpfen vier viermotorige Terrorbomber.

Die Verluste der Luftwaffe bei der Abwehr der Einflüge am 29. April 1944 beliefen sich auf zwölf Gefallene und fünf Verwundete sowie 21 als Totalverluste abzuschreibende Maschinen. Die 8. USAAF

---

[616] die Verlustangabe zu Uffz. Macheleidt entstammt den Suchlisten des Deutschen Roten Kreuzes, wonach er im Raume Braunschweig noch als vermisst gilt; in den namentlichen Verlustmeldungen der WASt. ist kein Eintrag zu diesem Verlust vorhanden

Abb. 744 - 745: Zwei Aufnahmen der " roten 13 ", einer Fw 190 A-7 mit der WerkNr. 431 007, die Maj. Heinz Bär längere Zeit als Kommandeur der II./JG 1 geflogen hat; auf der Aufnahme unten sieht man Heinz Bär mit Olt. Voigt vor der Maschine - Störmede, Ende April 1944. Deutlich ist das rote Reichsverteidigungsrumpfband des JG 1 zu erkennen; unter dem Rumpf sind der Peilrahmen (PR 16) und der Antennenstab des FuG 25a sichtbar. Ungewöhnlich ist die Form der Ziffer " 3 ".

(Lächler)

Abb. 746 - 747: Links - Die Abschussmarkierung auf dem Ruder der " roten 13 " mit der Zahl 200 im Eichenkranz, der Ritterkreuz mit Eichenlaub und Schwertern und den Hoheitszeichen der abgeschossenen Gegner; rechts Major Heinz Bär in seiner geliebten amerikanischen Lederjacke.

(Lächler)

bezifferte ihre Verluste demgegenüber auf 65 Viermotorige und 14 Begleitjäger, während ihre Verbände insgesamt 121 Abschüsse für sich beanspruchten [617].

Bei der II./JG 11 mussten nach den Einsätzen dieses Tages die Stellen der Staffelführer der 5. und 6. Staffel neubesetzt werden; nach der schweren Verletzung von Olt. Heinz Knoke, der bei der Bruchlandung seiner Maschine einen Schädelbruch erlitten hatte, welcher ihn wochenlang ans Krankenbett fesseln sollte [618], wurde Lt. Georg Wroblewski mit der Führung der 5./JG 11 betraut [619]. Bei der 6. Staffel wurde Lt. Karl-Heinz Lüchau Nachfolger des gefallenen Lt. Andreas Trockels.

Am **30. April** blieb es ruhig im Einsatzbereich der JG 1 und 11 und so gab es am letzten Tage des Monats keinen weiteren Abwehreinsatz. Für die II./JG 11 endete der Aufenthalt in Wunstorf, denn die Gruppe begann ihre Verlegung nach Hustedt, einem acht Kilometer nördlich von Celle gelegenen Feldflugplatz [620]; da auf dem Platz keinerlei feste Unterkünfte vorhanden waren, wurden die

---

[617] Freeman, aaO., S. 232 / 233; unter den Verlusten befinden sich zwei Viermotorige und ein Jäger als " Cat. E ", während sich die Abschüsse wie folgt verteilen: die Bomber meldeten 73-26-34 Abschüsse und die Jäger 16-6-9, zu denen noch einmal 6-1-5 an Bodenzerstörungen kamen

[618] vgl. Knoke, aaO., S. 184/185

[619] Brief Georg Füreder, 3.8.1993

[620] vgl. Karte S. 653; der Verlegungszeitpunkt ergibt sich aus den Flugbüchern von Hans Klaffenbach und Paul Berndt, wonach diese ihren letzten Einsatz von Wunstorf aus am 29. April flogen, während der erste Start in Hustedt am 1. Mai 1944 erfolgte

Flugzeugführer und die meisten Männer des Bodenpersonals in Privatquartieren - zumeist auf den umliegenden Bauernhöfen - untergebracht [621].

Wenngleich das Wetter im April 1944 weiterhin keineswegs günstig gewesen war, hatte der Monat eine weitere Steigerung der Angriffstätigkeit der 8. USAAF über dem Reichsgebiet gebracht; insgesamt zählte man 14.464 Einsätze der Viermotorigen, von denen 11.428 Zielen im Reichsgebiet gegolten hatten, wobei 22.829 Tonnen Spreng- und 4.797 Tonnen Brandbomben abgeworfen wurden [622]. Im gleichen Zeitraum gingen 420 Viermotorige [623] und 140 Begleitjäger verloren [624], womit der April 1944 der Monat mit der höchsten Zahl verlorener Viermotoriger während des ganzen Krieges bleiben sollte, was indes für die Viermotorigen lediglich einer Verlustquote von 2,9 % entsprach [625]. Die Luftwaffe verzeichnete demgegenüber im April 1944 insgesamt 4.505 Einsätze und hatte dabei 469 Verluste zu verzeichnen, womit die Verlustquote mit 9,2 % verglichen mit dem Vormonat etwa auf gleicher Höhe blieb [626]. In absoluten Zahlen ausgedrückt, hatte die Reichsluftverteidigung im April 1944 folgende Verluste zu verzeichnen: [627]

---

[621] Bericht Rudolf Strosetzki, 6.8.1993

[622] Freeman, Mighty Eighth, Anhang; von den insgesamt 14.464 Einsätzen zählten 9.945 als "effective". Groehler, BK, S. 218 unter Verweis auf USSBS Statistical Appendix, S. 29 und BA/MA RL 2/v. 3157

[623] nach der seinerzeitigen Einschätzung der 8. USAAF gingen davon 314 auf das Konto der deutschen Jäger, 105 auf das der Flak und ein Verlust war nicht zuzuordnen - Freeman, Mighty Eighth, Anhang; interessanterweise ergibt die Addition der Verluste in " Mighty Eighth War Diary " nur 362 vermisste Maschinen, die Zahl der als " Cat. E " abzuschreibenden Viermotorigen beträgt 45 - ein Indiz dafür, dass die in diesem Buch angegebenen Tagesverluste deutlich unter den tatsächlichen Verlustzahlen liegen müssen

[624] davon 67 P-51, 42 P-47 und 31 P-38 - MACR. 8. USAAF für den Monat April 1944; hier ergibt die Addition bei Freeman - 194 vermisste und 22 der " Cat. E ", wobei die Differenz (zum Teil) durch die Verluste des IX. FC im Rahmen der 8. USAAF zu erklären ist

[625] 2,9% bezogen auf die absolute Einsatzzahl, aber 4,2% bezogen auf die Zahl der als "effective" eingestuften Einsätze; während der Verlust von 186 Viermots im notorischen Oktober 1943 noch einer Verlustrate von 9,2% entsprach, sorgte die seither gewaltig angestiegene Zahl verfügbarer Viermotoriger dafür, dass mehr als die doppelte Zahl an Verlusten relativ nur noch mit einem Drittel der damaligen Verlustrate zu Buche schlug - vgl. Freeman, Mighty Eight, S. 139

[626] Groehler, BK, S. 218, unter Verweis auf BA/MA RL 2 / v. 3157; die Verlustzahl umfasst offensichtlich auch die Verluste der Verbände der Luftflotte 3 im Reichsverteidigungseinsatz - vgl. dazu sogleich unten die Angaben nach den Unterlagen von Oberst Lützow

[627] nach amtlichen Unterlagen aus dem Nachlass von Oberst Günther Lützow; bei den Personalverlusten steht die jeweils zweite Zahl in Klammern für die in der ersten Zahl enthaltenen Offiziere. Die Gesamtverluste der Jagdwaffe im April 1944 beliefen sich nach derselben Quelle auf 146 Gefallene und 54 Vermisste, davon 36 ohne Feindeinwirkung, und 528 Totalverluste, davon 178 ohne Feindeinwirkung

Verluste an fliegendem Personal

	Jäger		Zerstörer		Nachtjäger	
	m.F.	o.F.	m.F.	o.F.	m.F.	o.F.
gefallen	72 (9)	12 (3)	14 (2)	5 (0)	14 (3)	8 (3)
verwundet	47 (10)	20 (4)	3 (1)	5 (3)	4 (2)	8 (1)
vermisst	24 (5)	0 (0)	2 (0)	0 (0)	0 (0)	0 (0)
	143 (24)	32 (7)	19 (3)	10 (3)	18 (5)	16 (4)

Verluste an Flugzeugen

	Jäger		Zerstörer		Nachtjäger	
	m.F.	o.F.	m.F.	o.F.	m.F.	o.F.
60 - 100%	208	50	31	14	54	18
10 - 60 %	63	92	12	16	28	33
	271	142	43	30	82	51

Welche Wirkung die andauernden Abwehreinsätze und die empfindlichen Verluste dabei auf die Verfassung der deutschen Jagdflieger hatte, veranschaulichen die folgenden Betrachtungen von Eberhard Burath:

Wenn wir morgens hörten, dass drüben in England die Bombergruppen abstimmten, schmeckte uns kein Frühstück mehr, mochten die Spiegeleier auch noch so verlockend dampfen. Auch "alten Kämpfern" ging es an die Nerven. Vor dem Start war alles in Zigarettenrauch gehüllt, manche Leute nicht ansprechbar. Nur Major Bär behielt die Ruhe.

Nach den Luftschlachten mussten wir das erste Glas Cognac mit beiden Händen anfassen, sonst hätten wir vor Zittern nichts zum Mund gebracht; das letzte Glas floss meist erst spät in der Nacht. [628], [629]

Der Kommodore des JG 1 Oberst Walter Oesau blickte unterdessen mit Sorge in die Zukunft, wie der folgende Bericht von einem Gespräch zwischen Walter Oesau und Maj. Borchert vom Stab zeigt, das in diesen Tagen in Lippspringe geführt wurde [630]:

---

[628] Aufzeichnungen Eberard Burath, S. 20

[629] bemerkenswert erscheint der von Gruppe zu Gruppe recht unterschiedliche Umgang mit dem Alkohol; so erinnert sich z.B. Herbert Kaiser, dass bei der III./JG 1, abgesehen von einigen Abenden vor absehbar einsatzfreien Tagen, dem Alkohol nur sehr zurückhaltend zugesprochen wurde (vgl. aber oben die Darstellung der "Feierlichkeiten" unter Hptm. Eberle !); weiter heisst es bei ihm: *"Die Stimmung bei solchen Gelegenheiten war nicht als ausgelassen zu bezeichnen; vielmehr versuchte jeder auf seine Weise, das tägliche Erleben des Einsatzes für einige Stunden zu vergessen oder aber zumindest zu verdrängen."*. Ähnliches berichtet Rudolf Strosetzki von der II./JG 11 - er erinnert sich: *"Bei uns wurde eigentlich nur sehr wenig getrunken, auschweifende Trinkgelage bis in die frühen Morgenstunden waren die unbedingte Ausnahme und kamen nur dann zustande, wenn uns zwei Tage qbi sicher vorausgesagt waren. In solchen Fällen wurden dann die gehorteten Marketenderwaren - abgesehen von den Zigaretten, die laufend ausgegeben wurden - freigegeben und es wurde kräftig gefeiert."* - Bericht vom 6.8.1993

" Na, Borchert, und was denken Sie so über die Lage ? - Ich meine, so ganz im allgemeinen. Sie sind doch Geschäftsmann und Reservist. Da urteilt man nüchterner als unsereins." - " Herr Oberst haben heute früh ja selbst die Liste der Beanstandungen und Klagen unserer Dienststellen durchgesehen." - " Na ja, mit dem Nachschub haperts. Aber schliesslich ..." - " Schliesslich ? Schliesslich wird der siegen, der wirtschaftlich den längsten Arm hat. Und das sind nicht wir. Pardon, Herr Oberst wollten ja meine Meinung wissen." - " Schon gut, Borchert, wir sind ja unter uns. Habe mir das auch schon gedacht. Verdammte Schweinerei. Da hält man jahrelang den Hintern in die Luft und dann .... ? - Ja, ja, Borchert, Sie haben recht - Düssen Krieg wart wie verleern." Wenn der Oberst in sein geliebtes Platt verfiel, war es ihm ernst. Auch der Ausdruck seines wie aus einem Eichenkloben geschnitzten Gesichts liess keinen Zweifel daran aufkommen. *" Ja, de Düwel, Borchert, wie stellen Sie sich das eigentlich vor ? Ich meine: das Ende ? Und dann was danach kommt ?"* Major Borchert zog die Stirne kraus und hob die Augenbrauen: *" Wie ich mir das vorstelle ? Für uns Alten, die wir einen Zivilberuf haben, wird es ja irgendwie einen neuen Anfang geben. Schwer genug wird er schon sein."* Der Major schwieg und fühlte, dass er sich schon zu weit in dieses Gespräch hatte verstricken lassen. *" Und wir Jungen, wir müssen wie gewöhnlich den Kopf hinhalten."* lachte der Oberst ingrimmig. *" Sprechen Sie es nur aus. Oder glauben Sie, ich hätte ein Brett vor dem Kopf ? An uns werden sie ihren ganzen Hass auslassen. Das ist wohl nicht anders zu erwarten. " - " Zu Sklaven, zu modernen Sklaven werden wir wohl alle werden,"* meinte Major Borchert den Gedankengang seines Kommodore abmildern zu können. *" Zu Sklaven, Borchert ?"* Der Oberst war aufgesprungen und wuchtete mit seiner kurzen, gedrungenen Gestalt ein paarmal im Zimmer auf und ab. *" Sie wissen, ich bin Dithmarscher, Borchert, und bei uns heisst es: Lewer dot as Slaw."* Die Stille wurde bedrückend in dem kleinen Raum. *" Wie steht es mit der Gesundheit, Herr Oberst ?"* versuchte der Major dem Gespräch eine andere Wendung zu geben. Der Oberst ging nicht darauf ein. *" Herr Oberst sollten jedenfalls vorläufig nicht starten." - " Auch noch kneifen, was ? Wäre ein schönes Beispiel für die Jungen. Gerade jetzt." - " Aber Herr Oberst sollten .... " - " Sollten, sollten ... - Hören Sie auf mit dem 'sollten' ! Es kommt nicht darauf an, was wir sollten, sondern auf das, was wir sollen und müssen. Als Soldat, Herr Major - ich brauche Ihnen das wohl nicht erst zu sagen - als preussischer Soldat, wenn Sie wollen, gibt es nur eins und das ist seine Pflicht. Gott wolle - und glauben Sie mir, ich sage das nicht nur so dahin - Gott wolle, dass ich trotzdem diesen Krieg nicht überlebe."* Er stand vor dem Major, der sich ebenfalls erhoben hatte, und schien fast verlegen. Dann schlug er ihm lachend und jovial auf die Schulter. *" So etwas sollte man nicht aussprechen, nicht wahr ? Na ja, der verdammte Alkohol. - Im übrigen: Krieg ist Krieg und Schnaps ist Schnaps."* Er sah auf seine Armbanduhr. *" Zehn Uhr. Zeit schlafen zu gehen. Gute Nacht Borchert."*

Die Gedanken Oesaus lassen erkennen, welch ungeheure Last auf ihm lag: Zum einen musste er seinen Männern als Kommodore Führer und Vorbild im Kampf sein - er war der Mann an der Spitze, auf den alles schaute und an dem sich der gesamte Verband orientierte und aufrichtete und der die Verantwortung sowohl für den Erfolg seines Geschwaders wie für jeden einzelnen Flugzeugführer hatte, während es für ihn nur sehr wenige Menschen in seiner Umgebung gab, denen er sich mit seinen Sorgen und Nöten mitteilen konnte und an denen er Halt suchen konnte. Der Mann an der Spitze eines Geschwaders war auf eine Weise einsam.

---

[630] das nachfolgende Gespräch wurde von Prof. Skawran aufgezeichnet und im Jägerblatt 1963 - Nr.11 - XI - S. 3 ff, abgedruckt

Verluste der Tagjagdverbände
April 1944
(nur Reichsverteidigung, West und Süd)

Einheit	fliegendes Personal						Flugzeugverluste			
	+	KG	verw.	+	verl.	60-100%	unter 60%	60-100%	unter 60%	60-100%	unter 60%
JG 1	32	-	16	3	3	71	22	20	14	9	16
JG 11	41	-	12	5/1	-	83	27	1	5	10	20
Sturmst. 1	6	-	-	-	-	9	5	-	1	-	-
JG 2	23	-	19	2	1	52	14	4	2	3	13
JG 3	40	-	15	3	-	83	19	2	-	11	5
I./JG 4	2	-	6	1	-	14	2	-	-	1	2
I./JG 5	6	-	2	1	-	12	2	-	-	1	2
IV./JG 5	1	-	-	-	2	3	2	-	-	2	1
EKdo. 25	2/1	-	-	-	-	2	-	3	2	-	1
JG 26	17	-	5	4	-	28	16	11	10	7	13
JG 27	27	-	16	5	1	50	9	-	1	6	5
II./JG 51	3/2	-	1	-	1	9	12	2	-	6	2
JG 53	27	-	13	-	-	54	16	3	2	6	4
III./JG 54	8	-	5	-	1	21	1	1	-	2	10
JG 77	12	1	14	1	1	42	20	-	-	5	4
JG 300	2	-	1	-	-	15	7	-	-	4	15
JG 301	11	-	10	-	-	32	10	-	-	1	8
JG 302	10	-	-	-	1	16	1	-	1	6	5
JG 400	-	-	-	-	1	-	-	-	-	1	-
SG 4	7	-	1	-	2	11	3	15	5	-	3
I./SKG 10	5	-	-	-	-	6	-	-	-	-	-
SG 101	2	-	-	*	*	2	-	-	-	*	*
KG 51	7/7	-	3/2	1	-	10	1	-	-	1	-
JG 105	1	-	-	*	*	-	-	-	-	*	*
JG 106	1	-	1	*	*	-	4	-	-	*	*
JLÜSt.	2	-	-	*	*	2	-	-	-	*	*
JGr. West	2	-	-	*	*	1	-	-	-	*	*
JGr. Süd	2	-	-	*	*	7	1	-	-	*	*
ZG 1	11/11	-	-/3	2/3	-	27	6	2	-	3	2
ZG 26	15/13	-	2/2	2/2	-/2	18	9	1	-	5	10
ZG 76	13/15	-	5/7	1/-	-	7	2	1	3	3	11
	338/49	1	147/14	31/6	14/2	687	211	66	46	93	152

Anmerkungen:

1.) bei den Zerstörerverbänden bezeichnet die erste Zahl bei den Personalverlusten die Flugzeugführer, die zweite die der übrigen Besatzungsmitglieder.

2) reine Betriebsverluste der Schul- und Ergänzungseinheiten wurden nicht erfasst, sondern mit einem "*" gekennzeichnet [631]

---

[631] Ergänzend dazu seien die Verluste der Tagjagdverbände im Osten im April 1944 genannt: (s. nächste Seite !)

Der Mai 1944 begann verhältnismässig ruhig für die JG 1 und 11; noch immer hinderte unbeständiges Wetter mit dichter Bewölkung und häufigen Regenschauern die Viermotorigen der 8. USAAF an häufigeren Einflügen und sorgte dafür, dass ein ums andere Mal bereits angelaufene Einsätze vorzeitig abgebrochen werden mussten und sich die Angriffe der Viermotorigen in erster Linie gegen die im Bau befindlichen V-1 Abschussrampen im Bereich des Pas-de-Calais richteten [632]. Zwar gab es am späten Nachmittag des 1. Mai 1944 bei allen drei Gruppen des JG 1 Alarmstart auf gemeldete Einflüge in den westdeutschen Raum, doch blieb es anschliessend bei blosser Feindsichtung einer Gruppe von 50 bis 60 Thunderbolts und Mustangs, während die Bomberverbände, die mit 386 Viermotorigen zu Angriffen auf Eisenbahnziele bei Reims und Brüssel sowie im Raume Metz / Saargemünd eingesetzt waren [633], nicht erreicht wurden. Abgesehen von einer wegen technischer Mängel bauchgelandeten Focke Wulf der II./JG 1 [634] verlief der Einsatz o.b.V.; bis zum Abend kehrten alle Gruppen auf ihre Einsatzhäfen zurück [635].

Bei der I./JG 1 wurde an diesem Tage Anton-Rudolf Piffer zum Leutnant befördert und zugleich mit der Führung der 1. Staffel beauftragt; Piffer gehörte mit seinen bis dahin erzielten 25 Abschüssen, davon 21 Viermotorige, zu den erfahrensten und erfolgreichsten Flugzeugführern der Gruppe und trug seit dem 29. März 1944 das Deutsche Kreuz in Gold [636]. War der Einsatz dieses Tages danach der erste für "Toni" Piffer als Staffelführer, war er für einen anderen Offizier der letzte als Staffelführer im JG 1: Olt. Eberhard Burath von der 4. Staffel musste sich mit einer starken Grippe "langlegen" und erhielt währenddessen seine Versetzung zum JG 51 in den Osten, wohin Maj. Losigkeit ihn entsprechend einer früher gegebenen Zusage angefordert hatte [637].

Auch bei der III./JG 11 erfolgten Anfang Mai 1944 zwei Neubesetzungen in der Staffelführung: Die 7./JG 11 bekam mit Hptm. Horst-Günther von Fassong, der von der IV./JG 51 kam und bereits etwa 60

Einheit	fliegendes Personal					Flugzeugverluste				
	+	KG	verw.	+	verl.	60-100%	unter 60%	60-100%	unter 60%	60-100%	unter 60%
JG 5	3	-	1	-	-	7	3	1	-	5	5
JG 51	5	2	2	1	-	16	20	-	-	5	12
JG 52	10	-	7	1	2	14	9	7	-	2	4
JG 54	7	-	2	2	2	13	21	-	3	4	15
	25	2	12	4	4	50	53	8	3	16	36

[632] Freeman, Mighty Eighth, S. 140; ders., aaO., S. 234 ff

[633] Freeman, aaO., S. 234/235

[634] bei Scheldenbach/Kaiserslautern, wobei der Flugzeugführer - Uffz. Carl-Heinz Fräse - leicht verletzt wurde - KTB II./JG 1

[635] KTB II./JG 1

[636] Brief Anton Piffer an Rudolf Engleder vom 27.5.1944

[637] Aufzeichnungen Eberhard Burath, S.23; weiter heisst es dort: *"Losigkeit hatte sein Versprechen gehalten. Oesau war gefallen. In Lippstadt meldete ich mich bei Ihlefeld ab. Das war am 5. Juni 1944, einen Tag vor Beginn der Invasion. Danke, Schutzengel!"*

Abschüsse erzielt hatte und das Deutsche Kreuz in Gold trug, einen neuen Staffelkapitän [638]. Die 8. Staffel wurde am 4. Mai 1944 von Olt. Heinz-Helmut Brandes übernommen, der bei der 5./ZG 1 am 17. September 1942 im Osten schwer verwundet worden war und seither der Zerstörer ErgGr. 1 in Braunschweig angehört hatte; er hatte bis dahin sieben Abschüsse erzielt, sechs davon im Osten [639].

Am 4. Mai 1944 hatte die 8. USAAF einen erneuten Tagesgrossangriff auf Berlin und Braunschweig angesetzt, zu dem 591 Viermotorige der 1 und 2 BD aufgeboten wurden; begleitet werden sollten diese durch 516 Jäger. Dichte Cirrus-Wolken in der Hauptflughöhe der Bomberpulks zwangen die Einsatzleitung jedoch erneut zu einem vorzeitigen Abbruch des Unternehmens; lediglich 40 B-17 des bereits am weitesten vorgedrungenen 41 CBW warfen auf dem Rückflug 116 Tonnen Bomben auf Gelegenheitsziele im Raume Bergen / Alkmaar [640]. Unterdessen nutzten die amerikanischen Begleitjäger die Gelegenheit zu freier Jagd über dem nordwestlichen Reichsgebiet, wobei es zu einigen Zusammenstössen mit deutschen Jägern kam.

Zu den deutschen Gruppen, die an diesem Tage Feindberührung mit den amerikanischen Jägern hatten, gehörten auch Teile der JG 1 und 11. Nachdem bereits um 07.40 Uhr die Versammlung der amerikanischen Viermotverbände vor der britischen Küste im Raume Norwich erfasst worden war, wurden die deutschen Einheiten in 15'-Bereitschaft versetzt; zugleich wurde für das JG 1 die Versammlung mit weiteren Gruppen aus dem Raum Dachs - dem Gebiet um Frankfurt und Wiesbaden - über der Edertalsperre befohlen [641].

Über den Einsatz der I./JG 1 an diesem Tage ist nichts bekannt. Die II./JG 1 startete um 09.22 Uhr in Störmede mit 30 Focke Wulfs auf Alarm, bekam jedoch in der Folge keine Feindberührung; lediglich ein Schwarm sichtete für kurze Zeit 20 bis 30 Thunderbolts, die im Kondens flogen. Gegen 11.00 Uhr fielen 23 Maschinen wieder auf dem eigenen Platz ein, sechs weitere machten glatte Aussenlandungen in Göttingen, Lippspringe und Giessen. Die letzte Focke Wulf wurde von Uffz. Willy Siewers von der 6./JG 1 geflogen, der wegen " roter Lampe " in Göttingen landen wollte, beim Einschweben aber durch zwei überraschend aus einem Wolkenloch stürzende P-51 angegriffen wurde. Geistesgegenwärtig konnte Siewers im letzten Augenblick gegenkurven und eine der beiden P-51 abschiessen (11.00, 1.), doch erhielt er gleich darauf schwere Treffer von der anderen Mustang, die ihn zum Fallschirmabsprung zwangen. Dabei wurde er von dem Flugzeugführer der zweiten P-51 erfolglos beschossen, bevor er auf dem Giebel eines Hauses in Göttingen aufkam und sich dabei schwer verletzte [642].

Auch die III./JG 1 geriet nach Alarmstart um 09.32 Uhr in Paderborn über dem Münsterland an eine Gruppe amerikanischer Jäger [643]; bei einem Abschuss

Hptm. Burkhardt   7./JG 1   P-47   (64.)

büsste die Gruppe selbst einen Gefallenen ein, als Uffz. Otto Wurst von der 7. Staffel bei Greven von Thunderbolts tödlich abgeschossen wurde.

---

[638] der genaue Zeitpunkt der Übernahme der 7./JG 11 durch Olt. von Fassong ist nicht bekannt; möglicherweise erfolgte er bereits im April - vgl. im übrigen die " Kriegsbeurteilung " der IV./JG 51 vom 21.4.1944 anlässlich der Versetzung von Fassongs in die Reichsverteidigung

[639] Aufzeichnungen der Familie Brandes, über Wilfried Brandes (Bruder)

[640] Freeman, aaO., S. 236

[641] KTB II./JG 1

[642] KTB II./JG 1; Luftkampfbericht Uffz. Siewers; namentl. Verlustmeldg. WASt. - danach fand der Luftkampf mit P-47 statt !

[643] Flugbücher Uffz. Werner Moser, 8./JG 1, und Hptm. Burkhardt, 7./JG 1

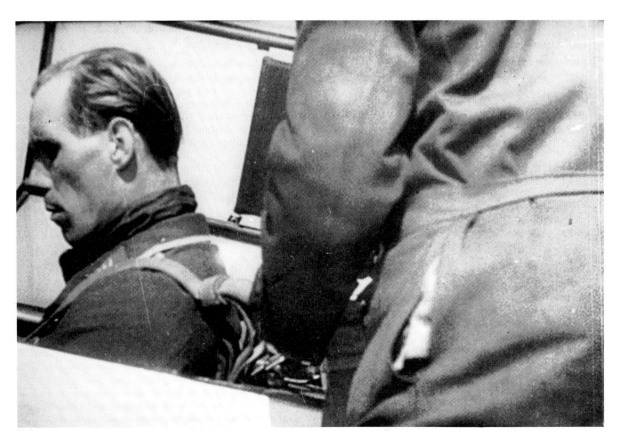

Abb. 748 - 749: Oben - Ofw. Friedrich Zander, Flugzeugführer in der 7./JG 1, bei den Vorbereitungen für einen Einsatz in der Kabine seiner im Hellgrau-über-alles gespritzten Bf 109 G- /AS. Unten - Zwei weitere Bf 109 G-6/AS der III./JG 1 im hellgrauen Anstrich; die Maschine links hat ein breites rotes Rumpfband mit einem schwarzen Gruppenbalken darauf. Im Hintergrund steht eine Bf 109 G- /AS, die allerdings nicht hellgrau, sondern im gewohnten Drei-Ton-Grauanstrich getarnt ist.

(Deutsche Wochenschau Nr. 721 vom 28.6.1944 / Lächler)

Beim JG 11 waren die I. und III./JG 11 in Luftkämpfe mit amerikanischen Jägern verwickelt und kamen dabei zu insgesamt drei Abschüssen; die I./JG 11 war um 09.53 Uhr im Alarmstart von Rotenburg aufgestiegen [644] und geriet eine Dreiviertelstunde danach südlich Verden an einige Thunderbolts. In einer erbitterten Kurbelei, die bis in Bodennähe ging, konnten zwei P-47 heruntergeholt werden -

FhjFw.Güthenke	3./JG 11	P-47	(6.)	10.40
FhjFw.Schuecking	1./JG 11	P-47	(9.)	10.40

doch verlor die Gruppe selbst einen Gefallenen: Uffz. Horst Walbeck von der 3. Staffel wurde bei Hoya abgeschossen und stürzte mit seiner " gelben 15 " ab. Auch die III./JG 11 war in diesem Gebiet im Einsatz und kam dabei zu einem Abschuss -

Maj.Hackl	III./JG 11	P-47	(143.)	10.27

blieb dabei aber ebenfalls nicht ungeschoren; zwei Focke Wulfs gingen verloren und es ist anzunehmen, dass es dabei einen Gefallenen gab: Fw. Heinz Born von der 9./JG 11, einer der ältesten und erfahrensten Flugzeugführer der III. Gruppe, kehrte von diesem Einsatz nicht zurück [645].

Bei den nachmittäglichen Übungseinsätzen der II./JG 1 kam es noch zu einem Unfall mit tödlichem Ausgang, als Uffz. Claus Büchner von der 5. Staffel wegen Motorschadens mit seiner Maschine bei Störmede abstürzte und durch Aufschlagbrand ums Leben kam.

Während es an den beiden folgenden Tagen über dem Nordwesten des Reiches ruhig blieb, richtete die Royal Air Force schwächere Angriffe gegen Ziele in Dänemark; so flogen am **6. Mai 1944** vier Mustang III der 19 und 122 Sqn. Tiefangriffe auf Flugplätze entlang der nordfriesischen Inseln, wobei sie von drei Focke Wulfs der 10./JG 11 aus Aalborg überrascht wurden, die dabei zu einem Abschuss kamen [646]-

Uffz.Lückenbach	10./JG 11	P-51	(1.)	19.12

Am **7. Mai 1944** flogen Verbände der 8. USAAF mit 600 B-17 der 1 und 3 BD ungeachtet des anhaltend schlechten Wetters einen schweren Tagesangriff auf Berlin, wo um 10.35 Uhr die Alarmsirenen heulten [647], während 322 Liberators der 2 BD Ziele in Münster und Osnabrück bombardierten; begleitet wurden die Bomberverbände von 883 Jägern, doch verhinderte die geschlossene Wolkendecke einen wirkungsvollen Abwehreinsatz der in der Reichsverteidigung liegenden Verbände [648]. Dementsprechend fielen die meisten der 17 an diesem Tage von amerikanischer Seite gemeldeten Verluste der Flak zum Opfer.

Wenngleich sie keine Feindberührung mit den einfliegenden Viermotverbänden hatte, musste die II./JG 1 an diesem Tage einen Gefallenen und eine FockeWulf sowie zwei unterschiedlich schwer beschädigte Maschinen auf die Verlustliste setzen; wie es dazu kam, schildert das Gruppen-KTB folgendermassen:

---

[644] Flugbuch Hans-Georg Güthenke

[645] eine namentliche Verlustmeldung WASt. liegt hierfür nicht vor; die Angabe hier beruht auf der Angabe eines ehemaligen Flugzeugführers der III./JG 11, wonach Heinz Born an diesem Tage gefallen sei. In den summarischen Verlustmeldungen RL 2 / III / 852 werden lediglich zwei bei Feindflügen ohne Feindeinwirkung verlorene Maschinen genannt

[646] Shores, 2nd Tac.A.F., S. 197, gestützt auf britische Einsatzunterlagen

[647] Girbig, Im Anflug ..., S.177

[648] weswegen in den amerikanischen Berichten vermerkt wird, dass lediglich neun deutsche Maschinen gesichtet wurden, von denen eine durch Bomberschützen der 2 BD abgeschossen worden sein soll - Freeman, aaO., S. 238; ders. Mighty Eighth, S. 140

Um 06.55 Uhr verlegt der fliegende Verband mit 29 Fw 190 nach Erbenheim. Bei dem schlechten Wetter und der schlechten Sicht fliegt Uffz. Preuss bei Halver / Lüdenscheid gegen einen Hügel. Er war sofort tot. Sämtliche Maschinen landeten bis 08.35 Uhr in Erbenheim bis auf Uffz. Weber, der wegen Motorschadens glatt in Bonn-Hangelar landete. Die Gruppe landet um 18.45 Uhr wieder auf dem eigenen Platz, eine Fw 190 Bauchlandung. Lt. Proff macht anlässlich eines Werkstattfluges um 17.09 Uhr eine Bauchlandung mit 30% Bruch, unverletzt.

18.50 Uhr Alarmstart von fünf Fw 190 nach Dortmund, 8.000 m. Keine Feindberührung.

Die III./JG 1 verzeichnete am Abend um 18.45 Uhr noch einen Alarmstart von einigen Messerschmitts in Paderborn, die danach über dem westfälischen Raum Luftkampf mit einer Gruppe Thunderbolts hatten [649]; ein Abschuss durch Hptm. Burkhardt (65.) war das Ergebnis, während die Gruppe selbst keine Verluste erlitt.

Bei den übrigen Gruppen der JG 1 und 11 verlief der Tag dagegen weitgehend ereignislos [650]; lediglich die I./JG 1 und die 10./JG 11 meldeten die Beschädigung je einer Focke Wulf, ohne dass dabei jedoch jemand zu Schaden gekommen wäre.

Schon am nächsten Tage, dem **8. Mai 1944**, erlebte Berlin den nächsten Tagesgrossangriff durch Verbände der 8. USAAF; an diesem Tage flogen 807 Viermotorige aller drei Bomb Divisions unter dem Schutz von 855 Begleitjägern Angriffe auf Ziele in Berlin und Braunschweig [651].

Anders als am Vortage trafen die Einflüge am 8. Mai auf heftigen Widerstand der deutschen Jagdverbände; Teile von sieben Tagjagdgeschwadern mit zusammen 17 Gruppen konnten zur Abwehr aufgeboten werden.

Das JG 1 war am 8. Mai 1944 mit dem Stabsschwarm und allen drei Gruppen als Gefechtsverband im Einsatz; nachdem die Versammlung der amerikanischen Verbände vor der britischen Küste seit 06.40 Uhr erfasst worden war, wurde um 08.23 Uhr Sitzbereitschaft befohlen. Bereits eine Viertelstunde später erfolgte bei allen drei Gruppen der Alarmstart mit dem Befehl, sich anschliessend über Paderborn unterhalb der Wolkendecke zu versammeln und in Richtung Münster anzutreten und bis dort auf 8.000 m zu steigen [652]. Um 09.27 Uhr kam es zur Feindberührung mit starken Viermotpulks - gemeldet wurden 250 B-17 und B-24 -, die, geschützt durch zahlreiche Begleitjäger, auf Ostsüdost-Kurs einflogen; dabei handelte es sich um die Gruppen der 2 BD auf ihrem Wege nach Braunschweig, denen sich die B-17 des 45 CBW angeschlossen hatten, nachdem diese den Anschluss zum Hauptverband auf dessen Anflug nach Berlin verloren hatten [653]. Der Gefechtsverband konnte ausreichend weit vorziehen und kam nordwestlich Hannover - Quadrat FS/FT - zu einem geschlossenen Frontalangriff, bevor sich die P-47 und P-51 des Begleitschutzes einmischen konnten; nach amerikanischer Darstellung erfolgte dieser Frontalangriff im Raume Nienburg, wobei es zum Zusammenstoss zwischen einer Focke Wulf und einer B-17 kam. Danach löste sich das Treffen in eine Vielzahl von erbittert geführten Einzelkämpfen auf, die sich bis weit in östlicher Richtung hinzogen. 15 Ab- und Herausschüsse wurden danach gemeldet, die sich folgendermassen verteilten:

---

[649] Flugbuch Lutz-Wilhelm Burkhardt, Einsatzzeit 18.45 - 20.45 Uhr

[650] Teile der III./JG 1 hatten allerdings am Abend einen Einsatz nach Alarmstart um 18.45 Uhr, der o.b.V. verlief - Flugbuch Uffz. Hans-Georg Greber, 9./JG 1

[651] Freeman, aaO, S. 239; 729 der Begleitjäger wurden vom VIII. FC gestellt, weitere 126 kamen vom IX. FC

[652] KTB II./JG 1; Gefechtsbericht Georg-Peter Eder; Startzeit der II./JG 1: 08.36 Uhr - Flugbuch Heinz Bär sowie das Gruppen-KTB; Startzeit der III./JG 1: 08.40 Uhr - Flugbuch Fritz Haspel

[653] vgl. die Darstellung bei Freeman, Mighty Eighth, S. 140

Auf deutscher Seite eingesetzte Verbände am 8.5.1944

Einheit	Abschussmeldungen	+	FF verw.	Flugzeuge 60-100%	unter 60%	Boden
Stab/JG 1	2 B-17, 1 P-47	-	-	-	-	-
I./JG 1	1 B-17, 3 B-24, 2 B-24 HSS, 1 P-51	4	2	6	2	-
II./JG 1	1 B-17, 1 B-17 e.V., 1 B-17 n.b. 4 B-24, 1 P-51	-	2	1	3	-
III./JG 1	1 B-17	3	1	6	1	-
I./JG 2	1 P-38	-	-	-	-	1 b
II./JG 2	-	-	-	1	1	-
Stab/JG 3	1 B-24, 1 P-51	-	-	1	-	-
I./JG 3	2 B-17	1	1	1	1	-
II./JG 3	3 B-17, 2 B-24, 1 B-24 HSS	2	-	4	1	-
IV./JG 3	4 B-17, 1 B-17 HSS, 11 B-24, 6 B-24 HSS	1	1	3	2	-
Stab/JG 11	-	-	-	1	-	-
I./JG 11	6 B-17, 1 B-17 HSS, 1 P-51	3	-	4	1	-
II./JG 11	2 B-17, 1 P-47, 3 P-38, 3 P-51	2	2	6	1	-
III./JG 11	4 B-17, 1 P-47	1	-	2	1	-
10./JG 11	-	-	-	1	-	-
II./JG 26	2 P-47	-	1	1	-	-
III./JG 26	-	1	-	1	-	1 b
II./JG 27	-	2	-	4	-	-
II./JG 53	1 B-24, 1 B-24 HSS	2	1	5	-	-
I./JG 302	1 B-17	-	-	-	-	-
II./JG 302	1 B-17 HSS	2	-	2	-	-
		24	11	50	14	2 b

Olt. Eder	6./JG 1	B-24	(43.)	09.38
Fw. Kahl	4./JG 1	B-24	(9.)	09.38
Ofw. Schuhmacher	II./JG 1	B-24	(14.)	09.39
Uffz. Gold	6./JG 1	B-17	(1.)	09.39
Uffz. Landgrebe	6./JG 1	B-17	n.b.	09.39
Ofhr. Knoll	3./JG 1	B-24 HSS	(1.)	09.40
Ofw. Treptau	2./JG 1	B-24	(2.)	09.45
Ofw. Hübl	2./JG 1	B-17	(19.)	09.45
Oberst Oesau	Stab/JG 1	P-47	(118.)	09.45
Fw. Just	2./JG 1	B-24	(6.)	09.45
Uffz. Geberth	1./JG 1	B-24	(1.)	09.45
Uffz. Geberth	1./JG 1	B-24 HSS	(2.)	09.45
Olt. Kirchmayr	5./JG 1	B-24	(16.)	09.50
Lt. Piffer	1./JG 1	P-51	(27.)	09.56
Obstlt. Ihlefeld	Stab/JG 1	B-17	(111.)	09.56 [654]

---

[654] es ist davon auszugehen, dass Obstlt. Herbert Ihlefeld zu dieser Zeit zur Einweisung beim Stab/JG 1 flog, um alsbald das Geschwader als Nachfolger von Walter Oesau zu übernehmen

Abb. 749 a - 749 b: Die Flugzeugführer der 4./JG 11 halten sich mit Liegestützen fit - Hustedt, Anfang Mai 1944; oben erkennt man von rechts nach links Fw. Klotz, Uffz. Marx, Fw. Richter, - ? -, Fw. Bubel, Fw. Kastenhuber, Lt. Denninger, Hptm. Sommer, Uffz. Tempel und - ? -. Im Hintergrund sind die in ihren Boxen am Waldrand abgestellten Bf 109 G-6/AS zu sehen.

(Richter)

Abb. 749c - 749d: Oben noch einmal die Flugzeugführer der 4./JG 11 bei der Körperertüchtigung. Unten - Die Flugzeugführer der 4./JG 11 im Mai 1944 in Hustedt - von links Fw. Klotz, Fw. Richter, Ofw. Peschel, - ? -, Lt. Denninger, Uffz. Marx, Fw. Pilz, - ? -, Ofw. Sattler und Uffz. Dollna.

(Richter)

Diesen Abschüssen standen wiederum empfindliche eigene Verluste gegenüber; allein die I./JG 1 meldete vier Gefallene und zwei Verwundete sowie den Totalverlust von sechs Focke Wulfs. Die 1. Staffel verlor Uffz. Hans-Jörg Karl, der im Luftkampf bei Nordburg in der Nähe von Hannover tödlich abgeschossen wurde, und Uffz. Kurt Geberth, der nach seinen beiden Abschüssen selbst bei Altena am Harz abgeschossen wurde und dabei ums Leben kam. Noch härter traf es die 2. Staffel, die je zwei Gefallene und Verwundete einbüsste: Die Unteroffiziere Ernst Kay und Karl-Dietrich Ewald fielen im Luftkampf mit Viermots bei Celle, wo auch Uffz. Wilhelm Peine im Luftkampf verwundet wurde, während Ofw. Rudolf Hübl nach dem Abschuss einer Boeing B-17 selbst verwundet wurde und seine " schwarze 3 " bei Gielde in der Nähe von Goslar auf den Bauch werfen musste [655]. Die II./JG 1 schnitt im Vergleich dazu deutlich besser ab, denn sie hatte lediglich je einen Schwer- und Leichtverletzten sowie den Verlust von zwei Focke Wulfs zu verzeichnen: Fw. Arnold Jansen von der 5. Staffel wurde im Luftkampf bei Bonnemühlen abgeschossen und musste zum Fallschirm greifen, wobei er leicht verletzt wurde. Uffz. Erich Landgrebe von der 6./JG 1 musste seine " weisse 3 " mit Beschussschäden bei Schwarmstedt auf den Bauch werfen, wobei er sich schwere Verletzungen zuzog, während die Maschine zu Bruch ging. Auch der Staffelkapitän der 6./JG 1 Olt. Georg-Peter Eder beendete diesen Einsatz mit einer Bauchlandung - um 10.24 Uhr in Vechta -, doch ging es dabei wesentlich glimpflicher ab, denn " Schorsch " Eder blieb unverletzt und seine " gelbe 4 " konnte schnell instandgesetzt werden, so dass er bereits vier Tage später mit ihr erneut zum Einsatz starten konnte. Eine weitere Bauchlandung erfolgte durch den Gefr. Friedel Pallas, doch blieb es auch in diesen Falle bei reinem Sachschaden. Ganz hart traf es dagegen abermals die III./JG 1, die bei Eröffnung des Luftkampfes einen starken Thunderbolt Verband auf sich gezogen hatte und danach ohne eigene Abschusserfolge drei Gefallene und fünf Messerschmitts verlor. Bei der 7. Staffel traf es Uffz. Wilhelm Odenthal, den die P-47 bei Soltau tödlich abschossen. Fw. Felix Karenitz von der 8./JG 1 wurde bei Dedelstorf ein Opfer der P-47; zwar konnte er noch aussteigen, doch schlug er dabei an das Leitwerk seiner G-6/AS und dürfte dadurch das Bewusstsein verloren haben, denn er stürzte zur Erde, ohne die Reissleine seines Fallschirms gezogen zu haben. Die 9. Staffel schliesslich meldete den Verlust des Gefr. Alfred Kampf-Mücher, der gleich zu Beginn des Luftkampfes vom eigenen Verband abgeplatzt war und später bei Hoyahagen tot aufgefunden wurden - vermutlich war auch er von P-47 abgeschossen worden, für die er allein eine leichte Beute wurde [656].

Nachdem die Focke Wulfs und Messerschmitts des JG 1 sich wegen Sprit- und Munitionsmangels von den Viermot-Pulks lösen mussten und wenig später weit verstreut auf mehreren Plätzen einfielen [657], ergab sich wieder das gewohnte Bild: Allerorten wurden die Maschinen für den erneuten Einsatz gegen die Rückflüge der Viermotorigen bereitgemacht und wurden Rotten, Ketten und Schwärme zusammengestellt, wie es sich gerade ergab. Gegen kurz nach 12.00 Uhr erfolgten die Starts zum zweiten Einsatz; in Störmede brachte die II./JG 1 noch einen Schwarm zusammen, der sich mit einigen Maschinen der I. Gruppe versammelte und dann in Richtung Münster antrat. Während das KTB für diesen Einsatz lediglich Feindsichtung von 1.000 Boeings (!) und eine ergebnislose Feindberührung mit deren starkem Jagdschutz verzeichnet, waren andere Teile des Geschwaders erfolgreicher, so dass nach der Rückkehr vom zweiten Einsatz noch einmal vier Abschüsse gemeldet wurden -

Obstlt.Ihlefeld	Stab/JG 1	B-17	(112.)	12.00
Olt.Buchholz	9./JG 1	B-17	(3.)	12.05
Flg.Blech	5./JG 1	P-51	(5.)	12.10
Olt.Kirchmayr	5./JG 1	B-17	e.V.	12.20

---

[655] es fällt auf, dass die Verlustorte von Uffz. Geberth und Ofw. Hübl weit ab vom Ort des Luftkampfes lagen; es ist daher nicht auszuschliessen, dass diese Verluste erst bei einem zweiten Einsatz von Teilen der I./JG 1 an diesem Tage eintraten, der gegen 12.00 Uhr erfolgte, aber in den Raum Münster führte - siehe sogleich unten

[656] Alfred Kampf-Mücher war zu dieser Zeit gerade 19 Jahre alt - * 24.9.1924 - und gehörte zu der Gruppe von sieben jungen Nachwuchsfliegern, die am 24. April beim JG 1 eingetroffen waren; der Einsatz am 8. Mai 1944 dürfte sein erster Feindflug gewesen sein, der gleich tödlich endete

[657] allein die II./JG 1 verzeichnete folgende Aussenlandungen: Braunschweig (1), Gütersloh (1), Celle (3), Halberstadt (2), Vechta (2), Wunstorf (2), Völkenrode (1), Fassberg (1), Wittmundhafen (1), Langenhagen (1), Wenzendorf (1) und Reinsehlen (1) - KTB II./JG 1

Während die I. und II./JG 1 von weiteren Verlusten verschont blieben [658], musste die III. Gruppe erneut einen Flugzeugführer auf die Verlustliste setzen: Uffz. Benvenuto Gartmann von der 7. Staffel wurde im Luftkampf mit abfliegenden B-17 im Raume Hengelo abgeschossen und musste verwundet mit dem Schirm aussteigen.

Das KTB der II./JG 1 verzeichnet am frühen Abend noch einen Einsatz nach Alarmstart von 18 Focke Wulfs um 19.17 Uhr; abgesehen von einer folgenlos verlaufenen Bauchlandung durch Uffz. Canaris in Paderborn und dem vorzeitigen Umkehren von zwei weiteren Fw 190, verlief der Einsatz o.b.V., so dass die übrigen Maschinen um 20.20 Uhr wieder in Störmede einfielen.

Das JG 11 war ebenfalls mit dem Stab und allen drei Gruppen [659] im Abwehreinsatz und wie das JG 1 wurde auch das JG 11 im geschlossenen Gefechtsverband auf die einfliegenden Viermotverbände angesetzt; dabei traf das Geschwader kurze Zeit nach dem JG 1 auf die nach Berlin fliegenden Pulks der 1 und 3 BD, mit denen es ab 09.45 Uhr über dem Raum Verden - Quadrat ET - zu einem ausgedehnten Luftkampf mit den Viermotorigen und deren Begleitjägern kam, in dessen Verlauf der Verband vollkommen zersprengt wurde und sich das Treffen auch hier in zahlreiche Einzelkämpfe auflöste, die zum Teil bis in Bodennähe führten. So wurde zum Beispiel eine Rotte der 3./JG 11 mit Olt. Koenig und FhjFw. Güthenke von einer Meute P-51 gehetzt, bevor es den beiden Focke Wulfs gelang, sich im Tiefstflug abzusetzen [660]. Auf der Habenseite verbuchte das JG 11 nach diesem Einsatz 13 Ab- und Herausschüsse -

Uffz. Jäger	1./JG 11	B-17	(2.)	09.45
Hptm. von Fassong	7./JG 11	B-17	(63.)	09.46
Ofw. Jochim	1./JG 11	B-17	(3.)	09.50
Lt. Schrangl	I./JG 11	B-17 HSS	(8.)	09.50
Ofw. Stöwer	3./JG 11	B-17	(15.)	09.52
Ofw. Zick	7./JG 11	B-17	(23.)	09.53
Uffz. Schmidt	8./JG 11	P-47	(1.)	10.00
Ofw. Dahlhöfer	2./JG 11	B-17	(2.)	10.04
Lt. Schrangl	I./JG 11	B-17	(9.)	10.10
Fw. Bubel	4./JG 11	P-51	(1.)	10.10
Fw. Richter	4./JG 11	P-51	(13.)	
Lt. Füreder	5./JG 11	B-17	(18.)	*
Uffz. Drühe	5./JG 11	B-17	(3.)	

Auf der Verlustseite standen sechs Gefallene und zwei Verwundete sowie 13 abgeschossene bzw. abgestürzte Maschinen; die I./JG 11 büsste drei Gefallene ein - Lt. Karl Becker von der 1. Staffel wurde bei Hoya tödlich abgeschossen, während Ofw. Paul Dahlhöfer und Uffz. Hermann Schumacher - beide von der 2./JG 11 - im Luftkampf im Raume Soltau / Fassberg fielen. Je zwei Gefallene und Verwundete zählte man bei der II. Gruppe: Die 4. Staffel verlor mit Uffz. Erwin Kraft, der erst wenige Wochen zuvor vom JG 54 zur II./JG 11 gestossen war, einen ihrer Schwarmführer. Bei der 5. Staffel wurde der gesamte Schwarm von Fw. Wilhelm Fest abgeschossen; " Jonny " Fest war nach dem Luftkampf auf dem Weg zum eigenen " Gartenzaun ", wobei er unter die geschlossene Wolkendecke abtauchte. Dort aber geriet der Schwarm in der Nähe von Hustedt direkt vor einen amerikanischen Jägerverband, dessen P-47 keine Mühe hatten, alle vier Messerschmitts herunterzuholen [661]; zwar konnte Wilhelm Fest noch

---

[658] siehe aber oben Fn. 655 zum Verlust von Ofw. Hübl und Uffz. Geberth

[659] Einsatzzeit der II./JG 11 von 08.58 - 10.28 Uhr - Flugbücher Paul Berndt und Ernst Richter

[660] Eintrag im Flugbuch von Hans-Georg Güthenke, ohne Uhrzeit und irrtümlich unter dem 7.5.

[661] Brief Heinz Lehmann, seinerzeit als Unteroffizier Flugzeugführer in der 5./JG 11, vom 9.4.1993

Abb. 750: Fw. Wilhelm - " Jonny " - Fest, aufgenommen wenige Tage vor seinem Tode am 8. Mai 1944, als er in der Nähe von Uelzen von einer P-47 abgeschossen wurde und sich sein Fallschirm wegen zu geringer Höhe beim Absprung nicht mehr öffnete.

(Drühe)

aussteigen, doch öffnete sich sein Fallschirm wegen der zu geringen Höhe nicht mehr, so dass er bei Uelzen zu Tode stürzte. Mit ihm verlor die 5. Staffel einen ihrer ältesten und erfahrensten Flugzeugführer; Fest hatte der Staffel seit 1942 angehört und es seither auf zehn Abschüsse gebracht, sechs davon Viermots. Ofhr. Heinz Hackstein traf es in der Nähe des eigenen Platzes, doch kam er trotz Verwundung mit dem Fallschirm glücklich zu Boden. Die beiden übrigen Flugzeugführer hatten Glück und überlebten den Abschuss ihrer Maschinen unverletzt. Die 6. Staffel schliesslich meldete einen Verletzten: Uffz. Friedrich-Wilhelm Körber wurde bei Celle von " freundlicher " Flak abgeschossen und musste seine Maschine in der Nähe der Aller auf den Bauch werfen, wobei er kurz vor dem Aufsetzen einen Hochspannungsmast "mitnahm" und dadurch dafür sorgte, dass in einem nahegelegenen Dorf die Lichter ausgingen. Bei der Bruchlandung seiner " gelben 2 " zog er sich eine schwere Rückenverletzung zu und fiel danach monatelang aus [662]. Die III./JG 11 schliesslich hatte den Verlust eines Flugzeugführers zu beklagen: Uffz. Fritz Huxol von der 7. Staffel wurde im Luftkampf abgeschossen und kam beim Aufschlag seiner Focke Wulf in der Nähe von Stellichte bei Visselhövede zu Tode. Daneben meldete die Gruppe den Verlust von noch einer Focke Wulf und die erhebliche Beschädigung einer weiteren, doch sind keine näheren Einzelheiten bekannt [663].

---

[662] Brief Paul Berndt, 7.8.1973

[663] Eine Verlustmeldung für Uffz. Huxol ist in den Meldungen WASt. nicht enthalten; in den summarischen Flugzeugverlustmeldungen RL 2 / III / 852 wird unter den Verlusten dieses Tages eine vermisste Maschine genannt; Vermisstenmeldungen in dieser Quelle bedeuten indes nicht zwingend, dass auch ein Personalverlust damit einherging, da der fragliche Flugzeugführer später zurückgekehrt sein kann, während die Verlustmeldung nicht nachgetragen bzw. berichtigt wurde, zumal dann, wenn der Schadensgrad mit 100% ohnehin zutreffend angegeben war. Hier allerdings dürften der Verlust von Fritz Huxol und die Vermisstenmeldung in den summarischen Meldungen einander entsprechen

Abb. 751 - 752: Die Trümmer der Focke Wulf von Uffz. Fritz Huxol von der 7./JG 11, der am 8. Mai 1944 bei Stellichte in der Nähe von Visselhövede im Luftkampf mit amerikanischen Jägern tödlich abgeschossen wurde; unten hat ein Bergekommando aus Lw.-Soldaten, einigen zivilen Helfern und dem Dorf-Polizisten den Leichnam zum Abtransport in einen Sarg gelegt. Uffz. Huxol hatte die Angewohnheit, sein Elternhaus in Armsen häufig bei kleinen " Abstechern " bei der Rückkehr nach Reinsehlen zu überfliegen; als er am 8. Mai ausblieb und in Armsen der Absturz einer Focke Wulf bei Stellichte bekannt wurde, wusste seine Mutter sofort, dass es sich nur um ihren Sohn handeln konnte. Fritz Huxol starb nur 14 km von seinem Heimatort entfernt und wurde dort am 13. Mai 1944 beerdigt.

(Soltau)

Teile der I. und III./JG 11 waren bereits kurz vor 11.00 Uhr erneut im Einsatz, wobei sich dieser möglicherweise gezielt gegen die nach dem ersten Luftkampf angeschlagen nach England hinkenden Viermots richtete [664]; zwei Abschüsse wurden dabei erzielt -

Maj.Hackl	III./JG 11	B-17	(144.)	10.55
Uffz.Jäger	1./JG 11	B-17	(3.)	11.04

Wie beim JG 1 gab es auch beim JG 11 ab 11.45 Uhr [665] den zweiten Abwehreinsatz gegen die Rückflüge der Viermotorigen; in mehreren zwischen 12.00 und 12.30 Uhr ausgetragenen Luftkämpfen konnten noch einmal sieben Abschüsse erkämpft werden -

Maj.Hackl	III./JG 11	B-17	(145.)	12.00
Hptm.Sommer	4./JG 11	P-47	(20.)	12.20
Fw. Richter	4./JG 11	P-51	(14.)	
Olt.Engau	2./JG 11	P-51	(2.)	12.22
Fw.Scherers	6./JG 11	P-38	(1.)	12.36
Uffz. Müller	6./JG 11	P-38	(1.)	12.36
Lt.Lüchau	6./JG 11	P-38	(18.)	*

Die I./JG 11 hatte dabei grosses Glück, denn sie wurde beim Sammeln von Mustangs regelrecht überfahren, konnte sich aber erfolgreich zur Wehr setzen und ohne Verluste eine P-51 abschiessen [666]. Weitere Verluste traten - soweit ersichtlich - bei diesen Auseinandersetzungen auch bei den beiden anderen Gruppen nicht ein.

Als Ergebnis der Luftschlachten des 8. Mai 1944 wurden von deutscher Seite insgesamt 86 Abschüsse, darunter 68 Viermotorige, gemeldet; die eigenen Verluste beliefen sich auf 23 Gefallene und Vermisste und elf Verwundete sowie 50 als Totalverluste abzuschreibende Flugzeuge, 47 davon infolge Feindeinwirkung [667]. Auf der anderen Seite des Kanals zählten die Amerikaner 44 Viermotorige und 16 Jäger auf der Verlustseite, während ihre Verbände Anspruch auf 155 Abschüsse erhoben [668].

Am **9. Mai 1944** waren Eisenbahnanlagen und Flugplätze im belgischen und ostfranzösischen Raum die Ziele von 823 Viermotorigen, die unter Begleitschutz durch 668 Jäger in mehreren getrennten Verbände einflogen; nach dem zuletzt anhaltend schlechten Wetter herrschte an diesem Tage ein strahlend blauer Himmel, der es den Amerikanern ohne Schwierigkeiten ermöglichte, ihre Ziele zu finden und dort mit 1.678 Tonnen abgeworfener Bomben zum Teil schwere Verwüstungen anzurichten. Die Angriffe dieses Tages markierten den Beginn des Einsatzes der 8. USAAF im unmittelbaren Rahmen der Vorbereitungen für die Invasion, als deren wichtiger Bestandteil die Ausschaltung des Verkehrsnetzes sowie der von der Jagdwaffe benutzten Flugplätze in einem Umkreis von 350 Meilen um die vorgesehenen Landestrände in der Normandie galt [669].

---

[664] dafür spricht der Abschussort von Uffz. Jäger, dessen Boeing 7 km östlich Steenwijk fiel

[665] lt. Flugbuch Fw. Ernst Richter - 4./JG 11 - um 11.40 Uhr

[666] Zusätzlicher Eintrag im Flugbuch Hans-Georg Güthenke; im übrigen vgl. oben Fn. ...

[667] vgl. Ausftellung oben S. 915; Erfolgsangaben lt. OKW-Bericht vom 9.5.1944

[668] Freeman, aaO., S.239; unter den Verlusten befanden sich acht Viermots und zwei Jäger als "Cat.E", während die Verteilung der Abschüsse 76-16-16 für die Bomber und 59-4-20 für die Jäger lautete

[669] Freeman, aaO., S. 240; ders., Mighty Eighth, S. 141; aufgrund einer Direktive Gen. Eisenhowers vom 23. April 1944 hatte ab einem Zeitraum beginnend 30 Tage vor der geplanten Landung am 6. Juni das Hauptaugenmerk der US Luftstreitkräfte auf folgenden Zielen zu liegen: 1. - der deutschen Luftwaffe, 2. - strategischen Eisenbahnknotenpunkten, 3.- ausgewählten Küstenbatterien und schliesslich 4. - den wichtigsten deutschen Flugplätzen innerhalb eines bestimmten Radius um Caen. Die zahlenmässige Stärke gerade der 8. USAAF erlaubte es den Amerikanern, auch im Mai 1944 fortgesetzt strategische Ziele im Reichsgebiet anzugreifen,

Abb. 753 - 754: **Zwei Aufnahmen von Maj. Günther Specht nach der Rückkehr von einem Abwehreinsatz über dem Reichsgebiet; noch auf dem Kabinenrand sitzend, muss er den wartenden Männern des Bodenpersonals einen ersten Bericht über die eben durchlebten Kämpfe geben, was er mit der charakteristischen " Hand-Sprache " der Jagdflieger erledigt. Bemerkenswerte Einzelheiten seiner Maschine - einer Bf 109 G-5/AS - sind der unter einer tropfenförmigen Verkleidung angebrachte Rückspiegel auf der Kabinenhaube, die Lüftungsöffnung unter dem Kabinenrand und die teilweise erkennbare Stabskennung. Vermutlich handelt es sich nicht um Spechts eigene Messerschmitt, denn die Maschine trägt weder das Geschwaderemblem noch den " geflügelten Bleistift ".**

(Füreder / Specht)

Trotz der guten Wetterbedingungen kamen die JG 1 und 11 bei der Abwehr der Einflüge an diesem Tage nicht zum Zuge; zwar wurden die Gruppen nach dem Erfassen der Versammlung der Viermotverbände vor der britischen Küste wie üblich in Bereitschaft versetzt und kam es zwischen 08.30 und 09.00 Uhr auch zum Alarmstart [670] und zur Versammlung des JG 1 zu einem Gefechtsverband, der in den Raum Frankfurt / Darmstadt geführt wurde, doch kam es danach nicht zur Feindberührung, so dass die Gruppen des JG 1 gegen 11.30 Uhr in Wiesbaden-Erbenheim - I. und II./JG 1 - bzw. Frankfurt-Eschborn - III./JG 1 - einfielen und von dort alsbald auf ihre eigenen Einsatzhäfen zurückkehrten. Die I. und III./JG 11 kehrten unterdessen direkt zu ihren Plätzen zurück, während die II. Gruppe zunächst zur I./JG 3 nach Burg bei Magdeburg verlegt hatte, um von dort nach Kitzingen beordert zu werden und am Ende unverrichteter Dinge wieder nach Hustedt zurückzukehren [671], nachdem klar wurde, dass es an diesem Tage nicht zu einem Einflug in den mitteldeutschen Raum kommen würde. Verluste traten bei diesem Einsatz nicht ein, dafür gab es aber bei den für den Nachmittag angesetzten Übungsflügen erneut zwei schwere Unfälle. Bei der II./JG 1 kam Uffz. Werner Stockert von der 5. Staffel beim Absturz seiner Focke Wulf in der Nähe von Störmede ums Leben, während die III. Gruppe einen Verlust melden musste, nachdem Uffz. Friedrich Remy von der 8./JG 1 gleich nach dem Start zu einem Übungs-

---

womit unter anderem die Absicht verfolgt wurde, neben der unablässigen Abnützung der Jagdwaffe diese von dem vorgesehenen Landegebiet fernzuhalten, sie gewissermassen im Reich "festzunageln", denn es bestand die Befürchtung, dass die deutsche Führung ihre Verbände bewusst zurückhalten würde, um sie im entscheidenden Augenblick gegen die Landungstruppen einsetzen zu können - vgl. Gundelach, DGW, S. 315 ff m.w.N.

[670] KTB II./JG 1; Flugbücher Heinz Bär, Fritz Haspel, Hans-Georg Greber und Werner Moser

[671] Flugbücher Hans Klaffenbach, Paul Berndt

Abb. 755 - 756: Oben - Vor dem Gruppengefechtsstand der II./JG 1 in Störmede hat Maj. Heinz Bär einige seiner Flugzeugführer versammelt - ganz links die beiden bewährten Oberfeldwebel Otto Bach und Leo Schuhmacher, vorne rechts steht Olt. Georg-Peter Eder, der die 6./JG 1 führte.

Links - Drei Flugzeugführer der 6./JG 1 im Mai 1944 in Störmede; von links sieht man Olt. Schüller, Fw. Wolfgang Brunner und Ofw. Leo Schuhmacher.

(Hartwig / Schuhmacher)

Schwarmeinsatz aus zehn Metern Höhe abstürzte und viel Glück hatte, sich trotz schwerer Verletzung aus dem sogleich in Flammen aufgegangenen Bruch seiner Messerschmitt retten zu können.

Nachdem ein für den 10. Mai 1944 vorgesehener Tageseinflug wegen einer deutlichen Wettereintrübung hatte abgeblasen werden müssen, herrschte am **11. Mai 1944** wieder strahlendes Frühlingswetter, was die 8. USAAF sogleich dazu ausnutzte, erneut Angriffe auf eine ganze Reihe von Eisenbahnzielen im nordostfranzösischen Raum zu unternehmen; insgesamt 973 Viermotorige und 1.007 Begleitjäger wurden dazu aufgeboten [672].

Das JG 1 war an diesem Tage mit dem Stab und allen drei Gruppen im Abwehreinsatz; dabei sollte der 11. Mai 1944 zu einem schwarzen Tag in der Geschichte des Geschwaders werden, brachte er doch nicht nur keinen einzigen Erfolg, sondern darüber hinaus einen unersetzlichen Verlust.

Nachdem sich der Tag zunächst ruhig angelassen hatte, wurde am frühen Nachmittag die Versammlung stärkerer Kampfverbände vor der britischen Küste erfasst; nachdem der Einflug von Viermotverbänden in den Raum südlich Paris mit Kurs Südost festgestellt wurde, wurde um 14.40 Uhr 15.'-Bereitschaft befohlen. Erst um 16.55 Uhr folgte der Befehl zur Sitzbereitschaft und nur wenige Minuten später erfolgte der Alarmstart von den Plätzen des JG 1. Soweit ersichtlich wurden die Gruppen danach nicht zu einem Gefechtsverband zusammengefasst, sondern einzeln an die einfliegenden Viermots herangeführt. Während der Einsatz der I. und II./JG 1 trotz Feindberührung mit dem als äusserst stark bezeichneten amerikanischen Jagdschutz im Raum Bonn ohne zählbare Ergebnisse blieb, wurde der III./JG 1 wiederum übel mitgespielt, als sie im Raume Giessen von überlegenen Thunderboltverbänden regelrecht überfahren wurde - Uffz. Werner Moser von der 8./JG 1, der die über dem Verband hängende " Holzaugenrotte " führte, konnte sich nur durch sofortiges Abtrudeln bis in Bodennähe, das ihn bis nach Herzogenaurach brachte, in Sicherheit bringen [673]. Der Luftkampf zog sich danach bis weit in südwestlicher Richtung hin - daran erinnert sich Hans-Georg Greber, seinerzeit als Unteroffizier Flugzeugführer in der 7. Staffel:

> *Wir hatten Feindberührung mit hunderten von Jägern der " anderen Feldpostnummer ".*
> *Ich wurde von vier Mustangs bis Saverne gejagt. Nachdem sie abgedreht hatten, tauchte*
> *auf einmal links von mir Lt. Franz Koplik auf und schloss sich mir an. Mit dem letzten*
> *Tropfen Sprit sind wir dann in Strassburg gelandet.* [674]

Die III. Gruppe verlor während dessen in diesem Luftkampf je einen Gefallenen und Schwerverwundeten sowie insgesamt fünf Messerschmitts, einmal mehr, ohne dabei selbst zu einem Abschuss zu kommen. Ofhr. Adolf Stibane von der 7. Staffel wurde bei Lachen-Speyerdorf verwundet, konnte seine angeschlagene Maschine jedoch auf dem Flugplatz von Lachen-Speyerdorf noch auf den Bauch legen. Die 9./JG 1 verlor Fw. Kurt Friedrichs, der bei St. Wendel im Luftkampf mit Thunderbolts und Mustangs tödlich abgeschossen wurde.

Der schwerste Verlust dieses Tages traf jedoch den Geschwaderstab. Oberst Walter Oesau, der in der Rotte mit seinem Kaczmarek Lt. Rudolf Schnappauf im Einsatz war, traf im Raume St. Vith auf einige Lightnings und es entspann sich eine verbissene Kurbelei, über die der nachfolgende Bericht von Prof. Robert Skawran [675] erhalten geblieben ist:

---

[672] Freeman, aaO., S. 244/242; ders., Mighty Eighth, S. 141

[673] Flugbuch Werner Moser

[674] Brief Hans-Georg Greber, 6.9.1993; Einsatzzeit lt. seinem Flugbuch von 17.05 - 19.45 Uhr

[675] wobei nicht sicher ist, ob Skawran an diesem Tage selbst beim JG 1 war oder er diesen Bericht nach Angaben von Augenzeugen nachträglich niedergeschrieben hat; vgl. dazu auch die - fast wortgleichen - Ausführungen in seinem Buch "Ikaros", S. 54 ff

Lt. Schnappauf meldete bei Beginn des Luftkampfes, dass er verwundet sei. Oesau befahl ihm, sich abzusetzen. Die Lightnings wechselten im Angriff ständig ab. Zwei Maschinen griffen an, die anderen warteten in der Überhöhung. War die erste Rotte ausgekurvt und abgehängt, kam aus überlegener Position mit hoher Fahrt die zweite Rotte von oben an. Oesau wehrte sich verbissen bis zum Boden hin und versuchte anscheinend noch eine Bauchlandung. Beim Ausschweben, kurz über den Baumwipfeln, muss ihn dann eine Garbe tödlich getroffen haben. Der Luftkampf hatte 20 Minuten gedauert. [676]

Man fand den Leichnam Oberst Oesaus einige Meter dem den Trümmern seiner Maschine; vermutlich war er beim Aufprall herausgeschleudert worden. Walter Oesau, dessen Körper schwere, von Beschuss herrührende Wunden aufwies, muss augenblicklich tot gewesen sein. Mit ihm hatte nicht nur das JG 1 seinen Kommodore, sondern die Jagdwaffe insgesamt einen ihrer fähigsten und erfolgreichsten Verbandsführer verloren; Walter Oesau, der bereits in Spanien die ersten 130 von am Ende über 430 Feindflügen gemacht und es insgesamt auf 127 Abschüsse gebracht hatte - davon neun in Spanien -, galt als ein harter, bisweilen rücksichtsloser, dabei aber umsichtiger Führer seines Geschwaders am Boden wie in der Luft, der die Verantwortung für die ihm untergebenen Männer sehr ernst nahm [677]. Nicht umsonst wird sein Andenken bis zum heutigen Tage von allen, die ihn damals erlebten, hochgehalten - Herbert Kaiser, der ihn nur wenige Wochen noch erleben konnte, fasste das wie folgt zusammen:

Er war ein harter aber gerechter Führer seines Geschwaders, der von seinen Untergebenen nicht mehr verlangte, als er selbst zu geben bereit war. Oberst Oesau dient mir als Mensch und Führer heute noch als Vorbild. [678]

Es heisst, dass die Abberufung Oberst Oesaus als Kommodore bereits angeordnet war und dass noch am Abend des 11. Mai 1944 der schriftliche Versetzungsbefehl zum Stab des Generals der Jagdflieger beim Geschwaderstab in Lippspringe eingegangen sei [679] - wenn dem tatsächlich so gewesen sein sollte, würde es dem Tod Walter Oesaus eine zusätzliche tragische Note verleihen.

Für Walter Oesau übernahm am darauf folgenden Tage Major Heinz Bär vorläufig die Führung des JG 1 [680]; offenbar war auch seine Abberufung vom Posten des Gruppenkommandeurs der II./JG 1 zu

---

[676] an anderer Stelle - z.B. im Jägerblatt Nr.11-XI, November 1963, S. 5 - schreibt Skawran Walter Oesau auch noch den Abschuss einer P-38 zu, doch ist darüber nichts an gesicherten Unterlagen bekannt. Auch dürfte Rudolf Schnappauf nicht verwundet worden sein, sondern lediglich durch Treffer in seiner Maschine zum Abbruch gezwungen worden sein, so dass Walter Oesau gezwungen war, diesen letzten Kampf allein auszufechten. Der Tod Walter Oesaus hat eine ganze Reihe von Verfassern beschäftigt und es liegt eine Vielzahl von rein spekulativen Darstellungen dieses letzten Luftkampfes vor; dabei ist von einer sogenannten "Jägerfalle" und anderen eher obskuren Erscheinungen und Erklärungen die Rede, wobei die fraglichen Darstellungen zumeist ihre Quellen schuldig bleiben. Die Verfasser halten es angesichts der Tagesmeldung der Luftflotte 3 für den 11.5.1944, nach der Oberst Oesau gegen 18.00 Uhr im Luftkampf allein gegen fünf P-38 südostwärts Lüttich abgeschossen, beim Versuch einer Notlandung aus der Maschine geschleudert und durch Schädelbruch getötet wurde, für müssig, sich vertiefend mit weiteren Einzelheiten dieses Luftkampfes auseinanderzusetzen; was zählt ist allein die Tatsache, dass Walter Oesau gefallen ist, wobei zu bemerken ist, dass die amerikanischen Jagdgruppen, die an diesem Tage Abschüsse beanspruchten - 78 und 354 FG -, P-47 und P-51 flogen.

[677] vgl. das oben wiedergegebene Gespräch Oesaus mit Maj. Borchert von Ende April 1944 - S. 907 / 908

[678] Aufzeichnungen Herbst Kaiser, S. 79

[679] Aufzeichnungen Prof. Skawran; vermutlich auf diese Quelle geht diese bereits vielfach veröffentlichte Darstellung zurück

[680] es ist nicht ersichtlich, wo der designierte Nachfolger Walter Oesaus, Obstlt. Herbert Ihlefeld, der bereits am 8. Mai seine ersten Einsätze beim Geschwaderstab des JG 1 geflogen hatte, an diesem Tage war. Heinz Bär unterzeichnete am 14. Mai "i.V." die Verlustmeldung. Einsätze flog er ausweislich seines Flugbuches nicht mehr beim Stab/JG 1

dieser Zeit bereits beschlossene Sache [681], weswegen er nur noch einige Tage in Lippspringe verblieb und dort kommissarisch die Geschäfte eines Kommodore wahrnahm, bevor die Führung des JG 1 endgültig auf Obstlt. Herbert Ihlefeld überging [682]. Anstelle von Heinz Bär wurde Olt. Georg-Peter Eder mit der Führung der II. Gruppe beauftragt. Für die II./JG 1 war der Weggang von Major Bär ein schwerer Verlust, denn unter seiner energischen und umsichtigen Führung hatte die Gruppe trotz des anhaltend schweren Einsatzes ihren Zusammenhalt bewahren und - unter den gegebenen Umständen - beachtliche Erfolge erzielen können; doch die Gruppe verlor mit Heinz Bär mehr als nur einen erfolgreichen Flugzeugführer und Verbandsführer, der während der vorangegangenen viereinhalb Monate 23 Abschüsse bei der II./JG 1 erkämpft hatte - auch und gerade menschlich würde er eine nur schwer zu schliessende Lücke hinterlassen. Über seinen scheidenden Gruppenkommandeur sagte Rüdiger Kirchmayr:

Was soll ich über Heinz Bär berichten ? Ich habe soviel mit ihm erlebt, wobei das meiste doch irgendwie persönliche Erinnerungen sind. Wenn ich ihn beschreiben sollte - ich müsste sagen, dass es ihm zwar an einer höheren Schulbildung fehlte, er aber überdurchschnittlich intelligent war, halt ein Rabauke mit grosser Herzenswärme. Ein Mensch, der mit seiner Meinung nie hinter dem Berg gehalten hat und - vermutlich deswegen - sehr lange gebraucht hat, bis man ihn aus dem Mannschaftsstand zum Offizier befördern musste. Gemessen an seinen Führungsqualitäten hätte er zumindest Generalleutnant sein müssen - nicht wegen des Ranges, sondern wegen der Aufgaben, die zu lösen er sicher besser imstande gewesen wäre, als so manche, die damals tatsächlich damit betraut waren.

*Als Verbandsführer in der Luft war Heinz Bär unerreicht; ich habe nie erlebt, dass er einen Angriff so angesetzt hätte, dass nicht auch der letzte des Verbandes in eine einigermassen zumutbare Schussposition kam. Wenn Heinz Bär führte und den Verband für einen Frontalangriff vorsetzte, dann tat er das mit einer beinahe traumwandlerischen Sicherheit so, dass wir genau von vorn auf die Viermotorigen trafen, ohne dass vorher noch gefährliche und den Verband durcheinanderwerfende Kurskorrekturen nötig gewesen wären. Wenn jemand so führen konnte, dabei auch noch abschiessen **und** auf seinen Kaczmarek aufpassen konnte, dann war das ohne Können, Erfahrung und ein gerüttelt Mass an Intelligenz nicht möglich. Nicht nur fliegerisch, sondern auch und gerade taktisch musste man Heinz Bär ein hohes Mass an Urteilsvermögen zuerkennen.* [683]

Am **12. Mai 1944** begann die 8. USAAF mit einer Angriffsreihe auf Ziele der deutschen Treibstoffindustrie im Reichsgebiet selbst, nachdem bereits am 5. April 1944 die Bombardierung der rumänischen Erdölfelder und Raffinerieanlagen im Gebiet um Ploiesti begonnen hatte [684]. Nachdem die Angriffe zuletzt vornehmlich der deutschen Luftrüstung gegolten hatten, sollte nunmehr - neben den vorbereitenden Angriffen für die Invasion in Frankreich - die deutsche Treibstoffindustrie als vorrangigstes Ziel der Bombenangriffe behandelt werden. Dahinter stand nicht zuletzt die Überlegung, dass eine einschneidende Treibstoffknappheit infolge der Angriffe auf die Raffinerien und Hydrierwerke notwendig auch die

---

[681] Heinz Bär übernahm am 30. Mai 1944 das JG 3 als Kommodore; dies dürfte allerdings nicht der Grund seiner Abberufung vom JG 1 gewesen sein, da das JG 3 in diesen Tagen noch von Maj. Friedrich-Karl Müller geführt wurde, der erst am 29. Mai 1944 bei einem Landeunfall in Salzwedel tödlich abstürzte

[682] dies erfolgte angeblich am 20. Mai 1944

[683] Brief Rüdiger Kirchmayr, 12.5.1992

[684] vgl. dazu ausführlich Gundelach, Treibstoff, S. 686 ff m.w.N.; Groehler, LK, S. 222 ff, m.w.N.; Piekalkiewicz, aaO., S. 350 ff; Speer, aaO., S. 357 ff; Freeman, Mighty Eighth, S. 141; KTB OKW 1944/45 I, S. 942 ff m.w.N. - Zu den Bombardierungen der rumänischen Erdölgebiete vgl. Prien, JG 53, Bd.3, S. 1158 ff, und JG 77, Bd. 4, jeweils m.w.N.

Abb. 757 - 758: Bruchlandung einer der 6./JG 1 neu zugeführten Fw 190 A-8, WerkNr. 730 400, vermutlich in Störmede im Mai 1944; die Maschine trägt noch keinerlei Kennung des JG 1, lediglich das Stammkennzeichen ist bislang übermalt worden.

(*Lächler*)

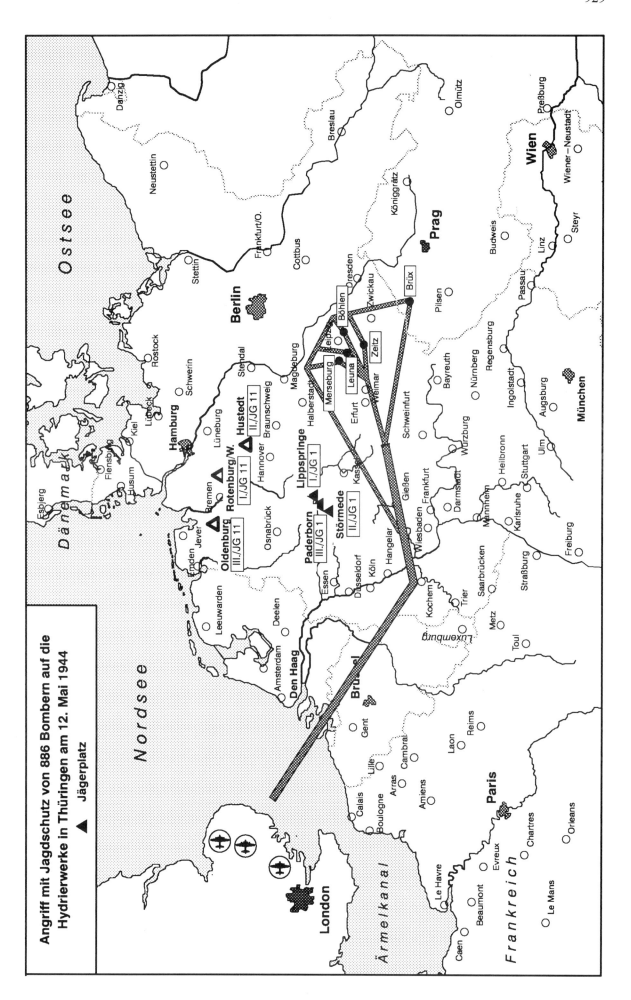

Einsatzbereitschaft der Luftwaffe entscheidend schwächen musste [685]. Die Verwundbarkeit des Reiches in Bezug auf seine Treibstoffzufuhr war natürlich auch den Alliierten bekannt und bewusst [686], so dass die über das ganze Reichsgebiet verstreuten Hydrierwerke, in denen durch Kohleverflüssigung synthetischer Treibstoff erzeugt wurde, nun zu Zielen erster Ordnung für die Angriffe der 8. und 15. USAAF wurden.

Um dem ersten Stoss gegen die deutsche Treibstoffindustrie eine durchschlagende Wirkung zu geben, sollte die Angriffsreihe mit einem Angriff aller verfügbaren Viermotorigen bei möglichst gutem Wetter eingeleitet werden, was die Zielfindung und Bombardierung unter Sichtbedingungen zulassen würde; bereits seit dem 21. April hatte der Oberbefehlshaber der 8. USAAF General Doolittle auf die entsprechenden Voraussetzungen gewartet, doch hatte das überaus mässige Wetter seither ein ums andere Mal einen Strich durch die Planung gemacht [687]. An diesem Tage aber spannte sich ein strahlend blauer, fast wolkenloser Himmel über den grössten Teil des Reiches und dies nutzte die Führung der 8. USAAF aus, um insgesamt 886 Viermotorige zu Angriffen auf fünf der wichtigsten Hydrierwerke im mitteldeutschen Raum - Leuna, Merseburg, Böhlen und Zeitz - und dem " Protektorat " Böhmen und Mähren - Brüx - zu entsenden. Begleitet wurden die Viermotorigenverbände dabei von insgesamt 980 Jägern [688], darunter an die 500 Mustangs [689]. Die B-17 und B-24 aller drei Bomb Divisions flogen zunächst, in einem langen " Bomberstrom " vereint, von ihren gewohnten Versammlungsräumen vor der südostenglischen Küste in allgemeiner Richtung Südost, bis der Verband auf der Höhe von Kochem in östliche Richtung schwenkte.

Der Einflug vom 12. Mai 1944 traf auf eine entschlossene deutsche Abwehr; 16 Tagjagd- und zwei Zerstörergruppen mit insgesamt 470 Maschinen konnten von deutscher Seite aufgeboten werden und das Ergebnis war eine der heftigsten Luftschlachten des Krieges über dem Reichsgebiet.

Die drei Gruppen des JG 1 waren auch an diesem Tage als Gefechtsverband geschlossen im Abwehreinsatz; nach der gewohnten 15'- und der sich ab 11.05 Uhr anschliessenden Sitzbereitschaft erfolgte ab 11.13 Uhr der Alarmstart der drei Gruppen von ihren Plätzen in Lippspringe, Störmede und Paderborn, nach dem sich der Gefechtsverband über Paderborn sammelte und in 6.000 m nach Giessen antrat [690]. Gegen 12.00 Uhr wurde zunächst eine Gruppe von 50 bis 60 Thunderbolts gesichtet, die gleich darauf die über den beiden Focke Wulf Gruppen fliegende III./JG 1 angriffen und nordöstlich Marburg in einen Kurvenkampf verwickelten [691]. Daran erinnert sich Hubert Heckmann, der bei diesem Einsatz erstmalig

---

[685] vgl. die Darstellung bei Freeman, Mighty Eighth, S. 141

[686] das deutsche Reich verfügte selbst über keinerlei nennenswerte Erdölvorkommen, war also vollständig auf die Einfuhr ausländischen Rohöls sowie die synthetische Erzeugung von Treibstoffen angewiesen; während erstere Bezugsquelle mit Kriegsbeginn - abgesehen von den rumänischen und, bis 1941, den sowjetischen Lieferungen - schlagartig versiegte, waren die zur Erzeugung des synthetischen Treibstoffes errichteten Hydrierwerke allein nicht in der Lage, dem erheblichen Treibstoffbedarf der Wehrmacht und insbesondere der Luftwaffe zu genügen - vgl. dazu die ausführliche Darstellung bei Gundelach, Treibstoff, S. 686 ff. Unter Mühe gelang es der deutschen Führung dennoch, eine strategische Treibstoffreserve aufzubauen, die für den Bereich des besonders hochwertigen Flugzeugkraftstoffes bis zum Mai 1944 bei 540.000 Tonnen lag, was etwa drei Monatssätze ausmachte.

[687] Freeman, Mighty Eighth, S. 141

[688] 735 des VIII FC und weitere 245 von der 9. USAAF

[689] Freeman, aaO., S. 242; ders., Mighty Eighth, S. 141 ff; Gundelach, Treibstoff, S. 691 ff, m.w.N.; KTB OKW 1944/45, S. 954

[690] KTB II./JG 1; Gefechtsberichte Georg-Peter Eder, Otto Stuckenbrock, Fritz Milde, Heinrich Weber und Günther Buchholz; Startzeit bei der III./JG 1: 11.16 Uhr - Flugbücher Fritz Haspel und Werner Moser

[691] KTB II./JG 1

Auf deutscher Seite eingesetzte Verbände am 12.5.1944					
Einheit	Abschussmeldungen	\+	FF verw.	Verluste im Einsatz Flugzeuge 60-100%	unter 60%	Boden

Einheit	Abschussmeldungen	+	verw.	60-100%	unter 60%	Boden
I./JG 1	2 B-24	1	2	7	2	-
II./JG 1	2 B-24, 3 HSS, 1 P-47	5	-	5	2	-
III./JG 1	-	1	-	2	1	-
Stab/JG 3	3 B-17	-	-	-	-	-
I./JG 3	1 B17, 2 B-17 HSS, 2 P-51	-	1	2	1	-
II./JG 3	10 B-17, 2 B-17 HSS	1	1	5	-	1 b
III./JG 3	4 B-17, 1 B-17 HSS	4	-	4	2	-
IV./JG 3	8 B-17, 11 B-17 HSS, 1 B-17 asm.	-	1	3	1	-
I./JG 5	1 B-17 n.b., 1 B-17 asm, 3 P-47	1	-	1	-	-
Stab/JG 11	1 B-17	-	-	1	-	-
I./JG 11	3 B-17, 1 B-17 n.b., 3 B-17 HSS, 1 B-17 asm	1	1	2	1	-
II./JG 11	1 P-51, 1 P-47	2	5	11	1	-
III./JG 11	5 B-17	-	-	4	-	-
III./JG 26	1 B-17, 3 B-17 HSS	1	1	2	1	-
Stab/JG 27	5 B-17, 1 B-17 HSS	-	-	-	-	-
I./JG 27	4 B-17, 1 B-17 HSS, 1 B-17 e.V., 1 B-24 HSS, 2 P-51	-	6	10	6	-
II./JG 27	2 B-17, 3 B-17 HSS	1	-	4	-	-
III./JG 27	7 B-17, 5 B-17 HSS	3	1	4	2	-
II./JG 53	3 B-17, 2 P-51	1	2	6	1	-
I./ZG 26	1 B-24, 1 B-24 HSS	-	-	-	-	-
II./ZG 26	2 B-17, 1 B-17 HSS	4	3	5	1	-
EKdo. 25	-	2	-	1	-	-
		28	24	79	22	1 b

zur Feindberührung kam, wie folgt; sein Bericht wirft zugleich ein bezeichnendes Schlaglicht auf die Verfassung der Flugzeugführer der Gruppe, die seit Monaten ohne grosse Erfolge im Einsatz stand und dabei laufend bittere Verluste hatte hinnehmen müssen:

Die Informationen, die wir Anfänger von den alten Hasen, denen wir inzwischen zugeteilt worden waren, bekamen, waren mehr als schockierend für uns; wir müssten uns, wie sie uns wissen liessen, wie folgt verhalten: " Wenn Du rechts von Dir einen siehst, steigste aus. Wenn Du links von Dir einen siehst, steigste auch aus. ..." Für sie war der Fallschirmabsprung **vor** *der Feindberührung anscheinend die einzige Überlebenschance.*

Der Start und das Sammeln im Verband waren für mich ein Horror. Obgleich ich doch alle Möglichkeiten ausgenutzt hatte, um meine Maschine - vorsichtig ausgedrückt - kennenzulernen, kam mir nun alles wie ein einziges Chaos vor. Dann kam der Steigflug, bei dem wir von der 9. Staffel die letzten der Gruppe waren - jede Sekunde glaubte ich abzuschmieren. Ich habe mich zutiefst gewundert, dass nicht laufend Maschinen vom Himmel fielen, die sich gegenseitig gerammt hätten.

Abb. 759 - 760: Oben - Zwei Offiziere vor der " schwarzen 25 ", einer Bf 109 G-6/AS der 8./JG 1, die im Drei-Ton Grauanstrich getarnt ist; möglicherweise handelt es sich um die Maschine mit de WerkNr. 440 402, die am 13. Mai 1944 im Luftkampf bei Stade abgeschossen wurde, wobei der Flugzeugführer Gefr. Pankraz Spiegelsberger zu Tode kam. Unten - Die " schwarze 22 ", eine weitere Bf 109 G-6/AS der 8./JG 1, rollt an den Start; auch diese Maschine trägt einen Drei-Ton Grauanstrich, am Rumpfende ist das rote Reichsverteidigungsrumpfband mit dem schwarzen Gruppenbalken darauf zu erkennen. Unter dem Rumpf, wegen des Zusatztanks nur schwer zu erkennen, ist eben noch die Antenne des FuG 16 ZY sichtbar.

(Lächler)

Nach dem Einsatz stand ich konsterniert da. Da war die Rede davon, dass eine Menge Feindjäger gesichtet worden waren und dass es zu heftigen Luftkämpfen gekommen war. Und ich hatte keinen einzigen davon gesehen. Das Chaos und Durcheinander, meine fliegerische Unbedarftheit hatten mich so in Anspruch genommen, dass ich kein abschussreifes Objekt gesehen und noch viel weniger eines vor die Rohre bekommen hätte. [692]

Ohne eigene Erfolge büsste die III./JG 1 erneut einen Gefallenen und zwei abgeschossene Bf 109 ein: Fw. Hans-Joachim Gebser von der 7./JG 1 wurde bei Schiffelbach tödlich abgeschossen [693], während der Flugzeugführer einer weiteren Maschine mehr Glück hatte und den Absturz seiner "Beule" unverletzt überlebte.

Während die III./JG 1 ihren Kampf mit den amerikanischen Begleitjägern auszufechten hatte, setzten die beiden anderen Gruppen ihren Anflug auf die Viermotverbände weiter fort; befehlsgemäss schwenkte der Verband auf Kurs 240 Grad und stiess gegen 12.15 Uhr im Raume südwestlich Koblenz auf einen starken, mit Südost-Kurs einfliegenden B-24 Verband. Es gelang jedenfalls der II./JG 1, zu einem geschlossenen Angriff von vorn anzusetzen und bei diesem Durchgang insgesamt fünf Ab- und Herausschüsse zu erzielen, zu denen noch der Abschuss einer P-47 kam -

Uffz. Milde	5./JG 1	B-24	(1.)	12.18
Olt. Eder	II./JG 1	B-24	(44.)	12.18
Fw. Bindseil	6./JG 1	B-24 HSS	(1.)	12.18
Uffz. Weber	5./JG 1	B-24 HSS	(3.)	12.18
Uffz. Stuckenbrock	II./JG 1	B-24 HSS	(1.)	12.18
Lt. Buchholz	6./JG 1	P-47	(4.)	12.20

während die I. Gruppe offensichtlich nicht zum Zuge kam [694]. Der Preis, den die II. Gruppe zu zahlen hatte, war hoch: Fünf Gefallene mussten nach diesem Luftkampf auf die Verlustliste gesetzt werden, vier davon allein von der 4. Staffel: Fw. Heinz Kahl wurde bei St. Wendel tödlich abgeschossen, während es Uffz. Gerold Braun bei Thalfang traf. Uffz. Hermann Blanck wurde im Luftkampf bei Kochem abgeschossen; zwar konnte er noch aussteigen, doch wurde er gleich darauf ein Opfer der amerikanischen Jäger, die ihn am Fallschirm erschossen. Schliesslich wurde Uffz. Helmut Stiegler bei Zell an der Mosel tödlich abgeschossen. Die 5./JG 1 verlor Uffz. Richard Joscht, der im Luftkampf bei Wehlen an der Mosel fiel. Mehr Glück hatten zwei seiner Staffelkameraden: Die Maschine von Uffz. Hubert Swoboda erlitt im Verlaufe des Luftkampfes einen Rohrkrepierer in einer der linken Flächenkanonen, so dass der Flugzeugführer einige Mühe hatte, seine Focke Wulf nach Störmede zurückzubringen. Der Flg. Georg Blech schliesslich musste seine Maschine nach schweren Trefferschäden bei Kochem auf den Bauch werfen - damit wurde er nun bereits zum fünften Male in sechs Wochen abgeschossen, was er bislang mit viel Glück ohne grössere Blessuren überstanden hatte [695]. Die 6. Staffel blieb von Personalverlusten verschont; gleichwohl musste Staffelkapitän Olt. Eder seine

---

[692] Aufzeichnungen Hubert Heckmann; weiter heisst es dort: "*Mich beherrschte danach in der ersten Zeit ausschliesslich nur ein Gedanke: auf Biegen und Brechen am eigenen Verband bleiben. Zumeist wurde vorne Vollgas gegeben und wir hinten wurden abgehängt. Die amerikanischen Begleitjäger kamen mit Überfahrt aus grösseren Höhen und wir waren die ersten, die abgeschossen wurden.*"

[693] Hans-Joachim Gebser hatte den Ehrenpokal und war demnach ein erfahrener und erfolgreicher Flugzeugführer; so weit bekannt, kam Gebser im März 1944 von der 12./JG 54 zur III./JG 1 und hatte zu diesem Zeitpunkt etwa 12 Abschüsse

[694] es liegen jedenfalls weder Abschuss- noch Verlustmeldungen der I. Gruppe im Zusammenhang mit diesem Luftkampf vor

[695] seit dem 29. März 1944 hatte Georg Blech drei Mal zum Fallschirm greifen müssen, zwei Mal beendete er einen Einsatz mit einer Bauchlandung; im selben Zeitraum hatte er vier B-17 und eine P-51 abschiessen können

" gelbe 4 " wegen einer Motorstörung in Mannheim-Sandhofen notlanden, was er zum Glück unverletzt überstand [696].

Nach dem Einsatz fielen die meisten Maschinen der II./JG 1 in Mannheim-Sandhofen ein [697], von wo aus sie ohne einen weiteren Einsatz gegen die Rückflüge der Amerikaner im Laufe des Nachmittages nach Störmede zurückkehrten. Dagegen hatten zumindest Teile der I./JG 1 einen weiteren Einsatz zu fliegen, der gegen 15.00 Uhr im Raume Wetzlar / Giessen zu einem heftigen Zusammenprall mit ausfliegenden Liberator-Pulks und deren Jagdschutz auf dem Rückweg von Zeitz und Böhlen führte. Zwei Abschüssen -

Ofhr. Köhne	3./JG 1	B-24	(29.)	15.00
Lt. Piffer	1./JG 1	B-24	(28.)	15.02

stand der Verlust von je einem Gefallenen und Verwundeten gegenüber: Uffz. Gerhard Neukötter von der 2. Staffel wurde im Luftkampf mit Mustangs bei Wetzlar tödlich abgeschossen, während Ofw. Günther Treptau - wie Neukötter von der 2./JG 1 - sich bei Giessen trotz einer Verwundung noch mit dem Fallschirm in Sicherheit bringen konnte, nachdem seine " schwarze 10 " ebenfalls ein Opfer der P-51 geworden war. Zu allem Überfluss wurde mit Ofhr. Gottfried Just, der bei der Landung in Limburg in eine andere Maschine hineinrollte, ein weiterer Flugzeugführer der 2./JG 1 verletzt.

Auch das JG 11 scheint am 12. Mai 1944 als geschlossener Gefechtsverband im Einsatz gewesen zu sein; wie das JG 1 wurde auch das JG 11 nach der Versammlung in südwestlicher Richtung an die einfliegenden Kampfverbände herangeführt und stiess dabei gegen 12.20 Uhr im Raume Wetzlar - Quadrate PR/PS - auf einen starken, von Thunderbolt-Gruppen geschützten, B-17 Verband, mit dem es zu einem erbitterten, sich über einen weiten Raum in südöstlicher Richtung hinziehenden Luftkampf kam. Auch beim Gefechtsverband des JG 11 wurde die Höhengruppe - die II./JG 11 - abseits des Treffens mit den Viermots in Kurvenkämpfe mit dem amerikanischen Begleitschutz verwickelt und hatte dabei über dem nördlichen Taunusgebiet erbittert geführte Kurbeleien mit überlegenen Mustang- und Thunderboltgruppen zu bestehen, in deren Verlauf die Gruppe vollkommen auseinanderplatzte und die ihr bei nur wenigen eigenen Erfolgen erneut recht schmerzliche Verluste eintrugen. Drei Abschüssen -

Maj. Rall	II./JG 11	P-47	(275.)	
Lt. Füreder	5./JG 11	P-51	(19.)	12.30
Lt. Wroblewski	II./JG 11	P-51	(3.)	

standen ein Gefallener, zwei Verwundete und sieben als Totalverluste abzuschreibende Messerschmitts gegenüber [698]. Der Stabsschwarm geriet über dem Raum Nassau an zahlenmässig überlegene P-47 und P-51, die nach einer verbissenen Kurbelei alle vier Messerschmitts des Gruppenstabes herunterholen konnten. Dabei wurde Fw. Hans Kastenhuber tödlich abgeschossen und stürzte mit seiner " Winkel Kreis " bei Strinz-Trinitatis ab. Auch der Gruppenkommandeur der II./JG 11 wurde ein Opfer der Thunderbolts: Nachdem Major Günther Rall eine P-47 hatte abschiessen können, wurde er selbst von einer weiteren getroffen und musste verwundet mit dem Fallschirm aussteigen. Neben ihm beendeten auch Lt. Georg Wroblewski, der an diesem Tage als " Nr. 3 " im Stabsschwarm flog [699], sowie Fw. Karl-Heinz Kutzera diesen Einsatz schwerverwundet am Fallschirm, nachdem Georg Wroblewski

---

[696] Abschussmeldung Georg-Peter Eder

[697] KTB II./JG 1; danach landeten elf Maschinen in Sandhofen, zwei in Hangelar, eine in Griesheim und nur zwei konnten direkt nach Störmede zurückkehren

[698] davon fünf infolge Feindeinwirkung; hinzu kamen zwei im Luftkampf beschädigte Bf 109

[699] Bericht Georg Füreder, 28.11.1993; danach führte Lt. Füreder die 5./JG 11 während dieser Zeit in der Luft, während die Staffelführung im übrigen bei Lt. Wroblewski lag

Abb. 761 - 762: Zwei Aufnahmen von den Trümmern der "Winkel Kreis" vom Gruppenstab der II./JG 11, mit der Fw. Hans Kastenhuber am 12. Mai 1944 im Luftkampf bei Idstein tödlich abgeschossen wurde und in der Nähe von Strinz-Trinitatis aufgeschlagen ist. Ausweislich der beiden nahezu unbeschädigten, in Segelstellung stehenden Luftschraubenblätter scheint der Absturz mit stehendem Motor erfolgt zu sein. Beachte wieder die sich nach vorn verjüngende gelbe Spirale auf der Propellerhaube.

(Bracke)

zuvor noch der Abschuss einer Mustang gelungen war [700]. Die 5. Staffel hatte sich über dem Raum Worms mit einer Meute von Mustangs auseinanderzusetzen und geriet dabei in erhebliche Bedrängnis; daran erinnert sich Georg Füreder:

> *Während wir mit den Mustangs kurbelten und dabei alle Mühe hatten, uns unserer Haut zu erwehren, sah ich über mir ungefähr acht oder neun Messerschmitts kreisen, die das Geschehen unter sich irgendwie nicht mitzubekommen schienen - es war unsere 4. Staffel, doch alles Rufen und Brüllen über FT half nichts, sie blieben oben und wir mussten sehen, wie wir uns aus dieser Sch...situation befreien konnten. Irgendwie gelang es, wenngleich mit letzter Not - ich erreichte eben noch den Platz von Wiesbaden-Erbenheim, wo ich mit wegen Spritmangels stehendem Quirl, aber ausgefahrenem Fahrwerk eine glatte Landung machen konnte.* [701]

Unterdessen konnten sich die beiden Focke Wulf Gruppen an die Viermotorigen heranmachen und dabei einen geschlossenen Frontalangriff fliegen, bei dem zehn Ab- und Herausschüsse erzielt werden konnten; zusammen mit einer weiteren, eine halbe Stunde später heruntergeholten B-17 ergab dies elf Abschussmeldungen -

Uffz.Semisch	7./JG 11	B-17	(1.)	12.26
Hptm.von Fassong	7./JG 11	B-17	(64.)	12.26
Gefr.Friedrich	Stab/JG 11	B-17	(2.)	12.26
Uffz.Kahlfeld	2./JG 11	B-17	(1.)	12.27
Uffz.Freytag	2./JG 11	B-17 HSS	(1.)	12.27
Uffz.Loewe	1./JG 11	B-17	(2.)	12.27
Ofw.Laskowski	8./JG 11	B-17	(31.)	12.28
Lt.Güthenke	3./JG 11	B-17	(7.)	12.28
Olt.Koenig	I./JG 11	B-17	(26.)	12.30
Maj.Hackl	III./JG 11	B-17	(145.)	12.30
Fw.Barschel	9./JG 11	B-17	(1.)	12.55

Auf der Verlustseite standen ein Gefallener und ein Schwerverwundeter sowie fünf abgeschossene Focke Wulfs. Beide Personalverluste betrafen die 3. Staffel - Fw. Alfred Mielenz kehrte nach diesem Einsatz nicht zurück und musste als vermisst gemeldet werden [702], während Lt. Hans-Georg Güthenke durch den Zusammenstoss mit der von ihm angegriffenen Boeing schwer verwundet wurde und dabei grosses Glück hatte, noch mit dem Fallschirm aussteigen zu können [703]. Auch der Gruppenkommandeur der I./JG 11 Hptm. Rolf Hermichen wurde an diesem Tage abgeschossen, doch blieb er dabei zum Glück unverletzt.

Teile der I. Gruppe kamen zwei Stunden später noch zu einem zweiten Einsatz und konnten dabei im Raume Giessen ohne eigene Verluste zwei weitere Viermot-Abschüsse erzielen -

---

[700] Georg Wroblewski schildert diesen Luftkampf wie folgt: *"Am 12.5. beschoss ich auf ganz kurze Entfernung (ca. 50 m) eine Mustang, die mit schwarzer Fahne nach unten wegzog; Sekunden später wurde ich selbst getroffen und kam mit Schussverletzungen und doppeltem Schädelbasisbruch ins Lazarett in Alzey."* - Brief vom 2.8.1981

[701] Brief Georg Füreder, 3.8.1993 und Bericht vom 5.8.1993

[702] offiziell gilt Alfred Mielenz noch immer als vermisst

[703] dazu aus einem Brief von Heinz Stöwer an Hans-Georg Güthenke vom 26.5.1944: *" Wie das nun alles gekommen ist, weiss kein Mensch. Bei Dir haben wir uns ja auch den Kopf zerbrochen. Ich habe folgendermassen Deine Abschussmeldung geschrieben: Du hast einen Angriff gefahren, dabei hast Du ihm die linke Tragfläche weggeschossen und dadurch hat die Boeing dann unwillkürlich, kurz vor Deinem Abfangen, die rechte Fläche gehoben und Du bist dann hineingebraust."*

Abb. 763: Die Fw 190 A-7, WerkNr. 430 412, " gelbe 12 " der 3./JG 11, aufgenommen Anfang Mai 1944 vermutlich in Rotenburg; mit dieser Maschine wurde Lt. Hans-Georg Güthenke am 12. Mai 1944 im Luftkampf mit Viermots bei Limburg schwer verletzt, nachdem er eine von ihm angegriffene B-17 beim Frontaldurchgang gerammt hatte und mit viel Glück noch mit dem Fallschirm aussteigen konnte. Beachte das übergenebelte Rumpfbalkenkreuz und das Staffelzeichen der 3./JG 11 auf der Motorhaube.

(Güthenke)

| Fw. Birkigt | 3./JG 11 | B-17 HSS | (4.) | 14.40 |
| Lt. Schrangl | I./JG 11 | B-17 | (10.) | 14.45 |

Dafür musste die II. Gruppe noch einmal empfindliche Verluste hinnehmen: Auf dem Rückflug von Erbenheim nach Hustedt wurde die 4. Staffel südlich Paderborn überraschend von amerikanischen Jägern angegriffen und verlor dabei ihren Staffelkapitän Hptm. Gerhard Sommer, der mit seiner " weissen 14 " bei Salzkotten zu Tode stürzte, sowie Fw. Eduard Bubel und Uffz. Alfred Tempel, die sich trotz Verwundung noch mit dem Fallschirm in Sicherheit bringen konnten. Der Tod von Hptm. Sommer war ein weiterer schwerer Schlag für die II./JG 11; Gerhard Sommer hatte der Gruppe seit ihrer Entstehung Ende 1940 angehört, sich dabei vom Oberfeldwebel zum Hauptmann hochgedient und gehörte mit seinen 15 Viermotabschüssen - von insgesamt 20 - zu den führenden " Viermottötern " der Reichsverteidigung [704].

Nach dem Ende der Kämpfe dieses Tages meldete die deutsche Seite insgesamt 91 Abschüsse bei der Abwehr der Tageseinflüge der 8. USAAF, davon allein 78 Viermotorige [705]; auf der Verlustseite standen 28 Gefallene und noch einmal 24 verwundete Flugzeugführer bei den Tagjagdverbänden, während sich die Einbussen an Flugzeugen auf 79 Totalverluste und 22 schwer beschädigte Maschinen

---

[704] Gerhard Sommer wurde nach seinem Tode am 27. Juli 1944 in Anerkennung seiner Erfolge mit dem Ritterkreuz ausgezeichnet

[705] OKW-Bericht, 13.5.1944

beliefen [706]. Auf der anderen Seite gab die 8. USAAF ihre Verluste am 12. Mai 1944 mit 55 Viermotorigen und zehn Begleitjägern an, während ihre Jagdgruppen 70 Abschüsse für sich beanspruchten [707].

Wesentlich bedeutsamer als die beiderseitigen Abschuss- und Verlustmeldungen waren für die deutsche Führung die Auswirkungen der Bombardierung der Hydrierwerke; die Angriffe dieses Tages eröffneten einen neuen Abschnitt des Bombenkrieges gegen das Deutsche Reich, der schliesslich den Weg zu der bereits im Januar 1943 in Casablanca beschlossenen entscheidenden Schwächung der deutschen Kriegswirtschaft ebnen sollte [708]. Albert Speer, seinerzeit Rüstungsminister, fasste die Bedeutung einer drohenden Bombenoffensive gegen die deutsche Treibstofferzeugung eine Woche später, am 19. Mai 1944, auf dem Obersalzberg Hitler gegenüber folgendermassen zusammen:

Der Gegner hat uns an einer unserer schwächsten Stellen angegriffen. Bleibt es dieses Mal dabei, dann gibt es bald keine nennenswerte Treibstoffproduktion mehr. Wir haben nur noch die Hoffnung, dass auch die andere Seite einen Generalstab hat, der ebenso planlos denkt wie der unsere. [709]

Als unmittelbare Auswirkung der Bombardierungen dieses Tages fielen die Hydrierwerke von Brüx und Tröglitz zu 100%, Leuna zu 60% und Böhlau zu 50% aus und sank die Tagesproduktion von vordem 5.645 Tonnen auf nur mehr 4.821 Tonnen ab, was einem Rückgang von 14% entsprach; zugleich gingen rund 25.000 Tonnen Treibstoff in Flammen auf [710]. Zwar gelang es während der folgenden zwei Wochen durch fieberhafte Anstrengungen [711], die Schäden weitgehend zu beseitigen und die Produktion wieder auf den Stand von vor dem 12. Mai 1944 zu steigern, doch konnte dies nicht darüber hinwegtäuschen, dass der deutschen Führung durch die Bombardierung der Treibstoffwerke ein Wettlauf mit der Zeit aufgezwungen wurde, der davon bestimmt war, stets einen Vorsprung bei der Wiederherstellung der Hydrierwerke zu erreichen, bevor diese erneut zum Ziel vernichtender Luftangriffe wurden [712]. Wenn auch der Ausfall der am 12. Mai getroffenen Hydrierwerke und der Verlust des dabei vernichteten Treibstoffes zunächst noch aus den vorhandenen Reserven ausgeglichen werden konnten, entstand hier - nicht zuletzt wegen der bereits seit dem 5. April 1944 angelaufenen amerikanischen Bombenoffensive gegen die rumänische Erdölförderung und -verarbeitung im Gebiet um Ploiesti [713] - unübersehbar eine weitere tödliche Gefahr für die deutschen Rüstungsanstrengungen [714].

---

[706] siehe die Aufstellung oben, S. 929;

[707] Freeman, aaO., S. 243; unter den Verlusten befanden sich neun Viermots der "Cat.E", während für diesen Tag keine Abschussmeldungen der Bomber bekannt sind

[708] bei Albert Speer, aaO., S.357, heisst es dazu u.a.: *"... Denn an diesem Tage wurde der technische Krieg entschieden. Bis dahin war es gelungen, ungefähr so viel an Waffen zu produzieren, wie es trotz erheblicher Verluste dem Bedarf der Wehrmacht entsprach. Mit dem Angriff von 935 Tagbombern der 8. amerikanischen Luftflotte auf mehrere Treibstoffwerke im Zentrum und im Osten Deutschlands begann eine neue Epoche des Luftkrieges; sie bedeutete das Ende der deutschen Rüstung."* - Vgl. auch Piekalkiewicz, aaO., S. 350

[709] aaO., S. 357; Speer spielt damit offenbar auf die Tatsache an, dass entgegen seinen damals gehegten Befürchtungen die Amerikaner nach den Angriffen vom 17.8. und 14.10.1943 ihre Angriffe auf eine andere Schlüsselindustrie des Reiches - die Kugellagerfertigung - nicht gezielt fortgesetzt hatten

[710] KTB OKW 1944/45 I, S.954; Speer, aaO., S. 357 m.w.N.; Groehler, BK, S. 227 m.w.N.; Gundelach, Treibstoff, S. 692 m.w.N.

[711] Speer, aaO., S. 359 - *"... sechzehn Tage fieberhafter Reparatur ..."*

[712] Groehler, BK, S. 226, m.w.N.

[713] vgl. dazu ausführlich Gundelach, Treibstoff, S. 690 ff, m.w.N.; KTB OKW 1944 / 45, S. 942 ff; Prien, JG 53, Teil 3, S. 1158 ff; ders. JG 77, Teil 4

[714] wenngleich es in verschiedenen deutschen Unterlagen heisst, dass die Möglichkeit amerikanischer Angriffe auf die deutsche Treibstoffindustrie bereits frühzeitig erkannt worden sei und - soweit möglich - auch Gegen-

Beim JG 11 mussten aufgrund der Verluste dieses Tages gleich mehrere Führungsstellen neubesetzt werden; bei der I. Gruppe wurde Major Rolf Hermichen aus dem Einsatz gezogen und kam zunächst zum Stab der 2. Jagddivision nach Stade, wo er seine reichen Erfahrungen als Verbandsführer vom Boden aus zum Tragen bringen sollte [715]. Für ihn übernahm Olt. Hans-Heinrich Koenig, der bis dahin die 3./JG 11 geführt hatte, das Kommando über die I. Gruppe; " King " Koenig konnte zu diesem Zeitpunkt bereits auf 26 Abschüsse, davon 18 Viermotorige, verweisen. Neuer Staffelführer der 3./JG 11 wurde Lt. Hans Schrangl, der seit Herbst 1943 als Gruppenadjutant im Stab der I./JG 11 geflogen war. Auch die II./JG 11 bekam nach dem Ausfall von Maj. Rall einen neuen Kommandeur: Olt. Walter Krupinski, der wie Günther Rall vom JG 52 kam und bei der II. und III./JG 52 - zuletzt als Staffelkapitän der 7./JG 52 - im Osten insgesamt 181 Abschüsse erzielt hatte, wurde mit der Führung der II./JG 11 beauftragt [716]. Neuer Führer der 4. Staffel nach dem Tode von Hptm. Sommer wurde

---

massnahmen veranlasst worden seien, bleibt die interessante Frage bestehen, warum die Angriffe auf die Hydrierwerke erst jetzt einsetzten, nachdem diese exponierten und überaus bombenempfindlichen Ziele bislang von allen grösseren Angriffen ausgespart worden waren; in amerikanischen Quellen wird als Begründung regelmässig darauf verwiesen, dass die Hydrierwerke zu weit verteilt und zu tief im Reichsgebiet lagen, um angesichts der zunächst geringen zahlenmässigen Stärke der 8. USAAF mit Aussicht auf Erfolg bekämpft zu werden - vgl. dazu für viele: Freeman, Mighty Eighth, S. 141. In Anbetracht der mittlerweile erheblich zu Gunsten der Amerikaner veränderten Kräfteverhältnisse sah sich die Führung der 8. USAAF nunmehr in der Lage, eine erfolgversprechende Angriffsreihe gegen die deutsche Teibstoffindustrie einzuleiten - und wiederum stand dahinter ungeachtet der Einbindung der 8. USAAF in die Vorbereitungen für die Invasion in Frankreich die Absicht, vor allem dem strategischen Bombenkrieg gegen das Reich weiteren Vorschub zu leisten, wenn es über die Vorstellungen der Bomber-Stäbe hiess, dass " *they also believed oil targets would be defended warmly by the Luftwaffe.*" (Freeman, Mighty Eighth, S. 141)

Da eine vertiefende Auseinandersetzung mit diesem Thema den Rahmen der vorliegenden Arbeit sprengen würde, möchten die Verfasser an dieser Stelle auf Groehler, BK, S. 227, verweisen, wo es unter Verweis auf die einschlägigen Quellen u.a. heisst: " *Mit den Angriffen auf Leuna und Pölitz gerät ein schon wiederholt erörterter Aspekt ins Blickfeld, nämlich die Frage der Zielauswahl oder besser: der Angriffsverschonung einzelner Industrieobjekte insbesondere durch amerikanische Bomberverbände. David Irving überliefert hierzu die Aussagen deutscher Physiker, die im Mai 1944 die Leuna-Werke aufsuchten, um dort mit IG-Farben Direktor Bütefisch die Möglichkeiten einer deutschen Schwerwasserproduktion zu erörtern. 'Zur grenzenlosen Überraschung der Physiker erwähnte der Direktor der IG-Farben ein gentleman's agreement der Schwerindustrien Deutschlands und Amerikas, durch das sichergestellt werden sollte, dass die deutschen Hydrierwerke, in die auch die Angelsachsen erheblich investiert hätten, nicht zerstört würden. Den vernichtenden Angriff auf Leuna wollte nun SS-Sturmbannführer Bütefisch als Warnung verstehen. Es mag durchaus wahrscheinlich sein - obwohl dokumentarisches Material aus den USA bis heute darüber noch nicht zugänglich ist -, dass derartige Absprachen existiert haben. Diskussionen innerhalb des englisch-amerikanischen Zielkomitees deuten jedoch darauf hin, dass spätestens seit Ende 1942 sogenannte Zielaussparungen aus Gründen der Kapitalverflechtung aufgegeben worden waren. Andererseits schliesst dies nicht aus, dass derartige Rücksichten nach wie vor bei der Zielauswahl eine Rolle gespielt haben. Möglicherweise liegt eben darin eine der Ursachen für die Verzögerung der Luftoperationen gegen die deutsche Mineralölwirtschaft, für die sich ausschliesslich militärische Gründe sonst schwerlich anführen liessen.*"

---

[715] Bericht Heinz Schuch, 16.8.1993; später kam Rolf Hermichen als Kommandeur zur II./JG 104, die er bis zum Kriegsende führen sollte. Hermichen hatte seit der Übernahme der I./JG 11 im Oktober 1943 22 Ab- und Herausschüsse erzielen können, darunter 18 Viermotorige, und wurde am 19.2.1945 in Anerkennung seiner insgesamt 64 Abschüsse mit dem Eichenlaub zum Ritterkreuz ausgezeichnet. Die Herauslösung Hermichens ist eines der wenigen Beispiele für die Schonung der rar gewordenen Verbandsführer, um deren Erfahrungen an anderer Stelle - in der Einsatzführung und später in der Ausbildung - zu erhalten

[716] dazu schrieb Walter Krupinski: " *Ich wurde nach der Abholung des 'Blumenkohls' - des Eichenlaubs zum Ritterkreuz (2.3.1944, die Verf.) - beim 'Grössten Feldherrn aller Zeiten' auf dem Berghof vom JG 52 im Süden der Ostfront in die Reichsverteidigung versetzt. Mit mir gleichzeitig kam Maj. Rall - Kdr. III./JG 52 -; er wurde Kommandeur der II./JG 11 und ich kam nach Herzogenaurach, zur I./JG 5 zwecks Einweisung. Nur hatte diese Gruppe genau so wenig Ahnung von der Reichsverteidigung wie ich, denn sie kam gerade aus Norwegen / Finnland. Nach drei Einsätzen wurde ich nach Hustedt bei Celle befohlen, weil man Rall bei seinem ersten oder zweiten Einsatz den Daumen abgeschossen hatte. So wurde ich Kommandeur der II./JG 11*

Lt. Helmut Denninger, über dessen bisherigen fliegerischen Werdegang nichts weiter bekannt ist. Die 5. Staffel wurde nach der Verwundung von Lt. Wroblewski von Lt. Georg Füreder übernommen [717].

Bereits am folgenden Tage, dem **13. Mai 1944**, sollten nach den Plänen der 8. USAAF weitere Angriffe auf Treibstoffziele erfolgen; 289 Boeing B-17 der 1 BD wurden eingesetzt, um Ölziele im westlichen Polen zu bombardieren, doch verhinderte eine dichte Bewölkung über dem Zielgebiet die Durchführung dieses Angriffes, so dass die Viermotorigen statt dessen Ausweichziele an der Ostseeküste, darunter vor allem die Hafenanlagen von Stettin und Stralsund, mit 762 Tonnen Bomben belegten. Zur gleichen Zeit waren 261 Liberators der 2 BD zu einem Angriff auf die Focke Wulf Werksanlagen in Tutow eingesetzt, während die 3 BD weitere 199 Boeings in die Luft brachte, welche Eisenbahnziele bei Osnabrück bombardieren sollten. Den Begleitschutz für diese Verbände hatten 1107 Jäger zu übernehmen [718]. Die Luftwaffe konnte gegen diese Einflüge Teile von sieben Tagjagdgeschwadern mit zusammen 15 Gruppen sowie eine Zerstörergruppe zur Abwehr einsetzen:

	Auf deutscher Seite eingesetzte Verbände am 13.5.1944					
				Verluste im Einsatz		
Einheit	Abschussmeldungen		FF		Flugzeuge	
		+	verw.	60-100%	unter 60%	Boden
I./JG 1	2 P-47	1	-	1	1	-
II./JG 1	1 P-51, 2 P-47	-	-	-	1	2 b
III./JG 1	4 P-47	1	-	1	-	-
I./JG 2	1 P-47	1	-	1	-	-
I./JG 3	1 P-51	1	-	3	2	-
II./JG 3	1 B-17, 1 P-51	-	2	5	1	-
III./JG 3	-	-	-	1	1	-
IV./JG 3	4 B-17, 3 B-17 HSS	1	-	1	-	-
Stab/JG 11	1 P-47	-	-	-	-	-
I./JG 11	3 B-17	-	-	3	3	-
II./JG 11	-	-	-	-	1	-
III./JG 11	1 B-24, 2 P-51, 2 P-47	1	1	7	1	-
10./JG 11	-	1	-	1	1	-
11./JG 11	-	1	-	1	-	-
I./JG 27	1 B-17 HSS	-	-	1	-	-
II./JG 27	-	-	-	1	-	-
II./JG 53	-	-	-	2	2	-
II./JG 302	1 B-17 a.s.m.	1	3	5	-	-
II./ZG 26	1 B-17	7	2	6	-	-
		18	8	40	14	2 b

---

in Hustedt bei Celle." - Brief vom 26.7.1993 (Dazu ist anzumerken, dass die I./JG 5 bereits seit November 1943 in Rumänien und ab Ende Februar 1944 in der Reichsverteidigung eingesetzt war - die Verf.)

[717] Brief Georg Füreder, 3.8.1993

[718] Freeman, aaO., S. 243/244; ders., Mighty Eighth, S. 142

Der Schwerpunkt des deutschen Abwehreinsatzes lag eindeutig bei der Bekämpfung der nach Westpolen marschierenden B-17 der 1 BD, gegen die auch die wiederum mit allen fliegenden Teilen eingesetzten JG 1 und 11 angesetzt wurden.

Nachdem um 10.15 Uhr die Versammlung von zwei Kampfverbänden im Raume Great Yarmouth - Quadrate HC / GB - sowie von vier weiteren, nicht genau zu ortenden Verbänden erfasst worden war, wurden die drei Gruppen des JG 1 ab 10.30 Uhr in 15'-Bereitschaft versetzt [719]. Es dauerte beinahe zwei Stunden, bis der Befehl zum Alarmstart folgte; gegen 12.20 Uhr [720] hoben dann die Focke Wulfs und Messerschmitts von ihren Plätzen ab und wurden nach der Versammlung und dem Steigen auf 8.000 m in den Raum Rotenburg geführt, wo sich der Stab/JG 11 mit der I. und III. Gruppe anschloss. Anschliessend wurde der Gefechtsverband mit unterschiedlichen Kursen [721] in den Raum der Lübecker Bucht geführt, wo es ab 13.25 Uhr zur Feindberührung mit den nach Osten marschierenden B-17 der 1 BD und ihrem Begleitschutz kam. Daraus entwickelten sich alsbald ausgedehnte Luftkämpfe, in deren Verlauf die Thunderbolts und Mustangs die Gruppen der JG 1 und 11 aus überlegener Position binden, die Gruppen zersprengen [722] und so an einem geschlossenen Angriff auf die Viermotorigen hindern konnten. In den verbissenen Kurbeleien, die sich zum Teil bis auf Meereshöhe hinunter bewegten, kam es zu wenigstens zwei Zusammenstössen zwischen deutschen Jägern und ihren amerikanischen Gegnern - Lt. Piffer, Staffelführer der 1./JG 1, wurde über der Ostsee von einer P-47 gerammt, konnte aber seine angeschlagene " Mühle " noch bis in den Raum Hamburg bringen, wo ihm eine glatte Bauchlandung gelang, während die Thunderbolt ins Meer stürzte [723]. Bei der 6./JG 1 war es Fw. Bindseil, der im Verlaufe eines Luftkampfes mit P-51 seinem Gegner das Seiten- und das rechte Höhenleitwerk mit der Luftschraube " abrasierte ", woraufhin die Mustang fast senkrecht nach unten wegging; trotz des Rammstosses blieb die " gelbe 10 " von Fw. Bindseil voll steuerfähig und so konnte er der Mustang nachstürzen und sie mit einem weiteren Feuerstoss zum Absturz bringen [724].

Alles in allem 14 Abschüsse wurden von den JG 1 und 11 nach den Kurbeleien mit den P-47 und P-51 gemeldet. Während die meisten deutschen Jäger noch in Luftkämpfen mit den amerikanischen Begleitjägern verwickelt waren, konnten sich einzelne Focke Wulfs der beiden Gruppen des JG 11 aus dem Geschehen lösen und sich an die Viermotorigen heranmachen und dabei vier Viermots herunterholen; offenbar gerieten dabei auch einige Pulks der 2 BD in die Schusslinie, denn unter den Abschussmeldungen befand sich auch eine B-24. Die danach 18 gemeldeten Abschüsse verteilten sich wie folgt:

Lt.Koplik	III./JG 1	P-47	(2.)	13.30	+
Ofw.Kaiser	7./JG 1	P-47	(65.)	13.30	
Ofw.Timm	III./JG 1	P-47	(4.)	13.38	+
Lt.Piffer	1./JG 1	P-47	(29.)	13.38	+
Fw.Bindseil	6./JG 1	P-51	(2.)	13.38	

---

[719] KTB II./JG 1

[720] die II./JG 1 hatte um 12.22 Uhr Alarmstart mit 16 Fw 190 unter Führung von Olt. Kirchmayr - Gefechtsbericht Olt. Kirchmayr, KTB II./JG 1; der Alarmstart der III./JG 1 erfolgte um 12.20 Uhr - Flugbücher Hans-Georg Greber und Lutz-Wilhelm Burkhardt

[721] KTB II./JG 1: " Nach wechselndem Kurs erhielt der Verband ... "

[722] Gefechts- und Zeugenberichte Fw. Zinkl, Fhr. Petry und Olt. Kirchmayr

[723] Brief Anton Piffer an Rudolf Engleder, 27.5.1944

[724] Gefechtsmeldung Fw. Bindseil vom 13.5.1944; entsprechend heisst es im KTB der II./JG 1 - Abschuss einer P-51 " durch Rammen mit der Latte ". Gleichwohl konnte Bindseil seine Maschine nach Hamburg Fuhlsbüttel bringen und dort glatt landen. In den Zeugenberichten von Uffz. Wurl und Uffz. Golinger, die mit Fw. Bindseil gelandet waren, heisst es über den Zustand der Luftschraube der "gelben 10", dass bei zwei Blättern die Spitzen nach vorne gebogen waren, während die Spitze des dritten Blattes abgerissen war.

Olt.Ehlers	3./JG 1	P-47	(48.)	13.40	
Uffz.Gold	6./JG 1	P-47	(2.)	13.40	+
Uffz.Greber	7./JG 1	P-47	(1.)	13.40	+
Olt.Kirchmayr	5./JG 1	P-47	(17.)	13.40	
Olt.Brandes	8./JG 11	B-24	(7.)	13.47	
Ofw.Schmid	9./JG 11	P-47	(1.)	13.49	
Maj.Hackl	III./JG 11	P-47	(147.)	13.50	
Uffz.Pfeffer	Stab/JG 11	P-47	(4.)	13.55	+
Olt.Koenig	I./JG 11	B-17	(27.) *		
Ofw.Doppler	2./JG 11	B-17	(24.) *		
Olt.Brandes	8./JG 11	P-51	(8.)		
Olt.Brandes	8./JG 11	P-51	(9.)		
Ofw.Spreckels	ASt./JG 11	B-17	(5.)		

Diesen Erfolgen standen fünf Gefallene und ein Verwundeter sowie zwölf abgeschossene und vier beschädigte Maschinen gegenüber. Das JG 1 kam dabei mit zwei Gefallenen und zwei Totalverlusten besser davon - die 3. Staffel musste Uffz. Wolfgang Kappler auf die Verlustliste setzen, der im Luftkampf bei Stade tödlich abgeschossen wurde, während die 8./JG 1 den Tod des Gefr. Pankraz Spiegelsberger zu beklagen hatte, der ebenfalls bei Stade abgeschossen wurde und mit seiner " schwarzen 25 " abstürzte [725]. Die II./JG 1 kam ohne Personalverluste davon und hatte lediglich die Beschädigung von zwei ihrer Focke Wulfs zu verzeichnen, die nach dem Einsatz in Bremen-Neuenlandenfeld gelandet und dort in einen Tiefangriff amerikanischer Jäger geraten waren. Die I./JG 11 meldete je einen Gefallenen und Verwundeten: Uffz. Hans Jaeger von der 1. Staffel wurde im Luftkampf bei Itzehoe verwundet, während der Gefr. Hans Schwesinger von der 2./JG 11 bei Neumünster tödlich abgeschossen wurde. Die Verlustmeldungen der III./JG 11 sind wiederum nur unvollständig erhalten geblieben; so weit danach ersichtlich, meldete die Gruppe am 13. Mai 1944 zwei vermisste Maschinen, doch sind die Namen der Flugzeugführer nicht bekannt. Je einen Gefallenen hatten schliesslich die 10. und 11. Staffel [726] zu beklagen: Uffz. Benno Conrad fiel im Luftkampf mit amerikanischen Jägern bei Tostedt, während Uffz. Rudolf Schmal bei Neumünster tödlich abgeschossen wurde.

Nach dem Ende der Kämpfe meldete die deutsche Seite insgesamt 41 Abschüsse über dem Reichsgebiet und den besetzten Westgebieten; die eigenen Verluste beliefen sich dabei auf 18 Gefallene und acht Verwundete sowie 40 als Totalverluste abzuschreibende Flugzeuge [727]. Die 8. USAAF gab ihre Verluste demgegenüber mit lediglich zwölf Viermotorigen und zehn Begleitjägern an, während ihre Verbände 75 Abschüsse für sich beanspruchten [728].

---

[725] die III./JG 1 fiel nach diesem Einsatz gegen 14.20 Uhr in Stade ein, von wo aus noch am Nachmittag die Rückverlegung nach Paderborn erfolgte - Flugbuch Hans-Georg Greber

[726] möglicherweise wurde aus Teilen beider Staffeln die in Aalborg beheimatete Alarmstaffel/JG 11 gebildet, die in den kommenden Wochen wiederholt in den Meldungen auftaucht - vgl. oben die Abschussmeldung von Ofw. Robert Spreckels

[727] vgl. die Aufstellung oben S. 938; unter den Totalverlusten befanden sich sechs, die ohne Feindeinwirkung eintraten

[728] Freeman, aaO., S.243/244; unter den Jägern befindet sich ein Verlust der " Cat. E " ("battle damage"), die Verteilung der Abschüsse lautete 11-2-0 für die Bomber und 58-4-13 für die Jäger. Auffällig ist an diesemTage die erhebliche Differenz zwischen den amerikanischen Verlustangaben und den deutschen Abschussmeldungen für P-47 - drei Verlusten (ohne IX. FC) standen nicht weniger als zwölf Abschussansprüche gegenüber; auffällig ist aber auch die Tatsache, dass allein sechs der Abschussmeldungen der JG 1 und 11 den Vermerk "v.n.e." tragen und demnach möglicherweise nicht anerkannt worden sind, was gerade bei Luftkämpfen über See häufiger zu beobachten war. Die betroffenen sechs Abschussmeldungen sind in der Aufstellung oben mit einem "+" gekennzeichnet

Im Laufe des Tages - 13. Mai 1944 - erfolgte die Verlegung der III./JG 11 von Oldenburg nach Reinsehlen, einem Feldflugplatz bei Schneverdingen, 18 km nördlich Soltau. Damit waren auch die drei Gruppen des JG 11 ähnlich wie die des JG 1 auf engem Raum vereint, was die Bildung von Gefechtsverbänden bei den weiteren Einsätzen erheblich erleichtern würde.

Einmal mehr war es eine Wettereintrübung über weiten Teilen des Reichsgebietes, die dafür sorgte, dass es während der folgenden fünf Tage keine nennenswerten Einflüge von Verbänden der 8. USAAF bei Tage gab; diese Zeit wurde bei den Gruppen der JG 1 und 11 wie üblich zu einer ganzen Reihe von Übungs-, Werkstatt- und FT-Flügen genutzt. Bedauerlicherweise kam es dabei erneut zu drei Unfällen mit Personenschaden, die die II. und III./JG 1 betrafen. Am 15. Mai 1944 traf es die III./JG 1 - davon berichtet Hubert Heckmann:

Alle Staffeln schulten ihre Neuankömmlinge auf verschiedene Weise: Eines Tages wurde ein Schwarm von der 9. Staffel zusammengesetzt, bei dem Uffz. Kurt Baten [729] als Rottenflieger des Schwarmführers fungierte. Ich stand an der Startstelle und sollte den Start freigeben. Zuerst aber sah ich eine '109 reinlanden, Flugzeugführer der Feldwebel Zimmermann; er und Baten kannten sich noch von der Jagdfliegerschule. Das Ausrollen Zimmermanns konnte ich wegen des dazwischen liegenden Hügels auf dem Platz von Paderborn nicht verfolgen. Ich wartete also eine kurze Weile und schoss dann Grün in der Annahme, dass Zimmermann die Rollbahn freigemacht hätte. Der Schwarm rollte geschlossen an. Als die vier über den Hügel hinwegkamen, kam ihnen der Zimmermann genau entgegen, Schnauze auf Schnauze mit Kurt Baten. Kurt wollte die beiden Maschinen retten und behielt Vollgas bei. Kurz vor dem Zusammenstoss riss er hoch, doch dann drehte er eine halbe Rolle und landete hinter Zimmermann auf dem Rücken. Alles, was Beine hatte, rannte zur Aufschlagstelle; ich war als erster da und entfernte einige Scheibenreste aus der Kabine. Die mittlerweile hinzugekommenen Kameraden hoben den Schwanz der Messerschmitt an und ich kroch zu Kurt in die Kabine hinein; Kurt hing besinnungslos in den Gurten; ich löste seinen Anschnallgurt und er fiel mir in die Arme. [730]

Mit vereinten Kräften konnte Kurt Baten aus dem Bruch seiner " gelben 16 " geborgen und mit einem Sanka alsbald in ein Krankenhaus im nahen Paderborn geschafft werden. Am darauf folgenden Tage, dem 16. Mai 1944, hatte die II./JG 1 den Verlust von zwei Flugzeugführern zu beklagen, die beide bei Übungsflügen abstürzten - Uffz. Heinrich Weber von der 5. und Uffz. Fritz Schneider von der 6./JG 1 kamen beim Absturz ihrer Focke Wulfs bei Neuhaus bzw. in Platznähe von Störmede ums Leben. An den beiden folgenden Tagen kam es dann nicht zu weiteren nennenswerten Zwischenfällen.

Unterdessen erlebte Aalborg am **17. Mai 1944** erneut einen Tiefangriff durch sieben Mustang III der Royal Air Force. Deren Angriff kam vollkommen überraschend, so dass sie nach britischen Meldungen neun deutsche Flugzeuge abschiessen konnten, bevor eine Handvoll Focke Wulfs der 10./JG 11 eingreifen konnten [731]; zu den Opfern gehörten auch die Messerschmitts der Alarmstaffel des JG 11 - daran erinnert sich Heinrich Esser, damals Unteroffizier:

---

[729] Kurt Baten kam von der I./JG 52 und war erst kurz zuvor zur III./JG 1 in die Reichsverteidigung versetzt worden; er konnte zu dieser Zeit bereits auf 22 Ostabschüsse zurückblicken

[730] Bericht Hubert Heckmann, S. 10 / 11; Kurt Baten bestätigt diese Schilderung; aus seiner Sicht heisst es dazu: *Ich hatte noch nicht genügend Fahrt und war auch voll betankt und beladen. Es gelang mir aber, über die rollende Me hinwegzuziehen, aber dann drehte sich mein Flugzeug und ich schaltete den Motor und das Bordnetz aus ... und erwachte dann im St. Josefs Krankenhaus in Paderborn."* - Brief Kurt Baten, 19.4.1993. Er kam nach erfolgter Wiederherstellung am 15.11.1944 zur III./JG 1 zurück.

[731] 2nd. T.A.F. Log of Casualty & Claims, 17.5.1944; laut Shores, 2nd TAF, S. 197, lauteten die britischen Erfolgsmeldungen sogar auf 13-1-5, darunter 4 Ju 88, 1 He 177, 1 Ju 188, 2 W 34, 1 Bf 109 sowie weitere 2 He 177 und 2 W 34, die allerdings in der offiziellen Zusammenstellung der claims nicht enthalten sind. Es ist zugleich bemerkenswert, dass die Erfolgsmeldungen nur eine einzige Bf 109 enthalten, die beim Landeanflug über Aalborg abgeschossen wurde

Abb.764 - 765: Die folgenden Aufnahmen wurden am 17. Mai 1944 bei der 10./JG 11 in Aalborg gemacht; oben sieht man Uffz. Siegfried Rudschinat nach der Rückkehr von dem Einsatz in seiner " weissen 1 ", bei dem ihm durch den Abschuss einer Mustang der 7. Luftsieg gelungen war. Unten haben sich die Flugzeugführer der 10. Staffel auf der Motorhaube derselben Maschine versammelt - vorn erkennt man den Staffelkapitän Olt. Heinz Grosser und als dritten Fw. Robert Spreckels. (Diese Aufnahme wurde im Teil 1 aufgrund eines missverständlichen Hinweises auf dem Original irrtümlich der 8./JG 11 zugeschrieben)

(Bertram)

Abb. 766 - 767: Oben - Die Flugzeugführer der 10./JG 11 lassen Uffz. Siegfried Rudschinat auf ihre Weise hochleben, links im Bild dabei Olt. Heinz Grosser. Unten - Bereitschaft bei der 10./JG 11, die mit einem " Dauer-Skat " überbrückt wird, während eine Ordonnanz für Nachschub an Kaffee sorgt. In der Mitte sieht man Siegfried Rudschinat beim Reizen.

(Bertram)

Wir befanden uns auf einem Staffelübungsflug und waren gerade im Begriff, auf unserem Platz in Aalborg zu landen, als wir plötzlich von einigen Mustangs angegriffen wurden; es hatte vorher keinerlei Warnung über Funk von deren Anwesenheit in unserem Raum gegeben. Ehe ich mich recht versah, hatte meine Maschine einige Treffer weg und fing sofort an zu brennen. Ich hatte in diesem Augenblick vielleicht noch 30 m Höhe, konnte aber zum Glück noch hochziehen und ausreichend Höhe gewinnen, um mit dem Schirm auszusteigen. [732]

Auf der Verlustseite standen danach ein Gefallener, zwei Verwundete und drei Messerschmitts: Der Gefr. Johannes Dehmer wurde tödlich abgeschossen, während die Unteroffiziere Ludwig Hendrix und Heinrich Esser mit leichten Verwundungen davonkamen. Unterdessen konnten die Focke Wulfs der 10. Staffel bei der Verfolgung der Mustangs ohne eigene Verluste zwei Abschüsse verbuchen [733]-

Uffz. Rudschinat	10./JG 11	Mustang	(7.)	11.47
Hptm. Simsch	10./JG 11	Mustang	(53.) *	

In diesen Tagen fand die Beisetzung Walter Oesaus in seiner Heimatstadt Meldorf in Holstein statt; aus diesem Anlass waren zahlreiche führende Offiziere der Reichsverteidigung erschienen und gaben dem gefallenen Kommodore des JG 1 das letzte Geleit, während über ihnen die Focke Wulfs der I./JG 11, geführt von Olt. Fritz Engau [734], die Trauerparade flogen. Zum Andenken an Walter Oesau erhielt das JG 1 später seinen Namen als Geschwadernamen verliehen; die vollständige Bezeichnung des Geschwaders lautete danach JG " WALTER OESAU " Nr. 1 [735]. Eine vergleichbare Würdigung hatte ausser ihm nur Oberst Werner Mölders erfahren, dessen JG 51 seit seinem Tode den Namen JG " Mölders " trug.

Erstmals am **19. Mai 1944** liess das Wetter einen erneuten Tagesangriff auf Ziele im Reichsgebiet zu; die Führung der 8. USAAF nutzte dies sofort und setzte insgesamt 888 Viermotorige zu Angriffen auf die - im Slang der amerikanischen Bomberbesatzungen - beiden grossen "B's", Berlin und Braunschweig ein. Begleitet wurden die in drei getrennten Verbänden einfliegenden Viermotorigen von 964 Begleitjägern [736]. Die Luftwaffe konnte dagegen Teile von acht Tagjagdgeschwadern mit zusammen 18 Gruppen zum Abwehreinsatz aufbieten, darunter alle sechs Gruppen der JG 1 und 11.

Die drei Gruppen des JG 1 wurden auch am 19. Mai 1944 zu einem Gefechtsverband zusammengefasst. Um 11.40 Uhr erfolgte der Alarmstart der drei Gruppen, die sich danach in 8.000 m über Paderborn versammelten und mit Kurs 340 Grad an die einfliegenden Viermotverbände herangeführt wurden [737]. Es dauerte fast eine Stunde, bis der Gefechtsverband um 12.35 Uhr im Raume Rheine / Osnabrück -

---

[732] Bericht Heinrich Esser, 18.8.1993; nach der Erinnerung Essers diente die Alarmstaffel vornehmlich der (Nach-)Schulung junger Flugzeugführer des JG 11, die zudem in Aalborg zum Teil von der Bf 109 auf die Fw 190 umgeschult wurden

[733] lt. 2nd Tac.A.F. Log of Casualty & Claims, 17.5.1944, gingen zwei Mustang III der 122 Sqn. verloren

[734] Brief Fritz Engau, 8.6.1991; dort heisst es u.a.: *" Beim Begräbnis von Oesau in Meldorf Mitte Mai 1944 sollte unsere I./JG 11 die Luftparade anführen. Koenig gab mir den Befehl, und so führte ich die Parade an. Ich wurde nachher angerufen und es gab ein schönes Lob."* Die Beisetzung Oesaus erfolgte am 20.5.1944

[735] der genaue Zeitpunkt der Verleihung des Geschwadernamens ist unbekannt; in den namentlichen Verlustmeldungen WASt. taucht er erstmals am 19.1.1945 auf

[736] Freeman, aaO., S. 245; ders., Mighty Eighth, S. 142. Es fällt auf, dass die P-51 unter den Begleitjägern mittlerweile zahlenmässig bei weitem am stärksten vertreten war - an diesem Tage waren rund 500 Mustangs im Einsatz

[737] KTB II./JG 1, die mit 21 Fw 190 unter Führung von Olt. Eder im Einsatz war; ebenso Gefechtsberichte Olt. Eder, Ofw. Schuhmacher, Ofhr. Swoboda, Uffz. Milde und Uffz. Wurl. Die III./JG 1 stieg um 11.40 Uhr im Alarmstart auf - Flugbücher Fritz Haspel, Hans-Georg Greber, Lutz-Wilhelm Burkhardt und Werner Moser

Auf deutscher Seite eingesetzte Verbände am 19.5.1944						
Einheit	Abschussmeldungen	\	Verluste im Einsatz			
			FF		Flugzeuge	
		+	verw.	60-100%	unter 60%	Boden
I./JG 1	1 B-24, 5 B-24 HSS	1	1	4	2	-
II./JG 1	1 B-24, 6 P-47	2	-	3	-	-
III./JG 1	1 P-51	1	-	1	-	-
Stab/JG 3	1 B-17, 1 P-38	-	-	-	-	-
I./JG 3	1 B-24, 5 P-51	3	3	5	4	-
II./JG 3	3 B-17, 1 B-17 HSS, 1 P-51	1	3	7	3	-
III./JG 3	2 B-24, 4 B-24 HSS	-	-	1	1	-
IV./JG 3	4 B-17, 1 B-17 e.V.	2	1	3	1	-
I./JG 5	1 B-17	1	-	1	1	-
Stab/JG 11	-	1	-	1	-	-
I./JG 11	2 B-17, 3 B-17 HSS, 5 B-24, 2 B-24 HSS, 1 P-51	1	-	1	2	-
II./JG 11	1 B-17, 2 P-47, 3 P-51	2	1	7	3	-
III./JG 11	3 B-17	-	-	3	1	-
Stab/JG 27	2 B-24, 1 B-24 HSS, 1 P-51	1	-	2	1	-
I./JG 27	4 B-24, 1 B-24 HSS, 2 P-47, 1 P-51	2	1	5	2	-
II./JG 27	-	2	1	5	1	-
III./JG 27	1 B-24, 1 B-24 HSS	1	2	4	1	-
IV./JG 27	2 P-47, 1 P-51	1	-	1	1	-
II./JG 53	-	3	1	6	-	-
III./JG 54	2 B-24, 5 B-24 HSS, 3 P-38	1	1	3	3	-
II./JG 302	-	1	-	1	-	-
Stab/JG z.b.V.	-	1	-	-	1	-
		28	15	64	28	0

Quadrat FQ-6 - Feindsichtung von einem gemischten Viermotverband bekam, dessen Stärke mit 250 - 300 B-17 und B-24 angegeben wurde und der von starkem Jagdschutz umgeben war. Weiter heisst es im KTB der II./JG 1:

Der geplante Angriff scheiterte, da die Gruppe in Luftkämpfe mit dem Südost-Kurs fliegenden Jagdschutz verwickelt wurde. Der eigene Verband konnte sich nach Osten absetzen und zum zweiten geschlossenen Angriff von vorn ansetzen.

Tatsächlich hatte sich eine Gruppe Thunderbolts zwischen die beiden Focke Wulf Gruppen des JG 1 drängen und sich an die I./JG 1 heranmachen können, doch auch einige Maschinen der II. Gruppe bekamen dabei Luftkampf mit den P-47 und kamen dabei zu zwei Abschüssen. Während sich die I. Gruppe danach zunächst weiter mit den Thunderbolts herumschlagen musste, konnte sich die II./JG 1 neu formieren und um 12.45 Uhr zu einem geschlossenen Frontalangriff auf einen Liberator-Pulk ansetzen. Zwar konnte dabei eine B-24 durch den Gruppenführer Olt. Eder abgeschossen werden, doch stürzten sich schon im Abgang nach dem Angriff abermals Thunderbolts auf die Maschinen der II./JG 1. Es kam danach zu erbitterten Jägerkämpfen, die sich bis in den Raum Minden hinzogen und in deren Verlauf die Gruppe vier weitere Thunderbolts herunterholen konnte, zwei davon durch Olt. "Schorsch" Eder, der damit drei Abschüsse nach diesem Einsatz melden konnte. Offenbar

Abb. 768 - 769: Bereitschaft bei der 5./JG 11 - oben " döst " Lt. Hans Klaffenbach im Liegestuhl, unten sieht man von links Uffz. Antonius Heil, Lt. Günther Linka, Ofw. Kindl, Oberwerkmeister der Staffel, Uffz. Ludwig Hetzel, - ? -, - ? -, Uffz. Hans Felber und Lt. Hans Klaffenbach.

(Becker / Drühe)

bewirkte der Luftkampf zwischen der II./JG 1 und den sie verfolgenden P-47, dass sich die I. Gruppe von den amerikanischen Jägern lösen und nun ihrerseits zum Angriff auf die B-24 ansetzen konnte, was zu sechs weiteren Viermot-Abschüssen führte, so dass die beiden Gruppen nach ihrer Rückkehr zusammen 13 Ab- und Herausschüsse meldeten -

Ofw.Schuhmacher	II./JG 1	P-47	(15.)	12.35
Ofhr.Swoboda	5./JG 1	P-47	(8.)	12.37
Olt.Eder	II./JG 1	B-24	(45.)	12.45
Ofhr.Brandt	1./JG 1	B-24 HSS	(1.)	12.50
Uffz.Woite	2./JG 1	B-24 HSS	(1.)	12.55
Uffz.Oberhauser	2./JG 1	B-24 HSS	(1.)	12.55
Olt.Eder	II./JG 1	P-47	(46.)	12.55
Olt.Eder	II./JG 1	P-47	(47.)	12.55
Uffz.Milde	5./JG 1	P-47	(2.)	12.58
Uffz.Wurl	6./JG 1	P-47	(1.)	13.00
Uffz.Gabel	3./JG 1	B-24 HSS	(1.)	13.00
Gefr.Hartung	3./JG 1	B-24 HSS	(1.)	13.00
Hptm.Ehlers	I./JG 1	B-24	(49.)	13.00

Diesen Abschüssen standen auf der Verlustseite zwei Gefallene und ein Verletzter sowie vier abgeschossene Focke Wulf 190 gegenüber; die I. Gruppe verlor den Gefr. Kurt Vocke von der 2. Staffel, der im Luftkampf bei Hannover fiel, während der Gefr. Wolfgang Hartung von der 3./JG 1 seine " gelbe 16 " nach Trefferschäden aus dem vorangegangenen Luftkampf in der Nähe von Oldenburg notlanden musste und sich dabei leicht verletzte. Die II./JG 1 hatte einen Gefallenen zu verzeichnen: Fhr. Friedhelm Petry von der 6. Staffel kehrte nach dem Luftkampf mit den amerikanischen Begleitjägern im Raume Osnabrück / Rheine nicht zurück und es ist davon auszugehen, dass er ein Opfer der Thunderbolts wurde. Für die III./JG 1 schliesslich blieb der Einsatz ohne zählbares Ergebnis.

Teile des JG 1 kamen am frühen Nachmittag noch zu einem zweiten Einsatz, der in den Raum Schleswig-Holstein führte, doch sind nur wenige Einzelheiten darüber bekannt; die III./JG 1 war nach dem ersten Einsatz in Stade eingefallen und startete von dort um 14.34 Uhr [738] zum erneuten Abwehreinsatz gegen die Rückflüge der Viermots. Von diesem Einsatz berichtet Hubert Heckmann:

Wir waren über Hamburg, da hatte ich zweierlei Missgeschick. Die Viermots waren schon über Hamburg hinaus in Richtung England. Wir waren 8.000 m hoch, in 5.000 m direkt unter uns tummelte sich ein Haufen Mustangs. Wir hatten beste Angriffsposition, griffen aber nicht an, da uns unsere eigene Flak nicht liess. Sie schoss auf uns und nicht auf die Mustangs. Vorn gab man Vollgas und gewann an Höhe. Ich bekam meinen Zusatztank nicht ab und blieb zurück. Auf die vorderen wurde gezielt, der letzte hockte in den Wölkchen der explodierenden Granaten. Langsam gewann ich an Höhe. Mit 10.300 m erreichte ich trotz Zusatztank meine höchste mit einer '109 erzielte Höhe. Ich hing wie eine überreife Pflaume am Himmel und ab und zu ging es wie im Fahrstuhl ohne mein Zutun 3 - 400 m nach unten.

Bei Betrachtung der unter uns fliegenden Mustangs fiel mir eine silbrig glänzende auf, die sich von ihrem Pulk löste und sich in meine Richtung in Bewegung setzte. Meine Annahme, dass sie mich vorerst nicht erreichen würde, erwies sich als irrig. Bevor ich mich ein zweites Mal nach ihr umgesehen hatte, hatte der Kerl mir schon zwei Treffer in die Seitenflosse gepflanzt. Es entwickelte sich eine schweisstreibende Kurbelei, die ich schnellstens zu beenden versuchen musste. Jedweder Versuch, aus abschussgefährdeter Position herauszukommen, schlug fehl. Der flog besser als ich, wahrscheinlich war sein

---

[738] Flugbuch Fritz Haspel; demgegenüber weist das Flugbuch von Hans-Georg Greber dessen Start in Stade erst um 15.10 Uhr aus, während Lutz-Wilhelm Burkhardt ohne einen zweiten Einsatz um 17.52 Uhr von dort zum Rückflug nach Paerborn startete

Abb.770 - 771: Maschinen der III./JG 1 - Bf 109 G-6/AS -, aufgenommen im Mai 1944 vermutlich in Paderborn; die " gelbe 14 " trägt wiederum den Drei-Ton Grauanstrich mit dem roten Rumpfband des JG 1 und einem kurzen, nach oben versetzten Gruppenbalken darauf. Deutlich sichtbar sind auch das Geschwaderemblem und der Mast des FuG 16 ZY unter dem Rumpf. Bei der " gelben 9 " dahinter könnte es sich um die Maschine handeln, mit der der Gefr. Kurt Homola am 25. Mai 1944 im Luftkampf mit P-51 tödlich abgeschossen wurde.

(*Deutsche Wochenschau Nr. 721 vom 28.6.1944*)

Motor ein besserer als der meinige, sollten sie doch flüssigen Sauerstoff einspritzen. Ich musste daher um die 7.000 m wegdrücken, um in die Wolken zu kommen. Das dauerte über eine Viertelstunde. Die letzten 200 m wurde ich mit einem mutigen Abschwung quitt, dann sass ich in meiner lebensrettenden Wolke. Ich tauchte so tief ein, dass ich meine Fluglage nach der Sonne ausrichten konnte. Ich wollte einen Vollkreis fliegen, aus meiner Wolke heraus hochziehen und hoffte, dann hinter ihm zu sitzen. Ich war aber kaum aus der Wolke heraus, da ballerte er schon wieder los. Er war anscheinend meinem Schatten gefolgt und sass schon wieder - oder immer noch - in Abschussposition. Ich stürzte schleunigst durch meine Wolke und zog durch das nächste Wolkenloch steil nach oben. Da sah ich ihn dann zu seinem Verband aufschliessen." [739]

Der Rest der Gruppe hatte ebenfalls noch Luftkampf mit den Mustangs und konnte dabei im Raume Lübeck bei einem eigenen Verlust einen Abschuss erzielen -

Fw. Fordemann	7./JG 1	P-51	(2.)	15.28

Dagegen traf es Lt. Günter Munz von der 7. Staffel, den die Mustangs bei Lübeck tödlich abschossen. Daneben verzeichnete auch die II. Gruppe einen Gefallenen: Uffz Hans Sudikatis von der 4./JG 1 fiel im Luftkampf bei Flensburg und stürzte 18 km südöstlich der Stadt mit seiner " weissen 5 " ab.

Das JG 11 wurde ebenfalls als Gefechtsverband eingesetzt und stiess fast gleichzeitig und nur etwas weiter nördlich als das JG 1 auf die nach Braunschweig marschierenden B-24 der 2 BD; während die II./JG 11 als Höhengruppe über dem Raum Verden / Hoya wiederum die undankbare Aufgabe hatte, den amerikanischen Jagdschutz auf sich zu ziehen und sich in der Folge mit überlegenen Mustang- und Thunderboltgruppen auseinanderzusetzen hatte, kam die I./JG 11 an die Liberators heran und konnte in erbitterten Luftkämpfen sieben Ab- und Herausschüsse erzielen. Nicht weniger als drei der Abschussmeldungen gingen auf das Konto von Lt. Erich Hondt, der nach seiner schweren Verwundung vom 8. Oktober 1943 an diesem Tage erstmals wieder im Einsatz war und der den Einsatz im Gruppen-Stabsschwarm mitflog. [740] Zusammen mit den fünf Jäger-Abschüssen der II. Gruppe ergab dies zwölf Abschussmeldungen -

Lt.Hondt	I./JG 11	B-24	(7.)	12.35
Olt.Krupinski	II./JG 11	P-47	(186.)	12.45
Lt.Hondt	I./JG 11	B-24 HSS	(8.)	12.50
Ofw.Pfaff	1./JG 11	B-24	(1.)	12.53
Lt.Hondt	I./JG 11	B-24 HSS	(9.)	12.54
Olt.Krupinski	II./JG 11	P-47	(187.)	12.55
Uffz.Marx	4./JG 11	P-51	(2.)	12.55
Lt.Schrangl	3./JG 11	B-24	(11.)	12.55
Ofw.Bahlke	2./JG 11	B-24	(1.)	12.56
Ofw.Bahlke	2./JG 11	B-24	(2.)	12.57
Uffz.Drühe	5./JG 11	P-51	(4.)	
Lt.Klaffenbach	5./JG 11	P-51	(2.)	

---

[739] Aufzeichnungen Hubert Heckmann, S. 17/18

[740] vgl. die Darstellung bei Wiesinger, aaO., S. 14; diese, auf den nach dem Kriege niedergelegten Aufzeichnungen Hondts, beruhende Abhandlung weist allerdings einige erhebliche Ungereimtheiten bzw. unzutreffende Aussagen auf - so fand dieser Einsatz tatsächlich am 19. und nicht am 17. Mai 1944 statt, und erfolgte der Start der I./JG 11 nicht bereits um 09.30 Uhr. Auch meldete Hondt nicht lediglich einen, sondern drei Abschüsse, von denen allerdings die beiden letzten in einer amtlichen Unterlage den Vermerk "v.n.e." tragen und demnach als Herausschüsse anzusehen sind oder sogar letztlich unbestätigt blieben. Abschliessend heisst es dort, dass Erich Hondt in einer Notiz vom selben Tage geschrieben habe: *" Nach diesem vielversprechenden Anfang konnte ich natürlich nicht auf Urlaub fahren !"*

Abb. 772: Beisetzung von Uffz. Ernst Neuber von der 5./JG 11 in Hoya, gefallen am 19. Mai 1944 im Luftkampf im Raume Hoya.

(Drühe)

Die Verluste des JG 11 bei diesem Einsatz beliefen sich auf vier Gefallene und einen Verwundeten - der Stab/ JG 11 verlor den Gefreiten Rudolf Gahr, der aus unbekannter Ursache nicht von diesem Einsatz zurückkehrte und als vermisst gemeldet werden musste. Einen Gefallenen gab es bei der I./JG 11: Lt. Günter Wiemann von der 3. Staffel wurde im Luftkampf bei Wunstorf tödlich abgeschossen - über ihn, der zu den ältesten Flugzeugführern der 3./JG 11 gehört hatte, schrieb Heinz Stöwer:

> *Was ich schon immer geahnt habe, ist eingetroffen. Matthias - der Spitzname Wiemanns in der 3./JG 11 (die Verf.) - ist auch weggeblieben. Beim Einsatz am 19.5. - er ist in der Nähe von Wunstorf aufgefunden worden. Wie und was, weiss ich auch nicht. Es ist nur schade, dass er so vieles nicht mehr erlebte. Am 1. April ist er Leutnant geworden, dann hat er zwei Boeings anerkannt bekommen und die dritte wird wahrscheinlich auch zuerkannt, also hat er doch das EK I. Schade, mir tut der Kerl leid. Wir haben in der letzten Zeit so oft auf unserer Stube gesessen und jetzt ist er so sang- und klanglos abgehauen. Na, vielleicht werden Allan und Pankraz und La Jana - Fw. Gaedicke, Olt. Pancritius und Uffz. Jäger (die Verf.) - schon Vorbereitungen getroffen haben, um ihn richtig zu empfangen.* [741]

Zwei Gefallene und einen Verwundeten meldete die II./JG 11: Uffz. Ernst Neuber von der 5. Staffel, Rottenflieger bei Uffz. Herbert Drühe, fiel im Luftkampf mit P-51 bei Hoya, während Fw. Martin Müller von der 6./JG 11 im Luftkampf bei Nienburg tödlich abgeschossen wurde. Uffz Leo Fuchs von der 4. Staffel wurde unter nicht näher bekannten Umständen verwundet. Darüber hinaus musste die II./JG 11 weitere vier Bf 109 abschreiben, die im Luftkampf abgeschossen wurden, während je eine weitere ohne Feindeinwirkung abstürzte bzw. beschädigt wurde. Von der III./JG 11 sind keine Personalverluste bekannt, während zwei Focke Wulfs im Luftkampf verloren gingen.

---

[741] Brief Heinz Stöwer an Hans-Georg Güthenke, 26.5.1944

Wie beim JG 1 gab es auch beim JG 11 am frühen Nachmittag noch einen weiteren Einsatz und auch hier sind nur recht wenige Einzelheiten bekannt; wie beim JG 1 führte der zweite Einsatz auch beim JG 11 in den Norden, wo es zu mehreren Zusammenstössen mit den von Berlin zurückfliegenden B-17 der 1 und 3 BD kam [742]. So weit ersichtlich wurden danach weitere acht Ab- bzw. Herausschüsse gemeldet -

Olt. Hiebl	1./JG 11	B-17 HSS	(3.)	15.10
Olt. Brandes	8./JG 11	B-17	(10.)	15.14
Olt. Engau	2./JG 11	P-51	(3.)	15.14
Ofw. Stöwer	3./JG 11	B-17 HSS	(16.)	15.20
Ofw. Zick	7./JG 11	B-17	(24.)	15.21
Uffz. Schuch	1./JG 11	B-17 HSS	(1.)	
Ofw. Spreckels	ASt./JG 11	B-17	(6.)	
Ofw. Doppler	2./JG 11	B-17	(25.)	*
Maj. Hackl	III./JG 11	B-17	(148.)	*
Lt. Füreder	5./JG 11	B-17	(20.)	*

Über weitere Verluste des JG 11 im Verlaufe dieser Luftkämpfe ist nicht bekannt [743].

Nach dem Ende der Kämpfe am 19. Mai 1944 meldete die deutsche Seite insgesamt 71 Abschüsse, davon die Mehrzahl Viermotorige [744]; die eigenen Verluste betrugen demgegenüber 28 Gefallene bzw. Vermisste und 14 Verwundete sowie 64 als Totalverluste abzuschreibende Maschinen. Die 8. USAAF bezifferte ihre Verluste demgegenüber mit 30 Viermotorigen und 21 Jägern, während zugleich 74 Abschüsse und 20 Bodenzerstörungen beansprucht wurden [745].

An den beiden folgenden Tagen verhinderte ein erneuter Schlechtwettereinbruch weitere Tageseinflüge der 8. USAAF in das Reichsgebiet; statt dessen flogen deren Viermotorigen am 20. und 21. Mai 1944 Angriffe auf Flugplätze und Eisenbahnanlagen in Frankreich und Belgien sowie abermals auf die im Bau befindlichen V-1 Abschussrampen im Bereich des Pas-de-Calais [746]. Für die JG 1 und 11 brachten die Einflüge am 20. Mai einen ereignislosen Einsatz nach Alarmstart [747], während der 21. Mai einsatzfrei blieb.

---

[742] Heinz Stöwer schrieb unter dem 26. Mai über diesen Einsatz: " *Ich selber habe am 19.5. eine über der Ostsee abgeholzt, es war eigentlich der 25. Sieben habe ich bis jetzt anerkannt, neun nicht und die anderen neun laufen noch. 'Blaas'* - Ofw. Doppler (die Verf.) - *hat jetzt 17 anerkannt und ist zum Ritterkreuz eingereicht. Prima, was ? Das freut mich riesig."* Bemerkenswert ist der Begriff "abgeholzt" für den Abschuss eines Viermots, worin sich die Härte dieser Luftkämpfe und das gewaltige Übergewicht des Gegners widerspiegelt, im Gegensatz zu den für Jägerabschüsse gebräuchlichen Begriffen wie "abknipsen", "vernaschen" oder ähnlichem mehr.

[743] es ist jedoch möglich, dass einige der oben bereits genannten Verluste der III./JG 11 erst bei diesem Einsatz eintraten

[744] OKW Bericht, 20.5.1944

[745] Freeman, aaO., S. 245 - unter den Verlusten befinden sich je zwei Bomber und Jäger der "Cat. E", während die Abschüsse sämtlich von den Jägern gemeldet wurden (bei Freeman, aaO., heisst es zu den Abschussmeldungen der Bomber "0", doch ist nicht sicher, ob hier nicht richtigerweise nur eine Meldung fehlt)

[746] zu den Einzelheiten vgl. Freeman, aaO., S. 246

[747] vgl. KTB II./JG 1 am 20.5.: " *Nach Sitzbereitschaft ab 10.30 Uhr starten 13 Fw 190 zum Alarm über Lippspringe nach Köln. Die Gruppe landet ohne Feindberührung um 11.40 Uhr, der Einsatz gilt als Frontschulung."* Die III./JG 1 hatte um 10.45 Uhr Alarmstart in Paderborn, der anschliessende Einsatz verlief auch hier o.b.V. - Flugbuch Fritz Haspel

Abb. 773 - 775: Oben und unten links - Olt. Walter Krupinski, der nach der Verwundung von Maj. Günther Rall die Führung der II./JG 11 übernommen hatte, aufgenommen bei der Feier zu seinem Einstand als Gruppenkommandeur am 20. Mai 1944 in Hustedt. Unten rechts - Uffz. Klaus Fischer von der 6./JG 11 vor seiner Maschine, einer Bf 109 G-6/AS, aufgenommen im Mai 1944 in Hustedt. Bemerkenswert sind der ziemlich dunkel wirkende Oberseitenanstrich, wie er bei den Maschinen der II./JG 11 zu dieser Zeit üblich war, und die sich nach vorn verjüngende gelbe Spirale auf der Propellerhaube.

(*Krupinski / Füreder / Lächler*)

Bei der II./JG 11 gab es am Abend des 20. Mai 1944 ein denkwürdiges Fest - Olt. Walter Krupinski gab seinen Einstand als Gruppenkommandeur. Getreu der Devise, wonach bei einer " gesicherten Schlechtwetterlage " - Vorhersage von zwei Tagen qbi - die Alkoholvorräte aus den sorgsam gehegten Marketenderwaren freigegeben wurden [748], entwickelte sich an diesem Abend ein zünftiges Fest, das bis weit in den nächsten Morgen hinein anhielt, das jedoch ein gleichermassen jähes wie ernüchterndes Ende nahm - daran erinnert sich Rudolf Strosetzki wie folgt:

Es wurde gefeiert bis in den Morgen und die meisten unserer Flugzeugführer - die Offiziere dabei durchaus inbegriffen - waren gut "abgefüllt". Plötzlich hörten wir das Aufheulen von Flugzeugmotoren - offenbar waren unsere " Schwarzen Männer " dabei, unsere Messerschmitts abzubremsen und für einen Einsatz vorzubereiten. Das Geräusch und die damit verbundene Erkenntnis warfen uns um Stunden zurück. Immerhin begaben wir uns daraufhin zum Gruppengefechtsstand und hörten dort, dass wir sofort nach Burg bei Magdeburg fliegen sollten, um uns dort mit der I./JG 3 für einen zu erwartenden Abwehreinsatz zu vereinigen. Mit Hilfe von sehr viel Kaffee wurde dann versucht, uns einigermassen " aufzupeppeln ", bevor wir uns nach Alarmstart auf den Weg nach Burg machten - " So einen guten Verbandsstart haben wir noch nie gesehen ", meinten nachher unsere Techniker. Na ja, der Alkohol. [749]

Nach dem Start vergassen zwei Flugzeugführer, das Fahrwerk einzufahren; alles Rufen über FT half nichts, denn die beiden hatten das Funkgerät gar nicht erst eingeschaltet, da es mit seinem ständigen Geknacke und den scharfen Geräuschen den sowieso schon schweren Kopf höchstens gestört hätte. Dennoch sind wir glatt in Burg gelandet, es gab dort keinen Bruch. Dafür sind einige unserer Flugzeugführer, sehr zur Überraschung der Männer von der I./JG 3, nach der Landung ausgestiegen und diskret hinter dem Leitwerk ihrer Maschinen verschwunden, um dort zunächst einmal zu "opfern". [750]

Probleme ganz eigener Art hatte der Gruppenkommandeur der II./JG 11, Olt. Walter Krupinski, nach seiner Landung in Burg; dazu heisst es bei Emil Berndt:

Als ältester Schwarmführer der 6. Staffel bin ich mit sechs Maschinen nach Burg bei Magdeburg geflogen. Nach glatter Landung meldete ich dem Kommandeur Olt. Krupinski: " 6. Staffel mit sechs Maschinen klar, ein Flugzeugführer unklar ! " Ofhr. Grill hielt sich an der linken Fläche fest und liess sich seine Festmahlzeit vom Fest im Mütterheim aus dem Gesicht fallen. Krupinski sass noch in der Maschine - Schlafanzug und Fallschirm als Bekleidung - und befahl einem dortigen Techniker: " Laufen Sie mal schnell zu Hptm. Mertens - Kdr. der I./JG 3 (die Verf.) - und holen Sie mir eine Uniform !" [751]

Die II./JG 11 hatte Glück: Weil es nicht zu einem Einflug der 8. USAAF kam, gab es an diesem Tage auch keinen Abwehreinsatz, so dass die Gruppe am Nachmittag von Burg nach Hustedt zurückverlegen konnte; dazu heisst es bei Walter Krupinski:

GenMaj. Ibel - 2. Jagddivision - hatte auf jeden Fall schwere Bedenken, uns noch am selben Spätnachmittag zurückfliegen zu lassen. Sonstige Folgen - disziplinär - für den Kommandeur waren nicht zu berichten, ausser, dass GenMaj. Ibel drei Tage nacheinan-

---

[748] Bericht Rudolf Strosetzky, 6.8.1993

[749] Startzeit laut Flugbuch Hans Klaffenbach 06.58 Uhr, Landung in Burg 07.29 Uhr

[750] Bericht Rudolf Strosetzky, 6.8.1993; seine Darstellung wird bestätigt durch die Berichte von Walter Krupinski, Emil Berndt und Hans Klaffenbach

[751] Brief Emil Berndt, 7.8.1973

der in aller Frühe auf dem Gefechtsstand der Gruppe auftauchte, um sich von dem Befinden des Gruppenkommandeurs zu vergewissern. [752]

Während es über dem Reichsgebiet am 21. Mai 1944 ruhig blieb, erlebte Dänemark erneut den Einflug britischer Maschinen der 2nd Tac. A.F.; neun Mustang III und zwei Mosquitoes kämmten am späten Nachmittag den Luftraum über dem nördlichen Jütland ab und meldeten danach den Abschuss von zwei LeO 451, verloren dabei aber selbst zwei Mustangs. Jedenfalls eine davon ging im Verlaufe eines Luftkampfes mit der 10./JG 11 verloren: Uffz. Wolfgang Schröder-Barkhausen stiess bei einem Frontalangriff mit einer P-51 zusammen (16.45, 1.) und stürzte bei Ikast mit seiner Messerschmitt zu Tode [753] und anscheinend kam auch Uffz. Siegfried Rudschinat bei diesem Luftkampf noch zu einem Abschuss (8.).

Am **22. Mai 1944** waren die Hafenanlagen von Kiel das Ziel eines Tagesangriffs von 342 B-17 der 1 und 3 BD, deren Verbände um die Mittagszeit unter Begleitschutz durch starke Jagdgruppen [754] über die Nordsee einflogen. Der deutsche Abwehr gegen diese Einflüge war vergleichsweise schwach; soweit ersichtlich, kamen nur die sechs Gruppen der JG 1 und 11 überhaupt zum Einsatz.

Das JG 1 war auch am 22. Mai wieder geschlossen als Gefechtsverband im Einsatz. Nach dem Alarmstart aller drei Gruppen gegen 11.45 Uhr [755] und der Versammlung unter den Wolken über Paderborn trat der Verband nach Hamburg an. Westlich Neumünster kam es gegen 13.00 Uhr zur Feindsichtung von drei Pulks mit je 40 B-17, die auf Ostkurs einflogen. Bevor sich der Gefechtsverband noch zu einem Angriff auf die Viermotorigen ansetzen konnte, griffen die amerikanischen Begleitjäger aus der Überhöhung an und verwickelten die drei Gruppen des JG 1 in heftige Luftkämpfe, in deren Verlauf der Gefechtsverband restlos zersprengt wurde und nach denen es den Focke Wulfs und Messerschmitts nicht mehr gelang, überhaupt an die Viermotorigen heranzukommen. Drei Abschüssen -

Olt. Eder	II./JG 1	P-38	(48.)	13.10
Hptm. Burkhardt	7./JG 1	P-51	(66.)	
Hptm. Burkhardt	7./JG 1	P-38	(67.)	

standen auf der Verlustseite je ein Gefallener und Verwundeter sowie eine als Totalverlust abzuschreibende und sieben bei Bauch- und Notlandungen beschädigte Maschinen - vier davon allerdings ohne Feindeinwirkung - gegenüber. Die III./JG 1 meldete den Verlust von Uffz. Josef Wohlrab von der 7. Staffel, der im Luftkampf bei Rendsburg tödlich abgeschossen wurde. Ofhr. Klaus Holz von der 9./JG 1 wurde im Luftkampf mit P-51 schwer verwundet und hatte Glück, seine " gelbe 7 " bei Bad Bramstedt noch auf den Bauch werfen zu können.

Der Einsatz des JG 11 erfolgte nicht als geschlossener Gefechtsverband, sondern gruppenweise; die I. Gruppe geriet kurz nach dem Start in der Nähe von Rotenburg an Thunderbolts und hatte erhebliche Mühe, sich ihrer Haut zu erwehren - dazu heisst es bei Heinz Stöwer:

---

[752] Brief Walter Krupinski, 26.7.1993

[753] Shores, 2nd Tac.A.F., S. 198; 2nd Tac.A.F. Log of Casualty & Claims, 21.5.1944

[754] Freeman, aaO., S.247; ders, Mighty Eighth, S.143 insgesamt 568 Begleitjäger wurden an diesem Tage eingesetzt, doch flog ein Teil davon Begleitschutz bei Angriffen der 2 BD auf V-1 Abschussrampen im Bereich des Pas-de-Calais

[755] II./JG 1 in Störmede um 11.46 Uhr, III./JG 1 in Paderborn um 11.45 Uhr - KTB II./JG 1, Flugbücher Fritz Haspel und Lutz-Wilhelm Burkhardt

Abb. 776: Eine Fw 190 - vermutlich eine A-7 - der 6./JG 1 rollt an den Start, aufgenommen im Mai 1944 in Störmede; Geschwaderemblem, rotes Rumpfband und waagerechter Gruppenbalken darauf sowie der Zusatzbehälter unter dem Rumpf sind zu erkennen.

(Lächler)

Am 22. 5. fing die grosse Pleite an. Wir starteten und sind gerade aus dem Platz heraus, da rauschen 16 Thunderbolts von hinten heran. Was da los war, kannst Du dir ja vorstellen. Wir haben aber noch Glück gehabt, bis auf Fw. Janetzko sind alle gut davongekommen. D.h., Lt. Hondt ist ausgestiegen mit Treffern im Körper [757], 'Bruder' Lorenz ebenfalls, hat einen Schädelstreifschuss, Oberschenkeldurchschuss und einen im Fuss. Birkigt ist auch gejumpt und hat sich beim Aufschlag irgendwie demoliert und befindet sich jetzt auf Urlaub. Uffz. Haag haben sie auch die Mühle zerschossen, ihm selbst ist aber nichts passiert. So, und schliesslich ich, ja, bei mir hat es auf einmal furchtbar gekracht, die ganze Kabine blau und voller Splitter. Das war ein Kabinentreffer. Er ging in die rechte Seitenscheibe, ausser einigen Glassplittern im Gesicht und in der rechten Hand alles o.k. Die Maschine hat natürlich einen Haufen Löcher, ich konnte mich aber gerade noch so verdrücken und bin dann in Güstrow gelandet. [758]

Zwei Abschüsse meldete die I./JG 11 nach diesem Einsatz -

| Uffz. Kirschner | 3./JG 11 | P-47 | (1.) | 12.14 |
| Uffz. Schuch | 1./JG 11 | P-47 | (2.) | 12.15 |

während sich die Verluste auf zwei Gefallene und Verwundete sowie fünf abgeschossene Focke Wulfs beliefen; für Lt. Erich Hondt endete bereits der zweite Einsatz nach seiner Rückkehr zur I. Gruppe mit einem erneuten Fallschirmabsprung und einer schweren Verwundung, die ihm einen weiteren Lazarett-

---

[757] vgl. dazu Wiesinger, aaO., S.14 sowie sogleich unten

[758] Brief Heinz Stöwer an Hans-Georg Güthenke, 26.5.1944

aufenthalt eintrug. Seine Verwundung "verdankte" er dem Flugzeugführer einer Thunderbolt, der ihn am Schirm hängend beschoss und auch nach dem Aufkommen noch drei Anflüge auf den am Fallschirm hängenden Hondt flog, nachdem dessen Schirm sich in einem Baum verfangen hatte [759]. Alle weiteren Verluste betrafen die 3. Staffel, auf die sich die P-47 gestürzt hatten und die zum Zeitpunkt des Angriffes gerade 300 m Höhe erreicht hatte. Fw. Georg Janetzko und Uffz. Hans Sauerland wurden tödlich abgeschossen, während Ofw. Wilhelm Lorenz, den sie in der Staffel "Bruder" Lorenz nannten, trotz Verwundung noch mit dem Schirm aussteigen konnte.

Die III./JG 11 hatte etwa zur selben Zeit wie die I. Gruppe Alarmstart; um 12.07 Uhr stiegen die Focke Wulfs der III./JG 11 in Oldenburg auf und wurden anschliessend in den Raum Kiel geführt, wo sie gegen 13.00 Uhr zeitgleich mit den Gruppen des JG 1 auf die einfliegenden Boeings und ihren Jagdschutz stiessen. Auch die III./JG 11 kam zunächst nicht zum Angriff auf die Viermotorigen, sondern musste sich der heftigen Angriffe der amerikanischen Begleitjäger erwehren. Einen Eindruck davon vermittelt der nachfolgende Auszug aus dem Gefechtsbericht des Ogefr. Kiraly von der 7./JG 11:

Im Begriffe, einen Pulk der Bomberverbände anzugreifen, wurden wir von rechts oben von Lightnings angegriffen. Ofw. Zick kurvte sofort auf die feindlichen Jäger ein und griff die erste Maschine an, während ich die zweite Maschine, die etwas tiefer flog, angriff. Es entspann sich ein Kurvenkampf, in dessen Verlauf ich auf etwa 100 m an die Maschine herankam, ohne aber schiessen zu können. Nach ungefähr 360° Kurven machte die Lightning plötzlich eine Wechselkurve nach rechts. Ich folgte dieser Bewegung und hatte somit die günstigste Schussposition und den richtigen Vorhalt. Ich schoss mit allen Waffen. Die Lightning bekam die Garbe von der linken Flächenspitze ausgehend, welche sofort wegflog, bis zum Motor, welcher sofort zu brennen anfing. Im Verlaufe einer Verfolgungskurve konnte ich beobachten, dass die linke Fläche, welche brannte abmontierte, worauf die Maschine senkrecht abstürzte. Weiteres konnte ich nicht beobachten, da der Schwarm unter Führung von Lt. Loy sammelte.

Offensichtlich gelang es Teilen der Gruppe, sich aus der Kurbelei mit dem Jagdschutz zu lösen und zu den Viermotorigen durchzustossen, von denen danach fünf abgeschossen werden konnten. Insgesamt beanspruchte die III./JG 11 nach diesem Einsatz acht Abschüsse, die sich folgendermassen verteilten:

Ofw. Zick	7./JG 11	P-38	(25.)		13.12
Fw. Barschel	9./JG 11	P-38	(2.)		13.13
Ogefr. Kiraly	7./JG 11	P-38	(1.)		13.17
Lt. Rentz	9./JG 11	B-17	(2.)		13.20
Maj. Hackl	III./JG 11	B-17	(149.)	*	
Ofw. Laskowski	8./JG 11	B-17	(32.)	*	
Fw. Keil	9./JG 11	B-17	(11.)	*	
Hptm. von Fassong	7./JG 11	B-17	(65.)	*	

Die III./JG 11 blieb dabei selbst von Personalverlusten verschont; lediglich eine Fw 190, die im Luftkampf abgeschossen wurde, erscheint unter diesem Datum in den Verlustmeldungen der Gruppe.

Der OKW-Bericht meldete über den Tagesangriff der Amerikaner auf Kiel vom 22. Mai 1944 am darauffolgenden Tage:

---

[759] dazu heisst es in den Unterlagen Erich Hondts: *" Die Thunderbolt, die mich abgeschossen hatte, flog auf mich einen Angriff und beschoss mich am Schirm. Es war ein furchtbares Gefühl. Ich konnte nur die Knie zur Brust reissen und mir die Augen zuhalten. Nachdem ich drei Schüsse abgekriegt hatte, fiel ich in den Wald, blieb über der Erde hängen und löste sofort den Schirm. Mein Gegner fuhr noch drei Angriffe auf den in den Wipfeln hängenden Schirm, der danach etwa 20 Löcher hatte."*

Abb. 777 - 778: Zwei Aufnahmen der " gelben 7 " der 3./JG 1 von Ofhr. Walter Köhne, aufgenommen Mitte Mai 1944 in Bad Lippspringe; ausweislich des nach vorn versetzten Zusatzbehälters handelt es sich dabei um eine Fw 190 A-8. Von der FT-Anlage ist unter der linken Fläche der Morane-Mast des FuG 16 ZY sichtbar, von Zielflugpeilrahmen unter dem Rumpf ist lediglich der Sockel zu erkennen. Oben sieht man Ofhr. Köhne in der Kabine, während auf der Fläche der 1. Wart der Maschine, der Ogefr. " Specht " Kurski sitzt. Unter der Kabine ist die persönliche Markierung Köhnes zu sehen, der Namenszug " Löwe ". Unten sieht man von links Ofhr. Gustav Knoll, Fw. Eugen Busch und den Gefr. Wolfgang Hartung, in der Kabine ist nochmals der Ogefr. Kurski zu erkennen.

(Köhne)

Nordamerikanische Bomber richteten am gestrigen Tage einen Terrorangriff gegen das Stadtgebiet von K i e l. Es entstanden besonders in Wohnvierteln Schäden und Verluste unter der Bevölkerung. Bei schwierigen Abwehrbedingungen wurden 22 feindliche Flugzeuge abgeschossen.

Da weitere Jagdverbände an der Abwehr nicht beteiligt waren, dürften die weiteren elf Abschussmeldungen auf das Konto der Flak gegangen sein. Die 8. USAAF bezifferte ihre Verluste demgegenüber mit sechs Viermotorigen und zehn Jägern, während ihre Verbände 26 Abschüsse für sich beanspruchten [760]

Am **23. Mai 1944** flogen die Verbände der 8. USAAF Angriffe auf Eisenbahnanlagen und Fluplätze in Nord- und Ostfrankreich; insgesamt 1.045 Viermotorige und 1.309 Jäger und Jabos wurden dazu aufgeboten, die, unbehindert durch deutsche Jagdabwehr, 2.300 Tonnen Bomben abluden und damit für grosse Zerstörungen am Boden sorgten. Die JG 1 und 11 waren an diesem Tage nicht im Einsatz; statt dessen wurden die Gruppen des JG 1 auf Plätze im erweiterten Raum um Berlin verlegt, womit offenbar der Versuch einer Schwerpunktbildung mit den nach den letzten Abwehreinsätzen angeschlagenen und nach der Zahl der noch einsatzbereiten Besatzungen und Flugzeuge deutlich geschrumpften Gruppen [761] gegen einen erwarteten weiteren Grossangriff auf die Reichshauptstadt bzw. Ziele der Treibstoffindustrie im mitteldeutschen Raum unternommen werden sollte. So verlegte der fliegende Verband der II./JG 1 im Laufe des Tages nach Salzwedel, wo die IV./JG 3 beheimatet war, während die III./JG 1 am frühen Morgen bereits nach Burg bei Magdeburg überführte, wo nach wie vor die I./JG 3, die Höhengruppe des Udet-Geschwaders, lag [762]. Die I./JG 11 meldete an diesem Tage einen Verletzten: Uffz. Karl Freytag von der 2. Staffel wurde unter unbekannten Umständen bei einem Unfall in der Nähe von Verden verletzt, seine Focke Wulf wurde erheblich beschädigt.

Während es über dem Reichsgebiet selbst am 23. Mai bei Tage weitgehend ruhig blieb, erlebten Dänemark und Südnorwegen abermals Einflüge britischer Maschinen; dabei kam die 10./JG 11 zu einem weiteren Erfolg, als Uffz. Mittelstädt am Abend um 20.13 Uhr über dem Kattegat im Tiefflug einen als "Douglas" angesprochenen Zweimot abschiessen konnte (1.).

24. Mai 1944: Während die B-24 der 2 BD einmal mehr Flugplätze in Frankreich mit ihren Bombenteppichen belegten, flogen 616 Boeings der 1 und 3 BD einen erneuten schweren Tagesangriff auf Berlin; begleitet wurden die Viermotorigen dabei von 953 Jägern [763]. Zur gleichen Zeit flogen starke Viermotverbände der 15. USAAF Angriffe auf mehrere Flugplätze und Flugzeugwerke in Österreich, wodurch die im Süden des Reichsgebietes liegenden Jagdgruppen gebunden und an einem Eingreifen gegen die Einflüge der 8. USAAF gehindert wurden [764].

Von deutscher Seite konnten 14 Tagjagdgruppen gegen die nach Berlin einfliegenden Viermotverbände angesetzt werden, darunter wieder die JG 1 und 11 mit allen sechs Gruppen.

---

[760] Freeman, aaO., S.247 - von den Verlusten sind ein Viermot und drei Jäger als "Cat.E" angefallen; sämtliche Abschussmeldungen gehen auf das Konto der Jäger, die 22-4-8 claims einreichten

[761] vgl. etwa die Einsatzstärken der II./JG 1 am 24.5. = 10 Fw 190, oder der drei Gruppen des JG 11, die am 24.5.1944 folgende Stärke an einsatzbereiten Maschinen meldeten: I./JG 11 - 14 Fw 190, II./JG 11 - 13 Bf 109 und III./JG 11 - 19 Fw 190; Unterlagen Studiengruppe Lw./FüAk Bw.

[762] KTB II./JG 1 - danach Verlegung von 18 Focke Wulf 190; Flugbücher Lutz-Wilhelm Burkhardt und Fritz Haspel; es ist nicht bekannt, ob und wohin ggf. die I./JG 1 verlegt wurde. Die Gruppen des JG 11 blieben demgegenüber auf ihren zuletzt bezogenen Plätzen.

[763] Freeman, aaO., S. 248/249; ders., Mighty Eighth, S. 143

[764] Rust, aaO., S. 23

Auf deutscher Seite eingesetzte Verbände am 24.5.1944
- nur Abwehr des Tagesangriffes auf Berlin -

Einheit	Abschussmeldungen	Verluste				
		FF		Flugzeuge		
		+	verw.	60-100%	unter 60%	Boden
I./JG 1	2 B-17, 1 B-17 HSS	-	-	-	1	-
II./JG 1	1 B-17	-	-	-	-	-
III./JG 1	1 B-17, 1 P-51, 1 P-38	-	-	1	-	-
Stab/JG 3	1 B-17, 1 B-17 HSS	-	-	-	-	-
I./JG 3	3 B17, 3 P-51, 1 P-38	1	-	3	-	-
II./JG 3	1 B-17, 1 P-38	1	-	2	2	-
III./JG 3	1 B-24 HSS	1	-	2	1	-
IV./JG 3	5 B-17, 3 B-17 HSS, 1 B-17 a.s.m., 2 P-51, 1 P-38	-	-	1	-	-
I./JG 51	B-17	-	1	2	2	-
I./JG 11	2 B-17, 3 B-17 HSS	2	-	3	-	-
II./JG 11	1 B-17, 2 P-51	4	2	9	-	-
III./JG 11	5 B-17, 2 B-17 HSS	-	-	-	2	-
II./JG 53	-	1	-	1	2	-
III./JG 54	6 B-17, 3 B-17 HSS, 1 B-17 e.V., 1 P-51	2	2	4	1	-
II./JG 302	3 B-17, 1 B-17 HSS	1	-	1	-	-
		13	5	29	11	0

An diesem Tage erfolgte der Einflug der Bomberverbände aus dem Norden, wo die Viermotorigen über dem schleswig-holsteinischen Raum in das Reichsgebiet eindrangen. Dagegen wurde als erstes das JG 11 mit seinen drei Gruppen angesetzt, die gegen 10.20 Uhr nördlich Heide - Quadrat UT - auf die mit Südostkurs marschierenden Viermotorigen stiessen. Der Ansatz der Gruppen bereitete erhebliche Schwierigkeiten, weil die Sichtverhältnisse aufgrund dicht gelagerter Kondensstreifen in einem milchigen Zirren-Nebel [765] ausserordentlich schlecht waren, weswegen der erste Versuch, zu einem geschlossenen Frontalangriff der beiden Focke Wulf Gruppen zu kommen, misslang. Unterdessen hatte sich die II./JG 11 bereits der amerikanischen Begleitjäger angenommen und konnte in einer heftigen Kurbelei über Dithmarschen zwei P-51 abschiessen; hinzu kam eine B-17.

Die III./JG 11 konnte danach zu den B-17 vorstossen und kam nach einem Luftkampf, der sich bis in den Raum westlich Lübeck hinzog, zu sieben Ab- und Herausschüssen. Über den weiteren Verlauf dieses Einsatzes bei der I./JG 11 berichtet Fritz Engau:

Dieser Einsatz war der merkwürdigste und eindrucksvollste, den ich bei der Tagjagd erlebte, und zwar deshalb eindrucksvoll, weil er für Tagjäger bei ungewöhnlich schlechten Sichtverhältnissen stattfand. Wir waren an diesem Tage kaum zehn Maschinen; daher flogen wir die auf der Skizze wiedergegebene Keilformation. Wir sind bei zwei oder drei

---

[765] Brief Fritz Engau, 15.9.1991; ebenso Freeman, Mighty Eighth, S. 143

Abb. 779: Olt. Hans-Heinrich Koenig, seit Anfang Mai 1944 Gruppenführer der I./JG 11, in seiner Focke Wulf; diese Maschine, eine Fw 190 A-7, hatte Koenig bereits als Staffelkapitän der 3./JG 11 geflogen und mit ihr stürzte er am 24. Mai 1944 nach Luftkampf mit Viermots tödlich ab.

Beachte die Beschriftung unter dem Tankdeckel.

(Güthenke)

18er-Pulks wegen dieser schlechten Sicht nicht rechtzeitig von vorne herangekommen. Schliesslich aber klappte es. Koenig, der an der Spitze unseres Keils flog, zog nach dem Schiessen nicht rechtzeitig hoch, kam fast in gleicher Höhe auf die Boeing zu und stiess mit ihr zusammen. Es war eine Kollision, begleitet von einer fast gleichzeitigen hellen Explosion. Niemand konnte feststellen, woher diese Explosion wirklich stammte, denn dazu ging es viel zu schnell. Es ist auch möglich, dass sie noch von einem Explosivgeschoss Koenigs stammte. Wir wussten aber auch, dass es bei Zusammenstössen fast gleichzeitig zur Explosion kommen konnte. Jedenfalls ist bei dieser Kollision irgendein schweres Teil durch die Luft gewirbelt, was ich genau mitbekommen habe. Wahrscheinlich war der Zusammenstoss eine Folge von Koenigs schlechtem Sehvermögen; bekanntlich war er wegen des Verlustes eines Auges, das er bei der Nachtjagd verloren hatte, zur Tagjagd gekommen. Und die Sicht bei diesem Einsatz war wirklich katastrophal ! Mit nur einem Auge konnte man sich in dieser "Suppe" sehr leicht verschätzen und zeitweise überhaupt nichts sehen !

Nach der Kollision Koenigs zogen wir nach dem Durchgang durch den 18er-Pulk seitlich zum zweiten Durchgang vor. Dabei sah ich noch die flachtrudelnde Maschine von Koenig mit abgerissener Fläche in den Wolken verschwinden. Sie brannte nicht und Fallschirme standen auch keine in der Luft. Von der explodierten Boeing sah ich überhaupt nichts mehr. Nur ein oder zwei angeschossene Boeings schwenkten danach seitwärts in den Dreck hinein. [766]

---

[766] Brief Fritz Engau, 15.9.1991; vgl. auch die nebenstehende schematische Darstellung

Bei diesem über Kaltenkirchen geflogenen Frontalangriff kam die I./JG 11 zu insgesamt fünf Abschüssen, während der zweite Angriff der Gruppe ohne zählbares Ergebnis blieb, so dass am Ende insgesamt 15 Ab- und Herausschüsse beansprucht wurden -

Ofhr.Gläsener	9./JG 11	B-17	(1.)	10.25
FhjFw.Schorr	6./JG 11	P-51	(11.)	10.27
Olt.Krupinski	II./JG 11	P-51	(188.)	10.28
Ofhr.Klarmann	8./JG 11	B-17 HSS	(1.)	10.29
Fw.Rehwald	III./JG 11	B-17	(3.)	10.33
Ofw.Schmidt	8./JG 11	B-17 HSS	(2.)	10.35
Ofw.Keil	9./JG 11	B-17	(12.)	10.36
Lt.Rentz	9./JG 11	B-17	(3.)	10.37
Olt.Brandes	8./JG 11	B-17	(11.)	
Olt.Koenig	I./JG 11	B-17	(28.)	10.40
Lt.Schrangl	3./JG 11	B-17 HSS	(12.)	10.40
Uffz.Weiss	1./JG 11	B-17 HSS	(1.)	10.40
Uffz.Kredel	3./JG 11	B-17 HSS	(1.)	10.40
Ofw.Doppler	I./JG 11	B-17	(26.)	
Gefr. Becker	5./JG 11	B-17	(1.)	

Diese Erfolge hatten mit schweren Verlusten erkauft werden müssen, denn das JG 11 meldete an diesem Tage den Verlust von sechs Gefallenen und zwei Verwundeten sowie von elf Maschinen, die im Luftkampf abgeschossen wurden. Für das Geschwader am härtesten war dabei fraglos der Tod von Olt. Hans-Heinrich Koenig; " King " Koenig war einer der erfahrensten und mit 28 Abschüssen - darunter 20 Viermotorige - zugleich erfolgreichsten Verbandsführer der Tagjagd in den schweren Abwehrkämpfen über dem Reichsgebiet gewesen. Seine Leistungen waren umso bemerkenswerter, als er sie trotz des Verlustes eines Auges und des damit verbundenen Sehkraftverlustes erreicht hatte. Er wurde nach dem Tode zum Hauptmann befördert und am 19. August 1944 mit dem Ritterkreuz ausgezeichnet, zu dessen Verleihung er bei seinem Tode bereits eingereicht war [767]. Neben Olt. Koenig traf es Uffz. Otto Kahlfeld von der 2. Staffel, der ebenfalls im Luftkampf mit den Viermots bei Kaltenkirchen tödlich abgeschossen wurde. Starke Verluste musste einmal mehr auch die II. Gruppe im Kampf mit den Mustangs hinnehmen, denn sie meldete allein vier Gefallene und zwei Verwundete. Uffz. Klaus Tiedemann vom Gruppenstab fiel bei Kaltenkirchen, während der Staffelführer der 4./JG 11, Lt. Helmut Denninger, bei Travemünde abgeschossen wurde und mit seiner " weissen 4 " abstürzte. Ofw. Georg Sattler, ebenfalls von der 4. Staffel, wurde zuletzt im Raume Hamburg gesehen und gilt seither als vermisst; auch er dürfte ein Opfer der Mustangs geworden sein. Die 5./JG 11 hatte je einen Gefallenen und Verwundeten: Uffz. Ludwig Hetzel fiel im Luftkampf mit P-51 über Rahlstedt, einem nordöstlichen Stadtteil von Hamburg, während der Gefr. Karl Becker nach dem Abschuss einer B-17 im Raume Quickborn verwundet wurde. Lt. Georg Füreder beendete diesen Einsatz nach dem Abschuss seiner " Gustav " in der Nähe von Lübeck am Fallschirm, hatte dabei jedoch das Glück, unverletzt zu bleiben [768]. Bei der 6. Staffel schliesslich gab es einen Schwerverwundeten: Uffz. Alfred Vüllings wurde von Mustangs abgeschossen und kam bei Bad Bramstedt herunter. Von der III./JG 11 liegen keine Personalverlustmeldungen zu diesem Einsatz vor, sie hatte lediglich zwei beschädigte Focke Wulfs zu verzeichnen.

Während die Viermotorigen nach diesen ersten Zusammenstössen mit der deutschen Jagdabwehr unbeirrt ihren Weg nach Berlin fortsetzten und dort zwischen 10.50 und 11.35 Uhr 1.081 Tonnen Bomben abwarfen [769], erfolgte der Alarmstart der an diesem Tage unter dem Befehl der 2. Jagddivision um Berlin versammelten Jagdgruppen, die zu einem grossen, geschlossenen Gefechtsverband zusam-

---

[767] Obermaier, S. 148; Brief Heinz Stöwer, 26.5.1944

[768] Brief Georg Füreder, 3.8.1993

[769] Girbig, Im Anflug ..., S. 235; Freeman, aaO., S. 249; ders., Mighty Eighth, S. 143

**Flugformation der I./JG 11
beim Angriff auf Bomberverbände**

Angriffsformation
(zwei Staffeln)

Deckungformation
höher fliegend
(eine Staffel)

Abb. 780 - 781: Zwei Aufnahmen einer Bf 109 G-6/AS der 4./JG 11 im Mai 1944 in Hustedt; wie bei der 4. Staffel üblich, ist die Spirale auf der Propellerhaube hier weiss. Beachte den dunklen Oberseitenanstrich, den für eine Bf 109 G-6/AS ungewöhnlich grossen Ölkühler und die breiten Luftschraubenblätter. Oben sieht man vor der Maschine Fw. Rudolf Kress, Techniker in der 4./JG 11.

(Kress)

mengefasst werden sollten; es waren dies neben den drei Gruppen des JG 1 das gesamte JG 3 mit Stab und vier Gruppen, die I./JG 5, die III./JG 54 sowie die II./JG 302. Zusammen brachten diese zehn Gruppen jedoch allenfalls noch 150 Maschinen in die Luft.

Bei den drei Gruppen des JG 1 gab es gegen 09.40 Uhr Alarmstart, nach dem die Versammlung des Gefechtsverbandes über dem Müritzsee, 70 km nordwestlich Berlin, erfolgte [770]; die II./JG 1, die noch ganze zehn Focke Wulfs an den Start brachte, war gemeinsam mit der IV./JG 3 von Salzwedel aus im Einsatz, während sich die III./JG 1 zusammen mit der I./JG 3 von Burg aus die Aufgabe der Höhendeckung teilte. Nach der Zusammenstellung des Gefechtsverbandes wurde dieser mit Kurs 210° an die Viermotorigen herangeführt, die sich mittlerweile bereits auf dem Rückflug befanden und mit Nordostkurs ausflogen. Ab kurz nach 11.00 Uhr entwickelte sich eine heftige, sich bis zum Oderhaff hinziehende Luftschlacht, in deren Verlauf die deutschen Gruppen bei vergleichsweise geringen eigenen Verlusten 25 B-17 ab- und weitere neun herausschiessen konnten. Bedingt durch die auch im Berliner Raum sehr schlechten Sichtverhältnisse, kam der amerikanische Jagdschutz nicht so wirkungsvoll wie gewohnt zum Tragen, doch wurde ein geschlossener Frontalangriff der deutschen Gruppen durch das sehr heftige und dichte Feuer der eigenen Flak verhindert [771]. Daraufhin löste sich der Gefechtsverband auf und griff schwarm- und rottenweise die Pulks der Viermotorigen an, dabei zunächst vom Jagdschutz der Amerikaner noch unbehindert. Im weiteren Verlauf der Luftschlacht kam es jedoch noch zu erbitterten Jägerkämpfen, in denen die deutschen Jäger sieben P-51 und vier P-38 Abschüsse für sich beanspruchten.

Die I./JG 1 gehörte zu den ersten deutschen Gruppen, die sich auf die Boeings stürzen konnten; drei Ab- und Herausschüsse, die sämtlich an die 1. Staffel gingen, waren das Ergebnis. Die II./JG 1, die gut zehn Minuten später im Angriff war, meldete einen weiteren Abschuss sowie einen wirksamen Beschuss. Die III. Gruppe, die sich zunächst mit dem Jagdschutz auseinanderzusetzen hatte und dabei zwei Abschüsse meldete, kam gegen Ende der Kämpfe auch noch zu einem B-17 Abschuss. Die danach insgesamt sieben Abschussmeldungen verteilten sich wie folgt:

Gefr.Penke	9./JG 1	P-38	(1.)		11.00
Uffz.Schnabl	1./JG 1	B-17 HSS	(1.)		11.01
Lt.Piffer	1./JG 1	B-17	(30.)		11.02
Uffz.Dobrath	1./JG 1	B-17	(2.)		11.02
Lt.Bach	4./JG 1	B-17	(15.)		11.13
Olt.Kirchmayr	5./JG 1	B-17	w.b.		
Ofw.Timm	9./JG 1	P-51	(5.)	*	
Lt.Koplik	9./JG 1	B-17	(3.)		11.38

Das für das JG 1 erfreulichste Ergebnis war jedoch ohne Frage, dass es an diesem Tage von Personalverlusten vollkommen verschont blieb; auf der Verlustliste erschienen lediglich eine beschädigte Focke Wulf der I. und eine im Luftkampf abgeschossene Messerschmitt der III./JG 1, deren Flugzeugführer sich jedoch unverletzt mit dem Schirm in Sicherheit bringen konnte. Nachdem die Maschinen wie üblich weit verstreut über Plätze im Nordosten Berlins eingefallen waren, erfolgte bei den meisten noch im Laufe des Nachmittages der Rückflug zu den Einsatzhäfen in Lippspringe, Störmede und Paderborn [772].

Am folgenden Tage hiess im OKW-Bericht über die Luftschlachten dieses Tages unter anderem wie folgt:

---

[770] KTB II./JG 1, Flugbuch Fritz Haspel (dort ist der Einsatz allerdings um eine Stunde nach vorn zeitversetzt verzeichnet, 08.50 - 10.45 Uhr); Flugbuch Lutz-Wilhelm Burkhardt, Einsatzzeit 09.43 - 11.00 Uhr

[771] Freeman, Mighty Eighth, S. 143

[772] KTB II./JG 1; Flubuch Fritz Haspel

Britisch=nordamerikanische Fliegerverbände führten im Laufe des gestrigen Tages und in der vergangenen Nacht mehrere Terrorangriffe. Unsere Luftverteidigungskräfte vernichteten 139 feindliche Flugzeuge, darunter 115 viermotorige Bomber. Weitere 16 Flugzeuge wurden über dem italienischen Raum und den besetzten Westgebieten abgeschossen. Von diesen bei Tage unter starkem Jagdschutz durchgeführten Angriffen wurden B e r l i n , W i e n e r N e u s t a d t und mehrere Orte im Raum von W i e n betroffen.

Die deutschen Tagjagdgruppen meldeten am 24. Mai 1944 insgesamt 64 Viermotab- und 29 Herausschüsse [773] sowie 24 Jägerabschüsse; ihre Verluste bei der Abwehr des Berlin-Angriffes betrugen zwölf Gefallene und fünf Verwundete sowie 25 Flugzeuge, von denen allerdings fünf ohne Feindeinwirkung verlorengegangen waren. Die 8. USAAF meldete demgegenüber nach dem Angriff auf Berlin den Verlust von 34 B-17 und 16 Begleitjägern, während ihre Verbände dabei 40 Abschüsse für sich beanspruchten [774]; die Gesamtverluste der 8. und 15. USAAF am 24. Mai 1944 beliefen sich nach amerikanischen Unterlagen auf 53 Viermots und 25 Begleitjäger [775].

Am nächsten Tag, dem **25. Mai 1944**, erfolgten weitere schwere Bombenangriffe auf Eisenbahnziele, Flugplätze im Saargebiet und in Nordostfrankreich sowie auf verbunkerte Batteriestellungen der Küstenartillerie zwischen Fécamp und St. Valéry an der Kanalküste; insgesamt 1.033 Viermotorige und 811 Jäger wurden zu diesen Einsätzen aufgeboten [776].

Die Gruppen des JG 1 wurden an diesem Tage bereits früh in Bereitschaft versetzt; nachdem die ersten Einflüge in den Westraum erfasst waren, gab es gegen 08.15 Uhr Alarmstart, nach dem sich die Gruppen über den Platz der II./JG 1 in Störmede versammelten, um danach in den Raum Frankfurt/M. geführt zu werden [777]. An diesen Einsatz erinnert sich Hubert Heckmann wie folgt:

Ich hatte den Morgen verpennt, war zu spät zum Bus-Sammelplatz gekommen und musste die fünf Kilometer von Kirchborchen zum Liegeplatz zu Fuss zurücklegen. Am Platz angekommen, hiess es gleich: Sitzbereitschaft. Ich erwischte gerade noch vom Frühstückstisch zwei Scheiben Weissbrot, unsere Ordonnanz Meier drückte mir beim Anschnallen schnell noch ein Spiegelei dazwischen.

Der Flug ging nach dem Sammeln in südliche Richtung. Ich war der Y-Lotse. Unsere Gruppe war unter 20 Maschinen, meine Staffel, die 9./JG 1, hatte zwei Schwärme in die Luft gebracht. Wir flogen im letzten Schwarm: Lt. Franz Koplik, Uffz. Helmut - "Gustav" - Fröhlich, Fw. Walter Pleines und ich zum Schluss. Nach geraumer Zeit sahen wir in weiter Entfernung die Alpen, davor die Dunstglocke, die über- wahrscheinlich - München hing, ca. 10.00 Uhr früh. Unsere Flughöhe betrug bei wolkenlosem, hochsommerlichen Wetter etwa 8.000 m. Es kam die Aufforderung vom Boden, eine Kehrtwendung zu fliegen und in Herzogenaurach zu landen, der Raum sei feindfrei. Franz Koplik liess mehr Abstand zwischen unserem Schwarm und den anderen kommen, behielt aber im Gegensatz zu denen die Höhe bei. Nach einiger Zahl meldete sich der Boden: "Machen Sie

---

[773] sowie drei endgültige Vernichtungen und fünf mit dem Zusatz "a.s.m." vermerkte Abschüsse

[774] Freeman, aaO., S. 249 - unter den Verlusten befindet sich je ein Viermot und Jäger der "Cat.E", die Abschussmeldungen beziehen sich ausschliesslich auf die Jäger

[775] Freeman, aaO., S. 248/249; ders., Mighty Eighth, S. 143; Rust, aaO., S. 23; M.A.C.R. 24.5.1944; in den Jägerverlusten der 8. USAAF sind auch die Verluste der 9. USAAF enthalten

[776] Freeman, aaO., S. 249/250

[777] KTB II./JG 1

Rübezahl !" [778] *Wir flogen demzufolge von einem Luftgau in den anderen. Wir bekamen unseren Standort hoch und mussten warten, bis uns der neue Luftgau unseren Standort mitteilte. Dabei konnte es passieren, dass uns der übernehmende Gau um 180° verkehrt mass, uns also in den hohen Norden versetzte. Die ganze Prozedur dauerte normalerweise fünf Minuten. Dieses Mal bekamen wir aber schon nach einigen Sekunden vom übernehmenden Antwort. Er gab uns keinen Standort hoch, sondern sagte mit etwas fremdländischem Tonfall: "Landen Sie nicht in Herzogenaurach, landen Sie in Frankfurt !", wobei ich bei der Aussprache "Fränkfort" hellhörig wurde. Ich gab zurück " Ricardo - Habe nicht verstanden !" Die Wiederholung kam umgehend in einer ärgerlichen Sprechweise mit dem Zusatz: " Raum ist feindfei !" Jetzt fiel mir besonders auf, dass die R's stark gerollt waren, wie wir es im Englischunterricht gelernt hatten. Ich stellte mein Funkgerät auf die Gruppenfrequenz um und warnte meine Kameraden: " Vorsicht, Falschmünzer !"* [779]

Noch bei meiner Warnung rissen meine Staffelkameraden über mich hinweg, von vorn unten kamen uns ununterbrochen Mustangs entgegen. Das ging alles so schnell vonstatten, dass ich allein geradeaus weiterflog und umgehend allein war - ich sah weder meine Kameraden noch die Mustangs, wobei es in dieser Höhe ziemlich diesig war. Ich war demzufolge abgesprengt und musste im Tiefflug den nächsten Flugplatz ansteuern. Während meines Abstiegs hörte ich unseren Koplik wienern: " Hob' oan obigschossen ! " Ich sah, wie vom Erdboden ein kleiner Rauchpilz aufstieg und eine einzelne Tragfläche wie ein welke Blatt zur Erde taumelte. Ich drehte eine Vollrunde um die Stelle und gab dem Koplik zu verstehen, dass ich das hier unten alles gesehen hatte. Damit hatte er einen Luftzeugen für seinen Abschussbericht.

Ich ging auf Kurs, merkte aber am Sonnenstrand, dass ich in westlicher Richtung flog. Ich wollte gerade nach Norden abdrehen, da sah ich weit entfernt, halb links von mir eine Maschine. In der Meinung, dass es sich bei ihm ähnlich wie bei mir um ein gleicharmes Schwein handelte, das auch nur einen Landeplatz suchte, hatte ich das Revi eingeklappt und die Waffen ausgeschaltet. Während ich nach hinten sicherte, waren wir uns so nahe gekommen, dass ich ihn erkennen konnte: Es war eine Mustang ! Ich hatte gerade noch Zeit, die Waffen einzuschalten und schoss nach Leuchtspur, die Leuchtspurkette ging knapp über seinen Rumpf hinweg. In der Hundekurve brachte ich das Revi in Position. Er sass zehn Meter vor mir. Da er stracks geradeaus flog und keine Anstalten machte herumzuziehen, drückte ich - verbotenerweise - das linke Auge beim Zielnehmen zu. Ich drückte leicht nach, da meine Garbe knapp zu hoch lag. Kurz bevor ich die ersten Einschläge bei ihm erwartete, bekam meine Motorkanone Ladehemmung. Ich lud durch und schoss. Nach drei bis fünf Schuss kam wieder nichts aus der 2 cm Kanone. Ein nächstes Durchladen bescherte mir einen Schuss, nach dem nächsten Durchladen war völlige Ladehemmung. Ich war auf fünf Meter herangekommen und sagte mir: Wenn ich jetzt abdrehe, dreht der hinter mir her und schiesst dich ab ! Mir blieb nur noch der Rammstoss. Dabei hatte ich natürlich im Sinn, das EK zu erringen - es hiess, dass man für einen einmot-Abschuss einen Punkt bekam, für jeden Rammstoss aber drei. Und bei drei Punkten war gleich das EK I fällig ! Dass ich ihm zentral von hinten hereinfahren und ihm dabei das Leitwerk zertrümmern musste, war mir völlig klar. Meine einzigen Bedenken galten noch meinem Motor, der dabei nicht abbrechen durfte, waren wir doch

---

[778] möglicherweise ein Irrtum in der Erinnerung, da der Befehl vermutlich "Blindschleiche" lautete - vgl. dazu oben S.867, Fn. 541

[779] Deckwort für feindliche Störer auf der eigenen Sprechfrequenz

Abb. 782 - 783: Die folgenden Aufnahmen entstanden am 25. Mai 1944 nach der Notlandung von Ofhr. Hubert Heckmann nahe Botenheim, nachdem er eine P-51 durch Rammstoss zum Absturz gebracht hatte; sie zeigen die Bemühungen eines Bruchbergungskommandos, die " gelbe 15 " - Bf 109 G-6/AS, WerkNr. 163 796 - vor der Bergung wieder auf die Beine zu stellen und sie anschliessend zerlegt zur III./JG 1 zurückzutransportieren.

(Heckmann / Lächler)

Abb. 784 - 785: Oben - Die " gelbe 15 " im zerlegten Zustand auf einem Flachwagen zum Rücktransport nach Paderborn; links Ofhr. Hubert Heckmann.

(Heckmann)

nur noch 50 m hoch, für einen Fallschirmabsprung also viel zu tief. Ich sah vor uns das Dorf Botenheim und beschloss, das Dorf noch zu passieren und dann zu rammen, da er sonst in das Dorf fallen und dort menschlichen oder Sachschaden anrichten könnte. Über dem Dorf zog mein Gegner leicht hoch und legte sich in eine schwache Linkskurve. Ich erwartete, dass er sich wehren würde, wusste aber nicht, wie sich unsere Flugzeuge verhalten würden, wenn ich in Messerlage rammte. Ich gab daher Gas und ging unter seiner Propellerbö bis auf einen halben Meter an ihn heran. Ich zog hoch, nahm das Gas raus, hörte den Krach und drückte nach unten. Ich hörte den Fahrtwind, der sicherlich durch das auf meiner Motorhaube hängende Leitwerk der Mustang verstärkt wurde. Ich suchte mir einen geeigneten Landeplatz in nächster Nähe eines der umliegenden Dörfer aus, damit ich es nicht zu weit zu einem Telefon hatte. Nach dem "Ausrutschen" sprang ich aus der Maschine, da von vorn "verdächtige" Geräusche zu hören waren. Ich rannte weg in der Annahme, dass meine Maschine zu brennen anfangen würde. [780]

Hubert Heckmann hatte viel Glück, seinen Rammstoss und die anschliessende Bauchlandung unverletzt zu überstehen; auch sein Gegner, Capt. Joseph Bennett von der 4th FG, überlebte den Rammstoss, nachdem er beim Absturz seiner Mustang gerade noch mit dem Fallschirm aussteigen konnte. Den zwei Abschüssen der III./JG 1 -

| Lt. Koplik | 9./JG 1 | P-51 | (4.) | 09.40 |
| Ofhr. Heckmann | 9./JG 1 | P-51 | (1.) | 10.05 |

stand ein Gefallener gegenüber: Der Gefr. Kurt Homola von der 9./JG 1 wurde bei der Landung in Besigheim von Mustangs abgeschossen und kam beim Aufschlagbrand seiner Maschine ums Leben. Auch die I./JG 1 bekam es noch mit den amerikanischen Jägern zu tun und büsste dabei eine Focke Wulf ein - Ofhr. Manfred Büttner von der 1. Staffel wurde nordwestlich Stuttgart abgeschossen und verwundet, konnte aber noch mit dem Fallschirm aussteigen. Bei der II. Gruppe schliesslich blieb der Einsatz ohne Feindberührung, sie fiel nach knapp zwei Stunden in Echterdingen-Illesheim ein [781].

Während am 26. Mai 1944 schlechtes Wetter weitere Tagesangriffe der 8. USAAF verhinderte, flogen am **27. Mai** insgesamt 1.126 Viermotorige unter Begleitschutz durch 1.135 Jäger erneut Angriffe auf Eisenbahnziele und Flugplätze im Südwesten des Reiches und in Nordostfrankreich [782]. Die JG 1 und 11 waren an den Abwehreinsätzen gegen diese Einflüge nicht beteiligt, sondern verbrachten den Tag mit den gewohnten Übungseinsätzen, Werkstatt- und FT-Flügen. Dabei kam die II./JG 1 zu einem Abschuss, als Uffz. Stuckenbrock von der 6. Staffel bei einem Werkstattflug am frühen Abend hoch über sich eine Kondensfahne entdeckte, dieser nachstieg und auf eine einzelne Lightning stiess, die er um 18.17 Uhr in 9.200 m Höhe westlich Zwolle - Quadrat FM/GM - abschiessen konnte (2.).

Beim JG 11 gab es einige Neubesetzungen von Führungsstellen; am 26. Mai 1944 traf Hptm. Siegfried Simsch bei der I./JG 11 in Rotenburg ein, um als Nachfolger von Olt. Koenig das Kommando über die Gruppe zu übernehmen. Zunächst wurde ihm Gelegenheit gegeben, sich mit den Geschäften des Kommandeurs am Boden vertraut zu machen, bevor er am 6. Juni auch die Führung in der Luft übernahm. An seiner Stelle wurde Hptm. Friedrich Eberle mit der Führung des Kommando Skagerrak in Aalborg betraut, wo er bereits am 20. Mai 1944 eingetroffen war [783]. Bei der II. Gruppe wurde Lt. Herbert Klotz nach dem Tode von Lt. Denninger Staffelführer der 4./JG 11.

---

[780] Aufzeichnungen Hubert Heckmann, S. 13 ff

[781] KTB II./JG 1

[782] zu den Einzelheiten der Angriffe des 27. Mai vgl. Freeman, aaO., S.251; die deutsche Seite meldete im OKW-Bericht insgesamt 39 Abschüsse bei 16 Gefallenen und zwölf Verwundeten an eigenen Personalverlusten im Bereich der Tagjagd

[783] Brief Fritz Engau, 16.1.1991; Brief Friedrich Eberle, 26.11.1948

Auf deutscher Seite eingesetzte Verbände am 28.5.1944					
Einheit	**Abschussmeldungen**	\+	Verluste FF verw.	Flugzeuge 60-100%	unter 60% Boden
I./JG 1	7 B-17, 7 B-17 HSS, 1 B-17 asm	2	1	4	3	-
II./JG 1	2 B-17, 5 B-17 HSS, 1 B-17 asm	-	1	1	1	-
III./JG 1	1 P-51	1	2	2	1	-
Stab/JG 3	1 B-17	-	-	-	-	-
I./JG 3	4 P-51	1	3	6	2	-
II./JG 3	1 B-17, 2 B-17 HSS, 1 P-51	-	1	3	1	-
III./JG 3	-		1	2	3	-	-
IV./JG 3	2 B-17 HSS	1	-	2	-	-
I./JG 5	-		2	1	3	-	-
I./JG 11	4 B-17, 1 P-51	2	-	4	1	-
II./JG 11	4 P-51	1	-	3	-	-
III./JG 11	5 B-17, 1 B-24, 2 P-51	1	-	1	2	-
I./JG 27	1 B-17, 1 B-17 HSS	1	1	2	2	-
II./JG 27	-		3	-	6	-	-
III./JG 27	8 B-17, 3 B-17 HSS, 2 B-17 asm	2	1	4	1	-
IV./JG 27	1 B-17 HSS, 1 P-51	1	-	1	1	-
II./JG 53	-		-	1	1	2	-
III./JG 54	1 P-38	-	-	1	1	-
II./JG 302	1 B-24	-	1	1	-	-
I./ZG 26	1 B-17, 1 B-17 HSS, 1 P-51	-	-	2	1	-
JGr. Ost	1 B-17	-	-	-	-	-
		19	15	50	19	0

28. Mai 1944, Pfingstsonntag: An diesem Tage erfolgte der zweite Schlag der 8. USAAF gegen die Werke der Treibstoffindustrie im Reichsgebiet: Insgesamt 1.341 Viermotorige wurden zu Angriffen gegen Ziele im Reichsgebiet eingesetzt, von denen am Ende allerdings nur 864 auch tatsächlich zum Bombenwurf kamen [784]. Zu den Hauptzielen dieses Tages gehörten die Hydrierwerke Ruhland-Schwarzheide, Böhlen, Magdeburg-Rothensee, Lützkendorf, Leuna und Tröglitz sowie die Ölläger von Königsburg bei Magdeburg und daneben verschiedene Flugzeugwerke, darunter die Junkers-Werke in Dessau [785]. Begleitet wurden die Viermotorigen, die in mehreren getrennten Verbänden einflogen, von 1.224 Jägern.

Von deutscher Seite konnten insgesamt 18 Tagjagdgruppen, Teile eines Zerstörergeschwaders sowie einzelne Schwärme von Schul- und Ergänzungsgruppen gegen diese Einflüge aufgeboten werden; dabei konnte das I. Jagdkorps insgesamt rund 330 Flugzeuge in die Luft bringen, von denen am Ende 266 Feindberührung hatten. Auch an diesem Tage waren die JG 1 und 11 wieder mit allen sechs Gruppen am Abwehreinsatz über dem mitteldeutschen Raum beteiligt [786].

---

[784] Freeman, aaO., S. 252; Groehler, BK, S. 227 unter Verweis auf PRO London, Air 40/353, 376, 378

[785] vgl. die Zielübersicht bei Groehler, aaO., S. 227

[786] vgl. die Aufstellung oben

Abb. 786 - 787: Oben - Alarmstart bei der 6./JG 11 in Hustedt im Mai 1944; auf der Fläche der " gelben 16 " sieht man einen Flugzeugführer, dessen eigene Maschine vermutlich unklar ist, so dass er den Warten beim Ankurbeln des DB 605 AS Motors der Maschine hilft. Gut zu erkennen ist auch hier der insgesamt sehr dunkel wirkende Oberseitenanstrich sowie die sich nach vorn verjüngende gelbe Spirale auf der Propellerhaube. Unten - Zwei Flugzeugführer der 6./JG 11 auf dem Liegeplatz der Staffel in Hustedt, links Uffz. Alfred Vüllings und rechts Uffz. Loeper. Die Aufschrift der Kiste im Vordergrund zeigt, dass das Jagdfliegerleben auch seine guten Seiten hatte.

(Vüllings)

Nachdem am späten Vormittag die Versammlung der amerikanischen Bomberverbände vor der britischen Küste im Raume Norwich erfasst worden war, wurden die deutschen Gruppen in 15'-Bereitschaft versetzt; beim JG 1 erfolgte dies um 11.55 Uhr [787]. Es dauerte über ein Stunde, bis danach der Befehl zum Alarmstart folgte: Kurz nach 13.00 Uhr stiegen die drei Gruppen des JG 1 von ihren Einsatzhäfen auf [788] und versammelten sich danach in 1.000 m über Paderborn. Zur selben Zeit erfolgte auch bei den drei Gruppen des JG 11 der Alarmstart [789]; nach der Versammlung schloss sich das JG 11 den drei Gruppen des JG 1 an und gemeinsam wurde der Verband in 8.000 m Höhe zum Brocken geführt, wo sich ein weiterer Gefechtsverband aus den Jagdgruppen der 7. Jagddivision mit ungefähr 50 Messerschmitts anschloss [790].

Um 14.00 Uhr kam es westlich Magdeburg - Quadrat HC - in 7.500 m Höhe zur Feindberührung mit fünf Pulks B-17 und B-24, die mit starkem Jagdschutz in östlicher Richtung marschierten; es gelang dem deutschen Verband, sich vorzusetzen und zu einem geschlossenen Frontalangriff anzusetzen, bei dem die einzelnen Gruppen nacheinander durch die Viermot-Pulks jagten. 26 Ab- und Herausschüsse waren das Ergebnis dieses ersten Ansturms allein durch die JG 1 und 11, denen noch sechs weitere im Verlaufe der anschliessenden heftigen Luftkämpfe folgen sollten. Währenddessen hatten sich die Höhengruppen - III./JG 1, II./JG 11 sowie die I./JG 3 - hoch über dem übrigen Geschehen auf die amerikanischen Begleitjäger gestürzt und konnten dadurch den schweren Gruppen den Weg zu ihrem ersten Frontalangriff freikämpfen [791]; blieb die III./JG 1 dabei ohne Abschusserfolge, konnte die II./JG 11 im Verlaufe der erbitterten Kurbeleien vier Mustang-Abschüsse erzielen [792]. Die Übermacht der P-51 führte jedoch dazu, dass die Focke Wulfs nach ihrem ersten Durchgang in zahlreiche Kurvenkämpfe verwickelt und so daran gehindert wurden, sich zu einem erneuten geschlossenen Angriff zu formieren. Immerhin konnten in diesen Luftkämpfen weitere vier P-51 heruntergeholt werden, so dass die JG 1 und 11 am Ende nicht weniger als 40 Ab- und Herausschüsse für sich beanspruchten -

Uffz. Kirschner	3./JG 11	B-17	(2.)	14.00
Uffz. Rathofer	3./JG 1	B-17	(4.)	14.05
FhjFw. Schorr	6./JG 11	P-51	(12.)	14.05
Uffz. Oberhauser	2./JG 1	B-17 HSS	(2.)	14.05
Uffz. Woite	2./JG 1	B-17 HSS	(2.)	14.05
Uffz. Gabel	3./JG 1	B-17 a.s.m.	(2.)	14.05
Fw. Kirchhoff	3./JG 1	B-17 HSS	(5.)	14.05
Lt. Piffer	1./JG 1	B-17	(31.)	14.06
Olt. Kälber	9./JG 11	P-51	(5.)	14.06
Ofw. Schmid	9./JG 11	B-17	(2.)	14.07
Fw. Lehmann	4./JG 1	B-17 HSS	(1.)	14.07
Gefr. Gehr	4./JG 1	B-17 HSS	(1.)	14.07
Fw. Schulz	4./JG 1	B-17 HSS	(2.)	
Uffz. Grube	3./JG 1	B-17	(2.)	14.08
Uffz. Greuel	3./JG 1	B-17	(1.)	14.08
Uffz. Enderle	3./JG 1	B-17	(2.)	14.08
Uffz. Hofmann	3./JG 1	B-17	(1.)	14.08

---

[787] KTB II./JG 1, ebenso die weiteren Angaben zum Einsatzverlauf

[788] II./JG 1 - 13.05 Uhr, III./JG 1 - 13.05 Uhr - KTB II./JG 1, Gefechtsberichte Fritz Wurl, Alfred Bindseil, Erwin Steeb, Rudolf Lehmann, Walter Gehr, Flugbuch Fritz Haspel und Lutz-Wilhelm Burkhardt

[789] Gefechtsbericht Willi Schorr; Startzeit der II./JG 11 in Hustedt danach 13.07 Uhr mit 16 Bf 109

[790] KTB II./JG 1; der 7. Jagddivision mit Gefechtsstand in Schleissheim unterstanden die I./JG 5, III./JG 3, II./JG 27, II./JG 53 und die III./JG 54

[791] vgl. die nebenstehende Sofort-Gefechtsmeldung von FhjFw. Willi Schorr

[792] weitere vier P-51 gingen an die I./JG 3

Jafü 2, Ic.	Abschuß	Herus-sc... ß	wahrsch. Abschuß	Feindberührung bezw. Feindtreffen

6./J.G.11 (Verband)

Sofort-Gefechtsmeldung Nr.

Flzg.-Führer: Dienstgrad: **Fw.Fhj.** Name: **Schorr** Vorname: **Willi**

akt. ~~Res~~ Einheit: **6./J.G.11** Auszeichnungen **EK I Goldene Frontflugspange f.Jäger**

Wievielter Abschuß: **13** davon Tag: **13** Nacht: _____

Zahl und Typ der eigenen Flzg. **16 Bf 109** Start **13,07** Landung **14,45**

Datum **28.5.1944** Typ des abgeschossenen Flzg. **Mustang**

Y-Ansatz — Fu.G.VII — Freie Jagd — Reichsjägerwelle

Feindtreffen: (Erste Sicht) Uhrzeit: **14,00** eigene Höhe: **10500** Feindhöhe **8-9000**

Raum: **GD GE HD HE** Feindkurs: **Ost** Anzahl: **4 Pulks**

eigene Entfernung und Position: **Überhöhung**

Angegriffenes Ziel: Ort und Zeit der Feindberührung: **GD GE HD HE 14,03**

Ort, Zeit und Höhe beim entscheidenden Angriff: **GD GE HD HE 10500 14,04**

Kurze Kampfschilderung: Anzahl der Angriffe, Schußentfernung und Position, beobachtete Wirkung, welches Flugzeug, aus welchem Pulk wurde herausgeschossen, Art der Vernichtung, mit Wurfgranaten oder Bordwaffen, Art des Absturzes:

Nach dem Erkennen der Feindflugzeuge griff ich aus der Sonne von hinten oben 12 in 8500 m fliegende Mustangs an. Im Verlauf des Kurvenkampfes kam ich hinter die zuletzt fliegende Mustang und beschoss diese aus einer Entfernung von 100-50 m in Rechtskurven. Nach dem Beschuss beobachtete ich Trefferwirkung im rechten Flächenanschluss, Kabine und Rumpf. Die Mustang zeigte starke weisse Fahne und ging in Rechtsspiralen nach unten. Ich beobachtete die Mustang in ungefähr 6-7000 m mit Flammenfahne. Den Aufschlagort konnte ich wegen weiteren Luftkämpfen nicht beobachten. Ich beschoss noch drei weitere Mustangs. Im Verlauf des Luftkampfes beobachtete ich 3 Aufschlagbrände.

Aufschlagort: **nicht beobachtet** Uhrzeit: **/** Verbleib der Feindbesatzung: **nicht beobachtet** feindliche Gegenwehr **Hinzukommen weiterer US Jäger**

eigene Beschädigung oder Verwundung: **keine**

Aufschlag-Zeugen: **keine**

Sonst. Zeugen: **Luftzeuge: Uffz. Fischer Kamera**

Besondere Beobachtungen: z. B. Flakwirkung: **keine**

Jägerleitoffizier: _____ Einheit: _____

Stellungen: _____ Linie: _____

Wievielte Abschußbeteiligung: _____

Durchgegeben von _____ um _____ Uhr an _____

Nur durch Jafü auszufüllen!

Abb. 788: Am 28. Mai 1944 baute Uffz. Helmut Riehl von der 2./JG 1 mit seiner Fw 190 A-8 - " schwarze 4 " - dieses Fliegerdenkmal in der Nähe von Schkeuditz. Deutlich sind die Mündungsfeuerdämpfer vor den Rumpf-MG 131 zu sehen, ebenso wie die " geflügelte 1 " auf der Motorhaube. Beachte auch die Abgasspuren dahinter und die weisse Spirale auf der Propellerhaube.

(Lächler)

Uffz. Dobrath	1./JG 1	B-17	(3.)	14.08
Ofhr. Knoll	3./JG 1	B-17 HSS	(2.)	14.08
Olt. Kirchmayr	5./JG 1	B-17 HSS	(18.)	14.08
Uffz. Steeb	6./JG 1	B-17 HSS	(1.)	14.08
Fw. Bindseil	6./JG 1	B-17 a.s.m.	(3.)	14.09
Uffz. Faltin	2./JG 1	B-17 HSS	(1.)	14.09
Uffz. Riehl	2./JG 1	B-17 HSS	(1.)	14.10
Uffz. Wurl	6./JG 1	B-17	(2.)	14.10
Uffz. Kiraly	7./JG 11	B-17	(2.)	14.10
Uffz. Golinger	6./JG 1	B-17	(1.)	14.10
Uffz. Schnabl	1./JG 1	B-17 HSS	(2.)	14.10
Uffz. Schneider	4./JG 11	P-51	(2.)	14.14
Uffz. Timm	8./JG 11	B-17	(1.)	14.15
Uffz. Strosetzki	6./JG 11	P-51	(1.)	14.15
Uffz. Schneider	4./JG 11	P-51	(1.)	14.15
Uffz. Körnig	7./JG 11	B-17	(1.)	14.15
Ofw. Laskowski	8./JG 11	B-17	(33.)	14.15
Gefr. Tschirk	3./JG 11	P-51	(3.)	14.15
Uffz. Kiraly	7./JG 11	P-51	(3.)	14.17
Gefr. Tschirk	3./JG 11	B-17	(4.)	14.20
Uffz. Pfeiffer	2./JG 11	B-17	(1.)	14.25
Olt. Hiebl	1./JG 11	B-17	(4.)	14.26
Hptm. von Fassong	7./JG 11	B-24	(66.)	*

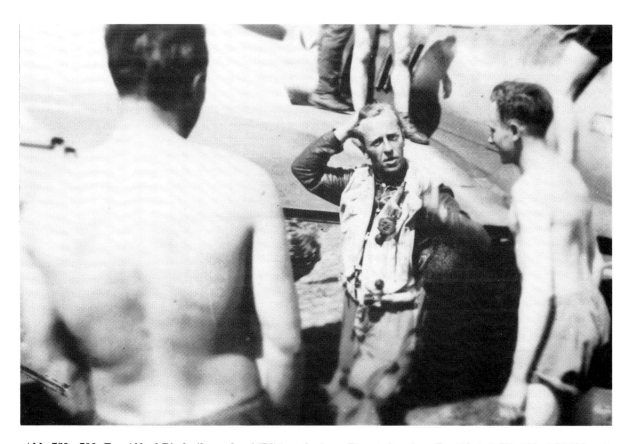

Abb. 789 - 790: Fw. Alfred Bindseil von der 6./JG 1 nach einem Einsatz in seiner Fw 190 A-8, WerkNr. 170 393, mit der Kennung " gelbe 11 ", aufgenommen nach der Landung in Störmede; offenbar hatte der vorangegangene Einsatz nicht zur Feindberührung geführt, wie der noch unter dem Rumpf sichtbare Zusatzbehälter andeutet. Mit dieser Maschine gelang Fw. Bindseil am 28. Mai 1944 der Abschuss einer B-17.

(Hartwig)

Diesen Abschusserfolgen standen auf der Verlustseite sechs Gefallene und drei Verwundete sowie elf als Totalverluste abzuschreibende Maschinen gegenüber. Die I./JG 1 hatte zwei Gefallene und einen Verwundeten zu verzeichnen, die alle zur 3. Staffel gehörten: Staffelkapitän Olt. Eugen Kotiza fiel im Luftkampf im Raum Hannover, während der Gefr. Karl-Heinz Schmidt bei Helmstedt tödlich abgeschossen wurde. Mehr Glück hatte Ofhr. Gustav Knoll, der nach dem Abschuss einer Boeing bei Wolmirsleben selbst abgeschossen wurde, aber noch mit dem Fallschirm aussteigen konnte. Sowohl die II. als auch die III. Gruppe kamen bei diesem Einsatz mit je einem Verwundeten vergleichsweise glimpflich davon: Bei der 6. Staffel wurde Uffz. Bernhard Golinger durch einen Streifschuss im Gesicht verwundet und musste mit dem Schirm aussteigen, nachdem seine " gelbe 12 " in Brand geraten war, wobei er sich zusätzlich noch leichte Verbrennungen zuzog. Bei der 9./JG 1 wurde der Gefr. Josef Körner verletzt, als er seine Maschine wegen Motorschadens bei Sondershausen auf den Bauch werfen musste.

Das JG 11 hatte vier Gefallene zu beklagen. Zwei davon gehörten zur I./JG 11, die Uffz. Rainer Hasenmajer von der 1. und Ofw. Karl Rosenkranz von der 3. Staffel verlor, die beide bei Magdeburg tödlich abgeschossen wurden. Bei der II. Gruppe gab es einen Gefallenen: Uffz Heinz Kunz von der 6. Staffel wurde - ebenfalls im Raume Magdeburg - ein Opfer der Mustangs. Fast wäre es auch für den Gruppenkommandeur der II./JG 11 der letzte Einsatz gewesen - erinnert sich Walter Krupinski:

Ich wurde von einer Mustang über Magdeburg abgeschossen, in fast 10.000 m Höhe. Es war mein dritter Fallschirmabsprung und mein "schönster", da ich mich lange frei durchfallen liess, um nicht zu erfrieren, zu ersticken oder beschossen zu werden, und fast hätte ich dann vergessen zu ziehen. [793]

Viel Glück hatte Fw. Alfred Heger von der 4./JG 11, der seine " weisse 10 " trotz schwerer Treffer aus einem Luftkampf mit Mustangs in der Nähe von Magdeburg bei Schönebeck auf den Bauch werfen konnte, was er selbst ohne Schaden überstand. Auch die III./JG 11 meldete schliesslich einen Gefallenen: Olt. Heinz-Helmut Brandes, Kapitän der 8./JG 11, wurde im Luftkampf mit P-38 abgeschossen und musste seine Focke Wulf bei Gross-Börnecke auf den Bauch werfen, wobei die Maschine zu Bruch ging. Bevor Heinz-Helmut Brandes jedoch den Bruch seiner Maschine verlassen konnte, erfolgte der erste von mehreren Tiefangriffen der ihn verfolgenden P-38, die nicht eher abliessen als die deutsche Maschine in Flammen aufgegangen und ihr Flugzeugführer darin elendig verbrannt war [794]. Heinz-Helmut Brandes hatte in der kurzen Zeit seiner Zugehörigkeit zur III./JG 11 bei nur fünf Einsätzen mit Feindberührung wenigstens acht Abschüsse erzielen können [795] und wurde nach dem Tode noch mit dem Deutschen Kreuz in Gold ausgezeichnet [796].

Nach den Luftkämpfen über dem Magdeburger Raum fielen die Focke Wulfs und Messerschmitts der JG 1 und 11 verschossen und mit leeren Tanks weit verstreut auf Flugplätzen im mitteldeutschen Raum ein [797]; zu einem zweiten Einsatz gegen die Rückflüge der amerikanischen Verbände kam es danach nicht mehr.

---

[793] Brief Walter Krupinski, 26.7.1993

[794] Aufzeichnungen der Familie Brandes, insbesondere Brief Wilfried Brandes, seines Bruders, vom 1.2.1989

[795] nach Aussagen seiner Familie sogar neun - bei zwei Einsätzen je drei und bei drei weiteren Einsätzen je einen - Brief Wilfried Brandes, 1.2.1989; von den acht bekannten Abschussmeldungen scheinen indes nur fünf bestätigt worden zu sein, denn bei der Einreichung zum Deutschen Kreuz in Gold wurden nur fünf Abschüsse im JG 11 genannt

[796] Verleihungsdatum 4.8.1944

[797] die II./JG 1, die mit 16 Maschinen im Einsatz war, verzeichnete laut KTB beispielsweise folgende Aussenlandungen: Bernburg (2), Jena (1), Stendal (1), Zerbst (1), Quedlinburg (2), Vahrenwald (1), Weimar (1), Helmstedt (1), Brandenburg (1) und Nietleben (1)

Abb. 791: Die " weisse 10 " von Fw. Alfred Heger von der 4./JG 11 nach dessen Notlandung bei Schönebeck in der Nähe von Magdeburg am 28. Mai 1944; deutlich sind die Trefferschäden im Rumpf und im Seitenleitwerk zu erkennen. Bemerkenswert ist der Anstrich hinter dem Balkenkreuz, wo ein kurzer waagerechter Balken in schwarz zu erkennen ist.

(Lächler)

Die II./JG 11 hatte nach dem Ende der Kämpfe noch einen Verlust " ausser der Reihe " - wie es dazu kam, schildert Rudolf Strosetzki folgendermassen:

Nach dem Einsatz, der uns einen Luftkampf im Raume Magdeburg gebracht hatte, musste ich meine Maschine wegen 'roter Lampe' in Stendal landen; dort traf ich Uffz. Herbert Drühe von der 5. Staffel, den es nach der Kurbelei ebenfalls dorthin verschlagen hatte. Nach der Aufhebung des Luftalarms - Ende myo - machten wir uns auf den Rückflug nach Hustedt.

Während wir im Tiefflug in aller Ruhe nach Hause schipperten und uns keiner Gefahr versahen, krachte es plötzlich in meiner Maschine. Instinktiv zog ich hoch und hatte dabei das Gefühl, dass sich meine rechte Tragfläche selbständig machen würde. Doch sie hielt und ich konnte meine Maschine in einem Getreidefeld auf den Bauch werfen, nachdem ich zuvor meine Kabinenhaube abgeworfen hatte. Die Mühle war kaum zum Stillstand gekommen, als eine Me 410 über mich hinwegdonnerte und eine Ehrenrunde flog - das war mein "Bezwinger".

Ich stieg aus dem Bruch meiner Maschine - sie war hin. Bald darauf kamen Bewohner des in der Nähe gelegenen Dorfes mit Flinten und Heugabeln auf mich zu, doch konnte ich sie davon überzeugen, dass ich Deutscher war und so geschah mir nichts. Ich wartete beim Bruch meiner Maschine, bis ein Bergungskommando vom nahegelegenen Platz Stendal kam, dem ich die Reste der Messerschmitt zur Bergung und weiteren Veranlassung übergeben konnte. Auch der Flugzeugführer der Me 410, der mich abgeschossen hatte, kam vorbei und wir konnten ein paar Worte wechseln - eigentlich gab es nicht mehr als ein lapidares "sorry" von ihm. Nun ja, es war noch einmal gut abgegangen und ich weiss nicht, ob die Angelegenheit für ihn noch Nachwirkungen hatte. Ich jedenfalls fuhr mit der Bahn nach Hause und meldete mich am anderen Tage in Hustedt bei meiner Staffel zurück. [798]

Daneben hatten einige beim ersten Einsatz zurückgebliebene Maschinen von den Heimathorsten aus noch Einsätze gegen die rückfliegenden Viermots zu fliegen; so verzeichnet das KTB der II./JG 1 um 16.15 Uhr den Alarmstart von drei Focke Wulfs, die im Raume Bremen Sperre gegen eine gemeldete schwer angeschlagene einzeln ausfliegende B-17 fliegen sollten, doch wurde der Einsatz bereits drei Minuten später abgeblasen. Einen tragischen Verlauf nahm der Einsatz einer Kette der III./JG 1, die um 15.18 Uhr nach Alarmstart von Paderborn aufgestiegen war [799]; daran - und an die Vorgeschichte, die auf seine Aussenlandung vom 25. Mai zurückging - erinnert sich Hubert Heckmann folgendermassen:

Ich kam am Abend des 27.5. in Paderborn an mit blutigen Füssen, war ich doch die zwei Tage in der hochsommerlichen Hitze mit Pelzstiefeln durch die Gegend gelaufen. Da ich nicht laufen konnte, holte man mich vom Bahnhof ab und brachte mich gleich in das Revier zum Oberarzt Berndt Kettner. Er verarztete meine Füsse und brachte mich weit nach Mitternacht nach Kirchborchen zurück. Den nächsten Tag hatte ich frei und erhielt Startverbot. Oder besser: Sollte ich erhalten. Am frühen Nachmittag ging der Lautsprecher und befahl Hptm. Burkhardt, Lt. Hans Halbey, Ofw. Fritz Timm und mich umgehend in Sitzbereitschaft mit anschliessendem Start auf rückflutende Bomberverbände. Ich nahm eine fremde Maschine, fand aber meine Netzkopfhaube nicht. Ehe ich eine passende andere gefunden hatte, waren die drei anderen gestartet. Sie gerieten kurz nach dem Start in einen Mustangverband von 18 Maschinen. Hans Halbey kam später zu mir und erzählte den Verlauf: Burkhardt kam aufgrund seiner guten Fliegerleistung heile da raus. Halbey wurde nach dem Abschuss einer Mustang selbst abgeschossen; er erhielt einen Kabinentreffer, der seine Kabinenhaube zertrümmerte und ihn durch Splitter verletzte, und musste mit dem Fallschirm aussteigen. Fritz Timm hielt sich zunächst sehr gut, kam dann aber in schwerste Bedrängnis. Das letzte, was Hans Halbey von ihm hörte, war der Notruf: " Nun helft mir doch !" Dann wurde er tödlich abgeschossen. Fritz Timm war wegen seiner vorbildlichen Haltung in der Gruppe hoch geschätzt. Für mich als Anfänger wäre dieser Einsatz wahrscheinlich der dritte und letzte Feindflug geworden. [800]

Der Zusammenstoss mit den P-51 hatte bei Marburg / Mölln stattgefunden; nachdem Ofw. Timm abgeschossen worden war und Hptm. Burkhardt sich wegen Beschussschäden hatte absetzen müssen - er konnte seine Messerschmitt nach Gotha bringen und dort glatt notlanden -, kurbelte Lt. Hans Halbey allein mit den 18 Mustangs; der Luftkampf hatte sich in niedrige Höhe verlagert, als Lt. Halbey um 15.28 Uhr eine Mustang abschiessen konnte (3.), bevor es ihn selbst erwischte und er unter den oben genannten Umständen aussteigen musste.

Nach dem Ende der Luftschlacht meldete die deutsche Seite insgesamt 75 Abschüsse, darunter 50 viermotorige Bomber [801]; die Verluste der Luftwaffe beliefen sich demgegenüber auf 19 Gefallene und 14 Verwundete sowie 50 als Totalverluste abzuschreibende und 22 beschädigte Maschinen. Die Bilanz der 8. USAAF sah am Ende des Tages wie folgt aus: 33 Viermotorige und 17 Begleitjäger mussten auf

---

[798] Bericht Rudolf Strosetzki, 6.8.1993

[799] Flugbuch Hans Halbey; dessen Brief vom 14.8.1993 bestätigt im übrigen den nachfolgenden Bericht von Hubert Heckmann in allen Punkten. Flugbuch Lutz-Wilhelm Burkhardt

[800] Aufzeichnungen Hubert Heckmann, S. 17

[801] OKW-Bericht vom 29.5.1944; danach wurden weitere neun Abschüsse über den besetzten Westgebieten und dem Seegebiet um England erzielt. Bemerkenswert ist dabei der Hinweis auf die an diesem Tage "äusserst harten Luftkämpfe"

die Verlustliste gesetzt werden, während die eigenen Verbände insgesamt 124 Abschüsse für sich beanspruchten [802].

Obwohl an diesem Tage nur rund 400 Viermotorige ihre Bomben tatsächlich über den Hydrierwerken abgeladen hatten, war die Wirkung der Angriffe ungleich stärker als beim ersten Angriff auf die Hydrierwerke 16 Tage zuvor; zusammen mit den am selben Tage gegen die rumänischen Erdölanlagen um Ploiesti gerichteten Angriffen sorgte die Bombardierung der im Reich gelegenen Hydrierwerke am 28. Mai 1944 dafür, dass die Treibstofferzeugung nun bereits auf die Hälfte zurückging [803].

Schon am darauffolgenden Tage, dem **29. Mai 1944**, unternahmen die Bomb Divisions der 8. USAAF die nächsten Tagesgrossangriffe auf Ziele im Reichsgebiet; insgesamt 993 Viermotorige wurden unter dem Schutz von 1.265 Begleitjägern zu Angriffen auf Flugzeugwerke in Leipzig, Sorau und Posen, den Flugplatz Tutow sowie das Hydrierwerk Pölitz eingesetzt [804]. Zur selben Zeit erfolgten im Süden Angriffe von über 500 Viermotorigen der 15. USAAF, die die Messerschmitt-Werke in Wiener-Neustadt, deren Zulieferbetrieb in Atzgersdorf und den Flugplatz Wollersdorf in Österreich bombardierten und dort erhebliche Verwüstungen anrichteten [805].

Die Luftwaffe konnte insgesamt zwölf Tagjagd- und drei Zerstörergruppen sowie Teile von Schul- und Ergänzungsgruppen gegen die Einflüge der 8. USAAF aufbieten [806]; wie üblich gehörten dazu die sechs Gruppen der JG 1 und 11. Insgesamt konnte die Luftwaffe unter der Führung durch das I. Jagdkorps 351 Jäger und Zerstörer zur Abwehr der Einflüge der 8. USAAF aufbieten, von denen am Ende allerdings nur 208 zur Feindberührung kamen.

Nachdem die Versammlung der amerikanischen Viermot-Verbände vor der britischen Südostküste wiederum bereits am frühen Morgen erfasst worden war, wurden die Verbände der Reichsverteidigung gegen 08.15 Uhr in 15'-Bereitschaft versetzt [807]. Beim JG 11 wurde gegen 10.40 Uhr Sitzbereitschaft befohlen und wenige Minuten später [808] erfolgte der Alarmstart aller drei Gruppen, die sich danach zu einem Gefechtsverband versammelten und in nordöstlicher Richtung über den Raum Müritz-See geführt wurden. Gegen 11.45 Uhr trafen die Gruppen des JG 11 im Raume Neubrandenburg - Quadrat AG / BG - auf die unter starkem Jagdschutz nach Osten marschierenden Verbände der 2 und 1 BD. An diesen Einsatz erinnert sich Paul Berndt wie folgt:

> *Wir waren bei bestem Jagdfliegerwetter gestartet und flogen von Hustedt Richtung Stettin. Kurz vor der Ostsee hatte Olt. Krupinski die "Indianer" gesichtet und gab ganz lässig über FT durch: " Achtung, kleine Brüder: Hinein und geniesst es !" Wir hatten etwa 10.000 m Höhe, die Amis waren in 8.000 m. Während Krupinski also seinen " Kollegen von der anderen Feldpostnummer " schon gleich nach dem Abschwung im Visier hatte, hatten wir erstmal Mühe, unsere Schäfchen überhaupt beieinanderzuhalten. Kurz und klein - mein Kaczmarek hing mit keuchendem Motor 200 m hinter mir und ich versuchte, ihn herankommen zu lassen. Doch dann hing ich selbst zwischen zwei*

---

[802] Freeman, aaO., S. 252/253 - unter den Verlusten befanden sich ein Viermot und drei Jäger als "Cat.E", während die Verteilung der Abschüsse 37-29-24 für die Bomber und 57-1-16 für die Jäger lautete

[803] Speer, aaO., S. 359 m.w.N.; vgl. auch Gundelach, Treibstoff, S. 692 ff

[804] Freeman, aaO., S. 253/254; ders., Mighty Eighth, S. 144

[805] Rust, aaO., S. 23/24

[806] vgl. die Aufstellung auf S. 980

[807] KTB II./JG 1

[808] bei der II./JG 11 in Hustedt um 10.57 Uhr - Flugbuch Paul Berndt

Auf deutscher Seite eingesetzte Verbände am 29.5.1944

Einheit	Abschussmeldungen	Verluste FF +	verw.	Flugzeuge 60-100%	unter 60%	Boden
I./JG 1	1 B-17, 1 P-51	-	-	1	-	1 z
II./JG 1	6 B-17, 3 B-17 HSS	1	1	1	5	1 b
III./JG 1	-	1	-	1	2	-
Stab/JG 3	-	1	-	1	-	-
I./JG 3	-	-	-	1	3	-
II./JG 3	1 B-17, 4 B-24, 2 B-24 HSS	2	1	3	-	-
III./JG 3	2 B-17, 4 B-17 HSS, 1 B-17 a.s.m.	-	-	-	-	-
IV./JG 3	1 B-17 e.V.	1	-	2	-	-
I./JG 11	3 B-17, 1 B-17 HSS, 1 B-24, 1 P-51	3	1	5	-	-
II./JG 11	3 P-51, 1 P-47	1	1	4	1	-
III./JG 11	2 B-24, 2 B-24 HSS, 1 P-47	1	-	7	-	-
II./JG 53	1 B-17, 1 B-17 HSS	-	-	1	-	-
III./JG 54	1 B-17 e.V.	-	-	-	-	-
1./JGr. Ost	4 B-17, 1 P-51	5	3	8	1	-
I./ZG 26	5 B-24, 3 B-24 HSS, 1 B-24 e.V., 2 P-51	5	3	4	1	-
II./ZG 26	4 B-24, 1 B-24 HSS	1	-	-	1	-
III./ZG 26	1 B-24	-	-	-	-	-
		22	10	39	14	1 z, 1 b

Mustangs, der ersten wollte ich ans Leder, aber die andere schoss auch nicht nur mit faulen Tomaten. Sei's drum, die Welt ist rund und es kam zum Horridoh von 8.000 m auf 2.500 m, immer schön links herum. Endlich hatte ich ihn in Schussposition und konnte ihm ein Loch von 20 x 30 cm in die Fläche setzen, so dass er am Müritz-See abschmierte.

Aber damit war ich ja noch nicht zu Hause. Also erstmal die Geographie anschauen - Fallersleben, der Mittellandkanal, ein paar Kilometer nach Norden, dann würde ich am Platz sein. Das stimmte zwar, nur stand am Nordende des Platzes ein "Fliegerdenkmal". Obwohl ich wusste, dass der letzte Tropfen Sprit meinem fliegenden Zustand alsbald ein Ende setzen würde, habe ich eine leichte Biege nach rechts gemacht, um das Fliegerdenkmal, das sich genau in meiner Landerichtung breit machte, nicht noch weiter zu demolieren. Als ich also nach dieser Rechtskurve in ost-westlicher Richtung einschweben wollte, setzte der Motor aus - wie immer in solchen Fällen. Ich war vielleicht 200 m vom Landekreuz entfernt und noch ca. 15 m hoch über dichten, sechs Meter hohen Tannen, als auch die Einspritzpumpe nicht mehr helfen konnte und ich eine Waldlandung machen musste. [809]

---

[809] Brief Paul Berndt, 1.9.1993

Abb. 792 - 793: Flugzeugführer der 5./JG 11 im Mai 1944 in Hustedt; oben links sieht man Fw. Ernst Richter mit Uffz. Karl Becker, der auch rechts zusammen mit Uffz. Heinz Lehmann zu sehen ist.

(Drühe / Becker)

Paul Berndt hatte jedoch ganz erhebliches Glück und überstand dieses Erlebnis ohne nennenswerte Blessuren.

In den verbissen geführten Luftkämpfen im Raume zwischen Neubrandenburg und Anklam hatten unterdessen neun Viermotorige ab- bzw. herausgeschossen werden können, zu denen weitere sechs Jägerabschüsse kamen -

Uffz.Kredel	3./JG 11	B-17	(2.)	11.40
FhjUffz.Weiss	1./JG 11	B-17	(2.)	11.40
Lt.Zick	7./JG 11	B-24 HSS	(26.)	11.50
Lt.Rentz	9./JG 11	B-24 HSS	(4.)	11.51
Olt.Engau	2./JG 11	B-17 HSS	(4.)	11.55
Gefr.Tschirk	3./JG 11	B-24	(5.)	11.55
Olt.Hiebl	1./JG 11	B-17	(5.)	11.55
Uffz.Pfaffinger	7./JG 11	B-24	(1.)	11.55
Lt.Zick	7./JG 11	B-24	(27.)	11.57
FhjFw.Schorr	6./JG 11	P-51	(13.)	11.58
Uffz.Drühe	5./JG 11	P-51	(5.)	12.05
Ofw.Wick	5./JG 11	P-51	(1.)	12.05
Uffz.Berndt	6./JG 11	P-51	(5.)	12.34
Lt.Füreder	5./JG 11	P-47	(21.)	*
Ofw.Laskowski	8./JG 11	P-47	(34.)	*

Die Verluste des JG 11 in diesen Luftkämpfen wogen sehr schwer - sechs Gefallene und zwei Verwundete sowie 16 abgeschossene Flugzeuge waren am Ende zu verzeichnen. Die I. Gruppe hatte drei Gefallene und einen Verwundeten zu beklagen - bei der 1. Staffel fielen FhjUffz. Georg Weiss und

Fw. Eugen Kretschmann im Luftkampf bei Anklam, die 3./JG 11 verlor Uffz. Walter Kirchner, der im selben Gebiet tödlich abgeschossen wurde. Fw. Konrad Lautenschläger von der 2. Staffel schliesslich wurde - ebenfalls im Raum Anklam - abgeschossen und verwundet. Die II./JG 11 meldete je einen Gefallenen und Verwundeten, die beide von der 6. Staffel kamen: Uffz. Hans-Günther Schwerdtner fiel im Luftkampf bei Neubrandenburg [810], während Uffz. Klaus Fischer - vermutlich im selben Luftkampf - schwer verwundet wurde. Wenigstens einen Gefallenen [811] meldete die III. Gruppe: Olt. Fritz Kälber, Staffelkapitän der 9./JG 11, fiel im Luftkampf bei Templin, sechs weitere Focke Wulfs wurden im Luftkampf abgeschossen, wobei über weitere Personalverluste indes nichts bekannt ist.

Beim JG 1 erfolgte der Befehl zum Alarmstart rund 20 Minuten später als beim JG 11; kurz nach 11.00 Uhr hoben die Focke Wulfs und Messerschmitts von ihren Plätzen Lippspringe, Störmede und Paderborn ab und versammelten sich in 1.000 m Höhe über dem Einsatzhafen der III./JG 1 zum Gefechtsverband [812], der danach Befehl erhielt, in " Hanni 8.000 " nach Dessau anzutreten. Weiter heisst es im Gruppen-KTB der II./JG 1:

Nach verschiedenen Kursänderungen und erfolgter Übergabe an die 1. Jagddivision kam es im Raume Magdeburg zur Feindsichtung des mit SO-Kurs fliegenden Kampfverbandes. Die Gruppe flog steigend Parallelkurs zum Feindverband und griff geschlossen einen rechts hinten unten fliegenden Pulk an. Nach dem ersten Durchgang versammelt der eigene Verband rechts des Feindverbandes auf gleicher Höhe, der Feindverband dreht nach Süden ab. Ein zweiter Angriff ist wegen Brennstoffmangels nicht möglich.

Der Frontalangriff der beiden Focke Wulf Gruppen erfolgte im Raume Görlitz und richtete sich gegen einen Verband von 30 - 40 Boeings und ergab nicht weniger als neun Ab- und Herausschüsse; während die III./JG 1 wieder die undankbare Aufgabe hatte, den Jagdschutz zu binden und dabei eine harte, aber für sie mit einem einzigen Abschuss wenig erfolgreiche Kurbelei mit Mustangs und Thunderbolts auszufechten hatte, beanspruchten die I. und II./JG 1 am Ende zusammen elf Abschüsse, die sich folgendermassen verteilten:

Uffz. Gabel	3./JG 1	P-51	(3.)	12.25
Uffz. Knoblauch	4./JG 1	B-17 HSS	(1.)	12.35
Lt. Proff	4./JG 1	B-17	(1.)	12.35
Lt. Swoboda	5./JG 1	B-17	(9.)	12.35
Lt. Bach	4./JG 1	B-17	(16.)	12.35
Uffz. Mertens	4./JG 1	B-17 HSS	(1.)	12.35
Fw. Schulz	4./JG 1	B-17 HSS	(4.)	12.35
Olt. Eder	II./JG 1	B-17	(49.)	12.35
Lt. Buchholz	6./JG 1	B-17	(5.)	12.35
Uffz. Wurl	6./JG 1	B-17	(3.)	12.35
Lt. Piffer	1./JG 1	B-17	(32.)	12.39
Hptm. Burkhardt	7./JG 1	P-47	(68.)	

---

[810] zum Verlust von Uffz. Schwerdtner heisst es bei Paul Berndt: *" Hans-Günther Schwerdtner muss früher einmal Offizier gewesen sein und war wegen unnötiger Betätigung des 'Lautsprechers' (Pistole) mit dem Kriegsgericht in Konflikt gekommen. Degradierung und wieder Beförderung zum Unteroffizier. Er flog stets mit Stock und war ein Unikum, d.h., er war nie aus der Ruhe zu bringen. Als er gefallen war, ging ein Kumpel der Staffel - so etwas machte damals entweder Fw. Biermann oder Uffz. von Roseneck, beide nach Lazarett usw. noch mit Flugverbot belegt - zur Beerdigung nach Schlesien. Ich erinnere mich genau, dass wir in der Staffel darüber gesprochen haben, dass man ihn nicht mal nach dem Tode rückwirkend (wieder) zum Offizier befördert hat. Meines Wissens wussten seine Angehörigen nicht einmal von der Degradierung."* Brief vom 18.6.1969

[811] die Einschränkung erfolgt im Hinblick darauf, dass die Verlustmeldungen der III./JG 11 auch weiterhin nur bruchstückhaft erhalten geblieben sind

[812] KTB II./JG 1; Gefechtsbericht Georg-Peter Eder; Flugbücher Werner Moser und Lutz-Wilhelm Burkhardt

Diesen Abschüssen stand der Verlust von je zwei Gefallenen und Verwundeten gegenüber. Die I./JG 1 kam dabei ohne Personalverluste davon und musste lediglich eine im Luftkampf schwer beschädigte Focke Wulf auf die Verlustliste setzen. Bei der II. Gruppe gab es einen Gefallenen und zwei Verwundete; lediglich einer dieser Verluste trat dabei im Luftkampf ein, als Uffz. Erwin Steeb von der 6. Staffel bei Wernsdorf abgeschossen wurde und verwundet mit dem Schirm aussteigen musste. Bei der Landung in Cottbus, wo 13 Focke Wulfs der Gruppe trotz eines gerade laufenden Bombenangriffes wegen " roter Lampe " herunter mussten, kam Uffz. Adolf Höfler von der 4. Staffel beim Überschlag seiner Maschine ums Leben. Auch der Gruppenkommandeur der II./JG 1 Olt. Eder machte mit seiner " roten 24 " einen Überschlag beim Zusammenstoss mit einer abgestellten Siebel, doch hatte er Glück und blieb unverletzt. Für einen dritten Bruch " sorgte " Lt. Otto Bach, der mit seiner Focke Wulf in einem Bombentrichter hängenblieb und dadurch ebenfalls einen Überschlag machte. Drei weitere Maschinen mussten mit Beschusschäden Bauchlandungen machen, wobei Uffz. Wenzulek sich leicht verletzte, während Fw. Lehmann und Fw. Schulz unverletzt blieben. Die III. Gruppe schliesslich hatte einen Gefallenen zu beklagen: Fw. Walter Zimmer von der 7. Staffel wurde im Luftkampf in der Nähe von Burg bei Magdeburg tödlich abgeschossen.

Am Ende des Tages meldete die deutsche Seite insgesamt 94 Abschüsse bei der Abwehr der Einflüge von England und Italien [813]; die Verluste der Luftwaffe betrugen dabei 45 Gefallene und 18 Verwundete, davon 22 Gefallene und zehn Verwundete sowie 39 Flugzeuge bei der Bekämpfung der Einflüge der 8. USAAF. Dagegen meldeten die Amerikaner an diesem Tage insgesamt 76 Verluste, davon 57 Viermotorige und 18 Jäger [814]; die 8. USAAF gab ihre Verluste mit 37 Viermots und zwölf Jägern an, während ihre Verbände insgesamt 140 Abschüsse beanspruchten [815].

Nach der Rückkehr der fliegenden Verbände auf ihre Heimatplätze wurden dort im weiteren Verlaufe des Nachmittages und frühen Abends die üblichen Werkstatt- und FT-Flüge sowie Übungseinsätze in Schwarmstärke geflogen. Dabei kam es bei der III./JG 11 zu einem tödlichen Unfall, als Ofhr. Gustav Gläsener von der 9. Staffel bei einem Übungsflug in der Nähe von Lüneburg mit seiner Focke Wulf abstürzte und durch Aufschlagbrand ums Leben kam.

30. Mai 1944: Das inzwischen anhaltend frühsommerlich schöne, warme Wetter erlaubte es den Verbänden der 8. USAAF, den dritten Tag nacheinander zu Grossangriffen auf Ziele im Reichsgebiet zu nutzen; an diesem Tage standen erneut Flugzeugwerke und Flugplätze auf der Ziellriste der Viermotorigen - die Werksanlagen in Dessau, Halberstadt, Oschersleben sowie die Flugplätze von Oldenburg und Rotenburg / Wümme erlebten danach das Grauen der Bombenteppiche. Weitere Angriffe galten Eisenbahnanlagen in Nordostfrankreich und in Belgien. Die 8. USAAF konnte dabei insgesamt 928 Viermotorige einsetzen, von denen mit 919 fast alle auch tatsächlich zum Bombenwurf kamen. Den Begleitschutz stellten 1.309 Jäger [816].

Auf deutscher Seite konnten zwölf Tagjagd- und eine Zerstörergruppe zur Abwehr dieser Einflüge eingesetzt werden, darunter abermals alle sechs Gruppen der JG 1 und 11 [817].

---

[813] OKW-Bericht, 30.5.1944

[814] Freeman, aaO., S. 253/254; Rust, aaO., S. 24; M.A.C.R. vom 29.5.1944; die 15. USAAF bezifferte ihre Verluste an diesem Tage mit 20 Viermots und neun Jägern

[815] Freeman, aaO., S. 253/254 - von den Verlusten zählten drei B-24 zur " Cat.E ", acht Viermots machten Notlandungen in Schweden; die Abschussmeldungen lauteten 62-37-29 bei den Bombern und 39-1-5 bei den Jägern

[816] Freeman, aaO., S. 254

[817] vgl. die Aufstellung auf S. 984

Auf deutscher Seite eingesetzte Verbände am 30.5.1944

Einheit	Abschussmeldungen FF	Verluste Flugzeuge				
		+	verw.	60 - 100%	unter 60%	Boden
I./JG 1	-	2	1	4	-	-
II./JG 1	1 P-51	1	-	1	-	-
III./JG 1	2 P-51	1	1	2	3	-
I./JG 2	1 P-51	-	-	-	-	-
I./JG 3	1 P-51	2	1	5	1	-
II./JG 3	2 B-17, 1 P-51	-	-	-	1	-
III./JG 3	5 B-17, 2 B-17 HSS	-	3	4	-	-
IV./JG 3	1 B-17, 1 B-17 HSS	-	-	-	-	-
Stab/JG 11	-	-	-	-	-	2 b
I./JG 11	-	2	-	2	1	2 z, 5 b
II./JG 11	3 P-51	-	1	8	2	-
III./JG 11	1 B-17 HSS, 1 B-24 *	-	-	10	1	6 z
II./JG 53	3 B-17	-	-	-	-	-
I./ZG 26	1 B-17 HSS, 2 P-51	10	1	7	-	-
		18	8	43	9	8 z, 7 b

Das JG 1 wurde auch an diesem Tage geschlossen als Gefechtsverband eingesetzt; zwischen 09.58 und 10.10 Uhr stiegen die drei Gruppen im Alarmstart von ihren Einsatzhäfen auf und versammelten sich wie gewohnt in 1.000 m Höhe über Paderborn [818], von wo aus der Verband nach Chemnitz antrat. Für das Geschwader wurde es zu einem völlig verfahrenen Einsatz, denn trotz mehrfacher Kursänderungen gelang es zunächst nicht, Feindberührung mit den amerikanischen Kampfverbänden herzustellen; erst als der Sprit zur Neige ging und sich die ersten Maschinen bereits wegen " roter Lampe " hatten abmelden müssen, trafen die wenigen verbliebenen Maschinen nördlich Magdeburg auf einen ausfliegenden Pulk von 150 B-17. Eine Handvoll Focke Wulfs, darunter noch fünf von der II./JG 1, versuchte, an die Viermotorigen heranzukommen, doch wurde dieses Vorhaben durch 50 Mustangs zunichte gemacht, die aus der Überhöhung angriffen und dabei leichtes Spiel hatten, die deutschen Jäger von den Boeings abzudrängen. Unter den gegebenen Umständen suchten die Focke Wulfs der I. und II./JG 1 ihr Heil in einem Abwehrkreis, in dem sie sich bis in Bodennähe von den P-51 abzusetzen versuchten, was jedoch nur zum Teil erfolgreich war, denn am Ende zählte man drei Gefallene und einen Verwundeten, ohne, dass beide Gruppen selbst zu einem Abschuss gekommen wären. Bei der I./JG 1 fielen Uffz. Adolf Zeller und der Gefr. Johann Zitzmann, beide von der 1. Staffel; während ersterer im Luftkampf mit P-51 bei Pretzier tödlich abgeschossen wurde, konnte letzterer seine angeschlagene Fw 190 noch in Dresden landen, doch stürzte er dort beim Start zum Rückflug tödlich ab. Fhr. Karl Brucker von der 2./JG 1 wurde bei Salzwedel abgeschossen, konnte sich aber trotz Verwundung noch mit dem Fallschirm in Sicherheit bringen. Die 6./JG 1 verlor Uffz. Max Bierbaum, der bei Ewerdorf westlich von Salzwedel ein Opfer der Mustangs wurde. Zwei Maschinen der II. Gruppe, die sich wegen Spritmangels bereits vor dem Zusammenstoss mit den Mustangs abgemeldet hatten um in Magdeburg zu landen, wurden ostwärts der Stadt von zwei P-51 angegriffen; dabei konnte Ofhr. Rudolf

---

[818] KTB II./JG 1; Flugbücher Werner Moser, Lutz-Wilhelm Burkhardt und Fritz Haspel

Kaltenhäuser von der 6./JG 1 in einem Kurvenkampf in Bodennähe eine Mustang abschiessen, die um 11.45 Uhr im Quadrat HE/HF aufschlug und verbrannte (1.) [819].

Unterdessen hatte auch die III./JG 1 im Raume Fallersleben / Salzwedel eine heftige Auseinandersetzung mit Mustangs zu bestehen, die sich bis in den Berliner Raum hinzog; zwei Abschüssen -

Gefr.Penke	9./JG 1	P-51	(2.)	11.45
Olt.Buchholz	9./JG 1	P-51	(6.)	11.45

standen auf der Verlustseite je ein Gefallener und Verwundeter gegenüber: Uffz. Ferdinand Spychinger von der 9. Staffel fiel im Luftkampf mit Mustangs bei Salzwedel, während Uffz. Horst Steinberg von der 7./JG 1 bei Fallersleben verwundet wurde.

Über den Einsatz des JG 11 am 30. Mai 1944 ist nur wenig bekannt; so weit ersichtlich, wurden alle drei Gruppen des Geschwaders ebenfalls gegen die Verbände der 1 BD angesetzt [820], deren Ziele Flugzeugwerke in Dessau, Oschersleben und Halberstadt waren. Zwischen 11.00 und 12.00 Uhr kam es dort zu verlustreichen Luftkämpfen mit den ausfliegenden Viermotverbänden, wobei offensichtlich auch die Gruppen des JG 11 von den weit überlegenen amerikanischen Jagdgruppen angenommen und an durchschlagenden Angriffen auf die Viermotorigen gehindert wurden. Zwar konnten die II. und III./JG 11 zusammen fünf Abschüsse für sich verbuchen -

Olt.Krupinski	II./JG 11	P-51	(189.)	11.10
Olt.Krupinski	II./JG 11	P-51	(190.)	11.10
Uffz.Keil	II./JG 11	P-51	(1.)	11.26
Lt.Loy	7./JG 11	B-24	(1.)	11.53 [821]
Ofw.Laskowski	8./JG 11	B-24	(35.)	*

doch wogen die eigenen Verluste abermals schwer. Die I. Gruppe, die selbst ohne Abschusserfolg blieb, verlor zwei Gefallene - Uffz. Stanislaus Bzawka wurde bei Breitenrode tödlich abgeschossen, während FhjOfw. Heinz Stöwer von der 3./JG 11 bei Blumenthal in der Nähe von Burg herunter kam; er wurde in einem in Bodennähe ausgetragenen Luftkampf mit P-51 abgeschossen und schlug mit seiner Maschine auf einem Acker auf, wobei er aus dem Wrack geschleudert wurde [822]. Mit ihm verlor die I. Gruppe einen der letzten ihrer " Alten ", der der Gruppe bereits seit ihrer Aufstellung angehört

---

[819] Gefechtsbericht Ofhr. Rudolf Kaltenhäuser, 6./JG 1, vom 30.5.1944

[820] Startzeit der II./JG 11 in Hustedt war 10.00 Uhr - Flugbuch Paul Berndt

[821] so die Abschussmeldung der III./JG 11; tatsächlich waren jedoch keine B-24 bei den Verbänden der 1 BD, deren Bomb Groups ausschliesslich mit der B-17 ausgerüstet waren

[822] aus einem Brief von Gudrun Stöwer, der Witwe Heinz Stöwers, vom 14.12.1979: " *Da ich auf dem Husumer Platz dienstverpflichtet war, konnte ich nicht so oft zu meinem Mann nach Rotenburg fahren. Aber im Mai war eine Gelegenheit, ihn zu besuchen. Am 30.5.1944 trennten wir uns morgens in der Unterkunft. Ich konnte den Start dieses Mal nicht miterleben, denn die Jäger stiegen vorher auf. Mein Mann hätte diesen Einsatz nicht mehr mitzufliegen brauchen; er sollte und musste ausspannen. Aber gegen ein 'Stöwer, führst Du noch einmal die Staffel ?' gab es natürlich nichts einzuwenden. Seine letzten Worte waren: 'Gudi, mein letzter Einsatz ! Dann ist erst mal Pause.' Dieser Satz hat mich sehr bedrückt. [...] In Husum angekommen, hörte ich die entsetzliche Meldung, dass mein Mann abgeschossen sei.[...] Mein Vater ist sofort hingefahren nach Blumenthal bei Magdeburg, hat dort auch den Bauern gefunden, der den Luftkampf beobachtet hatte zwischen der Fw 190 und einem amerikanischen Jäger. Durch Fürsprache erfolgte eine Überführung der Leiche nach Husum. Meine Mutter hat den Sarg öffnen lassen, um zu sehen, ob es auch wirklich unser Heinz war. Er war es. Auf dem Heldenfriedhof hier liegt er begraben.* "

Abb.794 - 795: Links - Vier Flugzeugführer der 5./JG 11, von links Uffz. Herbert Drühe, Uffz. Hase, Uffz. Johann Probst und - ? -; rechts Lt. Linka und Uffz. Hetzel, ebenfalls von der 5./JG 11.

(Becker)

hatte [823]. Die II./JG 11 kam mit einem Verwundeten noch recht glimpflich davon - Uffz. Herbert Drühevon der 5. Staffel wurde im Luftkampf mit den Mustangs abgeschossen und schwer verwundet und musste seine schwer angeschlagene " Mühle " bei Bernburg auf den Bauch werfen, wobei die Maschine total zu Bruch ging [824]. Von der III./JG 11 ist lediglich bekannt, dass sie in den Luftkämpfen dieses Tages neun Focke Wulfs verlor, während über Personalverluste keine Angaben vorliegen.

Während die I./JG 11 noch im Einsatz war, erfolgte ein vernichtender Bombenangriff auf den Flugplatz Rotenburg, als 147 Liberators in sieben Wellen dort insgesamt 428 Tonnen Spreng- und Brandbomben herabprasseln liessen [825]; die dadurch angerichteten Schäden waren beträchtlich, wie sich Fritz Engau erinnert:

Die Bomben zerpflügten einen grossen Teil des Platzes, zahlreiche Gebäude wurden zerstört; in mein Zimmer schlugen Brandbomben, fast alles verbrannte, mein Fotoapparat mit Fotos, mein Flugbuch und viele andere Unterlagen. Nur mein gelber Fliegerschal - er lag am unversehrten Fenster - blieb heil. Ich überlebte den Bombenangriff im Keller

---

[823] seinen letzten Brief an Hans-Georg Güthenke vom 26.5.1944 hatte Heinz Stöwer mit den Worten geschlossen: *" Ich bin von den Alten ganz alleine hier und komme mir so unendlich einsam vor."*

[824] Brief Herbert Drühe, 15.7.1979

[825] Freeman, aaO., S. 254

eines festen Gebäudes; an diesem Tage war ich wegen der bei der Gruppe eingeführten Verbandsführerschonung nicht im Einsatz. [826]

Die Bomben kosteten 27 Angehörigen des Bodenpersonals der I./JG 11 das Leben, sieben weitere wurden verletzt [827]; daneben wurden drei Focke Wulfs, die unklar waren und daher am Einsatz nicht teilnehmen konnten, durch Splitter zerstört, weitere fünf wurden unterschiedlich schwer beschädigt. Der Geschwaderstab büsste bei diesem Angriff eine Focke Wulf 58 " Weihe " als Totalverlust ein, zwei Bf 109 " Gustavs " wurden beschädigt. Die Maschinen, die nach ihrem Einsatz nach Rotenburg zurückkehrten - darunter Uffz. Heinz Schuch mit zwei weiteren Focke Wulfs der 1. Staffel [828] -, hatten grosse Schwierigkeiten, auf dem stark zerkraterten Platz eine ausreichend lange, unversehrt gebliebene Landefläche zu finden, doch gab es bei der Landung - so weit ersichtlich - keinen Bruch.

Auch der Liegeplatz der III./JG 11 in Reinsehlen wurde an diesem Tage angegriffen; hier waren es Mustangs der Begleitschutzgruppen, die auf ihrem Heimweg wieder Tiefangriffe auf die entlang ihres Weges erkannten deutschen Plätze flogen. Sechs Focke Wulfs der III./JG 11 wurden dabei zerstört, über Personalverluste ist nichts bekannt [829].

Nach dem Ende der Kämpfe meldete die deutschen Jäger den Abschuss von zwölf Viermots, dazu neun Herausschüsse und elf P-51; die eigenen Verluste beliefen sich auf 18 Gefallene und acht Verwundete sowie 43 abzuschreibende Maschinen [830], hinzu kamen acht am Boden zerstörte Jagdflugzeuge. Die 8. USAAF bezifferte ihre Verluste demgegenüber mit 15 Viermotorigen und 14 Jägern, während ihre Verbände 66 Abschüsse für sich beanspruchten [831], davon 53 durch die Jäger des Begleitschutzes und nur 13 durch die Bomberschützen - ein deutliches Zeichen für die Wirksamkeit des Jagdschutzes an diesem Tage, an dem es den deutschen Jägern kaum einmal gelungen war, zu den Viermotorigen durchzustossen.

Das JG 11 musste nach den schweren und verlustreichen Einsätzen der vorangegangenen Tage vorübergehend aus dem Einsatz genommen werden, um durch Zuführung neuer Flugzeugführer und Maschinen in aller Eile wieder aufgefrischt zu werden [832]. Hinzu kam die Unbenutzbarkeit des Einsatzhafens der I. Gruppe, da die Instandsetzungsarbeiten in Rotenburg einige Zeit in Anspruch nehmen würden. Vorläufig konnten nur der Gruppenstab und eine Staffel - offenbar die 3./JG 11 - in Rotenburg verbleiben und dort den Flugbetrieb behelfsmässig aufrechterhalten, während die 2. Staffel

---

[826] Brief Fritz Engau, 18.4.1986

[827] leider sind keinerlei namentliche Verlustmeldungen für die Opfer dieses Angriffes erhalten geblieben, so dass eine namentliche Nennung der Gefallenen und Verwundeten nicht erfolgen kann

[828] Bericht Heinz Schuch, 16.8.1993

[829] vermutlich bezogen sich die sieben an diesem Tage von den Begleitjägern der 8. USAAF gemeldeten Bodenzerstörungen auf den Angriff auf Reinsehlen

[830] daneben zählte man neun beschädigte Maschinen, von denen die Hälfte ohne Feindeinwirkung zu Bruch ging

[831] Freeman, aaO., S. 254 - von den Verlusten zählten drei Viermots und zwei Jäger als "Cat.E", die Verteilung der Abschüsse lautete 8-5-1 für die Bomber, 50-3-2 für die Jäger

[832] Brief Walter Krupinski, 26.7.1993; dieser hatte auch den Befehl gegeben, dass die Flugzeugführer der II./ JG 11 sich ihre neuen Bf 109 G-6/AS selbst beim Erla-Werk in Antwerpen, wo die Fertigung der AS-Maschinen aus Reparaturzellen erfolgte, abholen sollten, nachdem die Überführungsflieger zuletzt zu viele Brüche auf dem Platz Hustedt "abgeliefert" hatten, der tatsächlich recht schwierig anzufliegen war und neben Gefühl für die Bf 109 auch eine genaue Platzkenntnis erforderte. Daraufhin wurden bei zwei oder drei Gelegenheiten Flugzeugführer mit einer W 34 nach Antwerpen geflogen, um dort ihre neuen Mühlen zu übernehmen - Bericht Rudolf Strosetzki, 18.7.1993

unter Olt, Engau nach Lüneburg ausweichen musste [833] und die Reste der 1./JG 11 nach Salzwedel kamen [834], wo sie bis auf weiteres dem JG 3 einsatzmässig unterstellt wurden. Im Ergebnis bedeutete dies, dass damit die I./JG 11, die zuletzt ohne Frage zu den erfolgreichsten Gruppen der Reichsverteidigung gehört hatte, als kampfkräftige Einheit für einige Zeit ausfiel.

Während dieser Tage erfolgten einige personelle Umbesetzungen im JG 11; bei der I. Gruppe sollte Hptm. Simsch nach erfolgter Einarbeitung die Gruppenführung übernehmen, und auch die III./JG 11 sollte einen neuen Gruppenkommandeur bekommen: Major Anton Hackl, der die Gruppe seit Oktober 1943 mit grossem Erfolg geführt hatte und seither wiederholt als Gefechtsverbandsführer den Einsatz des gesamten JG 11 in der Luft geführt hatte, wurde als Kommandeur abberufen, da er nach erfolgter weiterer Verbandsführerschulung das JG 76 als Kommodore übernehmen sollte [835]. Für ihn übernahm der Kapitän der 7. Staffel, Hptm. Horst-Günther von Fassong, die Führung der III./JG 11 als neuer Kommandeur. Dagegen ist die Neubesetzung aller drei Kapitänsstellen nach dem Tode von Olt. Brandes und Olt. Kälber am 28. bzw. 29. Mai sowie der Versetzung Hptm. von Fassongs in den Gruppenstab ungeklärt [836].

31. Mai 1944 : Über 1.000 Viermotorige aller drei Bomb Divisions sollten an diesem Tage erneut Angriffe auf Flugzeugwerke im Reichsgebiet sowie auf Eisenbahnanlagen im westlichen Reichsgebiet, in Belgien und in Nordostfrankreich fliegen; zu ihrem Begleitschutz wurden 1.329 Jäger eingesetzt. Eine deutliche Eintrübung des zuletzt frühsommerlichen Wetters verhinderte jedoch die Durchführung eines erheblichen Teils der geplanten Angriffe, so dass am Ende nur Teilverbände der 1 und 3 BD zu ihren Zielen vordringen konnten, während zahlreiche Pulks ihre Bomben auf dem Rückflug über Gelegenheitszielen abluden [837].

Die deutsche Abwehr gegen diese Einflüge war sehr schwach; nur die Verbände der 3 BD, die am frühen Abend ihre Angriffe auf die Verschiebebahnhöfe von Schwerte, Hamm, Oesede und Osnabrück flogen und diese dabei erheblich in Mitleidenschaft zogen, wurden überhaupt bekämpft und zwar durch

---

[833] Brief Fritz Engau, 18.4.1986; dort heisst es u.a.: *" Wir verlegten nach Lüneburg, wo ich im Eiltempo eine provisorische Organisation aufbaute. Von hier aus sollte ich mit der 2. Staffel bei den Einsätzen nach Rotenburg fliegen, um in der Luft die beiden anderen Staffeln aufzunehmen und den Einsatz der gesamten Gruppe anzuführen. So weit kam es aber nicht mehr, denn in den kommenden Tagen lag eine Schlechtwetterfront über England und die Bomber kamen nicht mehr."*

[834] Bericht Heinz Schuch, 16.8.1993

[835] " Toni " Hackl gehörte zweifellos zu den energischsten und härtesten Verbandsführern der Reichsverteidigung, wie der nachfolgende Auszug aus einem Bericht erhellt, den Hackl unter dem 20. Mai 1944 an den GdJ. abgesetzt hatte; es heisst dort u.a.: *" ... 3.) Es ist zweifellos möglich, die alliierten Verbände auf diese Weise zu zersprengen, so dass danach auch Angriffe von hinten möglich sind und auch schlechte Schützen einen Abschuss erzielen können oder wegen Feigheit angeklagt werden müssen. Erfahrungen mit dem Frontalangriff zeigen, dass nur alte Flugzeugführer Abschüsse erzielen und zugleich auch am häufigsten getroffen werden; junge Flugzeugführer gehen nicht korrekt und nicht nahe genug heran.*

4.) Die Gruppe schlägt daher vor: a) laufend junge Flugzeugführer mit wenigen Abschüssen von der Ostfront zuzuführen, so dass der Osten zu einer Art Kampfschule für den Westen werde; b) jeder Flugzeugführer, auch wenn seine Munition verschossen ist, hat mit dem Rest der Gruppe so lange anzugreifen, wie dies auch der Kommandeur tut, um die Abwehrwirkung zu zersplittern und unsere Flugzeugführer davon abzuhalten, den Kampf zu verweigern." - Übersetzung aus dem Englischen von einer über ULTRA aufgefangenen und entschlüsselten deutschen Meldung

[836] ausweislich der Personalakte - BA - kam Olt. Heinz Grosser bereits mit Wirkung vom 21.5.1944 von der 10. zur 8./JG 11, die er danach als Staffelführer übernahm; die Zeit seiner Zugehörigkeit ist ungeklärt, sie kann indes nicht von Dauer gewesen sein, da er bereits im Juni 1944 wieder bei der Frontfliegersamelstelle Quedlinburg geführt wurde

[837] Freeman, aaO., S. 255

das JG 1, dessen drei Gruppen gegen 18.30 Uhr im Alarmstart aufgestiegen waren und nach Versammlung über Paderborn in Richtung der Edertal-Sperre geführt wurden [838]. Alles in allem mögen es noch um die 40 Maschinen gewesen sein, die das JG 1 an diesem Abend in die Luft bringen konnte, darunter zwölf Fw 190 der II./JG 1, die von Lt. Hubert Swoboda geführt wurden. Um 19.11 Uhr bekam der Verband östlich Münster in 6.000 m Feindsichtung von rund 50 Thunderbolts, die sogleich von allen Seiten schwarm- und rottenweise angegriffen wurden. Es entwickelte sich eine heftige Kurbelei, in deren Verlauf die II./JG 1 mit drei Gefallenen und einem Verwundeten sowie fünf abgestürzten Focke Wulfs schwere Verluste einstecken musste, während die beiden anderen Gruppen ungeschoren davonkamen. Die 4./JG 1 verlor Fw. Adolf Schulz und Uffz. Anton Sinek, die bei Bornholte zusammenstiessen und mit ihren Maschinen abstürzten. Bei der 6. Staffel war der Verlust von Lt. Günther Buchholz zu beklagen, der im Luftkampf mit den P-47 bei Österwiehe in der Nähe von Werl tödlich abgeschossen wurde. Für den Flg. Georg Blech von der 5./JG 1 endete ein weiterer Einsatz am Fallschirm - er wurde bei Gütersloh abgeschossen und am Bein verwundet. Fw. Alfred Bindseil von der 6. Staffel musste seine Maschine mit Beschusschäden in Störmede auf den Bauch werfen; er selbst war im Gesicht leicht verletzt. Bezogen auf die Einsatzstärke von gerade zwölf Maschinen bedeuteten diese Verluste, zu denen noch zwei ohne Feindeinwirkung beschädigte Maschinen kamen, dass gerade die Hälfte der eingesetzten Maschinen vom Einsatz zurückkehrten ! Diesen Verlusten stand gerade ein einziger Abschuss gegenüber: Ofw. Brodbeck von der 6./JG 1 konnte um 19.15 Uhr bei Wiedenbrück eine P-47 herunterholen (4.).

Damit endete der Mai 1944, der der bis dahin härteste und verlustreichste Monat für die Verbände der Reichsverteidigung gewesen war; unter dem nahezu pausenlosen Ansturm der zahlenmässig weit überlegenen amerikanischen Bomberströme und ihres Begleitschutzes drohte die deutschen Tagesluftverteidigung seit Wochen auseinanderzubrechen - Ende Mai 1944 stand sie tatsächlich kurz vor dem Zusammenbruch [839]. Zu den empfindlichen Kampfverlusten kamen auch die düsteren Aussichten auf die weitere Entwicklung: Während sich durch die Bombenangriffe auf die Treibstoffindustrie eine tödliche Gefahr für die Fortsetzung aller Kriegsanstrengungen, vor allem aber der Einsatzfähigkeit der Luftwaffe abzeichnete, musste jederzeit mit dem Beginn der alliierten Landung auf dem europäischen Festland gerechnet werden, der der Luftwaffe ihren bis dahin schwersten Kampf gegen eine nie erlebte zahlenmässige Übermacht aufzwingen würde.

Auf Seiten der 8. USAAF hatte der Mai 1944 eine nochmalige Steigerung ihrer Einsatztätigkeit gegen Ziele im Reichsgebiet und in den angrenzenden Gebieten Belgiens und Nordostfrankreichs gebracht; insgesamt 19.825 Einsätze der Viermotorigen wurden in diesem Monat verzeichnet, von denen 13.975 als " effective " galten und bei denen 38.029 Tonnen Bomben abgeworfen wurden [840]. Auf der Verlustseite standen 376 Viermotorige und 171 Jäger [841]; für die Bomber bedeutete dies eine Verlustquote von nur mehr 2,7 % bezogen auf die als "effective" bezeichneten Einsätze und gerade noch 1,9 % der Gesamteinsatzzahl. Die Luftwaffe verzeichnete demgegenüber im Mai 1944 3.805 Einsätze im Bereich der Luftflotte Reich gegenüber noch 4.505 im April; hierin spiegelte sich deutlich das Absinken der Kampfkraft der deutschen Jagdgruppen wider, denn die Zahl der Grosskampftage war in beiden Monaten mit jeweils neun gleich geblieben [842]. Die eigenen Verluste beliefen sich auf 446 Maschinen,

---

[838] alle Angaben zum Einsatz laut KTB II./JG 1 sowie Gefechtsbericht Kurt Brodbeck und Luftkampfzeugenbericht Hubert Swoboda; Startzeit der II./JG 1 - 18.29 Uhr

[839] Groehler, BK, S. 217

[840] im selben Zeitraum flogen die Viermotverbände der 15. USAAF im südlichen Kampfraum 14.432 Einsätze, von denen 13.975 als "effective" galten; die dabei abgeworfene Bombenmenge betrug 30.355 Tonnen, die Verluste an Viermots 175 Maschinen - Freeman, Mighty Eighth, Anhang

[841] zu denen noch einige Verluste der dem VIII F.C. zeitweilig unterstellten P-51 Gruppen der 9. USAAF zu zählen sind, die im Mai 1944 insgesamt 78 Jägerverluste meldete

[842] im April der 8., 9., 11., 13.,18., 19., 22., 24.und 29., im Mai der 8., 11., 12., 13., 19., 24., 28., 29. und 30.

was einer Verlustquote von 11,7 % entsprach [843]. In absoluten Zahlen ausgedrückt, hatte die Reichsluftverteidigung im Mai 1944 folgende Verluste zu verzeichnen:

Verluste der Tagjagdverbände
Mai 1944
(nur Reichsverteidigung, West und Süd)

Einheit	fliegendes Personal					Flugzeugverluste				
	+	KG	verw.	+	verl.	60-100%	unter 60%	60-100%	unter 60%	60-100%	unter 60%
JG 1	36	-	20	5	1	76	49	1	3	9	17
JG 11	36	-	20	1	1	129	29	8	7	7	14
JG 2	16	-	7	7	4	28	14	18	15	15	21
JG 3	39	-	30	1	-	108	40	1	-	7	8
Stab/JG 4	-	-	1	-	-	2	-	-	-	-	3
I./JG 4	5	-	5	-	-	16	7	-	1	-	2
I./JG 5	12	-	7	2	-	17	14	2	-	4	5
IV./JG 5	2	-	2	-	-	4	6	-	-	1	4
EKdo. 25	2	-	-	-	-	1	-	1	3	-	1
JG 26	15	-	10	4	5	36	13	18	9	12	16
JG 27	41	-	19	3	5	89	34	-	1	14	14
II./JG 51	1	-	1	-	-	3	2	-	-	-	1
JG 53	13	-	17	1	3	55	15	3	3	7	5
III./JG 54	4	-	6	1	3	14	10	1	-	4	3
JG 77	18	-	12	-	1	43	27	2	3	4	10
JG 300	1	-	-	3	1	4	10	-	-	5	6
JG 301	4	-	1	1	-	10	5	-	-	8	6
JG 302	7	-	6	3	-	23	3	-	2	8	10
SG 4	19	-	3	-	-	29	7	29	10	2	5
I./SKG 10	2	-	1	2	-	1	3	1	1	3	3
I./SG 152	1	-	1	*	*	2	-	-	-	*	*
KG 51	3/3	-	2/1	2/2	-	5	-	-	-	3	-
JG 103	1	-	-	*	*	1	-	-	-	*	*
JG 105	3	-	-	*	*	3	-	-	-	*	*
JG 107	1	-	-	*	*	1	-	-	-	*	*
JG 110	-	-	-	*	*	2	-	-	-	*	*
JGr. Ost	5	-	3	*	*	8	1	-	-	*	*
JGr. Süd	2	-	2	*	*	3	1	-	-	*	*
ZG 1	13/12	-	4/7	1/1	-	21	6	10	11	4	10
ZG 26	13/14	-	3/6	4/5	2	22	5	-	-	10	9
ZG 76	1/3	-	1	-	-/1	2	6	-	-	5	19
	316/32	-	254/14	41/8	24/1	758	307	96	69	132	192

Anmerkungen: [844], [845], [846]

---

[843] Groehler, BK, S. 218 unter Verweis auf BA/MA RL 2/ v. 3157; eine Aufschlüsselung dieser Verlustzahl fehlt, es ist indes davon auszugehen, dass es sich um die Flugzeugverluste der Luftflotte Reich sowie der Verbände der Luftflotte 3 im Reichsverteidigungseinsatz handelt

[844] bei den Zerstörerverbänden bezeichnet die erste Zahl bei den Personalverlusten die Flugzeugführer, die zweite die der übrigen Besatzungsmitglieder

Abb. 796: Offiziere vom Gruppenstab der III./JG 11 vor der Gefechtsstandsbaracke auf dem Platz Reinsehlen, aufgenommen Anfang Juni 1944; links aussen sieht man Hptm. Horst-Günther von Fassong, als zweiten von rechts Olt. Wiebusch, NO der III. Gruppe.

(Oppermann)

In den ersten sechs Tagen des Juni 1944 gab es keine weiteren Tagesgrossangriffe der 8. USAAF; während dieser Tage waren die Viermotorigen in die letzten vorbereitenden Angriffe für die Landung in

---

reine Betriebsverluste der Schul- und Ergänzungseinheiten wurden nicht erfasst, sondern mit einem "*" gekennzeichnet

[845] leider enden die amtlichen Unterlagen aus dem Nachlass von Oberst Günther Lützow mit dem April 1944; die nachfolgende Aufstellung beruht auf den namentlichen Verlustmeldungen WASt. sowie die summarischen Flugzeugverlustmeldungen der Verbände, RL 2/III/852 ff

[846] ergänzend dazu seien die Verluste der Tagjagdverbände im Osten im Januar 1944 genannt:

Einheit	fliegendes Personal						Flugzeugverluste				
	+	KG	verw.	+	verl.	60-100%	unter 60%	60-100%	unter 60%	60-100%	unter 60%
JG 5	4	1	4/1	-	1	13	5	1	-	1	6
JG 51	4	-	3	-	-	10	23	-	-	1	7
JG 52	8	-	6	2	-	17	9	-	-	6	3
JG 54	2	-	4	1	1	7	9	-	-	2	12
	18	1	18	3	2	47	46	1	0	10	28

der Normandie eingespannt, wobei sie mit ihren Bombenteppichen Flugplätze, Eisenbahn- und Verkehrsziele im Umfeld der vorgesehenen Landegebiete sowie Küstenbefestigungsanlagen im Bereich des Pas-de-Calais verwüsteten. Ziel dieser Angriffe war eine Lähmung und Abschnürung jeglichen Nachschubverkehrs in das Gebiet um die Landezonen im Bereich der Seine-Mündung und der Küste der Normandie [847].

Bei den Gruppen der JG 1 und 11 wurde die unverhoffte Einsatzruhe dankbar aufgenommen; so wurden die Tage mit zahlreichen Übungs- und Werkstattflügen ausgefüllt, während durch die Zuführung neuer Flugzeugführer und Maschinen versucht wurde, die zuletzt erlittenen Verluste auszugleichen. Wieder kam es im Verlaufe des Übungsbetriebs zu mehreren Unfällen, bei denen vier Flugzeugführer zu Tode kamen und einer schwer verletzt wurde; alle diese Zwischenfälle betrafen dabei das JG 1, während vom JG 11 aus dieser Zeit keine Verluste bekannt sind. Am 1. Juni durchbrach Fw. Ernst Seefeldt von der 8./JG 1 beim Start in Paderborn wegen einer Störung am Fahrwerk die Platzbegrenzung und wurde schwer verletzt. Zwei Tage später kam Uffz. Franz Michel von der 1./JG 1 beim Absturz seiner Focke Wulf während eines Übungsfluges bei Lippspringe ums Leben. Am 4. Juni 1944 traf es erneut die III. Gruppe: Lt. Gerhard Bosse und Lt. Wolfgang Kiefer, beide von der 8. Staffel, stiessen bei einer Luftkampfübung zusammen und kamen beim Absturz ihrer Maschinen in der Nähe von Paderborn ums Leben. Am 6. Juni schliesslich musste abermals die III./JG 1 einen Verlust melden; wie es dazu kam, beschreibt Hubert Heckmann:

Einige Tage vor Beginn der Invasion erhielten wir neue Flugzeugführer, darunter Uffz. Heinz Schneider, Uffz. Wolfram Brechthold und Uffz. Gerhard Bachmann. Ich nahm mir den Uffz. Bachmann zur Schulung vor. Wir starteten bei wolkenlosem Himmel, gingen auf über 9.000 m und begannen unser Programm. Bachmann bot dabei eine ganz ausgezeichnete Leistung. Wir waren so eifrig bei der Sache, dass ich nach den fast zwei Flugstunden nicht bemerkt hatte, dass inzwischen ein fast geschlossene Wolkendecke aufgezogen war. Da die Wolkendecke in Richtung Osten Verdünnungen zeigte, stürzten wir mit ca. 700 km/h auf ein Wolkenloch zu, Bachmann ungefähr 100 m hinter mir. Da wir nach Osten abgetrieben worden waren, wollte ich nach Durchstossen der Wolken nach Westen fliegen, um wieder nach Paderborn zu kommen. Im Wolkenloch flog ich eine Rechtskurve, um Bachmann hinter mir einkurven zu sehen, aber er kam nicht.

Vier Wochen später wurde ich in Steinhude verhört. Ein Luftbeobachter hatte gemeldet, dass zwei Flugzeuge aus einem Wolkenloch gestürzt seien, das zweite mit hohem Motorgeräusch eine schwarze Fahne hinter sich herziehend. Die vordere Maschine habe ein Kurve geflogen, die hintere sei geradeaus weitergeflogen, es habe sich etwas von der Maschine gelöst und beides wäre auf dem Erdboden aufgeschlagen; ersteres war der Flugzeugführer, dessen Fallschirm sich nicht geöffnet habe. [848]

Uffz. Gerhard Bachmann wurde vermutlich das Opfer eines Motorschadens; man fand ihn beim Bruch seiner Maschine, die in der Nähe von Messlingen bei Hameln aufgeschlagen war.

Als weiterer Versuch, die Kräfte der Reichsluftverteidigung zu verstärken, erging unter dem 25. Mai 1944 ein Befehl, wonach alle im Osten und im Süden [849] eingesetzten Jagdgruppen jeweils eine auf volle

---

[847] vgl. dazu im einzelnen Freeman, aaO., S. 256 ff; ders., Mighty Eighth, S. 144 ff

[848] Aufzeichnungen Hubert Heckmann, S. 17

[849] vgl die Darstellung bei Galland, aaO., S. 286, die allerdings einige sachliche Fehler aufweist und ein sehr anschauliches Beispiel dafür bietet, wie die Selbstdarstellung des ehemaligen Generals der Jagdflieger in leicht lesbarer und verständlicher Weise, für den Laien nicht ohne weiteres erkennbar, Legenden strickt und die tatsächlichen Ereignisse verzeichnet, was wie folgt verdeutlicht werden soll: So betraf der Befehl nicht nur die im Osten eingesetzten Gruppen, sondern ebenso die noch unter dem Befehl der Luftflotte 2 in Italien und Rumänien eingesetzten Teile der JG 53 und 77 - vgl. Prien., JG 53, Bd. 3, S. 1149 und 1163, sowie JG 77, Bd. 4; Gundelach, Mittelmeer, S.808 m.w.N. Weiter heisst es bei Galland, dass diese Bemühungen bereits auf den

Sollstärke aufgefüllte Staffel abzugeben und zur weiteren Verwendung in der Reichsverteidigung der Luftflotte Reich zuzuführen hätten. Die so für die Reichsverteidigung verfügbar werdenden Staffeln sollten als jeweils vierte Staffeln zu den bereits in der Reichsverteidigung eingesetzten Tagjagdgruppen hinzutreten, deren Sollstärke zugleich von bisher drei auf fortan vier Staffeln erhöht wurde, wie dies bei den beiden in Frankreich eingesetzten JG 2 und 26 bereits seit Herbst 1943 der Fall war [850]. Dahinter stand neben der Absicht, zu grösseren Einsatzstärken der einzelnen Verbände zu gelangen [851], vor allem der durch den Tod vieler erfolgreicher und erfahrener Kommodore und Kommandeure eingetretene

---

Winter (1943/44) zurückgingen; tatsächlich erging der Befehl unter dem 25. Mai 1944 und traf am darauffolgenden Tage bei der Lfl. 2 ein - Tagebuch GFM von Richthofen, OB der Lfl.2, zitiert bei Gundelach, ebenda. Bedenklich sind die Bemerkungen Gallands zu der Auswirkung dieser Massnahme für die im Osten liegenden Gruppen; es mochte ja recht pfiffig sein, einen "Führerbefehl", nach dem keine weiteren Jagdgruppen aus dem Osten abgezogen werden durften, durch das Abziehen von Staffeln zu unterlaufen, aber angesichts der auch im Osten gegebenen gewaltigen zahlenmässigen Unterlegenheit der Luftwaffe und in Anbetracht der sich dort für das Reich zusammenziehenden tödlichen Gefahr, die sich alsbald in der grossen russischen Sommeroffensive entladen sollte, war es nicht sehr klug, diese Front noch weiter zu schwächen (als die Offensive tatsächlich losbrach, wurden Jagdkräfte aus der Reichsverteidigung schleunigst nach Osten befohlen, s.u. !) Auch das Zahlenspiel Gallands - *" Ein Ausfall trat dadurch im Osten praktisch nicht ein, weil die Verbände dort ohnehin unter 50% ihrer Sollstärke blieben. Im Reich wurden die herausgezogenen Staffeln sofort aufgefüllt ..."* S. 286 - liegt neben der Sache; denn der Befehl sah die Abstellung je einer auf Sollstärke von 16 Flugzeugführern aufgefüllten Staffel vor, eine Auffüllung im Reich fand nicht statt. Folgte man indes der Logik des Generals, dann bedeutete der Abzug für die mit 50% besetzten Ost-Gruppen den Verlust von 2/3 ihres Ist-Bestandes. Als am 22. Juni 1944 die sowjetische Offensive gegen die Heeresgruppe Mitte losbrach, lautete das Kräfteverhältnis bei den Luftstreitkräften rund 6.800 Maschinen auf russischer Seite, darunter rund 3.000 Jäger, gegenüber 40 einsatzbereiten Jägern des JG 51 im Bereich der Luftflotte 6 ! - vgl. Aders, JG 51, S.150. Im übrigen sei darauf hingewiesen, dass diese Massnahme zwar die umfangreichste ihrer Art war, dass aber daneben eine laufende Ausdünnung und Auszehrung der im Osten eingesetzten Gruppe zugunsten der Reichsverteidigung stattfand, indem die Ost-Geschwader eine grosse Anzahl ihrer erfahrensten Flugzeugführer an die Verbände der Reichsverteidigung abgeben mussten. So vezeichnet beispielsweise der Jahresbericht des JG 51 "Mölders" für das Jahr 1944 die Abgabe von 89 Flugzeugführern (!) an die Reichsverteidigung und ähnliches galt für das JG 54 - vgl. dazu bereits oben S. 829

Die ganze Operation verdeutlichte nur zum wiederholten Male, dass die sprichwörtliche Decke der Luftwaffe an allen Ecken und Enden zu kurz war und dass dies die notwendige Folge von eigenen Versäumnissen war - dieser Erkenntnis hätte es geheissen sich zu stellen und Konsequenzen zu ziehen.

[850] vgl. Aufzeichnungen Oberst Lützow bereits unter dem 19.8.1943

[851] eine weitere Absicht, die der General der Jagdflieger damit zu dieser Zeit verfolgt haben will - aaO., S.287 - soll die Bildung einer schlagkräftigen Reserve gewesen sein; es heisst dort u.a.: *Ich schlug dem Oberbefehlshaber daher vor, von dem bisherigen Verfahren des vermehrten personellen und materiellen Hineinpumpens mit dem Versuch, die Einsatzstärken zu vermehren oder wenigstens zu erhalten, abzugehen und statt dessen eine R e s e r v e zu bilden. ... Eine grössere Reserve konnte damals noch, schlagartig in den Einsatz geworfen, die Luftkriegslage wesentlich beeinflussen. Bis Ende Mai 1944 war die Reserve bereits auf 450 Jäger angewachsen. Da warf die Invasion alle unsere Planungen über den Haufen."* Auch dieser Darstellung gegenüber sind die oben genannten Vorbehalte angezeigt. Denn weder gab es Ende Mai 1944 eine Reserve von 450 Jägern - das wären sieben Tagjagdgruppen in Reserve, doch welche sollten das wohl gewesen sein ? - noch wäre damit ggf. etwas entscheidendes auszurichten gewesen - noch nicht ein Jahr zuvor hatte GFM Milch festgestellt, dass es zur erfolgreichen Abwehr der alliierten Bomberoffensive einer vierfachen zahlenmässigen Überlegenheit der Jäger gegenüber den angreifenden Bombern bedurft hätte - s.o.S. 420 -; selbst wenn es daher die sagenhafte Reserve gegeben hätte, hätte dies nicht einmal ausgereicht, den deutschen Jägern zu einem zahlenmässigen Gleichgewicht zu verhelfen, von einer Überzahl ganz zu schweigen. Und als einige Tage später die Invasion begann, wurden damit keine Pläne über den Haufen geworfen - und wieso überhaupt: Rechnete man denn im Stab des GdJ. nicht mit einer Invasion ? -, sondern "nur" die tatsächlichen Kräfteverhältnisse ganz offenkundig gemacht ! Die sogenannte " Reservebildung ", so es denn eine gegeben hätte, hätte logischerweise im Hinblick auf die jeden Tag erwartete Invasion erfolgen müssen, bei der mit 5.000 gegnerischen Jagdflugzeugen gerechnet werden musste.

Mangel an geeigneten Verbandsführern, der dazu zwang, die von den wenigen verbliebenen Verbandsführern geführten Verbände entsprechend zu vergrössern [852].

Von den im Zuge dieser Massnahme ins Reich verlegten Staffeln wurden zwei dem JG 1 zugeschlagen, während das JG 11 von einer Erweiterung zunächst noch ausgenommen wurde [853]. Die I./JG 1 sollte um die aus Rumänien kommende 9./JG 77 erweitert werden; die Staffel wurde von Olt. Wolfgang Ernst geführt, der seit 1941 im Einsatz war und zu dieser Zeit auf mindestens 27 Abschüsse verweisen konnte und mit dem Deutschen Kreuz in Gold [854] ausgezeichnet war. An den Abschied der Staffel von der III./JG 77 in Rumänien erinnert sich Gerhard Hanf, Leutnant und Flugzeugführer in der 9./JG 77, wie folgt:

Ende Mai 1944 sickerte durch, dass die 9. Staffel nach Deutschland verlegt und einem anderen Geschwader zugeteilt werden sollte; es wurde dann auch ein Appell durchgeführt, bei dem unser Staffelkapitän Olt. Ernst die Verlegung ins Reichsgebiet bekanntgab. Alle Maschinen und alles technische Gerät wurden daraufhin an die anderen Staffeln abgegeben, die Flugzeugführer, Techniker und das allgemeine Personal aber sollten die III. Gruppe verlassen. Dann begann die Verlegung in die Heimat, die im Bahntransport erfolgen sollte; es wurden mehrere Züge zusammengestellt, wobei ich bei einem davon als Transportführer eingesetzt war. Wir hatten uns vorsorglich doppelte Marschpapiere " besorgt ", damit wir wenigstens ausreichend zu essen hatten. [855]

Während das Bodenpersonal der 9./JG 77 bei seinem Eintreffen im Reich um den 9. Juni 1944 herum unmittelbar auf den Einsatzhorst der I./JG 1 in Lippspringe kam, wurden die Flugzeugführer [856] nach Reinsehlen zur III./JG 11 kommandiert [857], um dort zunächst auf die Focke Wulf umzuschulen, nachdem die Staffel im Rahmen der III./JG 77 bislang ausschliesslich mit der Messerschmitt ausgerüstet gewesen war. Der Umschulungsbetrieb begann am 11. Juni 1944 - dazu noch einmal Gerhard Hanf:

In Reinsehlen begrüsste uns der Kommandeur der III./JG 11, Hptm. von Fassong. Es galt, auf die Fw 190 umzuschulen, denn bisher hatten wir die Bf 109 geflogen. Absolutes Neuland hatten auch unsere Techniker zu betreten. Da wir schon ausreichende Erfahrungen mit der Überlegenheit der US Air Force gemacht hatten, wurde uns klar, dass das Bisherige fast harmlos gewesen sein musste.

Zunächst erfolgte die Umschulung auf die Fw 190 sehr zügig. Bis auf die ganz alten Hasen wie Olt. Wolfgang Ernst und Ofw. Arno Potzel - sie schworen weiterhin auf ihre Bf 109 - waren wir von der Focke Wulf richtig begeistert. Nach knapp vier Wochen war die Umschulung beendet; jeder Flugzeugführer hatte zwischen zehn und 15 Starts absolviert und die erforderliche Einsatzfähigkeit erreicht. [858]

---

[852] Galland, aaO., S. 286

[853] nach der Verlegung der beiden anderen Gruppen nach Frankreich am 6. Juni 1944 wurde der III./JG 11 die 2./JG 52 unterstellt; vgl. dazu unten

[854] Verleihungsdatum 17.10.1943

[855] Bericht Gerhard Hanf, 11.9.1991; vgl. auch Prien, JG 77, Bd. 4 m.w.N.

[856] bei ihrem Eintreffen im Reich gehörten der 9./JG 77 u.a. folgende Flugzeugführer an: Olt. Wolfgang Ernst, Lt. Gerhard Hanf, Lt. Richard Förster, Ofw. Arno Potzel, FhjFw. Jürgen Post, FhjFw. Birnbaum, Uffz. Kurt Engfer, Uffz. Hans-Georg Meyer, Uffz. Kurt Mann, Uffz. Paul Taube, Uffz. Hans Maximow

[857] die im Gegensatz zur I./JG 1 nach dem 6. Juni nicht nach Frankreich verlegt hatte - vgl. sogleich unten - und daher für die Umschulung der Flugzeugführer der 9./JG 77 verfügbar war

[858] Brief Gerhard Hanf, 8.4.1992; Flugbücher Gerhard Hanf und Uffz. Hans Maximow, 9./JG 77

Bei der II./JG 1 trafen am 3. Juni 1944 die Flugzeugführer sowie das Bodenpersonal der 7./JG 51 ein; diese Staffel wurde zunächst nur zur II. Gruppe kommandiert und ihr für die weiteren Einsätze unterstellt [859]. Kapitän der 7./JG 51 war bis zu ihrem Eintreffen im Reich Hptm. Karl-Heinz Weber, ein mit 136 Abschüssen und dem Ritterkreuz sehr erfahrener und erfolgreicher Offizier [860]. Da die 7./JG 51 bis April 1944 mit der Focke Wulf ausgerüstet gewesen war [861], bedurfte es nun keiner längeren Umschulung, so dass die Staffel nach Erhalt einer vollständigen Ausstattung neuer Fw 190 A-8 an der Seite der II./JG 1 in den Einsatz gehen konnte [862].

Wie beim JG 11 erfolgten auch beim JG 1 in den ersten Junitagen einige personelle Umbesetzungen. Die 4. Staffel, die seit Anfang Mai vertretungsweise von Lt. Otto Bach geführt worden war, wurde nach dem Weggang von Olt. Eberhard Burath wieder von Olt. Wolfgang Kretschmer übernommen, der nach Wiederherstellung von seiner am 6. März 1944 erlittenen Verwundung Ende Mai in Störmede bei der II./JG 1 eingetroffen war und sich dort hatte einfliegen können [863]. An der Spitze der III. Gruppe trat ein Wechsel ein: Maj. Hartmann Grasser übergab die Führung der III./JG 1 am 3. Juni 1944 an Hptm. Karl-Heinz Weber, der an diesem Tage mit der 7./JG 51 aus dem Osten eingetroffen war [864]. Nach dem Weggang von Hptm. Weber übernahm Lt. Friedrich Krakowitzer, der mit rund 25 Abschüssen erfahrenste und erfolgreichste Offizier in der Staffel nach Hptm. Weber, die Führung der 7./JG 51 [865].

---

[859] KTB II./JG 1

[860] neben Hptm. Weber gehörten der 7./JG 51 zu dieser Zeit u.a. folgende Flugzeugführer an: Lt. Johann Brünner, Lt. Friedrich Krakowitzer, Lt. Weissbrodt, Ofhr. Günther Heckmann, Fw. Helmuth Heidemann, Fw. Richard Henner, die Unteroffiziere Günther Henschel, Franz Zechner, Herbert Redlich, Walter Ruffing, Wolfgang Boye, Hans Hermann, Erich Rahner und Friedrich Mai sowie der Gefr. Johannes Kamutzki

[861] zu dieser Zeit wurden die Gruppen des JG 51 von der Fw 190 auf die Bf 109 umgerüstet, mit Ausnahme der Stabsstaffel - vgl. Aders, JG 51, S. 141

[862] ausweislich eines britischen Vernehmungsberichts vom 24.6.1944 - A.D.I.(K) No. 299/1944 -, in dem die Ergebnisse der Vernehmung des am 20.6. in Gefangenschaft geratenen Fw. Henner von der 7./JG 51 zusammengefasst werden, soll die Staffel Russland am 27.5.1944 unter Zurücklassung ihrer Bf 109 verlassen haben. In Störmede soll danach noch ein kurzer Umschulungs- bzw. Auffrischungskurs auf der Fw 190 stattgefunden haben, von denen die 7./JG 51 insgesamt zwölf zugewiesen bekam

[863] Bericht Wolfgang Kretschmer, 5.8.1993

[864] aus einem Brief von Hptm. Marschall, Stab III./JG 1, an die Eltern von Hptm. Weber vom 19.7.1944: *"Ich hatte Hptm. Weber noch in Paderborn kennengelernt, als er als Kommandeur am 3. Juni 1944 unsere Einheit übernahm. [...]"*

[865] A.D.I. (K) Report No. 299/1944, Ziff. 9; danach war der Funkrufname Krakowitzers "Kracksel"

III. Einsatz zur Abwehr der Invasion in Frankreich - Juni bis August 1944

Gegen 01.00 Uhr am frühen Morgen des 6. Juni 1944 begann die alliierte Landung in der Normandie, das Unternehmen " OVERLORD " - englische und amerikanische Fallschirmjäger und Luftlandetruppen, die über den Flankenräumen der vorgesehenen Landeabschnitte abgesetzt wurden, eröffneten den Angriff auf die Westfront der "FESTUNG EUROPA", die durch den - allerdings nur nach Darstellung der deutschen Propaganda - unüberwindlichen " ATLANTIKWALL " geschützt wurde. Unter dem Schutz der Nacht marschierte derweil eine Invasionsflotte von nie gesehenem Umfang auf die Küste der Normandie zu; nicht weniger als sieben Schlachtschiffe, zwei Monitore, 23 Kreuzer, drei Kanonenboote, 105 Zerstörer und 1.073 kleinere Kriegsschiffe waren zur Unterstützung der Anlandungen eingesetzt, während insgesamt 4.126 Landungsfahrzeuge aller Art die Landungstruppen der 1. US und der 2. britischen Armee transportierten [866].

Unterstützt wurden die Anlandungen durch einen gewaltigen Luftschirm, den die Alliierten über den Landegebieten ausbreiteten; am " D-DAY ", wie der Landungstag auf alliierter Seite offiziell bezeichnet wurde, standen in England 3.467 schwere und 1.645 mittlere und leichte Bomber, 5.409 Jäger und 2.316 Transportmaschinen bereit, in die Kämpfe in Frankreich einzugreifen; bis zum Abend des 6. Juni 1944 sollten von diesen Flugzeugen insgesamt 14.674 Einsätze über dem Landegebiet und dem umgebenden Hinterland geflogen werden [867].

Noch bevor die Anlandungen begannen, hatten die Viermotorigen der 8. USAAF einen vernichtenden Angriff auf die deutschen Abwehrstellungen an der Küste geflogen - insgesamt 1.083 Boeings und Liberators flogen kurz nach der Morgendämmerung entlang der Küste und warfen rund 3.000 Tonnen Bomben auf die deutschen Küstenbatterien und Abwehrstellungen [868]. Unbehelligt von deutschen Jägern, die es im Landungsgebiet nicht gab, verloren die Amerikaner nur einen einzigen Bomber, der vermutlich der Flak zum Opfer gefallen sein dürfte [869]. Das Bomber Command der RAF nahm sich darüber hinaus mit nahezu 1.000 Viermotorigen die deutschen Küstenbatterien vor. Während danach 1.347 Jäger der 8. USAAF zwischen 04.25 und 13.40 Uhr Abschirmungseinsätze im Raume östlich der Seine bis zur Loire flogen, gehörte der Himmel über den Landegebieten den mittleren Bombern, Jabos und Jägern der 9. USAAF sowie der RAF [870].

Als wenig später die Landungstruppen an den fünf dafür vorgesehenen Abschnitten zwischen St. Germain an der Ostküste des Cotentin und der Orne-Mündung an Land gingen, trafen sie nur noch stellenweise auf erbitterten und wirksamen Widerstand; bis zum Abend konnten die alliierten Truppen zwar bei weitem nicht die ihnen gesteckten Ziele erreichen, doch gelang es ihnen, feste Brückenköpfe auf dem französischen Ufer zu errichten.

Auf deutscher Seite hatte man sich seit geraumer Zeit mit der Gefahr einer alliierten Landung in Frankreich auseinandergesetzt; alle drei Wehrmachtteile hatten ihre Pläne für eine Reaktion auf die erwartete

---

[866] vgl. für viele: Jacobsen / Rohwer, aaO., S.424 ff, m.w.N.; Cartier, aaO., Bd.2, S. 747 ff; Rohwer / Hümmelchen, aaO., S. 453 ff

[867] Gundelach, Dr.G.W., S. 317 m.w.N.

[868] Freeman, aaO., S. 259; Piekalkiewicz, aaO., S. 354; Gundelach, Dr.G.W., S. 317

[869] allerdings stiessen einige Maschinen der 3./SKG 10, die von einem Einsatz über England zurückkehrten, auf die im Anmarsch befindlichen Viermotverbände und erzielten dabei den Abschuss mehrerer Viermots der RAF

[870] Gundelach, ebenda; dabei mussten sich die Jäger der 8. USAAF zur Vermeidung von Identifizierungsproblemen aus dem eigentlichen Landungsraum heraushalten, in dem die Jäger der 9. USAAF und der britischen 2nd Tac.Air Force flogen. Der Deckname des Einsatzes der Jäger der 8. USAAF lautete "FULL HOUSE"

Landung ausgearbeitet - bei der Luftwaffe liefen die diesbezüglichen Planungen unter dem Stichwort "DROHENDE GEFAHR WEST" [871]. Die ersten Planstudien für die Abwehr einer Invasion in Frankreich entstanden im Juli 1943 [872] und wurden später mehrfach überarbeitet, bis unter dem 27. Februar 1944 der endgültige Plan erstellt wurde [873]. Dieser ging von einem Hauptstoss auf Frankreich [874] mit Fesselungs- und Ablenkungsangriffen auf die Küsten Dänemarks und Norwegens und weiteren Nebenunternehmungen gegen die bretonische und die niederländische Küste aus. Die Kampfführung im Westen sollte der Luftflotte 3 obliegen, der dazu erhebliche Verstärkungen von den anderen Kriegsschauplätzen zugeführt werden sollten, darunter vor allem 19 Tagjagdgruppen, die von den Luftflotten Reich und 2 abzugeben waren [875]; acht dieser Gruppen sollten dabei als Jabogruppen ausgerüstet [876] und vor allem gegen die alliierte Flotte sowie die frisch gelandeten Truppen an der Küste eingesetzt werden [877]. Die als Jabogruppen vorgesehenen Verbände sollten dem II. Fliegerkorps unterstellt werden, während die reinen Jagdgruppen im Rahmen des II. Jagdkorps eingesetzt werden sollten [878]

Ihre Hauptaufgaben für die Kampfführung selbst sah die Luftwaffenführung darin, einmal aufgrund des zu erwartenden starken feindlichen Jagdeinsatzes vorrangig ausreichend starke eigene Jagdkräfte bereitzuhalten, um den Kampfraum über den eigenen Heerestruppen freizukämpfen und dort die Luftherrschaft zu erreichen, und darüber hinaus möglichst starke, bei der Luftverteidigung entbehrliche, Jagdkräfte als Jaboverbände zur unmittelbaren Unterstützung der Bodentruppen als Bombenträger einzusetzen. Die Luftwaffe war in ihrer geplanten Kampfführung eindeutig auf die Unterstützung des Heeres ausgerichtet. Eigene Kampfverbände waren nur in sehr geringer Zahl vorhanden und konnten angesichts ihrer deutlichen technischen und zahlenmässigen Unterlegenheit nur noch bei Nacht eingesetzt werden.

Es war beabsichtigt, erst unmittelbar mit dem Einsetzen der alliierten Landung die zum Abwehreinsatz vorgesehenen Jagdgruppen aus dem Reich nach Frankreich zu überführen; dort waren in einem Umkreis von etwa 500 Kilometern um die Normandie an die 100 Flugplätze zur Aufnahme der einfallenden

---

[871] vgl. dazu ausführlich Gundelach, Dr. G.W., S. 300 ff, m.w.N.

[872] Verfügung des Ob.d.L., Füst. Ia Nr. 03071/43 g.Kdos., vom 23.7.1943

[873] Reichsmarschallbefehl vom 27.2.1944, Nr. 9221/44, g.Kdo.Chefsache (Füst. Ia)

[874] bemerkenswert folgende Feststellung Görings dazu: " *Die Abwehr dieser Landungsversuche ist entscheidend für den Kriegsausgang.*" Zwar befand sich der Reichsmarschall damit in Übereinstimmung mit seinem "Führer", doch galt diese Erkenntnis nichts mehr, als es zur unabänderlichen Gewissheit geworden war, dass die Invasion erfolgreich war und die Alliierten festen Fuss auf dem europäischen Festland gefasst hatten

[875] der Schwerpunkt des Luftwaffeneinsatzes sollte nach dem 6. Juni 1944 unter rücksichtsloser Entblössung der Reichsverteidigung vom Reich in den Westen verlegt werden; im Reich zurück blieben gerade vier aktive Tagjagdgruppen, schwache Zerstörerkräfte sowie die Einsatzstaffeln von vier Jagd-Schulgeschwadern und die Verbände der "Wilden Sau", die jetzt fast ausschliesslich in der Tagjagd eingesetzt wurden. Zugleich begann die 15. USAAF ab dem 6. Juni mit gesteigerter Angriffstätigkeit gegen den süddeutschen Raum, um dadurch den Abzug weiterer deutscher Jagdkräfte nach Frankreich zu verhindern, bzw. den erfolgten Abzug zu ungehinderten Angriffen auf Ölziele im Süden und Südosten des Reiches auszunutzen - vgl. Gundelach, Dr. G.W., S. 326

[876] alles in allem sah die Planung vom 27.2.1944 - einschliesslich der bis April erarbeiteten Nachträge - die Zuführung von zwei Nahaufklärerstaffeln, fünf Kampfgruppen, 19 Tagjagdgruppen, zwei weiteren Jagdstaffeln, fünf Geschwaderstäben Jagdflieger, einem Geschwaderstab und zwei Gruppen Schlachtfliegern sowie schliesslich zwei Geschwaderstäben und acht Gruppen Nachtjägern vor

[877] Gundelach, ebenda, S. 301

[878] das II. Fliegerkorps wurde deswegen als Nahkampfkorps bezeichnet, während das II. Jagdkorps als Luftverteidigungskorps galt

Gruppen vorbereitet [879]. Die grosse Zahl der Plätze war erforderlich, um die eigenen Kräfte durch ein möglichst weites Auseinanderziehen sowie durch häufige Ausweichverlegungen vor der Vernichtung durch die zu erwartenden laufenden Bomben- und Tiefangriffe auf die von der gegnerischen Aufklärung erkannten Einsatzplätze zu bewahren. Die Masse der Plätze lag ostwärts von Paris, während in einem Streifen von etwa 100 Kilometern Breite längs der Küste kaum Landeplätze vorhanden waren [880].

Die am 6. Juni 1944 in Frankreich liegenden Luftwaffenkräfte waren dem Ansturm der alliierten Luftflotten fast hilflos ausgesetzt - den insgesamt 14.674 eingesetzten alliierten Flugzeugen konnten sie an diesem Tage ganze 319 eigene Einsätze entgegensetzen [881], das Kräfteverhältnis in der Luft betrug demnach etwa 1 : 50.

Die JG 1 und 11 gehörten zu den Verbänden, die nach den Planungen der Luftwaffenführung bei Beginn der Invasion von der Luftflotte Reich an die Luftflotte 3 abzugeben und nach Frankreich zu verlegen waren; nachdem das Kennwort für die Verlegung nach Frankreich - "Dr. Gustav West" - bei den Gruppen eingegangen war [882], wurden die für diesen Fall vorbereiteten, streng geheimen Unterlagen geöffnet und in aller Eile mit den Vorbereitungen für die Verlegung begonnen. Dabei ergab sich bei allen von der Verlegung betroffenen Gruppen dasselbe Bild: Während sich das Gros der Bodenteile für die bevorstehende Bahnverlegung rüstete, trafen im Laufe des Nachmittages einige Ju 52 auf den Einsatzhorsten ein, um die Vorauskommandos samt Gerät aufzunehmen und auf die befohlenen Plätze in Frankreich zu transportieren. Unterdessen wurden alle einsatzklaren Maschinen für den Verlegungsflug bereitgemacht; obwohl die fliegenden Verbände alsbald verlegebereit waren, traf der Startbefehl für den Überführungsflug nach Frankreich erst am Nachmittag ein, so dass die Verlegung tatsächlich auch erst am Nachmittag anlief.

Die Nachricht vom Beginn der Invasion hatte bei den Flugzeugführern der beiden Geschwader eine durchaus zwiespältige Reaktion zur Folge; einerseits sorgte sie dafür, dass die seit geraumer Zeit auf den Männern lastende Ungewissheit ein Ende hatte [883], andererseits aber war den meisten durchaus bewusst, dass der vor ihnen liegende Einsatz sehr schwer sein und die Überlegenheit der Gegenseite

---

[879] bei Gundelach, aaO., S. 304, heisst es über die Anlage dieser Plätze: *"Die Plätze mussten aus mehreren Rollfeldern bestehen, die dem Gelände weitmöglichst angepasst und untereinander, wenn auch nur behelfsmässig, verbunden waren. Für die Abstellplätze war in erster Linie die Tarnung notwendig, alle führungswichtigen Stellen waren aus dem unmittelbaren Bombenbereich an den Rollfeldern und Abstellplätzen zu verlegen. Die vorhandenen Plätze wurden in Platzgruppen von zwei bis drei Flughäfen zusammengefasst und in unmittelbarer Nähe eines jeden Platzes zwei bis vier Rollfelder neu erkundet, so dass insgesamt acht bis zwölf Rollfelder je Platzgruppe für den Einsatz zur Verfügung standen. ... Es kam also ausschliesslich darauf an, viele gute Rollfelder mit guter Tarnung zu schaffen; sie bildeten die entscheidende Grundlage für den Einsatz der taktischen Verbände des II. Jagdkorps (Jäger) und der Jabos, die dem II. Fliegerkorps mit Beginn der Invasion zur Verfügung gestellt werden sollten."* - Im folgenden wird wiederholt davon die Rede sein, wie wirksam diese Tarnmassnahmen gegen die tatsächlich allgegenwärtigen alliierten Jabos und Tiefflieger in vielen Fällen waren

[880] letzteres war von erheblicher Bedeutung für den geplanten Einsatz der Jabo-Gruppen, denn die um Paris und ostwärts davon gelegenen Plätze befanden sich in einer Entfernung zu den Landegebieten, die für die geringe Reichweite der deutschen Jäger ohne Zusatztanks nicht zu überbrücken war und die mithin für die Verwendung durch die Jabo-Gruppen ausschieden

[881] vgl. die Aufschlüsselung bei Gundelach, aaO., S. 318 m.w.N.; stellvertretend für viele Beispiele der Ohnmacht der Luftwaffe möge das folgende stehen: Von insgesamt zwölf Jabos, die zu Angriffen auf den Landungsraum eingesetzt wurden, mussten zehn vorzeitig abbrechen und die Bomben im Notwurf lösen, da sie bereits vor Erreichen des Kampfgebietes in Luftkämpfe verwickelt wurden

[882] es ist nicht genau bekannt, wann die Nachricht von der Landung und das Kennwort für die Verlegung bei den einzelnen Gruppen der JG 1 und 11 eingegangen sind; vgl dazu im übrigen unten die Darstellung der Verlegung der betroffenen Gruppen

[883] Brief Georg Füreder, 13.10.1993; dort heisst es u.a.: *" Wir erwarteten täglich die Invasion und unsere Reaktion lautete etwa so: 'Endlich, sie sind da !' oder 'Jetzt kommt die Entscheidung !'*

noch deutlicher als über dem Reich hervortreten würde. Nicht wenige sahen den bevorstehenden Ereignissen mit erheblicher Beklommenheit entgegen und so überwogen bei den meisten Männern an diesem Tage die ernsten Gedanken [884].

Das JG 1 sollte mit seinem Geschwaderstab und allen drei Gruppen in Frankreich zum Einsatz kommen, wenngleich dies nicht im geschlossenen Geschwaderverband erfolgen sollte. Entsprechend ihrer vorgesehenen Rolle als Jabogruppen, wurden der I. und II./ JG 1 Plätze bei Alençon zugewiesen, die ausreichend nahe an den Landegebieten lagen, um den Jaboeinsatz gegen die gelandeten alliierten Kräfte zuzulassen [885]. Stab und III./JG 1 dagegen sollten nach St. Quentin-Clastres bzw. nach Beauvais-Tillé, 60 Kilometer nordwestlich von Paris, verlegen, wo unter dem Stab/JG 1 die vier Höhengruppen der Reichsverteidigungsgeschwader - III./JG 1, I./JG 3 [886], I./JG 5 und II./JG 11 - zusammengefasst werden sollten.

Die I./JG 1 hatte den Befehl erhalten, zunächst nach Le Mans zu verlegen [887]; im Laufe des Nachmittages starteten daher 31 Focke Wulfs zur Überführung nach Westen, doch kamen sie an diesem Tage nur bis Montdidier, 80 Kilometer nordöstlich Paris. Die Ju 52 des Vorauskommandos, das von Lt. Lück geführt wurde, versuchten unterdessen, noch am 6. Juni bis nach Le Mans durchzukommen; der letzte Teil des Weges sollte im Schutze der Nacht zurückgelegt werden, doch wurde dabei eine der Junkers das Opfer eines britischen Nachtjägers, der die Maschine bei Coulommiers, 30 Kilometer östlich Paris, abschiessen konnte. Beim Absturz kamen 16 Männer vom Bodenpersonal der I./JG 1, darunter der NO Lt. Wolfgang Sommer, zu Tode [888].

Die II. Gruppe war um 16.25 Uhr mit 32 Focke Wulfs unter Führung von Olt. Eder [889] von Störmede zur Verlegung nach Frankreich gestartet [890]; auch sie fiel zunächst in Montdidier ein, wo indes erste Schwierigkeiten auf die Gruppe warteten - daran erinnert sich Fritz Wegner:

---

[884] bemerkenswert in diesem Zusamenhang die von Fritz Wegner beschriebene Reaktion bei der II./JG 1 - er schreibt: *" Die Stimmung der Flugzeugführer war gut, man war ja auf eine Landung an der Kanalküste vorbereitet. Es wurde sogar ein Liedtext kurzzeitig kreiert. Er begann mit: 'Die Invasion ist da, ist das nicht fein ? Nur noch Invasion ... ' usw. Vielen schien der Einsatz an der 'Front' wohl ertragreicher als die aufreibenden und verlustreichen Luftkämpfe in der Reichsverteidigung."* - Brief vom 15.9.1993. In dieselbe Richtung deutet auch die folgende Erinnerung Rüdiger Kirchmayrs: *" Der Verlegungsbefehl hat uns nicht aus der Fassung gebracht. Aus damaliger Sicht war es einfach die Meldung von der Landung alliierter Streitkräfte in Frankreich - aber das hatten sie zuvor in Dieppe ja auch schon einmal vergeblich versucht. Eine Art freudig-gespannter Erwartung würde die Stimmung jedenfalls treffender charakterisieren als Besorgnis oder Angst."* - Brief vom 13.10.1993. Es hat danach den Anschein, als habe die II./JG 1 den bevorstehenden Kämpfen gegenüber eine deutlich zuversichtlichere Haltung eingenommen als dies bei den übrigen Gruppen zu beobachten war

[885] die Verteilung der Jagdgruppen wurde so vorgenommen, dass die für eine Verwendung als Jabos vorgesehenen Gruppen der JG 1, 3 und 11 auf Plätzen zwischen Seine und Loire, die anderen aber auf rückwärtigen Plätzen im Raume Paris, Creil und St. Quentin unterkommen sollten - Gundelach, Dr.G.W., S. 321

[886] die I./JG 3 kam nicht geschlossen nach Frankreich, sondern stellte nur ein Kommando ab, während das Gros der Gruppe in Burg bei Magdeburg zurückblieb

[887] Aufzeichnungen Siegfried; danach lautete der Befehl: *"Einsatz West, Einsatzort Le Mans"*

[888] die Namen der übrigen beim Absturz ums Leben gekommenen Soldaten sind leider nicht bekannt, namentliche Verlustmeldungen WASt. liegen nicht vor

[889] Brief Rüdiger Kirchmayr, 13.10.1993; dort heisst es u.a.: *" Als der Befehl kam, dass ich die Gruppe irgendwo an die französische Küste zu führen hätte, lag ich mit einer infektiösen Gelbsucht zu Bett. So wurde Olt. Eder, mit dem ich gemeinsam ein Zimmer bewohnte und der schon anderweitig abkommandiert war, zurückbeordert."*

[890] KTB II./JG 1

> *Wegen der Entfernung zu unserem Zielort Flers war eine Zwischenlandung in Montdidier eingeplant. Dies muss wohl sehr kurzfristig erfolgt sein, denn der Horstkommandant dort war über unseren Einfall überrascht. Es war fast kein Flugtreibstoff am Platz. So mussten wir über Nacht dort bleiben, während der mit herbeigerufenen Tankwagen alle Maschinen für den Weiterflug aufgefüllt werden konnten. Zwei Maschinen mussten allerdings meiner Erinnerung nach unklar zurückbleiben.* [891]

Offenbar konnte jedoch ein Teil der Gruppe unter Führung von Olt. Eder noch am frühen Abend den Weiterflug nach Flers, einem Feldflugplatz 60 Kilometer nordwestlich Alençon, antreten. Noch auf dem Wege dorthin, erhielt die Gruppe über FT den Befehl, nach Le Mans auszuweichen, da ihr Zielort durch Bombardierung nicht mehr anfliegbar war. In Le Mans traf die Gruppe auf die II./JG 53, die sich auf dem Weg nach Vannes befand; an die Zustände in Le Mans an diesem 6. Juni 1944 erinnert sich Julius Meimberg, seinerzeit Kommandeur der II./JG 53:

> *Der Flugplatz von Le Mans wimmelte von Flugzeugen. Die Betankung unserer Maschinen klappte am Abend und in der Nacht nicht mehr. Ich traf "Schorsch" Eder vom JG 1; wir hatten uns 1942 im Richthofen-Geschwader flüchtig kennengelernt. Er nahm kein Blatt vor den Mund, und lange in die Nacht hinein erzählten wir, in unsere Schlafsäcke gehüllt, unsere Erlebnisse. Aufmunternd waren sie nicht.* [892]

Die in Störmede ohne Maschinen zurückgebliebenen Flugzeugführer wurden nach Reinsehlen zur III./JG 11 beordert, wo sie sich auf Abruf bereithalten sollten; diese Männer wurden danach als eine Art Sofort-Reserve für die Frontverbände in Frankreich behandelt, denen sie jeweils nach Bedarf zugeteilt wurden [893].

Die III./JG 1 schliesslich, die am Morgen noch Übungsflüge von Paderborn aus unternommen hatte [894], startete um 18.00 Uhr in Paderborn zur Verlegung nach Beauvais-Tillé; alles in allem waren es noch 17 Maschinen, die die Gruppe dabei in die Luft bringen konnte [895]. Um 18.55 Uhr landeten die Messerschmitts auf ihrem neuen Einsatzhafen - von der Ankunft dort berichtet Hubert Heckmann:

> *Mit Beginn der Invasion wurde unsere Gruppe nach Beauvais verlegt. Wir wurden in der école normale untergebracht, in einem riesengrossen Klassenraum. An diesem Abend avancierte ich zum Kaczmarek unseres neuen Gruppenkommandeurs Hptm. Weber; er kam zu mir und wir unterhielten uns. Er war ein sehr netter, zugänglicher Mensch und hörte sich meine Vorschläge geduldig an. Ich wollte als frischer Kaczmarek doch nicht gleich beim ersten Male meinen Schützling verlieren. Er hatte nur Osterfahrung und liess verschiedentlich das Wort "hochziehen" verlauten. Meine dringende Warnung, das auf keinen Fall hier im Westen zu praktizieren, schlug er leider gleich beim ersten Mal in den Wind.* [896]

Anders als das JG 1 sollte das JG 11 nur mit Teilen in Frankreich eingesetzt werden; während der Stab und die III./JG 11 im Reichsgebiet zurückbleiben sollten, wurden die I. und II. Gruppe nach Frankreich

---

[891] Brief Fritz Wegner, 15.9.1993

[892] Bericht Julius Meimberg; vgl. Prien, JG 53, Bd.3, S. 1329/1330

[893] Vernehmungsbericht Fw. Hans Knabben, A.D.I.(K) Report No. 295/1944, vom 24.6.1944

[894] vgl. oben zum Tode von Uffz. Bachmann, S. 992

[895] Flugbuch Fritz Haspel; im Flugbuch von Lutz-Wilhelm Burkhardt wird die Flugzeit mit 17.15 - 19.20 Uhr angegeben

[896] Aufzeichnungen Hubert Heckmann, S. 19

verlegt. Die I. Gruppe, deren Einsatz als Jabogruppe vorgesehen war, startete mit 21 Focke Wulfs unter Führung von Hptm. Simsch am frühen Abend in Rotenburg zur Verlegung nach Frankreich [897]; an diesem Tage kam die Gruppe jedoch nur bis nach Bonn-Hangelar, von wo aus sie am nächsten Morgen nach Rennes, ihrem Zielort, weiterfliegen sollte. Nur drei Focke Wulfs unter Lt. Hans Schrangl, dem Führer der 3./JG 11, als Vorausoffizier flogen bereits am 6. Juni bis nach Rennes, um dort die Vorbereitungen für die Aufnahme der Gruppe am nächsten Tage zu treffen [898]. Der I./JG 11 sollte zudem die 10./JG 11 unterstellt werden; die Staffel traf bis zum 9. Juni, aus Aalborg kommend [899], in Frankreich ein und schloss sich dort der I. Gruppe an [900].

An den Beginn des Invasionseinsatzes der II./JG 11 und an die Überführung der Gruppe nach Frankreich erinnert sich Paul Berndt wie folgt:

Am 6. Juni 1944 fiel morgens etwa um 10.30 Uhr das Stichwort "Dr. Gustav West"; verschlüsselt sollte das heissen: Drohende Gefahr West. Auf diese Kürzel waren wir seit Wochen getrimmt - es gab das Stichwort "Dr. Gustav West" und "Dr. Gustav Nord" weil man nicht sicher war, wo die Amis einfallen würden, in Frankreich oder in Norwegen. Mit der Eröffnung dieses Stichwortes durch den Gruppenkommandeur Olt. Krupinski auf dem Gefechtsstand war die übliche Hochstimmung unter uns Jagdfliegern zu Ende. Es wurde mucksmäuschenstill, wir haben in unserer Unterkunft unsere 'Bukos' gepackt, d.h., Rasierzeug, Zahnbürste und ein bisschen Unterwäsche, und sind kurz nach 15.00 Uhr mit ungefähr 32 Maschinen von Hustedt nach Mönchen-Gladbach geflogen. Dort haben wir auf dem Platz zu Abend gegessen und dort hat Krupinski meiner Erinnerung nach erst telefonisch erfahren, dass wir nach Beauvais, nordwestlich von Paris, fliegen sollten [901]. *In Beauvais kamen wir gegen 20.45 Uhr an und sahen mit bibbernden Herzen die letzten Spitfires über den Kanal nach Hause fliegen. Mit einem Bus sind wir in ein Château gebracht worden; dort haben wir nur eine Nacht geschlafen.* [902]

---

[897] Brief Fritz Engau, 16.1.1991; Brief Hans Schrangl, August 1993

[898] Brief Hans Schrangl, August 1993; dort heisst es weiter: *"Ich führte am 6. Juni als Vorkommando noch zwei in der Nacht nach Rennes. Ich schärfte den zwei Burschen nur ein, auch ja 'dran' zu bleiben. So kamen wir ungeschoren an und ich befahl sofort, die Maschinen im angrenzenden Wäldchen zu tarnen."*

[899] die Staffel wurde von Hptm. Viebahn geführt, der jedoch um diese Zeit kaum noch im Einsatz flog; dementsprechend führte Fw. Siegfried Rudschinat die Staffel sowohl bei der Überführung als auch bei den meisten der Einsätze in Frankreich - Bericht 3.10.1993

[900] Gundelach, Dr.G.W., S. 320; dort wird die 10./JG 11 allerdings fälschlich als "Sturmstaffel" bezeichnet

[901] die Flugzeiten lauteten ausweislich des Flugbuches von Paul Berndt 15.00 - 16.20 Uhr von Hustedt nach Mönchen-Gladbach und 19.30 - 20.45 von dort nach Beauvais

[902] Brief Paul Berndt, 4.6.1991; dieser Bericht bietet im Vergleich zu den folgenden Erinnerungen Walter Krupinskis zugleich ein anschauliches Beispiel für die Schwierigkeiten, die es bereiten kann, aus den oftmals diametral gegensätzlichen, fast 50 Jahre danach nach bestem Wissen und Erinnerungsvermögen gegebenen Berichten der damals Beteiligten das wirkliche Geschehen herauszufiltern - bei Walter Krupinski (Brief vom 26.7.1993) heisst es nämlich über dieselben Vorgänge wie folgt: *" In Erwartung der Invasion wurde in den ersten Junitagen nicht mehr geflogen. Es erfolgten auch keine feindlichen Einflüge. Die Gruppe wurde voll auf 40 Flugzeuge und Flugzeugführer aufgefüllt. Die Vorbereitungen (auf dem Papier) waren vorzüglich. Ich hatte so etwas noch nicht gesehen. Echte Generalstabsarbeit ! (Wer lacht da ?) Dafür stellte sich die Durchführung als ein grosses Durcheinander heraus. Das Stichwort 'Dr. Gustav West' bedeutete 'Drohende Gefahr West', war 'geheime Kommandosache' und nur dem Sachbearbeiter und mir bekannt. Das Stichwort kam in der Nacht vom 5. zum 6. Juni, gegen 24.00 Uhr. Seit Tagen stand ein Zug auf dem nächsten Bahnhof (Hustedt ?) bereit, um 08.00 Uhr war der Zug beladen, fuhr gegen 10.00 Uhr los. Drei Ju 52 für das Spitzenkommando landeten im Morgengrauen in Hustedt, dann begann das 'grosse Theater', denn es erfolgte kein Startbefehl (Wie ich später erfahren habe, glaubte unsere höchste Führung nicht, dass es sich um die Hauptlandung handelte). Da für uns zwei Verlegeplätze vorgesehen waren, einer im Raume Calais und der andere war Beauvais, zögerte man den Verlegebefehl hinaus. Am späten Nachmittag wurde dann die Verlegung nach Beauvais befohlen, viel zu spät, um noch am ersten Tage Einsätze fliegen zu können. Mit*

Die II./JG 11 fiel auf dem Platz von Beauvais-Nivelliers ein, einem bereits vor dem Krieg angelegten Platz mit grossen Flugzeughallen und festen Gebäuden. Nach der Landung rollten die Staffeln mehr auf's Geratewohl zu den sich bietenden Liegeplätzen; dabei kam die 5. Staffel von Lt. Füreder in einem etwas entfernten Teil am Rande des Platzes inmitten einer Obstbaumanpflanzung unter, während sich der Stab standesgemäss in dem festen Gebäudekomplex einquartierte [903]. Schon kurz nach der Ankunft in Beauvais bekam die Gruppe einen Vorgeschmack der kommenden Ereignisse, als trotz der bereits einsetzenden Dämmerung noch ein Tiefangriff erfolgte, der den Liegeplatz der 4. Staffel traf, wo drei Maschinen schwer beschädigt wurden und einige weitere durch Treffer jedenfalls für die nächsten Einsätze ausfallen würden.

Trotz ihrer Unterbringung in einem " Château-Schloss " standen die Zeichen nicht auf das sprichwörtliche "Leben wie Gott in Frankreich"; vielmehr war die Stimmung unter den Männern sehr gedämpft und nicht wenige versuchten an diesem Abend, die dunklen Vorahnungen mit dem ausreichend vorhandenen französischen Wein zu verdrängen [904].

Am Abend des 6. Juni 1944 waren demnach erst drei der fünf für den Abwehreinsatz in Frankreich vorgesehenen Gruppen auf ihren befohlenen Einsatzplätzen eingetroffen, während sich die beiden übrigen noch auf ihren Zwischenlandeplätzen befanden. Der Verlauf der Verlegung der Gruppen der JG 1 und 11 kann stellvertretend für die Fehler und Pannen bei der Überführung der Jagdgruppen der Luftflotte Reich nach Frankreich stehen; zwar hatte die Luftwaffenführung bei der Planung des Abwehreinsatzes gegen eine drohende Invasion durchaus richtig zum Ausdruck gebracht, dass es entscheidend darauf ankommen würde, den Feind bei seinem Angriff auf die Küste innerhalb der ersten 24 Stunden zurückzuschlagen, doch waren genau diese 24 Stunden bereits verstrichen, ehe die ersten der insgesamt 19 zugesagten Jagdgruppen in Frankreich einsatzbereit waren [905]. Tatsächlich trafen die Verstärkungen für die Luftflotte 3 erst beginnend mit dem Abend des 6. Juni 1944 in Frankreich ein und sollten sich die Zuführungen über drei Tage bis zum 9. Juni hinziehen [906], doch auch danach gelang es nicht, die vorgesehenen 1.000 Jäger für den Abwehreinsatz im Westen zusammenzuziehen [907]. Darüber hinaus

---

einem 'grossen Schlenker' bis in den Raum Paris erreichten wir Beauvais, wo der Himmel voller feindlicher Geigen hing." Fest steht in jedem Falle, dass die II./JG 11 am Abend in Beauvais eintraf und dort am nächsten Morgen einsatzbereit war.

[903] Bericht Georg Füreder, 19.9.1993 und Brief vom 13.10.1993; die Unterbringung des Stabes hiess in der schnodderigen Sprache der Gruppe die "kultivierte Ecke"

[904] Bericht Rudolf Strosetzki, 6.8.1993

[905] tatsächlich sollten nach dem 6. Juni 1944 keine 19, sondern nur 16 Tagjagdgruppen überhaupt nach Frankreich verlegt werden

[906] Gundelach, Dr.G.W., S. 319 m.w.N.

[907] vergleiche dazu die nachfolgende Übersicht, die auf den jeweiligen Lagekarten "Aufmarsch der fliegenden Verbände" vom Stichtag, Lw.-Führ.Stb. Ia Op. 1 beruht; dabei gibt die jeweils erste Zahl die Ist-Stärke an, während die zweite die Zahl der einsatzklaren Maschinen bezeichnet:

Stärke der Luftflotte 3 im Sommer 1944

Tag	Jagd	Kampf	Schlacht	Nachtj.	Aufkl.	Zerstörer	Summe
25.5.	240/125	360/198	40/27	86/51	136/72	57/37	919/510
10.6.	475/290	464/267	16/9	170/96	129/68	46/26	1300/756
26.6.	529/251	338/200	52/29	137/72	113/50	22/16	1191/618
20.7.	509/302	345/225	-	180/123	128/65	-	1162/715
20.8.	581/344	229/173	17/9	164/105	51/26	-	1042/657

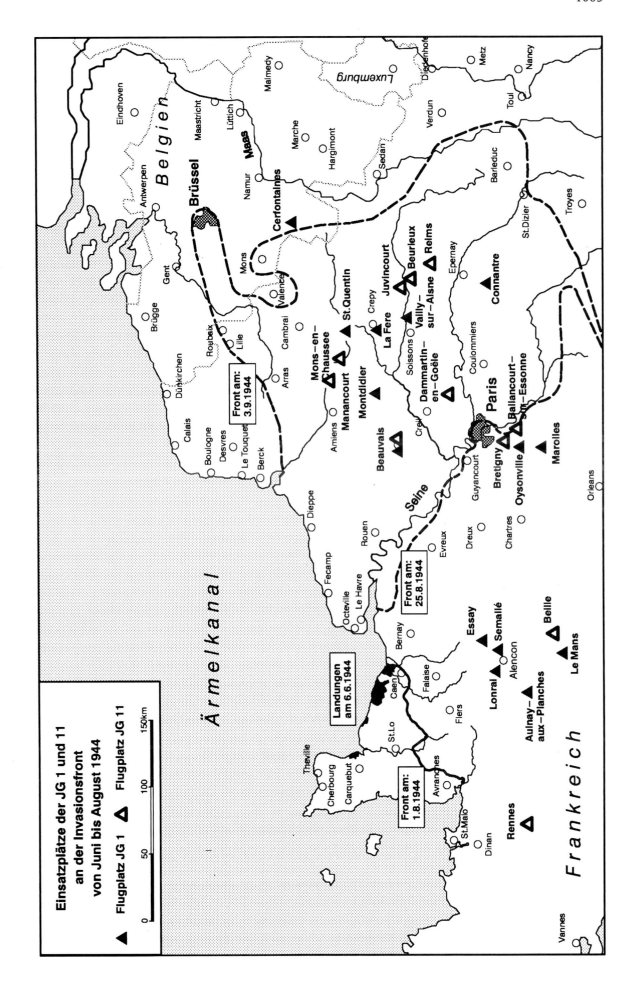

Abb. 797: **Verlegung der Bodenteile der II./JG 1 von Störmede an die Invasionsfront; hier sieht man das Vorauskommando auf dem Verlegemarsch, aufgenommen am 6. oder 7. Juni 1944.**

(*Hartwig*)

waren einige Gruppen infolge von Pannen und Fehlern bei der Verlegung bereits bei ihrem Eintreffen in Frankreich in einem kaum noch kampffähigen Zustand [908].

7. Juni 1944: In der Nacht waren die Kämpfe entlang der Brückenkopffronten weitgehend zum Erliegen gekommen; gleichwohl gingen die Truppen-Anlandungen auf alliierter Seite unablässig weiter, so dass sich um Mitternacht bereits 156.000 Mann auf französischem Boden befanden [909]. Auf deutscher Seite dagegen gab es ganz erhebliche Schwierigkeiten bei der Heranführung von Eingreifreserven, die am 7. Juni den Versuch unternehmen sollten, die Landungstruppen wieder ins Meer zurückzuwerfen; Ursache dafür waren die während der ganzen Nacht pausenlos anhaltenden Angriffe der alliierten Luftstreitkräfte, deren Aufgabe es war, das Kampfgebiet abzuriegeln und die Zuführung deutscher Kräfte zu unterbinden [910], [911]. Neben Eisenbahnanlagen, Brücken und Strassenkreuzungen wurden auch

---

[908] Gundelach, aaO., S. 319, verweist auf das Beispiel der III./JG 54; diese Gruppe war mit 22 Fw 190 gegen 20.00 Uhr in Köln zur Verlegung gestartet und geriet im Raume Paris bei schlechtem Wetter und beginnender Dunkelheit in einen alliierten Jabovorstoss. Beim Versuch auszuweichen, geriet die Gruppe durcheinander, danach fanden viele der jungen, unerfahrenen Flugzeugfhrer den vorgesehenen Landeplatz nicht und mussten Aussenlandungen im Gelände machen, so dass am Ende noch zwei Maschinen am Zielort in Villacoublay ankamen, von denen am nächsten Tage noch eine einzige einsatzklar war !

[909] vgl. für viele: Cartier, aaO., Bd. 2, S. 759 ff; Jacobsen/Rohwer, aaO., S. 426 m.w.N.

[910] Piekalkiewicz, aaO., S. 354 / 355; vgl. auch die Darstellung über die Heranführung der deutschen Panzer-Lehrdivision bei Cartier, aaO., Bd. 2; S. 759

[911] auch schwache deutsche Kampffliegerverbände waren in dieser Nacht im Einsatz; darunter befanden sich einige He 177 der II./KG 40, die bei vier eigenen Verlusten erfolglos Angriffe mit Hs 293 Gleitbomben gegen die Einheiten der Invasionsflotte flogen

einige der erkannten deutschen Flugplätze bombardiert - an diese Nacht erinnert sich der Kommandeur der II./JG 11, Walter Krupinski:

Die Nacht vom 6. auf den 7. Juni war eine Horrornacht. Nicht nur, dass die Bomben überall fielen, sondern auch, dass mein T.O. jede Stunde mit einer neuen Hiobsbotschaft kam. Der Platz war nicht für unseren Flugzeugtyp - Bf 109 mit AS-Motor und Methanoleinspritzung - bevorratet, die Munition war die falsche und so weiter. [912]

Bei Tage lösten die allgegenwärtigen Jabos die bei Nacht eingesetzten Kampfflugzeuge ab; neben den Gruppen der RAF und der 9. USAAF flogen allein die Jäger des VIII FC der 8. USAAF 1.473 Einsätze über den Landegebieten, 820 davon zur freien Jagd und 653 als Jabos. Und auch die Viermotorigen waren am 7. Juni erneut zur Unterstützung der Landetruppen eingesetzt - insgesamt 1.048 B-17 und B-24 bombardierten zahlreiche Verkehrsknotenpunkte, Flugplätze und Truppenansammlungen [913]. Bereits vom Beginn der Kämpfe in der Normandie an sorgten die übermächtigen Luftstreitkräfte der Alliierten so dafür, dass den deutschen Heeresverbänden alle grösseren Marschbewegungen bei Tage unmöglich gemacht und sie gezwungen wurden, in die kurzen Nachtstunden auszuweichen, was alle Verlegungen und Truppenverschiebungen unerträglich verzögerte [914]. Es musste daher das Hauptziel der deutschen Luftwaffe sein, in den von den Alliierten beherrschten Luftraum über der Normandie einzudringen und dem schwer kämpfenden Heer Entlastung zu bringen, indem sie die ständige Luftbedrohung zumindest ganz wesentlich einschränkte; unter diesen Vorzeichen nahmen die Jagdverbände ihren Abwehreinsatz am 7. Juni 1944 auf [915].

Wegen der am Vortage noch nicht abgeschlossenen Überführung konnten von den JG 1 und 11 nur die beiden in Beauvais eingefallenen Gruppen - III./JG 1 und II./JG 11 - bereits in die Abwehrkämpfe eingreifen, während die übrigen Gruppen zunächst ihre Verlegung zu den für sie vorgesehenen Einsatzplätzen fortsetzen mussten.

Die I./JG 1 überführte von Montdidier nach Le Mans, von wo aus die Gruppe den Einsatz aufnehmen sollte [916]; der Platz, auf dem am Vortage bereits die Maschinen der II./JG 1 und der II./JG 53 eingefallen waren, wurde im Laufe des Tages mehrfach von Jabos angegriffen, die dabei alle auf dem Platz stehenden Ju 52 der Vorauskommandos sowie einige Messerschmitts und Focke Wulfs zerstören bzw. beschädigen konnten [917]. Über einen Einsatz der I./JG 1 am 7. Juni liegen keine Angaben vor [918].

Teile der II./JG 1 waren nach Alarmstart zum Platzschutz von Le Mans eingesetzt [919]; ohne selbst zu Erfolgen zu kommen, büsste die Gruppe im Laufe des Tages zwei Maschinen im Luftkampf ein, zwei

---

[912] Brief Walter Krupinski, 26.7.1993

[913] Freeman, aaO., S. 260/261; Piekalkiewicz, aaO., S. 354

[914] Gundelach, Dr.G.W., S. 320

[915] ebenda

[916] Aufzeichnungen Siegfried

[917] vgl. dazu Prien, JG 53, Bd. 3, S. 1330; aus den vorliegenden Verlustmeldungen des JG1 ergeben sich keine Verluste am Boden, doch dürften vermutlich je eine Fw 190 der I. und II./JG 1, die ausweislich der summarischen Verlustmeldungen RL 2/III/852 bereits am 6.6. zerstört wurden, tatsächlich erst am 7. Juni 1944 in Le Mans ein Opfer der Jabo- und Tiefangriffe geworden sein

[918] allerdings weisen die Meldungen RL 2 / III / 852 eine im Luftkampf beschädigte Focke Wulf aus; in den Aufzeichnungen Siegfried ist von einem Einsatz mit Feindberührung nicht die Rede

[919] lt. A.D.I.(K) Report No. 396/1944 vom 30.7.1944 soll die II./JG 1 an diesem Tage rund 30 Fw 190 von Le Mans aus zum Einsatz gebracht haben; danach seien drei Einsätze um 05.00, 13.00 und 17.00 Uhr geflogen

weitere Focke Wulfs wurden ohne Feindeinwirkung beschädigt, wobei zum Glück keiner der beteiligten Flugzeugführer zu Schaden kam [920]. Dagegen musste die der II./JG 1 unterstellte 7./JG 51 an diesem Tage den Verlust eines ihrer Flugzeugführer hinnehmen: die Staffel befand sich auf dem Verlegungsflug nach Le Mans, als sie kurz vor dem Erreichen ihres Zielhafens auf eine Gruppe Mustangs traf. Sofort bildeten die Focke Wulfs einen Abwehrkreis [921], dem die Mustangs nicht viel anhaben konnten; das Ganze spielte sich in einer Höhe von rund 300 m ab. Dann jedoch brach ohne erkennbaren Grund eine der Fw 190 - die "schwarze 18" mit Lt. Johann Brünnler - aus dem Abwehrkreis aus und versuchte, den Angriffen der amerikanischen Jäger durch Wegdrücken zu entkommen, doch vergeblich: Die Mustangs setzten der einzelnen deutschen Maschine sofort nach und konnten sie kurz darauf bei Châteaudun abschiessen, wobei der Flugzeugführer beim Aufschlagbrand seiner Focke Wulf zu Tode kam [922].

Für die III./JG 1 brachte der Tag wenigstens vier Einsätze; schon am frühen Morgen waren Teile der Gruppe zur freien Jagd im Raume Caen eingesetzt - daran erinnert sich Herbert Kaiser:

Waren die Einsätze für uns Jagdflieger in der Reichsverteidigung schon hart und nervenaufreibend gewesen, so steigerten sie sich an der Invasionsfront zu einem bisher nicht erlebten Inferno. Unvergessen bleibt mir der 7. Juni, unser erster Einsatz am Morgen um 05.00 Uhr und der Anflug auf die Landestellen der alliierten Verbände bei Caen. Das Meer war übersät mit Hunderten von Schiffen aller Grössen, in der Luft laufende Angriffe von Bomberverbänden auf unsere Verteidigungsfront, begleitet von ungezählten gegnerischen Jagdflugzeugen, und dazwischen, ein verlorenes Häufchen, wir mit unseren wenigen Abwehrjägern. [923]

Gegen 09.30 Uhr erfolgte der Start zum zweiten Einsatz der Gruppe; unter Führung von Hptm. Weber stiegen ungefähr 15 Messerschmitts in Beauvais-Tillé mit dem Auftrag auf, freie Jagd im Raume Caen zu fliegen [924]. Der Verband flog in westlicher Richtung und traf um 10.00 Uhr, gerade als der Befehl zum Durchziehen durch die an diesem Tage fast geschlossene, tief hängende Wolkendecke von Hptm. Weber durchkam, nördlich Caen auf eine Gruppe von 30 Mustangs, die der III./JG 1 entgegenkamen und sofort auf die Messerschmitts einkurvten. Weiter heisst es in der Gefechtsmeldung von Ofw. Friedrich Zander von der 8. Staffel:

Zum Luftkampf kam es erst südwärts von Rouen und nach dem Angriff zog der Kommandeur sein Flugzeug steil hoch und kurvte auf einen Feindjäger ein. Ich konnte, da mein Flugzeug langsamer war, nur einkurven, erhielt aber Treffer und musste notlanden. Nach meiner Landung, die ungefähr 30 km ostwärts von Rouen erfolgte, beobachtete ich, wie ein helles Flugzeug von unserem Typ [925]*, das Fahrwerk halb*

---

worden, jeweils mit dem Auftrag: Strassenschutz im Raume Le Mans / Chartres / Chateaudun. Es habe keine Feindberührung gegeben

[920] ein - namentlich nicht bekannter - Flugzeugführer galt vorübergehend als vermisst, konnte aber später zu seiner Gruppe zurückkehren

[921] Bericht Günther Heckmann, Feldwebel und Schwarmführer in der 7./JG 51, vom 6.9.1993; die Taktik des Abwehrkreises war vielfach erfolgreich, denn *" so mutig waren die Mustangs nun auch wieder nicht, so lange unser Abwehrkreis funktionierte,"* erinnert sich Günther Heckmann

[922] Bericht Günther Heckmann vom 6.9.1993

[923] Aufzeichnungen Herbst Kaiser, S. 80; dort ist zwar die Rede davon, dass der Einsatz bereits am 6. Juni erfolgt sei, doch beruht dies auf einem Versehen Kaisers

[924] die nachfolgende Einsatzschilderung beruht auf den Einsatzberichten von Ofw. Zander und Ofhr. Heckmann, wie sie im Brief von Hptm. Marschall an die Eltern von Karl-Heinz Weber vom 19.7.1944 wiedergegeben werden, sowie den Aufzeichnungen Hubert Heckmanns

[925] Hptm. Karl-Heinz Weber flog bei seinem letzten Einsatz laut dem Gefechtsbericht von Ofhr. Heckmann eine hellgrau-über-alles gespritzte Bf 109 G-6/AS

ausgefahren, in der Nähe, Richtung Südost, vorbeiflog, und das war in der Zeit von 10.30 bis 10.45 Uhr. Ein Kurierfahrer der Flak, der später bei mir vorbeikam, sagte mir, dass in der Richtung eine Maschine aufgeschlagen sei und dass der Flugzeugführer ein Offizier sei. Nach meiner Schätzung dürfte der Aufschlag nordostwärts von Pontoise bei Paris sein.

Für Hptm. Karl-Heinz Weber endete damit bereits der erste Einsatz im Westen tödlich; bis zum Eintreffen seines Nachfolgers lag die Führung der III. Gruppe in der Luft danach vertretungsweise beim Staffelkapitän der 8./JG 1 Hptm. Alfred Grislawski. Neben Hptm. Weber wurde Uffz. Günter Koschinski von der 7./JG 1 abgeschossen; er musste zunächst als vermisst gemeldet werden, hatte sich aber trotz Verwundung noch mit dem Fallschirm in Sicherheit bringen können und konnte einige Tage später zur Gruppe zurückkehren.

Der dritte Einsatz um die Mittagszeit führte erneut zu einer Auseinandersetzung mit amerikanischen Jägern; diesmal fand der Luftkampf in unmittelbarer Nähe des Platzes der III./JG 1 bei Beauvais statt und ging ohne Verluste für die Gruppe ab, die dafür selbst zu einem Abschuss kam [926] -

Gefr. Penke	9./JG 1	P-47	(3.)	13.12

Etwa drei Stunden später folgte der vierte Einsatz des Tages; wieder lautete der Auftrag dabei: Freie Jagd im Raume Caen. Daran beteiligt war auch ein Schwarm der 9. Staffel - dazu wieder aus den Aufzeichnungen von Hubert Heckmann:

Wir rollten zu viert an den Start in Reihenfolge: Lt. Franz Koplik, Uffz. "Gustav" Fröhlich, Ofhr. Hubert Heckmann und der Gefr. Werner Penke. Wir hatten nach dem Gasgeben das Fahrwerk noch nicht drin, da brüllte Koplik schon los: " Thunderbolts hinter uns ! " Wir hatten 20 Gegner im Nacken sitzen, die aus allen Rohren schossen. Sie hatten nämlich unerkannt unseren Platz so lange umflogen, bis wir starteten und hatten uns somit im schwächsten Augenblick erwischt. Wir stoben auseinander und hatten nur einen Gedanken: Rette sich, wer kann ! Zuerst wurde Koplik abgeschossen. Er kam nur mit äusserster Mühe aus der Maschine heraus, da er mit einem Pelzstiefel an der Sitzwanne hängenblieb. Penkes Absturz war tödlich. Hinter Fröhlich setzten sich zwei Thunderbolts, die ihn bis weit nach Osten jagten, doch kam er ungeschoren davon.

Ich praktizierte gleich die Rechtskurverei, die ich ja als Einflieger speziell geübt hatte. Damit hatte ich anfangs einen schönen Erfolg, denn ich gewann zusehends an Höhe. Die Thunderbolts hingen zwar laufend hinter mir, keiner kam jedoch in Schussposition. Zwischenzeitlich hatten sie aber ihre Taktik entwickelt. Sie spielten jetzt dasselbe Spielchen mit mir, das die Mustangs am Morgen mit mir getrieben hatten. Ich hatte jetzt ständig einen hinter mir sitzen und nach einiger Zeit war ich klassisch ausgekurvt. Ich überzog und rührte auf einmal mit meinem Steuerknüppel wie mit einem Löffel in einem leeren Topf herum. Meine Maschine bäumte sich auf und ging ins Trudeln über. Ich schmierte ab: Gas raus, gegensteuern, Fahrt kommen lassen. Nerven behalten ! So nahe wie möglich an den Boden heran, zwei Meter genügen, dann Vollgas. Ich zog senkrecht in den Himmel. Über mir, von rechts kommend, versuchte einer meiner Peiniger Höhe zu gewinnen. Also: Seitenruder links, entsprechend Querruder geben und alle Waffen los ! Ich liess ihn so lange wie möglich durch das Revi laufen und sah vom Motor bis zum

---

[926] Hubert Heckmann, der ebenfalls an diesem Luftkampf beteiligt war, schrieb dazu: " *Ich habe mich über eine halbe Stunde mit zwei 'Konkurrenten' herumgeschlagen. Dabei hing immer einer hinter mir, sie lösten sich sehr geschickt ab. Während der eine hinter mir hing, gewann der andere Höhe. Konnte der eine nicht mehr kurven wegen Fahrtverlust, stürzte sich der andere aus der Höhe und nahm seinen Platz ein. Das Spiel wurde beendet, als zufällig der Gefr. Penke an unserem Wolkenloch vorbeikam und mich in der Bredouille vorfand. Er nahm den Kampf auf und die Amis gingen in die Wolken.*" - Aufzeichnungen, S. 19

Schwanz meine Einschüsse in ihn hineingehen. Bei mir langte es gerade noch zu einem Immelmann-Turn, dann hatte ich schon wieder einen hinter mir. Diesmal waren die P-47 besser dran, denn ich war unbeabsichtigt in die Linkskurve gegangen, und die konnten sie alle. Und wieder hatten sie mich so weit, dass ich abschmierte. Nach dem Abfangen sah ich eine Bf 109 in ostwärtige Richtung fliegen - Fröhlich -, zwei Thunderbolts hinter ihm. Ich schoss auf seine Verfolger, war aber viel zu weit weg, und so senkte sich die Leuchtspur der Erde entgegen. In dieser Zeit erhielt ich von meinen Verfolgern einen Haufen Treffer verpasst. Ich ging nochmals in die Kurvenlage, erhielt aber nach wie vor reihenweise Treffer in den Rumpf. Ich entschloss mich zu einer Verzweiflungstat, da ich die Aussichtslosigkeit, mich weiter zu verteidigen, einsehen musste. Wir waren ungefähr 30 Meter hoch, unter mir ein Dorf. 100 Meter vom Dorfrand eine Scheune. Meine Absicht: Ich musste neben der Scheune bauchlanden, hinter die Scheune laufen und mich verstecken. Also: Gas weg, Landeklappen raus, Kopf hinter die Panzerglasscheibe und nach hinten gesehen. Kam einer und hörte ich die Einschüsse in meinem Rumpf einschlagen, slippen, so gut bzw. so kräftig wie es meine Geschwindigkeit zuliess. Zu spät erkannte ich, dass in meiner Landerichtung drei Obstbäume - Stammstärke: 20 cm - hintereinander und etwa sieben Meter rechts davon ein Telefonmast aus Beton standen. Da eine 109 9,92 m breit war, passte ich nicht dazwischen durch. Da ich dem Betonklotz nichts antun konnte, blieb nur der letzte Baum. Ich erwischte ihn mit dem Randbogen, der Baum kippte um, riss mir aber noch meinen Randbogen ab, der am Venturirohr hängend hinter mir hergezogen wurde. Ich hatte sofort nachgedrückt und bekam Bodenberührung. Durch den Zusammenstoss mit dem Baum bekam meine Maschine einen leichten Drall, sie rutschte erst vorwärts, dann seitlich und zum Schluss rückwärts, bis sie zum Stillstand kam. Da die nächste Thunderbolt schon im Anflug auf mich war, riss ich die Haube so heftig auf um aus der Maschine herauszukommen, dass diese zurückfederte und ich sie an den Kopf bekam. Die anfliegende Thunderbolt setzte eine Salve in die gesunde Fläche, die nächste drehte auf mich ein. Ich war zwar aus der Maschine gekommen, kam aber nicht bis zur Scheune, da um sie herum ein zwei Meter hoher Maschendrahtzaun gespannt war. Mir blieb also nichts anderes übrig, als mich auf den Boden zu kauern. Ich sah die Erdfontänen bis auf zwei Meter vor mir aufspritzen, dann fing die Thunderbolt ab. Aber ich war noch nicht aus der Gefahrenzone, denn die nächste Thunderbolt kurvte auf mich ein. Da bin ich um mein Leben gerannt, ich musste die 100 Meter bis zum Dorf kommen. Der Mann hatte anscheinend noch nichts davon gehört, dass man auch bei sich langsam bewegenden Zielen vorhalten muss; sein Feuerstoss ging knapp hinter meinen Hacken in den Feldweg. Dann stand ich hinter einer Mauer, von wo aus ich alle die zählte, die ich noch hätte abschiessen können. Es waren genau 16.

Als sich die Thunderbolts verzogen hatten, ging ich zum Bruch meiner Maschine zurück. Aus dem Dorf kamen die Einwohner und stellten sich in einiger Entfernung auf. Als sie bedrohlich näher kamen, forderte ich sie mit einem "Allez vite !" auf. Sie reagierten nicht. Da immer wieder Maschinen unserer Gruppe nahe an meinem Notlandeplatz vorbeiflogen, um in Beauvais zu landen, wollte ich mich durch Signalschiessen bemerkbar machen. Als ich die Signalpistole aus der Halterung nahm, war umgehend kein Franzose mehr in meiner Nähe. [927]

Kurze Zeit darauf wurde Hubert Heckmann von einem Flaktrupp aufgelesen und mit dessen Geländewagen zum Einsatzplatz der III./JG 1 nach Beauvais zurückgebracht. Die von ihm beschossene P-47 war um 16.20 Uhr in der Nähe von Beauvais - Planquadrat TE-1 - abgestürzt und zählte als zweiter Abschuss für Ofhr. Heckmann.

Bereits der erste Einsatztag an der Invasionsfront hatte der III. Gruppe demnach schmerzliche Verluste eingetragen; angesichts der ohnehin schon geringen Einsatzstärke der Gruppe wog der Verlust von zwei

---

[927] Aufzeichnungen Hubert Heckmann, S. 19 ff

Gefallenen - darunter dem Gruppenkommandeur - und einem Verwundeten sowie der Ausfall von je vier als Totalverlusten abzuschreibenden und beschädigten Messerschmitts noch umso schwerer.

Die I./JG 11 war gegen 06.30 Uhr in Hangelar zur Fortsetzung der Verlegung in den Westen gestartet; das nächste Etappenziel hiess Dreux, etwa 50 km westlich Paris. Die Gruppe flog in enger Formation über der auch hier fast geschlossenen Wolkendecke mit Kurs West und alles schien ruhig zu verlaufen. Kurz vor 08.00 Uhr stiess die Gruppe jedoch über dem ausgedehnten Waldgebiet von Rambouillet auf einige P-51, die dort Tiefangriffe auf Eisenbahnziele geflogen hatten [928]. Es entwickelte sich ein kurzer, heftiger Luftkampf, in dessen Verlauf die I./JG 11 ohne eigene Verluste zu vier Abschüssen kam:

Olt. Engau	2./JG 11	P-51	(5.)	08.00
Ofhr. Pfaff	1./JG 11	P-51	(2.)	08.03
Fw. Ritschel	2./JG 11	P-51	(6.)	08.06
Olt. Hiebl	1./JG 11	P-51	(6.)	

Kurze Zeit darauf fiel die Gruppe in Dreux ein, von wo aus sie am späten Nachmittag zum Weiterflug nach Rennes, ihrem vorgesehenen Einsatzplatz, startete. Nachdem der Überführungsflug selbst o.b.V. verlaufen war, bereitete die Landung in Rennes einige Schwierigkeiten, denn der Platz war erst kurz zuvor von einem Bombenangriff heimgesucht worden, dessen Spuren in Gestalt zahlreicher Bombenkrater auf dem Rollfeld und dem angrenzenden Gelände noch deutlich sichtbar waren [929]. Trotzdem ging es bei der Ankunft ohne Bruch ab; gleich darauf wurden die Maschinen in ihre am Platzrand gelegenen Boxen gebracht und dort sorgfältig getarnt [930]. Wie bei der II./JG 11 bezogen auch die Flugzeugführer der I. Gruppe Quartier in einem nahegelegenen Château [931]; dort sassen sie noch bis spät in der Nacht beisammen, woran sich Berthold Jochim erinnert:

Sie sassen auf der breiten Freitreppe. Hinter den hohen Parkbäumen beschien eine bleiche Mondsichel das nächtliche Gelage. Sie redeten nicht viel. Auch lachten sie wenig. In ihren Gedanken waren sie noch bei dem Anblick, den der zerbombte Flugplatz geboten hatte. Der Chef erzählte, dass sie am nächsten Tag mit ihrem ersten Einsatz zu rechnen hätten.

Unterdessen wurden die Focke Wulfs noch während der Nacht für den Jabo-Einsatz vorbereitet und mit je einer 250 kg Bombe unter dem Rumpf versehen [932].

---

[928] nach den Aufzeichnungen von Fritz Engau handelte es sich um rund 20 Mustangs; er schreibt weiter: *"Es war unser erfolgreichster Luftkampf in Frankreich während meiner Zeit dort. Ich schoss eine Mustang ab, um ein Haar hätte ich noch eine zweite abgeschossen, aber ich konnte nicht zielen, weil meine Scheibe ölverschmiert war. Nach dem Kampf beherrschten wir eindeutig die Szene, die Mustangs waren verschwunden. Mein Kaczmarek bei diesem Einsatz, wie auch bei einigen anderen, war FhjOfw. Bahlke, ein alter Haudegen, der selbst etwa elf- oder zwölfmal abgeschossen worden und jedes Mal mit dem Fallschirm ausgestiegen war."* - Brief vom 17.9.1993

[929] A.D.I.(K) Report No. 529 B / 1944 vom 26.9.1944; dort heisst es unter Ziff. 3: *"... I./JG 11 moved precipitately to Rennes, only to find on arrival that this airfield had been so badly damaged by Alliied air attack as to render it useless as an operational base ..."*

[930] Bericht Hans Schrangl, August 1993

[931] wo die Männer neben ausreichend Marketenderwaren auch Maschinenpistolen und Handgranaten zum Schutz gegen die französischen Widerstandskämpfer des Maquis empfingen - Bericht Berthold Jochim

[932] dies steht im Widerspruch zu den Erinnerungen von Fritz Engau, der dazu schreibt: *"Auf dem zerbombten Flugplatz von Rennes erfuhren wir, dass wir Jabo-Einsätze fliegen sollten. Aber dort war überhaupt nichts vorbereitet ! Keine Bomben waren vorhanden, kein technisches Personal und viel zu wenig Munition. Als in der ersten Woche für uns einige Bomben eintrafen, flogen wir zwei Jabo-Einsätze."* - Brief vom 17.9.1993

Die II./JG 11, die wie die III./JG 1 bereits am Vortage auf ihrem Einsatzplatz bei Beauvais eingefallen war, erlebte am 7. Juni ihren ersten Einsatz über dem Invasionskampfraum. Dazu liegen zwei sehr anschauliche Berichte von Paul Berndt und Rudolf Strosetzki - beide von der 6./JG 11 - vor, anhand derer der Einsatz der II./JG 11 hier rekonstruiert werden soll [933]. Paul Berndt beginnt den Bericht:

> *An diesem Morgen wurden wir sehr früh geweckt und waren schon um 06.00 Uhr auf dem Platz einsatzbereit. Dieser frühe Einsatz wurde dann wenig später abgeblasen und wir hielten uns weiter in Bereitschaft. Gegen 09.00 Uhr kam dann ein neuer Befehl: Start um 09.40 Uhr. Über Rouen sollten wir in 4.000 m eine Gruppe Stukas aufnehmen und diese nach Caen begleiten. Die Stukas sollten sich dann aus 4.000 m auf die Invasionsflotte, die vor Caen lag, stürzen.* [934]

Der Start der Gruppe erfolgte um 09.40 Uhr, wobei die II./JG 11 für diesen Einsatz 34 Messerschmitts in die Luft bringen konnte [935]. Der Einsatzauftrag sorgte für betretene Stimmung, denn die Bf 109 G-6/AS der Gruppe waren als reine Höhenjäger ausgelegt und konnten in Höhen über 7.000 m durchaus mit den P-51 mithalten, darunter aber waren sie - mit den Worten Walter Krupinskis - ausgesprochen "lahme Enten" [936]. Die Führung des Verbandes musste der Staffelführer der 6./JG 11, Lt. Karl-Heinz Lüchau übernehmen, da Olt. Walter Krupinski aufgrund eines dahingehenden allgemeinen "Reichsmarschall-Befehls" als hochdekorierter Verbandsführer geschont werden musste und daher nicht jeden Einsatz seiner Gruppe mitfliegen sollte [937]. Über den Beginn des Einsatzes heisst es bei Rudolf Strosetzki und Paul Berndt:

> *Das Wetter an diesem Tage war grauenhaft - fast dichte Bewölkung mit Untergrenze bei 300 - 400 Meter. Unsere 6. Staffel flog an der Spitze des Verbandes, die wie folgt gegliedert war: Vorn Lt. Lüchau mit seinem Kaczmarek Uffz. Strosetzki, linke Rotte mit Lt. Wimmers und rechte Rotte mit Uffz. Berndt.*
>
> *Über Rouen angekommen, fanden wir natürlich keine Stukas. Normalerweise hätte das bedeutet: Einsatz abbrechen und umkehren. Lt. Lüchau entschloss sich aber, den Einsatz auch ohne die Stukas fortzusetzen* [938], *und so flogen wir allein in Richtung Caen auf die Küste zu, wo die Landungsflotte in Sicht kam. Der Anblick war überwältigend - so viele Schiffe hatten wir in unserem Leben noch nicht gesehen !*

---

[933] Brief Paul Berndt, 1.9.1993, gestützt auf sein Flugbuch; Berichte Rudolf Strosetzki, 18.7. und 6.8.1993

[934] vermutlich sollte es sich bei den hier genannten "Stukas" um die Einsatzstaffel des SG 103 aus Metz-Frescaty handeln, die in der Nähe von Chartres lag und am 6.6.1944 bei Voves (20 km sö. Chartres) neun Maschinen m Luftkampf mit alliierten Jägern verloren hatte und dadurch fast aufgerieben war. Daneben lag an Schlachtfliegern die III./SG 4 im Invasionskampfraum, die mit ihren Fw 190 als einzige reguläre deutsche Schlachtgruppe zu Beginn der Invasion im Einsatz war; die Gruppe hatte nur geringen Erfolg und konnte in der ersten Woche der Kämpfe in Frankreich gerade 82 Maschinen bei 13 Einsätzen in die Luft bringen - Dierich, aaO., S.241

[935] Flugbuch Paul Berndt; Brief Walter Krupinski, 26.7.1993; lt. A.D.I.(K) Report No.260 / 1944 vom 12.6.1944 wurde dieser Einsatz von *"...about 40 Me. 109 G's of II./JG 11"* geflogen

[936] Brief Walter Krupinksi, 26.7.1993

[937] dazu heisst es bei Paul Berndt, Brief vom 1.9.1993: *" Scheinbar wollte Göring sich die Leute mit dem "eisernen Schlips"* - dem Ritterkreuz (die Verf.) - *für die Siegesparade nach dem Endsieg aufbewahren."*

[938] zu diesem Entschluss Lüchaus sowie zur Durchführung des anschliessenden Angriffes heisst es an anderer Stelle bei Paul Berndt: *" Zur Ehrenrettung von Lt. Lüchau muss ich hier folgendes einschieben: Es bestand damals ein 'Göring-Befehl', wonach jeder Flugzeugführer vor ein Kriegsgericht zu stellen war, wenn er bei einem Einsatz mit Feindberührung seine Munition nicht verschoss. Unter dem Eindruck dieses unsinnigen Befehls von höchster Stelle mag Lüchau, der sehr jung und als Staffelführer noch unerfahren war, nicht die Kraft gehabt haben, umzukehren. "*

Weiter heisst es im Bericht von Paul Berndt:

Vor uns lagen ca. 60 - 70 Bootseinheiten, die aus sämtlichen "Knopflöchern" auf uns ballerten. Anstatt nun diese Flotte von hinten - also aus westlicher Richtung - anzugreifen, um Gelegenheit zu haben, bei einem missglückten Angriff noch auf die rettende Küste im Osten kommen zu können, hat Lüchau unseren Angriff auf die Landungsboote frontal von Osten angesetzt mit dem Ergebnis, dass deren Jagdschutz - etwa 100 bis 150 Thunderbolts und ähnliche Typen - uns sofort im Griff hatte. Von jetzt an kann ich nur noch von den ersten drei von unserem Verband berichten, denn mein Kaczmarek war weg und ebenso die Rotte von Lt. "Oschi" Wimmers, wie überhaupt unser Verband nur noch ein wilder Bienenhaufen war. Im Abflug von der Invasionsflotte sah ich noch Lt. Lüchau vorne fliegen, etwas nach rechts versetzt sein Kaczmarek Uffz. Strosetzki, dahinter ich, aber wiederum nach links versetzt, so dass ich Lüchau 200 - 300 m vor mir hatte. Das ganze spielte sich in etwa 100 - 200 m Höhe unterhalb der Wolken ab. Meine letzte Beobachtung war, wie Lt. Lüchau nach rechts abdrehte, offenbar um Strosetzki zu schützen. Ich habe die alte Jagdfliegerregel befolgt, wonach man im Luftkampf n i e die Kurve wechseln soll. Ich hatte gleichzeitig eine P-47, die mir "an der Hose roch" und sah im Rückwärtsblick ihr Mündungsfeuer. Mein Kompass wurde zerschossen und meine Kabinenfenster hatten querbeet ein Loch - links herein und rechts hinaus. Ich habe dann sofort meine Maschine auf Kommissbrot-Höhe gedrückt und bin weggeflogen.

Vielleicht eine halbe Minute später war ich auf einmal wieder am Wasser, denn mit ausgefallenem Kompass wusste ich überhaupt nicht mehr, wo die Front war. Dann bin ich ruck-zuck auf 200 m gestiegen, habe mir die Geographie angesehen und bin in Richtung 60 - 70 ° weitergeflogen in der Erwartung, dass der Quirl jeden Augenblick streiken würde. Als es so weit war und der Motor schon kotzte, hatte ich etwa 200 m vor mir eine Schützenkette in Khaki-Uniformen, Richtung Osten gehend. Links und rechts fuhren zwei kleine Panzerspähwagen. Ich hatte schon den rechten Zeigefinger am Abzug, um diese Amis ausser Gefecht zu setzen, da dachte ich an meinen nach Sprit lechzenden Motor und habe tatsächlich den Finger wieder vom Abzug genommen. Ich wollte mich dann 3 - 400 m hinter diesen Amis ins Gelände setzen.

Nun gibt es in der Normandie viele Weiden und dazwischen in Entfernungen von einigen 100 Metern Weidenbäume und die stehen immer da, wo sie nicht hingehören. Als ich dann, mit den Amis im Rücken, zur Bauchlandung ansetzte, hatte ich einen von diesen Weidenbäumen in Landerichtung. Genügend Fahrt, um über diesen Baum zu hüpfen, hatte ich nicht mehr, also blieb nichts anderes übrig, als frontal auf diesen Baum zu preschen; ich hatte noch etwa 180 km/h am Stau. Danach sprach nur noch die Physik. Also, die Anschnallgurte retten zwar den Körper vor dem Totalausfall, aber es schmerzt ungeheuerlich, und schlimmer noch, der Hals wird unheimlich lang ! Ich schlug mit dem Schädel auf die Instrumente und blieb bewusstlos liegen. Nach einiger Zeit bemerkte ich frische Luft in der Kabine und nahm französische Mädchenstimmen wahr. Ich fragte die Mädchen: "Quelle heure est il ?" - "Onze et demi," antworteten die Stimmen. Sehen konnte ich nichts, denn seit dem Aufprall waren beide Augen zu. Dann habe ich diese Mädchen gefragt, ob ich bei den Engländern sei oder bei den Deutschen. Als sie mir wahrheitsgemäss antworteten: "Chéz les Allemands", habe ich sie mit meinen paar Brocken Schulfranzösisch gebeten, nach deutschen Soldaten zu suchen. Nach gut einer Stunde kamen dann tatsächlich zwei Flaksoldaten, hievten mich aus der Maschine und brachten mich mit einem Kübelwagen zu einem nahegelegenen Hauptverbandsplatz; dieser musste von der Waffen-SS gewesen sein, denn ich hörte immerzu von den Sanis die Anreden wie "Sturmführer", "Scharführer" usw.

Für Paul Berndt folgten acht Monate Lazarettaufenthalt, denn seine Verletzungen, die er sich bei der Bruchlandung zugezogen hatte, erwiesen sich als gleichermassen zahlreich wie schwerwiegend; doch er hatte Glück, behielt die Sehkraft auf beiden Augen und konnte vollkommen wiederhergestellt werden.

Abb. 798 - 799: Britische Soldaten untersuchen das Wrack der " gelben 7 " von Uffz. Rudolf Strosetzki von der 6./JG 11, der am 7. Juni 1944 nach Luftkampf mit P-47 nahe der Strasse nach Tilly-sur-Seulles hatte notlanden müssen und danach in britische Gefangenschaft geraten war (vgl. den nebenstehenden Bericht). Deutlich zu erkennen sind der geschwungene Motorträgerarm der G-6/AS Reihe und die sich nach vorn verjüngende gelbe Spirale auf der Propellerhaube.

(IWM B 5461 - 5463)

Auch für Rudolf Strosetzki endete der Einsatz mit einer Bruchlandung - sein Bericht setzt nach dem Angriff auf die Landungsboote ein:

Ich sah, wie Lüchau abdrehte und wollte ihn unterschneiden, als es auch schon bei mir krachte. Ein Blick zurück liess mich einige P-47 erkennen, die sich an unseren Verband herangemacht hatten. Ich hatte gleich beim ersten Angriff schwere Treffer einstecken müssen; ich sah eine dicke Kühlstoffahne aus einem Flächenkühler hervorkommen und hatte ausserdem einen Treffer im Kabinenbereich, der auf dem Glaspanzer hinter meinem Kopf zerlegte und die Haube verklemmte, so dass ich sie gleich darauf nicht abwerfen konnte, als ich aussteigen wollte. Mir blieb also nichts anderes übrig, als eine Notlandung zu versuchen und hatte dabei insofern Glück, als mein Widersacher von mir abgelassen hatte, so dass ich mir eine geeignete Wiese als Notlandeplatz aussuchen konnte. Ich fand auch eine weit ausladende, leicht ansteigende Wiese und machte eine Bauchlandung; durch eine kleine Welle wurde meine Maschine noch einmal in die Luft geschleudert und krachte gleich darauf wieder auf den Boden. Beim Ausrutschen stiess ich gegen eine Mauer, die die Wiese von einer Strasse abgrenzte; durch den Schwung meiner Maschine brach ich mit der linken Tragfläche ein Stück aus der Mauer, wurde beim Anprall aber selbst mit dem Kopf gegen das Revi geschleudert, und holte mir dabei ein dickes, blaues Auge. Zudem hatte ich durch den Schock die Orientierung verloren - ich nahm wohl alles um mich herum wahr, doch fehlte mir in diesen Augenblicken die Erinnerung an das, was vorher gewesen war und was mich hierher geführt hatte, vollkommen.

Kurze Zeit später erschienen britische Soldaten, um mich gefangenzunehmen; ich wurde auf einem Jeep auf eine Bahre gelegt und zurück in Richtung Küste gefahren. Unterwegs begegneten wir vorrückenden Landungstruppen. Ich kann mich genau erinnern, wie diese von der französischen Zivilbevölkerung begeistert als Befreier bejubelt wurden. Kurz vor dem Ende dieser Fahrt kamen wir an einer Gruppe vornehmlich älterer Franzosen vorbei; diese drohten, mich zu lynchen und ich habe es nur den britischen Wachsoldaten, die sofort zu ihren MPi's griffen, zu verdanken, dass mir hier kein Leid geschah. Der Hass in den Gesichtern dieser Franzosen wird mir immer in Erinnerung bleiben.

Rudolf Strosetzki wurde umgehend nach England verbracht, wo er ausgiebig verhört werden sollte; er war damit der erste Flugzeugführer der JG 1 und 11, der in alliierte Kriegsgefangenschaft geraten war.

Der Zusammenstoss mit den P-47 führte ab 10.10 Uhr zu einer erbitterten Kurbelei nördlich Caen - Planquadrate TU/UU -, in deren Verlauf die II./JG 11 insgesamt vier Abschüsse erzielen konnte -

Lt. Lüchau	6./JG 11	P-47	(19.)	10.10 [939]
Lt. Füreder	5./JG 11	P-47	(22.)	10.10
Lt. Füreder	5./JG 11	P-47	(23.)	10.10
Uffz. Prokay	6./JG 11	P-47	(2.)	10.30

Doch die eigenen Verluste wogen ungleich schwerer, denn die Gruppe musste nach diesem Einsatz fünf Gefallene, einen Vermissten [940] und zwei Schwerverwundete sowie neun Maschinen auf die Verlustliste

---

[939] in einem offiziellen deutschen Dokument werden die Abschusszeiten sämtlich zwischen 15.10 und 15.30 Uhr angegeben, doch muss hier ein (Übertragungs-)Fehler vorliegen, denn es besteht kein Zweifel, dass der Luftkampf kurz nach 10.00 Uhr stattfand. Dies folgt nicht nur aus dem Flugbucheintrag von Paul Berndt - 09.40 bis 11.00 Uhr -, sondern auch aus der Angabe im A.D.I.(K) Report No. 260/1944 über die Auswertung der Vernehmung Rudolf Strosetzkis bestätigt, wonach dieser um 11.00 Uhr am 7.6.1944 in Gefangenschaft geriet

[940] Uffz. Rudolf Strosetzki, der tatächlich leicht verletzt in Gefangenschaft geraten war

setzen [941]. Während die 4. Staffel bei diesem Luftkampf Glück hatte und ungeschoren davonkam, büsste die 5. Staffel von Lt. Füreder gleich drei Gefallene ein: Olt. Heinz Kattlun wurde bei Grumesnil tödlich abgeschossen, während die Unteroffiziere Fritz Manke und Antonius Heil bei Caen fielen. Fünf Ausfälle gab es bei der 6./JG 11: Lt. Karl-Heinz Lüchau wurde nach dem Abschuss einer Thunderbolt selbst abgeschossen und kam beim Absturz seiner "gelben 20" in der Nähe von Caen zu Tode. Neben ihm traf es Lt. Helmut Grill, den die P-47 im selben Gebiet tödlich abschossen. Während Uffz. Strosetzki unter den oben beschriebenen Umständen in Gefangenschaft geriet, wurde Uffz. Rudolf Prokay verletzt, als er seine Messerschmitt mit Beschussschäden aus dem vorangegangenen Luftkampf bei Beauvais auf den Bauch werfen musste, ähnlich wie es auch Uffz. Paul Berndt erging.

Am Nachmittag hatten Teile der II./JG 11 noch einen weiteren Einsatz zu fliegen, über den indes nur wenige Einzelheiten bekannt sind; vermutlich sollte die Gruppe zusammen mit der III./JG 1 einen weiteren Einsatz zur freien Jagd im Raume Caen unternehmen, doch scheint auch die II./JG 11 dabei bereits nach dem Start von den allgegenwärtigen amerikanischen Thunderbolt-Gruppen "überfahren" und in der Nähe ihres Platzes zum Kampf gestellt worden zu sein [942]. Dabei konnten zwar zwei Abschüsse erzielt werden -

Lt. Klotz	4./JG 11	P-47	(4.)	16.30
Uffz. Faltin	5./JG 11	P-47	(2.)	*

doch büsste auch die II./JG 11 erneut eine Messerschmitt ein, als Uffz. Otto Schmidt von der 4. Staffel bei Beauvais abgeschossen und verwundet wurde. Darüber hinaus wurde bei Tiefangriffen auf den Einsatzplatz der II./JG 11 eine Bf 109 zerstört, während zwei weitere erheblich beschädigt wurden [943].

In Zahlen ausgedrückt lautete die Bilanz am Ende dieses Tages auf deutscher Seite wie folgt: Im Befehlsbereich der Luftflotte 3 waren 689 Einsätze geflogen worden [944], davon mit 378 über die Hälfte durch Jäger und immerhin 326 durch Kampffliegerverbände, die grosse Mehrheit davon allerdings bei Nacht. Insgesamt 89 Abschüsse durch Jagdflieger wurden gemeldet, davon 30 bei Nacht [945]. Die eigenen Verluste beliefen sich dagegen auf 21 Gefallene, zwölf Verwundete und drei Gefangene sowie 42 Totalverluste im Bereich der Tagjagd [946]. Die 8. und 9. USAAF bezifferten ihre Verluste demgegenüber mit sechs Viermots und 49 Jägern, zu denen noch 47 Verluste der Royal Air Force kamen [947].

---

[941] nach der Erinnerung von Walter Krupinski kehrten überhaupt nur 16 Maschinen nach diesem Einsatz auf den Platz Beauvais zurück, während zahlreiche weitere Aussenlandungen machen mussten, nach denen es oft Tage dauerte, bis sie wieder bei der Gruppe eintrafen - Brief vom 26.7.1993

[942] vgl. oben S. 1009 zum Einsatzverlauf bei der III./JG 1

[943] lt. summarischen Verlustmeldungen RL 2/III/852 ff sollen diese Verluste bereits am 6.6. eingetreten sein, doch dürfte es sich dabei um einen (Übertragungs-)Fehler handeln, denn an diesem Tage ist von Tiefangriffen auf einen von der II./JG 11 belegten Platz nichts bekannt, wobei die Gruppe überhaupt erst um 20.30 Uhr in Beauvais eingefallen war

[944] vgl. die Aufstellung auf S. 1051

[945] OKW-Bericht vom 8.6.1944; das KTB der Lfl. 3 weist demgegenüber 52 Abschüsse durch die beteiligten deutschen Jagdverbände aus, wobei diese Angabe allerdings nicht notwendig als vollständig angesehen werden darf, da sie offensichtlich - wie auch für die folgenden Tage - nur auf den ersten, noch ungeprüft hereinkommenden Meldungen beruhte und spätere nicht nachgetragen wurden

[946] hier wie im Folgenden beruhen diese Angaben auf den summarischen Flugzeugverlustmeldungen RL 2/III/852 ff sowie den namentlichen Verlustmeldungen WASt.; zu den Totalverlusten kommen drei weitere am Boden zerstörte Jagdflugzeuge, während 38 Maschinen beschädigt wurden, davon allein 16 bei der I./JG 27 infolge von Notlandungen bei der Überführung, also ohne Feindeinwirkung

[947] Freeman, aaO., S. 260/261; M.A.C.R. vom 7.6.1944; Aufstellung Foreman / Bock - die RAF verlor danach 24 Spit- und Seafires, 16 Typhoons, 6 Mustang III und 1 Beaufighter bei 33 eigenen claims

Bereits der erste Einsatztag über dem Invasionskampfraum hatte die hier grundlegend anderen Einsatzbedingungen im Vergleich zum Abwehreinsatz in der Reichsverteidigung deutlich gezeigt; die zahlenmässige Überlegenheit der alliierten Luftwaffen war noch weit grösser als in den Luftschlachten über dem Reich mit der Folge, dass an jedem Ort und zu jeder Zeit mit dem Auftreten feindlicher Jagdgruppen gerechnet werden musste. Anders als im Reich, wo bislang nur an den Tagen der Einflüge der Bomberströme der 8. USAAF auch mit der Bombardierung der eigenen Plätze bzw. mit Tiefangriffen darauf durch den amerikanischen Jagdschutz gerechnet werden musste, gab es im Juni 1944 im Westen keinen Augenblick der Sicherheit auf dem eigenen Platz [948]; Bomben- und Tiefangriffe auf die deutschen Plätze waren an der Tagesordnung [949] und die erdrückende Überlegenheit der alliierten Jagdkräfte erlaubte ihnen eine fast pausenlose Überwachung der erkannten deutschen Jägerplätze, so dass es kaum noch möglich war, ungestört und im geschlossenen Verband aus dem eigenen Platz herauszukommen. Gelang dies dennoch, wurden die deutschen Gruppen bereits weit im Hinterland der Front in Luftkämpfe verwickelt, so dass sie ihre befohlenen Kampfräume entweder gar nicht oder aber in bereits stark angeschlagenem Zustand erreichten, nur um dort mit Gewissheit auf weitere, frische Gegner zu treffen. Dahin war auch der geregelte, auf der rechtzeitigen Erfassung der feindlichen Einflüge aufbauende Einsatzablauf, denn durch den Ausfall zahlreicher Funkmessgeräte wurde das Luftlagebild immer unklarer, so dass Einsatzbefehle häufig bereits überholt waren, wenn sie bei den Verbänden eintrafen [950].

Anders als in der Reichsverteidigung stand der Kampf gegen die Viermotorigen völlig im Hintergrund; statt dessen spielten sich die meisten Einsätze in geringer Höhe ab, wofür besonders die Ausrüstung der Höhengruppen völlig ungeeignet war, und richteten sich in erster Linie gegen die alliierten Tieffflieger bzw. waren als Jaboeinsätze angelegt.

Ein wesentlicher Unterschied zu den Verhältnissen im Reichsgebiet ergab sich schliesslich daraus, dass der Einsatz in Frankreich ausschliesslich von kleinen, gut getarnten Feldflugplätzen aus erfolgte; war es ohnehin schon schwierig, die Vielzahl dieser Plätze ausreichend bevorratet zu halten, sorgten nun die pausenlosen Angriffe auf das Verkehrsnetz dafür, dass es kaum noch möglich war, den erforderlichen Nachschub an Ersatzteilen, Treibstoff, Munition und was noch für die Aufrechterhaltung des Einsatzbetriebes erforderlich war, zu den Plätzen zu schaffen. Hinzu kam, dass es mehrere Tage, nicht selten aber auch Wochen brauchte, bis die Hauptkolonnen des Bodenpersonals ihre Gruppen nach einem beschwerlichen Marsch wiederfanden; bis dahin mussten die Vorauskommandos, unterstützt von den knappen Kräften der auf den Plätzen eingesetzten Flughafenbetriebs-Kompanien, durch unermüdliches Schuften versuchen, die "Mühlen" einsatzklar zu erhalten.

8. Juni 1944: Am Boden hielten die heftigen Kämpfe entlang der Fronten um die Landegebiete unvermindert an; dabei gelang es den Briten, ihre drei Landezonen zu einem einheitlichen Brückenkopf zusammenzuschliessen. Unterdessen waren beide Seiten bemüht, weitere Verstärkungen heranzuschaffen, wenngleich auf Seiten der deutschen Führung noch immer Zweifel daran bestanden, ob

---

[948] dieser Gesichtspunkt findet sich in allen Berichten ehemaliger deutscher Jagdflieger, die an den Kämpfen in Frankreich im Sommer 1944 beteiligt waren, wieder; die tatsächlichen Verluste waren hier nicht höher als zuvor im Abwehreinsatz gegen die Viermot-Verbände der 8. USAAF, doch prägte die ständige Unsicherheit und Gefahr, das Fehlen jeglicher Atempause die Verhältnisse in Frankreich, was sich als beherrschendes Moment in der Erinnerung festgesetzt hat. Bei Galland, aaO., S. 302, heisst es dazu: "*Die Flugzeugführer aber waren zum grössten Teil unsere gut ausgebauten und tadellos funktionierenden Fliegerhorste in der Reichsverteidigung gewohnt und konnten sich unter den primitiven, frontmässigen Verhältnissen in Frankreich nicht so schnell zurechtfinden.*"

[949] die Bombenangriffe auf die deutschen Flugplätze in Frankreich hörten mit dem 6. Juni 1944 keineswegs auf; im Gegenteil bombardierten die alliierten Luftstreitkräfte zwischen dem 7. und dem 30. Juni an 21 Angriffstagen insgesamt 117 Flugplätze in einem grossen Bogen von Brüssel über Metz und Dijon, wodurch die deutsche Luftwaffe in dieser Zeit 137 Flugzeuge total und weitere 216 durch Beschädigung einbüsste - Gundelach, aaO., S.321 unter Verweis auf Lw.F.-Stab Ia/Meldewesen Nr. 54 407/44 geh. vom 23.7.1944

[950] Gundelach, aaO., S. 321 ff, m.w.N.

die Landung in der Normandie tatsächlich bereits den Hauptstoss der Alliierten darstellte [951]. Wertvolle Zeit, die die gelandeten alliierten Kräfte dazu nutzten, ihre Positionen überall zu festigen, ging in fruchtlosen Debatten auf höchster Führungsebene verloren, während die ersten, noch mit recht schwachen Kräften geführten deutschen Gegenangriffe im Bereich der Orne-Mündung nicht durchschlagen konnten [952].

Über den Einsatz des JG 1 am 8. Juni 1944 ist fast nichts bekannt. Die I. und II. Gruppe flogen von Le Mans aus einige Jabo-Einsätze [953] gegen die Landungsflotte im Gebiet vor Caen; die II./JG 1 startete gegen 11.00 Uhr mit 25 Maschinen zu einem Jaboeinsatz auf die Landungsflotte vor Deauville und Trouville am Südufer der Seine-Bucht. Die Gruppe konnte geschlossen den Angriffsraum erreichen und ihre Bomben dort abladen, bevor sie einen feindlichen Jagdverband von ungefähr 20 Maschinen sichtete, einem Luftkampf mit diesem jedoch befehlsgemäss auswich. Dafür war das Abwehrfeuer der Schiffsflak umso dichter, so dass zahlreiche Maschinen Flakschäden mit nach Hause brachten, doch hatte die II./JG 1 Glück und nicht eine einzige Maschine wurde abgeschossen. Der Rückflug erfolgte auf Baumwipfelhöhe und brachte die Gruppe ohne weitere Zwischenfälle nach Le Mans zurück [954].

Die Jaboangriffe dieses Tages führten nicht zu zählbaren Erfolgen [955] - wie sollten sie auch angesichts der gegebenen Verhältnisse am Himmel über dem Landegebiet ? Was sich in den Planungen - vielleicht - wie ein geordneter und zielgerichteter Abwehreinsatz ausnahm, stellte sich vor Ort als mehr oder weniger vollkommenes Chaos heraus, denn die Wirklichkeit liess alle vorbereiteten Planungen, in denen von wirksamen Jaboeinsätzen gegen die Landungsflotte und die ersten an Land gehenden Truppen die Rede war, in Stunden zu Makulatur werden. Die Folgen hatte wieder einmal die Truppe zu ertragen, deren Vertrauen in die Fähigkeiten der eigenen Führung angesichts der Ereignisse an diesen ersten Tagen im Westen ganz erheblichen Schaden nahm. Zwei Berichte von Flugzeugführern der I. und II./JG 1 über ihre Erfahrungen beim Jaboeinsatz gegen die Landungsflotte mögen dies veranschaulichen - zuerst Helmut Biederbick, seinerzeit Staffelkapitän der 2./JG 1:

> *Ich war beim Beginn der Invasion nicht bei der Gruppe in Lippspringe, sondern in meiner Heimat in Bad Godesberg im Urlaub. Von dort sogleich nach Lippspringe zurückgekehrt, fand ich meine Einheit nicht mehr vor und erhielt den Befehl, mich beim General der Jagdflieger in Berlin zu melden. Daselbst angekommen, wollte man mir zwölf Jagdflieger-Piloten verschiedener anderer Einheiten unterstellen, mit denen ich eine Staffel bilden und damit an der Invasionsfront Einsätze fliegen sollte ! Als ich das ablehnte und es als völligen Unsinn bezeichnete, stimmte mir der dortige Major zu und liess mich danach versuchen, meine Einheit in Le Mans mit der Bahn zu erreichen.*
>
> *Dort angekommen, fand ich auf einem Feldflugplatz in der Nähe von Le Mans von meiner Staffel noch zwei einsatzklare Focke Wulfs vor. Also bin ich mit einem Rottenflieger, jeder mit einer 250 kg Bombe unter dem Bauch, wie es befohlen war zum Angriff auf die Invasionsflotte gestartet. Das war der grösste Witz meines ganzen Fliegerdaseins ! Bei schönstem Wetter habe ich dann hunderte schöner Schiffchen auf dem Wasser bewundert, darüber jede Menge Fesselballons, Schiffsflak aller Kaliber*

---

[951] KTB OKW 1944/45 Teil I, S. 313

[952] vgl. dazu für viele: Jacobsen/Rohwer, aaO,. S. 418 ff, m.w.N.

[953] bemerkenswert ist in diesem Zusammenhang die Feststellung Fritz Wegners - Bericht vom 5.9.1993 -, dass die Flugzeugführer der II./JG 1 von dem Befehl zur Durchführung von Jabo-Angriffen vollkommen überrascht worden seien - danach scheinen die seit Anfang des Jahres durchgeführten Bombenwurfübungen wenig Eindruck bei den Flugzeugführern der Gruppe hinterlassen zu haben

[954] A.D.I.(K) Report No. 396/1944 vom 30.7.1944

[955] nach der Erinnerung Günther Heckmanns von der 7./JG 51 - Bericht vom 6.9.1993 - sollen bei wenigstens einem dieser Angriffe auch Werferrohre zum Einsatz gekommen sein

> *zauberte jede Menge kleine und grosse Wölkchen an den Himmel und darüber waren "Indianer" aller Klassen - hunderte von Stück machten mich so froh, dass wir unsere Bomben ungezielt irgendwo in die Gegend geschmissen haben. Da schöne Cumulus Wolken am Himmel waren, gelang es meinem Kaczmarek und mir, uns zu verp...... und ohne Beschädigung wieder auf unserem Platz zu landen.* [956]

Ähnliches erlebte Fritz Wegner von der 5./JG 1 - er schreibt:

> *Wir haben in den ersten Tagen* [957] *einen oder zwei Jaboeinsätze von Le Mans aus geflogen; sie führten über die Landungsbucht von Le Havre, die mit unzähligen Schiffen aller Grössen "gespickt" war. Ich entsinne mich noch genau der Kurzeinweisung in den Bombenwurf, weil wir dabei auf den Bombenkisten sassen, die bei einem späteren Angriff auf unseren Platz in die Luft flogen; unsere Unterweisung erhielten wir von einem Schlachtflieger, den man eigens dafür zu uns geholt hatte, und der jetzt mit wenigen Worten zu erklären versuchte, wie wir zielen und vorhalten sollten. Es erschien uns allen als völlige Improvisation und Stückwerk.* [958]

Die III./JG 1 war wiederum zu Tiefangriffen auf alliierte Truppenansammlungen im Landegebiet eingesetzt, doch sind weitere Einzelheiten dazu nicht bekannt [959]. Soweit ersichtlich, blieb das Geschwader am zweiten Einsatztag über dem Invasionskampfraum von eigenen Personalverlusten verschont, während die I. Gruppe einen Abschuss meldete -

Uffz. Loewe   1./JG 1   P-51   (3.)   16.32

Bei einem Tiefangriff auf den Platz Le Mans büsste die I. Gruppe drei Focke Wulfs durch Totalschaden ein, drei weitere wurden beschädigt.

Für die I./JG 11 brachte der 8. Juni 1944 den ersten Einsatz gegen die Landungskräfte der Alliierten; darüber liegt folgender Bericht von Berthold Jochim vor, der einen Einblick in die Einsatzverhältnisse und die Stimmungslage bietet:

> *Wir waren in aller Frühe geweckt worden und hatten uns um 06.30 Uhr zur Einsatzbesprechung auf dem Gefechtsstand einzufinden. Dieser befand sich in einem verhältnismässig kleinen Raum, so dass dort eine qualvolle Enge herrschte, nachdem sich die Flugzeugführer aller drei Staffeln befehlsgemäss versammelt hatten. Es lag eine unerhörte Spannung über den Männern, von denen sich die meisten erst einmal eine Zigarette angezündet hatten, so dass die Luft vor lauter Tabaksqualm bald zum Schneiden dick war.*
>
> *Gesprochen wurde wenig, da die innere Anspannung in uns allen zu gross war. Auf dem Tisch in der Mitte des Raumes war eine grosse Karte ausgebreitet; Hptm. Simsch stand hinter dem Tisch und warf einen Blick in die Runde, bevor er anfing zu sprechen. Er erklärte uns, dass wir in einer halben Stunde zum Einsatz starten würden und dass es sich dabei um einen Jabo-Angriff auf Schiffsziele vor der Küste der Normandie handeln würde. Es ginge darum, die Gruppe möglichst geschlossen auf 8.000 m über die Flotte zu bringen und sich dann im Sturzflug die grössten Ziele vorzunehmen. Hier unterbrach Simsch seine Einweisung für einen Augenblick; die Stille, die jetzt über dem Raum lag,*

---

[956] Brief Helmut Biederbick, 15.9.1993

[957] zwischen dem 7. und 9. Juni, vor der Bombardierung des Platzes - die Verf.

[958] Brief Fritz Wegner, 15.9.1993, und Bericht vom 5.9.1993

[959] Flugbuch Lutz-Wilhelm Burkhardt, Einsatzzeit 05.40 - 06.40 Uhr

war entnervend, denn wir hatten alle das Gefühl, dass das noch nicht alles gewesen war. Auf die Karte gestützt sprach Hptm. Simsch weiter: " Männer, dieser Einsatz wird von Euch alles verlangen, und wenn er gelingt, kann es sein, dass wir etwas ganz Grosses geleistet haben. Wir werden dort oben...", seine Hand strich dabei auf der Karte über das Blau der See, " ... Schlachtschiffe unter uns haben, Zerstörer und Flakkreuzer. Ihr könnt Euch denken, dass die nicht schlafen werden, wenn wir kommen. Aber wir müssen ran, denn solange die da sind, kriegt unsere Infanterie ihre Köpfe nicht aus dem Dreck. Dann werden auch Jäger da sein; sie haben einen massiven Luftschirm über die Flotte gehängt. Und dann Sperrballons - passt auf, geht nicht zu tief. Schmeisst das Zeug in mindestens 2.000 m ab und dann runter. Wir werden von See her angreifen, so dass ihr noch Land gewinnen könnt, wenn sie euch einen verpassen. Wir fliegen in Schwärmen und stürzen auch in dieser Reihenfolge. Die Handhabung der Geräte kennt ihr ja - Gerät einschalten, dann stürzen und Ziel nehmen. Dann eine Revi-Breite über den Horizont und die Bombe auslösen. Macht's gut und - Hals- und Beinbruch!" [960].

Um 07.15 Uhr erfolgte der Start der Gruppe zu ihrem Einsatz; die I./JG 11 dürfte dazu um die 20 Maschinen in die Luft gebracht haben [961]. Es gelang der Gruppe, ohne Feindberührung bis über die Landungsflotte zu kommen und ihre Bomben über den Schiffszielen abzuwerfen, doch ist über Erfolge bei diesem Einsatz nichts bekannt. Aus den vorhandenen Unterlagen ist nicht zu ersehen, ob und gegebenenfalls welche Verluste die Gruppe bei ihrem Angriff durch die Schiffsflak erlitt [962]. Auf dem Rückflug geriet sie dafür an einen Mustang-Verband, mit dem es über dem Raum um Vitre zu einem heftigen und verlustreichen Luftkampf kam. Ohne einen einzigen eigenen Abschuss büsste die I./JG 11 fünf Gefallene und zehn Focke Wulfs ein, zu denen noch eine weitere erheblich beschädigte Maschine kam [963]. Mit Hptm. Siegfried Simsch, der bei Vitre von P-51 tödlich abgeschossen wurde, verlor die I./JG 11 bereits ihren zweiten Kommandeur innerhalb von nur gut zwei Wochen; Simsch hatte die Führung der Gruppe gerade zwei Tage zuvor bei der Verlegung nach Frankreich übernommen [964]. Die 1. Staffel meldete den Verlust von Uffz. Alfred Folger, dessen Absturzort nicht bekannt ist [965]. Ein Gefallener auch bei der 2./JG 11 - Ofw. Heinz Kokisch wurde bei Rennes im Luftkampf mit P-51 tödlich abgeschossen. Die 3. Staffel von Lt. Schrangl schliesslich verlor zwei Flugzeugführer: Der Gefr. Fritz Dahm fiel bei La Ponsonnière, während Uffz. Günther Schüler in der Nähe von Rennes herunterkam.

Nach dem Ausbleiben von Hptm. Simsch wurde wiederum der Kapitän der 2. Staffel, Olt. Fritz Engau, mit der Führung der Gruppe in der Luft beauftragt; am Boden wurden die Geschäfte des

---

[960] Auszug aus einer Veröffentlichung von Berthold Jochim, 1978, abgeändert und verkürzt mit seiner Genehmigung

[961] Bericht Hans Schrangl, August 1944; dort ist von 21 gestarteten Fw 190 die Rede

[962] in dem bereits zitierten Bericht Berthold Jochims ist die Rede von einigen, zahlenmässig allerdings nicht bezifferten (Total-)Verlusten durch das Feuer der Schiffsflak; die namentlichen Verlustmeldungen WASt. ebenso wie die summarischen Verlustmeldungen RL 2/III/852 enthalten indes keinerlei konkreten Hinweis auf derartige Verluste

[963] Fritz Engau, Brief vom 16.1.1991, der zeitweilig die Gruppenführuung der I./JG 11 in der Luft innehatte, weist darauf hin, dass seiner Erinnerung nach die Verlustmeldungen der Gruppe während der Invasionskämpfe sehr unvollständig erfolgt seien - *" ... Viele Gefallene und Verwundete wurden nicht gemeldet."*

[964] nach den Aufzeichnungen von Fritz Engau ist Hptm. Simsch nicht am 8., sondern erst am 9. Juni 1944 gefallen; er erschreibt dazu: *" Das falsche Datum vom 8.6. wird immer wieder gemeldet, weil es in den Verlustmeldungen so enthalten ist. Aber diese Meldungen wurden im Trubel der Tage entweder überhaupt nicht oder verspätet im Rekonstruktionsweg abgegeben. Daher die vielen Fehler."* - Brief vom 17.9.1993

[965] Uffz. Folger wurde am 10.6. auf dem Ostfriedhof von Rennes beigesetzt

Gruppenkommandeurs einstweilen vertretungsweise - mit dem Zusatz "m.d.W.d.G.b." - von Hptm. Viebahn [966] wahrgenommen - wie dies geschah, schildert Fritz Engau so:

> *Nach dem Tode von Hptm. Simsch führte ein Hptm. vom Stabe die Gruppe; er ist aber selbst die Einsätze nicht mitgeflogen. Ich weiss nicht mehr, wo er sein Quartier hatte. Ich erhielt nur telefonisch von ihm Einsatzbefehle. Das Telefon stand beispielsweise, so lange wir noch in unserem Schlösschen bei Rennes lagen, neben meinem Bett, wo ich abends, nachts und am frühen Morgen meine Befehle von ihm erhielt. Ich war froh, dass es diesen Hauptmann gab, denn in dem um uns herrschenden Chaos wäre es mir überhaupt nicht möglich gewesen, auch noch die Geschäftsführung am Boden zu übernehmen.* [967]

Soviel zu den Führungsverhältnissen während dieser Wochen in Frankreich. Am selben Tage erlebte die Gruppe in Rennes noch einen weiteren schweren Bombenangriff, als 30 B-17 rund 80 Tonnen Bomben auf den Platz warfen und das Rollfeld damit ein weiteres Mal wirkungsvoll zerkraterten [968].

Die 10./JG 11 war an diesem Tage im Raume Beauvais eingesetzt [969] und hatte dort einen Luftkampf mit amerikanischen Zweimots auszufechten; einem Abschuss

| Uffz. Rudschinat | 10./JG 11 | B-26 | (9.) | * | |

stand danach der Verlust eines Flugzeugführers gegenüber - Uffz. Gerhard Cordey wurde bei Beauvais abgeschossen und kam beim Absturz seiner Focke Wulf - einer alten A-4 - zu Tode. Darüber hinaus meldete die Staffel an diesem Tage zwei bei einem Tiefangriff beschädigte Maschinen.

Über den Einsatzverlauf bei der II./JG 11 ist nur recht wenig bekannt; die Gruppe hatte im Laufe des Tages zwei Einsätze zur freien Jagd über dem Raum Caen zu fliegen und musste sich bei beiden Einsätzen mit weit überlegenen amerikanischen Jagdkräften auseinandersetzen. Drei Abschüsse waren auf der Habenseite zu verbuchen -

Lt. Klotz	4./JG 11	P-51	(5.)		09.40
Lt. Füreder	5./JG 11	P-51	(24.)	*	
Uffz. Faltin	5./JG 11	P-47	(3.)		12.55

während die Gruppe selbst einen Verlust zu beklagen hatte: Ofw. Martin Peschel von der 4. Staffel kehrte aus unbekannter Ursache von einem Einsatzflug nicht zurück und gilt seither als vermisst.

Verglichen mit dem Vortage hatte der 8. Juni zwar auf Seiten der Luftwaffe zu einer Steigerung der Einsatzzahlen von 689 auf insgesamt 849 geführt, was in erster Linie auf das Eingreifen weiterer, erst an diesem Tage einsatzbereit gewordener Verbände zurückzuführen war, doch hatte auch dies nichts wesentliches am Verlauf der Kämpfe zu ändern vermocht. 45 Abschüsse durch Jäger und Flak meldete der OKW-Bericht für diesen Tag, das KTB der Luftflotte verzeichnet 21 Abschüsse bei 420 Einsätzen der ihr unterstellten Jagdgruppen, die dabei zugleich 23 Gefallene und drei Verwundete sowie den

---

[966] laut Bericht Siegfried Rudschinat, 3.10.1993, führte Hptm. Viebahn, Staffelkapitän der 10./JG 11, während dieser Tage die Gruppe mit dem Zusatz "m.d.W.d.G.b."; so unterzeichnete Viebahn auch die Verlustmeldungen der Gruppe aus diesen Tagen

[967] Brief Fritz Engau, 16.1.1991

[968] Freeman, aaO., S. 261; Fritz Engau, Brief vom 17.9.1993

[969] es ist nicht bekannt, auf welchem Platz die 10. Staffel zu dieser Zeit lag; es erscheint nicht ausgeschlossen, dass sie an diesem Tage noch nicht bei der I./JG 11 in Rennes eingetroffen war, sondern - noch in Zuführung ? - auf einem der Plätze um Beauvais eingefallen war. Der an diesem Tage erlittene Verlust wurde indes bereits bei der I./JG 11 gemeldet - vgl. namentl. Verlustmeldg. WASt. für Uffz. Cordey

Totalverlust von 36 Maschinen in der Luft und von weiteren vier am Boden zu verzeichnen hatten [970]. Die 8. und 9. USAAF bezifferten ihre Verluste demgegenüber mit drei Viermotorigen und 25 Jägern, zu denen wenigstens weitere 13 Verluste der RAF kamen [971].

9. Juni 1944: Eine deutliche Wetterverschlechterung behinderte den Luftwaffeneinsatz beider Seiten ganz erheblich; während die Viermotverbände der 8. USAAF insgesamt am Boden bleiben mussten, liess auch die Einsatztätigkeit der alliierten Jäger und Jabos an diesem Tage spürbar nach. Die Luftflotte 3 verzeichnete dementsprechend nur mehr 291 Jagdeinsätze über dem Invasionskampfraum und damit ein Drittel weniger als noch am Tage zuvor [972]. Ganze vier Abschüsse wurden danach gemeldet [973].

Erneut ist über den Einsatzverlauf beim JG 1 nur sehr wenig bekannt; soweit ersichtlich, verliefen die während des Tages geflogenen Einsätze insgesamt o.b.V. [974], lediglich die I./JG 1 hatte einen Verlust zu verzeichnen, als sich Uffz. Helmut Riehl beim Überschlag seiner Focke Wulf in Le Mans erheblich verletzte. Die II./JG 1 konnte noch einmal 20 Fw 190 zu Jaboangriffen auf die Landungsschiffe an der Küste bei Deauville einsetzen; auch diesmal verlief der Einsatz ohne Erfolge und Verluste - allein die sichere Rückkehr aller Maschinen musste angesichts des mörderischen Flakfeuers schon als Erfolg angesehen werden [975].

Auch die I./JG 11 hatte abermals Jabo-Angriffe auf die vor der Küste versammelte Landungsflotte zu fliegen; vermutlich auf einen der dabei an diesem Tage geflogenen Einsätze bezieht sich der folgende Bericht von Hans Schrangl:

> *Dann führte ich die Gruppe - es waren noch fünf Maschinen. Entgegen dem - vom Feind zweifellos abgehörten - Befehl, auf 3.000 m zu gehen, stiegen wir auf 6.000 m, wo uns niemand vermutete, und kamen unbehelligt zur Küste mit dem so unglaublichen Ausblick auf die Invasionsflotte. Schiff an Schiff, so weit das Auge reichte ! Da war kein Tiefflug erforderlich, ein Fehlwurf erschien kaum möglich. Wir lösten unsere 250 kg Bomben und drehten ab, bevor uns der Jagdschutz bemerken und verfolgen konnte. So brachte ich die "Buben" wieder heim; das Schwierigste war nun noch, den eigenen Platz trotz seiner guten Tarnung wiederzufinden, sahen doch die Wiesen mit ihren Gräben und Gebüschen von oben alle gleich aus.* [976]

Über Erfolge der Gruppe durch ihre Jabo-Angriffe ist auch an diesem Tage nichts bekannt; dafür musste mit Uffz. Alfred Bongard von der 1. Staffel, der aus unbekannter Ursache im Raum Caen vermisst blieb, abermals ein Flugzeugführer auf die Verlustliste gesetzt werden [977].

---

[970] vgl. die Aufstellung auf S. 1051

[971] Freeman, aaO., S. 261; M.A.C.R., 8.6.1944; 2nd Tac.A.F. Log - danach gingen 7 Spitfires, 3 Mustang III und 3 Typhoons verloren, zwei Maschinen wurden beschädigt.

[972] vgl. die Aufstellung auf S. 1051; Freeman, aaO, S. 262

[973] was sich mit der Verlustangaben der 8. und 9. USAAF deckt, die an diesem Tage insgesamt vier Jägerverluste meldeten - M.A.C.R., 9.6.1944

[974] so z.B. ein Einsatz von Teilen der III./JG 1 am Nachmittag von 16.20 - 17.55 Uhr - Flugbuch Fritz Haspel

[975] A.D.I.(K) Report No. 396/1944 vom 30.7.1944

[976] Bericht Hans Schrangl, August 1993

[977] Das Wrack der "schwarzen 9" von Uffz. Bongard wurde später mit dem Leichnam des Flugzeugführers bei La Sorierel, südwestlich Caen gefunden, wo Bongard auch beigesetzt wurde - namentl. Verlustmeldg. WASt.

In der Nacht vom 9. auf den 10. Juni 1944 erlebten die in Le Mans versammelten Gruppen des JG 1 gegen 01.00 Uhr einen vernichtenden Bombenangriff durch britische Viermotorige; der Bombenteppich traf besonders den Liegeplatz der II./JG 1, die sieben Focke Wulfs als Totalverluste abschreiben musste, während weitere fünf erhebliche Beschädigungen davontrugen [978]. So weit ersichtlich, blieben die beiden Gruppen des JG 1 bei diesem Angriff von Personalverlusten verschont, was wesentlich darauf zurückzuführen war, dass die Flugzeugführer und die bereits eingetroffenen Männer des Bodenpersonals ausserhalb des Platzes in der Werkssiedlung der Gnôme-Rhone Werke im Westen von Le Mans untergebracht waren und den " Bombensegen " von dort verfolgen konnten [979]. Als mit dem ersten Tageslicht das Ausmass der Schäden vollends erkennbar wurde, bot sich ein Bild vollständiger Verwüstung; der Platz war in einem derartigen Masse zerkratert, dass es zwei Tage dauern sollte, bis das Rollfeld soweit ausgebessert war, dass ein bescheidener Flugbetrieb wieder aufgenommen werden konnte [980]. Zu den wenig beneidenswerten Tätigkeiten, an denen sich neben den "Schwarzen Männern" auch die Flugzeugführer beteiligten, gehörte das Entfernen der zahlreich auf dem Platz gefundenen Zeitzünderbomben und Blindgänger, die für eine ständige Gefahr auch nach dem Ende der Bombardierung sorgten [981]. Als Folge dieses nächtlichen Angriffs fielen die beiden Focke Wulf Gruppen des JG 1 für den Abwehreinsatz während der nächsten Tage aus.

10. Juni 1944: An diesem Tage gelang es den den alliierten Kräften, die britischen und amerikanischen Landegebiete zu einem einzigen, zusammenhängenden Brückenkopf zu vereinigen; nachdem am Vortage ein stärkerer Gegenangriff der deutschen Panzergruppe West ohne Erfolg hatte abgebrochen werden müssen, stand der Erfolg der alliierten Landung in Frankreich fest und war die Hoffnung, die gelandeten Kräfte im raschen Gegenstoss ins Meer zurückzutreiben, bereits endgültig dahin [982].

Auf deutscher Seite standen an diesem Tage 475 Messerschmitts und Focke Wulfs zur Verfügung, von denen allerdings nur 290 einsatzbereit waren; diese brachten es auf insgesamt 326 Einsätze. Die Luftwaffe war demnach auch weiterhin weit von dem entfernt, was nach den Planungen für den Abwehreinsatz West vorgesehen war; trotz rücksichtsloser Entblössung der Reichsverteidigung gelang es nicht, das Kräfteverhältnis über dem Invasionskampfraum auf besser als 1 : 25 zum Nachteil der Luftwaffe zu verändern [983].

---

[978] an diesem Angriff beteiligt waren 109 Halifax und Lancaster-Bomber der RAF, geführt von einigen Mosquitoes als Pfadfindern; die Zahl der Bombenkrater auf dem Rollfeld soll 300 betragen haben - A.D.I.(K) No. 396/1944 vom 30.7.1944, dort Ziff. 13 - 15

[979] Bericht Günther Heckmann, 6.9.1993; die Werkssiedlung bestand aus zwei oder drei mehrere Geschosse hohen Blöcken auf einem Hügel westlich des Platzes. Fritz Wegner, Staffelführer der 5./JG 1, fügt hinzu: " *Wir sahen aus den Fenstern unserer Unterkunft zu, wie zunächst die Viermotorigen den Platz umpflügten, bevor - trotz der Dunkelheit - Tiefflieger den Platz unter Feuer nahmen. Da wir unsere Unterkunft noch nicht genau kannten, hatten wir unsere liebe Not bei dem Versuch, ins Freie zu kommen, und so rannten wir wie die Hasen durch den Block.* " - Bericht vom 12.9.1993 sowie Brief vom 15.9.1993

[980] Aufzeichnungen Siegfried; A.D.I.(K) Report No. 396/1944 vom 30.7.1944 - danach konnte die II./JG 1 bis zum 16. Juni wegen der laufenden Instandsetzungsarbeiten keinerlei Einsätze von Le Mans fliegen. Ebenso die Erinnerung Günther Heckmanns, nach der es ungefähr fünf Tage dauerte, bis die Gruppe wieder in den Einsatz gehen konnte - Bericht vom 6.9.1993

[981] so erinnert sich Günther Heckmann daran, dass unmittelbar vor seiner Focke Wulf ein Blindgänger aus dem Boden schaute, den er dann mit anderen zusammen geräumt habe - Bericht vom 10.8.1993. Fritz Wegner bestätigt das Vorhandensein von Zeitzünderbomben, die nach und nach in die Luft gingen und dadurch die Räumungsarbeiten auf dem Platz zusätzlich gefährdeten - Bericht vom 12.9.1993

[982] KTB OKW 1944/45 Teil I, S. 313; diese Erkenntnis machte sich auch bei einigen Offizieren der höchsten deutschen Führung breit - so gab Grossadmiral Dönitz unter diesem Datum gegenüber seinem Stab zu: " *Die Invasion ist geglückt. Die zweite Font ist vorhanden.* " - so zitiert bei Irving, Rommel, S. 513

[983] Gundelach, aaO, S.319; dies galt für das Verhältnis der jeweils vorhandenen Flugzeuge, während es bei der Zahl der geflogenen Einsätze im besten Falle " nur " 1 : 12 lautete

Abb. 800 - 801: Zwei Aufnahmen vom Tage nach dem vernichtenden Bombenangriff auf den Platz der II./JG 1 in der Nacht vom 9. auf den 10. Juni 1944 - oben die ausgebrannten Trümmer und unten einige Männer des Bodenpersonals, deutlich gezeichnet von den Ereignissen der vergangenen Nacht.

(Hartwig)

Vom Einsatz des JG 1 an diesem Tage gibt es wenig zu berichten; während die I. und II. Gruppe durch den nächtlichen Bombenangriff auf den Platz Le Mans lahmgelegt waren, konnte nur die III./JG 1 Einsätze über dem Landegebiet fliegen [984], wobei diese jedoch zu lediglich einem einzigen Abschuss durch Hptm. Burkhardt (69.) führten - doch angesichts der herrschenden Kräfteverhältnisse musste schon das blosse Überleben als Erfolg gelten. Einen bezeichnenden Einblick in das Einsatzgeschehen bei der III./JG 1 vermittelt der folgende Bericht von Hubert Heckmann:

In diesen Tagen flogen in unserer 9. Staffel überhaupt nur noch zwei Flugzeugführer, Uffz. "Gustav" Fröhlich und ich. Für uns brachen schwere Zeiten an, die wir durch einen kleinen Trick etwas zu erleichtern versuchten. Meine neue Maschine hatte die Eigenart, nach zehn Minuten Flugzeit alle elektrischen Geräte auf Null zurücklaufen zu lassen - Generator defekt. Als unser Ahlmann, der Werkmeister, das reparieren lassen wollte, drohte ich ihm Schläge an. Die beiden anderen Staffeln hatten grundsätzlich eine Maschine weniger als sie Flugzeugführer hatten, so dass immer einer der Kameraden zu Hause bleiben konnte. Wir aber hatten bis zu vier Maschinen überzählig und mussten alle Einsätze mitfliegen. Beim nächsten Einsatz befahl ich dem Fröhlich, meine Maschine zu nehmen. Er knurrte darob, da er seinen Fallschirm umpacken musste. Beim nächsten Start stand (sass) er lustlos neben mir. Als wir aber die besagten zehn Minuten hinter uns hatten, hellte sich seine Miene zu einem freudigen Grinsen auf, er wackelte mit der Tragfläche und drehte ab nach Hause. Beim nächsten Einsatz bekam ich dann meine Maschine wieder, bis Fröhlich bei einem Einsatz den Vogel in den Dreck schmiss. [985]

Die I./JG 11 musste an diesem Tage mit ansehen, wie alliierte Jabos den Platz in Rennes umpflügten und dabei sechs Focke Wulfs zerstörten; es ist nicht bekannt, ob die Gruppe daneben selbst im Einsatz war - Meldungen über Abschüsse oder Verluste liegen jedenfalls nicht vor. Auf dem Ostfriedhof von Rennes nahmen die Staffelkapitäne sowie die Offiziere vom Gruppenstab und eine Handvoll Flugzeugführer mit einer Salve aus ihren Pistolen Abschied von Siegfried Simsch [986] - " *Seine Beerdigung mit uns vier oder fünf überlebenden Flugzeugführern war gespenstisch*", beschreibt Fritz Engau diese Augenblicke [987].

Die II./JG 11 war von Beauvais aus über dem östlichen Frontbereich im Einsatz; am späten Vormittag hatten Teile der Gruppe im Raume westlich Rouen / Lisieux - Quadrat TB / UB - einen Luftkampf mit P-51 auszufechten, der sich bis weit in den rückwärtigen Raum nach Amiens hinzog. Einem Abschuss -

    Uffz. Schneider   4./JG 11   P-51   (3.)   11.00

stand zugleich ein Verlust gegenüber: Fw. Heinz Albrecht von der 4./JG 11 wurde bei Amiens abgeschossen und verwundet. Wahrscheinlich konnte die II./JG 11 noch einen weiteren Abschuss für sich verbuchen, eine P-47, die an Lt. Füreder, den Staffelführer der 5./JG 11 fiel (25., *).

Am **11. Juni 1944** sank die Zahl der von deutschen Flugzeugen über dem Invasionskampfraum geflogenen Einsätze auf gerade noch 317 ab - das waren, ungeachtet der in den vorangegangenen Tagen erfolgten Zuführungen, genau zwei weniger als die schwachen, bereits in Frankreich stehenden Kräfte am 6. Juni, dem Beginn der Invasion, hatten fliegen können [988]; bei den Jagdfliegern war das Verhältnis sogar noch schlechter: gegenüber 172 am 6. Juni geflogenen Einsätzen brachten es die mittlerweile 15 in

---

[984] lt. Flugbuch Fritz Haspel flog dieser zwei Einsätze am 8.6., die beide o.b.V. verliefen; die Einsatzzeiten waren 10.10 - 11.35 und 17.15 - 19.20 Uhr

[985] Aufzeichnungen Hubert Heckmann, S. 21

[986] Bericht Hans Schrangl, August 1993; Brief Fritz Engau, 17.9.1993

[987] Brief Fritz Engau, 25.7.1993

[988] vgl. die Aufstellung auf S.1051

Frankreich versammelten Gruppen gerade noch auf 126 Einsätze - im Schnitt weniger als zehn pro Gruppe ! - " Wo bleibt die Luftwaffe ?" wurden erste, zunehmend bittere Rufe bei den verzweifelt kämpfenden Heeresverbänden laut, die sich jeden Tag hilflos den nahezu pausenlosen Angriffen der amerikanischen und britischen Jabos und Tiefflieger sowie der Zweimot-Bomber ausgesetzt sahen, die ihnen das Leben zur Hölle machten [989].

Die Verhältnisse wurden noch wesentlich erschwert durch den Umstand, dass die Alliierten unverzüglich an den Ausbau eigener Landeplätze in den Brückenköpfen gingen und bereits am 10. Juni den ersten Behelfsplatz bei St. Croix-sur-Mer hatten in Betrieb nehmen können; je mehr sich die alliierten Jabos auf diese Plätze abstützen konnten, desto deutlicher machte sich ihre zahlenmässige Überlegenheit über dem Kampfgebiet in der Normandie bemerkbar, denn während der Feindflug eines alliierten Jabos danach im günstigsten Falle nur noch zehn Minuten dauerte, musste die Masse der deutschen Jäger von ihren um Paris gelegenen Plätzen weiterhin über 150 km fliegen, um das Kampfgebiet zu erreichen - wenn sie nicht zuvor bereits abgefangen wurden [990].

Am 11. Juni wurden auch die Viermotorigen der 8. USAAF erneut zu Angriffen auf Flugplätze und Eisenbahnziele im Raume Paris, in der Bretagne und im Loire-Tal eingesetzt; 1.055 Viermots wurden dazu aufgeboten, von denen am Ende 606 zum Bombenwurf kamen und insgesamt 1.611 Tonnen Bomben abladen konnten [991].

Beim JG 1 war weiterhin nur die III. Gruppe im Einsatz; Einzelheiten darüber sind nicht bekannt, doch dürften die Einsätze insgesamt o.b.V. geblieben sein, denn die Gruppe meldete weder Erfolge noch Verluste, abgesehen von einer unter nicht näher bekannten Umständen ohne Feindeinwirkung zerstörten Messerschmitt.

Die I./JG 11 scheint am 11. Juni nicht im Einsatz gewesen zu sein; anders sah es bei der II./JG 11 aus: Die Gruppe war wiederum über dem Raum Caen im Einsatz, wo am frühen Morgen die 4. Staffel einen heftigen Strauss mit einem Thunderbolt Verband auszufechten hatte. Drei Abschüssen -

Fw. Schinnerling	4./JG 11	P-47	(1.)	07.00
Ofw. Schulze	4./JG 11	P-47	(4.)	07.03
Ofw. Schulze	4./JG 11	P-47	(5.)	07.08

standen danach zwei Verluste gegenüber: die Unteroffiziere Ortwin Dollna und Günther Schwidop wurden im Luftkampf mit P-47 tödlich abgeschossen. Im Laufe des Tages erlebte die Gruppe den Angriff eines Pulks von 27 Liberators, die einen dichten Bombenteppich über dem Platz von Beauvais abluden, der allerdings keinen Schaden bei der Gruppe anrichten konnte [992].

12. Juni 1944: Während bei der deutschen Führung die Erkenntnis reifte, dass es sich bei dem seit dem 6. Juni laufenden Landungsunternehmen doch um den Hauptangriff der Alliierten zur Errichtung der "Zweiten Front" handelte und dementsprechend Reserven und Verstärkungen für den Abwehrkampf im Westen herangeführt wurden [993], bahnte sich im westlichen Frontbereich des Landegebietes die Gefahr

---

[989] bezeichnend in diesem Zusammenhang die Lagebeurteilung durch den OB West am Ende dieses Tages, der als wesentlichstes Hindernis für die Durchführung der eigenen Operationen die feindliche Luftüberlegenheit anführte und dabei von bis zu 27.000 Einsätzen pro Tag auf Seiten der alliierten Luftwaffen ausging - KTB OKW 1944/45 Teil I, S. 314

[990] Gundelach, Dr. G.W., S. 323

[991] Freeman, aaO., S.263

[992] Freeman, aaO., S. 263; insgesamt waren 39 B-24 der 2 BD zu Angriffen auf die Platzgruppe von Beauvais eingesetzt

[993] vgl. dazu ausführlich KTB OKW 1944/45, Teil I, S. 314/315; Irving, Rommel, S. 515 ff; in seiner Lagebeurteilung vom 13.6. wies GFM von Rundstedt - OB West - allerdings erneut auf die Gefahr einer

eines Durchbruchs der amerikanischen Verbände zur Westküste der Halbinsel Cotentin an, wodurch der Hafen von Cherbourg von der deutschen Front abgeschnitten würde; das aber würde fatale Folgen für die deutschen Abwehranstrengungen haben, denn mit Cherbourg in ihrer Hand brauchten die Alliierten Menschen und Material nicht mehr an der Küste zu landen, sondern könnten sie schnell in Massen in einem grossen Tiefseehafen entladen [994].

Auch an diesem Tage waren die alliierten Luftstreitkräfte wieder in grosser Zahl über dem Landegebiet und dem Hinterland im Einsatz; allein die Viermotorigen der 8. USAAF flogen 1.442 Einsätze gegen 16 Flugplätze und sechs Eisenbahnbrücken im Umfeld der Landegebiete, während knapp 1.000 Jäger des VIII FC zu Einsätzen zur freien Jagd und zu Jaboangriffen unterwegs waren [995]. Bis zum Ende des Tages sollten die alliierten Fliegerverbände an der Invasionsfront seit Beginn der Anlandungen insgesamt 49.000 Einsätze geflogen und dabei rund 42.000 Tonnen Bomben geworfen haben [996]. Die Verbände der Luftflotte 3 konnten dem am 12. Juni 1944 insgesamt 460 Einsätze entgegensetzen, davon mit 400 bei weitem die meisten durch die Tagjagdgruppen [997].

In Le Mans erlebten die I. und II./JG 1 einen weiteren schweren Bombenangriff, bei dem dieses Mal besonders die I. Gruppe getroffen wurde, die acht Focke Wulfs durch Bombenwurf einbüsste. Gleichwohl konnte der fliegende Verband mit dem verbliebenen Dutzend einsatzklarer Maschinen am späten Vormittag Le Mans verlassen und auf den kleinen Feldflugplatz Lonrai bei Alençon verlegen [998]. Von dort aus wurden noch zwei Einsätze geflogen - um 14.08 Uhr starteten zehn Focke Wulfs zu einem Jabo-Angriff auf die Landungsflotte in der Seine-Bucht und am frühen Abend konnten noch einmal acht Maschinen an den Start gebracht werden, die um 18.43 Uhr zu Tiefangriffen auf feindliche Panzerspitzen bei Caumont aufstiegen. Beide Einsätze konnten ohne Personalverluste abgewickelt werden, lediglich eine Focke Wulf ging im Verlaufe eines Luftkampfes unter nicht näher bekannten Umständen verloren. Über Erfolge der Gruppe ist dagegen nichts bekannt [999].

Die II./JG 1 dagegen lag noch immer in Le Mans und konnte weiterhin nicht in das Geschehen eingreifen [1000]; unterdessen hatte sich Olt. Kirchmayr, der bei Beginn der Verlegung wegen Erkrankung in Störmede hatte zurückbleiben müssen, auf den Weg nach Frankreich gemacht, um seiner Gruppe zu folgen - er schreibt dazu:

Am 12. Juni, nachdem der Zorn unseres Stabsarztes noch nicht verraucht [1001] und ich nach wie vor zu strengster Bettruhe verdonnert war, hatte ich genug. Auf dem Platz erfuhr ich zu meiner Freude, dass Eder vor seinem Abflug Befehl gegeben hatte, meine

---

weiteren alliierten Grosslandung im Somme-Gebiet oder an der belgischen Küste hin - vgl. KTB OKW 1944/45 Teil I, S. 315

[994] Irving, Rommel, S. 509 ff; angesichts der hier drohenden Gefahr gab Hitler an einem der folgenden Tage den Befehl heraus, Cherbourg für eine längere Belagerung vorzubereiten

[995] Freeman, aaO., S. 264

[996] Piekalkiewicz, aaO., S. 355

[997] was auf amerikanischer Seite durchaus bemerkt wurde, wenn es etwa bei Freeman, aaO., S. 264, heisst: " *Luftwaffe operated in strength for the first time since D-Day.*"

[998] der Platz, der etwa 20 km nordwestlich Alencon lag, ist auch bekannt unter dem Namen Cuissay-Lonray

[999] Aufzeichnungen Siegfried; summarische Verlustmeldungen RL 2/III/852

[1000] es liegt allerdings eine - unbestätigte - Abschussmeldung für den Kapitän der 5./JG 1, Olt. Kirchmayr, vor, der an diesem Tage einen Spitfire-Abschuss meldete - siehe sogleich unten

[1001] über einen "bewegten" Abend mit Olt. Eder vor Beginn der Verlegung trotz verordneter strengster Bettruhe - die Beteiligten wissen's schon ...

Maschine startklar zu halten, weil ich bald nachkäme. So flog ich gegen Abend, den unterschiedlichsten Standortmeldungen über den Verbleib der Gruppe folgend, über Coulommiers, Bretigny und Châteaudun nach Alençon, wo ich auf unser Geschwader stiess [1002]. *Unterwegs wurde ich über Flers von Spitfires angegriffen und konnte eine davon abschiessen* [1003].

Über den Einsatzverlauf bei der III./JG 1 ist nichts näheres bekannt, weder Erfolge noch Verluste wurden unter diesem Datum verzeichnet.

Die I./JG 11 war weiterhin von Rennes im Einsatz und war an diesem Tage zu mehreren Feindflügen - über die allerdings keine näheren Einzelheiten bekannt sind - über dem westlichen Frontraum unterwegs und musste dabei, ohne selbst zu Abschüssen zu kommen, empfindliche Verluste hinnehmen; drei Gefallene und ein Verwundeter sowie vier als Totalverluste abzuschreibende Focke Wulfs büsste die Gruppe an diesem Tage ein. Drei der Verluste betrafen allein die 2. Staffel von Olt. Fritz Engau: Uffz. Hermann Schillinger fiel im Luftkampf bei Barneville, während Uffz. Alfred Pfeiffer von einem Einsatz in den Raum Rennes / Vitre aus unbekannter Ursache nicht zurückkehrte und als vermisst gemeldet werden musste. FhjOfw. Helmut Bahlke schliesslich wurde in einem Luftkampf bei Le Mans verwundet, wo auch die 3. Staffel einen Verlust meldete: Lt. Kurt Prenzler wurde im Luftkampf abgeschossen und stürzte mit seiner "weissen 14" zu Tode.

Für die II./JG 11 verlief der Tag dagegen augenscheinlich o.b.V.; die Gruppe meldete am 12. Juni weder Erfolge noch Verluste.

13. Juni 1944: In der Nacht zum 13. Juni 1944 begann mit den ersten Starts von V-1 Flügelbomben das Unternehmen " RUMPELKAMMER " [1004]. Um 01.20 Uhr wurden die ersten zehn Geschosse, die auf London gerichtet waren, gezündet, doch war bereits der Anfang dieses Unternehmens wenig verheissungsvoll: Zwar waren insgesamt 55 Abschussrampen fertiggestellt, doch waren davon nur zehn feuerbereit; fünf V-1 explodierten beim Start, eine weitere stürzte in den Kanal und von den vier Flügelbomben, die die britische Küste überquerten, erreichte nur eine London [1005].

Bei Tage gehörte der Himmel über dem Invasionskampfraum wieder den Bombern, Jabos und Jägern der alliierten Luftstreitkräfte, die abermals Angriffe auf Verkehrs- und Eisenbahnziele, Brücken und Flugplätze flogen [1006]. Die deutsche Luftwaffe brachte es demgegenüber wiederum nur auf einen Bruchteil der Einsatzzahlen der alliierten Verbände - insgesamt 761 Einsätze wurden am 13. Juni 1944 verzeichnet, davon mit 476 die meisten im Bereich der Tagjagd [1007]. Nachdem sich der Einsatz der dem

---

[1002] an anderer Stelle heisst es bei Kirchmayr: *"Ich bin erst am 12. Juni in Alençon zur Gruppe gestossen. Auf dem Weg dorthin wollte ich aber in Le Mans landen, was aber nicht möglich war. Der Platz war durch Bombentrichter unbrauchbar gemacht worden."*

[1003] Brief vom 13.10.1993; der Abschuss scheint - möglicherweise weil ohne Zeugen erzielt - keine Anerkennung gefunden zu haben

[1004] die offizielle Sprachregelung im KTB OKW lautete "Vergeltungsschiessen" - aaO., S. 315

[1005] nach diesem wenig beeindruckenden Auftakt wurde das Unternehmen in der darauffolgenden Nacht nicht fortgesetzt; am 15. wurden die Starts wieder aufgenommen und am 16. Juni wurden sogar 244 V-1 bei Tage auf London abgefeuert, von denen 144 England erreichten und 73 im Gebiet von London niedergingen; bis zum 23. Juni schlugen 370 fliegende Bomben in London ein Obwohl die militärische Wirkung der V-1 aufgrund der noch zahlreich vorhandenen technischen Mängel - abgesehen von einer zeitweilig erheblichen Beunruhigung der britischen Zivilbevölkerung nach fast zwei Jahren ohne nennenswerte deutsche Luftangriffe ausser den wenigen im Rahmen des Unternehmens " STEINBOCK " - durchaus bescheiden blieb, wurden die Angriffe der als " Wunderwaffe " apostrophierten V-1 durch die Propaganda weidlich ausgeschlachtet - vgl. dazu Piekalkiewicz, aaO., S.355, 360; Cartier, aaO. Bd.II, S. 766; KTB OKW 1944/45 Teil I, S. 315

[1006] vgl. Freeman, aaO., S. 264/265

[1007] vgl. die Aufstellung auf S. 1051

II. Fliegerkorps als Jabogruppen unterstellten Jagdverbände seit Beginn des Abwehreinsatzes in Frankreich als wenig erfolgreich erwiesen, zugleich aber zu empfindlichen eigenen Verlusten geführt hatte, wurden die fruchtlosen Jaboeinsätze der Tagjagdgruppen seit diesem Tage aufgegeben und statt dessen der Einsatzschwerpunkt auf das Freikämpfen der Hauptnachschubstrassen des Heeres von gegnerischen Jabos und Jägern verlegt [1008]; die Konzentration der eigenen Kräfte zur Unterstützung des Heeres ging so weit, dass man den Bomberverbänden der Alliierten praktisch den Weg freigab zu ihren Angriffen auf Verkehrsziele, Truppenansammlungen, Flugplätze und alle anderen sich bietenden taktischen Zielen [1009]. Doch auch danach blieb die hoffnungslose zahlenmässige Unterlegenheit der deutschen Jäger bestehen und konnte ihr Einsatz das Bild nicht grundlegend ändern; zugleich gab es bei den verschiedenen deutschen Kommandobehörden recht unterschiedliche Vorstellungen über die Zielrichtung des eigenen Jagdeinsatzes - während die Luftwaffenführung in erster Linie Abschüsse verlangte, ging man beim II. Jagdkorps davon aus, dass ein begrenzter Jagdschutz über dem Kampffeld dem Heer wirksamer helfen könnte; dahinter stand die Erkenntnis, dass das Verlustverhältnis günstigstenfalls 1 : 1 geblieben war, wobei ein Verlust von 50 Flugzeugen die übermächtigen alliierten Luftstreitkräfte nicht sonderlich hart traf, während er für die deutsche Seite rund 10% des Ist-Bestandes darstellte [1010].

Bei der I./JG 1 wirkte sich die Umstellung des Jagdeinsatzes zunächst darin aus, dass die Gruppe aus der Unterstellung unter das II. Fliegerkorps herausgelöst und statt dessen dem II. Jagdkorps zugeteilt wurde; zugleich damit endeten die Jabo-Einsätze für die I./JG 1. Die Einsatztätigkeit am 13. Juni blieb gering; erst am Abend stieg der erste Einsatz der Gruppe, als um 19.20 Uhr acht Focke Wulfs in Lonrai zur freien Jagd im Raume St. Lô / Carentan / Ste. Mère Eglise, dem westlichen Frontgebiet am Fusse der Cotentin-Halbinsel, starteten. Kurz vor 20.00 Uhr bekam der Verband im Raume Gorron - Quadrate BS/BT - Feindberührung und Luftkampf mit einer Gruppe P-47, von denen zwar zwei abgeschossen wurden -

| Uffz. Dobrath | 1./JG 1 | P-47 | (4.) | 19.58 |
| Lt. Stoffel | 1./JG 1 | P-47 | (1.) | 20.00 |

doch ging es dabei nicht ohne Verluste ab: Uffz. Friedrich Henke von der 1. Staffel kehrte von diesem Einsatz nicht zurück und musste, nachdem er sich auch nach einer Woche noch nicht wieder gemeldet hatte, am 22. Juni als vermisst gemeldet werden, während Uffz. Friedrich Enderle von der 3./JG 1, bei Gorron abgeschossen wurde und verwundet mit dem Fallschirm aussteigen musste. Uffz. Franz Schnabl von der 1./JG 1 musste seine Focke Wulf mit Beschussschäden in Lonrai auf den Bauch werfen, kam aber unverletzt davon [1011].

Über den Einsatzverlauf bei der III./JG 1 sowie den beiden Gruppen des JG 11 an diesem Tage ist nichts weiter bekannt [1012].

14. Juni 1944: Während die englischen und kanadischen Truppen im östlichen Teil des Landungsgebietes um Caen den schlagkräftigsten Teil der deutschen Verteidigung, das I. SS-

---

[1008] Gundelach, Dr. G. W., S. 321 m.w.N.; bis zum 28. Juni wurden alle Tagjagdgruppen, die bis dahin dem II. Fliegerkorps unterstellt gewesen waren, dem II. Jagdkorps zugeschlagen, während das II. Fliegerkorps an diesem Tage aufgelöst wurde

[1009] vgl. dazu die Angaben bei Freeman, aaO, S. 264 ff, aus denen zu entnehmen ist, dass die Viermotverbände der 8. USAAF bei ihren Einsätzen über dem Landungsgebiet und dem Hinterland kaum von der deutschen Jagdabwehr bekämpft wurden und dementsprechend nur verschwindend geringe Verluste erlitten; vgl. auch Gundelach, Dr. G.W., S. 322/323

[1010] ebenda, S. 321/322

[1011] Aufzeichnungen Siegfried

[1012] keine der Gruppen meldete unter diesem Datum irgendwelche Erfolge oder Verluste

Panzerkorps, banden, setzten die Amerikaner an diesem Tage zu einem erneuten Vorstoss an, um die Halbinsel Cotentin vom übrigen Frankreich abzuschneiden und den Hafen und die Stadt Cherbourg zu nehmen [1013].

Über den Einsatz der JG 1 und 11 an diesem Tage ist nur wenig bekannt. Beim JG 1 waren weiterhin nur die I. und III. Gruppe im Einsatz; die I./JG 1 hatte im Verlaufe des Tages drei Einsätze zur freien Jagd über dem Kampfraum am Fusse des Cotentin zu fliegen, zu denen jeweils acht Focke Wulfs in die Luft gebracht werden konnten. Ohne eigene Abschusserfolge büsste die Gruppe dabei in Luftkämpfen mit alliierten Jägern eine Focke Wulf als Totalverlust ein, eine weitere wurde beschädigt, doch ging es dabei zum Glück ohne Personalverluste ab [1014].

Die III./JG 1 hatte nach Alarmstart von Beauvais im Raume Caen Luftkampf mit einem stark jagdgeschützten Marauderverband, in dessen Verlauf die Gruppe zwei Verluste erlitt, ohne selbst zu einem Abschuss zu kommen. Die 8. Staffel verlor Uffz. Ferdinand von Nickisch, während die 9./JG 1 Ofw. Gustav Dilling auf die Verlustliste setzen musste, die beide bei Caen tödlich abgeschossen wurden.

Für Teile der III./JG 1 endete mit diesem Tag bereits - wenn auch nur vorübergehend - der Abwehreinsatz in Frankreich; die Gruppe sollte in den kommenden Tagen nach und nach aus dem Einsatz gezogen und zur Auffrischung in die Heimat verlegt werden. Nach Übergabe der wenigen verbliebenen Maschinen an die vorerst zurückbleibenden Teile der Gruppe machte sich das erste Kommando per Eisenbahn auf den Weg nach Wunstorf, wo die Aufrüstung und Auffrischung der III./JG 1 erfolgen sollte [1015].

Während über den Einsatz der I./JG 11 an diesem Tage nichts bekannt ist, liegen von der II./JG 11 je eine Erfolgs- und Verlustmeldung vor - in einem Luftkampf am Abend bei St. Quentin kam Gruppenkommandeur Olt. Krupinski um 20.45 Uhr durch den Abschuss einer Thunderbolt zu seinem 191. Luftsieg, doch verlor die 4. Staffel Uffz. Horst Schneider, der aus unbekannter Ursache vom Feindflug nicht zurückkehrte und als vermisst gemeldet werden musste.

15. Juni 1944: Erneut ergab sich das mittlerweile gewohnte Bild am Himmel über dem Invasionskampfraum - die alliierten Viermot-, Zweimot, Jabo- und Jagdverbände waren in grosser Zahl im Einsatz und beherrschten den Luftraum; auch an diesem Tage waren wieder über 1.000 Viermotorige zu Angriffen auf Eisenbahnbrücken und Verschiebebahnhöfe, Flugplätze und V-1 Abschussrampen eingesetzt [1016]. Auf deutscher Seite wurden 662 Einsätze verzeichnet, von denen mit 462 erneut der Löwenteil auf die Tagjagdgruppen entfiel [1017].

Die I./JG 1 war erneut zur Unterstützung der Heeresverbände über dem Kampfraum am Fusse der Cotentin-Halbinsel im Einsatz, wo die mittlerweile weitgehend zerstörten Orte Ste. Mère Eglise, Carentan und St. Lô die Brennpunkte der Schlacht markierten; zwei Einsätze mit je neun Focke Wulfs konnte die Gruppe am 15. Juni 1944 fliegen [1018]. Beim ersten Einsatz am Nachmittag gelang dem

---

[1013] KTB OKW 1944/45 Teil I, S. 316

[1014] Aufzeichnungen Siegfried; summarische Verlustmeldungen RL 2/III/852

[1015] Aufzeichnungen Hubert Heckmann, S. 21/22; lt. Flugbuch von Fritz Haspel von der 8./JG 1 flog dieser bereits am 15. Juni seine ersten Übungseinsätze in Wunstorf, ebenso auch Uffz. Hugo Hausotter, der am 12. Juni 1944 von der 2./JG 5 zur 8./JG 1 versetzt worden war und am 15. Juni den ersten Übungseinsatz bei seiner neuen Einheit flog - Flugbuch Hugo Hausotter. Lutz-Wilhelm Burkhardt verzeichnete seinen ersten Übungseinsatz in Wunstorf am 16.6.1944

[1016] Freeman, aaO., S.267

[1017] vgl. die Aufstellung auf S. 1051

[1018] Aufzeichnungen Siegfried

Staffelfüher der 1./JG 1, Lt. "Toni" Piffer, der Abschuss einer Auster - eines dem Fieseler " Storch " entfernt ähnlichen leichten Artilleriebeobachters der RAF -, die er um 15.41 Uhr in nur 20 Meter Höhe über dem Frontgebiet bei St. Lô erwischte (33.). Beim zweiten Einsatz am frühen Abend kam es im Raume Flers zu einer heftigen Kurbelei mit einer Gruppe Thunderbolts, in deren Verlauf die I./JG 1 zu drei Abschüssen kam -

Lt. Stoffel	1./JG 1	P-47	(2.)	19.35
Uffz. Dobrath	1./JG 1	P-47	(5.)	19.35
Uffz. Rathofer	3./JG 1	P-47	(5.)	19.40

Auf der Verlustseite standen nach diesem Luftkampf jedoch zwei Gefallene und drei als Totalverluste abzuschreibende Focke Wulfs, während eine weitere Maschine schwer beschädigt wurde. Bei der 1. Staffel wurde Lt. Horst Gareis im Raume St. Lô tödlich abgeschossen, während Uffz. Horst Gabel von der 3./JG 1 offenbar weiter östlich, nahe der Orne, herunterkam und beim Aufschlag seiner " gelben 10 " zu Tode kam [1019]. Bei der 2. Staffel hatte Uffz. Wilhelm Woite Glück, denn er konnte sich unverletzt mit dem Schirm in Sicherheit bringen, nachdem seine Maschine im Luftkampf mit einer P-47 getroffen worden war.

Auch die in Frankreich zurückgebliebenen Teile der III./JG 1 waren am 15. Juni 1944 im Einsatz; am frühen Morgen hatten einige Messerschmitts der 8. Staffel im Raume Lisieux - Quadrat UA - einen Luftkampf mit einer Gruppe Spitfires auszufechten, von denen ohne eigene Verluste eine abgeschossen werden konnte

Uffz. Luthardt	8./JG 1	Spitfire	(1.)	06.40

Über weitere Einsätze der III. Gruppe liegen keine Angaben vor, Erfolge oder Verluste wurden nicht gemeldet.

Die I./JG 11 war ebenfalls über dem westlichen Kampfabschnitt im Einsatz; erneut hatte die Gruppe dabei einige Verluste hinzunehmen, ohne selbst zu Abschüssen zu kommen. Die 1. Staffel verlor Uffz. Gerhard Hübner, der unter nicht näher bekannten Umständen bei einem Einsatz über dem Frontraum abgeschossen wurde und ums Leben kam. Viel Glück hatte Olt. Fritz Engau, der seine schwer angeschlagene Focke Wulf eben noch nach Rennes zurückbringen konnte und dort eine Bruchlandung machte; dabei geriet er jedoch in einen Bombentrichter, überschlug sich und wurde unter seiner Maschine begraben. Trotz der Bedrohung durch die ständig in Platznähe beobachteten Jabos und Tiefflieger eilten die Techniker sofort zum Bruch der Focke Wulf und schnitten den bewusstlosen Staffelkapitän der 2./JG 11 mit Metallhandsägen in mühsamer Arbeit aus dem Wrack heraus, während das restliche Benzin aus dem gerissen Tank auslief und über den Flugzeugführer strömte. Fritz Engau wurde sofort mit einem Sanka in ein nahegelegenes Lazarett bei Rennes geschafft. Dort erwiesen sich seine Verletzungen zwar als nicht lebensgefährlich, doch waren sie mit Kopfwunden und einer Gehirnerschütterung alles andere als unbedeutend [1020].

Über den Einsatz der II. Gruppe an diesem Tage liegen keinerlei näheren Einzelheiten vor; die Gruppe meldete keine Erfolge und verlor selbst eine Messerschmitt, die bei einem Einsatz ohne Feindeinwirkung verlorenging.

16. Juni 1944: Entlang der ganzen Front auf dem Cotentin wurden heftige Kämpfe geführt; im Norden der Halbinsel gelang der 82. US-Luftlandedivision die Einnahme von St. Sauveur, nur etwa 40 Kilometer südlich von Cherbourg. Im britischen Frontbereich um Caen herrschte dagegen

---

[1019] Horst Gabel wurde auf dem Friedhof von Rabodanges an der Orne beigesetzt; namentliche Verlustmeldg. WASt.

[1020] Aufzeichnungen Fritz Engau - " Meine Laufbahn bei der Deutschen Fliegertruppe " - S. 3 sowie Brief vom 17.9.1993

vergleichsweise Ruhe. Zehn Tage nach Beginn der Invasion hatten die Alliierten bereits 619.000 Mann sowie 95.000 Fahrzeuge und 218.000 Tonnen Material angelandet [1021].

Schlechtes Wetter behinderte den Einsatz der Viermotorigen der 8. USAAF erheblich, so dass an diesem Tage "nur" 370 Boeings und Liberators zu Angriffen auf Flugplätze und V-1 Abschussrampen in Frankreich eingesetzt werden konnten. Der Einsatz der Jabos und Jagdverbände wurde dagegen offenbar nicht in demselben Masse eingeschränkt, denn die P-51, P-47, P-38, Spitfires und Typhoons erschienen auch an diesem Tage wieder in grosser Zahl über dem Invasionsgebiet im Einsatz [1022]. Das KTB der Luftflotte 3 gibt die Zahl der von deutschen Verbänden geflogenen Einsätze mit 547 an, davon 411 durch Jäger [1023].

Die I./JG 1 flog abermals zwei Einsätze zur Unterstützung des Heeres; beide wurden von je acht Focke Wulfs geflogen und beide führten über den Nordosten des Cotentin, wobei die Gruppe den Auftrag erhielt, im Raume Valognes freie Jagd und Tiefangriffe auf Truppenkolonnen zu fliegen. Während der erste der beiden Einsätze offenbar o.b.V. erledigt werden konnte, kam es am Abend während des zweiten Einsatzes, als sich die acht Focke Wulfs im Tiefflug schon auf dem Rückweg nach Lonrai befanden, im Raume Flers zu einem heftigen Zusammenstoss mit einer Gruppe Spitfires [1024]; in der sich sofort entwickelnden Kurbelei konnte die I./JG 1 sechs Spitfire-Abschüsse für sich verbuchen, davon allein zwei durch Lt. Piffer -

Lt. Piffer	1./JG 1	Spitfire	(34.)	21.25
Ofhr. Brandt	1./JG 1	Spitfire	(2.)	21.25
Lt. Stoffel	1./JG 1	Spitfire	(3.)	21.25
Lt. Piffer	1./JG 1	Spitfire	(35.)	21.25
Uffz. Rathofer	3./JG 1	Spitfire	(6.)	21.25
Uffz. Dobrath	1./JG 1	Spitfire	(6.)	21.35

Demgegenüber verlor die I./JG 1 in diesem Luftkampf einen Gefallenen und einen Verwundeten: Fw. Alois Wenke von der 2. Staffel wurde tödlich abgeschossen, während Uffz. Fritz Hofmann von der 3./JG 1 bei Flers verwundet herunterkam.

Für die II. Gruppe endete die Zeit der Untätigkeit in Le Mans; an diesem Tage konnte der fliegende Verband endlich zur Verlegung starten, die die Gruppe nach Essay, einem Feldflugplatz im Nordosten von Alençon, brachte [1025]. Offensichtlich wurden im Laufe des Tages von dort auch noch erste Einsätze geflogen, doch sind Einzelheiten dazu nicht bekannt [1026]. Bei der 7./JG 51 kam Uffz. Henschel um 21.42 Uhr zum Abschuss einer P-51 (1.).

Über den Einsatz der noch in Frankreich liegenden Reste der III./JG 1 sowie der beiden Gruppen des JG 11 an diesem Tage ist nichts näheres bekannt; die Platzgruppe von Beauvais, auf der die beiden

---

[1021] Cartier, aaO. Bd.2, S. 766 ff; Jacobsen/Dollinger, aaO, Bd.8, S. 8/9

[1022] Freeman, aaO., S. 268

[1023] vgl. die Aufstellung auf S. 1051

[1024] die Mehrzahl gehörte vermutlich zur 443 Sqn. der RAF, die sich auf einem abendlichen "sweep" im Raume Caen befand und danach vier Spitfire-Verluste meldete, die allerdings fälschlich der Flak zugeschrieben wurden - vgl. Shores, 2nd Tac.A.F., S. 48. Unter den Verlusten befand sich u.a. PO Luis Perez-Gomez, der nicht zur 443 Sqn. gehörte, aber um 21.20 Uhr über dem Calvados bei Sassy im Luftkampf mit Fw 190 gefallen ist

[1025] A.D.I.(K) Report No.396/1944 vom 30.7.1944, zu Ziff. 3

[1026] aus den summarischen Verlustmeldungen RL 2/III/852 ergibt sich der Verlust einer im Luftkampf beschädigten Fw 190

Messerschmitt-Gruppen III./JG 1 und II./JG 11 lagen, erlebte einen weiteren Angriff durch Viermotorige, als 17 Liberators einen Bombenteppich von 54 Tonnen über dem Platz von Beauvais-Tillé abluden, der jedoch allem Anschein nach keinen Schaden an Menschen und Material anrichtete [1027].

17. Juni 1944: Während die Kämpfe auf dem Cotentin unvermindert anhielten und es einer Vorhut der amerikanischen 9. Infanteriedivision gelang, bei Barneville-Carteret die Westküste der Halbinsel zu erreichen, wodurch das Gebiet nördlich davon mit Cherbourg von der übrigen deutschen Front abgeschnitten wurde [1028], befahl Hitler den OB West GFM von Rundstedt und den OB der Heeresgruppe B GFM Rommel überraschend nach Margival bei Soissons, wo bereits seit 1940 ein Stabsquartier bestand, das aber seither nie genutzt worden war [1029]. Der Versuch der beiden Feldmarschälle, Hitler zu einer Räumung des Cotentin und zu einem Abgehen von der bisherigen starren, verlustreichen Verteidigung zu bewegen, schlug fehl [1030]; im Gegenteil erbrachte die in frostiger Atmosphäre verlaufene Besprechung als einzig greifbares Ergebnis den Befehl Hitlers, den Hafen von Cherbourg mit allen Mitteln so lange wie möglich zu halten. Im Ergebnis führte dieser Befehl dazu, dass sich in diesem Bereich kämpfende LXXXIV. Armeekorps in zwei Teile aufspalten lassen musste, dessen nördlicher, um jeden Fussbreit Boden kämpfend, auf die Festung Cherbourg zurückfallen sollte, während der südliche eine Erweiterung des amerikanischen Brückenkopfes nach Westen und Süden zu verhindern hatte; vier Divisionen wurden damit der Vernichtung preisgegeben, nur um den Fall von Cherbourg um eine Woche hinauszuzögern [1031].

Noch einmal richteten sich die Angriffe der amerikanischen Viermot-Verbände an diesem Tage hauptsächlich gegen die erkannten, von der Luftwaffe genutzten Flugplätze im Umfeld des Invasionskampfraumes; insgesamt 644 B-17 und B-24 in zwei getrennten Wellen wurden zu derartigen Angriffen eingesetzt [1032], die erste am Vormittag und die zweite am Abend. Vom kommenden Tage an sollte die 8. USAAF nur noch im Einzelfall zur Unterstützung der Invasionskämpfe herangezogen werden und sich statt dessen wieder in erster Linie der Bekämpfung strategischer Ziele im Reichsgebiet, darunter vor allem der Treibstoffindustrie, zuwenden [1033]. Daneben waren auch am 17. Juni 1944 wieder zahlreiche Zweimot-Verbände sowie die gewohnte Anzahl an Jabos und Jägern über dem Kampfraum in der Normandie im Einsatz. Die Luftflotte 3 verzeichnete demgegenüber 520 Einsätze, davon 398 durch die Tagjagdverbände [1034].

Bei der I. Gruppe ergab sich dasselbe Bild wie an den Tagen zuvor; wieder wurde die Gruppe von Lonrai aus zur Unterstützung der Heeresverbände auf dem Cotentin eingesetzt, wohin alle drei an

---

[1027] Freeman, aaO., S. 268

[1028] vgl. dazu ausführlich Cartier, aaO., Bd.2, S. 767/768

[1029] diese Anlage wurde als "Wolfsschanze II" bezeichnet - vgl. dazu KTB OKW 1944/45 Teil 1, S. 316 m.w.N:

[1030] GFM Rommel nutzte diese Besprechung mit dem "Führer" weitergehend dazu, seinen Protest gegen das Wirken des SD und anderer deutscher Stellen in Frankreich vorzutragen und darüber hinaus von Hitler die notwendig werdenden politischen Schritte zu einzufordern, ohne die die Lage im Westen nicht mehr zu retten sei - Hitlers Reaktion darauf war überaus frostig, und er wird mit folgenden Worten zitiert: *" Kümmern Sie sich nicht um solche Dinge, überlassen Sie das mir !"* - Irving, Rommel, S. 523, sinngemäss auch Cartier, aaO., Bd.2, S. 769

[1031] vgl. zum Verlauf der Besprechung vom 17.6.1944 die ausführliche Darstellung bei Irving, Rommel, S.522 ff m.w.N.; Cartier, aaO, Bd.2, S. 768; KTB OKW 1944/45 Tiel I, S. 316/317

[1032] Freeman, aaO., S. 269

[1033] Piekalkiewicz, aaO., S. 360; Gundelach, Treibstoff, S. 694 m.w.N.

[1034] vgl. die Aufstellung auf S. 1051

Abb. 802 - 803: Zwei Aufnahmen vom Verlegemarsch der Bodenteile der II./JG 1 nach Essay am 16./17. Juni 1944; mit Sträuchern oberflächlich gegen Fliegersicht getarnt, macht die Kolonne eine kurze Rast. Bemerkenswert ist sowohl der Aufzug wie die Bewaffnung der Männer - der Feldwebel in der Bildmitte oben trägt eine Handgranate im Koppel, der Soldat rechts hält ein Bord MG im Arm.

(Hartwig)

diesem Tage geflogenen Einsätze führten. Der Auftrag lautete dabei: Freie Jagd im Raume St. Sauveur-Le Vicomte. Insgesamt 21 Maschinen konnte die Gruppe dabei in die Luft bringen [1035], von denen am Ende fünf verlorengehen sollten, mithin fast ein Viertel der eingesetzten Kräfte; die eigenen Erfolge hielten sich mit einem Abschuss -

| Uffz. Rathofer | 3./JG 1 | P-51 | (7.) | 13.10 |

in engen Grenzen. Die 1. Staffel erlitt dabei einen äusserst schmerzlichen Verlust, als Lt. Anton-Rudolf Piffer im Luftkampf bei La Cordonnière in der Nähe von Vire abgeschossen wurde und ums Leben kam. " Toni " Piffer war einer der ältesten Angehörigen der Gruppe, der er bereits seit Juli 1942 angehört hatte, und bei der er sich zu einem " Experten " und zugleich einem der führenden Viermot-Spezialisten, von denen er allein 26 hatte ab- oder herausschiessen können, entwickelt hatte. Seine Erfolge ebenso wie seine erfahrene und umsichtige Führung in der Luft hatten ihm die Beförderung zum Offizier eingebracht und wurden nach seinem Tode mit der Verleihung des Ritterkreuzes anerkannt [1036]. Neben Lt. Piffer kehrte Ofhr. Friedrich-Wilhelm Brandt, ebenfalls von der 1. Staffel, nicht zurück; er wurde im Luftkampf bei Argentan tödlich abgeschossen. Drei weitere Focke Wulfs wurden ebenfalls abgeschossen, doch konnten sich deren Flugzeugführer jeweils unverletzt mit dem Schirm retten. Für Lt. Piffer übernahm zunächst Lt. Siegfried Stoffel vertretungsweise die Führung der 1./JG 1.

Bei der II. Gruppe folgte die 7./JG 51 von Le Mans nach Essay; dabei geriet die Staffel bei der Überführung im Raume Alençon an eine Gruppe P-51, die insgesamt drei Focke Wulfs herunterholen konnten. Fw. Helmuth Heidemann und die Unteroffiziere Günther Henschel und Franz Zechner kamen dabei beim Absturz ihrer Maschinen ums Leben. Mit Uffz. Herbert Redlich hatte die 7./JG 51 noch einen vierten Gefallenen zu beklagen - er war der erste Wart der Maschine von Fw. Heidemann und war bei der Verlegung als Fluggast an Bord der " weissen 12 " [1037] mitgeflogen; ohne Fallschirm konnte es kein Entkommen für ihn geben. Die empfindlichen Verluste der Staffel konnten durch den Abschuss zweier P-51 durch Lt. Krakowitzer (24.) und Fw. Heckmann (13.) in keiner Weise aufgewogen werden.

Über die Einsätze der II. Gruppe an diesem Tage ist nichts näheres bekannt, es ist aber davon auszugehen, dass auch sie wie die I. Gruppe über dem Cotentin im Einsatz war; während die vorhandenen Unterlagen keine Erfolge der Gruppe verzeichnen, ergibt sich daraus, dass eine Focke Wulf im Luftkampf verloren ging, deren Flugzeugführer später zu seiner Einheit zurückkehren konnte.

Am Abend wurden die I. und II. Gruppe auf ihren Plätzen erneut von Bombenteppichen der amerikanischen Viermotorigen heimgesucht; während dabei die I. Gruppe in Lonrai, das um 20.40 Uhr das Ziel von 25 B-24 war, das Glück hatte, dass der gesamte "Bombensegen" ausserhalb des Rollfeldes herunterkam, musste die II./JG 1 mit ansehen, wie ihr eben erst bezogener Platz in Essay durch die Bomben von 38 Liberators völlig umgepflügt und damit für den weiteren Einsatz unbrauchbar wurde. Zum Glück für die II. Gruppe ging es dieses Mal ohne Verluste an Menschen oder Material ab [1038].

Die III./JG 1 flog von Beauvais aus mit den schwachen noch in Frankreich verbliebenen Kräften Einsätze über dem Raum Caen; dabei meldete die 9. Staffel einen Verlust, als der Gefr. Gustav Meissl nach Alarmstart auf gemeldete Einflüge aus ungeklärter Ursache bei Amfreville abstürzte und beim Fallschirmabsprung verletzt wurde.

[1035] Aufzeichnungen Siegfried; die Einsatzstärken lauteten nacheinander acht, sieben und neun Focke Wulfs

[1036] vgl. dazu die wiederholten Nennungen Piffers im ersten Teil der Geschichte

[1037] bemerkenswerterweise trugen die Maschinen der 7./JG 51 zu dieser Zeit zum Teil weisse und zum Teil blaue und sogar schwarze Kennziffern - vgl. die Verlustaufstellung im Anhang

[1038] Aufzeichnungen Siegfried; Freeman, aaO., S.269 - die Bombenlast betrug danach in Lonrai 60 und in Essay 98 Tonnen; summarische Verlustmeldungen RL 2/III/852; A.D.I.(K) Report No. 396/1944 vom 30.7.1944, zu Ziff. 4

Über den Abwehreinsatz der beiden Gruppen des JG 11 am 17. Juni 1944 liegen keinerlei Einzelheiten vor.

18. Juni 1944: Das an den Vortagen bereits deutlich eingetrübte, wolkige, zum Teil regnerische Wetter, verschlechterte sich noch weiter und es gab untrügliche Anzeichen für einen dramatischen Wetterumschwung [1039]; der Luftwaffeneinsatz beider Seiten begann bereits darunter zu leiden und so gingen die Einsatzzahlen an diesem Tage spürbar zurück - bei der Luftflotte 3 wurden noch 376 Einsätze gezählt, von denen mit 275 wie gewohnt der grösste Teil auf die Tagjagdgruppen entfiel.

Auch am 18. Juni war die I./JG 1 weiterhin über dem Cotentin im Einsatz; wieder wurden drei Einsätze zur freien Jagd geflogen, die nach Carteret / St. Sauveur bzw. in den Raum Rennes / Flers / St. Lô führten. Nach den empfindlichen Verlusten des Vortages und bedingt durch den völlig unzureichenden Ersatzteilnachschub konnte die Gruppe dabei ganze 13 Maschinen aufbieten - fünf für den ersten Einsatz, jeweils ein Schwarm für die beiden anderen [1040]. Bei den im Laufe des Tages ausgetragenen Luftkämpfen blieb die I./JG 1 ohne Abschusserfolge und verlor selbst eine Maschine, als Uffz. Benno Oberhauser von der 2. Staffel in Platznähe abgeschossen wurde, sich aber mit dem Schirm unverletzt in Sicherheit bringen konnte.

Bei der II./JG 1 hiess es erneut zu verlegen; die Gruppe verliess den zerkraterten Platz von Essay und überführte nach Semallé, einem weiteren Feldflugplatz im Nordosten von Alençon [1041]. Der neue Platz hatte ein sehr schmales, von hohen Bäumen umstandenes Rollfeld [1042]; die Maschinen wurden unter den am Platzrand reichlich vorhandenen Gebüsch abgestellt und entsprechend sorgfältig getarnt. Irgendwelche festen Gebäude oder Flugplatzeinrichtungen gab es in Semallé nicht; das Leben spielte sich hier vielmehr in Zelten ab, die am Schlossgraben des in Platznähe liegenden Châteaus aufgestellt wurden [1043].

In der Nacht vom **18.** auf den **19. Juni 1944** kam ein heftiger Nordwestwind mit peitschenden Regenschauern auf; das Unwetter traf besonders die von den Alliierten vor der Küste angelegten künstlichen Häfen, über die sie bislang ihren gesamten Nachschub hatten anlanden müssen. Vor allem der amerikanische " Mulberry "-Hafen wurde schwer in Mitleidenschaft gezogen; zahlreiche Landungsfahrzeuge sanken oder wurden auf den Strand geworfen, wo sie nur unter Mühen wieder flott gemacht werden konnten, der Kai wurde aus seiner Verankerung gerissen und verbogen, Wellenbrecher wurden auf den Strand getrieben und so wurde die Anlandung des dringend erforderlichen Nachschubs für die Invasionsarmee empfindlich gestört und zeitweilig ganz unterbrochen [1044].

Auch bei Tage hielt das schlechte Wetter an und erlaubte den Luftstreitkräften beider Seiten kaum Einsätze; die deutschen Jäger verzeichneten an diesem Tage ganze 34 Einsätze über dem Invasionskampfraum, Abschüsse wurden dabei nicht erzielt [1045].

[1039] Cartier, aaO., Bd.2, S. 770; Prien, JG 53, Teil 3, S. 1340

[1040] Aufzeichnungen Siegfried

[1041] A.D.I.(K) Report No. 396/1944 vom 30.7.1944, dort zu Ziff. 4

[1042] Bericht Günther Heckmann, 6.9.1993; Heckmann erinnert den Platz als ein " schmales Handtuch ", das anzufliegen besonders die jungen Flugzeugführer vor erhebliche Probleme gestellt habe. Als deutlichen Vorteil empfand es Heckmann, dass die Gruppe auf diesem Platz von den Nachstellungen der alliierten Jabos verschont blieb, da der Platz offenbar nicht erkannt wurde

[1043] erinnert sich Günther Heckmann: " *So primitv wie hier haben wir selbst beim JG 51 - dem Mölders-Geschwader - in Russland nirgends gehaust.* " - Bericht vom 6.9.1993

[1044] vgl. dazu Cartier, aaO., Bd. 2, S. 770

[1045] vgl. die Aufstellung auf S. 1051

Abb. 804: Drei Flugzeugführer der 5./JG 11 vor einer ihrer " Gustavs ", aufgenommen im Juni 1944 in Beauvais - von links Lt. Günther Linka, Lt. Georg Füreder und Uffz. Kurt Faltin

(*Füreder*)

Die einzig erkennbare Einsatztätigkeit beim JG 1 [1046] bestand darin, dass der fliegende Verband der II./JG 1 mit der unterstellten 7./JG 51 im Laufe des Tages zur I./JG 1 nach Lonrai verlegte, wo die bescheidenen noch verbliebenen Kräfte der beiden Gruppen für den weiteren Einsatz zu einem Gefechtsverband zusammengefasst werden sollten [1047].

20. Juni 1944: Am Boden war das Geschehen auf beiden Seiten durch hinhaltende Kampfführung gekennzeichnet; während auf deutscher Seite der Versuch unternommen wurde, starke Panzerkräfte für einen entscheidungsuchenden Angriff auf die amerikanischen Positionen im Raume Balleroy östlich St. Lô zu versammeln und zugleich Cherbourg für eine länger anhaltende Belagerung zu verstärken und zu bevorraten, war die alliierte Seite um eine Festigung ihrer Linien beiderseits des Durchbruchsraumes auf dem Cotentin bemüht [1048].

Das Wetter hatte sich gegenüber dem Vortag nur unwesentlich verbessert; gleichwohl kam es an diesem Tage bei wieder auflebendem Lufteinsatz beider Seiten zu einer Reihe heftiger Luftkämpfe; die Luftflotte 3 verzeichnete an diesem Tage 451 Einsätze, davon 356 durch die Tagjagdgruppen [1049].

[1046] es liegt eine Abschussmeldung für Fw. Günther Heckmann von der 7./JG 51 vor, wonach er eine P-51 abgeschossen haben soll, doch sind nähere Einzelheiten nicht bekannt; tatsächlich verlor die RAF bei einem Einsatz zur bewaffneten Aufklärung im Raume Caen drei Mustangs

[1047] Aufzeichnungen Siegfried

[1048] vgl. dazu ausführlich KTB OKW 1944/45, Teil I, S. 317/318; Cartier, aaO., Bd. 2, S. 770 ff

[1049] vgl. die Aufstellung auf S. 1051

Zusammen mit den am Vortage in Lonrai eingefallenen Maschinen der II./JG 1 hatte die I./JG 1 am 20. Juni drei Einsätze über dem Kampfraum auf dem Cotentin zu fliegen; der Auftrag lautete dabei jeweils: Jabojagd und Strassenschutz sowie Raumüberwachung zur Unterstützung der Heeresverbände. Gemeinsam brachten die beiden Gruppen dazu 27 Focke Wulfs an den Start [1050]. Der erste Einsatz, zu dem 14 Maschinen an den Start rollten, erfolgte am Morgen; er führte zu einer harten Auseinandersetzung mit einem Lightning-Verband, mit dem es kurz nach 09.00 Uhr im Raume östlich Flers - Quadrate AU/AA - zum Luftkampf kam. Fünf Abschüsse, die sämtlich an die 1./JG 1 gingen, bei der auch an diesem Tage wieder die Namen der zuletzt erfolgreichen Flugzeugführer in der Abschussliste auftauchten, meldeten die deutschen Jäger danach -

Uffz. Dobrath	1./JG 1	P-38	(7.)	09.05
Uffz. Dobrath	1./JG 1	P-38	(8.)	09.05
Lt. Stoffel	1./JG 1	P-38	(4.)	09.07
Uffz. Schnabl	1./JG 1	P-38	(3.)	09.07
Lt. Luepke	1./JG 1	P-38	(1.)	09.08

Zu seinem zweiten Erfolg kam Uffz. Walter Dobrath durch den Zusammenstoss mit einer P-38, nach dem beide Maschinen abstürzten; da die amerikanische Maschine über dem von Deutschen gehaltenen Gebiet fiel, zählte sie für Dobrath, der sich trotz Verletzung noch mit dem Fallschirm retten konnte, als Abschuss. Daneben musste die 1. Staffel nach diesem Einsatz Uffz. Loewe auf die Verlustliste setzen, doch konnte dieser vier Tage später unverletzt zu seiner Einheit zurückkehren. Drei Verluste gab es bei der II./ JG 1 und der unterstellten 7./JG 51: Die 6. Staffel musste mit Ofw. Kurt Brodbeck einen ihrer erfahreneren Flugzeugführer als vermisst melden; er wurde zuletzt während des Luftkampfes mit den Lightnings gesehen und ist danach vom eigenen Verband abgeplatzt, so dass sein genaues Schicksal unbekannt blieb. Bei der 7./JG 51 traf es Fw. Richard Henner, der über amerikanischem Gebiet von einer P-38 abgeschossen wurde und anschliessend in Gefangenschaft geriet. Auch Uffz. Hans Hermann, ebenfalls von der 7./JG 51, blieb zunächst vermisst, doch konnte auch er sich später unverletzt zu seiner Staffel durchschlagen. Die beiden weiteren Einsätze des Tages verliefen jeweils ohne zählbares Ergebnis.

Die III./JG 1 musste erneut drei Gefallene melden; vorangegangen war ein Luftkampf mit Thunderbolt- und Mustang-Gruppen über dem Raum Noyon, rund 50 Kilometer östlich Beauvais, wo die wenigen Messerschmitts keine Chance gegen die an Zahl weit überlegenen amerikanischen Jäger hatten. Uffz. Horst Jürklies von der 7. Staffel wurde bei Clastres tödlich abgeschossen, während Uffz. Jürgen Zarte von der 9./JG 1 seine "gelbe 12" nach schweren Beschussschäden mit einer Bauchlandung noch auf den Boden bringen konnte, sich dabei jedoch tödliche Verletzungen zuzog [1051]. Uffz. Willi Herzberg von der 8. Staffel schliesslich wurde bei Noyon abgeschossen; zwar versuchte er noch, mit dem Fallschirm abzuspringen, doch war er beim Aussteigen bereits zu tief, so dass sich der Schirm nicht mehr öffnete und er zehn Kilometer nordwestlich Noyon zu Tode stürzte. Dagegen kam die III./JG 1 selbst nicht zu Abschüssen.

Die Einsätze dieses Tages dürften die letzten für das Restkommando der III./JG 1 in Frankreich gewesen sein; am Ende dieses Tages begann die Rückverlegung in die Heimat, wo die Gruppe zur Auffrischung und Neuausrüstung in Wunstorf lag.

Auch bei den beiden Gruppen des JG 11 stand - vermutlich - an diesem Tage eine Verlegung an; die I./JG 11 verliess ihren nach den wiederholten Bombenangriffen schwer in Mitleidenschaft gezogenen Platz in Rennes und verlegte auf den Feldflugplatz von Beille, 20 km ostnordöstlich von Le Mans [1052],

---

[1050] Aufzeichnungen Siegfried

[1051] Jürgen Zarte war zu diesem Zeitpunkt 19 Jahre alt - * 11.10.1924 - und gehörte zu den ganz jungen und unerfahrenen Flugzeugführern, die jetzt zu den Frontverbänden kamen und die dort keine Chance gegen ihre in jeder Hinsicht überlegenen alliierten Gegner mehr hatten

[1052] A.D.I.(K) Report No. 529 B/1944, Ziff. 3

wo die Gruppe während der folgenden Wochen unterkommen sollte [1053]. An die Verlegung der II./JG 11 erinnert sich Walter Krupinski folgendermassen:

> *Unser Platz in Beauvais wurde zweimal umgepflügt. Einmal, als wir gerade Besuch von einem Kommandierenden General hatten* [1054], *rauschte ein solcher Segen herunter - er kam nicht wieder. Ich suchte der Gruppe dann einen anderen Platz und wir verlegten nach Mons-en-Chaussee und von dort auf eine Wiese, auf der wir nicht mehr entdeckt wurden. Hier kam die alte Russlanderfahrung zum Tragen, wo wir auch immer selbst für die Tarnung verantwortlich waren.* [1055]

Für die folgenden Tage sollte die II./JG 11 auf dem Platz von Mons-en-Chaussee unterkommen, bevor die Verlegung auf den von Walter Krupinski erwähnten Ausweichplatz anstand [1056].

Über den **21. Juni 1944** gibt es wenig zu berichten; am Boden lag der Schwerpunkt der Kämpfe weiterhin auf dem Cotentin, wo sich die amerikanischen Kräfte immer näher an Cherbourg herankämpfen konnten. Noch immer behinderte das anhaltend schlechte Wetter den beiderseitigen Luftwaffeneinsatz über dem Invasionskampfraum; zumeist hing eine fast geschlossene Wolkendecke über der Normandie.

Die I./JG 1 konnte zwei Einsätze mit zusammen elf Focke Wulfs über dem Kampfraum um St. Sauveur/ Portbail an der Westküste des Cotentin fliegen, die beide o.b.V. erledigt werden konnten [1057], wenn man von der Beschädigung einer Maschine infolge technischer Mängel absieht. Über den Einsatz der II./JG 1 sowie der beiden Gruppen des JG 11 liegen keine Angaben vor; soweit die Gruppen überhaupt im Einsatz waren, ging es offensichtlich auch hier jeweils ohne Erfolge und Verluste ab.

22. Juni 1944: Nach vier Tagen schlechten Wetters klarte es endlich auf und lösten sich die Regenwolken - zögernd zunächst - auf. Während die alliierte Luftwaffe wieder in gewohnter Stärke am Himmel über der Normandie erschien, brachten es die der Luftflotte 3 unterstellten Jagdgruppen am 22. Juni auf 427 Einsätze [1058].

Die I./JG 1 hatte im Laufe des Tages drei Einsätze zu fliegen; wieder lautete der Auftrag für die Gruppe dabei Jabobekämpfung und Tiefangriffe im Raume St. Sauveur / Portbail. Um 10.30 Uhr erfolgte der Start zum ersten Einsatz, an dem zwölf Focke Wulfs beteiligt waren [1059]. Nachdem der Verband über dem Einsatzraum keine gegnerischen Jabos gesichtet hatte, wurden dort Tiefangriffe auf eine LKW-

---

[1053] Brief Fritz Engau, 16.1.1991

[1054] bei Walter Krupinski heisst es, dass es sich dabei um GFM Kesselring gehandelt habe, doch war dieser im Juni 1944 als OB Südwest in Italien

[1055] Brief Walter Krupinski, 26.7.1993; vgl. aber unten S. 1043 zum 25.6.1944

[1056] an diesen Ausweichplatz - vermutlich den Feldflugplatz von Manancourt (s.u.S. 1047) - erinnert sich Georg Füreder: *" Bei diesem Platz handelte es sich um eine kleine und noch dazu etwas abschüssige Wiese, die unseren jungen Flugzeugführern erhebliche Schwierigkeiten bei Start und Landung bereitete, was uns eine ganze Anzahl von 'Ringelpiezen' einbrachte. Es war ein eigentümliches Bild, wenn wir von unserer Wiese starteten und darauf landeten, während um uns herum die Bauern die Heuernte einbrachten."* - Bericht vom 19.9.1993

[1057] Aufzeichnungen Siegfried

[1058] von insgesamt 542 - vgl. die Aufstellung auf S. 1051

[1059] A.D.I.(K) Report No. 295 / 1944 vom 24.6.1944; danach gehörten acht Maschinen zur 2. Staffel und die übrigen vier zur 3./JG 1. Im übrigen Angaben zum Einsatz der I./JG 1 lt. Aufzeichnungen Siegfried

Kolonne geflogen, bevor sich das Dutzend Focke Wulfs auf den Heimflug machen musste [1060]. Südlich Carentan kam es danach zur Feindberührung mit feindlichen Jägern, nach der eine Maschine vermisst blieb: Fw. Hans Knabben, der im Verband der 2. Staffel flog [1061], platzte vom Verband ab und wurde abgeschossen, doch hatte er noch Glück und konnte seine " Mühle " neun Kilometer südwestlich Isigny auf den Bauch werfen, wo er kurze Zeit danach - um 11.35 Uhr - unverletzt in Gefangenschaft geriet.

Während der zweite Einsatz, zu dem um 13.44 Uhr fünf Focke Wulfs gestartet waren, ausser der Sichtung eines Feindverbandes von 40 - 50 Jägern keine erwähnenswerten Vorkommnisse ergab, kam es beim dritten Einsatz noch einmal zu einer Auseinandersetzung mit amerikanischen Jabos; um 20.12 Uhr waren zehn Focke Wulfs in Lonrai mit dem Auftrag gestartet, Strassenschutz im Raume Caen / St. Lô zu fliegen. Nördlich St. Lô - Quadrat UT - traf der Verband in 3.000 m Höhe auf eine Gruppe P-47, mit der es zum Luftkampf kam. Einem Thunderbolt-Abschuss durch Lt. Stoffel von der 1./JG 1 (21.02, 5.) standen danach ein Gefallener und ein Verwundeter gegenüber: Uffz. Helmut Faltin von der 2./JG 1 wurde im Raume St. Lô tödlich abgeschossen, während Uffz. Karl Grube von der 3. Staffel in der Nähe von Lonrai mit dem Schirm aussteigen musste und sich dabei leicht verletzte.

Auch die II./JG 1 war über dem Raum St. Lô im Einsatz, doch liegen nähere Einzelheiten darüber nicht vor; im Laufe des Tages meldete Olt. Kirchmayr den Abschuss einer Spitfire, doch wurde dieser Abschussmeldung später die Anerkennung versagt. Bei der 7./JG 51 meldete Fw. Rahner den Abschuss einer P-47 (1.), doch liegen auch insoweit keine weiteren Einzelheiten vor. Soweit ersichtlich, blieb die Gruppe von Personal- und Maschinenverlusten verschont.

Über den Einsatz der beiden Gruppen des JG 11 ist fast nichts bekannt; die II. Gruppe hatte einen Luftkampf über dem eigenen "Gartenzaun" auszufechten, bei dem Uffz. Steingress von der 6. Staffel tödlich abgeschossen wurde.

23. Juni 1944: Während sich bei den Kämpfen am Boden an diesem Tage keine wesentlichen Veränderungen ergaben, herrschte am Himmel über dem Invasionskampfraum das gewohnte Bild - die alliierten Luftstreitkräfte beherrschten das Feld, wohingegen den Einsätzen der deutschen Tagjäger - es waren insgesamt 330 an diesem Tage [1062] - nur die Bedeutung von Nadelstichen zukam.

Die I./JG 1 brachte es an diesem Tage auf fünf Einsätze, zu denen noch insgesamt 33 Maschinen aufgeboten werden konnten; insgesamt soll die Gruppe noch über 15 Focke Wulfs und 18 einsatzfähige Flugzeugführer verfügt haben [1063]. Die beiden ersten Einsätze des Tages, zu denen jeweils zwei Schwärme um 05.42 und 11.08 Uhr starteten, erfolgten zur Jabobekämpfung im Raume Portbail / St. Sauveur und konnten o.b.V. abgewickelt werden. Anders der dritte Einsatz, zu dem um 15.10 Uhr

---

[1060] nach der Auswertung der Aussage von Fw. Knabben - A.D.I.(K) Report No. 295 / 1944 - waren mittlerweile die ETC's an den Focke Wulfs entfernt worden, so dass die Einsätze ohne Zusatztank geflogen werden mussten; vermutlich war diese Massnahme nach dem Abbruch der Jaboeinsätze angeordnet worden. Angesichts der Frontnähe der Plätze der I. und II./JG 1 wurde die danach verbleibende Flugdauer von etwa 90 Minuten für ausreichend befunden, um auf den Gebrauch von Zusatztanks zu verzichten

[1061] Fw. Knabben gehörte der 6./JG 1 an, flog diesen Einsatz aber im Rahmen der 2. Staffel mit; dies hatte - lt. A.D.I.(K) Report No. 295/1944 - folgende Vorgeschichte: Am 18.6. waren je zwei Flugzeugführer der 4. und 6. Staffel von Essay nach Villacoublay befohlen worden, um dort vier instandgesetzte Fw 190 A-8 abzuholen und zur II./JG 1 zu überführen. Nachdem bis zum 21. nur zwei Maschinen klar waren, flogen Knabben und ein weiterer Flugzeugführer zurück nach Lonrai, wo die beiden Maschinen an die I. Gruppe übergeben wurden. Die von Knabben abgelieferte Fw 190 kam zur 2./JG 1 und sollte dort die Kennung "schwarze 13" erhalten, die nach dem britischen Bruchbergungsbericht noch nicht aufgetragen war - *" no markings"* lt. A.D.I.(K) -, mit der sie aber in der namentlichen Verlustmeldung WASt. bezeichnet wird. Nach der Ablieferung der Maschine wurde Fw. Knabben offenbar von der 2. Staffel - zumindest für diesen Einsatz - "vereinnahmt"

[1062] von insgesamt 539 Einsätzen der Verbände der Lfl. 3 - vgl. die Aufstellung auf S. 1051

[1063] Angaben zu den Einsätzen dieses Tage lt. Aufzeichnungen Siegfried; die Stärkemeldung entstammt dem A.D.I. (K) Report No. 309/1944 vom 26.6.1944

abermals zwei Schwärme - einer davon von der 2. Staffel - aufstiegen; ihr Auftrag lautete: Jabojagd im Raume Caen / Dives. Zwischen Bayeux und St. Lô trafen die acht Focke Wulfs auf zwei P-51 sowie offensichtlich einige Thunderbolts, mit denen es zu einem Luftkampf auf Baumwipfelhöhe kam. Einem Abschuss

| Ofw. Hübl | 2./JG 1 | P-51 | (20.) | 16.00 |

stand der Verlust von Uffz. Wilhelm Woite von der 2. Staffel gegenüber, der etwa 5 km westlich Bayeux von einer P-47 abgeschossen wurde und Glück hatte, seine Maschine noch hochziehen und Höhe gewinnen zu können, um mit dem Schirm auszusteigen. Kurz nachdem seine Maschine gegen 16.00 Uhr aufgeschlagen war, geriet Wilhelm Woite leicht verletzt in britische Gefangenschaft.

Während der vierte, von 18.02 - 18.49 Uhr nur noch von einem Schwarm geflogene Einsatz zur freien Jagd im Raume Cherbourg ohne zählbares Ergebnis blieb, kam es beim letzten Einsatz des Tages noch einmal zu einer erbitterten und verlustreichen Kurbelei; um 21.15 Uhr waren fünf Focke Wulfs der 1. Staffel zur freien Jagd aufgestiegen und gerieten über Alençon an etwa 20 Thunderbolts. In dem sich daraus ergebenden, sehr einseitig geführten Luftkampf wurden Lt. Siegfried Stoffel und Uffz. Franz Schnabl tödlich abgeschossen und stürzten mit ihren Maschinen ab, während der Flugzeugführer einer weiteren Maschine mehr Glück hatte und den Absturz seiner Focke Wulf unverletzt überstand. Mit Siegfried Stoffel, der es seit Beginn der Invasion auf fünf Abschüsse gebracht hatte, verlor die 1. Staffel nach noch nicht einmal einer Woche erneut ihren Staffelführer; zu seinem Nachfolger wurde - vermutlich - Lt. Luepke bestimmt.

Über den Einsatz der II./JG 1 ist nichts bekannt; die Gruppe meldete unter diesem Datum weder Erfolge noch Verluste.

In Beille traf Olt. Fritz Engau nach kurzem Lazarettaufenthalt wieder bei seiner Staffel ein und übernahm trotz der weiterhin peinigenden Schmerzen wieder die Führung der Reste der I./JG 11; er war keineswegs wiederhergestellt, sondern hatte sich auf eigenen Wunsch vorzeitig wieder zu seiner Einheit begeben [1064]. Soweit die Gruppe mit ihren wenigen verbliebenen Maschinen an diesem Tage überhaupt noch Einsätze flog, blieben diese jedenfalls ohne zählbares Ergebnis. Ähnlich sah es bei der II./JG 11 in Mons-en-Chaussee aus; auch dort wurden die Einsätze in der Regel nur noch von einzelnen Schwärmen geflogen - daran erinnert sich Georg Füreder:

> *In diesen Tagen ging ein geflügeltes Wort um: " Die II./JG 11 startet geschlossen zum Einsatz !" - gemeint war damit eine kleine Anzahl von drei oder vier Maschinen mit immer denselben Flugzeugführern, die tagein, tagaus zwei und manchmal auch drei Einsätze am Tage flogen. Von der 6. Staffel flogen in diesen Tagen nur noch Lt. "Oschi" Wimmers und ein anderer, mir namentlich nicht mehr erinnerlicher Flugzeugführer und bei der 4. Staffel sah es ähnlich aus. In unserer 5. Staffel waren es noch drei - die "eiserne Kette" -, nämlich Lt. Linka, Uffz. Faltin und ich. Und natürlich unser Kommandeur.* [1065]

24. Juni 1944: Am Boden lag der Schwerpunkt der Kämpfe weiterhin im Gebiet um Cherbourg, wo die amerikanischen Truppen sich mittlerweile bis an das Stadtgebiet herangekämpft hatten, und im Raume westlich Caen, wo die kleine Ortschaft Tilly im Brennpunkt der Kampfhandlungen lag [1066].

[1064] Brief Fritz Engau, 17.9.1993

[1065] Bericht Georg Füreder, 19.9.1993

[1066] KTB OKW 1944/45, Teil I, S. 319; OKW-Bericht, 25.6.1944

Die deutsche Luftwaffe kam an diesem Tage auf 638 Einsätze über dem Invasionskampfraum, darunter mit 502 Einsätzen die bis dahin höchste Zahl im Bereich der Tagjagd [1067]; auch damit konnte der Gang der Ereignisse jedoch begreiflicherweise nicht wesentlich beeinflusst werden.

Bei den in Frankreich eingesetzten Teilen der JG 1 und 11 verlief der 24. Juni ohne nennenswerte Ereignisse; keine der Gruppen kam bei den Einsätzen dieses Tages zu Erfolgen, umgekehrt aber gab es auch keine - bekannten - Verluste.

25. Juni 1944: In Cherbourg spitzte sich die Lage dramatisch zu; in einem Funkspruch teilte der Festungskommandant GenLt. von Schlieben am Abend mit, dass der Verlust der Stadt in Kürze unvermeidlich sei, doch blieb der arg angeschlagenen Garnison von Cherbourg eine Fortsetzung des sinnlosen Kampfes deswegen nicht erspart [1068]. Zugleich eröffneten die britischen Truppen beiderseits Caen eine neue Offensive, konnten dabei westlich der Stadt den Odon überwinden und das Höhengelände im Südosten in Besitz nehmen, doch gelang es ihnen auch weiterhin nicht, die Stadt selbst zu erobern [1069].

Bei der I./JG 1 verlief auch der 25. Juni 1944 ohne nennenswerte Vorkommnisse; die Gruppe hatte an diesem Tage vielmehr vollkommene Einsatzruhe [1070]. Anders erging es dagegen der II./JG 1, die gegen 13.00 Uhr einen vernichtenden Tiefangriff auf den Feldflugplatz Semallé erlebte, durch den eine ganze Anzahl von Focke Wulfs zerstört oder schwer beschädigt wurde [1071]. Daraufhin wurde ein Kommando aufgestellt und nach Köln-Ostheim in Marsch gesetzt, um dort neue Focke Wulfs für die II./JG 1 zu übernehmen und nach Frankreich zu überführen [1072].

In Beille traf der neue Kommandeur der I./JG 11 Hptm. Werner Langemann ein; Langemann kam vom JG 53 und hatte 1942/43 im Mittelmeerraum zunächst eine Jabostaffel und später die Jabo-Gruppe Süd geführt und konnte auf insgesamt acht Abschüsse verweisen [1073]. Er übernahm die Führung der I./JG 11 von Olt. Fritz Engau, der ihn bei einem Orientierungsflug noch in die Einsatzverhältnisse im Kampfraum der I. Gruppe einweisen konnte, bevor er infolge der Nachwirkungen seiner Verletzung vom 15. Juni 1944 aus dem Einsatz genommen werden und in die Heimat zurückkehren musste [1074], [1075].

[1067] Gundelach, Dr.G.W., S. 322; vgl. auch die Aufstellung auf S. 1051

[1068] in seinem Funkspruch meldete von Schlieben u.a.: " *Truppe erschöpft und ausgehungert. Verlust der Stadt in Kürze unvermeidlich. ... 2.000 Verwundete unversorgt. Ist die Opferung der Überlebenden nötig ? Schnelle Antwort.*" Der OB der Heeresgruppe B GFM Rommel antwortete knapp: " *Gemäss Führerbefehl müssen Sie bis zur letzten Patrone Widerstand leisten.*" - Cartier, aaO., Bd. II, S. 771

[1069] KTB OKW 1944/45 Teil I, S. 319

[1070] Aufzeichnungen Siegfried

[1071] A.D.I.(K) Report No. 396/1944 vom 30.7.1944; dort heisst es in Ziff. 8, dass am oder um den 25.6.1944 bei einem Tiefangriff durch Mustangs der Platz von Semalle verwüstet worden und dabei die Gruppe ausser Gefecht gesetzt worden sei; noch am selben Abend sei ein Kommando von 20 Flugzeugführern nach Köln-Ostheim entsandt worden, um dort neue Maschinen zu übernehmen. In den summarischen Verlustmeldungen RL 2/III/852 fehlt indes jeder Hinweis auf Maschinenverluste an diesem Tage, dagegen bestätigt Fritz Wegner in seinem Schreiben vom 15.9.1993, dass um diesen Zeitpunkt wegen Verlusten durch Tiefangriffe kaum noch eine Maschine der I./JG 1 einsatzklar gewesen sei

[1072] Brief Fritz Wegner, 15.9.1993: " *Es wurde der Befehl erteilt, neue Flugzeuge in Köln-Ostheim abzuholen. Daher Nachtfahrt mit dem Bus nach Paris-Villacoublay Süd, von dort mit der Ju 52 nach Deutschland. Es dauerte etwa acht bis zehn Tage, bis für jeden Flugzeugführer ein neues Flugzeug bereitgestellt werden konnte. Dann wurde nach Semalle zurückverlegt.*"

[1073] vgl. Prien, JG 53, Teil 1, S. 465 ff

[1074] Brief Fritz Engau, 16.1.1991

Das Eintreffen des neuen Kommandeurs ging einher mit einer teilweisen Herauslösung der Gruppe aus dem Einsatz; ähnlich wie bei der II./JG 1, wurden an diesem Tage die verbliebenen Flugzeugführer der 2. und 3. Staffel an Bord einer Ju 52 nach Köln-Ostheim gebracht, wo sie neue Maschinen übernehmen und die Staffeln neu aufrüsten sollten. Die zurückgebliebenen Flugzeugführer wurden in der 1./JG 11 zusammengefasst und der I./JG 1 unterstellt, zu der die Staffel noch am selben Tage verlegte [1076], [1077].

Über den Einsatz der II./JG 11 an diesem Tage ist wiederum nur wenig bekannt; die Gruppe hatte im Laufe des Tages einen Luftkampf bei Athies, bei dem sie einen Gefallenen verlor - Uffz. Leonhard Scherers von der 6. Staffel wurde tödlich abgeschossen, während der Flugzeugführer einer weiteren Messerschmitt den Absturz seiner Maschine unverletzt überlebte. Zwei P-51 fielen dagegen an Lt. Füreder (26.) und Uffz. Faltin (4.). Im Laufe des Tages erfolgte ein schwerer Bombenangriff auf den Einsatzplatz der II./JG 11 in Mons-en-Chaussee, der den Platz erheblich zerkraterte und eine umgehende Verlegung der Gruppe erforderlich machte; noch am Abend verlegte der fliegende Verband daraufhin auf einen kleinen Ausweichplatz in der Nähe von Mons [1078].

Insgesamt waren die unter dem Stab/JG 1 auf Feldflugplätzen im Raume St. Quentin zusammengefassten Höhengruppen nach noch nicht einmal drei Wochen Abwehreinsatz in Frankreich praktisch aufgerieben, wie die Stärkemeldung von diesem Tage ausweist; während die III./JG 1 bereits ganz aus dem Einsatz hatte genommen und zur Auffrischung in die Heimat zurückverlegt werden müssen, verfügten die drei zurückgebliebenen Gruppen - neben der II./JG 11 die I./JG 5 sowie das Kommando der I./JG 3 - am Abend zusammen noch über 19 einsatzklare Messerschmitts [1079]. Es lag auf der flachen Hand, dass mit diesem Häuflein - auch bei Zusammenfassung der verbliebenen Kräfte - ein wirksamer Abwehreinsatz nicht möglich war. An die Einsatzverhältnisse während dieser Zeit erinnert sich Georg Füreder folgendermassen:

Als verhängnisvoll erwies sich der Befehl, die Zusatztanks an unseren Maschinen abzubauen, der trotz unseres Einspruchs von der höheren Einsatzführung nicht aufgehoben wurde. Vom ersten Einsatz danach an litten wir während unserer Einsätze ständig unter Spritmangel. Zwar betrug die Flugzeit ins Kampfgebiet nur rund 20 Minuten, doch hatten wir nur geringe Verweilzeiten und dadurch immer Schwierigkeiten, rechtzeitig abzubrechen, denn es gab kaum einen Einsatz ohne Feindberührung. Viele unserer Verluste in der Luft sind darauf und auf erzwungene Landungen auf frontnahen Plätzen zurückzuführen, bei denen wegen ständiger Angriffe die Flugzeuge oft noch am Boden zerstört wurden.

Unverständlich für uns Jagdflieger war auch die Bildung grösserer Kampfverbände, bei denen über einem Sammelpunkt Flugzeuge von verschiedenen Gruppen zum Einsatz

---

[1075] die I./JG 11 meldete ihre Stärke unter diesem Datum einschliesslich unterstellter 10./JG 11 mit 19 Fw 190, von denen noch 14 einsatzklar waren - Unterlagen Studiengruppe Lw., FüAK Bw.

[1076] zu den Flugzeugführern, die in Frankreich zurückblieben, gehörte auch der Staffelführer der 3./JG 11, Lt. Hans Schrangl; dieser schrieb dazu: *" Wieder ging es zurück zur Auffrischung nach Köln. Alle folgten eifrig diesem Befehl. Ohne mich. War ich doch überzeugt, dass nur ununterbrochene Kriegserfahrung das Überleben ermöglichte. Also ging ich zur übriggebliebenen Staffel am Nebenplatz und bat den Hptm., dessen Name mir nicht mehr geläufig ist* - Hptm. Langemann (die Verf.) -, *mich anzufordern."* - Aufzeichnungen Hans Schrangl

[1077] Aufzeichnungen Siegfried, wo unter dem 26.6.1944 erstmals von gemeinsamen Einsätzen der I./JG 1 mit der 1./JG 11 die Rede ist

[1078] Flug- und Tagebuch Ernst Richter, 4./JG 11; der Name des Ausweichplatzes ist nicht genau bestimmt - möglicherweise lautete er Genthier

[1079] Stärkemeldungen des Stabes/JG 1 nach Unterlagen der Studiengruppe Lw. bei der FüAk. der Bundeswehr; im einzelnen meldeten die Gruppen ihre Stärke wie folgt: II./JG 11 - 19/5, I./JG 5 - 14/9 und I./JG 3 - 14/5, während der Geschwaderstab zu dieser Zeit über keine eigenen Flugzeuge verfügte

zusammengeführt wurden. Das lief dann so ab: Zum Führer eines solchen Verbandes bestimmt, flog ich einmal mit einem Schwarm zum befohlenen Sammelpunkt Lille. Schon im Anflug trafen wir auf eine Anzahl Thunderbolts, die unseren Flugweg kreuzten, mit uns aber nichts zu tun haben wollten oder aber uns nicht bemerkt hatten. Über Lille traf ich auf etwa ein Dutzend Maschinen von einer anderen Gruppe, die sich uns anschlossen. Unser Auftrag bestand darin, von England aus tief einfliegende Jabos abzufangen. Wir flogen deshalb weiter in Richtung Nordwest und trafen nach wenigen Minuten auf einen etwa gleich starken Thunderbolt-Verband. Es entwickelte sich ein Luftkampf in Bodennähe, bei dem der Gegner schnell und ständig Zuwachs erhielt. Es war unmöglich festzustellen, wer wen in diesem Pulk beschoss und was abgeschossen wurde. Unser Vorteil war, dass sich der Gegner gegenseitig behinderte; man musste sich ständig wehren und kam selbst nur kurzzeitig zum Schuss. Mein Kaczmarek und ich kamen glücklich heraus und landeten nach einer Gesamtflugzeit von 50 Minuten in Laon, nachdem einige hartnäckige, zuletzt hinzugekommene Mustangs aufgegeben hatten. Die Bildung solcher Gefechtsverbände machte aufgrund der ständigen Präsenz des Gegners keinen Sinn; vorteilhafter wäre es gewesen, unsere Kräfte rotten- oder schwarmweise einzusetzen, was den Gegner ständig gestört und zugleich beschäftigt hätte. Wiederholt wurden dementsprechende Vorschläge eingebracht, aber von den höheren Lw.-Stäben nicht berücksichtigt." [1080]

26. Juni 1944: Auch an diesem Tage lagen Cherbourg und der Raum westlich Caen im Brennpunkt der Kampfhandlungen am Boden; auf dem Cotentin war die Entscheidung zugunsten der alliierten Truppen, die grosse Teile der Stadt in Besitz nehmen und den Festungskommandanten mit einem Grossteil der Garnison gefangennehmen konnten, bereits gefallen, wenngleich sich einige deutsche Widerstandsnester westlich und östlich der Stadt noch hielten und Pioniertruppen den Hafen durch umfangreiche Sprengungen unbrauchbar machten. Westlich Caen dagegen konnten die deutschen Truppen den bei Tilly drohenden britischen Durchbruch mit Mühe verhindern und ihre Abwehrlinien festigen [1081].

Die Luftflotte 3 meldete ihre Stärke an diesem Tage mit insgesamt 1.191 Flugzeugen, von denen jedoch nur 618, mithin eben über 50%, einsatzklar waren; für den Bereich der Tagjagd lauteten die Zahlen 529 zu 251. Wie schwer die Verluste in den Kämpfen der ersten drei Wochen über Frankreich gewesen waren, lässt sich unschwer daraus erkennen, dass der Istbestand am 26. Juni 1944 nur 54 Jagdflugzeuge mehr auswies als am 10. Juni, obwohl im gleichen Zeitraum rund 500 neue Maschinen zugeführt worden waren [1082]. Genauso bedenklich war der schlechte technische Klarstand, der bei den Jagdgruppen noch unter 50% lag; hierin äusserten sich zum einen die behelfsmässigen technischen Verhältnisse auf den Feldflugplätzen und zum anderen der völlig ungenügende Nachschub an Sprit, Munition und Ersatzteilen infolge der Abschnürung der Verkehrswege durch die fortdauernden Luftangriffe der alliierten Luftwaffe. Die Folge bei den deutschen Verbänden war, dass allerorten Focke Wulfs und Messerschmitts unklar auf den Plätzen herumstanden, obwohl sie mit geringem Aufwand und nur wenigen - fehlenden - Ersatzteilen hätten klargemacht werden können.

Insgesamt verzeichnete das KTB der Luftflotte 3 am 26. Juni 1944 408 Einsätze, von denen 301 auf die Tagjagd entfielen [1083]; die Einsätze dieses Tages verliefen in der Mehrzahl o.b.V., die Verluste hielten

---

[1080] Brief Georg Füreder, 13.10.1993; in eine ähnliche Richtung weist auch folgende Anmerkung von Walter Krupinski: *" Die Einsatzführug war phantasielos, die Verluste gross. Ich erinnere mich an einen Einsatz, bei dem alles, was noch fliegen konnte, über Paris in 6 - 8.000 m sammelte, um einen Angriff auf die Brückenköpfe zu fliegen - zur Freude der alliierten Führung, die uns mindestens eine Stunde in ihren Radargeräten beobachten konnte."* - Brief 26.7.1993; leider lassen sich beide Schilderungen nicht mit bestimmten, datenmässig festzulegenden Einsätzen in Verbindung bringen

[1081] vgl. KTB OKW 1944/45 Teil I, S. 320; Cartier, aaO., Bd. 2, S. 771

[1082] vgl. die Verlustangaben in der Aufstellung auf S. 1051; Gundelach, Dr.G.W., S. 323 m.w.N.;

[1083] in Anbetracht der Zahl von 251 einsatzklaren Maschinen bedeutete dies, dass lediglich 20% der vorhandenen Maschinen mehr als einen Einsatz geflogen haben

sich mit je zwei Vermissten und Verwundeten sowie fünf durch Feindeinwirkung verlorenen Maschinen in vertretbaren Grenzen, doch auch die eigenen Abschussmeldungen blieben mit ganzen vier sehr mager, bezogen auf den Gesamteinsatz der Alliierten waren sie bedeutungslos [1084].

Die um die I./JG 1 versammelten Reste der II./JG 1 und der I./JG 11 flogen insgesamt fünf Einsätze über dem Kampfraum westlich Caen -

05.45 - 06.20 Uhr	Einsatz mit vier Maschinen zur Erkundung im Raume Falaise / Cassy / Domfront, o.b.V.
06.10 - 07.20 Uhr	Einsatz mit 19 Maschinen, gemeinsam mit der 1./JG 11 - Auftrag: Unterstützung des Heeres im Raume Ballevoy / westlich Caen;
09.25 - 10.30 Uhr	Einsatz mit sechs Maschinen, o.b.V.;
09.30 - 10.30 Uhr	Einsatz mit neun Maschinen, Tiefangriffe mit Bordwaffen auf eine Panzerbereitstellung;
12.35 - 13.35 Uhr	Einsatz mit fünf Maschinen, o.b.V.

Während die Gruppen des JG 1 dabei von Verlusten verschont blieben, hatte die 1./JG 11 einen Verwundeten und den Verlust von zwei Fw 190 infolge von Luftkämpfen zu verzeichnen, zwei weitere Maschinen mussten ohne Feindeinwirkung auf die Verlustliste gesetzt werden [1085]; Uffz. Karlheinz Ritter wurde unter nicht näher bekannten Umständen bei Lonrai verletzt. Die II./JG 11 war dagegen an diesem Tage nicht im Einsatz [1086].

Auch am **27. Juni 1944** ergab sich dasselbe Bild: Zusammen mit den schwachen Resten der II./JG 1 und der I./JG 11 war die I./JG 1 über dem Kampfgebiet westlich von Caen im Einsatz, wohin allein die I./ JG 1 vier Einsätze mit insgesamt 25 Focke Wulfs flog [1087]. Den Anfang machte allerdings die 1./JG 11 11, die am Morgen gegen 08.00 Uhr im Raume nördlich Alençon unterwegs war und dort im Verlaufe eines Luftkampfes mit Thunderbolts zu einem Abschuss kam. Um 09.13 Uhr startete ein gemischter Schwarm der I./JG 1 und der I./JG 11 zur Artilleriefliegerbekämpfung im Raume Caen; dort trafen die vier Focke Wulfs auf einige Thunderbolts, von denen die 1./JG 11 eine sicher und eine weitere wahrscheinlich abschiessen konnte [1088].

Um 09.55 Uhr startete ein weiterer Schwarm, der sich aus Flugzeugführern der 2./JG 1 und der II./JG 1 zusammensetzte, mit demselben Auftrag in den Kampfraum Caen; dort kam es zu einem Zusammenstoss mit fünf Spitfires, die offenbar Jagdschutz für drei Auster-Artilleriebeobachter flogen. Die Focke Wulfs konnten zwar zwei der kleinen Hochdecker herunterholen, doch verlor der Schwarm im anschliessenden Luftkampf mit den Spitfires Uffz. Benno Oberhauser von der 2./JG 1, der bei St. Lô

[1084] vgl. die Aufstellung auf S. 1051; summarische Verlustmeldungen RL 2 / III / 852 ff; Gundelach, Dr. G. W., S. 322

[1085] bemerkenswerterweise tauchen in den Verlustmeldungen der 1./JG 11 seit diesem Tage - also nach der teil-weisen Herauslösung der Gruppe unter Zurücklassung der 1. Staffel - dreistellige weisse Kennziffern bei den Maschinen auf; ähnliches gilt auch für Teile der II./JG 1 einschliesslich der Reste der 7./JG 51 - vgl. die Ein-tragungen in der Verlustliste

[1086] wegen Regens, wie das Tagebuch von Ernst Richter ausweist

[1087] alle Angaben zum Einsatz der I./JG 1 an diesem Tage lt. Aufzeichnungen Siegfried

[1088] in den Aufzeichnungen Siegfried ist fälschlich von einem Luftkampf mit Lightnings die Rede; die vorlie-gende Abschussmeldung in einem offiziellen Dokument weist die Gegner indes als P-47 aus

tödlich abgeschossen wurde. Der Führer des deutschen Schwarms, Ofw. Rudolf Hübl, konnte seine Focke Wulf trotz schwerer Beschussschäden [1089] noch nach Lonrai zurückbringen, doch machte er bei der Notlandung dort Bruch und zog sich schwere Verletzungen zu.

Um 10.30 Uhr stieg der nächste Einsatz; zwei Schwärme, davon einer von der 1./JG 11, wurden zur freien Jagd in den Raum Caen entsandt, wo es gegen 11.00 Uhr zwischen Caen und St. Lô zu einer heftigen Kurbelei mit acht bis zehn P-51 kam, in deren Verlauf die 1./JG 11 zu wenigstens drei Abschüssen kam [1090]. Und auch am späten Nachmittag war die 1./JG 11 noch einmal erfolgreich. Bei einem Einsatz, zu dem um 16.53 Uhr neun Focke Wulfs der 1./JG 11 und der II./JG 1 in Lonrai mit dem Auftrag gestartet waren, Unterstützung für die Heeresverbände im Raume Caen zu fliegen, kam es erneut zu einem Luftkampf mit einer Gruppe von acht Mustangs und zwei Typhoons, bei dem noch einmal drei P-51 abgeschossen werden konnten.

Alles in allem konnten die in Lonrai versammelten Teile der JG 1 und 11 an diesem Tage wenigstens elf Abschüsse erzielen, die sich wie folgt verteilten:

Fw. Schuecking	1./JG 11	P-47	(10.)	08.15
Olt. Hiebl	1./JG 11	P-47	(7.)	09.20
Ofhr. Kaatz	5./JG 1	Auster	(1.)	10.25
Uffz. Oberhauser	3./JG 1	Auster	(3.)	
Fw. Friedrich	1./JG 11	P-51	(3.)	11.00 [1091]
Uffz. Bertram	10./JG 11	P-51	(1.)	11.00
Ofw. Jochim	1./JG 11	P-51	(4.)	11.03
Ofw. Jochim	1./JG 11	P-51	(5.)	11.15
Ofw. Jochim	1./JG 11	P-51	(6.)	17.26
Fw. Heckmann	7./JG 51	Typhoon	(15.)	17.30

Auf der Verlustseite standen zwei Vermisste und ein Verwundeter auf Seiten der 1./JG 11, die Einbussen an Flugzeugen beliefen sich auf vier als Totalverluste abzuschreibende und eine beschädigte Focke Wulf. Während die beiden zunächst als vermisst gemeldeten Flugzeugführer offenbar später unverletzt zu ihrer Einheit zurückkehren konnten [1092], wurde Uffz. Anton Weissmüller beim Absturz seiner "weissen 142" in der Nähe von Lonrai schwer verletzt.

Die II./JG 11 unternahm von ihrem neuen Feldflugplatz aus mehrere Schwarm- und Rotteneinsätze, die jedoch insgesamt ohne zählbares Ergebnis blieben [1093].

28. Juni 1944: Wieder waren die zusammengewürfelten Reste der II./JG 1 und der I./JG 11 gemeinsam mit der I./JG 1 von Lonrai aus im Einsatz über dem Schlachtfeld westlich Caen, wo der Schwerpunkt der Kämpfe bei Balleroy und St. Rémy lag; drei Einsätze konnten geflogen werden, an denen insgesamt 26 Focke Wulfs beteiligt waren [1094]. Nachdem der erste Einsatz, zu dem zehn Maschinen um 13.08 Uhr mit dem Auftrag: Unterstützung des Heeres im Raume St. Rémy / Balleroy aufgestiegen waren,

---

[1089] die ausweislich der namentl. Verlustmeldung WASt. von der Flak herrührten

[1090] lt. Aufzeichnungen Siegfried erzielte die 1./JG11 in diesem Luftkampf sogar fünf Abschüsse

[1091] Fw. Friedrich gehörte zur 2. Staffel, wurde aber bei der Rückführung seiner Staffel der 1./JG 11 zugeteilt

[1092] in den namentlichen Verlustmeldungen WASt. sind keine Angaben zu diesen Vermisstenfällen enthalten, während die summarischen Flugzeugverlustmeldungen RL 2/III/852 zwei solche Verluste ausweisen

[1093] das Flugbuch von Ernst Richter weist drei Einsätze aus, von denen die beiden ersten um 13.42 und 17.00 Uhr vorzeitig abgebrochen werden mussten und der dritte um 20.50 Uhr zu einer ergebnislosen Feindberührung mit P-47 führte

[1094] alle Angaben zum Einsatz der I./JG 1 an diesem Tage laut Aufzeichnungen Siegfried

ohne Feindberührung verlaufen war, kam es beim zweiten Einsatz des Tages im Raume Caen zu einem heftigen Luftkampf; wieder waren es zehn Fw 190, die um 16.52 Uhr an den Start rollten, wobei die beteiligten Maschinen von der I. und II./JG 1 sowie der 7./JG 51 kamen. Zwanzig Minuten später traf der Verband in 3.000 m Höhe bei Caen auf eine Gruppe von 20 - 25 Spitfires, von denen ohne eigene Verluste drei abgeschossen werden konnten -

Uffz. Knoblauch	2./JG 1	Spitfire	(2.)	17.20
Uffz. Rathofer	3./JG 1	Spitfire	(8.)	17.25
Fw. Rahner	7./JG 51	Spitfire	(2.)	

Der dritte Einsatz schliesslich stieg um 21.25 Uhr; dieses Mal rollten noch sechs Focke Wulfs in Lonrai an den Start, die von allen dort versammelten Einheiten stammten. Der Auftrag lautete dabei wie gehabt. Noch auf dem Anflug, traf der Verband südwestlich Flers - Quadrat BT - erneut auf eine Anzahl Spitfires, die vermutlich zur 401 Sqn. gehörten und zur bewaffneten Aufklärung über dem Raum Caen / Flers / Argentan unterwegs waren [1095]. Nach dem anschliessenden Luftkampf meldeten die deutschen Flugzeugführer zwar drei Spitfire-Abschüsse -

Uffz. Rathofer	3./JG 1	Spitfire	(9.)	21.36
Olt. Hiebl	1./JG 11	Spitfire	(8.)	21.38
Ofw. Jochim	1./JG 11	Spitfire	(7.)	

doch ging es dieses Mal nicht ohne eigene Verluste ab: Ofhr. Aloysius Kaatz von der 5./JG 1 wurde bei Flers von den Spitfires tödlich abgeschossen, während Uffz. Hans Jäger von der 1./JG 11 bei Villaines im Westen von Alençon fiel. Auch Ofw. Jochim wurde ein Opfer der Spitfires, doch hatte er Glück im Unglück und kam mit leichten Verletzungen davon.

Teile der II./JG 11 hatten bereits am Morgen eine Auseinandersetzung mit einigen P-38 zu bestehen; in dem östlich Roubaix ausgetragenen Luftkampf kam die Gruppe zu zwei Abschüssen -

| Uffz. Faltin | 5./JG 11 | P-38 | (5.) | 07.40 |
| Olt. Krupinski | II./JG 11 | P-38 | (192.) | 07.45 |

während sie auf der Verlustseite lediglich eine abgeschossene Messerschmitt zu verzeichnen hatte, deren Flugzeugführer den Absturz seiner Maschine jedoch unverletzt überlebte. Im Laufe des Tages erfolgte eine erneute Verlegung, die die Gruppe nach Manancourt, wenige Kilometer nordwestlich von Mons gelegen, führte [1096].

29. Juni 1944: Obwohl der Tag mit 490 Einsätzen der deutschen Tagjagdgruppen die seit Beginn der Invasionskämpfe zweitgrösste Einsatzzahl erbrachte [1097], brachte die I./JG 1 mit unterstellter II./JG 1 und 1./JG 11 gerade fünf Maschinen in die Luft; diese stiegen um 13.15 Uhr zu einem Einsatz in den Raum südlich Caen / St. Rémy auf, wo es zu einem Zusammenstoss mit einer Gruppe von 20 P-47 kam; in den sich daraus ergebenden Kurbeleien wurden zwei Focke Wulfs abgeschossen, wobei Uffz. Walter Ruffing von der 7./JG 51 im Raume Flers tödlich abgeschossen wurde, während ein namentlich leider nicht bekannter Flugzeugführer der 1./JG 11, der ebenfalls von diesem Einsatz nicht zurückkehrte, als vermisst gemeldet werden musste. Auf der Habenseite stand ein Abschuss durch Uffz. Waliczek von der 7./JG 51, der um 13.40 Uhr nordöstlich von Flers eine P-47 herunterholen konnte (1.).

[1095] 2nd Tac.A.F. Log, 28.6.1944; die britischen Flugzeugführer meldeten danach bei einem Verlust von zwei Spitfires den sicheren Abschuss von sechs Focke Wulfs; insgesamt verlor die RAF an diesem Tage 5 Spitfires im Luftkampf

[1096] Tage- und Flugbuch Ernst Richter

[1097] nur am 24. Juni 1944 waren mit 502 Einsätzen noch mehr geflogen worden - vgl. die Aufstellung auf S.1051

Abb. 805 - 806: Links - Zwei Flugzeugführer der 5./JG 11 beim Leitwerk einer Bf 109 G - links Uffz. Kurt - " Petz " - Faltin und rechts Fw. Hans Meier. Beachte den waagerechten Gruppenbalken, der während der Kämpfe in Frankreich bei der II./JG 11 eingeführt wurde. Rechts - Fw. Ernst Richter, Flugzeugführer in der 4./JG 11, aufgenommen im Sommer 1944 in Frankreich; Richter war im April 1944 vom JG 54 zur II./JG 11 gekommen, wo er als Schwarmführer eingesetzt wurde. Er konnte zu diesem Zeitpunkt auf zwölf im Osten erzielte Abschüsse verweisen.

(Füreder / Richter)

30. Juni 1944 : Am letzten Tage des Monats brachten es die fliegenden Verbände der Luftflotte 3 noch einmal auf 709 Einsätze über dem Invasionskampfraum, von denen mit 645 der Löwenteil auf die Tagjagd entfiel [1098].

Für die in Lonrai versammelten Reste des JG 1 mit unterstellter 1./JG 11 und 7./JG 51 brachte der Tag vier Einsätze, zu denen insgesamt 23 Focke Wulfs aufgeboten werden konnten; wieder galten die Einsätze durchweg der Unterstützung des Heeres und lautete der Auftrag jeweils: Strassenjagd im Raume westlich und südlich Caen [1099]. Um 06.12 Uhr erfolgte der Start zum ersten Einsatz, den sieben Focke Wulfs im Raume Falaise zu fliegen hatten, und der o.b.V. verlief. Um 12.15 Uhr stiegen sechs Maschinen zu einem Einsatz in den Raum Caen auf, wo es zum Luftkampf mit einem Verband aus etwa 20 Spitfires und Mustangs kam, von denen zwei abgeschossen werden konnten -

| Lt. Krakowitzer | 7./JG 51 | Spitfire | (25.) | 12.49 |
| Uffz. Maier | 7./JG 51 | P-51 | (1.) | 12.51 |

während eigene Verluste nicht eintraten. Beim dritten Einsatz, den sechs Focke Wulfs der I./JG 1 in der Zeit von 16.13 bis 17.04 Uhr flogen, kam es zu einem Luftkampf mit Spitfires, bei dem Uffz. Fritz Rathofer von der 3./JG 1 im Raume Caen tödlich abgeschossen wurde, während die deutsche Seite nicht zu Abschüssen kam. Der vierte und letzte Einsatz stieg am Abend um 19.30 Uhr, als ein Schwarm der

---

[1098] vgl. die Aufstellung auf S. 1051

[1099] alle Angaben zum Einsatz der I./JG 1 mit unterstellten Einheiten lt. Aufzeichnungen Siegfried

7./JG 51 zur freien Strassenjagd im Raume westlich Caen aufstiegen. Es hat indes den Anschein, als seien die Focke Wulfs bereits vor Erreichen des Zielraumes abgefangen worden, denn der Schwarm hatte gegen 19.45 Uhr im Raume Alençon Luftkampf mit zwei Mustangs, von denen ohne eigene Verluste eine sicher und die andere wahrscheinlich abgeschossen werden konnten -

Fw. Heckmann	7./JG 51	P-51	(16.)	19.45
Gefr. May	7./JG 51	P-51	w.b.	

Die II./JG 11 war von Manancourt aus im Einsatz; mit den wenigen noch verbliebenen Maschinen wurden eine ganze Anzahl von Schwarm- und Rotteneinsätzen zur freien Jagd über dem nordöstlichen Invasionskampfraum geflogen, die indes offensichtlich sämtlich ohne zählbares Ergebnis blieben [1100].

Wie angeschlagen die im Abwehreinsatz im Westen stehenden Gruppen der JG 1 und 11 zu diesem Zeitpunkt waren, ergibt sich aus den Stärkemeldungen zum Monatsende [1101]:

	Flugzeugführer			Flugzeuge		
	Soll	Ist	einsatzbereit	Soll	Ist	einsatzklar
Stab/JG 1	4	2	2	4	3	2
I./JG 1	68	24	2	68	14	3
II./JG 1	68	12	8	68	0	0
III./JG 1	52	54	39	52	57	32
I./JG 11	68	13	2	68	5	1
II./JG 11	52	25	14	52	22	11

Ende Juni 1944 verlief die Frontlinie des alliierten Brückenkopfes in der Normandie von ostwärts der Orne-Mündung etwa 20 Kilometer landeinwärts, dann nördlich Caen in einem leichten Bogen nach Villiers und von dort in allgemeiner Richtung Nordwest vor St. Lô bis wenige Kilometer südlich Barneville an der Westküste des Cotentin. Der Schwerpunkt der Kampfhandlungen lag weiterhin im britischen Frontabschnitt im Raume Caen und im amerikanischen, nachdem der Kampf an der Nordspitze des Cotentin westlich Cherbourg geendet hatte [1102], im Gebiet um St. Lô. Sogleich nach dem Ende der Kämpfe in Cherbourg machten sich die Alliierten daran, den Hafen aufzuräumen und es gelang ihnen trotz der umfangreichen Zerstörungen, den Hafen in kürzester Zeit in Betrieb zu nehmen

---

[1100] das Flugbuch von Ernst Richter weist für den 30.6. vier Einsätze zur freien Jagd aus, von denen die ersten drei um 07.52, 11.07 und 16.25 Uhr jeweils ohne Feindberührung verliefen, während es auf dem letzten Einsatz ab 18.50 Uhr zu einer ergebnislosen Auseinandersetzung mit P-47 kam

[1101] German Order of Battle, USSBS, Statistics as of Quarter Years, Meldetag 30.6.1944; bemerkenswert sind die unterschiedlichen Sollzahlen, die bei der I. und II./JG 1 sowie der I./JG 11, denen bereits eine vierte Staffel unterstellt war, bereits mit 68 angegeben werden, während die beiden Höhengruppen noch ein Soll von 52 aufweisen.

[1102] der letzte Widerstand auf der Nordwestecke des Cotentin erlosch in der Nacht zum 1. Juli 1944, woraufhin die Reste der dort eingesetzten Verbände auf die noch in deutscher Hand befindlichen Kanalinseln zurückge-führt werden sollten. Bereits am 30. Juni waren die ersten alliierten Minenräumfahrzeuge in Cherbourg eingelaufen, wobei sie durch kein deutsches Abwehrfeuer mehr gehindert wurden - vgl. KTB OKW 1944/45 Teil I, S. 322

und als Haupthafen für die Zuführung von Truppen und Nachschubgütern nutzen zu können. Bis zum 2. Juli 1944 hatten die Alliierten die Masse von je vier Korps der 1. US- und der 2. britischen Armee mit zusammen 929.000 Mann, 177.000 Fahrzeugen und 586.000 Tonnen an Nachschubgütern an Land gebracht [1103].

Auf deutscher Seite herrschte demgegenüber grundsätzliche Uneinigkeit über die weitere Kampfführung im Westen; während die Frontbefehlshaber - allen voran die Feldmarschälle von Rundstedt [1104] und Rommel - einen teilweisen Rückzug verlangten, um die Frontlinie zu begradigen und zu verkürzen und um vor allem die eigenen Truppen aus dem mörderischen Feuer der Schiffsartillerie herauszuziehen, bestanden Hitler und der Wehrmachtführungsstab auf einer starren Verteidigung und untersagten jegliche Preisgabe von Gelände [1105], da dies dem Eingeständnis einer Niederlage gleichkäme. GFM von Rundstedt wurde am 2. Juli abgelöst und durch den aus dem Osten kommenden GFM von Kluge ersetzt, der nun dazu berufen war, die Vorstellungen Hitlers in die Tat umzusetzen. Während dessen schmolzen die deutschen Verbände in den mörderischen Kämpfen im Heckengelände der Normandie schnell dahin und brannten ganze Divisionen in wenigen Tagen zu kleinen Kampfgruppen aus.

Nirgends war die Unterlegenheit der deutschen Seite in diesen ersten Wochen der Invasionskämpfe krasser und entscheidender gewesen als in der Luft; während es die alliierten Luftstreitkräfte seit dem 6. Juni 1944 auf 160.403 Einsätze über dem Landegebiet gebracht hatten, konnte die Luftflotte 3 im selben Zeitraum lediglich 13.315 verzeichnen, was einem Verhältnis von schlechter als 12 : 1 zu Ungunsten der Luftwaffe entsprach. Die deutschen Tagjagdgruppen hatten es dabei auf 9.162 Einsätze gebracht, mithin im Schnitt 382 pro Tag; 551 Flugzeuge gingen dabei verloren, weitere 290 wurden beschädigt, wobei 230 Flugzeugführer fielen oder vermisst blieben, acht in Gefangenschaft gerieten und 88 - zum Teil schwer - verwundet wurden. Weitere 65 Flugzeuge waren am Boden Opfer von Bomben- oder Tiefangriffen geworden, etliche mehr waren dabei beschädigt worden. Bezogen auf die Zahl der geflogenen Einsätze bedeuteten diese Flugzeugverluste eine Rate von 6,0%, was deutlich besser war als zuletzt in der Reichsverteidigung; wenn der Einsatz der Jagdflieger gleichwohl ohne nennenswerten Einfluss auf den Gang der Ereignisse geblieben war, hatte dies seine Ursache hauptsächlich darin, dass die gewaltige zahlenmässige Überlegenheit der alliierten Luftstreitkräfte es ihnen erlaubte, die deutschen Gruppen - bildlich gesprochen - einfach zuzudecken, sie bereits fernab der Front in verlustreiche Luftkämpfe zu verwickeln und sie erst gar nicht an ihre Einsatzorte vordringen zu lassen, so dass sie ihrem Auftrag, die eigenen Heeresverbände zu entlasten, nicht einmal im Rahmen ihrer bescheidenen Kräfte erfüllen konnten. Wenn gleichwohl etwa 550 Abschüsse gemeldet worden waren, zeugte dies von der nach wie vor gegebenen Kampfbereitschaft der Tagjagd [1106], auch wenn dies angesichts der gigantischen zahlenmässigen Überlegenheit des Gegners nur noch Nadelstiche sein konnten.

[1103] vgl. dazu ausführlich Cartier, aaO., Bd. 2, S. 772; Jacobsen / Rphwer, aaO. S. 426

[1104] von Rundstedt soll in einem Telefongespräch mit GFM Keitel am 1. Juli 1944 auf die Mitteilung, dass seine Vorstellungen über eine Frontbegradigung mit Rückzug in einigen Bereichen von Hitler rundweg abgelehnt worden seien, seine Ablösung verlangt haben, da ihm danach jegliche eigene Initiative versagt sei; auf die Frage Keitels, was denn die deutsche Führung tun solle, soll er geantwortet haben: "*Frieden schliessen, Ihr Narren! Was denn sonst?*" - so zitiert bei Cartier, aaO., Bd. 2, S. 773

[1105] vgl. dazu ausführlich KTB OKW 1944/45 Teil 1, S. 323 ff

[1106] die alliierten Luftstreitkräfte meldeten im selben Zeitraum folgende Verluste:

	8. USAAF *	9. USAAF	2nd Tac. A.F.
Viermotorige	67	-	-
Zweimot-Bomber	-	36	17
Jäger	163	203	243
Sonstige	-	60	-
Summe	230	299	260

*) Verluste der 8. USAAF nur bis 17.6.; es fehlen Verluste des RAF Fighter Command und des Bomber Command bei deren Einsätzen über Frankreich; vgl. Freeman, aaO., S. 259 ff; M.A.C.R., Juni 1944; 2nd. Tac.A.F. Log

Eingesetzte deutsche Flugzeuge an der Invasionsfront
Juni 1944

Tag	Gesamt	Jäger	Kampfflgzg.	Abschüsse	Verluste*					
					Personal			Flugzeuge		
					+	verw.	KG	60-100%	5 - 60%	Boden
06.06	319	172	88	20	3	2	-	11	4	3 z
07.06	689	378	326	48	21	12	3	42	38	3 z
08.06	849	420	392	32	23	4	-	36	8	4 z
09.06	566	291	259	2	4	3	-	23	3	7 z
10.06	543	326	199	31	13	8	-	31	12	6 z
11.06	317	126	174	13	4	2	-	10	-	1 z
12.06	460	400	45	44	18	9	-	34	13	12 z
13.06	761	476	254	5	1	6	-	11	8	-
14.06	615	415	194	44	9	1	1	18	13	-
15.06	662	462	189	26	10	6	-	26	6	3 z
16.06	547	411	125	18	3	2	-	5	8	1 z
17.06	520	398	74	24	13	1	1	26	16	-
18.06	376	275	95	6	2	1	-	10	2	-
19.06	170	34	132	3	-	-	-	2	1	-
20.06	451	356	84	27	13	4	-	30	14	-
21.06	345	214	95	8	5	-	-	12	17	-
22.06	542	427	80	19	15	3	1	28	16	-
23.06	539	330	182	29	8	2	1	25	15	-
24.06	638	502	114	20	5	3	-	14	14	17 z
25.06	637	483	137	35	14	1	-	37	19	6 z
26.06	408	301	93	4	2	3	-	11	13	-
27.06	409	371	17	21	12	4	1	31	12	-
28.06	621	459	126	16	12	3	-	26	20	-
29.06	622	490	88	15	10	5	-	24	13	-
30.06	709	645	60	16	10	3	-	28	5	2 z
Summe:	13.315	9.162	3.622	526	230	88	8	551	290	65 z

*) Verluste betreffen nur den Bereich der Tagjagd

Trotz aller Anstrengungen bei der Zuführung neuer Flugzeuge gelang es nicht, die Einsatzstärke der in Frankreich liegenden Gruppen auf einem vertretbaren Stand zu erhalten; waren die Gruppen schon in alles anderem als aufgefrischten Zustand nach Westen verlegt worden, erwies es sich dort unter dem Eindruck der fortwährenden Abdeckung durch die alliierten Luftstreitkräfte als unmöglich, einen auch nur halbwegs annehmbaren Klarstand aufrechtzuerhalten. Dementsprechend verfügte die Luftflotte 3 am 30. Juni 1944 über nur mehr 485 Jagdflugzeuge, von denen gerade 233 einsatzklar waren, mithin gerade 48% [1107]. Man war also weit entfernt von der Zahl von 1.000 Tagjägern, die nach der Planung

---

[1107] Stärkemeldngen der Lfl. 3 vom 30.6.1944 lt. German Order of Battle - Statistics as of Quarter Years, USSBS, Enemy Aircraft Section

vorgesehen waren, und eine Besserung war nicht in Sicht. Denn seit dem Ende ihres Einsatzes über dem Invasionskampfraum hatte die 8. USAAF mit aller Macht den Bombenkrieg gegen das Reichsgebiet wiederaufgenommen, wo ihre Schläge nunmehr in Anbetracht der schwachen, im Reich verbliebenen Abwehrkräfte immer härter und vernichtender trafen [1108]; allein die Treibstoffindustrie musste bis Ende Juni 1944 fünf Grossangriffe über sich ergehen lassen, wodurch der Ausstoss von Flugtreibstoff von noch 156.000 Tonnen im Mai auf nur mehr 53.000 Tonnen absank, bei einem monatlichen Verbrauch von 190.000 Tonnen [1109], wodurch eine Gefahr von katastrophalen Ausmassen für die gesamten deutschen Kriegsanstrengungen heraufbeschworen wurde [1110].

Auch im Osten standen die Zeichen auf Sturm; dort hatte am 22. Juni 1944 die grosse sowjetische Sommeroffensive gegen die Front der deutschen Heeresgruppe Mitte begonnen, die sich schnell zu einer Katastrophe für den gesamten Frontbereich entwickelte; davon wird indes im folgenden Kapitel zu berichten sein. In Italien schliesslich befanden sich die deutschen Truppen ebenfalls auf der ganzen Frontlinie auf dem Rückzug; nachdem Rom bereits am 4. Juni 1944 kampflos preisgegeben worden war, kämpften die deutschen Armeen verzweifelt darum, den Zusammenhang ihrer Linien zu erhalten und eine neue, gefestigte Frontlinie aufzubauen [1111].

Unterdessen erfolgte im Heimatgebiet die Auffrischung und Neuaufrüstung der III./JG 1 sowie der zuletzt zurückverlegten Teile der II./JG 1 und der I./JG 11.

Die III./JG 1 hatte sich seit Mitte Juni in Wunstorf versammelt, wo nach und nach auch die letzten Nachkommandos aus Frankreich eintrafen. Der vollkommen abgeflogene Zustand des fliegenden Verbands der Gruppe machte einen Neuaufbau um die Handvoll der verbliebenen Flugzeugführer herum erforderlich; keine der drei Staffeln verfügte mehr über mehr als ein halbes Dutzend Flugzeugführer. Der Ersatz kam zum überwiegenden Teil frisch von den Ergänzungsgruppen und war dementsprechend jung und unerfahren; daneben kehrten aber auch einige Flugzeugführer nach ihrer Wiederherstellung aus den Lazaretten zurück und wurden Flugzeugführer von anderen Verbänden zur Gruppe versetzt [1112]. Hinzu kamen schliesslich eine Reihe von umgeschulten ehemaligen Kampffliegern und Fernaufklärern, darunter die Hauptleute Kasuhn und Maetzke sowie Olt. Lammich; diese Männer waren durchweg einige Jahre älter als die meisten übrigen Flugzeugführer und verfügten in der Regel wohl über grosse fliegerische Erfahrung - darunter auch im Blindflug -, doch fehlte es ihnen an jeglicher Erfahrung im Jagdkampf und nach jahrelangem Einsatz auf mehrmotorigen Kampf- und Transportflugzeugen oft auch an dem notwendigen Gespür für den Umgang mit den leichten, wendigen Einsitzern.

[1108] vgl. dazu Gundelach, Treibstoff, S. 694, wo es u.a. heisst: *"Damit setzten schon zwölf Tage nach Beginn der Invasion die US-Luftstreitkräfte den strategischen Luftkrieg gegen das Reichsgebiet mit beiden Luftflotten in voller Stärke fort, wobei ausser den Treibstoffzielen auch Verkehrsknotenpunkte im westlichen Reichsgebiet nicht vergessen wurden. Eine bisher nicht erlebte Weiträumigkeit war das Zeichen dieser mit zahlreichen Teilverbänden auf eine Vielzahl von Zielen - nicht Zielsystemen - gerichteten Operationen, bei denen im übrigen die erlittenen Verluste kaum die Fortsetzung in Fage stellen konnten. ... Es gab kein Industrieziel mehr, das die jagdgeschützten US-Bomber nicht erreichen konnten."*

[1109] Gundelach, Treibstoff, S. 693 m.w.N.

[1110] vgl. dazu ausführlich Speer, aaO., S. 366 ff; Gundelach, Treibstoff, S. 692 ff m.w.N.

[1111] vgl. die zeitiche Übersicht im KTB OKW 1944/45 Teil II, S. 1908 ff

[1112] so kehrte z.B. Uffz. Walter Pleines nach seiner Verwundung vom 11.4.1944 zur 9. Staffel zurück, während Uffz. Hugo Hausotter und Uffz. Jakob Vogel von der I./JG 5 zur III./JG 1 versetzt wurden, wo sie der 8. Staffel zugeteilt wurden. Neu zur Gruppe kamen auch Ofw. Leo-Lothar Barann und Uffz. Heinz Lehmann, die beide zuvor zur 5./JG 11 gehört hatten; während ersterer nach Wiederherstellung von seiner Verwundung vom 3.3.1944 als Schwarmführer zur 7. Staffel kam, hatte letzterer die Verlegung der Gruppe nach Frankreich wegen seines Hochzeitsurlaubs (er hatte am 27.5.1944 geheiratet) nicht mitmachen können und wurde nun zur 9. Staffel versetzt, der auch Fw. Karl-Heinz Kutzera zugeteilt wurde, der ebenfalls von der II./JG 11 kam. Auch Lt. Hans Halbey kam nach seiner Verwundung vom 28. Mai 1944 zur III./JG 1 zurück, wo er nun den Posten des Adjutanten übernahm

Die Tage in Wunstorf wurden mit dem Einfliegen des neu zusammengefügten Verbands und der Nachschulung der Nachwuchsflugzeugführer verbracht; zugleich erhielt die Gruppe einen vollständigen Bestand an neuen Bf 109 G-6, unter denen sich wieder eine ganze Reihe AS-Maschinen befanden, obwohl sich gerade diese Baureihe für die Einsätze an der Invasionsfront bereits als ungeeignet erwiesen hatte. Über die Zeit in Wunstorf schrieb Hubert Heckmann:

> *Die 9. Staffel war geschlossen im Seehotel untergebracht. Wir bekamen Besuch von Galland und Gollob; Galland ging die Front entlang und fragte jeden nach Einsätzen und Abschüssen* [1113].
>
> *Viele Familienangehörige kamen nach Steinhude; wir wohnten in Grossenheidorn und benutzten die Zeit wie einen Urlaub. Auf unser Strandhotel wurden natürlich ununterbrochen "Tiefangriffe" geflogen. Und wenn wir Methanol reinschoben, gab das einen Heidenlärm. Eines Abends kam eine ältere Dame zu mir und beklagte sich bei mir als "Kommandanten", dass wir doch nicht so tief über ihr Haus fliegen sollten, ihr Enkelkind sei schon so nervös, dass es die Flasche nicht mehr halten könne.*
>
> *Meine bisherige Erfahrung hatte mich gelehrt, dass die Rechtskurve im Luftkampf viel brachte, dass ich sie aber bei weitem noch nicht ausreichend beherrschte. Das holte ich jetzt bei jeder sich bietenden Gelegenheit im Tiefflug über dem Wasserspiegel des Steinhuder Meeres nach, wobei mir die in bestimmten Abständen auf dem Wasser schwimmenden Eisenbojen als Anhaltspunkte für meine Kurvengrösse dienten.* [1114]

Während der Auffrischung der Gruppe wurde die Stelle des Gruppenkommandeurs neu besetzt; die Ankunft seines neuen Kommandeurs schildert Hans Halbey, der den folgenden Bericht mit " Ich und Woitke " überschrieb:

> *Ich nenne mich zuerst, denn Woitke war ein Goliath von 1,85 m Höhe, von athletischer Gestalt, Zehnkämpfer bei der Olympiade 1936, ich dagegen war mit nur 1,68 m zierlich und schmächtig, und dann wurde Woitke mein Kommandeur, ich sein Adjutant. Ehe er unsere Jagdgruppe übernahm, ging ihm ein Schrecken auslösender Ruf voraus. Er sei mehrmals vom Hauptmann zum einfachen Soldaten degradiert worden wegen etlicher Delikte im Suff* [1115]; *den kleinen Leutnant Knoke soll er einmal, wieder total besoffen, am ausgestreckten Arm minutenlang aus dem Fenster im vierten Stock gehalten haben, nur oben an der Uniformjacke gepackt. Und bei der Verleihung des Deutschen Kreuzes in Gold habe er den Orden nach der Verleihung in die Tapete des Festsaales gesteckt mit den Worten: "Da klebt das Spiegelei !" Aber er brachte es doch wieder zum Hauptmann und nun zu unserem Kommandeur.*
>
> *Ich erwartete seine Ankunft mit einem Fieseler Storch auf dem Rollfeld in Wunstorf. Als der Recke vor mir aufragte, schaute ich hoch hinauf in ein aus Granit gemeisseltes Antlitz mit kantigen Zügen, grauen Augen mit stählernem Blick, stellte mich zackig, innerlich aber zitternd, als sein Adjutant vor. Seine Brauen signalisierten amüsierte Überraschung ob des ihm als Adju. zugeteilten Zwerges. Um alles zwischen uns gleich deutlich zu machen, legte er seine zehnkämpferischen Kräfte voll in den Händedruck. Ich glaubte, dass sämtliche Knöchelchen meiner Rechten zerbrochen seien und konnte nur mühsam Schmerztränen zurückhalten.*

[1113] die Besichtigung der III./JG 1 durch den General der Jagdflieger und Offiziere seines Stabes erfolgte erst wenige Tage vor der erneuten Verlegung der III. Gruppe nach Frankreich; vgl. auch die Abb. auf S. 1054

[1114] Aufzeichnungen Hubert Heckmann, S. 22

[1115] tatsächlich ist Erich Woitke zwar wiederholt - mehr oder weniger ausgesprochen - strafversetzt worden, doch wurde er dabei in keinem einzigen Falle degradiert; vgl. dazu auch unten Fn. 1117

Abb. 807 - 809: Drei Aufnahmen aus den letzten Tagen der Auffrischung der III./JG 1 in Wunstorf im Juni / Juli 1944; oben links sieht man GenMaj. Adolf Galland - 2. v.l. - bei der Musterung der Flugzeugführer. links von ihm steht GenMaj. Max Ibel, Kommandierender General der 2-. Jagddivision und rechts von ihm ist Hptm. Erich Woitke, Gruppenkommandeur der III./JG 1 zu erkennen. Oben rechts und unten sieht man Galland in einer der Flugzeughallen auf dem Platz Wunstorf bei der Besichtigung von Bf 109 G-6/AS der III./JG 1.

(Pleines / Burkhardt / Lächler)

Sofort begann ich Pläne zu schmieden, mit welcher Art von Schleuder ich, David, diesen Goliath notfalls erlegen könnte; nein, nicht erlegen, aber ihm standhalten, das schien mir eine Überlebensfrage zu sein. Parodistisch veranlagt, übte ich mich zunächst sorgsam in seine metallische Stimme und die besondere Weise seiner immer überlegen klingenden Diktion ein, und seine Unterschrift hatte ich bald heraus. Doch zuerst galt es, sich gegen seine Schrecken zu wappnen. Er tyrannisierte bald seine ganze Umgebung, besonders im Suff, und das war allnächtlich. Um zwei Uhr morgens befahl er den Truppenarzt aus dem Bett, er solle ihm aus Säften und reinem Alkohol einen handfesten Drink mixen; oder er jagte gegen drei Uhr in der Frühe den Küchenbullen aus den Federn, er brauche dringend und sofort eine kräftige Bohnensuppe. Er scheuchte die Flugzeugführer nach Mitternacht aus den Betten zur "Lagebesprechung"; und das teuflisch fatale war, dass man ihm seine Volltrunkenheit nicht anmerkte. Er hatte sich in diesem Zustand voll in der Gewalt - Gestik, Blick und Stimme wirkten absolut nüchtern. Als er mich zum ersten Male nächtens um Rühreier mit Speck aus den Träumen riss, sagte ich stramm: "Jawohl, Herr Hauptmann!" und drehte mich auf die andere Seite. Am nächsten Morgen war alles vergessen oder es schien wenigstens so.

Dann wurde ich kühner. Hatte ich morgens verschlafen und musste fürchten, nicht pünktlich beim Alten zu sein, rief ich mit Woitkes Stimme einen Staffelkapitän an und befahl, schnellstens den Adjutanten abzuholen und zum Kommandeur zu bringen. Ich orderte - wieder mit seiner Stimme - Alkoholitäten in mein Dienstzimmer, auf seine Rechnung, versteht sich, setzte seine Unterschrift unter Befehle zu meinen Gunsten und übte bald ansehnliche Woitke'sche Macht aus. Bis er mich eines Vormittags brüllend in sein Zimmer befahl und mich andonnerte: " Halbey, Sie können alles von mir lernen. Aber meine Stimme und meine Unterschrift gehören mir ! Ist das klar !!?" Dabei blinzelte es, kaum merklich, belustigt aus seinen Augenwinkeln. Ich hatte seinen Respekt gewonnen, Davids Schleuder (zum Standhalten) hatte sich bewährt. Wir kamen danach immer gut miteinander aus. [1116]

Hptm. Erich Woitke war zweifellos eine bemerkenswerte Persönlichkeit, der zugleich auf eine der ungewöhnlichsten Dienstlaufbahnen in der Luftwaffe zurückblicken konnte; er war zum Zeitpunkt der Übernahme der III./JG 1, am 15. Juni 1944, 32 Jahre alt und stand bereits seit Kriegsbeginn im Fronteinsatz. Schon im November 1940 war er als Hauptmann Gruppenkommandeur geworden, doch kam er in der Folge wiederholt mit höheren Dienststellen in Konflikt, wobei der Alkohol eine wesentliche Rolle spielte; dabei trank Erich Woitke keineswegs mehr oder ausschweifender als manch anderer, er hatte aber das Pech, dass er dabei " auffiel ", womit eine Kettenreaktion in Gang gesetzt wurde, die seine ganze weitere Laufbahn bestimmen sollte. Desungeachtet galt er als ein hochanständiger Truppenoffizier, der sich mit ganzem Herzen für die ihm untergebenen Männer einsetzte und der als Verbandsführer und Jagdflieger beachtliche Erfolge - bis hierhin 26 Abschüsse - vorweisen konnte [1117].

[1116] Brief Hans Halbey, 14.8.1993

[1117] weil sie so aussergewöhnlich ist, soll die Laufbahn Erich Woitkes hier in groben Zügen umrissen werden: 1931 trat Woitke in die Infanterie ein und meldete sich 1935 freiwillig zur Luftwaffe. 1936 Oberfähnrich, Flugzeugführer in der Jagdgruppe Werl. 26.5.1937 bis 20.4.1938 bei der 1.(J)/88 in Spanien, dort vier Abschüsse, alles I-16. Danach zur II./JG 134 und zu verschiedenen Schul- und sonstigen Einheiten. 20.10.1938 wegen hervorragender Leistungen als Jagdflieger bevorzugt zum Oberleutnant befördert. 10.2.1940 Staffelkapitän der 6./JG 3, mit dieser einen Abschuss in Frankreich und vier über England. EK II am 13.6., EK I am 7.7.1940, Ehrenpokal am 4.12.1940. 1.10.1940 Hauptmann. Seit 11.11.1940 Kommandeur der II./JG 52, bis Anfang 1942; am 17.2.1942 wegen " Dienstpflichtverletzung und Absetzens einer falschen dienstlichen Meldung " zu vier Monaten Haftstrafe verurteilt. 24.1.1942 Versetzung zur JFS 2 als Lehrgangsleiter. 13.6.1942 zum ZG 1 "als Flugzeugführer", wie die Personalakte aussagt. Im Oktober 1942 beim Stab/JG 27, danach bei der II./JG 27 und Ende 1942 bis 25.1.1943 zur Bewährung beim Stab/JG 77. Anschliessend stellvertretender Bataillonsführer des 4. Jäger-Bataillons in der 4. Lw.-Felddivision, ab 26.7.1943 bei der Störkampfgruppe beim Lw.-Kdo. 6. Ab 1.9.1943 bei der Sonderstaffel JG 11 zur Überprüfung, danach im Stab I./JG 11. Januar bis Juni 1944 bei der II./JG 300, dort zwei Viermot-Abschüsse. Am 15.6.1944 zur III./JG 1 versetzt. Erich Woitke wurde zu einem nicht mehr nachweisbaren Zeitpunkt mit dem Deutschen Kreuz in Gold ausgezeichnet.

Abb. 810: Fw. Karl-Heinz Kutzera, lange Zeit Flugzeugführer in der II./JG 11 und im Juni 1944 zur III./JG 1 versetzt, bei seiner Hochzeit in Wunstorf im Juni 1944; er ist am 18. Juli 1944 im Invasionskampfraum im Luftkampf gefallen.

(Lehmann)

Für Hptm. Lutz-Wilhelm Burkhardt endete am 2. Juli 1944 der Einsatz bei der III./JG 1 aufgrund eines akuten Malariaschubes, der ihn für einige Wochen ans Bett fesseln sollte; er kehrte danach nicht mehr zur III./JG 1 zurück, sondern sollte weitere Verwendung zunächst auf verschiedenen Stabsstellungen finden, bevor er im Frühjahr 1945 bei der III./EJG 2 noch auf die Me 262 umgeschult wurde. Seit seiner Zugehörigkeit zur III./JG 1 Ende Februar 1944 hatte er es auf zwölf Abschüsse - seinen 58. bis 69. - gebracht und war damit der während dieser Zeit mit Abstand erfolgreichste Flugzeugführer der Gruppe gewesen; für ihn übernahm Olt. Fritz Bilfinger, der zuvor lange Zeit bei den JG 54 und 52 im Osten im Einsatz gewesen war, die 7. Staffel.

In Köln-Ostheim erfolgte unterdessen die Auffrischung der am 25. Juni dort eingetroffenen Teile der II./JG 1 und der I./JG 11; neben der Ausstattung mit neuen Maschinen für die aus Frankreich zurückgekehrten Flugzeugführer fand eine Auffüllung der beiden Gruppen mit einer ganzen Anzahl junger Flugzeugführer statt, die auch hier frisch von den Ergänzungsgruppen kamen [1118]. In Reinsehlen

---

Zwei Vorschläge, Erich Woitke wegen seiner unbestreitbaren Verdienste zum Major zu befördern, wurden vom Lw.-Personalamt unter Verweis auf einen "Reichsmarschall-Befehl" abgelehnt, wonach Beförderungen vorbestrafter Offiziere nur in Ausnahmefällen und nur dann möglich sein sollten, wenn die Vorstrafen getilgt würden, was indes im Falle Woitke unterblieb. Eine wesentliche Rolle in dieser Hetzjagd dürfte auch Woitkes unbestritten ablehnende Haltung dem Regime gegenüber gespielt haben, ebenso wie einige sehr unappetitliche Nachstellungen seitens sogenannter "Kameraden" und Vorgesetzter

[1118] Bericht Heinz Schuch, 16.8.1993; danach wurden die bei der Verlegung der I./JG 11 nach Frankreich am 6. Juni zurückgebliebenen Flugzeugführer in Köln-Ostheim zusammengefasst, wo die Gruppe für den weiteren Einsatz in Frankreich eilig aufgerüstet werden sollte. Während dieser Zeit wohnten die Flugzeugführer in Privatquartieren in der Eifel; jeden Morgen und jeden Abend wurden sie mit Bussen von dort zum Platz gebracht und abends wieder in ihre Quartiere geschafft. In diesen Tagen stiessen viele neue Flugzeugführer zum Verband - "*Alles fremde Gesichter,*" erinnert sich Heinz Schuch

schliesslich endete die Umrüstung und Umschulung der 9./JG 77, die der I./JG 1 als vierte Staffel zugeteilt werden sollte. Anfang Juli wurde klar, dass die Verlegung nach Frankreich zur Teilnahme an den Abwehreinsätzen gegen die Invasion unmittelbar bevorstand.

1. Juli 1944: Auch am ersten Tage des neuen Monats hielten die schweren Kämpfe an den beiden Brennpunkten der Invasionsfront bei St. Lô und südwestlich Caen unvermindert an; unterstützt von stärkstem Trommelfeuer ihrer Schiffs- und Landartillerie und zahlreichen Einsätzen ihrer Jabos und Tiefflieger berannten die britischen und amerikanischen Truppen die deutschen Abwehrstellungen, ohne dass dabei einer Seite entscheidende Fortschritte gelungen wären [1119].

Die in Lonrai liegenden Teile der I. und II./JG 1 sowie der I./JG 11 brachten es im Verlaufe des Tages auf gerade zwei Einsätze zur Strassenjagd im Raume Caen, zu denen noch ganze sieben Focke Wulfs aufgeboten werden konnten. So weit ersichtlich, konnten beide Einsätze ohne Feindberührung und ohne Verluste abgewickelt werden [1120].

Die II./JG 11 hatte mehrere Einsätze über dem östlichen Frontbereich und dem Hinterland der Front zu fliegen; am Abend [1121] kam es im Raume Arras / Valenciennes - Quadrate PG/PH/QG - zu einem harten Luftkampf mit einer Gruppe Thunderbolts, in deren Verlauf die Gruppe insgesamt sechs Abschüsse für sich verbuchen konnte, davon allein drei durch ihren Kommandeur Walter Krupinski, der mittlerweile zum Hauptmann befördert worden war -

Hptm. Krupinski	II./JG 11	P-47	(193.)	19.55
Hptm. Krupinski	II./JG 11	P-47	(194.)	19.55
Hptm. Krupinski	II./JG 11	P-47	(195.)	19.58
Uffz. Loeper	6./JG 11	P-47	(1.)	20.00
Fw. Richter	4./JG 11	P-47	(15.)	20.10
Uffz. Faltin	5./JG 11	P-47	(6.) *	

Auf der Verlustseite standen zwei Gefallene und ein Verwundeter: Lt. Karl Jordan von der 4./JG 11 wurde bei Denain tödlich abgeschossen, während sein Staffelführer Lt. Herbert Klotz im Raume Valenciennes verwundet wurde. Fw. Ernst Richter von der 4. Staffel beendete den Einsatz mit einer Bauchlandung; er hatte sich vor den P-47 in die Wolken " verpieselt ", doch ging ihm auf dem Weg zum eigenen " Gartenzaun " der Sprit aus [1122]. Die 5. Staffel verlor Uffz. Kurt Faltin, der diesen Einsatz als Rottenflieger von Hptm. Krupinski mitgeflogen hatte und ebenfalls im Raume Valenciennes tödlich abgeschossen wurde. An die Vorgeschichte dieses letzten Einsatzes von Kurt Faltin erinnert sich Georg Füreder:

Kurt Faltin war mein Kaczmarek und als solcher tadellos; zudem hatte er sich als ein sehr talentierter und erfolgreicher Jagdflieger erwiesen, der in den harten Kämpfen der vergangenen Wochen einige Abschüsse hatte erzielen können und der jetzt bei etwa sechs oder sieben Abschüssen und damit unmittelbar vor der Verleihung des EK I stand.

Wir hatten am selben Tage bereits einen Einsatz geflogen, bei dem Faltin einen Abschuss gemacht hatte [1123]; das war m.E. um die Mittagszeit gewesen. Später erhielten wir einen

---

[1119] KTB OKW 1944/45 Teil 1, S. 323; OKW-Bericht, 2.7.1944

[1120] Aufzeichnungen Siegfried

[1121] Einsatzzeit lt. Flugbuch Ernst Richter 19.12 - 20.40 Uhr

[1122] Tagebuch Ernst Richter

[1123] nach der Erinnerung Füreders eine P-47, doch sind Einzelheiten über einen solchen Abschuss nicht bekannt

Anruf vom Gruppenstab: Hptm. Krupinski forderte einen Rottenflieger für einen weiteren Einsatz an, der am Abend steigen sollte, und er wollte Uffz. Faltin dafür haben. " Nein, der fliegt heute nicht mehr," gab ich zurück, denn mir war nicht wohl bei dem Gedanken, Faltin einem anderen Rottenführer anzuvertrauen. Faltin selbst hatte den Anruf mitbekommen und "bettelte" darum, den Einsatz doch mitfliegen zu dürfen; er war heiss und wollte unbedingt sein Eisernes Kreuz erringen und so gab ich schliesslich nach. Als am Abend auf dem Liegeplatz des Gruppenstabs die Maschine des Kommandeurs angelassen wurde, rollte Faltin mit seiner "Mühle" rüber, startete und kam nicht mehr zurück. [1124]

An den beiden folgenden Tagen herrschte bei den in Lonrai liegenden Staffeln Einsatzruhe [1125]; über Einsätze der II./JG 11 ist nichts bekannt. Unterdessen begann am frühen Abend die Rückverlegung der in Köln-Ostheim aufgefrischten Teile der II./JG 1 und der I./JG 11 nach Frankreich; während der Zielort für erstere wieder der Feldflugplatz Semallé war, sollten die Focke Wulfs der I./JG 11 nach Chartres überführen - daran erinnert sich Heinz Schuch folgendermassen:

Der Verlegungsflug führte in einiger Entfernung an Paris vorbei; wir konnten dennoch erkennen, dass die Stadt gerade kräftig bombardiert wurde. Unser Ziel hiess Chartres, wo wir jedoch nur eine Nacht blieben, bevor wir auf unseren vorgesehenen Feldflugplatz in der Nähe von Chartres weiterverlegten. Dieser Platz war wirklich "kriminell" - ganz schmal, dicht umsäumt von Pappeln und als "Krönung" noch eine Hochspannungsleitung, die quer über die Wiese verlief. Bei der ersten Landung dort gab es gleich drei Brüche [1126]. *Auch der Start von diesem Platz bereitete uns Probleme und so ersannen wir eine besondere Startmethode: Ganz am Ende des kurzen Rollfeldes wurden die Motoren auf volle Touren gebracht, während unsere Techniker die Maschinen am Schwanz festhielten. Nach dem Loslassen nahmen wir so schnell wie möglich Fahrt auf, huschten unter der Hochspannungsleitung durch und mussten dann ziehen, was das Zeug hielt, um über die Pappeln am Platzrand wegzukommen. Zu starten bedeutete jedes Mal eine reine Angstpartie.* [1127]

Der Platz, auf dem die I./JG 11 unterkommen sollte, war wiederum Beille, wo die Gruppe bereits seit dem 20. Juni 1944 gelegen hatte. Auch die 1./JG 11, die zuletzt von Lonrai aus mit der I./JG 1 im Einsatz gewesen war, überführte an diesem Abend nach Beille und schied damit aus ihrer vorübergehenden Unterstellung unter die I./JG 1 aus.

Am **4. Juli 1944** begannen die Alliierten sowohl im amerikanischen Frontabschnitt westlich Carentan als auch im Gebiet südwestlich Caen mit einer neuen Offensive; beiden Unternehmungen war indes zunächst kein nennenswerter Erfolg beschieden [1128].

Die I./JG 1 mit unterstellten Teilen der II. Gruppe hatte zwei Einsätze zu fliegen; der erste, zu dem um 13.45 Uhr elf Focke Wulfs der I. und II./JG 1 sowie der 7./JG 51 starteten, führte über den Kampfraum zwischen Portbail und Carentan [1129]. Südlich des vorgesehenen Einsatzraumes, bei St. Lô, kam es dabei zu einem verlustreichen Luftkampf mit feindlichen Jägern. Ohne selbst zu Erfolgen zu kommen, büsste der deutsche Verband wenigstens vier Focke Wulfs ein, deren Flugzeugführer sämtlich ums Leben

---

[1124] Bericht Georg Füreder, 19.9.1993

[1125] Aufzeichnungen Siegfried

[1126] die indes vermutlich ohne schwerwiegende Folgen blieben, denn es liegen keine Verlustmeldungen der I./JG 11 zu beim Überführungsflug beschädigten Flugzeugen vor

[1127] Bericht Heinz Schuch, 16.8.1993

[1128] Cartier, aaO., Bd. 2, S. 774 ff

[1129] alle Angaben zum Einsatz der I./JG 1 an diesem Tage lt. Aufzeichnungen Siegfried

kamen. Die I./JG 1 verlor Uffz. Karl Grube von der 3. Staffel, während die II./JG 1 den Gefr. Karl-Friedrich Ernst als vermisst melden musste, nachdem er im Verlaufe des Luftkampfes vom eigenen Verband abgeplatzt und seither nicht mehr gesehen worden war [1130]. Gleich zwei Gefallene hatte die 7./JG 51 zu beklagen: Staffelführer Lt. Friedrich Krakowitzer und Lt. Helmut Weissbrodt kamen beim Absturz ihrer Focke Wulfs im Raume St. Lô zu Tode. Für Lt. Krakowitzer wurde zunächst Fw. Günther Heckmann mit der Führung der 7./JG 51 betraut [1131].

Der zweite Einsatz stieg um 19.30 Uhr, als sechs Focke Wulfs zum Begleitschutz für einen Aufklärer über das Brückenkopfgebiet starteten; der vergleichsweise starke Jagdschutz für eine einzelne Bf 109 der NAG 13 zeigt deutlich, wie verlegen die deutsche Führung um zeitnahes Aufklärungs-Bildmaterial von jenseits der Frontlinien war. Dem Einsatz war jedoch kein Erfolg beschieden, denn der kleine deutsche Verband traf auf ungefähr 30 P-51 und P-47, die die Focke Wulfs zurückjagten, wobei es allerdings offenbar ohne Verluste abging.

Die II./JG 1 hatte noch einen weiteren Gefallenen zu beklagen, als der Ogefr. Friedel Pallas von der 5./JG 1 bei der Landung von einem Überführungsflug [1132] in Semallé einen Überschlag machte und sich dabei tödliche Verletzungen zuzog.

Die I./JG 11 war seit diesem Tage wieder von Beille aus im Einsatz, doch liegen kaum Einzelheiten über den Ablauf dieses Tages dort vor. Im Laufe des Tages hatte die Gruppe einen verlustreichen Luftkampf mit Mustangs; drei Verluste wurden unter diesem Datum gemeldet, die allesamt die 2. Staffel betrafen - Uffz. Fritz Kuhlenkamp wurde an unbekannter Stelle tödlich abgeschossen, während Uffz. Wilhelm Massot bei Villebaudon, südwestlich St. Lô, abgeschossen und verwundet wurde. Noch eine Focke Wulf der 2. Staffel ging im Luftkampf verloren, doch konnte sich ihr Flugzeugführer, der Gefr. Kurt Hein, unverletzt mit dem Fallschirm in Sicherheit bringen [1133]. Drei weitere Maschinen wurden beschädigt, doch blieben die betroffenen Flugzeugführer jeweils unverletzt.

Über den Einsatz der II./JG 11 ist wiederum nur wenig bekannt; am Nachmittag traf bereits der Befehl zur nächsten Verlegung ein, die die Gruppe nach Mondesir im Süden von Paris führen sollte; bei dem am Abend durchgeführten Verlegungsflug kam es westlich Paris zu einem Luftkampf mit P-51, in dessen Verlauf zwar die Feldwebel Richter und Bubel, beide von der 4. Staffel, jeweils einen Abschuss erzielen konnten (16. bzw. 3.), während umgekehrt Uffz. Andreas Reissle - gleichfalls von der 4./JG 11 - bei Dreux tödlich abgeschossen wurde [1134].

5. Juli 1944: Über den Einsatz der in Frankreich liegenden Gruppen der JG 1 und 11 an diesem Tage ist nur vergleichsweise wenig bekannt.

Die I./JG 1 verzeichnete am 5. Juli nur einen Einsatz: Ein Schwarm war von 15.15 bis 16.13 Uhr zur freien Jagd über dem Frontraum südwestlich Caen unterwegs, hatte dabei indes keine Feindberührung und kehrte vollzählig nach Lonrai zurück [1135]. Auch bei der II./JG 1 brachten die Einsätze keine zählbaren Ergebnisse; allerdings waren drei ohne Feindeinwirkung beschädigte Focke Wulfs zu verzeichnen.

[1130] lt. namentl. Verlustmeldung WASt. wurde Ernst gerichtlich für tot erklärt, nachdem sein genauer Verbleib niemals geklärt werden konnte

[1131] Bericht Günther Heckmann, .8.1993; A.D.I.(K) Report No 396/1944 vom 30.7.1944

[1132] vermutlich hatte auch die II./JG 1 die Verlegung von Köln-Ostheim nach Semallé nicht ohne Zwischenlandung bewältigen können und daher wie die I./JG 11 eine Zwischenlandung in Chartres eingelegt

[1133] Aufzeichnungen Kurt Hein, über Axel Urbanke - Brief vom 17.6.1993; dort wird das Datum des Luftkampfes irrtümlich mit dem 3.7.1944 angegeben

[1134] Flug- und Tagebuch Ernst Richter, Einsatzzeit 20.20 - 21.50 Uhr

[1135] Aufzeichnungen Siegfried

Abb. 811 - 813: Einsatzvorbereitungen bei einer Fw 190 A-8 der 5./JG 1 in Frankreich im Sommer 1944; die Maschine ist mit einer Holzluftschraube mit breiten, verschränkten Blättern ausgestattet. Unten links sieht man Fhr. Hans Rechenberg - links - mit einem namentlich nicht bekannten Leutnant auf der Fläche derselben Maschine, der auch auf der Aufnahme unten rechts zu sehen ist. Bei dem Flugzeugführer rechts aussen handelt es sich möglicherweise um Ofw. Reinhard - " Anton " - Flecks.

(Rechenberg)

Abb. 814: Einsatzvorbereitungen bei einer weiteren Fw 190 A-8 der 5./JG 1 in Frankreich im Sommer 1944; hier wird die Maschine, die mit Sträuchern oberflächlich getarnt ist, aus einem Tankwagen betankt.

(Rechenberg)

Die I./JG 11 hatte offenbar Einsätze über dem Kampfraum am Südrand des Cotentin zu fliegen, wo sie im Laufe des Tages mehrere Verluste hinnehmen musste; Lt. Wenzel Schmiedl von der 1. und Uffz. Horst Kath von der 3. Staffel kehrten von Einsätzen über dem Invasionskampfraum nicht zurück, wobei Horst Kath noch immer als vermisst gilt. Am frühen Abend hatte die 10./JG 11 bei Alençon Luftkampf mit einigen P-47, von denen Fw. Aloysius Jakob um 18.00 Uhr eine abschiessen konnte (1.), doch wurde er selbst gleich darauf das Opfer einer weiteren Thunderbolt, die seine "blaue 2" [1136] abschiessen konnte, wobei Jakob so schwer verwundet wurde, dass er seinen Verletzungen am 22. Juli erlag.

Kurz nach Mittag begann die erneute Verlegung der III./JG 1 nach Frankreich; um 13.10 Uhr rollten ungefähr 50 Messerschmitts [1137] in Wunstorf an den Start zum Überführungsflug [1138], doch kam die Gruppe an diesem Tage nur bis Wiesbaden-Erbenheim, wo sie für die nächsten vier Tage festliegen sollte. Dagegen konnte die 9./JG 77, die sich mittlerweile in Köln-Ostheim versammelt hatte, am frühen

---

[1136] es herrschte während dieser Zeit ein auffälliges Durcheinander bei den Kennziffern der Jagdflugzeuge; so weit ersichtlich betraf dies im Bereich der JG 1 und 11 allerdings nur Fw 190. Zum einen tauchten dabei seit Ende Juni sowohl beim JG 1 als auch beim JG 11, aber auch bei der 7./JG 51 und der 9./JG 77, Maschinen mit dreistelligen weissen Kennziffern auf, während zum anderen erstmals rote und blaue Kennziffern verwendet werden. Dieser Zustand hielt bis Mitte Juli 1944 an und wich dann wieder geordneteren Verhältnissen. Vgl. auch die Angaben in der Verlustzusammenstellung am Ende

[1137] die genaue Stärke der III./JG 1 zu Beginn ihrer zweiten Verlegung nach Frankreich ist unbekannt und es liegen einige widersprüchliche Angaben dazu vor: laut A.D.I.(K) Report No. 390/1944 vom 28.7.1944 soll die III./JG 1 bei ihrem Eintreffen in Frankreich über etwa 50 Flugzeugführer und 60 Messerschmitts verfügt haben. Dagegen beziffert Herbert Kaiser in seinen Aufzeichnungen die Gruppenstärke mit 44 Maschinen. Hubert Heckmann schliesslich berichtet vom Verlegungsflug mit 30 Maschinen (Teilverband ?)

[1138] Flugbücher Hugo Hausotter, Fritz Haspel und Werner Moser, Aufzeichnungen Hubert Heckmann, Bericht Leo-Lothar Barann, 14.3.1994

Abend zur Verlegung nach Frankreich starten und fiel, nach einer Zwischenlandung zum Nachtanken in Chartres, am Abend um 22.15 Uhr auf ihrem vorgesehenen Feldflugplatz bei Alençon ein [1139]. Daran erinnert sich Gerhard Hanf:

> *Am 5. Juli 1944 landete die Staffel um 22.15 Uhr auf dem Feldflugplatz Alençon. Die späte Uhrzeit für die Landung war gewählt worden, damit die Staffel ohne Feindeinwirkung den Platz erreichen konnte. Der Platz war sehr schmal und es konnte nur in einer Richtung gestartet und gelandet werden. Aus der Luft war der Platz kaum auszumachen, denn es waren nur einige Gräben auf den Wiesen zugeschüttet worden, so dass der Charakter des Geländes nicht verändert worden war. In einem kleinen Wäldchen konnten wir unsere Maschinen gut getarnt unterbringen.* [1140]

6. Juli 1944: Offensichtlich konnten die Gruppen der JG 1 und 11 an diesem Tage nur sehr wenige Einsätze fliegen; ursächlich dafür dürften der katastrophal abgesunkene Klarstand der Maschinen und daneben die Abdeckung der Plätze durch die beinahe allgegenwärtigen alliierten Jabos und Jäger gewesen sein. Die dadurch geschaffenen Einsatzverhältnisse beschreibt Heinz Schuch folgendermassen:

> *Nun flogen wir also von unserem Platz in Beille unsere Einsätze. Es war immer dasselbe: Die Maschinen standen getarnt unter Sträuchern und Planen, Luftlagemeldungen gab es nicht und so wurden die Einsätze eben "nach Gehör" geflogen. Wann immer die Luft um unseren Platz herum rein war, wurde die Tarnung von den Maschinen weggerissen, in aller Eile wurden die Motoren angelassen und abgebremst und dann ging es los. Es konnte dabei schon einmal vorkommen, dass wir eigentlich morgens um 08.00 Uhr zu einem Einsatz starten sollten, wegen der ständig über unserem Platz hängenden "Bienen" aber erst abends um 20.00 Uhr den Start wagen konnten.* [1141]

Der Maschinenbestand der I./JG 1, die als einzige seit der Verlegung nach Frankreich ununterbrochen im Abwehreinsatz gestanden hatte, war mittlerweile derart abgesunken, dass die Gruppe kaum noch einsatzbereit war; so kam die 9./JG 77 als willkommene Verstärkung zur Gruppe, wie sich Gerhard Hanf erinnert:

> *Die drei übrigen Staffeln der Gruppe waren ja bereits seit Beginn der Invasion im Einsatz gewesen, sie hatten starke Verluste erlitten und konnten nur noch wenige Maschinen zum Einsatz bringen. Für uns als 4. Staffel war klar, dass wir die Hauptlast des künftigen Einsatzes zu tragen haben würden.* [1142]

Dies spiegelte sich gleich am ersten Einsatztag der 9./JG 77 im Westen im wider, als die Gruppe bei zwei Einsätzen insgesamt 15 Focke Wulfs in die Luft brachte, von denen elf zur 9./JG 77 gehörten [1143]. Am Morgen war ein Schwarm der I./JG 1 von 07.22 - 08.17 Uhr zur freien Jagd und zum Strassenschutz im Raume Falaise eingesetzt, doch blieb dieser Einsatz o.b.V.

Um 15.35 Uhr rollten dann elf Focke Wulfs der 9./JG 77 unter Führung durch Staffelkapitän Olt. Ernst zu ihrem ersten Einsatz über dem Invasionskampfraum an den Start; den Verlauf dieses Einsatzes schildert Gerhard Hanf wie folgt:

[1139] die Flugzeiten waren laut Flugbuch Gerhard Hanf 18.00 - 19.25 Uhr bis Chartres und 21.50 - 22.15 Uhr bis Alençon = Beille

[1140] Brief Gerhard Hanf, 8.4.1992

[1141] Bericht Heinz Schuch, 16.8.1993

[1142] Brief Gerhard Hanf, 8.4.1992

[1143] Aufzeichnungen Siegfried

Am Tag nach unserer Ankunft in Alençon startete die Staffel um 15.35 Uhr zur freien Jagd. Irgendwann bekamen wir Feindberührung mit etwa 20 Lightnings. Die Staffel griff sofort an und nutzte die nicht sehr grosse Überhöhung aus. Einige P-38 hatten einen Abwehrkreis gebildet und auf diese Maschinen hatte es unser Staffelkapitän Olt. Ernst abgesehen. Doch bei dieser Kurbelei hatte auch seine Maschine Treffer erhalten, so dass er aussteigen musste. Er konnte sich mit dem Fallschirm retten, knallte dabei jedoch mit dem linken Arm gegen das Seitenleitwerk, der dadurch brach. Sein Kaczmarek, Uffz. Maximow, ist in diesem Luftkampf gefallen. Schon dieser erste Einsatz zeigte uns, mit welcher feindlichen Überlegenheit wir hier zu rechnen haben würden.

Nach dem Ausfall unseres Staffelkapitäns habe ich die Führung der Staffel übernommen und habe alle weiteren Einsätze als Verbandsführer geflogen; die wenigen einsatzbereiten Maschinen der drei anderen Staffeln wurden jeweils als Rotte oder Schwarm unserer 4. Staffel zugeteilt. [1144]

Der von Gerhard Hanf geschilderte Luftkampf fand im Raume Argentan statt; dabei konnte die 9./JG 77 zwar zwei Abschüsse für sich verbuchen -

| Olt. Ernst | 9./JG 77 | P-38 | (29.) |
| Fw. Loch | 9./JG 77 | P-38 | (1.) |

doch erlitt sie selbst zwei Verluste; während Olt. Ernst, wie oben beschrieben, nach dem Abschuss seiner "weissen 231" bei Argentan noch mit dem Fallschirm aussteigen konnte, wurde sein Rottenflieger Uffz. Hans Maximow tödlich abgeschossen.

Über den Einsatz der II./JG 1 am 6. Juli 1944 ist nichts bekannt; Erfolge oder Verluste meldete die Gruppe an diesem Tage nicht.

Die I./JG 11 hatte am Nachmittag einen Luftkampf über dem Raum Alençon/Argentan - Quadrat BA -; offenbar geriet sie dabei an denselben P-38 Verband, mit dem es kurze Zeit zuvor bereits die 9./JG 77 zu tun gehabt hatte. Zwei Abschüsse durch den Staffelkapitän der 1./JG 11 -

| Olt. Hiebl | 1./JG 11 | P-38 | (9.) | 16.30 |
| Olt. Hiebl | 1./JG 11 | P-38 | (10.) | 16.40 |

und ein Schwerverwundeter lautete das Ergebnis dieser Auseinandersetzung; Ofhr. Christian Pump von der 3./JG 11 wurde nördlich Alençon abgeschossen und schwer verwundet. Zwar konnte er noch geborgen und in ein Feldlazarett der Waffen-SS eingeliefert werden, doch erlag er zwei Tage später seinen schweren Verletzungen. Bei einem weiteren Einsatz, über den indes keine näheren Einzelheiten bekannt sind, kam auch Lt. Schmid von der 2./JG 11 zu einer " Doublette ", indem ihm der Abschuss von zwei Typhoons gelang (8., 9.).

Für die II./JG 11 dagegen endete einstweilen der Invasionseinsatz; nachdem die Gruppe einige Tage zuvor von Oberst Trautloft, der als Inspizient der Tagjagd zum Stab des Generals der Jagdflieger gehörte und der sich in diesen Tagen vor Ort einen Eindruck von den Schwierigkeiten des eigenen Abwehreinsatzes machte [1145], besichtigt worden war und dieser sich davon hatte überzeugen können, dass die II./JG 11 nicht mehr einsatzfähig war, war am Vorabend der Befehl zur Rückverlegung ins Reichsgebiet durchgekommen. Die Gruppe sollte in den kommenden Wochen in Wunstorf aufgefrischt und dort für den weiteren Einsatz vorbereitet werden. Daraufhin stiegen am frühen Morgen des 6. Juli

---

[1144] Brief Gerhard Hanf, 8.4.1992, Einsatzzeit nach seinem Flugbuch

[1145] vgl. zum Ergebnis seiner Besichtigung der II./JG 53 Prien, JG 53, Bd. 3, S. 1351

1944 die Handvoll übriggebliebener Flugzeugführer [1146] in eine Ju 52, um auf dem Luftweg in die Heimat gebracht zu werden.

7. Juli 1944: Bei den Gruppen der JG 1 und 11 ergab sich dasselbe Bild wie an den Tagen zuvor - mit den wenigen einsatzklaren Maschinen, die von allen Staffeln von Einsatz zu Einsatz bunt durcheinander zusammengestellt wurden, wurden Einsätze - meist in Schwarmstärke, selten mit mehr als zehn Maschinen - zur Unterstützung des Heeres über den Hauptkampfräumen und zur freien Jagd über den nach dort führenden Nachschubwegen geflogen. Die erst wenige Tage zuvor eingetroffenen Verstärkungen erlaubten weder eine spürbare Steigerung der Einsatzzahl noch konnten sie dazu führen, dass der deutsche Abwehreinsatz wirksamer wurde.

Der Einsatz des JG 1 spiegelt diese chaotischen Verhältnisse deutlich wider; so weit ersichtlich, flog die I. Gruppe mit unterstellter 9./JG 77 drei Einsätze, zu denen - unter Einbeziehung von Teilen der II./JG 1 und der 7./JG 51 - noch 19 Focke Wulfs aufgeboten werden konnten [1147]. Bereits um 05.55 Uhr gab es den Start zum ersten Einsatz, der sieben Maschinen von der I./JG 1 und der 9./JG 77 zum Strassenschutz in den Raum Caen / Dives führte, der aber ergebnislos verlief. Um 09.05 Uhr stiegen erneut sieben Fw 190 auf, unter denen sich diesmal auch Maschinen der II./JG 1 sowie der 7./JG 51 befanden; der Auftrag lautete: Freie Jagd und Jabobekämpfung. Der Verband bekam Feindberührung mit etwa 16 - 20 Thunderbolts, von denen zwei heruntergeholt werden konnten -

Fw. Heckmann	7./JG 51	P-47	(17.)
Lt. Wegner	5./JG 1	P-47	(5.) *

während eigene Verluste nicht eintraten. Um 14.43 Uhr starteten noch einmal fünf Focke Wulfs mit demselben Auftrag; nordwestlich von Alençon kam es zu einer Begegnung mit einem gemischten Verband aus Thunderbolts und Spitfires, wobei abermals zwei Abschüsse erzielt werden konnten -

Lt. Hanf	9./JG 77	P-47	(3.)
Gefr. Petri	2./JG 1	P-47	(1.)

Die eigenen Verluste beliefen sich auf zwei Focke Wulfs von der 2./JG 1, die wegen schwerer Beschussschäden aus dem Luftkampf notlanden mussten und dabei zu Bruch gingen, wobei beide Flugzeugführer schwer verletzt wurden; der Gefr. Günther Petri musste westlich von Argentan herunter, während Uffz. Heinz Böhmer seine "schwarze 3" in der Nähe von Lonrai auf den Bauch werfen musste.

Über den Einsatz I./JG 11 ist nichts weiter bekannt; die Gruppe meldete einen Gefallenen - Ofhr. Gerhard Pfaff von der 3. Staffel, der bei einem Einsatz über dem Invasionskampfraum unter unbekannten Umständen tödlich abgeschossen wurde.

In der Nacht zum **8. Juli 1944** erfolgte ein vernichtender Bombenangriff britischer Viermotoriger auf die nördlichen Stadtteile von Caen [1148]; damit wurde ein weiterer Grossangriff auf die bereits schwer geprüfte Stadt eingeleitet, um die an den beiden kommenden Tagen schwerste Kämpfe geführt werden

---

[1146] nach der Erinnerung von Walter Krupinski noch etwa zehn Mann, von denen allerdings nur noch drei oder vier einsatzbereit waren - Brief vom 26.7.1993; ebenso Tagebuch Ernst Richter

[1147] alle Angaben zum Einsatz der I./JG 1 laut Aufzeichnungen Siegfried; hinsichtlich der Einsatzzeiten des zweiten und des dritten Einsatzes ergeben sich geringfügige Abweichungen zu den Eintragungen im Flugbuch von Gerhard Hanf, der alle drei Einsätze mitgeflogen hat

[1148] innerhalb von nur 40 Minuten warfen 450 Lancasters 2.363 Tonnen Bomben auf einen Zielraum von 4 km Breite und nur 1,5 km Tiefe; da die deutschen Abwehrstellungen indes weiter nördlich lagen, blieb dieses Bombardement erfolglos, kostete dafür aber 350 Einwohnern von Caen das Leben - Piekalkiewicz, aaO.,S. 368. In einer Presseveröffentlichung des britischen Luftfahrtministeriums vom 8.7. hiess es u.a.: " *Das Kräfteverhältnis zwischen der alliierten und der deutschen Luftwaffe war auch heute ungefähr 200 : 1 ...*" - was zwar bei weitem übertrieben war, aber für die deutschen Landser um Caen war es schlimm genug

sollten. Auch bei Tage hielt die aussergewöhnlich starke Lufttätigkeit der alliierten Luftstreitkräfte über dem Kampfraum um Caen an, wobei, erstmals seit längerer Zeit, in Anbetracht der schwachen deutschen Jagdabwehr die schweren Nachtbomber der RAF bei Tage in das Geschehen eingreifen konnten [1149]. Seit den frühen Morgenstunden waren zudem die mittleren Bomber der 9. USAAF in grosser Zahl [1150] im Einsatz über dem Kampfraum und versuchten, mit ihren Bombenteppichen den angreifenden Bodentruppen den Weg zu bahnen. Der Angriff der britischen Bodentruppen begann um 07.30 Uhr am Morgen des 8. Juli; zwei Tage tobte danach die Schlacht, bis sich die deutschen Verteidiger auf das rechte Ufer der Orne zurückzogen und damit den grössten Teil Caens den Alliierten preisgaben [1151].

Der deutsche Luftwaffeneinsatz zur Entlastung der eigenen Heerestruppen war gerade während dieser Tage ausserordentlich schwach und blieb vollkommen wirkungslos. Die Gruppen der JG 1 und 11 waren während der Tage vom **8. bis zum 10. Juli 1944** kaum im Einsatz [1152], Erfolge oder Verluste infolge Feindeinwirkung wurden nicht gemeldet.

Unterdessen konnte die III./JG 1, die seit dem 5. Juli in Wiesbaden festgelegen hatte, ihre Verlegung nach Frankreich fortsetzen. Am 9. Juli flog die Gruppe nach Metz, von wo aus die ersten Teile noch am Abend zur letzten Etappe ihrer Verlegung starteten, die sie nach La Fère, einem Feldflugplatz 20 Kilometer nordwestlich von Laon, bringen sollte [1153]; bis zum 11. Juli war die III. Gruppe vollzählig dort versammelt. An die Verhältnisse in La Fère erinnert sich Hubert Heckmann:

Die Überführung brachte ich als Kaczmarek von Hptm. Alfred Grislawski hinter mich; nach der Überführung trennten sich unsere Wege und ich ging wieder zur 9. Staffel zurück. Wir landeten auf einem Feldflugplatz, der, in einer Waldlichtung gelegen, einer "8" glich. Die Lichtung war in der Mitte durch Baumbestand eingeschnürt und man musste beim Verbandsstart schon verdammt aufpassen, damit man nicht in die Bäume rauschte.

Auf dem Platz hatte jede Staffel ihren eigenen Bereich; dieser bestand aus dem Liegeplatz für die Maschinen und unserem Aufenthaltsbereich, wobei letzterer ein Zelt und ein paar im Freien aufgestellte Sessel umfasste. Um vom Liegeplatz zu unserem Aufenthaltszelt zu kommen, mussten wir einen Bach überqueren. Als Brücke diente ein Baum, der so gefällt war, dass durch ihn beide Ufer verbunden wurden [1154].

[1149] Piekalkiewicz, aaO., S. 361; bezeichnend für die Verhältnisse um Caen folgender Eintrag im KTB OKW, 1944/45 Teil I, S.324: *"Der Kampf nahm hier den Charakter einer Materialschlacht an, in der sich die eigene Unterlegenheit in der Luft erst recht bemerkbar machte."*

[1150] die Verbände der 9. USAAF meldeten etwa 2.000 Einsätze - Piekalkiewicz, aaO., S. 368

[1151] vgl. dazu ausführlich Cartier, aaO., Bd.2, S. 776/777; KTB OKW 1944/45 Teil I, S. 325

[1152] so verzeichnet z. B. die I./JG 1 mit unterstellten Einheiten am 8.7. lediglich einen ergebnislosen Einsatz von 7 Fw 190 zur Aufklärerbegleitung, am 9.7. keinen Einsatz und am 10.7. einen wiederum o.b.V. verlaufenen Einsatz zur bewaffneten Aufklärung durch 11 Fw 190. Entsprechend die Einträge im Flugbuch von Gerhard Hanf

[1153] Flugbücher Hugo Hausotter, Fritz Haspel und Werner Moser, alle von der 8./JG 1; ersterer landete am 10.7. in La Fère, Fritz Haspel dagegen am 11. und Werner Moser bereits um 20.50 Uhr am Abend des 9.7., ebenso Leo-Lothar Barann

[1154] hierher gehört auch folgende Erinnerung Heckmanns: *"Wir kamen eines Tages vom Einsatz zurück und sahen einen unserer Techniker mit einem Kappmesser im Mund im Wasser schwimmen. Er schwamm langsam auf etwa fünf Gänse zu, tauchte unter, vor einer Gans wieder auf, griff zu und schnitt ihr den Hals ab. Am Abend kam der Bauer und suchte seine Gänse, die am nächsten Tage gebraten wurden, aber von uns. Gänsebraten war daheim immer unser Weihnachtsschmaus gewesen, dieser Braten aber war wegen seiner Zähigkeit ungeniessbar."* - Aufzeichnungen Hubert Heckmann, S. 23

> *Unsere Unterkünfte waren in beschlagnahmten Häusern in der Nähe von La Fère. Ich wohnte zusammen mit Walter Pleines, der schon in Steinhude mein Zimmerkamerad gewesen war. An einem der ersten Abende wurden die Flugzeugführer zum Gruppengefechtsstand gefahren und dem Kommodore Obstlt. Ihlefeld vorgestellt. Nach einigen Gläschen ging es wieder zurück in die Quartiere.* [1155]

Auch der Geschwaderstab sollte in der Folgezeit wieder aktiv in das Geschehen eingreifen und so wurde der Stabsschwarm dementsprechend wieder mit einigen Messerschmitts ausgerüstet; im Einsatz sollte sich der Stabsschwarm der III./JG 1 anschliessen.

Danach sah die Verteilung der JG 1 und 11 in Frankreich am 10. Juli 1944 wie folgt aus:

Einheit	Führer	Ort	Flugzeug
Stab/JG 1	Obstlt. Ihlefeld	St. Quentin	Bf 109 G-
Stab I./JG 1	Hptm. Ehlers	Lonrai	Fw 190 A
1./JG 1	Lt. Luepke		
2./JG 1	Olt. Biederbick		
3./JG 1	Hptm. Maier		
9./JG 77	Lt. Hanf		
Stab II./JG 1	Olt. Kirchmayr	Semallé	Fw 190 A
4./JG 1	Lt. Voigt		
5./JG 1	Lt. Wegner		
6./JG 1	Ofw. Flecks		
7./JG 51	FhjFw. Heckmann		
Stab III./JG 1	Hptm. Woitke	La Fère	Bf 109 G
7./JG 1	Olt. Bilfinger		
8./JG 1	Hptm. Grislawski		
9./JG 1	Olt. Buchholz		
Stab I./JG 11	Hptm. Langemann	Beille	Fw 190 A
1./JG 11	Olt. Hiebl		
2./JG 11	Ofw. Doppler		
3./JG 11	Lt. Schrangl		
10./JG 11	Hptm. Viebahn		

11. Juli 1944: Entlang der gesamten Invasionsfront kam es zu heftigen Kämpfen; unter dem Eindruck der übermächtigen Artillerie- und Luftunterstützung der alliierten Kräfte mussten sich die deutschen Truppen im westlichen Frontabschnitt auf rückwärtige Linien absetzen, konnten aber den Zusammenhalt der Front noch bewahren [1156].

Die I./JG 1 konnte erst am späten Nachmittag zum ersten von insgesamt zwei Einsätzen an diesem Tage starten [1157]; um 16.23 Uhr stiegen 14 Maschinen von Lonrai zum Aufklärer-Begleitschutz in den Raum

---

[1155] Aufzeichnungen Hubert Heckmann, S. 23

[1156] KTB OKW 1944/45 Teil I, S. 325

[1157] Angaben zum Einsatz der I./JG 1 laut Aufzeichnungen Siegfried

Carentan / St. Lô auf. Der Einsatz verlief ohne Feindberührung und so kehrten die Focke Wulfs nach etwas über einer Stunde wohlbehalten nach Lonrai zurück. Kurz vor 20.00 Uhr [1158] rollten dann noch einmal zwölf Maschinen an den Start; ihr Auftrag lautete: Jabobekämpfung und Strassenschutz im Raume Falaise / Flers. Soweit ersichtlich, konnte auch dieser Einsatz o.b.V. erledigt werden.

Über den Einsatz der II./JG 1 von Semallé aus ist fast nichts bekannt; die Gruppe blieb an diesem Tage von Personalverlusten verschont, meldete aber den Verlust einer Focke Wulf im Luftkampf und einer weiteren ohne Feindeinwirkung.

Für die III./JG 1 begann am 11. Juli der erneute Einsatz an der Invasionsfront; dabei sollte sich ihr Einsatz deutlich von dem bei den beiden anderen Gruppen unterscheiden, denn die III. Gruppe sollte in den kommenden Wochen im Schnitt zwei bis drei Einsätze am Tag jeweils in Gruppenstärke fliegen, die in der Regel zur freien Jagd und zum Jagdschutz über den östlichen Bereich des Invasionskampfraumes führten. Dazu sollten jeweils alle gerade einsatzklaren Maschinen herangezogen werden, so dass die Gruppe oftmals mit über 40 Messerschmitts im Einsatz war, dabei vielfach angeführt durch den Kommodore Obstlt. Herbert Ihlefeld, der die meisten Einsätze selbst mitflog. Lediglich die jeweils dritten Tageseinsätze wurden gelegentlich nur noch in Staffelstärke geflogen, weil infolge der vorangegangenen Einsätze der Klarstand entsprechend abgesunken war [1159] und zudem einige Flugzeugführer nach Aussenlandungen bei den vorherigen Einsätzen noch nicht zu ihrer Gruppe zurückgekehrt waren [1160]. Gerade diese dritten Einsätze waren indes besonders unbeliebt bei den Flugzeugführern, wie Hubert Heckmann berichtet:

> *Die dritten Tageseinsätze waren immer besonders verlustreich. Es wurde in 8.000 m über Caen herumgekurvt. Von oben sahen wir, dass die Spitfires vom Festland aus starteten, über dem Kanal eine Riesenschleife drehten und auf unsere Höhe kamen. Sie hielten sich so lange westlich von unserem Verband auf, bis wir wegen Spritmangels nach Hause abdrehen mussten. Sie griffen dann aus der Sonne an und hatten sehr reichliche Abschusserfolge. Diese Art der freien Jagd war ein völliger Misserfolg und wurde daher bald aufgegeben.* [1161]

Anders als bei den beiden Focke Wulf-Gruppen wurden die Einsätze bei der III./JG 1 durchweg mit Zusatztanks geflogen, so dass die Einsatzdauer meist zwei Stunden oder mehr betrug, und es wurde bei der III. Gruppe in grösserer Höhe geflogen.

Am ersten Einsatztag über dem Invasionskampfraum wurden wenigstens zwei Einsätze geflogen [1162]; dabei kam die Gruppe ohne eigene Verluste zu einem Abschuss -

Uffz. Vogel   8./JG 1   P-51   (1.)

Die I./JG 11 war über dem rückwärtigen südlichen Rraum im Einsatz, doch liegen darüber abermals kaum Einzelheiten vor; am späten Nachmittag hatten Teile der Gruppe im Raume Angers - Quadrat GA-3 - einen Luftkampf mit Thunderbolts, von denen Fw. Rudschinat von der 10. Staffel um 17.38 Uhr eine abschiessen konnte (10.). Dagegen wurde Uffz. Witold Pardon, wie Rudschinat von der 10./JG 11,

---

[1158] lt. Aufzeichnungen Siegfried um 19.48 Uhr, lt. Flugbuch Gerhard Hanf um 19.45 Uhr

[1159] A.D.I.(K) Report No. 390/1944 vom 28.7.1944

[1160] Bericht Hubert Heckmann, 25.9.1993: " *Die haben dann halt noch ein bisschen rumgetrödelt, um nicht den dritten Einsatz noch mitfliegen zu müssen; dafür hatten eigentlich alle Verständnis.*"

[1161] Aufzeichnungen Hubert Heckmann, S. 23

[1162] Flugbuch Werner Moser

vermutlich im selben Luftkampf verwundet und musste seine "blaue 4" mit einer Notlandung bei Alençon auf den Bauch werfen [1163].

12. Juli 1944: Bei der I. und II. Gruppe verlief der Tag ohne nennenswerte Vorkommnisse; die I./JG 1 hatte zwei Einsätze zur freien Jagd und Jabobekämpfung im Raume Flers zu fliegen, die beide ohne Feindberührung verliefen [1164].

Anders sah es bei der III./JG 1 in La Fère aus; an diesem Tage hatte die Gruppe drei Einsätze zur freien Jagd über dem Invasionskampfraum zu fliegen. Nachdem der erste Einsatz am Morgen [1165] bei Caen zur Feindberührung mit Spitfires und Typhoons geführt hatte, wobei Lt. Kurt Ibing vom Gruppenstab leicht verwundet worden war, kam es beim zweiten Einsatz am frühen Nachmittag zwischen Caen und Lisieux zu einem Luftkampf mit Mustangs, von denen Uffz. Moser von der 8./JG 1 um 15.13 Uhr eine abschiessen konnte (5.). Um 18.00 Uhr erfolgte der Start zum dritten Tageseinsatz [1166], der von Obstlt. Ihlefeld geführt wurde - Auftrag wie gehabt: Freie Jagd im Raume Caen. Dort kam es südöstlich der Stadt in 5. - 6.000 m Höhe zu einem erbitterten Luftkampf mit einem Spitfire-Verband, der für beide Seiten verlustreich ausging. Zwar konnten die Messerschmitts des JG 1 insgesamt vier Abschüsse für sich verbuchen -

Obstlt. Ihlefeld	Stab/JG 1	Spitfire	(113.)	19.03
Obstlt. Ihlefeld	Stab/JG 1	Spitfire	(114.)	19.05
FhjOfw. Kaiser	7./JG 1	Spitfire	(66.)	19.05
Obstlt. Ihlefeld	Stab/JG 1	Spitfire	(115.)	19.07
Olt. Bilfinger	7./JG 1	P-51	(2.)	

doch verlor die Gruppe in diesem Luftkampf selbst zwei Gefallene, die beide zur 7./JG 1 gehörten: Hptm. Friedrich Kasuhn, der im Schwarm von FhjOfw. Kaiser geflogen war [1167], und Olt. Heinz Lammich [1168] wurden im Raume Caen von Spitfires tödlich abgeschossen. Drei Messerschmitts trugen nach diesem Luftkampf Beschädigungen davon, eine weitere wurde ohne Zutun des Feindes beschädigt.

Möglicherweise war es letztere, die Ofhr. Heckmann in diesen Tagen einen neuen Rottenflieger bescherte - erinnert sich Hubert Heckmann:

Nach einem Feindflug landeten Fw. Kutzera und sein Kaczmarek Fw. Max Lau. Beim Verbandsflug war der Max dem Heinz zu nahe auf die Pelle gerückt und hatte ihm mit seinem Randbogen ein Loch in den Rumpf gedrückt. Daraufhin weigerte sich Kutzera, Lau weiterhin als Kaczmarek zu beschäftigen. Max wurde daraufhin bei allen Rotten- und Schwarmführern vorstellig und bot demjenigen 20 Zigaretten, der ihn als Kaczmarek nehmen würde. Keiner wollte, er blieb bei mir hängen - "Lass man, ich nehm' Dich auch ohne das", sagte ich ihm, " aber mit mir machst Du das nicht nochmal !" Und das habe

---

[1163] lt. namentlicher Verlustmeldung WASt. gehörte Witold Pardon der 1. Staffel an, doch dürfte es sich dabei um einen Übertragungsfehler handeln

[1164] Aufzeichnungen Siegfried, Flugbuch Gerhard Hanf - erster Einsatz mit zwölf Fw 190 14.17 - 15.05 Uhr, zweiter Einsatz mit zehn Fw 190 18.38 - 19.36 Uhr

[1165] Einsatzzeit 09.20 - 11.20 Uhr - Flugbuch Fritz Haspel

[1166] Flugbuch Fritz Haspel

[1167] Herbert Kaisers Kaczmarek war um diese Zeit üblicherweise Fw. Hans - " Hänschen " - Fordemann, doch musste er als erfahrener Jagdflieger als Schwarmführer bei diesen für die ehemaligen Kampfflieger ersten Einsätzen als Jagdflieger die Einweisung und Einführung übernehmen - Bericht vom 25.9.1993

[1168] beide Flugzeugführer waren umgeschulte Kampfflieger und hatten mit 31 Jahren ein für Jagdflieger bereits fortgeschrittenes Alter

ich nie bereut. Es war eine Seltenheit, dass ich von einem Feindflug ohne ihn zurückkam. Max hing wie eine Klette an mir, ein Loch hat er mir nie verpasst. [1169]

Die I./JG 11 war wiederum über dem südlichen Rückraum im Einsatz und hatte dort am Morgen Luftkampf mit einem gemischten Verband aus Spitfires und Mustangs, nach dem drei Abschüsse gemeldet wurden -

Fw. Rohe	10./JG 11	P-51	(3.)		09.59
Fw. Rudschinat	10./JG 11	Spitfire	(11.)	*	
Fw. Friedrich	2./JG 11	Spitfire	(4.)		10.01

Während die I./JG 11 von Personalverlusten verschont blieb, büsste sie zwei Focke Wulfs ein, die im Luftkampf abgeschossen wurden, zwei weitere wurden ohne Feindeinwirkung beschädigt.

Am **13. Juli 1944** gab es eine Wettereintrübung, die den Einsatz über dem westlichen Frontbereich im Laufe des Tages deutlich einschränkte; dementsprechend konnte die I./JG 1 mit unterstellten Verbänden lediglich einen Einsatz am Morgen fliegen, als drei Schwärme um 08.54 Uhr von Lonrai aufstiegen mit dem Auftrag, freie Jagd über dem Raum St. Lô / Carentan zu fliegen. Der Einsatz musste jedoch wegen Schlechtwetters vorzeitig abgebrochen werden, so dass die Focke Wulfs nach gut einer halben Stunde wieder in Lonrai einfielen [1170].

Am Abend überführte der fliegende Verband der I./JG 1 mit der 9./JG 77 zur II. Gruppe nach Semallé; ähnlich wie zwei Wochen vorher die II./JG 1 in Lonrai eingefallen war, um aus den Resten beider Gruppen einen Gefechtsverband zu bilden, musste sich nun die nach fünf Wochen Invasionseinsatzes stark angeschlagene I. Gruppe umgekehrt an die II./JG 1 anlehnen.

Bei der II./JG 1 hatte es im Laufe des Tages einen Luftkampf gegeben, über den indes nähere Einzelheiten nicht bekannt sind; eine Focke Wulf war dabei verloren gegangen, doch blieb deren Flugzeugführer unverletzt.

Von der III./JG 1 ist am 13. Juli lediglich ein Einsatz bekannt: Um 17.25 Uhr startete die Gruppe in La Fère zur freien Jagd über dem Raum Caen, wo es zu einem Luftkampf mit Typhoons und Spitfires kam, in den offenbar später auch noch einige Thunderbolts eingriffen [1171]. In den Kurbeleien, die sich bis weit in östlicher Richtung hinzogen, konnten zunächst zwei Abschüsse erzielt werden -

Hptm. Grislawski	8./JG 1	Typhoon	(126.)	18.15
FhjOfw. Kaiser	7./JG 1	Typhoon	(67.)	18.18

doch büsste die Gruppe selbst eine Messerschmitt ein, als Uffz. Kurt Senger von der 7. Staffel westlich von Epaignes von einer Typhoon abgeschossen wurde und beim Aufschlag seiner "weissen 9" getötet wurde [1172]. Im Verlaufe des Luftkampfes war der Gruppenverband vollkommen geplatzt; danach setzten einzelne Schwärme den Einsatz wie befohlen fort, während andere offenbar direkt nach La Fère zurückkehrten.

[1169] Aufzeichnungen Hubert Heckmann, S. 24

[1170] Aufzeichnungen Siegfried sowie Flugbuch Gerhard Hanf

[1171] Flugbücher Fritz Haspel und Hugo Hausotter

[1172] vermutlich handelte es sich bei den Gegnern um die 257 Sqn., die zur bewaffneten Aufklärung im Raume Caen / Corneilles im Einsatz war und dabei auf einen Verband von mehr als 30 Messerschmitts traf; die Bilanz auf britischer Seite lautete danach wie folgt: einem eigenen Verlust stand der sichere Abschuss einer Bf 109 und die Beschädigung von fünf weiteren gegenüber - 2nd Tac. A.F. Log, 13.7.1944

Über den Einsatzverlauf der I./JG 11 in Beille an diesem Tage liegen keinerlei Einzelheiten vor; die Gruppe meldete unter diesem Datum keine Erfolge, auf der Verlustseite stand eine durch Unfall beschädigte Focke Wulf.

14. Juli 1944: Die Wetterverschlechterung war zunächst nur vorübergehend gewesen und so lebte die Einsatztätigkeit an diesem Tage wieder deutlich auf.

Die I./JG 1 war gemeinsam mit der II. Gruppe und den unterstellten Staffeln von Semallé aus im Einsatz; gemeinsam brachten es beide Gruppen auf zwei Einsätze mit zusammen 18 Maschinen, ein deutliches Anzeichen für die bereits wieder bedenklich abgesunkene Einsatzstärke auch der gerade erst aufgefrischten Verbände. Der erste Einsatz stieg um 13.55 Uhr - Drei Schwärme, die aus Maschinen aller in Semallé versammelten Gruppen und Staffeln zusammengestellt worden waren, starteten zur freien Jagd und Jabobekämpfung in den Raum Caen [1173]. Bei diesem Einsatz kam es zum Luftkampf mit ungefähr 30 Spitfires und Thunderbolts, nach dem zwei Abschüsse und zwei wirksame Beschüsse gemeldet wurden, die anscheinend später ebenfalls als Abschüsse anerkannt wurden -

Uffz. Taube	9./JG 77	P-47	(3.)	14.27
Fw. Bindseil	6./JG 1	Spitfire	(4.)	14.40
Uffz. Taube	9./JG 77	P-47	(4.)	14.40
Lt. Hanf	9./JG 77	P-47	(4.)	

Selbst blieb der deutsche Verband von Totalverlusten verschont; allerdings mussten zwei Flugzeugführer ihre Focke Wulfs auf dem Rückflug auf den Bauch werfen, wobei sich Uffz. Paul Taube, der wegen Spritmangels herunter musste, leicht verletzte, während Uffz. Kurt Mann, wie Paul Taube von der 9./JG 77, seine Bruchlandung unverletzt überstand.

Um 20.21 Uhr erfolgte der Start zum zweiten Einsatz; diesmal waren es noch sechs Focke Wulfs, die mit dem Auftrag: Jabojagd im Raume Carentan von Semallé aufstiegen. Auch bei diesem Einsatz kam es zu einem Zusammentreffen mit gegnerischen Maschinen; bei Caen - Quadrat UU-5 - stiessen die Focke Wulfs in etwa 600 m Höhe, unterhalb der Wolken, auf sechs P-51 und etwa ein Dutzend P-47, mit denen es zu einem heftigen Luftkampf kam. Je ein Abschuss -

Fw. Bindseil	6./JG 1	P-51	(5.)	21.00

und ein Verlust waren das Ergebnis - Uffz. Ferdinand Strohmeyer von der 1./JG 1 wurde bei Caen tödlich abgeschossen.

Die III./JG 1 hatte erneut drei Einsätze zu fliegen; während der erste Einsatz am frühen Morgen ergebnislos blieb, kam es beim zweiten, kurz nach Mittag geflogenen Einsatz zu einer ausgedehnten Kurbelei mit britischen und amerikanischen Jägern. Die Gruppe war um 13.30 Uhr von La Fère aufgestiegen [1174], um wie üblich freie Jagd über dem Raum Caen zu fliegen. Gegen 14.40 Uhr wurden "Indianer" gesichtet, mit denen es dann im notorischen Quadrat UU - dem Raum um Caen - zum Luftkampf kam. Wenigstens zwei Abschüsse konnten dabei erzielt werden [1175], einer davon durch Hptm. Woitke, der dadurch zu seinem ersten Abschuss bei der III./JG 1 kam.

Auch der dritte Einsatz am frühen Abend führte noch einmal zu einem heftigen Luftkampf über dem Raum Caen; bei diesem Einsatz, bei dem die Gruppe wieder von Obstlt. Ihlefeld geführt wurde, trafen

---

[1173] in den Aufzeichnungen Siegfried heisst es zum Einsatzraum: Balleroy / Falaise; tatsächlich richtete sich der Einsatz jedoch gegen den Raum Caen, wie zum einen das Flugbuch von Gerhard Hanf und zum anderen der Abschussort von Fw. Bindseil belegen

[1174] Flugbücher Werner Moser, Fritz Haspel und Hugo Hausotter

[1175] möglicherweise sogar vier, doch ist die Uhrzeit der Abschussmeldungen von Ofw. Barann und Uffz. Vogel nicht bekannt, so das deren Abschüsse auch in dem abendlichen Luftkampf erzielt worden sein können

die Messerschmitts erneut auf eine Anzahl Spitfires, zu denen sich noch einige P-51 gesellt hatten. Der Luftkampf fand in geringer Höhe - zwischen 400 und 1.200 m - statt und erbrachte abermals einige Erfolge für die III./JG 1, die am Ende des Tages insgesamt acht Abschüsse für sich beanspruchte -

Ofhr. Lutz	9./JG 1	Spitfire	(1.)	14.45
Hptm. Woitke	III./JG 1	P-47	(27.)	14.45
Hptm. Grislawski	8./JG 1	P-51	(127.)	19.17
Obstlt. Ihlefeld	Stab/JG 1	P-51	(116.)	19.17
Obstlt. Ihlefeld	Stab/JG 1	Spitfire	(117.)	19.19
Fw. Kutzera	9./JG 1	Spitfire	(4.)	19.30
Ofw. Barann	7./JG 1	Spitfire	(7.)	
Uffz. Vogel	8./JG 1	P-51	(2.)	

Bei den Einsätzen am 14. Juli hatte die III. Gruppe zwei Vermisste und den Totalverlust von drei Messerschmitts im Luftkampf zu verzeichnen; Uffz. Rolf Stromer von der 7. Staffel wurde zuletzt im Raume Caen / Isigny im Luftkampf mit Spitfires gesehen und kehrte danach nicht vom Einsatz zurück, so dass er als vermisst gemeldet werden musste. Auch Uffz. Viktor Orend von der 9. Staffel blieb nach einem Luftkampf mit Spitfires aus, doch wurde später bekannt, dass er nach Absturz über britischem Gebiet in Gefangenschaft geraten war.

Die I./JG 11 war am frühen Nachmittag über dem Raum nordöstlich St. Lô im Einsatz, kurze Zeit vor der I./JG 1 bei ihrem ersten Einsatz und etwa zeitgleich mit den Messerschmitts der I./JG 5 [1176]; kurz nach 14.00 Uhr traf die Gruppe auf einige Spitfires, mit denen es zum Luftkampf kam. Dabei musste die I./JG 11 einen schmerzlichen Verlust hinnehmen, denn sie verlor mit Hptm. Werner Langemann bereits ihren zweiten Kommandeur über dem Invasionskampfraum. Langemann wurde zusammen mit seinem Rottenflieger, dem Gefr. Eberhard Sauer, im Luftkampf mit vier Spitfires bei Cérisy in geringer Höhe abgeschossen; trotz einer Verwundung am rechten Ellenbogen konnte Hptm. Langemann in nur 50 m Höhe noch mit dem Fallschirm aussteigen und hatte grosses Glück, gleich darauf auf einem Strohhaufen in der Nähe einer Flakbatterie aufzukommen, was ihn zwar vor weiteren Verletzungen bewahrte, zugleich aber dafür sorgte, dass er alsbald in Gefangenschaft geriet [1177]. Seit Rottenflieger hatte weniger Glück - der Gefr. Eberhard Sauer kam beim Absturz seiner "Winkel 1" ums Leben. Auf der Habenseite stand nach diesem Einsatz lediglich ein Abschuss durch Fw. Schuecking von der 1. Staffel, der um 14.15 Uhr eine Spitfire herunterholen konnte (11.). Fw. Rudschinat von der 10./JG 11 meldete - vermutlich - an diesem Tage den Abschuss einer Typhoon (12.*), doch liegen nähere Einzelheiten dazu nicht vor.

Am **15. Juli 1944** blieb die Einsatztätigkeit bei allen vier Gruppen der JG 1 und 11 vergleichsweise gering [1178]; so weit ersichtlich, verliefen zudem alle Einsätze ohne nennenswerte Ereignisse. Die I./JG 11 musste gleichwohl den Tod eines ihrer Flugzeugführer hinnehmen, als Uffz. Josef Murr von der 1. Staffel bei der Landung in Beille einen Überschlag machte und dabei tödlich verletzt wurde.

Auch am folgenden Tage, dem **16. Juli 1944**, konnten nur wenige Einsätze geflogen werden. Die in Semallé versammelten Teile des JG 1 flogen drei Einsätze mit insgesamt 14 Focke Wulfs; ohne selbst zu Erfolgen zu kommen, hatten beide Gruppen jeweils einen Gefallenen zu beklagen. Am Morgen um 07.40 Uhr waren sechs Maschinen zur freien Jagd in den Raum südlich Caen gestartet; dort kam es zum Luftkampf mit amerikanischen Jägern, bei dem der Ogefr. Thomas Rauth von der 1. Staffel tödlich abgeschossen wurde. Der beiden weiteren Einsätze des Tages erfolgten erst am Abend; zunächst gab es

---

[1176] Aufzeichnungen Mikat, nach Auszügen aus dem KTB I./JG 5

[1177] A.D.I.(K) Report No. 369/1944 vom 21.7.1944

[1178] lt. Aufzeichnungen Siegfried unternahmen die I. und II./JG 1 zwei Einsätze mit jeweils sechs Fw 190, Ein-satzzeiten 08.50 - 09.50 und 20.21 - 21.37 Uhr; die III./JG 1 flog einen Einsatz von 13.05 - 15.07 Uhr - Flugbuch Hugo Hausotter

Abb. 815 - 816: Oben - Uffz. Hugo Hausotter von der 8./JG 1 mit seinem 1. Wart auf seiner Maschine, einer Bf 109 G-6/AS, aufgenommen im Juli 1944 in La Fère. Unten - Die rechte Fläche der Maschine von Uffz. Wolfram Brechtold von der 9./JG 1 zeigt die Spuren eines Luftkampfes mit alliierten Jägern über dem Invasionskampfraum am 17. Juli 1944.

(Hausotter / Brechtold)

um 20.00 Uhr den Alarmstart eines Schwarms zum Platzschutz gegen gemeldete P-38, mit denen es zu einem ergebnislosen Luftkampf kam, bevor die Focke Wulfs nach einer guten halben Stunde wieder in Semallé einfielen. Der dritte und letzte Einsatz stieg kurze Zeit danach, als ein Schwarm um 20.22 Uhr zur Aufklärerbegleitung in den Raum St. Lô / St. Jean-de-Daye aufstieg und bereits 23 Minuten später wieder zurückkehrte, ohne in der Zwischenzeit Feindberührung gehabt zu haben [1179]. Vermutlich bei einem der beiden letztgenannten Einsätze musste die II./JG 1 den Tod eines ihrer Flugzeugführer beklagen: Ofhr. Anton Iller von der 6. Staffel brach beim Start aus, geriet in die am Platzrand stehenden Bäume und kam beim Aufschlagbrand seiner "weissen 2" zu Tode.

Über den Einsatz der III./JG 1 an diesem Tage ist nichts näheres bekannt; die Gruppe meldete den Verlust von zwei Messerschmitts im Luftkampf, wobei die betroffenen Flugzeugführer jeweils unverletzt blieben.

17. Juli 1944: An diesem Tage wandte sich die 8. USAAF mit starken Viermotverbänden wieder Zielen im rückwärtigen Gebiet des Invasionskampfraumes zu; insgesamt 670 B-17 und B-24 wurden zu Angriffen auf eine Vielzahl von Brückenzielen sowie einigen Strassen- und Eisenbahnknotenpunkten eingesetzt. Mit über 1.700 Tonnen abgeworfener Bomben pulverisierten sie einige der deutschen Hauptnachschublinien und unterbanden damit wirkungsvoll die Zuführung von Reserven und Material für die deutschen Heerestruppen. Von der Jagdabwehr unbehindert, verloren die Viermot-Pulks eine einzige B-17 und eine P-47 des Begleitschutzes [1180], [1181].

Bei der I./JG 1 konnte nur ein einziger Einsatz geflogen werden - drei Focke Wulfs starteten um 14.40 Uhr in Semallé zur Aufklärerbegleitung in den Raum St. Jean-de-Daye [1182]; nachdem der Auftrag bis dahin offenbar o.b.V. hatte abgewickelt werden können, kam es auf dem Rückflug im Raume Flers zur Feindberührung mit einer Gruppe von acht bis zehn P-47 und P-51. In dem sich daraus entwickelnden Luftkampf konnte Ofhr. Bernsau von der 1./JG 1 um 15.40 Uhr in 700 m Höhe eine Thunderbolt abschiessen (1.), während eigene Verluste offenbar nicht eintraten.

Der Einsatz am 17. Juli sollte vorläufig der letzte für die I./JG 1 sowie die unterstellte 9./JG 77 gewesen sein, denn während der folgenden neun Tage hatte die Gruppe Einsatzruhe. In dieser Zeit wurden die verbliebenen Flugzeugführer mit He 111 von Paris nach Wiesbaden geflogen, wo sie neue Focke Wulfs übernahmen und mit diesen einige Tage darauf nach Frankreich zurückflogen. Das Bodenpersonal blieb unterdessen in Lonrai zurück, wohin auch die kurzzeitig nach Semallé übergesiedelten Techniker zurückkehrten [1183].

Die II./JG 1 war zur selben Zeit wie die Kette der I. Gruppe mit einigen Maschinen westlich Caen im Einsatz und hatte dabei eine Auseinandersetzung mit Mustangs und mehreren Thunderbolts zu bestehen; nachdem zunächst Ofhr. Kaltenhäuser von der 6. Staffel um 15.25 Uhr südwestlich Caen eine P-47 hatte abschiessen können (2.), verlor die II./JG 1 auf dem Rückflug nach Semallé im Luftkampf

---

[1179] alle Angaben zum Einsatz der I./JG 1 lt. Aufzeichnungen Siegfried sowie Flugbuch Gerhard Hanf

[1180] Freeman, aaO., S. 295/296

[1181] bei Jaboangriffen auf Treibstofflager in der Nähe von Coutances verwendete die 9. USAAF an diesem Tage zum ersten Male Napalm-Bomben; die starke Brandwirkung und die Tatsache, dass das Napalm - eine Mischung aus Naphta- und Palmöl - mit den gewöhnlichen Mitteln nicht zu löschen war, machten diese Angriffe ausserordentlich wirksam und liessen Napalm zu einer gefürchteten Waffe werden

[1182] Aufzeichnungen Siegfried

[1183] Bericht Gerhard Hanf, 27.9.1993; entsprechendes ergibt sich aus dem A.D.I.(K) Report No. 405/1944 vom 1.8.1944; danach wurden die Flugzeugführer offenbar in mehreren Gruppen nach Wiesbaden geschafft und kehrten nach der Übernahme neuer Fw 190 A-8 über Köln-Ostheim nach Frankreich zurück. Befehlgebende Stelle für die Überführung von Wiesbaden nach Köln war die sog. " Jägerzuführungsstaffel " mit der Feldpost-Nr. L.52035

Abb. 817 - 818: Fhr. Hans Rechenberg von der 5./JG 1 in und auf seiner Fw 190 A-8 - " schwarze 6 " -, die in einer mit Netzen getarnten Box abgestellt ist; bemerkenswert ist der kleine gelbe Ring auf dem hinteren Teil der MG-Abdeckhaube als Hinweis für das Wartungspersonal auf den Einbau einer Anlage, die der Maschine durch eine Erhöhung des Ladedrucks zu einer Notleistung verhalf. Der Flugzeugführer konnte diese Notleistung über einen plombierten Knopf am Gerätebrett auslösen. Auf der Aufnahme oben rechts erkennt man unter der Kabine den Auffüllstutzen für den Anlasskraftstoffbehälter im Rumpf und darüber den weissen Schriftzug " Anlasskraftstoff 3 Ltr."

(Rechenberg)

westlich Flers noch zwei ihrer Flugzeugführer - Uffz. Rudolf Hoffmann von der 5./JG 1 platzte im Verlaufe der Kurbelei vom eigenen Verband ab und kehrte danach nicht vom Einsatz zurück, so dass er als vermisst gemeldet werden musste [1184], während Uffz. Josef Gold von der 6. Staffel im Luftkampf mit drei P-51 abgeschossen wurde, sich aber trotz Verwundung noch mit dem Fallschirm retten konnte.

Von der III./JG 1 sind drei Einsätze bekannt. Der erste Einsatz, zu dem die Gruppe um 15.55 Uhr in La Fère startete, führte zur freien Jagd in den Raum Caen, wo es zu einer ergebnislosen Auseinandersetzung mit einigen Spitfires kam; gut zwei Stunden später, gegen 18.00 Uhr, fielen die Messerschmitts wieder auf ihrem Einsatzplatz ein. Um 19.15 Uhr gab es Alarm, als einige Spitfires in Platznähe gemeldet wurden, doch brachte der anschliessende Einsatz keine Feindberührung, so dass die Handvoll aufgestiegener Messerschmitts bereits nach einer Viertelstunde wieder landeten [1185]. Danach erfolgte der übliche Abendeinsatz zur freien Jagd in den Raum Caen, wo es wiederum zu einem Luftkampf mit Spitfires kam; dabei behielt die III./JG 1 diesmal die Oberhand, denn sie kam durch Uffz. Vogel von der 8. Staffel (20.30, 3.) und Ofhr. Brechtold von der 9. Staffel (20.40, 1.) zu zwei Abschüssen, während sie selbst von Verlusten verschont blieb. Noch zwei weitere Abschüsse verzeichnete die III./JG 1 unter

---

[1184] die Absturzstelle von Rudolf Hoffmann konnte seinerzeit nicht ermittelt werden; er wurde nach dem Krieg gerichtlich für tot erlärt - namentl. Verlustmeldung WASt.

[1185] Flugbücher Hugo Hausotter, Fritz Haspel und Werner Moser

diesem Datum, zwei Spitfires, die an Fw. Kutzera (5.) und Hptm. Maetzke (1.) fielen; wahrscheinlich wurden auch diese beiden Abschüsse in dem Luftkampf am Abend erzielt.

Möglicherweise kam es im Anschluss an diesen Einsatz zu der nachfolgend von Hubert Heckmann geschilderten Begebenheit

> *Wir waren versprengt, ich hatte keinen Sprit mehr und begab mich auf die Heimreise. In Rouen sah ich ein Landekreuz ausliegen und fuhr mein Fahrwerk aus. Da tauchte neben mir eine '109 auf mit einem Winkel auf dem Rumpf, also ein Verbandsführer. Sie wackelte zum Zeichen: Folgen Sie mir ! Wir flogen also die Seine entlang, meine rote Lampe leuchtete bösartig. In weiter Ferne tauchte Paris auf. Ich musste jede Sekunde damit rechnen, dass mein Quirl stehen blieb und kurvte so schnell ich konnte auf die Landebahn ein, das Landekreuz und einige zerbombte Mauerreste vor mir. Als sich der Schwanz meiner Maschine beim Fahrtverlust senkte, kam kein Sprit mehr nach, der Motor stotterte und blieb stehen. Mir blieb nur eins: Landeklappen rein, andrücken, um genügend Fahrt zu haben, um über die Mauerreste wegziehen zu können, und dann nachdrücken. Auf mein Nachdrücken reagierte sie nicht mehr, sie sackte wie ein Stein durch, krachte im Dreipunkt auf der Flughafenstrasse auf, so dass ich damit rechnen musste, dass die Federbeine durch die Tragflächen kamen, und rollte aus. In der Flugleitung traf ich dann den Hptm. Maetzke; er versuchte, mir einzureden, dass das Landefeld von Rouen mit Bombentrichtern übersät und ein Landen daher unmöglich gewesen sei. Ich stimmte dem nicht zu: Da ein Landekreuz in Rouen ausgelegen hatte, war somit eine Landemöglichkeit gegeben und ich hatte mir bei dem riskanten Landeversuch hier in Le Bourget beinahe den Hals gebrochen !*

> *Es wurde dämmerig und der Maetzke redete vom gemeinsamen Rückflug nach La Fère. Meine Versicherung, dass sein "Bock" wegen eines Lattenschusses nicht mehr anspringen würde, nahm er gar nicht zur Kenntnis. Ich startete nach dem Auftanken und drehte Platzrunden. Seine Warte kurbelten vergebens, bis Maetzke ausstieg und seinen Arm in Richtung Osten ausstreckte. Von Paris aus führte ein Kanal und parallel dazu eine Eisenbahnlinie in einem grossen Bogen nach Compiègne. Wir waren die Strecke schon oft geflogen. Wegen der schnell hereinbrechenden Dunkelheit wollte ich den Bogen abkürzen, hatte mich aber irrtümlich an ein Flüsschen gehängt und wusste bald nicht mehr, wo ich war. Weit vor mir sah ich Scheinwerfer aufleuchten und flog darauf zu. Ich kam zu einer Rollbahn, von der Ju 88 zum Nachtangriff gegen England starteten. Ich riskierte neben der Rollbahn eine Landung, die sehr holperig ausfiel. Ein Einwinker stellte sich mit zur Verfügung und rannte vor mir her. Der war von den Zweimots her gewohnt, immer vor einem Motor herzulaufen, um Blickkontakt mit dem Flugzeugführer zu haben, so auch bei mir. Um ihn nicht mit der Latte zu erschlagen, rollte ich in S-Kurven hinter ihm her. Dann krachte es vor mir, die Latte stand und die gesamte Platzbefeuerung ging schlagartig aus. Ich hatte eine Bake umgelegt. Ich bekam deswegen anschliessend sehr viel Ärger mit der Flugleitung; zudem konnte ich wegen ihres Einsatzes auch nicht mit La Fère telefonieren, und dafür bekam ich nachher Ärger mit Woitke. Sie hatten den ganzen Abend auf mich gewartet, da ich ja von Le Bourget als gestartet gemeldet war. Sie hatten Signale geschossen und mit geeigneten und ungeeigneten Lampen eine Landebahn für mich zu schaffen versucht, alles für die Katz.*

> *Am nächsten Morgen stellte sich heraus, dass meine Latte leicht verbogen war. Mir wurde zugesagt, sie gegen eine gebrauchsfähige Latte auszuwechseln. Der Umbau dauerte bis zum Nachmittag. Ich rollte zum Start und hatte beträchtliche Mühe mit dem Abheben. Erst kurz vor dem Platzende erhob sich meine Mühle mühsam vom Boden. In der Werkstatt in La Fère stellte sich nachher heraus, dass sie mir im wahrsten Sinne eine Latte Marke Ju 88 angedreht hatten.* [1186]

[1186] Aufzeichnungen Hubert Heckmann, S. 24

Die I./JG 11 war von Beille aus wiederum über dem Kampfraum westlich Caen unterwegs; am frühen Nachmittag hatte eine Kette Begleitschutz für einen Nahaufklärer zu fliegen - daran erinnert sich Heinz Schuch wie folgt:

> *Bei meinem letzten Einsatz flogen wir zu dritt; unser Kettenführer war Fw. Schuecking, mit dem ich zuletzt mehrere Einsätze geflogen war. Unser Auftrag lautete: Begleitschutz für eine einzelne Aufklärer-109 nach Argentan. Nachdem der Einsatz so weit ohne Feindberührung geblieben war und die '109, mit ihren Aufnahmen im Kasten, abgedreht hatte, flogen wir freie Jagd über dem Frontraum südwestlich Caen. Kurz darauf bekamen wir es mit überlegenen amerikanischen Jägern zu tun und flogen daraufhin einen Abwehrkreis. Gleich danach krachte es in meiner Maschine - ich weiss bis heute nicht, ob ich von einem der Amis oder von unserer eigenen Flak getroffen wurde - und ich verspürte einen üblen Schmerz in meinem Bein. Ich hatte noch Glück und kam mit dem Fallschirm aus meiner Maschine heraus und kam auch auf der deutschen Seite der Front herunter. Nach meiner Bergung wurde ich zum HV-Platz einer Einheit der Waffen-SS gebracht und erlebte dort, schon auf dem OP-Tisch liegend, aber nur noch halb bei Sinnen, wie ein Leutnant von der Flak erschien - wahrscheinlich wollte der eine Bestätigung für seinen Abschuss haben!* [1187]

Vermutlich im Verlaufe desselben Luftkampfes kam Fw. Norbert Schuecking noch zu zwei Mustang-Abschüssen, die um 15.30 und 15.45 Uhr im Raume westlich und südwestlich Caen - Quadrate UT und UU - fielen (12., 13.). Während dies die einzigen Erfolge der I./JG 11 an diesem Tage blieben, musste die Gruppe neben Uffz. Schuch noch drei weitere Flugzeugführer auf die Verlustliste setzen: Die Unteroffiziere Erich Kerntke von der 1. Staffel, Helmut Ried von der 2. und Max Gehringer von der 10. Staffel fielen unter nicht näher bekannten Umständen über dem Invasionskampfraum.

18. Juli 1944: Während die schweren Kämpfe im Raume St. Lô bereits seit Tagen anhielten und sich die Spitzen der amerikanischen Truppen an diesem Tage in die Ruinen der Stadt hineinkämpfen konnten, eröffneten die Briten eine erneute Offensive bei Caen, das Unternehmen "GOODWOOD"; den Anfang machte abermals ein geballter Luftangriff von 2.200 Bombern - darunter 1.600 Viermotorigen - der RAF, die innerhalb einer knappen Dreiviertelstunde annähernd 8.000 Tonnen Bomben auf den auf dem östlichen Ufer der Orne gelegenen Vorort Colombelles warfen. Gleichzeitig eröffnete die schwere Schiffsartillerie das Feuer auf die deutschen Abwehrstellungen; zwar wurden mehrere deutsche Einheiten in den nachfolgenden Kämpfen überrollt oder aufgerieben, doch blieb dem britischen Angriff aufgrund des zähen Widerstands der verzweifelt kämpfenden deutschen Regimenter am Ende wiederum ein durchschlagender Erfolg versagt [1188].

Neben den britischen Viermotorigen waren auch die der 8. USAAF am 18. Juli 1944 zur Unterstützung der alliierten Heeresverbände im Einsatz; insgesamt 644 Viermots der 2 BD griffen taktische Ziele im Raume Troarn / Solier / Frénouville an und luden dort weitere 1.300 Tonnen Bomben ab [1189]; wieder blieben die Einflüge der Viermots ohne Widerstand von Seiten der deutschen Jagdgruppen, so dass die Verbände der 8. USAAF abermals nur eine einzige B-24 verloren.

[1187] Berich Heinz Schuch, 16.8.1993 - zu diesem Bericht gehört noch folgende Fortsetzung: *"Für mich war der Krieg vorbei; es folgten Monate im Lazarett aufgrund eines Schussbruches im linken Unterschenkel und einer schweren Verletzung auch im Oberschenkel. Die Folgen dieser Verwundung habe ich noch lange ertragen müssen - meine letzten drei Operationen habe ich vor sieben Jahren über mich ergehen lassen müssen."* - Ein Beispiel für viele, das zeigt, dass die Folgen des Krieges für viele der Beteiligten mit dem 8. Mai 1945 noch lange nicht ausgestanden waren.

[1188] KTB OKW 1944/45 Teil I, S. 326; Piekalkiewicz, Invasion, S. 181; Cartier, aaO., Bd. 2, S. 782

[1189] Freeman, aaO., S. 297

Über einen Einsatz der II./JG 1 an diesem Tage ist nichts bekannt; Erfolge oder Verluste wurden unter diesem Datum nicht gemeldet.

Anders die III./JG 1, die wenigstens drei Gruppeneinsätze zu fliegen hatte. Der erste davon stieg am Morgen, als die Gruppe unter Führung des Geschwaderkommodores um 09.10 Uhr zur freien Jagd über dem Frontraum um Caen startete [1190]. Über den weiteren Verlauf dieses Einsatzes ergibt sich aus den vorhandenen Unterlagen ein recht unklares, widersprüchliches Bild; danach scheint die Gruppe zunächst bis über den östlichen Brückenkopfbereich geflogen zu sein, wo es zur Feindberührung und alsbald zum Luftkampf mit einem P-38 Verband kam. Westlich Rouen wurde dabei Uffz. Julius Mengerich von der 7. Staffel von seinen Schwarmkameraden zuletzt gesehen, danach verlor sich seine Spur, so dass er als vermisst gemeldet werden musste [1191]. Danach verlagerte sich das Geschehen offenbar entlang dem Lauf der Seine in südöstlicher Richtung, wo die Gruppe zu drei Abschüssen kam -

Hptm. Woitke	III./JG 1	P-38	(28.)	09.50
Obstlt. Ihlefeld	Stab/JG 1	P-38	(118.)	09.55
Fw. Pleines	9./JG 1	P-38	(4.) [1192]	

Doch auch die III./JG 1 hatte hier zwei weitere Verluste zu verzeichnen: Uffz. Gottfried Döhnert von der 9. Staffel versuchte nach Treffern aus dem vorangegangenen Luftkampf in Bray, wenige Kilometer südlich Magny-en-Vexin, eine Notlandung, doch überschlug sich seine Messerschmitt dabei und begrub ihren Flugzeugführer unter sich, so dass Döhnert den Tod fand. Auch der Gruppenkommandeur wurde vermutlich in diesem Raum ein Opfer der Kurbelei mit den Lightnings; der Luftkampf hatte sich zuletzt in Bodennähe abgespielt, wobei Hptm. Woitke unter nicht näher bekannten Umständen mit seiner Maschine in einen Baum krachte und viel Glück hatte, seine angeschlagene "Gustav" noch so hoch ziehen zu können, dass ihm der Ausstieg mit dem Fallschirm gelang. Beim Aufkommen allerdings zog er sich einen komplizierten Schultergelenks- und Armbruch zu [1193].

Der zweite Einsatz, zu dem die Gruppe um 12.27 Uhr startete, blieb ohne Feindberührung [1194]; der dritte Einsatz schliesslich, der wiederum zur freien Jagd in den Raum Caen führte, brachte der Gruppe einen weiteren Verlust ein, als Fw. Karl-Heinz Kutzera von der 9./JG 1 nicht zurückkehrte und als vermisst gemeldet werden musste. Noch kurz vor seinem Ausbleiben hatte er seinem Rottenflieger und Freund Heinz Lehmann gegenüber erklärt: " *Hein, hier kommen wir nicht lebend zurück.*" [1195], und hatte damit ausgesprochen, was nicht wenige unter den Flugzeugführern angesichts der zuletzt erlebten Einsätze empfanden. Möglicherweise im Verlaufe dieses Einsatzes kam die III./JG 1 noch zu zwei weiteren Abschüssen, die unter diesem Datum gemeldet wurden -

---

[1190] Flugbücher Fritz Haspel, Hugo Hausotter und Werner Moser

[1191] namentl. Verlustmeldung WASt.; offenbar wurde die Aufschlagstelle zwei Tage später gefunden, denn un-ter diesem Datum wurde die Verlustmeldung - ohne Angabe des Verlustortes - dahingehend ergänzt, dass Mengerich gefallen ist

[1192] im Leistungsbuch von Fw. Pleines ist dazu folgendes vermerkt: " *Im Luftkampf mit Lightnings im Angriff von vorne und Linkskurve rechten Motor in Brand geschossen. Da gleich Luftkampf mit anderen Feindjägern, konnte das angeschossene Feindflugzeug nicht mehr beobachtet werden.*"

[1193] das genaue Datum dieses Absturzes ist dokumentarisch nicht belegt; die Darstellung hier ergibt sich indes aus Berichten verschiedener ehemaliger Flugzeugführer der III./JG 1; Elmar Resch, der am 18.8.1944 zur III./JG 1 kam, schildert den Ursprung dieser Verletzung nach dem Hörensagen bei der III. Gruppe wie folgt: " *Er war abgeschossen worden und musste mit dem Fallschirm aussteigen, der sich aber nicht ganz öffnete und als lange Wurst nachgezogen wurde. Normalerweise war dies das Ende eines jeden Flugzeugführers. Er aber hatte ein saumässiges Glück: Er fiel in den einzigen im Umkreis von 2 km vorhandenen Kastanienbaum und brach sich nur den linken Arm.*" - Brief vom 1.12.1992

[1194] Flugbücher Fritz Haspel und Werner Moser

[1195] Bericht Heinz Lehmann, 29.3.1993

Olt. Meyer	8./JG 1	Spitfire	(1.)	
Ofw. Zander	8./JG 1	Spitfire	(32.)	

Für den schwer verletzten Hptm. Erich Woitke übernahm neuerlich der Staffelkapitän der 8./JG 1 Hptm. Alfred Grislawski vertretungsweise die Führung der III./JG 1.

In der Nacht zum **19. Juli 1944** eroberten amerikanische Truppen nach schweren Kämpfen die Ruinen von St. Lô; die deutschen Verbände fielen auf eilig vorbereitete Auffangstellungen im Süden und Westen der Stadt zurück [1196]; nach den Zeitplänen des Unternehmens "OVERLORD" sollte St. Lô sechs Tage nach Beginn der Landung genommen werden, inzwischen aber waren 43 Tage vergangen. Am selben Tage begannen die ersten Ausladungen im Hafen von Cherbourg, wodurch der Nachschub für die alliierten Landungstruppen weiter gesichert wurde.

Über den Einsatz der II./JG 1 an diesem Tage ist wiederum nicht bekannt. Die III./JG 1 dagegen hatte zwei Einsätze über dem Invasionskampfraum zu fliegen. Um 16.00 Uhr startete die Gruppe in La Fère mit dem gewohnten Auftrag: Freie Jagd im Raume Caen [1197]. Der Einsatz an sich verlief ereignislos, auf dem Rückflug aber hatte die 9. Staffel einen Verlust zu verzeichnen: Bei Albert, 20 km östlich Amiens, wurde Fw. Walter Pleines von einem 2 cm-Vierlingsgeschütz der deutschen Flak abgeschossen und musste seine Messerschmitt mit einer Notlandung auf den Bauch werfen, wobei er sich schwere Verletzungen zuzog [1198].

Um 19.35 Uhr erfolgte der Start zu einem weiteren Gruppeneinsatz und wieder lautete der Auftrag: Freie Jagd im Raume Caen. Dort entdeckte die Gruppe gegen 20.30 Uhr zahlreiche Typhoons, die mit Tiefangriffen auf deutsche Truppenansammlungen und auf Verkehrsknotenpunkte wie Brücken und andere Engpässe beschäftigt waren [1199]. Die Gruppe stürzte sich auf die britischen Maschinen und meldete nach einem ziemlich einseitig geführten Luftkampf ohne eigene Verluste insgesamt acht Abschüsse -

Uffz. Hausotter	8./JG 1	Typhoon	(1.)	20.30
Hptm. Grislawski	8./JG 1	Typhoon	(128.)	20.32
Uffz. Kräuter	7./JG 1	Typhoon	(4.)	20.35
Ofhr. Krätzer	8./JG 1	Typhoon	(1.)	20.35
Ofw. Barann	7./JG 1	Typhoon	(8.)	20.35
Gefr. Schultz	7./JG 1	Typhoon	(1.)	20.37
Uffz. Fröhlich	9./JG 1	Typhoon	(2.)	20.38

[1196] KTB OKW 1944/45 Teil I, S. 326; Piekalkiewicz, Invasion, S. 181; Cartier, aaO. Bd.2, S. 782

[1197] Einsatzzeiten für den 19.7.1944 lt. Flugbüchern Hugo Hausotter, Fritz Haspel, Werner Moser

[1198] Brief Walter Pleines, 22.7.1990, unter Verweis auf verschiedene Unterlagen aus seiner Dienstzeit, darunter eine Aufstellung seiner Feindflüge und ein ärztlicher Entlassungs-Befund mit Bezug auf die am 19.7.1944 erlittenen Verletzungen

[1199] 2nd Tac. A.F. Log; die britischen Angaben in diesem Zusammenhang sind etwas unklar - am **18.** Juli 1944 lauten die Verlustangaben acht Typhoons - allerdings durch Flak, was sich mit entsprechenden deutschen Angaben decken würde - während für den **19.** Juli lediglich vier Typhoon-Verluste genannt werden, davon allerdings drei im Luftkampf mit Bf 109. An diesem Tage meldete neben der III./JG 1 auch die I./JG 5 ausgedehnte Luftkämpfe mit Typhoons, in deren Verlauf allein die I./JG 5 neun Abschüsse für sich beanspruchte ! Die unterschiedlichen Angaben dürften - wenigstens zu einem Teil - dadurch zu erklären sein, dass die meisten alliierten Verluste mittlerweile über eigenem Gebiet herunterkamen und nicht mehr als vermisst bzw. im Falle der Bauchlandung nicht mehr als Verlust gemeldet wurden

Uffz. Vogel	8./JG 1	Typhoon	(4.)	
Olt. Bilfinger	7./JG 1	Spitfire	(3.)	

[1200]

20. Juli 1944: Am Boden hielten die schweren Kämpfe im Raume St. Lô unvermindert an; nur unter erheblichen Mühen gelang es den zurückweichenden deutschen Verbänden, den Zusammenhalt ihrer Linien vor den nachdrängenden amerikanischen Truppen zu bewahren.

Im Führerhauptquartier "Wolfsschanze" explodierte während der mittäglichen Lagebesprechung die Bombe der Widerstandsgruppe des Obersten Graf Schenck von Stauffenberg, die Adolf Hitler töten sollte; das Attentat misslang, Hitler wurde nur leicht verletzt [1201].

Die II./JG 1 hatte um die Mittagszeit einen Gruppeneinsatz zur freien Jagd und Unterstützung der Heerestruppen über dem Frontraum um St Lô zu fliegen; dazu waren um 12.30 Uhr alle einsatzklaren Focke Wulfs der Gruppe in Semallé aufgestiegen [1202], die sich danach unter Führung von Olt. Rüdiger Kirchmayr in 6.000 m sammelten und in Richtung St. Lô flogen. Kurz nach 13.00 Uhr wurde die Gruppe im Raume nordöstlich von St. Lô aus der Überhöhung überraschend von einem gemischten Verband von Spitfires und Thunderbolts angegriffen und dabei buchstäblich überfahren. Bevor sich die Focke Wulfs noch zur Abwehr formieren konnten, hatte die II./JG 1 bereits empfindliche Verluste einstecken müssen; dennoch konnten in den verbissen geführten Luftkämpfen insgesamt drei Abschüsse erzielt werden -

Ofw. Flecks	6./JG 1	Spitfire	(14.)	13.05
Olt. Kirchmayr	II./JG 1	Spitfire	(19.)	13.07
Olt. Kirchmayr	II./JG 1	Spitfire	(20.)	13.35

Diese Erfolge konnten indes die Verluste der Gruppe in keiner Weise aufwiegen; nach der Rückkehr nach Semallé musste die II./JG 1 sieben Gefallene und Vermisste und einen Schwerverwundeten sowie neun Focke Wulfs auf die Verlustliste setzen. Die 4. Staffel hatte drei Verluste zu beklagen: Lt. Helmut Proff fiel im Luftkampf mit Spitfires bei St. Lô, während Uffz. Christian Knoblauch und der Gefr. Walter Gehr als vermisst gemeldet werden mussten, nachdem sie im Luftkampf vom eigenen Verband abgeplatzt waren und danach nicht mehr gesehen wurden [1203]. Blieb die 5. Staffel von Verlusten vollkommen verschont, so traf es die 6./JG 1 umso härter, denn sie hatte allein drei Vermisste und einen Schwerverwundeten zu verzeichnen. Lt. Christian Steven, Ofw. Alfred Bindseil und Uffz. Otto Stuckenbrock mussten als vermisst gemeldet werden; letzterer hatte noch Glück im Unglück, denn er konnte nach dem überraschenden Angriff von P-47, die den Motor seiner "gelben 11" in Brand geschossen hatten, noch mit dem Fallschirm aussteigen und kam gegen 13.05 Uhr sieben Kilometer nordöstlich von St. Lô auf, wo er alsbald unverletzt in Gefangenschaft geriet. Der vierte Verlust trat auf dem Rückflug ein, als die Gruppe nördlich Alençon nochmals auf eine Anzahl Spitfires traf, die die Focke Wulf von Ofhr. Rudolf Kaltenhäuser abschiessen konnten; zwar konnte Ofhr. Kaltenhäuser noch eine Notlandung machen, doch ging seine Maschine dabei vollkommen zu Bruch und fügte ihrem Flugzeug-

---

[1200] lt. A.D.I.(K) Report No. 390/1944 vom 28.7.1944 soll Uffz. Vogel diesen Abscuss bereits unter dem 17.7. gemeldet haben, doch ist über einen Luftkampf der 8./JG 1 mit Typhoons an diesem Tage nichts bekannt, so dass es sich vermutlich um eine Verwechslung im Datum handelt. Es ist weiterhin nicht bekannt, ob diese Abschussmeldung überhaupt weitergeleitet und gegebenenfalls anerkannt wurde

[1201] ein ausführliches Eingehen auf die Vorgänge des 20. Juli 1944 würde den Rahmen der vorliegenden Arbeit sprengen; vgl. statt dessen für viele die ausführliche Darstellung bei Cartier, aaO. Bd.2, S. 782

[1202] lt. A.D.I.(K) Report No. 378/1944 vom 23.7.1944 - Vernehmungsbericht Uffz. Stuckenbrock - soll die II. Gruppe dabei mit 30 Maschinen im Einsatz gewesen sein, was indes in Anbetracht der zuletzt gemeldeten Einsatzstärken recht erstaunlich wäre

[1203] bemerkenswert die Eintragungen in den namentl. Verlustmeldungen WASt., wonach die Schicksale von Gehr und Knoblauch jeweils unter dem 4., 11. und 19.8.1944 noch als "offen" bezeichnet wurden; Walter Gehr wurde nach dem Kriege gerichtlich für tot erklärt

führer derart schwere Verletzungen zu, dass er ihnen eine Woche später erlag. Der achte Verlust schliesslich betraf die 7./JG 51: Der Gefr. Johannes Kamutzki wurde, nachdem er vom Verband abgeplatzt war, im Raume St. Lô von Spitfires tödlich abgeschossen.

Die III./JG 1 war am frühen Nachmittag erneut zur freien Jagd über dem Raume Caen unterwegs und hatte dort einen ergebnislosen Luftkampf mit Spitfires auszufechten [1204]; ohne Verluste fielen die Messerschmitts zwei Stunden nach dem Start wieder in La Fère ein. Am Abend gab es um 21.10 Uhr noch einmal einen Alarmstart auf gemeldete Viermotverbände, doch führte der Ansatz der Gruppe nicht zur Feindberührung, so dass der Einsatz bereits nach 20 Minuten ergebnislos abgebrochen wurde.

Die Ereignisse im fernen Rastenburg um den fehlgeschlagenen Anschlag auf Hitler hatten wenig bis gar keine Auswirkung auf die im Abwehrkampf eingesetzten Gruppen der JG 1 und 11; aus den insoweit übereinstimmenden Erinnerungen mehrerer Flugzeugführer ergibt sich, dass die Nachricht vom Attentat kaum zur Kenntnis genommen und nicht zum Gegenstand grundsätzlicher Gedanken und Erörterungen gemacht wurde, für die die Männer angesichts des um sie herum tobenden Kampfes keine Gelegenheit und Musse hatten. Der 20. Juli 1944 hatte allerdings seine Nachwirkungen auf die Umgangsformen der Deutschen Wehrmacht - anstelle des bis dahin üblichen Grusses durch Anlegen der rechten Hand an die Kopfbedeckung wurde wenige Tage danach die Ehrenbezeugung durch "Erweisung des Deutschen Grusses" für alle Teile der Wehrmacht eingeführt [1205].

Seit dem Nachmittag war von Westen her ein Schlechtwettergebiet aufgezogen, dass schwere Gewitter mit Wolkenbrüchen mit sich brachte; das Wetter war auch an den folgenden Tagen gekennzeichnet durch Dauerregen, der das Gelände um Caen in grundlose Moraste verwandelte und den Krieg sowohl am Boden wie in der Luft weitgehend zum Erliegen brachte. Für die Briten war dies Anlass, ihre erst zwei Tage zuvor begonnene Offensive im Raume Caen ohne Erfolg abzubrechen und auch im Bereich St. Lô verzögerten sich die weiteren Angriffshandlungen der Amerikaner; für die deutsche Seite eröffnete die unverhoffte Hilfestellung durch das Wetter die Möglichkeit, frische Kräfte an die bedrohten Frontbereiche heranzuholen und ihre Abwehrstellungen sowohl südlich St. Lô als auch im Abschnitt um Caen zu festigen [1206].

Den ganzen **21. Juli 1944** über regnete es in Strömen, so dass bei den Gruppen der JG 1 und 11 wetterbedingte Einsatzruhe herrschte; nach den verlustreichen Einsätzen der vorangegangenen Tage war niemand ernstlich böse über diesen unverhofften Ruhetag.

22. Juli 1944: Eine geringfügige Wetterbesserung erlaubte der III./JG 1 am Morgen einen Gruppeneinsatz zur Jabojagd und zum Strassenschutz im Raume Caen; der Start zu diesem Einsatz erfolgte um 07.35 Uhr in La Fère [1207]. Die Gruppe stieg auf 6.000 m und flog über der fast geschlossenen Wolkendecke in Richtung Caen, ohne, dass es zur Feindberührung gekommen wäre. Über dem Raum Caen beobachteten die übrigen Flugzeugführer auf einmal, wie die "schwarze 7" von Uffz. Jakob Vogel von der 8. Staffel aus unersichtlichen Gründen einen Abschwung flog und in den Wolken verschwand, aus

---

[1204] Einsatzzeit lt. Flugbüchern Fritz Haspel und Werner Moser 14.45 - 16.45 Uhr

[1205] dies ging zurück auf einen Antrag Görings, der mit Schreiben vom 23.7.1944 u.a. ausgeführt hatte: *"Ich habe als rangältester Offizier der Deutschen Wehrmacht, zugleich im Namen des Generalfeldmarschalls Keitel und des Grossadmirals Dönitz dem Führer gemeldet, dass alle Wehrmachtteile darum vorstellig geworden sind und aus Anlass seiner Errettung gebeten und gefordert haben, in der Wehrmacht den Deutschen Gruss als Zeichen unverbrüchlicher Treue zum Führer und engster Verbundenheit zwischen Wehrmacht und Partei einführen zu dürfen."* Es ist nicht bekannt, dass sich in Kreisen der Wehrmachtführung nennenswerter Widerstand gegen die Einführung des Nazi-Grusses anstelle der traditionellen Ehrenbezeugung gerührt habe

[1206] KTB OKW 1944/45 Teil I, S. 326; Piekalkiewicz, Invasion, S. 181/182; Cartier, aaO. Bd.2, S. 792

[1207] Flugbücher Hugo Hausotter und Fritz Haspel; lt. A.D.I. (K) Report No. 390/1944 vom 28.7.1944 sollen nicht weniger als 45 Messerschmitts der III./JG 1 an diesem Einsatz beteiligt gewesen sein, 14 davon allein von der 8. Staffel

Abb. 819 - 820: Die "schwarze 7" von Uffz. Jakob Vogel von der 8./JG 1 nach dessen Notlandung auf der britischen Seite der Front bei Fontenay-le-Pesnil am 22. Juli 1944; ein Bruchbergungskommando bemüht sich, die nur leicht beschädigte Maschine - eine Bf 109 G-6 mit der WerkNr. 413 601 - wieder auf die Beine zu stellen. Die Maschine trägt den zu dieser Zeit üblichen, stark getupften Grauanstrich ohne irgendwelche zusätzlichen Markierungen; das rote Reichsverteidigungsrumpfband fehlt mittlerweile ebenso wie das Geschwaderemblem und der senkrechte Gruppenbalken.

(P.R.O.)

denen sie danach nicht wieder auftauchte. Da Jakob Vogel von diesem Einsatz nicht zurückkehrte, nahm man bei der III./JG 1 an, dass er die Kontrolle über seine Messerschmitt verloren habe und bei einer Wolkenuntergrenze von nur 200 m nicht mehr abfangen konnte; dementsprechend wurde er zunächst als vermisst gemeldet. Tatsächlich hatte Uffz. Vogel seine Maschine jederzeit unter Kontrolle gehabt; er war allerdings beim Herauskommen aus der Wolkendecke sofort von britischer Flak unter Feuer genommen worden und hatte bereits durch deren erste Feuerstösse schwere Treffer in Motor und Kühler bekommen, so dass er gleich darauf bei Fontenay-le-Pesnil notlanden musste, wo er alsbald unverletzt in britische Gefangenschaft geriet [1208], wovon später auch die deutsche Seite Nachricht erhielt. Uffz. Vogel blieb der einzige Verlust bei diesem Einsatz; ohne im weiteren Verlauf noch Feindberührung bekommen zu haben, fiel die Gruppe zwei Stunden nach dem Start wieder auf ihrem Einsatzhafen ein. Abgesehen von einigen Werkstattflügen kam es an diesem Tage nicht mehr zu weiteren Einsätzen.

Über den Einsatz der II./JG 1 sowie der I./JG 11 am 22. Juli liegen nur spärliche Einzelheiten vor; beide Gruppen meldeten keine Verluste, während bei der I./JG 11 Lt. Rudi Schmid zwei Spitfire-Abschüsse meldete (10., 11.).

23. Juli 1944: Trotz des anhaltend regnerischen Wetters flogen 280 Viermotorige der 8. USAAF Angriffe auf Flugplätze im Raume Laon; Creil, Athies, Couvron und Juvincourt mussten den Abwurf von Bombenteppichen über sich ergehen lassen, während der Einsatzhafen der III./JG 1 in La Fère unberührt blieb. Die Einflüge der Viermotorigen wurden wiederum von der deutschen Jagdabwehr nicht bekämpft, ihre Verluste beliefen sich erneut auf nur eine B-17, die vermutlich der Flak zum Opfer gefallen sein dürfte [1209]. Im übrigen blieb die Einsatztätigkeit der Luftwaffen auf beiden Seiten aufgrund der schlechten Wetterverhältnisse erneut vergleichsweise gering [1210].

Die II./JG 1 meldete nach einem Einsatz am Abend zwei Abschüsse nach einem Einsatz über dem Kampfraum westlich St. Lô -

| Lt. Swoboda | 4./JG 1 | P-47 | (10.) | 21.10 |
| Uffz. Gallbach | 4./JG 1 | Spitfire | (1.) | 21.25 |

Während die Gruppe im Luftkampf selbst von Verlusten verschont blieb, kam es auf dem Rückflug noch zu einem Zwischenfall, als Uffz. Erich Rahner von der 7./JG 51 aus im einzelnen nicht bekannten Gründen bei Chartres notlanden musste und sich beim Überschlag seiner Maschine schwere Verletzungen zuzog.

Unterdessen hatten die Alliierten ihre Verbände im Brückenkopfgebiet für die Durchbruchsschlacht zum Ausbruch aus dem Brückenkopf in der Normandie gruppiert; der Angriff, der eigentlich bereits am 20.

[1208] A.D.I. (K) Report No. 390/1944 vom 28.7.1944; die wirklichen Beweggründe Vogels für seinen Alleingang bleiben auch nach Durchsicht der britischen Vernehmungsunterlagen unklar - danach soll Vogel seinen Abschwung nur deswegen geflogen haben, um sich unterhalb der Wolkendecke zu orientieren. Dies dürfte indes kaum den Tatsachen entsprechen, denn Vogel flog im geschlossenen Verband der gesamten Gruppe, wobei es nicht üblich war, dass sich einzelne Rottenflieger um die Navigation zu kümmern und in unangemeldeten Einzelaktionen Standortbestimmung zu betreiben hatten. Dem A.D.I. (K) Report ist indes keinerlei Anhaltspunkt dafür zu entnehmen, dass es sich bei dem Manöver Vogels etwa um eine Fahnenflucht gehandelt haben könnte.

[1209] Freeman aaO., S. 302

[1210] während die Verbände der RAF offenbar kaum im Einsatz waren, flogen einige Gruppen der 9. USAAF Jabo- und Tiefangriffe auf Verkehrsziele im Hinterland der deutschen Front; dabei kam es zu einem heftigen Luftkampf zwischen einer Anzahl P-38 der 370 FG und einigen Fw 190 der III./JG 54, nach dem die Amerikaner vier Verluste meldeten, während die III./JG 54 acht Abschüsse meldete und selbst einen Gefallenen und eine Fw 190 einbüsste

Juli hatte beginnen sollen, musste aufgrund der herrschenden Wetterbedingungen zweimal verschoben werden und sollte nun am 24. Juli 1944 beginnen. Den Hauptstoss sollten die amerikanischen Truppen aus dem Frontbereich im Nordwesten von St. Lô führen, wo er von der deutschen Führung am wenigsten erwartet wurde, während eine gleichzeitig im Raume Caen anlaufende neuerliche Offensive der Briten nur zur Ablenkung und Fesselung der dort stehenden deutschen Verbände dienen sollte [1211]. Eingeleitet werden sollte der Angriff der US-Truppen durch Luftangriffe aller verfügbaren Kräfte, darunter vor allem der Viermotorigen der 8. USAAF, die den Bodentruppen durch die Bombardierung eines eng begrenzten Frontbereichs von sieben Kilometer Breite und drei Kilometer Tiefe westlich der Vire bei Marigny eine Bresche in die deutschen Abwehrstellungen schlagen und ihnen so den Weg nach Süden öffnen sollten [1212].

Der **24. Juli 1944** versprach zunächst eine deutliche Wetterbesserung, so dass plangemäss 1.586 Viermotorige aller drei Bomb Divisions von ihren Basen in Südostengland aufstiegen, um ihre befohlenen Ziele im Frontraum vor St. Lô zu bombardieren; während sie sich noch auf dem Anflug befanden, zog indes eine immer dichter werdende Wolkenschicht über dem Frontgebiet auf, so dass die Voraussetzungen für eine Sichtbombardierung nicht mehr gegeben waren. Das sofort gegebene Rückrufsignal wurde jedoch nicht von allen Bomb Groups empfangen, so dass 378 Viermots ihre Bombenlast dennoch über dem Frontgebiet abluden, damit aber hauptsächlich die eigenen Linien trafen und 156 GI's töteten [1213].

Der Einflug der Viermotorigen wurde abermals durch die deutsche Jagdabwehr nicht bekämpft; auch die beiden Gruppen der JG 1 und 11 im Raume Alençon wurden nicht dagegen angesetzt. Auch über andere Einsätze der beiden Gruppen an diesem Tage ist nichts bekannt.

Die III./JG 1 hatte demgegenüber wiederum drei Gruppeneinsätze zu fliegen, die sich jedoch nur gegen den Raum Caen und das rückwärtige Gebiet richteten [1214]. Um 11.55 Uhr startete die Gruppe zur freien Jagd und Jabojagd im südlichen Hinterland der Front; dabei traf sie im Raume L'Aigle - Quadrat BB - auf eine Anzahl P-38, von denen Ofw. Kaniss von der 8. Staffel zwei abschiessen konnte (13.15, 1., 2.). Offenbar ohne eigene Verluste kehrte die Gruppe um 13.40 Uhr nach La Fère zurück. Anderthalb Stunden später, um 15.10 Uhr, erfolgte der Start zum zweiten Einsatz des Tages - Auftrag: Freie Jagd und Strassenschutz. Ohne Feindberührung gehabt zu haben, fielen die Messerschmitts zwei Stunden später wieder auf ihrem Einsatzhafen ein. Dagegen brachte der dritte Tageseinsatz, zu dem die verbliebenen Maschinen um 19.10 Uhr an den Start gerollt waren, abermals einen verlustreichen und erfolglosen Luftkampf mit Spitfires über Caen; bei einem eigenen Erfolg -

    Ofw. Zander   8./JG 1   Spitfire   (33.)

hatte die III./JG 1 erneut zwei Gefallene und den Verlust von drei Messerschmitts zu beklagen - Fw. Hans Fordemann und Uffz. Albert Düsterhöft, beide von der 7. Staffel, wurden von Spitfires tödlich abgeschossen und kamen östlich Caen herunter. Noch eine dritte Maschine wurde abgeschossen, doch konnte sich ihr Flugzeugführer unverletzt retten.

25. Juli 1944: An diesem Tage begann der Grossangriff der 1. und 3. US-Armee im Frontbereich westlich St. Lô; wie vorgesehen, begann das Unternehmen mit vernichtenden Luftangriffen auf die deutschen Abwehrstellungen westlich St. Lô zwischen Amigny-la-Chapelle und Le-Mesnil-Eury. Als erste erschienen zahlreiche Jabos [1215], gefolgt von 1.581 Viermotorigen der 8. USAAF, die um 09.30 Uhr

---

[1211] Piekalkiewicz, Invasion, S. 182; Cartier, aaO., Bd. 2, S. 793 ff

[1212] vgl. dazu ausführlich Cartier, aaO. Bd. 2, S. 793/794

[1213] Freeman, aaO., S. 303; Cartier, aaO., Bd. 2, S. 795; Piekalkiewicz, Invasion, S. 188

[1214] Angaben zu den Einsatzzeiten dieses Tages lt. Flugbüchern Fritz Haspel und Hugo Hausotter

[1215] insgesamt standen auf amerikanischer Seite für diese Angriffe 1.581 Viermotorige, 396 mittlere Bomber und 350 Jabos zur Verfügung; auf den Einsatz der britischen Lancasters wurde verzichtet, weil diese

rund 3.400 Tonnen Bomben über dem Angriffsraum abwarfen. Danach erschienen die Zweimots der 9. USAAF, die weitere rund 800 Tonnen Bomben warfen, bevor gegen 10.00 Uhr nochmals 400 Jabos das angriffen, was von den deutschen Abwehrstellungen übrig geblieben war. Als vorläufig letzte erschienen gegen 11.30 Uhr erneut 380 Zweimot-Bomber, die 650 Tonnen Bomben sowie Phosphor- und Napalmkanister abwarfen. Unter der Wucht dieses Stahlgewitters zerstob die deutsche Abwehrfront und wurden Gräben, Geschützstellungen, Panzer und Munitionslager förmlich pulverisiert. Nach dem Ende der Luftangriffe setzte ein Trommelfeuer aus rund 1.000 Geschützen auf die deutschen Stellungen ein, die noch einmal 140.000 Granaten verfeuerten. Dennoch schlug den amerikanischen Sturmtruppen, als diese zum Angriff antraten, unerwartet starkes Abwehrfeuer entgegen, so dass sie bis zum Ende dieses Tages nur einen Einbruch von drei Kilometern Tiefe erreichen konnten. Das änderte allerdings nichts daran, dass die deutsche Front entscheidend angeschlagen war und bei einem Vorstoss amerikanischer Panzerkräfte durch die Frontlücke drohte, auseinanderzubrechen [1216].

Erneut war der Abwehreinsatz der deutschen Luftwaffe gegen die Einflüge der alliierten Luftstreitkräfte über dem Raum St. Lô ausserordentlich schwach; die beiden Gruppen der JG 1 und 11 scheinen daran überhaupt nicht beteiligt gewesen zu sein. Statt desssen flogen Teile der II./JG 1 einen Einsatz in den rückwärtigen Frontraum um L'Aigle, wo es zu einem Luftkampf mit P-51 kam, die die Focke Wulf des Gefr. Helmut Walter von der 5. Staffel abschiessen konnten, wobei der Flugzeugführer beim Absturz seiner Maschine nahe Chandai zu Tode kam. Über eigene Erfolge der II. Gruppe an diesem Tage ist nichts bekannt.

Für die III./JG 1 brachte der Tag abermals drei Gruppeneinsätze, bei denen die Gruppe neben einigen eigenen Abschüssen empfindliche Verluste hinnehmen musste. Um 10.38 Uhr [1217] erfolgte der Start zum ersten Einsatz des Tages - Auftrag: Freie Jagd. Bereits wenige Minuten nach dem Start traf die Gruppe bei Rouen auf einen Spitfireverband, mit dem es zu einem ausgedehnten Luftkampf kam, in den wenig später auch die Messerschmitts der I./JG 5 eingriffen [1218]. Drei Abschüssen -

Hptm. Maetzke	8./JG 1	Spitfire	(4.)	10.45
Uffz. Hausotter	8./JG 1	Spitfire	(2.)	10.50
Ofw. Barann	7./JG 1	Spitfire	(9.)	

stand auf der Verlustseite wenigstens eine Messerschmitt gegenüber: Uffz. Hugo Hausotter wurde kurz nach seinem zweiten Abschuss selbst von Spitfires getroffen und musste um 11.05 Uhr bei Fleury-sur-Andelle mit dem Fallschirm aussteigen, was er zum Glück unverletzt überstand. Die übrigen Maschinen fielen gegen 11.45 Uhr wider in La Fère ein. Am frühen Nachmittag folgte der zweite Einsatz: Um 14.55 Uhr startete die III./JG 1 zur freien Jagd über dem Raum Caen. Dieses Mal kam die Gruppe bis über den Frontraum östlich der Stadt, wo es zu Luftkämpfen mit amerikanischen Jagd- und Jabogruppen kam, in denen die Gruppe zu insgesamt vier Abschüssen kam -

Uffz. Esser	9./JG 1	P-47	(1.)	15.45
Uffz. Esser	9./JG 1	P-47	(2.)	15.47
Fw. Lau	9./JG 1	P-51	(1.)	15.55
Fw. Lau	9./JG 1	P-47	(2.)	16.00

---

vorwiegend für den Abwurf grosskalibriger Bomben ausgerüstet waren, deren Wirkung für das Vordringen der eigenen Heerestruppen nach den Erfahrungen im Raume Caen eher als hinderlich empfunden wurde

[1216] vgl. dazu ausführlich KTB OKW 1944/45 Teil I, S. 327; Jacobsen/Rohwer, aaO., S. 428 ff m.w.N.; Cartier, aaO. Bd. 2, S. 795 ff; Piekalkiewicz, Invasion, S. 188/189

[1217] alle Angaben zu Einsatzzeiten der III./JG 1 lt. Flugbüchern Fritz Haspel, Werner Moser und Hugo Hausotter

[1218] Auszug aus KTB I./JG 5; danach meldete die I./JG 5 insgesamt drei Spitfire-Abschüsse, darunter den 200. Abschuss ihres Kommandeurs Hptm. Theodor Weissenberger

Abb. 821 - 822: Zweimal die " schwarze 14 " von Uffz. Hugo Hausotter von der 8./JG 1, der auf der Aufnahme oben zusammen mit dem 1. Wart der Maschine zu sehen ist, aufgenommen im Juli 1944 in La Fère; die Maschine, eine **Bf 109 G-6/AS**, trägt einen verwaschen wirkenden Grauanstrich ohne zusätzliche Markierungen. Beachte den Namenszug " Erna " unter der Kabine und den gelben Einfass der Kennziffer. Vermutlich mit dieser Maschine wurde Hugo Hausotter am 25. Juli 1944 bei Fleury-sur-Andelle im Luftkampf mit Spitfires abgeschossen und musste mit dem Fallschirm aussteigen.

(Hausotter)

Demgegenüber verlor die III./JG 1 bei diesem Einsatz wenigstens drei Messerschmitts und musste einen Vermissten und zwei Schwerverwundete auf die Verlustliste setzen. Ofhr. Bebbo Krätzer von der 8. Staffel wurde zuletzt im Luftkampf mit Jägern über dem Landegebiet gesehen und kehrte danach nicht vom Einsatz zurück, so dass er als vermisst gemeldet werden musste. Die Unteroffiziere Alfons Habig und Hermann Käser, ebenfalls beide von der 8./JG 1, wurden östlich Caen abgeschossen und jeweils schwer verwundet, konnten aber geborgen und alsbald ins Lazarett geschafft werden. Auch Fw. Max Lau von der 9. Staffel dürfte diesen Einsatz am Fallschirm beendet haben, wie sich aus folgendem Bericht von Hubert Heckmann, dem Rottenführer Laus, ergibt, der sich wahrscheinlich auf diesen Luftkampf bezieht:

Eines Tages war mein Max aber doch weg. Nach zwei Tagen traf er wieder bei uns ein, per Bahn mit zusammengerolltem Fallschirm. Er hatte als Schuhwerk ganz ausgelatschte Treter an und das kam so, wie er uns - immer leicht stotternd - erzählte:

Beim Solo-Rückflug kam ihm auf gleicher Höhe eine Mustang entgegen. Sie kurvten erst gar nicht aufeinander ein, sondern gingen Schnauze auf Schnauze aufeinander los. Keiner brachte einen Treffer an. Dabei ergab es sich, dass Max kurz vor dem Rammen über den Ami hinweghüpfte, alles reiner Zufall. Nach einer Linkskurve gingen die beiden wieder aufeinander los. Das Spielchen führten sie einige Male durch, bis es dem Max in den Sinn kam, dem Ami ein Bein zu stellen. Beim nächsten Mal versuchte Max daher, unter dem Ami hindurchzukommen; das gelang aber nicht ganz, da Max die darauf folgende Linkskurve zu früh eingeleitet hatte und er den Ami dadurch rammte, wobei dem Max die rechte Tragfläche abriss. Kabine weg und raus waren eins, wobei Max vergass, das Gas rauszunehmen. Dann sprang er auch noch zur falschen Seite raus, was dazu führte, dass er am Rumpf entlangrutschte und bäuchlings am Höhenleitwerk hängenblieb. Jetzt donnerten ihm 1.800 PS in den Hintern, was die darauf folgende Rettungsaktion erschwerte; zudem machte sich ein Pelzstiefel selbständig. In letzter Sekunde kam er vom Leitwerk los, der Schirm öffnete sich erst knapp vor der Bodenberührung. Er traf seinen Gegner und beide liessen sich bis zum nächsten Dorf von einem Leiterwagen mitnehmen, dann trennte man sich. Max holte sich bei einer Infanterieeinheit ein Paar "Gurken", die wie Schuhe aussahen und mit denen er nun vor uns stand. [1219]

Der dritte Einsatz stand am Abend an; geführt von Obstlt. Ihlefeld startete die III./JG 1 um 18.42 Uhr zum Einsatz in den Raum Caen und wie üblich lautete der Auftrag dabei: Freie Jagd. Wieder kam die Gruppe nicht bis über das Brückenkopfgebiet, sondern geriet bereits über dem Raum Rouen an einen britischen Kampfverband aus 94 Lancasters, die sich unter Begleitschutz durch Spitfires auf dem Rückflug von einem Angriff auf den Flugplatz und das Depot von St. Cyr befanden [1220]. Zwei Abschüssen durch den Kommodore -

| Obstlt. Ihlefeld | Stab/JG 1 | Lancaster | (119.) | 19.23 |
| Obstlt. Ihlefeld | Stab/JG 1 | Spitfire | (120.) | 19.30 |

[1219] Aufzeichnungen Hubert Heckmann; das genaue Datum dieses Luftkampfes ist darin nicht genannt, es liegt indes keine andere Abschussmeldung Laus aus diesen Tagen vor und da der Absturz der amerikanischen Maschine über deutsch-besetztem Gebiet erfolgte, müsste sie nach den damaligen Gepflogenheiten auch als Abschuss für Lau anerkannt worden sein

[1220] der britische Verband umfasste neben den Lancasters noch sechs Mosquitoes; die Maschinen gehörten der 5 Group an; ein weiterer Angriff, der allerdings getrennt von diesem Unternehmen erfolgte, wurde von 81 Lancasters, elf Mosquitoes und einer P-51 geflogen, die V-1 Abschussrampen und Ziele im Raume Watten bombardierten - Middlebrook, aaO., S. 545

Abb. 823 - 825: Drei Aufnahmen von Ofw. Friedrich Zander bei der " blauen 22 " vom Gruppenstab der III./JG 1 nach der Rückkehr von einem Einsatz im Juli 1944 auf dem Platz La Fère; mittlerweile hatte die Farbe der Kennziffern beim Gruppenstab der III./JG 1 von weiss zu blau gewechselt.

(B.A. Nr. 677-8004-14, 15, 16)

Abb. 826 - 827: Bei derselben Gelegenheit wurden auch diese beiden Aufnahmen von Ofw. Herbert Kaiser gemacht, der hier beim Aussteigen aus der " blauen 23 " zu erkennen ist. Beachte die ungewöhnliche Aufschrift unter der Kabine - " 1.3 Ladedruck fliegen beim in Betrieb nehmen "

(B.A. Nr. 677-8004-18, 19)

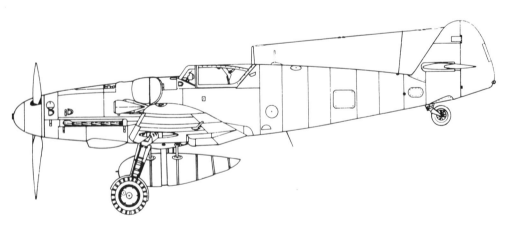

Messerschmitt Bf 109 G-6

Im Zuge der Auffrischung in der Heimat Ende Juni 1944 war die III./JG 1 noch einmal mit einer ganzen Anzahl von Bf 109 G-6/AS ausgestattet worden - vgl. die Abbildungen oben; da diese Höhenmaschinen indes den Anforderungen der Einsätze über der Invasionsfront nicht gerecht wurden, erhielt die III./JG 1 im Laufe des Juli 1944 - anders als die II./JG 11 - als Ersatz für die im Einsatz erlittenen Verluste Maschinen der üblichen Baureihe G-6 ohne den DB 605 AS Höhenmotor. Abgebildet hier ist eine Maschine mit aufgestocktem Leitwerk, " Erla "- Haube, Zusatztank und Antennenmast des FuG 16 ZY unter der Fläche, wie sie typisch war für die von der III./JG 1 in Frankreich geflogenen Messerschmitts.

standen zwei Verluste gegenüber [1221]: Uffz. Heinrich Esser von der 9. Staffel wurde im Luftkampf bei Rouen abgeschossen und verwundet, während Fw. Eugen Grünewald von der 7./JG 1 aus unbekannter Ursache von diesem Einsatz nicht zurückkehrte und danach als vermisst gemeldet werden musste. Grünewald war zuletzt auf dem Rückflug der Gruppe im Raume Rouen / Vernon gesehen worden und danach vom Verband abgeplatzt [1222].

26. Juli 1944: Während die deutsche Abwehrfront im Raume Caen im wesentlichen behauptet werden konnte, weitete sich der amerikanische Durchbruch westlich St. Lô weiter aus und schuf die Gefahr einer Einkesselung der noch westlich davon stehenden Teile der deutschen 7. Armee, die daraufhin den Befehl zum Absetzen und zur Versammlung westlich der Vire erhielt, um von dort zu gegebener Zeit in die Flanke der amerikanischen Durchbruchskräfte zu stossen [1223].

Über den Einsatz der beiden Gruppen der JG 1 und 11 im Raume Alençon an diesem Tage ist nichts weiter bekannt; weder von der II./JG 1 noch von der I./JG 11 liegen irgendwelche Erfolgs- oder Verlustmeldungen vor. Am frühen Morgen traf der fliegende Verband der I./JG 1 mit neuen Maschinen, aus Köln-Ostheim kommend, in Lonrai ein, von wo aus die Gruppe ab dem folgenden Tag wieder in den Einsatz gehen sollte. An den Überführungsflug erinnert sich Gerhard Hanf wie folgt:

Wir hatten neue Mühlen übernommen und sollten nun von Köln-Ostheim den Rückflug nach Frankreich antreten. Unser Zielort hiess Chartres. Es waren drei oder vier Schwärme und die meisten Flugzeugführer gehörten der 9./JG 77 an. Für den Überführungsflug war ich verantwortlich und deshalb auch für den einzuschlagenden Kurs. Bei dieser Kursbestimmung wäre es beinahe zu einem Unheil gekommen und das kam so: Die Navigation nahmen wir nicht so genau, an der Front flogen wir ja meist nach der Bordnotkarte - 1 : 1.000.000 -, weil sie so schön handlich war. Deshalb steckte sie meist im Schaft der Pelzstiefel.

Doch zurück zu unserem Flug: Paris durfte nicht überflogen werden und wurde deshalb südlich umflogen. Nachdem das geschehen war, hätten wir nach Norden abdrehen müssen. Ich muss geschlafen haben, denn plötzlich stellte ich über Le Mans fest, dass der Kurs nicht stimmte. Alle Maschinen erreichten zwar den befohlenen Platz Chartres, doch war der Sprit durch den Umweg über Le Mans sehr knapp geworden, so dass bei zwei Maschinen beim Ausrollen in Chartres der Motor stehen blieb - der letzte Tropfen Sprit war verbraucht worden. [1224]

Der anschliessende Sprung nach Lonrai verlief ohne Probleme. Mit dem Eintreffen der I./JG 1 endete der Einsatz der I./JG 11 in der Normandie, denn die Gruppe wurde aus dem Einsatz genommen und zur Erholung und Auffrischung nach Mönchen-Gladbach zurückgezogen [1225].

[1221] die britischen Verlustunterlagen dazu liegen nur unvollständig vor; danach ging eine Lancaster verloren und wurde daneben lediglich die durch Flak eingetretene Beschädigung einer Spitfire der 302 Sqn. gemeldet, während über Abschussmeldungen nichts bekannt ist - Middlebrook, aaO., sowie 2nd. Tac A.F. Log, 25.7.1944

[1222] offenbar wurde der Leichnam Grünewalds später gefunden, denn die Verlustmeldung WASt. enthält den handschriftlichen Zusatz "gefallen"

[1223] KTB OKW 1944/45 Teil I, S. 327; Piekalkiewicz, Invasion, S. 189

[1224] Brief Gerhard Hanf, 29.9.1993; der Überführungsflug erfolgte lt. Flugbuch von Uffz. Kurt Engfer am 25.7. ab Köln-Ostheim 19.00 Uhr, an Chartres 20.50 Uhr, der Start zum Weiterflug nach Lonrai war am 26.7. um 06.30 Uhr

[1225] das genaue Datum der Herauslösung der I./JG 11 ist nicht bekannt; lt. A.D.I.(K) Report No. 529 B/1944 vom 26.9.1944 soll dies am oder um den 25.7.1944 erfolgt sein

Abb. 828 - 829: Oben - Der Staffelkapitän der 9./JG 1 Olt. Erich Buchholz - links - mit Lt. Franz Koplik beim linken Randbogen einer Messerschmitt, aufgenommen auf dem im Waldrand gelegenen Abstellplatz der 9. Staffel. Unten - Bei derselben Maschine sieht man hier ganz links Ofhr. Hubert Heckmann, als fünften von links Uffz. " Gustav " Fröhlich, links vom Baumstamm Olt. Erich Buchholz und ganz rechts noch einmal Lt. Franz Koplik.

(B.A. Nr. 677-8004-30, 28)

1091

Abb. 830: Eine Aufnahme vom Staffelliegeplatz der 9./JG 1 in La Fère; von links sieht man Stabsarzt Dr. Kettner, Gruppen-Adjutant Hptm. Marschall und den Staffelkapitän der 9./JG 1, Olt. Buchholz.

(Halbey)

Die III./JG 1 flog unterdessen wie gewohnt drei Einsätze über dem östlichen Invasionskampfraum, wobei diese jedoch insgesamt ohne Feindberührung blieben [1226]. Dafür waren einige Flugzeugführer zu einem Flugzeugabholkommando abgestellt, wie sich Hubert Heckmann erinnert:

An diesem Tag brachte man uns mit dem Bus nach Cambrai, neue Maschinen mussten geholt werden. Ich hing schon einige Zeit in der Luft, um auf Heinz Lehmann zu warten, dessen Start sich etwas verzögert hatte. Meine Fliegerei gestaltete sich etwas schwierig, da meine Maschine total vertrimmt war und mich das ständige Gegenhalten viel Kraft kostete. Lehmann rollte zum Start, verhielt da einige Zeit und rollte wieder zurück. Ich drehte noch eine Platzrunde und wollte gerade auf Kurs gehen, als vor mir Leuchtspur herflog und ein Maschinengewehr ratterte. Ich nahm an, meine Waffen hätten einen Kurzschluss und seien von selber losgegangen; als ich jedoch nach oben blickte, zog eine Mustang in den Himmel. Ich hatte noch eine weitere hinter mir sitzen, die mich weiterhin beschoss. Meine Maschine fing Feuer. Ich nahm das Gas raus und machte eine Bauchlandung, nach der ich mich rasch von der Maschine entfernte, da aus mehreren Stellen Rauch herausquoll. Dabei hatte ich als selbstverständlich vorausgesetzt, dass der Absturz meiner Maschine den Amis genügen würde und sie sich daraufhin verziehen würden. Doch weit gefehlt, denn schon kurvten sie auf mich ein und mir blieb nur noch ein Hechtsprung in die nachbarlichen, etwa anderthalb Meter hohen Brennesseln. Mit Glück blieb es dabei und ich blieb ansonsten unversehrt. Ich erwischte dann ein Wehrmachtfahrzeug, das mich zurück nach Cambrai bringen wollte. Unterwegs kam uns die Platzfeuerwehr entgegen, ich stieg um und war bald wieder bei meiner Maschine. Als wir dort ankamen, stand ein deutscher Eisenbahner davor und schaufelte mit einem Spaten

---

[1226] Einsatzzeiten lt. Flugbüchern Werner Moser und Fritz Haspel 08.27 - 10.05 Uhr, 13.10 - 14.46 Uhr und 17.55 - 19.10 Uhr, jeweils o.F.

Abb. 831 - 832: Oben - Die " gelbe 4 " der 9./JG 1 rollt an den Start, aufgenommen vermutlich in La Fère im Juli 1944; die Maschine, eine Bf 109 G-6 mit der WerkNr. 163 836 (?), trägt den üblichen Grauanstrich ohne erkennbare Besonderheiten. Das Rumpfbalkenkreuz scheint nur oben mit weissen Winkeln eingefasst zu sein. Unten - Eine Messerschmitt der III./JG 1 rauscht im Tiefflug über den Platz; möglicherweise handelt es sich noch einmal um dieselbe Maschine wie oben. Beachte den im unteren hinteren Bereich abgeflachten Zusatzbehälter.

(B.A. Nr. 677-8004-4, 27)

Erde in alle Öffnungen, aus denen es qualmte. Er war Pionier und kannte sich aus, wie er sagte. Ich nahm eine neue Maschine und flog nach La Fère. [1227]

27. Juli 1944: Im Raume westlich St. Lô hielten die schweren Kämpfe unvermindert an; während die Spitzen der Amerikaner weiter nach Süden vorstiessen und an diesem Tage Nôtre-Dame-de-Cenilly und le Mesnil-Herman erreichten, kämpften sich die im Westen stehenden Verbände der deutschen 7. Armee nach Osten durch, um den Anschluss an die eigenen Kräfte zu erhalten. Am Abend genehmigte Hitler endlich die Heranführung von Reserven aus dem Bereich der 15. Armee, die ungeachtet der schweren Kämpfe in der Normandie in Erwartung einer zweiten Landung noch immer untätig am Pas-de-Calais stand [1228].

Für die I./JG 1 begann der erneute Abwehreinsatz über dem Invasionskampfraum mit vier Einsätzen, zu denen insgesamt 40 Focke Wulfs aufgeboten werden konnten; anders als die III./JG 1 flog die I. Gruppe auch weiterhin Einsätze nur mit kleinen Verbänden, die nur selten mehr als drei Schwärme umfassen sollten [1229]. Um 06.31 Uhr stiegen elf Maschinen von Lonrai zum ersten Einsatz des Tages auf; ihr Auftrag lautete: Tiefangriffe zur Unterstützung des Heeres im Raume St. Lô. So weit ersichtlich, konnte der Einsatz ohne Verluste abgewickelt werden, so dass die Focke Wulfs eine Stunde später wieder in Lonrai einfielen [1230]. Um 12.00 Uhr folgte der zweite Einsatz, zu dem 13 Maschinen an den Start rollten; diesmal lautete der Auftrag: Jabojagd im Raume Coutances / St. Lô. Der Verband bekam über dem Raum St. Lô Luftkampf mit einigen P-51, von denen eine als wahrscheinlich abgeschossen gemeldet wurde, und traf zudem auf einen Auster-Artilleriebeobachter, der um 12.32 Uhr von Ofhr. Treptau im Quadrat US-6 in 300 m Höhe abgeschossen wurde (3.). Allerdings verlor die I./JG 1 selbst zwei ihrer Maschinen, die beide im Luftkampf mit den P-51 abgeschossen wurden; dabei wurde Ofw. Gerhard Roschinsky von der 1. Staffel östlich St. Lô verwundet, konnte sich aber mit dem Fallschirm noch rechtzeitig in Sicherheit bringen. Dasselbe Schicksal traf Lt. Ulrich Brenner von der 2. Staffel, der bei St. Martin herunterkam.

Um 16.00 Uhr erfolgte der Start zum dritten Einsatz für acht Focke Wulfs; wieder lautete der Auftrag auf Jabobekämpfung, diesmal im Raume Cérisy-la-Salle im Südosten von Coutances; dort trafen die beiden Schwärme auf zwölf Thunderbolts, mit denen es unterhalb der Wolken in 500 m Höhe zu einem Luftkampf kam. Wieder behielten die Amerikaner das bessere Ende für sich, denn einem Abschuss auf Seiten der I./JG 1 -

| Fw. Busch | 3./JG 1 | P-47 | (1.) | 16.30 |

standen abermals zwei Verluste gegenüber: Fw. Eugen Busch wurde gleich nach seinem Abschuss selbst das Opfer einer P-47 und kehrte von diesem Einsatz nicht zurück, so dass er als vermisst gemeldet werden musste [1231]. Lt. Gottfried Krumme, wie Busch von der 3. Staffel, wurde bei St. Lô tödlich

---

[1227] Aufzeichnungen Hubert Heckmann, S. 25

[1228] KTB OKW 1944/45 Teil I, S.329

[1229] vgl. dazu beispielhaft diesen ersten Einsatztag nach erfolgter Auffrischung aber auch die Angaben zu den folgenden Tagen; die Einsatzzahlen beruhen jeweils auf den Angaben in den Aufzeichnungen Siegfried.

[1230] Einsatzzeit lt. Aufzeichnungen Siegfried und Flugbuch Gerhard Hanf, auch für die weiteren Einsätze dieses Tages; in ersteren heisst es, dass FhjFw. Jürgen Post von der 9./JG 77 bei diesem Einsatz gefallen sei, doch widerspricht dies der sehr detaillierten Angabe in der namentl. Verlustmeldung WASt. vom 3.8.1944, wonach Post am folgenden Tage bei einem Überführungsflug tödlich verunglückt sei - siehe dazu sogleich unten

[1231] lt. namentl. Verlustmeldung WASt. soll Busch am 3.8.1944 gefallen sein, müsste danach also noch einmal zu seiner Einheit zurückgekehrt sein; es liegt indes weder eine weitere Verlustmeldung für Eugen Busch vor noch ist über Flugzeugverluste der I./JG 1 am 3.8.1944 etwas bekannt

Abb. 833 - 834: Oben - Ein Schwarm der 8./JG 1 in der typischen, aufgelockerten Flugformation, aufgenommen im Juli 1944 in Frankreich. Unten - Die " gelbe 2 " der 9./JG 1, eine Bf 109 G-6 mit der WerkNr. 413 553, im Landeanflug auf den Platz La Fère. Mit dieser Maschine wurde Ofhr. Lothar Lutz am 30. Juli 1944 im Luftkampf mit Spitfires bei Nogent-le-Rotrou verwundet. Deutlich zu erkennen sind das aufgestockte Leitwerk, der Zusatztank unter dem Rumpf die Erla-Haube sowie das Fehlen der unteren weissen Winkel des Rumpfbalkenkreuzes.

(B.B. Nr. 677-8004-25, 28)

abgeschossen. Der vierte Einsatz am Abend, zu dem um 19.30 Uhr noch einmal zwei Schwärme der I./JG 1 aufstiegen und der erneut der Jabobekämpfung über dem Frontraum dienen sollte, verlief ohne Feindberührung.

Über den Einsatz der II./JG 1 ist nur wenig bekannt; die Gruppe hatte im Laufe des Tages einen Luftkampf mit einer Gruppe Spitfires, bei dem sie einen Gefallenen zu verzeichnen hatte: Uffz. Fritz Milde von der 5. Staffel wurde bei Alençon tödlich abgeschossen.

Die III./JG 1 war ebenfalls bereits am frühen Morgen im Einsatz; um 06.25 Uhr startete die Gruppe, angeführt vom Kommodore, von La Fère zur freien Jagd über dem Frontraum östlich Caen, wo es zunächst zu einer Kurbelei mit einigen Mustangs kam, von denen Obstlt. Ihlefeld um 07.27 Uhr eine herunterholen konnte (121.). Das Treffen löste sich schnell in eine Vielzahl von Einzelkämpfen auf; dabei hatten sich Hptm. Grislawski und Uffz. Moser hinter eine einzeln fliegende P-51 gesetzt, als sie selbst von drei Spitfires angegriffen wurden, so dass sie von dem amerikanischen Jäger ablassen mussten. Werner Moser liess sich zunächst bis in Bodennähe abtrudeln, doch wurde er die Spitfires dadurch nicht los, die dem Abtrudeln in einer weiten Kurve aussen folgten, um danach erneut anzugreifen. Es gelang Moser jedoch, seinen Verfolgern im flachen Steigflug mit Methanol-Hilfe wegzusteigen; dabei scheint er allerdings dem Motor seiner Messerschmitt zu viel zugemutet zu haben, denn dieser streikte auf dem Rückflug und zwang Uffz. Moser bei Rouen zum Fallschirmabsprung, wobei er sich beim Aussteigen schwere Verletzungen zuzog [1232]. Auch Fw. Fritz Haspel wurde im Verlaufe dieser Luftkämpfe abgeschossen; ihn traf es bei Vimoutiers, südlich Lisieux, wo er nach Treffern in seiner "schwarzen 2", durch die er am linken Arm verwundet wurde, mit dem Schirm aussteigen musste; nachdem wegen der verworrenen Luftkampfsituation zunächst niemand seinen Fallschirmabsprung mitbekommen hatte, wurde er als vermisst gemeldet, konnte aber später zur Gruppe zurückkehren. Auch Fritz Haspel fiel dadurch jedoch für längere Zeit aus, er kehrte erst im Dezember zur III./JG 1 zurück.

Über weitere Einsätze der III./JG 1 an diesem Tage liegen keine Angaben vor, wofür vermutlich die im Laufe des Tages eintretende Wettereintrübung ursächlich war; die Gruppe meldete im weiteren Verlauf des 27. Juli 1944 keine weiteren Abschüsse oder Verluste.

28. Juli 1944: Während die Absetzbewegungen der deutschen 7. Armee weitergingen, nahm die 4. US-Panzerdivision Coutances und stiess weiter in südwestlicher Richtung vor. Eine zusammenhängende Abwehrfront befand sich nicht mehr vor den Amerikanern, denen jetzt der Weg nach Mittelfrankreich hinein offenstand. Unterdessen bemühte sich die deutsche Führung, ihre Panzerkräfte im Raume Mortain zu versammeln, um von dort auf Avranches vorzustossen und der 3. US-Armee den Rückweg abzuschneiden [1233].

Die I. und II./JG 1 waren über dem Kampfraum westlich St. Lô im Einsatz, wobei es im wesentlichen um Heeresunterstützung bei den Rückzugskämpfen ging; die I. Gruppe verzeichnete zwei Einsätze, zu denen sie insgesamt 24 Maschinen aufbieten konnte [1234]. Erst am späten Nachmittag konnte der erste Einsatz des Tages geflogen werden, zu dem um 16.25 Uhr 17 Focke Wulfs in Lonrai starteten; der Auftrag lautete: Schutz der Übergänge über die Sienne bei Coutances. Zur selben Zeit war auch die II./JG 1 dort im Einsatz. Beide Gruppen gerieten an überlegene amerikanische Jagdgruppen und wurden in schwere Luftkämpfe verwickelt, nach denen nur ein Abschuss gemeldet werden konnte -

    Fw. Zinkl   6./JG 1   P-47   (4.)   17.20

[1232] Angaben lt. Flugbuch Werner Moser; entgegen der WASt.-Meldung war die Ursache seines Absturzes ein Motorschaden. Werner Moser fiel danach für mehrere Monate aus und kehrte erst im Februar 1945 zu seiner Staffel zurück

[1233] Piekalkiewicz, Invasion, S. 189/190; KTB OKW 1944/45 Teil I, S. 327/328

[1234] alle Angaben zum Einsatz der I./JG 1 lt. Aufzeichnungen Siegfried und Flugbuch Gerhard Hanf

Abb. 835 - 836: Mit Hilfe eines LKW wird die "weisse 9" der 7./JG 1 über den Platz La Fère gerollt; auf der Aufnahme rechts landet eine weitere Messerschmitt über die hohen, den Platz umsäumenden Bäume, die den Anflug auf den Platz ziemlich schwierig gestalteten, herein.

(B.A. Nr. 607-8004-11, 6)

während die I./JG 1 zwei Vermisste auf die Verlustliste setzen musste. Uffz. Franz Moser und der Ogefr. Max-Ulrich Förster, beide von der 2. Staffel, wurden zuletzt im Luftkampf mit amerikanischen Jägern gesehen und kehrten anschliessend nicht zurück [1235]. Am Abend gab es bei der I. Gruppe noch einen Einsatz von sieben Focke Wulfs, die um 19.40 Uhr mit demselben Auftrag wie am Nachmittag starteten. Wieder kam es dabei zu einer Auseinandersetzung mit überlegenen amerikanischen Jägern, als der deutsche Verband westlich St. Lô auf ein gutes Dutzend Thunderbolts traf. Während die I./JG 1 dieses Mal von Verlusten verschont blieb, meldete sie nachher einen Abschuss -

| Uffz. Richter | 1./JG 1 | P-47 | (1.) | 20.24 |

Im Laufe des Tages hatte die I. Gruppe noch einen weiteren Verlust zu verzeichnen, als FhjFw. Jürgen Post von der 9./JG 77 bei einem Überführungsflug von Chartres nach Lonrai aus unbekannter Ursache abstürzte und beim Aufschlag seiner Focke Wulf bei Mardonnière in der Nähe von Alençon ums Leben kam.

Über den Einsatz der III./JG 1 am 28. Juli 1944 ist wenig bekannt; die Gruppe meldete unter diesem Datum keine Verluste, kam aber selbst zu einem Spitfire-Abschuss durch Uffz. Wilhelm Kräuter von der 7. Staffel (5.).

29. Juli 1944: Durch das Ausweichen der noch an der Westküste des Cotentin stehenden deutschen Kräfte nach Südosten wurde der Weg für einen Ausbruch der Amerikaner aus dem Brückenkopf noch weiter geöffnet und lag Avranches am Fusse der Halbinsel praktisch unverteidigt vor ihnen; als diese Gefahr bei der deutschen Führung erkannt wurde, wurden noch einmal verzweifelte Anstrengungen unternommen, im Raume Percy eine Abwehrfront aufzubauen, wodurch es den ganzen Tag über zu heftigen Kämpfen kam [1236].

Schlechtes Wetter behinderte zunächst den Einsatz der beiden bei Alençon liegenden Gruppen des JG 1; bei der I. Gruppe musste deswegen der erste Einsatz, zu dem zwei Schwärme um 07.25 Uhr gestartet waren, vorzeitig abgebrochen werden [1237]. Erst am frühen Abend konnte der zweite Einsatz steigen, den die I. Gruppe gemeinsam mit der II./JG 1 unternehmen sollte [1238]. Um 18.13 Uhr stiegen nicht weniger als 17 Focke Wulfs, die vermutlich die gesamte Kampfkraft der I. Gruppe darstellten [1239], von Lonrai aus mit dem Auftrag auf, Jabobekämpfung über dem Kampfraum Percy / Villebaudon zu fliegen. Nach dem Start versammelte sich die Gruppe vermutlich mit den Focke Wulfs der II./JG 1 und flog unterhalb der Wolkendecke in nordwestlicher Richtung nach St. Lô. Über dem Einsatzraum kam es zum Luftkampf mit einigen Thunderbolts, von denen zwei abgeschossen werden konnten -

| Ofw. Flecks | 6./JG 1 | P-47 | (15.) | 19.08 |
| Uffz. Minzenmay | 2./JG 1 | P-47 | (1.) | 19.08 |

[1235] aus den namentl. Verlustmeldugen WASt. ergibt sich, dass Förster später tot aufgefunden wurde und dem-nach als gefallen gilt, während Moser noch immer vermisst wird

[1236] KTB OKW 1944/45 Teil I, S. 328; Piekalkiewicz, Invasion, S. 190

[1237] alle Angaben zum Einsatz der I./JG 1 lt. Aufzeichnungen Siegfried und Flugbuch Gerhard Hanf

[1238] lt. A.D.I.(K) Report No. 405/1944 soll die I. Gruppe diesen Einsatz von Semallé aus angetreten haben, doch liegen keinerlei Anzeichen für eine Verlegung des fliegenden Verbandes nach dort vor, insbesondere weist weder das Flugbuch von Gerhard Hanf, der den Einsatz mitgeflogen hat, noch die der KTB-Auszug von Hptm. Siegfried entsprechendes aus

[1239] oder, was naheliegend erscheint, diese Zahl umfasst auch die beteiligten Maschinen der II./JG 1; lt. A.D.I. (K) Report No. 405/1944 vom 1.8.1944 war die I. Gruppe nur mit zehn Maschinen an diesem Unternehmen beteiligt

während die beiden Gruppen des JG 1 im Luftkampf selbst ohne Verluste blieben. Dafür wurde der Ogefr. Herbert Wehlte von der 3. Staffel ein Opfer der leichten Flak, die seine "gelbe 3" einige Kilometer nordwestlich Marigny herunterholte, wobei Herbert Wehlte noch mit dem Fallschirm aussteigen konnte und gleich darauf seinen zweiten Feindflug unverletzt in Gefangenschaft beenden musste.

Auch an diesem Tage büsste die I. Gruppe einen Flugzeugführer infolge eines Unfalls ein: Uffz. Heinz Franke von der 2. Staffel traf auf einem Überführungsflug von Le Mans nach Alençon aus unbekannter Ursache nicht an seinem Bestimmungsort ein und musste danach als vermisst gemeldet werden.

Auch vom 29. Juli ist über einen Einsatz der III./JG 1 nichts bekannt; da auch im Raum Laon ziemlich schlechtes Wetter herrschte [1240], war die Gruppe möglicherweise überhaupt nicht im Einsatz.

30. Juli 1944: An diesem Tage erreichten die Spitzen der 4. US-Panzerdivision Avranches und vollendeten damit den Ausbruch der alliierten Kräfte aus dem Brückenkopfgebiet; nach Wochen des härtesten Stellungskrieges im Heckengelände der Normandie breiteten sich nun die gesamte Bretagne sowie West- und Mittelfrankreich vor den amerikanischen Panzerverbänden aus, von deutschen Verbänden kaum noch geschützt. Ungeachtet dessen hielten die erbitterten Kämpfe im östlichen Flankenraum der Amerikaner unvermindert an, während die deutsche Führung verzweifelt bemüht war, südlich Avranches mit allen irgendwie verfügbaren Kräften eine neue Abwehrstellung aufzubauen. Den ganzen Tag über flogen die alliierten Luftstreitkräfte Einsätze zur Unterstützung ihrer Heeresverbände über dem Kampfraum an der Westküste des Cotentin, unter denen die bereits stark angeschlagenen deutschen Regimenter, die erneut fast ohne Luftunterstützung kämpfen mussten, schnell aufgerieben wurden [1241].

Für die beiden westlichen Gruppen des JG 1 brachte der 30. Juli abermals zwei Einsätze über dem Kampfraum an der Westküste des Cotentin und wie bereits am Vortage wurden diese wiederum gemeinsam geflogen. Um 14.41 Uhr startete die I. Gruppe, geführt von Lt. Gerhard Hanf, in Lonrai und etwa zur selben Zeit stiegen einige Focke Wulfs der II./JG 1 in Semallé auf; zusammen zählten beide Gruppen danach 21 Maschinen [1242]. Der Einsatzauftrag lautete: Jabobekämpfung im Raume Villedieu-les-Poëles. Über den weiteren Verlauf berichtet Gerhard Hanf:

> *Wir waren mit zehn bis zwölf Maschinen zur freien Jagd gestartet und flogen in etwa 1.000 m Höhe in Richtung Front, als ich 15 - 20 P-47 ausmachte, die mit ihren Bordwaffen deutsche Stellungen beschossen. Für mich war sofort klar, dass wir unsere Vorteile - Angriff aus der Überhöhung, grössere Wendigkeit der Fw 190 gegenüber der P-47 - ausnutzen mussten. Über Sprechfunk gab ich die letzten Anweisungen: " Von Goldfisch 4/1 an alle: Indianer vorn, links unten. Wir machen Pauke, Pauke ! Letzte Rotte übernimmt Deckung !" Und dann ging's los. In einer starken Linkskurve, bei der ich sogar Kondensstreifen aus den Randbögen meiner Fläche "zauberte", setzte ich mich hinter eine P-47 und eröffnete sofort mit allen Waffen das Feuer. Schon beim ersten Feuerstoss flogen Blechteile von der P-47 davon. Ich war bis auf 10 m an die P-47 herangekommen, als sich deren Flugzeugführer nach mir umsah. Diese Momentaufnahme werde ich wohl nie vergessen, denn zum ersten Male hatte ich einem Feind, dessen Schicksal bereits besiegelt war, direkt in die Augen geschaut. Aber noch flog seine Maschine, so dass ich nochmal aus allen Rohren feuern musste. Nun schmierte die P-47 über die rechte Fläche ab, Aufschlagbrand. Der Flugzeugführer starb in seiner Maschine.*

[1240] KTB I./JG 5, die gleichwohl zwei Einsätze an diesem Tage flog

[1241] KTB OKW 1944/45 Teil I, S. 328/329

[1242] Aufzeichnungen Siegfried; es ist davon auszugehen, dass angesichts der bekannten geringen Einsatzstärke der I. Gruppe diese Zahl auch die beteiligten Maschinen der II. Gruppe umfasst - vgl. oben bereits zum 29.7. sowie sogleich unten den Bericht von Gerhard Hanf

Nunmehr verschaffte ich mir einen kurzen Überblick und zählte dabei insgesamt neun Aufschlagbrände. Die übrigen P-47 hatten sich im Tiefflug davon gemacht. Mir war natürlich klar, dass die P-47 unseren Angriff sofort über Funk gemeldet hatten, so dass mit Sicherheit damit zu rechnen war, dass in kürzester Zeit weitere alliierte Jäger hinter uns her sein würden. Das Risiko für uns wurde von Sekunde zu Sekunde immer grösser, zumal ich unseren Verband nicht wieder sammeln konnte. Deshalb gab ich über Funk durch: " An alle Goldfische: Im Tiefflug Gartenzaun anfliegen !"

Nach der Landung konnten wir folgende Meldung abgeben: Luftkampf mit P-47 im Raum Granville. Es wurden sieben P-47 abgeschossen, zwei eigene Maschinen kehrten vom Feindflug nicht zurück. Es war das erste und einzige Mal, dass wir das obligatorische Verhältnis - Verluste grösser als Erfolge - deutlich umkehren konnten. [1243]

Tatsächlich meldeten die beiden Gruppen des JG 1 nach diesem Einsatz den Abschuss von sechs Thunderbolts [1244], die sich wie folgt verteilten:

Gefr. May	7./JG 51	P-47	(1.)	15.12
Ofw. Flecks	6./JG 1	P-47	(16.)	15.13
Lt. Hanf	9./JG 77	P-47	(5.)	15.13 [1245]
Ofw. Flecks	6./JG 1	P-47	(17.)	15.14
Lt. Kottucz	3./JG 1	P-47	(1.)	15.14
Ofhr. Treptau	3./JG 1	P-47	(4.)	15.16

Demgegenüber hatten die I. und II. Gruppe jeweils einen Verlust zu beklagen: Uffz. Fritz Arndt von der 3. Staffel wurde im Luftkampf mit den P-47 tödlich abgeschossen, während die 7./JG 51 Uffz. Wolfgang Boyé als vermisst melden musste, nachdem dieser im Verlaufe des Luftkampfes bei Granville vom eigenen Verband abgeplatzt war und danach nicht mehr nach Semallé zurückkehrte.

Um 18.40 Uhr folgte der zweite Einsatz des Tages; 13 Maschinen der I./JG 1 hatten den Auftrag, über dem Kampfraum westlich St. Lô freie Jagd zu fliegen. Gegen 19.00 Uhr traf der Verband dort auf eine Anzahl gegnerischer Jäger, darunter Spitfires und Thunderbolts, mit denen es über den Trümmern von St. Lô zum Luftkampf kam. Danach meldete die I./JG 1 vier Abschüsse -

Uffz. Havemann	1./JG 1	P-47	(1.)	19.00
Ofhr. Bernsau	1./JG 1	P-47	(2.)	19.01
Uffz. Richter	1./JG 1	Spitfire	(2.)	19.04
Fw. Loch	9./JG 77	P-47	(2.)	19.05

Wieder ging es indes nicht ohne Verluste für die Gruppe ab; dieses Mal mussten zwei Flugzeugführer auf die Verlustliste gesetzt werden - Uffz. Erwin Minzenmay von der 2. Staffel wurde zuletzt im Luftkampf mit Jägern gesehen, danach verlor sich seine Spur, so dass er vermisst blieb [1246]. Ofhr. Werner Hostermann von der 2./JG 1 wurde dagegen vermutlich ein Opfer der eigenen Flak und musste bei St. .....-de-Fleur [1247] mit dem Schirm aussteigen.

[1243] Brief Gerhard Hanf, 9.4.1992

[1244] möglicherweise war der siebte von Gerhard Hanf erinnerte Abschuss von einem der beiden bei diesem Luftkampf gefallenen deutschen Flugzeugführer erzielt und von den übrigen nicht bemerkt worden

[1245] eigentümlicherweise wird die Einheitszugehörigkeit Hanfs in einem offiziellen deutschen Dokument zu den Abschussmeldungen der Gruppe als 1./JG 1 angegeben; tatsächich aber gehörte Gerhard Hanf zu dieser Zeit unverändert der 9./JG 77 an

[1246] und erst nach dem Kriege gerichtlich für tot erklärt wurde- namentl. Vermustmeldung WASt.

[1247] die Ortsangabe in der Verlustmeldung ist vermutlich unvollständig; Ofhr. Hostermann kam in das Lazarett Dinant bei St. Malo

Die III./JG 1 hatte zwei Einsätze zu fliegen; der erste stieg um 14.35 Uhr, als die Gruppe zur freien Jagd im rückwärtigen Frontgebiet startete [1248]. Über dem Raum Nogent-le-Rotrou hatte die Gruppe einen erbitterten Luftkampf mit einigen Spitfires auszufechten, an den sich Hubert Heckmann folgendermassen erinnert:

Bei einem Feindflug - Himmel wolkenlos - kamen wir mit einem Haufen Spitfires ins Gerangel. Eine '109, verfolgt von zwei Spits, kam uns direkt vor die Rohre. Ich hatte bei Feindberührung den Daumen immer auf dem Knopf und eröffnete das Feuer umgehend, noch bevor die `109 an mir vorbei war. Den Segen bekam die zweite Spitfire ab, er ging über Motor und Rumpf. Die Spit zog hoch, legte sich auf den Rücken und der Flugzeugführer liess sich herausfallen.

Am nächsten Morgen erzählte der Ofhr. Paul Himmelmann bei der Besprechung, dass er mit zwei Spitfires in Bredouille gekommen sei; er habe sich keinen anderen Rat gewusst, als vor uns einzukurven in der Erwartung, dass wir ihm schon auf irgend eine Weise helfen würden. Er hatte richtig gehandelt, denn nach der Passage sei eine Spit in die Rückenlage gegangen und die andere habe auch kurze Zeit später von ihm gelassen. Somit hatte ich einen Luftzeugen für meine Abschussmeldung: 30.7.1944, 15.46 Uhr. [1249]

Diesem Abschuss von Ofhr. Heckmann standen zwei Verluste der Gruppe gegenüber: Lt. Hans Halbey wurde im Luftkampf mit Spitfires bei Nogent-le-Rotrou abgeschossen und musste schwer verwundet mit dem Schirm aussteigen; dasselbe Schicksal traf Ofhr. Lothar Lutz von der 9. Staffel, der ebenfalls bei Nogent mit dem Schirm herunterkam.

Die III./JG 1 hatte im Verlaufe des Tages noch einen weiteren Einsatz zu fliegen, über den indes keine näheren Angaben vorliegen; es ist zu vermuten, dass sich dieser Einsatz gegen die an diesem Tage sehr zahlreichen Einflüge amerikanischer Jagd- und Jabogruppen in den Raum Paris / Evreux / St. Quentin richtete [1250]. Dabei bekam die III./JG 1 westlich Paris Feindberührung mit einer Gruppe amerikanischer Jäger und verlor in dem anschliessenden Luftkampf einen ihrer Flugzeugführer, als Uffz. Hans Knüpfer von der 8. Staffel 20 km westlich Paris abgeschossen und schwer verwundet wurde. Umgekehrt kam die Gruppe vermutlich zu einem Abschuss, eine P-47, die an FhjOfw. Kaiser fiel (68.) [1251].

31. Juli 1944: Am letzten Tage des Monats sicherten die amerikanischen Verbände ihre am Vortage erreichten Positionen bei Avranches und stiessen sogleich weiter in südwestlicher Richtung an der Küste entlang auf Pontaubault vor, das sie ebenfalls besetzen und dabei die für den Vorstoss in die Bretagne wichtige Brücke über die Sélune unversehrt nehmen konnten. Jetzt, als es tatsächlich bereits zu spät war, kam Hitler zu der Überzeugung, dass es eine zweite Landung der Alliierten in Nordwestfrankreich überhaupt nicht geben werde und ordnete daraufhin die Verlegung weiterer starker Infanteriekräfte von der 15. Armee in die Normandie an, während die Panzerverbände jedoch weiterhin untätig im Bereich des Pas-de-Calais zurückbleiben sollten [1252].

[1248] Flugbuch Hans Halbey

[1249] Aufzeichnungen Hubert Heckmann, S. 25; dort wird der Abschuss irrtümlich auf den 20. Juli verlegt, doch belegt ein amtliches Dokument das Datum als den 30. Juli und trägt dazu den Vermerk: "Anerkannt"

[1250] vgl. Freeman, aaO., S. 307; danach wurden 255 Maschinen des VIII FC zu "sweeps" gegen deutsche Flugplätze eingesetzt, die danach drei Abschüsse und neun Bodenzerstörungen bei einem eigenen Verlust meldeten

[1251] das genaue Datum dieses Abschusses durch Herbert Kaiser ist nicht gesichert

[1252] KTB OKW 1944/45 Teil I, S. 328; Piekalkiewicz, Invasion, S. 194; Cartier, aaO., Bd. 2, S. 845 ff

Die I./JG 1 konnte am 31. Juli lediglich einen Einsatz fliegen; um 12.17 Uhr rollten 16 Focke Wulfs in Lonrai an den Start zur freien Jagd und Jabobekämpfung im Raume Vire; wieder schlossen sich dazu einige Maschinen der II./JG 1 an. Der Verband kam jedoch offenbar gar nicht bis in den befohlenen Raum, sondern traf bereits südöstlich Avranches - Quadrat BS - auf einen überlegenen Thunderbolt Verband, mit dem es zu einem hitzigen Luftkampf kam, der sich bis weit in südöstliche Richtung in den Raum nördlich Alençon hinzog. Danach flogen zumindest Teile des deutschen Verbandes erneut in nordöstlicher Richtung auf den Frontraum zu und trafen dabei auf einige Spitfires, mit denen es ebenfalls zum Luftkampf kam. Vier Abschüssen -

Lt. Kottucz	3./JG 1	P-47	(2.)	12.35
Ofw. Flecks	6./JG 1	P-47	(18.)	12.35
Ofw. Flecks	6./JG 1	Spitfire	(19.)	12.55
Uffz. Wurl	6./JG 1	Spitfire	(4.)	

standen mit ebenso vielen Gefallenen bzw. Vermissten empfindliche Verluste gegenüber. Besonders schmerzlich war dabei zweifellos der Verlust von Fw. Rudolf Rauhaus vom Gruppenstab, einem der immer weniger werdenden "Alten", der dem Geschwader schon seit 1942 angehört und seither sieben Abschüsse erzielt hatte, darunter zwei Viermotorige; Rudolf Rauhaus stürzte nach Luftkampf bei Beaumont-sur-Sarthe mit seiner Maschine ab und kam durch Aufschlagbrand zu Tode. Neben ihm traf es Lt. Heinz Kottucz und Uffz. Heinz Fleischhauer, beide von der 3. Staffel, die nach diesem Einsatz nicht zurückkehrten und als vermisst gemeldet werden mussten.

Über den Einsatz der III./JG 1 am 31. Juli 1944 ist nichts näheres bekannt; die Gruppe hatte einen Schwerverletzten zu verzeichnen, als Uffz. Hans Freitag von der 7. Staffel nach dem Start wegen Motorschadens mit brennender Maschine notlanden musste und sich dabei schwere Verbrennungen zuzog, an deren Folgen er am 12. September 1944 versterben sollte.

Zum Ende des Monats ergab sich eine personelle Veränderung im Führungsgefüge der II./JG 1, denn die Gruppe bekam mit Hptm. Hermann Staiger einen neuen Kommandeur; Staiger, der von der I./JG 26 kam, löste Olt. Kirchmayr ab, der die Gruppe zuletzt vertretungsweise geführt hatte und der nun zum Stab der I./JG 11 versetzt wurde.

Am Ende des zweiten Monats der Abwehrkämpfe in Frankreich ist es wieder an der Zeit, eine kurze Zwischenbilanz unter dem Einsatz der Tagjagdverbände zu ziehen. Der Juli 1944 hatte den in Frankreich unter der Luftflotte 3 zusammengefassten deutschen Tagjagdgruppen beinahe täglich harte und verlustreiche Auseinandersetzungen mit den weiterhin vielfach überlegenen alliierten Luftstreitkräften eingetragen. Insgesamt konnten in diesem Monat 15.345 Einsätze von den Verbänden der Luftflotte 3 geflogen werden, davon allein 10.728 durch die Tagjagdgruppen; das entsprach knapp 70% der geflogenen Einsätze und einem Durchschnitt von 346 pro Tag und damit im Tagesmittel 20 weniger als noch im Juni [1253]. Trotz weiterhin erfolgender umfangreicher Zuführungen [1254] an neuen Maschinen gelang es zu keinem Zeitpunkt, die angestrebte Einsatzstärke von 1.000 Jagdflugzeugen in Frankreich zu versammeln; im Gegenteil sank die Zahl der verfügbaren Jagdflugzeuge bis Ende Juli 1944 auf nur mehr 313 Messerschmitts und Focke Wulfs ab, von denen mit 228 etwa 70% einsatzklar waren [1255]. Ursächlich dafür war in erster Linie das Absinken der Einsatzstärken sowie die Rückverlegung zur Neuaufrüstung in der Heimat, von der sechs Gruppen betroffen waren. Hinzu kam des auch im Juli recht "durchwachsene" Wetter - der Monat war für die Jahreszeit recht kalt und überdurchschnittlich regnerisch gewesen, worunter die Einsatztätigkeit beider Seiten zum Teil erheblich gelitten hatte.

[1253] Gundelach, Dr. G. W., S. 322 unter Verweis auf das KTB der Lfl. 3 (Nr. 76/77); der Gesamteinsatz der Luftwaffe im Juli 1944 erreichte danach nicht einmal die Einsatzzahl, die die Alliierten allein am ersten Tage der Invasion, am 6. Juni 1944, zu verzeichnen hatten !

[1254] in der Zeit vom 6.6. bis 7.7.1944 wurden allein 998 Jagdflugzeuge aus den Nachschubstellen neu zugewiesen, die weiteren Zahlen für den Rest des Monats sind nicht bekannt

[1255] Stärkemeldungen der Verbände der Luftflotte 3, Meldetag 26.7.1944 - vgl. Gundelach, Dr. G.W., S. 327

Eingesetzte deutsche Flugzeuge an der Invasionsfront
Juli 1944

Tag	Gesamt	Jäger	Abschüsse	Verluste[1256]					
				Personal		Flugzeuge			
				+ verw.	KG	60 - 100%		5 - 60%	Boden
						m.F.	o.F.	m.F. o.F.	
01.07.		8	6	3	0	9	2	3 11	-
02.07.		13	12	5	0	25	4	3 5	-
03.07.		-	1	0	0	1	1	1 6	-
04.07.		24	21	11	0	33	4	8 5	-
05.07.		28	15	12	0	32	5	11 6	-
06.07.		18	9	13	0	26	4	4 5	-
07.07.		16	7	10	0	25	4	4 6	-
08.07.		2	1	2	0	5	2	1 10	-
09.07.		7	1	2	0	5	4	4 2	-
10.07.		2	2	2	0	2	2	3 5	-
11.07.		6	1	2	2	6	3	- 7	-
12.07.		23	6	0	0	12	3	3 7	-
13.07.		9	3	3	0	12	2	1 6	-
14.07.		33	4	7	5	20	4	3 5	-
15.07.		3	2	1	0	1	1	- 5	-
16.07.		10	11	0	0	11	2	5 6	-
17.07.		15	13	5	1	18	2	4 18	-
18.07.		29	13	5	0	23	1	3 2	-
19.07.		20	4	2	0	9	3	3 7	-
20.07.		4	8	3	1	22	-	6 10	-
21.07.		-	0	2	0	2	-	2 3	-
22.07.		3	3	1	3	4	-	1 3	-
23.07.		10	2	1	0	3	1	- 1	-
24.07.		15	11	2	3	19	1	1 8	-
25.07.		18	11	7	0	30	1	4 6	-
26.07.		15	12	5	0	19	6	2 8	-
27.07.		14	7	11	0	21	1	1 4	-
28.07.		10	6	3	0	12	2	2 8	-
29.07.		6	2	1	1	4	1	- 8	-
30.07.		13	6	6	0	8	3	1 3	-
31.07.		8	6	1	0	4	5	1 -	-
Summe		382	206	128	16	423	72	85 186	-

Die deutschen Verluste im Bereich der Tagjagd beliefen sich im Juli 1944 auf 206 Gefallene, 128 Verwundete sowie 16 in Gefangenschaft geratene Flugzeugführer; die reinen Materialverluste betrugen 495 Flugzeuge total und 271 mit unterschiedlichen Schadensgraden, während nicht eine einzige Maschine in diesem Monat am Boden zerstört wurde. Diesen Verlusten standen gegen 440 Abschussmeldungen gegenüber[1257].

[1256] es liegen keine Angaben hinsichtlich der Zahl der geflogenen Einsätze (Spalten 1 und 2) vor

[1257] die alliierten Luftstreitkräfte meldeten im selben Zeitraum folgende Verluste:

War der Einsatz der Luftwaffe in Frankreich schon an sich nicht sehr wirkungsvoll gewesen, so ergaben sich im Juli 1944 durch die Fortsetzung des strategischen Bombenkrieges durch die 8. und 15. USAAF gegen Ziele im Reichsgebiet zusätzliche ganz wesentliche Schwierigkeiten, die jegliche Verstärkung der Anstrengungen im Westen vereiteln sollten. Die Amerikaner hatten in diesem Monat an insgesamt 18 Einsatztagen [1258] vernichtende Bombenangriffe auf Industrieziele im Reichsgebiet geflogen und dabei besonders der Treibstoffindustrie erneut schweren Schaden zugefügt mit der Folge, dass die Flugtreibstofferzeugung in diesem Monate bei gleichbleibendem Verbrauch von rund 190.000 Tonnen auf nur mehr 35.000 Tonnen absank [1259]. Der für die Rüstungsindustrie zuständige Reichsminister Albert Speer hatte in einer ausführlichen Denkschrift unter dem 28. Juli 1944 unmissverständlich herausgestellt, dass im September, spätestens aber im Oktober 1944, wenn die vorhandenen Reserven aufgebraucht wären, ein planmässiger Einsatz der Luftwaffe nicht mehr möglich sein werde, falls es den Alliierten durch ihre Luftangriffe gelingen sollte, die Flugbenzinerzeugung auch weiterhin wie zuletzt abzuschnüren. Speer leitete daraus die Forderung ab, dass die Hydrierwerke in der Heimat unter rücksichtsloser Entblössung der Front im Westen ab sofort so vordringlich durch Jagdfliegerkräfte zu schützen seien, dass dadurch wenigstens eine Teilproduktion gewährleistet bleibe, da andernfalls die Treibstofferzeugung insgesamt in kürzester Zeit unwiederbringlich zerstört würde, wodurch wiederum alle deutschen Kriegsanstrengungen notwendig zum Erliegen kommen müssten [1260].

Die Luftwaffenführung stand vor einem heillosen Dilemma. Denn die von Speer geforderten Kräfte für die Verstärkung der Reichsverteidigung waren schlechterdings nicht vorhanden; zudem konnte man sich nicht zu einer völligen Entblössung der Front im Westen von jeglichem Jagdschutz entschliessen, sondern versuchte auch dort weiterhin einen Schwerpunkt zu erhalten. Das Ergebnis war, dass in der gewohnten Weise die viel zu geringen Kräfte gleichmässig verteilt wurden, wie die folgende Übersicht vom Meldetag 26. Juli 1944 veranschaulicht:

Luftflotte Reich	Jäger	437/230
	Zerstörer	90/43
Luftflotte 3	Jäger	313/228
	Zerstörer	-
Ostfront	Jäger	382/245
	Zerstörer	-

An dieser Verteilung änderte sich auch aufgrund der Speer'schen Denkschrift zunächst wenig; die zuletzt aus Frankreich zur Auffrischung ins Reich zurückgezogenen Gruppen sollten nach erfolgter Auffüllung nicht in den Reichsverteidigungseinsatz, sondern erneut in den Abwehreinsatz im Westen

---

	8. USAAF *	9. USAAF	2nd Tac. A.F.
Viermotorige	51	-	-
Zweimot-Bomber	-	32	26
Jäger	57	186	139
Sonstige	-	12	-
Summe	108	230	165

*) Angaben für die 8. USAAF nur bei Einsätzen über Frankreich; vgl. Freeman, aaO., passim; M.A.C.R. passim sowie 2nd. Tac.A.F. Log, Jlui 1944

[1258] vgl. dazu ausführlich Freeman, aaO., passim, sowie Rust, aaO., passim; Tageseinflüge in das Reichsgebiet erfolgten am 7., 8., 11., 12., 13., 16., 18., 19., 20., 21., 25., 26., 28., 29. und 31, Juli, davon am 7., 16., 18., 19., 20. und 21. gleichzeitig durch Verbände der 8. und der 15. USAAF

[1259] Gundelach, Treibstoff, S. 693; Jacobsen/Dollinger, aaO, Bd.8, S. 108

[1260] Nr. 2460/1944, geheime Reichssache vom 28.7.1944, 4 Ausfertigungen; vgl. Speer, aaO., S. 360/361 m.w.N., sowie auch Gundelach, Treibstoff, S. 697 ff

gehen. Es lag jedoch auf der Hand, dass mit diesen schwachen, an keiner Front ausreichenden Kräften die Luftwaffe ihren vielfältigen Aufgaben nirgends mehr gerecht werden konnte.

Die Kämpfe des August 1944 sollten sich aufgrund des amerikanischen Durchbruchs bei Avranches grundlegend von denen der vorangegangenen fast acht Wochen unterscheiden - im KTB des OKW wurde dies auf folgende Formel gebracht:

> *Damit war eine völlig neue Lage angebahnt: der an 1918 erinnernde Kampf zweier mehr oder minder fester Fronten mit grösstem Materialaufwand auf Seiten des Gegners ging nunmehr in einen B e w e g u n g s k r i e g über, der an Schnelligkeit den des Jahres 1940 womöglich noch übertraf.* [1261]

Bereits der erste Tag des neuen Monats unterstrich die Richtigkeit dieser Einschätzung: In stürmischem Vormarsch stiessen die amerikanischen Panzerspitzen durch die Frontlücke bei Avranches / Pontaubault nach Süden und Westen in die Bretagne hinein vor, dabei kaum noch auf Widerstand deutscher Truppen stossend . Auch im britischen Frontabschnitt gab es Bewegung; dort fiel le-Bény-Bocage im Südwesten von Caen in die Hände der 2. britischen Armee, die weiter auf Falaise vorstiess [1262].

1. August 1944: Die noch im Westen des Invasionskampfraumes liegenden Gruppen wurden erneut zur Heeresunterstützung im Raume Avranches eingesetzt; viel war es indes nicht mehr, was die deutschen Jagdgruppen zur Eindämmung des amerikanischen Durchbruchs beitragen konnten.

Die I./JG 1 verzeichnete an diesem Tage lediglich einen Einsatz: Um 16.16 Uhr starteten zehn Focke Wulfs in Lonrai zur Jabobekämpfung über dem Raum Granville, doch verlief dieser Einsatz ohne Feindberührung, so dass die Maschinen nach gut einer Stunde vollzählig auf ihren Einsatzhafen zurück- kehren konnten [1263].

Über Einsätze der II./JG 1 am 1. August ist nichts weiter bekannt; gleichwohl meldete die Gruppe den Tod eines ihrer Flugzeugführer, nachdem Uffz. Fritz Wurl von der 6. Staffel bei der Landung von einem Überführungsflug in Larré Château infolge Baumberührung abstürzte und durch Aufschlagbrand getötet wurde.

Von der III./JG 1 ist lediglich ein Einsatz bekannt: Die Gruppe war am frühen Nachmittag zur freien Jagd über dem Kampfraum südlich Caen unterwegs, wo es zu einem heftigen Luftkampf mit einigen Mustangs kam - daran erinnert sich Hubert Heckmann folgendermassen:

> *An diesem Einsatz nahm auch der Kommodore Obstlt. Ihlefeld mit seinem Stabsschwarm teil. Wir gerieten an Mustangs, die diesmal unter uns hingen. Ehe sie es sich versahen, hatte Ihlefeld schon eine Mustang abgeschossen. Dann ging die allgemeine Kurbelei los. Ich kam umgehend mit vier Mustangs in den Kurvenkampf. Nach zwei bis drei Runden erzielte ich Treffer bei meinem Vordermann, er stürzte ab, einen Fallschirm habe ich nicht gesehen. Zwischenzeitlich hatten sich zwei Mustangs aus dem Kreis gestohlen und ich wollte jetzt an die übriggebliebene, sah aber in der Steilkurve über mir den Uffz. Wolfram Brechtold auf mich zukurven. Er konnte mich nicht sehen und so musste ich ihm ausweichen, um nicht von ihm gerammt zu werden. Brechtold drehte zwei Runden. dann schlug die Mustang mit Aufschlagbrand auf dem Boden auf. Auch bei diesem Absturz habe ich keinen Fallschirm beobachten können. Der Brechtold freute sich über seinen Abschuss wie ein Schneekönig; er konnte sich gar nicht beruhigen und schrie immer*

[1261] KTB OKW 1944/45 Teil I, S. 329

[1262] Piekalkiewicz, Invasion, S. 194/195

[1263] Aufzeichnungen Siegfried, Flugbuch Gerhard Hanf - Einsatzzeit danach 16.20 - 17.25 Uhr

wieder über FT: " Ich hab' einen abgeschossen !" Ich antwortete ihm, doch er war anschliessend derartig aufgedreht, dass er umgehend nach Hause flog. [1264]

Insgesamt drei Abschüsse wurden nach diesem Einsatz gemeldet -

Obstlt. Ihlefeld	Stab/JG 1	P-51	(122.)	
Ofhr. Heckmann	9./JG 1	P-51	(4.)	14.58
Uffz. Brechtold	9./JG 1	P-51	(2.)	15.00

Auf der Verlustseite stand eine Messerschmitt, die in diesem Luftkampf abgeschossen wurde, deren Flugzeugführer sich jedoch unverletzt in Sicherheit bringen konnte. Bei einem weiteren Einsatz, über den jedoch nähere Einzelheiten nicht bekannt sind, meldete Lt. Koplik von der 9. Staffel den Abschuss einer Spitfire (5.).

In diesen Tagen wurde die Frage der Führung bei der III. Gruppe überaus problematisch; während Hptm. Woitke noch im Lazarett lag, befand sich Hptm. Grislawski offenbar im Urlaub, denn er war Anfang August ebenfalls nicht bei der Gruppe. Danach ging die Führung auf Olt. Erich Buchholz, den Kapitän der 9./JG 1, als dienstältesten Staffelkapitän über; auch Erich Buchholz musste jedoch Anfang August aus dem Einsatz genommen werden, da sein angegriffener Gesundheitszustand den Gruppenarzt Dr. Kettner veranlasste, ihm Startverbot zu erteilen. Immerhin sollte Olt. Buchholz in den folgenden Tagen die Führung der III. Gruppe am Boden innehaben, während die Führung des fliegenden Verbandes von Fall zu Fall bei dem jeweils erfahrensten Flugzeugführer lag [1265].

2. August 1944: Die Spitzen der 4. US-Panzerdivision hatten mittlerweile Rennes erreicht und standen dort im Strassenkampf mit Teilen der deutschen 91. Luftlandedivision.

Auf deutscher Seite befahl Hitler an diesem Tage einen Angriff *"zur Wiederherstellung des Anschlusses an das Meer bei Avranches"*; dieser sollte von wenigstens vier Panzerdivisionen am linken Flügel der 7. Armee geführt werden und die bereits nach Süden und Westen vorgestossenen Teile der 3.US-Armee von ihren rückwärtigen Verbindungen abschneiden. Das Unternehmen, das den Decknamen "LÜTTICH" erhielt, sollte spätestens am 7. August anlaufen [1266].

Die I./JG 1 war über dem westlichen Kampfraum im Einsatz und hatte dort zwei Einsätze zu fliegen; der erste stieg um 11.28 Uhr, als drei Schwärme zur Aufklärung und freien Jagd im Raume Rennes starteten [1267]. Dort wurden Tiefangriffe auf Fahrzeugansammlungen geflogen, wobei den Focke Wulfs heftiges Feuer der amerikanischen Panzerflak entgegenschlug, das jedoch keinen Schaden anrichten konnte, so dass alle Maschinen um 12.45 Uhr wohlbehalten wieder in Lonrai einfielen; zur Feindberührung war es im Verlaufe des Einsatzes nicht gekommen. Am frühen Nachmittag flogen noch einmal fünf Maschinen einen Einsatz zur Strassenjagd im Raume Vitré / Rennes, wobei auch dieser Einsatz ohne Feindberührung abgewickelt werden konnte [1268].

Die III./JG 1 hatte zwei Einsätze zu fliegen; um 13.30 Uhr startete die Gruppe zum ersten Einsatz des Tages - der Auftrag lautete einmal mehr: Freie Jagd und Jabojagd im Raume Caen. Vermutlich bei der

---

[1264] Aufzeichnungen Hubert Heckmann, S. 26

[1265] Aufzeichnungen Hubert Heckmann, S. 26; Bericht Wolfram Brechtold, 3.10.1993; wenngleich Erich Buchholz um diese Zeit ohne Frage "abgeflogen" war, war diese Schonung ihres Staffelkapitäns für die jungen Flugzeugführer der 9. Staffel, die auch weiterhin ihre Einsätze zu fliegen hatten, nur schwer einzusehen und deshalb eine ganze Weile ein Stein des Anstosses

[1266] KTB OKW 1944/45 Teil I, S. 335 ff; Piekalkiewicz, Invasion, S. 196

[1267] Aufzeichnungen Siegfried, Flugbuch Gerhard Hanf

[1268] Einsatzzeit lt. Aufzeichnungen Siegfried von 13.40 - 15.12 Uhr

Rückkehr von diesem Einsatz bekam die Gruppe über dem Raum Compiègne Feindberührung mit einigen Mustangs - dazu der Bericht von Hubert Heckmann:

Am 2.8. fanden wir bei unserer freien Jagd wieder Mustangs und wieder hatten wir die günstigere, höhere Position. Als wir sie angriffen, gingen sie umgehend in den Abwehrkreis. Ich prüfte die Funktionsfähigkeit meiner Waffen durch einen kurzen Feuerstoss; alles schien in Ordnung zu sein. Ich kurvte mich in einen ihrer Abwehrkreise, der aus vier Mustangs bestand. Mein Vordermann war schnell ausgekurvt. Ich drückte auf die Knöpfe - es fiel kein Schuss. Die Anzeige machte mir klar, dass der Gurt der Motorkanone leer war. Ich kurvte nach oben aus ihrem Kreis heraus und flog nach Hause. Dort ergab sich folgendes: Da ich am Vortage geschossen hatte, hatte man nachgegurtet, dabei aber vergessen, die Gurtglieder miteinander zu verbinden. [1269]

Während die III. Gruppe selbst keine Erfolge melden konnte, musste sie einen Verlust hinnehmen: Lt. Franz Koplik von der 9./JG 1 wurde im Luftkampf mit den Mustangs tödlich abgeschossen und stürzte 10 km nordöstlich Compiègne mit seiner "gelben 12" ab. Noch eine weitere Messerschmitt wurde abgeschossen, doch konnte sich deren Flugzeugführer unverletzt in Sicherheit bringen. Der zweite Einsatz am frühen Abend mit gleichem Auftrag verlief demgegenüber ohne Feindberührung [1270].

3. August 1944: Immer schneller drangen die amerikanischen Panzerspitzen in der Bretagne vor; während die Kämpfe in Rennes noch anhielten, stiessen amerikanische Verbände bereits weiter auf Brest und St. Malo vor [1271]. Unterdessen waren die an der Westküste des Cotentin stehenden amerikanischen Verbände mit dem Aufbau einer Abwehrstellung gegen den erwarteten deutschen Gegenangriff auf Avranches beschäftigt und stiessen die britischen Verbände im Raume le-Bény-Bocage weiter nach Süden vor, um einen Keil zwischen die deutsche 7. Armee und die 5. Panzer-Armee zu treiben [1272].

Die beiden bei Alençon liegenden Gruppen des JG 1 waren auch am 3. August noch einmal über der Bretagne im Einsatz; zwei Einsätze wurden geflogen, die neben der Unterstützung der Heeresverbände vor allem der Aufklärung dienten, denn das Vordringen der Amerikaner in die Tiefe des bretonischen und des mittelfranzösischen Raumes bedrohte auch die deutschen Positionen im Raume Le Mans und östlich davon. Um 12.00 Uhr starteten drei Schwärme der I. Gruppe zur bewaffneten Aufklärung im Raume Fougères / Rennes; im Verlaufe dieses Einsatzes flogen die Focke Wulfs bei Rennes Tiefangriffe auf amerikanische Kolonnen, wobei Lt. Hanf einen Panzer in Brand schiessen konnte [1273]. Ohne Verluste kehrten die Maschinen nach gut einer Stunde nach Lonrai zurück. Um 15.25 Uhr wurden noch einmal elf Focke Wulfs zur bewaffneten Aufklärung eingesetzt; diesmal ging es in den Raum Angers, wobei es nicht zur Feindberührung kam, so dass der kleine Verband kurz nach 16.30 Uhr vollzählig nach Lonrai zurückkehren konnte.

Der Vorstoss der amerikanischen Truppen liess den Standort der beiden Gruppen des JG 1 im Raume Alençon gefährdet erscheinen, so dass am Abend für die I. Gruppe der Befehl zur Verlegung auf einen rückwärtigen Platz eintraf; daraufhin starteten die ersten Focke Wulfs gegen 20.00 Uhr zur Verlegung nach Oysonville bei Etampes im Süden von Paris, dem neuen Einsatzplatz der I. Gruppe [1274]. Die

---

[1269] Aufzeichnungen Hubert Heckmann, S. 26

[1270] Einsatzzeit 18.00 - 19.45 Uhr - Flugbuch Hugo Hausotter, auch für den ersten Einsatz

[1271] bemerkenswert in diesem Zusammenhang folgende Äusserung des OB der 3. US-Armee, Gen. Patton: *"Je weiter wir in die Bretagne vorrückten, desto freundlicher wurde die Haltung der Bevölkerung. Ich glaube, der Grund ist der, dass dort weniger gekämpft und bombardiert worden ist. Die Normannen auf dem Cotentin brachten uns jedenfalls nicht viel Sympathie entgegen."* - so zitiert bei Piekalkiewicz, Invasion, S. 196

[1272] Piekalkiewicz, Invasion, S. 196

[1273] alle Angaben zu den Einsätzen der Gruppe lt. Aufzeichnungen Siegfried und Flugbuch Gerhard Hanf

[1274] es ist nicht bekannt, ob und ggf. wohin die II. Gruppe im Zuge dieser Rückverlegung kam

Bodenteile der Gruppe folgten auf dem Landmarsch und konnten bis zum 5. August den neuen Platz erreichen.

Von der III./JG 1 ist nur ein Einsatz bekannt: Am frühen Abend um 18.30 Uhr [1275] startete die Gruppe zur freien Jagd in den Raum Caen, wo es zu einer Auseinandersetzung mit einigen Spitfires kam; in einem zuletzt in Bodennähe ausgefochtenen Luftkampf konnte Uffz. Brechtold [1276] von der 9./JG 1 um 19.37 Uhr nördlich L'Aigle eine Spitfire herunterholen (3.), während die III./JG 1 selbst eine Messerschmitt total und ein weitere mit Beschussschäden einbüsste, wobei allerdings keiner der betroffenen Flugzeugführer zu Schaden kam. Ebenfalls unter diesem Datum wurden zwei Spitfire-Abschüsse durch Hptm. Maetzke (5.) und Ofw. Zander (34.), beide von der 8. Staffel, gemeldet, doch sind die näheren Begleitumstände dazu unbekannt.

Am folgenden Tage, dem **4. August 1944**, war nur die III./JG 1 im Einsatz; die Gruppe verzeichnete zwei Einsätze zur freien Jagd, von denen der erste [1277] in den Raum ostwärts Rouen führte, dort aber keine Feindberührung erbrachte. Anders der zweite Einsatz am späten Nachmittag: Um 17.00 Uhr startete die III./JG 1 zum zweiten Einsatz - Auftrag: Jagdschutz über dem Frontraum. Offenbar wurde die Gruppe bereits vor Erreichen des befohlenen Raumes in einen Luftkampf mit überlegenen P-47 Verbänden verwickelt, der sich bis in den Raum nordwestlich Paris hinzog und in dessen Verlauf die Gruppe vollkommen zersprengt wurde. Drei Verluste meldete die Gruppe danach - Uffz. Wolfram Brechtold wurde abgeschossen und musste mit dem Schirm aussteigen, während Uffz. Fröhlich, wie Brechtold von der 9./JG 1, seine angeschlagene "Mühle" auf den Bauch werfen musste. Beide hatten grosses Glück und blieben unverletzt [1278]. Anders Uffz. Kurt Schneider, ebenfalls von der 9. Staffel, der bei La Fourche, rund 30 km westlich Chartres abgeschossen wurde und schwer verwundet notlanden musste; zwar konnte er noch geborgen und in das Lazarett von Nogent-le-Rotrou gebracht werden, doch erlag er dort am nächsten Morgen um 06.00 Uhr seinen schweren Verletzungen [1279].

5. August 1944: Die Spitzen des VIII. US-Korps erreichten Vannes an der Westküste der Bretagne und vollendeten damit die Einschliessung von drei deutschen Infanterie- und einer Fallschirmjägerdivision; britische Truppen eroberten an diesem Tage die seit Wochen umkämpften Ruinen von Villers-Bocage im Südwesten von Caen [1280].

Von Oysonville aus flogen Teile der I./JG 1 ihre ersten Einsätze, doch sind nähere Einzelheiten darüber kaum bekannt; so weit ersichtlich, galt der Einsatz der Unterstützung der Heeresverbände und richtete sich gegen amerikanische Positionen im Raume Avranches / Mortain, wo es am späten Nachmittag zu einem Luftkampf mit amerikanischen Jägern kam, in dem die Gruppe zwei Maschinen einbüsste. Eine davon war die von Uffz. Kurt Engfer von der 9./JG 77, der bei Mortain abgeschossen wurde und anschliessend in Gefangenschaft geriet, während der Flugzeugführer der anderen über eigenem Gebiet

---

[1275] Flugbuch Hugo Hausotter, Einsatzzeit 18.30 - 20.20 Uhr

[1276] in einem offiziellen Dokument betreffend die Abschussanerkennungen der Luftwaffe wird der Name des Schützen für diesen sowie den Abschuss vom 1. August als " Uffz. Wolf " angegeben; dabei handelt es sich erkennbar um einen (Übertragungs-) Fehler, bei dem der Vorname Brechtolds - Wolfram - verkürzt zu seinem Nachnamen wurde, während es einen Uffz. Wolf in der 9. Staffel tatsächlich nicht gab

[1277] Einsatzzeit lt. Flugbuch Hugo Hausotter 12.00 - 13.50 Uhr

[1278] Bericht Wolfram Brechtold, 3.10.1993

[1279] Nachricht des zuständigen Gräberoffiziers Maj. Kolb vom 3.10.1944; danach wurde Kurt Schneider noch am selben Tage auf dem Friedhof von Nogent-le-Rotrou mit militärischen Ehren beigesetzt; die Angabe der Notlandung entstammt einer brieflichen Nachricht des Lt. Holz an die Braut Schneiders vom 16.10.1944 (beide Dokumente über Dr. Wolfram Brechtold)

[1280] KTB OKW 1944/45 Teil I, S. 337; Piekalkiewicz, Invasion, S. 196

herunterkam und unverletzt blieb. Auf der Habenseite stand ein Abschuss durch Uffz. Mann von der 9./JG 77, der um 17.27 Uhr eine P-47 herunterholen konnte (2.).

Auch für die III. Gruppe kam an diesem Tage der Befehl zur Rückverlegung; daran und an die Ereignisse dieses Tages erinnert sich Hubert Heckmann:

Vor dem Start wurden die Flugzeugführer zusammengerufen; vor uns stand dieser Feldherr von Gruppenführer [1281] in Hemdsärmeln und mit Schirmmütze, Breeches und Pelzstiefeln - gerade so, als ob er unbedingt mitfliegen wollte - und redete neben sonstigem belanglosem Zeug die für jeden Jäger geflügelten Worte: " Überführen Sie im Tiefflug und vermeiden Sie jedweden Jagdkampf !". Und das war praktisch für Max Lau und beinahe auch für mich das Todesurteil. Gegen Tiefflug hatten wir nichts, wenn man keine andere Rettungsmöglichkeiten mehr hat; dass aber ein Jäger keinen Jagdkampf annehmen sollte, ging schon gegen die "Berufsehre". Aber diese "Tugend", den Jagdkampf zu vermeiden, hatte unser Gruppenführer ja in letzter Zeit bereits häufiger gepflegt.

Um 10.00 Uhr erfolgte der Start der noch etwa zwölf flugtauglichen Flugzeugführer der drei Staffeln [1282]; es ging gleich in den Tiefflug, die 7. und 8. vorneweg, wir, die 9., am Schluss, etwas überhöht, wie seit eh und je üblich. An mir meine beiden Kaczmareks Max Lau und Heinz Lehmann, mehr konnten wir nicht mehr aufbieten.

Vor Compiègne scherte der Lehmann urplötzlich nach vorne links und suchte Anschluss an die Maschinen der anderen Staffeln, ohne etwas zu sagen [1283]. Als ich mir die anderen näher betrachtete, waren die schon um einiges voraus mit deutlich sichtbarer Methanol-Fahne hinter sich. Dann erklang es im FT: "Lightnings hinter uns !" Ich sah mich um und erkannte über der Sonne mehrere Lightnings in breiter Front hinter uns herfliegen. Ich sah aber nicht die, die schon aus der Sonne auf uns zustürzten. Auch Max Lau versuchte die Flucht nach vorne; er scherte leicht nach rechts von mir weg. Auf der Oberfläche seiner Tragflächen erschienen auf einmal kleine, rote Feuerbällchen, er wurde beschossen. Schon flogen Einzelteile aus seiner Tragfläche; ich konnte nur noch ein letztes für ihn tun und rief ihm verzweifelt zu: " Max, pass auf !" Beim Blick nach vorne war auch ich dran. Leuchtspur zischte unter meinem Rumpf her. Ich zog analog zu den Geschossen und wurde nicht getroffen. Mein Gegner unterbrach die Schussfolge; ich drehte mich um, er war nicht zu sehen. Dann ging sein nächster Feuerstoss knapp über meine Kabine hinweg. Ich drückte leicht weg. Als ich beinahe in die Bäume gerauscht wäre, hörte er wieder auf zu schiessen. Ich ging etwas höher, um aus dem Baumbereich zu kommen. Der nächste Feuerstoss kam bestimmt; er kam und ging links an meiner Kabine vorbei. Ich trat rechts ins Seitenruder und gab entsprechend Querruder. Er traf wieder nicht und unterbrach auch diesen Feuerstoss. Als nächstes glaubte ich, ganz gewieft zu sein. Ich sagte mir: Er hat es an allen Stellen versucht, mich zu treffen, unten, oben, links, jetzt war rechts dran. Ich zählte " 21 - 22" und trat vorsorglich links ins Seitenruder und gab Querruder, erwartete, dass der Segen jetzt rechts an mir vorbei-rauschen würde. Aber mein Widersacher hockte inzwischen mit Sicherheit so dicht hinter mir, dass er diese Steuerausschläge deutlich registrieren konnte. Er hatte es bemerkt und tat das, was jeder erfahrene Jagdflieger mit einem slippenden Gegner machen würde: Er hielt voll drauf und traf dementsprechend sehr intensiv. Um ihn zu Gesicht zu bekommen,

---

[1281] Name den Verfassern bekannt

[1282] Startzeit lt. Flugbuch Hugo Hausotter 10.00 Uhr

[1283] Heinz Lehmann erinnert diesen Augenblick so: *" Ich bemerkte auf einmal eine Anzahl von Lightnings hinter uns und rief über FT meine Warnung: 'Achtung, Indianer von oben rechts !', doch Hubert Heckmann rührte sich nicht und so schob ich Methanol rein und zog davon."* - Bericht 29.3.193; was immer die Ursache war, Hubert Heckmann konnte die Warnung seines Kettenfliegers nicht hören

drehte ich mich erneut um. Da traf er meinen Kühlstoffkühler und ich zog eine weisse Dampfwolke hinter mir her. Dann trafen zwei Schüsse meine rückwärtige Panzerglasscheibe - es leuchtete kurz rötlich auf und das Panzerglas zerlief wie Milchglas. Schwarzer Rauch kam von vorn, stärkerer noch von hinten. Ich machte das Lüftungskläppchen auf und bekam bessere Sicht nach vorn. Da ein Atmen kaum noch möglich war, setzte ich die Sauerstoffmaske auf und bekam wieder Luft. Ich musste jetzt dringend eine Landemöglichkeit finden, daher nahm ich das Gas bis hinten raus und drehte an den Landeklappen. Der Blick auf den Geschwindigkeitsmesser: über 300 km/h. Halblinks vor mir sehe ich eine winzige Waldlichtung, ein Waldloch von vielleicht 20 bis 30 m Durchmesser. Obgleich die Bäume hier so um die 20 m hoch waren und ich diese Höhe ja auch noch zu meistern hatte, musste ich auf Biegen und Brechen da rein. [1284]

Gleich darauf krachte Hubert Heckmann mit seiner "gelben 13" in die Waldlichtung, wobei seine Maschine vollkommen zu Bruch, zugleich aber in Flammen aufging; dabei hatte er viel Glück im Unglück, denn er konnte sich trotz schwerer Verbrennungen aus dem Bruch befreien und eine kleine Häusergruppe erreichen, wo er von französischen Zivilisten aufgenommen und betreut wurde, bis er etwa ein halbe Stunde später von Feldjägern abgeholt und in ein Lazarett in Compiègne verfrachtet wurde. Es folgten mehrere Wochen in verschiedenen Lazaretten, bis Heckmann nach einem kurzen Erholungsurlaub Mitte Oktober wieder zu seiner Gruppe stossen konnte.

Der kleine Verband der III./JG 1 war durch den überraschenden Angriff der Lightnings völlig zersprengt worden und fiel danach verstreut auf verschiedenen Plätzen im Raume Paris ein. Die Gruppe hatte danach zwei Verluste zu verzeichnen, die beide die 9. Staffel trafen: Neben Ofhr. Heckmann wurde sein Kaczmarek Fw. Max Lau abgeschossen, doch kam dieser beim Absturz seiner Messerschmitt im Raume Compiègne ums Leben. Im Laufe des Nachmittages trafen die verbliebenen Maschinen dann auf dem neuen Platz der III. Gruppe in Bretigny, wenige Kilometer südlich Paris, ein.

Da es kaum Nachschub an Flugzeugen gab und vor allem die Ausfälle an Flugzeugführern nicht mehr aufgefüllt werden konnten, war die Gruppe mittlerweile bedenklich zusammengeschrumpft; waren zu Beginn des erneuten Einsatzes in Frankreich Mitte Juli Einsatzstärken von über 40 Maschinen die Regel gewesen, so konnte die Gruppe zu dieser Zeit allenfalls noch ein Dutzend Messerschmitts für ihre Einsätze zusammenkratzen, was verständlicherweise nicht ohne Wirkung auf die Flugzeugführer blieb - so erinnert sich Herbert Kaiser:

Ich werde die nüchterne und doch bange Frage meines Kameraden Zander [1285] *nicht vergessen, als wir zusammen standen: "Und wann sind wir dran, Carola?"* [1286]

Überraschend traf in diesen Tagen Hptm. Erich Woitke nach Lazarettaufenthalt bei seiner Gruppe ein, um die Führung der III./JG 1 wenigstens am Boden wieder zu übernehmen; "ausgerüstet" mit einem gewaltigen Winkelverband für den gebrochenen Arm - von den Flugzeugführern schlicht als "Stuka" bezeichnet - erschien er in Bretigny und führte dort fortan wieder die Geschäfte des Gruppenkommandeurs.

6. August 1944: Mit den zusammengefassten Resten der im Raume Paris liegenden Gruppen sollte am Morgen ein geschlossener Jagdvorstoss über dem Invasionskampfraum geflogen werden [1287]; mitten in

---

[1284] Aufzeichnungen Hubert Heckmann, S. 27 ff

[1285] Ofw. Friedrich Zander, Flugzeugführer in der 8./JG 1

[1286] Carola war der Spitzname Kaisers, der ursprünglich auf den Nachnamen Höhne gehört hatte, bevor er 1940 den Namen seiner Mutter angenommen hatte; Carola Höhn war dagegen eine bekannte Filmschauspielerin der UfA aus den späten 30er-Jahren

[1287] KTB I./JG 5, deren Kampfauftrag zunächst lautete: Abschirmung der Jägerversammlung über Versailles, Begleitschutz bis Reichweite

die Einsatzvorbereitungen hinein platzte jedoch der Befehl zum Alarmstart auf gemeldete Einflüge von Viermotorigen. Gegen 11.45 Uhr [1288] stiegen die I. und III. Gruppe von ihren neuen Einsatzplätzen in Oysonville und Bretigny auf und stiegen in nordwestlicher Richtung den einfliegenden Viermotorigen entgegen, bei denen es sich um zwei britische Verbände mit insgesamt 222 Bombern sowie zahlreichen begleitenden Spitfires [1289] auf ihrem Wege zu Angriffen auf V-1 Abschussanlagen bei Bois-de-Cassan und dem Forêt-de-Nieppe handelte. Neben den beiden Gruppen des JG 1 [1290] waren die Reste der II./JG 3, I./JG 5, III./JG 26 und der III./JG 54 zur Abwehr dieser Einflüge eingesetzt.

Ab 12.15 Uhr kam es im Raume nordwestlich Versailles - Quadrate UD/UE - zu heftigen Luftkämpfen mit den britischen Viermotverbänden und ihrem Begleitschutz; dabei geriet die I./JG 1 an die nach Forêt-de-Nieppe marschierenden Halifax Pulks, doch blieb ihr Ansatz ergebnislos, nachdem die insgesamt 14 eingesetzten Focke Wulfs vom Begleitschutz abgedrängt wurden und nicht an die Viermotorigen herankamen. Ohne einen Erfolg, aber auch ohne eigene Verluste fielen die Maschinen der I./JG 1 kurz nach 13.00 Uhr in Dreux ein, von wo aus sie gegen 14.00 Uhr nach Oysonville zurückkehrten.

Die III./JG 1 bekam es dagegen mit den nach Bois-de-Cassan fliegenden Lancasters zu tun; an diesen Einsatz erinnert sich Herbert Kaiser wie folgt:

Nur zwölf von unseren Maschinen waren an diesem Tage noch klar zum Einsatz; gegen Mittag erfolgte der Start aus einfliegende Viermot-Verbände, Richtung Paris. Die letzte Meldung über FT lautete: "Viermots fliegen ohne Jagdschutz !" Also kam es für uns im wesentlichen darauf an, den richtigen Ansatz für unseren Angriff zu finden, um zum Erfolg zu kommen und selbst möglichst ohne Verluste zu bleiben. In 6.000 m sahen wir den riesigen Pulk von über 100 "Dicken Autos" und formierten uns zum Angriff. Zwölf gegen über 100 ! Ich flog mit meinem Rottenflieger, einem jungen, unerfahrenen Obergefreiten, die "Holzaugenrotte", etwas überhöht hinter unserem kümmerlichen Haufen, um mögliche Angriffe gegnerischer Jäger zu erkennen und die anderen Kameraden rechtzeitig zu warnen. Doch zu einer Warnung kamen wir gar nicht mehr ! Aus heiterem Himmel stürzten plötzlich ungezählte Jäger von der anderen Seite auf uns herab. Ein Feuerstoss schlug in meine Kabine, traf Motor und Sauerstoffanlage und setzte meine Maschine in Brand. Für mich gab es nur eine Entscheidung: Aussteigen ! Trotzdem, Ruhe bewahren, überlegt handeln, auch wenn nur Sekunden für die Rettung zur Verfügung standen. Vor dem Verlassen des Flugzeugs ein Stossgebet: "Hoffentlich bleibst Du nicht am Leitwerk hängen", dann riss mich der Luftstrom auch schon nach hinten aus der Kabine und prompt schlug ich mit der rechten Hüfte und Oberschenkel gegen das Höhenleitwerk. Der Oberschenkelknochen brach durch wie wenn man ein Streichholz knickt. Gott sei Dank blieb ich aber bei diesem Aufprall bei vollem Bewusstsein. Mit aller Kraft konnte ich mich vom Leitwerk freimachen und fiel dann wie ein Stein aus 5.500 m Höhe nach unten. Ich liess mich durchfallen, denn ich wusste um die Gefahr, am Fallschirm hängend erschossen zu werden. In ungefähr 3.000 m Höhe zog ich an der Reissleine meines Fallschirms; einen kurzen Augenblick stockte mir der Atem und dann die befreiende Erleichterung, die mit dem Entfaltungsstoss des Fallschirms durch meinen Körper ging. Gerettet ! Es waren sogar unbeschreiblich schöne Minuten, dieses langsame zur-Erde-Gleiten, leicht pendelnd und ein sanftes Rauschen in den über mir hängenden Leinen und Stoffbahnen. So schnell konnten Todesangst und Glücklichsein einander folgen !

[1288] Aufzeichnungen Siegfried, Flugbuch Gerhard Hanf für die I. Gruppe - 11.40 Uhr, Flugbuch Hugo Hausotter für die III./JG 1 - 11.45 Uhr

[1289] die britischen Verbände umfassten 107 Lancasters, 105 Halifaxes und 10 Mosquitoes der 4, 5 und 8 Group; hinzu kam eine einzelne P-38, vermutlich eine Photoaufklärungsmaschine zur Wirkungsbeobachtung - Middlebrook, aaO., S.556

[1290] über eine mögliche Beteiligung auch der II./JG 1 an diesem Abwehreinsatz ist nichts bekannt

Mein Absprung wurde von unseren Bodentruppen beobachtet und schon wenige Minuten nach meinem Aufkommen waren drei Kradfahrer zur Stelle." Schade, wir dachten, es sei ein Engländer", waren ihre ersten Worte, als sie mich am Boden liegen sahen. Dann griffen sie aber hilfreich zu und halfen mir, das gebrochene Bein notdürftig zu schienen. Einer der Kradfahrer fuhr ins nächste Dorf und kam mit einem Sanitätswagen zurück. Gegen 13.00 Uhr war ich abgeschossen worden, um 17.00 Uhr lag ich schon in der Klinik in Paris-Clichy und in guter ärztlicher Betreuung. [1291]

Die beiden Messerschmitts der Holzaugenrotte blieben die einzigen Verluste der III./JG 1 bei diesem Einsatz; neben FhjOfw. Kaiser erwischte es seinen Kaczmarek, den Ogefr. Robert Kocaurek, der seine Messerschmitt nach Beschussschäden aus dem Luftkampf mit den Spitfires nördlich Paris auf den Bauch werfen musste und sich bei dieser Bruchlandung schwere Verletzungen zuzog [1292]. Demgegenüber konnte die III. Gruppe selbst zwei Abschüsse melden - über einen davon berichtet Heinz Lehmann:

Es war der erste Einsatz von unserem neuen Platz bei Paris; wir wurden an einen Lancaster-Verband herangeführt, der - angeblich - keinen Begleitschutz bei sich hatte. So kamen wir ungestört noch zu unserem ersten Angriff; mein Schwarmführer war Ofw. Zander, der sich von hinten an eine Lancaster heranzog und mit einem Feuerstoss den Heckschützen ausschalten konnte. Doch dann rief er über FT: "Ich habe Ladehemmung", und beorderte mich heran, um den Viermot herunterzuholen. Ich kam unbehindert zum Schuss und konnte mit einem langen Feuerstoss eine Fläche abschiessen, woraufhin die Lancaster abstürzte; dabei sah ich noch, wie sich einige Fallschirme aus der Maschine lösten. Bei der Rückkehr auf unseren Platz wackelte, sehr zu meiner Überraschung, mein Schwarmführer den Abschuss der Lancaster als seinen Luftsieg ab - und bekam ihn später auch als Abschuss anerkannt. [1293]

Die von Friedrich Zander und Heinz Lehmann beschossene Lancaster fiel um 12.28 Uhr im Nordwesten von Paris. Insgesamt meldeten die an der Abwehr dieses Einfluges beteiligten deutschen Jagdgruppen 18 Viermotabschüsse, während sich aus den britischen Unterlagen nur der Verlust von drei Lancasters aus dem u.a. von der III./JG 1 angegriffenen Verband ergibt [1294]. Daneben meldeten Ofw. Barann vom Gruppenstab (10.) und Uffz. Kräuter von der 7. Staffel (6.) den Abschuss je einer Spitfire [1295].

Am Nachmittag hatten sowohl die I. wie die III./JG 1 noch einen weiteren Einsatz zu fliegen; um 15.15 Uhr starteten fünf Focke Wulfs der I./JG 1 in Oysonville zu einem Einsatz in den Frontraum um Flers und Domfront - Auftrag: Tiefangriffe zur Unterstützung des Heeres. Ohne Feindberührung und ohne Verluste durch die Erdabwehr konnten alle fünf Maschinen anderthalb Stunden später wohlbehalten auf

---

[1291] Aufzeichnungen Herbert Kaiser; weiter heisst es dort: *"Am dritten Tag nach der sofort erfolgten Operation klopfte es an meiner Zimmertür, auf mein 'Herein' trat eine vom Kopf bis zur Hüfte verbundene Gestalt ein, stellte sich vor und meldete in korrekter militärischer Form: 'Melde mich vom Feindflug zurück, Herr Oberfeldwebel!' Mein Rottenflieger, den es in der gleichen Weise erwischt hatte wie mich, nur mit Armbrüchen und Schulterprellungen. Meine Freude war gross, ihn jedenfalls lebend, wenn auch arg lädiert, wiederzusehen."* Für Herbert Kaiser bedeutete dieser Einsatz das Ende seiner Zugehörigkeit zur III./JG 1; nach erfolgter Wiederherstellung kam er im Frühjahr 1945 letztlich zum JV 44, bei dem er allerdings keine Einsätze mehr fliegen konnte

[1292] vgl. den Bericht von Herbert Kaiser

[1293] Bericht Heinz Lehmann, 29.3.1993

[1294] neben der III./JG 1 war vor allem die III./JG 26 an diesem Verband und meldete danach insgesamt drei Abschüsse. Es fällt auf, dass von den deutschen Abschussmeldungen - 3 Halifax, 4 Lancaster, 8 B-24, 1 B-17 und 2 HSS - ein ungewöhnlich hoher Anteil bei der Anerkennung zurückgestellt wurde - nur sieben der Abschussmeldungen dieses Tages tragen den Vermerk "anerkannt"

[1295] die britische Seite meldete den Verlust von drei Spitfires, beanspruchte aber fünf Abschüsse, darunter zwei Bf 109, für sich - 2nd Tac.A.F. Log, 6.8.1944

ihren Einsatzplatz zurückkehren. Ein dritter Einsatz am Abend, zu dem drei Fw 190 um 19.15 Uhr aufstiegen, blieb ebenfalls o.b.V. [1296].

Die III./JG 1 startete um 15.15 Uhr zur freien Jagd und zum Jagdschutz [1297] über dem rückwärtigen Raum; gut eine Stunde nach dem Start bekamen die Messerschmitts über Mélun Feindberührung mit einer Gruppe Thunderbolts, von denen der Staffelkapitän der 7./JG 1 Olt. Bilfinger um 16.20 Uhr eine abschiessen konnte (4.). Dieses Mal blieb die Gruppe von eigenen Verlusten verschont.

In der Nacht zum **7. August 1944** begann der als "Mortain-Offensive" bezeichnete Gegenangriff der deutschen 5. Panzerarmee mit dem Ziel, die bei Avranches durchgebrochene 3. US-Armee abzuschneiden; im Dunkel der Nacht gelang den deutschen Verbänden - darunter die Masse von vier Panzerdivisionen mit noch etwa 400 Panzern - ein zehn Kilometer tiefer Einbruch in die amerikanischen Linien und dabei die Wegnahme der Ortschaft Mortain. Der Vorstoss der deutschen Verbände setzte sich bis in die frühen Morgenstunden fort; zu dieser Zeit sollte die Luftunterstützung der deutschen Panzergruppen durch 300 deutsche Jäger einsetzen, doch kam aufgrund der dichten Abschirmung des Kampfraumes und des Gebietes um die erkannten deutschen Jägerplätze durch weit überlegene alliierte Jagdverbände zunächst nicht eine einzige deutsche Maschine tatsächlich bis in den Raum Mortain [1298]. Statt dessen beherrschten die alliierten Jäger und Jabos dort den Luftraum und konnten durch ihre Tiefangriffe - insbesondere durch die mit panzerbrechenden Raketen bestückten Typhoons - die deutschen Panzerangriffe zum Stehen bringen und dadurch wesentlich dazu beitragen, dass der deutsche Angriff am Abend des 7. August 1944 ohne den erhofften Erfolg eingestellt werden und die beteiligten Panzerverbände nach dem Verlust von rund 90 Panzern und 200 Fahrzeugen auf ihre Ausgangsstellungen zurückgehen mussten [1299], [1300].

Die I. und II./JG 1 sollten an diesem Tage Einsätze zur Unterstützung des Vorstosses bei Mortain fliegen und auch die III./JG 1 sollte in die Kämpfe dort eingreifen; offensichtlich hing der Himmel über den Einsatzhäfen der Gruppen des JG 1 jedoch während des ganzen Vormittages " voller Geigen ", so dass der erste Einsatz, den alle drei Gruppen des JG 1 gemeinsam unternehmen sollten [1301], erst am frühen Nachmittag steigen konnte. Um 14.12 Uhr rollten 15 Focke Wulfs der I. Gruppe in Oysonville an den Start; ihr Auftrag lautete: Tiefangriffe im Raume Mortain / Avranches; mit demselben Auftrag starteten auch die verbliebenen Fw 190 der II. Gruppe. Um die gleiche Zeit starteten schliesslich auch

---

[1296] Einsatzzeiten lt. Aufzeichnungen Siegfried

[1297] Flugbuch Hugo Hausotter

[1298] eine weitverbreitete Lesart der Kämpfe dieses Tages besagt, dass die von der Lfl. 3 zugesagten 300 Jäger zum grössten Teil gleich nach dem Start von überlegenen alliierten Jagdverbänden in Luftkämpfe verwickelt und dabei zum grössten Teil abgeschossen worden seien - vgl. z.B. Piekalkiewicz, aaO., S. 374 oder Cartier, aaO., Bd. 2, S. 853; diese Darstellung ist indes kaum mit den deutschen Verlustmeldungen dieses Tages in Einklang zu bringen, wonach <u>sämtliche</u> in Frankreich eingesetzten Tagjagdgruppen an diesem Tage zusammen den Verlust von lediglich 14 Maschinen meldeten - vgl. RL 2/III/852 ff

[1299] vgl. die Darstellung bei Piekalkiewicz, Invasion, S. 202; es war dies das erste Mal auf dem westlichen Kriegsschauplatz, dass der Einsatz eines starken Panzerverbandes allein durch Luftangriffe zerschlagen wurde. Dementsprechend meldete der OB West GFM von Kluge kurz danach: *"Angesichts der völligen Beherrschung des Luftraumes durch die feindlichen Luftstreitkräfte sehe ich keinen Weg, eine Strategieform zu finden, die, wenn wir uns nicht vom Schlachtfeld zurückziehen, ihre vernichtende Wirkung aufhebt."* Vgl. weiter die ausführliche Darstellung bei Jacobsen / Rohwer, aaO., S. 429 m.w.N.

[1300] in Berlin begannen an diesem Tage vor dem sog. "Volksgerichtshof" die ersten Prozesse gegen die Verschwörer des 20. Juli 1944; schon am nächsten Tage wurden unter dem Vorsitz des berüchtigten NS-Richters Roland Freisler die ersten acht Todesurteile verkündet und noch am selben Abend vollstreckt

[1301] es ist nicht bekannt, ob auch die II./JG 1 an diesem Einsatz beteiligt war; es spricht einiges dafür, zumal die Gruppe an diesem Tage zwei Verluste im selben Einsatzraum meldete, gegen den sich dieser Einsatz richtete

die Messerschmitts der III. Gruppe, deren Aufgabe der Jagdschutz für die Focke Wulfs der I. und II./JG 1 sein sollte [1302]. Der nachfolgende Einsatz wurde zu einem sehr verlustreichen Unternehmen für das JG 1, denn die drei Gruppen mussten danach den Verlust von sechs Gefallenen bzw. Vermissten und einem Verwundeten melden, nachdem der Verband über dem befohlenen Raum auf überlegene amerikanische Jagdgruppen stiess und in den sich daraus ergebenden Luftkämpfen vollkommen zersprengt wurde. Am härtesten wurde die I. Gruppe getroffen, denn sie hatte allein vier Gefallene zu beklagen - Uffz. Gerhard Veil von der 1. Staffel wurde zuletzt im Luftkampf mit P-47 im Raume Avranches / Domfront gesehen und kehrte danach nicht mehr zurück. Die amerikanischen Jäger trieben die Focke Wulfs und Messerschmitts offensichtlich bis weit nach Osten zurück; so wurde Ofhr. Günther Bernsau von der 1./JG 1 bei Angerville südwestlich von Paris tödlich abgeschossen. Uffz. Herbert Havemann, ebenfalls von der 1. Staffel, wurde noch nach der Landung in Chartres ein Opfer der US-Jäger; nach glatter Landung dort war er gerade dabei, aus seiner Focke Wulf auszusteigen, als ein Tiefangriff amerikanischer Jäger erfolgte, bei dem er tödlich getroffen wurde. Uffz. Walter Hiernerwadel von der 3./JG 1 schliesslich kam zu Tode, als er sich bei der Landung in Châteaudun mit seiner Focke Wulf überschlug und unter der Maschine begraben wurde. Zwei Vermisste meldete die II./JG 1, die beide der 7./JG 51 angehörten - die Unteroffiziere Hans Hermann und Friedrich Mai kehrten nach Luftkampf über dem Raume Mortain nicht zurück [1303]. Mit einem Verwundeten kam die III. Gruppe noch vergleichsweise glimpflich davon: Ofw. Hans Kaniss von der 8. Staffel wurde nördlich Rennes im Luftkampf mit P-47 abgeschossen und musste mit dem Fallschirm aussteigen; nachdem im Durcheinander des Luftkampfes niemand seinen Verbleib hatte beobachten können, musste Kaniss zunächst als vermisst gemeldet werden, bevor er einige Tage später zu seiner Gruppe zurückkehren konnte. Eigene Erfolge konnte keine der drei Gruppen nach diesem Einsatz vorweisen.

Am frühen Abend folgte noch ein zweiter Einsatz für die Gruppen des JG 1, doch wurde dieser nicht mehr im geschlossenen Verband aller drei Gruppen geflogen. Die III./JG 1 startete um 18.05 Uhr zur freien Jagd über dem Frontraum und traf dabei erneut auf einen P-47 Verband, mit dem es gegen 19.20 Uhr nördlich L'Aigle zu einem heftigen Luftkampf kam. Dieses Mal konnte die Gruppe die Verhältnisse umdrehen und kam zu zwei Abschüssen -

| Olt. Bilfinger | 7./JG 1 | P-47 | (5.) | 19.24 |
| Uffz. Kräuter | 7./JG 1 | P-47 | (7.) | 19.30 |

ohne dabei selbst von Verlusten betroffen zu werden.

Eine halbe Stunde nach der III./JG 1, um 18.37 Uhr, stieg auch die I. Gruppe erneut zum Einsatz auf; ihr Auftrag lautete abermals: Heeresunterstützung im Kampfraum um Mortain. Neun Maschinen waren es, die die I. Gruppe dazu noch in die Luft bringen konnte. Nachdem die Gruppe ihren Auftrag offenbar bis dahin ohne Feindberührung hatte erledigen können, traf sie auf dem Rückflug im Raume nordwestlich Fontainebleau auf Thunderbolt-Verbände, mit denen es auch hier zum Luftkampf kam; zur selben Zeit waren dort auch die II./JG 3 sowie die I./JG 26 im Einsatz, so dass sich ein ausgedehnter Luftkampf entwickeln konnte. Danach meldete die I./JG 1 ohne eigene Verluste den Abschuss von drei Thunderbolts -

| Lt. Demuth | 3./JG 1 | P-47 | (12.) | 19.25 |
| Uffz. Oswald | 3./JG 1 | P-47 | (2.) | 19.26 |

[1302] alle Angaben zum Einsatz der I./JG 1 lt. Aufzeichnungen Siegfried; Startzeit der III./JG 1 in Bretigny lt. Flugbuch Hugo Hausotter 14.15 Uhr

[1303] damit hatte die 7./JG 51 seit Beginn der Kämpfe in Frankreich bereits 13 Gefallene und Vermisste verloren, was gleichbedeutend mit einer Auslöschung der Staffel war; einer der letzten Überlebenden war danach FhjFw. Günther Heckmann, der die Reste der Staffel seit dem Tode von Lt. Krakowitzer geführt hatte. Der erinnert sich an diese Tage: *" Ich war plötzlich ganz allein und fühlte mich unendlich einsam; bei der II./JG 1 konnte ich mich nie wirklich heimisch fühlen, zu anders war dieser Verband und seine Art zu kämpfen im Vergleich zum JG "Mölders", von dem ich kam, und so habe ich keinen rechten Anschluss an meinen neuen Verband gefunden."* - Bericht Günther Heckmann, 6.9.1993

Uffz. Meyer　　　9./JG 77　　　P-47　　　(1.)　　　19.29

Über einen - möglichen - zweiten Einsatz der II./JG 1 liegen dagegen keine Angaben vor.

In der Nacht zum **8. August 1944** begannen die Briten aus dem Raum Caen eine weitere grossangelegte Offensive, das Unternehmen " TOTALIZE "; Ziel dieses Entlastungsangriffes war es vor allem, einem erneuten deutschen Vorstoss auf Avranches zuvorzukommen. Um 23.00 Uhr erfolgte ein vorbereitender Bombenangriff von rund 1.000 Lancasters, die über 3.500 Tonnen Bomben über dem Angriffsraum an der Strasse von Caen nach Falaise abluden. Nach einem anschliessenden Trommelfeuer aus 360 Geschützen setzten sich die britisch / kanadisch / polnischen Angriffskeile in Bewegung, doch geriet ihr Vormarsch alsbald ins Stocken, ohne bis dahin nennenswerte Erfolge gezeitigt zu haben [1304]. Bei Tage versuchte die 5. Panzerarmee, den am Vortage eingestellten Angriff zum Durchbruch nach Avranches wiederaufzunehmen; anders als am 7. August konnten die deutschen Angriffe jedoch an diesem Tage an keiner Stelle mehr durchschlagen, so dass der OB West GFM von Kluge das Unternehmen "LÜTTICH" am Abend endgültig als gescheitert einstellen musste.

Gegen Mittag nahmen die Briten südlich Caen ihren Angriff erneut auf; wieder wurde der Vorstoss durch einen schweren Luftangriff eingeleitet, als 681 Viermots der 8. USAAF zwischen 12.26 und 13.55 Uhr rund 1.300 Tonnen Bomben über den rückwärtigen deutschen Stellungen abladen sollten, dabei aber einen erheblichen Teil ihrer Bombenlast auf die eigenen Linien warfen [1305]. Im weiteren Verlaufe des Tages traf der britische Vorstoss auf erbitterten Widerstand der deutschen Verteidiger und kam endlich etwa 12 km nördlich Falaise zum Stehen [1306].

Abermals waren die Reste der drei Gruppen des JG 1 zur Unterstützung der eigenen Heerestruppe im Raume Mortain / Avranches eingesetzt; während die drei an diesem Tage bei der I./JG 1 geflogenen Einsätze sämtlich ohne zählbares Ergebnis blieben [1307], büsste die III./JG 1, die ebenfalls drei Einsätze zu fliegen hatte [1308], am Abend in einem bei Alençon ausgetragenen Luftkampf mit einigen P-38 einen ihrer Flugzeugführer ein: Hptm. Eberhardt Maetzke, der zu dieser Zeit bei der 9. Staffel flog, kehrte danach nicht nach Bretigny zurück und musste als vermisst gemeldet werden [1309]. Dagegen meldete der Staffelführer der 7./JG 1 Olt. Fritz Bilfinger den Abschuss einer Spitfire (6.).

9. August 1944: Während die Fronten im Raume Mortain und südlich Caen an diesem Tage nur wenig Bewegung erlebten, nahm die 3. US-Armee Le Mans und drehte von dort nach Norden auf Alençon ein; um diesen Angriff aufzufangen, standen auf deutscher Seite nur schwache Teile des XXXXVII. Panzerkorps zur Verfügung, die sofort in schwere Abwehrkämpfe verwickelt wurden [1310].

Der Einsatz der I. und III./JG 1 richtete sich an diesem Tage gegen die auf Alençon vordringenden amerikanischen Verbände; beide Gruppen sollten zur Unterstützung der dort stehenden Heerestruppen

---

[1304] Piekalkiewicz, Invasion, S. 203/204; KTB OKW 1944/45 Teil I, S. 339

[1305] Freeman, aaO., S. 319; Piekalkiewicz, Invasion, S. 204

[1306] vgl. dazu Cartier, aaO., Bd. 2, S. 854

[1307] Einsatzzeiten der I./JG 1 lt. Aufzeichnungen Siegfried: 11.35 - 12.45 Uhr mit 8 Fw 190, 15.20 - 16.24 Uhr mit 4 Fw 190 und 19.04 - 19.50 Uhr mit 5 Fw 190, Auftrag jeweils: Jabobekämpfung um Mortain

[1308] Einsatzzeiten lt. Flugbuch Hugo Hausotter 10.45 - 11.40 Uhr, 13.00 - 14.40 Uhr - dabei ergebnisloser Luftkampf mit P-51 - und 18.50 - 20.30 Uhr, Auftrag jeweils freie Jagd über dem Frontraum

[1309] ausweislich der namentl. Verlustmedung WASt. wurde Eberhardt Maetzke nach dem Kriege gerichtlich für tot erklärt

[1310] KTB OKW 1944/45 Teil I, S.340/341; Piekalkiewicz, Invasion, S. 204; Cartier, aaO., Bd. 2, S 854 ff, insbesondere S. 857

einige Einsätze zur freien Jagd und Artilleriefliegerbekämpfung fliegen. Die I./JG 1 verzeichnete wiederum drei Einsätze, zu denen allerdings insgesamt gerade noch 16 Focke Wulfs aufgeboten werden konnten [1311]. Während die beiden ersten Einsätze ohne zählbares Ergebnis blieben, brachte der dritte, am späten Nachmittag geflogene Einsatz, zu dem um 17.28 Uhr noch ganze drei Focke Wulfs an den Start rollen konnten, der I Gruppe einen weiteren Verlust ein; daran erinnert sich Gerhard Hanf wie folgt:

Unsere Staffel hatte vom Gefechtsstand den Auftrag erhalten, gegen 17.30 Uhr zur freien Jagd zu starten. Ich lehnte es jedoch ab zu starten, da meine Staffel nur zwei Maschinen einsatzbereit hatte. Der Gruppenkommandeur Hptm. Ehlers erteilte mir daraufhin über Telefon den Befehl zum Start; wir sollten zu einem vorgesehenen Treffpunkt fliegen und uns dort an einen anderen Verband anschliessen. In diesem Telefongespräch habe ich einen solchen Einsatz als Irrsinn bezeichnet, doch es half nichts: Um 17.35 startete ich mit meiner "roten 1", in der anderen Maschine sass Uffz. Hans-Georg Meyer. Nach dem Start schloss Meyer dicht zu mir auf; ich sehe noch heute, wie er neben mir herflog und mit lachendem Gesicht, dabei mit der Hand winkend, zu verstehen gab, dass sein FT nicht funktionierte. An dem angegebenen Treffpunkt fanden wir, trotz längeren Suchens, keine deutschen Jäger. Also ging es wieder zurück zum eigenen Flugplatz. Wir flogen zu dieser Zeit nur in etwa 500 m Höhe. Plötzlich bemerkte ich Mustangs - es müssen um die 15 Maschinen gewesen sein - die uns aus der Überhöhung von hinten angriffen. Ich kurvte sofort entgegen und flog frontal durch die Angreifer hindurch. Es entwickelte sich eine tolle Kurbelei; Uffz. Meyer hatte meine Kehrtwendung nicht mitgemacht und war dadurch eine leichte Beute der Mustangs geworden. Den Aufschlag seiner Maschine habe ich selbst nicht gesehen, da mich andere Amis noch herunterholen wollten. Bei dieser Kurbelei muss ich meine Fw 190 überzogen haben, denn plötzlich riss die Strömung ab und ohne Steuerdruck stürzte ich senkrecht nach unten. Instinktiv gab ich Vollgas und zog auch noch die Notleistung; als ich die Maschine wieder in der Gewalt hatte, war ich vielleicht noch 10 oder 20 Meter hoch. Im Tiefflug flog ich zum Platz zurück. Zu allem Überfluss musste ich auch noch durchstarten, da das Fahrwerk nicht richtig ausgefahren war. Am Liegeplatz stellte sich heraus, dass der Luftkampf vom Platz aus verfolgt worden war; die Techniker hatten sogar angenommen, dass ich abgeschossen worden sei und erwarteten daher die Rückkehr von Uffz. Meyer. [1312]

Während Lt. Hanf um 18.20 Uhr wohlbehalten in Oysonville landen konnte, kam Uffz. Hans-Georg Meyer beim Absturz seiner Maschine in der Nähe des Platzes ums Leben.

Die III./JG 1 war noch vor der I. Gruppe über dem Raum Alençon unterwegs; um 09.00 Uhr waren die Messerschmitts in Bretigny zur freien Jagd über dem Frontraum gestartet [1313] und trafen dort auf einen Verband von 20 Thunderbolts; in dem sich daraus ergebenden Luftkampf büsste die III./JG 1 einen Gefallenen ein, als Lt. Paul Himmelmann von der 7. Staffel nördlich Alençon tödlich abgeschossen wurde.

10. August 1944: Nantes und Angers wurden von Verbänden des XX. Korps der 3. US-Armee befreit, während das XV. Korps von Alençon weiter nach Norden auf Argentan vorstiess; in Verbindung mit dem britischen Vorstoss auf Falaise begann sich hier die Einschliessung der noch westlich davon stehenden Masse der 5. Panzerarmee sowie der 7. Armee abzuzeichnen. Hitler, dieser Gefahr offensichtlich nicht gewahr, ordnete unterdessen für den 11. August eine Wiederaufnahme des deutschen

---

[1311] alle Angaben zum Einsatz der I./JG 1 lt. Aufzeichnungen Siegfried und Flugbuch Gerhard Hanf; die beiden ersten Einsätze erfolgten von 09.33 - 10.40 Uhr mit 8 Fw 190 und von 13.18 - 14.34 Uhr mit 5 Fw 190

[1312] Brief Gerhard Hanf, ohne Datum

[1313] Flugbuch Hugo Hausotter

Angriffs auf Avranches an [1314]; aufgrund des angeschlagenen Zustands der Panzerverbände hielten die Frontkommandeure eine Wiederaufnahme des Angriffs jedoch nicht vor dem 20. August 1944 für möglich [1315].

Die I./JG 1 konnte an diesem Tage bei zwei Einsätzen nur noch insgesamt elf Focke Wulfs in die Luft bringen, und beide verliefen ohne Feindberührung. Gleichwohl hatte die Gruppe erneut zwei Verluste zu beklagen, die Opfer eines grauenhaften Unfalls wurden - daran erinnert sich Gerhard Hanf:

> *Auch an diesem Tage sollte wieder eine "starke" Streitmacht starten; unsere Staffel hatte nach dem Verlust vom 9.8. nur noch eine Maschine, und diese sollte von Uffz. Kurt Mann geflogen werden. Zwei Maschinen hatten sich zum Start aufgestellt, als eine fremde Fw 190 zur Landung ansetzte und die beiden startenden Maschinen rammte. Die Focke Wulf von Uffz. Mann wurde durch die Luftschraube der fremden Fw 190 buchstäblich zersäbelt. Uffz. Mann war auf der Stelle tot. Die fremde Maschine war von einem Überführungsflieger geflogen worden.* [1316]

Neben Uffz. Mann wurde Uffz. Wilhelm Wölper von der 3. Staffel ein Opfer dieses Unfalls; er hatte allerdings mehr Glück und überlebte den Zusammenstoss mit schweren Verletzungen. Über das Schicksal des unglücklichen Überführungsfliegers liegen keine Angaben vor.

Über den Einsatz der II./JG 1 ist wiederum nur recht wenig bekannt; die Gruppe war über dem Raum Granville / Avranches im Einsatz und kam dort durch ihren neuen Gruppenkommandeur Hptm. Staiger zu einem Abschuss, als dieser um 14.10 Uhr eine Spitfire herunterholen konnte (59.). Umgekehrt verlor die Gruppe Uffz. Wilhelm Wäschle von der 4. Staffel, der bei Montreau, östlich Angerville, im Luftkampf tödlich abgeschossen wurde.

Über den Einsatzverlauf bei der III./JG 1 lassen die vorhandenen Unterlagen kein genaues Bild zu; fest steht allerdings, dass die Reste der Gruppe, geführt von Hptm. Alfred Grislawski, um 12.45 Uhr von Bretigny zur freien Jagd starteten und eine Dreiviertelstunde später im Raume Flers Luftkampf mit einem Pulk Thunderbolts hatten [1317]. Bei dieser Kurbelei, die offenbar in mittlerer Höhe begann und sich zum Teil bis in Bodennähe hinzog, konnten zwei P-47 abgeschossen werden -

Ofw. Zander	8./JG 1	P-47	(36.)	13.30
Uffz. Hausotter	8./JG 1	P-47	(3.)	13.33

Uffz. Hausotter wurde kurz nach seinem dritten Abschuss selbst das Opfer einer weiteren P-47 und musste seine "schwarze 17" mit dem Fallschirm verlassen, was er zum Glück ohne wesentliche Verletzungen überstand. Daneben meldete die III./JG 1 am 10. August den Verlust von Uffz. Wilhelm Müller von der 9. Staffel, der von le-Plessis-Chenet zur freien Jagd gestartet war und aus unbekannter Ursache von diesem Einsatz nicht zurückkehrte, weswegen er als vermisst gemeldet werden musste; es ist nicht bekannt, um welchen Einsatz es sich dabei handelte und welche Teile der Gruppe an diesem Tage den Feldflugplatz von Le-Plessis benutzten. Umgekehrt erzielte die 9. Staffel - möglicherweise bei demselben Einsatz - den Abschuss einer P-51 durch Uffz. Fröhlich (3.).

[1314] nach dem Abbruch des Unternehmens "LÜTTICH" hatte Hitler gegenüber Gen. Warlimont über die Ursachen des Fehlschlags u.a. folgendes verlauten lassen: *"Der Angriff ist misslungen, weil der Generalfeldmarschall von Kluge ihn misslingen lassen wollte!"* - so zitiert bei Cartier, aaO. Bd. 2, S. 853/854

[1315] KTB OKW 1944/45 Teil I, S. 345

[1316] Brief Gerhard Hanf, ohne Datum

[1317] Flugbuch Hugo Hausotter; dieser hatte am Morgen bereits bei einem Überführungsflug von La Fère nach Bretigny ergebnislos Feindberührung mit P-38 gehabt, doch dürfte es sich bei diesem Flug nicht um einen Feindflug der gesamten Gruppe gehandelt haben

Am **11. August 1944**, dem Tag, an dem eigentlich der erneute deutsche Vorstoss auf Avranches beginnen sollte, erkannte endlich auch Hitler die tödliche Gefahr für die noch im Raume Mortain stehenden Teile der 5. Panzerarmee und der 7. Armee und befahl deren Rückzug nach Osten; der Weg dorthin führte durch die mittlerweile bereits gefährlich eng gewordene Lücke zwischen den von Norden vorstossenden britischen Truppen und den von Süden her über Alençon hinaus vordringenden Kräften der 1. US-Armee [1318].

Das JG 1 war an diesem Tage offenbar kaum im Einsatz; einzig von der I. Gruppe ist ein Einsatz bekannt, zu dem um 13.48 Uhr neun Focke Wulfs von Oysonville aufgestiegen waren - ihr Auftrag lautete: Jabobekämpfung im Raume Paris / Versailles. Während der Einsatz selbst ohne zählbares Ergebnis blieb, büsste die Gruppe gleichwohl erneut einen Flugzeugführer ein, als Lt. Ulrich Brenner von der 2. Staffel bei der Landung aus ungeklärter Ursache tödlich abstürzte. Über Einsätze der II. und III./JG 1 liegen dagegen keine Angaben vor.

Am Abend erfolgte bei der I. und II. Gruppe eine erneute Verlegung nach Osten. Die I./JG 1 sollte von Oysonville nach Aulnay-aux-Planches [1319], 35 Kilometer südwestlich von Châlons, kommen; offenbar gab es bei der Verlegung erhebliche Schwierigkeiten, denn die Gruppe meldete unter diesem Datum nicht weniger als sechs infolge von Bruchlandungen ohne Feindeinwirkung beschädigte Maschinen. Die II./JG 1 kam wenige Kilometer von der I. Gruppe entfernt in Connantre unter und auch bei ihr ging es allem Anschein nach nicht ohne Probleme ab, denn die II./JG 1 verzeichnete unter diesem Datum drei bei Unfällen beschädigte Focke Wulfs. Einzig die III./JG 1 verblieb danach zunächst weiterhin im Süden von Paris [1320].

Unterdessen ging die Zeit der Auffrischung und Neuaufrüstung für die II./JG 11 in Wunstorf zu Ende; die Gruppe war dort seit ihrer Herausziehung aus dem Invasionseinsatz am 6. Juli nicht nur auf ihre bisherigen Sollstärke gebracht worden, sondern war entsprechend den mittlerweile geltenden Bestimmungen [1321] wesentlich erweitert und ausgebaut worden. Dazu gehörte vor allem die Eingliederung einer vierten Staffel, so dass die Gruppe fortan wie folgt zusammengesetzt war:

Stab II./JG 11	bleibt	Stab II./JG 11
4./JG 11	wird	8./JG 11
5./JG 11	bleibt	5./JG 11
6./JG 11	bleibt	6./JG 11
	neu	7./JG 11

Zugleich mit der Erweiterung um eine vierte Staffel wurde die Sollstärke des Gruppenstabsschwarms verdoppelt und auch die vier Staffeln sollten fortan vier Schwärme statt bisher drei umfassen; alles in allem erhöhte sich dadurch die Sollstärke von 40 auf fortan 72 Maschinen.

[1318] KTB OKW 1944/45 Teil I, S. 341/342; Piekalkiewicz, Invasion, S. 204

[1319] in der anentl. Verlustmeldung vom 14.8. wird der Platz als Fère-Champenoise bezeichnet

[1320] wo sie jedenfalls noch am 15.8. lag - A.D.I.(K) Report No. 490/1944 vom 26.8.1944

[1321] der Befehl zur Erweiterung der Jagdgruppen von drei auf vier Staffeln erfolgte stufenweise; nachdem die Gruppen der beiden im Westen liegenden JG 2 und 26 bereits Ende 1943 auf vier Staffeln erweitert worden waren und Ende Mai / Anfang Juni 1944 bereits die Unterstellung vierter Staffeln unter eine Reihe von Jagdgruppen in der Reichsverteidigung erfolgt war, wurden die im Juli 1944 zur Auffrischung aus dem Einsatz genommenen Gruppen in der Heimat um eine Staffel aufgestockt, was hier zugleich mit einer entsprechenden Umnummerierung einherging (vgl. dazu auch unten zur I./JG 11, S. 1131). Mit Stichtag 15.8.1944 wurde die Umgliederung offiziell befohlen und erfolgte bei allen betroffenen Gruppen die Umbenennung der bislang nur unterstellten Staffeln (vgl. dazu unten zur 9./JG 77 und 7./JG 51). Im September 1944 zogen dann die bis dahin nicht erweiterten Gruppen nach, die zum grössten Teil durch Abgaben aus aufgelösten Kampfverbänden erweitert wurden. Befehlsgebende Stelle war jeweils das OKL Genst./GenQu., 2. Abt.; vgl. die entsprechenden Befehle in RL 2/III/62

Abb. 837 - 838: Oben - Die Flugzeugführer der 5./JG 11 während der Auffrischung der II./JG 11 in Wunstorf im Juli / August 1944; stehend von links - ? -, Uffz. Hase, - ? -, Uffz. Drühe, - ? -, - ? -, Fw. Meindl und - ? -, sitzend Lt. Linka, Olt. Langheld, Lt. Ebener und - ? -. Unten - Die Flugzeugführer der neuaufgestellten 7./JG 11 während der Auffrischungszeit der II. Gruppe in Wunstorf im Juli / August 1944 vor einer Bf 109 G-6/AS - von links sieht man Uffz. Hartung, Fw. Schwarz, Ofhr. Scheuvens, Ofhr. Reissner, Fw. Löffeler, Lt. Franz, Fw. Schinnerling, Ofhr. Walther, Ofhr. Rösner, Lt. Bäumel und Fw. Richter.

(Ebener / Franz)

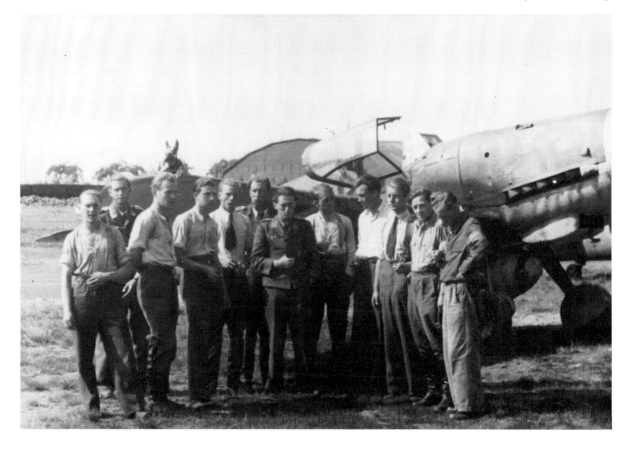

In diesen Wochen wurden alle vier Kapitänsstellen in der II./JG 11 neubesetzt. Die 4. Staffel, die durch Umbenennung nun zur 8./JG 11 wurde, erhielt mit Lt. Hermann Wolf am 8. Juli 1944 einen sehr erfahrenen und erfolgreichen Flugzeugführer als Staffelführer; Hermann Wolf kam ursprünglich von der III./JG 52, der er seit April 1942 angehört hatte und bei der er sich für 53 Abschüsse, die er auf rund 500 Feindflügen hatte erzielen können, das Deutsche Kreuz in Gold erworben hatte. Zuletzt hatte er als Jagdlehrer der JGr. Ost angehört, bei der er am 1. März 1944 zum Offizier befördert worden war [1322]. Lt. Georg Füreder verliess die II./JG 11 nach der Rückkehr aus Frankreich aufgrund eines erforderlich gewordenen ärztlichen Eingriffs vorübergehend [1323]; nachdem die Staffel einige Tage vertretungsweise von Lt. Hans Klaffenbach geführt worden war [1324], bekam sie mit Lt. Kurt Ebener ebenfalls einen aus dem Osten kommenden und sehr erfolgreichen Flugzeugführer als Kapitän; Kurt Ebener war bereits seit Dezember 1941 im Fronteinsatz und hatte lange Zeit der II./JG 3 angehört, bei der er im Mittelmeerraum und vor allem im Osten an die 150 Feindflüge gemacht und dabei 52 Abschüsse erzielt hatte, für die er seit dem 7. April 1943 das Ritterkreuz trug [1325]. Wie Lt. Wolf hatte auch er zuletzt als Jagdlehrer zur JGr. Ost gehört. Die 6. Staffel wurde am 14. Juli 1944 von Lt. Walter Köhne übernommen, der von der I./JG 1 kam, der er seit dem 6. April 1943 angehört hatte und bei der er im Mai 1944 zum Leutnant befördert worden war [1326]; Walter Köhne konnte zu dieser Zeit auf 28 Abschüsse, darunter 14 Viermotorige, verweisen und war kurze Zeit zuvor mit dem Deutschen Kreuz in Gold ausgezeichnet worden [1327]. Die 7. Staffel schliesslich wurde von Lt. Richard Franz in Wunstorf neuaufgestellt. Richard Franz hatte seinen Jagdfliegereinsatz im Juni 1942 bei der III./JG 27 in Afrika begonnen, von der er 1943 zur I./JG 77 nach Italien gekommen war, bei der er einen Abschuss hatte erzielen können [1328]. Seit Februar 1944 hatte er der Sturmstaffel 1 angehört, bei der er weitere vier Abschüsse hinzufügen konnte, und war bei deren Eingliederung in die IV.(Sturm)/JG 3 zum JG "Udet" gekommen [1329].

An die Wochen der Auffrischung erinnert sich Walter Krupinski folgendermassen:

In Wunstorf trafen in rasender Folge neue Me 109 und Flugzeugführer ein. [...] Die Flugzeugführer waren überwiegend jung und unerfahren. Einige erfahrene Männer kamen von der Ostfront, doch hatten sie natürlich keine Ahnung und Erfahrung mit dem,

---

[1322] Aufzeichnungen und dienstliche Unterlagen Hermann Wolf; Verleihungsdatum des Deutschen Kreuzes war der 16.7.1943

[1323] Bericht Georg Füreder, 19.11.1993; anschliessend wurde er von Lt. Wroblewski nach Braunschweig-Waggum geflogen, wo er ins Lazarett kam. Es schlossen sich zweieinhalb Wochen Aufenthalt dort und sodann ein mehrwöchiger Erholungsurlaub - zuletzt im Jagdfliegererholungsheim Bad Wiessee - an, bevor er Anfang Oktober 1944 wieder zu seiner Staffel kam - siehe unten

[1324] lt. Flugbuch führte Hans Klaffenbach die 5./JG 11 in der Zeit vom 31.7. bis 3.8.1944, am darauffolgenden Tage verliess er die II./JG 11 aufgrund seiner Versetzung zum Stab der III./JG 4

[1325] Obermaier, aaO., S. 105; bei der Verleihung des Ritterkreuzes spielte der Einsatz Ebeners in Stalingrad, wo er als Angehöriger der Platzschutzstaffel Pitomnik unter widrigsten Bedingungen innerhalb von vier Wochen 35 Abschüsse erzielt hatte, eine wesentliche Rolle.

[1326] Brief Walter Köhne, 3.10.1989 - Köhne hatte seine Laufbahn als Unteroffizier Ende 1940 bei der 4./JG 52 begonnen, war Anfang des Russlandkrieges schwer verwundet worden und für mehrere Monate ausgefallen. Im April 1942 an die Front zurückgekehrt, konnte er bis zu seiner Versetzung zum JG 1 nach Holland zwölf Abschüsse im Osten erzielen.

[1327] das genaue Verleihungsdatum ist nicht bekannt, nach Angaben von Walter Köhne erfolgte die Auszeichnung noch während seiner Zugehörigkeit zur I./JG 1 - Brief vom 3.10.1989; veröffentlicht wurde die Verleihung im Frontnachrichtenblatt der Luftwaffe, Ausgabe 1. Oktober 1944

[1328] vgl. Prien, JG 77, Teil 4, passim

[1329] Briefe Richard Franz 27.7.1979, 22.7. und 18.9.1990

was ihnen hier im Westen blühte. Es wurde eifrig geflogen und geübt; leider gab es dabei auch einige Unfälle. [1330]

Bei einem der von Walter Krupinski genannten Unfälle kam am 18. Juli 1944 der Gefr. Albert Löw von der 5./JG 11 beim Absturz seiner Maschine infolge Motorschadens in der Nähe von Eschede bei Celle ums Leben [1331].

Anfang August 1944 wurden bei der Luftwaffenführung Überlegungen dahingehend angestellt, die derzeit in der Auffrischung im Reichsgebiet befindlichen Gruppen - darunter die II./JG 11 - nicht erneut in den Abwehreinsatz nach Frankreich zu entsenden, sondern sie für den weiteren Abwehreinsatz im Reich zurückzuhalten [1332]; Hintergrund dieser Überlegungen war zum einen die Erkenntnis, dass diese Gruppen bei einem erneuten Einsatz in Frankreich wegen der dort gegebenen kritischen Verhältnisse absehbar wenig Einfluss auf den Verlauf der Kämpfe würden haben können [1333] und zum anderen die Notwendigkeit, die Kräfte der Reichsverteidigung für einen zusammengefassten Abwehreinsatz gegen die unerträglich gewordenen Massenangriffe der Viermotorigen der 8. und 15. USAAF gerade auf Ziele der Treibstoffindustrie zu verstärken [1334]. Diese Absicht wurde jedoch durch den Befehl Hitlers vom 8. August 1944 zunichte gemacht, wonach sofort vier Gruppen aus der Auffrischung nach Frankreich zu verlegen seien; sämtliche Versuche an den folgenden Tagen, Hitler von diesem Vorhaben abzubringen, scheiterten, im Gegenteil wurde der Befehl am 12. August sogar noch dahingehend erweitert, dass statt vier nun sechs Gruppen umgehend in den Westen zu verlegen seien [1335]. Unter diesen befanden sich auch die I. und II./JG 11.

Weiter heisst es in den Erinnerungen Walter Krupinskis:

In der zweiten Hälfte des Juli erhielt ich - ich weiss nicht mehr, auf welchem Wege - die Nachricht von General Galland von dem geplanten "Grossen Schlag" gegen die Viermots

---

[1330] Brief Walter Krupinski, 26.7.1993

[1331] Walter Krupinski - Brief vom 26.7.1993 - erwähnt in diesem Zusammenhang, dass angeblich Sabotage von Seiten der auf dem Flugplatz in Wunstorf beschäftigten Zwangsarbeiter ursächlich für diesen und noch zwei weitere vergleichbare Fälle von Motorexplosionen gewesen sein soll; er selbst sollte am 12.8. Opfer einer solchen Motorexplosion werden, vgl. sogleich unten

[1332] dies erhellt beispielhaft aus den Tagebuchaufzeichnungen von Gen. Kreipe, dem GenSt.-Chef der Luftwaffe, in denen zwischen dem 24.7. und 13.8.1944 wiederholt Anmerkungen in dieser Richtung enthalten sind

[1333] weswegen z.B. der Chef des Stabes der Luftflotte 3 Gen. Koller am 18.8.1944 beim Generalstab der Luftwaffe darauf drängte, keine weiteren Jagdgruppen nach Frankreich zu entsenden - Tagebuch Kreipe, 18.8.1944

[1334] kennzeichnend dafür der Eintrag Gen. Kreipes in seinem Tagebuch unter dem 12.8.1944: " *Im Luftkrieg müssen wir auf andere Kräftezusammenfassung kommen. Alles können wir nicht schützen. Also Schwerpunkt Hydrierwerke !*"

[1335] kennzeichnend für diese Auseinandersetzungen folgende Auszüge aus dem Tagebuch Gen. Kreipes; dort heisst es u.a.: "*(8.8.44) Abendlage: Koller übermittelt aus der Führerlage den Befehl des Führers, vier Auffrischungsgruppen Jäger sofort nach dem Westen zu verlegen. Bin dagegen und rufe Göring und Galland an. Beide stimmen mir zu, die Gruppen sind noch nicht fertig, im Schlamassel des Westens gehen sie unter und in der Heimat fehlen sie. Anruf Brauchitsch, Göring lässt mir sagen, ich solle dem Führer diesen Gedanken ausreden.[...]*" - "*(9.8.44) Morgenlage. Schweinerei im Westen, Luftflotte 3 kann auch nicht viel sagen. ... Keitel ruft an, nun sollen sechs Gruppen sofort nach Frankreich. Das wird heiter. ... Unser Plan des Heimatschutzes geht in die Brüche. [...]* " - " *(12.8.44) Bei der Luftlage West trug ich als Vorschlag des Reichsmarschalls vor, die Jagdgruppen nicht zersplittert in die Westkämpfe einzusetzen, sondern sie geschlossen in der Reichsverteidigung zu verwenden. In etwa drei Wochen seien aus der Auffrischung zwölf Gruppen mit je 45 Flugzeugen einsatzbereit. Der Führer lehnte ab und befahl den sofortigen Einsatz von sechs Gruppen im Westen. [...]* " - "*(13.8.44)* (bei der "Führerlage" - die Verf.) ... *langer Vortag über Reichsverteidigung. Zu spät, die Jäger gehen nach Frankreich.*"

und dass wir deswegen in Wunstorf bleiben sollten [1336]. *Dies war besonders schlecht für uns, da sich die Bodenteile der Gruppe noch immer in Frankreich befanden, und wir in Wunstorf überwiegend mit fremdem technischen Personal arbeiten mussten.* [1337]

Am 12. August vormittags bekam ich einen Anruf vom General der Jagdflieger, wonach der "Grosse Schlag" in wenigen Tagen erfolgen würde. Daraufhin machte ich mit einer Jolle einen Segeltörn auf dem Steinhuder Meer, was eigentlich gar nicht mehr erlaubt war wegen der vielen Radartarnflösse. Auf einmal ging am Ufer ein grosses Feuerwerk los mit allen Leuchtkugeln und "Radieschen", die dort aufzutreiben waren. Wutentbrannt steuerte ich das Strandhotel an, weil ich meinte, dass meine Flugzeugführer schon am Vormittag feierten. Tatsächlich aber lag ein Fernschreiben vor, dass unsere Gruppe sofort nach Frankreich zu verlegen hätte mit einer Zwischenlandung in Wiesbaden. Ich selber wurde dafür verantwortlich gemacht, dass die Gruppe noch am selben Tage in Frankreich einzutreffen hatte.

Ein grösseres Durcheinander habe ich nie erlebt. Alle Flugzeugführer waren nicht mehr im Dienst und mussten gesucht werden; wir hatten ja erst am Vormittag erfahren, dass der "Grosse Schlag" erst in einigen Tagen steigen sollte [1338]. *Immer, wenn wir vier Flugzeugführer zusammen hatten, schickten wir einen Schwarm in Richtung Wiesbaden los, viele ohne Karte oder sonstige Unterlagen.*

Beim Flug mit vier Maschinen [1339] *explodierte dann der Motor meiner Messerschmitt in der Gegend von Marburg. Das letzte, was ich im FT hörte, war der Ruf eines meiner Staffelkapitäne, der mit mir flog: " Der Kommandeur brennt !" Mir schlugen die Flammen vorne neben dem Kanonenkasten in die Kabine herein und bis ins Gesicht. Was folgte, war mein vierter Fallschirmabsprung, und diesmal ging es blitzschnell; man lernte eben dazu. Dennoch hatte ich erhebliche Verbrennungen an beiden Händen und leichtere im Gesicht; ich bin bei meinen über 1.100 Feindflügen niemals ohne Handschuhe geflogen, aber in der Eile dieses Aufbruchs hatte ich sie vergessen und hatte daher keine an. Ein Monat Lazarettaufenthalt war die Quittung.* [1340]

[1336] vgl. zur Legende des sog. " GROSSEN SCHLAGES " unten Teil 3; zu dieser Zeit, Anfang August, wäre dieser Schlag allerdings nicht sehr " gross " ausgefallen, denn die Luftwaffen verfügte zu dieser Zeit über keinerlei nennenswerten Reserven im Reichsgebiet, da die noch einsatzfähigen Gruppen sowohl im Reich als auch im Westen über die Grenzen ihrer Belastbarkeit hinaus eingespannt waren. Zudem liegt hier offenbar in der Erinnerung Walter Krupinskis eine Verwechslung vor - gemeint sein dürfte nicht der erst später (angeblich) geplante sog." GROSSE SCHLAG ", sondern der erneute Einsatz der II./JG 11 in der Reichsverteidigung. Laut Galland - aaO., S. 332, sollte dieser Einsatz nach der zugrundeliegenden Planung erst im November / Dezember 1944 erfolgen

[1337] das Bodenpersonal der II./JG 11, das bei der Rückverlegung des fliegenden Verbandes am 6.7. in Frankreich zurückgeblieben war, befand sich inzwischen auf dem vorgesehenen neuen Einsatzhafen der II./JG 11 in Ballancourt, wo es bereits am 4. August zu einem schweren LKW-Unfall gekommen war, bei dem der Ogefr. Konrad Scholz, Techniker in der 6. Staffel, ums Leben gekommen war.

[1338] was nicht ohne Folgen auf den Zustand der Flugzeugführer geblieben war, wie sich Richard Franz erinnert: *" ... dass der Startbefehl nachmittags um etwa 15.00 Uhr gegeben wurde, nachdem wir vorher schon offiziell aus der Verlegebereitschaft entlassen worden waren und eine 'Freie Jagd' - sprich: Freizeit mit allen Folgerungen - bereits seit geraumer Zeit ablief."* - Brief vom 18.9.1990

[1339] bei diesem Verlegungsflug flogen neben Hptm. Krupinski noch Hptm. Eichel und die Leutnants Jung und Hubinek im Stabsschwarm

[1340] Brief Walter Krupinski, 26.7.1993; weiter heisst es dort: *" Als ich die Gruppe nach etwas über einem Monat wieder übernehmen wollte, hat mir General Galland gesagt, dass sich der Neue gerade eingelebt habe und ich deshalb die III./JG 26 'Schlageter' übernehmen müsste. Ich solle dies als 'besondere Ehre' ansehen, da es seine alte Gruppe sei !"*

Abb. 839 - 840: Oben - Die Flugzeugführer der 8./JG 11 während der Auffrischung der II. Gruppe in Wunstorf im Juli / August 1944 - auf der Fläche sitzen von links Uffz. Wagner, Uffz. Strel (?) und Fw. Pilz, stehend von links - ? -, Ofhr. Brombeis, Gefr. Döhring, Uffz. Steinberg, Ofhr. Scholz, Ofhr. Forchert, Uffz. Heger, Uffz. Bock, Ofw. Schulze, Lt. Franz (7./JG 11), Lt. Wolf, Ofw. Mengler, Lt. Fritsch, Fw. Bubel, Uffz. Marx, Fw. Schinnerling (7./JG 11) und Fw. Richter. Auch diese Bf 109 G-6/AS trägt einen sehr dunkel wirkenden Oberseitenanstrich. Inzwischen hat die bis dahin übliche, sich nach vorn verjüngende Spiralen auf der Propellerhaube einer breiten, weissen Spirale Platz gemacht. Rechts - Lt. Hermann Wolf (links) und Lt. Albert Fritsch vor einer Bf 109 G-6/AS der 8. Staffel; Fritsch ist bei der Verlegung nach Frankreich am 13. August 1944 am Platzrand von Ballancourt tödlich verunglückt, als er bei der Landung mit dem ausgefahrenen Fahrwerk an einer Hochspannungsleitung hängenblieb und mit Aufschlagbrand abstürzte.

(Wolf / Lächler)

Die Verlegung der II./JG 11 am **12. August 1944** geriet zu einem vollständigen Chaos, denn die jungen, unerfahrenen Flugzeugführer legten bei der Ankunft in Wiesbaden zahlreiche Brüche hin; weil dadurch die Landebahn in Wiesbaden versperrt wurde, musste der Rest der Gruppe nach Frankfurt Rhein/Main ausweichen, doch gab es auch dort noch einige Bruchlandungen, wobei es jedoch zum Glück keine Verletzten gab. Insgesamt musste die II./JG 11 danach im Zuge dieses Verlegungsfluges den Ausfall ihres Kommandeurs und die Beschädigung von elf Messerschmitts [1341] infolge von Bruchlandungen melden, was ein beredtes Zeugnis über den mittlerweile erreichten vollkommen ungenügenden Ausbildungsstand der Nachwuchsflugzeugführer ablegte [1342]. Noch am selben Tage wurde Hptm. Karl Leonhard zum Nachfolger Walter Krupinskis bestimmt [1343]; Hptm. Leonhard hatte bis dahin der III./JG 53 angehört, deren 8. Staffel er - mit einer Unterbrechung - seit Frühjahr 1943 geführt hatte. Bereits seit Beginn des Krieges im Fronteinsatz, konnte er zu dieser Zeit auf 16 Abschüsse zurückblicken [1344]. Karl Leonhard traf bereits am folgenden Tage in Wiesbaden ein, um dort sein neues Kommando zu übernehmen [1345].

Unterdessen hatte sich der Gruppe ein Flugzeugführer angeschlossen, der ihr lange Zeit angehört und ein Jahr lang die 5. Staffel geführt hatte: Hptm. Heinz Knoke war nach Wiederherstellung von seiner am 29. April erlittenen Verwundung am 6. August 1944 in Wunstorf eingetroffen und hatte sich dort mit einigen Übungseinsätzen wieder eingeflogen. Er sollte indes nicht zu seiner alten Gruppe zurückkehren, sondern erhielt den Befehl, mit ihr nach Frankreich zu verlegen und dort die III./JG 1 als Kommandeur zu übernehmen [1346].

In Frankreich hatte der **12. August 1944** die Fortsetzung der Rückzugsbewegungen der deutschen 5. Panzerarmee und der 7. Armee aus der drohenden Einschliessung im Raume westlich von Falaise gesehen [1347].

Die Einsatztätigkeit der drei Gruppen des JG 1 blieb offensichtlich sehr gering. Einzig von der III./JG 1 ist ein Einsatz belegt, der die Gruppe am frühen Nachmittag zur freien Jagd über den Frontraum um L'Aigle - Quadrat BB-9 - führte; dort kam es zu einem Luftkampf mit Spitfires, von denen zwar eine an Hptm. Grislawski fiel (14.15, 129.), doch büsste die 9. Staffel einen weiteren Flugzeugführer ein, als Uffz. Wolfram Brechtold [1348] bei Amy abgeschossen wurde und nach geglücktem Fallschirmabsprung in Gefangenschaft geriet.

[1341] so die summarischen Verlustmeldungen RL 2/III/852; lt. Flugbuch Walter Köhne waren es sogar 15 Brüche von insgesamt 70 gestarteten Maschinen. Das Tagebuch von Ernst Richter verzeichnet ebenfalls 15 Brüche, neun in Wiesbaden und sechs in Rhein/Main, wobei keine einzige Maschine der 8./JG 11 betroffen war

[1342] Briefe Richard Franz, 22.7. und 18.9.1990; bei Walter Krupinski heisst es dazu weiter: " *Von der Landung meiner Gruppe in Wiesbaden habe ich nur im Lazarett erfahren. In Wiesbaden wurde eine Startbahn gebaut. Einer unserer jungen Flugzeugführer machte Bruch, dann gab es einen Bruch nach dem anderen. ... Mir wollte man ein Kriegsgerichtsverfahren anhängen, denn aus den Bruchmaschinen roch es verdächtig nach Alkohol - unser Verpflegungs-Beamte hatte versucht, die am Vortage empfangene Marketenderware 'an die Front' zu schaffen und hatte dazu in jedem Flugzeug einige Flaschen in dem kleinen Gepäckraum verstaut.*" - Brief vom 26.7.1993

[1343] lt. Aufzeichnungen Karl Leonhard wurde er am Abend des 12. August gegen 22.00 Uhr von Major Götz, dem Kommandeur der III./JG 53, von seiner Versetzung unterrichtet

[1344] zum Werdegang Karl Leonhards im JG 53 vgl. Prien, JG 53, Teile 1 - 3, passim

[1345] Aufzeichnungen Karl Leonhard; Briefe Richard Franz, 22.7. und 18.9.1990

[1346] Knoke, aaO., S. 186; über die Ankunft in Wiesbaden heisst es bei ihm: "*Mit 74 Maschinen starten wir in den Abendstunden nach Wiesbaden. Die jungen, unerfahrenen Flugzeugführer, die erst in Wunstorf als Ersatz zur Gruppe kamen, werfen uns zwölf Brüche auf den Platz. Es ist zum Heulen ! Wir brauchen jetzt jede Maschine.*"

[1347] KTB OKW 1944/45 Teil I, S. 342/343

13. August 1944: Inzwischen war der Rückzug der Verbände der deutschen 7. Armee in östlicher Richtung nach Argentan in vollem Gange; die einzige noch brauchbare Rückzugstrasse lag unter beinahe pausenlosen alliierten Jaboangriffen und bot ein Bild des Chaos und der Zerstörung. Unter dessen stemmten sich die Reste der nördlich Alençon stehenden deutschen 9. Panzerdivision verzweifelt gegen die vordringenden amerikanischen Verbände, um das Schliessen des Kessels im Rücken der 5. Panzerarmee sowie der 7. Armee möglichst lange hinauszuzögern [1349].

Über Einsätze des JG 1 an diesem Tage liegen keinerlei Angaben vor; keine der drei Gruppen meldete irgendwelche Erfolge oder Verluste infolge Feindeinwirkung [1350].

Für Hptm. Alfred Grislawski kam überraschend das Ende seiner Einsatzzeit beim JG 1 - er wurde als Ersatz für Hptm. Leonhard zur III./JG 53 versetzt, bei der er die Führung von Leonhards Staffel, der 8./JG 53, übernehmen sollte. Alfred Grislawski hatte dem JG 1 seit November 1943 - zunächst bei der I. Gruppe und seit März 1944 bei der III./JG 1 - angehört und hatte es seither auf 19 Abschüsse gebracht, davon 14 Viermots. Mit ihm verlor das JG 1 einen seiner erfahrensten und zugleich erfolgreichsten Verbandsführer, der schwer zu ersetzen sein würde. Noch am selben Morgen machte sich Hptm. Grislawski auf den Weg ins Reich, wo er gegen Mittag in Wiesbaden ankam.

Dort war unterdessen der neue Kommandeur der II./JG 11 Hptm. Karl Leonhard eingetroffen, der seine Gruppe nach dem Debakel des Überführungsfluges vom Vortage in ziemlich trostloser Verfassung vorfand; mit den verbliebenen Maschinen sollte noch am selben Tage die Verlegung nach Frankreich fortgesetzt werden. Als Zielort dort wurde Ballancourt-sur-Essone angegeben, ein kleiner Feldflugplatz im Süden von Paris. Doch es ergaben sich neue Schwierigkeiten, denn entgegen den dringenden Vorstellungen Hptm. Leonhards und seiner Staffelkapitäne, die bei einer Ankunft auf dem neuen, unbekannten Platz in der beginnenden Dämmerung eine Wiederholung des Debakels vom Vorabend befürchteten, sollte auch der zweite Teil der Verlegung erst am frühen Abend erfolgen, um eine gewisse Sicherheit zu haben, dass die Gruppe nicht bei ihrem Einfall auf dem neuen Platz bereits von überlegenen alliierten Jagdverbänden zum Kampf gestellt werden würde [1351]; in mehreren erregten Telefongesprächen mit dem Stab der Jagddivision gelang es Leonhard nicht, mit seinen Bedenken durchzudringen, so dass der Start in Wiesbaden tatsächlich erst am frühen Abend erfolgte.

In dieser Situation übernahm es Hptm. Alfred Grislawski, die II./JG 11 als Lotse zu ihrem neuen Einsatzplatz zu führen [1352]; am Abend um 20.00 Uhr [1353] erfolgte der Start der Gruppe - unter Hptm. Grislawskis Führung flogen die Messerschmitts über Metz in den Raum südlich Paris; dazu heisst es bei Richard Franz:

[1348] entgegen der Schreibweise in der namentl. Verlustmedung WASt. - "Brecht*h*old" - wird der Nachname richtigerweise wie hier geschrieben - Auskunft Wolfram Brechtold

[1349] KTB OKW 1944/45 Teil I, S. 343 - bemerkenswert ist, dass danach die deutsche Führung noch immer mit Plänen für eine Wiederaufnahme des Vorstosses auf Avranches - wenngleich in abgewandelter Form - beschäftigt war und offensichtlich davon ausging, dass die derzeitige bedrohliche Lage nur vorübergehend war. Vgl. auch Piekalkiewicz, Invasion, S. 205

[1350] nach Angaben von Rüdiger Kirchmayr meldete er an diesem Tage den Abschuss einer P-51, doch scheint dieser Abschuss - mangels Zeugen ? - entweder überhaupt nicht eingereicht worden zu sein oder aber es wurde ihm die Anerkennung versagt. Zudem wurde er eigenen Angaben nach an diesem Tage selbst abgeschossen und musste bei Roqueford verwundet notlanden, weswegen er bei seiner Gruppe vorübergehend als vermisst gemeldet werden musste - Brief vom 26.7.1993

[1351] Aufzeichnungen Karl Leonhard; Brief Richard Franz, 18.9.1990

[1352] Bericht Walter Köhne, 11.10.1993, gestützt auf sein Flugbuch

[1353] Flugbücher Walter Köhne, Rudolf Wagner

Gegen unser aller Einspruch erfolgte der Start zur neuen "Einsatzwiese" viel zu spät, so dass wir unter der Führung eines mit der Gegend vertrauten Flugzeugführers des JG 1 bei Dunkelheit im Zielgebiet eintrafen. Ich erinnere mich, dass ich in Höhe Metz noch über FT Leonhard vorgeschlagen habe, einfach in diesem Gebiet zwischenzulanden und die Verlegung am nächsten Tage fortzusetzen.

Über unserem neuen Platz entstand ein fürchterliches Durcheinander. Die Befeuerung dort bestand aus einigen wenigen Panzerhandlampen. Etliche Brüche lagen bald auf der Wiese, Lt. Fritsch von der 8. Staffel blieb bei der Landung in einer Hochspannungsleitung hängen und stürzte mit Aufschlagbrand ab. Ich hatte mit meiner Staffel Hochschutz und war demzufolge als letzter an der Reihe. Ich bin dann bei Dunkelheit auf einen benachbarten, etwas besser befestigten Platz ausgewichen und dort mit allen Maschinen heil gelandet. [1354]

Bei dem Feldflugplatz von Ballancourt handelte es sich um nicht mehr als eine plattgewalzte Wiese, die aufgrund der sorgfältigen Tarnung aus der Luft kaum als Flugplatz auszumachen war; bei der ersten Ankunft dort kam es, wie von Richard Franz geschildert, erneut zu zahlreichen Bruchlandungen - an diesem Tage waren es noch einmal sechs [1355]. Lt. Albert Fritsch von der 8./JG 11 kam beim Absturz seiner Messerschmitt am Platzrand von Ballancourt zu Tode, während es in allen anderen Fällen zum Glück bei reinem Sachschaden blieb.

In Ballancourt wurde die Gruppe für den weiteren Abwehreinsatz im Westen dem Stab/JG 27 unterstellt; neben der II./JG 11 befehligte der Geschwaderstab des JG 27 in diesen Tagen die III./JG 1 sowie - ab dem 23. August - die II./JG 6 [1356].

Noch am Abend machte sich Hptm. Knoke auf den Weg zum nahegelegenen Einsatzplatz seiner neuen Gruppe in Bretigny; er schreibt darüber:

Noch in der Nacht fahre ich zur III./JG 1, um meinen neuen "Haufen" zu übernehmen. Zu meinem Erstaunen stelle ich fest, dass ich Hptm. Woitke, meinen ersten Kommandeur in diesem Krieg, ablösen soll. Woitke drückt mir die Hand, als ich mich bei ihm melde, wie damals, als ich als junger Leutnant zur II./JG 52 versetzt wurde. Er lacht über mein erstauntes Gesicht. Dieser alte Soldat müsste längst Oberstleutnant sein. Beim Personalamt scheint man etwas gegen ihn zu haben. [1357, 1358]

Auch nach dem Eintreffen von Hptm. Knoke blieb Hptm. Woitke jedoch noch einige Tage bei seiner Gruppe, bevor er Abschied nahm, um seine Arm- und Schulterverletzung in der Heimat gründlich auszukurieren [1359].

[1354] Brief Richard Franz, 18.9.1990; er landete um 22.00 Uhr in Bretigny, während die Landung der Gruppe in Ballancourt bereits um 21.35 Uhr erfolgte - Flugbücher Walter Köhne, Rudolf Wagner

[1355] lt. Eintrag im Flugbuch von Walter Köhne waren es sogar elf Brüche; dies wird durch das Tagebuch von Ernst Richter bestätigt, in dem sieben Brüche in Ballancourt und weitere vier auf dem Ausweichplatz Bretigny genannt werden, zu denen noch zwei weitere Brüche in Wiesbaden und einer in Orly kamen. Danach soll - auch - Sabotage im Spiel gewesen sein, indem die Vorspur der Fahrwerke statt auf 18° auf 20° festgestellt war

[1356] Stärkemeldungen der Luftwaffenverbände, Lfl. 3, Meldetag 31.8.1944 - Studiengruppe Lw., FüAk. Bw

[1357] Knoke, aaO., S. 187

[1358] nach der Erinnerung Leo-Lothar Baranns kam Knoke auf einem Fahrrad in Bretigny an und stellte sich dort als neuer Kommandeur vor - Bericht vom 29.6.1986

[1359] so befand sich Hptm. Woitke mit Sicherheit noch am 18.8. bei seiner Gruppe - vgl. unten den Bericht von Elmar Resch, S. 1135

14. August 1944: Von Norden und Süden her führten die Alliierten heftige Angriffe gegen den Raum Falaise / Argentan, um den Kessel um die Reste der 5. Panzerarmee und der 7. Armee zu schliessen. Die Briten traten nach einem erneuten schweren Luftangriff durch über 800 Bomber, die 3.723 Tonnen Bomben auf die im Angriffsraum liegenden deutschen Abwehrstellungen werfen sollten [1360], zum Angriff auf Falaise an, wurden aber durch den Widerstand der aufopferungsvoll kämpfenden Reste der 12. SS Panzerdivision "Hitlerjugend" nördlich Falaise aufgehalten. In der darauffolgenden Nacht wurde der Ort Falaise unter einem vernichtenden Bombenteppich begraben [1361].

Die Einsatztätigkeit der drei Gruppen des JG 1 war äusserst gering; besonders die I. und II. Gruppe waren am Ende ihrer Kräfte und verfügten kaum noch über einsatzklare Maschinen. Die Verhältnisse auf den hastig bezogenen neuen Plätzen, die kaum bevorratet waren und über so gut wie kein technisches Personal verfügten, erlaubten keine Verbesserung des katastrophal abgesunkenen technischen Klarstandes der Maschinen. Zudem dauerte es angesichts der chaotischen Verhältnisse auf den von alliierten Jabos überwachten Strassen tagelang, bis die Bodentruppen ihren zurückverlegten Gruppen auf dem Landmarsch folgen konnten, da auch Entfernungen von gerade 100 Kilometern zwei Tage und mehr in Anspruch nahmen [1362].

Während von der II./JG 1 an diesem Tage überhaupt kein Einsatz bekannt ist, verzeichnete die I. Gruppe einen einzigen Einsatz und dieser endete dramatisch - am Morgen um 07.00 Uhr rollte eine Rotte mit Lt. Luepke und FhjFw. Junge in Aulnay an den Start zu einem Einsatz zur Strassenjagd. Gleich nach dem Abheben wurden die beiden Maschinen überraschend von einer einzelnen Lightning angegriffen, die beide Focke Wulfs noch in Platznähe abschiessen konnte. Während FhjFw. Fritz Junge schwer verwundet noch eine Bruchlandung machen konnte, musste Lt. Hans-Joachim Luepke mit dem Schirm aussteigen und kam wenige Minuten nach dem Start unverletzt auf [1363].

Die III./JG 1 hatte offenbar zwei Einsätze über dem Kampfraum im südlichen Frontbereich der aus dem Gebiet Mortain nach Osten abziehenden deutschen Heeresverbände zu fliegen [1364]; am frühen Morgen um 06.00 Uhr kam Hptm. Knoke dabei zu seinem ersten Abschuss als Kommandeur der III./JG 1, als er in einem Luftkampf mit sechs P-47 eine Thunderbolt herunterholen konnte (26.). Am Nachmittag flog die Gruppe einen Begleitschutzeinsatz für Fw 190 Jabos; beide Einsätze verliefen ohne eigene Verluste, wähend die III. Gruppe selbst noch zu zwei Abschüssen kam -

| Uffz. Schulz | 7./JG 1 | Spitfire | (2.) |
| Uffz. Fröhlich | 9./JG 1 | Spitfire | (4.) |

Die II./JG 11 nahm den Abwehreinsatz über Frankreich mit einem am frühen Nachmittag von Ballancourt aus geflogenen Erkundungseinsatz auf; nach den zahlreichen Brüchen bei der Überführung

---

[1360] auch bei diesem Angriff fiel wiederum ein erheblicher Teil der Bomben auf die eigenen Linien, wobei 400 alliierte Soldaten zu Tode kamen

[1361] Piekalkiewicz, Invasion, S. 218

[1362] vgl. z.B. die Aufzeichnungen Siegfried, wonach die Bodenkolonne der I./JG 1 für die Verlegung über 130 km von Oysonville nach Aulnay vom 11. bis zum 13. August benötigte

[1363] Aufzeichnungen Siegfried, Einsatzzeit 07.00 - 07.03 Uhr

[1364] bei Heinz Knoke, aaO., S. 188, wird der Einsatzraum mit Rennes angegeben, doch lag dies bereits weit hinter der amerikanischen Front; auch der nachmittäglich Jaboangriff dürfte nicht amerikanischen Stellungen im Nordwesten von Rennes gegolten haben. Während die Aufzeichnungen Knokes in seinem Buch bis zum 29. April 1944 durch die Eintragungen in seinem Flugbuch belegbar sind, fehlte es ihm an entsprechenden Unterlagen für die Schilderung seiner Einsätze im Sommer 1944 bei der III./JG 1. Da Heinz Knoke im Mai 1993 verstorben ist und daher für weitere Auskünfte nicht mehr zur Verfügung steht, werden die Angaben in seinem Buch von hier an mit Vorbehalt behandelt und nur dann zur Grundlage der Darstellung gemacht, wenn sie durch andere gesicherte Quellen bestätigt werden (die Verf.)

verfügte die Gruppe an diesem Tage noch über ganze 18 einsatzklare Messerschmitts von ursprünglich 72, mit denen die Gruppe zwei Tage zuvor in Wunstorf gestartet war [1365]. Nachdem der Einsatz bis dahin ohne Feindberührung geblieben war, wurde die Gruppe im Landeanflug kurz vor dem eigenen "Gartenzaun" von einer Gruppe Spitfires überfahren. Sofort stob der Verband auseinander und es kam zu einigen erbittert geführten Kurbeleien, während die an der Spitze fliegenden Flugzeugführer überhaupt keine Möglichkeit hatten, auf die Spitfires einzukurven und so wie der Gruppenkommandeur ihr Heil in der Flucht suchen mussten - erinnert sich Karl Leonhard:

> *Wir wurden bei der Landung von Spitfires überfallen; ich startete durch, wonach mich etwa zehn bis zwölf Spitfires über ca. 50 Kilometer "begleiteten" - mit einem Bein draussen und dem anderen drinnen. Ich hatte Glück und sie liessen von mir ab; danach landete ich dann praktisch ohne Sprit auf einem Kartoffelfeld.* [1366]

Bedenkt man, dass der Angriff der Spitfires in einem Augenblick erfolgte, als die Messerschmitts am verwundbarsten waren, musste das Ergebnis dieser Auseinandersetzung auf Seiten der II./JG 11 noch als überaus glücklich bezeichnet werden, denn die Gruppe meldete anschliessend drei Abschüsse -

Lt. Wolf	8./JG 11	Spitfire	(54.)	16.50
Lt. Ebener	5./JG 11	Spitfire	(53.) * [1367]	
Ofw. Richter	8./JG 11	Spitfire	(17.)	

während sie selbst nur einen Flugzeugführer auf die Verlustliste setzen musste: Fw. Hans Meier von der 5. Staffel kehrte nach diesem Luftkampf nicht zurück und blieb vermisst. Noch eine weitere Bf 109 wurde im Luftkampf abgeschossen, doch konnte sich deren Flugzeugführer - Lt. Hermann Wolf, der Staffelkapitän der 8./JG 11 - unverletzt mit dem Fallschirm in Sicherheit bringen.

15. August 1944: An der französischen Mittelmeerküste zwischen Toulon und Cannes begann an diesem Tage die Landung der 7. US-Armee und der 1. französischen Armee, das Unternehmen "DRAGOON"; die alliierten Landungstruppen trafen nur auf schwachen Widerstand der deutschen 19. Armee, deren ohnehin schon schwachen Verbände durch Abgaben an die in der Normandie kämpfenden Armeen noch zusätzlich geschwächt waren.

In der Normandie hielten die schweren Kämpfe nördlich und südlich von Falaise unvermindert an; in dem Gebiet zwischen Flers und Dives waren mittlerweile die Reste von sieben deutschen Armeekorps auf einem Raum von nur mehr 50 km Länge und etwa 20 km Breite zusammengedrängt. Wenngleich die Einschliessung noch immer nicht vollendet war, stockte der Rückzug der deutschen Verbände aufgrund der völlig verstopften Strassen und der beinahe pausenlosen Jaboangriffe auf alle erkannten Truppenbewegungen.

Unterdessen erhielten die in Paris befindlichen Stäbe sowie die dort liegenden nicht kämpfenden Einheiten den Befehl zur Räumung und Rückverlegung nach Osten; der Rückzug der Besatzungsmacht aus Frankreich wurde eingeleitet. Die Luftwaffenstäbe erhielten den Befehl zur Verlegung nach Reims in der Champagne [1368].

[1365] Tagebuch Ernst Richter, Einsatzzeit lt. Flugbuch 14.15 -15.30 Uhr

[1366] Aufzeichnungen Karl Leonhard

[1367] die hier und im folgenden aufgeführten Abschüsse Ebeners beruhen auf persönlichen Angaben Kurt Ebeners gegenüber Hans Ring; während hinsichtlich der Daten einige Ungewissheit gegeben ist, besteht an der Zahl von fünf im Westen erzielten Abschüssen kein Zweifel

[1368] KTB OKW 1944/45 Teil I, S. 344/345; Cartier, aaO., Bd. 2, S.861; Piekalkiewicz, Invasion, S. 219

Mit Wirkung von diesem Tage erfolgte auch im JG 1 die durch die Erweiterung auf vier Staffeln je Gruppe erforderliche Umnummerierung der Staffeln innerhalb der drei Gruppen; danach ergab sich folgendes Bild für das JG 1:

Stab JG 1	bleibt	Stab JG 1
Stab I./JG 1	bleibt	Stab I./JG 1
1./JG 1	bleibt	1./JG 1
2./JG 1	bleibt	2./JG 1
3./JG 1	bleibt	3./JG 1
9./JG 77	wird	4./JG 1
Stab II./JG 1	bleibt	Stab II./JG 1
4./JG 1	wird	7./JG 1
5./JG 1	bleibt	5./JG 1
6./JG 1	bleibt	6./JG 1
7./JG 51	wird	8./JG 1
Stab III./JG 1	bleibt	Stab III./JG 1
7./JG 1	wird	10./JG 1
8./JG 1	wird	11./JG 1
9./JG 1	bleibt	9./JG 1

Da die III./JG 1 weiterhin nur über drei Staffeln verfügte, kam es vorläufig nicht zur Aufstellung bzw. Eingliederung einer 12./JG 1.

Auch am 15. August blieb die Einsatztätigkeit der I. und II./JG 1 weiterhin gering; während die I. Gruppe am Morgen eine Kette Focke Wulfs zur Jabobekämpfung in den Raume Bretteville / Caen entsandte [1369], ist über Einsätze der II. Gruppe nichts weiter bekannt.

Die III./JG 1 dagegen flog wiederum eine ganze Reihe von Einsätzen; inzwischen war man auch bei der III. Gruppe unter dem Zwang der Verhältnisse dazu übergegangen, nur noch Schwarm- oder allenfalls Staffeleinsätze zu fliegen [1370] - sowohl die deutlich abgesackte Zahl der noch verfügbaren Flugzeuge als auch die durch die Frontnähe des Platzes in Bretigny gegebene dichte Abdeckung des Einsatzplatzes durch alliierte Jagd- und Jaboverbände erlaubten nicht länger das zeitaufwendige Versammeln des ganzen Gruppenverbandes.

Am frühen Morgen um 06.15 Uhr war ein Schwarm der 10. Staffel zur Jabobegleitung in den Raum Alençon / Flers gestartet. Bereits auf dem Anflug hängte die "weisse 10" von Uffz. Josef Seubert aus unbekanntem Grund vom eigenen Verband ab; gleichwohl setzte Seubert den Einsatz auf eigene Faust fort und flog in einer Höhe von 7.000 m in westlicher Richtung, als er auf sechs P-38 traf, die sofort auf ihn einkurvten und ihn gleich darauf abschossen. Nach geglückter Bauchlandung bei St. Leger-en-Yvelines und dem Tiefangriff einer Lightning, die die auf dem Bauch liegende Messerschmitt beschoss, deren Flugzeugführer dabei aber verfehlte, geriet Josef Seubert wenig später unverletzt in Gefangenschaft [1371]. Der Rest des Schwarms bekam im weiteren Verlauf des Einsatzes bei Alençon Luftkampf

---

[1369] Aufzeichnungen Siegfried, Einsatzzeit 07.05 - 08.40 Uhr, offensichtlich o.b.V.

[1370] lt. Heinz Knoke, aaO., S. 188, sollen es an diesem Tage sechs Einsätze gewesen sein

[1371] A.D.I.(K) Report No. 490/1944; dieser Bericht bietet ein gutes Beispiel dafür, dass auch den Alliierten bei der Auswertung der von gefangenen deutschen Flugzeugführern erhaltenen Angaben durchaus Fehler unterliefen, so dass Vorsicht bei der Verwendung dieser Quelle geboten ist. So handelte es sich entgegen den Feststellungen im A.D.I.(K) Report nicht um einen Einsatz zur freien Jagd, sondern zur Jabobehgleitung - vgl. die WASt. Meldung zum Verlust Seuferts - und befand er sich nicht auf dem Rück- , sondern auf dem Hinflug, weswegen er mit Westkurs angetroffen wurde. Auch gehörte Seufert zuvor nicht der 8. Staffel in der III./JG 53 an, sondern der 8. Staffel der II./JG 53 (daher auch der Hinweis auf den angeblichen Staffelkapitän Hptm.

mit P-47, doch ging es dabei offensichtlich ohne weitere Verluste ab. Bei einem weiteren Begleitschutzeinsatz für Fw 190 Gruppen hatte die 10. Staffel im Raume Dreux einen Luftkampf mit Mustangs und verlor dabei zwei Flugzeugführer: Ofhr. Werner Forchert platzte im Verlaufe des Luftkampfes vom Verband ab und wurde danach nicht mehr gesehen, so dass er als vermisst gemeldet werden musste, während Uffz. Karl Dunkel im Luftkampf mit den P-51 tödlich abgeschossen wurde. Auf der Habenseite der III./JG 1 stand eine P-47, die Hptm. Heinz Knoke unter nicht näher bekannten Umständen abschiessen konnte (27.) [1372].

Über den Einsatzverlauf der II./JG 11 ist nur wenig bekannt; die Gruppe meldete einen Verlust, als Uffz. Heinz Marx von der 8. Staffel wegen technischer Mängel in der Nähe von Bretigny bruchlanden musste und sich dabei schwer verletzte. Auf der anderen Habenseite standen drei Abschüsse -

Lt. Ebener	5./JG 11	P-47	(54.)	*
Fw. Bubel	8./JG 11	P-51	(4.)	
Fw. Schinnerling	8./JG 11	P-51	(2.)	

Bei einem Jaboangriff auf den Platz Ballancourt verlor die Gruppe einen Mann ihres Bodenpersonals: Uffz. Karl Piepenbring, F. und S.-Wart in der 5. Staffel, wurde an diesem Tage tödlich verletzt. Es ist davon auszugehen, dass dieser Luftangriff der Anlass dafür war, dass die II/JG 11 im Laufe des Tages ihren gerade erst bezogenen Platz in Ballancourt wieder verliess und nach Marolles, einem weiteren Feldflugplatz im Süden von Paris, etwa 15 km südlich Etampes, verlegte [1373].

16. August 1944: Immer enger wurde der noch von deutschen Truppen behauptete Raum im Osten von Falaise, wo auch an diesem Tage anhaltend schwere Kämpfe stattfanden; verzweifelt setzten sich die Reste der deutschen 7. Armee gegen die von Norden auf Saint-Lambert vorrückenden Kanadier und die ihnen aus dem Süden in Richtung Chambois entgegenkommenden amerikanischen Truppen zur Wehr, um den noch im Westen stehenden Verbänden ein Entkommen aus dem sich abzeichnenden Kessel von Falaise zu ermöglichen.

Am selben Tage besetzten Verbände der 1. US-Armee Chartres und Orléans, während im Raume Paris die Stadt Dreux in amerikanische Hände fiel. Auch in Südfrankreich befanden sich die alliierten Truppen auf dem Vormarsch, der hier weiterhin nur auf geringen Widerstand traf [1374].

Erneut konnte die I./JG 1 während des Tages lediglich eine Rotte in die Luft bringen - um 16.34 Uhr starteten zwei Focke Wulfs in Aulnay mit dem Auftrag, Tiefangriffe auf amerikanische Truppen im Raume Alençon zu fliegen [1375]. Es ist nicht bekannt, ob die beiden Maschinen überhaupt bis in den Zielraum kamen, sicher ist indes, dass ihr Einsatz ohne jede Wirkung auf den Gang der Ereignisse bleiben musste. Immerhin kehrten beide Maschinen nach gut einer Stunde wohlbehalten auf ihren Einsatzplatz zurück. Dafür meldete das Bodenpersonal der I. Gruppe den Verlust von drei Mann, als ein bei der Rückverlegung zurückgebliebenes Fahrzeug der Gruppe bei Pussay, 15 km südwestlich

---

Wilhelm Westhoff), von der er während der Auffrischung dieser Gruppe Anfang August 1944 zur III./JG 1 versetzt worden war. Auch kam Seuferts Gruppe keinswegs von Mailand zur Auffrischung nach Celle (gemeint ist Hustedt), sondern aus Frankreich - vgl. Prien, JG 53, Teil 3, S. 1352 ff. Dass in dem britischen Report weiterhin von der 7. anstatt der 10. Staffel die Rede ist, kann dagegen nicht verwundern - vermutlich wird noch nicht einmal Josef Seufert von der an diesem Tage erfolgten Umbenennung seiner Staffel gewusst haben

[1372] lt. Heinz Knoke geschah dies bei einem Begleitschutzeinsatz für Jabos - aaO., S. 188

[1373] Flugbücher Walter Köhne, Rudolf Wagner, Ernst Richter

[1374] Piekalkiewicz, Invasion, S. 220

[1375] Aufzeichnungen Siegfried

Etampes, durch vordringende alliierte Truppen beschossen wurde; dabei gerieten die Obergefreiten Brosche, Fleischmann und Schneider verwundet in Gefangenschaft.

Für die II. Gruppe endete - vermutlich - an diesem Tage der Abwehreinsatz in Frankreich; die Gruppe wurde zur Auffrischung und Neuaufrüstung aus dem Einsatz gezogen und verlegte nach Reinsehlen, wo sie in den kommenden Wochen beheimatet sein sollte.

Die III./JG 1 erlebte am frühen Morgen einen erfolglosen Tiefangriff auf ihren Platz in Bretigny; die im Alarmstart zur Verfolgung aufgestiegenen Messerschmitts kamen zu einem Abschuss, als Hptm. Knoke um 05.30 Uhr eine Spitfire herunterholen konnte (28.). Über weitere Einsätze der III./JG 1 liegen keine Angaben vor, es ist allerdings davon auszugehen, dass die Gruppe im Laufe des Tages wiederum wie zuletzt Einsätze zur Jabobegleitung und zu Tiefangriffen über dem Kampfraum beiderseits Falaise zu fliegen hatte [1376].

Über den Einsatz der II./JG 11 liegen abermals keine näheren Angaben vor; einem Abschuss durch den Staffelkapitän der 5./JG 11 Lt. Ebener, der an diesem Tage eine P-47 herunterholen konnte (55.), stand der Verlust eines Vermissten sowie von sieben Messerschmitts - vier davon im Luftkampf - gegenüber. Uffz. Hans Felber von der 5. Staffel kehrte nach Luftkampf nicht vom Einsatz zurück und musste zunächst als vermisst gemeldet werden, bis bekannt wurde, dass er unter nicht näher aufzuklärenden Umständen in britische Gefangenschaft geraten war. Zugleich brachte der Tag eine erneute Verlegung der Gruppe, die am Abend von Marolles nach Juvincourt bei Reims weiterzog [1377].

Der 17. August 1944 sah weiterhin anhaltende Kämpfe um die Frontlücke bei Falaise, wo sich die deutschen Truppen vor allem gegen die von Norden vorstossenden kanadischen Truppen stemmten, während die Amerikaner im Süden unverständlicherweise stehenblieben und dadurch die grosse Gelegenheit vergaben, den Kessel endlich zu schliessen. Im Laufe des Tages erlebten die um Falaise zusammengedrängten deutschen Heerestruppen einen lange nicht mehr gesehenen Anblick: 45 He 111 warfen am hellichten Tage Munition und Treibstoff über den eigenen Verbänden ab, um den auch wegen Nachschubmangels ins Stocken geratenen Rückzug zu unterstützen.

An diesem Tage wurde GFM von Kluge auf Anordnung Hitlers, der ihm Versagen bei der bisherigen Kampfführung vorwarf und ihn darüber hinaus insgeheim des Verrats bezichtigte [1378], als OB West abgelöst und durch GFM Model ersetzt; dieser war bereits am Vorabend auf dem Gefechtsstand von Kluges erschienen und hatte sich dort mit dem Befehl Hitlers zur Räumung des Kessels von Falaise als Nachfolger vorgestellt [1379].

[1376] vgl. dazu Knoke, aaO., S. 188/189

[1377] Flugbücher Walter Köhne und Ernst Richter, der Verlegungsflug erfolgte von 20.00 - 20.40 Uhr

[1378] was auf die Tatsache zurückging, dass von Kluge infolge der Ereignisse auf dem Kampffeld während des 15. August für mehrere Stunden nicht erreichbar war; Hitler brachte von Kluge daraufhin mit der Verschwörung des 20. Juli in Verbindung und vermutete, dass er Verbindung mit den Alliierten aufgenommen habe, um eine Kapitulation des deutschen Westheeres vor Gen. Montgomery zu verhandeln - vgl. dazu für viele: Cartier, aaO., Bd.2, S. 861 ff, sowie Piekalkiewicz, Invasion, S. 219. Hans-Günther von Kluge war indes kein "Verräter" seines "Führers", sondern eine eher tragische Gestalt, der noch in seinem Abschiedsbrief vor seinem Freitod am 19. August seine Treue zu Hitler betonte, diesen zugleich aber beschwor, dem Krieg und dem Leiden des deutschen Volkes endlich ein Ende zu setzen. Auch stand er dem 20. Juli keinesfalls uneingeschränkt zustimmend gegenüber - ganz im Gegenteil hatte er, als vom Fehlschlag des Attentats erfuhr, den auch in seinem Stab wirkenden Verschwörern durch seine ablehnende Haltung die letzte Möglichkeit genommen, der Verschwörung wenigstens noch zu einem Teilerfolg zu verhelfen, indem das Westheer seinen sinnlosen weiteren Widerstand einstellte

[1379] vgl. dazu ausführlich Cartier, aaO., Bd. 2, S. 862 ff; Piekalkiewicz, Invasion, S. 220/221

Soweit ersichtlich, war die I. Gruppe nicht mehr im Einsatz, auch für sie stand das Ende des Einsatzes in Frankreich alsbald bevor; in den nächsten Tagen erhielt sie den Befehl zur Rückverlegung in die Heimat, wo sie nach Husum kommen sollte, um dort gründlich aufgefrischt zu werden [1380]. Danach blieb allein die III./JG 1 weiterhin im Abwehreinsatz zurück. Für die Gruppe war der 17. August im wahrsten Sinne ein "bewegter" Tag, denn er brachte eine unvorhergesehene und in der Durchführung überstürzte Räumung ihres Einsatzplatzes in Bretigny und Rückverlegung nach Osten. Vorangegangen war am frühen Abend ein Bombenangriff auf den Platz durch einen Marauder-Pulk - dazu heisst es bei Heinz Knoke:

> *Gegen Abend stehen plötzlich Dreckfontänen über dem Rollfeld, als wir nach einem Einsatz auf eine amerikanische Panzerspitze zurückkehren und landen wollen. In der flimmernden Luft über uns erkenne ich einen Pulk von zwölf Marauders. Mit dem letzten Tropfen Sprit, der uns noch im Tank verblieben ist, greifen wir an. Drei von ihnen werden von meinen Männern abgeschossen, eine vierte kommt auf mein Konto.* [1381]

Der von Knoke gemeldete Abschuss einer B-26 um 18.00 Uhr wurde offenbar anerkannt, während von den weiteren von ihm genannten Abschüssen nichts bekannt ist [1382]. Immerhin führte der Angriff der Marauders am Boden nicht zu nennenswerten Schäden, denn die Gruppe meldete unter diesem Datum weder Personal- noch Maschinenverluste. Um weiteren zu erwartenden Luftangriffen auf den Platz zuvorzukommen, wich der fliegende Verband offenbar noch am Abend auf den nahegelegenen Feldflugplatz von Marolles aus und begann noch in der Nacht für die Bodenteile die Verlegung der Gruppe nach Vailly-sur-Aisne, 10 Kilometer östlich von Soissons [1383].

An diesem Tage traf die I./JG 11 nach erfolgter Auffrischung zum erneuten Einsatz in Frankreich auf dem Feldflugplatz von Dammartin-en-Goële im Nordosten von Paris ein; auch die I./JG 11 war seit ihrer Rückverlegung in die Heimat auf die neue Sollstärke von vier Staffeln gebracht worden und stellte sich nun wie folgt dar:

Stab I./JG 11	bleibt	Stab I./JG 11
1./JG 11	bleibt	1./JG 11
2./JG 11	bleibt	2./JG 11
3./JG 11	bleibt	3./JG 11
10./JG 11	wird	4./JG 11

Dabei scheint nicht nur die 10., sondern auch die 11. Staffel in der neuen 4./JG 11 aufgegangen zu sein; die frühere Helgoland-Staffel hatte zuletzt in Südnorwegen im Einsatz gestanden, bevor sie Ende Juli 1944 ihre alten Bf 109 T abgegeben hatte und ohne Flugzeuge ins Reich zurückverlegt worden war. Dort wurde sie augenscheinlich in die I. Gruppe eingegliedert [1384].

[1380] Aufzeichnungen Siegfried; das genaue Datum der Rückverlegung ist nicht bekannt

[1381] Knoke, aaO., S. 190

[1382] da in amerikanischen Unterlagen überhaupt kein Verlust einer B-26 an diesem Tage verzeichnet ist, erscheinen alle vier Abschussmeldungen überaus fraglich, die von Knoke nicht namentlich genannten drei weiteren Abschüsse können getrost vernachlässigt werden

[1383] bei Knoke wird unter diesem Datum Marolles als neuer Platz genannt, während unter dem 18. die Verlegung nach Vailly geschildert wird; angesichts dessen erscheint es naheliegend, dass nur der fliegende Verband und nur für diese Nacht nach Marolles überführte, während die eigentliche Verlegung nach Vailly führen sollte. Dafür spricht allein schon die Tatsache, dass Marolles noch näher an der Front lag als Bretigny, während es in diesen Tagen das Bemühen der Luftwaffenführung war, ihre Gruppen im Osten von Paris zu versammeln

[1384] so wird in einer Abschussbestätigung von Olt. Ulrich Bolm von der 4./JG 11 die Einheit des Schützen als 4./JG 11 (früher 11./JG 11) ausgewiesen

Bei Gelegenheit der Auffrischung erhielt die Gruppe einen neuen Kommandeur: Hptm. Walter Matoni, der von der II./JG 26 kam, bei der er zuletzt die 5. Staffel geführt hatte, übernahm am 15. August 1944 das Kommando über die Gruppe. Walter Matoni war ein erfahrener und mit 24 Abschüssen sehr erfolgreicher Flugzeugführer; seit dem 10. Mai 1944 trug er das Deutsche Kreuz in Gold.

Auch bei der Besetzung der Staffelführer ergaben sich Veränderungen; Olt. Georg Hiebl übergab die 1. Staffel an Olt. Herbert Christmann, der zuletzt die 11./JG 11 geführt hatte. Die 2. Staffel wurde Anfang August wieder von Erich Hondt, der inzwischen zum Oberleutnant befördert worden war, übernommen, nachdem er nach seiner Verwundung vom 22. Mai 1944 [1385] wiederhergestellt war. Die 3./JG 11 behielt mit Lt. Hans Schrangl ihren Staffelführer, während die 4. Staffel von Lt. Rudolf Schmid aufgebaut wurde; Schmid gehörte zu den wenigen "Alten", die der Gruppe verblieben waren, und war erst kurz zuvor zum Offizier befördert worden. Hptm. Viebahn dagegen, der zuletzt die 10./JG 11 geführt hatte, verliess die I. Gruppe, seine weitere Verwendung ist nicht bekannt.

Wie bei den anderen Gruppen auch, wurde die I./JG 11 mit zahlreichen ganz jungen und unerfahrenen Flugzeugführern aufgefüllt; daneben kamen umgeschulte Kampfflieger und Aufklärer zur Gruppe. Der Ausbildungsbetrieb erfolgte zunächst von Mönchengladbach aus, doch verlegte die I./JG 11 Anfang August auf den Platz Bönninghardt, 10 km südlich Xanten [1386]. Die Tage dort waren ausgefüllt mit zahlreichen Übungseinsätzen - Schwarmausbildung, Schiessflüge und Gefechtsfliegen wechselten einander in bunter Reihenfolge ab [1387]. Leider lief der Übungsbetrieb auch bei der I./JG 11 nicht ohne Unfälle ab; wenigstens drei Tote hatte die Gruppe während ihres zweiwöchigen Aufenthaltes in Bönninghardt zu verzeichnen: Am 2. August kam ein namentlich leider nicht bekannter Flugzeugführer der 2./JG 11 beim Absturz während eines Übungseinsatzes zu Tode [1388]. Drei Tage später erlitt mit dem Ofhr. Helmut Erler ein Flugzeugführer von der 1. Staffel dasselbe Schicksal [1389]. Am 15. August schliesslich traf es noch einmal die 2. Staffel; der Gefr. Hein, der aufgrund seiner bei der II./JG 5 in Norwegen gewonnenen Einsatzerfahrungen [1390] den Auftrag hatte, mit einem Schwarm Gefechts- und Kurvenfliegen für den Luftkampf zu üben, wurde beim Auflösen des Schwarms vor der Landung in Bönninghardt von Uffz. Günther Lückenbach gerammt. Dabei rasierte die Luftschraube der Focke Wulf von Uffz. Lückenbach das Leitwerk von Heins Maschine glatt ab, woraufhin beide Flugzeuge in Platznähe abstürzten. Während Günther Lückenbach durch Aufschlagbrand seiner "schwarzen 13" ums Leben kam, hatte Kurt Hein sehr viel Glück im Unglück: Aus geringer Höhe konnte er noch mit dem Schirm aussteigen, und wenn sich dieser auch nicht mehr vollständig öffnen konnte, wurde der Fall gleichwohl durch die hohen Fichten abgebremst, in die Hein fiel. Mit einer schweren Gehirnerschütte-

---

[1385] siehe oben Seite 957

[1386] Brief Erich Hondt, 3.8.1944; Aufzeichnungen Kurt Hein, seinerzeit als Gefreiter Flugzeugführer in der 2./JG 11

[1387] dazu aus einem Brief von Erich Hondt vom 6.8.1944: *" Wir gammeln noch immer frisch-fröhlich im Reichsgebiet herum. Arbeit gibt es trotzdem genug: von früh bis spät ist man angehängt, hält Unterricht, fliegt bis zu vier Stunden, um abends todmüde ind Bett zu fallen."* Vergleichbares ist den Aufzeichnungen von Kurt Hein zu entnehmen

[1388] dazu aus einem Brief Erich Hondts vom 3.8.1944: *" ... Gestern ist mir mein jetziger Rottenflieger abgeschmiert. Zu schade um den Kerl ! Er blieb auch im Einsatz tadellos dran."* Auch für diesen Zeitraum sind die Verlustmeldungen der I./JG 11 nur unvollständig erhalten; so wurden die während der Auffrischung im August 1944 erlittenen Verluste der Gruppe erst Ende Oktober gemeldet, wobei Lücken und falsche Datumsangaben auftraten

[1389] in den namentlichen Verlustmeldungen WASt. wird aus den eben genannten Gründen das Verlustdatum fälschlich als 7.8. angegeben; dagegen schrieb Erich Hondt bereits unter dem 6.8. an seine Eltern: *" ... Gestern fiel bei einem Einsatz mein Oberfähnrich auf die Schnauze. So etwas ist furchtbar ärgerlich. Hab' nun hier auf die dümmste Art und Weise schon zwei prächtige Leute verloren."*

[1390] Kurt Hein hatte im Einsatz bei der 6./JG 5 bis dahin vier Abschüsse erzielen können

rung lieferte man ihn kurz darauf in das Lazarett in Geldern ein, aus dem er sechs Tage später wieder entlassen werden konnte [1391].

Vor der erneuten Verlegung in den Westen gab es in Bönninghardt noch ein Abendessen mit dem dortigen Gauleiter; derartige Besuche von offizieller Seite sollten die Kampfmoral stärken helfen, erreichten aber meist das Gegenteil, zumal die ihrer braunen Parteiuniform wegen spöttisch als "Goldfasane" bezeichneten Nazi-Funktionäre mit ihrem ideologisch durchtränkten, prahlerischen Gerede, das so gar nicht die "Wellenlänge" der meisten Flugzeugführer und Soldaten der Gruppen traf, im günstigsten Falle Heiterkeitserfolge ernteten, unfreiwillig zur Zielscheibe mehr oder weniger derber Scherze wurden, gelegentlich aber auch offenen Zorn und Widerspruch hervorriefen [1392]. An diesen bewussten Abend erinnert sich Siegfried Rudschinat, der zuletzt zur 10./JG 11 gehört hatte:

Ich sass beim Essen neben dem Gauleiter. Dieser "Goldfasan" machte markige Sprüche und wollte offenbar entsprechende Antworten hören. Mir stand der Sinn jedoch überhaupt nicht nach irgendwelchen Phrasen und so schilderte ich ihm ziemlich ungeschminkt die Situation. Schon dabei merkte ich allerdings, wie sich Hptm. Matonis Miene verfinsterte. Hinterher kam dieser zu mir und liess mich wissen: "Wir beiden sprechen uns noch !" Die erste Reaktion am folgenden Tage war, dass Matoni mit einer Schere auf mich losgehen wollte, um meine - seiner Ansicht nach zu - langen Haare zu stutzen. Als am darauf folgenden Tage dann die Verlegung begann, wurde ich auf Befehl zurückgelassen und zu einem anderen Verband abgeschoben. [1393]

Einen interessanten Einblick in die Stimmungslage der Gruppe geben auch die beiden folgenden Auszüge aus zwei Briefen von Erich Hondt, die dieser aus Bönninghardt an seine Eltern richtete; unter dem 12.8.1944 schrieb er:

In wenigen Tagen soll es wieder an die Front gehen. Ich habe hier einen Pfundshaufen. Prächtige junge Leute ! Ich freue mich, mit denen an die Front zu gehen. [...] Leider bin ich schon sehr verbraucht. Nach meiner nächsten Verwundung gehe ich auf 1/4 Jahr auf eine Schule, um mal richtig auszuspannen. Zur Zeit hab' ich viel Arbeit mit meinen Leuten, um sie frontreif zu machen.

Fünf Tage später, kurz vor dem Beginn der Verlegung nach Frankreich, schrieb er in einem weiteren Brief:

In einigen Stunden fliege ich zur Front. [...] Es wird wieder ein harter Tanz werden, aber ich habe das feste Gefühl und die feste Zuversicht, dass alles gut gehen wird. [...] Bleibt stark, wir werden alles tun, was in unseren Kräften steht !

Für die II./JG 11 erfolgte unterdessen bereits die nächste Verlegung - von Juvincourt, wo der fliegende Verband der Gruppe erst am Vorabend eingefallen war, führte der Weg an diesem Morgen weiter nach Beaurieux, einem Feldflugplatz etwa 25 km südöstlich von Laon [1394]; dort sollte die Gruppe während der folgenden Tage bleiben und den Abwehreinsatz wieder aufnehmen.

[1391] Aufzeichnungen Kurt Hein, übermittelt durch Axel Urbanke, Brief vom 17.6.1993

[1392] bezeichnend ist in diesem Zusammenhang auch folgende Aussage von Rüdiger Kirchmayr: *"Ein brauner Rock rief bei uns nur Assoziationen mit 'Drückebergerei' hervor und war daher eher verachtenswert."* - Brief vom 12.10.1993

[1393] Bericht Siegfried Rudschinat, 3.10.1993

[1394] Flugbuch Walter Köhne, Start zur Verlegung um 06.30 Uhr; Walter Köhne musste indes wegen Motorstörung bereits um 06.40 Uhr in Creil notlanden, was jedoch glatt ablief ; Ernst Richter startete um 07.10 Uhr zur Verlegung nach Beaurieux

Am **18. August 1944** bot sich dasselbe Bild wie an den Tagen zuvor: Weiterhin hielten die schweren Kämpfe im Raume Falaise an, wo es den Alliierten auch an diesem Tage noch nicht gelang, den Kessel endlich zu schliessen. Doch die Zustände im Kampfgebiet waren fürchterlich - jedes von den deutschen Verbänden geräumte Dorf, jede nach Osten führende Strasse, jeder auch nur behelfsmässige Übergang über die Orne und die Dives boten ein Bild des Grauens und der Verwüstung, überall lagen zerschossene oder ausgebrannte Fahrzeuge, Panzer und Pferdefuhrwerke sowie verwesende Leichen herum [1395].

Die III./JG 1 war von ihrem neuen Einsatzplatz in Vailly aus über dem Kampfraum westlich Caen unterwegs; südlich Lisieux hatten Teile der Gruppe dabei einen Luftkampf mit Mustangs, von denen Hptm. Knoke um 14.30 und 14.35 Uhr zwei abschiessen konnte [1396]. Möglicherweise im Verlaufe dieses Luftkampfes wurde Ofw. Leo-Lothar Barann von der 10./JG 1 abgeschossen und musste verwundet mit dem Fallschirm aussteigen; er kam über eigenem Gebiet herunter, konnte geborgen werden und wurde anschliessend in das Lazarett von Clichy verbracht [1397]. Weit weniger Glück hatte Uffz. Egon Schultz, ebenfalls von der 10. Staffel, der beim Start zu einem Feindflug in Vailly tödlich verunglückte; nachdem seine " weisse 16 " beim Anrollen ausbrach, versuchte Schultz, dem drohenden Überschlag durch zu frühes Ziehen entgegenzuwirken mit der Folge, dass die Maschine zwar einige Meter Höhe gewann, dann aber abschmierte und mit Aufschlagbrand auf den Platz stürzte.

An diesem Tage traf der zum Nachfolger von Hptm. Grislawski bestimmte neue Staffelkapitän der 11./JG 1 Olt. Elmar Resch in Vailly ein [1398]; Resch war bereits im August 1941 an die Front gekommen und hatte seine ersten Feindflüge bei der Einsatzstaffel der JFS 5 und ab April 1942 bei der I./JG 2 am Kanal geflogen. Aus dieser Zeit konnte er auf sieben Abschüsse und das EK I verweisen. Seit April 1943 hatte er als Jagdlehrer und Staffelkapitän bei Schulverbänden Verwendung gefunden, bevor er am 1. August 1944 seine Versetzung zur III./JG 1 erhielt. Über seine Eindrücke bei der Ankunft in Vailly schreibt er:

Als ich mich am 18. August 1944 beim Gruppenkommandeur der III./JG 1 Hptm. Knoke meldete, wurde mir klar, dass sich seit meinem Weggang vom JG 2 im April 1943 eine grundlegende Wandlung bei den Jagdfliegern vollzogen hatte. Waren schon die Begleitumstände meiner Fahrt von Kaufbeuren zur Front wahrlich nicht dazu angetan, meinen Glauben an den Endsieg zu festigen, so erreichte dieser Glaube bei der III./JG 1 einen absoluten Tiefpunkt [1399].

[1395] Piekalkiewicz, aaO., S. 221

[1396] bei Knoke, aaO., S. 190, heisst es dazu: *" Mit 40 Maschinen greife ich mit den anderen Gruppen des Geschwaderverbandes bei Avrenges* - Avranches ? (die Verf.) - *Nachschubkolonnen des Gegners an. Über Lisieux schiesse ich eine Mustang ab. Fünf Minuten später fällt eine zweite Mustang vom Himmel."* - mit dem "Geschwaderverband" könnte ein Gefechtsverband unter dem Befehl des Stabes JG 27 gemeint sein, die Angaben zum Einsatzraum und zur Stärke erscheinen gleichwohl sehr zweifelhaft.

[1397] Bericht Leo-Lothar Barann, 14.3.1994; von Clichy aus kam er im Zuge der Räumung Frankreichs nach Deutschland zurück, kam im November auf die Frontflieger-Sichtungsstelle Halle-Döhlau und stiess im Dezember in Anklam wieder zur III./JG 1

[1398] aus den vorliegenden Unterlagen ergeben sich sehr widersprüchliche Aussagen zur Staffelzugehörigkeit Elmar Reschs; während die namentl. Verlustmeldung WASt. die 9. Staffel nennt, heisst es im A.D.I.(K) Report No. 509/1944 vom 8.9.1944, dass Resch "acting Staffelkapitän" der 10./JG 1 gewesen sei. Richtigerweise aber löste er offenbar Hptm. Grislawski an der Spitze der 11./JG 1 ab - Bericht vom 5.12.1992

[1399] weil die Schilderung dieser Fahrt ein bezeichnendes Schlaglicht auf die Verhältnisse dieser Tage wirft, soll sie hier ebenfalls wiedergegeben werden: *" Die Folgen der weit verteilten Angriffe auf das deutsche Verkehrssystem habe ich bei meiner Fahrt am 15.8.1944 von Kaufbeuren über Augsburg - Regensburg - Nürnberg - Würzburg - Frankfurt - Koblenz - Aachen besonders anschaulich erfahren: Niemand wusste mehr genau über die Zugverbindungen Bescheid, alles war mehr oder weniger dem Zufall überlassen. Auf dem Gebiet des Deutschen Reiches ging es sogar noch einigermassen, das dichte Verkehrsnetz gestattete Umleitungen, die zwar Zeit kosteten, die aber die Ankunft am Ziel nie völlig in Frage stellten. Völlig unüberschaubar wurden die Verhältnisse aber dann in Belgien und in Nordfrankreich. Mit viel Glück erreichte ich einen D-Zug*

Da war zunächst der vormalige Gruppenkommandeur; er war abgeschossen worden und lief bei meiner Ankunft mit einem "Stuka" durch die Gegend, lebendes Beispiel des personifizierten Glücks, doch seine Kampf- und Widerstandsmoral waren gewaltig angeknackst - nicht gerade das Vorbild für die jungen Flugzeugführer [1400]. [...] Ich habe auch erlebt, wie in jenen Tagen die Kampfmoral der deutschen Jagdflieger auf einen Nullpunkt absackte und wie Zug um Zug die Erkenntnis um sich griff, dass es besser sein konnte, fünf Minuten feige statt für ewige Zeiten tot zu sein. Angesichts dessen zerstob mein Idealismus, das Blatt noch einmal wenden zu wollen, mit dem ich bei meinem neuen Kommando angekommen war, sehr schnell.

Die ersten vier Tage kam ich gar nicht dazu, Einsätze zu fliegen; statt dessen hatte ich alle Hände voll damit zu tun, das Nachlassgepäck der abgeschossenen Flugzeugführer zu ordnen und deren Angehörigen zu benachrichtigen. [1401]

Über den Einsatz der I./JG 11 an diesem Tage ist nichts weiter bekannt; die Gruppe meldete indes einen tödlichen Unfall, nachdem Uffz. Josef Tönnis von der 2. Staffel unter ungeklärten Umständen bei der Landung in Dammartin abstürzte. Auch von der II./JG 11 ist über den Verlauf dieses Tages nichts Näheres bekannt; die Gruppe meldete weder Erfolge noch Verluste [1402].

---

nach Brüssel und kam dort, mit Verspätung zwar, aber doch an. Das Bild in Brüssel bot einen ziemlich erschütternden Eindruck: Die Kommandobehörden in Aufbruchstimmng, die Strassen voll von zurückflutenden Truppenteilen, deren LKW's mit persönlicher Habe überladen waren. Dazwischen abgerissene und verhärmte Nachrichtenhelferinnen, deren Busse auf der Fahrt von Paris nach Brüssel von Jabos in Brand geschossen worden waren. Auch das für mich zuständige Jagdkorps war im Aufbruch; es war in Unkenntnis über den Standort der III./JG 1. Nach Übernachtung im Soldatenheim in Brüssel erreichte ich am 17.8. in Brüssel einen Zug, der mich nach Mons brachte. Hier war die Fahrt zu Ende, da alle Brücken unpassierbar waren. Nach Auskunft des Bahnhofsvorstandes sollte die Fahrt nach einem Fussmarsch von 7 km weitergehen. Auf halbem Wege hörte ich das typische Brummen der B-17 und sah deren weissen Kondensstreifen. Als ich dann auf Mons zurückschaute, kam ich mir vor wie der Reiter auf dem Bodensee: Die Detonationswolken und Rauchpilze über Mons zeigten mir, dass ich mit Müh' und Not, aber auch mit Glück diesem Bombenangriff auf den Bahnhof von Mons entgangen war. Da keine Aussicht bestand, einen Zug zur Weiterfahrt nach St. Quentin zu erreichen, übernachtete ich in Mons. Am nächsten Tage stellte mir der Standortkommandant von Mons einen Holzgaser mit einem französischen Fahrer zur Verfügung, der mich dann nach St. Quentin brachte. Von hier aus, dem Standort des Geschwaderstabs, brachte man mich zum Standort der III./JG 1, einem Feldflugplatz bei Soissons." - Brief Elmar Resch vom 1.12.1992

[1400] ob es tatsächlich die angeschlagene Kampfmoral von Erich Woitke war oder nur sein und seiner Gruppe kaum noch mit dem Resch vertrauten Bild der Jagdflieger aus den "siegreichen" Zeiten 1941/42 vergleichbarer Eindruck, muss hier dahinstehen, zumal sich Erich Woitke dazu nicht mehr äussern kann; die Schilderung Reschs dürfte zugleich ein anschauliches Beispiel für die Entfremdung von Frontoffizieren gegenüber den Einsatzverhältnissen an der Front nach längerer Verwendung im mehr oder weniger friedenmässigen Dienst bei Schuleinheiten bieten.

Die Anwesenheit Woitkes bei der III./JG 1 in Vailly an diesem Tage wird auch durch Walter Köhne bestätigt, der Woitke noch als Gruppenkommandeur bei der II./JG 52 im Osten erlebt hatte - Bericht Walter Köhne, 11.10.1993 unter Verweis auf sein Flugbuch

[1401] Brief Elmar Resch, 1.12.1992; auch diese Betrachtung bedarf eines klarstellenden Hinweises: Aus den weiteren Ausführungen Reschs ergibt sich, dass er den Jagdfliegern der III./JG 1 keinesfalls Feigheit oder andere unehrenhafte Motive bescheinigen will. Ausgangspunkt seiner Beobachtung ist vielmehr auch insoweit der Vergleich zwischen seinen Jagdfliegerkameraden aus dem Jahren 1941/42, als die deutschen Jagdflieger aus dem Gefühl der eigenen Überlegenheit heraus viel eher bereit waren, auch aus unterlegner Position heraus riskante Abschüsse herauszufliegen, und den jungen, unerfahrenen, angesichts ihrer offenkundigen Unterlegenheit sowie durch den Verlust vieler Kameraden in kürzester Zeit verunsicherten Flugzeugführern, die er im August 1944 im Rückzugsstrudel der Invasionskämpfe antraf - Brief Elmar Resch, 1.12.1992 sowie Bericht vom 13.10.1993

[1402] Walter Köhne folgte an diesem Tage dem Rest der Gruppe; bei einer Zwischenlandung in Soissons (vermutlich Platz Vailly) traf er auf Hptm. Woitke, den er noch als Gruppenkommandeur in der II./JG 52 erlebt

19. August 1944: Am späten Nachmittag gelang es der im Verband der britischen 2. Armee kämpfenden polnischen 1. Panzerdivision, die deutschen Verteidiger von den Ormel-Höhen zu verdrängen und damit den Kessel von Falaise praktisch zu schliessen, nachdem auch die amerikanischen Verbände an der südlichen Kesselfront zum erneuten Vorstoss auf Chambois angetreten waren; danach bestand nur noch im Raume St. Lambert-sur-Dives eine schmale Frontlücke. Vor Schliessung des Kessels hatten indes noch knapp 70.000 von ursprünglich 120.000 Mann, denen die Einschliessung gedroht hatte, nach Osten entkommen können, wodurch den Alliierten ein entscheidender Erfolg versagt blieb. Auch die im Kessel zurückgebliebenen Verbände der 5. Panzerarmee und der 7. Armee waren keinesfalls bereit sich zu ergeben, sondern versuchten im Gegenteil, sich durch gleichermassen heftige wie verzweifelte Gegenangriffe ihren Weg aus dem Kessel zu erkämpfen. Die ganze Nacht zum 20. August hindurch tobten die wechselvollen Ausbruchskämpfe, in deren Verlauf es starken deutschen Verbänden gelang, den Einschliessungsring zu durchbrechen und Anschluss an die eigenen Linien zu finden [1403].

Das zuletzt brütend heisse Sommerwetter trübte im Verlaufe des Tages erheblich ein; am Nachmittag war von Westen her eine fast geschlossene Wolkendecke aufgezogen und es begann, in Strömen zu regnen. Die Folge war ein spürbares Nachlassen der alliierten Lufttätigkeit, wodurch den hart bedrängten deutschen Bodentruppen eine gewisse Atempause gewährt wurde.

Bei den Gruppen der JG 1 und 11 in Frankreich scheint der 19. August ein vergleichsweise ruhiger Tag gewesen zu sein; einzig die II./JG 11 meldete im Verlaufe des Tages den Verlust einer Messerschmitt in einem Luftkampf, über den allerdings nähere Einzelheiten nicht bekannt sind, wobei der Flugzeugführer zum Glück unverletzt blieb. Umgekehrt kam das JG 11 selbst zu drei Abschüssen -

Lt. Schrangl	3./JG 11	P-51	(13.)
Lt. Ebener	5./JG 11	P-47	(57.)
Fw. Bubel	8./JG 11	Spitfire	(.)

20. August 1944: Bei strömendem Regen hielten die schweren Kämpfe im östlichen Bereich des Kessels von Falaise weiter an; während Teile des II. SS-Panzerkorps von Osten her einen Entsatzvorstoss unternahmen, versuchten die Reste zweier weiterer SS-Panzerdivisionen sowie des II. Fallschirmjägerkorps bei St. Lambert von innen her einen Durchbruch durch den Einschliessungsring. Im Laufe der Nacht zum 21. August gelang nochmals starken Kräften - etwa der Hälfte der noch eingeschlossenen Verbände mit rund 20.000 Mann - der Ausbruch aus dem Kessel und der Anschluss an die eigenen Linien. Es war das Ende der Schlacht um Falaise und bedeutete zugleich das Ende der Schlacht um die Normandie; die stark angeschlagenen Reste der deutschen Verbände fielen auf die Seine zurück, dabei ihren Zusammenhalt nur noch mühsam bewahrend - es schien, als breche jetzt alles zusammen, als löse sich alles auf [1404]. In Paris, wo angesichts des nahen Endes der Besetzung die Gefahr eines Aufstandes immer grösser geworden war [1405], unterzeichnete der deutsche Stadtkommandant Gen. von Choltitz an diesem Tage ein Waffenstillstandsabkommen mit den Aufständischen, um der Gefahr einer offenen Erhebung im letzten Augenblick noch zu begegnen und die Stadt vor der Zerstörung zu bewahren [1406].

---

hatte - Bericht 15.10.1993. Das Flugbuch von Ernst Richter verzeichnet einen Einsatz zur freien Jagd ohne Feindberührung

[1403] Cartier, aaO., Bd. 2, S. 864 ff; Piekalkiewicz, Invasion, S. 221/222

[1404] KTB OKW 1944/45 Teil I, S. 356/357; Cartier, aaO., Bd. 2, S. 864/865; Piekalkiewicz, Invasion, S. 222

[1405] bereits am 18.8. hatte es einen Aufruf zur Erhebung an die etwa 25.000 Mitglieder der kommunistischen Widerstandsbewegung in Paris gegeben, woraufhin in der Stadt alsbald die ersten Barrikaden auftauchten und Übergriffe gegen die schwache deutsche Besatzung zunahmen - vgl. Piekalkiewicz, Invasion, S. 221 ff., sowie vor allem Cartier, aaO., Bd. 2, S. 875

[1406] womit er sich in offenen Widerspruch zu den erst kurz zuvor von Hitler erhaltenen Befehlen setzte, was von erheblichem persönlichem Mut zeugte angesichts der Tatsache, dass der 20. Juli gerade einen Monat zurücklag und die Folgen von Widerstand und Ungehorsam jedermann deutlich vor Augen waren

Bedingt durch das schlechte Wetter blieb die Einsatztätigkeit der Luftstreitkräfte auf beiden Seiten sehr gering [1407]; dementsprechend ist über Einsätze bei der III./JG 1 und der II./JG 11 an diesem Tage nichts weiter bekannt.

Einzig die I./JG 11 hatte am 20. August 1944 mehrere Einsätze zu fliegen; die Gruppe hatte dabei den Auftrag, Tiefangriffe zur Unterstützung des Heeres im Frontbereich nordwestlich Paris zu fliegen - bei Erich Hondt heisst es darüber:

> *Wir hausen in Zelten, müssen zeitig raus und kommen spät ins Bett. Drei bis vier Einsätze am Tage sorgen für einen gesunden Schlaf. Leider kommt man hier kaum zum Abschiessen, da wir zur Unterstützung unserer Landser fliegen und in den Erdkampf eingreifen müssen. Ab und zu bekommt man mal einen vor die Schnauze, herumschlagen müssen wir uns mit den Biestern andauernd. Die Stimmung bei meinen Leuten ist trotz härtester Strapazen und dauernder Lebensgefahr vorbildlich.* [1408]

Über die an diesem Tage geflogenen Einsätze sind kaum Einzelheiten bekannt; bei wenigstens zwei Gelegenheiten kam es zu Luftkämpfen mit amerikanischen und britischen Jagdverbänden, nach denen sechs Abschüsse gemeldet wurden -

Hptm. Matoni	I./JG 11	P-47	(25.)	15.56
Gefr. Schäfer	4./JG 11	P-51	(1.)	19.18
Uffz. Dekker	3./JG 11	P-51	(1.)	19.18
Uffz. Saap	1./JG 11	P-51	(1.)	19.19
Uffz. Haufe	1./JG 11	P-51	(1.)	19.21
Fw. Birkigt	3./JG 11	Spitfire	(5.)	

Doch diese Erfolge vermochten die empfindlichen Verluste der Gruppe in keiner Weise aufzuwiegen: Drei Flugzeugführer wurden bei Luftkämpfen im Raume Meaux im Nordosten von Paris tödlich abgeschossen, ein weiterer musste schwer verwundet mit dem Fallschirm abspringen. Besonders schmerzlich für die Gruppe war dabei der Verlust von zweien ihrer Staffelführer, denn Olt. Herbert Christmann von der 1. und Lt. Rudolf Schmid von der 4./JG 11 gehörten zu den Gefallenen. Neben ihnen traf es Fw. Josef Matouschek, wie Schmid von der 4. Staffel, zu der schliesslich auch Uffz. Karl Rasp gehörte, der schwer verwundet in das Lazarett von Epernay kam. Für Olt. Christmann übernahm daraufhin Olt. Brede die Führung der 1. Staffel, während die 4./JG 11 mit Lt. Alfons Klein einen neuen Staffelführer bekam; letzterer hatte ursprünglich der 2./JG 52 angehört, war mit dieser Anfang Juni 1944 zur III./JG 11 gekommen und - vermutlich während der Auffrischung der Gruppe - Anfang August zur I./JG 11 versetzt worden. Alfons Klein war ein erfahrener und mit 27 Abschüsse erfolgreicher Flugzeugführer, der erst im Frühjahr 1944 zum Offizier befördert worden war [1409].

21. August 1944: Während im Raume südlich Lisieux noch verbissene Nachhutgefechte tobten, rückten die alliierten Verbände auf breiter Front auf den Unterlauf der Seine zwischen Mantes und Vernon vor; bei Gassicourt, etwa 55 km nördlich Paris, gelang den Spitzen des XV. US-Korps ein erster Übergang über den Fluss [1410].

[1407] bemerkenswert ist, dass die Luftflotte 3 mit Meldetag 20.8.1944 den höchsten Bestand an Jagdflugzeugen während der gesamten Abwehrkämpfe im Westen angab - 581 Tagjagdflugzeuge waren an diesem Tage vorhanden, davon 344 einsatzbereit - vgl. Gundelach, Dr.G.W., S. 327 m.w.N.

[1408] Brief Erich Hondt an seine Eltern, 22.8.1944

[1409] Obermaier, aaO., S. 145; vgl. auch unten zum Einsatz der III./JG 11 im Osten

[1410] Piekalkiewicz, Invasion, S. 240

An diesem Tage waren die Regenwolken über dem Nordwesten Frankreichs gewichen und es wurde wieder hochsommerlich heiss; nach der vergleichsweisen Ruhe der beiden vorangegangenen Tage lebte die Einsatztätigkeit dementsprechend bei den drei noch in Frankreich verbliebenen Gruppen der JG 1 und 11 am 21. August wieder spürbar auf.

Die III./JG 1 hatte offenbar mehrere Einsätze zu fliegen; wenigstens zwei davon führten über den Raum zwischen Vernon und Mantes, wo Tiefangriffe zur Heeresunterstützung geflogen werden sollten. Neben den alliierten Jägern erwartete die Messerschmitts dort ein weiterer gefährlicher Feind in Gestalt der ausserordentlich starken amerikanischen Panzerflak, die für drei von vier Verlusten der III./JG 1 an diesem Tage verantwortlich war. Bei einem offenbar am Nachmittag geflogenen Einsatz der 10. Staffel wurde die "weisse 13" des Gefr. Franz Schlusche von der Flak getroffen, wobei der Flugzeugführer schwer verwundet wurde. Gleichwohl konnte Schlusche seine angeschlagene Maschine noch nach Vailly zurückbringen und dort glatt landen; er musste anschliessend in ein Lazarett bei Soissons geschafft werden [1411]. Gegen 19.00 Uhr am Abend startete ein Schwarm der 10. Staffel unter Führung von Lt. Kurt Ibing zur bewaffneten Aufklärung über dem amerikanischen Brückenkopf auf dem Ostufer der Seine bei Mantes; wieder schlug den Messerschmitts heftiges Flakfeuer entgegen, dem diesmal zwei Maschinen zum Opfer fielen. Uffz. Paul Ost kam dabei beim Absturz seiner Maschine zu Tode. Mehr Glück hatte Lt. Kurt Ibing - im Tiefflug, in etwa 20 m Höhe, wurde seine Maschine von Flaktreffern eingedeckt und geriet sogleich in Brand, so dass Ibing nur die Möglichkeit blieb hochzuziehen und mit dem Schirm auszusteigen, was ihm zum Glück gelang. Unverletzt geriet er gleich darauf in Gefangenschaft [1412]. Der vierte Flugzeugverlust trat in einem Luftkampf ein, über den jedoch nähere Einzelheiten nicht bekannt sind; hier blieb es bei reinem Sachschaden.

Die 11. Staffel war wegen Mangels an Flugzeugen nicht im Einsatz; Nachschub war unterwegs, denn für diesen Tag war die Zuführung von 16 neuen Bf 109 G-6 angekündigt, die von Überführungsfliegern nach Vailly gebracht werden sollten. Tatsächlich trafen jedoch nur zwei davon auf dem Einsatzplatz der III./JG 1 ein, während die übrigen verstreut über verschiedene Plätze in Belgien und Nordostfrankreich heruntergekommen und dort liegengeblieben waren; die in einem allgemeinen Chaos versinkende Bodenorganisation der Luftwaffe, die zerbombten Plätze und der Mangel an Spritvorräten auf den zum Teil bereits verlassenen Plätzen sorgten dafür, dass diese Flugzeuge - ohne Feindeinwirkung - einfach verschwanden und im günstigsten Falle von anderen Einheiten "vereinnahmt" wurden [1413].

Einen sehr anschaulichen Einblick in die Stimmungslage während dieser Tage vermitteln die folgenden Aufzeichnungen von Heinz Knoke über seine Zeit in Vailly:

Dieser sonnendurchglühte französische Augustsommer lastet auf mir wie ein schwerer, beklemmender Traum. Der Tod hält eine schaurige Ernte unter uns. Tag für Tag ducken wir uns unter seinen Sensenhieben. Das Warten darauf, dass einer seiner Hiebe mich trifft, wie sie die anderen trafen, täglich, stündlich, einen nach dem anderen, ist zermürbend. Ich habe Angst, nicht vor dem Hieb - er ist kurz, ich weiss das, wie oft bin ich ihm knapp entgangen -, aber das Warten ist zermürbend.

[1411] dazu heisst es bei Hans Thein, seinerzeit als Gefr. Flugzeugführer in der 10./JG 1: "*Den Gefr. Schlusche habe ich selbst nach diesem Feindflug in Empfang genommen. Er liess nach der Landung seine Maschine mitten auf dem Feld stehen. Ich fuhr mit einem Techniker zu ihm und sah, was geschehen war.*" - Brief vom 25.1.1977. Franz Schlusche, Jahrgang 1915, war aus unbekanntem Grunde zum Gefreiten degradiert worden

[1412] A.D.I.(K) Report No. 509/1944 vom 8.9.1944; dort heisst es fälschlich, dass der Verband von Villacoublay aus gestartet sei. Zu Kurt Ibing gehört folgende Anmerkung von Hans Thein: "*Mit Lt. Ibing verbindet sich folgende Erinnerung: Jeden Morgen beim Postempfang liess er sich aufrufen, ob Post für ihn dabei war oder nicht. Wenn nicht, dann musste ich meist durch das Staffelzelt laufen und rufen: 'Post für Lt. Ibing !' - und ihm dann einen älteren Brief übergeben. Verrückt waren wir damals alle ein bisschen.*" - Brief Hans Thein, 25.1.1977

[1413] Brief Elmar Resch, 1.12.1992

Zwischen den Einsätzen liege ich vor meinem Zelt oder lasse mich in einem Schlauchboot auf dem glasklaren Wasser der Aisne treiben, die nur wenige Meter hinter meinem Gefechtsstand ihr Bett hat. Mit einem kurzen Speer jage ich Hechte. Lauernd stehen sie dicht über dem steinigen Grund. Wenn mein Speer trifft, schlagen sie wild um sich. Das Wasser spritzt auf. Es färbt sich rot, wenn der zähe Raubfisch seinen Todeskampf ausgekämpft hat. Wenn es mich erwischt, wird es schneller gehen !

Ich bin schweigsam geworden. Nur das Notwendigste spreche ich mit meinem Adjutanten, einem ostmärkischen Hauptmann, der mein Vater sein könnte, dem Doktor, der ein Sonderling ist, dem Zahlmeister. Post habe ich noch keine bekommen, seit ich wieder an der Front bin. Das ist gut so. Es würden Briefe von Lilo dabei sein, in denen sie von den Kindern und sich berichtet. Und ich will jetzt nicht an sie erinnert werden !

Unbarmherzig hart brennt die Sonne hernieder. Wenn ich vor dem Start die Kabine schliesse, wie man einen Sargdeckel zuklappt, bricht der Schweiss aus allen Poren. Nass klebt das Hemd am Körper, wenn ich Luftkampf zurückkehre. Endlos lang sind diese Tage mit ihren höllischen Einsätzen und dem nervzerreissenden Warten auf den Hieb, der einmal kommen muss. Und kurz sind die Nächte, voll drückender Schwüle, die die Nerven nicht ruhen lässt. Um drei Uhr früh täglich klingelt das Telefon neben meinem Bett. Das Geschwader gibt die Einsatzbefehle für den Tag durch: Freie Jagd, Begleitschutz für eigene Jabos, Tiefangriffe auf irgendwelche Ziele in irgendeinem Raum. Ich mache mir kurze Notizen. Dann lasse ich mir die Klarmeldungen vom technischen Offizier durchgeben. Täglich sind es weniger. [1414]

Die I./JG 11 flog abermals mehrere Einsätze von Dammartin aus; es ist anzunehmen, dass auch sie in der Hauptsache über dem Kampfraum entlang der Seine im Norden von Paris unterwegs war. Dabei hatte die Gruppe erneut zwei Gefallene beklagen: Der Ogefr. Rudolf Steltzer und Uffz. Ehrenfried Wittkowski, beide von der 3. Staffel, wurden unter nicht näher bekannten Umständen über dem Kampfgebiet abgeschossen und kamen beim Absturz ihrer Focke Wulfs zu Tode.

Über den Einsatz der II./JG 11 von Beaurieux aus ist nichts bekannt; die Gruppe meldete unter diesem Datum weder Erfolge noch Verluste.

22. August 1944: Während die britischen Verbände im nördlichen Abschnitt der Invasionsfront nur sehr zögerlich vorrückten und dadurch den Resten der dort stehenden deutschen Kräfte das Absetzen nach Osten ermöglichten, schlossen die amerikanischen Truppen beiderseits Paris weiter an die Seine auf und standen unmittelbar vor der französischen Hauptstadt. Am Abend wurde der im Rahmen der 1. US-Armee kämpfenden französischen 2. Panzerdivision der Befehl gegeben, beschleunigt auf Paris vorzustossen [1415].

Die III./JG 1 verfügte kaum noch über einsatzklare Maschinen und war vernünftigerweise nicht mehr einsatzfähig zu nennen[1416]; doch das ersparte der Gruppe nicht die Fortsetzung der verlustreichen und

---

[1414] Knoke, aaO., S. 192, unter dem Datum des 18.8.; die weiteren Angaben zum Frontverlauf und die Tatsache, dass die III./JG 1 überhaupt erst an diesem Tage in Vailly ankam, deuten indes an, dass diese Schilderung die Tage nach dem 20.8. betrifft

[1415] KTB OKW 1944/45 Teil I, S. 360; Piekalkiewicz, Invasion, S. 243

[1416] durch die Verluste der vorangegangenen Wochen war die Zahl der noch verbiebenen einsatzfähigen Flugzeugführer sowie der noch klaren Maschinen derartig zusammengeschrumpft, dass von einer klaren Trennung innerhalb der Gruppe nach Staffeln kaum noch die Rede sein konnte; wie die Schilderung der weiteren Einsätze veranschaulicht, wurden von Einsatz zu Einsatz die wenigen gerade noch klaren "Mühlen" zu Schwärmen oder Rotten zusammengestellt, wobei die Staffelzugehörigkeit überhaupt keine Rolle spielte. Als fliegender Verband hatte z.B. die 9. Staffel in diesen Tagen praktisch zu bestehen aufgehört - Olt. Erich Buchholz, von dem nicht einmal bekannt ist, ob er in Vailly überhaupt noch bei der III./JG 1 war, war jedenfalls nicht einsatzbereit, während die übrigen Flugzeugführer seiner Staffel fast alle gefallen (Schneider, Döhnert,

1140

zugleich wenig wirksamen Einsätze zur Unterstützung der Heerestruppen im Frontbereich nördlich und südlich Paris. Der restlos "abgeflogene" Zustand der Gruppe konnte nicht besser verdeutlicht werden als durch einen "Gruppeneinsatz" kurz nach Mittag, zu dem noch eine einzige Messerschmitt aufgeboten werden konnte. Diese, geflogen vom Gefr. Hans Thein von der 10. Staffel [1417], startete gegen 12.45 Uhr mit dem Auftrag, sich zwei Messerschmitts einer anderen Gruppe anzuschliessen und freie Jagd über dem Raume südöstlich Paris zu fliegen, wo amerikanische Truppen die Stadt Troyes an der Seine erreicht hatten. Über dem Zielraum gab es keine Feindberührung und so machten sich die drei Messerschmitts auf den Rückflug - weiter berichtet Hans Thein:

> *Wir glaubten uns schon wieder über eigenem Gebiet - so jedenfalls die FT-Durchsage des Verbandsführers -, als wir einen amerikanischen Artillerieflieger sichteten. Ich griff die Maschine sofort von vorn an, wurde aber in Bodennähe von Flak brennend abgeschossen. Es gelang mir jedoch, meine Maschine noch ausreichend hoch zu ziehen und sprang dann mit dem Fallschirm ab.*
>
> *Am Schirm hängend habe ich schon Beschuss bekommen, ich nehme an, von Kämpfern der Résistance. Vor lauter Angst bin ich in ein Brombeergesträuch gesprungen; dort konnten die mich verfolgenden Hunde mich nicht erreichen, denn ihre Schnauzen waren zu empfindlich gegenüber den Stacheln. Beim Absprung hatte ich mein ganzes Verbandsmaterial verloren. Es blieb mir nichts anderes übrig, als mein Unterhemd mit dem Kappmesser in Streifen zu schneiden und Notverbände anzulegen. Ich blieb den ganzen Tag in den Brombeeren liegen, dann fing es Gott sei Dank an zu regnen und ich traute mich heraus, über einen grossen Acker, Richtung "deutsche Front". Als ich am nächsten Morgen Häuser vor mir sah, konnte ich es nicht mehr aushalten und bin um die nächste Hausecke gegangen. Dort stand zu meiner Überraschung ein Amerikaner und was er in meiner Hand entdeckte, war meine Pistole - darauf sein glücklicher Ausruf: "Oh - eine Mauser !"*
>
> *Mittlerweile waren auch Heeresangehörige gefangengenommen worden. Es gab Verpflegung. Die "Kameraden" haben mich übersehen mit dem Vermerk: "Ihr von der Luftwaffe habt immer in Saus' und Braus' gelebt, jetzt kannst Du mal sehen, wie das ist, Hunger zu haben." Dies sah ein amerikanischer Offizier und weil es regnete und ich nur die dünne, nasse Kombi anhatte, hat er mir einen Wettermantel gegeben. Ich fühlte in die Taschen und entdeckte Schokolade, Kekse usw. Ich dachte an einen Irrtum und wollte dies zurückgeben; ich konnte etwas Englisch. Der Amerikaner entgegnete: "Das ist für Dich, ich habe alles gesehen, und wenn Du davon den anderen etwas abgibst, wirst Du 'erschossen' "* [1418]

Hans Thein war in der Nähe von Romilly-sur-Seine abgeschossen worden; auch die beiden anderen Maschinen kehrten von diesem Einsatz nicht zurück, so dass alle drei Flugzeugführer als vermisst

---

Kutzera, Koplik, Lau, Maetzke und Müller), verwundet (Pleines, Esser, Heckmann und Lutz) oder durch Krankheit ausgefallen waren (Lehmann und Fröhlich) oder sich in Gefangenschaft befanden (Orend und Brechtold); insgesamt waren das 15 Ausfälle in sieben Wochen !

[1417] die Einsatzlaufbahn Hans Theins spiegelt deutlich das zu dieser Zeit herrschende Durcheinander auf Seiten der Luftwaffe wider - er schreibt: " *Während der Invasion war es gang und gäbe, dass einzelne Verbände sich Flugzeugführer ausgeliehen haben. Ich habe schon beim Stab/JG 27 geflogen und im Stabsschwarm mit Obstlt. Roedel Mitte Juli einen Luftkampf mit einer Übermacht P-38 gehabt und musste zusammengeschossen in Romilly eine Einradlandung machen. Später machte ich Gasteinsätze von Vailly/Laon aus bei einer Gruppe, die bei La Fère lag* - III./JG 76 (die Verf.) -. *Beim JG 1 war ich seit den ersten Augusttagen in der Staffel von Olt. Bilfinger. Vorher war ich seit Invasionsbeginn in der II./JG 53 in der Staffel von Lt. Rollwage.*" - Brief vom 25.1.1977. Wie Hans Thein kamen im übrigen auch die Gefr. Otto Messmer und Horst Döring Anfang August 1944 von der II./JG 53 zur III./JG 1- A.D.I.(K) Report No. 509/1944 vom 8.9.1944

[1418] Briefe Hans Thein vom 18.1.1977 und 2.4.1990

gemeldet werden mussten ¹⁴¹⁹. Über weitere Einsätze der III./JG 1 an diesem Tage liegen keine Angaben vor.

Die I./JG 11 hatte im Laufe des Tages vier Einsätze zur Heeresunterstützung in den Raum nördlich Paris zu fliegen; von Dammartin berichtete Erich Hondt am Abend darüber in einem weiteren Brief an seine Eltern:

> *Soeben bin ich von einem Schlachtflug zurückgekommen. Vier Flakkampfwagen und eine Flakstellung hab' ich erledigt. Mei, wie die Brüder durcheinanderpurzelten ! Hinter mir meine Staffel, die sich der übrigen Wagen annahm ! An Treffern hatte ich wie immer den Löwenteil abbekommen; ich hatte acht Flaktreffer und musste umkehren. Durch Treffer in den Sprittank war ich beinahe besoffen. Halb benommen bekam ich noch Luftkampf mit fünf Amerikanern. In einer "Ein-Mann-Wolke" hab' ich mich versteckt und anschliessend noch heim gefunden. Das war mein dritter Einsatz heute - ich habe den Kommandeur vertreten und durch Glück gute Erfolge erzielt; durch Zufall sah ich die Flakbereitstellung und habe gleich richtig reingehalten. Unsere Infanterie soll begeistert gewesen sein ! Für den vierten und letzten Einsatz bekam ich leider Startverbot, da ich schon drei Stunden geflogen war. Wir haben einen ziemlich schweren Stand und man muss gegen sich sehr hart sein. Viele liebe Kameraden, und natürlich wieder der, an den ich mich am meisten angeschlossen hatte, blieben weg. Meine Staffel hatte bisher die wenigsten Verluste und darauf bin ich sehr stolz.*
>
> *Die letzten Tage in Deutschland waren sehr, sehr schön. In der Heimat ist es doch ganz anders. Hier komm' ich mir wieder so schrecklich verlassen vor.*
>
> *Soeben kommen die Maschinen vom Feindflug zurück. Meine Leute leben, haben aber Treffer abbekommen. Einer liegt vor dem Platz auf dem Bauch.* ¹⁴²⁰

Trotz der zahlreich geflogenen Einsätze und der dabei durchgeführten Tiefangriffe blieb die Gruppe am 22. August von Personal- und Materialverlusten offenbar vollkommen verschont ¹⁴²¹; während über die Erfolge bei der Erdzielbekämpfung keine Angaben vorliegen, dürfte feststehen, dass die Gruppe an diesem Tage keinen Abschuss zu verzeichnen hatte.

Nach mehreren Tagen des Umherziehens nahm die II./JG 11 den Abwehreinsatz von Beaurieux aus wieder auf ¹⁴²². Offensichtlich hatte die Gruppe ebenfalls mehrere Einsätze zu fliegen, darunter einen am späten Vormittag ¹⁴²³ mit dem Auftrag, Tiefangriffe zur Entlastung der eigenen Bodentruppen zu fliegen, der zu einem heftigen Luftkampf mit einigen Mustangs führte; ein Abschuss durch Ofw. Ernst Richter von der 8./JG 11 wurde danach gemeldet, der eine P-51 herunterholen konnte (18.). Am frühen Nachmittag ¹⁴²⁴ erfolgte ein weiterer Einsatz, der zu einem ergebnislosen Luftkampf mit P-38, P-47 und

---

¹⁴¹⁹ namentliche Verlustmeldung WASt.; die Einheitszugehörigkeit der beiden anderen Flugzeugführer ist nicht bekannt - neben der III./JG 1 war auch die III./JG 76 an diesem Tage über dem Raum südlich Paris im Einsatz und meldete insgesamt 16 infolge Feindeinwirkung verlorene Maschinen, wobei sechs Flugzeugführer fielen, einer in Gefangenschaft geriet und drei verwundet wurden

¹⁴²⁰ Brief Erich Hondt, 22.8.1944

¹⁴²¹ die von Erich Hondt erwähnte Bauchlandung scheint ohne grösseren Schaden geblieben zu sein, denn in den summarischen Verlustmeldungen RL 2/III/852 fehlt jeder Hinweis auf einen Verlust der I./JG 11 am 22.8.

¹⁴²² Flugbuch Walter Köhne - daraus ergibt sich für ihn ein Einsatz o.b.V. von Beaurieux mit Landung in Athies, danach Rückflug nach Beaurieux, dabei Luftkampf mit P-38 und P-47, o.E.; das Flugbuch von Rudolf Wagner verzeichnet einen Einsatz zu Tiefangriffen im Raume Mantes von 11.10 - 12.13 Uhr

¹⁴²³ Flugbuch Ernst Richter, Einsatzzeit 11.05 - 12.20 Uhr

¹⁴²⁴ Flugbuch Walter Köhne, Einsatzzeit von 14.30 - 15.50 Uhr

P-51 führte; umgekehrt blieb auch die II./JG 11 von Personal- und Materialverlusten vollkommen verschont.

Auch am **23. August 1944** hielt der starke Druck der alliierten Armeen auf die zurückweichenden deutschen Verbände unvermindert an; der Schwerpunkt der Kämpfe lag dabei weiterhin im Raume beiderseits Paris. In der Stadt selbst herrschte an diesem Tage, abgesehen von gelegentlichen Scharmützeln, gespannte Ruhe [1425].

Die III./JG 1 unternahm mit den wenigen noch einsatzklaren "Mühlen" wiederum einige Einsätze in den Raum beiderseits Paris; am Morgen um 09.30 Uhr starteten drei Messerschmitts der 10. und 11. Staffel nach einer kurzen Einweisung durch Olt. Resch. Der Auftrag lautete: Freie Jagd und Jabobekämpfung im Raume Paris. Die drei Maschinen flogen in den Raum südlich Paris und befanden sich in 2.000 m Höhe über gegnerischem Gebiet, als die "schwarze 2" des Ogefr. Otto Messmer von der 11./JG 1 einen Motorschaden bekam, der den Flugzeugführer zu einer Notlandung jenseits der Linien zwang, wo er alsbald unverletzt in Gefangenschaft geriet.

Um 13.05 Uhr erfolgte der Start eines Schwarms unter Führung von Olt. Elmar Resch; diesmal lautete der Auftrag: Tiefangriffe auf erkannte Fahrzeugkolonnen auf der Strasse Sens / Troyes. Schon beim Start trat der erste Verlust bei diesem Einsatz ein, als die Maschine des Ogefr. Horst Döring ausbrach und in eine Baumgruppe raste, die die Startbahn des Platzes von Vailly teilte; Horst Döring kam durch den Aufschlagbrand seiner Messerschmitt zu Tode. Ungeachtet dessen setzten die verbliebenen Flugzeugführer den Einsatz fort und flogen in südwestlicher Richtung in den Raum Troyes, wo sie auftragsgemäss Fahrzeugkolonnen im Tiefflug beschossen. Anschliessend setzten sie den Einsatz zur freien Jagd über dem Gebiet zwischen Seine und Yonne fort, wo sie auf eine Gruppe von 15 Thunderbolts stiessen; trotz ihrer zahlenmässigen Unterlegenheit kurvten die Messerschmitts zum Angriff ein und es entspann sich ein heftiger Luftkampf, bei dem Olt. Resch zwischen Thorigny und Marcilly-le-Hayer in Bodennähe von einer P-47 abgeschossen wurde und eben noch genügend Höhe gewinnen konnte, um mit dem Schirm auszusteigen. Gegen 17.00 Uhr wurde er von französischen Soldaten der FFI gefangengenommen, die ihn am folgenden Morgen der 4. US-Panzerdivision übergaben. So endete bereits der zweite Einsatz für Elmar Resch in der Gefangenschaft [1426].

Über den Einsatzverlauf bei der I./JG 11 ist nur wenig bekannt; die Gruppe war kurz nach Mittag an einem ausgedehnten Luftkampf mit zahlreichen Spitfires über dem Raum nordöstlich Paris beteiligt, in

---

[1425] KTB OKWE 1944/45 Teil I, S. 360; Piekalkiewicz, Invasion, S. 243/244; Cartier, aaO. Bd.2, S.885

[1426] die Einzelheiten der beiden an diesem Tage geflogenen Einsätze lassen sich kaum zuverlässig rekonstruieren, zu widersprüchlich sind die vorhandenen Unterlagen, so dass hier ein weiteres Beispiel für die bisweilen unüberwindlichen Schwierigkeiten bei der Erarbeitung einer wahrheitsgemässen Darstellung gegeben ist; so ist Elmar Resch überzeugt, dass sein Schwarm bei diesem Einsatz den Geftr. Thein, den Ogefr. Messmer und den Ogefr. Dölling umfasst habe - aus den Unterlagen WASt. sowie dem A.D.I.(K) Report No. 509/1944 ergibt sich indes unmissverständlich, dass alle vier Flugzeugführer bei verschiedenen Einsätzen ausgeblieben sind. Zu den Unterlagen WASt. ist allerdings zu sagen, dass diese erst am 1.9.1944 als Sammelmeldung abgefasst wurden, so dass eine mögliche Quelle für Verwechslungen und Fehler vorliegt; falsch ist beispielsweise bei den Angaben zum Verlust von Thein, Messmer und Resch die Angabe des Verlustortes Mantes / Vernon, da alle drei nicht im Norden, sondern im Süden von Paris in Gefangenschaft gerieten. Widersprüchlich ist auch die Feststellung in der WASt.-Meldung, wonach keiner der an diesem Einsatz beteiligten Flgzeugführer zurückgekehrt sei - aus den vorhandenen Unterlagen ergibt sich lediglich ein weiterer Maschinenverlust im Luftkampf, während weitere als die hier genannten Personalverluste nicht bekannt sind; möglicherweise sollte die Meldung besagen, dass zwischen dem Verlust Reschs am 23.8. und der Abfassung der Meldung am 1.9. alle übrigen beteiligten Flugzeugführer ausgeblieben waren, so dass weitere Angaben zum Verbleib Reschs bei der III./JG 1 nicht möglich waren. Auch der besagte A.D.I.(K) Report ist eine Sammelmeldung, die unter dem 8.9.1944 erstellt wurde und möglicherweise ähnliche Fehlerquellen aufweist. Als Fazit bleibt nur die Feststellung, dass eben allem Streben nach Genauigkeit Grenzen gesetzt sind.

den auch Teile der I./JG 2 und der II./JG 26 verwickelt waren [1427]. Neun Abschüsse meldeten die deutschen Gruppen danach, von denen einer an die I./JG 11 fiel -

Uffz. Mrohe	3./JG 11	Spitfire	(1.)	13.37

Selbst blieb die Gruppe bei diesem Luftkampf offenbar von Verlusten verschont, doch musste sie an diesem Tage gleichwohl einen Flugzeugführer auf die Verlustliste setzen: Uffz. Karl Brunner von der 4./JG 11 kam bei der Notlandung aus unbekannter Ursache nach einem Einsatz im Raume Mantes ums Leben.

Die II./JG 11 hatte wie die III./JG 1 Einsätze über den Kampfräumen beiderseits Paris zu fliegen; die Aufträge lauteten dabei freie Jagd und Heeresunterstützung [1428]. Auch hierzu liegen jedoch nur sehr wenige Einzelheiten vor; bekannt ist danach, dass die Gruppe drei Abschüsse meldete -

Olt. Langheld	5./JG 11	P-47	(1.)	
Ofw. Richter	8./JG 11	P-38	(19.)	
FhjFw. Schorr	6./JG 11	P-51	(14.)	18.20

Auf der anderen Seite standen jedoch empfindliche Verluste, denn die II./JG 11 büsste bei den Einsätzen am 23. August 1944 drei Vermisste ein und verlor zusätzlich zwei bei Unfällen zerstörte und vier beschädigte Messerschmitts, wobei von letzteren eine im Luftkampf beschädigt wurde. Am schwersten wog fraglos der Verlust von Lt. Kurt Ebener, dem Staffelkapitän der 5./JG 11, der in einem über dem Raum Troyes ausgefochtenen Luftkampf mit amerikanischen Jägern abgeschossen wurde; während sein Verbleib bei der Gruppe unbekannt war, so dass er als vermisst gemeldet wurde, geriet Kurt Ebener nach geglücktem Fallschirmabsprung aus seiner brennenden Maschine mit schwersten Verbrennungen in Gefangenschaft [1429]. Vermutlich im selben Luftkampf traf es auch Ofhr. Alfred Wittig, wie Ebener von der 5. Staffel, der ebenfalls als vermisst gemeldet werden musste und dessen Verbleib noch immer ungeklärt ist. Der dritte Vermisste war Lt. Kurt Hubinek von der 8. Staffel, der unter unbekannten Umständen von einem Einsatz nicht zurückkehrte; er geriet jedoch gleichfalls in Gefangenschaft. Nach dem Ausbleiben von Lt. Ebener wurde Hptm. Keller vertretungsweise mit der Führung der 5./JG 11 betraut [1430].

24. August 1944: Der Schwerpunkt der Kämpfe lag im Bereich nördlich Paris und südlich von Rouen bei Elbeuf; am Unterlauf der Seine versuchten die zurückflutenden deutschen Verbände über die wenigen erhaltengebliebenen Übergänge auf das Ostufer zu gelangen.

Über den Einsatz der drei Gruppen der JG 1 und 11 liegt wiederum nur sehr wenig vor; während von der am stärksten mitgenommenen III./JG 1 überhaupt kein Einsatz bekannt ist, flogen die beiden Gruppen des JG 11 Einsätze über dem Raum nordöstlich Paris. Ohne selbst zu Erfolgen zu kommen, büsste die I./JG 11 einen Flugzeugführer ein, nachdem der Gefr. Paul Dorlöchter von der 3. Staffel nach Luftkampf im Raume Mantes nicht zurückkehrte und als vermisst gemeldet werden musste. Die Einsätze de II. Gruppe verliefen demgegenüber, soweit ersichtlich, sämtlich o.b.V.

[1427] laut 2nd Tac. A. F. Log waren auf britischer Seite drei Squadrons - 127W, 421 und 443 - beteiligt, die danach sieben Fw 190 und fünf Bf 109 sicher abgeschossen meldeten bei eigenen Verlusten von drei Spitfires; die Stärke des deutschen Verbandes wurde mit 50 - 80 Maschinen angegeben. Auf deutscher Seite verlor die I./JG 2 vier Maschinen, während die II./JG 26 keine Flugzeugverluste infolge Feindeinwirkung meldete

[1428] Eintragungen im Flugbuch Walter Köhne; er selbst flog am Morgen einen Einsatz von 08.10 - 10.00 Uhr, der o.b.V. blieb

[1429] aus der er im Januar 1945 als Schwerverwundeter ausgetauscht wurde

[1430] Bericht Georg Füreder, 19.11.1993

25. August 1944: Nachdem am Morgen die Spitzen der 2. französischen Panzerdivision in Paris eingedrungen waren und es in der Stadt daraufhin an verschiedenen Stellen zu teils heftigen Gefechten gekommen war, kapitulierte der deutsche Stadtkommandant Gen. von Choltitz am frühen Nachmittag, um - entgegen einem ausdrücklichen "Führerbefehl" - die sinnlose Zerstörung der französischen Hauptstadt zu vermeiden [1431].

In der Seineschleife bei Rouen konnte die Masse der noch westlich des Flusses stehenden deutschen Verbände auf das Ostufer übersetzen und dabei sogar noch einen grossen Teil des schweren Geräts in Sicherheit bringen; trotz laufender Luftangriffe und ständigen Artilleriebeschusses war es gelungen, rund 25.000 Fahrzeuge über die Seine zu bringen [1432].

Für die III./JG 1 sollte der 25. August 1944 den letzten Einsatz in Frankreich bringen; über dessen Vorgeschichte heisst es bei Heinz Knoke:

> *Wir sind fertig ! Heute früh konnten nur noch vier Maschinen einsatzklar gemeldet werden. Zwei weitere sind zwar flugklar, kommen jedoch wegen starker Rumpfstauchungen nicht für den Einsatz in Frage. Ich kann es nicht verantworten, einen Flugzeugführer mit einem solch lahmen Schinken in die Luft zu hetzen. Da ruft um 06.00 Uhr plötzlich der Stabschef des Korps an und erteilt mit eine furchtbare Lektion:' Sie melden mir nur vier Maschinen einsatzklar. Jetzt erfahre ich, dass Sie sechs Maschinen am Platz haben. Sind Sie wahnsinnig geworden ?! Sie scheinen sich über den Ernst der Lage nicht im Klaren zu sein ! Das ist Sabotaaage !! Ich befehle, dass alle Maschinen eingesetzt werden !' Er brüllt wie ein Stier. Einen solchen Anpfiff habe ich seit meiner Rekrutenzeit nicht mehr erhalten. Das war mir dann doch zu viel ! Eine helle Wut packt mich. Was wissen diese Stabshengste, die Clubsesselstrategen, von unseren Sorgen und Nöten hier draussen ? Sabotage wirft dieser arrogante Affe mir vor ! Das ist ein starker Tobak, den ich da zu rauchen bekomme ! Ich lasse mir eine der müden Krähen klarmachen, die andere wird mein Rottenflieger fliegen.* [1433]

Der Einsatz, der von Hptm. Knoke angeführt wurde [1434], erfolgte am frühen Abend und führte nördlich Soissons, über dem Ort Tergnier, zu einem Luftkampf mit einigen Mustangs, von denen Hptm. Knoke um 18.55 Uhr zwar noch eine abschiessen konnte (32.), in dessen Verlauf dann jedoch vier Messerschmitts abgeschossen wurden, wobei zwei Flugzeugführer den Tod fanden. Uffz. Friedrich Ickes von der 11./JG 1 konnte zwar noch mit dem Fallschirm aussteigen, wurde dann jedoch am Schirm vom Flugzeugführer einer Mustang angegriffen und getötet. Der Ogefr. Alfred Finking, wie Ickes von der 11. Staffel, wurde nördlich Soissons von einer P-51 tödlich abgeschossen. Hptm. Knoke musste ebenfalls mit dem Schirm aussteigen, nachdem er mit den Trümmern der von ihm abgeschossenen Mustang zusammengestossen war, wobei die rechte Fläche seiner Maschine abgerissen wurde; Heinz Knoke hatte mehr Glück als sein Rottenflieger Ickes - zwar wurde auch er am Fallschirm hängend angegriffen, doch verfehlten ihn die Garben der amerikanischen Flieger und so kam er unverletzt bei Tergnier herunter [1435]. Die vierte abgeschossene Messerschmitt wurde von Fw. Freidank von der

---

[1431] vgl. dazu ausführlich die Darstellung bei Cartier, aaO., Bd.2, S. 890 ff

[1432] KTB OKW 1944/45 Teil I, S. 361; Piekalkiewicz, Invasion, S. 245/246; Cartier, aaO., Bd.2, S. 891

[1433] Knoke, aaO., S. 193; dort wird dieser Einsatz irrtümlich unter dem 28. August geschildert

[1434] soweit ersichtlich, waren die weiteren an diesem Einsatz beteiligten Flugzeugführer Fw. Freidank, Uffz. Ickes, Ogefr. Finking, Ogefr. Wagner - alle von der 11./JG 1 - sowie ein namentlich leider nicht bekannter Flugzeugführer

[1435] Heinz Knoke traf nach seinem Aufkommen auf einige französische Widerstandskämpfer, konnte diesen aber entkommen und kehrt am darauffolgenden Tage nach Vailly zu seiner Gruppe zurück; vgl. seine ausführliche Schilderung, aaO., S. 197 ff

11. Staffel geflogen, der ebenfalls glatt mit dem Fallschirm aussteigen konnte. Nach diesem Einsatz war die III./JG 1 als fliegender Verband praktisch ausgelöscht.

Die I./JG 11 sollte aufgrund der Annäherung der amerikanischen Verbände nördlich von Paris und der absehbaren Kämpfe in der Stadt selbst am Morgen ihren Platz in Dammartin verlassen und nach Osten in den Raum von Reims zurückverlegen; über die Vorgänge bei der Gruppe an diesem Morgen heisst es bei Erich Hondt wie folgt:

Wir lagen kaum zwei Wochen auf unserem Platz, als Paris gefallen war und wir verlegen sollten. Wir hatten noch 17 Maschinen einsatzklar [1436]. *Der Startbefehl zur Verlegung wurde an diesem wolkenlosen Morgen unverschlüsselt telephonisch durchgegeben. Als ich den Befehl bekam und sogar offen der Zielort Reims durchgegeben wurde, wusste ich sofort, dass die Verlegung nicht glatt vor sich gehen würde. Meine Staffel zählte von 16 noch zwei Maschinen. Ich setzte Freudemann* [1437] *als meinen Rottenflieger ein und verstaute mein Gepäck in meinem Flugzeug. Da kam der Kommandeur im Auto angefahren und rief mir aus dem fahrenden Wagen zu: "Hondt, wir starten um 07.30 Uhr ! Sie machen Jagdschutz mit Ihrer Staffel !" Meine Staffel war zwei Maschinen stark und ich konnte nur mit dem Kopf schütteln. Bei dieser Verlegung flog trotz seines Unwohlseins auch der Kommandeur mit und führte den Verband - die Einsätze bisher hatten immer Schrangl und ich anführen müssen. Ich verstaute ausser meinem Ledermantel und sämtlichen Anzügen, die ich hatte, auch Olt. Christmanns Hund Senta und einen Silberfuchs im Gepäckraum, den ich meiner Mutter für Weihnachten zugedacht hatte. Mein erster Wart bat mich einige Male inständig ihn mitzunehmen, damit er meine Maschine gleich nach der Landung wieder klar machen könnte. Ich lehnte dies ab, da ich in Frontnähe prinzipiell niemanden mitfliegen liess. Freudemann war äusserst stolz darauf, dass ich ihn den älteren Flugzeugführern vorgezogen hatte und er mitfliegen durfte.*

Um 07.45 Uhr war die Gruppe in der Luft. Vom Start weg wurde dauernd nach oben durchgegeben: "Achten Sie auf feindliche Indianer über Ihnen !" Ich guckte mir als Jagdschutz die Augen aus und konnte nichts sehen. Da entdeckte ich in der Sonne 30 bis 50 kleine Punkte. Es waren Maschinen in etwa 4.000 m Höhe, doch konnte ich den Typ nicht feststellen. Um sie zu täuschen, wie er später sagte, wich der Kommandeur nach Norden aus, anstatt möglichst schnell und möglichst weit nach Osten von der Front fortzukommen. Im Tiefstflug huschten die 17 Maschinen über die Laubwälder. Ich flog mit Freudemann in 100 m Höhe [1438], *um nicht als Holzaugenrotte auf jeden Baumwipfel achten zu müssen. Dauernd behielt ich die Feindjäger im Auge und gab ständig über FT durch: "Matoni von Hondt - Fragezeichen über uns !" Wir erreichten freies Wiesengelände. Diesen Augenblick nutzte der Gegner und stürzte mit der ganzen Mahalla auf unser Häuflein herab. Ich riss sofort gegen, Freudemann hinten dran, und brüllte: "Aufpassen - Indianer hinter uns !" Ein Teil der Kameraden bemerkte von der ganzen Sache gar nichts. So schnell konnte ich gar nicht gucken, wie überall im Gelände auf einmal Aufschlagbrände auflodertem. Da hing einer am Schirm, dort wurde eine Focke Wulf von Mustangs verfolgt, ich selber kurvte mit fünf Mustangs. Höhe gewinnen, Höhe gewinnen, das war der einzige Gedanke, der mich erfüllte. Freudemann war von mir abgedrängt worden und kurvte brav und tapfer in Rechtskurve, ungefähr 1.000 m südlich von mir. Ich gab an Freudemann, der noch nicht so viel Höhe gewonnen hatte wie ich, durch: "Kommen Sie hoch und zu mir !" Ich flog meine Kurven immer weiter in seiner*

[1436] aus den vorhandenen Unterlagen ergeben sich lediglich neun Totalverluste der I./JG 11 seit ihrer Rückkehr nach Frankreich am 17.8.; der geringe Klarstand ist nur damit zu erklären, dass ein Grossteil der Maschinen infolge kleinerer Schäden unklar war und daher bei der Räumung des Platzes zurückgelassen werden musste

[1437] Uffz. Gerhard Freudemann, 2./JG 11

[1438] bei Erich Hondt heisst es "10 m", doch dürfte es sich dabei um einen Schreibfehler handeln

Richtung aus, um über ihn zu kommen und ihm den Rücken decken zu können. "Meine" Mustangs stritten ganz offensichtlich darum, wer von den fünfen mich abschiessen sollte. In 1.000 m Höhe sass ich hinter der letzten und knallte sie mit drei kurzen Feuerstössen herunter; wie eine Fackel schlug sie am Boden auf. Als fast gleichzeitig Freudemann eine Mustang so anschoss, dass der Amerikaner mit dem Fallschirm ausstieg, verschwand das drückende Gefühl, das bisher auf mir gelastet hatte. Um Freudemann aufzumuntern, gab ich durch: "Sehr sauber, sehr sauber ! Wenn Sie die anderen fünf auch abgeschossen haben, helfen Sie mir !" Mittlerweile waren wir die einzigen deutschen Maschinen, die noch kurvten. Von allen Seiten kamen neue Mustangs, die entweder von ihrem Gegner abgelassen oder ihn besiegt hatten. Plötzlich rief Freudemann: "Hondt von Freudemann: Jetzt haben sie mich !" Ich sah eine trudelnde Focke Wulf und einen Aufschlagbrand. Ein entsetzliches Gefühl schnürte mir die Kehle zu; ganz kalt und verbissen riss ich Kurve um Kurve, dabei immer mehr Höhe gewinnend. In 2.000 m schoss ich meine zweite Mustang ab und kurz danach griff mich eine Mustang von vorn an.

Es muss ein Zufallstreffer gewesen sein - eine grelle Stichflamme und da purzelte ich auch schon im freien Raum. In Sekundenschnelle war ich gejumpt - es war mein fünfter Fallschirmabsprung. Um nicht wieder am Schirm hängend beschossen zu werden, liess ich mich bis in Bodennähe durchfallen und riss im letzten Augenblick. Unten angekommen, lief ich sofort vom Schirm weg. Es war etwas hügeliges Gelände und, nach dem Kanonendonner zu urteilen, musste es in Frontnähe sein. Die Mustangs flogen ab und ich hielt auf einem Hügel Ausschau. Ich beobachtete ein paar Franzosen auf den Feldern, als es plötzlich an meinem Ohr vorbeipfiff. Das kannte ich - und schon lag im Gras. Von allen Seiten liefen Gestalten auf mich zu - Partisanen. Ich lief so schnell ich konnte weg, bis ich bald darauf ein starkes Stechen in der linken Lunge merkte; wie sich später herausstellte, hatte ich mir zwei Finger der linken Hand und zwei Rippen linksseitig gebrochen. In der Aufregung habe ich aber von alledem zunächst nichts bemerkt. Als die Gestalten immer näher kamen, legte ich mich in eine Mulde und entsicherte meine Pistole. Auf die Gestalt, die mir am nächsten kam, schoss ich. Ganz ruhig überlegte ich, dass die letzte Kugel für mich bleiben müsste und zählte ganz sauber meine Schüsse. Da plötzlich, ganz nahe, MG-Feuer. Ich guckte in die Richtung des Schalls und sah einen Panzerkampfwagen schnell auf mich zufahren. Feindpanzer, dachte ich ! Da begannen die Franzosen plötzlich zu laufen. Ich sprang auf, johlte, schrie und winkte - der Panzer trug ein Balkenkreuz ! Als die SS-Kameraden ankamen, umarmte ich erstmal in überquellender Freude jeden einzelnen. Von meinen Flugzeugresten fuhren wir noch zu drei Aufschlagstellen, und an verkohlten Kleinigkeiten konnte ich Freudemann und zwei andere Kameraden identifizieren.

Ich wurde nach Laon ins Lazarett gefahren. Der Ortskommandant stellte mir einen PKW zur Verfügung und mit einem Notverband fuhr ich, vollkommen betrunken, nach Reims; der SS-Panzer hatte reichlich Likör geladen und die guten Kameraden gaben mir noch ausreichend an Vorräten mit. An einer angesengten Haarlocke glaubte ich, den Uffz. Linz erkannt zu haben und hatte zu dem Häufchen Asche einen Zettel mit seinem Namen gelegt. Als ich in Reims ankam, war der erste, der mir auf dem Horst über den Weg lief, Unteroffizier Linz. In meinem Zustand dachte ich zuerst an Gespenster und wurde zugleich ziemlich nüchtern. Als mir kurz darauf der Kommandeur begegnete, war ich vollkommen klar. Auf meine Frage, warum er mit dem Stabsschwarm nicht am Platz geblieben wäre, gab er zur Antwort: "Mein Funkgerät war nicht klar." Nach einem kurzen Wortwechsel liess er mich von Lt. Schrangl zum Stabsarzt führen mit dem Bemerken, ich wäre sehr krank. [1439]

[1439] Aufzeichnungen Erich Hondt; weiter heisst es dort: *" Zwei Tage später war ich es wirklich. Von einer kleinen Hautabschürfung bei meinen gebrochenen Fingern bekam ich eine Blutvergiftung und wurde spät abends ins Kriegslazarett in Reims eingeliefert. Von der Westseite schossen die Amerikaner schon in die Stadt. Im Lazarett brannte kein Licht. Im Kerzenschein lagen in der grossen Aula etwa 700 Verwundete und warteten stöhnend auf ärztliche Hilfe. Ein grosser Teil der Ärzte hatte bereits verlegt. Junge Medizinstudenten versorg-*

In der Auseinandersetzung mit dem Mustangverband kam die I./JG 11 zu insgesamt vier Abschüssen, die sich wie folgt verteilten -

Olt. Brede	1./JG 11	P-51	(2.)	09.30
Olt. Hondt	2./JG 11	P-51	(10.)	
Olt. Hondt	2./JG 11	P-51	(11.)	
Uffz. Freudemann	2./JG 11	P-51	(1.)	

doch standen diesen Erfolgen einmal mehr empfindliche Verluste gegenüber: Nach dem Eintreffen in Reims musste die Gruppe den Verlust von drei gefallenen bzw. vermissten Flugzeugführern und den verletzungsbedingten Ausfall eines weiteren - Olt. Hondt - melden. Der Ogefr. Bruno Gregorzewski von der 1. Staffel wurde bei St. Quentin im Luftkampf mit P-51 tödlich abgeschossen, während der genaue Verbleib von Uffz. Gerhard Freudemann von der 2. und Fw. Heinz Birkigt von der 3./JG 11 nicht mehr aufgeklärt werden konnte, so dass beide als vermisst gemeldet werden mussten.

Über den Einsatz der II./JG 11 am 25. August liegen nur sehr wenige Angaben vor; die Gruppe hatte im Laufe des Tages einige Einsätze zur freien Jagd im Raume Paris zu fliegen; bei einem davon am späten Nachmittag kam Ofw. Ernst Richter durch den Abschuss einer P-47 zu seinem 20. Luftsieg [1440]. Bei einem weiteren Einsatz am frühen Abend über dem rückwärtigen Einsatzraum im Nordosten von Paris [1441] geriet die Gruppe kurz nach 18.30 Uhr an einen starken Mustangverband, mit dem es über St. Quentin zu einem heftigen Luftkampf kam. Ein Abschuss durch Ofw. Horst Schulze von der 8. Staffel wurde danach gemeldet, der um 18.40 Uhr eine P-51 herunterholen konnte (6.), gleich darauf

---

ten die Verwundeten. Als ich an die Reihe kam, sagte mir ein bleicher Unterarzt: 'Herr Oberleutnant, die Hand muss ab!' Er schrieb meinen Namen auf und schickte mich zu Schwester Elise auf Flügel E. San.-Fw. Stamder, der mich ins Lazarett gebracht hatte, wurde totenblass und klopfte mir dauernd auf die Schulter. Er war katholischer Pfarrer, sehr weich veranlagt und konnte mich schon immer gut leiden. Ich merkte ihm richtig an, wie hart ihn diese Eröffnung traf. Ich kam auf eine Krankenstube, in der ein Zahnarzt lag, dem Partisanen bei der Arbeit durchs Fenster in die Schulter geschossen hatten. Als ich ihm sagte, dass man mir die Hand abnehmen wollte, guckte er mir in die Achselhöhle und schüttelte den Kopf - 'Mensch', sagte er, 'die Lymphdrüsen sind normal. Bei dem schlechten Licht hat der Kerl einen Bluterguss am Oberarm für Anzeichen einer Sepsis gehalten!' Ich vergewisserte mich von der Richtigkeit seiner Feststellung und verschwand in eine andere Stube. Dort lag ein beinamputierter Obergefreiter, dem ich gebot, den Mund zu halten, was immer auch kommen möge. Eine halbe Stunde später wurde fünf Minuten lang auf dem Gang gerufen: 'Olt. Hondt, zur Operation!' Ich war nicht da. Zwei Stunden später rief eine Krankenschwester: 'Alles, was laufen kann, zum Bahnhof! Die Amerikaner kommen!' Ich nahm mir den Obergefreiten auf die Schultern und trug ihn huckepack die fünf Kilometer zum Lazarettzug. In einer Dreiviertelstunde schaffte ich den Weg. Kurz vor der Abfahrt des Zuges kam ich mit meinem Kameraden an. Das Lazarett wurde übergeben. Auf den Nebengleisen brannten Frachtwagen mit Schokolade und Lebensmitteln. In plündernde Franzosen schossen betrunkene SS-Männer. Ab und zu wurde ein Toter aus dem Lazarettzug auf den Bahnsteig gelegt. Im Morgengrauen fuhr der Zug ab. Die Fahrt war grauenvoll. Von den Schwerverwundeten, die schon tags vorher in den Lazarettzug verladen worden waren, starben in den vier Tagen der Fahrt etwa ein Drittel auf dem schmutzigen Stroh. Meine Hand lief blau an. Ich kümmerte mich nicht drum. Ich lag mit zwölf Schwerverwundeten im Wagen, hauptsächlich verbrannte Panzermänner und Amputierte. Wegen des starken Eitergeruches konnte ich die vier Tage nichts essen. Ich half den Verbrannten, da ich selbst diese Verwundung einmal erlebt hatte. Bei meinem Weggehen aus dem Lazarett hatte ich 50 Ampullen Morphium mitgenommen. Damit hielt ich mich und einen Teil der Schwerverwundeten in einem angenehmen Halbschlaf. Nach vier Tagen, während derer wir 16 Mal von Jabos angegriffen wurden, die aber nicht schossen und das Rote Kreuz unbedingt achteten, fuhren wir über die deutsche Grenze. An den Bahnhöfen standen Mädchen und Frauen mit Obst und Blumen. Viermal mussten wir aus unserem Wagen einen Toten ausladen. Ich habe an die Angehörigen von allen vieren Briefe geschrieben. Der Zug sollte noch bis nach Mitteldeutschland. Ich hielt es jedoch in Jülich nicht mehr aus, verliess eigenmächtig trotz Verbotes den Zug und brach in einer Grünanlage am Bahnhof zusammen. Im Lazarett Lennich wurde ich nach vier Stunden Bewusstlosigkeit in einem blütenweissen Bett wach. Meine Hand war schon geschnitten."

[1440] Einsatzzeit lt. Flugbuch 16.30 - 17.00 Uhr

[1441] Flugbuch Rudolf Wagner - Startzeit 18.20 Uhr

jedoch selbst von einer weiteren Mustang abgeschossen wurde und beim Absturz seiner Messerschmitt getötet wurde. Neben ihm traf es den Ofhr. Georg Reissner von der 7./JG 11, der ebenfalls tödlich abgeschossen wurde, während Uffz. Rudolf Wagner von der 8./JG 11 seine " weisse 17 " sicher mit dem Fallschirm verlassen konnte, nachdem Mustangs die Maschine zusammengeschossen hatten.

Im Laufe des Tages erlebte die II./JG 11 in Beaurieux einen Tiefangriff, bei dem jedoch offenbar kein grösserer Schaden angerichtet wurde [1442].

26. August 1944: Während in Paris die Befreiung nach vierjähriger Besetzung gefeiert wurde und der Anführer des freien Frankreich General de Gaulle seinen triumphalen Einzug in die Stadt hielt, gingen die Kämpfe entlang der Seine beiderseits der französischen Hauptstadt mit unverminderter Heftigkeit weiter; an der unteren Seine gelang es den ersten Verbänden der britischen 21. Heeresgruppe, über die Seine zu gehen und zum Vorstoss in das Gebiet des Pas-de-Calais anzutreten. Damit zerstob die Hoffnung der deutschen Führung, sich an der Seine-Linie für eine Zeitlang halten zu können, um im rückwärtigen Raum eine neue, auf Dauer zu verteidigende Auffangstellung entlang der Somme und Marne zu errichten, bereits nach wenigen Tagen [1443].

Der Einsatz der drei noch im Westen liegenden Gruppen der JG 1 und 11 war an diesem Tage augenscheinlich sehr gering und wurde zusätzlich durch schlechtes, regnerisches Wetter behindert. Die III./JG 1 war nach den Verlusten vom Vortage endgültig am Ende ihrer Kräfte und bedurfte dringend der Herausziehung und Auffrischung; da sie kaum noch über einsatzbereite Maschinen verfügte, wurden einige Flugzeugführer zur II./JG 11 nach Beaurieux abgestellt, um diese Gruppe zu verstärken. Bei den beiden Gruppen des JG 11 sah es nur unwesentlich besser aus; ihre an diesem Tage geflogenen Einsätze führten zu zwei Abschüssen - [1444]

FhjFw. Schorr	6./JG 11	Spitfire	(15.)
Fw. Trostmann	8./JG 11	Spitfire	(1.)

27. August 1944: Nachdem den Briten am Vortage der Übergang über den Unterlauf der Seine gelungen war, erreichten die Spitzen der 3. US-Armee an diesem Tage bei Château-Thierry die Marne und erzwangen den Übergang über den Fluss. Nun begannen alle Dämme der deutschen Abwehr zusammenzubrechen und zeichnete sich der Beginn eines neuen Abschnitts der Kämpfe im Westen ab: der Vorstoss zur Reichsgrenze [1445].

Wiederum ist vom Einsatz der beiden Gruppen des JG 11 fast nichts bekannt; die I. Gruppe flog von Reims Einsätze über dem Raum Paris und hatte dort im Nordosten der Stadt am frühen Nachmittag einen Luftkampf mit P-47 zu bestehen, in dessen Verlauf die 4. Staffel zu drei Abschüssen kam -

Lt. Klein	4./JG 11	P-47	(28.)	14.33
Olt. Bolm	4./JG 11	P-47	(1.)	14.35
Lt. Klein	4./JG 11	P-47	(29.)	14.36

Auf der Verlustseite standen je ein Vermisster und ein Verwundeter: Uffz. Ottokar Tvrdik von der 1./JG 11 blieb nach diesem Luftkampf vermisst, während Fw. Walter Bartelmesz von der 4. Staffel bei Mourmelon-le-Grand, wenige Kilometer südöstlich von Reims heruntermusste und mit schweren Verbrennungen ins Lazarett geschafft werden musste. Über Einsätze der II./JG 11 liegen nur spärliche Angaben vor; ein Spitfire-Abschuss durch Fw. Bubel von der 8. Staffel (5.) wurde an diesem Tage gemeldet.

[1442] Tagebuch Ernst Richter

[1443] KTB OKW 1944/45 Teil I, S. 361/362; Piekalkiewicz, Invasion, S. 248

[1444] so verzeichnet z.B. das Flugbuch von Walter Köhne einen Einsatz von 08.43 - 10.10 Uhr, o.b.V.

[1445] Cartier, aaO. Bd. 2, S. 891; Piekalkiewicz, Invasion, S. 248

28. August 1944: Die britischen Panzerverbände erreichten Somme und Aisne, während die Spitzen der amerikanischen Verbände die Marne überquerten und weiter nach Osten und Nordosten in die Südflanke der noch im Raum Paris stehenden deutschen Kräfte vorstiessen, dabei auf immer geringer werdenden Widerstand der deutschen Truppen stossend; der alliierte Vorstoss bedrohte nunmehr unmittelbar den gesamten Raum um Reims.

Eine deutliche Wetterbesserung erlaubte es den alliierten Luftstreitkräften, an diesem Tage wieder im gewohnten Umfang in die Kämpfe am Boden einzugreifen; allerorten sahen sich die zurückflutenden deutschen Verbände beinahe pausenlosen Angriffen ausgesetzt und erlitten dabei - insbesondere an Flussübergängen - weitere empfindliche Verluste [1446].

Für die drei Gruppen der JG 1 und 11 brachte der 28. August das Ende ihres Einsatzes in Frankreich und den Beginn ihrer Rückführung nach Osten; die Begleitumstände, unter denen sich diese Rückverlegung vollzog, spiegelten das allgemeine Chaos des auf vollen Touren laufenden Rückzuges im Westen wider. Bei Heinz Knoke heisst es dazu:

Mein Stab lag in einem alten Château, wo wir auch diesen Abend verbrachten; während ich noch von unserem letzten Einsatz und meinen Erlebnissen danach berichtete, wurde ich telefonisch vom Geschwader verlangt. Der Kommodore war am Apparat. Seine Nachrichten waren wenig erfreulich. Der Gegner war überraschend mit Panzern von Château-Thierry auf Soissons und Fismes vorgestossen, um beide Städte werde zur Zeit gekämpft. Eine Panzerspitze der Amerikaner stehe nur wenige Kilometer südlich unseres Platzes. Andere Feindgruppen hätten uns bereits nach Osten abgeschnitten. Nördlich von uns dränge der Feind auf Laon. Wenn der Vormarsch nicht im Raume Laon aufgehalten werden könnte, sässen wir im Kessel.

Ich liess sofort die Staffeln wecken und gab die Befehle für die Verlegung der Gruppe in die Nähe des belgischen Ortes Beaumont heraus [1447]. Dort hatte ich vor wenigen Tagen ein Rollfeld erkunden lassen, ein Vorkommando befand sich bereits dort. Die Nacht über wurde fieberhaft gearbeitet [1448] - sechs Stunden nach der Herausgabe des Verlegebefehls war der Platz geräumt, waren die Liegeplätze der Staffeln, der Gefechtsstand des Stabes und die Feldwerft abgebaut worden. 128 Fahrzeuge und 600 Mann Bodenpersonal befanden sich bereits auf dem Marsch nach Beaumont [1449]. Ich hatte befohlen, dass die Fahrzeuge einzeln fahren sollten, da Kolonnen durch Jabos besonders stark gefährdet waren und die wenigen noch feindfreien Strassen mit kilometerlangen Schlangen verstopft waren.

Die Franzosen, die unser Schloss bewohnten, hatten sich bereits in ihre Festtagskleider geworfen, um die Amis mit Obst und Blumen zu empfangen. Sie waren entsetzt, als jetzt Granaten heranheulten und berstend in die Gebäude fuhren. Zwei Kilometer südlich von hier ist der Gegner bereits in das nächste Dorf eingedrungen - dort hatte wenige Stunden vorher noch die Schreibstube der 11. Staffel gelegen. Auf der Strasse von unserer Unterkunft nach dort zog sich unsere Infanterie langsam unter Panzerdeckung auf das Nord-

---

[1446] so kommentierte der OB der 5. Panzerarmee SS-OGruF. Dietrich: *"Die Überquerung der Seine war, was die Materialverluste anbetraf, fast so verheerend wie der Kessel von Falaise."* - zu zitiert bei Piekalkiewicz, Invasion, S. 258

[1447] augenscheinlich handelte es sich um den Feldflugplatz von Cerfontaines, etwa 5 km südöstlich von Beaumont gelegen, der allerdings nicht allein der III./JG 1 als Auffangplatz dienen sollte - siehe sogleich unten

[1448] bei Knoke, aaO., S. 201/202, heisst es zwar, dass dies die Nacht zum 29. gewesen sei, doch erfolgte die Rückverlegung tatsächlich bereits am 28.8.

[1449] die Zahlenangaben von Knoke erscheinen doch eher übertrieben, besonders was den "Fuhrpark" seiner Gruppe anbetrifft

ufer der Aisne zurück. Auf dem Rollfeld barg das letzte Fahrzeug der Gruppe, ein Kübelwagen des Nachrichtenzuges, die letzten Kabel der Ringleitung. Nachdem der letzte Meter aufgerollt war, setzte auch er sich über die Aisne-Brücke ab.

Dann verliess auch ich unsere Unterkunft; mit meinem schnellen Ford V-8 wand ich mich durch das Fahrzeuggewühl auf der einzigen freien Strasse nach Laon. Als ich von einer Höhe nördlich Vailly zurückblickte, gingen unter heftigen Detonationen die Brücken hinter uns in die Luft. Vor Laon, das eine knappe Stunde zuvor von mehreren Marauder Verbänden bombardiert worden war und an allen Ecken und Enden brannte, wurden die sich stauenden Kolonnen pausenlos von Jabos angegriffen. Überall brannten Fahrzeuge, die den Feindangriffen schutzlos preisgegeben waren. Stundenlang wartete ich in einem Gebüsch abseits der Strasse das Ende der Angriffe ab. Es wurde Nacht, bevor wir die brennenden Strassen Laons durchfahren konnten. Eine schwere Sorge belastete mich - was war aus meinen Männern auf ihren Fahrzeugen geworden ? Die Nachtfahrt bei Tarnscheinwerferlicht erforderte höchste Konzentration. Mein Fahrer und ich lösten uns ab. Immer noch stauten sich die endlosen Kolonnen, überall lagen unsere Fahrzeuge fest. Die französischen Widerstandskämpfer hatten die Strassen mit Nägeln und kleinen Tretminen verseucht.

In den Morgenstunden befiel uns der Schlaf; es war ein wenig zu viel geworden in den letzten Tagen. Ich fuhr in ein Waldstück. Am Steuer schlief ich ein paar Stunden; neben mir schnarchte mein Fahrer. [1450]

Vor der Räumung mussten vier unklare Maschinen in Vailly gesprengt werden, während die wenigen noch einsatzbereiten Messerschmitts des Geschwaderstabs und der III./JG 1 zur Verlegung nach Cerfontaines starteten, wohin sich auch die II./JG 11 im Laufe des Morgens auf den Weg machte [1451]. Bei der Landung auf dem neuen Platz kam es zu einem schweren Unfall, als die Maschinen von Uffz. Ewald Roth von der 10./JG 1 und von Uffz. Josef Bock von der 8./JG 11 zusammenstiessen und abstürzten, wobei beide Flugzeugführer den Tod fanden. Auch am Boden kam es zu einem Zusammenstoss, in den zwei Messerschmitts der II./JG 11 verwickelt waren - Olt. Langheld von der 5./JG 11 rollte nach der Landung von hinten auf die Maschine von Lt. Köhne und rasierte neben dem Rumpfende die linke Tragfläche glatt ab. Walter Köhne hatte grosses Glück, diesen Zwischenfall ebenso wie Olt. Langheld unverletzt zu überstehen [1452]. Auch die I./JG 11 verlegte - vermutlich - an diesem Tage von Reims nach Osten, doch sind Einzelheiten über ihrer Rückverlegung ins Reich nicht bekannt.

Während der folgenden Tage lagen die Reste der III./JG 1 und der II./JG 11 in Cerfontaines [1453], ohne von dort aus noch eingesetzt zu werden; Gerüchte gingen um, die von einer Auflösung der III./JG 1 wissen wollten, andere besagten, dass die Gruppe wieder aufgerüstet und erneut im Westen eingesetzt werden sollte [1454]. Zunächst aber deutete alles darauf hin, dass alsbald weiter zurück verlegt würde und tatsächlich erfolgte am **2. September 1944** für beide Gruppen der Befehl zur Rückverlegung ins Reich,

---

[1450] Knoke, aaO., S. 201 - 203

[1451] lt. Flugbuch Walter Köhne startete er um 10.45 Uhr in Beaurieux zur Überführung nach Cerfontaines und traf dort um 11.30 Uhr ein, Ernst Richter verlegte von 11.30 - 12.10 Uhr

[1452] Bericht Walter Köhne, 11.10.1993; ursächlich für die Probleme bei der Landung war nach seiner Erinnerung ein falsch ausgelegtes Landekreuz, weswegen er Obstlt. Rödel, Kommodore des JG 27 und ranghöchster Offizier am Platz, ansprach, sich dabei jedoch eine barsche Abfuhr einhandelte - mit den Worten "*Dann legen Sie es doch richtig hin !*" wurde Walter Köhne stehen gelassen

[1453] wo die Gruppen weiterhin dem Stab/JG 27 in Florennes unterstellt blieben; unter dem 31.8.1944 meldete die III./JG 1 ihre Stärke dort mit 8/5 Bf 109 G, während die II./JG 11 noch 32/22 Bf 109 G aufwies - Stärkemeldungen Tagjagdverbände, Meldetag 31.8.1944, Unterlagen Studiengruppe Lw., FüAk. Bw.

[1454] Knoke, aaO., S. 204/205

der auch die I./JG 11 betroffen haben dürfte. Die II./JG 11 verlegte an diesem Tage zunächst nach Köln und von dort aus zwei Tage später nach Gymnich [1455], während die III./JG 1 auf den Feldflugplatz von Burbach im Westerwald kam [1456]. Die I./JG 11 verlegte unterdessen zurück nach Wiesbaden [1457].

Damit endeten für die JG 1 und 11 beinahe drei Monate härtesten und verlustreichen Einsatzes zur Abwehr der alliierten Invasion in Rückzug und einer bitteren Niederlage. Diese blieb verständlicherweise nicht ohne Auswirkungen auf die Moral der Flugzeugführer, wurde doch das Vertrauen auf einen für das Deutsche Reich günstigen Ausgang des Krieges mit dem Gelingen der alliierten Invasion und dem Verlust Frankreichs ganz erheblich angeschlagen bzw. ging es gänzlich verloren. Die älteren und erfahreneren unter den Männern waren nachdenklich geworden und waren weit entfernt von dem ungestümen Draufgängertum früherer Tage, während die jungen, frisch an die Front versetzten Flugzeugführer, durch das auf den Jagdfliegerschulen vermittelte Zerrbild vom " glorreichen " Einsatz an der Front verleitet, ehrgeizig und von dem Willen beseelt, ihr Leben für die vermeintlich gerechte Sache des Reiches in die Waagschale zu werfen, nach wie vor " zum Einsatz drängten ", wie es in der vom verlogenen Pathos geprägten Sprachregelung der Propaganda hiess. Bei aller Skepsis auf Seiten der älteren und der hohen Kampfmoral der Nachwuchsflieger gab es gleichwohl eine Überzeugung, die sie in ihrem weiteren Kampf einte - Georg Füreder hat dies folgendermassen beschrieben:

Für den Einsatz nach der gelungenen Invasion der Alliierten war die Erkenntnis bedeutsam, dass zwar der Krieg nicht mehr zu gewinnen war, dass es aber weiterhin galt, die Kriegsauswirkungen auf unsere Heimat einzudämmen. Für uns Jagdflieger war dies entscheidend, denn die Bombenwerfer kamen nach wie vor täglich und unser Schutzauftrag erlaubte keine Abstriche. Nur wenige von uns entzogen sich mutwillig dieser Aufgabe. [1458]

Zieht man eine Bilanz unter den Einsatz der JG 1 und 11 zur Abwehr der Invasion in Frankreich zwischen dem 6. Juni und dem 31. August 1944, wird das ganze Ausmass der während dieser Zeit erlittenen Niederlage deutlich; wenngleich die dort eingetretenen Verluste durchweg unter denen des Abwehrkampfes über dem Reich in den Monaten davor lagen, war der Kampf in Frankreich durch die völlige Wirkungslosigkeit des eigenen Abwehreinsatzes geprägt. In den Kämpfen dort schmolzen die Gruppen in wenigen Tagen dahin, ohne mit ihrem Einsatz irgend einen nennenswerten Einfluss auf das Geschehen am Boden nehmen zu können und mussten sich dabei zudem noch den Vorwurf von Seiten der Heerestruppen anhören, wonach die Luftwaffe versagt hätte. So berechtigt dies aus der Sicht des Heeres angesichts der beinahe uneingeschränkten alliierten Luftherrschaft über dem Invasionskampfraum auch erscheinen mochte, war dies nicht eine Frage des Versagens der einzelnen Jagdgeschwader oder gar der einzelnen fliegenden Besatzungen, sondern die Folge der grundsätzlichen Fehlentwicklung der Luftwaffe und der von Beginn der Invasion an gegebenen Stärkeverhältnisse, die den Einsatz der wenigen deutschen Verbände notwendig zum Scheitern verurteilen mussten. Zugleich damit erlitt die deutsche Luftwaffe in Frankreich eine weitere entscheidende Niederlage, denn sie büsste in den Abwehrkämpfen gegen die Invasion unersetzliche Substanz ihrer ohnehin viel zu geringen Tagjagdkräfte ein, die sowohl während der Kämpfe in Frankreich als auch insbesondere während der kommenden Monate in den Abwehrschlachten über dem Reichsgebiet schmerzlich fehlen sollte. Am Ende des Abwehreinsatzes war ein Grossteil der zuletzt im Westen eingesetzten Geschwader und Gruppen aufgerieben und in einem nicht mehr kampffähigen Zustand, so dass diese wochen- und monatelang für den weiteren Abwehreinsatz ausfielen.

[1455] Flugbuch Walter Köhne

[1456] Knoke, aaO., S. 204; Brief Hans Halbey, 13.8.1993

[1457] Aufzeichnungen Hans Schrangl

[1458] Brief Georg Füreder, 3.8.1993

In absoluten Zahlen ausgedrückt sahen die Verluste der JG 1 und 11 während des Abwehreinsatzes in Frankreich wie folgt aus [1459]:

Verluste der JG 1 und 11 Abwehreinsatz in Frankreich - 6.6. bis 31.8.1944									
	Flugzeugführer						Flugzeuge			
	gefallen		gefangen		verwundet		60 - 100%		10 - 60%	
	m.F.	o.F.	m.F.	o.F.	m.F.	o.F.	m.F.	o.F.	m.F.	o.F.
Stab/JG 1	0	0	0	0	0	0	0	0	0	1
I./JG 1	30	4	3	0	9	4	64	6	16	13
II./JG 1	24	3	3	0	2	1	44	5	14	20
III./JG 1	31	4	7	0	13	2	69	15	10	25
I./JG 11	32	5	1	0	14	1	64	9	17	10
II./JG 11	19	3	4	0	4	2	37	14	3	41
	136	19	18	0	42	10	278	49	60	110

Demgegenüber konnten die beiden Geschwader während desselben Zeitraums auf insgesamt 212 Abschüsse verweisen, die sich folgendermassen aufteilten

Stab/JG 1	10	
I./JG 1	50	(davon 9./JG 77 - 11)
II./JG 1	32	(davon 7./JG 51 - 15)
III./JG 1	75	
I./JG 11	44	
II./JG 11	46	

Bemerkenswert ist dabei das vergleichsweise gute Abschneiden der III./JG 1, die - obwohl nur mit drei Staffeln im Einsatz - nach der Zahl ihrer Abschüsse die mit Abstand erfolgreichste beider Geschwader während des Abwehreinsatzes in Frankreich war, was nicht zuletzt das Verdienst der energischen und umsichtigen Führung Hptm. Erich Woitkes und, nach seiner Verwundung, Hptm. Alfred Grislawskis war; in den schweren Einsätzen über dem Invasionskampfraum hatte die zuletzt nicht vom Erfolg verwöhnte Gruppe endgültig bewiesen, dass sie den beiden anderen Gruppen des JG 1 in nichts nachstand. Ebenso bemerkenswert umgekehrt das im Verhältnis schlechte Abschneiden der II./JG 1, wobei zudem zu berücksichtigen ist, dass von den 32 gemeldeten Abschüssen mit 15 fast die Hälfte allein auf die der Gruppe als vierte Staffel unterstellte 7./JG 51 entfielen [1460].

[1459] in der nachfolgenden Aufstellung sind die Zahlen der 9./JG 77 bei der I./JG 1, der 7./JG 51 bei der II./JG 1 und die der 10./JG 11 bei der I./JG 11 eingestellt; wie üblich dürften die Meldungen im Bereich der geringeren Schadensgrade unvollständig sein

[1460] wobei allerdings auch zu berücksichtigen ist, dass die I. und II./JG 1 sowie die I./JG 11 zu Beginn des Abwehreinsatzes in Frankreich in einigem Umfang zu Tiefangriffen herangezogen wurden. Interessant ist schliesslich ein Vergleich der unter Berücksichtigung der Auffrischungszeiten im Reichsgebiet bei den fünf Gruppen angefallenen Einsatztage in Frankreich - I./JG 1 = 61 Tage, II./JG 1 = 61 Tage, III./JG 1 = 59 Tage, I./JG 11 = 56 Tage und II./JG 11 = 48 Tage

So schwer die Erfolge der beiden Geschwader angesichts der obengenannten Verluste erkämpft waren, mussten sie doch in Anbetracht der bekannten Kräfteverhältnisse am Himmel über der Normandie ohne Bedeutung für den Ausgang der Schlacht um Frankreich bleiben.

Am Boden hatte der Rückzug der deutschen Armeen unterdessen die Formen einer nahezu ungezügelten Flucht angenommen; fast nirgends trafen die vorstürmenden alliierten Verbände noch auf ernsthaften Widerstand - wo ihnen der Rückweg abgeschnitten war, ergaben sich die deutschen Verbände in grosser Zahl [1461]. Am 30. August war Rouen gefallen, in den ersten Tagen des September erreichten die Spitzen der alliierten Verbände bereits belgisches Gebiet. Am 3. September 1944 besetzten britische Truppen Brüssel und am darauffolgenden Tage fiel der fast unzerstörte Hafen von Antwerpen in die Hände der britischen 2. Armee, während auch die Spitzen der amerikanischen Truppen an diesem Tage die belgische Grenze und am 11. September erstmals die deutsche Reichsgrenze erreichten [1462]. Unterdessen waren auch die am 15. August 1944 in Südfrankreich gelandeten alliierten Kräfte weit vorgestossen und konnten bis an die Schweizer Grenze aufschliessen und eine gemeinsame Landfront mit den in der Normandie gelandeten Armeen herstellen [1463]. Danach aber verlangsamte sich der alliierte Vormarsch und kam bis Mitte September 1944 allerorten zum Stehen; dies war indes weniger das Verdienst einer sich versteifenden deutschen Abwehr als vielmehr die Folge ernstlicher Nachschubprobleme, die durch die mittlerweile erheblich überdehnten Nachschubwege hervorgerufen wurden [1464]. Allein die britische 2. Armee war seit dem 30. August 1944 innerhalb von sechs Tagen über 400 Kilometer in Richtung Osten vorangekommen.

Die deutschen Verluste während der Kämpfe der vorangegangenen zwölf Wochen betrugen rund eine halbe Million Mann an Gefallenen, Vermissten, Gefangenen und Verwundeten; die jetzt auf die Reichsgrenze zurückfallenden Armeen waren nur noch ein Schatten ihrer selbst - so verfügte die Heeresgruppe B von 2.300 Panzern, mit denen sie am 6. Juni den Kampf gegen die Invasionsarmeen aufgenommen hatte, Ende August 1944 noch über rund 100. Die Alliierten hatten unterdessen über 2.100.000 Mann und 460.000 Fahrzeugen an Land geschafft - eine gewaltige Streitmacht, die zum Angriff auf das Reich bereitstand [1465].

[1461] Piekalkiewicz, Invasion, S. 249 ff; Cartier, aaO., Bd. 2, S. 891

[1462] zu den weiteren Stationen des alliierten Vormarsches vgl. Cartier, aaO. Bd. 2, S. 892/893; der erste Vorstoss auf deutsches Gebiet erfolgte bei Stolzenburg an der Our an der deutsch/luxemburgischen Grenze

[1463] dies geschah am 7.9.1944 bei Dijon, wo die Spitzen der 3. und 7. US-Armee aufeinandertrafen

[1464] vgl. dazu ausführlich Piekalkiewicz, Invasion, S. 259 ff; auch zu dieser Zeit liefen noch 95% des alliierten Nachschubs über die Calvados-Küste in der Normandie

[1465] Jacobsen/Rohwer, aaO., S. 430; KTB OKW 1944/45 Teil I, S. 363 ff; Piekalkiewicz, Invasion, S. 259 ff; Cartier, aaO., Bd. 2, S. 892 ff

Anhang zum 2. Teil

Verlustaufstellung JG 1 und 11, 1. Januar bis 2. September 1944	1156
Abschussliste JG 1 und 11, 1. Januar bis 31. August 1944	1200
Tagesbefehl 3. Jagddiv. zum Einsatz vom 11. Januar 1944	1215
Aufstellung Haupteinsätze der USAAF in der " BIG WEEK "	1216
Aufstellung Auswirkungen der US-Bombenoffensive auf die Flugzeugherstellung des Deutschen Reiches	1217
Aufstellung Abschussmeldungen Tagjagd in Frankreich, Juni 1944	1218
Aufstellung Abschussmeldungen Tagjagd in Frankreich, Juli 1944	1219
Aufstellung Einsatzzeiten der deutschen Tagjagdverbände in Frankreich 6. Juni bis 31. August 1944	1220
Ergänzungen und Berichtigungen zum 1. Teil der Geschichte der JG 1 und 11	1221

Verlustaufstellung Jagdgeschwader 1 und 11
1. Januar 1944 - 31. August 1944

Die nachfolgende Verlustaufstellung der Jagdgeschwader 1 und 11 beruht im wesentlichen auf drei Quellengrundlagen, nämlich zum einen den namentlichen Verlustmeldungen der fliegenden Verbände, die derzeit in der WASt. verwahrt werden, für den Zeitraum Januar bis März 1945 den Generalquartiermeistermeldungen betreffend die Flugzeugverluste der Einsatzverbände sowie den summarischen Flugzeugverlustmeldungen der fliegenden Verbände, die die täglichen Verluste, grob gegliedert nach Verlustursachen, beinhalten. Letzterer Quelle kommt angesichts der Tatsache, dass es bislang nicht gelungen ist, die Generalquartiermeistermeldungen für die Verluste der fliegenden Verbände für das Jahr 1944 aufzufinden, besondere Bedeutung zu, weil sie jedenfalls die Anzahl und Ursache der reinen Materialverluste, die nicht zugleich auch Personalverluste zur Folge hatten, erkennen lässt. Weitere Angaben flossen aus einer Vielzahl von Einzelunterlagen wie z.B. Flugbüchern, Bruchbergungsberichten, Einzelmeldungen verschiedenster Herkunft usw. in die Verlustaufstellung ein. Die besonders in den letzten Kriegswochen nur als chaotisch zu bezeichnenden Verhältnisse sind dabei ursächlich dafür, dass die Verlustangaben für die Zeit ab spätestens März 1945 vermutlich erhebliche Lücken aufweisen, doch auch im Februar 1945 weisen die Quartiermeistermeldungen bereits etliche Tage auf, für die keine Meldungen erhalten geblieben sind. Die namentlichen Verlustmeldungen WASt. reichen, von Gruppe zu Gruppe unterschiedlich, bis in den März 1945, die summarischen Verlustmeldungen enden bereits mit dem 28. Januar 1945, wobei etwa die Meldungen für das JG 11 bereits ab Mitte Januar 1945 mehr oder weniger fehlen.

Die nachfolgende Aufstellung folgt dabei hinsichtlich der reinen Materialverluste grundsätzlich den Angaben der summarischen Verlustmeldungen - RL 2/III/852 ff - und übernimmt deren Gliederung in Bezug auf die wesentlichen Verlustursachen, ohne allerdings mit Rücksicht auf die Übersichtlichkeit im einzelnen alle Unterscheidungen - wie etwa die danach, ob der betreffende Verlust mit oder ohne Feindbeobachtung eintrat - zu übernehmen. Soweit im folgenden von Verlusten infolge von "*Betriebstörungen*" die Rede ist, handelt es sich dabei im weitesten Sinne um Verluste durch Unfälle jeder Art, sei es am Boden oder in der Luft. Verluste infolge "*technischer Mängel*" bei Feindflügen sind Einsatzverluste, die nicht auf Feindeinwirkung zurückzuführen sind.

Verluste der Jagdgeschwader 1 und 11 - Einsatz in der Reichsverteidigung
1. Januar bis 6. Juni 1944

Datum	Einheit	Name		Ursache	Flugzeug	Werknr.	Verlust
03.01.44	II./JG 1	N.N.	-	Feindflug, technische Mängel, Ort unbekannt, 100%	Fw 190 A-		
04.01.44	3./JG 1	Uffz. Robert Hain	+	Luftkampf, Absturz Raum Münster, 100%	Fw 190 A-7	430 184	ge. 7 +
	3./JG 1	Uffz. Dieter Hempler	+	Luftkampf, Absturz Raum Münster, 100%	Fw 190 A-5	1325	ge. 1 +
	I./JG 1	N.N.	-	Luftkampf, Raum Münster, 100%	Fw 190 A-		
	I./JG 1	N.N.	-	Feindflug, technische Mängel, Ort unbekannt, b	Fw 190 A-		
	4./JG 1	Lt. Rudolf Kasischke	-	technische Mängel, Bauchlandung, Rheine, b	Fw 190 A-		
	5./JG 1	Uffz. Karl-Heinz Hauptmann	-	Luftkampf P-47, Absturz PlQ. GF/ GN, FSA, 100%	Fw 190 A-		
	9./JG 1	FhjFw. Albert Lindenschmid	+	höhenkrank, Absturz bei Hilnaarenbeek, 10.45 Uhr, 100%	Bf 109 G-4	19 432	ge. 8 +
	III./JG 1	N.N.		Luftkampf, Ort unbekannt, 100%	Bf 109 G-		
	I./JG 11	N.N.	-	Feindflug, technische Mängel, Ort unbekannt, b	Fw 190 A-		
	I./JG 11	N.N.	-	Feindflug, technische Mängel, Ort unbekannt, b	Fw 190 A-		
	I./JG 11	N.N.	-	Feindflug, technische Mängel, Ort unbekannt, b	Fw 190 A-		
	5./JG 11	Olt. Heinz Knoke Staffelkapitän	verw.	eigene Flak, Raum Münster, Absturz, FSA, 100%	Bf 109 G-		sw. 1 +
	III./JG 11	N.N.		Feindflug, technische Mängel, Ort unbekannt, b	Fw 190 A-		

Datum	Einheit	Name	Status	Ursache/Ort	Typ	W.Nr.	Kennung
05.01.44	1./JG 1	Fw. Alfred Müller	+	Luftkampf 4-mot, Fernstein, 100%	Fw 190 A-7 Y	430 183	ws.10 +
	2./JG 1	Ofhr. Heinz Rutzhofer	+	Luftkampf 4-mot, Prüm, 100%	Fw 190 A-6	550 788	sw. 4 +
	2./JG 1	Fw. Bernhard Kunze	+	Luftkampf, Absturz bei Notlandung Bergisch-Gladbach, b	Fw 190 A-6	550 884	sw. 1 +
	I./JG 1	N.N.	-	Luftkampf, Ort unbekannt, b	Fw 190 A-		
	I./JG 1	N.N.	-	Luftkampf, Ort unbekannt, b	Fw 190 A-		
	I./JG 1	N.N.	-	Betriebstörung, Ort unbekannt, b	Fw 190 A-		
	II./JG 11	Uffz. Kurt Kriese	v.	Luftkampf, Absturz bei Alvesloe / Neumünster, 100%	Bf 109 G-5/U2	26 085	sw.<o +
	4./JG 11	Uffz. Josef Hilge	+	Luftkampf, Absturz bei Alvesloe / Neumünster, 100%	Bf 109 G-6/U4	20 052	ws. 7 +
	II./JG 11	N.N.	(v.)	Luftkampf, Ort unbekannt, 100%	Bf 109 G-		
	II./JG 11	N.N.	-	Luftkampf, Ort unbekannt, b	Bf 109 G-		
	II./JG 11	N.N.	-	Luftkampf, Ort unbekannt, b	Bf 109 G-		
	9./JG 11	Fw. Walter Hinsdorf	+	Absturz Start, Oldendorf, 100%	Bf 109 G-6	18 211	
	10./JG 11	Gefr. Friedemann Gruber	+	Luftkampf 4-mot, über See, 100%	Fw 190 A-5/U12	150 836	
06.01.44	III./JG 1	N.N.	-	Betriebstörung, Ort unbekannt, b	Bf 109 G-		
	8./JG 11	Olt. Karl Goetze Staffelkapitän	+	von Fw. Harlos erschossen, Oldenburg			
08.01.44	I./JG 1	N.N.	-	Betriebstörung, Ort unbekannt, b	Fw 190 A-		
	II./JG 1	N.N.	-	Betriebstörung, Ort unbekannt, b	Fw 190 A-		
10.01.44	III./JG 1	N.N.	-	Feindflug, technische Mängel, Ort unbekannt, b	Bf 109 G-		
	II./JG 11	N.N.	-	Feindflug, Ort und Ursache unbekannt, b	Bf 109 G-		
11.01.44	I./JG 1	N.N.	-	Luftkampf, Ort unbekannt, 100%	Fw 190 A-		
	I./JG 1	N.N.	-	Luftkampf, Ort unbekannt, 100%	Fw 190 A-		
	I./JG 1	N.N.	-	Luftkampf, Ort unbekannt, 100%	Fw 190 A-		
	I./JG 1	N.N.	-	Luftkampf, Ort unbekannt, b	Fw 190 A-		
	I./JG 1	N.N.	-	Feindflug, technische Mängel, Ort unbekannt, 100%	Fw 190 A-		
	I./JG 1	N.N.	-	Feindflug, technische Mängel, Ort unbekannt, 100%	Fw 190 A-		
	I./JG 1	N.N.	-	Feindflug, technische Mängel, Ort unbekannt, b	Fw 190 A-		
	I./JG 1	N.N.	-	Feindflug, technische Mängel, Ort unbekannt, b	Fw 190 A-		
	I./JG 1	N.N.	-	Feindflug, technische Mängel, Ort unbekannt, b	Fw 190 A-		
	5./JG 1	Fw. Günther Kirchner	verw.	Luftkampf, Notlandung Nordhausen, 80%	Fw 190 A-7	430 168	sw.10 + -
	6./JG 1	Uffz. Erwin Mietho	+	Luftkampf B-17, Absturz bei Ohrbeck, 100%	Fw 190 A-6	550 466	ge.13 + -
	II./JG 1	N.N.	-	Luftkampf B-17, PlQ. KA, Absturz, 100%	Fw 190 A-		
	II./JG 1	N.N.	-	Luftkampf B-17, PlQ. KA, b	Fw 190 A-		
	8./JG 1	Uffz. Dagobert Schattner	+	Luftkampf P-47, Absturz bei Bad Bentheim, 100%	Bf 109 G-6	410 517	sw.13 +
	Stab/JG 11	Fw. Hans-Helmut Koch	verw.	Luftkampf, Absturz bei Westerburg, FSA, 100%	Bf 109 G-6	161 156	sw. < + -
	I./JG 11	N.N.	-	Luftkampf, Ort unbekannt, 100%	Fw 190 A-		
	4./JG 11	Gefr. Heinrich Weitzel	+	Luftkampf, Absturz bei Bramsche, 100%	Bf 109 G-5/U2	110 004	ws.13 +
	4./JG 11	Lt. Wolfgang Gloerfeld	verw.	Luftkampf, Absturz bei Nordhausen, FSA, 100%	Bf 109 G-5/U2	110 027	ws. 9 +
	5./JG 11	Lt. Georg Wroblewski	verw.	Luftkampf B-17, Absturz bei Bad Gandersheim, FSA, 100%	Bf 109 G-6	15 484	sw.11 +
	5./JG 11	Uffz. Rudolf Kleinig	+ 100%	Luftkampf, Absturz bei Detmold,	Bf 109 G-6/U4	19 997	sw. 7 +
	6./JG 11	Uffz. Siegrfried Baumgart	verw.	Luftkampf, Bauchlandung bei Hildesheim, b	Bf 109 G-5/U2	110 015	ge. 7 +

Datum	Einheit	Name	Status	Ereignis	Flugzeug	W.Nr.	Kennung
	6./JG 11	Uffz. Hellmuth Bosch	+	Luftkampf, Absturz bei Göttingen, 100%	Bf 109 G-5/U2	15 724	ge.13 +
	II./JG 11	N.N.	-	Luftkampf, Ort unbekannt, b	Bf 109 G-		
	II./JG 11	N.N.	-	Feindflug, technische Mängel, Ort unbekannt, 100%	Bf 109 G-		
	III./JG 11	Fw. Otto Weigand	+	Luftkampf, Raum Goslar, 100%	Bf 109 G-6	20 463	
	7./JG 11	Gefr. Günter Burmeister	+	Luftkampf Jäger, Absturz bei Nordstemmen, 100%	Fw 190 A-6	551 107	
	8./JG 11	Gefr. Herbert Haack	+	Luftkampf 4-mot, Absturz bei Nordstemmen, 100%	Fw 190 A-6	551 137	
	III./JG 11	N.N.	-	Luftkampf, Ort unbekannt, 100%	Fw 190 A-		
	III./JG 11	N.N.	-	Luftkampf, Ort unbekannt, 100%	Fw 190 A-		
	III./JG 11	N.N.	-	Luftkampf, Ort unbekannt, b	Fw 190 A-		
20.01.44	11./JG 11	Uffz. Emil Kohl	+	Absturz, unbekannte Ursache, Kjevik, 100%	Bf 109 T-2		
24.01.44	1./JG 1	Hptm. Alfred Grislawski Staffelkapitän	verw.	Luftkampf 4-mot, Absturz bei Baske, FSA, 100%	Fw 190 A-7 Y	430 167	ws. 1 +
	3./JG 1	Fw. Martin Saller	+	Luftkampf 4-mot, Erlenbach, 100%	Fw 190 A-5	410 194	ge. 3 +
	Sturmst. 1	N.N.	-	Notlandung, Venlo, 80%	Fw 190 A-6		ws. 3 +
	4./JG 1	Ofw. Benno Liper	+	Überschlag Landung, Venlo, 12.24 Uhr, 75%	Fw 190 A-4	2334	sw.12 + -
	5./JG 1	Lt. Harald Schilling	+	Luftkampf P-47, Absturz bei Tournai, 100%	Fw 190 A-6	550 887	sw. 3 + -
	5./JG 1	StFw. Rudolff Martens	+	Luftkampf P-47, Absturz bei Tournai, 100%	Fw 190 A-6	550 755	sw. 9 + -
	5./JG 1	Ofhr. Karl Kremer	verw.	Luftkampf Jäger, Absturz Raum Antwerpen, FSA, 100%	Fw 190 A-6	550 759	sw. 6 + -
	6./JG 1	Lt. Bernhard von Kortzfleisch	verw.	Luftkampf Jäger, Absturz bei Hacqueguins, FSA, 100%	Fw 190 A-6	550 871	ge. 1 + -
	II./JG 1	N.N.	-	Luftkampf Jäger, PlQu. OJ/OH, b	Fw 190 A-		
	II./JG 1	N.N.	-	Luftkampf Jäger, PlQu. OJ/OH, b	Fw 190 A-		
	II./JG 1	N.N.	-	Feindflug, technische Mängel, Ort unbekannt, 100%	Fw 190 A-		
	II./JG 1	N.N.	-	Betriebstörung, Ort unbekannt, 100%	Fw 190 A-		
	II./JG 1	N.N.	-	Betriebstörung, Ort unbekannt, 100%	Fw 190 A-		
	5./JG 11	Uffz. Günter Scholz	+	Motorschaden, Absturz bei Göttingen, 100%	Bf 109 G-6/U4	20 079	sw.13 +
	9./JG 11	Uffz. Siegfried Richter	+	Zusammenstoss, Absturz bei Venlo, 100%	Bf 109 G-6	160 724	ge.12 + I
	9./JG 11	Fw. Rolf Arfsten	+	Zusammenstoss, Absturz bei Venlo, 100%	Bf 109 G-6	160 729	ge.14 + I
26.01.44	I./JG 1	N.N.	-	Betriebstörung, Ort unbekannt, b	Fw 190 A-		
27.01.44	I./JG 1	N.N.	-	Betriebstörung, Ort unbekannt, b	Fw 190 A-		
28.01.44	III./JG 11	N.N.	-	Betriebstörung, Ort unbekannt, b	Fw 190 A-		
29.01.44	I./JG 1	N.N.	-	Feindflug, technische Mängel, Ort unbekannt, b	Fw 190 A-		
	I./JG 1	N.N.		Feindflug, technische Mängel, Ort unbekannt, b	Fw 190 A-		
	6./JG 11	Uffz. Helmut Schumann	+	Absturz Start, in die Propellerbö der Rottenmaschine geraten, Jever 100%	Bf 109 G-5/U2	15 942	ge.10 +
30.01.44	2./JG 1	Uffz. Alex Krones	+	Luftkampf 4-mot, Absturz bei Schapen, 100%	Fw 190 A-7	430 684	sw. 4 +
	2./JG 1	Uffz. Erich Rütter	+	Luftkampf 4-mot, Absturz bei Hannover, 100%	Fw 190 A-7	430 177	sw. 7 +
	3./JG 1	Uffz. Heinz Groller	+	Luftkampf 4-mot, Absturz bei Blomberg, 100%	Fw 190 A-7/R6	430 485	ge.10 +
	I./JG 1	N.N.	-	Feindflug, technische Mängel, Ort unbekannt, 100%	Fw 190 A-		
	I./JG 1	N.N.	-	Betriebstörung, Ort unbekannt, b	Fw 190 A-		
	Sturmst. 1	Fhr. Manfred Derp	+	Luftkampf, Absturz Nordel, bei Esser, 100%	Fw 190 A-6	550 920	ws.11 +

	Sturmst. 1	Uffz. Heinz von Neuenstein	+	Luftkampf, Absturz bei Berber, 100%	Fw 190 A-6	550 798	ws. 6 +
	Sturmst. 1	Lt. Ulrich Blaese	verw.	Luftkampf, Absturz bei Diepholz, FSA, 100%	Fw 190 A-6	550 779	ws.17 +
	Sturmst. 1	N.N.	-	Luftkampf, Ort unbekannt, 100%	Fw 190 A-6		
	Sturmst. 1	N.N.	-	Luftkampf, Ort unbekannt, 100%	Fw 190 A-6		
	Sturmst. 1	N.N.	-	Luftkampf, Ort unbekannt, 100%	Fw 190 A-6		
	Sturmst. 1	N.N.	-	Luftkampf, Ort unbekannt, b	Fw 190 A-6		
	Sturmst. 1	N.N.	-	Luftkampf, Ort unbekannt, b	Fw 190 A-6		
	Sturmst. 1	N.N.	-	Feindflug, technische Mängel, Ort unbekannt, 100%	Fw 190 A-6		
	Sturmst. 1	N.N.	-	Feindflug, technische Mängel, Ort unbekannt, 100%	Fw 190 A-6		
	Sturmst. 1	N.N.	-	Feindflug, technische Mängel, Ort unbekannt, b	Fw 190 A-6		
	Sturmst. 1	N.N.	-	Feindflug, technische Mängel, Ort unbekannt, b	Fw 190 A-6		
	Sturmst. 1	N.N.	-	Feindflug, technische Mängel, Ort unbekannt, b	Fw 190 A-6		
	Sturmst. 1	N.N.	-	Feindflug, technische Mängel, Ort unbekannt, b	Fw 190 A-6		
	II./JG 1	N.N.	-	Luftkampf B-17, Absturz PlQu. GA/GB, 100%	Fw 190 A-		
	II./JG 1	N.N.	-	Luftkampf B-17, Absturz PlQu. GA/GB, 100%	Fw 190 A-		
	II./JG 1	N.N.	-	Luftkampf B-17, Absturz PlQu. GA/GB, b	Fw 190 A-		
	III./JG 1	Hptm. Friedrich Eberle Gruppenkommandeur	verw.	Luftkampf P-47, Absturz bei Apeldoorn, FSA, 100%	Bf 109 G-6	160 303	ws.20 +
	III./JG 1	Uffz. Georg Graf zu Ortenburg	+	Luftkampf Jäger, Absturz bei Zwolle, 100%	Bf 109 G-6	410 213	ws.23 +
	7./JG 1	Hptm. Albert Kind Staffelkapitän	+	Luftkampf P-47, Absturz Raum Deventer, PlQu. GN, 100%	Bf 109 G-6	410 565	ws. 1 +
	7./JG 1	Fw. Max Finsterwald	+	Luftkampf P-47, Absturz Raum Deventer, PlQu. GN, 100%	Bf 109 G-6	15 946	ws.15 +
	7./JG 1	Ogefr. Rudolf Theyssen	verl.	Spritmangel, Bauchlandung Gronau, b	Bf 109 G-6	160 670	ws. 5 +
	7./JG 1	Fw. Georg Reinfelder	+	Luftkampf, Absturz bei Lutherberg, FSA, hängengeblieben, 100%	Bf 109 G-6	15 727	ws.12 +
	8./JG 1	Uffz. Otto Tillack	+	Luftkampf Jäger, Absturz bei Zwolle, 100%	Bf 109 G-6	27 023	sw.10 +
	8./JG 1	Uffz. Theodor Hörwick	+	Luftkampf Jäger, Absturz über der Scheldemündung, 100%	Bf 109 G-6	411 134	sw. 7 +
	8./JG 1	Fw. Martin Fink	verw.	Luftkampf P-47, Absturz bei Enschede, FSA, 100%	Bf 109 G-6	410 415	sw.14 +
	III./JG 1	N.N.	-	Luftkampf, Ort unbekannt, b	Bf 109 G-		
	I./JG 11	N.N.	-	Luftkampf, Ort unbekannt, b	Fw 190 A-		
	4./JG 11	Fw. Helmut Harz	+	Luftkampf, Raum Vaasen, 100%	Bf 109 G-5/U2	27 124	ws.10 +
	4./JG 11	Uffz. Erich Reichwein	+	auf Feindflug vermisst, Ort und Ursache unbekannt, 100%	Bf 109 G-6/U4	20 701	ws. 7 +
	4./JG 11	Uffz. Rudi Lennhoff	-	Luftkampf P-47, Absturz 10 km nördlich Apeldoorn, FSA, 100%	Bf 109 G-6/U4		ws.12 +
	5./JG 11	Uffz. Hans Nowotny	+	Luftkampf, Raum Arnheim, 100%	Bf 109 G-6	27 128	sw.<0 +
	5./JG 11	Olt. Heinz Knoke Staffelkapitän	-	Luftkampf Jäger, Motortreffer, Bauchlandung bei Hilversum, b	Bf 109 G-		sw. 1 +
	5./JG 11	FhjFw. Hans Raddatz	-	Luftkampf Jäger, Notlandung Hilversum, b	Bf 109 G-		
	6./JG 11	Uffz. Gotthard Bogusch	+	Luftkampf, Ort unbekannt, 100%	Bf 109 G-6	161 169	ge.14 +
	6./JG 11	Uffz. Horst Quietzsch	v.	auf Feindflug vermisst, Ort und Ursache unbekannt, 100%	Bf 109 G-6	410 210	ge. 4 +
	II./JG 11	N.N.	-	Luftkampf, Ort unbekannt, 100%	Bf 109 G-		
	II./JG 11	N.N.	-	Luftkampf, Ort unbekannt, 100%	Bf 109 G-		
	II./JG 11	N.N.	-	Luftkampf, Ort unbekannt, 100%	Bf 109 G-		
	II./JG 11	N.N.	-	Luftkampf, Ort unbekannt, 100%	Bf 109 G-		
	II./JG 11	N.N.	-	Luftkampf, Ort unbekannt, b	Bf 109 G-		
31.01.44	8./JG 1	N.N.	-	Luftkampf, Absturz bei St. Akligsland (?), FSA, 100%	Bf 109 G-6		sw. 2 +
	9./JG 1	Uffz. Helmuth Seynisch	-	Spritmangel, Bauchlandung 6 km nördlich Nimwegen, 45%	Bf 109 G-6		

	III./JG 1	N.N.	-	Luftkampf, Ort unbekannt, 100%	Bf 109 G-		
	III./JG 1	N.N.	-	Feindflug, technische Mängel, Ort unbekannt, 100%	Bf 109 G-		
	III./JG 1	N.N.	-	Feindflug, technische Mängel, Ort unbekannt, 100%	Bf 109 G-		
	III./JG 1	N.N.	-	Feindflug, technische Mängel, Ort unbekannt, b	Bf 109 G-		
03.02.44	1./JG 1	Gefr. Bernhard Boose	+	Überführungsflug, Absturz bei Ostbüren, 100%	Fw 190 A-7	430 175	ws.23 +
	9./JG 1	Ofw. Gerhard Flemming	+	Luftkampf, Absturz bei Wachtum, 100%	Bf 109 G-6	410 881	ge. 4 +
	7./JG 11	Lt. Helfried Pollack	+	Luftkampf Jäger, Absturz bei Eckwarden, 100%	Fw 190 A-6	530 308	PJ + VC
	III./JG 11	N.N.	-	Luftkampf, Ort unbekannt, 100%	Fw 190 A-		
	III./JG 11	N.N.	-	Luftkampf, Ort unbekannt, b	Fw 190 A-		
04.02.44	I./JG 1	N.N.	-	Betriebstörung, Ort unbekannt, b	Fw 190 A-		
	I./JG 11	N.N.	-	Betriebstörung, Ort unbekannt, b	Fw 190 A-		
05.02.44	III./JG 1	N.N.	-	Feindflug, technische Mängel, Ort unbekannt, b	Bf 109 G-		
	I./JG 11	N.N.	-	Feindflug, technische Mängel, Ort unbekannt, b	Fw 190 A-		
08.02.44	2./JG 1	Fw. Hermann Köhne	+	Luftkampf 4-mot, Absturz bei Charleville, 100%	Fw 190 A-7	430 686	sw. 7 +
	2./JG 1	Gefr. Siegfried Marek	+	Luftkampf 4-mot, Absturz Raum Luxemburg, 100%	Fw 190 A-7	430 187	sw. 8 +
	3./JG 1	Fw. Gerhard Giese	+	Luftkampf 4-mot, Absturz bei Charleville, 100%	Fw 190 A-7	340 283	ge. 6 +
	I./JG 1	N.N.	-	Luftkampf, Ort unbekannt, 100%	Fw 190 A-		
	I./JG 1	N.N.	-	Luftkampf, Ort unbekannt, 100%	Fw 190 A-		
	I./JG 1	N.N.	-	Luftkampf, Ort unbekannt, b	Fw 190 A-		
	I./JG 1	N.N.	-	Feindflug, technische Mängel, Ort unbekannt, b	Fw 190 A-		
	I./JG 1	N.N.	-	Feindflug, technische Mängel, Ort unbekannt, b	Fw 190 A-		
	I./JG 1	N.N.	-	Feindflug, technische Mängel, Ort unbekannt, b	Fw 190 A-		
	I./JG 1	N.N.	-	Feindflug, technische Mängel, Ort unbekannt, b	Fw 190 A-		
	I./JG 1	N.N.	-	Feindflug, technische Mängel, Ort unbekannt, b	Fw 190 A-		
	4./JG 1	Ogefr. Kurt Kramss	+	Luftkampf P-47, Absturz südöstlich Brüssel, 100%	Fw 190 A-6	551 145	ws.11 + -
	4./JG 1	Olt. Eberhard Burath	-	Luftkampf P-47, Spritmangel, Bauchlandung südlich Lüttich, b	Fw 190 A-		ws.12 + -
	5./JG 1	Fw. Otto Schmid	-	Luftkampf P-47, Motortreffer, Absturz PlQu. QJ, 100%	Fw 190 A-		sw. 7 + -
	II./JG 1	N.N.	-	Luftkampf P-47, Absturz PlQu. QJ, 100%	Fw 190 A-		
	7./JG 1	Olt. Günther Witt Staffelkapitän	verw.	Luftkampf P-47, Absturz Raum Luxemburg, FSA, 100%	Bf 109 G-6	15 406	ws. 2 +
	7./JG 1	Uffz. Wilhelm Kräuter	verw.	Luftkampf P-47, Absturz bei Dinant, FSA, 100%	Bf 109 G-6	410 515	ws.11 +
	7./JG 1	Fw. Gustav Schulze	+	Luftkampf P-47, Absturz bei Arlon, 100%	Bf 109 G-6	411 029	ws.24 +
	9./JG 1	Fw. Richard Guthmann	+	Luftkampf P-47, Absturz bei Polleur, 100%	Bf 109 G-6	411 081	ge.15 +
	III./JG 1	N.N.	-	Luftkampf, Ort unbekannt, b	Bf 109 G-		
	III./JG 1	N.N.	-	Betriebstörung, Ort unbekannt, b	Bf 109 G-		
09.02.44	Stab/JG 11	N.N.	-	Betriebstörung, Ort unbekannt, 100%	Bf 109 G-		
10.02.44	I./JG 1	N.N.	-	Feindflug, technische Mängel, Ort unbekannt, 100%	Fw 190 A-		
	I./JG 1	N.N.	-	Feindflug, technische Mängel, Ort unbekannt, 100%	Fw 190 A-		
	4./JG 1	Lt. Rudolf Kasischke	+	Luftkampf P-47, Absturz nordöstlich Rheine, 100%	Fw 190 A-7	430 673	ws. 2 + -

	4./JG 1	Olt. Eberhard Burath	-	Luftkampf B-17, Absturz 30 km nördlich Helmstedt, FSA, 100%	Fw 190 A-		ws.13 + -
	4./JG 1	Uffz. Helmut Stiegler	-	Luftkampf, Bauchlandung 25 km südlich Diepholz, b	Fw 190 A-		
	5./JG 1	Uffz. Harald Feist	-	Luftkampf, Bauchlandung 5 km östlich Meppen, b	Fw 190 A-		
	II./JG 1	N.N.	-	Feindflug, technische Mängel, Ort unbekannt, b	Fw 190 A-		
	9./JG 1	Uffz. Karl Hitter	+	Luftkampf Jäger, Absturz bei Ahaus, Krs. Münster/Westf., 100%	Bf 109 G-6	160 719	ge.12 +
	9./JG 1	Lt. Kaiser	-	Zusammenstoss mit Startwagen, Venlo, b	Bf 109 G-6		ge. 8 +
	III./JG 1	N.N.	-	Luftkampf, Ort unbekannt, 100%	Bf 109 G-		
	I./JG 11	Lt. Hans Schrangl	-	Luftkampf, Absturz Raum Lingen, FSA, 100%	Fw 190 A-		
	1./JG 11	Uffz. Arno Mattes	+	Luftkampf, Absturz bei Emlichheim, Krs. Bentheim, 100%	Fw 190 A-7	430 669	
	1./JG 11	Uffz. Rudolf Kuhrz	+	Luftkampf, Absturz bei Diffelten, 100%	Fw 190 A-7	340 278	
	1./JG 11	Fw. Berthold Jochim	verw.	Luftkampf, Absturz bei Bathorn, Krs. Bentheim, 100%	Fw 190 A-7	340 285	
	3./JG 11	Uffz. Franz Keller	verw.	Luftkampf 4-mot, Absturz bei Lingen, 100%	Fw 190 A-6	550 780	
	3./JG 11	Fw. Alfred Gaedicke	+	Luftkampf 4-mot, Absturz bei Rühle/Emsland, 100%	Fw 190 A-7	430 165	
	3./JG 11	Uffz. Martin Weipprecht	+	Luftkampf, Absturz bei Hesepe/Twist, 100%	Fw 190 A-7	430 690	
	I./JG 11	N.N.	-	Feindflug, technische Mängel, Ort unbekannt, 100%	Fw 190 A-		
	4./JG 11	Ofhr. Helmut Winter	+	auf Feindflug vermisst, Ort und Ursache unbekannt, 100%	Bf 109 G-6	161 165	ws. 7 +
	4./JG 11	Uffz. Rudi Lennhoff	+	Luftkampf, Absturz, Ort unbekannt, 100%	Bf 109 G-6/U4	20 745	ws. 3 +
	4./JG 11	Uffz. Horst Schneider	verw.	Luftkampf, Absturz Raum Rheine, FSA, 100%	Bf 109 G-6	161 303	ws.11 +
	4./JG 11	Uffz. Gerhard Trostmann	verw.	Luftkampf, Absturz bei Achmer,	Bf 109 G-6	410 892	ws. 2 +
	5./JG 11	FhjFw. Hans Raddatz	+	Luftkampf, Absturz Raum Münster, 100%	Bf 109 G-6/U4	20 800	sw. 9 +
	5./JG 11	Uffz. Alfred Arndt	v.	auf Feindflug vermisst, Ort und Ursache unbekannt, 100%	Bf 109 G-6	16 499	ge. 1 +
	6./JG 11	Uffz. Erich Freiwirth	+	Luftkampf, Raum Hannover, 100%	Bf 109 G-6	410 779	ge. 4 +
	II./JG 11	N.N.	-	Luftkampf, Ort unbekannt, b	Bf 109 G-		
	II./JG 11	N.N.	-	Feindflug, technische Mängel, Ort unbekannt, b	Bf 109 G-		
	7./JG 11	Uffz. Jakob Held	verl.	Notlandung, Plantlünne, b	Fw 190 A-5	710 061	
	7./JG 11	Flg. Viktor Widmaier	verw.	Luftkampf, Absturz bei Bentheim, FSA, 100%	Fw 190 A-6	470 066	ws. 7 + l
	8./JG 11	Uffz. Harald Cuntz	+	Luftkampf Jäger, Absturz bei Nordhorn, 100%	Fw 190 A-4	7079	
	8./JG 11	Uffz. Karl-Gustav Hentschel	+	Luftkampf Jäger, Absturz bei Oldenzaal, 100%	Fw 190 A-5	1176	
	8./JG 11	Fw. Werner Schramm	+	Luftkampf Jäger, Absturz bei Oldenburg, 100%	Fw 190 A-7	430 493	
	9./JG 11	Uffz. Leo Demetz	+	Luftkampf, Absturz bei Venlo, 100%	Fw 190 A-7	430 190	
	III./JG 11	N.N.	-	Feindflug, technische Mängel, Ort unbekannt, 100%	Fw 190 A-		
	III./JG 11	N.N.	-	Feindflug, technische Mängel, Ort unbekannt, b	Fw 190 A-		
11.02.44	3./JG 1	Uffz. Lothar Hänert	+	Überschlag Start, Rheine,	Fw 190 A-7	340 277	ge.10 +
	I./JG 1	N.N.	-	Feindflug, technische Mängel, Ort unbekannt, 100%	Fw 190 A-		
	I./JG 1	N.N.	-	Feindflug, technische Mängel, Ort unbekannt, 100%	Fw 190 A-		
	I./JG 1	N.N.	-	Betriebstörung, Ort unbekannt, b	Fw 190 A-		
	5./JG 1	Uffz. Erich Negraszus	+	Überschlag Landung, Koblenz-Karthause, 100%	Fw 190 A-7	430 172	sw. 1 + -
	II./JG 1	N.N.	-	Feindflug, technische Mängel, Ort unbekannt, 100%	Fw 190 A-		
	3./JG 11	Olt. Hans-Heinrich Koenig Staffelkapitän	-	Luftkampf, Absturz westlich Saarbrücken, FSA, 100%	Fw 190 A-		
	I./JG 11	N.N.	-	Feindflug, technische Mängel, Ort unbekannt, b	Fw 190 A-		
	4./JG 11	Uffz. Andreas Reissle	verw.	Luftkampf P-51, Raum Homburg/Saar, gerammt, 100%	Bf 109 G-6	161 183	ws.10 +
	4./JG 11	Ofw. Erich Gaumert	+	Luftkampf, Absturz bei Lauterecken, 100%	Bf 109 G-6	26 014	ws. 9 +

1162

Date	Unit	Name	Status	Cause	Aircraft	W.Nr.	Code
	6./JG 11	Uffz. Erich Höfig	+	Luftkampf, Absturz bei Limbach, südlich Kirn, 100%	Bf 109 G-6	410 806	ge. 5 +
	9./JG 11	Uffz. Werner Veid	v.	Ort und Ursache unbekannt, 100%	Fw 190 A-	100 750	
	III./JG 11	N.N.	-	Feindflug, technische Mängel, Ort unbekannt, 100%	Fw 190 A-		
	III./JG 11	N.N.	-	Feindflug, technische Mängel, Ort unbekannt, b	Fw 190 A-		
	III./JG 11	N.N.	-	Betriebstörung, Ort unbekannt, 100%	Fw 190 A-		
12.02.44	1./JG 1	Fw. Walter Scholz	+	Verlegungsflug, Überschlag Start, Dortmund,	Fw 190 A-7 Z	430 670	ws.11 +
	I./JG 1	N.N.	-	Betriebstörung, Ort unbekannt, 100%	Fw 190 A-		
	I./JG 1	N.N.	-	Betriebstörung, Ort unbekannt, b	Fw 190 A-		
13.02.44	III./JG 1	N.N.	-	Feindflug, technische Mängel, Ort unbekannt, b	Bf 109 G-		
16.02.44	I./JG 1	N.N.	-	Betriebstörung, Ort unbekannt, b	Fw 190 A-		
17.02.44	III./JG 1	N.N.	-	Betriebstörung, Ort unbekannt, b	Bf 109 G-		
18.02.44	III./JG 1	N.N.	-	Betriebstörung, Ort unbekannt, b	Bf 109 G-		
	II./JG 11	N.N.	-	Betrtiebstörung, Ort unbekannt, 100%	Bf 109 G-		
	II./JG 11	N.N.	-	Betrtiebstörung, Ort unbekannt, 100%	Bf 109 G-		
19.02.44	I./JG 11	N.N.	-	Betriebstörung, Ort unbekannt, b	Fw 190 A-		
	II./JG 11	N.N.	-	Feindflug, technische Mängel, Ort unbekannt, b	Bf 109 G-		
	8./JG 11	Uffz. Wilhelm Simader	+	Absturz Werkstattflug, bei Oldenburg, 100%	Fw 190 A-4	5715	
20.02.44	2./JG 1	Hptm. Harald Roemer Staffelführer	+	Luftkampf, Absturz bei Eschwege, 100%	Fw 190 A-7	430 465	sw.10 +
	2./JG 1	Uffz. Heinrich Bartzen	verw.	Luftkampf 4-mot, Absturz bei Altenwalde/Cuxhaven, FSA, 100%	Fw 190 A-7	430 359	sw. 8 +
	2./JG 1	Gefr. Alfons Martini	+	Luftkampf 4-mot, Absturz bei Homberg, 100%	Fw 190 A-7	430 965	sw. 9 +
	II./JG 1	Uffz. Heinrich Jacobsen	+	Luftkampf Jäger, Absturz bei Northeim, 100%	Fw 190 A-7	430 256	ws.21 + -
	5./JG 1	Uffz. Karl-Heinz Hauptmann	+	Luftkampf, Absturz bei Einbeck, 100%	Fw 190 A-6	470 076	sw. 3 + -
	5./JG 1	Uffz. Herbert Dosch	-	Luftkampf, Bauchlandung Göttingen, 65%	Fw 190 A-		
	II./JG 1	N.N.	-	Luftkampf, Ort unbekannt, 100%	Fw 190 A-		
	8./JG 1	Fw. Paul Pfingst	verw.	Luftkampf, Absturz bei Huy,	Bf 109 G-6	411 042	ge.14 +
	III./JG 1	N.N.	-	Luftkampf, Ort unbekannt, 100%	Bf 109 G-		
	Stab/JG 11	Fw. Dr. Johann Vliegner	+	Luftkampf, Absturz bei Eggstedt, FSA, 100%	Bf 109 G-6	27 091	bl. 6 +
	3./JG 11	Fw. Heinz Birkigt	verw.	Luftkampf, Bauchlandung bei Ollerup, b	Fw 190 A-7/R6/4	430 492	
	3./JG 11	Fw. Heinz Hanke	verw.	Luftkampf B-17, Absturz 1 km onö. Faaborg, FSA, 100%	Fw 190 A-7		ge.14 +
	3./JG 11	N.N.	-	Luftkampf B-17, Bauchlandung osö. Ringe/Fünen, b	Fw 190 A-		
	3./JG 11	Ofw. Wilhelm Lorenz	-	Luftkampf B-17, Bauchlandung 8 km nö. Svendborg/Fünen, b	Fw 190 A-7		ge. 6 +
	3./JG 11	N.N.	-	Luftkampf B-17, Bauchlandung ssw. Kerteminde/Fünen, b	Fw 190 A-		
	I./JG 11	N.N.	-	Luftkampf, Ort unbekannt, b	Fw 190 A-		
	I./JG 11	N.N.	-	Luftkampf, Ort unbekannt, b	Fw 190 A-		
	I./JG 11	N.N.	-	Luftkampf, Ort unbekannt, b	Fw 190 A-		
	I./JG 11	N.N.	-	Feindflug, technische Mängel, Ort unbekannt, 100%	Fw 190 A-		
	II./JG 11	Maj. Günther Specht Gruppenkommandeur	-	Feindflug, Bauchlandung Æro, b	Bf 109 G-		
	II./JG 11	N.N.	-	Feindflug, technische Mängel, Ort unbekannt, 100%	Bf 109 G-		
	III./JG 11	N.N.	-	Luftkampf, Ort unbekannt, 100%	Fw 190 A-		

Date	Unit	Name	Status	Details	Aircraft	W.Nr.	Code
	III./JG 11	N.N.	-	Feindflug, technische Mängel, Ort unbekannt, 100%	Fw 190 A-		
	III./JG 11	N.N.	-	Feindflug, technische Mängel, Ort unbekannt, b	Fw 190 A-		
	III./JG 11	N.N.	-	Feindflug, technische Mängel, Ort unbekannt, b	Fw 190 A-		
21.02.44	3./JG 1	Uffz. Fritz Rathofer	verw.	Luftkampf 4-mot, Absturz bei Steinheim/Westf., FSA, 100%	Fw 190 A-7	430 354	ws. 7 +
	4./JG 1	Uffz. Hans Rau	+	Luftkampf, Absturz bei Lüstringen, 5 km östlich Osnabrück, 100%	Fw 190 A-7	340 271	ws.15 + -
	4./JG 1	Lt. Helmut Proff	verw.	Luftkampf, Absturz bei Osnabrück, FSA, 100%	Fw 190 A-7	430 468	ws.15 + -
	4./JG 1	Uffz. Helmut Stiegler	verw.	Luftkampf B-24, glatt gelandet, b	Fw 190 A-		
	5./JG 1	Fw. Otto Schmid	verw.	Luftkampf B-24, Bruchlandung Rheine, b	Fw 190 A-7	430 644	sw.10 + -
	5./JG 1	Uffz. Harald Feist	+	Luftkampf, Absturz bei Schledehausen, 15 km ö.Osnabrück, FSA,100%	Fw 190 A-7	642 987	sw.13 + -
	II./JG 1	./.	-	Bombenwurf, Achmer, b	Fw 190 A-		
	II./JG 1	./.	-	Bombenwurf, Hesepe, b	Fw 190 A-		
	III./JG 1	Lt. Helmut Müller	+	Luftkampf, Absturz bei Apeldoorn, 100%	Bf 109 G-6	410 569	ws.22 + I
	7./JG 1	Uffz. Fritz Feier	verw.	Luftkampf, Absturz bei Zwolle, FSA, 100%	Bf 109 G-5	110 074	ws.11 + I
	8./JG 1	FhjFw. Erich Mattern	+	Luftkampf P-47, Absturz Zuidersee, FSA, 100%	Bf 109 G-6	410 874	sw. 6 + I
	9./JG 1	Uffz. Helmut Sainisch	+	Luftkampf, Absturz Zuidersee, 100%	Bf 109 G-6	410 141	ge. 5 + I
	III./JG 1	N.N.	-	Luftkampf, Ort unbekannt, 100%	Bf 109 G-		
	III./JG 1	N.N.	-	Luftkampf, Ort unbekannt, 100%	Bf 109 G-		
	III./JG 1	N.N.	-	Luftkampf, Ort unbekannt, b	Bf 109 G-		
	I./JG 11	N.N.	-	Luftkampf, Ort unbekannt, b	Fw 190 A-		
	I./JG 11	N.N.	-	Feindflug, technische Mängel, Ort unbekannt, b	Fw 190 A-		
	6./JG 11	FhjOfw. Otto Schneider	+	auf Feindflug vermisst, Ort und Ursache unbekannt, 100%	Bf 109 G-6	20 057	ge. 9 +
22.02.44	3./JG 1	Uffz. Kurt Krüger	+	Luftkampf 4-mot, Absturz bei Gelsenkirchen, 100%	Fw 190 A-7	642 989	ws.10 +
	I./JG 1	N.N.	-	Luftkampf, Ort unbekannt, 100%	Fw 190 A-		
	I./JG 1	N.N.	-	Luftkampf, Ort unbekannt, b	Fw 190 A-		
	5./JG 1	Uffz. Herbert Dosch	verw.	Luftkampf, Absturz bei Wesel, FSA, 100%	Fw 190 A-6	550 874	sw.12 + -
	II./JG 1	Uffz. Anton Krampert	-	Luftkampf, Absturz bei Wesel, FSA, 100%	Fw 190 A-		
	II./JG 1	N.N.	-	Luftkampf, Ort unbekannt, 100%	Fw 190 A-		
	II./JG 1	N.N.	-	Luftkampf, Ort unbekannt, 100%	Fw 190 A-		
	II./JG 1	N.N.	-	Luftkampf, Ort unbekannt, b	Fw 190 A-		
	II./JG 1	N.N.	-	Luftkampf, Ort unbekannt, b	Fw 190 A-		
	III./JG 1	Lt. Hans Halbey	-	Luftkampf, Notlandung Volkel, Maschine verbrannt, 100%	Bf 109 G-6		ws.23 + I
	8./JG 1	Uffz. Friedrich Kratz	+	Luftkampf, Absturz bei Tilburg, 100%	Bf 109 G-6	16 353	sw. 1 + I
	III./JG 1	N.N.	-	Luftkampf, Ort unbekannt, b	Bf 109 G-		
	I./JG 11	N.N.	-	Luftkampf, Ort unbekannt, b	Fw 190 A-		
	II./JG 11	N.N.	-	Luftkampf, Ort unbekannt, 100%	Bf 109 G-		
	II./JG 11	N.N.	-	Luftkampf, Ort unbekannt, 100%	Bf 109 G-		
	II./JG 11	N.N.	-	Luftkampf, Ort unbekannt, 100%	Bf 109 G-		
	III./JG 11	N.N.	-	Luftkampf, Ort unbekannt, 100%	Fw 190 A-		
	11./JG 11	Uffz. Erich Naujokat	+	Luftkampf B-17, Absturz in die See, Skaerrak, 100%	Bf 109 T-2	7732	
	11./JG 11	Gefr. Kurt Schwarz	+	Luftkampf B-17, Absturz in die See, Skaerrak, 100%	Bf 109 T-2	7757	
24.02.44	2./JG 1	Uffz. Walter Kunze	+	Luftkampf 4-mot, Absturz bei Hemeringen, 100%	Fw 190 A-7	430 356	sw. 9 +

1163

Datum	Einheit	Name	Status	Ereignis	Flugzeug	WNr	Kennung
	2./JG 1	Uffz. Joachim Schmidt	+	Luftkampf 4-mot, Absturz bei Nimwegen, 100%	Fw 190 A-7	430 668	ws.20 +
	3./JG 1	Uffz. Stefan Lux	verw.	Luftkampf 4-mot, Absturz bei Holzhausen, FSA, 100%	Fw 190 A-7	340 027	ge.10 +
	3./JG 1	Uffz. Horst Samenfeld	+	Luftkampf 4-mot, Absturz bei Minden, 100%	Fw 190 A-7	642 994	ge.11 +
	3./JG 1	Ogefr. Horst Gabel	verw.	Luftkampf 4-mot, Absturz bei Minden, FSA, 100%	Fw 190 A-4	2336	ws. 6 +
	I./JG 1	N.N.	-	Luftkampf, Ort unbekannt, b	Fw 190 A-		
	4./JG 1	Fw. Heinz Fuchs	+	Luftkampf B-24, Absturz südlich Minden, 100%	Fw 190 A-7	340 314	ws. 7 + -
	4./JG 1	Uffz. Robert Eberhardt	+	Luftkampf B-17, Absturz südlich Minden, 100%	Fw 190 A-6	530 146	ws. 5 + -
	6./JG 1	FhjFw. Horst Zauter	+	Luftkampf B-17, Absturz südlich Minden, 100%	Fw 190 A-5	2577	ge. 9 + -
	6./JG 1	Ofw. Leo Schuhmacher	-	Luftkampf P-47, Absturz Raum Minden, FSA, 100%	Fw 190 A-		
	II./JG 1	N.N.	-	Luftkampf, Ort unbekannt, 100%	Fw 190 A-		
	III./JG 1	N.N.	-	Luftkampf, Ort unbekannt, b	Bf 109 G-		
	2./JG 11	FhjFw. Helmut Pannenbecker	verw.	Luftkampf, Absturz bei Erfurt, 100%	Fw 190 A-7/R6 Y	430 678	
	2./JG 11	Fw. Egon Reichstein	+	Luftkampf, Absturz Raum Gotha, 100%	Fw 190 A-		
	3./JG 11	FhjFw. Hans-Georg Güthenke	verw.	Luftkampf, Bauchlandung Gotha, b	Fw 190 A-7/4	430 169	sw.<< +
	4./JG 11	Fw. Gustav von Helms	v.	auf Feindflug vermisst, Ort und Ursache unbekannt, 100%	Bf 109 G-6	410 841	sw. < +
	5./JG 11	Gefr. Oswald Kubisch	+	Absturz am Ortsrand von Emmern, südlich Hameln, 100%	Bf 109 G-6	15 632	sw. 9 +
	II./JG 11	N.N.	-	Luftkampf, Ort unbekannt, b	Bf 109 G-		
	III./JG 11	N.N.	-	Feindflug, technische Mängel, Ort unbekannt, 100%	Fw 190 A-		
25.02.44	I./JG 1	N.N.	-	Luftkampf, Ort unbekannt, b	Fw 190 A-		
	5./JG 1	Lt. Fritz Wegner	-	Luftkampf 4-mot, Absturz bei Crailsheim, FSA, 100%	Fw 190 A-		
	III./JG 1	N.N.	-	Luftkampf, Ort unbekannt, b	Bf 109 G-		
	I./JG 11	N.N.	-	Feindflug, technische Mängel, Ort unbekannt, b	Fw 190 A-		
	III./JG 11	N.N.	-	Feindflug, technische Mängel, Ort unbekannt, b	Fw 190 A-		
	III./JG 11	N.N.	-	Feindflug, technische Mängel, Ort unbekannt, b	Fw 190 A-		
27.02.44	I./JG 11	N.N.	-	Betriebstörung, Ort unbekannt, b	Fw 190 A-		
	I./JG 11	N.N.	-	Betriebstörung, Ort unbekannt, b	Fw 190 A-		
29.02.44	I./JG 1	N.N.	-	Luftkampf, Ort unbekannt, b	Fw 190 A-		
	III./JG 11	N.N.	-	Betriebstörung, Ort unbekannt, b	Fw 190 A-		
01.03.44	II./JG 1	N.N.	-	Betriebstörung, Ort unbekannt, 100%	Fw 190 A-		
	II./JG 1	N.N.	-	Betriebstörung, Ort unbekannt, b	Fw 190 A-		
02.03.44	7./JG 1	Ofhr. Hans Hilbers	+	Luftkampf, Absturz Raum Aachen, 100%	Bf 109 G-5	26 083	ws.10 + l
	7./JG 1	Gwfr. Alfons Salhofer	+	Luftkampf, Absturz Raum Aachen, 100%	Bf 109 G-5	27 088	ws.11 + l
	7./JG 1	Hptm. Lutz-Wilhelm Burkhardt Staffelkapitän	-	Luftkampf, P-47, Bauchlandung Merzbrück, nö. Aachen, 100%	Bf 109 G-		ws.12 + l
	3./JG 11	Ofw. Wilhelm Lorenz	verw.	Luftkampf, Absturz bei Hemmingen, 100%	Fw 190 A-7/R6 4	430 466	
	3./JG 11	Uffz. Karl Kaiser	+	Überschlag Landung, Roth bei Nürnberg,	Fw 190 A-7/R6	642 982	
	II./JG 11	N.N.	-	Feindflug, technische Mängel, Ort unbekannt, b	Bf 109 G-		
03.03.44	I./JG 1	N.N.	-	Luftkampf, Ort unbekannt, b	Fw 190 A-		
	4./JG 1	Fw. Willi Schmidt	+	Luftkampf Jäger, Absturz Raum Hannover, 100%	Fw 190 A-7	430 456	ws.14 + -
	5./JG 1	Uffz. Hans-Joachim Tüngler	+	Luftkampf, Absturz Raum Lüneburg, 100%	Fw 190 A-7	430 501	sw.15 + -

	Stab/JG 11	Uffz. Ernst Staiger	v.	Luftkampf, Ort unbekannt, 100%	Bf 109 G-6	411 073	
	2./JG 11	Lt. Eike Unger Staffelführer	+	Absturz Landung, Rotenburg, Aufschlagbrand, 100%	Fw 190 A-7/R6	430 665	
	3./JG 11	Lt. Claus Todt	+	Zusammenstoss beim Durchziehen durch die Wolken, bei Bremen, 100%	Fw 190 A-7/R6	642 541	
	3./JG 11	Gefr. Rudolf Pancherz	+	Zusammenstoss beim Durchziehen durch die Wolken, bei Bremen, 100%	Fw 190 A-7/R6 4	642 011	
	5./JG 11	Uffz. Heinz Sitzlack	+	Luftkampf, Raum Bad Segeberg, 100%	Bf 109 G-3	16 275	sw. 4 +
	5./JG 11	Uffz. Hermann Harder	+	Luftkampf, Absturz bei Selent / Plön, 100%	Bf 109 G-6	410 133	sw.10 +
	5./JG 11	Ofw. Leo-Lothar Barann	verw.	Luftkampf, Raum Neumünster, FSA, 100%	Bf 109 G-5	110 203	sw.18 +
	6./JG 11	Fw Herbert Hänel	+	Absturz Landung, Hohenbostel, bei Lüneburg, 100%	Bf 190 G-6	410 230	ge. 3 +
	6./JG 11	Uffz. Karl Krüger	v.	auf Feindflug vermisst, Ort und Ursache unbekannt, 100%	Bf 109 G-6	411 002	ge. 5 +
	II./JG 11	N.N.	-	Luftkampf, Ort unbekannt, 100%	Bf 109 G-		
04.03.44	Stab/JG 11	N.N.	-	Betriebstörung, Ort unbekannt, b	Bf 109 G-		
	I./JG 11	N.N.	-	Feindflug, technische Mängel, Ort unbekannt, 100%	Fw 190 A-		
	9./JG 11	Gefr. Gerhard Illing	+	Absturz, höhenkrank, Fassberg, 100%	Fw 190 A-5	7316	
	9./JG 11	Uffz. Franz Prader	verl.	Spritmangel, Notlandung Oldenburg, b	Fw 190 A-6	551 133	
05.03.44	I./JG 11	N.N.	-	Feindflug, technische Mängel, Ort unbekannt, 100%	Fw 190 A-		
	I./JG 11	N.N.	-	Feindflug, technische Mängel, Ort unbekannt, 100%	Fw 190 A-		
	I./JG 11	N.N.	-	Feindflug, technische Mängel, Ort unbekannt, b	Fw 190 A-		
06.03.44	1./JG 1	Fw. Werner Dotzauer	+	Luftkampf P-47, Absturz Raum Dalen/Assen, 100%	Fw 190 A-7	340 003	ws.11 +
	2./JG 1	Uffz. Alfred Haupt	+	Luftkampf P-47, Absturz bei Almelo, 100%	Fw 190 A-7	340 002	sw. 3 +
	2./JG 1	FhjOfw. Emil Demuth	verw.	Luftkampf P-47, Absturz bei Minden, FSA, 100%	Fw 190 A-7	642 558	sw.11 +
	I./JG 1	N.N.	-	Luftkampf, Ort unbekannt, 100%	Fw 190 A-		
	I./JG 1	N.N.	-	Luftkampf, Ort unbekannt, 100%	Fw 190 A-		
	I./JG 1	N.N.	-	Luftkampf, Ort unbekannt, b	Fw 190 A-		
	I./JG 1	N.N.	-	Feindflug, technische Mängel, Ort unbekannt, b	Fw 190 A-		
	4./JG 1	Ofw. Detlef Lüth	+	Luftkampf B-17, Absturz bei Barnstorf, 100%	Fw 190 A-7	430 680	ws. 9 + -
	4./JG 1	Olt. Wolfgang Kretschmer	verw.	Luftkampf Jäger, Absturz bei Quakenbrück, FSA, 100%	Fw 190 A-7	643 000	ws. 3 + -
	4./JG 1	Ofw. Rudolf Haninger	-	technische Mängel, Bauchlandung 6 km südlich Bremen, b	Fw 190 A-		
	Stab/JG 11	Ofw. Hermann Reinthaler	verw.	Luftkampf P-47, Absturz bei Bassum, FSA, 100%	Bf 109 G-5	27 126	
	Stab/JG 11	N.N.	-	Luftkampf, Ort unbekannt, 100%	Bf 109 G-		
	Stab/JG 11	N.N.	-	Luftkampf, Ort unbekannt, 100%	Bf 109 G-		
	Stab/JG 11	N.N.	-	Luftkampf, Ort unbekannt, 100%	Bf 109 G-		
	2./JG 11	Fw. Heinz Neuendorf	+	Luftkampf P-47, Absturz bei Cloppenburg, 100%	Fw 190 A-7/R6	430 467	
	2./JG 11	Fw. Franz Steiner	verw.	Luftkampf P-47, Absturz bei Quakenbrück, 100%	Fw 190 A-7/R6-4	642 523	sw. 5 +
	I./JG 11	N.N.	-	Luftkampf, Ort unbekannt, 100%	Fw 190 A-		
	I./JG 11	N.N.	-	Luftkampf, Ort unbekannt, 100%	Fw 190 A-		
	I./JG 11	N.N.	-	Luftkampf, Ort unbekannt, b	Fw 190 A-		
	I./JG 11	N.N.	-	Luftkampf, Ort unbekannt, b	Fw 190 A-		
	5./JG 11	Olt. Heinz Knoke Staffelkapitän	-	Luftkampf P-47, Raum Haselünne, Notlandung Wunstorf, b	Bf 109 G-6		sw. 1 +
	5./JG 11	Fw. Hans-Gerd Wennekers	verw.	Luftkampf P-47, Raum Quakenbrück, FSA, 100%	Bf 109 G-6	410 222	sw. 5 +
	5./JG 11	Fw. Franz Zambelli	-	Luftkampf P-47, Raum Nienburg, FSA, 100%	Bf 109 G-6		
	5./JG 11	Lt. Hans Klaffenbach	-	Luftkampf B-17, Raum Haselünne, b	Bf 109 G-6		sw.16 +

	6./JG 11	Uffz. Peter Reinhardt	√ +	Luftkampf P-47, südlich Quakenbrück, 100%	Bf 109 G-6	410 819	ge.12 +
	6./JG 11	Fw. Michael Hauptmann	√ +	Luftkampf, Absturz bei Nienburg, 100%	Bf 109 G-6	20 049	sw.<< +
	II./JG 11	N.N.	-	Luftkampf, Ort unbekannt, 100%	Bf 109 G-		
	7./JG 11 √	Olt. Hugo Frey Staffelkapitän	+	Luftkampf B-17, Absturz bei Sleen, 100%	Fw 190 A-		
	7./JG 11 √	Uffz. Gluttig	+	Luftkampf B-17, Ort unbekannt, 100%	Fw 190 A-		
	III./JG 11	N.N.	-	Luftkampf, Ort unbekannt, 100%	Fw 190 A-		
07.03.44	6./JG 1 √	Uffz. Paul Truckenbrodt	+	Absturz Übungsflug, Platzrand Rheine, 13.25 Uhr, 100%	Fw 190 A-7	430 179	ge. 3 + -
	II./JG 1	N.N.	-	technische Mängel, Ort unbekannt, b	Fw 190 A-		
	4./JG 11 √	Uffz. Hans Schultz	+	Absturz Übung, unfreiwillige Bodenberührung, 5 km nördlich Minden,	Bf 109 G-6	440 064	ws. 5 +
08.03.44	I./JG 1	./.	-	Tiefangriff, Hopsten, b	Fw 190 A-		
	I./JG 1	./.	-	Tiefangriff, Hopsten, b	Fw 190 A-		
	I./JG 1	N.N.	-	Betriebstörung, Ort unbekannt, b	Fw 190 A-		
	II./JG 1 √	Hptm. Hermann Segatz Gruppenkommandeur	+	Luftkampf Jäger, Absturz südlich Luckau, 100%	Fw 190 A-7	430 315	ws.23 + -
	4./JG 1	Uffz. Rudolf Lehmann	-	Luftkampf, Bauchlandung nordwestlich Bühren/Nienburg, b	Fw 190 A-		
	5./JG 1	Uffz. Hubert Swoboda	-	Luftkampf, Bauchlandung bei Celle, b	Fw 190 A-		
	6./JG 1 √	Olt. Edgar Witzmann	+	Luftkampf P-47, Absturz bei Thiene/Hesepe, 100%	Fw 190 A-6	550 146	gn. 8 + -
	6./JG 1 √	Uffz. Anton Krampert	+	Luftkampf Jäger, Absturz bei Brelingen, 20 km nö. Hannover, 100%	Fw 190 A-5	410 274	ge. 9 + -
	6./JG 1	Ofw. Reinhard Flecks	-	Luftkampf, Absturz bei Schönwalde, FSA, 100%	Fw 190 A-		
	III./JG 1	N.N.	-	Luftkampf, Ort unbekannt, b	Bf 109 G-		
	Stab/JG 11	Uffz. Erich Ulmschneider	verw.	Luftkampf, Ort unbekannt, b	Bf 109 G-6	412 024	bl. 3 +
	I./JG 11 √	Lt. Wolfgang Kiesel	+	Luftkampf, Absturz bei Wendeborstel, 15 km nw. Wunstorf, 100%	Fw 190 A-7/4	340 046	
	1./JG 11 √	Ofw. Martin Heidenreich	+	Absturz bei Grindau, nahe Schwarmstedt, 100%	Fw 190 A-7	430 667	
	I./JG 11	N.N.	-	Luftkampf, Ort unbekannt, 100%	Fw 190 A-		
	I./JG 11	N.N.	-	Luftkampf, Ort unbekannt, 100%	Fw 190 A-		
	I./JG 11	N.N.	-	Luftkampf, Ort unbekannt, b	Fw 190 A-		
	4./JG 11 √	Ofhr. Erich Kettner	√ +	auf Feindflug vermisst, Ort und Ursache unbekannt, 100%	Bf 109 G-5	27 123	ws. 8 +
	4./JG 11 √	Gefr. Gerhard Wiens	v.	auf Feindflug vermisst, Ort und Ursache unbekannt, 100%	Bf 109 G-6	161 301	ge. 1 +
	4./JG 11 √	Uffz. Ludwig Brettschneider	+	Tiefangriff P-51, Wunstorf (Flugzeugwart)			
	5./JG 11	Lt. Hans Klaffenbach	-	Luftkampf P-47 und P-51, Absturz, Ort unbekannt, FSA, 100%	Bf 109 G-6		sw.16 +
	5./JG 11	Olt. Heinz Knoke Staffelkapitän	-	Tiefangriff, bei Startvorbereitungen, getroffen, Wunstorf, b	Bf 109 G-6		
	9./JG 11	Ofhr. Friedrich Lange	verw.	Luftkampf, Raum Wunstorf,	Fw 190 A-6	550 485	
	9./JG 11 √	Fw. Hermann Hoes	+	Luftkampf, Raum Wunstorf, 100%	Fw 190 A-7	340 045	
	III./JG 11	N.N.	-	Luftkampf, Ort unbekannt, 100%	Fw 190 A-		
	III./JG 11	N.N.	-	Luftkampf, Ort unbekannt, 100%	Fw 190 A-		
	III./JG 11	N.N.	-	Luftkampf, Ort unbekannt, 100%	Fw 190 A-		
	III./JG 11	N.N.	-	Luftkampf, Ort unbekannt, 100%	Fw 190 A-		
	III./JG 11	N.N.	-	Luftkampf, Ort unbekannt, 100%	Fw 190 A-		
	III./JG 11	N.N.	-	Luftkampf, Ort unbekannt, b	Fw 190 A-		
	III./JG 11	N.N.	-	Luftkampf, Ort unbekannt, b	Fw 190 A-		
	III./JG 11	./.	-	Tiefangriff, Oldenburg, b	Fw 190 A-		

Datum	Einheit	Name		Bemerkung	Flugzeug	WNr	Kennung
10.03.44	II./JG 11	N.N.	-	Betriebstörung, Ort unbekannt, 100%	Bf 190 G-		
12.03.44	8./JG 1	Olt. Heinrich Overhagen Staffelkapitän	+	Absturz Übung, Fels am Wagram, 100% (Verbandsführerlehrgang)	Bf 109 G-6	760 016	
	II./JG 11	N.N.	-	Betriebstörung, Ort unbekannt, b	Bf 109 G-		
14.03.44	II./JG 1	N.N.	-	Feindflug, technische Mängel, Ort unbekannt, b	Fw 190 A-		
	I./JG 11	N.N.	-	Feindflug, technische Mängel, Ort unbekannt, b	Fw 190 A-		
	I./JG 11	N.N.	-	Betriebstörung, Ort unbekannt, 100%	Fw 190 A-		
15.03.44	1./JG 1	Uffz. Rudolf Martin	verw.	Luftkampf Jäger, glatt gelandet, (unter 10%)	Fw 190 A-7	340 043	ws.14 +
	4./JG 1	Uffz. Hans Dorn	+	Luftkampf P-47, Absturz bei Ohrte, 5 km n. Fürstenau, 100%	Fw 190 A-6	550 888	ws. 1 + -
	6./JG 1	Lt. Günther Buchholz	verl.	Luftkampf, Bauchlandung Rheine, b	Fw 190 A-		
	6./JG 1	Olt. Schüller	-	Überschlag Landung, Twente, b	Fw 190 A-		
	III./JG 1	N.N.	-	Feindflug, technische Mängel, Ort unbekannt, b	Bf 109 G-		
	I./JG 11	N.N.	-	Luftkampf, Ort unbekannt, b	Fw 190 A-		
	I./JG 11	N.N.	-	Luftkampf, Ort unbekannt, b	Fw 190 A-		
	I./JG 11	N.N.	-	Feindflug, technische Mängel, Ort unbekannt, b	Fw 190 A-		
	I./JG 11	N.N.	-	Betriebstörung, Ort unbekannt, b	Fw 190 A-		
	II./JG 11	Fw. Karl Römling	+	Luftkampf, Absturz 3 km nördlich Lembruch, 100%	Bf 190 G-5	110 084	sw. < +
	4./JG 11	Gefr. Georg Reuling	+	Luftkampf, Absturz Wedem am Stemmerberge, bei Diepholz, 100%	Bf 109 G-6	160 888	ws.15 +
	4./JG 11	Uffz. Richard Heranieg	verw.	Luftkampf, Absturz bei Rahden, 100%	Bf 109 G-6	161 300	ws.13 +
	4./JG 11	Uffz. Ewald Herhold	verw.	Luftkampf, Absturz bei Diepholz, FSA, 100%	Bf 109 G-6	411 806	ws.10 +
	5./JG 11	Uffz. Hans Weissgerber	+	Luftkampf, Absturz Lembrucher Bruch, 100%	Bf 109 G-6	20 075	sw. 3 +
	5./JG 11	Uffz. Franz Zambelli	+	Luftkampf, Absturz Dyle, 4 km westlich Nienburg, 100%	Bf 109 G-5	27 127	sw. 4 +
	6./JG 11	Uffz. Hubertus Bachmann	v.	auf Feindflug vermisst, Ort und Ursache unbekannt, 100%	Bf 109 G-5	110 015	ge. 7 +
	6./JG 11	Lt. Herbert Frohloff	+	Luftkampf, Absturz Lembrucher Bruch, 100%	Bf 109 G-6	411 792	ge. 5 +
	II./JG 11	N.N.	-	Luftkampf, Ort unbekannt, b	Bf 109 G-		
	9./JG 11	StFw. Siegfried Krause	verw.	Luftkampf, Absturz Lemförde, FSA, 100%	Fw 190 A-7	430 007	
	9./JG 11	Gefr. Karl-Heinz Burgemann	+	Luftkampf, Absturz Lemförde, 100%	Fw 190 A-6	550 485	
	III./JG 11	N.N.	-	Luftkampf, Ort unbekannt, 100%	Fw 190 A-		
	III./JG 11	N.N.	-	Luftkampf, Ort unbekannt, b	Fw 190 A-		
16.03.44	I./JG 1	N.N.	-	Feindflug, technische Mängel, Ort unbekannt, b	Fw 190 A-		
	I./JG 1	N.N.	-	Feindflug, technische Mängel, Ort unbekannt, b	Fw 190 A-		
	III./JG 1	N.N.	-	Luftkampf, Ort unbekannt, 100%	Bf 109 G-		
	I./JG 11	N.N.	-	Feindflug, technische Mängel, Ort unbekannt, 100%	Fw 190 A-		
	II./JG 11	N.N.	(v.)	Ort und Ursache unbekannt, 100%	Bf 109 G-		
	III./JG 11	N.N.	-	Feindflug, technische Mängel, Ort unbekannt, b	Fw 190 A-		
18.03.44	I./JG 1	N.N.	-	Feindflug, technische Mängel, Ort unbekannt, b	Fw 190 A-		
	I./JG 1	N.N.	-	Feindflug, technische Mängel, Ort unbekannt, b	Fw 190 A-		
	I./JG 1	N.N.	-	Feindflug, technische Mängel, Ort unbekannt, b	Fw 190 A-		
	I./JG 1	N.N.	-	Feindflug, technische Mängel, Ort unbekannt, b	Fw 190 A-		
	I./JG 1	N.N.	-	Feindflug, technische Mängel, Ort unbekannt, b	Fw 190 A-		

Datum	Einheit	Name	Status	Ereignis	Flugzeug	Werk-Nr.	Kennung
	4./JG 1	Uffz. Hermann Stiegler	-	Verlegungsflug, Bauchlandung Wiesbaden-Erbenheim 15%	Fw 190 A-		
	4./JG 11	Gefr. Erwin Rotter	+	Zusammenstoss, Übungsflug, Absturz 5 km sw. Hannover, 100%	Bf 109 G-6	161 196	ws. 5 +
19.03.44	I./JG 1	N.N.	-	Betriebstörung, Ort unbekannt, b	Fw 190 A-		
	III./JG 11	N.N.	-	Betriebstörung, Ort unbekannt, b	Fw 190 A-		
20.03.44	III./JG 11	N.N.	-	Betriebstörung, Ort unbekannt, b	Fw 190 A-		
21.03.44	7./JG 11	Ofhr. Leopold von Bally	+	Absturz Übungsflug, Oldenburg, 100%	Fw 190 A-6	551 116	
22.03.44	II./JG 1	N.N.	-	Ort und Ursache unbekannt, b	Fw 190 A-		
23.03.44	3./JG 1	Uffz. Johann Röhl	+	Luftkampf 4-mot, Absturz bei Diepholz, 100%	Fw 190 A-7	642 977	ge. 8 +
	I./JG 1	N.N.	-	Betriebstörung, Ort unbekannt, b	Fw 190 A-		
	4./JG 1	Uffz. Helmut Stiegler	-	Luftkampf, Bauchlandung, Ort unbekannt, 10%	Fw 190 A-		
	5./JG 1	Lt. Heinz Schwarz	-	Luftkampf, Absturz bei Wittingen, FSA, 100%	Fw 190 A-		
	6./JG 1	Fw. Wolfgang Brunner	-	Luftkampf, Bauchlandung, Ort unbekannt, 30%	Fw 190 A-		
	II./JG 1	Uffz. Weber	-	Luftkampf, Bauchlandung, Ort unbekannt, b	Fw 190 A-		
	II./JG 1	N.N.	-	Betriebstörung, Ort unbekannt, b	Fw 190 A-		
	II./JG 1	N.N.	-	Betriebstörung, Ort unbekannt, b	Fw 190 A-		
	III./JG 1	N.N.	-	Luftkampf, Ort unbekannt, b	Bf 109 G-		
	III./JG 1	N.N.	-	Luftkampf, Ort unbekannt, b	Bf 109 G-		
	III./JG 1	N.N.	-	Feindflug, technische Mängel, Ort unbekannt, 100%	Bf 109 G-		
	III./JG 1	N.N.	-	Feindflug, technische Mängel, Ort unbekannt, b	Bf 109 G-		
	1./JG 11	Olt. Wilhelm-Ferdinand Grützmacher	+	Übungsflug, Absturz 3 km nördlich Rotenburg, 100%	Fw 190 A-7/R6	642 005	
	2./JG 11	Uffz. Walter Riede	+	Übungsflug, Absturz Waffensen bei Rotenburg, 100%	Fw 190 A-7/R6-4	642 016	
	I./JG 11	N.N.	-	Feindflug, technische Mängel, Ort unbekannt, 100%	Fw 190 A-		
	I./JG 11	N.N.	-	Luftkampf, Ort unbekannt, b	Fw 190 A-		
	II./JG 11	N.N.	-	Luftkampf, Ort unbekannt, 100%	Fw 190 A-		
	III./JG 11	N.N.	-	Luftkampf, Ort unbekannt, 100%	Fw 190 A-		
	III./JG 11	./.	-	Tiefangriff, Oldenburg, b	Fw 190 A-		
24.03.44	III./JG 11	N.N.	-	Feindflug, technische Mängel, Ort unbekannt, b	Fw 190 A-		
25.03.44	I./JG 1	N.N.	-	Betriebstörung, Ort unbekannt, b	Fw 190 A-		
	I./JG 11	N.N.	-	Betriebstörung, Ort unbekannt, b	Fw 190 A-		
	6./JG 11	Ofhr. Bruno Helsing	v.	Übungsflug, unbekannte Ursache, 100%	Bf 109 G-6	161 178	ge. 3 +
	III./JG 11	N.N.	-	Betriebstörung, Ort unbekannt, b	Fw 190 A-		
26.03.44	III./JG 11	N.N.	-	Betriebstörung, Ort unbekannt, b	Fw 190 A-		
27.03.44	III./JG 11	N.N.	-	Betriebstörung, Ort unbekannt, 100%	Bf 109 G-		
	III./JG 11	N.N.	-	Betriebstörung, Ort unbekannt, b	Bf 109 G-		
	I./JG 11	N.N.	-	Betriebstörung, Ort unbekannt, b	Fw 190 A-		
28.03.44	2./JG 1	Uffz. Wilhelm Peine	verl.	Überschlag Landung, Hopsten, 100%	Fw 190 A-4	6236	sw.14 +
	I./JG 1	N.N.	-	Betriebstörung, Ort unbekannt, b	Fw 190 A-		

Date	Unit	Pilot	Status	Incident	Aircraft	W.Nr.	Code
	5./JG 11	Olt. Heinz Knoke Staffelkapitän	-	Übungsflug, Motorbrand, Notlandung, b	Bf 109 G-		
29.03.44	1./JG 1	Uffz. Rudolf Martin	+	Luftkampf, Absturz bei Dedeleben, nahe Halberstadt, 100%	Fw 190 A-7	340 332	ws. 2 +
	2./JG 1	Fw. Werner Wiegand	+	Luftkampf Jäger, Absturz bei Helmstedt, 100%	Fw 190 A-7	340 033	sw.11 +
	2./JG 1	Uffz. Hans Eisenberger	+	Luftkampf, Absturz bei Hannover, 100%	Fw 190 A-7	643 726	sw.17 +
	3./JG 1	Uffz. Alfred Hoyer	+	Luftkampf, Absturz bei Schöppenstedt, 100%	Fw 190 A-7	643 940	ge.11 +
	I./JG 1 Sonderstaffel	Hptm. Günther Wrobel Staffelkapitän	+	Luftkampf, Absturz bei Schlahnstedt, nahe Halberstadt, 100%	Fw 190 A-7/R2	643 910	ge. 5 +
	I./JG 1 Sonderstaffel	Uffz. Harry Kubon	+	Luftkampf, Absturz bei Wohlsdorf, nahe Helmstedt, 100%	Fw 190 A-7	340 342	ws.10 +
	I./JG 1	N.N.	-	Luftkampf, Ort unbekannt, b	Fw 190 A-		
	I./JG 1	./.	-	Bombenwurf, Twente, 100%	Fw 190 A-		
	I./JG 1	./.	-	Bombenwurf, Twente, b	Fw 190 A-		
	I./JG 1	./.	-	Bombenwurf, Twente, 100%	Fw 58		
	II./JG 1	FhjFw. Max Sauer	+	Luftkampf P-51, Absturz bei Badersleben, 100%	Fw 190 A-7	430 704	rt.21 + -
	4./JG 1	Uffz. Hans Nieskens	+	Luftkampf P-51, in der Luft explodiert, Badersleben. 100%	Fw 190 A-7	430 358	ws. 9 + -
	4./JG 1	Olt. Eberhard Burath Staffelführer	-	Luftkampf, Absturz nordwestlich Helmstedt, FSA, 100%	Fw 190 A-		ws. 1 + -
	5./JG 1	Flg. Georg Blech	-	Luftkampf, Absturz Klein Quandtstedt, bei Halberstadt, FSA, 100%	Fw 190 A-		
	III./JG 1	N.N.	-	Feindflug, technische Mängel, Ort unbekannt, b	Fw 190 A-		
	Stab/JG 11	Obstlt. Hermann Graf Kommodore	verw.	Luftkampf P-51, Absturz bei Gorbing, s. Schwarmstedt, FSA, 100%	Bf 109 G-6	26 020	sw.<- +
	I./JG 11	Hptm. Rolf Hermichen Gruppenkommandeur	-	Luftkampf, Absturz, Ort unbekannt, FSA, 100%	Fw 190 A-		
	2./JG 11	Fw. Gustav Schmidt	verw.	Luftkampf, Absturz Raum Gardelegen, 100%	Fw 190 A-7/R2	643 408	
	3./JG 11	FhjFw. Günther Wiemann	verw.	Luftkampf, Raum Wunstorf,	Fw 190 A-7/R6	430 696	
	3./JG 11	Uffz. Robert Schreivogl	+	Luftkampf, Raum Wildeshausen, 100%	Fw 190 A-6/R6-4	470 790	
	I./JG 11	N.N.	-	Luftkampf, Ort unbekannt, b	Fw 190 A-		
	III./JG 11	N.N.	-	Luftkampf, Ort unbekannt, 100%	Fw 190 A-		
	III./JG 11	N.N.	-	Luftkampf, Ort unbekannt, 100%	Fw 190 A-		
	III./JG 11	N.N.	-	Luftkampf, Ort unbekannt, b	Fw 190 A-		
	III./JG 11	N.N.	-	Luftkampf, Ort unbekannt, b	Fw 190 A-		
30.03.44	II./JG 1	N.N.	-	Feindflug, technische Mängel, Ort unbekannt, b	Fw 190 A-		
	III./JG 1	N.N.	-	Betriebstörung, Ort unbekannt, b	Bf 109 G-		
	III./JG 11	N.N.	-	Betriebstörung, Ort unbekannt, 100%	Fw 190 A-		
	III./JG 11	N.N.	-	Betriebstörung, Ort unbekannt, 100%	Fw 190 A-		
	III./JG 11	N.N.	-	Betriebstörung, Ort unbekannt, b	Fw 190 A-		
	11./JG 11	Uffz. Karl Tomanek	+	Motorstörung, Absturz in die See, PlQu. HF 3-3, 100%	Bf 109 T-2	7796	
31.03.44	Stab/JG 1	Uffz. Eberhard Clemen	verl.	Werkstattflug, Motorstörung, Notlandung Neuendorf, 80%	Fw 190 A-7/R6	642 534	gn.21 +
01.04.44	8./JG 1	Fw. Josef Kehrle	verw.	Luftkampf P-47, Notlandung Raum Zwolle, 60%	Bf 109 G-5	110 066	sw. 7 +
	III./JG 11	N.N.	-	Feindflug, technische Mängel, Ort unbekannt, 100%	Fw 190 A-		
02.04.44	I./JG 1	N.N.	-	Betriebstörung, Ort unbekannt, b	Fw 190 A-		
	Stab/JG 11	N.N.	-	Betriebstörung, Ort unbekannt, b	Fw 44		
	I./JG 11	N.N.	-	Betriebstörung, Ort unbekannt, 100%	Fw 190 A-		
	II./JG 11	N.N.	-	Betriebstörung, Ort unbekannt, b	Bf 109 G-		
03.04.44	I./JG 1	N.N.	-	Betriebstörung, Ort unbekannt, b	Fw 190 A-		

Datum	Einheit	Name	Status	Ereignis	Flugzeug	Werk-Nr.	Kennung
	III./JG 1	N.N.	-	Betriebstörung, Ort unbekannt, b	Bf 109 G-		
	III./JG 1	N.N.	-	Betriebstörung, Ort unbekannt, b	Bf 109 G-		
	I./JG 11	N.N:	-	Feindflug, technische Mängel, Ort unbekannt, b	Fw 190 A-		
	I./JG 11	N.N:	-	Feindflug, technische Mängel, Ort unbekannt, b	Fw 190 A-		
	I./JG 11	N.N.	-	Betriebstörung, Ort unbekannt, b	Fw 190 A-		
	I./JG 11	N.N.	-	Betriebstörung, Ort unbekannt, b	Fw 190 A-		
04.04.44	3./JG 1	Uffz. Friedrich Enderle	verl.	Übungsflug, Notlandung Hopsten, in Brand geraten, 15%	Fw 190 A-7/R6	430 687	ge.16 +
	5./JG 11	Uffz. Paul Tröndle	+	Absturz bei Übungsflug, Rudewald, Kreis Neustadt, 100%	Bf 109 G-5	110 199	sw. 3 +
06.04.44	III./JG 11	N.N.	-	Betriebstörung, Ort unbekannt, b	Fw 190 A-		
07.04.44	8./JG 1	Ofhr. Erich Zulauf	+	Absturz nach Alarmstart auf einzelne Mosquito, beim Durchziehen durch Wolkendecke aus 6.000 m bei Paderborn, 100%	Bf 109 G-5	27 092	sw. 5 +
	III./JG 1	N.N.	-	Betriebstörung, Ort unbekannt, b	Bf 109 G-6		
08.04.44	2./JG 1	Ofw. Anton-Rudolf Piffer	verw.	Luftkampf 4-mots, Absturz 20 km westlich Salzwedel, FSA, 100%	Fw 190 A-8	170 044	sw. 3 +
	2./JG 1	Uffz. Helmut Riehl	verw.	Luftkampf 4-mots, Absturz 20 km westlich Salzwedel, FSA, 100%	Fw 190 A-7	643 942	sw.19 +
	2./JG 1	Olt. Helmut Biederbick	-	Luftkampf P-51, Absturz, Ort unbekannt, FSA, 100%	Fw 190 A-		
	3./JG 1	Uffz. Johann Pomperger	+	Luftkampf, Absturz bei Stendal, 100%	Fw 190 A-5	410 244	ge.16 +
	I./JG 1	N.N.	-	Luftkampf, Ort unbekannt, b	Fw 190 A-		
	4./JG 1	Uffz. Heinz Eberl	+	Luftkampf Jäger, Absturz 17 km südwestlich Gardelegen, 100%	Fw 190 A-7	340 268	ws.18 + -
	5./JG 1	Ofw. Georg Hutter	-	Zusammenstoss, Absturz westlich Salzwedel, FSA, 100%	Fw 190 A-		
	5./JG 1	Uffz. Helmut Dippold	-	Zusammenstoss, Absturz westlich Salzwedel, FSA, 100%	Fw 190 A-		
	II./JG 1	./.	-	Bombenwurf, Rheine, 100%	Fw 190 A-		
	II./JG 1	./.	-	Bombenwurf, Rheine, 100%	Fw 190 A-		
	II./JG 1	./.	-	Bombenwurf, Rheine, 100%	Fw 190 A-		
	III./JG 1	N.N.	-	Feindflug, technische Mängel, Ort unbekannt, 100%	Bf 109 G-6		
	III./JG 1	./.	-	Tiefangriff, Paderborn, b	Bf 109 G-6		
	III./JG 1	./.	-	Tiefangriff, Paderborn, b	Bf 109 G-6		
	Stab/JG 11	Ofhr. Karl-Friedrich Puschmann	+	Luftkampf, Absturz bei Dedelsdorf, nahe Uelzen, 100%	Bf 109 G-6	161 180	
	Stab/JG 11	Uffz. Markus Wuhrer	+	Luftkampf, Raum Lüneburger Heide, 100%	Bf 109 G-6	410 880	
	Stab/JG 11	Uffz. Günther Will	verw.	Luftkampf Raum Uelzen, Absturz, FSA, 100%	Bf 109 G-6	161 364	
	1./JG 11	Olt. Josef Zwernemann, Staffelkapitän	+	Luftkampf P-51, Absturz bei Gardelegen, am Fallschirm erschossen, 100%	Fw 190 A-7/R6	431 164	ws.11 +
	1./JG 11	Uffz. Herbert Nast	+	Luftkampf, Raum Lüneburger Heide, Absturz bei Lüder, 100%	Fw 190 A-8	170 034	ws. 8 +
	1./JG 11	Uffz. Hans Heickel	+	Luftkampf, Absturz bei Ohrdorf, nahe Wittingen, 100%	Fw 190 A-7/R6	431 133	ws.15 +
	2./JG 11	Ofhr. Rudolf Schmid	verw.	Luftkampf Raum Salzwedel, Absturz bei Schmölau, 100%	Fw 190 A-7/R6	643 924	sw. 4 +
	2./JG 11	Uffz. Henri Tiedemann	verw.	Luftkampf, Raum Unterlüs, Absturz 3 km nordöstlich Unterlüs, 100%	Fw 190 A-8	170 129	sw. 1 +
	2./JG 11	Uffz. Ortlieb Uher	+	Luftkampf, Raum Wittingen, Absturz 11 km nordwestlich Wittingen, 100%	Fw 190 A-7/MK	643 923	sw.14 +
	3./JG 11	Gefr. Gerhard Fiedler	+	Luftkampf, Absturz Kirchweyhe, Raum Uelzen, 100%	Fw 190 A-7/R6	430 692	ge.15 +
	II./JG 11	N.N.	-	Übungseinsatz, technische Mängrl, Ort unbekannt, b	Bf 109 G-		
	7./JG 11	Uffz. Kurt Bosse	+	Luftkampf, Ort unbekannt, 100%	Fw 190 A-7	430 473	
	7./JG 11	Uffz. Otto Gratzer	+	Luftkampf, Ort unbekannt, 100%	Fw 190 A-7	643 944	
	7./JG 11	Fw. Ewald Dornieden	+	Luftkampf, Raum Salzwedel, 100%	Fw 190 A-7	430 693	

	7./JG 11	Olt. Kilian Staffelführer	+	Luftkampf, Ort unbekannt, 100%	Fw 190 A-		
	8./JG 11	Hptm. Ernst Maack Staffelkapitän	+	Luftkampf, Absturz bei Raderhorst 100%	Fw 190 A-7/R2	643 728	sw.15 +
	8./JG 11	Gefr. Herbert Schumacher	+	Luftkampf, Absturz bei Plantlünne, 100%	Fw 190 A-7	643 914	
	III./JG 11	N.N.	-	Luftkampf, Ort unbekannt, 100%	Fw 190 A-		
	III./JG 11	N.N.	-	Luftkampf, Ort unbekannt, 100%	Fw 190 A-		
	III./JG 11	N.N.	-	Luftkampf, Ort unbekannt, 100%	Fw 190 A-		
	III./JG 11	N.N.	-	Luftkampf, Ort unbekannt, 100%	Fw 190 A-		
	III./JG 11	N.N.	-	Luftkampf, Ort unbekannt, b	Fw 190 A-		
	III./JG 11	N.N.	-	Feindflug, technische Mängel, Ort unbekannt, 100%	Fw 190 A-		
	III./JG 11	./.	-	Bombenwurf, Oldenburg, 100%	Fw 190 A-		
	III./JG 11	./.	-	Bombenwurf, Oldenburg, 100%	Fw 190 A-		
	III./JG 11	./.	-	Bombenwurf, Oldenburg, 100%	Fw 190 A-		
	III./JG 11	./.	-	Tiefangriff, Oldenburg, 100%	Fw 190 A-		
	IV./JG 11	N.N.	-	Luftkampf, Ort unbekannt, b			
09.04.44	1./JG 1	Lt.Heinz-Günther Lück	verw.	Luftkampf, Bauchlandung Insel Ærö, b	Fw 190 A-8	170 050	ws.14 +
	1./JG 1	N.N.	-	Feindflug, technische Mängel, Insel Ærö, b	Fw 190 A-8	170 101	ws. 3 +
	3./JG 1	Ogefr.Martin Finger	+	Luftkampf 4-mot, Absturz bei Norby, nahe Owschlag, 100%	Fw 190 A-7	643 707	ge. 6 +
	4./JG 1	Lt.Meinhard Quack	+	Luftkampf 4-mot, Absturz über der Ostsee, 100%	Fw 190 A-6	470 795	ws. 8 + -
	5./JG 1	Uffz.Zinkl	-	Luftkampf, Absturz PlQu. SU, FSA, 100%	Fw 190 A-		
	5./JG 1	Flg.Georg Blech	-	Luftkampf, Absturz PlQu. SU, FSA, 100%	Fw 190 A-		
	5./JG 1	Uffz.Richard Joscht	-	Bruchlandung, Ort unbekannt, 20%	Fw 190 A-		
	5./JG 1	Uffz.Heinz Weber	-	Bruchlandung, Ort unbekannt, 90%	Fw 190 A-		
	6./JG 1	Uffz.Willy Sievers	verl.	Bruchlandung, Rheine, 30%	Fw 190 A-		
	II./JG 1	Uffz.Canaris	-	Bruchlandung, Ort unbekannt, 20%	Fw 190 A-		
	7./JG 1	Uffz.Günter Koch	+	Luftkampf 4-mot, Absturz bei Stade, 100%	Bf 109 G-5	110 059	ws. 7 + I
	III./JG 1	N.N.	-	Luftkampf, Ort unbekannt, b	Bf 109 G-		
	1./JG 11	Ofhr.Gerhard Dreizehner	+	Luftkampf, Absturz bei Steinfeld, Kreis Schleswig, 100%	Fw 190 A-7/R6-4	642 010	ws.15 +
	2./JG 11	Ofw.Alwin Doppler	verw.	Luftkampf, Eggebeck,	Fw 190 A-7/MK	643 703	sw.10 +
	2./JG 11	Fw. Walter Otto	+	Luftkampf, Absturz bei Faulück, Kreis Schleswig, 100%	Fw 190 A-7/MK	643 925	sw.13 +
	2./JG 11	Gefr.Johannes Hooge	+	Luftkampf, Absturz bei Arenholz, Kreis Schleswig, 100%	Fw 190 A-7/MK	643 922	sw.12 +
	I./JG 11	N.N.	-	Luftkampf, Ort unbekannt, b	Fw 190 A-		
	7./JG 11	Fw.Ernst Abel	verw.	Luftkampf, Raum Flensburg,	Fw 190 A-7	430 480	
	8./JG 11	Lt.Max Frank Staffelführer	+	Luftkampf, Raum Bad Zwischenahn, 100%	Fw 190 A-7	643 901	
	9./JG 11	Ofhr.Hans Schobert	v.	Luftkampf, Ort unbekannt, 100%	Fw 190 A-6	470 606	ge. 8 + I
	10./JG 11	Uffz.Karl Merbeth	+	Luftkampf Jäger, Absturz Wyk auf Föhr, 100%	Fw 190 A-6 Y	470 787	
11.04.44	I./JG 1 Sonderstaffel	Uffz.Helmut Manikowski	+	Luftkampf 4-mot, Absturz bei Braunschweig, FSA, nach der Landung durch Bordwaffenbeschuss von US-Jägern getötet	Fw 190 A-7	643 941	ws.16 +
	I./JG 1	N.N.	-	Feindflug, technische Mängel, Ort unbekannt, 100%	Fw 190 A-		
	4./JG 1	Ofw.Kurt Barein	+	Luftkampf P-51, Absturz bei Braunschweig, 100%	Fw 190 A-6	470 609	ws.15 + -
	5./JG 1	Uffz.Werner Nobis	verl.	Luftkampf Jäger, Absturz bei Kleinglingen, südlich Celle, 100%	Fw 190 A-7	340 304	sw.13 + -
	6./JG 1	Gefr.Hans Flick	+	Luftkampf Jäger, Absturz bei Bernburg, 100%	Fw 190 A-7	431 137	ge.14 + -

Date	Unit	Name	Status	Description	Aircraft	W.Nr.	Code
	II./JG 1	N.N.	-	Luftkampf, Ort unbekannt, 30%	Fw 190 A-		
	II./JG 1	./.	-	Tiefangriff, Störmede, 100%	Fw 190 A-		
	II./JG 1	./.	-	Tiefangriff, Störmede, 100%	Fw 190 A-		
	II./JG 1	./.	-	Tiefangriff, Störmede, 100%	Fw 190 A-		
	II./JG 1	./.	-	Tiefangriff, Störmede, 100%	Fw 190 A-		
	II./JG 1	./.	-	Tiefangriff, Störmede, b	Fw 190 A-		
	II./JG 1	./.	-	Tiefangriff, Störmede, b	Fw 190 A-		
	8./JG 1	Fw.Martin Fink	verw.	bei Landung von US-Jägern angegriffen, Burg, Bauchlandung	Bf 109 G-5	110 238	sw. 9 + I
	9./JG 1	Uffz.Siegfried Werberitsch	+	Luftkampf P-51, Absturz bei Schwaneburg, nahe Magdeburg, 100%	Bf 109 G-6	161 306	ge. 5 + I
	9./JG 1	Olt.Erwin Achtermann	+	Luftkampf P-51, Absturz bei Rottnerslben, Raum Magdeburg, 100%	Bf 109 G-6	410 722	ge.17 + I
	9./JG 1	Uffz.Walter Pleines	verw.	Luftkampf P-47, Bauchlandung bei Wolfsburg, am Boden von P-47 beschossen, 100%	Bf 109 G-		ge. 9 + I
	III./JG 1	N.N.	-	Luftkampf, Ort unbekannt, 100%	Bf 109 G-		
	III./JG 1	N.N.	-	Betriebstörung, Ort unbekannt, b	Bf 109 G-		
	I./JG 11	N.N.	-	Luftkampf, Ort unbekannt, b	Fw 190 A-		
	I./JG 11	N.N.	-	Luftkampf. Ort unbekannt, b	Fw 190 A-		
	I./JG 11	N.N.	-	Feindflug, technische Mängel, Ort unbekannt, b	Fw 190 A-		
	I./JG 11	N.N.	-	Feindflug, technische Mängel, Ort unbekannt, b	Fw 190 A-		
	I./JG 11	N.N.	.	Betriebstörung, Ort unbekannt, b	Fw 190 A-		
	II./JG 11	./.	-	Tiefangriff, Wunstorf, b	Bf 109 G-		
	7./JG 11	Uffz. Anton Lorenz	+	Luftkampf, Absturz bei Strange, 100%	Fw 190 A-7	643 907	
	7./JG 11	Uffz. Anton Klein	+	Luftkampf, Raum Rotenburg / Wümme, 100%	Fw 190 A-.7	431 140	
	7./JG 11	Ofw. Helmut Spiess	verw.	Luftkampf, Raum Lüneburg, Notlandung, b	Fw 190 A-6	470 610	
	8./JG 11	Lt. Friedrich-Karl Kröcher	+	Luftkampf, Absturz Haftling, bei Diepholz, 100%	Fw 190 A-7	643 918	
	8./JG 11	Uffz. Arno Saiko	+	Luftkampf, Absturz bei Ströhen / Lübbecke, 100%	Fw 190 A-7	643 417	
	III./JG 11	N.N.	-	Luftkampf, Ort unbekannt, 100%	Fw 190 A-		
	III./JG 11	N.N.	-	Luftkampf, Ort unbekannt, 100%	Fw 190 A-		
	III./JG 11	N.N.	-	Luftkampf, Ort unbekannt, 100%	Fw 190 A-		
	III./JG 11	N.N.	-	Feindflug, technische Mängel, Ort unbekannt, 100%	Fw 190 A-		
	III./JG 11	N.N.	-	Feindflug, technische Mängel, Ort unbekannt, b	Fw 190 A-		
12.04.44	7./JG 1	Fw. Josef Löhr	+	Luftkampf P-47 und P-51, Absturz Oberkleen, bei Wetzlar, 100%	Bf 109 G-6	160 752	ge. 9 + I
	I./JG 11	N.N.	-	Luftkampf, Ort unbekannt, 100%	Fw 190 A-		
	I./JG 11	N.N.	-	Luftkampf, Ort unbekannt, 100%	Fw 190 A-		
	I./JG 11	N.N.	-	Feindflug, technische Mängel, Ort unbekannt, b	Fw 190 A-		
	III./JG 11	N.N.	-	Luftkampf, Ort unbekannt, b	Fw 190 A-		
	III./JG 11	N.N.	-	Feindflug, technische Mängel, Ort unbekannt, 100%	Fw 190 A-		
	III./JG 11	N.N.	-	Betriebstörung, Ort unbekannt, b	Fw 190 A-		
13.04.44	2./JG 1	Fw. Alfred Umlauf	+	Luftkampf, Absturz bei Viernheim, 100%	Fw 190 A-7	643 919	sw.15 +
	3./JG 1	Olt. Hans Ehlers	verw.	Luftkampf 4-mot, Bauchlandung Gütersdorf, b	Fw 190 A-8	170 046	ge. 5 +
	3./JG 1	Lt. Ernst Terborg	+	Luftkampf, Absturz bei Heppenheim, 100%	Fw 190 A-8	170 027	ge. 3 +
	I./JG 1	N.N.	-	Feindflug, technische Mängel, Ort unbekannt, b	Fw 190 A-		

1173

	4./JG 1	Uffz. Alfons Schulz	verw.	Luftkampf P-51, Absturz bei Worms, FSA, 100%	Fw 190 A-7/R2	643 933	ws.10 + -
	5./JG 1	Uffz. Hubert Swoboda	-	Luftkampf, Absturz bei Eggingen, FSA, 100%	Fw 190 A-7/R2	643 950	sw. 4 + -
	7./JG 1	Uffz. Wilhelm Kräuter	verw.	Luftkampf P-47, Absturz bei Burgen, FSA, 100%	Bf 109 G-5	110 049	ws.13 + I
	9./JG 1	Ofhr. Josef Krebsbach	+	Luftkampf, Absturz bei Affolterbach, 100%	Bf 109 G-6/AS	20 428	ge.16 + I
	9./JG 1	Fhr. Gerhard Kramer	+	Luftkampf, Absturz bei Affolterbach, 100%	Bf 109 G-6/AS	161 176	ge.20 + I
	III./JG 1	N.N.	-	Luftkampf, Ort unbekannt, b	Bf 109 G-		
	III./JG 1	N.N.	-	Luftkampf, Ort unbekannt, b	Bf 109 G-		
	2./JG 11	Gefr. Helmut Trojek	+	Luftkampf, Absturz bei Öhringen, 100%	Fw 190 A-8	170 127	sw. 9 +
	2./JG 11	Uffz Franz Klemenz	+	Luftkampf, Absturz Forchtenberg, Kreis Öhringen, 100%	Fw 190 A-8	170 126	sw. 8 +
	3./JG 11	Uffz. Alfred Hiemenz	verw.	Luftkampf, Raum Tübingen, b	Fw 190 A-7	431 116	ge.14 +
	I./JG 11	N.N.	-	Luftkampf, Ort unbekannt, 100%	Fw 190 A-		
	I./JG 11	N.N.	-	Luftkampf, Ort unbekannt, b	Fw 190 A-		
14.04.44	III./JG 1	N.N.	-	Betriebstörung, Ort unbekannt, b	Bf 109 G-		
	I./JG 11	N.N.	-	Betriebstörung, Ort unbekannt, b	Fw 190 A-		
	II./JG 11	N.N.	-	Betriebstörung, Ort unbekannt, b	Bf 109 G-		
15.04.44	III./JG 1	N.N.	-	Betriebstörung, Ort unbekannt, 100%	Bf 109 G-		
	III./JG 1	N.N.	-	Betriebstörung, Ort unbekannt, b	Bf 109 G-		
	Stab/JG 11	Uffz. Karl Blaha	+	Luftkampf, Absturz bei Harpstedt, Kreis Vechta, 100%	Bf 109 G-6/J	20 017	
	3./JG 11	Ofhr. Hans-Eberhard Pehlemann	+	Luftkampf P-47, Absturz Heidegraben, nördlich Uetersen, 100%	Fw 190 A-8	170 133	ge. 3 +
	3./JG 11	Gefr. Werner Schmidt	+	Luftkampf P-47, Absturz nördlich Elmshorn, 100%	Fw 190 A-8	170 052	ge. 2 +
	3./JG 11	Uffz. Franz Wünsche	verl.	unbekannte Ursache, Absturz bei Husum, 100%	Fw 190 A-8	170 056	ge.13 +
	I./JG 11	N.N.	-	Luftkampf, Ort unbekannt, 100%	Fw 190 A-		
	I./JG 11	N.N.	-	Luftkampf, Ort unbekannt, 100%	Fw 190 A-		
	I./JG 11	N.N.	-	Luftkampf, Ort unbekannt, b	Fw 190 A-		
	III./JG 11	Maj. Anton Hackl Gruppenkommandeur	verw.	Luftkampf P-47, Ort unbekannt, 100%	Fw 190 A-		
	7./JG 11	Ofhr. Horst Binder	+	Luftkampf, Raum Vechta, 100%	Fw 190 A-6	550 760	
	7./JG 11	Uffz. Herbert Regel	+	Luftkampf, Raum Vechta, 100%	Fw 190 A-7	431 187	
	III./JG 11	N.N.	-	Luftkampf P-47, Ort unbekannt, 100%	Fw 190 A-		
	III./JG 11	N.N.	-	Luftkampf P-47, Ort unbekannt, 100%	Fw 190 A-		
	III./JG 11	N.N.	-	Luftkampf P-47, Ort unbekannt, 100%	Fw 190 A-		
	III./JG 11	N.N.	-	Luftkampf P-47, Ort unbekannt, 100%	Fw 190 A-		
	III./JG 11	N.N.	-	Luftkampf P-47, Ort unbekannt, 100%	Fw 190 A-		
	III./JG 11	N.N.	-	Luftkampf P-47, Ort unbekannt, 100%	Fw 190 A-		
16.04.44	I./JG 1	Maj. Emil-Rudolf Schnoor Gruppenkommandeur	verl.	Übungsflug, Motorstörung, Baumberührung, Notlandung bei Detmold, 100%	Fw 190 A-7	340 035	ws.20 +
	I./JG 11	N.N.	-	Luftkampf, Ort unbekannt, b	Fw 190 A-		
	I./JG 11	N.N.	-	Betriebstörung, Ort unbekannt, b	Fw 190 A-		
	I./JG 11	N.N.	-	Betriebstörung, Ort unbekannt, b	Fw 190 A-		
17.04.44	II./JG 11	N.N.	-	Betriebstörung, Ort unbekannt, b	Bf 109 G-		

1174

Datum	Einheit	Name	Status	Ereignis	Flugzeug	Werknr.	Kennung
18.04.44	I./JG 1	N.N.	-	Betriebstörung, Ort unbekannt, b	Fw 190 A-		
	II./JG 1	Uffz. Schumann	verl.	Feindflug, Landung ausgebrochen, Wiesbaden-Erbenheim, 90%	Fw 190 A-		
	II./JG 11	N.N.	-	Betriebstörung, Ort unbekannt, b	Bf 109 G-		
19.04.44	1./JG 1	Uffz. Herbert Strassemeier	-	Feindflug, technische Mängel, Bruchlandung Göttingen, 35%	Fw 190 A-		ws.13 +
	1./JG 1	Fw Wilhelm Knöller	+	Luftkampf, Absturz bei Waldkappe, 100%	Fw 190 A-8 Y	170 392	ws.11 +
	1./JG 1	Uffz. Xaver Gschwend	+	Luftkampf, Absturz bei Melsungen, 100%	Fw 190 A-7	642 965	ws. 5 +
	1./JG 1	Gefr. Johannes Zitzmann	verw.	Luftkampf, Absturz bei Alsfeld, FSA, 100%	Fw 190 A-7/R2 Y	643 930	ws.17 +
	2./JG 1	Lt. Otwin Zieger	verl.	Absturz beim Start, Übungsflug, Lippspringe, 100% (+ 25.4.1944)	Fw 190 A-8	170 025	sw.14 +
	2./JG 1	Uffz. Gerhard Lippmann	+	Luftkampf, Absturz bei Blankenburg, 100%	Fw 190 A-7	431 144	sw.17 +
	I./JG 1	N.N.	-	Luftkampf, Ort unbekannt, 100%	Fw 190 A-		
	5./JG 1	Flg. Georg Blech	-	Luftkampf 4-mot, Bauchlandung PlQu. MU-6, 25%	Fw 190 A-		
	5./JG 1	Uffz.Richard Joscht	-	Luftkampf, Bauchlandung PlQu. JC, b	Fw 190 A-		
	5./JG 1	Uffz.Helmut Dippold	verl.	Bruchlandung, Lauchröden, b (+)	Fw 190 A-7	340 311	sw.11 + -
	6./JG 1	Olt.Georg-Peter Eder Staffelkapitän	-	Luftkampf P-47, Absturz bei Göttingen, FSA, 100%	Fw 190 A-7	430 645	ge. 4 + -
	III./JG 1	./.	-	Bombenwurf, Paderborn, 100%	Bf 109 G-		
	III./JG 1	./.	-	Bombenwurf, Paderborn, 100%	Bf 109 G-		
	III./JG 1	./.	-	Bombenwurf, Paderborn, 100%	Bf 109 G-		
	III./JG 1	./.	-	Bombenwurf, Paderborn, b	Bf 109 G-		
	III./JG 1	./.	-	Bombenwurf, Paderborn, b	Bf 109 G-		
	III./JG 1	./.	-	Bombenwurf, Paderborn, b	Bf 109 G-		
	III./JG 1	./.	-	Bombenwurf, Paderborn, b	Bf 109 G-		
	III./JG 1	./.	-	Tiefangriff, Paderborn, 100%	Bf 109 G-		
	III./JG 1	./.	-	Tiefangriff, Paderborn, 100%	Bf 109 G-		
	III./JG 1	./.	-	Tiefangriff, Paderborn, 100%	Bf 109 G-		
	III./JG 1	./.	-	Tiefangriff, Paderborn, 100%	Bf 109 G-		
	III./JG 1	./.	-	Tiefangriff, Paderborn, 100%	Bf 109 G-		
	III./JG 1	./.	-	Tiefangriff, Paderborn, 100%	Bf 109 G-		
	III./JG 1	./.	-	Tiefangriff, Paderborn, 100%	Bf 109 G-		
	III./JG 1	./.	-	Tiefangriff, Paderborn, b	Bf 109 G-		
	III./JG 1	./.	-	Tiefangriff, Paderborn, b	Bf 109 G-		
	III./JG 1	./.	-	Tiefangriff, Paderborn, b	Bf 109 G-		
	III./JG 1	./.	-	Tiefangriff, Paderborn, b	Bf 109 G-		
	III./JG 1	./.	-	Tiefangriff, Paderborn, b	Bf 109 G-		
	III./JG 1	./.	-	Tiefangriff, Paderborn, b	Bf 109 G-		
	III./JG 1	./.	-	Tiefangriff, Paderborn, b	Bf 109 G-		
	III./JG 1	./.	-	Tiefangriff, Paderborn, b	Fw 58		
	Stab/JG 11	Uffz.Gerhard Seibüchler	+	Absturz, Lüneburg, 100%	Go 242	220 335	RU + VY
	Stab/JG 11	Ogefr. Hans-Hermann Harder	+	- wie vor - (Bordfunker)			
	3./JG 11	Fw.Georg Janetzko	verl.	unbekannte Ursache, Notlandung Rotenburg, 30%	Fw 190 A-8	730 288	ge. 2 +
	I./JG 11	N.N.	-	Betriebstörung, Ort unbekannt, b	Fw 190 A-		
	4./JG 11	Lt. Willi Brossmann	+	Absturz Übungsflug, Rehberg, 100%	Bf 109 G-6	440 239	ws.19 +
	4./JG 11	Uffz. Walter Hendrich	+	Absturz Übungsflug, Rehberg, 100%	Bf 109 G-6	440 226	ws. 5 +

Datum	Einheit	Name		Ereignis	Flugzeug	Werk-Nr.	Kennung
	II./JG 11	N.N.	-	Betriebstörung, Ort unbekannt, 100%	Bf 109 G-6		
20.04.44	II./JG 1	Uffz. Schneider	-	Bruchlandung, Ort unbekannt, b	Fw 190 A-		
	III./JG 1	N.N.	-	Betriebstörung, Ort unbekannt, b	Bf 109 G-		
	Stab/JG 11	N.N.	-	Betriebstörung, Ort unbekannt, b	Bf 109 G-		
	II./JG 11	N.N.	-	Betriebstörung, Ort unbekannt, b	Bf 109 G-		
	III./JG 11	N.N.	-	Betriebstörung, Ort unbekannt, b	Fw 190 A-		
	III./JG 11	N.N.	-	Betriebstörung, Ort unbekannt, b	Fw 190 A-		
21.04.44	III./JG 1	N.N.	-	Luftkampf, Ort unbekannt, b	Bf 109 G-		
	III./JG 1	N.N.	-	Luftkampf, Ort unbekannt, b	Bf 109 G-		
	III./JG 1	N.N.	-	Luftkampf, Ort unbekannt, b	Bf 109 G-		
22.04.44	1./JG 1	Uffz. Arnold Giers	+	Luftkampf US-Jäger, Absturz bei Burbach, 100%	Fw 190 A-8	170 101	ws. 3 +
	2./JG 1	Ofhr. Herbert Neuner	verl.	Bruchlandung nach Trefferschäden, Dortmund, 100%	Fw 190 A-6	550 839	sw.16 +
	3./JG 1	Lt. Herbert Eh	verw.	Luftkampf Jäger, Absturz bei Oostbevern, FSA, 100%	Fw 190 A-8	170 097	ge. 2 +
	I./JG 1	N.N.	-	Luftkampf, Ort unbekannt, 100%	Fw 190 A-		
	I./JG 1	N.N.	-	Luftkampf, Ort unbekannt, b	Fw 190 A-		
	I./JG 1	N.N.	-	Luftkampf, Ort unbekannt, b	Fw 190 A-		
	I./JG 1	N.N.	-	Feindflug, technische Mängel, Ort unbekannt, b	Fw 190 A-		
	4./JG 1	Gefr. Heinrich Born	+	Luftkampf Jäger, Absturz bei Rhynern, 100%	Fw 190 A-8	680 142	ws. 8 + -
	4./JG 1	Uffz. Johann Froschhauer	verw.	Luftkampf Jäger, Absturz bei Schwerte, FSA, 100%	Fw 190 A-7	430 483	ws. 5 + -
	5./JG 1	Flg. Georg Blech	-	Luftkampf B-17, gerammt, Absturz bei Altenbögge, FSA, 100%	Fw 190 A-8	170 102	sw.10 + -
	5./JG 1	Uffz. Heinz Weber	-	Luftkampf P-47, Absturz bei Altenbögge, FSA, 100%	Fw 190 A-8	170 106	sw. 8 + -
	6./JG 1	Uffz. Josef Gold	-	Luftkampf, Bauchlandung bei Brecht, b	Fw 190 A-		
	7./JG 1	Hptm. Hortari Schmude	+	Luftkampf, Absturz bei Korbach, 100%	Bf 109 G-5	110 051	ws. 1 + I
	7./JG 1	Lt. Kurt Ibing	verw.	Luftkampf P-51, Absturz bei Arolsen, 100%	Bf 109 G-6	440 306	ws. 6 + I
	7/JG 1	FhjFw. Gerhard Reimitz	verw.	Luftkampf P-51, Absturz bei Korbach, 100%	Bf 109 G-5	110 071	ws. 9 + I
	7./JG 1	Ogefr. Johann Peischl	+	Luftkampf P-51, Absturz bei Gemünden, 100%	Bf 109 G-5	110 081	ws.10 + I
	7./JG 1	Hptm. Lutz-Wilhelm Burkhardt Staffelkapitän	-	Luftkampf P-51, Absturz bei Eder-See, FSA, 100%	Bf 109 G-		ws. 3 + I
	8./JG 1	Gefr. Willi Klückmann	+	Luftkampf P-51, Absturz bei Korbach, 100%	Bf 109 G-6	163 066	ge.11 + I
	8./JG 1	Lt. Joachim Göhre	+	Luftkampf P-51, Absturz bei Korbach, am Schirm erschossen, 100%	Bf 109 G-6	441 028	ge. 9 + I
	9./JG 1	Ofw. Franz-Wilhelm Heck	+	Luftkampf P-51, Absturz bei Korbach, 100%	Bf 109 G-6	163 085	ge.19 + I
	9./JG 1	Ogefr. Konrad Fricke	+	Luftkampf P-51, Absturz bei Fritzlar, 100%	Bf 109 G-6	163 071	ge.22 + I
	9./JG 1	Uffz. Kurt Ziegenfuss	+	Luftkampf P-51, Absturz bei Korbach, 100%	Bf 109 G-6	441 011	ge.17 + I
	III./JG 1	N.N.	-	Luftkampf P-51, Raum Korbach, 100%	Bf 109 G-		
	III./JG 1	N.N.	-	Luftkampf P-51, Raum Korbach, 100%	Bf 109 G-		
	III./JG 1	N.N.	-	Betriebstörung, Ort unbekannt, b	Bf 109 G-		
	III./JG 1	N.N.	-	Betriebstörung, Ort unbekannt, b	Bf 109 G-		
	III./JG 1	N.N.	-	Betriebstörung, Ort unbekannt, b	Bf 109 G-		
	6./JG 11	Gefr. Robert Mandat	+	Absturz Übungsflug, Neustadt, 100%	Bf 109 G-5	110 061	ge.10 +
	II./JG 11	N.N.	-	Betriebstörung, Ort unbekannt, b	Bf 109 G-		
23.04.44	II./JG 1	N.N.	-	Feindflug, technische Mängel, Bruchlandung Kassel, b	Fw 190 A-		

Datum	Einheit	Pilot	Status	Ereignis	Flugzeug	W.Nr.	Kennung
24.04.44	II./JG 1	N.N.	-	Luftkampf, Ort unbekannt, 100%	Fw 190 A-		
	II./JG 1	N.N.	-	Luftkampf, Ort unbekannt, 100%	Fw 190 A-		
	II./JG 1	Uffz. Canaris	-	Bruch Start, Fahrwerksschaden, Echterdingen, b	Fw 190 A-		
	III./JG 1	N.N.	-	Feindflug, technische Mängel, Ort unbekannt, b	Bf 109 G-		
	Stab/JG 11	N.N.	-	Luftkampf, Ort unbekannt,	Bf 109 G-		
	Stab/JG 11	N.N.	-	Luftkampf, Ort unbekannt,	Bf 109 G-		
	1./JG 11	Ofw. Hans Jüppner	+	Luftkampf, Absturz Darmstadt, Nähe Westbahnhof, 100%	Fw 190 A-7 Y-4	643 945	ws. 6 +
	2./JG 11	Ofhr. Werner Blassing	+	Luftkampf, Absturz bei Lorsch, 100%	Fw 190 A-7/R6	643 909	sw. 2 +
	2./JG 11	Lt. Gerhard Kaacke	+	Luftkampf, Absturz bei Lorsch, 100%	Fw 190 A-8/MK	680 134	sw. 7 +
	2./JG 11	Uffz. Johann Kowalski	verw.	Luftkampf, Raum Heilbronn / Hecker, b	Fw 190 A-8/R4	680 136	sw. 4 +
	2./JG 11	Uffz. Erich Krauss	+	Luftkampf, Ort unbekannt, 100%	Fw 190 A-		
	3./JG 11	Uffz. Albin Keimfercher	+	Luftkampf, Absturz bei Lorsch, 100%	Fw 190 A-7	431 143	ge. 9 +
	3./JG 11	Uffz. Wolfgang Förster	+	Luftkampf, Absturz Raum Mannheim, 100%	Fw 190 A-7	642 538	ge.15 +
	I./JG 11	N.N.	-	Luftkampf, Ort unbekannt, 100%	Fw 190 A-		
	I./JG 11	N.N.	-	Luftkampf, Ort unbekannt, 100%	Fw 190 A-		
	I./JG 11	N.N.	-	Luftkampf, Ort unbekannt, 100%	Fw 190 A-		
	I./JG 11	N.N.	-	Luftkampf, Ort unbekannt, b	Fw 190 A-		
	I./JG 11	N.N.	-	Feindflug, technische Mängel, Ort unbekannt, 100%	Fw 190 A-		
	I./JG 11	N.N.	-	Feindflug, technische Mängel, Ort unbekannt, 100%	Fw 190 A-		
	I./JG 11	N.N.	-	Feindflug, technische Mängel, Ort unbekannt, b	Fw 190 A-		
	I./JG 11	N.N.	-	Feindflug, technische Mängel, Ort unbekannt, b	Fw 190 A-		
	I./JG 11	N.N.	-	Betriebstörung, Ort unbekannt, b	Fw 190 A-		
	III./JG 11	N.N.	-	Betriebstörung, Ort unbekannt, b	Fw 190 A-		
25.04.44	I./JG 1	N.N.	-	Betriebstörung, Ort unbekannt, b	Fw 190 A-		
	III./JG 11	N.N.	-	Feindflug, technische Mängel, Ort unbekannt, 100%	Fw 190 A-		
26.04.44	I./JG 1	N.N.	-	Betriebstörung, Ort unbekannt, 100%	Fw 190 A-		
	III./JG 11	N.N.	-	Betriebstörung, Ort unbekannt, b	Fw 190 A-		
27.04.44	1./JG 1	Uffz. Herbert Strassemeier	+	Absturz Landung, Übungsflug, Münster-Loddenheide, 100%	Fw 190 A-5/U12	160 416	ws. 6 +
	III./JG 11	N.N.	-	Betriebstörung, Ort unbekannt, b	Fw 190 A-		
28.04.44	9./JG 1	Uffz. Werner Humer	+	Absturz Übungsflug, Paderborn, 100%	Bf 109 G-6/AS	15 775	RH + JQ
	9./JG 1	Ofw. Roman Heimbach	+	Absturz Übungsflug, Paderborn, 100%	Bf 109 G-6	441 154	ge. 1 + I
29.04.44	1./JG 1	Uffz. Rolf Eilken	verw.	Luftkampf, Bauchlandung bei Braunschweig, b	Fw 190 A-7	430 364	ws. 1 +
	6./JG 1	Ogefr. Werner Triebel	+	Luftkampf, Absturz bei Braunschweig, 100%	Fw 190 A-8	170 391	ge. 9 + -
	6./JG 1	Uffz. Hans-Hasso Homfeld	+	Luftkampf P-47, Absturz bei Braunschweig, 100%	Fw 190 A-7	431 004	ge. 8 + -
	6./JG 1	Uffz. Josef Gold	-	Bauchlandung, Halberstadt, 15%	Fw 190 A-		
	7./JG 1	Hptm. Lutz-Wilhelm Burkhardt Staffelkapitän	-	Laderfresser, Bauchlandung bei Braunschweig, b	Bf 109 G-6/AS		ws. 2 + I
	1./JG 11	Uffz. Erich Krebs	+	Luftkampf, Raum Hannover, 100%	Fw 190 A-8	730 294	ws.12 +
	I./JG 11	N.N.	-	Luftkampf, Ort unbekannt, 100%	Fw 190 A-		
	I./JG 11	N.N.	-	Luftkampf, Ort unbekannt, 100%	Fw 190 A-		

	I./JG 11	N.N.	-	Luftkampf, Ort unbekannt, 100%	Fw 190 A-		
	I./JG 11	N.N.	-	Luftkampf, Ort unbekannt, b	Fw 190 A-		
	I./JG 11	N.N.	-	Luftkampf, Ort unbekannt, b	Fw 190 A-		
	I./JG 11	N.N.	-	Luftkampf, Ort unbekannt, b	Fw 190 A-		
	4./JG 11	Ofhr. Günther Seibel	+	Luftkampf, Absturz bei Lauenstein, 100%	Bf 109 G-6/AS	440 555	ws.13 +
	4./JG 11	Uffz. Günther Macheleidt	-	Luftkampf, Absturz Raum Braunschweig, 100%	Bf 109 G-		
	5./JG 11	Olt. Heinz Knoke Staffelkapitän	verw.	Luftkampf P-51, Bruchlandung bei Braunschweig, b	Bf 109 G-6/AS		sw. 1 +
	5./JG 11	Lt. Hans Klaffenbach	-	Luftkampf P-51, Bauchlandung bei Rotenburg, b	Bf 109 G-6/AS		sw.11 +
	6./JG 11	Uffz. Werner Althaus	+	Luftkampf, Absturz bei Langenhagen, 100%	Bf 109 G-6/AS	440 615	ge. 1 +
	6./JG 11	Lt. Andreas Trockels Staffelführer	+	Luftkampf, Absturz bei Dörpe, 100%	Bf 109 G-6/AS	440 237	ge.18 +
03.05.44	10./JG 11	N.N.	-	Betriebstörung, Ort unbekannt, b	Fw 190 A-		
04.05.44	5./JG 1	Uffz. Claus Büchner	+	Motorschaden, Absturz beim Übungsflug, Störmede, 100%	Fw 190 A-7	340 048	sw. 6 + -
	6./JG 1	Uffz. Willy Siewers	verl.	Luftkampf P-51, Absturz bei Göttingen, FSA, am Schirm beschossen, 100%	Fw 190 A-7	642 551	ge.13 + -
	II./JG 1	N.N.	-	Betriebstörung, Ort unbekannt, b	Fw 190 A-		
	II./JG 1	N.N.	-	Betriebstörung, Ort unbekannt, b	Fw 190 A-		
	7./JG 1	Gefr. Otto Wurst	+	Luftkampf P-47, Absturz bei Greven, 100%	Bf 109 G-6	440 750	ws. 4 + I
	III./JG 1	N.N.	-	Betriebstörung, Ort unbekannt, b	Bf 109 G-		
	3./JG 11	Uffz. Willi Walbeck	+	Luftkampf, Absturz bei Hoya, 100%	Fw 190 A-8	170 058	ge.15 +
	9./JG 11	Fw. Heinz Born	+	Feindflug, technische Mängel, Ort unbekannt, 100%	Fw 190 A-		
	III./JG 11	N.N.	-	Feindflug, technische Mängel, Ort unbekannt, 100%	Fw 190 A-		
05.05.44	I./JG 11	N.N.	-	Betriebstörung, Ort unbekannt, b	Fw 190 A-		
07.05.44	I./JG 1	N.N.	-	Feindflug, technische Mängel, Ort unbekannt, b	Fw 190 A-		
	4./JG 1	Lt. Helmut Proff	-	Werkstattflug, Bauchlandung Störmede, 30%	Fw 190 A-		
	5./JG 1	Uffz. Werner Preuss	+	Bodenberührung, Absturz, Überführungsflug, Halver, 100%	Fw 190 A-8	680 148	sw. 7 + -
	II./JG 1	N.N.	-	Motorstörung, Bauchlandung, Störmede, b	Fw 190 A-		
	10./JG 11	N.N.	-	Betriebstörung, Ort unbekannt, b	Fw 190 A-		
08.05.44	1./JG 1	Fw. Hans-Jörg Karl	+	Luftkampf, Absturz Nordburg bei Hannover, 100%	Fw 190 A-7	643 908	ws.15 +
	1./JG 1	Uffz. Kurt Geberth	+	Luftkampf, Absturz bei Altena / Harz, 100%	Fw 190 A-8	174 004	ws.17 +
	2./JG 1	Uffz. Ernst Kay	+	Luftkampf, Absturz bei Celle, 100%	Fw 190 A-8	170 109	sw. 5 +
	2./JG 1	Uffz. Karl-Dietrich Ewald	+	Luftkampf, Raum Celle, 100%	Fw 190 A-8	170 432	sw.17 +
	2./JG 1	Ofw. Rudolf Hübl	verw.	Luftkampf 4-mot, Raum Gielde, b	Fw 190 A-8	174 005	sw. 3 +
	2./JG 1	Uffz. Wilhelm Peine	verw.	Luftkampf 4-mot, Raum Celle, b	Fw 190 A-8	730 351	sw.14 +
	I./JG 1	N.N.	-	Luftkampf, Ort unbekannt, 100%	Fw 190 A-		
	I./JG 1	N.N.	-	Luftkampf, Ort unbekannt, 100%	Fw 190 A-		
	5./JG 1	Fw. Arnold Jansen	verl.	Luftkampf, Absturz bei Bonnemühlen, FSA, 100%	Fw 190 A-8	170 338	sw.11 + -
	6./JG 1	Uffz. Erich Landgrebe	verl.	Luftkampf 4-mot, Notlandung nordwestlich Schwarmstedt, b	Fw 190 A-7	340 049	ws. 3 + -
	6./JG 1	Olt. Georg-Peter Eder Staffelkapitän	-	Bauchlandung Vechta, b	Fw 190 A-8	170 071	ge. 4 + -
	5./JG 1	Ogefr. Friedel Pallas	-	Luftkampf 4-mot, Notlandung bei Hoya/Hassbergen, b	Fw 190 A-		
	II./JG 1	Uffz. Canaris	-	Bauchlandung, Paderborn, b	Fw 190 A-		

	7./JG 1	Uffz. Benvenuto Gartmann	verw.	Luftkampf B-17, Absturz bei Hengelo, FSA, 100%	Bf 109 G-6	440 558	ws. 2 + I
	7./JG 1	Uffz. Wilhelm Odenthal	+	Luftkampf P-47, Absturz bei Soltau, 100%	Bf 109 G-6	440 678	ws.31 + I
	8./JG 1	Fw. Felix Karenitz	+	Luftkampf P-47, Absturz bei Dedelstorf, 100%	Bf 109 G-6/AS	20 629	sw. 5 + I
	9./JG 1	Gefr. Alfred Kampf-Mücher	+	Luftkampf, Absturz bei Hoyahagen, 100%	Bf 109 G-6	440 621	ge.18 + I
	III./JG 1	N.N.	-	Luftkampf, Ort unbekannt, 100%	Bf 109 G-		
	III./JG 1	N.N.	-	Luftkampf, Ort unbekannt, 100%	Bf 109 G-		
	III./JG 1	N.N.	-	Feindflug, technische Mängel, Ort unbekannt, b	Bf 109 G-		
	Stab/JG 11	N.N.	-	Luftkampf, Ort unbekannt, 100%	Bf 109 G-		
	1./JG 1	Lt. Karl Becker	+	Luftkampf, Absturz Raum Hoya, 100%	Fw 190 A-8	680 141	sw.13 +
	2./JG 11	Uffz. Hermann Schumacher	+	Luftkampf, Absturz Raum Fassberg, 100%	Fw 190 A-8	680 199	sw.15 +
	2./JG 11	Ofw. Paul Dahlhöfer	+	Luftkampf, Absturz Raum Soltau, 100%	Fw 190 A-8	680 185	sw. 9 +
	I./JG 11	N.N.	-	Luftkampf, Absturz, Ort unbekannt, 100%	Fw 190 A-		
	I./JG 11	N.N.	-	Luftkampf, Absturz, Ort unbekannt, 100%	Fw 190 A-		
	10./JG 11	N.N.	-	Luftkampf, Ort unbekannt, 100%	Fw 190 A-		
	4./JG 11	Uffz. Erwin Kraft	+	Lutkampf, Absturz bei Worpswede , 100%	Bf 109 G-6	440 912	ws. 2 +
	5./JG 11	Fw. Wilhelm Fest	+	Luftkampf P-47, Absturz bei Uelzen, Fallschirm nicht geöffnet, 100%	Bf 109 G-5	110 216	sw.19 +
	5./JG 11	Ofhr. Heinz Hackstein	verw.	Luftkampf P-47, Absturz bei Hustedt, 100%	Bf 109 G-6	440 548	sw.13 +
	5./JG 11	N.N.	-	Luftkampf P-47, Raum Hustedt, 100%	Bf 109 G-		
	5./JG 11	N.N.	-	Feindflug, unbekannte Ursache, 100%	Bf 109 G-		
	6./JG 11	Uffz. Friedrich-Wilhelm Körber	verl.	Luftkampf, Bauchlandung bei Celle, 100%	Bf 109 G-6	440 222	ge. 2 +
	II./JG 11	N.N.	-	Feindflug, technische Mängel, Ort unbekannt, b	Bf 109 G-		
	8./JG 11	Uffz. Fritz Huxol	+	Luftkampf, Absturz bei Stellichte, nahe Visselhövede, 100%	Fw 190 A-		
	III./JG 11	N.N.	-	Luftkampf, Ort unbekannt, 100%	Fw 190 A-		
	III./JG 11	N.N.	-	Luftkampf, Ort unbekannt, b	Fw 190 A-		
09.05.44	I./JG 1	N.N.	-	Feindflug, technische Mängel, Ort unbekannt, 100%	Fw 190 A-		
	I./JG 1	N.N.	-	Feindflug, technische Mängel, Ort unbekannt, b	Fw 190 A-		
	I./JG 1	N.N.	-	Betriebstörung, Ort unbekannt, 100%	Fw 190 A-		
	I./JG 1	N.N.	-	Betriebstörung, Ort unbekannt, 100%	Fw 190 A-		
	5./JG 1	Lt. Werner Stockert	+	Absturz, Übungsflug, bei Störmede, 100%	Fw 190 A-8	730 299	
	8./JG 1	Uffz. Friedrich Remy	verl.	Absturz Start, Übungsflug, Paderborn, 100%	Bf 109 G-6/AS	15 415	sw.13 + I
	I./JG 11	N.N.	-	Betriebstörung, Ort unbekannt, b	Fw 190 A-		
	II./JG 11	N.N.	-	Betriebstörung, Ort unbekannt, b	Bf 109 G-		
	III./JG 11	N.N.	-	Betriebstörung, Ort unbekannt, b	Fw 190 A-		
10.05.44	III./JG 11	N.N.	-	Feindflug, technische Mängel, Ort unbekannt, b	Fw 190 A-		
11.05.44	Stab/JG 1	Oberst Walter Oesau Geschwaderkommodore	+	Luftkampf P-38, Absturz 10 km südwestlich St. Vith, 100%	Bf 109 G-6/AS	20 601	gn.13 +
	I./JG 1	N.N.	-	Betriebstörung, Ort unbekannt, b	Fw 190 A-		
	II./JG 1	N.N.	-	Feindflug, technische Mängel, Ort unbekannt, 100%	Fw 190 A-		
	7./JG 1	Ofhr. Adolf Stibane	verw.	Luftkampf P-47, Bauchlandung Lachen-Speyerdorf,	Bf 109 G-6/AS	440 960	ws.19 + I
	9./JG 1	Fw. Kurt Friedrichs	+	Luftkampf P-47 und P-51, Absturz bei St. Wendel, 100%	Bf 109 G-6/AS	440 650	ge.14 + I
	III./JG 1	N.N.	-	Luftkampf, Ort unbekannt, 100%	Bf 109 G-		
	III./JG 1	N.N.	-	Luftkampf, Ort unbekannt, 100%	Bf 109 G-		

Date	Unit	Name	Status	Details	Aircraft	W.Nr.	Code
	III./JG 1	N.N.	-	Feindflug, technische Mängel, Ort unbekannt, 100%	Bf 109 G-		
	III./JG 1	N.N.	-	Feindflug, technische Mängel, Ort unbekannt, b	Bf 109 G-		
	III./JG 1	N.N.	-	Feindflug, technische Mängel, Ort unbekannt, b	Bf 109 G-		
	III./JG 1	N.N.	-	Feindflug, technische Mängel, Ort unbekannt, b	Bf 109 G-		
	I./JG 11	N.N.	-	Feindflug, technische Mängel, Ort unbekannt, 100%	Fw 190 A-		
	I./JG 11	N.N.	-	Betriebstörung, Ort unbekannt, b	Fw 190 A-		
	III./JG 11	N.N.	-	Feindflug, technische Mängel, Ort unbekannt, b	Fw 190 A-		
	III./JG 11	N.N.	-	Feindflug, technische Mängel, Ort unbekannt, b	Fw 190 A-		
12.05.44	2./JG 1	Uffz. Gerhard Neukötter	+	Luftkampf Jäger, Absturz bei Wetzlar, 100%	Fw 190 A-8	170 375	sw.13 +
	2./JG 1	Ofhr. Gottfried Just	verl.	Zusammenstoss nach der Landung Limburg, b	Fw 190 A-8	170 082	sw. 9 +
	2./JG 1	Ofw. Günther Treptau	verw.	Luftkampf Jäger, Absturz bei Giessen, FSA, 100%	Fw 190 A-8	170 405	sw.10 +
	I./JG 1	N.N.	-	Luftkampf, Ort unbekannt, b	Fw 190 A-		
	I./JG 1	N.N.	-	Luftkampf, Ort unbekannt, b	Fw 190 A-		
	I./JG 1	N.N.	-	Feindflug, technische Mängel, Ort unbekannt, 100%	Fw 190 A-		
	I./JG 1	N.N.	-	Feindflug, technische Mängel, Ort unbekannt, 100%	Fw 190 A-		
	I./JG 1	N.N.	-	Feindflug, technische Mängel, Ort unbekannt, b	Fw 190 A-		
	I./JG 1	N.N.	-	Feindflug, technische Mängel, Ort unbekannt, b	Fw 190 A-		
	4./JG 1	Uffz. Gerold Braun	+	Luftkampf Jäger, Absturz bei Thalfang, 100%	Fw 190 A-8	174 006	ws. 4 + -
	4./JG 1	Fw. Heinz Kahl	+	Luftkampf, Absturz bei St. Wendel, 100%	Fw 190 A-8	730 408	ws. 3 + -
	4./JG 1	Uffz. Helmut Stiegler	+	Luftkampf, Absturz bei Zell an der Mosel, 100%	Fw 190 A-5/U12	410 247	ws. 6 + -
	4./JG 1	Uffz. Hermann Blanck	+	Luftkampf, Absturz bei Kochem, FSA, am Schirm erschossen, 100%	Fw 190 A-7	431 126	ws. 2 + -
	5./JG 1	Uffz. Richard Joscht	+	Luftkampf, Absturz bei Wehlen an Mosel, 100%	Fw 190 A-7	430 481	sw. 5 + -
	5./JG 1	Flg. Georg Blech	-	Luftkampf, Bauchlandung 5 km südwestlich Kochem, b	Fw 190 A-		
	5./JG 1	Uffz. Hubert Swoboda	-	Luftkampf, Rohrkrepierer, Notlandung Störmede, 30%	Fw 190 A-		
	6./JG 1	Olt. Georg-Peter Eder, Staffelkapitän	-	Motorstörung, Notlandung Mannheim-Sandhofen, b	Fw 190 A-		ge. 4 + -
	7./JG 1	Fw. Hans-Joachim Gebser	+	Luftkampf P-51, Absturz bei Schiffelbach, 100%	Bf 109 G-6	440 626	ws. 5 + I
	III./JG 1	N.N.	-	Luftkampf, Ort unbekannt, 100%	Bf 109 G-		
	III./JG 1	N.N.	-	Feindflug, technische Mängel, Ort unbekannt, b	Bf 109 G-		
	Stab/JG 11	N.N.	-	Luftkampf, Ort unbekannt, 100%	Bf 109 G-		
	I./JG 11	Hptm. Rolf Hermichen, Gruppenkommandeur	-	Luftkampf, Raum Limburg, b	Fw 190 A-		
	3./JG 11	Lt. Hans-Georg Güthenke	verw.	Luftkampf B-17, Zusammenstoss, bei Limburg, FSA, 100%	Fw 190 A-7	430 412	ge.12 +
	3./JG 11	Fw. Alfred Mielenz	v.	Luftkampf B-17, Raum Limburg, 100%	Fw 190 A-7	431 151	ge.16 +
	II./JG 11	Maj. Günther Rall, Gruppenkommandeur	verw.	Luftkampf P-47, Absturz bei Nassau, FSA, 100%	Bf 109 G-5	110 089	sw.<< + -
	II./JG 11	Fw. Hans Kastenhuber	+	Luftkampf P-47, Absturz bei Strinz-Trinitatis, 100%	Bf 109 G-5	110 190	sw.<o + -
	II./JG 11	Fw. Karl-Heinz Kutzera	verw.	Luftkampf P-47, Absturz bei Nassau, FSA, 100%	Bf 109 G-5	110 221	sw.<I + -
	II./JG 11	N.N.	-	Luftkampf P-47, Absturz Raum Nassau, 100%	Bf 109 G-		
	4./JG 11	Hptm. Gerhard Sommer, Staffelkapitän	+	Luftkampf Jäger, Absturz bei Salzkotten, 100%	Bf 109 G-6	140 028	ws.14 + -
	4./JG 11	Fw. Eduard Bubel	verw.	Luftkampf Jäger, Absturz bei Salzkotten, FSA, 100%	Bf 109 G-6	440 242	ws. 2 + -
	4./JG 11	Uffz. Alfred Tempel	verw.	Luftkampf Jäger, Absturz bei Salzkotten, FSA, 100%	Bf 109 G-6	440 229	ws. 1 + -
	5./JG 11	Lt. Georg Wroblewski, Staffelführer	verw.	Luftkampf P-51, Absturz bei Worms, FSA, 100%	Bf 109 G-5	110 211	sw. 4 + -
	II./JG 11	N.N.	-	Luftkampf, Ort unbekannt, b	Bf 109 G-		
	II./JG 11	N.N.	-	Luftkampf, Ort unbekannt, b	Bf 109 G-		

Datum	Einheit	Pilot		Ereignis	Flugzeug	Werk-Nr.	Kennung
	II./JG 11	N.N.	-	Feindflug, technische Mängel, Ort unbekannt, 100%	Bf 109 G-		
	II./JG 11	N.N.	-	Feindflug, technische Mängel, Ort unbekannt, 100%	Bf 109 G-		
	III./JG 11	N.N.	-	Luftkampf, Ort unbekannt, 100%	Fw 190 A-		
	III./JG 11	N.N.	-	Luftkampf, Ort unbekannt, 100%	Fw 190 A-		
	III./JG 11	N.N.	-	Luftkampf, Ort unbekannt, 100%	Fw 190 A-		
	III./JG 11	./.	-	Tiefangriff, Reinsehlen, b	Fw 190 A-		
13.05.44	1./JG 1	Lt. Anton-Rudolf Piffer Staffelführer	-	Luftkampf P-47, gerammt, Bauchlandung bei Hamburg, b	Fw 190 A-		
	3./JG 1	Uffz. Wolfgang Kappler	+	Luftkampf, Absturz bei Stade, 100%	Fw 190 A-8	680 149	ge.11 +
	II./JG 1	./.	-	Tiefangriff, Bremen-Neuenlandefeld, b	Fw 190 A-		
	II./JG 1	./.	-	Tiefangriff, Bremen-Neuenlandefeld, b	Fw 190 A-		
	6./JG 1	Uffz. Fritz Wurl	-	Werkstattflug, Bauchlandung Störmede, 20.35 Uhr, b	Fw 190 A-		
	8./JG 1	Gefr. Pankraz Spiegelsberger	+	Luftkampf, Absturz bei Stade, 100%	Bf 109 G-6/AS	440 402	sw.25 + l
	1./JG 11	Uffz. Hans Jaeger	verw.	Luftkampf, Raum Itzehoe, 100%	Fw 190 A-8	730 380	ws. 4 +
	2./JG 11	Gefr. Heinz Schwesinger	+	Luftkampf, Raum Neumünster, 100%	Fw 190 A-8	680 144	sw. 8 +
	I./JG 11	N.N.	-	Luftkampf, Ort unbekannt, 100%	Fw 190 A-		
	I./JG 11	N.N.	-	Luftkampf, Ort unbekannt, b	Fw 190 A-		
	I./JG 11	N.N.	-	Feindflug, technische Mängel, Ort unbekannt, b	Fw 190 A-		
	I./JG 11	N.N.	-	Feindflug, technische Mängel, Ort unbekannt, b	Fw 190 A-		
	10./JG 11	Uffz. Benno Conrad	+	Luftkampf Jäger, Absturz bei Tostedt, 100%	Fw 190 A-4	525 301	(?)
	11./JG 11	Uffz. Rudolf Schmal	+	Luftkampf, Absturz Raum Neumünster, 100%	Fw 190 A-8	680 196	
	II./JG 11	N.N.	-	Feindflug, technische Mängel, Ort unbekannt, b	Bf 109 G-		
	III./JG 11	N.N.	-	Luftkampf, Ort unbekannt, 100%	Fw 190 A-		
	III./JG 11	N.N.	-	Luftkampf, Ort unbekannt, 100%	Fw 190 A-		
	III./JG 11	N.N.	-	Luftkampf, Ort unbekannt, 100%	Fw 190 A-		
	III./JG 11	N.N.	-	Luftkampf, Ort unbekannt, 100%	Fw 190 A-		
	III./JG 11	N.N.	-	Luftkampf, Ort unbekannt, 100%	Fw 190 A-		
	III./JG 11	N.N.	-	Betriebstörung, Ort unbekannt, 100%	Fw 190 A-		
	III./JG 11	N.N.	-	Betriebstörung, Ort unbekannt, b	Fw 190 A-		
14.05.44	I./JG 1	N.N.	-	Betriebstörung, Ort unbekannt, b	Fw 190 A-		
	III./JG 1	N.N.	-	Betriebstörung, Ort unbekannt, b	Bf 109 G-		
	II./JG 11	N.N.	-	Betriebstörung, Ort unbekannt, 100%	Bf 109 G-		
15.05.44	I./JG 1	N.N.	-	Luftkampf, Ort unbekannt, 100%	Fw 190 A-		
	I./JG 1	N.N.	-	Betriebstörung, Ort unbekannt, b	Fw 190 A-		
	9./JG 1	Uffz. Kurt Baten	verl.	Absturz Start, Paderborn, 100%	Bf 109 G-6	440 642	ge.16 + l
16.05.44	5./JG 1	Uffz. Heinrich Weber	+	Absturz Übungsflug, Neuhaus, 12.25 Uhr, 100%	Fw 190 A-7	642 542	sw.15 + -
	6./JG 1	Uffz. Fritz Schneider	+	Absturz Übungsflug, Störmede, 15.40 Uhr, 100%	Fw 190 A-8	170 436	ge. 8 + -
	III./JG 1	N.N.	-	Betriebstörung, Ort unbekannt, b	Bf 109 G-		
	II./JG 11	N.N.	-	Betriebstörung, Ort unbekannt, b	Bf 109 G-		
	II./JG 11	N.N.	-	Betriebstörung, Ort unbekannt, b	Bf 109 G-		

Datum	Einheit	Name		Ursache	Flugzeug	Werk-Nr.	Kennung
17.05.44	Alarm/JG 11	Gefr. Johannes Dehmer	+	Luftkampf P-51, Aalborg, 100%	Bf 109 G-5	110 227	sw.13 +
	Alarm/JG 11	Uffz. Ludwig Hendrix	verw.	Luftkampf P-51, Aalborg, 100%	Bf 109 G-6	163 077	sw.17 +
	Alarm/JG 11	Uffz. Heinrich Esser	verw.	Luftkampf P-51, Aalborg. FSA, 100%	Bf 109 G-6	163 385	sw.19 +
	Alarm/JG 11	N.N.	-	Luftkampf P-51, Aalborg, b	Bf 109 G-		
18.05.44	III./JG 1	N.N.	-	Betriebstörung, Ort unbekannt, b	Bf 109 G-		
	III./JG 1	N.N.	-	Betriebstörung, Ort unbekannt, b	Bf 109 G-		
19.05.44	2./JG 1	Gefr. Kurt Vocke	+	Luftkampf, Absturz bei Hannover, 100%	Fw 190 A-7	430 347	sw. 4 +
	3./JG 1	Gefr. Wolfgang Hartung	verl.	Luftkampf, Notlandung bei Moorgut bei Sedelsberg/Oldenburg, b	Fw 190 A-7	643 727	ge.16 +
	I./JG 1	N.N.	-	Luftkampf, Ort unbekannt, 100%	Fw 190 A-		
	I./JG 1	N.N.	-	Luftkampf, Ort unbekannt, b	Fw 190 A-		
	I./JG 1	N.N.	-	Luftkampf, Ort unbekannt, b	Fw 190 A-		
	I./JG 1	N.N.	-	Feindflug, technische Mängel, Ort unbekannt, b	Fw 190 A-		
	4./JG 1	Uffz Hans Sudikatis	+	Luftkampf, Absturz 18 km südöstlich Flensburg, 100%	Fw 190 A-8	170 332	ws. 5 + -
	6./JG 1	Fhr. Friedhelm Petry	+	Luftkampf P-47, Raum Osnabrück/Rheine, 100%	Fw 190 A-7	340 280	ge. 6 + -
	II./JG 1	N.N.	-	Luftkampf, Ort unbekannt, 100%	Fw 190 A-		
	7./JG 1	Lt. Günther Munz	+	Luftkampf P-51, Absturz bei Lübeck, 100%	Bf 109 G-5	110 065	ws.11 + I
	Stab/JG 11	Gefr. Rudolf Gahr	v.	Ort und Ursache unbekannt, 100%	Bf 109 G-6	163 379	bl. 6 +
	I./JG 11	Lt. Erich Hondt	-	Luftkampf, B-24 gerammt, Notlandung, b	Fw 190 A-		
	3./JG 11	Lt. Günter Wiemann	+	Luftkampf, Absturz bei Wunstorf, 100%	Fw 190 A-8	730 432	ge. 4 +
	4./JG 11	Uffz. Leo Fuchs	verw.	Luftkampf P-51, Raum Schwarmstedt, b	Bf 109 G-6	440 238	ws. 9 +
	4./JG 11	Ofw. Martin Peschel	-	Luftkampf, Raum Hustedt, FSA, 100%	Bf 109 G-		
	4./JG 11	Uffz. Ortwin Dollna	-	Luftkampf, Raum Hustedt, FSA, 100%	Bf 109 G-		
	5./JG 11	Uffz. Ernst Neuber	+	Luftkampf P-51, Raum Hoya, 100%	Bf 109 G-6	163 450	sw.14 +
	6./JG 11	Fw. Martin Müller	+	Luftkampf, Absturz bei Nienburg, 100%	Bf 109 G-6	440 611	ge.21 +
	II./JG 11	N.N.	-	Luftkampf, Ort unbekannt, 100%	Bf 109 G-		
	II./JG 11	N.N.	-	Luftkampf, Ort unbekannt, 100%	Bf 109 G-		
	II./JG 11	N.N.	-	Luftkampf, Ort unbekannt, b	Bf 109 G-		
	II./JG 11	N.N.		Feindflug, technische Mängel, Ort unbekannt, 100%	Bf 109 G-		
	II./JG 11	N.N.	-	Feindflug, technische Mängel, Ort unbekannt, b	Bf 109 G-		
	III./JG 11	N.N.	-	Luftkampf, Ort unbekannt, 100%	Fw 190 A-		
	III./JG 11	N.N.	-	Luftkampf, Ort unbekannt, 100%	Fw 190 A-		
	III./JG 11	N.N.	-	Luftkampf, Ort unbekannt, b	Fw 190 A-		
	III./JG 11	N.N.	-	Feindflug, technische Mängel, Ort unbekannt, b	Fw 190 A-		
21.05.44	I./JG 11	N.N.	-	Luftkampf, Ort unbekannt, 100%	Fw 190 A-		
	I./JG 11	N.N.	-	Betriebstörung, Ort unbekannt, b	Fw 190 A-		
	10./JG 11	Uffz. Wolfgang Schröder-Barkhausen	+	Luftkampf P-51, gerammt, Absturz bei Ikast, 100%	Bf 109 G-5	27 099	ws.18 +
22.05.44	I./JG 1	N.N.	-	Luftkampf, Ort unbekannt, b	Fw 190 A-		
	I./JG 1	N.N.	-	Feindflug, technische Mängel, Ort unbekannt, b	Fw 190 A-		
	II./JG 1	N.N.	-	Luftkampf, Bauchlandung, Ort unbekannt, 35%	Fw 190 A-		
	II./JG 1	N.N.	-	Feindflug, technische Mängel, Ort unbekannt, Bauchlandung, b	Fw 190 A-		

1181

Datum	Einheit	Name	Status	Ereignis	Flugzeug	Werknr.	Kennung
	7./JG 1	Uffz. Josef Wohlrab	+	Luftkampf, Absturz bei Rendsburg, 100%	Bf 109 G-6	170 004	ws.12 + I
	9./JG 1	Ofhr. Klaus Holz	verw.	Luftkampf P-51, Bauchlandung bei Bad Bramstedt, b	Bf 109 G-6/AS	440 936	ge. 7 + I
	III./JG 1	N.N.	-	Feindflug, technische Mängel, Ort unbekannt, b	Bf 109 G-		
	III./JG 1	N.N.	-	Feindflug, technische Mängel, Ort unbekannt, b	Bf 109 G-		
	I./JG 11	Lt. Erich Hondt	verw.	Luftkampf P-47, Rotenburg, FSA, am Schirm beschossen, 100%	Fw 190 A-6	470 019	sw.14 +
	3./JG 11	Fw. Georg Janetzko	+	Luftkampf P-47, Absturz bei Rotenburg, 100%	Fw 190 A-8	170 055	ge.17 +
	3./JG 11	Uffz. Hans Sauerland	+	Luftkampf P-47, Absturz bei Bad Bad Segeberg, 100%	Fw 190 A-7	431 149	ge. 3 +
	3./JG 11	Ofw. Wilhelm Lorenz	verw.	Luftkampf P-47, Absturz bei Rotenburg, FSA, 100%	Fw 190 A-8	170 414	ge.11 +
	3./JG 11	Fw. Heinz Birkigt	-	Luftkampf P-47, Absturz bei Rotenburg, FSA, 100%	Fw 190 A-		
	III./JG 11	N.N.	-	Luftkampf, Ort unbekannt, 100%	Fw 190 A-		
23.05.44	III./JG 1	N.N.	-	Betriebstörung, Ort unbekannt, b	Bf 109 G-		
	2./JG 11	Uffz. Karl Freytag	verl.	unbekannte Ursache, Verden, b	Fw 190 A-7	643 906	sw. 5 +
24.05.44	I./JG 1	N.N.	-	Luftkampf, Ort unbekannt, b	Fw 190 A-		
	I./JG 1	N.N.	-	Betriebstörung, Ort unbekannt, b	Fw 190 A-		
	III./JG 1	N.N.	-	Luftkampf, Ort unbekannt, 100%	Bf 109 G-		
	I./JG 11	Olt. Hans-Heinrich Koenig Gruppenkommandeur	+	Luftkampf B-17, Zusammenstoss bei Kaltenkirchen, 100%	Fw 190 A-7	430 489	sw. << +
	2./JG 11	Uffz. Otto Kahlfeld	+	Luftkampf B-17, Absturz bei Kaltenkirchen, 100%	Fw 190 A-8	680 155	sw. 3 +
	I./JG 11	N.N.		Luftkampf B-17, Absturz bei Kaltenkirchen, 100%	Fw 190 A-		
	II./JG 11	Uffz. Klaus Tiedemann	+	Luftkampf, Absturz bei Kaltenkirchen, 100%	Bf 109 G-5	110 195	sw. 2 +
	4./JG 11	Lt. Helmut Denninger Staffelführer	+	Luftkampf, Absturz bei Travemünde, 100%	Bf 109 G-6	440 699	ws. 4 +
	4./JG 11	Ofw. Georg Sattler	v.	Luftkampf, Raum Hamburg, 100%	Bf 109 G-6	163 772	ws. 6 +
	5./JG 11	Uffz. Ludwig Hetzel	+	Luftkampf, Absturz bei Rahlstedt, 100%	Bf 109 G-6	163 775	sw. 4 +
	5./JG 11	Gefr. Karl Becker	verw.	Luftkampf, Raum Quickborn, 100%	Bf 109 G-6	163 446	sw. 6 +
	5./JG 11	Lt. Georg Füreder	-	Luftkampf, Absturz bei Lübeck, FSA, 100%	Bf 109 G-6		
	6./JG 11	Uffz. Alfred Vüllings	verw.	Luftkampf, Raum Bad Bramstedt, 100%	Bf 109 G-6	440 357	ge.15 +
	II./JG 11	N.N.	-	Luftkampf, Ort unbekannt, 100%	Bf 109 G-		
	II./JG 11	N.N.	-	Luftkampf, Ort unbekannt, 100%	Bf 109 G-		
	II./JG 11	N.N.	-	Luftkampf, Ort unbekannt, b	Bf 109 G-		
	II./JG 11	N.N.	-	Luftkampf, Ort unbekannt, b	Bf 109 G-		
25.05.44	1./JG 1	Ofhr. Manfred Büttner	verw.	Luftkampf Jäger, Absturz nordwestlich Kornwestheim, FSA, 100%	Fw 190 A-8	730 330	ws.14 +
	I./JG 1	N.N.	-	Luftkampf, Ort unbekannt, b	Fw 190 A-		
	9./JG 1	Ogefr. Kurt Homola	+	bei Landung von P-51 abgeschossen, Besigheim, 100%	Bf 109 G-6/AS	440 489	ge. 9 + I
	9./JG 1	Ofhr. Hubert Heckmann	-	Luftkampf, P-51 gerammt, Bauchlandung bei Botenheim, b	Bf 109 G-6/AS	163 796	ge.15 + I
	III./JG 1	./.	-	Tiefangriff, Ort unbekannt, b	Bf 109 G-		
26.05.44	II./JG 1	N.N.	-	Betriebstörung, Ort unbekannt, b	Fw 190 A-		
27.05.44	Stab/JG 11	N.N.	-	Betriebstörung, Ort unbekannt, b	Bf 109 G-		
28.05.44	2./JG 1	Uffz. Helmut Riehl	-	Luftkampf, Einradlandung Schkeuditz, b	Fw 190 A-8		sw. 4 +
	3./JG 1	Ofhr. Gustav Knoll	verw.	Luftkampf, Absturz bei Wolmirsleben, FSA, 100%	Fw 190 A-7/R6	430 688	ge.18 +
	3./JG 1	Gefr. Karl-Heinz Schmidt	+	Luftkampf, Absturz bei Helmstedt, 100%	Fw 190 A-8	680 153	ge. 3 +

1183

Date	Unit	Name	Status	Cause	Aircraft	W.Nr.	Code
	3./JG 1	Olt. Eugen Kotiza Staffelführer	+	Luftkampf, Absturz bei Hannover, 100%	Fw 190 A-8	730 483	ge. 1 +
	I./JG 1	N.N.	-	Luftkampf, Ort unbekannt, b	Fw 190 A-		
	I./JG 1	N.N.	-	Luftkampf, Ort unbekannt, b	Fw 190 A-		
	6./JG 1	Uffz. Bernhard Golinger	verw.	Luftkampf Jäger, Absturz bei Magdeburg, FSA, 100%	Fw 190 A-8	730 388	ge.12 + -
	6./JG 1	Fw. Kurt Brodbeck	-	Motorschaden, Bauchlandung Goslar, b	Fw 190 A-		
	III./JG 1	Lt. Hans Halbey	verw.	Luftkampf P-51, Absturz bei Mölln / Marburg, FSA, 100%	Bf 109 G-6/AS		sw.13 + I
	9./JG 1	Gefr. Josef Körner	verl.	Motorschaden, Notlandung Sondershausen, b	Bf 109 G-6/AS	440 939	ws. 4 + I
	9./JG 1	Ofw. Fritz Timm	+	Luftkampf P-51, Absturz bei Elsdorf / Köln, 100%	Bf 109 G-6/AS	440 700	ge. 3 + I
	1./JG 11	Uffz. Rainer Hasenmajer	+	Luftkampf, Raum Magdeburg, 100%	Fw 190 A-8	680 180	sw. 7 +
	3./JG 11	Ofw. Karl Rosenkranz	+	Luftkampf, Raum Magdeburg, 100%	Fw 190 A-7	642 540	ge.13 +
	I./JG 11	N.N.	-	Luftkampf, Ort unbekannt, 100%	Fw 190 A-		
	I./JG 11	N.N.	-	Luftkampf, Ort unbekannt, b	Fw 190 A-		
	I./JG 11	N.N.	-	Feindflug, technische Mängel, Ort unbekannt, b	Fw 190 A-		
	II./JG 11	Olt. Walter Krupinski Gruppenkommandeur	-	Luftkampf P-51, Absturz bei Magdeburg, FSA, 100%	Bf 109 G-6/AS		
	4./JG 11	Fw. Alfred Heger	-	Luftkampf P-51, Notlandung bei Schönebeck, nahe Magdeburg, b	Bf 190 G-		ws.10 +
	6./JG 11	Uffz. Heinz Kunz	+	Luftkampf, Raum Magdeburg, 100%	Bf 109 G-6	412 163	sw. < +
	6./JG 11	Uffz. Rudolf Strosetzki	-	von Me 410 abgeschossen, Not- bei Schönhausen, nahe Stendal, 100%	Bf 109 G-6/AS		
	8./JG 11	Olt. Heinz-Helmut Brandes Staffelführer	+	Luftkampf P-38, Notlandung bei Gross-Börnecke, Bruch am Boden von P-38 in Brand geschossen, 100%	Fw 190 A-		
	III./JG 11	N.N.	-	Feindflug, technische Mängel, Ort unbekannt, b	Fw 190 A-		
	III./JG 11	N.N.	-	Betriebsverlust, Ort unbekannt, 100%	Fw 190 A-		
	III./JG 11	N.N.	-	Betriebsverlust, Ort unbekannt, b	Fw 190 A-		
29.05.44	I./JG 1	N.N.	-	Luftkampf, Ort unbekannt, b	Fw 190 A-		
	I./JG 1	./.	-	Bombenwurf, Ort unbekannt, 100%	Fw 190 A-		
	II/JG 1	Olt. Georg-Peter Eder Gruppenkommanduer	-	Überschlag Landung, Cottbus, gegen Siebel gerollt, b	Fw 190 A-8	730 386	rt.24 + -
	4./JG 1	Uffz. Adolf Höfler	+	Überschlag Landung, Cottbus, 100%	Fw 190 A-8	680 137	ws. 7 + -
	4./JG 1	Fw. Adolf Schulz	-	Luftkampf, Bauchlandung bei Waldzow, b	Fw 190 A-		
	4./JG 1	Fw. Rudolf Lehmann	-	Luftkampf, Bauchlandung bei Züllsdorf, b	Fw 190 A-		
	4./JG 1	Lt. Otto Bach	-	Überschlag Landung, in Bombenkrater gerollt, Cottbus, b	Fw 190 A-		
	6./JG 1	Uffz. Erwin Steeb	verw.	Luftkampf, Absturz bei Wernsdorf, FSA, 100%	Fw 190 A-7	340 282	ge.16 + -
	II./JG 1	Uffz. Wezulek	verl.	Luftkampf, Bauchlandung bei Braunschweig, b	Fw 190 A-		
	7./JG 1	Fw. Walter Zimmer	+	Luftkampf, Absturz bei Burg, 100%	Bf 109 G-6/AS	440 953	ws.13 + I
	III./JG 1	N.N.	-	Feindflug, technische Mängel, Ort unbekannt, b	Bf 109 G-		
	III./JG 1	N.N.	-	Feindflug, technische Mängel, Ort unbekannt, b	Bf 109 G-		
	1./JG 11	FhjUffz. Georg Weiss	+	Luftkampf, Raum Anklam, 100%	Fw 190 A-8	730 379	
	1./JG 11	Fw. Eugen Kretschmann	+	Luftkampf, Raum Anklam, 100%	Fw 190 A-8	680 146	ws. 5 +
	2./JG 11	Fw. Konrad Lautenschläger	verw.	Luftkampf, Raum Anklam, 100%	Fw 190 A-8	680 125	sw. 2 +
	3./JG 11	Uffz. Walter Kirchner	+	Luftkampf, Raum Anklam, 100%	Fw 190 A-8	172 616	ge. 8 +
	I./JG 11	N.N.	-	Feindflug, technische Mängel, Ort unbekannt, b	Fw 190 A-		
	6./JG 11	Uffz. Hans-Günther Schwerdtner	+	Luftkampf, Raum Neubrandenburg, 100%	Bf 109 G-6/AS	163 773	ge. 3 +
	6./JG 11	Uffz. Klaus Fischer	verw.	Luftkampf, Raum Neubrandenburg, 100%	Bf 109 G-6/AS	440 556	ge. 6 +
	II./JG 11	N.N.	-	Luftkampf, Ort unbekannt, 100%	Bf 109 G-		

	II./JG 11	N.N.	-	Feindflug, technische Mängel, Ort unbekannt, 100%	Bf 109 G-		
	II./JG 11	N.N.	-	Feindflug, technische Mängel, Ort unbekannt, 100%	Bf 109 G-		
	9./JG 11	Ofhr. Gustav Gläsener	+	Absturz Übungsflug, Lüneburg, 100%	Fw 190 A-		
	9./JG 11	Olt. Fritz Kälber Staffelkapitän	+	Luftkampf, Absturz bei Templin, 100%	Fw 190 A-		
	III./JG 11	N.N.	-	Luftkampf, Ort unbekannt, 100%	Fw 190 A-		
	III./JG 11	N.N.	-	Luftkampf, Ort unbekannt, 100%	Fw 190 A-		
	III./JG 11	N.N.	-	Luftkampf, Ort unbekannt, 100%	Fw 190 A-		
	III./JG 11	N.N.	-	Luftkampf, Ort unbekannt, 100%	Fw 190 A-		
	III./JG 11	N.N.	-	Luftkampf, Ort unbekannt, 100%	Fw 190 A-		
	III./JG 11	N.N.	-	Luftkampf, Ort unbekannt, 100%	Fw 190 A-		
30.05.44	1./JG 1	Uffz. Adolf Zeller	+	Luftkampf, Raum Pretzier, 100%	Fw 190 A-8	170 029	ge.15 +
	1./JG 1	Gefr. Johann Zitzmann	+	Absturz Start, Dresden, 100%	Fw 190 A-8	730 410	ge. 7 +
	2./JG 1	Fhr. Karl Brucker	verw.	Luftkampf, Absturz bei Salzwedel, FSA, 100%	Fw 190 A-8	170 063	sw.12 +
	I./JG 1	N.N.	-	Luftkampf, Ort unbekannt, 100%	Fw 190 A-		
	6./JG 1	Uffz Max Bierbaum	+	Luftkampf, Absturz bei Ewerdorf, 6 km westlich Salzwedel, 100%	Fw 190 A-8	171 011	ge. 8 + -
	7./JG 1	Uffz. Horst Steinberg	verw.	Luftkampf, Absturz bei Fallersleben, 70%	Bf 109 G-6	440 932	ws.15 + I
	9./JG 1	Uffz. Ferdinand Spychinger	+	Luftkampf Jäger, Absturz Raum Salzwedel, 100%	Bf 109 G-6/AS	440 644	ge.17 + I
	III./JG 1	N.N.	-	Luftkampf, Ort unbekannt, 100%	Bf 109 G-		
	III./JG 1	N.N.	-	Feindflug, technische Mängel, Ort unbekannt, b	Bf 109 G-		
	III./JG 1	N.N.	-	Feindflug, technische Mängel, Ort unbekannt, b	Bf 109 G-		
	Stab/JG 11	./.	-	Bombenwurf, Rotenburg, 100%	Fw 58		
	Stab/JG 11	./.	-	Bombenwurf, Rotenburg, b	Bf 109 G-		
	Stab/JG 11	./.	-	Bombenwurf, Rotenburg, b	Bf 109 G-		
	2./JG 11	Uffz. Stanislaus Bzawka	+	Luftkampf, Absturz Breitenrode, 100%	Fw 190 A-8	680 119	sw.11 +
	3./JG 11	FhjOfw. Heinz Stöwer	+	Luftkampf Jäger, Absturz bei Blumenthal, 100%	Fw 190 A-7	430 694	ge. 1 +
	I./JG 11	N.N.	-	Luftkampf, Ort unbekannt, b	Fw 190 A-		
	I./JG 11	./.	-	Bombenwurf, Rotenburg, 100%	Fw 190 A-		
	I./JG 11	./.	-	Bombenwurf, Rotenburg, 100%	Fw 190 A-		
	I./JG 11	./.	-	Bombenwurf, Rotenburg, 100%	Fw 190 A-		
	I./JG 11	./.	-	Bombenwurf, Rotenburg, b	Fw 190 A-		
	I./JG 11	./.	-	Bombenwurf, Rotenburg, b	Fw 190 A-		
	I./JG 11	./.	-	Bombenwurf, Rotenburg, b	Fw 190 A-		
	I./JG 11	./.	-	Bombenwurf, Rotenburg, b	Fw 190 A-		
	I./JG 11	./.	-	Bombenwurf, Rotenburg, b	Fw 190 A-		
	I./JG 11			bei Bombenangriff auf Flugplatz Rotenburg 27 Tote und sieben Verletzte			
	5./JG 11	Uffz. Herbert Drühe	verw.	Luftkampf P-51, Bruchlandung bei Bernburg, 100%	Bf 109 G-6/AS	163 809	sw. 4 +
	II./JG 11	N.N.	-	Luftkampf, Ort unbekannt, 100%	Bf 109 G-		
	II./JG 11	N.N.	-	Luftkampf, Ort unbekannt, 100%	Bf 109 G-		
	II./JG 11	N.N.	-	Luftkampf, Ort unbekannt, b	Bf 109 G-		
	II./JG 11	N.N.	-	Luftkampf, Ort unbekannt, b	Bf 109 G-		
	II./JG 11	N.N.	-	Luftkampf, Ort unbekannt, b	Bf 109 G-		
	II./JG 11	N.N.	-	Luftkampf, Ort unbekannt, b	Bf 109 G-		

	II./JG 11	N.N.	-	Luftkampf, Ort unbekannt, b	Bf 109 G-		
	II./JG 11	N.N.	-	Luftkampf, Ort unbekannt, b	Bf 109 G-		
	II./JG 11	N.N.	-	Feindflug, technische Mängel, Ort unbekannt, b	Bf 109 G-		
	III./JG 11	N.N.	-	Luftkampf, Ort unbekannt, 100%	Fw 190 A-		
	III./JG 11	N.N.	-	Luftkampf, Ort unbekannt, 100%	Fw 190 A-		
	III./JG 11	N.N.	-	Luftkampf, Ort unbekannt, 100%	Fw 190 A-		
	III./JG 11	N.N.	-	Luftkampf, Ort unbekannt, 100%	Fw 190 A-		
	III./JG 11	N.N.	-	Luftkampf, Ort unbekannt, 100%	Fw 190 A-		
	III./JG 11	N.N.	-	Luftkampf, Ort unbekannt, 100%	Fw 190 A-		
	III./JG 11	N.N.	-	Luftkampf, Ort unbekannt, 100%	Fw 190 A-		
	III./JG 11	N.N.	-	Luftkampf, Ort unbekannt, 100%	Fw 190 A-		
	III./JG 11	N.N.	-	Luftkampf, Ort unbekannt, b	Fw 190 A-		
	III./JG 11	N.N.	-	Feindflug, technische Mängel, Ort unbekannt, b	Fw 190 A-		
	III./JG 11	N.N.	-	Tiefangriff, Reinsehlen, 100%	Fw 190 A-		
	III./JG 11	N.N.	-	Tiefangriff, Reinsehlen, 100%	Fw 190 A-		
	III./JG 11	N.N.	-	Tiefangriff, Reinsehlen, 100%	Fw 190 A-		
	III./JG 11	N.N.	-	Tiefangriff, Reinsehlen, 100%	Fw 190 A-		
	III./JG 11	N.N.	-	Tiefangriff, Reinsehlen, 100%	Fw 190 A-		
	III./JG 11	N.N.	-	Tiefangriff, Reinsehlen, 100%	Fw 190 A-		
31.05.44	I./JG 1	N.N.	-	Feindflug, technische Mängel, Ort unbekannt, b	Fw 190 A-		
	4./JG 1	Fw. Adolf Schulz	+	Luftkampf P-47, Zusammenstoss Fw 190, Absturz Bornholte, 100%	Fw 190 A-6	550 541	ws.19 + -
	4./JG 1	Uffz. Anton Sinek	+	Luftkampf P-47, Zusammenstoss Fw 190, Absturz Bornholte, 100%	Fw 190 A-7	643 946	ws. 1 + -
	5./JG 1	Flg. Georg Blech	verw.	Luftkampf P-47, Absturz bei Gütersloh, FSA, 100%	Fw 190 A-8	680 521	sw.11 + -
	6./JG 1	Lt. Günther Buchholz	+	Luftkampf P-47, Absturz bei Österwiehe, 100%	Fw 190 A-8	680 534	ge. 7 + -
	6./JG 1	Fw. Alfred Bindseil	-	Luftkampf P-47, Bauchlandung Störmede, b	Fw 190 A-8		
	II./JG 1	N.N.	-	Luftkampf P-47, Ort unbekannt, 100%	Fw 190 A-		
	II./JG 1	N.N.	-	eigene Flak, Raum Hamm, b	Fw 190 A-		
	II./JG 1	N.N.	-	Feindflug, technische Mängel, Ort unbekannt, b	Fw 190 A-		
	III./JG 1	N.N.	-	Feindflug, technische Mängel, Ort unbekannt, b	Bf 109 G-		
	III./JG 1	N.N.	-	Feindflug, technische Mängel, Ort unbekannt, b	Bf 109 G-		
01.06.44	I./JG 1	N.N.	-	Betriebstörung, Ort unbekannt, b	Fw 190 A-		
	6./JG 1	Ofw. Kurt Brodbeck	-	Motorschaden, Bauchlandung Störmede, b	Fw 190 A-		
	8./JG 1	Fw. Ernst Seefeldt	verl.	Start ausgebrochen, Paderborn, 100%	Bf 109 G-6/AS	410 696	sw.10 + I
	III./JG 1	N.N.	-	Betriebstörung, Ort unbekannt, 100%	Bf 109 G-		
	III./JG 1	N.N.	-	Betriebstörung, Ort unbekannt, b	Bf 109 G-		
03.06.44	1./JG 1	Uffz. Franz Michel	+	Absturz Übungsflug, Lippspringe, 100%	Fw 190 A-6	530 122	ws.12 +
04.06.44	I./JG 1	N.N.	-	Betriebstörung, Ort unbekannt, b	Fw 190 A-		
	5./JG 1	Lt. Hubert Swoboda	-	Motorschaden, Übungsflug, Absturz bei Störmede, FSA, 100%	Fw 190 A-		
	8./JG 1	Lt. Gerhard Bosse	+	Zusammenstoss, Übungsflug, Absturz bei Paderborn, 100%	Bf 109 G-6/AS	163 771	sw.12 + I

	8./JG 1	Lt. Wolfgang Kiefer	+	Zusammenstoss, Übungsflug, Absturz bei Paderborn, 100%	Bf 109 G-6/AS	160 740	sw. 4 + I
06.06.44	9./JG 1	Uffz. Gerhard Bachmann	+	Absturz Höhenflug, Motorschaden, bei Hameln, 100%	Bf 109 G-6/AS	163 796	ge.15 + I
	III./JG 1	N.N.	-	Betriebstörung, Ort unbekannt, b	Bf 109 G-		

Verluste der Jagdgeschwader 1 und 11 bei den Abwehrkämpfen in Frankreich - Juni bis August 1944

06.06.44	I./JG 1	Lt. Wolfgang Sommer	+	an Bord einer Ju 52 abgeschossen, bei Coulommiers			
	I./JG 1	N.N.	+	weitere 15 Soldaten des Bodenpersonals an Bord der Ju 52			
	II./JG 1	N.N.	-	Einsatzflug, technische Mängel, Ort unbekannt, b	Fw 190 A-		
	III./JG 1	N.N.	-	Betriebstörung, Ort unbekannt, 100%	Bf 109 G-		
	4/JG 11	./.	-	Tiefangriff, Beauvais, 100%	Bf 109 G- /AS		
	4/JG 11	./.	-	Tiefangriff, Beauvais, b	Bf 109 G- /AS		
	4/JG 11	./.	-	Tiefangriff, Beauvais, b	Bf 109 G- /AS		
07.06.44	I./JG 1	N.N.	-	Luftkampf, Ort unbekannt, b	Fw 190 A-		
	I./JG 1	./.	-	Bombenwurf, Le Mans, 100%	Fw 190 A-		
	II./JG 1	./.	-	Tiefangriff, Le Mans, b	Fw 190 A-		
	II./JG 1	N.N.	(v.)	Luftkampf, Ort unbekannt, 100%	Fw 190 A-		
	II./JG 1	N.N.	-	Luftkampf, Ort unbekannt, 100%	Fw 190 A-		
	II./JG 1	N.N.	-	Feindflug, technische Mängel, Ort unbekannt, b	Fw 190 A-		
	II./JG 1	N.N.	-	Feindflug, technische Mängel, Ort unbekannt, b	Fw 190 A-		
	7./JG 51	Lt. Johann Brünnler	+	Luftkampf P-51, Absturz Raum Chateaudun, 100%	Fw 190 A-8	680 552	sw.18 +
	III./JG 1	Hptm. Karl-Heinz Weber Gruppenkommandeur	+	Luftkampf P-51, Absturz Raum Caen, 100%	Bf 109 G-6/AS	410 399	ws.20 +
	7./JG 1	Uffz. Günter Koschinski	verw.	Luftkampf, Absturz Raum Caen, FSA, 100%	Bf 109 G-6/AS	440 649	ws. 9 +
	8./JG 1	Ofw. Friedrich Zander	-	Luftkampf P-51, Bauchlandung 30 km östlich Rouen, b	Bf 190 G-		
	9./JG 1	Gefr. Werner Penke	+	Luftkampf P-47, beim Start abgeschossen, Beauvais, 100%	Bf 109 G-6/AS	440 926	ge.13 +
	9./JG 1	Lt. Franz Koplik	-	Luftkampf P-47, beim Start abgeschossen, FSA, Beauvais, 100%	Bf 109 G-		
	9./JG 1	Ofhr. Hubert Heckmann	-	Luftkampf P-47, Bauchlandung bei Beauvais, b	Bf 109 G-		
	III./JG 1	N.N.	-	Feindflug, technische Mängel. Ort unbekannt, b	Bf 109 G-		
	III./JG 1	N.N.	-	Feindflug, technische Mängel. Ort unbekannt, b	Bf 109 G-		
	I./JG 11	./.	-	Bombenwurf, Rennes, 100%	Fw 190 A-		
	4./JG 11	Uffz. Otto Schmidt	verw.	Luftkampf P-47, bei Beauvais,	Bf 109 G-6/AS	441 306	ws. 6 +
	5./JG 11	Olt. Heinz Kattlun	+	Luftkampf P-47, Absturz bei Grumesnil, 100%	Bf 109 G-6/AS	163 801	sw. 2 +
	5./JG 11	Uffz. Antonius Heil	+	Luftkampf P-47, Raum Caen, 100%	Bf 109 G-6/AS	440 986	sw.16 +
	5./JG 11	Uffz. Fritz Manke	+	Luftkampf P-47, Raum Caen, 100%	Bf 190 G-6/AS	163 797	sw. 5 +
	6./JG 11 Staffelführer	Lt. Karl-Heinz Lüchau	+	Luftkampf P-47, Raum Caen, 100%	Bf 190 G-6/AS	440 623	ge.20 +
	6./JG 11	Lt. Helmut Grill	+	Luftkampf P-47, Raum Caen, 100%	Bf 109 G-6/AS	440 929	ge. 2 +
	6./JG 11	Uffz. Paul Berndt	verl.	Luftkampf P-47, Bauchlandung bei Caen, 100%	Bf 109 G-6/AS	163 794	ge.12 +
	6./JG 11	Uffz. Rudolf Strosetzki	KG	Luftkampf P-47, Bauchlandung Strasse Bayeux/Tilly, 100%	Bf 109 G-6/AS	441 139	ge. 7 +
	6./JG 11	Uffz. Rudolf Prokay	verl.	Luftkampf P-47, Bruchlandung bei Beauvais, b	Bf 109 G-6/AS	440 938	ge. 1 +
	II./JG 11	N.N.	-	Feindflug, technische Mängel, Ort unbekannt, 100%	Bf 109 G-6/AS		

Datum	Einheit	Pilot		Ursache	Flugzeug	WNr	Kennung
	II./JG 11	N.N.	-	Feindflug, technische Mängel, Ort unbekannt, 100%	Bf 109 G-6/AS		
	II./JG 11	N.N.	-	Feindflug, technische Mängel, Ort unbekannt, b	Bf 109 G-6/AS		
08.06.44	I./JG 1	./.	-	Tiefangriff, Le Mans, 100%	Fw 190 A-		
	I./JG 1	./.	-	Tiefangriff, Le Mans, 100%	Fw 190 A-		
	I./JG 1	./.	-	Tiefangriff, Le Mans, 100%	Fw 190 A-		
	I./JG 1	./.	-	Tiefangriff, Le Mans, b	Fw 190 A-		
	I./JG 1	./.	-	Tiefangriff, Le Mans, b	Fw 190 A-		
	I./JG 1	./.	-	Tiefangriff, Le Mans, b	Fw 190 A-		
	I./JG 11	Hptm. Siegfried Simsch Gruppenkommandeur	+	Luftkampf P-51, Absturz bei Vitre, 100%	Fw 190 A-8	730 448	ge. 2 +
	1./JG 11	Uffz. Alfred Folger	+	Luftkampf, Ort unbekannt, 100%	Fw 190 A-6	470 779	ws. 3 +
	2./JG 11	Ofw. Heinz Kokisch	+	Luftkampf, Absturz Raum Rennes, 100%	Fw 190 A-8		sw. 8 +
	3./JG 11	Gefr. Fritz Dahms	+	Luftkampf, Raum La Ponsonniere, 100%	Fw 190 A-		
	3./JG 11	Uffz. Günther Schüler	v.	unbekannte Ursache, Raum Rennes, 100%	Fw 190 A-8	730 289	ge. 2 +
	I./JG 11	N.N.	-	Luftangriff, Ort unbekannt, 100%	Fw 190 A-		
	I./JG 11	N.N.	-	Luftangriff, Ort unbekannt, 100%	Fw 190 A-		
	I./JG 11	N.N.	-	Luftangriff, Ort unbekannt, 100%	Fw 190 A-		
	I./JG 11	N.N.	-	Luftangriff, Ort unbekannt, b	Fw 190 A-		
	I./JG 11	N.N.	-	Feindflug, technische Mängel, Ort unbekannt, b	Fw 190 A-		
	10./JG 11	Uffz. Gerhard Cordey	+	unbekannte Ursache, Raum Beauvais, 100%	Fw 190 A-4	6614	(?)
	10./JG 11	./.	-	Tiefangriff, Ort unbekannt, b	Fw 190 A-		
	10./JG 11	./.	-	Tiefangriff, Ort unbekannt, b	Fw 190 A-		
	4./JG 11	Ofw. Martin Peschel	v.	Ort und Ursache unbekannt, 100%	Bf 109 G-6/AS	440 928	ws.17 +
09.06.44	2./JG 1	Uffz. Helmut Riehl	verl.	Überschlag Landung, Le Mans, b	Fw 190 A-8	730 513	sw.16 +
	II./JG 1	./.	-	Bombenwurf, Le Mans, 100%	Fw 190 A-		
	II./JG 1	./.	-	Bombenwurf, Le Mans, 100%	Fw 190 A-		
	II./JG 1	./.	-	Bombenwurf, Le Mans, 100%	Fw 190 A-		
	II./JG 1	./.	-	Bombenwurf, Le Mans, 100%	Fw 190 A-		
	II./JG 1	./.	-	Bombenwurf, Le Mans, 100%	Fw 190 A-		
	II./JG 1	./.	-	Bombenwurf, Le Mans, 100%	Fw 190 A-		
	II./JG 1	./.	-	Bombenwurf, Le Mans, 100%	Fw 190 A-		
	II./JG 1	./.	-	Bombenwurf, Le Mans, b	Fw 190 A-		
	II./JG 1	./.	-	Bombenwurf, Le Mans, b	Fw 190 A-		
	II./JG 1	./.	-	Bombenwurf, Le Mans, b	Fw 190 A-		
	II./JG 1	./.	-	Bombenwurf, Le Mans, b	Fw 190 A-		
	II./JG 1	./.	-	Bombenwurf, Le Mans, b	Fw 190 A-		
	1./JG 11	Uffz. Alfred Bongard	+	unbekannte Ursache, Absturz bei La Sorierel, 100%	Fw 190 A-8	680 528	sw. 9 +
	I./JG 11	N.N.	-	Luftkampf, Ort unbekannt, 100%	Fw 190 A-		
	I./JG 11	N.N.	-	Feindflug, technische Mängel, Ort unbekannt, b	Fw 190 A-		
10.06.44	I./JG 1	./.	-	Tiefangriff, Le Mans, b	Fw 190 A-		
	I./JG 11	./.	-	Tiefangriff, Rennes, 100%	Fw 190 A-		

	I./JG 11	./.	-	Tiefangriff, Rennes, 100%	Fw 190 A-			
	I./JG 11	./.	-	Tiefangriff, Rennes, 100%	Fw 190 A-			
	I./JG 11	./.	-	Tiefangriff, Rennes, 100%	Fw 190 A-			
	I./JG 11	./.	-	Tiefangriff, Rennes, 100%	Fw 190 A-			
	I./JG 11	./.	-	Tiefangriff, Rennes, 100%	Fw 190 A-			
	4./JG 11	Fw. Heinz Albrecht	verw.	Luftkampf P-51, Raum Amiens, b	Bf 109 G-6	441 167	ws. 7 +	
11.06.44	I./JG 1	./.	-	Tiefangriff, Le Mans, b	Fw 190 A-			
	III./JG 1	N.N.	-	technische Mängel, kein Feindflug, Ort unbekannt, 100%	Bf 109 G-			
	4./JG 11	Uffz. Ortwin Dollna	+	Luftkampf P-47, Raum Caen, 100%	Bf 109 G-6/AS	440 918	ws. 2 +	
	4./JG 11	Uffz. Günther Schwidop	v.	Luftkampf P-47, Raum Caen, 100%	Bf 109 G-6/AS	440 273	ws. 3 +	
12.06.44	I./JG 1	N.N.	-	Luftkampf, Ort unbekannt, 100%	Fw 190 A-			
	I./JG 1	./.	-	Bombenwurf, Le Mans, 100%	Fw 190 A-			
	I./JG 1	./.	-	Bombenwurf, Le Mans, 100%	Fw 190 A-			
	I./JG 1	./.	-	Bombenwurf, Le Mans, 100%	Fw 190 A-			
	I./JG 1	./.	-	Bombenwurf, Le Mans, 100%	Fw 190 A-			
	I./JG 1	./.	-	Bombenwurf, Le Mans, 100%	Fw 190 A-			
	I./JG 1	./.	-	Bombenwurf, Le Mans, 100%	Fw 190 A-			
	I./JG 1	./.	-	Bombenwurf, Le Mans, 100%	Fw 190 A-			
	I./JG 1	./.	-	Bombenwurf, Le Mans, b	Fw 190 A-			
	2./JG 11	Uffz. Hermann Schillinger	+	unbekannte, Ursache, Raum Barneville, 100%	Fw 190 A-8	680 530	sw.<I +	
	2./JG 11	Uffz. Alfred Pfeiffer	v.	unbekannte Ursache, Raum Rennes, 100%	Fw 190 A-8	730 439	sw. 5 +	
	2./JG 11	FhjOfw. Helmut Bahlke	verw.	unbekannte Ursache, Raum Le Mans, b	Fw 190 A-8	730 438	ws. 1 +	
	3./JG 11	Lt. Kurt Prenzler	+	unbekannte Ursache, Raum Le Mans, 100%	Fw 190 A-8	680 140	ws.14 +	
	I./JG 11	N.N.	-	Betriebstörung, Ort unbekannt, b	Fw 190 A-			
13.06.44	1./JG 1	Uffz. Friedrich Henke	v.	Luftkampf P-47, bei Gorron, 100%	Fw 190 A-8	730 476	ws. 4 +	
	1./JG 1	Uffz. Franz Schnabel	-	Luftkampf, Bauchlandung Lonrai, b	Fw 190 A-			
	3./JG 1	Uffz. Friedrich Enderle	verw.	Luftkampf, Raum Gorron, FSA, 100%	Fw 190 A-8	680 536	ge. 3 +	
14.06.44	I./JG 1	N.N.	-	Luftkampf, Ort unbekannt, 100%	Fw 190 A-			
	I./JG 1	N.N.	-	Luftkampf, Ort unbekannt, b	Fw 190 A-			
	8./JG1	Uffz. Ferdinand von Nickisch	+	Luftkampf B-26, Raum Caen, 100%	Bf 109 G-6	440 553	ws. 1 +	
	9./JG 1	Ofw. Gustav Dilling	+	Luftkampf B-26, Raum Caen, 100%	Bf 109 G-6	411 491	sw.<O +	
	4./JG 11	Uffz. Horst Schneider	v.	Luftkampf, Ort unbekannt, 100%	Bf 109 G-6	163 858	ws. 9 +	
15.06.44	1./JG 1	Lt. Horst Gareis	+	Luftkampf, Raum St.Lô, 100%	Fw 190 A-8	170 737	ws.13 +	
	2./JG 1	Uffz. Wilhelm Woite	-	Luftkampf, Ort unbekannt, FSA, 100%	Fw 190 A-			
	3./JG 1	Uffz. Horst Gabel	+	Luftkampf, östlich St. Lô, 100%	Fw 190 A-8	170 735	ge.10 +	
	I./JG 1	N.N.	-	Luftkampf, Ort unbekannt, b	Fw 190 A-			
	II./JG 1	./.	-	Bombenwurf, Ort unbekannt, b	Fw 190 A-			
	II./JG 1	./.	-	Bombenwurf, Ort unbekannt, b	Fw 190 A-			
	1./JG 11	Uffz. Gerhard Hübner	+	Luftkampf, Ort unbekannt, 100%	Fw 190 A-7	642 539	ws. 7 +	

1189

	2./JG 11	Olt. Fritz Engau Staffelkapitän	verl.	Luftkampf, Überschlag Landung, Rennes, b	Fw 190 A-		
	I./JG 11	N.N.	-	Luftkampf, Ort unbekannt, 100%	Fw 190 A-		
	II./JG 11	N.N.	-	Feindflug, technische Mängel, Ort unbekannt, 100%	Bf 109 G-		
16.06.44	2./JG 1	Fw. Alois Wenke	+	Luftkampf, Raum Caen, 100%	Fw 190 A-8	680 564	sw. 2 +
	3./JG 1	Uffz. Fritz Hofmann	verw.	Luftkampf, Raum Flers, b	Fw 190 A-8	170 062	ge. 6 +
	I./JG 1	./.	-	Bombenwurf, Lonrai, 100%	Fw 190 A-		
	II./JG 1	N.N.	-	Luftkampf, Ort unbekannt, b	Fw 190 A-		
	III./JG 1	N.N.	-	Feindflug, Ort und Ursache unbekannt, b	Bf 109 G-		
17.06.44	1./JG 1	Lt. Anton Rudolf Piffer Staffelführer	+	Luftkampf P-51, Absturz bei Le Cordonnière, 100%	Fw 190 A-8	172 604	ws. 3 +
	1./JG 1	Ofhr. Friedrich-Wilhelm Brandt	+	Luftkampf, Raum Argentan, 100%	Fw 190 A-8	730 389	ws. 5 +
	I./JG 1	N.N.	-	Luftkampf, Ort unbekannt, 100%	Fw 190 A-		
	I./JG 1	N.N.	-	Luftkampf, Ort unbekannt, 100%	Fw 190 A-		
	I./JG 1	N.N.	-	Luftkampf, Ort unbekannt, 100%	Fw 190 A-		
	II./JG 1	N.N.	(v.)	Luftkampf, Ort unbekannt, 100%	Fw 190 A-		
	II./JG 1	N.N.	-	Betriebstörung, Ort unbekannt, 100%	Fw 190 A-		
	7./JG 51	Fw. Helmuth Heidemann	+	Luftkampf P-51, Absturz Raum Alençon, 100%	Fw 190 A-8		ws.12 +
	7./JG 51	Uffz. Herbert Redlich	+	als Fluggast bei Fw. Heidemann mitgeflogen (Mechaniker)			
	7./JG 51	Uffz. Günther Henschel	v.	Luftkampf P-51, Absturz Raum Alençon, 100%	Fw 190 A-8	730 473	bl. 4 +
	7./JG 51	Uffz. Franz Zechner	v.	Luftkampf P-51, Absturz Raum Alençon, 100%	Fw 190 A-8	171 015	bl.15 +
	9./JG 1	Gefr. Gustav Meissl	+	Absturz, unbekannte Ursache, Amfreville, 100%	Bf 109 G-6	440 956	ge. 7 +
18.06.44	2./JG 1	Uffz. Benno Oberhauser	-	Luftkampf, Absturz bei Lonrai, FSA, 100%	Fw 190 A-		
20.06.44	1./JG 1	Uffz. Walter Dobrat	verl.	Luftkampf P-38, Zusammenstoss, Absturz bei Alençon, FSA, 100%	Fw 190 A-8	680 568	ws.11 +
	1./JG 1	Uffz. Loewe	(v.)	Luftkampf, Ort unbekannt, b	Fw 190 A-		
	I./JG 1	N.N.	-	Ort und Ursache unbekannt, 100%	Fw 190 A-		
	6./JG 1	Ofw. Kurt Brodbeck	+	Luftkampf, Raum Argentan, 100%	Fw 190 A-8	170 643	sw.12 + -
	7./JG 51	Fw. Richard Henner	KG	Luftkampf P-38, Raum Caen, Notlandung Anesnay-Guesnon, 100%	Fw 190 A-8/R6	730 407	bl. 8 + -
	7./JG 51	Uffz. Hans Hermann	(v.)	Luftkampf P-38, Raum Flers, 100%	Fw 190 A-		
	7./JG 1	Uffz. Horst Jürklies	+	Luftkampf, Raum Clastres, 100%	Bf 109 G-6	440 250	ws.12 +
	8./JG 1	Uffz. Willi Herzberg	+	Luftkampf, Absturz Noyon, FSA zu spät, 100%	Bf 109 G-6	165 183	sw. 9 +
	9./JG 1	Uffz. Jürgen Zarte	+	Luftkampf P-47, Notlandung bei Clastres	Bf 109 G-6	165 196	ge.12 +
	III./JG 1	N.N.	-	Feindflug, Ort und Ursache unbekannt, 100%	Bf 109 G-		
21.06.44	I./JG 1	N.N.	-	Feindflug, technische Mängel, Ort unbekannt, b	Fw 190 A-		
22.06.44	2./JG 1	Uffz. Helmut Faltin	+	Luftkampf, Absturz Raum St. Lô, 100%	Fw 190 A-8	730 984	sw. 9 +
	3./JG 1	Uffz. Karl Grube	verw.	Luftkampf, Absturz Lonrai, FSA, 100%	Fw 190 A-8	172 661	rt. 2 +
	I./JG 1	N.N.	-	Luftkampf, Ort unbekannt, b	Fw 190 A-		
	I./JG 1	N.N.	-	Luftkampf, Ort unbekannt, b	Fw 190 A-		
	6./JG 1	Fw. Hans Knabben	KG	Luftkampf, Absturz 9 km südwestlich Isigny, 100%	Fw 190 A-8/R6	730 940	sw.13 +
	6./JG 11	Uffz. Helmut Steingress	+	Luftkampf P-51, Absturz über Platz Mons, 100%	Bf 109 G-6/AS	440 964	ge. 4 +
	II./JG 11	N.N.	-	Betriebstörung, Ort unbekannt, b	Bf 109 G-		

Datum	Einheit	Name	Status	Ereignis	Flugzeug	WerkNr	Kennung
23.06.44	1./JG 1	Lt. Siegfried Stoffel	+	Luftkampf P-47, Raum Alençon, 100%	Fw 190 A-8	680 539	ws. 7 +
	1./JG 1	Uffz. Franz Schnabl	+	Luftkampf P-47, Raum Alençon, 100%	Fw 190 A-8	680 555	ws.15 +
	2./JG 1	Uffz. Wilhelm Woite	KG	Luftkampf P-51, Absturz 5 km westlich Bayeux, FSA, 100%	Fw 190 A-8	170 093	sw.14 +
	I./JG 1	N.N.	-	Luftkampf, Ort unbekannt, 100%	Fw 190 A-		
	II./JG 11	N.N.	-	Feindflug, technische Mängel, Ort unbekannt, b	Bf 109 G-		
25.06.44	6./JG 11	Uffz. Leonhard Scherers	+	Luftkampf, Raum Athies, 100%	Bf 109 G-6/AS	440 544	ge. 3 +
	II./JG 11	N.N.	-	Luftkampf, Ort unbekannt, 100%	Bf 109 G-		
	II./JG 11	N.N.	-	Betriebstörung, Ort unbekannt, b	Bf 109 G-		
	II./JG 11	N.N.	-	Betriebstörung, Ort unbekannt, b	Bf 109 G-		
26.06.44	1./JG 11	Uffz. Karlheinz Ritter	verw.	Luftkampf, Raum Lonrai,	Fw 190 A-8	172 712	ws.120 +
	1./JG 11	N.N.	-	Feindflug, technische Mängel, Ort unbekannt, 100%	Fw 190 A-		
	1./JG 11	N.N.	-	Feindflug, technische Mängel, Ort unbekannt, 100%	Fw 190 A-		
	1./JG 11	N.N.	-	Feindflug, technische Mängel, Ort unbekannt, b	Fw 190 A-		
27.06.44	2./JG 1	Uffz. Benno Oberhauser	+	Luftkampf Spitfires, Raum Caen, 100%	Fw 190 A-8	730 461	sw. 7 +
	2./JG 1	Ofw. Rudolf Hübl	verl.	Flak, Bruchlandung Lonrai,	Fw 190 A-8	730 515	sw. 1 +
	II./JG 1	N.N.	-	Feindflug, Ort und Ursache unbekannt, b	Fw 190 A-		
	1./JG 11	Uffz. Anton Weissmüller	verw.	Luftkampf, Raum Lonrai,	Fw 190 A-8	170 071	ws.142 +
	1./JG 11	N.N.	(v.)	Luftkampf, Raum Caen, 100%	Fw 190 A-		
	1./JG 11	N.N.	(v.)	Luftkampf, Raum Caen, 100%	Fw 190 A-		
	1./JG 11	N.N.	-	Luftkampf, Raum Caen, 100%	Fw 190 A-		
	1./JG 11	N.N.	-	Luftkampf, Raum Caen, b	Fw 190 A-		
	1./JG 11	N.N.	-	Betriebstörung, Ort unbekannt, b	Fw 190 A-		
28.06.44	5./JG 1	Ofhr. Aloysius Kaatz	+	Luftkampf Spitfires, bei Flers, 100%	Fw 190 A-8	680 523	sw. 7 + -
	1./JG 11	Uffz. Hans Jäger	+	unbekannte Ursache, Villaines, 100%	Fw 190 A-7	340 026	ge.11 +
	1./JG 11	Ofw. Berthold Jochim	verw.	Ort und Ursache unbekannt, b	Fw 190 A-8	680 578	
	II./JG 11	N.N.	-	Luftkampf, Ort unbekannt, 100%	Bf 109 G-		
29.06.44	7./JG 51	Uffz. Walter Ruffing	+	Luftkampf, Raum Flers, 100%	Fw 190 A-8	172 713	ws.123 +
	1./JG 11	N.N.	v.	Luftkampf, Ort unbekannt, 100%	Fw 190 A-		
30.06.44	3./JG 1	Uffz. Fritz Rathofer	+	Luftkampf, Absturz Raum Caen, 100%	Fw 190 A-8	730 500	ge.10 +
01.07.44	4./JG 11	Lt. Karl Jordan	+	Luftkampf, Raum Valenciennes, 100%	Bf 109 G-6	164 960	ws. 7 +
	4./JG 11	Lt. Herbert Klotz Staffelführer	verw.	Luftkampf, Raum Valenciennes, 100%	Bf 109 G-6	412 340	ws. 4 +
	4./JG 11	Fw. Ernst Richter	-	Spritmangel, Bauchlandung bei Bertry (?), b	Bf 109 G-		ws. 5 +
	5./JG 11	Uffz. Kurt Faltin	+	Luftkampf, Raum Valenciennes, 100%	Bf 109 G-6	440 974	sw. 4 +
03.07.44	II./JG 1	N.N.	-	Betriebstörung, Überführungsflug, Ort unbekannt, b	Fw 190 A-		
		N.N.	-	Betriebstörung, Überführungsflug, Ort unbekannt, b	Fw 190 A-		
		N.N.	-	Betriebstörung, Überführungsflug, Ort unbekannt, b	Fw 190 A-		
04.07.44	3./JG 1	Uffz. Karl Grube	+	Luftkampf, Absturz bei St. Lô, 100%	Fw 190 A-8	680 546	ge. 8 +
	I./JG 1	N.N.	-	Luftkampf, Ort unbekannt, 100%	Fw 190 A-		

Datum	Einheit	Pilot	Status	Ereignis	Flugzeug	Werk-Nr.	Kennung
	4./JG 1	Gefr. Friedrich-Karl Ernst	+	Luftkampf, Absturz bei St. Lô, 100%	Fw 190 A-8	170 430	rt.23 + -
	5./JG 1	Ogefr. Friedel Pallas	verl.	Bruchlandung, Überführungsflug, Semallé, 100%	Fw 190 A-8	731 462	ws.226 +
	II./JG 1	N.N.	-	Luftkampf, Ort unbekannt, 100%	Fw 190 A-		
	7./JG 51	Lt. Friedrich Krakowitzer Staffelführer	+	Luftkampf, Absturz bei St. Lô, 100%	Fw 190 A-8	170 094	bl.11 + -
	7./JG 51	Lt. Helmut Weissbrodt	+	Luftkampf, Absturz bei St. Lô, 100%	Fw 190 A-8	730 923	bl. 2 + -
	2./JG 11	Uffz. Fritz Kuhlenkamp	+	Luftkampf, Ort unbekannt, 100%	Fw 190 A-8	731 084	sw. 3 +
	2./JG 11	Uffz. Wilhelm Massot	verw.	Luftkampf P-51, Villebaudon, 100%	Fw 190 A-8	731 079	sw. 4 +
	2./JG 11	Gefr. Kurt Hein	-	Luftkampf P-51, Absturz nahe Beille, FSA, 100%	Fw 190 A-8		
	I./JG 11	N.N.	-	Luftkampf, Ort unbekannt, b	Fw 190 A-		
	I./JG 11	N.N.	-	Luftkampf, Ort unbekannt, b	Fw 190 A-		
	I./JG 11	N.N.	-	Luftkampf, Ort unbekannt, b	Fw 190 A-		
	4./JG 11	Uffz. Andreas Reissle	+	Luftkampf, Raum Dreux, 100%	Bf 109 G-6	412 525	sw. 3 +
	II./JG 11	N.N.	-	Feindflug, technische Mängel, Ort unbekannt, b	Bf 109 G-		
	II./JG 11	N.N.	-	Betriebstörung, Ort unbekannt, 100%	Bf 109 G-		
	II./JG 11	N.N.	-	Betriebstörung, Ort unbekannt, b	Bf 109 G-		
05.07.44	II./JG 1	N.N.	-	Feindflug, technische Mängel, Ort unbekannt, b	Fw 190 A-		
	II./JG 1	N.N.	-	Betriebstörung, Ort unbekannt, b	Fw 190 A-		
	II./JG 1	N.N.	-	Betriebstörung, Ort unbekannt, b	Fw 190 A-		
	1./JG 11	Lt. Wenzel Schmiedl	+	Luftkampf, Ort unbekannt, 100%	Fw 190 A-8	171 083	ws.144 +
	3./JG 11	Uffz. Horst Kath	v.	Luftkampf, Ort unbekannt, 100%	Fw 190 A-8	731 088	
	10./JG 11	Fw. Aloysius Jakob	verw.	Luftkampf P-47, Raum Alençon, (+ 22.7.1944)	Fw 190 A-8	731 034	bl. 2 +
	I./JG 11	N.N.	-	Luftkampf, Ort unbekannt, 100%	Fw 190 A-		
	I./JG 11	N.N.	-	Luftkampf, Ort unbekannt, 100%	Fw 190 A-		
	I./JG 11	N.N.	-	Luftkampf, Ort unbekannt, b	Fw 190 A-		
	I./JG 11	N.N.	-	Luftkampf, Ort unbekannt, b	Fw 190 A-		
	I./JG 11	N.N.	-	Feindflug, technische Mägel, Ort unbekannt, b	Fw 190 A-		
06.07.44	9./JG 77	Olt. Wolfgang Ernst Staffelkapitän	verl.	Luftkampf P-38, Raum Argentan, FSA, 100%	Fw 190 A-8	350 151	ws.231 +
	9./JG 77	Uffz. Hans Maximow	+	Luftkampf P-38, Raum Argentan, 100%	Fw 190 A-8	731 094	ws.232 +
	3./JG 11	Ofhr. Christian Pump	verw.	Luftkampf, Raum Alençon, 100% (+ 08.07.44)	Fw 190 A-7 (?)	160 492	rt.10 +
	I./JG 11	N.N.	-	Luftkampf, Ort unbekannt, b	Fw 190 A-		
07.07.44	2./JG 1	Gefr. Günther Petri	verl.	Luftkampf, Notlandung 7 km westlich Argentan, 100%	Fw 190 A-8	730 512	sw.17 +
	2./JG 1	Uffz. Heinz Böhmer	verl.	Luftkampf, Notlandung bei Lonrai, 70%	Fw 190 A-8	174 005	sw. 3 +
	3./JG 11	Ofhr. Gerhard Pfaff	+	Luftkampf, Ort unbekannt, 100%	Fw 190 A-8	731 078	ge. 7 +
08.07.44	II./JG 1	N.N.	-	Feindflug, technische Mängel, Ort unbekannt, b	Fw 190 A-		
	I./JG 11	N.N.	-	Betriebstörung, Ort unbekannt, 100%	Fw 190 A-		
11.07.44	II./JG 1	N.N.	-	Luftkampf, Ort unbekannt, 100%	Fw 190 A-		
	II./JG 1	N.N.	-	Feindflug, technische Mängel, Ort unbekannt, 100%	Fw 190 A-		
	II./JG 1	N.N.	-	Feindflug, technische Mängel, Ort unbekannt, b	Fw 190 A-		
	III./JG 1	N.N.	-	Feindflug, technische Mängel, Ort unbekannt, 100%	Bf 109 G-		
	III./JG 1	N.N.	-	Feindflug, technische Mängel, Ort unbekannt, 100%	Bf 109 G-		

	III./JG 1	N.N.	-	Feindflug, technische Mängel, Ort unbekannt, b	Bf 109 G-		
	10./JG 11	Uffz. Witold Pardon	verw.	Luftkampf P-47, Raum Alençon, b	Fw 190 A-8	731 051	bl. 4 +
12.07.44	7./JG 1	Lt. Kurt Ibing	verw.	Luftkampf Spitfires und Typhoons, Raum Caen, 100%	Bf 109 G-6	412 011	ws. 5 +
	7./JG 1	Hptm. Friedrich Kasuhn	+	Luftkampf Spitfires, 20 km ssö. Caen, 100%	Bf 109 G-6	164 908	ws.13 +
	7./JG 1	Olt. Heinz Lammich	+	Luftkampf Spitfires, 20 km nö. Caen, 100%	Bf 109 G-6	163 990	ws.15 +
	III./JG 1	N.N.	-	Luftkampf, Raum Caen, b	Bf 109 G-		
	III./JG 1	N.N.	-	Luftkampf, Raum Caen, b	Bf 109 G-		
	III./JG 1	N.N.	-	Luftkampf, Raum Caen, b	Bf 109 G-		
	III./JG 1	N.N.	-	Feindflug, technische Mängel, Ort unbekannt, b	Bf 109 G-		
	I./JG 11	N.N.	-	Luftkampf, Ort unbekannt, 100%	Fw 190 A-		
	I./JG 11	N.N.	-	Luftkampf, Ort unbekannt, 100%	Fw 190 A-		
	I./JG 11	N.N.	-	Feindflug, technische Mängel, Ort unbekannt, b	Fw 190 A-		
	I./JG 11	N.N.	-	Betriebstörung, Ort unbekannt, b	Fw 190 A-		
13.07.44	II./JG 1	N.N.	-	Luftkampf, Ort unbekannt, 100%	Fw 190 A-		
	II./JG 1	N.N.	-	Betriebstörung, Ort unbekannt, b	Fw 190 A-		
	7./JG 1	Uffz. Kurt Senger	+	Luftkampf Typhoon, westlich Epaignes, 100%	Bf 109 G-6	163 831	ws. 9 +
	III./JG 1	N.N.	-	Feindflug, technische Mängel, Ort unbekannt, b	Bf 109 G-		
	I./JG 11	N.N.	-	Betriebstörung, Ort unbekannt, b	Fw 190 A-		
14.07.44	1./JG 1	Uffz. Ferdinand Strohmeyer	+	Luftkampf P-47, P-51, Raum Caen, 100%	Fw 190 A-8	680 538	bl. 5 +
	9./JG 77	Uffz. Paul Taube	verl.	Spritmangel, Notlandung bei Aube, nahe Argentan, 30%	Fw 190 A-8	170 941	ws.242 +
	9./JG 77	Uffz. Kurt Mann	-	Luftkampf P-47, Notlandung, Ort unbekannt, b	Fw 190 A-		
	II./JG 1	N.N.	-	Luftkampf, Ort unbekannt, b	Fw 190 A-		
	7./JG 1	Uffz. Rolf Stromer	v.	Luftkampf Spitfire, Raum Caen, 100%	Bf 109 G-6	163 969	ws.12 +
	9./JG 1	Uffz. Viktor Orend	KG	Luftkampf Spitfire, Raum Isigny / Caen, 100%	Bf 109 G-6	163 968	ge.16 +
	III./JG 1	N.N.	-	Luftkampf, Ort unbekannt, 100%	Bf 109 G-		
	III./JG 1	N.N.	-	Feindflug, technische Mängel, Ort unbekannt, b	Bf 109 G-		
	III./JG 1	N.N.	-	Feindflug, technische Mängel, Ort unbekannt, b	Bf 109 G-		
	III./JG 1	N.N.	-	Betriebstörung, Ort unbekannt, b	Bf 109 G-		
	I./JG 11	Hptm. Werner Langemann Gruppenkommandeur	KG	Luftkampf Spitfire, Absturz bei Cérisy, FSA, 100% - (verw.)	Fw 190 A-8	170 928	sw.<< +
	I./JG 11	Gefr. Eberhard Sauer	+	Luftkampf Spitfire, Absturz nordöstlich St. Lô, 100%	Fw 190 A-8	730 475	sw.<1 +
15.07.44	III./JG 1	N.N.	-	Betriebstörung, Ort unbekannt, b	Bf 109 G-		
	1./JG 11	Uffz. Josef Murr	+	Überschlag Landung, Beille, 100%	Fw 190 A-8	350 152	ws.74 +
	I./JG 11	N.N.	-	Betriebstörung, Beille, b	Fw 190 A-		
16.07.44	1./JG 1	Ogefr. Thomas Rauth	+	Luftkampf US-Jäger, Raum Caen, 100%	Fw 190 A-8	171 081	ws. 6 +
	6./JG 1	Ofhr. Anton Iller	+	Start ausgebrochen, Baumberührung, Semallé, 100%	Fw 190 A-8	680 567	ws. 2 + -
	II./JG 1	N.N.	-	Luftkampf, Ort unbekannt, b	Fw 190 A-		
	II./JG 1	N.N.	-	Feindflug, technische Mängel, Ort unbekannt, b	Fw 190 A-		
	III./JG 1	N.N.	-	Luftkampf, Ort unbekannt, 100%	Bf 109 G-		
	III./JG 1	N.N.	-	Luftkampf, Ort unbekannt, 100%	Bf 109 G-		
17.07.44	5./JG 1	Uffz. Rudolf Hoffmann	+	Luftkampf Jäger, nordwestlich Flers, 100%	Fw 190 A-8	170 973	sw. 7 + -

Datum	Einheit	Name	Status	Ursache	Flugzeug	Werk-Nr.	Kennung
	6./JG 1	Uffz. Josef Gold	verw.	Luftkampf 3 P-51, Absturz bei Flers, FSA, 100%	Fw 190 A-8	731 397	sw. 5 + -
	III./JG 1	N.N.	-	Feindflug, technische Mängel, Ort unbekannt, b	Bf 109 G-		
	III./JG 1	N.N.	-	Feindflug, technische Mängel, Ort unbekannt, b	Bf 109 G-		
	III./JG 1	N.N.	-	Feindflug, technische Mängel, Ort unbekannt, b	Bf 109 G-		
	III./JG 1	N.N.	-	Feindflug, technische Mängel, Ort unbekannt, b	Bf 109 G-		
	1./JG 11	Uffz. Erich Kerntke	+	unbekannte Ursache, Invasionskampfraum, 100%	Fw 190 A-8	172 974	ws. 5 +
	1./JG 11	Uffz. Heinz Schuch	verw.	eigene Flak, Raum westlich St. Lô, FSA, 100%	Fw 190 A-8	171 619	sw. 3 +
	2./JG 11	Uffz. Helmut Ried	v.	unbekannte Ursache, Invasionskampfraum, 100%	Fw 190 A-8	174 110	sw. 2 +
	10./JG 11	Uffz. Max Gehringer	v.	unbekannte Ursache, Invasionskampfraum, 100%	Fw 190 A-8	731 414	ge. 4 +
18.07.44	III./JG 1	Hptm. Erich Woitke Gruppenkommandeur	verl.	Luftkampf P-38, Baumberührung, Ort unbekannt, 100%	Bf 109 G-6	440 564	
	7./JG 1	Uffz. Julius Mangerich	+	Luftkampf P-38, Raum Rouen, 100%	Bf 109 G-6	163 811	sw.15 +
	9./JG 1	Uffz. Gottfried Döhnert	+	Luftkampf, Bruchlandung Bray, raum, 100%	Bf 109 G-6	163 984	ge. 6 +
	9./JG 1	Fw. Karl-Heinz Kutzera	+	Luftkampf, Raum Caen, 100%	Bf 109 G-6	163 988	ge.13 +
	5./JG 11	Gefr. Albert Löw	+	Absturz Übungsflug, Hustedt bei Celle, 100%	Bf 109 G-6	412 354	sw. 5 +
19.07.44	9./JG 1	Fw. Walter Pleines	verl.	Feindflug, eigene Flak, Bruchlandung bei Albert, 20 km ö. Amiens, b	Bf 109 G-		
20.07.44	4./JG 1	Lt. Helmut Proff	+	Luftkampf Spitfire, Raum St. Lô, 100%	Fw 190 A-8	731 398	ws. 3 + -
	4./JG 1	Uffz. Christian Knoblauch	v.	Luftkampf Spitfire, Raum St. Lô, 100%	Fw 190 A-8	680 554	ws. 1 + -
	4./JG 1	Gefr. Walter Gehr	+	Luftkampf Spitfire, Raum St. Lô, 100%	Fw 190 A-8	170 972	ws. 4 + -
	6./JG 1	Lt. Christian Steven	v.	Luftkampf Spitfire, Raum St. Lô, 100%	Fw 190 A-8	731 064	ge. 1 + -
	6./JG 1	Ofw. Alfred Bindseil	v.	Luftkampf Spitfire, Raum St. Lô, 100%	Fw 190 A-8	731 091	ge. 4 + -
	6./JG 1	Uffz. Otto Stuckenbrock	KG	Luftkampf P-47, Absturz 12 km nordöstlich St. Lô, FSA, 100%	Fw 190 A-8	172 682	ge.11 + -
	6./JG 1	Ofhr. Rudolf Kaltenhäuser	verl.	Luftkampf Spitfire, Notlandung nördlich Alençon, 100% (+ 24.7.44)	Fw 190 A-8	730 403	ge. 2 + -
	7./JG 51	Gefr. Johannes Kamutzki	v.	Luftkampf Spitfire, Raum St. Lô, 100%	Fw 190 A-8	731 739	bl. 4 + -
	II./JG 1	N.N.	-	Luftkampf, Ort unbekannt, 100%	Fw 190 A-		
	II./JG 1	N.N.	-	Luftkampf, Ort unbekannt, b	Fw 190 A-		
	III./JG 1	N.N.	-	Luftkampf, Ort unbekannt, b	Bf 109 G-		
	III./JG 1	N.N.	-	Betriebstörung, Ort unbekannt, b	Bf 109 G-		
22.07.44	8./JG 1	Uffz. Jakob Vogel	KG	Flak, Bauchlandung 2 km südöstlich Fontenay-le-Pesnil, 100%	Bf 109 G-6	413 601	sw. 7 +
23.07.44	7./JG 51	Uffz. Erich Rahner	verl.	technische Mängel, Bauchlandung Manches, 3 km nö. Chartres, 30%	Fw 190 A-8	170 975	bl.13 + -
24.07.44	7./JG 1	Fw. Hans Fordemann	+	Luftkampf Spitfire, Raum Caen, 100%	Bf 109 G-6	163 973	ws.10 +
	7./JG 1	Uffz. Albert Düsterhöft	+	Luftkampf Spitfire, Raum Caen, 100%	Bf 109 G-6	412 187	ws.16 +
	III./JG 1	N.N.	-	Luftkampf, Ort unbekannt, 100%	Bf 109 G-		
25.07.44	5./JG 1	Gefr. Helmut Walter	+	Luftkampf P-51, Absturz östlich Chandai, ö. L'Aigle, 90%	Fw 190 A-8	731 410	sw. 1 + -
	III./JG 1	Olt. Wolfgang Meyer	+	Luftkampf, östlich Caen, 100%	Bf 109 G-6	165 411	bl.21 +
	7./JG 1	Fw. Eugen Grünewald	+	unbekannte Ursache, Raum Rouen / Vernon, 100%	Bf 109 G-6	413 535	ws.17 +
	8./JG 1	Uffz. Alfons-Wolfgang Habig	verw.	Luftkampf, Raum Caen, 100%	Bf 109 G-6	165 871	sw. 8 +
	8./JG 1	Uffz. Hermann Käser	verw.	Luftkampf, Raum Caen, 100%	Bf 109 G-6	413 604	sw. 7 +
	8./JG 1	Ofhr. Josef Bebbo Krätzer	+	Luftkampf, Raum Caen, 100%	Bf 109 G-5	110 386	sw.16 +

Datum	Einheit	Name	Status	Ereignis	Flugzeug	Werk-Nr.	Kennung
	8./JG 1	Uffz. Hugo Hausotter	-	Luftkampf Spitfire, Raum Rouen, FSA Fleury-sur-Andelle, 100%	Bf 109 G-6/AS		sw.14 +
	9./JG 1	Uffz. Heinrich Esser	verw.	Luftkampf, Raum Rouen, 100%	Bf 109 G-6	411 471	ge. 1 +
	III./JG 1	N.N.	-	Luftkampf, Ort unbekannt, 100%	Bf 109 G-		
	III./JG 1	N.N.	-	Luftkampf, Ort unbekannt, 100%	Bf 109 G-		
	III./JG 1	N.N.	-	Luftkampf, Ort unbekannt, 100%	Bf 109 G-		
26.07.44	9./JG 1	Ofhr. Hubert Heckmann	-	Luftkampf P-51, Bauchlandung Cambrai, b	Bf 109 G-		
27.07.44	1./JG 1	Ofw. Gerhard Roschinsky	verw.	Luftkampf US-Jäger, Absturz bei St. Lô, FSA, 90%	Fw 190 A-8	172 729	sw. 8 +
	2./JG 1	Lt. Ulrich Brenner	verw.	Luftkampf US-Jäger, Absturz bei St. Martin, FSA, 90%	Fw 190 A-8	172 991	sw. 2 +
	3./JG 1	Lt. Gottfried Krumme	+	Luftkampf US-Jäger, Raum St. Lô, bei Le Mesnel, 100%	Fw 190 A-8	171 451	ge. 5 +
	3./JG 1	Fw. Eugen Busch	v.	Luftkampf US-Jäger, Raum St. Lô, 100%	Fw 190 A-8	173 005	ge.11 +
	5./JG 1	Uffz. Fritz Milde	+	Luftkampf Spitfire, Absturz 10 km nordöstlich Alençon, 100%	Fw 190 A-8	171 062	sw.21 + -
	8./JG 1	Uffz. Werner Moser	verl.	Motorschaden, Absturz Raum Rouen, FSA, 100%	Bf 109 G-6	413 619	sw.14 +
	8./JG 1	Fw. Fritz Haspel	verw.	Luftkampf US-Jäger, Absturz bei Vimoutiers, südl. Lisieux, FSA, 100%	Bf 109 G-6/AS	15 391	sw. 2 +
	III./JG 1	N.N.	-	Luftkampf, Ort unbekannt, 100%	Bf 109 G-		
28.07.44	2./JG 1	Uffz. Franz Moser	v.	Luftkampf US-Jäger, Raum St. Lô, 100%	Fw 190 A-8	680 551	sw.18 +
	2./JG 1	Ogefr. Max-Ulrich Förster	+	Luftkampf US-Jäger, Raum St. Lô, 100%	Fw 190 A-8	171 612	sw. 5 +
	9./JG 77	FhjFw. Jürgen Post	+	Absturz Überführungsflug, bei Alençon, 100%	Fw 190 A-8	173 045	
29.07.44	2./JG 1	Uffz. Heinz Franke	v.	Überführungsflug, unbekannte Ursache, Raum Le Mans, 100%	Fw 190 A-8	170 953	
	3./JG 1	Ogefr. Herbert Wehlte	KG	Flak, Absturz 7 km nordwestlich Marigny, FSA, 100%	Fw 190 A-8	170 966	ge. 3 +
30.07.44	2./JG 1	Uffz. Erwin Minzenmay	v.	Luftkampf US-Jäger, Raum St. Lô, 100%	Fw 190 A-8	171 087	sw. 1 +
	2./JG 1	Ofhr. Werner Hostermann	verw.	eigene Flak, Absturz bei St. ...-de-Fleur, FSA, 100%	Fw 190 A-8	173 033	sw. 7 +
	3./JG 1	Uffz. Fritz Arndt	+	Luftkampf US-Jäger, Raum St. Lô, 100%	Fw 190 A-8	171 662	ge. 6 +
	7./JG 51	Uffz. Wolfgang Boyé	v.	Luftkampf P-47, Raum Granville / Avranches, 100%	Fw 190 A-8	690 133	ws. 5 +
	III./JG 1	Lt. Hans Halbey	verw.	Luftkampf Spitfire, Absturz bei Nogent-le-Rotrou, FSA, 100%	Bf 109 G-6		sw. 1 +
	8./JG 1	Uffz. Hans Knüpfer	verw.	Luftkampf Jäger, Absturz 20 km westlich Paris, 100%	Bf 109 G-6	165 856	sw.15 +
	9./JG 1	Ofhr. Lothar Lutz	verw.	Luftkampf Spitfire, Absturz bei Nogent-le-Rotrou, FSA, 100%	Bf 109 G-6	413 553	ge. 2 +
31.07.44	I./JG 1	Fw. Rudolf Rauhaus	+	Luftkampf US-Jäger, Absturz bei Beaumont-sur-Sarthe, 100%	Fw 190 A-8	172 606	ws.20 +
	3./JG 1	Lt. Heinz Kottucz	+	Luftkampf P-47, nordwestlich Alençon, 100%	Fw 190 A-8	173 024	ge. 8 +
	3./JG 1	Uffz. Heinz Fleischhauer	v.	Luftkampf P-47, nordwestlich Alençon, 100%	Fw 190 A-8	171 004	ge. 7 +
	7./JG 1	Uffz. Hans Freitag	verl.	Motorschaden, Notlandung Raum Tergnier, 100% (+ 12.9.1944)	Bf 109 G-6	413 581	ws.10 +
01.08.44	6./JG 1	Uffz. Fritz Wurl	+	Absturz Landung, Überführungsflug, Larré Château, 100%	Fw 190 A-7	340 032	sw. 1 + -
	III./JG 1	N.N.	-	Luftkampf, Ort unbekannt, 100%	Bf 109 G-		
02.08.44	9./JG 1	Lt. Franz Koplik	+	Luftkampf Jäger, Absturz bei Compiègne, 100%	Bf 109 G-6	413 583	ge.12 +
	III./JG 1	N.N.	-	Luftkampf, Ort unbekannt, 100%	Bf 109 G-		
	2./JG 11	N.N.	+	Absturz Übungsflug, Bönninghardt, 100%	Fw 190 A-		
03.08.44	III./JG 1	N.N.	-	Luftkampf, Ort unbekannt, 100%	Bf 109 G-		
	III./JG 1	N.N.	-	Luftkampf, Ort unbekannt, b			

Datum	Einheit	Name		Bemerkung	Typ	WNr.	Kennung
04.08.44	I./JG 1	N.N.	-	Betriebstörung, Ort unbekannt, b	Fw 190 A-		
	9./JG 1	Uffz. Wolfram Brechtold		Luftkampf, Absturz Raum Paris, 100%	Bf 109 G-		
	9./JG 1	Uffz. Fröhlich		Luftkampf, Notlandung Raum Paris, b	Bf 109 G-		
	9./JG 1	Uffz. Kurt Schneider		Luftkampf Jäger, Notlandung bei La Fourche, 30 km w. Chartres, b (+ 5.8.1944)	Bf 109 G-		
	III./JG 1	N.N.	-	Feindflug, technische Mängel, Ort unbekannt, b	Bf 109 G-		
	III./JG 1	N.N.	-	Feindflug, technische Mängel, Ort unbekannt, b	Bf 109 G-		
	I./JG 11	./.	-	Tiefangriff, Ort unbekannt, b	Fw 190 A-		
	6./JG 11	Ogefr. Konrad Scholz	+	Unfall mit LKW, bei Ballancourt, (Bordmechaniker)			
05.08.44	I./JG 1	N.N.	-	Luftkampf, Ort unbekannt, 100%	Fw 190 A-		
	I./JG 1	N.N.	-	Feindflug, technische Mängel, Ort unbekannt, b	Fw 190 A-		
	I./JG 1	N.N.	-	Feindflug, technische Mängel, Ort unbekannt, b	Fw 190 A-		
	I./JG 1	./.	-	Tiefangriff, Ort unbekannt, b	Fw 190 A-		
	9./JG 77	Uffz. Kurt Engfer	KG	Luftkampf P-47, Raum Avranches / Mortain, 100%	Fw 190 A-8	731 066	ws. 6 +
	9./JG 1	Ofhr. Hubert Heckmann	verl.	Luftkampf P-38, Bruchlandung Compiègne, 100%	Bf 109 G-6	165 873	ge.13 +
	9./JG 1	Fw. Max Lau	+	Luftkampf P-38, Absturz Raum Compiègne, 100%	Bf 109 G-6	413 597	ge. 6 +
	1./JG 11	Ofhr. Helmut Erler	+	Absturz Übungsflug, Bönninghardt, 100%	Fw 190 A-8	171 462	ws. 4 +
06.08.44	7./JG 1	FhjOfw. Herbert Kaiser	verl.	Luftkampf Spitfire, Raum Paris, FSA, 100%	Bf 109 G-6	413 577	ws.12 +
	7./JG 1	Ogefr. Robert Kocaurek	verl.	Luftkampf Spitfire, Raum Paris, Bruchlandung, 100%	Bf 109 G-6	412 259	sw.11 +
	III./JG 1	N.N.	-	Feindflug, technische Mängel, Ort unbekannt, b	Bf 109 G-		
	III./JG 1	N.N.	-	Feindflug, technische Mängel, Ort unbekannt, b	Bf 109 G-		
07.08.44	1./JG 1	Ofhr. Günther Bernsau	+	Luftkampf US-Jäger, Absturz bei Angerville, 100%	Fw 190 A-8	732 039	ws.12 +
	1./JG 1	Uffz. Herbert Havemann	+	bei der Landung von US-Jäger beschossen, Chartres, 20%	Fw 190 A-8	680 738	ws. 1 +
	1./JG 1	Uffz. Gerhard Veil	+	Luftkampf US-Jäger, Raum Avranches, 100%	Fw 190 A-8	172 979	ws. 4 +
	3./JG 1	Uffz. Walter Hiernerwadel	+	Luftkampf, Überschlag Landung, Chateaudun,	Fw 190 A-8	731 743	ge. 2 +
	7./JG 51	Uffz. Hans Hermann	v.	unbekannte Ursache, Raum Mortain, 100%	Fw 190 A-8	172 739	bl. 5 +
	7./JG 51	Uffz. Friedrich Mai	v.	unbekannte Ursache, Raum Mortain, 100%	Fw 190 A-8	680 838	sw.21 +
	8./JG 1	Ofw. Hans Kaniss	verw.	Luftkampf P-47, Absturz bei Rennes, FSA, 100%	Bf 109 G-6	412 192	sw.13 +
08.08.44	9./JG 1	Hptm. Eberhardt Maetzke	v.	Luftkampf P-38, Raum Alençon, 100%	Bf 109 G-6	413 613	ge.20 +
09.08.44	9./JG 77	Uffz. Hans-Georg Meyer	+	Luftkampf US-Jäger, Raum Oysonville, 90%	Fw 190 A-8	731 737	
	7./JG 1	Lt. Paul Himmelmann	+	Luftkampf P-47, Raum Alençon, 100%	Bf 109 G-6	164 909	ws. 2 +
10.08.44	3./JG 1	Uffz. Wilhelm Wölper	verl.	von landender Fw 190 gerammt, Oysonville, 100%	Fw 190 A-8/R6	680 177	ge. 6 +
	9./JG 77	Uffz. Kurt Mann	+	von landender Fw 190 gerammt, Oysonville, 100%	Fw 190 A-8	731 791	rt. 1 +
	4./JG 1	Uffz. Wilhelm Wäschle	+	Luftkampf Jäger, Montreau, 100%	Fw 190 A-8	731 785	sw.25 +
	II./JG 1	./.	-	Tiefangriff, Ort unbekannt, b	Fw 190 A-		
	8./JG 1	Uffz. Hugo Hausotter		Luftkampf P-47, Ort unbekannt, FSA, 100%	Bf 109 G-		sw.17 +
	9./JG 1	Uffz. Wilhelm Müller	+	Feindflug, unbekannte Ursache, 100%	Bf 109 G-6	165 833	ws. 5 +
	III./JG 1	N.N.		Luftkampf, Ort unbekannt, 100%	Bf 109 G-		
11.08.44	2./JG 1	Lt. Ulrich Brenner	+	Absturz Landung, Oysonville, 100%	Fw 190 A-8	731 439	sw. 2 +
	I./JG 1	N.N.	-	Betriebstörung, Ort unbekannt, b	Fw 190 A-		

	I./JG 1	N.N.	-	Betriebstörung, Ort unbekannt, b	Fw 190 A-			
	I./JG 1	N.N.	-	Betriebstörung, Ort unbekannt, b	Fw 190 A-			
	I./JG 1	N.N.	-	Betriebstörung, Ort unbekannt, b	Fw 190 A-			
	I./JG 1	N.N.	-	Betriebstörung, Ort unbekannt, b	Fw 190 A-			
	I./JG 1	N.N.	-	Betriebstörung, Ort unbekannt, b	Fw 190 A-			
	I./JG 1	N.N.	-	Betriebstörung, Ort unbekannt, b	Fw 190 A-			
	II./JG 1	N.N.	-	Betriebstörung, Ort unbekannt, b	Fw 190 A-			
	II./JG 1	N.N.	-	Betriebstörung, Ort unbekannt, b	Fw 190 A-			
	II./JG 1	N.N.	-	Betriebstörung, Ort unbekannt, b	Fw 190 A-			
12.08.44	9./JG 1	Uffz. Wolfram Brechtold	KG	Luftkampf US-Jäger, Absturz bei Amy, FSA, 100%	Bf 109 G-6	165 870	ge.16 +
	III./JG 1	N.N.	-	Feindflug, technische Mängel, Ort unbekannt, b	Bf 109 G-			
	III./JG 1	./.	-	Tiefangriff, Bretigny, b	Bf 109 G-			
	II./JG 11	Hptm. Walter Krupinski Gruppenkommandeur	verl.	Motorexplosion, Absturz bei Marburg, FSA, 100%	Bf 109 G-5	110 244		
	II./JG 11	N.N.	-	Bruchlandung, Überführungsflug, Wiesbaden-Erbenheim, b	Bf 109 G-			
	II./JG 11	N.N.	-	Bruchlandung, Überführungsflug, Wiesbaden-Erbenheim, b	Bf 109 G-			
	II./JG 11	N.N.	-	Bruchlandung, Überführungsflug, Wiesbaden-Erbenheim, b	Bf 109 G-			
	II./JG 11	N.N.	-	Bruchlandung, Überführungsflug, Wiesbaden-Erbenheim, b	Bf 109 G-			
	II./JG 11	N.N.	-	Bruchlandung, Überführungsflug, Wiesbaden-Erbenheim, b	Bf 109 G-			
	II./JG 11	N.N.	-	Bruchlandung, Überführungsflug, Wiesbaden-Erbenheim, b	Bf 109 G-			
	II./JG 11	N.N.	-	Bruchlandung, Überführungsflug, Wiesbaden-Erbenheim, b	Bf 109 G-			
	II./JG 11	N.N.	-	Bruchlandung, Überführungsflug, Wiesbaden-Erbenheim, b	Bf 109 G-			
	II./JG 11	N.N.	-	Bruchlandung, Überführungsflug, Frankfurt Rhein/Main, b	Bf 109 G-			
	II./JG 11	N.N.	-	Bruchlandung, Überführungsflug, Frankfurt Rhein/Main, b	Bf 109 G-			
	II./JG 11	N.N.	-	Bruchlandung, Überführungsflug, Frankfurt Rhein/Main, b	Bf 109 G-			
	II./JG 11	N.N.	-	Bruchlandung, Überführungsflug, Frankfurt Rhein/Main, b	Bf 109 G-			
13.08.44	5./JG 1	Olt. Rüdiger Kirchmayr	verl.	Luftkampf P-51, Bruchlandung bei Roqueford, b	Fw 190 A-			
	8./JG 11	Lt. Albert Fritsch	+	Absturz Landung, Ballancourt, 100%	Bf 109 G-6	163 978	ws.15 +
	II./JG 11	N.N.	-	Bruchlandung, Überführungsflug, Ballancourt, b	Bf 109 G-			
	II./JG 11	N.N.	-	Bruchlandung, Überführungsflug, Ballancourt, b	Bf 109 G-			
	II./JG 11	N.N.	-	Bruchlandung, Überführungsflug, Ballancourt, b	Bf 109 G-			
	II./JG 11	N.N.	-	Bruchlandung, Überführungsflug, Ballancourt, b	Bf 109 G-			
	II./JG 11	N.N.	-	Bruchlandung, Überführungsflug, Ballancourt, b	Bf 109 G-			
14.08.44	1./JG 1	FhjFw. Fritz Junge	verl.	Luftkampf P-38, Bruchlandung Fère-Champenoise, 100%	Fw 190 A-8	171 665	ws.13 +
	1./JG 1	Lt. Hans-Joachim Luepke Staffelführer	-	Luftkampf P-38, Absturz bei Fère-Champenoise, FSA, 100%	Fw 190 A-			
	II./JG 11	Hptm. Karl Leonhard Gruppenkommandeur	-	Spritmangel, Bauchlandung, Ort unbekannt, b	Bf 109 G-			
	5./JG 11	Fw. Hans Meier	v.	Luftkampf, Ort unbekannt, 100%	Bf 109 G-6	412 351	sw. 6 +
	8./JG 11	Lt. Hermann Wolf Staffelkapitän	-	Luftkampf Spitfire, Ballancourt, 100%	Bf 109 G-			
15.08.44	10./JG 1	Ofhr. Werner Forchert	v.	Luftkampf P-51, Raum Dreux, 100%	Bf 109 G-6	412 342	ws. 3 +
	10./JG 1	Uffz. Karl Dunkel	+	Luftkampf P-51, Raum Dreux, 100%	Bf 109 G-6	164 912	sw. 7 +

1197

Date	Unit	Name	Status	Details	Aircraft	W.Nr.	Code
	10./JG 1	Uffz. Josef Seubert	KG	Luftkampf P-38, Bruchlandung 10 km w. St.Leger-en-Yvelines, 100%	Bf 109 G-6	163 987	ws.10 +
	2./JG 11	Uffz. Günther Lückenbach	+	Absturz, Übungsflug, Zusammenstoss bei Bönninghardt, 100%	Fw 190 A-8	173 047	sw.13 +
	2./JG 11	Gefr. Kurt Hein	verl.	bei Übungsflug gerammt, Absturz bei Bönninghardt, FSA, 100%	Fw 190 A-		
	5./JG 11	Uffz. Karl Piepenbring	+	Tiefangriff Ballancourt (F. und S.-Wart)			
	8./JG 11	Uffz. Heinz Marx	verl.	Feindflug, technische Mängel, Bruchlandung bei Bretigny, b	Bf 109 G-6	165 475	ws. 5 +
16.08.44	II./JG 1	N.N.	-	Betriebstörung, Ort unbekannt, b	Fw 190 A-		
	5./JG 11	Uffz. Hans Felber	KG	Luftkampf, Ort unbekannt, 100%	Bf 109 G-5	110 226	sw. 5 +
	II./JG 11	N.N.	-	Luftkampf, Ort unbekannt, 100%	Bf 109 G-		
	II./JG 11	N.N.	-	Luftkampf, Ort unbekannt, 100%	Bf 109 G-		
	II./JG 11	N.N.	-	Luftkampf, Ort unbekannt, 100%	Bf 109 G-		
	II./JG 11	N.N.	-	Luftkampf, Ort unbekannt, b	Bf 109 G-		
	II./JG 11	N.N.	-	Feindflug, technische Mängel, Ort unbekannt, 100%	Bf 109 G-		
	II./JG 11	N.N.	-	Feindflug, technische Mängel, Ort unbekannt, 100%	Bf 109 G-		
	II./JG 11	N.N.	-	Feindflug, technische Mängel, Ort unbekannt, 100%	Bf 109 G-		
	II./JG 11	N.N.	-	Betriebstörung, Ort unbekannt, b	Bf 109 G-		
	II./JG 11	N.N.	-	Betriebstörung, Ort unbekannt, b	Bf 109 G-		
	II./JG 11	N.N.	-	Betriebstörung, Ort unbekannt, b	Bf 109 G-		
17.08.44	2./JG 1	./.	-	bei Räumung unklar zurückgelassen, Oysonville, 100%	Fw 190 A-8/R6	170 985	rt.12 +
	2./JG 1	./.	-	bei Räumung unklar zurückgelassen, Oysonville, 100%	Fw 190 A-8/U8	172 963	rt. 2 +
	3./JG 1	./.	-	bei Räumung unklar zurückgelassen, Oysonville, 100%	Fw 190 A-8	173 012	ge. 2 +
	I./JG 1	./.	-	bei Räumung unklar zurückgelassen, Oysonville, 100%	Fw 190 A-8/R6	731 998	
	4./JG 1	./.	-	bei Räumung unklar zurückgelassen, Connantre, 100%	Fw 190 A-8	731 398	
	6./JG 1	./.	-	bei Räumung unklar zurückgelassen, Connantre, 100%	Fw 190 A-8	680 567	
	II./JG 1	./.	-	bei Räumung unklar zurückgelassen, Connantre, 100%	Fw 190 A-8		ws. 1 + -
	II./JG 1	./.	-	bei Räumung unklar zurückgelassen, Connantre, 100%	Fw 190 A-8	170 916	sw. 6 + - GV + CO
	II./JG 1	./.	-	bei Räumung unklar zurückgelassen, Connantre, 100%	Fw 190 A-8	171 097	sw. 2 + EO
	II./JG 1	./.	-	bei Räumung unklar zurückgelassen, Connantre, 100%	Fw 190 A-8	171 628	sw. 5 + -
	II./JG 1	./.	-	bei Räumung unklar zurückgelassen, Connantre, 100%	Fw 190 A-8	172 968	
	II./JG 1	./.	-	bei Räumung unklar zurückgelassen, Connantre, 100%	Fw 190 A-8	174 109	ge. 3 + -
	II./JG 1	./.	-	bei Räumung unklar zurückgelassen, Connantre, 100%	Fw 190 A-8	680 168	
	II./JG 1	./.	-	bei Räumung unklar zurückgelassen, Connantre, 100%	Fw 190 A-8	73. ..5	ws.18 + E95
	II./JG 1	./.	-	bei Räumung unklar zurückgelassen, Connantre, 100%	Fw 190 A-8	731 021	[1]
18.08.44	10./JG 1	Uffz. Egon Schultz	+	Absturz Start, Aufschlagbrand, Vailly, 100%	Bf 109 G-6	165 384	ws.16 +
	10./JG 1	Ofw. Leo-Lothar Barann	verw.	Luftkampf, Ort unbekannt, FSA, 100%	Bf 109 G-		
	2./JG 11	Uffz. Josef Tönnis	+	Absturz Unfall, Dammartin, 100%	Fw 190 A-8	174 132	sw. 4 +
19.08.44	II./JG 11	N.N.	-	Luftkampf, Ort unbekannt, 100%	Bf 109 G-		
	II./JG 11	N.N.	-	Betriebstörung, Ort unbekannt, b	Bf 109 G-		

---

[1] die Verlustmeldungen der I. und II./JG 1 für die bei der Räumung der Plätze zurückgelassenen Fw 190 beruhen auf alliierten Bruchbergungsberichten; das genaue Datum der Aufgabe der Maschinen ist dementsprechend aus deutschen Unterlagen nicht nachzuweisen

Date	Unit	Name	Status	Cause/Location	Aircraft	W.Nr.	Code
20.08.44	1./JG 11	Olt. Herbert Christmann, Staffelkapitän	+	Luftkampf, Raum Dammartin, 100%	Fw 190 A-8	173 064	ws. 4 +
	4./JG 11	Lt. Rudolf Schmid, Staffelführer	+	Luftkampf, Raum Dammartin, 100%	Fw 190 A-8	173 058	gn.12 +
	4./JG 11	Fw. Josef Matouschek	+	Luftkampf, Raum Dammartin, 100%	Fw 190 A-8	173 052	gn.13 +
	4./JG 11	Uffz. Karl Rasp	verw.	Luftkampf, Raum Dammartin, FSA, 100%	Fw 190 A-8	171 479	gn. 9 +
21.08.44	10./JG 1	Uffz. Paul Ost	+	Flak, Raum Vernon, 100%	Bf 109 G-6	412 168	ws. 6 +
	10./JG 1	Lt. Kurt Ibing	KG	Flak, Raum Vernon, FSA, 100%	Bf 109 G-6/U2	413 582	ws. 3 +
	10./JG 1	Gefr. Franz Schlusche	verw.	Flak, Raum Vernon, glatte Landung Vailly, 10%	Bf 109 G-6	165 834	ws.13 +
	III./JG 1	N.N.	-	Luftkampf, Ort unbekannt, 100%	Bf 109 G-		
	3./JG 11	Ogefr. Rudolf Steltzer	+	unbekannte Ursache, Invasionskampfraum, 100%	Fw 190 A-8		ge.10 +
	3./JG 11	Uffz. Ehrenfried Wittkowski	+	unbekannte Ursache, Invasionskampfraum, 100%	Fw 190 A-8		ge. 8 +
22.08.44	10./JG 1	Gefr. Hans Thein	KG	Flak, Absturz bei Romilly-sur-Seine, FSA, 100%	Bf 109 G-6/U2	165 381	ws. 9 +
23.08.44	11./JG 1	Olt. Elmar Resch, Staffelkapitän	KG	Luftkampf P-47, Absturz bei Thorigny, FSA, 100%	Bf 109 G-6/U2	165 856	sw.15 +
	11./JG 1	Ogefr. Otto Messmer	KG	Motorschaden, Bauchlandung 40 km südlich Paris, 100%	Bf 109 G-6/U2	412 352	sw. 2 +
	11./JG 1	Ogefr. Horst Döring	+	Start ausgebrochen, Aufschlagbrand, Vailly, 100%	Bf 109 G-6	165 819	sw. 1 +
	III./JG 1	N.N.	-	Luftkampf, Ort unbekannt, 100%	Bf 109 G-		
	III./JG 1	N.N.	-	Feindflug, technische Mängel, Ort unbekannt, b	Bf 109 G-		
	4./JG 11	Uffz. Karl Brunner	+	Luftkampf Raum Mantes, Bruchlandung Dammartin, 100%	Fw 190 A-8	173 077	gn.10 +
	5./JG 11	Lt. Kurt Ebener, Staffelkapitän	KG	Luftkampf US-Jäger, Absturz südöstlich Paris, FSA, 100%	Bf 109 G-14	780 667	sw. 2 +
	5./JG 11	Ofhr. Alfred Wittig	v.	Luftkampf US-Jäger, südöstlich Paris, 100%	Bf 109 G-6	411 940	sw. 3 +
	8./JG 11	Lt. Kurt Hubinek	KG	Ort und Ursache unbekannt, 100%	Bf 109 G-6	165 749	ws. 9 +
	II./JG 11	N.N.	-	Feindflug, technische Mängel, Ort unbekannt, b	Bf 109 G-		
	II./JG 11	N.N.	-	Feindflug, technische Mängel, Ort unbekannt, b	Bf 109 G-		
	II./JG 11	N.N.	-	Betriebstörung, Ort unbekannt, 100%	Bf 109 G-		
	II./JG 11	N.N.	-	Betriebstörung, Ort unbekannt, 100%	Bf 109 G-		
	II./JG 11	N.N.	-	Betriebstörung, Ort unbekannt, b	Bf 109 G-		
	II./JG 11	N.N.	-	Betriebstörung, Ort unbekannt, b	Bf 109 G-		
24.08.44	3./JG 11	Gefr. Paul Dorlöchter	v.	Luftkampf, Raum Mantes, 100%	Fw 190 A-8		ge. 7 +
	II./JG 11	N.N.	-	Feindflug, technische Mängel, Ort unbekannt, b	Bf 109 G-		
25.08.44	III./JG 1	Hptm. Heinz Knoke, Gruppenkommandeur	(v.)	Luftkampf P-51, Absturz Raum Soissons, FSA, 100%	Bf 109 G-		
	11./JG 1	Ogefr. Alfred Finking	+	Luftkampf P-51, Absturz Raum Soissons, 100%	Bf 109 G-6	165 811	bl.23 +
	11./JG 1	Uffz. Friedrich Ickes	+	Luftkampf P-51, Absturz Raum Soissons, FSA, am Schirm erschossen, 100%	Bf 109 G-6	412 171	sw. 6 +
	11./JG 1	Fw. Freidank	-	Luftkampf P-51, Absturz Raum Soissons, FSA, 100%	Bf 109 G-		
	1./JG 11	Ogefr. Bruno Gregorzewski	+	Luftkampf P-51, Raum St. Quentin, 100%	Fw 190 A-8	171 521	ws.12 +
	2./JG 11	Olt. Erich Hondt, Staffelkapitän	verl.	Luftkampf P-51, Raum St. Quentin, FSA, 100%	Fw 190 A-8	171 678	sw. 8 +
	2./JG 11	Uffz. Gerhard Freudemann	v.	Luftkampf P-51, Raum St. Quentin, 100%	Fw 190 A-8	171 471	sw. 2 +
	3./JG 11	Fw. Heinz Birkigt	v.	Luftkampf P-51, Raum St. Quentin, 100%	Fw 190 A-8		ge.16 +
	7./JG 11	Ofhr. Georg Reissner	+	Luftkampf P-51, Raum St. Quentin, 100%	Bf 109 G-14	461 241	gn.15 + -
	8./JG 11	Ofw. Horst Schulze	+	Luftkampf P-51, Raum St. Quentin, FSA, 100%	Bf 109 G-6	413 803	ws. 7 + -
	8./JG 11	Uffz. Rudolf Wagner	-	Luftkampf P-51, Raum St. Quentin, FSA, 100%	Bf 109 G-		ws.17 + -
	II./JG 11	./.	-	Bombenwurf, Beaurieux, 100%	Bf 109 G-		

Datum	Einheit	Pilot		Ereignis	Flugzeug	Werknr.	Kennung
	II./JG 11	./.	-	Bombenwurf, Beaurieux, 100%	Bf 109 G-		
26.08.44	III./JG 1	N.N.	-	Betriebstörung, Ort unbekannt, b	Bf 109 G-		
27.08.44	1./JG 11	Uffz. Ottokar Tvrdik	v.	Luftkampf, Raum Paris, 100%	Fw 190 A-8	171 474	ws.15 +
	4./JG 11	Fw. Walter Bartelmesz	verw.	Luftkampf, Absturz Raum Mourmelon-le-Grand, 100%	Fw 190 A-8	173 073	ge. 7 +
	II./JG 11	N.N.	-	Betriebstörung, Ort unbekannt, b	Bf 109 G-		
28.08.44	Stab/JG 1	N.N.	-	Überführungsflug, technische Mängel, Ort unbekannt, b	Bf 109 G-		
	III./JG 1	./.	-	gesprengt, Vailly, 100%	Bf 109 G-		
	III./JG 1	./.	-	gesprengt, Vailly, 100%	Bf 109 G-		
	III./JG 1	./.	-	gesprengt, Vailly, 100%	Bf 109 G-		
	III./JG 1	./.	-	gesprengt, Vailly, 100%	Bf 109 G-		
	10./JG 1	Uffz. Ewald Roth	+	Zusammenstoss Landung, Cerfontaines, 100%	Bf 109 G-6	413 584	ws.15 +
	5./JG 11	Olt. Fritz Langheld	-	Zusammenstoss nach Landung, Cerfontaines, b	Bf 109 G-		
	6./JG 11	Lt. Walter Köhne	-	von landender Maschine gerammt, Cerfontaines, 100%	Bf 109 G-		
	8./JG 11	Uffz. Josef Bock	+	Zusammenstoss Landung, Cerfontaines, 100%	Bf 109 G-14/AS	166 278	ws.16 + -
30.08.44	7./JG 11	Fw. Enst Richter	-	Betriebstörung, Bauchlandung Cerfontaines, b	Bf 109 G-6		gn.11 + -
31.08.44	II./JG 11	N.N.	-	Einsatzflug, technische Mängel, Ort unbekannt, b	Bf 109 G-		
01.09.44	II./JG 11	N.N.	-	Betriebstörung, Ort unbekannt, b	Bf 109 G-		
02.09.44	III./JG 1	./.	-	gesprengt, Cerfontaines, 100%	Bf 108		
	6./JG 11	Ofhr. Heinz-Günther Pähler	+	Absturz, Überführungsflug, bei Malmédy, 100%	Bf 109 G-14		ws.14 +
	II./JG 11	N.N.	-	Betriebstörung, Ort unbekannt, 100%	Bf 109 G-		
	II./JG 11	N.N.	-	Betriebstörung, Ort unbekannt, 100%	Bf 109 G-		
	II./JG 11	N.N.	-	Betriebstörung, Ort unbekannt, 100%	Bf 109 G-		
	8./JG 11	Ofw. Ernst Richter	-	Betriebstörung, Ort unbekannt, b	Bf 109 G-		ws.11 + -
	II./JG 11	./.	-	Tiefangriff, Ort unbekannt, b	Bf 109 G-		

Abschüsse der JG 1 und 11 während des Einsatzes in der Reichsverteidigung - Januar bis Juni 1944

Datum	Einheit	Pilot	Typ	Nr.		Zeit	Ort
04.01.44	6./JG 1	Fw. Fuchs	B-17	(8.)		12.00	05 Ost S/JN-5, südlich Meppel
05.01.44	Stab/JG 1	Obstlt. Oesau	B-24	(106.)		12.00	
	Stab/JG 1	Hptm. Maier	B-24	(1.)			
	1./JG 1	Lt. Ehlers	B-17	(33.)		12.45	
	2./JG 1	Fw. Piffer	B-17 HSS	(18.)			
	1./JG 1	Uffz. Hübl	B-17 HSS	(7.)	*		
	1./JG 1	Uffz. Hübl	B-17 HSS	(8.)	*		
	1./JG 1	Lt. Lück	B-17 HSS	(5.)	*		
	2./JG 11	Uffz. Pfeiffer	B-17	(2.)			
	2./JG 11	Uffz. Hentschel	B-24	(2.)			
	2./JG 11	Ofw. Griener	B-24	(7.)			
	2./JG 11	Uffz. Rudschinat	B-24	(3.)			
	2./JG 11	Uffz. Steiner	P-38	(5.)			
	2./JG 11	Uffz. Steiner	B-17	(6.)			
	I./JG 11	Hptm. Maak	P-38	(7.)			
	4./JG 11	Lt. Gloerfeld	P-38	(5.)			
	5./JG 11	Uffz. Lennartz	P-38	(2.)			
	II./JG 11	Maj. Specht	P-38	(25.)			
	5./JG 11	Fw. Wennekers	P-38	(11.)			
	III./JG 11	Hptm. Hackl	P-38	(131.)			
	7./JG 11	Ofw. Zick	P-38	(12.)			
	8./JG 11	Flg. Widmaier	P-38	(5.)			
11.01.44	1./JG 1	Hptm. Grislawski	B-17	(120.)		11.08	
	3./JG 1	Lt. Terborg	B-17	(3.)		11.09	
	I./JG 1	Hptm. Wrobel	B-17	(2.)		11.10	
	3./JG 1	Ofw. Kaiser	B-17 HSS	(8.)			
	2./JG 1	Lt. Berger	B-17	(3.)		13.08	
	Sturmst. 1	Olt. Zehart	B-17	(1.)			
	5./JG 1	Olt. Kirchmayr	B-17	(6.)		11.30	4 km südwestlich Osterrode
	5./JG 1	Fw. Kirchner	B-17	n.b.			
	5./JG 1	Lt. Wegner	B-17	n.b.			
	6./JG 1	Ofw. Schuhmacher	B-17	(8.)			
	6./JG 1	Fw. Fuchs	B-17	n.b.			
	4./JG 1	Fw. Schönrock	B-17	n.b.			
	4./JG 1	Fw. Sauer	B-17	n.b.			
	5./JG 1	Olt. Kirchmayr	B-17	n.b.			
	4./JG 1	Olt. Burath	B-17	(3.)		11.30	südlich Paderborn
	4./JG 1	Ofw. Haninger	B-17 HSS	n.b.			
	5./JG 1	StFw. Martens	B-17	e.V./n.b.			
	5./JG 1	Fw. Kirchner	B-17	e.V.			
	III./JG 1	Uffz. Brett	P-47	(3.)		13.10	
	8./JG 1	Olt. Overhagen	B-17	(2.)		13.22	
	8./JG 1	Olt. Overhagen	P-47	(3.)			
	8./JG 1	Uffz. Haspel	B-17	e.V.			
	2./JG 11	Fw. Doppler	B-17	(8.)		11.32	
	2./JG 11	Uffz. Steiner	B-17 HSS	(7.)			
	II./JG 11	Fw. Römling	B-17	(2.)			
	4./JG 11	Hptm. Sommer	B-17	(18.)			
	4./JG 11	Uffz. Reichwein	B-17	(1.)			
	4./JG 11	Lt. Gloerfeld	B-17	(6.)			
	4./JG 11	Uffz. Lennhoff	B-17	(6.)			
	4./JG 11	Uffz. Reissle	P-47	(1.)	*		
	5./JG 11	Fw. Wennekers	B-17	(12.)			
	5./JG 11	Uffz. Fest	B-17	(5.)			
	5./JG 11	Ofw. Barann	B-17	(3.)			
	5./JG 11	Fw. Raddatz	B-17	(4.)			
	6./JG 11	Uffz. Freiwirth	B-17	(1.)			
	III./JG 11	Hptm. Hackl	B-17	(132.)			
	III./JG 11	Hptm. Hackl	B-17	(133.)			
	7./JG 11	Olt. Frey	B-17	(26.)			
	7./JG 11	Olt. Frey	B-17	(27.)			
	7./JG 11	Uffz. Held	B-17	(2.)			
	7./JG 11	Fw. Zick	B-17 HSS	(13.)	*		
	8./JG 11	Flg. Widmaier	B-17	(6.)			
	8./JG 11	Ofw. Laskowski	B-17	(26.)		11.40	
	9./JG 11	Fw. Neuberger	B-17	(1.)			
14.01.44	11./JG 11	Uffz. Kohl	Beaufighter	(1.)			Flekkefjord
	11./JG 11	Uffz. Kohl	Beaufighter	(2.)			Flekkefjord
	11./JG 11	Uffz. Rohe	Beaufighter	(2.)			Flekkefjord
24.01.44	5./JG 1	Uffz. Negraszus	P-38	(2.)		11.28	05 Ost S/OG/OH, östlich Roubaix
	5./JG 1	Uffz. Hauptmann	P-38	(1.)		11.30	05 Ost S/OH/OG, Raum Roubaix
	4./JG 1	Ofw. Haninger	P-51	(9.)		11.34	05 Ost S/
	4./JG 1	Ogefr. Kramss	P-51	(1.)		11.37	05 Ost S/NJ/OH, westlich Brüssel
	1./JG 1	Hptm. Grislawski	B-17	(121.)		11.40	

	2./JG 1	Lt. Berger	B-17 HSS	(4.)		
	1./JG 1	Uffz. Hübl	B-17 HSS	(9.)	*	
	3./JG 1	Ofw. Demuth	B-17 HSS	(4.)	*	
30.01.44	Sturmst. 1	Uffz. Maximowitz	B-24	(1.)	11.50	
	Sturmst. 1	Uffz. Wahlfeld	B-24	(1.)	11.50	
	II./JG 1	FhjFw. Sauer	B-17	(2.)	11.54	nordöstlich Hannover
	5./JG 1	Uffz. Swoboda	B-17	(3.)	11.54	nordnordöstlich Braunschweig
	3./JG 1	Lt. Terborg	B-17	(4.)	11.57	westlich Hannover
	6./JG 1	Uffz. Rauhaus	B-17	(6.)	11.58	südwestlich Osnabrück
	Stab/JG 1	Oberst Oesau	B-17	(107.)	12.00	
	Sturmst. 1	N.N.	B-17	(.)	12.00	
	2./JG 1	Ofw. Piffer	B-17	(19.)	12.02	
	3./JG 1	Olt. Ehlers	B-17	(34.)	12.03	
	2./JG 1	Ofw. Piffer	B-17	(20.)	12.05	
	5./JG 1	Uffz. Negraszus	B-17	(3.)	12.06	östlich Hannover
	I./JG 1	Uffz. Kirchhoff	B-17	(3.)	12.15	
	3./JG 1	Olt. Ehlers	B-17	(35.)		
	I./JG 1	Maj. Schnoor	B-17	(15.)		
	Stab/JG 1	Oberst Oesau	B-17	e.V.	12.20	
	II./JG 11	Maj. Specht	P-47	(26.)		
	4./JG 11	Uffz. Lennhoff	P-47	(7.)		
	7./JG 11	Ofw. Zick	B-17	(14.)	*	
31.01.44	I./JG 1	Hptm. Wrobel	P-38	(3.)	15.30	8 km nordöstlich Eindhoven
	2./JG 1	Hptm. Römer	P-38	(2.)	15.30	2 km südlich Nunen
	2./JG 1	Ofw. Piffer	P-38	(21.)	15.30	Ysselstein
	2./JG 1	Uffz. Martin	P-38	(1.)	16.00	25 km nordwestlich Venlo
03.02.44	7./JG 11	Ofw. Zick	P-47	(15.)	*	
	7./JG 11	Olt. Frey	P-47	(28.)	*	
	III./JG 11	Hptm. Hackl	P-47	(134.)	*	
08.02.44	Stab/JG 1	Oberst Oesau	P-38	(108.)	12.00	05 Ost S/PS, 8.400 m
	2./JG 1	Ofw. Piffer	B-17	(22.)	12.17	
	I./JG 1	Maj. Schnoor	B-17	(16.)		
	2./JG 1	Gefr. Marek	B-17	(1.)		
	5./JG 1	Uffz. Dosch	P-47	(1.)	12.30	05 Ost S/QJ-7, 3.000 m
	1./JG 1	Uffz. Martin	B-17	(2.)	12.45	05 Ost S/RS-7
	1./JG 1	Lt. Berger	B-17	(5.)	12.52	05 Ost S/RS-7
	3./JG 1	Fw. Köhne	B-17	(19.)		
10.02.44	6./JG 1	Maj. Bär	B-17	(180.)	11.13	05 Ost S/FN, Raum Zwolle, 7.000 m
	6./JG 1	Ofw. Flecks	B-17	(9.)	11.13	05 Ost S/FN/FO, östlich Zwolle, 3.000 m
	Sturmst. 1	Ofhr. Steffen	B-17	(1.)	11.15	05 Ost S/GQ, Raum Rheine, 7.500 m
	6./JG 1	Maj. Bär	P-47	(181.)	11.18	05 Ost S/FO, östlich Zwolle
	5./JG 1	Uffz. Tüngler	P-47	(1.)	11.21	05 Ost S/GR-4, 10 km nördlich Osnabrück
	8./JG 1	Fw. Haspel	P-47	(2.)	11.30	05 Ost S/GR-5, Raum Osnabrück, 3.000 m
	3./JG 1	Fw. Köhne	B-17	(20.)	11.30	05 Ost S/GR, Raum Osnabrück
	3./JG 1	Lt. Eh	B-17	(2.)	11.34	05 Ost S/FR-9, nördlich Osnabrück
	3./JG 1	Ofw. Demuth	B-17	(5.)	11.34	15 Ost S/GA, Raum Hannover
	5./JG 1	Uffz. Dosch	B-17	(2.)	11.35	05 Ost S/FR/GS, nordöstlich Osnabrück
	1./JG 1	Uffz. Martin	B-17	(3.)	11.55	05 Ost S/FS, nordöstlich Osnabrück
	1./JG 1	Fw. Hübl	B-			
	13./JG 1	Ofw. Demuth	B-17	(6.)	*	
	4./JG 1	Fw. Fuchs	B-17	(9.)	11.59	15 Ost S/GB, Raum Braunschweig, 7.000 m
	4./JG 1	Olt. Burath	B-17 HSS	(4.)	12.04	15 Ost S/FB, nordöstlich Gifhorn
	4./JG 1	Fw. Sauer	B-17	e.V.	12.05	05 Ost S/HU, Raum Hameln
	4./JG 1	Uffz. Stiegler	B-17	e.V.	12.15	05 Ost S/FS-7, nordöstlich Osnabrück
	Stab/JG 1	Oberst Oesau	B-17	(109.)	12.55	05 Ost S/FO, östlich Zwolle, 6.000 m
	Stab/JG 1	Oberst Oesau	P-47	(110.)	13.00	05 Ost S/FM/FN, Raum Zwolle, 4.000 m
	9./JG 11	Olt. Kälber	B-17	(2.)	11.10	05 Ost S/GN-2, Raum Deventer, 7.500 m
	5./JG 11	Lt. Kiehl	B-17	(2.)	11.10	05 Ost S/GN, Raum Deventer, 7.500 m
	7./JG 11	Flg. Widmaier	B-17	(7.)	11.10	05 Ost S/GP, westlich Rheine, 7.500 m
	9./JG 11	Ofw. Schmelzinger	P-38	(5.)	11.15	05 Ost S/FR, nördlich Osnabrück, 8.500 m
	7./JG 11	Ofw. Zick	B-17	(16.)	11.20	05 Ost S/FN, Raum Zwolle, 7.400 m
	5./JG 11	Olt. Knoke	B-17	(20.)	11.20	05 Ost S/FS, nordöstlich Osnabrück, 7.000 m
	9./JG 11	Fw. Born	B-17	(3.)	11.20	05 Ost S/GP-4, westlich Rheine, 7.000 m
	III./JG 11	Hptm. Hackl	B-17	(135.)	11.40	15 Ost S/FA, Raum Celle
	9./JG 11	Uffz. Veid	P-47	(2.)	11.45	15 Ost S/GA, Raum Hannover, 7.500 m
	7./JG 11	Flg. Widmaier	P-47	(8.)		
	5./JG 11	Ofw. Barann	P-47	(4.)		
	Stab/JG 11	Obstlt. Graf	B-17	(207.)	11.50	15 Ost S/FA-7, Raum Celle, 6.500 m
	8./JG 11	Uffz. Cuntz	B-17	(3.)		
	8./JG 11	Uffz. Cuntz	B-17	(4.)		
	1./JG 11	Olt. Zwernemann	P-38	(118.)	*	
	3./JG 11	Fw. Stöwer	B-17	(5.)	*	
	1./JG 11	FhjFw. Dreizehner	B-17	(1.)	12.50	05 Ost S/FP, Raum Lingen, 8.000 m
	I./JG 11	Lt. Schrangl	B-17	(1.)	12.50	05 Ost S/FN, Raum Lingen, 8.000 m
	Stab/JG 11	Lt. Füllgrabe	B-17	(68.)	12.50	05 Ost S/FN, Raum Zwolle, 1.500 m
	I./JG 11	Hptm. Hermichen	B-17	(49.)	12.55	05 Ost S/EP-8, nordwestlich Lingen, 8.000 m
	3./JG 11	Olt. Koenig	B-17 HSS	(8.)	13.15	05 Ost S/FM-6, westlich Zwolle, 8.000 m
	2./JG 11	Fw. Doppler	B-17	(9.)	*	

Date	Unit	Pilot	Aircraft	Count		Time	Location
11.02.44	4./JG 11	Uffz. Reissle	P-51	(2.)		12.05	Raum Brinken, 8.000 m
	II./JG 11	Maj. Specht	P-51	(27.)		12.15	04 Ost N/SP-6, Raum W/r-s, 8.000 m
	5./JG 11	Fw. Fest	P-51	(6.)			04 Ost N/SP, Raum Worms
	I./JG 11	FhjFw. Dreizehner	B-17	(2.)		13.16	04 Ost N/RN, 4.000 m
20.02.44	3./JG 1	Lt. Ehlers	P-51	(36.)	*		
	2./JG 1	Ofw. Demuth	B-17	(7.)	*		
	4./JG 1	Fw. Fuchs	B-17	(10.)		13.35	15 Ost S/HD, bei Magdeburg
	6./JG 1	Ofw. Flecks	B-17 HSS	(10.)		13.48	15 Ost S/LB, Raum Nordhausen
	6./JG 1	Ofw. Flecks	P-38	(11.)		13.50	15 Ost S/LB, Raum Nordhausen
	3./JG 11	Ofw. Lorenz	B-17	(1.)		12.12	05 Ost S/PU-9, Raum Haderslev, 4.000 m
	3./JG 11	Fw. Hanke	B-17	(5.)		12.19	15 Ost S/PA-5/9, Raum Fünen, 3.500 m
	Stab/JG 11	Uffz. Aulenbacher	B-17	(2.)		13.00	05 Ost S/UU, Raum Heide, 8.000 m
	2./JG 11	Fw. Steiner	B-24 HSS	(8.)		13.27	15 Ost S/HA-8, Raum Salzgitter, 6.000 m
	I./JG 11	Hptm. Hermichen	B-24	(50.)		13.27	05 Ost S/JU-4, Raum Holzminden, 6.000 m
	I./JG 11	Hptm. Hermichen	B-24	(51.)		13.30	05 Ost S/JU-1, Raum Holzminden, 6.000 m
	2./JG 11	Fw. Schmidt	B-24	(1.)		13.34	15 Ost S/JA, Raum Gotha, 6.000 m
	I./JG 11	Hptm. Hermichen	B-24	(52.)		13.37	15 Ost S/JA-1/1, Raum Gotha, 6.000 m
	2./JG 11	Fw. Doppler	B-24	(10.)		13.38	15 Ost S/HA, Raum Salzgitter, 6.000 m
	10./JG 11	Uffz. Borkenhagen	B-24	(2.)		13.40	05 Ost S/JU-6, Raum Holzminden, 4.500 m
	I./JG 11	Hptm. Hermichen	B-24	(53.)		13.45	05 Ost S/JU-6, Raum Holzminden, 4.500 m
	1./JG 11	Fw. Schuecking	B-17	(1.)		13.58	15 Ost S/MC/MD, Raum Weimar, 6.000 m
	2./JG 11	Ofw. Griener	B-17	(8.)			
	10./JG 11	Uffz. Rudschinat	B-17	(4.)		14.35	15 Ost S/PA, Raum Odense
	3./JG 11	Gefr. Pancherz	B-17	(1.)		14.56	15 Ost S/OA, Raum Fünen, 3.400 m
	2./JG 11	Fw. Doppler	B-17	(11.)	*		
21.02.44	2./JG 1	Ofw. Demuth	B-17	(8.)	*		
	6./JG 1	Maj. Bär	B-17	(182.)		13.58	05 Ost S/GT/GU, 12 km westlich Hannover
	4./JG 1	Uffz. Rau	B-17 HSS	(1.)		14.00	05 Ost S/ westlich Hannover
	6./JG 1	Maj. Bär	P-51	(183.)		14.03	05 Ost S/GT-5, 5 km nördlich Stadthagen
	II./JG 1	Hptm. Segatz	B-24	(34.)		14.50	05 Ost S/GR-2, 5 km südlich Damme
	5./JG 1	Olt. Kirchmayr	B-24 HSS	(7.)		14.55	05 Ost S/GO/GP, Raum Hengelo
	5./JG 1	Uffz. Woite	B-24	w.b.		14.55	05 Ost S/GR, Raum Osnabrück
	6./JG 1	Maj. Bär	B-17	(184.)		15.25	05 Ost S/GP-6, Raum Rheine
	8./JG 1	Ofhr. Zulauf	B-17	(1.)		15.21	05 Ost S/FM-9, westlich Zwolle, 4.000 m
	8./JG 1	Fw. Haspel	P-47	(3.)		15.50	05 Ost S/FN-2, Raum Zwolle, 4.000 m
	3./JG 11	Fw. Güthenke	B-17	(4.)		14.01	05 Ost S/westlich Hannover
	3./JG 11	Fw. Stöwer	B-17	(6.)		15.00	05 Ost S/HK-4, Raum Lejden, 6.000 m
	3./JG 11	Olt. Koenig	P-51	(9.)	*		
	2./JG 11	Fw. Doppler	B-24	(12.)	*		
	II./JG 11	Maj. Specht	P-47	(28.)		13.54	05 Ost S/GT/GU, Raum Liethe, 8.000 m
	7./JG 11	Lt. Kilian	B-17	(20.)		14.50	05 Ost S/GO, Raum Hörstel, 6.500 m
	7./JG 11	Ofw. Zick	P-51	(17.)			
22.02.44	3./JG 1	Lt. Ehlers	B-17	(37.)		12.50	05 Ost S/JP, Raum Gelsenkirchen, 6.500 m
	1./JG 1	Uffz. Hübl	B-17	(11.)			
	II./JG 1	Hptm. Segatz	B-17	(35.)		12.25	05 Ost S/JN-7, Raum Kleve, 6.000 m
	II./JG 1	Hptm. Segatz	B-17 HSS	(36.)		12.45	05 Ost S/KO, östlich Wesel
	6./JG 1	Maj. Bär	B-17	(185.)		12.51	05 Ost S/KO, nordwestlich Bottrop
	4./JG 1	Fw. Fuchs	B-17 HSS	(11.)		13.00	05 Ost S/JP, südöstlich Coesfeld
	6./JG 1	FhjFw. Zauter	B-17	(1.)		13.05	05 Ost S/KO-5/6, Raum Wesel
	5./JG 1	Uffz. Tüngler	B-17 HSS	(2.)		13.05	05 Ost S/KN, südwestlich Xanten
	4./JG 1	Uffz. Zinkl	B-17	e.V.		13.06	05 Ost S/JQ-4, Raum Münster
	II./JG 1	Uffz. Irmer	B-17	n.b.			
	Stab/JG 1	Oberst Oesau	B-17	(111.)		13.36	nördl. Thiel
	6./JG 1	Maj. Bär	B-17	(186.)		14.18	05 Ost S/HO-1/4, nördlich Grevenbroich
	5./JG 1	Uffz. Tüngler	P-47	(3.)		15.37	05 Ost S/MM, südwestlich Roermond
	Stab/JG 1	Oberst Oesau	B-17	(112.)		15.25	
	3./JG 11	Olt. Koenig	B-17	(10.)		15.25	05 Ost S/NR, südlich Siegen
	1./JG 11	FhjFw. Dreizehner	B-17	(3.)		15.25	05 Ost S/NR, östlich Siegen
	2./JG 11	Fw. Neuendorf	B-17	(4.)		15.25	05 Ost S/NR-1, Raum Siegen, 7.000 m
	2./JG 11	Fw. Steiner	B-17	(9.)		15.32	05 Ost S/NR-8, Raum Siegen, 7.000 m
	3./JG 11	Fw. Stöwer	B-17	(7.)		15.33	05 Ost S/NR-8, Raum Siegen, 7.000 m
	I./JG 11	Lt. Dobrick	B-17	(6.)		15.40	05 Ost S/NO, nordwestlich Eitorf
	3./JG 11	FhjFw. Güthenke	B-17	n.b.			
	II./JG 11	Maj. Specht	P-51	(29.)		13.25	05 Ost S/HS/HT, Raum Blomberg
	II./JG 11	Maj. Specht	B-17	(30.)		13.42	05 Ost S/HR, Raum Detmold, 7.100 m
	5./JG 11	Olt. Knoke	B-17	(21.)		13.50	05 Ost S/HT, Raum Hameln, 7.500 m
	5./JG 11	Fw. Wennekers	B-17	(13.)			
	11./JG 11	Olt. Christmann	B-17	(5.)		14.50	05 Ost S/GQ
	11./JG 11	Fw. Ritschel	B-17	(5.)		14.56	15 Ost S/GA, 6.000 m
	11./JG 11	Uffz. Merbeth	B-17	(1.)		15.00	05 Ost S/GS
	11./JG 11	Uffz. Kirchner	B-17	(2.)		15.05	05 Ost S/IR-1, 6.000 m
24.02.44	I./JG 1	Maj. Schnoor	B-24	(17.)			
	2./JG 1	Ofw. Piffer	B-24	(28.)			
	1./JG 1	Uffz. Hübl	B-24	(12.)			
	1./JG 1	Uffz. Hübl	B-24	(13.)			
	2./JG 1	Ofw. Demuth	B-24	(9.)	*		
	5./JG 1	Uffz. Tüngler	B-24	(4.)		12.24	05 Ost S/GR-3, südlich Lemförde
	6./JG 1	Maj. Bär	B-24	(187.)		12.30	05 Ost S/GR-8, Raum Osnabrück, 5.500 m
	6./JG 1	Maj. Bär	B-24	(188.)		12.34	05 Ost S/GS-9, östlich Osnabrück
	5./JG 1	Olt. Kirchmayr	B-24	(8.)		12.37	05 Ost S/GS-8, südwestlich Lübbecke
	5./JG 1	Lt. Deppe	B-24	n.b.			

Datum	Einheit	Pilot	Typ	Nr.	Zeit	Ort
	Stab/JG 1	Oberst Oesau	B-17	(113.)	12.40	05 Ost S/HT/HU, Raum Minden, 7.500 m
	III./JG 1	Lt. Halbey	P-47	(1.)	14.22	05 Ost S/ON, Raum Lüttich, 8.500 m
	4./JG 11	StFw. Krausse	P-38	(1.)	13.15	15 Ost S/NB, Raum Gotha, 9.000 m
	3./JG 11	FhjFw. Güthenke	B-24	(5.)	13.16	15 Ost S/NB-4, Raum Gotha, 7.000 m
	2./JG 11	Fw. Steiner	B-24	(10.)	13.17	15 Ost S/NA, Raum Gotha, 7.000 m
	2./JG 11	Fw. Doppler	B-24	(13.)	13.21	15 Ost S/MA, Raum Eisenach, 6.000 m
	I./JG 11	Lt. Dobrick	B-24	(7.)	13.25	15 Ost S/NB, Raum Gotha, 7.000 m
	1./JG 11	Uffz. Bosch	B-24	(1.)	13.25	15 Ost S/NA-5, Raum Gotha, 6.000 m
	2./JG 11	FhjFw. Schmid	B-24	(1.)	13.31	15 Ost S/OA, südwestlich Gotha, 6.400 m
	2./JG 11	Fw. Doppler	B-24	(14.)	13.31	05 Ost S/LU, südlich Kassel, 5.000 m
	2./JG 11	Fw. Doppler	B-24	(15.)	13.37	05 Ost S/LU, ssö. Kassel, 7.000 m
	1./JG 11	Olt. Zwernemann	B-24	(119.)	13.37	15 Ost S/NA-7, Raum Gotha, 7.000 m
	Stab/JG 11	Obstlt. Graf	B-24	(208.)	13.40	05 Ost S/QT, Raum Giessen
	2./JG 11	Fw. Steiner	B-24	(11.)		
	III./JG 11	Hptm. Hackl	B-17	(136.)	16.20	05 Ost S/AT-9, Raum Stade, 4.300 m
25.02.44	5./JG 1	Olt. Kirchmayr	B-17 HSS	(9.)	13.00	05 Ost S/TT/UT, nördlich Heilbronn
	Stab/JG 1	Oberst Oesau	B-17	(114.)	13.05	04 Ost N/AR, Raum Baden-Baden, 6.500 m
	II./JG 1	Hptm. Segatz	B-17 HSS	(37.)	13.20	05 Ost S/UT-2/5/8, südlich Heilbronn
	7./JG 1	Uffz. Pleines	B-17	(1.)	13.23	04 Ost N/AT, Raum Stuttgart, 6.000 m
	6./JG 1	Uffz. Zinkl	B-17	(2.)	13.27	15 Ost S/UA, südwestlich Ansbach, 5.500 m
	6./JG 1	Maj. Bär	B-17 HSS	(189.)	13.30	05 Ost S/US, Raum Heilbronn, 5.500 m
	6./JG 1	Maj. Bär	B-17	e.V.		
	5./JG 1	Lt. Wegner	B-17 HSS	n.b.	13.43	04 Ost N/AT-8/9, Raum Stuttgart
	6./JG 1	Maj. Bär	B-17 HSS	(190.)	14.45	05 Ost S/US-1/5, Raum Heilbronn, 5.000 m
	6./JG 1	Maj. Bär	B-24	(191.)	14.55	05 Ost S/UR-2/3, Raum Germersheim
	Stab/JG 1	Oberst Oesau	B-24	(115.)	15.00	04 Ost N/AQ-2/3, westl. Baden-Baden, 5.000 m
02.03.44	7./JG 1	Hptm. Burkhardt	P-47	(58.)	14.30	05 Ost S/PM, südlich Verviers, 5.500 m
03.03.44	6./JG 1	Maj. Bär	P-51	(192.)	11.40	05 Ost S/EU-3/6, Raum Verden, tiefst
	6./JG 1	Olt. Witzmann	P-51	(1.)	12.00	15 Ost S/EA, nördlich Celle, 2.000 m
	6./JG 1	Ofw. Schuhmacher	P-51	(9.)		
	2./JG 11	FhjFw. Schmid	B-17	(2.)	11.35	Raum Stadersand
	I./JG 11	Fw. Schmidt	B-17	(.)	11.35	Raum Elbemündung
	2./JG 11	Lt. Unger	B-17	(1.)	11.37	nördlich Itzehoe
	I./JG 11	Hptm. Hermichen	B-17	(53.)	12.02	westlich Tönning, 7.200 m
	2./JG 11	Fw. Doppler	B-17	(16.) *		
	1./JG 11	Olt. Zwernemann	B-17	(120.) *		
	5./JG 11	Olt. Knoke	P-51	(22.)	12.05	05 Ost S/AO-9
	5./JG 11	Fw. Wennekers	P-51	(14.)		
	5./JG 11	Uffz. Fest	P-51	(7.)		
06.03.44	5./JG 11	Uffz. Fest	P-47	(8.)	11.55	05 Ost S/FQ-2, Raum Lingen
	1./JG 11	Olt. Zwernemann	B-17	(121.)	11.55	05 Ost S/EP, Raum Haselünne, 7.000 m
	2./JG 11	FhjFw. Schmid	B-17	(.)	11.59	05 Ost S/EP, Raum Haselünne, 7.000 m
	3./JG 11	Fw. Hanke	B-17	(6.)	11.59	05 Ost S/EP nördlich Meppen
	6./JG 1	Maj. Bär	B-17	(193.)	12.00	05 Ost S/FR-4, östlich Lingen
	5./JG 1	Ofw. Bach	B-17	(11.)	12.00	05 Ost S/ER, südlich Delmenhorst
	I./JG 11	Hptm. Hermichen	B-17	(54.)	12.00	05 Ost S/EP, Raum Haselünne, 7.200 m
	9./JG 11	Fw. Hoës	B-17	(2.)	12.02	05 Ost S/FR-1/3, östlich Lingen, 6.500 m
	2./JG 1	Ofw. Demuth	B-17	(10.)	12.02	05 Ost S/FR, östlich Lingen
	2./JG 1	Lt. Berger	B-17	(6.)		
	1./JG 11	Gefr. Schultheiss	B-17	(1.)	12.03	05 Ost S/FR-3/6, östlich Lingen, 7.200 m
	9./JG 11	Fw. Born	B-17	(4.)	12.03	05 Ost S/FR, östlich Lingen, 6.500 m
	9./JG 11	StFw. Krausse	B-17	(2.)	12.04	05 Ost S/FR, östlich Lingen, 6.500 m
	2./JG 11	Fw. Wiegand	B-17	(5.)	12.05	05 Ost S/FR, östlich Lingen, 6.500 m
	2./JG 1	Ofw. Demuth	B-17	(11.)	12.05	05 Ost S/FR, östlich Lingen, 6.500 m
	4./JG 1	Uffz. Stiegler	B-17	(1.)	12.05	05 Ost S/ER-3, südlich Delmenhorst, 6.500 m
	3./JG 1	Fw. Köhne	B-17	(21.)	12.05	05 Ost S/FR, östlich Lingen, 6.500 m
	Stab/JG 1	Oberst Oesau	P-47	(116.)	12.05	05 Ost S/EQ, nordwestlich Vechta
	3./JG 11	Olt. Koenig	B-17	(11.)	12.06	05 Ost S/ER, südlich Delmenhorst, 7.000 m
	3./JG 11	Fw. Hanke	B-17	(7.)	12.06	05 Ost S/EQ, westlich Cloppenburg
	I./JG 11	Hptm. Hermichen	B-17	(55.)	12.06	05 Ost S/ER, südlich Delmenhorst, 7.200 m
	3./JG 1	Fw. Köhne	B-17	(22.)	12.07	05 Ost S/FQ-7, östlich Lingen, 4.000 m
	II./JG 1	Hptm. Segatz	B-17	(38.)	12.08	05 Ost S/FR-2, östlich Lingen
	II./JG 1	Hptm. Segatz	B-17	(39.)	12.10	05 Ost S/FR-3, östlich Lingen
	6./JG 1	Maj. Bär	B-17	(194.)	12.10	05 Ost S/FS-4/5, südwestl. Verden, 6.000 m
	2./JG 11	Lt. Windbichler	B-17	(1.)	12.10	05 Ost S/ER-7, südlich Delmenhorst, 6.500 m
	7./JG 11	Ofw. Zick	B-17	(18.)	12.10	05 Ost S/FT, südlich Verden, 6.500 m
	2./JG 11	Fw. Hübl	B-17	(14.)	12.10	05 Ost S/FR, östlich Lingen, 6.500 m
	I./JG 11	Hptm. Hermichen	B-17	(56.)	12.12	05 Ost S/ER, südlich Delmenhorst, tief
	5./JG 11	Fw. Wennekers	P-47	(15.)		05 Ost S/ER, Raum Quakenbrück
	5./JG 11	Olt. Knoke	B-17	(23.)	12.15	05 Ost S/ER, südlich Delmenhorst
	5./JG 11	Lt. Klaffenbach	B-17	(1.)	12.20	05 Ost S/ER, südlich Delmenhorst, 6.000 m
	II./JG 11	Lt. Dobrick	B-17	(8.)	12.20	05 Ost S/ER, bei Thölstedt, 7.500 m
	Stab/JG 1	Oberst Oesau	B-17	(117.)	12.20	05 Ost S/ER, südlich Delmenhorst, 3.000 m
	3./JG 1	Lt. Ehlers	B-17	(38.)	12.35	05 Ost S/FR-2, nördlich Osnabrück, 6.500 m
	5./JG 1	Olt. Kirchmayr	B-17	e.V.	12.58	05 Ost S/FQ/FR, östlich Lingen
	5./JG 1	Olt. Kirchmayr	P-51	(10.)	13.30	05 Ost S/GP/GO, Platznähe Rheine
	Stab/JG 11	Obstlt. Graf	B-24 HSS	(209.)		
	1./JG 11	Olt. Zwernemann	B-17	(122.)	14.18	05 Ost S/ES-9, südlich Bremen, 6.500 m
	3./JG 11	Olt. Koenig	B-17	(12.)	14.21	05 Ost S/ES-5, südlich Bremen, 6.500 m
	3./JG 11	Ofw. Stöwer	B-17	(8.) *		
	2./JG 11	Fw. Doppler	B-17	(17.) *		

1203

	4./JG 1	Uffz. Stiegler	B-17	(2.)	14.30	05 Ost S/GL-3, Raum Hilversum
	6./JG 1	Maj. Bär	B-17	(195.)	14.45	05 Ost S/GO/GN, Raum Deventer
	4./JG 1	Fw. Kahl	B-17 HSS	(5.)	14.50	05 Ost S/GO/GN, Raum Deventer
	6./JG 1	Ofw. Schuhmacher	B-17	(10.)	14.58	05 Ost S/EO, südlich Assen, 6.000 m
	1./JG 1	Uffz. Martin	B-17	(4.)	15.00	05 Ost S/EO, südlich Assen, 5.000 m
	1./JG 11	Ofw. Scherer	B-17	(1.)	15.00	05 Ost S/EO, südlich Assen, 5.700 m
	1./JG 11	Uffz. Bosch	B-17	(2.)	15.00	05 Ost S/EO-9, südlich Assen, 5.700 m
	5./JG 1	Uffz. Swoboda	B-17	(4.)	15.01	05 Ost S/FN, sw. Hoogeveen
	7./JG 11	Olt. Frey	B-17	(29.)		
	7./JG 11	Olt. Frey	B-17	(30.)		
	7./JG 11	Olt. Frey	B-17	(31.)		
	7./JG 11	Olt. Frey	B-17	(32.)		
08.03.44	4./JG 1	Uffz. Stiegler	P-47	(3.)	12.27	05 Ost S/GQ-2, Raum Rheine
	6./JG 1	Ofw. Brodbeck	B-17 HSS	(1.)	12.50	05 Ost S/GU, Raum Hannover
	4./JG 1	Uffz. Schulz	B-17	(.)	12.52	15 Ost S/GA, östlich Hannover
	5./JG 1	Uffz. Swoboda	B-17 HSS	(5.)	12.55	05 Ost S/FT, nordwestlich Hannover
	2./JG 11	FhjFw. Schmid	B-17	(5.)	12.59	05 Ost S/FT/FU, südöstlich Verden, 7.000 m
	1./JG 11	Olt. Zwernemann	B-17	(123.)	13.05	05 Ost S/FU, bei Schwarmstedt
	1./JG 11	Fw. Schueckin'	B-17	(2.)	*	
	2./JG 1	Fw. Wiegand	B-17	(6.)	13.05	05 Ost S/GT/FT, westlich Hannover, 7.000 m
	2./JG 1	Fw. Hübl	P-47	(15.)	13.07	05 Ost S/GU, Langenhagen, 200 m
	3./JG 1	Fw. Köhne	P-47	(23.)		05 Ost S/FT, Steinhuder Meer, tief
	4./JG 1	Ofw. Haninger	B-17	(10.)	13.12	05 Ost S/FU, nordwestlich Hannover
	3./JG 11	Olt. Koenig	P-47	(13.)	13.13	05 Ost S/EQ, Ahlhorn, 100 m
	1./JG 11	Ofhr. Dreizehner	P-47	(4.)	*	
	1./JG 11	Olt. Zwernemann	P-47	(124.)	*	
	5./JG 11	Olt. Knoke	B-17	(24.)	13.25	
	4./JG 11	Uffz. Herhold	P-47	(3.)		
	2./JG 11	Ofhr. Blassing	B-17	(1.)	13.26	15 Ost S/DA, Masener Moor
	3./JG 1	Olt. Ehlers	P-47	(39.)	13.30	05 Ost S/FU, nordwestlich Hannover
	3./JG 1	Uffz. Enderle	B-17	(1.)	13.30	05 Ost S/FU, Neustadt/Rbge.
	II./JG 1	Hptm. Segatz	B-24 HSS	(40.)	14.20	15 Ost S/JH, Raum Luckau, 8.000 m
	5./JG 11	Olt. Kirchmayr	B-24	(11.)	14.25	15 Ost S/JH-4, nordwestlich Luckau
	Stab/JG 11	Uffz. Pfeffer	B-24	(1.)	15.25	05 Ost S/FT-6, südlich Verden, 6.000 m
	Stab/JG 11	Obstlt. Graf	P-51	(210.)		
	I./JG 11	Hptm. Hermichen	B-24	(57.)	15.26	15 Ost S/FA, nördlich Grossburgwedel
	I./JG 11	Hptm. Hermichen	B-24	(58.)	15.28	15 Ost S/FA, nördlich Grossburgwedel
	I./JG 11	Hptm. Hermichen	B-17	(59.)	15.36	15 Ost S/FA, Raum Celle, 6.000 m
	7./JG 1	Uffz. Pleines	B-17	(2.)	15.45	05 Ost S/GN, Raum Deventer, 200 m
	I./JG 11	Hptm. Hermichen	B-17	(60.)	15.47	
	3./JG 11	Olt. Koenig	P-51	(14.)	15.50	05 Ost S/FT, Raum Hoya, 500 m
	7./JG 11	Ofw. Zick	P-38	(19.)	*	
15.03.44	3./JG 1	Olt. Ehlers	P-38	(40.)	*	
	4./JG 1	Ofw. Haninger	P-47	(11.)	10.15	05 Ost S/FQ, nordwestlich Osnabrück
	II./JG 11	Fw. Klotz	P-38	(3.)	10.20	05 Ost S/FR/FS, nördlich Osnabrück, 7.500 m
	5./JG 11	Uffz. Fest	P-38	(9.)	*	
	5./JG 11	Uffz. Drühe	B-17	(1.)		
	7./JG 11	Fw. Müller	P-47	(1.)	10.55	05 Ost S/FQ, östlich Lingen, 1.000 m
18.03.44	3./JG 11	FhjFw. Hanke	B-24	(8.)	14.58	04 Ost N/DQ-8/9, Raum Freiburg, 5.000 m
	I./JG 11	Lt. Schrangl	B-24	(2.)	15.00	04 Ost N/DQ, Raum Freiburg, 5.500 m
	1./JG 11	Fw. Schuecking	B-24	(3.)	15.00	04 Ost N/DR-2, östlich Freiburg, 5.000 m
	2./JG 11	Fw. Doppler	B-24	(18.)	15.04	04 Ost N/CR/DR, nördlich Freiburg, 4.800 m
	8./JG 11	Ofw. Laskowski	B-24	(27.)	15.05	04 Ost N/ER, östlich Freiburg
	8./JG 11	Uffz. Lohmeyer	B-24	(1.)	15.05	04 Ost N/DQ, nordöstlich Freiburg
	9./JG 11	Fw. Born	B-24	(5.)	15.05	04 Ost N/DR/DS, östlich Freiburg, 5.000 m
	8./JG 11	Ofw. Laskowski	B-24	(28.)	15.07	04 Ost N/ER, östlich Freiburg
	Stab/JG 11	Ofhr. Puschmann	B-24	(1.)	15.08	04 Ost N/DR, nördlich Freiburg, 4.600 m
	3./JG 11	Ofhr. Pehleman	B-24	(1.)	15.08	04 Ost N/DQ, Raum Freiburg, 4.800 m
	3./JG 11	Fw. Wiemann	B-24 HSS	(1.)	15.10	04 Ost N/DQ, Raum Freiburg, 4.500 m
	2./JG 11	Fw. Doppler	B-24	(19.)	15.10	04 Ost N/CR/DR, nördlich Freiburg, 4.800 m
	3./JG 11	FhjFw. Hanke	B-24	(9.)	15.12	04 Ost N/CQ-9, Raum Strassburg, 4.000 m
	1./JG 11	Ofhr. Dreizehner	B-24	(5.)	15.15	04 Ost N/DQ-3, Raum Freiburg, 5.000 m
	III./JG 11	Hptm. Hackl	B-24	(137.)	15.15	04 Ost N/DQ, Raum Freiburg, 6.000 m
	1./JG 11	Fw. Schuecking	B-24	(4.)	*	
	9./JG 11	Ofw. Keil	B-24	(9.)	*	
	III./JG 11	Hptm. Hackl	B-24	(138.)	*	
	III./JG 11	Hptm. Hackl	B-24	(139.)	*	
23.03.44	3./JG 11	FhjFw. Wiemann	B-17	(2.)	10.00	05 Ost S/ES, südlich Bremen, 6.500 m
	2./JG 11	Ofhr. Schmid	B-17	(.)	10.00	05 Ost S/ES, südlich Bremen, 7.000 m
	3./JG 11	Olt. Koenig	B-17	(15.)	10.00	05 Ost S/ES, südlich Bremen
	I./JG 11	Hptm. Hermichen	B-17	(61.)	10.03	05 Ost S/ES, südlich Bremen, 7.000 m
	1./JG 11	Fw. Schuecking	B-17	(5.)	*	
	1./JG 11	Fw. Schuecking	B-17	(6.)	*	
	2./JG 11	Fw. Doppler	B-17	(20.)	10.26	05 Ost S/FU, westlich Celle
	7./JG 11	Ofw. Zick	B-24	(20.)	*	
	I./JG 1	Maj. Schnoor	B-17	(18.)	*	
	2./JG 1	Fw. Wiegand	B-17	(7.)	10.10	05 Ost S/FR, nördlich Osnabrück
	4./JG 1	Olt. Burath	B-17	(5.)	10.33	15 Ost S/GA/GB, Raum Braunschweig
	4./JG 1	Uffz. Stiegler	B-17 HSS	(4.)	10.35	15 Ost S/GA-6/GB-4, Raum Braunschweig
	5./JG 1	Uffz. Weber	B-17	(1.)	10.35	15 Ost S/FB-1, nördlich Braunschweig, 5.500 m
	6./JG 1	Ofw. Schuhmacher	B-17	(11.)	10.38	15 Ost S/HA/HB, Raum Hildesheim, 5.500 m

	6./JG 1	Uffz. Zinkl	B-17	(3.)	10.38	15 Ost S/HA, Raum Hildesheim, 5.500 m
	5./JG 1	Olt. Kirchmayr	B-17	n.b.		
	3./JG 1	Fw. Köhne	B-17	(24.)	10.47	5 km östlich Oldendorf
	7./JG 1	Hptm. Burkhardt	P-47	(59.)		
29.03.44	3./JG 1	Olt. Ehlers	P-38	(41.)	*	
	II./JG 1	Maj. Bär	P-51	(196.)	13.25	15 Ost S/HB-9, südlich Söllingen
	II./JG 1	Maj. Bär	P-51	(197.)	13.35	15 Ost S/JB-9, westlich Halberstadt, 500 m
	4./JG 1	Uffz. Stiegler	P-51	(5.)	13.40	15 Ost S/HB-5, nördlich Halberstadt, 30 m
	5./JG 1	Olt. Kirchmayr	B-17	n.b.		
	2./JG 11	Ofhr. Schmid	B-17	(7.)	13.48	15 Ost S/FC-1, nördlich Obisfelde, 7.000 m
	3./JG 11	Olt. Koenig	B-17 HSS	(16.)	13.48	15 Ost S/FC-1, nördlich Obisfelde, 7.000 m
	1./JG 11	Ofhr. Dreizehner	B-17	(6.)	13.50	15 Ost S/FB-2, Raum Salzwedel, 7.000 m
	2./JG 11	Fw. Schmidt	B-17	(2.)	13.52	15 Ost S/FB-6, Raum Salzwedel
	3./JG 11	FhjOfw. Stöwer	B-17	(9.)	13.53	15 Ost S/FB-1, Raum Salzwedel, 7.000 m
	1./JG 11	Uffz. Folger	P-51	(1.)	13.55	15 Ost S/GC-2, östlich Braunschweig, 300 m
	1./JG 11	Fw. Schuecking	B-17 HSS	(7.)	13.58	15 Ost S/EA-4, westlich Uelzen, 3.500 m
	I./JG 11	Olt. Dobrick	B-17	(9.)	13.59	15 Ost S/GC, östlich Braunschweig, 6.500 m
	I./JG 11	Lt. Schrangl	B-17	(3.)	14.00	15 Ost S/EA-7/1, westlich Uelzen, 7.000 m
	3./JG 11	FhjFw. Wiemann	B-17	(3.)	14.00	15 Ost S/FA-3/6, Raum Celle, 6.500 m
	2./JG 11	Fw. Doppler	P-51	(21.)	14.01	15 Ost S/GC, östlich Braunschweig, 5.000 m
	1./JG 11	Fw. Jochim	B-17	(2.)	*	
	Stab/JG 11	Uffz. Blaha	B-17	(4.)	14.40	05 Ost S/DS, Raum Bremen, 7.000 m
	Stab/JG 11	Obstlt. Graf	P-51	(211.)		
	Stab/JG 11	Obstlt. Graf	P-51	(212.)		
01.04.44	6./JG 1	Uffz. Rauhaus	P-47	(7.)		
07.04.44	10./JG 11	Uffz. Borkenhagen	Mosquito	(3.)	11.58	05 Ost S/MQ-2, westlich Aalborg, über See
08.04.44	3./JG 11	Fw. Stöwer	B-24	(10.)	13.43	15 Ost S/EA/EB, westlich Salzwedel, 6.500 m
	3./JG 11	Olt. Koenig	B-24	(17.)	13.44	15 Ost S/EB, südlich Uelzen, 6.500 m
	III./JG 11	Maj. Hackl	B-24	(140.)	13.45	15 Ost S/EB, südlich Uelzen, 7.000 m
	9./JG 11	Olt. Kälber	B-24	(3.)	13.45	15 Ost S/FA, nördlich Hannover, 6.500 m
	1./JG 11	Uffz. Folger	B-24	(2.)	13.45	15 Ost S/EB, westlich Salzwedel
	8./JG 11	Hptm. Maak	B-24	(8.)		
	2./JG 11	Uffz. Tiedemann	B-24	(1.)		
	1./JG 11	Olt. Zwernemann	B-24	(125.)	13.47	15 Ost S/EB, Raum Uelzen, 6.500 m
	1./JG 11	Olt. Zwernemann	P-51	(126.)	13.48	15 Ost S/EB, bei Salzwedel, 6.500 m
	Stab/JG 11	Uffz. Pfeffer	P-51	(2.)	13.52	15 Ost S/EB, Raum Uelzen, 6.500 m
	Stab/JG 11	Uffz. Will	P-51	(1.)	13.55	15 Ost S/EB, südwestlich Uelzen
	3./JG 11	Fw. Birkigt	P-51	(1.)	13.58	15 Ost S/EA-8, nördlich Celle, 200 m
	1./JG 11	Uffz. Folger	P-51	(3.)	14.00	15 Ost S/EB, westlich Salzwedel
	2./JG 11	Uffz. Schumacher	P-51	(1.)	14.00	15 Ost S/EB, 7 km nordwestlich Salzwedel
	II./JG 1	Maj. Bär	B-24	(198.)	13.50	15 Ost S/EB/FB, südwestlich Salzwedel
	2./JG 1	Olt. Biederbick	B-24 HSS	(15.)	13.50	
	6./JG 1	Olt. Eder	B-24	(34.)	13.51	15 Ost S/EF/EB, südwestlich Salzwedel
	6./JG 1	Ofw. Schuhmacher	B-24	(12.)	13.51	15 Ost S/EB/FB, südwestlich Salzwedel
	5./JG 1	Ofw. Bach	B-24	(12.)	13.51	15 Ost S/EB/FB, südwestlich Salzwedel
	4./JG 1	Uffz. Stiegler	B-24	(6.)	13.51	15 Ost S/EB/FB, südwestlich Salzwedel
	5./JG 1	Olt. Kirchmayr	B-24	(12.)	13.51	15 Ost S/EB/FB, südwestlich Salzwedel
	6./JG 1	Fw. Brunner	B-24	(2.)	13.52	15 Ost S/EB/FB, südwestlich Salzwedel
	6./JG 1	Olt. Schüller	B-24	(1.)	13.52	15 Ost S/EB/FB, südwestlich Salzwedel
	6./JG 1	Uffz. Zinkl	B-24	n.b.		
	I./JG 1	Maj. Schnoor	B-24	(19.)	13.55	15 Ost S/FA/EA, nördlich Celle, 7.000 m
	3./JG 1	Olt. Ehlers	B-24	(42.)	13.55	15 Ost S/EB, Raum Salzwedel
	2./JG 1	Uffz. Just	P-47	(3.)	13.56	15 Ost S/EB, Raum Salzwedel
	2./JG 1	Fw. Piffer	B-24	(24.)	13.56	15 Ost S/EB-9, Raum Salzwedel
	3./JG 1	Fw. Köhne	B-24	(25.)	14.00	15 Ost S/EA/EB, westlich Salzwedel, 7.000 m
	2./JG 1	Olt. Biederbick	P-51	(16.)	14.05	15 Ost S/EA, 5 km nordwestlich Klotze
	2./JG 1	Ofhr. Neuner	B-24	(1.)		
09.04.44	6./JG 1	Olt. Eder	B-24	(35.)	10.58	15 Ost N/SB, Kieler Bucht, 7.000 m
	3./JG 1	Uffz. Oswald	B-24 HSS	(1.)	11.00	15 Ost N/TB-6/TC-4, Heiligenhafen, 7.000 m
	3./JG 1	Fw. Köhne	B-24 HSS	(26.)		
	2./JG 1	Fw. Hübl	B-24 HSS	(16.)	11.02	15 Ost N/TB/TC, Raum Heiligenhafen, 7.000 m
	I./JG 1	Maj. Schnoor	B-24	(20.)	11.02	15 Ost N/SC, Fehmarn Belt, 7.000 m
	2./JG 1	Fw. Umlauf	B-24 HSS	(1.)	11.05	15 Ost N/TB/TC, Raum Heiligenhafen
	4./JG 1	Fw. Kahl	B-24	(6.)	11.07	15 Ost N/SA/SB, Kieler Brucht
	4./JG 1	Fw. Kahl	B-24	(7.)		15 Ost N/SA/SB, Raum Kiel
	6./JG 1	Olt. Eder	P-47	(36.)	11.10	15 Ost N/SA/SB, Kieler Bucht
	2./JG 1	Ofw. Treptau	B-24 HSS	(1.)	11.10	15 Ost N/TB/TC, Raum Heiligenhafen, 7.000 m
	3./JG 1	Olt. Ehlers	B-17	(43.)	*	
	3./JG 1	Olt. Ehlers	P-51	(44.)	*	
	1./JG 11	Ofw. Jüppner	P-47	(6.)	11.08	05 Ost N/ST, 10 km südlich Flensburg
	2./JG 11	Ofw. Doppler	B-24	(22.)	13.05	bei Reinsehlen
	2./JG 11	Ofw. Doppler	B-17	(23.)	14.43	05 Ost N/ST, Raum Flensburg
	1./JG 11	Fw. Schuecking	B-17	(8.)	15.06	05 Ost N/SC, südlich Laaland
	3./JG 11	Fw. Stöwer	B-17	(11.)	15.08	05 Ost N/SB/SC, südwestlich Laaland
	3./JG 11	Gefr. Tschirk	B-17	(1.)	15.08	05 Ost N/SB/SC, südwestlich Laaland
	3./JG 11	Olt. Koenig	B-17	(18.)	15.10	05 Ost N/SC-5, südlich Laaland, 3.500 m
	I./JG 11	Lt. Schrangl	B-17	(4.)	15.15	05 Ost N/TC-2/5, östlich Puttgarden
	5./JG 1	Uffz. Niedereichholz	B-17	(16.)	15.35	05 Ost N/SU-1/4, nördlich Schleswig
	9./JG 1	Lt. Koplik	B-17	(1.)	15.35	05 Ost N/ST, Raum Schleswig, 3.000 m
	8./JG 1	Hptm. Grislawski	B-17	(122.)	*	

	8./JG 1	Hptm. Grislawski	B-17	(123.)	*		
	7./JG 1	Hptm. Burkhardt	P-47	(60.)			
	10./JG 11	Uffz. Rudschinat	B-24 HSS	(5.)			
11.04.44	III./JG 11	Maj. Hackl	B-24	(141.)		10.40	05 Ost S/FR/FQ, östlich Lingen, 7.500 m
	7./JG 11	Uffz. Regel	B-24	(1.)		10.46	05 Ost S/ES/ET, westlich Verden, 7.200 m
	1./JG 11	Fw. Bosch	B-24	(3.)		10.47	05 Ost S/ES/FS, südwestlich Verden, 6.000 m
	1./JG 11	Fw. Leunig	B-24 HSS	(1.)		10.58	05 Ost S/GR-2/3, Raum Osnabrück, 5.800 m
	II./JG 1	Maj. Bär	B-17	(199.)		10.59	15 Ost S/FB-7, 10 km nordöstlich Fallersleben
	II./JG 1	Ofw. Schuhmacher	B-17	(13.)		11.00	15 Ost S/FB, nördlich Braunschweig
	5./JG 1	Ofw. Bach	B-17	(13.)		11.00	15 Ost S/FB, nördlich Braunschweig, 6.000 m
	5./JG 1	Flg. Blech	B-17	(1.)		11.00	15 Ost S/FB, nördlich Braunschweig
	6./JG 1	Olt. Eder	B-17	(37.)		11.00	15 Ost S/FB, 15 km nördlich Fallersleben
	6./JG 1	Ofw. Brodbeck	B-17	(2.)		11.00	
	4./JG 1	Olt. Burath	B-17	n.b.			15 Ost S/FB, Raum Braunschweig
	2./JG 1	Uffz. Just	B-17 HSS	(4.)		11.02	15 Ost S/GA, Raum Braunschweig
	3./JG 1	Olt. Ehlers	B-17	(45.)		11.02	15 Ost S/GA, 7 km westlich Braunschweig
	I./JG 1	Maj. Schnoor	B-17	(21.)	*		
	I./JG 1	Maj. Schnoor	B-17	(22.)	*		
	4./JG 1	Fw. Kahl	P-51	(8.)		11.17	15 Ost S/GA/GB, westlich Gardelegen, 5.000 m
	3./JG 1	Uffz. Grube	P-51	(1.)		11.30	15 Ost S/GC-1/5, Raum Obisfelde, 200 m
	3./JG 1	Olt. Ehlers	P-51	(46.)	*		
	3./JG 1	Olt. Ehlers	P-51	(47.)	*		
	7./JG 1	Fw. Pleines	P-47	(3.)		11.20	15 Ost S/GB, Raum Braunschweig
	7./JG 1	Ofw. Kaiser	P-47	(61.)	*		
	7./JG 1	Ofw. Kaiser	P-47	(62.)	*		
	7./JG 1	Hptm. Burkhardt	P-51	(61.)			
	2./JG 1	Fw. Hübl	B-17 HSS	(17.)		13.17	15 Ost N/UE, Raum Rostock, 6.500 m
	2./JG 1	Olt. Engleder	B-24	(20.)		14.00	
	2./JG 1	Ofhr. Neuner	B-17	(2.)			
	3./JG 11	Fw. Stöwer	B-17	(12.)		13.19	15 Ost N/TD-5, Fehmarn
	2./JG 11	Uffz. Klemenz	B-17 HSS	(1.)		13.19	15 Ost N/TD-5, Fehmarn, 4.500 m
	3./JG 11	Gefr. Schmidt	B-17	(1.)		13.22	15 Ost N/TD, Fehmarn, 4.500 m
	9./JG 11	Lt. Rentz	B-17	(1.)		13.24	15 Ost N/TD-7/8, Raum Fehmarn, 4.500 m
	1./JG 11	Ofw. Jüppner	B-17 HSS	(7.)		13.25	15 Ost N/SC-5, nördlich Fehmarn
	2./JG 11	Uffz. Klemenz	B-17 HSS	(2.)		13.25	15 Ost N/TD, Fehmarn, 4.500 m
	2./JG 11	Ofhr. Blassing	B-17 HSS	(2.)		13.26	15 Ost N/TD-1, Fehmarn
	3./JG 11	Gefr. Tschirk	B-17 HSS	(2.)		13.26	15 Ost N/UD-2/3, Raum Warnemünde, 4.500 m
	3./JG 11	Fw. Stöwer	B-17	(13.)		13.27	15 Ost N/SC-9, südlich Laaland, 4.500 m
	3./JG 11	Ofhr. Pehlemann	B-17	(2.)		13.28	15 Ost N/TC-9, Raum Fehmarn
	7./JG 11	Ofhr. Binder	B-17 HSS	(1.)		13.28	15 Ost N/TD-5, Fehmarn, 4.800 m
	3./JG 11	Olt. Koenig	B-17	(19.)		13.29	15 Ost N/TC-9/TD-7, Fehmarn, 4.800 m
	3./JG 11	Ofhr. Pehlemann	B-17 HSS	(3.)		13.35	15 Ost N/SB-9, Raum Fehmarn
	2./JG 11	Ofhr. Blassing	B-17	(3.)		13.36	15 Ost N/TC-1/2, Fehmarn, 1.500 m
	9./JG 11	Olt. Kälber	B-17	(4.)		13.54	15 Ost S/AE-8/BE-8, östlich Schwerin, 1.500 m
13.04.44	3./JG 1	Uffz. Kirchhoff	B-17	(4.)		13.50	05 Ost S/RS, Raum Darmstadt, 7.000 m
	3./JG 1	Olt. Ehlers	B-17	(48.)		13.50	05 Ost S/RS/SS, Raum Darmstadt, 7.000 m
	2./JG 1	Olt. Biederbick	B-17 HSS	(17.)			
	I./JG 1	Maj. Schnoor	B-17	(23.)			
	6./JG 1	Olt. Eder	B-17	(38.)		13.57	05 Ost S/RS, Raum Darmstadt, 6.500 m
	5./JG 1	Uffz. Swoboda	B-17	(6.)		13.57	05 Ost S/RS, Raum Darmstadt, 6.500 m
	4./JG 1	Uffz. Schulz	B-17	n.b.			05 Ost S/RS, Raum Darmstadt
	9./JG 1	Olt. Buchholz	P-47	(2.)		14.10	05 Ost S/RS, Raum Darmstadt, 7.500 m
	5./JG 1	Uffz. Swoboda	B-17	(7.)		15.39	05 Ost S/US-3/6, bei Sinzheim
	7./JG 1	Uffz. Kräuter	P-47	(3.)			
	7./JG 1	Hptm. Burkhardt	P-51	(62.)			
	III./JG 1	Hptm. Eberle	B-24	(17.)	*		
	8./JG 1	Hptm. Grislawski	B-24	(124.)	*		
	1./JG 11	Uffz. Kretschmann	P-51	(1.)		14.41	05 Ost S/ST, östlich Mannheim, 200 m
15.04.44	I./JG 11	Hptm. Hermichen	P-38	(62.)		13.56	05 Ost S/DT, Raum Rotenburg, tief
	I./JG 11	Hptm. Hermichen	P-38	(63.)		13.57	05 Ost S/DT-2/9, Raum Rotenburg, 50 m
	3./JG 11	Ofw. Lorenz	P-38	(2.)	*		
	1./JG 11	Uffz. Jäger	P-38	(1.)	*		
	3./JG 11	Olt. Koenig	P-47	(20.)		14.06	05 Ost S/AU-8/8, nordöstlich Stade, 800 m
	I./JG 11	Lt. Schrangl	P-47	(5.)	*		
	9./JG 11	Ofw. Schulze	P-38	(3.)		13.56	05 Ost S/DT-6/4/8, Raum Bremen, tief
	7./JG 11	Ofw. Zick	P-38	(21.)	*		
	7./JG 11	Ofw. Zick	P-38	(22.)	*		
	III./JG 11	Maj. Hackl	P-38	(142.)	*		
	8./JG 11	Ofw. Laskowski	P-38	(29.)	*		
	8./JG 11	Ofw. Laskowski	P-38	(30.)	*		
	9./JG 11	Fw. Keil	P-38	(10.)	*		
	10./JG 11	Uffz. Rudschinat	P-51	(6.)	*		
18.04.44	2./JG 1	Ofhr. Neuner	B-17	(3.)			
	3./JG 11	Olt. Koenig	B-24	(21.)		16.10	05 Ost S/DR-1, Raum Delmenhorst, 50 m
19.04.44	7./JG 1	Ogefr. Peischl	P-51	(1.)		10.39	05 Ost S/KU/LU, westlich Eisenach, 7.000 m
	5./JG 1	Flg. Blech	B-17	(2.)		10.46	05 Ost S/MU-6, südöstlich Kassel, 6.000 m
	5./JG 1	Olt. Kirchmayr	B-17	n.b.			
22.04.44	7./JG 1	Hptm. Burkhardt	P-51	(63.)		18.10	05 Ost S/LS-9, nordöstl. Rothaargebirge, 300 m
	III./JG 1	Hptm. Eberle	P-51	(18.)	*		

Date	Unit	Name	Type	Claim	Time	Location
	8./JG 1	Hptm. Grislawski	P-51	(125.)	*	
	7./JG 1	Ofw. Kaiser	P-51	(63.)	*	
	5./JG 1	Ofw. Bach	P-47	(14.)	18.52	05 Ost S/JQ-8, nördlich Beckum-Hövel
	6./JG 1	Ofw. Flecks	P-47	(12.)	18.55	05 Ost S/JQ, 10 km nördlich Hamm, 7.000 m
	6./JG 1	Olt. Eder	P-47	(39.)	18.56	05 Ost S/JQ-8, nördlich Hamm
	6./JG 1	Ofw. Flecks	P-47	(13.)	18.58	05 Ost S/JR, östlich Münster
	3./JG 1	Fw. Köhne	B-17	(27.)	19.00	05 Ost S/MQ, westlich Rothaargebirge, 6.500 m
	2./JG 1	Olt. Biederbick	B-17	(18.)	19.00	05 Ost S/MQ, westlich Rothaargebirge, 6.500 m
	2./JG 1	Lt. Windbichler	B-17 HSS	(2.)	19.00	05 Ost S/MQ, westlich Rothaargebirge, 6.500 m
	2./JG 1	Ofhr. Neuner	B-17	(4.)		
	5./JG 1	Uffz. Weber	B-17	(2.)	19.10	05 Ost S/KQ-4, östlich Lünen, 7.000 m
	5./JG 1	Flg. Blech	B-17	(3.)	19.10	05 Ost S/KQ-8, Raum Hamm, 7.000 m
	5./JG 1	Flg. Blech	B-17	(4.)	19.10	05 Ost S/KQ-8, östlich Lünen, 7.000 m
	3./JG 1	Lt. Eh	P-47	(3.)	19.15	05 Ost S/IQ/HQ, Raum Münster, 10 m
	1./JG 1	Fw. Karl	B-17	(1.)	19.15	05 Ost S/HQ, Raum Münster, 2.000 m
	II./JG 1	Maj. Bär	B-24	(200.)	20.08	05 Ost S/JQ, Raum Ahlen
24.04.44	4./JG 1	Ofw. Hutter	B-17 HSS	(14.)	12.45	04 Ost N/AQ/BR, Raum Strassburg, 6.200 m
	6./JG 1	Olt. Eder	B-17 HSS	(40.)	12.47	04 Ost N/AQ/BR, Raum Strassburg / Hagenau
	3./JG 1	Uffz. Rathofer	P-47	(2.)	15.10	05 Ost S/UQ, Raum Pirmasens, 6.000 m
	2./JG 1	Lt. Berger	B-17	(7.)	15.12	05 Ost S/SQ, nördlich Kaiserslautern, 5.500 m
	2./JG 1	Ofw. Piffer	B-17	(25.)	15.12	05 Ost S/SQ, nördlich Kaiserslautern, 5.500 m
	2./JG 1	Fw. Just	B-17 HSS	(5.)	15.12	05 Ost S/SQ, nördlich Kaiserslautern, 5.500 m
	7./JG 1	Ofw. Kaiser	P-47	(64.)		
	1./JG 11	Olt. Hiebl	P-51	(2.)	12.55	05 Ost S/SS, Raum Mannheim, 2.000 m
	2./JG 11	Uffz. Krauss	P-51	(1.)	13.00	05 Ost S/SS, Raum Mannheim, 2.000 m
	I./JG 11	Hptm. Hermichen	P-51	(64.)	13.06	05 Ost S/SS, Raum Mannheim, 800 m
	3./JG 11	Fw. Birkigt	P-47	(2.)	15.15	05 Ost S/UQ, Raum Pirmasens
	10./JG 11	Ofw. Griener	B-24	(9.)		
29.04.44	II./JG 1	Maj. Bär	P-47	(201.)	10.56	15 Ost S/HB, nordwestlich Halberstadt
	3./JG 1	Uffz. Kappler	B-17	(1.)	10.57	15 Ost S/GB, ostsüdöstlich Braunschweig
	2./JG 1	Ofw. Piffer	B-17 HSS	(26.)	10.58	15 Ost S/HC, westlich Magdeburg, 5.000 m
	3./JG 1	Uffz. Rathofer	B-17 HSS	(3.)	10.58	15 Ost S/HC, westlich Magdeburg, 7.000 m
	6./JG 1	Ofw. Brodbeck	B-17	(3.)	10.58	15 Ost S/GB/HB, östlich Braunschweig, 7.000 m
	6./JG 1	Olt. Eder	B-17	(41.)	10.58	15 Ost S/GB-7, östlich Braunschweig, 7.000 m
	II./JG 1	Maj. Bär	B-24 a.s.m.	(202.)	10.59	15 Ost S/GB, ostsüdöstlich Braunschweig
	2./JG 1	Ofw. Hübl	B-17	(18.)	11.01	15 Ost S/GC-7, östlich Braunschweig, 5.000 m
	6./JG 1	Olt. Eder	P-47	(42.)	11.05	15 Ost S/HB-1, südöstlich Braunschweig
	3./JG 1	Fw. Köhne	B-17	(28.)	11.05	15 Ost S/GB, ostsüdöstlich Braunschweig
	2./JG 1	Uffz. Peine	B-17	(1.)		
	5./JG 1	Olt. Kirchmayr	P-47	(13.)	11.05	15 Ost S/GB/HB, östlich Braunschweig
	5./JG 1	Fw. Jansen	B-24	e.V., n.b.		
	5./JG 1	Olt. Kirchmayr	B-24	(14.)	13.10	15 Ost S/GB-2, nordöstlich Falersleben, 5.500 m
	5./JG 1	Olt. Kirchmayr	B-17	(15.)	13.12	15 Ost S/GC, östlich Braunschweig, 5.500 m
	6./JG 1	Ogefr. Triebel	P-47	(1.)		15 Ost S/GB, Raum Braunschweig
	1./JG 1	Fw. Karl	B-24	(2.)	13.13	05 Ost S/FS, südwestlich Verden, 5.000 m
	2./JG 1	Lt. Windbichler	B-24	(3.)	13.15	05 Ost S/FU, südöstlich Verden, 5.000 m
	1./JG 1	Uffz. Dobrath	B-24 HSS	(1.)	13.35	05 Ost S/ER, Raum Vechta, 5.500 m
	3./JG 11	Olt. Koenig	B-24	(22.)	11.03	05 Ost S/FT, Raum Nienburg, 5.500 m
	3./JG 11	Uffz. Walbeck	B-24	(2.)	11.03	05 Ost S/FT, nordwestlich Hannover, 7.000 m
	2./JG 11	Uffz. Schumacher	B-24	(2.)	11.04	05 Ost S/FU, Raum Celle, 6.000 m
	2./JG 11	Ofw. Dahlhöfer	B-24 HSS	(1.)	11.05	05 Ost S/FU, Raum Celle, 7.000 m
	I./JG 11	Lt. Schrangl	B-24	(5.)	11.05	05 Ost S/FU, nördlich Hannover
	1./JG 11	Uffz. Folger	B-24	(4.)	11.05	05 Ost S/FU, nördlich Hannover
	1./JG 11	Uffz. Loewe	B-24	(1.)	11.05	05 Ost S/FU, nördlich Hannover
	I./JG 11	FhjOfw. Schunke	B-24	(1.)	11.05	05 Ost S/FU, Elze, 7.000 m
	3./JG 11	Olt. Koenig	B-24	(23.)	11.05	05 Ost S/FU, nördlich Hannover, 7.000 m
	3./JG 11	Ofw. Stöwer	B-24	(14.)	11.07	05 Ost S/FU, nördlich Hannover, 7.000 m
	2./JG 11	Ofhr. Hodes	B-24 a.s.m.	(1.)	11.07	05 Ost S/FU, Raum Celle, 7.000 m
	II./JG 11	Maj. Rall	P-38	(274.)	11.15	05 Ost S/FU, nördlich Hannover, 8.000 m
	3./JG 11	Fw. Birkigt	B-24	(3.)	11.20	15 Ost S/FA, nördlich Hannover, 7.000 m
	II./JG 11	Ofhr. Grill	P-51	(1.)	11.20	15 Ost S/HA/HB, Raum Hildesheim, 5.000 m
	II./JG 11	FhjOfw. Neuberger	P-38	(2.)	11.30	15 Ost S/FA, nördlich Hannover, 8.700 m
	5./JG 11	Olt. Knoke	P-51	(25.)	11.45	15 Ost S//GB, Raum Braunschweig
	5./JG 11	Uffz. Drühe	P-51	(2.)	*	15 Ost S/BF, Raum Waren
	6./JG 11	Lt. Lüchau	P-51	(17.)	*	
	5./JG 11	Lt. Füreder	P-51	(17.)	*	
	Stab/JG 11	Gefr. Friedrich	B-24	(1.)	13.22	05 Ost S/ES/FS, südwestlich Verden, 7.000 m
	3./JG 11	Olt. Koenig	B-24 HSS	(24.)	13.25	05 Ost S/FS/FT, Raum Nienburg, 5.000 m
	I./JG 11	Lt. Schrangl	B-24	(7.)	13.25	05 Ost S/FT/FS, südwestlich Verden, 6.000 m
	2./JG 11	Gefr. Schwesinger	B-24 HSS	(1.)	13.25	05 Ost S/FT, Raum Nienburg, 5.800 m
	2./JG 11	Ofw. Hamacher	B-24 e.V.	(1.)	13.25	05 Ost S/FR-3, nördlich Osnabrück, 2.500 m
	2./JG 11	Ofw. Jantzen	B-24 HSS	(1.)	13.25	05 Ost S/FT, Raum Nienburg, 5.800 m
	Stab/JG 11	Ofw. Gahr	B-24 HSS	(1.)	13.26	05 Ost S/FT/FS, südwestlich Verden, 7.000 m
	Stab/JG 11	Uffz. Pfeffer	B-24	(3.)	13.26	05 Ost S/FT/FS, südwestlich Verden, 6.000 m
	2./JG 11	Olt. Engau	B-24	(1.)	13.27	05 Ost S/FT, Raum Nienburg, 5.800 m
	4./JG 11	Hptm. Sommer	B-24	(19.)	13.30	05 Ost S/FS/FR, Raum Diepholz, 6.000 m
	4./JG 11	Uffz. Tempel	B-24	(1.)	13.30	05 Ost S/FS/FR, Raum Diepholz, 6.000 m
	4./JG 11	Uffz. Marx	B-24	(1.)	13.30	05 Ost S/FS/FR, Raum Diepholz, 6.000 m
	4./JG 11	Fw. Bubel	P-51	(1.)	*	
	5./JG 11	Fw. Fest	B-24	(10.)	13.40	05 Ost S/FS-6/GS, westlich Minden, 6.500 m
	3./JG 11	Olt. Koenig	B-24	(25.)	13.56	05 Ost S/FT, Raum Nienburg, 6.000 m

Datum	Einheit	Pilot	Flugzeug	Nr.	Zeit	Ort
04.05.44	III./JG 11	Maj. Hackl	P-47	(143.)	10.27	05 Ost S/ET/ES, westlich Verden, 7.000 m
	3./JG 11	Ofw. Güthenke	P-47	(6.)	10.40	05 Ost S/FT-1, südlich Verden, tiefst
	1./JG 11	Fw. Schuecking	P-47	(9.)	10.40	05 Ost S/FT-4/5, südlich Verden, 5.500 m
	6./JG 1	Uffz. Siewers	P-51	(1.)	11.00	05 Ost S/KU-1,1 km südw. Ellershausen, 200 m
	7./JG 1	Hptm. Burkhardt	P-47	(64.)		
06.05.44	10./JG 11	Uffz. Lückenbach	P-51	(1.)	19.12	05 Ost N/HA-7, 10 - 30 m
07.05.44	7./JG 1	Hptm. Burkhardt	P-47	(65.)		
08.05.44	6./JG 1	Olt. Eder	B-24	(43.)	09.38	05 Ost S/FS/ET, südwestlich Verden
	4./JG 1	Fw. Kahl	B-24	(8.)	09.38	15 Ost S/FA/FB, Raum Celle
	II./JG 1	Ofw. Schuhmacher	B-24	(14.)	09.39	15 Ost S/FA, nordwestlich Hannover
	6./JG 1	Uffz. Gold	B-17	(1.)	09.39	05 Ost S/FS/FT, südlich Verden
	6./JG 1	Uffz. Landgrebe	B-17	n.b.	09.39	
	3./JG 1	Ofhr. Knoll	B-24 HSS	(1.)	09.40	05 Ost S/FU/EU, südöstlich Verden
	2./JG 1	Ofw. Treptau	B-24	(2.)	09.45	15 Ost S/EA, nördlich Celle
	2./JG 1	Ofw. Hübl	B-17	(19.)		
	Stab/JG 1	Oberst Oesau	P-47	(118.)	09.45	05 Ost S/FS/FT, südwestlich Verden
	2./JG 1	Fw. Just	B-24	(6.)	09.45	15 Ost S/FA, nordwestlich Hannover
	1./JG 1	Uffz. Geberth	B-24	(1.)	09.45	15 Ost S/EA, nördlich Celle
	1./JG 1	Uffz. Geberth	B-24 HSS	(2.)	09.45	15 Ost S/EA, nördlich Celle
	5./JG 1	Olt. Kirchmayr	B-24	(16.)	09.50	15 Ost S/EA, nordwestlich Celle
	1./JG 1	Lt. Piffer	P-51	(27.)	09.56	15 Ost S/FA-1, nordwestlich Hannover
	Stab/JG 1	Obstlt. Ihlefeld	B-17	(111.)	09.56	05 Ost S/ET-1, Raum Verden
	1./JG 11	Uffz. Jäger	B-17	(2.)	09.45	05 Ost S/ET, Raum Verden
	7./JG 11	Hptm. von Fassong	B-17	(63.)	09.46	05 Ost S/ES/FS, südwestlich Verden
	1./JG 11	Ofw. Jochim	B-17	(3.)	09.50	05 Ost S/ET, Raum Verden
	I./JG 11	Lt. Schrangl	B-17 HSS	(8.)	09.50	05 Ost S/ET, Raum Verden
	3./JG 11	Ofw. Stöwer	B-17	(15.)	09.52	05 Ost S/ET-4/6, Raum Verden
	7./JG 11	Ofw. Zick	B-17	(23.)	09.53	05 Ost S/ET/FT, südlich Verden
	8./JG 11	Uffz. Schmidt	P-47	(1.)	10.00	05 Ost S/ET, Raum Verden
	2./JG 11	Ofw. Dahlhöfer	B-17	(2.)	10.04	05 Ost S/FT, 2 km östlich Rethem a.d.Alle
	I./JG 11	Lt. Schrangl	B-17	(9.)	10.10	15 Ost S/EA, nördlich Celle
	4./JG 11	Fw. Bubel	P-51	(2.)	10.10	05 Ost S/ET/EU, östlich Verden
	4./JG 11	Fw. Richter	P-51	(13.)		
	5./JG 11	Lt. Füreder	B-17	(18.)		*
	5./JG 11	Uffz. Drühe	B-17	(3.)		
	III./JG 11	Maj. Hackl	B-17	(144.)	10.55	05 Ost S/ES/EU, westlich Verden
	1./JG 11	Uffz. Jäger	B-17	(3.)	11.04	05 Ost S/EN, 7 km östlich Steenwijk
	Stab/JG 1	Obstlt. Ihlefeld	B-17	(112.)	12.00	05 Ost S/ET-2, Raum Verden
	9./JG 1	Olt. Buchholz	B-17	(3.)	12.05	05 Ost S/ET-1/4, Raum Verden
	5./JG 1	Flg. Blech	P-51	(5.)	12.10	05 Ost S/ER/ES, südlich Delmenhorst
	5./JG 1	Olt. Kirchmayr	B-17	e.V.	12.20	05 Ost S/ER/FR, südlich Delmenhorst
	III./JG 11	Maj. Hackl	B-17	(145.)	12.00	05 Ost S/EU/ET, Raum Verden
	4./JG 11	Hptm. Sommer	P-47	(20.)	12.20	05 Ost S/FU/FT, nordwestlich Hannover
	4./JG 11	Fw. Richter	P-51	(14.)		
	2./JG 11	Olt. Engau	P-51	(2.)	12.22	05 Ost S/ET/EU, Raum Verden
	6./JG 11	Fw. Scherers	P-38	(1.)	12.36	05 Ost S/ES/ET, westlich Verden
	6./JG 11	Uffz. Müller	P-38	(1.)	12.36	05 Ost S/FT, westlich Nienburg
	6./JG 11	Lt. Lüchau	P-38	(18.)		*
12.05.44	5./JG 1	Uffz. Milde	B-24	(1.)	12.18	05 Ost S/PO/PN, Raum Eifel, 6.500 m
	II./JG 1	Olt. Eder	B-24	(44.)	12.18	05 Ost S/PO/PN, Raum Eifel, 6.500 m
	6./JG 1	Fw. Bindseil	B-24 HSS	(1.)	12.18	05 Ost S/PO/QO, Raum Eifel, 6.500 m
	5./JG 1	Uffz. Weber	B-24 HSS	(3.)	12.18	05 Ost S/PO/PN, Raum Eifel, 6.500 m
	II./JG 1	Uffz. Stuckenbrock	B-24 HSS	(1.)	12.18	05 Ost S/PO/PN, Raum Eifel, 6.500 m
	6./JG 1	Olt. Buchholz	P-47	(4.)	12.20	05 Ost S/PO/PN, Raum Eifel, 300 m
	II./JG 11	Maj. Rall	P-47	(275.)		
	5./JG 11	Lt. Füreder	P-51	(19.)	12.30	05 Ost S/QR/QS, Raum Wetzlar, 8.500 m
	II./JG 11	Lt. Wroblewski	P-51	(3.)		
	7./JG 11	Uffz. Semisch	B-17	(1.)	12.26	05 Ost S/PQ/PR, Raum Limburg
	7./JG 11	Hptm. von Fassong	B-17	(64.)	12.26	05 Ost S/QQ/QR, Raum Wiesbaden, 6.300 m
	Stab/JG 11	Gefr. Friedrich	B-17	(2.)	12.26	05 Ost S/QQ, nördlich Wiesbaden
	2./JG 11	Uffz. Kahlfeld	B-17	(1.)	12.27	05 Ost S/PR/PS, östlich Limburg, 6.500 m
	2./JG 11	Uffz. Freytag	B-17 HSS	(1.)	12.27	05 Ost S/PR/PS, östlich Limburg, 6.500 m
	1./JG 11	Uffz. Loewe	B-17	(2.)	12.27	05 Ost S/PR/PS, östlich Limburg
	8./JG 11	Ofw. Laskowski	B-17	(31.)	12.28	05 Ost S/QQ, nördlich Wiesbaden, 6.500 m
	3./JG 11	Lt. Güthenke	B-17	(7.)	12.28	05 Ost S/PR/PS, Raum Limburg
	3./JG 11	Olt. Koenig	B-17	(26.)	12.30	05 Ost S/PR/PS, östlich Limburg, 6.500 m
	III./JG 11	Maj. Hackl	B-17	(146.)	12.30	05 Ost S/QQ, Raum Wiesbaden
	9./JG 11	Fw. Barschel	B-17	(1.)	12.55	05 Ost S/QQ, Raum Wiesbaden, 6.500 m
	3./JG 11	Fw. Birkigt	B-17 HSS	(4.)	14.40	05 Ost S/QS, Raum Giessen
	I./JG 11	Lt. Schrangl	B-17	(10.)	14.45	05 Ost S/QS, Raum Giessen, 5.000 m
	3./JG 11	Ofhr. Köhne	B-24	(29.)	15.00	05 Ost S/QS/PS, Raum Wetzlar, 6.500 m
	1./JG 1	Lt. Piffer	B-24	(28.)	15.02	05 Ost S/QS, Raum Wetzlar, 6.000 m
	10./JG 11	N.N.	Mosquito	(.)		*
13.05.44	III./JG 1	Lt. Koplik	P-47	(2.)	13.30	15 Ost N/TB/TC, südlich Fehmarn, 7.500 m
	7./JG 1	Ofw. Kaiser	P-47	(65)	13.30	05 Ost N/UA-7, Raum Neumünster, 4.000 m
	III./JG 1	Ofw. Timm	P-47	(4.)	13.38	15 Ost N/TB/TC, südlich Fehmarn, 7.500 m
	1./JG 1	Lt. Piffer	P-47	(29.)	13.38	15 Ost N/UB/UC, Raum Lübeck, 4.000 m
	6./JG 1	Fw. Bindseil	P-51	(2.)	13.38	15 Ost N/SA/SB, Raum Eckernförde
	3./JG 1	Olt. Ehlers	P-47	(49.)	13.40	15 Ost N/TD, Raum Fehmarn, tief
	6./JG 1	Uffz. Gold	P-47	(2.)	13.40	15 Ost N/UB/UD, Lübecker Bucht, 6.000 m

	7./JG 1	Uffz. Greber	P-47	(1.)	13.40	15 Ost N/ UC, südlich Fehmarn
	5./JG 1	Olt. Kirchmayr	P-47	(17.)	13.40	15 Ost N/UB/UD, Lübecker Bucht
	8./JG 11	Olt. Brandes	B-24	(7.)	13.47	05 Ost N/UU, westlich Neumünster, 6.500 m
	9./JG 11	Ofw. Schmid	P-47	(1.)	13.49	05 Ost N/UU, westlich Neumünster, 6.500 m
	III./JG 11	Maj. Hackl	P-47	(147.)	13.50	15 Ost N/UA/TA, Raum Kiel, 4.000 m
	Stab/JG 11	Uffz. Pfeffer	P-47	(4.)	13.55	15 Ost N/UB-8/9, westlich Lübeck, 6.000 m
	3./JG 11	Olt. Koenig	B-17	(27.)	*	
	2./JG 11	Ofw. Doppler	B-17	(24.)	*	
	8./JG 11	Olt. Brandes	P-51	(8.)		
	8./JG 11	Olt. Brandes	P-51	(9.)		
	ASt./JG 11	Ofw. Spreckels	B-17	(5.)		
17.05.44	10./JG 11	Uffz. Rudschinat	P-51	(7)	11.47	05 Ost N/HA-7, Raum Aalborg, 100 m
	10./JG 11	Hptm. Simsch	P-51	(53.)	*	
19.05.44	II./JG 1	Ofw. Schuhmacher	P-47	(15.)	12.35	05 Ost S/FQ/FR, Raum Osnabrück
	5./JG 1	Ofhr. Swoboda	P-47	(8.)	12.37	05 Ost S/FQ/FR, Raum Quakenbrück
	II./JG 1	Olt. Eder	B-24	(45.)	12.45	05 Ost S/FQ/FR, Raum Quakenbrück
	1./JG 1	Ofhr. Brandt	B-24 HSS	(1.)	12.50	05 Ost S/FS/GS, nordöstlich Osnabrück
	2./JG 1	Uffz. Woite	B-24 HSS	(1.)	12.55	05 Ost S/FT/GT, Raum Nienburg
	2./JG 1	Uffz. Oberhauser	B-24 HSS	(1.)	12.55	05 Ost S/FT/GT, Raum Nienburg
	II./JG 1	Olt. Eder	P-47	(46.)	12.55	05 Ost S/FT/GT, Raum Nienburg
	II./JG 1	Olt. Eder	P-47	(47.)	12.55	05 Ost S/FT/GT, Raum Nienburg
	5./JG 1	Uffz. Milde	P-47	(2.)	12.58	05 Ost S/GU/FU, nordwestlich Hannover
	6./JG 1	Uffz. Wurl	P-47	(1.)	13.00	05 Ost S/GS, Raum Minden
	3./JG 1	Uffz. Gabel	B-24 HSS	(1.)	13.00	05 Ost S/ES/FS, südlich Delmenhorst
	3./JG 1	Gefr. Hartung	B-24 HSS	(1.)	13.00	05 Ost S/ES/FS, südlich Delmenhorst
	I./JG 1	Hptm. Ehlers	B-24	(50.)	13.00	05 Ost S/FT/FU, südlich Verden, 6.000 m
	I./JG 11	Lt. Hondt	B-24	(7.)	12.35	05 Ost S/FS/FT, südwestlich Verden
	II./JG 11	Olt. Krupinski	P-47	(186.)	12.45	05 Ost S/ET/FT, südlich Verden
	I./JG 11	Lt. Hondt	B-24 HSS	(8.)	12.50	05 Ost S/FR/FS, nördlich Osnabrück
	1./JG 11	Ofw. Pfaff	B-24	(1.)	12.53	05 Ost S/FS/FT, südwestlich Verden
	I./JG 11	Lt. Hondt	B-24	(9.)	12.55	05 Ost S/FS/FT, südwestlich Verden
	II./JG 11	Olt. Krupinski	P-47	(187.)	12.55	05 Ost S/FS/FT, südwestlich Verden
	4./JG 11	Uffz. Marx	P-51	(2.)	12.55	05 Ost S/ET/FT, südlich Verden
	I./JG 11	Lt. Schrangl	B-24	(11.)	12.55	05 Ost S/FT, Raum Nienburg
	2./JG 11	Ofw. Bahlke	B-24	(1.)	12.56	05 Ost S/ER, südöstlich Bremen
	2./JG 11	Ofw. Bahlke	B-24	(2.)	12.57	05 Ost S/ER, südöstlich Bremen
	5./JG 11	Uffz. Drühe	P-51	(4.)		bei Hoya
	5./JG 11	Lt. Klaffenbach	P-51	(2.)		
	1./JG 11	Olt. Hiebl	B-17 HSS	(3.)	15.10	15 Ost N/SC, nördlich Fehmarn
	8./JG 11	Olt. Brandes	B-17	(10.)	15.14	15 Ost S/SC-4, nördlich Fehmarn
	2./JG 11	Olt. Engau	P-51	(3.)	15.14	05 Ost N/TU, nordöstlich Kiel
	3./JG 11	Ofw. Stöwer	B-17 HSS	(16)	15.20	15 Ost N/SA-5/6, Eckernförde
	7./JG 11	Ofw. Zick	B-17	(24.)	15.21	15 Ost N/SB-5, nordwestlich Fehmarn
	1./JG 11	Uffz. Schuch	B-17 HSS	(1.)		
	ASt./JG11	Ofw. Spreckels	B-17	(6.)		
	2./JG 11	Ofw. Doppler	B-17	(25.)	*	
	III./JG 11	Maj. Hackl	B-17	(148.)	*	
	5./JG 11	Lt. Füreder	B-17	(20.)	*	
	7./JG 1	Fw. Fordemann	P-51	(2.)	15.28	15 Ost N/UC, südlich Lübeck
21.05.44	10./JG 11	Uffz. Schröder-Barkh.	P-51	(1.)	16.45	05 Ost N/MT-4, Raum Ikast
	10./JG 11	Uffz. Rudschinat	P-51	(8.)	*	
22.05.44	3./JG 11	Uffz. Kirschner	P-47	(1.)	12.14	05 Ost S/DT-6/9, Raum Rotenburg, 400 m
	1./JG 11	Uffz. Schuch	P-47	(2.)	12.15	05 Ost S/DT-6, Raum Rotenburg, 300 m
	II./JG 1	Olt. Eder	P-38	(48.)	13.10	15 Ost N/SA/SB, Kieler Bucht, 7.000 m
	7./JG 11	Ofw. Zick	P-38	(25.)	13.12	05 Ost N/TU/UU, südöstlich Heide, 7.200 m
	9./JG 11	Fw. Barschel	P-38	(2.)	13.13	15 Ost N/UA, südlich Kiel, 5.000 m
	7./JG 11	Ogefr. Kiraly	P-38	(1.)	13.17	05 Ost S/TU/UU, südöstlich Heide, 7.000 m
	9./JG 11	Lt. Rentz	P-38	(2.)	13.20	15 Ost S/BB, Raum Lübeck, 5.000 m
	III./JG 11	Maj. Hackl	B-17	(149.)	*	
	8./JG 11	Ofw. Laskowski	B-17	(32.)	*	
	9./JG 11	Fw. Keil	B-17	(11.)	*	
	7./JG 11	Hptm. von Fassong	B-17	(65.)	*	
	7./JG 1	Hptm. Burkhardt	P-51	(66.)		
	7./JG 1	Hptm. Burkhardt	P-38	(67.)		
23.05.44	10./JG 11	Uffz. Mittelstädt	Douglas	(1.)	20.13	15 Ost N/KC-3/6, Kattegatt, 20 m
24.05.44	9./JG 11	Ofhr. Gläsener	B-17	(1.)	10.25	05 Ost S/AU, östlich Itzehoe, 6.500 m
	6./JG 11	FhjFw. Schorr	P-51	(11.)	10.27	05 Ost N/UT/UU, südöstlich Heide, 9.000 m
	II./JG 11	Olt. Krupinski	P-51	(188.)	10.28	05 Ost S/UT-4/4, südöstlich Heide, 9.000 m
	8./JG 11	Ofhr. Klarmann	B-17 HSS	(1.)	10.29	05 Ost S/UU, westlich Neumünster, 6.500 m
	III./JG11	Fw. Rehwald	B-17	(3.)	10.33	05 Ost S/AU, östlich Itzehoe, 5.500 m
	8./JG 11	Ofw. Schmidt	B-17 HSS	(2.)	10.35	15 Ost N/UB, westlich Lübeck, 6.500 m
	9./JG 11	Ofw. Keil	B-17	(12.)	10.36	15 Ost N/UB, westlich Lübeck, 6.000 m
	9./JG 11	Lt. Rentz	B-17	(3.)	10.37	15 Ost S/AA, südwestlich Lübeck, 6.500 m
	8./JG 11	Olt. Brandes	B-17	(11.)		
	I./JG 11	Olt. Koenig	B-17	(28.)	10.40	05 Ost S/UU, westlich Neumünster, 6.000 m
	3./JG 11	Lt. Schrangl	B-17 HSS	(12.)	10.40	05 Ost S/UU, westlich Neumünster, 6.000 m
	1./JG 11	Uffz. Weiss	B-17 HSS	(1.)	10.40	05 Ost S/UU, westlich Neumünster, 6.000 m
	3./JG 11	Uffz. Kredel	B-17 HSS	(1.)	10.40	05 Ost S/UU, westlich Neumünster, 6.000 m
	2./JG 11	Ofw. Doppler	B-17	(26.)	*	

	5./JG 11	Gefr. Becker	B-17	(1.)		
	9./JG 1	Gefr. Penke	P-38	(1.)	11.00	15 Ost S/EH/FH, nordöstlich Berlin, 6.000 m
	1./JG 1	Uffz. Schnabl	B-17 HSS	(1.)	11.01	15 Ost S/CH/CJ, Raum Pasewalk, 7.800 m
	1./JG 1	Lt. Piffer	B-17	(30.)	11.02	15 Ost S/CH/CJ, Raum Pasewalk, 7.800 m
	1./JG 1	Uffz. Dobrat	B-17	(2.)	11.02	15 Ost S/CH/CJ, Raum Pasewalk, 6.500 m
	4./JG 1	Lt. Bach	B-17	(15.)	11.13	15 Ost S/EH/FH, nordöstlich Berlin, 7.800 m
	5./JG 1	Olt. Kirchmayr	B-17	w.b.		
	9./JG 1	Ofw. Timm	P-51	(6.)	*	
	9./JG 1	Lt. Koplik	B-17	(3.)	11.38	15 Ost S/EG-8, nördlich Berlin, 3.000 m
25.05.44	9./JG 1	Lt. Koplik	P-51	(4.)	09.40	04 Ost N/AT-1, Raum Stuttgart, 6.500 m
	9./JG 1	Ofhr. Heckmann	P-51	(1.)	10.05	05 Ost S/UT-7/5, Raum Heilbronn
27.05.44	6./JG 1	Uffz. Stuckenbrock	P-38	(2.)	18.17	05 Ost S/FM/GM, westlich Zwolle, 9.200 m
28.05.44	3./JG 11	Uffz. Kirschner	B-17	(2.)	14.00	15 Ost S/GC/GD, nw. Magdeburg, 7.500 m
	3./JG 1	Uffz. Rathofer	B-17	(4.)	14.05	15 Ost S/HC/HD, westlich Magdeburg, 7.000 m
	6./JG 11	FhjFw. Schorr	P-51	(12.)	14.05	15 Ost S/GD/GE, nördlich Magdeburg, 8.000 m
	2./JG 1	Uffz. Oberhauser	B-17 HSS	(2.)	14.05	15 Ost S/HC/HD, Raum Magdeburg, 7.000 m
	2./JG 1	Uffz. Woite	B-17 HSS	(2.)	14.05	15 Ost S/HC/HD, Raum Magdeburg, 7.000 m
	3./JG 1	Uffz. Gabel	B-17 a.s.m.	(2.)	14.05	15 Ost S/HC/HD, Raum Magdeburg, 7.000 m
	3./JG 1	Fw. Kirchhoff	B-17 HSS	(5.)	14.05	15 Ost S/HC/HD, Raum Magdeburg, 7.000 m
	1./JG 1	Lt. Piffer	B-17	(31.)	14.06	15 Ost S/HC/HD, Raum Magdeburg, 7.000 m
	9./JG 11	Olt. Kälber	P-51	(5.)	14.06	15 Ost S/HD/JD, südlich Magdeburg, 8.000 m
	9./JG 11	Ofw. Schmid	B-17	(2.)	14.07	15 Ost S/HD/JD, südlich Magdeburg, 7.000 m
	4./JG 1	Fw. Lehmann	B-17 HSS	(1.)	14.07	15 Ost S/HC/HD, Raum Magdeburg, 7.000 m
	4./JG 1	Gefr. Gehr	B-17 HSS	(1.)	14.07	15 Ost S/HC/HD, Raum Magdeburg, 7.000 m
	4./JG 1	Fw. Schulz	B-17 HSS	(2.)	14.07	15 Ost S/HC/HD, Raum Magdeburg, 7.000 m
	3./JG 1	Uffz. Grube	B-17	(2.)	14.08	15 Ost S/HC/HD, Raum Magdeburg, 7.000 m
	3./JG 1	Uffz. Greuel	B-17	(1.)	14.08	15 Ost S/HC/HD, Raum Magdeburg, 7.000 m
	3./JG 1	Uffz. Enderle	B-17	(2.)	14.08	15 Ost S/HC/HD, Raum Magdeburg, 7.000 m
	3./JG 1	Uffz. Hofmann	B-17	(1.)	14.08	15 Ost S/HC/HD, Raum Magdeburg, 7.000 m
	1./JG 1	Uffz. Dobrath	B-17	(3.)	14.08	15 Ost S/HC/HD, Raum Magdeburg, 7.000 m
	3./JG 1	Ofhr. Knoll	B-17 HSS	(2.)	14.08	15 Ost S/HC/HD, Raum Magdeburg, 7.000 m
	5./JG 1	Olt. Kirchmayr	B-17 HSS	(18.)	14.08	15 Ost S/HC/HD, Raum Magdeburg, 7.000 m
	6./JG 1	Uffz. Steeb	B-17 HSS	(2.)	14.08	15 Ost S/HC/HD, Raum Magdeburg, 7.500 m
	6./JG 1	Fw. Bindseil	B-17 a.s.m.	(3.)	14.09	15 Ost S/HC/HD, Raum Magdeburg, 7.000 m
	2./JG 1	Uffz. Faltin	B-17 HSS	(1.)	14.09	15 Ost S/HC/HD, Raum Magdeburg, 7.000 m
	2./JG 1	Uffz. Riehl	B-17 HSS	(1.)	14.10	15 Ost S/HC/HD, Raum Magdeburg, 7.000 m
	6./JG 1	Uffz. Wurl	B-17	(2.)	14.10	15 Ost S/HC/HD, Raum Magdeburg, 7.500 m
	7./JG 11	Uffz. Kiraly	B-17	(2.)	14.10	15 Ost S/HE/GE, östlich Magdeburg, 7.000 m
	6./JG 1	Uffz. Golinger	B-17	(1.)	14.10	15 Ost S/HC/HD, Raum Magdeburg, 7.000 m
	1./JG 1	Uffz. Schnabl	B-17 HSS	(2.)	14.10	15 Ost S/HC/HD, Raum Magdeburg, 7.000 m
	4./JG 11	Uffz. Schneider	P-51	(1.)	14.14	15 Ost S/HD/JD, südlich Magdeburg, 4.000 m
	8./JG 11	Uffz. Timm	B-17	(1.)	14.15	15 Ost S/HC/HD, Raum Magdeburg, 7.800 m
	6./JG 11	Uffz. Strosetzki	P-51	(1.)	14.15	15 Ost S/GD/GE, nordöstl. Magdeburg, 9.000 m
	4./JG 11	Uffz. Schneider	P-51	(2.)	14.15	15 Ost S/HD/JD, südlich Magdeburg, 4.000 m
	7./JG 11	Uffz. Körnig	B-17	(1.)	14.15	15 Ost S/HC/HD-7, Raum Magdeburg, 7.800 m
	8./JG 11	Ofw. Laskowski	B-17	(33.)	14.15	15 Ost S/HC/HD, Raum Magdeburg, 7.800 m
	3./JG 11	Gefr. Tschirk	P-51	(3.)	14.15	15 Ost S/GC/GD, nordw. Magdeburg, 7.000 m
	7./JG 11	Uffz. Kiraly	P-51	(3.)	14.17	15 Ost S/HE/GE, nordöstl. Magedburg, 7.000 m
	3./JG 11	Gefr. Tschirk	B-17	(4.)	14.20	15 Ost S/GC/GD, nordw. Magdeburg, 7.000 m
	2./JG 11	Uffz. Pfeiffer	B-17	(1.)	14.25	15 Ost S/GE-8/9, westl. Brandenburg, 7.200 m
	1./JG 11	Olt. Hiebl	B-17	(4.)	14.26	15 Ost S/GC/GD, nordw. Magdeburg, 7.000 m
	7./JG 11	Hptm. von Fassong	B-17	(66.)	*	
	8./JG 1	Lt. Halbey	P-51	(1.)	15.28	05 Ost S/OS-3, Raum Marburg, 400 m
29.05.44	3./JG 11	Uffz. Kredel	B-17	(2.)	11.40	15 Ost S/AF/AG, Raum Anklam, 6.500 m
	1./JG 11	FhjUffz. Weiss	B-17	(2.)	11.40	15 Ost S/AF/AG, Raum Anklam, 6.500 m
	7./JG 11	Lt. Zick	B-24 HSS	(26.)	11.50	15 Ost S/AG/BG, südlich Anklam, 7.400 m
	9./JG 11	Lt. Rentz	B-24 HSS	(4.)	11.51	15 Ost S/AB/BG, südlich Anklam, 6.500 m
	2./JG 11	Olt. Engau	B-17 HSS	(4.)	11.55	15 Ost S/CF, südlich Waren, 6.000 m
	3./JG 11	Gefr. Tschirk	B-24	(5.)	11.55	15 Ost S/CF/CG, östl. Neustrelitz, 6.000 m
	1./JG 11	Olt. Hiebl	B-17	(5.)	11.55	15 Ost S/CF/CG, östl. Neustrelitz, 6.000 m
	7./JG 11	Uffz. Pfaffinger	B-24	(1.)	11.55	15 Ost S/AG/BG, südlich Anklam, 7.400 m
	7./JG 11	Lt. Zick	B-24	(27.)	11.57	15 Ost S/AG/BG, südlich Anklam, 7.400 m
	6./JG 11	FhjFw. Schorr	P-51	(13.)	11.58	15 Ost S/CF/CG, östl. Neustrelitz, 7.000 m
	5./JG 11	Uffz. Drühe	P-51	(5.)	12.05	15 Ost S/AF/BF, nördlich Waren, 7.500 m
	5./JG 11	Ofw. Wick	P-51	(1.)	12.05	15 Ost S/AE/BE, südlich Rostock, 7.900 m
	6./JG 11	Uffz. Berndt	P-51	(5.)	12.34	15 Ost S/BF, Raum Waren
	5./JG 11	Lt. Füreder	P-47	(21.)	*	
	8./JG 11	Ofw. Laskowski	P-47	(34.)	*	
	3./JG 1	Uffz. Gabel	P-51	(3.)	12.25	15 Ost S/JB/JC, Raum Halberstadt, 3.000 m
	4./JG 1	Uffz. Knoblauch	B-17 HSS	(1.)	12.35	15 Ost S/KJ/KM/MJ/MM, Raum Görlitz/Bautzen
	4./JG 1	Lt. Proff	B-17	(1.)	12.35	15 Ost S/KJ/KM/MJ/MM, Raum Görlitz/Bautzen
	5./JG 1	Lt. Swoboda	B-17	(9.)	12.35	15 Ost S/KJ/KM/MJ/MM, Raum Görlitz/Bautzen
	4./JG 1	Lt. Bach	B-17	(16.)	12.35	15 Ost S/KJ/KM/MJ/MM, Raum Görlitz/Bautzen
	4./JG 1	Uffz. Mertens	B-17 HSS	(1.)	12.35	15 Ost S/KJ/KM/MJ/MM, Raum Görlitz/Bautzen
	4./JG 1	Fw. Schulz	B-17 HSS	(4.)	12.35	15 Ost S/KJ/KM/MJ/MM, Raum Görlitz/Bautzen
	II./JG 1	Olt. Eder	B-17	(49.)	12.35	15 Ost S/KJ/KM/MJ/MM, Raum Görlitz/Bautzen
	6./JG 1	Lt. Buchholz	B-17	(5.)	12.35	15 Ost S/KJ/KM/MJ/MM, Raum Görlitz/Bautzen
	6./JG 1	Uffz. Wurl	B-17	(3.)	12.35	15 Ost S/KJ/KM/MJ/MM, Raum Görlitz/Bautzen
	1./JG 1	Lt. Piffer	B-17	(32.)	12.39	15 Ost S/JG, südlich Luckenwalde, 8.000 m
	7./JG 1	Hptm. Burkhardt	P-47	(68.)		

30.05.44	II./JG 11	Olt. Krupinski	P-51	(189.)		11.10	15 Ost S/JC, südwestlich Magdeburg
	II./JG 11	Olt. Krupinski	P-51	(190.)		11.10	15 Ost S/JC, südwestlich Magdeburg
	II./JG 11	Uffz. Keil	P-51	(1.)		11.26	15 Ost S/JD/JE, westlich Dessau, 8.000 m
	7./JG 11	Lt. Loy	B-24	(1.)		11.53	15 Ost S/HC, Raum Magdeburg, 6.500 m
	8./JG 11	Ofw. Laskowski	B-24	(35.)	*		
	9./JG 1	Gefr. Penke	P-51	(2.)		11.45	15 Ost S/FG-7/9, nördlich Berlin, 6.500 m
	9./JG 1	Olt. Buchholz	P-51	(6.)		11.45	15 Ost S/FG-7/9, nördlich Berlin
	6./JG 1	Ofhr. Kaltenhäuser	P-51	(1.)		11.45	15 Ost S/HE/HF, östlich Magdeburg
31.05.44	6./JG 1	Ofw. Brodbeck	P-47	(4.)		19.15	05 Ost S/JR/JS, Raum Wiedenbrück

Abschüsse der JG 1 und 11 während des Abwehreinsatzes in Frankreich
Juni bis August 1944

07.06.44	2./JG 11	Olt. Engau	P-51	(5.)		08.00	Wald bei Rambouillet
	1./JG 11	Ofhr. Pfaff	P-51	(2.)		08.03	Wald bei Rambouillet
	2./JG 11	Fw. Ritschel	P-51	(6.)		08.06	Wald bei Rambouillet
	1./JG 11	Olt. Hiebl	P-51	(6.)			Wald bei Rambouillet
	6./JG 11	Lt. Lüchau	P-47	(19.)		10.10	95 Ost S/TU-7, 600 m
	5./JG 11	Lt. Füreder	P-47	(22.)		10.10	95 Ost S/TU-7, 600 m
	5./JG 11	Lt. Füreder	P-47	(23.)		10.10	95 Ost S/TU-7, 600 m
	6./JG 11	Uffz. Prokay	P-47	(2.)		10.30	95 Ost S/TU/UU, 400 m
	4./JG 11	Lt. Klotz	P-47	(4.)		16.30	05 Ost S/TE-1, bei Beauvais, 2.500 m
	5./JG 11	Uffz. Faltin	P-47	(2.)	*		
	9./JG 1	Gefr. Penke	P-47	(3.)		13.12	05 Ost S/TE-1, bei Beauvais, 800 m
	9./JG 1	Ofhr. Heckmann	P-47	(2.)		16.20	05 Ost S/TE-1, bei Beauvais, 400 m
08.06.44	4./JG 11	Lt. Klotz	P-51	(5.)		09.40	95 Ost S/UU, Raum Caen, 5.000 m
	5./JG 11	Uffz. Faltin	P-47	(3.)		12.55	05 Ost S/TB-4/5, westlich Rouen, 1.800 m
	5./JG 11	Lt. Füreder	P-51	(24.)			
	10./JG 11	Uffz. Rudschinat	B-26	(9.)			
	1./JG 1	Uffz. Loewe	P-51	(3.)		16.32	95 Ost S/OS-2, 400 m
10.06.44	4./JG 11	Uffz. Schneider	P-51	(3.)		11.00	05 Ost S/TB/UB, westlich Rouen, 4.000 m
	5./JG 11	Lt. Füreder	P-47	(25.)	*		
	7./JG 1	Hptm. Burkhardt	P-51	(69.)			
11.06.44	4./JG 11	Fw. Schinnerling	P-47	(1.)		07.00	95 Ost S/UU, Raum Caen, 4.000 m
	4./JG 11	Ofw. Schulze	P-47	(4.)		07.03	95 Ost S/UU, Raum Caen, 4.000 m
	4./JG 11	Ofw. Schulze	P-47	(5.)		07.08	95 Ost S/UU, Raum Caen, 1.800 m
13.06.44	1./JG 1	Uffz. Dobrath	P-47	(4.)		19.58	94 Ost S/BS/BT, Raum Gorron, 2.000 m
	1./JG 1	Lt. Stoffel	P-47	(1.)		20.00	94 Ost S/BS, Raum Gorron, 2.000 m
14.06.44	II./JG 11	Hptm. Krupinski	P-47	(191.)		20.45	05 Ost S/RG/SG, Raum St. Quentin
15.06.44	8./JG 1	Uffz. Luthardt	Spitfire	(1.)		06.40	05 Ost S/UA, Raum Lisieux
	1./JG 1	Lt. Piffer	Auster	(33.)		15.41	95 Ost S/UT, nördlich St. Lo, 20 m
	1./JG 1	Lt. Stoffel	P-47	(2.)		19.35	94 Ost S/AU, Raum Flers, 1.000 m
	1./JG 1	Uffz. Dobrath	P-47	(5.)		19.35	94 Ost S/AU, Raum Flers, 1.000 m
	3./JG 1	Uffz. Rathofer	P-47	(5.)		19.40	94 Ost S/AU/UU, Raum Flers, 800 m
16.06.44	1./JG 1	Lt. Piffer	Spitfire	(34.)		21.25	94 Ost S/AT/AU, Raum Flers, 300 m
	1./JG 1	Ofhr. Brandt	Spitfire	(2.)		21.25	94 Ost S/AT/AU, Raum Flers, 200 m
	1./JG 1	Lt. Stoffel	Spitfire	(3.)		21.25	94 Ost S/AT/AU, Raum Flers, 50 m
	1./JG 1	Lt. Piffer	Spitfire	(35.)		21.25	94 Ost S/AT/AU, Raum Flers, 300 m
	3./JG 1	Uffz. Rathofer	Spitfire	(6.)		21.25	94 Ost S/AT/AU, Raum Flers, 50 m
	1./JG 1	Uffz. Dobrath	Spitfire	(6.)		21.35	94 Ost S/AT/AU, Raum Flers, 150 m
	7./JG 51	Uffz. Henschel	P-51	(1.)		21.42	95 Ost S/TU-7, nördlich Caen
17.06.44	3./JG 1	Uffz. Rathofer	P-51	(7.)		13.10	95 Ost S/UT-9, Raum St. Lô, 20 m
	7./JG 51	Fw. Heckmann	P-51	(13.)			95 Ost S/UU, über Caen
	7./JG 51	Lt. Krakowitzer	P-51	(24.)			04 Ost N/BA-7, nördlich Alençon
19.06.44	7./JG 51	Fw. Heckmann	P-51	(14.)			
20.06.44	1./JG 1	Uffz. Dobrath	P-38	(7.)		09.05	04 Ost S/AU/AA, östlich Flers, 1.000 m
	1./JG 1	Uffz. Dobrath	P-38	(8.)		09.05	04 Ost S/AU/AA, östlich Flers, 1.000 m
	1./JG 1	Lt. Stoffel	P-38	(4.)		09.07	04 Ost S/AU/AA, östlich Flers, 1.500 m
	1./JG 1	Uffz. Schnabl	P-38	(3.)		09.07	04 Ost S/AU/AA, östlich Flers, 1.500 m
	1./JG 1	Lt. Luepke	P-38	(1.)		09.08	04 Ost S/AU/AA, östlich Flers,
22.06.44	1./JG 1	Lt. Stoffel	P-47	(5.)		21.02	95 Ost S/UT, Raum St. Lô, 3.000 m
	7./JG 51	Uffz. Rahner	P-47	(1.)			
23.06.44	2./JG 1	Ofw. Hübl	P-51	(20.)		16.00	95 Ost S/UT, tief
25.06.44	5./JG 11	Lt. Füreder	P-51	(26.)		08.05	05 Ost S/SG-8/9, südl. St.Quentin, 6.500 m
	5./JG 11	Uffz. Faltin	P-51	(4.)	*		

Date	Unit	Name	Aircraft	#	Time	Location
27.06.44	1./JG 11	Fw. Schuecking	P-47	(10.)	08.15	04 Ost N/BA-7, nördlich Alencon, 300 m
	1./JG 11	Olt. Hiebl	P-47	(7.)	09.20	95 Ost S/UT-3, Raum St. Lô, 2.000 m
	1./JG 11	N.N.	P-47	(.) *		
	5./JG 1	Ofhr. Kaatz	Auster	(1.)	10.25	95 Ost S/UT-1/2, Raum St. Lô, 50 m
	2./JG 1	Uffz. Oberhauser	Auster	(3.)		95 Ost S/UT, Raum St. Lô
	1./JG 11	Fw. Friedrich	P-51	(3.)	11.00	95 Ost S/UU-5, Raum Caen, 1.000 m
	10./JG 11	Uffz. Bertram	P-51	(1.)	11.00	95 Ost S/UU, Raum Caen
	1./JG 11	Ofw. Jochim	P-51	(4.)	11.03	95 Ost S/UT-3, westlich Caen, 2.000 m
	1./JG 11	Ofw. Jochim	P-51	(5.)	11.15	95 Ost S/UT-2, westlich Caen, 2.500 m
	1.Kòw&11	Ofw. Jochim	P-51	(6.)	17.26	95 Ost S/UT-3, westlich Caen, 300 m
	7./JG 51	Fw. Heckmann	Typhoon	(15.)	17.30	95 Ost S/UU-2, Raum Caen
28.06.44	5./JG 11	Uffz. Faltin	P-38	(5.)	07.40	05 Ost S/OG/OH, östlich Roubaix, 7.500 m
	II./JG 11	Olt. Krupinski	P-38	(192.)	07.45	05 Ost S/NH/OH, südlich Gent, 9.000 m
	2./JG 1	Uffz. Knoblauch	Spitfire	(2.)	17.20	95 Ost S/UU, Raum Caen, 3.000 m
	3./JG 1	Uffz. Rathofer	Spitfire	(8.)	17.25	95 Ost S/UU-1/2, Raum Caen, 3.000 m
	3./JG 1	Uffz. Rathofer	Spitfire	(9.)	21.36	94 Ost N/BT-7/8, Raum Flers, 1.500 m
	1./JG 11	Olt. Hiebl	Spitfire	(8.)	21.38	94 Ost N/BT-7/9, Raum Flers, 1.500 m
	7./JG 51	Uffz. Rahner	Spitfire	(2.)		
29.06.44	7./JG 51	Uffz. Waliczek	P-51	(1.)	13.40	94 Ost N/AU-5, Raum Flers
30.06.44	7./JG 51	Lt. Krakowitzer	Spitfire	(25.)	12.49	95 Ost S/UU-4/5, Raum Caen
	7./JG 51	Uffz. Maier	P-51	(1.)	12.51	95 Ost S/UU-4/5, Raum Caen
	7./JG 51	Fw. Heckmann	P-51	(16.)	19.45	04 Ost N/CA, östlich Alençon
	7./JG 51	Gefr. May	P-51	w.b.		
01.07.44	II./JG 11	Hptm. Krupinski	P-47	(193.)	19.55	05 Ost S/PG/QG, bei Valenciennes, 6.000 m
	II./JG 11	Hptm. Krupinski	P-47	(194.)	19.55	05 Ost S/PG/QG, bei Valenciennes, 6.000 m
	II./JG 11	Hptm. Krupinski	P-47	(195.)	19.58	05 Ost S/PG/QG, bei Valenciennes, 6.000 m
	6./JG 11	Uffz. Loeper	P-47	(1.)	20.00	05 Ost S/PG/PH, bei Valenciennes, 6.000 m
	4./JG 11	Fw. Richter	P-47	(15.)	20.10	05 Ost S/PF/PG, bei Valenciennes, 1.500 m
	5./JG 11	Uffz. Faltin	P-47	(6.)		
04.07.44	4./JG 11	Fw. Richter	P-51	(16.)		
	4./JG 11	Fw. Bubel	P-51	(3.)		
05.07.44	10./JG 11	Fw. Jakob	P-47	(1.)	18.00	Raum Alençon
06.07.44	9./JG 77	Olt. Ernst	P-38	(29.)		Raum Argentan
	9./JG 77	Fw. Loch	P-38	(1.)		Raum Argentan
	1./JG 11	Olt. Hiebl	P-38	(9.)	16.30	04 Ost N/BA-4/2, nördlich Alençon, 2.000 m
	1./JG 11	Olt. Hiebl	P-38	(10.)	16.40	04 Ost N/BA-4/2, nördlich Alençon, 1.500 m
07.07.44	7./JG 51	Fw. Heckmann	P-47	(17.)		
	6./JG 1	Lt. Wegner	P-47	(5.) *		
	9./JG 77	Lt. Hanf	P-47	(3.)		
	2./JG 1	Gefr. Petri	P-47	(1.)		
11.07.44	8./JG 1	Uffz. Vogel	P-51	(1.)		Raum Caen
	10./JG 11	Fw. Rudschinat	P-47	(10.)	17.38	04 Ost N/GA, 1.300 m
12.07.44	10./JG 11	Fw. Rohe	P-51	(3.)	09.59	04 Ost N/GA, östlich Angers, 900 m
	10./JG 11	Fw. Rudschinat	Spitfire	(11.)		04 Ost N/GA, östlich Angers
	2./JG 1	Fw. Friedrich	Spitfire	(4.)	10.01	04 Ost N/GA-4, östlich Angers, 500 m
	8./JG 1	Uffz. Moser	P-51	(5.)	15.13	95 Ost S/UU, Raum Caen, 2.000 m
	Stab/JG 1	Obstlt. Ihlefeld	Spitfire	(113.)	19.03	95 Ost S/UU-9, Raum Caen, 5.500 m
	Stab/JG 1	Obstlt. Ihlefeld	Spitfire	(114.)	19.05	95 Ost S/UU-8, Raum Caen, 5.000 m
	7./JG 1	FhjOfw. Kaiser	Spitfire	(66.)	19.05	95 Ost S/UU-7, Raum Caen, 6.000 m
	Stab/JG 1	Obstlt. Ihlefeld	Spitfire	(115.)	19.07	95 Ost S/UU-8, Raum Caen, 5.000 m
	7./JG 1	Olt. Bilfinger	P-51	(2.)		
13.07.44	8./JG 1	Hptm. Grislawski	Typhoon	(126.)	18.15	95 Ost S/UU-7, Raum Caen, 800m
	7./JG 1	FhjOfw. Kaiser	Typhoon	(67.)	18.18	95 Ost S/UU-9, Raum Caen, 1.600 m
14.07.44	1./JG 11	Fw. Schuecking	Spitfire	(11.)	14.15	95 Ost S/UT-2, Raum St. Lô, 1.500 m
	10./JG 11	Fw. Rudschinat	Typhoon	(12.) *		
	9./JG 77	Uffz. Taube	P-47	(3.)	14.27	95 Ost S/UT-3, westlich Caen
	6./JG 1	Fw. Bindseil	Spitfire	(4.)	14.40	95 Ost S/UU-5, Raum Caen, 800 m
	9./JG 77	Uffz. Taube	P-47	(4.)	14.40	94 Ost N/BB-1, Raum l'Aigle
	9./JG 77	Lt. Hanf	P-47	(4.)		
	9./JG 1	Ofhr. Lutz	Spitfire	(1.)	14.45	95 Ost S/UU, Raum Caen, 2.500 m
	III./JG 1	Hptm. Woitke	P-47	(27.)	14.45	95 Ost S/UU-8/9, Raum Caen, 800 m
	8./JG 1	Hptm. Grislawski	P-51	(127.)	19.17	94 Ost N/AU, südlich Caen, 400 m
	8./JG 1	Uffz. Vogel	P-51	(2.)		
	Stab/JG 1	Obstlt. Ihlefeld	P-51	(116.)	19.17	95 Ost S/UU-1, südlich Caen, 1.200 m
	Stab/JG 1	Obstlt. Ihlefeld	Spitfire	(117.)	19.19	95 Ost S/UU-1, südlich Caen, 1.000 m
	9./JG 1	Fw. Kutzera	Spitfire	(4.)	19.30	95 Ost S/UU, Raum Caen, 2.500 m
	7./JG 1	Ofw. Barann	Spitfire	(7.)		
	6./JG 1	Fw. Bindseil	P-51	(5.)	21.00	95 Ost S/UU-5, Raum Caen, 600 m
17.07.44	1./JG 11	Fw. Schuecking	P-51	(12.)	15.30	95 Ost S/US-2, Raum St. Lô, 3.500 m
	1./JG 11	Fw. Schuecking	P-51	(13.)	15.45	95 Ost S/US-8, Raum St. Lô, 3.000 m
	6./JG 1	Ofhr. Kaltenhäuser	P-47	(2.)	15.25	95 Ost S/UU-7, Raum Caen, 3.500 m
	1./JG 1	Ofhr. Bernsau	P-51	(1.)	15.40	94 Ost N/AU, Raum Flers, 700 m

1213

Date	Unit	Pilot	Aircraft	(No.)	Time	Location
	8./JG 1	Uffz. Vogel	Spitfire	(3.)	20.30	95 Ost S/UU, Raum Caen
	9./JG 1	Uffz. Brechtold	Spitfire	(1.)	20.40	95 Ost S/UU-1, Raum Caen, 7.000 m
	9./JG 1	Fw. Kutzera	Spitfire	(5.)		
	8./JG 1	Hptm. Maetzke	Spitfire	(3.)		
18.07.44	III./JG 1	Hptm. Woitke	P-38	(28.)	09.50	05 Ost S/UG-4/3, nordw. Paris, 1.800 m
	Stab/JG 1	Obstlt. Ihlefeld	P-38	(118.)	09.55	05 Ost S/UG-1/5, nordw. Paris, tief
	9./JG 1	Fw. Pleines	P-38	(3.)		
	8./JG 1	Olt. Meyer	Spitfire	(1.)		
	8./JG 1	Ofw. Zander	Spitfire	(32.)		
19.07.44	8./JG 1	Uffz. Hausotter	Typhoon	(1.)	20.30	95 Ost S/UU-6/3, Raum Caen, 300m
	8./JG 1	Hptm. Grislawski	Typhoon	(128.)	20.32	95 Ost S/UU-1/2, Raum Caen, 300 m
	8./JG 1	Uffz. Vogel	Typhoon	(4.)		
	7./JG 1	Uffz. Kräuter	Typhoon	(4.)	20.35	05 Ost S/UA, Raum Lisieux, 900 m
	8./JG 1	Ofhr. Krätzer	Typhoon	(1.)	20.35	95 Ost S/UU, Raum Caen, 400 m
	7./JG 1	Ofw. Barann	Typhoon	(8.)	20.35	95 Ost S/UU, Raum Caen, 900 m
	7./JG 1	Gefr. Schultz	Typhoon	(1.)	20.37	05 Ost S/UA, Raum Lisieux, 900 m
	9./JG 1	Uffz. Fröhlich	Typhoon	(2.)	20.38	95 Ost S/UU-3/4, Raum Caen, 700 m
	7./JG 1	Olt. Bilfinger	Spitfire	(3.)		
20.07.44	6./JG 1	Ofw. Flecks	Spitfire	(14.)	13.05	95 Ost S/US, westlich St. Lô, 6.500 m
	II./JG 1	Olt. Kirchmayr	Spitfire	(19.)	13.07	95 Ost S/US, westlich St. Lô, 6.000 m
	II./JG 1	Olt. Kirchmayr	Spitfire	(20.)	13.35	94 Ost N/BU, nordw. Alençon, 2.000 m
22.07.44	2./JG 11	Lt. Schmid	Spitfire	(10.)		
	2./JG 11	Lt. Schmid	Spitfire	(11.)		
23.07.44	4./JG 1	Lt. Swoboda	P-47	(10.)	21.10	95 Ost S/US, westlich St. Lô, 2.500 m
	4./JG 1	Uffz. Gallbach	Spitfire	(1.)	21.25	95 Ost S/US, westlich St. Lô, 1.300 m
24.07.44	8./JG 1	Ofw. Kaniss	P-38	(1.)	13.15	04 Ost N/BB-2/7, Raum L'Aigle, 2.000 m
	8./JG 1	Ofw. Kaniss	P-38	(2.)	13.15	04 Ost N/BB-2/7, Raum L'Aigle, 2.000 m
	8./JG 1	Ofw. Zander	Spitfire	(33.)		
25.07.44	8./JG 1	Hptm. Maetzke	Spitfire	(4.)	10.45	05 Ost S/TD-7/3, südö. Rouen, 4.500 m
	8./JG 1	Uffz. Hausotter	Spitfire	(2.)	10.50	05 Ost S/TD-7/2, südö. Rouen, 4.000 m
	9./JG 1	Uffz. Esser	P-47	(1.)	15.45	05 Ost S/UA, Raum Lisieux, 1.500 m
	9./JG 1	Uffz. Esser	P-47	(2.)	15.47	05 Ost S/UA, Raum Lisieux, 400 m
	9./JG 1	Fw. Lau	P-51	(1.)	15.55	05 Ost S/UA, Raum Lisieux, 2.000 m
	9./JG 1	Fw. Lau	P-47	(2.)	16.00	05 Ost S/UA, Raum Lisieux, 2.000 m
	Stab/JG 1	Obstlt. Ihlefeld	Lancaster	(119.)	19.23	05 Ost S/TC-3, Raum Rouen, 2.000 m
	Stab/JG 1	Obstlt. Ihlefeld	Spitfire	(120.)	19.30	05 Ost S/TC-3, Raum Rouen, 3.600 m
	7./JG 1	Ofw. Barann	Spitfire	(9.)		
27.07.44	Stab/JG 1	Obstlt. Ihlefeld	P-51	(121.)	07.27	95 Ost S/UU, Raum Caen, 1.500 m
	2./JG 1	Ofhr. Treptau	Auster	(3.)	12.32	95 Ost S/US-6, westlich St. Lô, 300 m
	3./JG 1	Fw. Busch	P-47	(1.)	16.30	95 Ost S/US-3, westlich St. Lô, 500 m
28.07.44	6./JG 1	Fw. Zinkl	P-47	(4.)	17.20	94 Ost N/BS-3/6, sö. Granville, 1.000 m
	1./JG 1	Fw. Richter	P-47	(1.)	20.24	95 Ost S/US-5/7, westl. St. Lô, 800 m
	7./JG 1	Uffz. Kräuter	Spitfire	(5.)		
29.07.44	6./JG 1	Ofw. Flecks	P-47	(15.)	19.08	94 Ost N/AS-4/5, östl. Granville, 800 m
	2./JG 1	Uffz. Minzenmay	P-47	(1.)	19.08	94 Ost N/AS-4/5, östl. Granville, 800 m
30.07.44	7./JG 51	Gefr. May	P-47	(1.)	15.12	94 Ost N/AS-6/8, Raum Granville
	6./JG 1	Ofw. Flecks	P-47	(16.)	15.13	94 Ost N/AS-6/8, Raum Granville, 200 m
	9./JG 77	Lt. Hanf	P-47	(5.)	15.13	94 Ost N/AS-5, Raum Granville, 500 m
	6./JG 1	Ofw. Flecks	P-47	(17.)	15.14	94 Ost N/BR-2/3, Raum Granville, 1.000 m
	3./JG 1	Lt. Kottucz	P-47	(1.)	15.14	95 Ost S/US-8, Raum Granville, 300 m
	3./JG 1	Ofhr. Treptau	P-47	(4.)	15.16	94 Ost N/AS-3/6, Raum Granville, 700 m
	9./JG 1	Ofhr. Heckmann	Spitfire	(3.)	15.46	04 Ost N/CB-8, südlich L'Aigle, 20 m
	1./JG 1	Uffz. Havemann	P-47	(1.)	19.00	95 Ost S/US-6/9, Raum Granville, 900 m
	1./JG 1	Ofhr. Bernsau	P-47	(2.)	19.01	95 Ost S/US-8, Raum Granville, 800 m
	1./JG 1	Uffz. Richter	Spitfire	(2.)	19.04	95 Ost S/US, Raum Granville, 600 m
	9./JG 77	Fw. Loch	P-47	(2.)	19.05	94 Ost N/BS-6/5, südöstlich Granville
	7./JG 1	Ofw. Kaiser	P-47	(68.)		
31.07.44	3./JG 1	Lt. Kottucz	P-47	(2.)	12.35	94 Ost N/BS-6/8, Raum Granville, 700 m
	6./JG 1	Ofw. Flecks	P-47	(18.)	12.35	94 Ost N/BS-6/8, Raum Granville, 700 m
	6./JG 1	Ofw. Flecks	Spitfire	(19.)	12.55	04 Ost N/AB-4/5, nördlich L'Aigle, 3.000 m
	6./JG 1	Uffz. Wurl	Spitfire	(4.)		
01.08.44	Stab/JG 1	Obstlt. Ihlefeld	P-51	(122.)		04 Ost N/AA, südlich Lisieux
	9./JG 1	Ofhr. Heckmann	P-51	(4.)	14.58	04 Ost N/AA, südlich Lisieux, 100 m
	9./JG 1	Uffz. Brechtold	P-51	(2.)	15.00	04 Ost N/AA/AB, südlich Lisieux, 100 m
	9./JG 1	Lt. Koplik	Spitfire	(5.)		
03.08.44	9./JG 1	Uffz. Brechtold	Spitfire	(3.)	19.37	04 Ost N/AB, südlich Lisieux, 10 m
	8./JG 1	Hptm. Maetzke	P-51	(5.)		
	8./JG 1	Ofw. Zander	P-51	(34.)		
05.08.44	9./JG 77	Uffz. Mann	P-47	(2.)	17.27	94 Ost N/BT, Raum Avranches/Mortain

06.08.44	8./JG 1	Ofw. Zander	Lancaster	(35.)	12.28	05 Ost S/UE-5, nördlich Paris, 4.000 m
	III./JG 1	Ofw. Barann	Spitfire	(10.)		05 Ost S/UE, nördlich Paris
	7./JG 1	Olt. Bilfinger	P-47	(4.)	16.20	04 Ost N/BF-6, Raum Mélun, 1.000 m
	7./JG 1	Uffz. Kräuter	Spitfire	(6.)		
07.08.44	3./JG 1	Lt. Demuth	P-47	(12.)	19.25	94 Ost N/CD, bei Fontainebleau, 600 m
	3./JG 1	Uffz. Oswald	P-47	(2.)	19.26	94 Ost N/CD, bei Fontainebleau, 600 m
	9./JG 77	Uffz. Meyer	P-47	(1.)	19.29	94 Ost N/BC, Raum Dreux
	7./JG 1	Olt. Bilfinger	P-47	(5.)	19.24	04 Ost N/AB-4, südlich Lisieux, 4.500 m
	7./JG 1	Uffz. Kräuter	P-47	(7.)	19.30	04 Ost N/AB-9, südlich Lisieux, 4.500 m
	8./JG 1	Ofw. Kaniss	P-47	w.b.		
08.08.44	7./JG 1	Olt. Bilfinger	Spitfire	(6.)		
10.08.44	8./JG 1	Ofw. Zander	Typhoon	(36.)	13.30	04 Ost N/AU-6, Raum Flers, 3.000 m
	8./JG 1	Uffz. Hausotter	Typhoon	(3.)	13.33	04 Ost N/AT-1, westlich Flers, 20 m
	II./JG 1	Hptm. Staiger	Spitfire	(59.)	14.10	04 Ost N/AS-3, östlich Granville, 3.500 m
	9./JG 1	Fw. Fröhlich	P-51	(3.)		
12.08.44	8./JG 1	Hptm. Grislawski	Spitfire	(129.)	14.15	04 Ost N/BB-9, südlich L'Aigle, 1.800 m
14.08.44	III./JG 1	Hptm. Knoke	P-47	(26.)	06.00	
	7./JG 1	Uffz. Schulz	Spitfire	(2.)		
	9./JG 1	Fw. Fröhlich	Spitfire	(4.)		
	8./JG 11	Lt. Wolf	Spitfire	(54.)	16.50	04 Ost N/BE-9, über Platz Ballancourt
	5./JG 11	Lt. Ebener	Spitfire	(53.) *		
	8./JG 11	Ofw. Richter	Spitfire	(17.)		
15.08.44	III./JG 1	Hptm. Knoke	P-47	(27.)		
	5./JG 11	Lt. Ebener	P-47	(54.) *		
	8./JG 1	Fw. Bubel	P-51	(4.)		
	8./JG 1	Fw. Schinnerling	P-51	(2.)		
16.08.44	III./JG 1	Hptm. Knoke	Spitfire	(28.)	05.30	
	5./JG 11	Lt. Ebener	P-47	(55.) *		
17.08.44	III./JG 1	Hptm. Knoke	B-26	(29.)	18.00	
18.08.44	III./JG 1	Hptm. Knoke	P-51	(30.)	14.30	
	III./JG 1	Hptm. Knoke	P-51	(31.)	14.35	
	5./JG 11	Lt. Ebener	P-51	(56.) *		
19.08.44	3./JG 11	Lt. Schrangl	P-51	(13.)		
	5./JG 11	Lt. Ebener	P-47	(57.) *		
	8./JG 11	Fw. Bubel	Spitfire	(5.)		
20.08.44	I./JG 11	Hptm. Matoni	P-47	(25.)	15.56	04 Ost N/AD-8/9, Raum Paris, 1.500 m
	4./JG 11	Gefr. Schäfer	P-51	(1.)	19.18	05 Ost S/UF-5, Raum Paris, 1.200 m
	3./JG 11	Uffz. Dekker	P-51	(1.)	19.18	04 Ost N/AF-3, Raum Paris, 300 m
	1./JG 11	Uffz. Saap	P-51	(1.)	19.19	05 Ost S/UF-2, Raum Paris, 400 m
	1./JG 11	Uffz. Haufe	P-51	(1.)	19.21	04 Ost N/AF-3, Raum Paris, 600 m
	3./JG 11	Fw. Birkigt	Spitfire	(5.)		
22.08.44	8./JG 11	Ofw. Richter	P-51	(18.)		
23.08.44	3./JG 11	Uffz. Mrohe	Spitfire	(1.)	13.37	05 Ost S/UF-2, Raum Paris
	6./JG 11	FhjFw. Schorr	P-47	(14.)	18.20	05 Ost S/UC-3, nordwestl. Dreux, 2.500 m
	5./JG 11	Olt. Langheld	P-47	(1.)		
	8./JG 11	Ofw. Richter	P-38	(19.)		
25.08.44	1./JG 11	Olt. Brede	P-51	(2.)	09.30	05 Ost S/RG-9, Raum St. Quentin
	2./JG 11	Olt. Hondt	P-51	(10.)		
	2./JG 11	Olt. Hondt	P-51	(11.)		
	2./JG 11	Uffz. Freudemann	P-51	(1.)		
	8./JG 11	Ofw. Schulze	P-51	(6.)	18.40	05 Ost S/RG-5/6, bei St.Quentin, 1.500 m
	8./JG 11	Ofw. Richter	P-47	(20.)		
	III./JG 1	Hptm. Knoke	P-51	(32.)	18.55	05 Ost S/SG-3, bei La Fère, 3.200 m
26.08.44	6./JG 11	FhjFw. Schorr	Spitfire	(15.)		
	8./JG 11	Fw. Trostmann	Spitfire	(1.)		
27.08.44	4./JG 11	Lt. Klein	P-47	(28.)	14.33	05 Ost S/UF, nördlich Paris, 2.500 m
	4./JG 11	Olt. Bolm	P-47	(1.)	14.35	05 Ost S/UF, nördlich Paris, 2.500 m
	4./JG 11	Lt. Klein	P-47	(29.)	14.36	05 Ost S/UF, nördlich Paris, 2.500 m
	8./JG 11	Fw. Bubel	Spitfire	(6.)		
28.08.44	III./JG 1	Hptm. Knoke	P-47	(33.)	08.35	

5. Jagddivision
Ia

Divisionsgefechtsstand, 20. Januar 1944.

Divisionstagesbefehl Nr. 2

1.) Anerkennungen.

Der Herr Reichsmarschall hat fernschriftlich folgende Anerkennung ausgesprochen:

"Am 11. Januar haben Verbände nordamerikanischer Terrorflieger bei einem grossangelegten Angriffsversuch auf mitteldeutsches Gebiet die volle Wirksamkeit und Wucht einer zusammengefassten deutschen Luftverteidigung zu spüren bekommen.

Ich spreche allen, die durch energische und zweckmässige Führung, sowie durch aufopfernden und mutigen Einsatz an diesem Erfolg beteiligt waren, meine volle Anerkennung und Dank aus.

Führung und Truppe müssen jedoch auch weiterhin auf der Hut sein, denn dieser Erfolg darf nicht dem 11ä bleiben.

gez. Göring
Reichsmarschall des Grossdeutschen Reiches"

Zusatz Chef Luftflottenkommando 3:

"Ich übermittle diese hohe Anerkennung zur geeigneten Bekanntgabe an alle beteiligten Verbände und verbinde damit gleichzeitig meine Anerkennung und meinen besonderen Dank für

- 2 -

Big Week

Haupteinsätze der 8. USAAF am 20., 22., 24. und 25. Februar 1944

Zeitpunkt	Bomber-Division	gestartete Flugzeuge	angreifende Flugzeuge	Ziel	Bombenlast	Flugzeugverluste
20.02.44	1.	417	239	Leipzig / Mockau	570,1	
			37	Bernburg	94,2	
			44	Oschersleben	79,5	7
	2.	272	76	Braunschweig	176,6	
			87	Gotha	215,3	
			81	sonstige Ziele	190,1	8
	3.	314	105	Tutow	218,5	
			76	Rostock	117,9	
			115	sonstige Ziele	189,7	6
Summe		1.003	860		1.851,9	21
22.02.44	1.	289	34	Aschersleben	78,0	
			47	Bernburg	115,0	
			18	Halberstadt	49,5	
			19	Wernigerode	52,5	
			15	Magdeburg	42,0	
			9	Marburg	26,5	
			32	Bünde	80,0	
			7	sonstige Ziele	15,5	38
Summe		289	181		459,0	38
24.02.44	1.	266	238	Schweinfurt	573,0	11
	2.	239	169	Gotha	424,0	
			44	Eisenach	64,0	33
	3.	304	295	Raum Rostock	685,0	5
Summe		809	746		1.746,0	49
25.02.44	1.	268	196	Augsburg	609,0	
			50	Stuttgart		13
	2.	196	172	Fürth	450,0	6
	3.	290	267	Regensburg	643,5	12
Summe		754	685		1.702,5	31
Insgesamt		2.855	2.472		5.759,4	139

Die Auswirkungen der US-Bombenoffensive auf die Flugzeugherstellung des Deutschen Reiches

Zeitraum		Flugzeugfertigung in Stück	geplante Flugzeugfertigung in Stück	von der 8. und 15. USAAF abgeworfene Bombenlast (in t)
1943	Januar	1.525	1.598	-
	Februar	2.004	1.739	-
	März	2.166	1.825	-
	April	2.100	2.144	509
	Mai	2.196	2.167	218
	Juni	2.316	2.301	212
	Juli	2.475	2.575	1.243
	August	2.337	2.526	556
	September	2.214	2.405	889
	Oktober	2.349	2.521	756
	November	2.111	2.786	471
	Dezember	1.734	2.975	238
1944	Januar	2.445	2.962	2.802
	Februar	2.015	3.118	5.234
	März	2.672	3.426	4.516
	April	3.034	3.819	10.224
	Mai	3.248	4.285	5.345
	Juni	3.626	4.631	2.842
	Juli	4.219	4.811	7.398
	August	4.007	4.930	8.442
	September	4.103	5.372	2.026
	Oktober	3.586	5.805	3.409
	November	3.697	6.100	356
	Dezember	3.155	6.452	350
1945	Januar	3.188	6.252	-
	Februar	2.249	6.345	694
	März	1.930	6.328	2.013
	April	nicht bekannt	6.348	1.142

Anmerkung: Die nachfolgenden Aufstellungen der Abschussmeldungen der deutschen Tagjagdverbände für die Monate Juni und Juli 1944 in Frankreich beruhen auf den bruchstückhaft erhalten gebliebenen Unterlagen der Luftflotte 3, der 5. Jagddivision und der beim Lw.-Personalamt geführten Unterlagen über die Abschussmeldungen. Die Aufstellungen enthalten nur Abschussmeldungen, bei denen wenigstens der Name des Schützen oder aber die meldende Einheit bekannt sind. Die Frage der endgültigen offiziellen Anerkennung der Abschüsse muss dabei ausdrücklich offen bleiben.

Die Meldungen der Lfl. 3 enthalten dabei in vielen Fällen Nachmeldungen der vorangegangenen Tage, wodurch die Abweichung zu der unter der Spalte " Summe " angegebenen Zahl erklärt wird; nicht enthalten in der Meldung der Lfl. 3 sind die Abschussmeldungen des JG 200 in Südfrankreich, die aber in der Spalte " Summe " enthalten sind.

Abschussmeldungen Tag in Frankreich
- Juni 1944 -

	B-17	B-24	and. 4-mot	P-47	P-51	P-38	Spitf.	Typh.	B-26	B-25	Art.-Aufkl.	unbek. Typ	Summe	Meldg. Lfl. 3
06.06.	-	-	-	3	7	-	-	10	-	-	-	-	20	16
07.06.	-	-	-	28	12	2	4	2	-	-	-	-	48	52
08.06.	-	3	-	9	11	-	3	2	2	-	-	2	32	21
09.06.	-	-	-	-	-	-	-	1	-	-	1	-	2	4
10.06.	-	-	-	22	8	-	1	-	-	-	-	-	31	24
11.06.	-	-	-	3	1	8	-	-	-	-	1	-	13	10
12.06.	-	5	-	34	2	-	1	2	-	-	-	-	44	25
13.06.	-	-	-	2	2	1	-	-	-	-	-	-	5	28
14.06.	6	-	-	23	7	6	1	1	-	-	-	-	44	36
15.06.	1	3	-	4	7	1	9	-	-	-	1	-	26	26
16.06.	-	-	-	5	5	-	7	1	-	-	-	-	18	10
17.06.	-	-	-	5	7	8	4	-	-	-	-	-	24	18
18.06.	-	-	-	1	4	-	1	-	-	-	-	-	6	6
19.06.	1	-	-	-	2	-	-	-	-	-	-	-	3	0
20.06.	-	-	-	5	11	10	-	-	-	-	-	1	27	18
21.06.	-	-	-	1	4	2	1	-	-	-	-	-	8	9
22.06.	1	1	-	12	4	-	1	-	-	-	-	-	19	23
23.06.	-	-	-	6	6	3	12	-	-	-	2	-	29	23
24.06.	-	-	-	4	14	-	1	-	1	-	-	-	20	22
25.06.	-	4	-	6	7	17	-	-	-	-	-	1	35	46
26.06.	-	-	-	1	1	-	2	-	-	-	-	-	4	4
27.06.	-	-	-	4	10	-	2	1	-	-	2	2	21	20
28.06.	-	-	-	4	1	2	9	-	-	-	-	-	16	17
29.06.	-	-	-	11	1	-	2	-	-	-	-	1	15	28
30.06.	-	-	-	10	4	-	2	-	-	-	-	-	16	9 [1]
	9	16	0	203	138	60	63	20	3	0	7	7	526	482

---

[1] Meldung umfasst nur 5. Jagddivision

Abschussmeldungen Tag in Frankreich
- Juli 1944 -

	B-17	B-24	and. 4-mot	P-47	P-51	P-38	Spitf.	Typh.	B-26	B-25	Art.-Aufkl.	unbek. Typ	Summe
01.07.	-	-	-	6	1	-	1	-	-	-	-	-	8
02.07.	-	-	-	6	2	-	5	-	-	-	-	-	13
03.07.	-	-	-	-	-	-	-	-	-	-	-	-	0
04.07.	-	-	-	7	2	5	8	-	-	-	-	2	24
05.07.	-	3	-	15	7	1	1	-	-	-	-	-	27
06.07.	-	-	-	5	-	10	1	-	-	-	-	-	16
07.07.	-	-	-	13	-	-	3	-	-	-	-	-	16
08.07.	-	-	-	2	-	-	-	-	-	-	-	-	2
09.07.	-	-	-	2	-	-	5	-	-	-	-	-	7
10.07.	-	-	-	-	-	-	2	-	-	-	-	-	2
11.07.	-	-	-	1	5	-	-	-	-	-	-	-	6
12.07.	-	8	-	5	3	-	6	-	-	-	-	-	22
13.07.	-	-	-	1	-	-	2	5	-	-	1	-	9
14.07.	3	-	1	14	4	-	9	1	-	-	-	1	33
15.07.	-	-	-	-	-	-	3	-	-	-	-	-	3
16.07.	-	-	-	1	-	-	9	-	-	-	-	-	10
17.07.	-	1	-	3	8	-	2	1	-	-	-	-	15
18.07.	-	1	-	5	9	12	-	-	-	-	-	-	27
19.07.	-	-	-	-	1	-	-	16	-	-	2	-	19
20.07.	-	-	-	-	-	-	4	-	-	-	-	-	4
21.07.	-	-	-	-	-	-	-	-	-	-	-	-	0
22.07.	-	-	-	-	-	-	-	-	-	-	-	1	1
23.07.	-	-	-	1	-	8	1	-	-	-	-	-	10
24.07.	-	4	-	4	1	2	1	-	-	-	2	-	14
25.07.	-	-	1	3	3	-	9	-	-	-	-	2	18
26.07.	-	-	-	-	6	7	1	-	-	-	-	-	14
27.07.	-	-	-	5	5	1	2	-	-	-	1	-	14
28.07.	-	-	-	2	-	-	-	-	2	1	4	-	9
29.07.	-	-	-	2	3	-	-	-	-	-	1	-	6
30.07.	-	-	-	9	-	1	3	-	-	-	-	-	13
31.07.	-	-	-	5	-	-	1	-	-	-	-	1	7
	3	17	2	117	60	47	79	23	2	1	11	7 [2]	369

---

[2] darin enthalten drei Mosquitoes, eine davon am 4.7., die beiden anderen am 25.7. gemeldet

Einsatzzeiten der Tagjagdverbände an der Invasionsfront

Ergänzungen und Berichtigungen zu Teil 1

Nach dem Erscheinen des 1. Teils sind den Verfassern eine ganze Reihe weiterer Unterlagen und Informationen zugegangen, die die nachfolgenden Ergänzungen und Berichtigungen zur Darstellung der Geschwadergeschichte im vorangegangenen 1. Teil erforderlich machen:

S. 20: Der Vorname des ersten Staffelkapitäns der 1./JG 1 lautete Kurt; Olt. Müller hatte bis zum 10. Oktober 1940 der ErgGr. Merseburg angehört und war danach Staffelkapitän der 10./ NJG 1. Offiziell wurde er am 26.1.1941 zum Staffelkapitän der 1./JG 1 ernannt und blieb dies bis zu seiner Versetzung zur JFS 4 am 13.2.1942, wo er die Führung der 3. Staffel übernahm. Nach verschiedenen weiteren Schul- und Stabskommandos wurde er am 21.1.1945 zum Gruppenkommandeur der III./JG 6 ernannt.

S. 89: Die Maschinen der Staffel Eberle konnten im Gegensatz zur Darstellung im Text und in der Legende zu den Abbildungen 097 und 098 Radlandungen auf der fest zugefrorenen Eisdecke des Limfjords durchführen; dies erklärt auch die kurze Zeit, die bis zur Fortsetzung der Verlegung zur Bergung und Instandsetzung erforderlich war.

S. 130: Die Aufnahme oben wurde nicht in Mandal in Norwegen, sondern auf dem Platz Aalborg-Ost gemacht.

S. 162: Die Aufnahme unten wurde nicht in Mandal, sondern auf dem Platz Kristiansand-Kjevik gemacht.

S. 179: Die " schwarze 2 " auf der Aufnahme unten wurde angeblich von Uffz. Heinz Neuendorf geflogen.

S. 187: In der 6. Zeile hat sich ein Schreibfehler eingeschlichen: Die fragliche Mosquito drückte natürlich nicht aus 1.000 m, sondern aus 10.000 m Höhe weg.

S. 189: In der 9. Zeile muss es richtig heissen: Marine-Artillerie-Abteilung 607; diese lag im Raume Den Helder, während es eine M.A.A. 67 nicht gegeben hat.

S. 191: Die Aufnahme unten wurde nicht in Lister, sondern auf dem Platz Kristiansand-Kjevik gemacht.

S. 201: Die Aufnahme unten wurde nicht bereits im Herbst 1942, sondern ausweislich des auf der Abbildung 841 unter der Kabine zu erkennenden Gruppenemblems der II./JG 11 nach dem 1. April 1943

S. 239: In Fussnote 3 muss es richtigerweise heissen XII. Fliegerkorps, nicht Jagdkorps; das XII. Flg.-Korps wurde erst am 15.9.1943 zum I. Jagdkorps

S. 383: Die Aufnahmen auf den Seiten 383 - 386 (B.A.Nr. 638-3839 ff) wurden nicht bei der III./JG 11 in Oldenburg, sondern bei der III./JG 26 gemacht; dementsprechend handelt es sich bei dem fälschlich als Olt. Strobl bezeichneten Flugzeugführer richtigerweise um Olt. Peter-Paul Steindl von der 9./JG 26

S. 471: Diese Aufnahme zeigt nicht die Flugzeugführer der 8./JG 11, sondern die der 10./JG 11 im Mai 1944 in Aalborg (vgl. bereits oben, S. 944)

S. 570: Lt. Karl-Heinz Lüchau wurde nicht bereits nach dem 22. Dezember 1943 als Nachfolger von Hptm. Falkensamer Staffelführer der 6./JG 11, er kam vielmehr erst im April 1944 zusammen mit sechs anderen Flugzeugführern vom JG 54 zur II./JG 11 (s.o.). Soweit ersichtlich, wurde Lt. Max Frank, über dessen fliegerischen Werdegang indes nichts näheres bekannt ist, Ende 1943 zum Staffelführer der 6./JG 11 ernannt.

Abb. 841 - 842: Oben - Noch einmal Fw. Zick und Uffz. Wennekers vor der " schwarzen 3 ", die hier deutlich das Gruppenemblem der II./JG 11 unter der Kabine erkennen lässt; bei dieser Maschine handelt es sich im übrigen um die zuvor von Heinz Knoke geflogene G-1/R2 Y mit der WNr. 14 049 - vgl. Abb. 282 und 283. Unten - Uffz. Peter Reinhard in der Kabine der " schwarzen 16 ", einer weiteren Bf 109 G-1 der 5./JG 11, aufgenommen im Mai 1943 in Jever; beachte das Edelweiss-Emblem unter der Kabine und den Bombenhubwagen mit einer 250 kg Bombe unter dem Rumpf.

(Wroblewski / Urbanke)

Abb. 843 - 844: Oben - Lt. Heinz Rose von der 4./JG 11 in der Kabine seiner " weissen 5 ", einer Bf 109 G-1; beachte die dunkel eingefassten Schusskanäle der Rumpf-MG 17, das Gruppenemblem der II./JG 11 unter der Kabine und den in der Kabinenhaube angebrachten Metallkopfpanzer anstelle des druckabgedichteten, senkrechten Kopfpanzers der G-1 Reihe. Bemerkenswert auch der schwarze Einfass der Auspuffrohre. Unten - Eine Aufnahme aus dem März 1943, kurz vor Umbenennung der I./JG 1 in II./JG 11; hier sitzt FhjFw. Hans Raddatz von der 2. Staffel vor der Kabine der " schwarzen 8 ", einer mit Bombenaufhängung versehenen weiteren Bf 109 G-1. Deutlich zu erkennen ist das ETC unter dem Rumpf, der schwarze Schutzanstrich um die Auspuffrohre und im Bereich des Flächenansatzes, der für die I./JG 1 und spätere II./JG 11 charakteristische gelbe Anstrich der Motorunterseite, der streifige Grauanstrich sowie die Einzelheiten der druckbelüfteten Kabine.

(*Jung / Raddatz / Manrho*)

Abb. 845 - 846: Zwei Aufnahmen der " schwarzen 2 ", einer Fw 190 A-6 der 10./JG 11, aufgenommen im Spätsommer oder Frühherbst 1943 in Aalborg; der Flugzeugführer auf beiden Aufnahmen ist Fw. Robert Spreckels, der lange Zeit der 10./JG 11 angehörte, bevor er im Juli 1944 zur III./JG 11 versetzt wurde. Bemerkenswert ist das Fehlen des Rumpfbalkenkreuzes auf der linken Seite, während es auf der rechten Seite deutlich sichtbar vorhanden ist.

(Bünz)

Abb. 847: Eine PK-Aufnahme, die eine Kuriosität zeigt - Olt. Harry Koch, Staffelkapitän der 6./JG 1, mit einer Asbestmaske über der Netzkopfhaube; zur " Erläuterung " sei auf den daneben abgedruckten Original-Bildtext dieser PK-Aufnahme aus dem November 1943 verwiesen. Es ist nicht bekannt, dass dieses Ausrüstungsstück tatsächlich in den Truppengebrauch gekommen wäre.

(PK-Ritter, 0089/38)

Ergänzungen zu den Verlustlisten
- aus den Listen des GQM sowie summarischen Verlustmeldungen RL 2/III/852 -

Datum	Einheit	Pilot		Ursache	Typ	Werk-Nr.
17.08.43	I./JG 1	N.N.	-	Luftkampf, Notlandung bei Stollberg, südöstlich Aachen, 80%	Fw 190 A-5	710 014
	II./JG 1	N.N.	-	Luftkampf, Gymnich, 10%	Fw 190 A-4	2336
05.09.43	I./JG 1	N.N.	-	Bedienungsfehler, Bauchlandung Venlo, 25%	Fw 190 A-5	410 272
30.11.43	1./JG 1	N.N.	-	Luftkampf, Aachen, 20%	Fw 190 A-6	550 721
01.12.43	III./JG 1	N.N.	-	Absturz, ML 8/3, 75%	Bf 109 G-6	19 850
20.12.43	3./JG 1	N.N.	-	Luftkampf, Bremen, 100%	Fw 190 A-6	551 117
	II./JG 11	N.N.	-	Luftkampf, Bauchlandung bei Bremen, 35%	Bf 109 G-6	410 205
	III./JG 11	N.N.	-	schlechte Sicht, Bruchlandung Bönninghardt, 25%	Bf 109 G-6	15 845
21.12.43	I./JG 1	N.N.	-	Betriebsverlust, Ort und Ursache unbekannt, 100%	Fw 190 A-	
	II./JG 1	N.N.	-	Betriebsverlust, Ort und Ursache unbekannt, b	Fw 190 A-	
30.12.43	III./JG 11	N.N.	-	Betriebsverlust, Ort und Ursache unbekannt, b	Bf 109 G-	
	III./JG 11	N.N.	-	Betriebsverlust, Ort und Ursache unbekannt, b	Bf 109 G-	
31.12.44	III./JG 1	N.N.	-	Betriebsverlust, Ort und Ursache unbekannt, b	Bf 109 G-	
	I./JG 11	N.N.	-	Betriebsverlust, Ort und Ursache unbekannt, b	Fw 190 A-	

Berichtigungen zu den Verlustlisten
- Änderungen in Fettdruck -

25.07.43	- Bf 109 G-6/U4	WNr. 20 026	**ws.16 +**	nicht: ws.10 +
26.07.43	- Fw 190 A-5	WNr. 410 244	**Schaden 50%**	nicht: 100%
27.07.43	- Fw 190 A-4	WNr. 7094	Lt. **Eberhard** Richter	nicht: Herbert
28.07.43	- Fw 190 A-5	WNr. 710 016	Notlandung bei **Minderheide, 35%**	
17.08.43	- Fw 190 A-	FF Lt. Berger	Schadensgrad **20%**	
24.08.43	- Fw 190 A-4	0658	Kennung: **ge. 10 +**	
29.08.43	- Caudron 445	770	Flugzeugführer **Lt. Gerhard Oppermann**, verl. Bordfunker **Uffz. Walter Baade**, unverl.	
10.09.43	- Bf 109 G-6	**15 363**	nicht: 15 365	
27.09.43	- Bf 109 G-6	20 079	Kennung: **sw.13 +**	
02.10.43	- Bf 109 G-6	**20 530**	nicht: 25 030	
08.10.43	- Fw 190 A-6	530 733	Schadensgrad: **90%**	
13.10.43	- Bf 109 G-6	20 719	streichen, da zur **III./JG 3** gehörend	
20.10.43	- Fw 190 A-6	550 873	Kennung: **ge. 9 + -**	
01.11.43	- Bf 109 G-6	20 742	Schadensgrad: **30%**	
05.11.43	- Bf 109 G-6	**20 462**	Einheit: **III./JG 11**, nicht II./JG 11, Kennung: **sw.<0**	
11.11.43	- Fw 190 A-6	550 878	Kennung: **ge. 8 + -**	
16.11.43	- Bf 109 T-2	7742	in diesem wie in den folgenden Fällen am 18.11. ändere Einheit von Jasta H. in **11./JG 11**	
25.11.43	- Bf 109 G-5	15 710	Vorname des Flugzeugführers ist **Kurt**	
29.11.43	- Bf 109 G-5	15 342	Einheit ist **11./JG 1 = II. Gruppe**	
30.11.43	- Bf 109 G-6	440 019	streiche den Verlust von **Ofw. Clahr**, da zur **12./JG 26** gehörig	
04.12.43	- Bf 109 G-6	20 701	Einheit ist **4./JG 11**, Kennung **ws. 7 +**	

Berichtigungen und Ergänzungen
zu den Verlusten der JG 1 und 11 bei den Aufsitzereinsätzen

18.08.43	II./JG 300 II./JG 1	N.N.	-	eigene Flak, Krefeld, 40%	Fw 190 A-5	0599
20.08.43	II./JG 300 II./JG 1	N.N.	-	Motorstörung, Spritmangel, Notlandung Stargard, 15%	Fw 190 A-6	550 463
23.08.43	9./JG 300 III./JG 11	Fw. Gustav Krehl	+	Luftkampf, Absturz bei Vechta, 100%	Bf 109 G-6	20 454
	III./JG 300 III./JG 11	N.N.	-	Spritmangel, Bauchlandung Werneuchen, 90%	Bf 109 G-6	20 316

Datum	Einheit	Name	Status	Ursache	Typ	WNr
28.08.43	II./JG 300 II./JG 1	N.N.	-	Spritmangel, Notlandung Schweinfurt, 30%	Fw 190 A-5	7231
06.09.43	5./JG 300 II./JG 1	Uffz. Wilhelm Schmidt	+	unbekannte Ursache, Absturz bei Kirchheim / Heidelberg, 100%	Fw 190 A-4	0664
	III./JG 300 III./JG 11	Fw. Gerhard Bernhardt	verw.	Luftkampf, Absturz bei Ludwigshafen, 100%	Bf 109 G-6	18 822
23.09.43	III./JG 300 II./JG 11	N.N.	-	eigene Jäger, Absturz bei Landau, 100%	Bf 109 G-6	15 932
10.10.43	II./JG 300 II./JG 1	N.N.	-	Luftkampf, Bruchlandung Rheine, 75%	Fw 190 A-5	1197
	II./JG 300 II./JG 1	N.N.	-	Motorbrand, Absturz Rheine, 100%	Fw 190 A-6	550 746
20.10.43	III./JG 300 III./JG 11	N.N.	-	Motorstörung, Bauchlandung Oldenburg, 15%	Bf 109 G-6	15 298
	III./JG 300 III./JG 11	N.N.	-	eigene Flak, Hagen, 100%	Bf 109 G-5	26 097
22.10.43	II./JG 300 II./JG 1	N.N.	-	Motorstörung, Absturz bei Giessen, 100%	Fw 190 A-6	550 449
11.11.43	II./JG 300 II./JG 1	N.N.	-	Luftkampf, Notlandung Twente, 30%	Fw 190 A-5	410 243
17.11.43	II./JG 300 II.7JG 1	Lt. Max Krähwinkel	+	Überschlag Landung, Finthen, 60%	Fw 190 A-6	550 488

Die folgenden Verluste sind zu streichen, da die Maschinen nicht zu Gruppen der JG 1 oder 11 gehörten:

Datum	Einheit	Name	Anmerkung
19.11.43	Stab/JG 301	Maj. Helmut Weinreich	
20.12.43	II./JG 302	Fw 190 A-5, WNr. 410 205	
	III./JG 302	Bf 109 G-6, WNr. 15 845	
24.12.43	II./JG 302	Uffz. Gerhard Krögel	Maschine der III./JG 54
	II./JG 302	Fw. Gerhard Pietsch	Maschine der III./JG 54
	II./JG 302	Uffz. Helmut Meinersberger	Maschine der III./JG 54

Der folgende Beitrag von Berthold Jochim, Flugzeugführer in der 1./JG 11, traf leider zu spät ein, um noch im Manuskript verwendet zu werden; da er indes einen sehr guten Einblick in das Staffelleben erlaubt und zugleich Olt. Georg Hiebl, den Nachfolger des am 8. April 1944 gefallenen Olt. Josef Zwernemann in Erinnerung ruft, soll er hier im Wortlaut wiedergegeben werden:

Der Ersten war bald ein neuer Kapitän zugeteilt worden, wieder ein Oberleutnant, der Hiebl hiess. Die "Alten", die noch da waren, und die wenigen "Jungen", die ihre ersten Feindflüge wundersamerweise überlebt hatten, waren mit ihm zufrieden - und er mit ihnen auch. Er war ein Mann, der nur das Nötigste sprach. Einmal erteilte er einen Befehl, der das knappe Dutzend seiner gehfaulen "Piloteure" zum Abschied von einer liebgewordenen Gewohnheit zwang. Hatten sie nämlich bisher, wenn die Blase drängte, einfach das Gesträuch und die als Andenken an einen längst vergangenen Besuch einiger amerikanischer Jabos neben der Liegeplatzbaracke zurückgebliebenen Bombenkrater aufgesucht, so war nunmehr nach dem Ukas des neuen Kapitäns der weit längere Weg zum Klo in der benachbarten Halle zu beschreiten. Fortan geschah das dann auch, doch jedesmal, wenn ihr knorriger "Chef" sich auf Pinkeltour begab, folgte ihm nach vorangegangener Vereinbarung der ganze Verein um demonstrativ zu beobachten, ob er sich im Gegensatz zu seinem Gebot nicht etwa selbst in Richtung Bombentrichter "verpieselte". Eine Zeitlang ging das so weiter, ohne dass der "Alte" über seine Eskorte auch nur ein Wort verloren hätte. Schmunzelnd war er in seinen Pelzstiefeln jeweils hinausgeschlurft und genüsslich lächelnd, den Rest seiner "Ersten" wieder in die Baracke zurückgekehrt. Bis zu jenem Tage Anfang Mai, als er einen sicherlich schon lange gehegten Plan in die Tat umsetzte und seinen Bewachern weitere Verfolgungsprozessionen ein für alle Mal abgewöhnte.

Es war schon später Nachmittag. Morgens war auch die 1. Staffel zu einem Einsatz gegen Viermots gestartet und ohne Ausfälle zurückgekommen - fast ein Wunder in jenen Tagen und auch Anlass für den Gefühlsüberschwang, der nach solchen Glücksfällen am Liegeplatz immer vorzuherrschen pflegte. Und wieder einmal kamen alle wie auf ein Kommando hoch, als Hiebl zur Tür schritt. Und erneut liefen sie im Gänsemarsch hinter ihm her, diesmal aber nicht zur Halle. Denn kurz vorher bog ihr "Chef" in Richtung Kasino ab, passierte das gegenüberliegende "Frauenhaus", wie die Unterkunft einer Hundertschaft von Nachrichtenhelferinnen genannt wurde, und der ganze Verein unverdrossen hinter ihm her. Es ging weiter zum Flugzeugführergebäude und dann zu dem dahinter gelegenen Schwimmbecken. Ehe sie noch ganz begriffen hatten, was ihr Anführer eigentlich vorhatte, bestieg er in voller Einsatzmontur bereits die Stufen zum Sprungturm, betrat die Plattform und sprang ins Wasser. Und weil sich keiner lumpen lassen wollte, hüpften sie auch diesmal hinter ihm her. Keine der nunmehr patschnassen Gestalten beachtete vor dem Weitermarsch zum Flugzeugführerlogis den munter herumknipsenden Kriegsberichter, der vermutlich zufällig in der Gegend herumgestreut war; seine Fotos bekamen allerdings weder die Turmspringer noch die Öffentlichkeit jemals zu sehen. Das triumphierende Grinsen war noch auf dem Gesicht ihres wassertriefenden Kapitäns, als er die Treppe zu seiner Bude hinaufstieg und die anderen ihm nun notgedrungenerweise wieder folgten.

Eine halbe Stunde später sassen sie sich wieder am Liegeplatz gegenüber, diesmal in ihren Ausgehklamotten, weil eine zweite Einsatzgarnitur nicht existierte und ihre Pelzstiefel auf den Treppenabsätzen vor der Unterkunft noch Wasser liessen. Hiebl verlor kein Wort über die Badeeinlage, las scheinbar gelangweilt in einer Ausgabe des "ADLER" und sah erst wieder auf, als der Lautsprecher in der Ecke zu krächzen begann. Der Gefechtsstandssprecher meldete eine Mosquito über Bremen und gab dann durch, dass sich zwei Maschinen der Ersten dorthin zu begeben hätten. Erst jetzt liess Hiebl die Zeitschrift sinken und deutete auf zwei vornehm gekleidete Gestalten in der Nähe der Tür: "Jochim und Schuecking, übernehmen Sie das!" Irgendwie hatte er sich die Richtigen herausgesucht, denn einer von ihnen hatte die Sache mit den Verfolgungsmärschen tatsächlich ersonnen. Kurz darauf starteten sie, mit Halbschuhen, schön gebü-

gelten Hosen und einem dünnen Fliegerjäckchen. Weil das mit der Heizung in der Focke Wulf in grösseren Höhen so eine Sache war, bibberten sie still vor sich hin, suchten nebenbei den Himmel ab und fanden die Mosquito auch tatsächlich. Sie befanden sich sogar in einiger Überhöhung, vergassen die Kälte unter ihren Galauniformen und drückten an. Aber die beiden in dem britischen " Wundervogel " bemerkten die drohende Gefahr rechtzeitig, der am Steuer gab Gas und dann entfernte sich Englands damals Schnellste ziemlich rasch aus der Schussweite.

Hiebl studierte wieder den " Adler ", als sich die beiden zurückmeldeten und von ihrer Pleite berichteten. Das notorische Feixen auf seinem Gesicht hatte an Tiefe noch gewonnen. Bedächtig legte er die Zeitschrift auf den Tisch, stand auf, ging hinaus, in Richtung Halle. Diesmal folgte ihm keiner mehr.